Hans-Fallada-Handbuch

Hans-Fallada-Handbuch

Herausgegeben von
Gustav Frank und Stefan Scherer

De Gruyter

ISBN 978-3-11-076464-2
e-ISBN (PDF) 978-3-11-028214-6
e-ISBN (EPUB) 978-3-11-038775-9

Library of Congress Control Number: 2018951327

Bibliografische Information der Deutschen Nationalbibliothek
Die Deutsche Nationalbibliothek verzeichnet diese Publikation in der Deutschen
Nationalbibliografie; detaillierte bibliografische Informationen sind im Internet
über http://dnb.dnb.de abrufbar.

© 2021 Walter de Gruyter GmbH, Berlin/Boston
Dieser Band ist text- und seitenidentisch mit der 2019 erschienenen
gebundenen Ausgabe.
Einbandabbildung: Hans Fallada mit seiner Frau Anna Issel (Ausschnitt). Foto:
Scherl / Süddeutsche Zeitung Photo
Satz: Dörlemann Satz GmbH & Co. KG, Lemförde
Druck und Bindung: CPI books GmbH, Leck

www.degruyter.com

Inhalt

Vorwort XI

I. Fallada in seiner Zeit 1
1. Leben: Phasen – Orte – Begegnungen 1
   - 1.1 Falladas Leben im historischen Kontext *(Jenny Williams)* . . . 1
   - 1.2 Falladas Kontakte zu Autoren seiner Zeit
     (1920er bis 1940er Jahre) *(Sabine Koburger)* 12
   - 1.3 Fallada und seine Verleger *(Sabine Koburger/David Oels)* . . 28
   - 1.4 Anpassungsstrategien und indirekter Widerstand
     im Dritten Reich *(Ralf Schnell)* 38
   - 1.5 Falladas Briefwechsel *(Julian Preece)* 49
   - 1.6 Die autobiografischen Schriften *(Julian Preece)* 53
2. Literarhistorische Kontexte und diskursive Voraussetzungen 61
   - 2.1 Traditionen des Erzählens (Realismus, Frühe Moderne)
     (Carsten Rohde) 61
   - 2.2 Literatur der 1920er Jahre *(Walter Delabar)* 72
   - 2.3 Zum Umbruch in Falladas Werk um 1925 *(Sabine Koburger)* . . 83
   - 2.4 Fallada und die literarische Situation um 1930
     (Lutz Hagestedt/Sabine Koburger) 90
   - 2.5 Schreiben in der/für die Populärkultur *(Madleen Podewski)* . 105
   - 2.6 Fallada und die Kulturdiagnostik *(Gustav Frank)* 118
   - 2.7 Zwischen Innerer Emigration und NS-Literatur:
     Falladas Poetik im literarischen Kontext des Dritten Reichs
     (Christoph Deupmann/Hannes Gürgen) 138
   - 2.8 Fallada im Kontext der Nachkriegsliteratur *(Antonie Magen)*. 147

II. Das literarische Werk 157
1. Übergreifende Aspekte zum Gesamtwerk 157
   - 1.1 Verhältnis literarisches Werk – Rezensionspraxis –
     journalistische Tätigkeit *(Hannes Gürgen)* 157
   - 1.2 Falladas Poetologie *(Gustav Frank/Stefan Scherer)* 172
   - 1.3 Vorwort-Politik *(Daniel Lutz)*. 192
   - 1.4 Falladas Namen *(Christoph Deupmann)* 202
   - 1.5 Fallada als populärer Autor der Synthetischen Moderne
     (Gustav Frank/Stefan Scherer) 208
2. Frühwerk 223
   - 2.1 Juvenila und schriftstellerische Pläne: Übersetzungen, Gedichte
     (Stefan Scherer) 223
   - 2.2 Frühe Romane: *Der junge Goedeschal* (1920),
     Anton und Gerda (1923) *(Sabine Koburger)* 235

	2.3	Erzählungen der 1920er Jahre *(Christoph Kleinschmidt)* . . .	250
	2.4	Im Blinzeln der Großen Katze (1924/1993) *(Christoph Kleinschmidt)*	263
3.	Zeit des Durchbruchs um 1930		268
	3.1	Bauern, Bonzen und Bomben (1931) *(Sebastian Marx)*	268
	3.2	Kleiner Mann – was nun? (1932) *(Walter Delabar)*	282
	3.3	Wer einmal aus dem Blechnapf frißt (1934) *(Hannes Gürgen)*	305
	3.4	Drama, Hörspiel und Drehbuch *(Sven Hanuschek)*	317
4.	Werke im Dritten Reich		324
	4.1	Wir hatten mal ein Kind (1934) *(Gustav Frank/Stefan Scherer)*	324
	4.2	Altes Herz geht auf die Reise (1936) *(Alice Hipp)*.	353
	4.3	Wizzel Kien. Der Narr von Schalkemaren (1936/1995) *(Sven Hanuschek)*	366
	4.4	Wolf unter Wölfen (1937) *(Gustav Frank/Stefan Scherer)* . . .	369
	4.5	Der eiserne Gustav (1938) *(Silvia Woll)*	395
	4.6	Kleiner Mann, Großer Mann – alles vertauscht oder Max Schreyvogels Last und Lust des Geldes (1940) *(Alice Hipp/Silvia Woll)*	407
	4.7	Ein Mann will hinauf. Die Frauen und der Träumer (1942/1953) *(Thomas Wortmann)*	415
	4.8	Der Kutisker-Roman (1941/1944) *(Gustav Frank/Stefan Scherer)*	421
	4.9	Erzählungen seit den 1930er Jahren *(Nikolas Immer)*	430
	4.10	Kinderbücher und Märchen *(Antonie Magen)*.	439
	4.11	Unterhaltungsromane *(Sven Hanuschek)*	449
5.	Werke nach dem Zweiten Weltkrieg.		460
	5.1	Der Trinker (1944/1950) *(Jörg Schönert)*	460
	5.2	Der Alpdruck (1947) *(Thomas Wortmann)*	467
	5.3	Jeder stirbt für sich allein (1947) *(Gustav Frank/Stefan Scherer)*	473

III.	Wirkung	491
1.	Zeitgenössische Rezeption *(Hans-Edwin Friedrich)*	491
2.	Verfilmungen *(Tina Grahl)*	500
3.	Hörspiele und Lesungen *(Katja Götz)*	521
4.	Fallada auf der Bühne *(Evelin Kessel)*	536
5.	Übersetzungen *(Tina Grahl/Eva Rosenzweig)*	543
6.	Forschungsgeschichte *(Geoff Wilkes)*	557
7.	Fallada heute: Internationale Rezeption (Renaissance in Großbritannien, Israel und USA) *(Thomas Wortmann)*	566

IV.	Zeittafel *(Kristina Kapitel)*	573

V.	**Fallada-Bibliografie**	
	(Hannes Gürgen/Alice Hipp/Kristina Kapitel)	**581**
1.	Quellen	581
	1.1 Werke	581
	1.1.1 Romane	581
	1.1.1.1 Erstausgaben	581
	1.1.1.2 Drucke in Zeitungen und Zeitschriften	582
	1.1.2 Erzählungen	590
	1.1.2.1 Erstausgaben und Sammlungen	590
	1.1.2.2 Drucke in Zeitungen und Zeitschriften	592
	1.1.2.3 Unveröffentlichte Erzählungen (bzw. bisher ohne Druckbeleg)	599
	1.1.3 Lyrik	600
	1.1.3.1 Veröffentlichte Lyrik	600
	1.1.3.2 Unveröffentlichte Lyrik (bzw. bisher ohne Druckbeleg)	601
	1.1.4 Dramatik, Hörspiele und Drehbücher	602
	1.1.4.1 Veröffentlichte Dramen, Hörspiele und Drehbücher	602
	1.1.4.2 Unveröffentlichte Dramen und Drehbücher	602
	1.1.5 Sonstiges	602
	1.2 Autobiografisches	603
	1.2.1 Autobiografische Texte	603
	1.2.1.1 Bucherstdrucke	603
	1.2.1.2 Drucke in Zeitungen und Zeitschriften	603
	1.2.1.3 Unveröffentlichte autobiografische Schriften (bzw. bisher ohne Druckbeleg)	604
	1.2.2 Briefe und Tagebücher	605
	1.2.2.1 Veröffentlichte Briefe und Tagebücher	605
	1.2.2.2 Unveröffentlichte Briefe und Tagebücher (bzw. bisher ohne Druckbeleg)	606
	1.3 Zeitungsartikel und Rezensionen	609
	1.3.1 Beiträge in verschiedenen Zeitungen und Zeitschriften	609
	1.3.2 Beiträge im General-Anzeiger für Neumünster (1928–1930)	610
	1.3.2.1 Filmkritiken	610
	1.3.2.2 Theater- und Vortragskritiken	611
	1.3.3 Literaturkritiken	614
	1.3.3.1 Veröffentlichte Literaturkritiken	614
	1.3.3.2 Unveröffentlichte Literaturkritiken (bzw. bisher ohne Druckbeleg)	617
	1.4 Vorworte, Reden und Interviews	618
	1.4.1 Veröffentlichte Vorworte, Reden und Interviews	618
	1.4.2 Unveröffentlichte Vorworte, Reden und Interviews (bzw. bisher ohne Druckbeleg)	618
	1.5 Übersetzungen	619
	1.6 Werkausgaben	619
2.	Bearbeitungen	620
	2.1 Fremdbearbeitungen unter Falladas Mitwirken	620

	2.1.1	Theater.	620
	2.1.2	Film	620
	2.2	Fremdbearbeitungen ohne Falladas Mitwirken.	620
	2.2.1	Theater.	620
	2.2.2	Film und Fernsehen	621
	2.2.3	Lesungen	623
	2.2.4	Hörspiele.	624
	2.2.5	Sonstiges.	626
3.	Zeitgenössische Rezensionen von Falladas Werken alphabetisch		626
	3.1	*Der Alpdruck*	626
	3.2	*Altes Herz geht auf die Reise.*	626
	3.3	*Anton und Gerda*	627
	3.4	*Bauern, Bonzen und Bomben*	628
	3.5	*Damals bei uns daheim*	635
	3.6	Day, Clarence: *Unser Herr Vater* [Übersetzung]	635
	3.7	Day, Clarence: *Unsere Frau Mama* [Übersetzung]	635
	3.8	*Der eiserne Gustav.*	636
	3.9	*Geschichten aus der Murkelei*	638
	3.10	*Heute bei uns zu Haus.*	639
	3.11	*Hoppelpoppel – wo bist du?*	639
	3.12	*Der junge Goedeschal*	640
	3.13	*Jeder stirbt für sich allein*	640
	3.14	*Kleiner Mann, großer Mann – alles vertauscht oder Max Schreyvogels Last und Lust des Geldes*	641
	3.15	*Kleiner Mann – was nun?*	641
	3.16	*Ein Mann will hinauf. Die Frauen und der Träumer.*	647
	3.17	*Märchen vom Stadtschreiber, der aufs Land flog.*	647
	3.18	*Der Trinker*	650
	3.19	*Der ungeliebte Mann.*	651
	3.20	*Wer einmal aus dem Blechnapf frißt*	651
	3.21	*Wir hatten mal ein Kind.*	656
	3.22	*Wolf unter Wölfen.*	659
4.	Forschungsliteratur		663
	4.1	Bibliografien und Forschungsübersichten	663
	4.2	Biografisches und Allgemeines.	663
	4.3	Beziehungen im Literaturbetrieb	677
	4.4	Vergleichende Untersuchungen mit Werken anderer Autoren	678
	4.5	Allgemeine Darstellungen zu Falladas Werk	682
	4.6	Sammelbände	686
	4.7	Untersuchungen von Falladas Werk unter spezifischen Fragestellungen	686
	4.8	Werke alphabetisch	690
	4.8.1	*Der Alpdruck*	690
	4.8.2	*Altes Herz geht auf die Reise.*	691
	4.8.3	*Anton und Gerda*	692
	4.8.4	*Der Apparat der Liebe.*	692

4.8.5	Aufzeichnungen des jungen Rudolf Ditzen nach dem Scheinduell mit seinem Schulfreund	692
4.8.6	Bauern, Bonzen und Bomben	692
4.8.7	Der Bettler, der Glück bringt	695
4.8.8	Der blutende Biber	695
4.8.9	Die Bucklige	695
4.8.10	Christkind verkehrt	695
4.8.11	Damals bei uns daheim	696
4.8.12	Dies Herz, das dir gehört	696
4.8.13	Drei Jahre kein Mensch	696
4.8.14	Der eiserne Gustav	696
4.8.15	Das EK Eins	698
4.8.16	Fridolin, der freche Dachs	698
4.8.17	Fröhlichkeit und Traurigkeit	698
4.8.18	Gauner-Geschichten	698
4.8.19	In meinem fremden Land. Gefängnistagebuch 1944	698
4.8.20	Genesenden-Urlaub	699
4.8.21	Geschichte vom goldenen Taler	700
4.8.22	Geschichte vom Mäusecken Wackelohr	700
4.8.23	Geschichte vom verkehrten Tag	700
4.8.24	Die Geschichte von der großen und von der kleinen Mücke	700
4.8.25	Geschichten aus der Murkelei	700
4.8.26	Gesine Lüders oder Eine kommt – eine geht	701
4.8.27	Der gestohlene Weihnachtsbaum	701
4.8.28	Die große Liebe	701
4.8.29	Häusliches Zwischenspiel	701
4.8.30	Heute bei uns zu Haus	701
4.8.31	Hoppelpoppel – wo bist du?	702
4.8.32	Ich bekomme Arbeit	702
4.8.33	Ich, der verlorene Findling	702
4.8.34	Ich suche den Vater	702
4.8.35	Im Blinzeln der großen Katze	702
4.8.36	Jeder fege vor seiner Frau	703
4.8.37	Jeder stirbt für sich allein	703
4.8.38	Der junge Goedeschal	706
4.8.39	Junge Liebe	707
4.8.40	Junge Liebe zwischen Trümmern	707
4.8.41	Der Jungherr von Strammin [Junger Herr – ganz groß]	707
4.8.42	Der Kindernarr	708
4.8.43	Der kleine Jü-Jü und der große Jü-Jü	708
4.8.44	Kleiner Mann, großer Mann – alles vertauscht oder Max Schreyvogels Last und Lust des Geldes	708
4.8.45	Kleiner Mann – was nun?	709
4.8.46	Die Kuh, der Schuh, dann du	715
4.8.47	Der Kutisker-Roman	715
4.8.48	Länge der Leidenschaft	715
4.8.49	Lüttenweihnachten	715

4.8.50	Der Maler	716
4.8.51	Ein Mann will hinauf. Die Frauen und der Träumer [Ein Mann will nach oben].	716
4.8.52	Märchen vom Stadtschreiber, der aufs Land flog.	716
4.8.53	Märchen vom Unkraut.	716
4.8.54	Meine Ahnen.	717
4.8.55	Mit Metermaß und Gießkanne.	717
4.8.56	Oma überdauert den Krieg.	717
4.8.57	Osterfest 1933 mit der SA	717
4.8.58	Pechvogel und Glückskind.	717
4.8.59	Pfingstgruß an Achim	717
4.8.60	Der Pleitekomplex.	717
4.8.61	Pogg, der Feigling	718
4.8.62	Der Pott in der U-Bahn	718
4.8.63	Ein Roman wird begonnen.	718
4.8.64	Sachlicher Bericht über das Glück, ein Morphinist zu sein.	718
4.8.65	Die schlimme Tochter	718
4.8.66	Strafgefangener, Zelle 32.	718
4.8.67	Der Strafentlassene.	719
4.8.68	Die Stunde eh' du schlafen gehst.	719
4.8.69	Swenda, ein Traumtorso oder Meine Sorgen.	719
4.8.70	Der Trauring.	719
4.8.71	Der Trinker	719
4.8.72	Der ungeliebte Mann.	720
4.8.73	Unser täglich Brot	720
4.8.74	Unterprima Totleben.	720
4.8.75	Die Verkäuferin auf der Kippe	720
4.8.76	Die verlorenen Grünfinken	721
4.8.77	Vom Entbehrlichen und vom Unentbehrlichen	721
4.8.78	Vor allem die Jugend retten	721
4.8.79	Wer einmal aus dem Blechnapf frißt	721
4.8.80	Wie ich Schriftsteller wurde [Meine lieben jungen Freunde]	722
4.8.81	Wir hatten mal ein Kind.	722
4.8.82	Wizzel Kien. Der Narr von Schalkemaren	723
4.8.83	Wolf unter Wölfen.	723

VI.	Register	727
1.	Werke Falladas	727
2.	Personenregister.	730

Vorwort

Hans Fallada ist ein weithin unterschätzter, aber repräsentativer Autor der ‚Synthetischen Moderne' (1925-1955) – einer zweiten Phase der Moderne, die auf Kontinuitäten der Kultur von der Weimarer Republik über das Dritte Reich bis in die frühe Nachkriegszeit jenseits der politischen Einschnitte beruht: Fallada publizierte unter den Bedingungen der Zensur im Nationalsozialismus, ohne der sog. Inneren Emigration zuzugehören, dann in der Sowjetischen Besatzungszone, ohne ein Vertreter des Sozialistischen Realismus zu sein. Seine Werke sind dennoch weder als NS-Literatur noch als wie auch immer geartete Widerstandsromane zu verbuchen.

Dass man ihn unterschätzt, geht in erster Linie darauf zurück, in Fallada einen populären (Unterhaltungs-)Schriftsteller sehen zu wollen. Tatsächlich waren seine Erzählungen und Romane sehr erfolgreich, wie die hohen Auflagen und die weite Verbreitung in Zeitungen und Zeitschriften seit seinem Durchbruch mit dem Angestellten- und Arbeitslosenroman *Kleiner Mann – was nun?* (1932) ausweisen. Ganz ohne Anpassungen an die Publikationsbedingungen im Dritten Reich konnte das kaum gelingen. Bemerkenswert ist deshalb wiederum die internationale Renaissance seines Werks um 2010, nachdem die Literaturkritik (USA, England, Israel) seinen Zeitroman *Jeder stirbt für sich allein* (1947) als einen der ersten Widerstandsromane gegen das NS-Regime wiederentdeckt hatte. Im Frühjahr 2011 stand dieser Roman sogar auf der *Spiegel*-Bestseller-Liste.

Fallada erlangt solche Wertschätzung, weil seine Romane grundsätzlich das alltägliche Leben auch der ‚kleinen' Leute in den Blick nehmen, ohne dezidiert politisch sein zu wollen. Die konkrete Darstellung ihrer Sorgen und Sehnsüchte, aber auch ihrer Gemeinheiten, Schwächen und egoistischen Kalküle, ihrer Hoffnungen und Freuden schließt den Leser, allem Desolaten oder gar Verzweifelten ihres Lebens zum Trotz, unmittelbar an und spendet dadurch Trost und Zuversicht. In dieser Sinnstiftung, die nicht einfach gegen eine feindliche Wirklichkeit behauptet, sondern auf durchaus raffinierte Weise mit den Darstellungstechniken der literarischen Moderne herbeigeführt wird, besteht ein Kernelement der Synthetischen Moderne: Fallada ist damit modern genug, um bei den Autoren (Hermann Broch, Hermann Hesse, Friedo Lampe, Thomas Mann, Carl Zuckmayer) und Kritikern (Kurt Tucholsky) im Literaturbetrieb Anerkennung zu finden, ohne dass er seinen versierten Einsatz avantgardistischer Mittel noch hervorkehrt wie etwa Alfred Döblin in seinem Epochenroman *Berlin Alexanderplatz* (1929). Der alltagspragmatische Realismus seiner Romane fällt aber auch populär genug aus, so dass die verfahrenstechnische Virtuosität, die in der meist aufs Biografische abzielenden Forschung noch immer wenig erschlossen ist, dem Verständnis der Texte keine Hindernisse in den Weg legt, ja es geradezu erst ermöglicht.

Falladas Autorschaft seit 1930 repräsentiert demnach ein ebenso professionelles wie populäres Schreiben auf dem formgeschichtlichen Stand der deutschen wie der internationalen Literatur etwa eines Hemingway, Faulkner oder Céline. Er will damit einerseits ein möglichst breites Publikum erreichen, indem er dessen alltägliche Lebenswelt mit einem soziologischen, ethnologischen und phänomenologischen Blick auf die sozialen Umbrüche nach Erstem Weltkrieg und Hyperinflation, NS-Diktatur und in der unmittelbaren Nachkriegszeit mit genuin literarischen Mitteln erschließt. Dabei spielt die Entstehung neuer, prekärer ‚Mittelschichten' sowohl als Thema wie als Resonanzraum für dieses Schreiben die entscheidende Rolle. Anderseits demonstriert Falladas Erzählen, dass es auf dem *qui vive* der Errungenschaften der literarischen Moderne agiert, so dass die ubiquitäre Rede vom ‚volkstümlichen' Schriftsteller die tatsächliche Komplexität seiner Texturen verstellt.

Der außerordentlichen (auch internationalen) Bedeutung des Best- und Longsellers Fallada steht eine unübersichtliche und für große Teile seines Œuvres desolate Forschungslage gegenüber. Das Handbuch erschließt all dessen Facetten und bündelt die zersplitterte Forschungslandschaft zu einem der Qualität dieses Autors angemessenen Gesamtbild. Lange Zeit war die Forschung beherrscht von der spektakulären Biografie dieses Autors: von versuchtem Doppelselbstmord, Drogensucht, Gefängnis- und Sanatoriumsaufenthalten. Die Verfahrensweisen und die Geschichten seiner Texte, die sich in großen Romanen entfalten, finden erst seit den 2010er Jahren die gebührende Aufmerksamkeit. Insbesondere diesem Aspekt verschreibt sich vorliegendes Handbuch, indem es sich in literatur- wie kulturwissenschaftlichen Annäherungen mit allen relevanten Aspekten in Falladas Gesamtwerk auseinandersetzt. Das epochenübergreifende Gesamtbild dieses Autors entsteht aus der Verknüpfung von historischen und systematischen Perspektiven, indem auch die von der jüngeren Forschung zur Populärkultur seit der Weimarer Republik beeindruckten Arbeiten in die umfassende Erschließung und Kontextualisierung seines Werks eingehen.

Das Handbuch tritt damit nicht in Konkurrenz zu den jüngst erschienenen umfangreichen Biografien von Walther (2017) und Uzulis (2017), in denen die weitere Vertiefung der biografischen Kenntnisse eine herausragende Rolle spielt, während Werkuntersuchungen marginal bleiben. Es widmet sich vielmehr Falladas Schreiben in sämtlichen Phasen: Neben den Jahren des großen Erfolgs seit *Kleiner Mann – was nun?* und dem Spätwerk der 1940er Jahre werden erstmals auch seine expressionistischen Gedichte und die nachexpressionistischen und journalistischen Publikationen in den 1920er Jahren gewürdigt. Dies geschieht in Einzelartikeln zu allen großen Romanen und in Überblicksartikeln zu den Erzählungen, Märchen und Kinderbüchern und den sog. Unterhaltungsromanen während des Dritten Reichs. Die Hauptwerke Falladas werden in Untersuchungen zu ihrer Entstehungs-, Rezeptions- und Forschungsgeschichte, zu den dargestellten Geschichten und narrativen Verfahrensweisen wie zu ihrem literaturhistorischen Ort abgehandelt.

Das Handbuch ist in drei Kapitel gegliedert, die noch einmal in einzelne Abschnitte unterteilt sind. Der erste Abschnitt des ersten Kapitels behandelt Fallada in seiner Zeit, geht den Orten nach, an denen er sich aufgehalten hat, den Personen und Konstellationen, die für ihn wichtig geworden sind. Der zweite Abschnitt im ersten Kapitel behandelt die Traditionen und diskursiven Voraussetzungen, die für Falladas Arbeiten wichtig geworden sind: poetologische und epochale Kontexte wie sozial-, mentalitäts- und mediengeschichtliche Hintergründe vom Realismus über den Expressionismus bis zur nachexpressionistischen Konstellation seit den 1920er Jahren, auf die Fallada in eingeständiger Weise mit seinen Romanen reagiert.

Das zweite Kapitel handelt alle Werke Falladas ab: sei es in Einzeldarstellungen zu den großen Romanen, sei es in Überblicksartikeln zu den Erzählungen und sog. Unterhaltungsromanen während des Dritten Reichs. Gegliedert ist dieses Kapitel nach hinführenden Beiträgen zu übergeordneten Gesichtspunkten in werkchronologischer

Perspektive: vom expressionistischen Jugendwerk über die avantgardistischen Ambitionen in den 1920er Jahren zu den Durchbruchsromanen seit Anfang der 1930er Jahre. Einen besonderen Akzent setzt das Handbuch damit, Fallada als Film- und als Literaturkritiker ernst zu nehmen. Dies schärft den Blick für seine Professionalität als Medienarbeiter.

Das abschließende dritte Kapitel rekonstruiert die Wirkung Falladas von den zeitgenössischen Urteilen bis zur Fallada-Forschung des 21. Jahrhunderts. Dabei werden die Anverwandlungen in anderen Künsten und Medien (Film, Fernsehen, Theater, Hörspiel, Hörbuch) ebenso wie die weltweiten Übersetzungen dargestellt, um so die universale Resonanz dieses Werks zu dokumentieren.

Eine Zeittafel im Anhang unterstützt den Leser bei der Lektüre der Einzelbeiträge, indem sie einen auch werkbiografischen Gesamtüberblick gibt. Die ausführliche Bibliografie der Primärtexte versammelt alle ermittelbaren Informationen zu Fallada, insbesondere, was die breitenwirksamen Vorabdrucke in Zeitungen und illustrierten Zeitschriften und die noch eher unbekannte publizistische Tätigkeit Falladas angeht, nicht zuletzt die Briefwechsel. Die umfangreiche Bibliografie der Sekundärliteratur (Stand Juli 2018) erschließt erstmals in dieser Breite die zeitgenössische Rezeption seiner Romane: Bei den Nachweisen der Forschung ist sie systematisch geordnet und soll somit eine gezielte Suche (etwa nach den vorliegenden Beiträgen zu einzelnen Werken auch in Sammelbänden) ermöglichen.

Das Handbuch wäre ohne vielfältige Unterstützung – von Hilfskräften, Kollegen und Freunden – nicht entstanden; ihnen allen haben wir zu danken. Den Beiträgern danken wir nicht nur für das vielfältige Wissen, das mit ihrer Hilfe hier versammelt werden konnte, sondern auch für ihre Geduld. Vor allem danken wir Frau Dr. Manuela Gerlof, die das Projekt mit großem Interesse aufgenommen und es während seiner langjährigen Entstehung stets unverdrossen unterstützt hat. Über ihre Arbeit an der Bibliografie hinaus haben uns insbesondere Hannes Gürgen M. A., Dr. Alice Hipp und Kristina Kapitel M. A. in herausragender Weise beigestanden: durch ihre akribischen Recherchen im Archiv der Hans Fallada Gesellschaft (HFA) und die prompte Bereitstellung eines mühsam, insbesondere auch durch umfassende Fernleihen erschlossenen Materials, bei dem sie vor allem jederzeit den Überblick behalten haben. Ohne diesen meist unentgeltlichen Einsatz hätten wir auch unsere eigenen Beiträge kaum in den engen Zeitkorridoren, die uns aufgrund unserer akademischen Verpflichtungen ohne Ausstattung auferlegt sind, verfassen können. Bei den Korrekturlektüren hat uns darüber hinaus Frau Sarah Gari M. A. wertvolle Hilfe geleistet. Ihnen allen sei für Ihren Beitrag zu vorliegendem Werk gedankt.

München / Karlsruhe, im Juli 2018   Die Herausgeber

I. Fallada in seiner Zeit

1. Leben: Phasen – Orte – Begegnungen

1.1 Falladas Leben im historischen Kontext
Jenny Williams

Der Schriftsteller Hans Fallada fand seinen Namen 1919 in der Märchenwelt der Gebrüder Grimm: Hans, der sorglose Optimist aus dem Märchen *Hans im Glück*, und Fal(l)ada, das sprechende Pferd in *Die Gänsemagd*, das auch nach dem Tode noch die Wahrheit verkündet. Damals ahnte er nicht, dass er später selber Märchen schreiben würde, und zwar als Überlebensstrategie zu einer Zeit, in der Optimismus fehl am Platz und die Wahrheit unerwünscht war.

Jugendjahre – Adoleszenz – Lehrzeit

Im Frühjahr 1919 war Hans Fallada, der mit bürgerlichem Namen Rudolf Ditzen hieß, voller Hoffnung, denn er stand kurz vor der Erfüllung eines langgehegten Wunschtraumes: Sein erster Roman *Der junge Goedeschal* sollte ein Jahr später im Verlag Ernst Rowohlt erscheinen. Doch der Name Rudolf Ditzen durfte nicht auf dem Einband stehen, denn acht Jahre zuvor war dieser Name deutschlandweit durch die Presse gegangen, als er seinen besten Freund in einem gescheiterten Doppelselbstmordversuch ums Leben brachte. Infolgedessen wurde im Oktober 1911 ein Haftbefehl wegen Mordes gegen ihn erlassen. Der achtzehnjährige Ditzen plädierte auf Strafunmündigkeit wegen verminderter Zurechnungsfähigkeit, und die Mordanklage wurde fallengelassen. Er sei nur heil davon gekommen, hieß es an verschiedenen Stellen, weil sein Vater ein hohes Amt im Reichsgericht in Leipzig innehatte. Statt ins Gefängnis kam der als ‚geistig krank' eingestufte Ditzen in eine Heil- und Pflegeanstalt für Nerven- und Gemütskranke in Thüringen. Dieser Episode hat er seinen Schriftstellernamen zu verdanken.

Rudolf Wilhelm Adolf Ditzen wurde am 21. Juli 1893 als drittes Kind und erster Sohn des Landrichters Wilhelm Ditzen und seiner Frau Elisabeth Ditzen (geb. Lorenz) in Greifswald geboren. Behütet und geliebt wuchs er in einer wohlhabenden Familie auf, die 1899 nach Berlin und 1909 nach Leipzig umzog, als der ehrgeizige und fleißige Vater eine steile Karriere im Rechtswesen des wilhelminischen Deutschlands machte.

Schon früh gab es Anzeichen dafür, dass dieser Richtersohn sich den geltenden Gesetzen und Sitten nicht fügen würde bzw. nicht fügen konnte. Ein erster Plan, mit einem Schulkameraden in Berlin auszureißen und zur See zu fahren, wurde im letzten Augenblick von den Eltern vereitelt. Kurz nach dem Umzug nach Leipzig im April 1909 hatte Ditzen ein schweres Fahrradunglück, an dessen Folgen er monatelang litt. Dieses Erlebnis untergrub den religiösen Glauben des frisch Konfirmierten, dessen Gedanken sich zunehmend um Selbstmord drehten. Im Sommer 1910 wurde nach seiner Rückkehr von einer Wandervogelfahrt nach Holland Typhus bei ihm diagnostiziert. Diese Krankheit stürzte ihn in eine tiefe Depression und führte zu den ersten Selbstmordversuchen. Er schrieb obszöne Briefe und musste nicht nur die Schule, sondern auch Leipzig verlassen. Er kam nach Rudolstadt, dort gipfelte 1911 die Krise in dem oben erwähnten Doppelselbstmordversuch.

Um den Unannehmlichkeiten des Alltags zu entgehen, flüchtete sich Rudolf Ditzen schon früh in die Welt der Literatur. Die Schiffbrüche seines jungen Lebens meisterte er mit Robinson Crusoe, eine abenteuerliche Insel suchte er mit Jim Hawkins auf, und mit David Copperfield erlebte er Armut und Wohlstand und deren Auswirkungen in einer modernen Industriegesellschaft. 1910, mit siebzehn Jahren, hatte er seiner Tante Ada, der Schwester seines Vaters, seinen Wunsch anvertraut, Schriftsteller zu werden. Ditzens späterer Verleger und Freund, Ernst Rowohlt, hatte schon 1909 einen Verlag in Leipzig gegründet, doch es dauerte noch zehn Jahre, bis er Ditzen persönlich kennen lernte. In der Zwischenzeit schrieb Ditzen Gedichte, Übersetzungen und Kurzprosa.

Während er in der Thüringer Heil- und Pflegeanstalt lebte, unterstützte ihn seine Tante Ada bei der Übersetzungsarbeit. Diese Tante, Adelaide Ditzen, war mit dem französischen Schriftsteller Romain Rolland bekannt und ermutigte ihren Neffen, Rollands Werke zu übersetzen. Als sich herausstellte, dass die Rechte schon vergeben waren, bot Ditzen in den folgenden Jahren einer Reihe von Verlagshäusern Übersetzungen anderer Autoren sowie eigene Gedichte an.

Nach seiner Entlassung aus der Pflegeanstalt im September 1913 machte er eine Ausbildung in der Landwirtschaft und arbeitete auf Gütern in Thüringen und Hinterpommern. 1914 meldete er sich freiwillig zum Militärdienst, wurde aber nach zwölf Tagen als untauglich eingestuft und kehrte zur Landwirtschaft zurück. Im März 1916 trat er eine Bürostelle in der Landwirtschaftskammer in Stettin an, wo er mit der Organisation der Lebensmittelproduktion während des Krieges zu tun hatte. Doch in der Provinz hielt er es nicht lange aus. Ende 1916 gelang es ihm, eine Arbeit in der neugegründeten Kartoffelbaugesellschaft mbH. in Berlin zu finden. Berlin bezeichnete Ditzen gegen Ende seines Lebens als „diese Stadt […], die allein ich als meine Heimat empfinde, wenn ich auch nicht in ihr geboren bin" (Fallada 1973, 195).

Der Aufenthalt in Berlin vom November 1916 bis Juni 1919 sollte den weiteren Verlauf seines Lebens bestimmen – im Guten wie im Schlechten. Er nahm seine Schriftstellerei wieder auf, fand aber keinen Verleger für seine Übersetzungen, was eigentlich kein Wunder war, denn im Krieg fand die Literatur des Feindes keinen Markt. Auch seine am Vorkriegsexpressionismus orientierte Lyrik entsprach dem Geschmack einer Leserschaft nicht mehr, die den Krieg im Schützengraben oder die Entbehrungen der Kriegswirtschaft im eigenen Lande erlebt hatte. Im Frühsommer 1917 verliebte sich Ditzen Hals über Kopf in eine Dänin, Anne Marie (‚Annia') Seyerlen (1885–1971), deren Mann ein Waffenbruder von Ernst Rowohlt war. Mit ihrer Unterstützung fing er an, einen Roman mit dem Arbeitstitel *Leiden eines jungen Mannes in der Pubertät* zu schreiben. Ditzen gelang es sogar, den Vater zu überreden, ihm ein „schriftstellerisches Versuchsjahr" (Ditzen 1918) zu finanzieren, das am 1. Juli 1918 begann.

Nun schien sich alles für ihn zum Positiven gewendet zu haben: die große Liebe, der erste Roman, keine finanziellen Sorgen. Doch – wie so oft in seinem Leben – blieb ihm das Glück gerade dann, als es ihm zuzulächeln schien, nicht lange treu: Sein junger Bruder Uli, das Lieblingskind der ganzen Familie, fiel am 12. August 1918 an der Westfront. Ulis Tod stürzte Ditzen in eine noch tiefere Krise, in der er Trost in Morphium und gelegentlich Kokain suchte. Sowohl seine Drogenabhängigkeit, die

Wirren des Kriegsendes, die Aussicht, dass Annias Mann bald aus dem Krieg zurückkehren würde, was das Ende ihrer Beziehung bedeuten würde, als auch der Zweifel an der eigenen literarischen Begabung gipfelten in einem weiteren Selbstmordversuch am 30. Januar 1919.

Frühe Romane, anhaltende Krisen: die 1920er Jahre

Als sein erstes Buch, *Der junge Goedeschal. Ein Pubertätsroman*, im Januar 1920 bei Rowohlt erschien, befand sich der junge Autor Hans Fallada in der Heilanstalt Carlsfeld bei Halle, wo er eine Rauschgiftentziehungskur machte. Im Juni 1920 verließ er die Heilanstalt und suchte Unterschlupf auf dem Lande bei Johannes Kagelmacher, den er in seiner Stettiner Zeit kennengelernt hatte. Kagelmacher, ein wahrer Freund, meinte es sicher gut mit Ditzen, versuchte ihn aber dem Rauschgift dadurch zu entwöhnen, dass er es durch eine gesellschaftlich akzeptablere Droge, den Alkohol, ersetzte. Die Folgen dieser Behandlung waren genauso absehbar wie verheerend – Ditzen wurde Alkoholiker.

Die ‚goldenen' 1920er Jahre brachten Ditzen weder glanzvolles Amüsement noch literarischen Erfolg, sondern zwei Freiheitsstrafen wegen Unterschlagungen, denn sein Einkommen in der Landwirtschaft reichte nicht aus, um seinen Bedarf nach Drogen und Alkohol zu befriedigen. Seine literarischen Ambitionen gab er allerdings nicht auf: 1923 erschien sein zweiter Roman *Anton und Gerda*, 1925 wurde seine erste Kurzgeschichte veröffentlicht. 1924 verbüßte Ditzen seine erste Gefängnisstrafe, kurz danach erschien ein kritischer Aufsatz von ihm in der Zeitschrift *Das Tage-Buch* über die Gefängnispolitik. Er konzipierte auch einen Roman zu dem Thema, der erst 1934 unter dem Titel *Wer einmal aus dem Blechnapf frißt* erscheinen sollte. Während seines ersten Aufenthalts hinter Gittern stellte Ditzen fest, dass eine Gefängniszelle ein durchaus geeigneter Ort zum Schreiben war.

Im Frühjahr 1926 wurde er wegen Unterschlagung in vier Fällen zu weiteren zwei Jahren und sechs Monaten Gefängnis verurteilt und anschließend in das Zentralgefängnis Neumünster eingewiesen. Im Laufe dieser Haftzeit konnte er sich endlich von der Drogensucht und dem Alkoholismus befreien, die ihn seit 1918 begleitet hatten. Daraus zog er den Schluss, dass sich ein Gefängnis besser als eine Klinik zur erfolgreichen Entwöhnung eignete.

Die Entscheidung, nach seiner Entlassung sein Glück im Sommer 1928 in Hamburg zu suchen, schien zunächst ein Fehler gewesen zu sein, denn er konnte sich mit Adressenschreiben und anderen Tipparbeiten kaum über Wasser halten. Am 13. Oktober, dem Tag, an dem er nach Neumünster zurückkehren wollte, wo er wenigstens auf die Unterstützung des Gefängnisdirektors zählen konnte, lief ihm Anna Margarete („Suse") Issel über den Weg. Ditzen, der über den Guttemplerorden (einen Abstinenzlerverein) die Familie Issel kennengelernt hatte, durfte seine letzten zwei Wochen in Hamburg in Suses Zimmer verbringen, da sie zur Kur war. Die beiden lernten sich erst kennen, als Ditzen schon zum Aufbruch bereit war und Suse gerade von ihrer Kur nach Hause kam. Diesem Zufall verdankte Ditzen viel. Fast fünfzehn Jahre später erinnerte sich Hans Fallada an diese Begegnung: „War es nun Liebe auf den ersten Blick, oder war sonst etwas Rätselhaftes dabei, jedenfalls fuhr ich in einer völlig veränderten Stimmung [nach Neumünster]" (Fallada 1982, 343). Das unverhoffte Liebesglück half Ditzen über seine trübe Existenz als Abonnenten- und Annoncenwerber in der trostlosen Industriestadt Neumünster hinweg. Das Paar verlobte sich am 26. Dezember 1928; sie heirateten im darauffolgenden April. Inzwischen hatten Ditzens Eltern sich bereit erklärt, dem schwarzen Schaf der Familie eine Chance zu geben, indem sie 2 000 Reichsmark in das neue Büro des Wirtschafts- und Verkehrsvereins investierten, das ihr Sohn seit März 1929 leitete.

In Neumünster hatte Ditzen, mittlerweile fünfunddreißig Jahre alt, zum ersten Mal ein eigenes Zuhause, konnte Liebe und Gesellschaft genießen. Er schrieb journalistische Arbeiten und nahm wieder Kontakt zu Ernst Rowohlt auf, denn der große Traum, Schriftsteller zu werden, ließ ihn nicht los. In Neumünster erlebte Ditzen die ersten Auswirkungen der Weltwirtschaftskrise, die sich nicht nur in der steigenden Arbeitslosigkeit in der Stadt, sondern auch in der wachsenden Not auf dem Lande und der daraus hervorgehenden Landvolkbewegung ausdrückten. Eine politische Demonstration, in deren Verlauf etliche Bauern verletzt wurden, führte im August 1929 zu einem Boykott der Stadt. Kurz danach kündigte Ditzen in einem Brief an Ernst Rowohlt einen neuen Roman an, der auf seinen Erlebnissen in Neumünster beruhte, und im Herbst erschienen zwei Artikel von ihm über den Bauernprozess, dem er im Oktober als Journalist beigewohnt hatte.

Zeit des Durchbruchs um 1930

Inzwischen wurde Suse schwanger, was anscheinend Rowohlt dazu bewegte, Ditzen in einem Brief am 20. Dezember 1929 ein ganz besonders willkommenes Angebot zu machen: eine Anstellung als Leiter der Rezensionsabteilung in seinem Verlag in Berlin. Ditzen musste nur fünf Stunden pro Tag im Büro arbeiten, die restliche Zeit sollte er sich seinem neuen Roman widmen. Zum ersten Mal in seinem Leben fand Ditzen Arbeit im Literaturbetrieb, und noch dazu in seiner Lieblingsstadt Berlin – ein traumhaftes Weihnachtsgeschenk!

Durch die Arbeit für den Rowohlt Verlag stand er mitten im Kulturleben der Hauptstadt, der Umgang mit Autoren, Lektoren und Kritikern gehörte zu seinem Alltag. Im März 1930 wurde sein erster Sohn geboren, den er nach dem 1918 gefallenen Bruder Uli nannte, vier Monate später wurde der neue Roman *Bauern, Bonzen und Bomben* fertig. Ein Vorabdruck in der Wochenzeitschrift *Die Kölnische Illustrierte* brachte die hohe Summe 4 000 Reichsmark ein; als die Buchausgabe 1931 erschien, wurde Fallada von namhaften Kollegen wie Hermann Hesse und Robert Musil gelobt. Sie bewunderten den speziellen Realismus des Romans, schätzten den Humor und den Erzählstil. Kurt Tucholsky bezeichnete den Roman als „ein politisches Lehrbuch der Fauna Germanica, wie man es sich nicht besser wünschen kann" (Tucholsky 1931, 481). Tatsächlich hatte Ditzen ein äußerst politisches Buch geschrieben, in dem er die Schwächen der jungen Demokratie bloßlegte und die Kräfte beschrieb, die sie von allen Seiten bedrohten. Mit diesem Werk etablierte sich Hans Fallada als sozialkritischer Autor, als Chronist der kleinen Leute und ihrer Schicksale, die von den wirtschaftlichen und gesellschaftlichen Krisen der späten zwanziger und frühen dreißiger Jahre am ärgsten getroffen waren.

Obwohl *Bauern, Bonzen und Bomben* kein Bestseller wurde, sorgte der Roman doch dafür, dass Hans Fallada sich als Verfasser von Rezensionen, Artikeln und Kurzgeschichten einen Namen machen konnte. Nun wollte er den Roman, den er nach seinem ersten Gefängnisaufenthalt konzipiert hatte, fertigschreiben, darüber hinaus schwebte ihm auch ein Arbeitslosenroman vor. Als sich die allgemeine Wirtschaftslage weiter verschlechterte, musste der Rowohlt Verlag im August 1931 seine Zahlungen einstellen. Ditzen handelte einen Vertrag mit Rowohlt aus, der einen Vorschuss für seinen Arbeitslosenroman beinhaltete; im Oktober 1931 wurde er freier Schriftsteller.

Mitte März 1932 lieferte Hans Fallada sein Manuskript, das inzwischen *Kleiner Mann – was nun?* hieß und mit großer Begeisterung von Rowohlt und seinem Lektor Paul Mayer aufgenommen wurde. Die Begeisterung war nicht fehl am Platz, denn dieser Roman, der den Nerv der Zeit traf, wurde ein Bestseller in Deutschland. Damit leistete Ditzen einen bedeutenden Beitrag zur Rettung des Rowohlt Verlags. Gleichzeitig wurde der Schriftsteller Hans Fallada weit über die Grenzen Deutschlands hinaus bekannt – und zudem ein reicher Mann. Die Ditzens konnten sich einen langen Sommerurlaub an der Ostsee und ein neues Heim in Berkenbrück an der Spree am östlichen Rande Berlins leisten, einem ruhigen Ort, der weit entfernt von den täglichen politischen Unruhen der Hauptstadt lag. Dort mieteten sie im November 1932 die ganze obere Etage einer Villa, deren weitläufiger Garten hinter dem Haus zur Spree hinunterlief. Hier hatte Ditzen zum ersten Mal ein eigenes Arbeitszimmer. Seine Frau war inzwischen wieder schwanger, und die Familie genoss die frische Luft und die Ruhe des Landlebens. In Berkenbrück gefiel es ihnen so gut, dass sie ihren verarmten Wirtsleuten ein Kaufangebot für das Haus und Grundstück unterbreiteten, ein Angebot, das für beide Seiten vorteilhaft war, und die Wirtsleute willigten in diesen Vorschlag ein.

Obwohl es Ditzen im persönlichen wie im beruflichen Leben außerordentlich gut ging, konnte er das Elend um sich herum doch nicht übersehen. Die Berufung Hitlers zum Reichskanzler am 30. Januar 1933 leitete eine Kampagne gegen Andersdenkende ein, die sich nach dem Reichstagsbrand am 27. Februar verschärfte: Gegner des Nazi-Regimes wurden verhaftet, die Schutzhaft – eine Art Internierung auf ungewisse Zeit – wurde eingeführt sowie die Todesstrafe für sogenannte Sabotageakte. Gerade zu dieser Zeit arbeitete Ditzen an der Verfilmung von *Kleiner Mann – was nun?* mit Berthold Viertel und Kurt Weill, die beide nach dem Reichstagsbrand jedoch ins Ausland flohen. Ditzen gelang es, sich aus dem Filmprojekt zurückzuziehen, und er kehrte erleichtert zu seiner glücklichen Familie in der ruhigen Villa an der Spree zurück.

Doch auch ihm, der sich als unpolitisch verstand, blieben die Auswüchse des Naziterrors nicht erspart. Kurz vor Ostern 1933 wurde er von der SA in Schutzhaft genommen und der Verschwörung gegen die Person des Führers bezichtigt. Abermals hinter Gittern nahm Ditzen die Arbeit an dem Gefängnisroman wieder auf. Erst nach zehn Tagen gelang es Rowohlt und Suse, Ditzen freizubekommen. Es stellte sich heraus, dass er auf Grund einer Denunziation seiner Wirtsleute verhaftet worden war, die sich dadurch erhofften, ihr hoch verschuldetes Eigentum wieder schuldenfrei in Besitz nehmen zu können. Schockiert über dieses Unrecht wollte der Juristensohn Ditzen alle Verträge mit den Wirtsleuten kündigen und die Schuldigen auf die Strasse setzen. Er musste aber feststellen, dass seine Auffassung von Recht und Ordnung in Deutschland nicht mehr gültig war: Ein solches Vorgehen hieße, „die Notlage eines Volksgenossen ausnutzen zu wollen", was „gegen ein nationalsozialistisches Grundprinzip" verstoßen würde (Fallada 2009, 72). Mit anderen Worten: Jeder, der kein Nazi war, hatte keine Rechte mehr.

Suse, die nun Zwillinge erwartete, brachte ihren Mann und ihren Sohn in ein ruhiges Hotel in der Märkischen Schweiz. Ditzens Nerven waren am Ende, Mitte Mai erlitt er, wie er an seinen Freund Johannes Kagelmacher schrieb, „einen völligen Nervenzusammenbruch". Dabei „treten Erscheinungen auf wie ich sie im Alter von zwanzig Jahren hatte nach einem großen Ereignis, von dem Sie wissen" (Ditzen 1933a). Die Ursachen dieser Krankheit waren nicht nur in den persönlichen Problemen Ditzens zu suchen, sondern auch in den politischen Umwälzungen im Lande. Die antisemitische Hetze hatte Folgen für enge Freunde wie Lore Soldin sowie für den Lektor Paul Mayer und andere Rowohlt-Autoren. Die Bücherverbrennung betraf Hans Fallada nicht direkt – offiziell hatte er erst zwei Romane geschrieben: der erste eine Kritik an der den Nazis verhassten Weimarer Republik und der zweite eine eher unpolitische Erzählung. Doch einen Büchernarren und Liebhaber der deutschen humanistischen Tradition ließ die Verbrennung von Büchern nicht unberührt. Und viele der Zeitschriften und Zeitungen, die seine Artikel und Kurzgeschichten gedruckt hatten, mussten ihre Türen schließen oder wurden gleichgeschaltet. Kein Wunder, dass dieser höchst sensible Mann, dieser „Seismograph gesellschaftlicher Krisen" (Thöming 1975, 97), verzweifelte.

Erst in der dritten Juniwoche hatte sich Ditzen soweit erholt, dass er mit seiner Familie nach Berlin zurückziehen konnte. Doch das Jahr 1933 hatte noch einen schweren Schlag für ihn bereit: Eins von den zwei Mädchen, die Suse am 18. Juli zur Welt brachte, starb an einer Gehirnblutung kurz nach der Geburt. Suse erholte sich nur langsam von der Entbindung und kam erst im September aus der Klinik. Bis dahin hatte Ditzen ein neues Zuhause gefunden: „ein richtiges altes Gutshaus, urgemütlich, mit elektrischem Licht, sieben Zimmern, die durch Ausbau des Dachgeschosses leicht auf neun erhöht werden können", wie er seinen Eltern am 22. Juli schrieb (Ditzen 1933b). Dieses Haus und das dazugehörige Grundstück, das Ditzen dank des Erfolgs von *Kleiner Mann – was nun?* kaufen konnte, befand sich in idyllischer Lage im mecklenburgischen Fischerdorf Carwitz. Hier versprach sich Ditzen Ruhe zum Schreiben und sah auch die Möglichkeit, den eigenen Hof zu bewirtschaften. Weit weg von den politischen Turbulenzen in Berlin und den Versuchungen der Hauptstadt wollte er seiner durch die Ereignisse der letzten Monate strapazierten Familie frische Luft, ein harmonisches Leben und geordnete Verhältnisse bieten. In Carwitz wähnte er sich sicher vor den schlimmsten Auswüchsen des Naziregimes.

Der Erfolgsautor und das Dritte Reich

Bald sollte Ditzen aber merken, dass kein Schriftsteller der neuen Kulturpolitik entfliehen konnte. Sein Gefängnisroman *Wer einmal aus dem Blechnapf frißt*, der im März 1934 erschien, stieß auf schärfste Kritik – trotz eines anbiedernden Vorwortes und eines beigelegten „Briefs" von „Fallada" an seinen Verleger, in dem er sein nächstes Buch als „ein schöneres, ein reiferes, ein reicheres" in Aussicht stellte (Fallada 2008, 143). Aber auch dieser schon bald erscheinende Roman, *Wir hatten mal ein Kind*, den Ditzen als sein bestes Buch betrachtete, wurde im Herbst 1934 wieder von der Kritik verrissen.

Die Frage ‚was nun?' beantwortete er mit seinem ersten Band von Kindergeschichten unter dem Titel *Hoppelpoppel, wo bist du?* Ditzen war nicht nur ein Büchernarr, sondern auch ein Kindernarr. Mit dem Schreiben von Kindergeschichten und Märchen schuf er sich eine Welt, in der er seinen humanistischen Grundsätzen freien Lauf lassen konnte. Außerdem erwiesen sich seine Kinderbücher als eine willkommene Einkommensquelle während der Nazizeit, als seine Veröffentlichungsmöglichkeiten immer mehr eingeschränkt wurden.

Die Angriffe auf sein Werk, die kulturpolitischen sowie antisemitischen Maßnahmen der Nazis, die Freunden und Bekannten drohten, sowie sein schwindendes Einkommen führten Anfang Mai 1935 zu einem erneuten Nervenzusammenbruch. Kaum hatte er sich davon erholt, wurde er aufgrund des Manuskripts seines nächsten Romans *Altes Herz geht auf die Reise* zum ‚unerwünschten Autor' erklärt. Ihm schwebte vor, nach London oder Kopenhagen zu emigrieren. Englischstunden gab er ja schon seit Anfang des Jahres im Familienkreis in Carwitz. Als sein Status als ‚unerwünschter Autor' im frühen Dezember 1935 wieder aufgehoben wurde, lag er in der Klinik von Willi Burlage, einem alten Schulfreund aus Leipzig, wo er wegen schwerer Depressionen bis Anfang Februar 1936 in Behandlung blieb.

Als *Altes Herz geht auf die Reise* im Frühjahr 1936 in den Buchhandel kam, ging die Hetze gegen Hans Fallada wieder los. Diesmal reagierte Ditzen darauf, indem er den Besitz in Carwitz zum Verkauf anbot: Emigration stand nun ganz oben auf der Tagesordnung. Doch allein der Gedanke an Emigration, das Aufgeben von allem Erreichten, die Angst, in der Fremde nicht zurechtzukommen, stürzten ihn in eine neue Depression; Anfang Mai suchte er Burlages Klinik wieder auf.

Mit der Übersetzung von Clarence Days *Life with Father* ins Deutsche verfolgte Ditzen im Sommer 1936 eine neue Überlebensstrategie: die Übersetzung englischsprachiger Texte. Er arbeitete auch an einem zweiten Band Kindergeschichten. Als sich kein Käufer für das Carwitzer Anwesen meldete, gaben Ditzens den Gedanken an Emigration wieder auf: „[D]er Gedanke, in fernem Lande zu leben, wo wir so an Deutschland hängen, wo ich mich eigentlich nur in Norddeutschland wohlfühle, ist mir wie Suse gleich unsympathisch" (Ditzen 1935).

Dann geschah 1937 etwas ganz Unerwartetes: Ditzen gelang es, mit *Wolf unter Wölfen* einen Roman zu schreiben, der den eigenen künstlerischen Ansprüchen genügte und gleichzeitig ein Erfolg bei der Kritik wurde. Dieses Buch, das die Auswirkungen der Inflation 1923/24 in vielen Schichten der Gesellschaft beschrieb, stellte eine Rückkehr zum sozialkritischen Realismus und zu denjenigen Themen dar, die Ditzen am Herzen lagen. Da den nationalsozialistischen Kulturbehörden jede Kritik an der verhassten Weimarer Republik willkommen war, hatten sie an diesem Roman zunächst wenig auszusetzen.

Dank dieses Erfolgs bekam Ditzen im Herbst eine Einladung, an einem Filmprojekt der Tobis Industrie GmbH (Tiges) teilzunehmen: Erzählt werden sollte die Geschichte einer deutschen Familie von 1914 bis 1933. Dadurch kam er mit dem Schauspieler Emil Jannings in Kontakt, einem Sorgenkind dieser Film-Gesellschaft, deren Direktor Carl Froelich verzweifelt nach einer passenden Rolle für seinen Star suchte. Ditzen ging mit Begeisterung ans Werk – er war sowohl von Jannings als auch von dem vorgeschlagenen Stoff vom ‚eisernen Gustav' begeistert. Dieser Gustav Hackendahl war ein alter Berliner Droschkenkutscher, der sich weigerte, auf Autotaxen umzusteigen und der deshalb 1928 eine medienwirksame Fahrt mit seiner Pferdedroschke nach Paris unternommen hatte. Wenn Ditzen gewusst hätte, dass Joseph Goebbels persönlich hinter diesem Filmprojekt stand, wäre er wohl weniger begeistert gewesen.

Ditzen schrieb einen realistischen, sozialkritischen Roman, der zwar vor dem Ersten Weltkrieg einsetzte, aber bereits 1928 kurz nach Gustav Hackendahls Rückkehr aus Paris endete. Daraufhin meldete sich Goebbels zu Wort und bestand darauf, dass Hans Fallada die Geschichte bis 1933 unter Berücksichtigung des Aufstiegs des Nationalsozialismus weiter schreiben solle. „Wenn Fallada heute noch nicht weiß, wie er zur Partei steht, so weiß die Partei, wie sie zu Fallada steht", soll Goebbels auf Ditzens Einwand reagiert haben, er kenne sich in der Geschichte des Nationalsozialismus zu wenig aus, um die Handlung bis 1933 weiterzuführen (Fallada 2009, 170).

Dieser Schriftsteller, der sich in seinem Werk, auch in *Der eiserne Gustav*, für Menschlichkeit und Anständigkeit einsetzte, war nicht in der Lage, seinen Grundsätzen treu zu bleiben und dem Druck zu widerstehen: Ditzen kapitulierte und führte den Befehl von Goebbels aus. Dabei hatte er zwar ein schlechtes Gewissen, aber er schrieb später über diese Entscheidung: „[D]ie Welt kotzte mich an, ich mich selbst aber noch mehr" (ebd., 171). Letztendlich wurde das Filmprojekt Opfer innerparteilicher Konflikte und Rivalitäten, und der Roman, der im Herbst 1938 erschien, verschwand schnell aus den Fenstern der Buchläden. Hans Fallada war wieder unerwünscht.

Ernst Rowohlt, der im Sommer 1938 Publikationsverbot erhalten hatte, machte zu dieser Zeit Pläne, nach Brasilien auszuwandern. Für Ditzen war es nun auch so weit: Der Londoner Verleger von Hans Fallada, Putnam, traf Vorkehrungen, die Ditzens in Hamburg einschiffen zu lassen. In London hielten sich schon viele deutsche Schriftsteller auf, z. B. Stefan Zweig, Alfred Kerr und Elias Canetti. Lore Soldin, eine langjährige Freundin der Ditzens, beschloss, nach England auszuwandern, wo ihre Tochter Eva sich mit ihrer Familie niedergelassen hatte. In London wartete schon eine Reihe deutscher Gesprächspartner und Schriftstellerkollegen auf Ditzen. Doch im letzten Augenblick, als die ganze Familie schon vor gepackten Koffern in Carwitz stand, konnte Ditzen es nicht übers Herz bringen, seine Heimat zu verlassen.

Die Entscheidung gegen die Emigration hatte eine Reihe von Folgen. Ditzen, der Kindernarr, freute sich sehr darüber, dass seine Frau sich bereit erklärte, noch ein Kind zu bekommen. Sein zweiter Sohn, Achim, wurde im April 1940 geboren. Für den Schriftsteller Hans Fallada waren die Folgen weniger erfreulich. Der Rowohlt Verlag war inzwischen von der parteieigenen Deutschen Verlags-Anstalt übernommen worden, und Ditzen fehlte der freundschaftliche Umgang mit Rowohlt und den Lektoren Paul Mayer und Franz Hessel, die alle Deutschland verlassen hatten. Er gehörte nicht mehr zu den bedeutenden Autoren seines Verlages und wurde dementsprechend behandelt. Seine Lieblingsthemen und vor allem seine Plädoyers für Anständigkeit und Menschlichkeit waren nicht mehr erwünscht. Er schrieb Unterhaltungsromane, Kindergeschichten, Märchen, Filmprojekte und Erinnerungsbücher, die das Negative aussparten: Ditzen fand, er sei „in die seichte Unterhaltung abgesackt" (Fallada 2009, 229). Seine Überlebensstrategien genügten den eigenen literarischen Ansprüchen immer seltener und führten immer wieder zu Depressionen und Klinikaufenthalten.

1943 fühlte er sich gezwungen, eine Einladung vom Reichsarbeitsdienst anzunehmen, drei Reisen an die Front zu unternehmen, um dort aus seinem Werk zu lesen und ein zur Veröffentlichung bestimmtes Tagebuch zu führen. Die zweite Reise, nach Niemes in der Tschechoslowakei, wurde zum Familienurlaub. Die anderen Reisen führten ihn nach Südfrankreich und Spanien. Tagebuch hat er nicht geführt. Die Nachricht nach seiner Rückkehr aus Frankreich im Oktober 1943, dass der Rowohlt Verlag am Jahresende schließen würde, stürzte ihn in eine neue Krise, von der er sich erst im März 1944 wieder erholte.

Das Leben in Carwitz, das ihm 1933 so idyllisch vorgekommen war, wurde im Laufe des Krieges immer mehr zu einem Alptraum. Ihm fehlte der Besuch von den alten Freunden und Bekannten. Ohne Auto und ohne Freunde am Ort lebten Ditzens immer isolierter. Sie befanden sich „mitten unter Missgunst und Neid und kleinlicher Feindschaft, die sich nie offen an uns wagt und die doch immer hetzt und beißt", teilt Ditzen seiner Nichte Adelheid Hörig mit (Ditzen 1942). Ditzen musste um jedes Holzscheit, jede Lebensmittelkarte kämpfen, denn der Bürgermeister, ein fanatischer Nazi, zeigte diesen Schriftsteller, der kein Parteimitglied war, regelmäßig an. Immer wieder kam Unangenehmes, wie 1942 eine Denunziation wegen langjähriger Drogensucht. Ditzen gelang es zwar jedes Mal, sich erfolgreich zu verteidigen, aber das kostete Nerven. Bei einer Musterung 1938 war er als ‚bedingt tauglich' eingestuft worden. Er musste daher damit rechnen, einberufen zu werden – eine Drohung, die erst im April 1944 aufgehoben wurde, als Ditzen für ‚völlig untauglich' erklärt und ausgemustert wurde.

Seit Sommer 1943 bekamen Ditzens eine neue Art von Besuch in Carwitz: evakuierte sowie ausgebombte Verwandte, Freundinnen und Bekannte aus den Großstädten, die in Carwitz Zuflucht vor der Bombardierung durch die westlichen Alliierten suchten. Darunter befanden sich Ditzens Mutter und die Witwe von Willi Burlage, der 1943 bei einem Bombenangriff in Berlin seine Sprechstunde abhielt und dabei ums Leben kam. Auch Suses Schwestern und Nichten wurden in Hamburg ausgebombt und fanden sich in Carwitz ein. In einem Brief an seinen alten Freund Kagelmacher beschrieb Ditzen seine Hausgenossinnen wie folgt: „Ich hatte also zeitweilig bis zu zwölf Weibsen im Haus, ich als einziger Mann. [...] [E]s ist eine wahre strindbergische Hölle, die ich da durchgemacht habe" (Ditzen 1944).

Dass Ditzens Ehe unter solchen Umständen gelitten hat, ist kein Wunder. Dazu kamen Alkoholismus und Depressionen sowie seine Liebschaften. Als Suse ihn im Dezember 1943 mit einer Freundin im eigenen Haus ertappte, war das der Tropfen, der das Fass zum Überlaufen brachte. Ihre Ehe wurde im Juli 1944 geschieden. Wegen der Kriegsbedingungen musste er aber weiter auf dem Hof in Carwitz leben, was immer wieder zu Konflikten führte. Während eines solchen Streites mit Suse am 28. August 1944 feuerte Ditzen einen Schuss aus seinem Terzerol. Sie nahm ihm die Waffe aus der Hand und rief den Feldberger Arzt an. Da der Arzt selber nicht kommen konnte, schickte er den Dorfpolizisten, der Ditzen nach Feldberg brachte, damit er sich beruhigen konnte. Dabei erfuhr ein eifriger junger Staatsanwalt von dem Vorfall und erstattete Anzeige gegen Ditzen wegen versuchten Totschlags an seiner Frau. Diesmal landete Ditzen in der Landesanstalt Neustrelitz-Strelitz, wo er zur Beobachtung auf ungewisse Zeit eingeliefert wurde.

In diesem „Gefängnis mit Krankenhauscharakter" (Witzke 2001, 67f.) hatte er wieder Glück im Unglück. Er wurde zwar in die Abteilung für unzurechnungsfähige bzw. beschränkt zurechnungsfähige Verbrecher eingeliefert, fand aber dort ideale Bedingungen für ein erfolgreiches Entgiftungsprogramm. Wie schon 1924 und 1933 griff er in der Zelle wieder zur Feder, und innerhalb von sechs Wochen hatte er fünf Kurzgeschichten, einen Roman und einen Bericht über seine Erfahrungen in Nazi-Deutschland geschrieben. Nach sechs Jahren, in denen er nicht schreiben durfte, was er schreiben wollte, brach der Damm gestauter Frustration, und Ditzen erlebte in diesen sechs Wochen eine kreative Phase ohnegleichen. Diesmal schrieb er keinen Unterhaltungsroman, sondern *Der Trinker*, eine schonungslose Auseinandersetzung mit dem eigenen Alkoholismus, der den faschistischen kulturpolitischen Richtlinien keineswegs entsprach. In seinen Erinnerungen an die Nazi-Zeit ließ er auch keinen Zweifel am Hass, den er für die braune Herrschaft verspürte. Dieser Text hätte ihm das Leben gekostet, wenn ihn die Wärter hätten lesen können. Dass ihnen das nicht gelang, lag zum großen Teil an seiner Arbeitsweise: Da ihm nur 92 Bogen Papier (184 Seiten) zur Verfügung standen, schrieb er in seiner winzigen Handschrift auch zwischen die Zeilen in drei handschriftlichen Durchgängen – teilweise in Sütterlin, teilweise in lateinischer Schrift –, was zu einem schwer zu entziffernden Manuskript führte. Er erbat sich einen Tagesausflug nach Hause, angeblich um Material für einen antisemitischen Roman zu holen, und als er am 8. Oktober 1944 vor die Anstalt trat, trug er unter seinem Hemd die Handschrift.

Als er am 13. Dezember wieder in Carwitz eintraf, war er entschlossen, sich mit Suse auszusöhnen und einen neuen Anfang zu machen. Diese Entschlossenheit war aber von kurzer Dauer, denn er verlobte sich am 29. Dezember mit Ursula „Ulla" Losch (1921–1958), einer reichen jungen Witwe und Mutter einer Tochter (*1939), die in Feldberg ein Ferienhaus hatte und die Fallada im Jahr zuvor kennen gelernt hatte. Ulla war in vieler Hinsicht das Gegenteil von Suse: jung, modisch, mondän, mit einem Sinn für Spaß, und darin lag wohl ihr Reiz. Während Ditzen in den Kriegswirren in Alkohol Trost gesucht hatte, war Morphium das trostspendende Mittel, das Ulla bevorzugte.

Nach dem Zweiten Weltkrieg

Am 1. Februar 1945 heirateten beide in Berlin, kehrten aber nach der Hochzeit nach Feldberg zurück, wo Ditzen kurz nach dem Einmarsch der sowjetischen Armee im Mai zum Bürgermeister ernannt wurde. Diese Anstellung verdankte er dem Ruf des Namens Hans Fallada in der Sowjetunion sowie seinem Status als Nicht-Nazi. Als Bürgermeister hatte Ditzen mit den tiefen Spuren, die der Faschismus in der Bevölkerung hinterlassen hatte, tagtäglich zu tun, was ihn zur Verzweiflung trieb. Überarbeitung, ständige Konflikte und Streitereien sowie die Ausschreitungen der Truppen der Besatzungsmacht, die seiner ersten Frau nicht erspart blieben, führten zu einem völligen Zusammenbruch. Am 14. August wurde er mit seiner Frau, die einen Selbstmordversuch unternommen hatte, ins Krankenhaus Neustrelitz eingewiesen. Als sie im September entlassen wurden, waren beide weiterhin morphiumsüchtig.

Sie gingen illegal nach Berlin, wo Johannes R. Becher sie nach einigen Wochen ausfindig machte. Becher, der schwere Exiljahre in der Sowjetunion hinter sich hatte, verfolgte die Politik, alle nichtfaschistischen Künstler am Wiederaufbau Deutschlands zu beteiligen. Für Becher gehörte Ditzen dazu. Außerdem sah Becher in ihm eine Art Leidensgenossen: einen Juristensohn, der sich gegen das wilhelminische Deutschland aufgelehnt, der auch in jungen Jahren einen Doppelselbstmordversuch mit tragischem Ausgang erlebt hatte und danach von demselben Arzt in Jena behandelt worden war. Während Becher eine Lösung in der Politik suchte, fand Ditzen Zuflucht in Alkohol und Morphium. Beide Männer litten lebenslänglich an Depressionen.

Mit der Unterstützung Bechers zogen Ditzen und seine Frau Mitte November in eine Villa in Pankow-Niederschönhausen ein, die in der sowjetischen Besatzungszone lag. Becher sorgte auch für Arbeit: Zwölf Kurzgeschichten, Rezensionen, Auszüge aus den Memoiren, die er im vorigen Jahr in der Landesanstalt Neustrelitz-Strelitz geschrieben hatte, und zwei Romane stellte Ditzen innerhalb von gut zwölf Monaten fertig. Er betrat Neuland, indem er öffentlich sowohl im Rundfunk als auch einmal

1.1 Falladas Leben im historischen Kontext

bei einer Versammlung in Schwerin eine Rede zur aktuellen Politik hielt. In dieser Rede am 8. Dezember 1945 griff er sein großes Thema auf, indem er darauf bestand, dass trotz der zwölf Jahre Naziherrschaft im deutschen Volk „ein anständiger Kern" geblieben sei: „[U]nsere Pflicht ist es, diesen Kern von Anstand zu erhalten, weiterzugeben, aus dem Kern einen ganzen Saatacker zu bestellen" (Fallada 1988, 58).

Die beiden älteren Kinder holte er nach Berlin, in eine Trümmerstadt, in der er mit seiner Frau und den Kindern versuchte, ein einigermaßen normales Familienleben zu führen. Doch Ulla war dem Morphium verfallen, und Ditzen selber fiel immer wieder auf die Nase: „immer das alte Lied", wie er an seine Mutter im Dezember 1946 schrieb (Ditzen 1946).

Trotz dem inneren und äußeren Chaos in seinem Leben gelang es Ditzen, im Herbst 1946 wieder einen ‚echten Fallada' zu schreiben. Obwohl es ihm anfänglich widerstrebte, auf Grund einer Gestapo-Akte, die Becher ihm gegeben hatte, einen Roman zu schreiben, freundete er sich immer mehr mit dem Stoff an. Daraus wurde der erste Widerstandsroman der Nachkriegszeit: *Jeder stirbt für sich allein*. In diesem Buch kehrt er zu den sozialkritischen Themen, zu der meisterhaften Milieuschilderung und dem realistischen Stil seiner großen Werke zurück. Ditzen erlebte die Veröffentlichung dieses Romans im Sommer 1947 jedoch nicht mehr, denn er starb am 5. Februar 1947 im Alter von 53 Jahren an Herzschwäche. Dem Stehaufmännchen, das sich so oft aufgerappelt hatte, fehlte nun einfach die Kraft. In seiner Grabrede sagte Becher Folgendes über Hans Fallada:

> Die ganze deutsche Gesellschaft steht ihm Modell. In allen ihren Wechselwirkungen und Widersprüchen zieht sie an uns vorüber, eine balzacsche Galerie […]. Er war, was den Reichtum und die Vielartigkeit seiner Figuren anbelangt, wohl der bedeutendste der lebenden deutschen Erzähler (Becher 1965, 3).

Über sich selber hat Rudolf Ditzen gesagt: „Ich habe das Leben wie alle gelebt, das Leben der kleinen Leute" (Fallada 2009, 229). Was ihn aber von den meisten seiner Altersgenossen unterschied, war sein großes Erzähltalent, das es ihm ermöglichte, seiner Zeit und seinen Mitmenschen ein bleibendes Denkmal zu setzen.

Nachtrag der Herausgeber: Seit dem internationalen Erfolg Falladas sind zwei umfangreiche neue Biografien von Uzulis (2017) und Walther (2017) erschienen, die im Detail das Bild ergänzen, welches das Standardwerk von Williams (2002/2011) gezeichnet hat, das literarische Werk aber nicht mit neuen Einsichten erhellen.

Literatur

Becher 1965: Becher, Johannes R.: Über Hans Fallada, Berlin 1965.
Ditzen 1918: Ditzen, Wilhelm: Brief an Rudolf Ditzen, 7. August 1918, HFA S 936.
Ditzen 1933a: Ditzen, Rudolf: Brief an Johannes Kagelmacher, 6. Juni 1933, HFA N 215–232.
Ditzen 1933b: Ditzen, Rudolf: Brief an die Eltern, 22. Juli 1933, HFA N 166–181.
Ditzen 1935: Ditzen, Rudolf: Brief an Elisabeth Hörig, 21. September 1935, HFA N 182–197.
Ditzen 1942: Ditzen, Rudolf: Brief an Adelheid Hörig, 18. Dezember 1942, HFA.
Ditzen 1944: Ditzen, Rudolf: Brief an Johannes Kagelmacher, 23. Juli 1944, HFA N 215–232.
Ditzen [undatiert]: Ditzen, Rudolf: Brief an Elisabeth Ditzen, undatiert, HFA N 182–197.
Fallada 1973: Fallada, Hans: Wie ich Schriftsteller wurde. In: Ders.: Lieschens Sieg und andere Erzählungen, Reinbek bei Hamburg 1973, S. 189–230.

Fallada 1982: Fallada, Hans: Heute bei uns zu Haus. In: Ders.: Ausgewählte Werke in Einzelausgaben, Bd. 10, hg. von Günter Caspar, Berlin (Ost)/Weimar 1982, S. 335–606.
Fallada 1988: Fallada, Hans: Meine Damen und Herren! [Rede zum Nürnberger Prozeß in Schwerin, 8.12.1945]. In: Sabine Lange: „… wir haben nicht nur das Chaos, sondern wir stehen an einem Beginn …". Hans Fallada 1945–1947, hg. vom Literaturzentrum Neubrandenburg (Bezirksdruckerei *Erich Weinert*), Neubrandenburg 1988, S. 57–63.
Fallada 2008: Fallada, Hans: Brief an Ernst Rowohlt, 19. März 1934. In: Ders.: Ewig auf der Rutschbahn. Briefwechsel mit dem Rowohlt Verlag, hg. von Michael Töteberg und Sabine Buck, Reinbek bei Hamburg 2008, S. 142–143.
Fallada 2009: Fallada, Hans: In meinem fremden Land. Gefängnistagebuch 1944, hg. von Jenny Williams und Sabine Lange, Berlin 2009.
Thöming 1975: Thöming, Jürgen C.: Hans Fallada. Seismograph gesellschaftlicher Krisen. In: Zeitkritische Romane des 20. Jahrhunderts. Die Gesellschaft in der Kritik der deutschen Literatur, hg. von Hans Wagener, Stuttgart 1975, S. 97–123.
Tucholsky 1931: Wrobel, Ignaz [Pseudonym: Kurt Tucholsky]: *Bauern, Bonzen und Bomben*. In: Die Weltbühne. Wochenschrift für Politik, Kunst, Wirtschaft 27 (1931), Nr. 14, 7.4.1931, S. 496–501.
Uzulis 2017: Uzulis, André: Hans Fallada. Biografie, Berlin 2017.
Walther 2017: Walther, Peter: Hans Fallada. Die Biographie, Berlin 2017.
Williams 2002/2011: Williams, Jenny: Mehr Leben als eins. Hans Fallada. Biographie. Aus dem Englischen von Hans-Christian Oeser, 2. aktualisierte u. erweiterte Aufl. Berlin 2011, ¹2002. [Originalausgabe: More Lives than One. A Biography of Hans Fallada, London 1998.]
Witzke 2001: Witzke, Christiane: Domjüch. Erinnerungen an eine Heil- und Pflegeanstalt in Mecklenburg-Strelitz, Neubrandenburg 2001.

1.2 Falladas Kontakte zu Autoren seiner Zeit (1920er bis 1940er Jahre)

Sabine Koburger

„Sie müssen bedenken, ich habe fast immer auf dem Lande gelebt und kenne sehr wenige Schriftsteller persönlich" (Fallada 1947, 197). So antwortet der Protagonist Dr. Doll im Roman *Der Alpdruck* auf die Frage, ob er den Dichter Gramzow kenne. Auch wenn Fallada in seiner Vorrede das Werk ausdrücklich als „ein Gebilde der Phantasie" bezeichnet, so sucht man Freundschaftsbünde mit anderen Autoren oder eine Einbindung in Dichterkreise bei ihm vergebens. Er blieb lebenslang ein Einzelgänger mit überwiegend kurzzeitigen oder sporadischen Kontakten zu anderen Autoren. Die Ursachen sind sowohl auf psychische Befindlichkeiten und persönliche Lebensumstände als auch auf die schwierigen Zeitläufte zwischen 1933 und 1947 zurückzuführen. Es ist besonders aufschlussreich, dass Fallada in Beziehung zu Autoren stand, deren politisch-ideologische Einstellungen und literarische Ansprüche sehr unterschiedlich waren. Um diese Haltung zu verstehen, ist es unerlässlich, die Wege zu verfolgen, die zu diesen Bindungen geführt haben, und das damals geltende Werte- und Normensystem als Kontext zu berücksichtigen. Die Begegnungen Falladas mit anderen Autoren verraten viel über ihn selbst, in manchen Fällen haben sie Früchte getragen: seine ästhetischen Konzeptionen bereichert, als Vorlage für literarische Figuren gedient oder sogar neue Werke angeregt.

1.2 Falladas Kontakte zu Autoren seiner Zeit (1920er bis 1940er Jahre)

Fallada gewinnt Anschluss an den Literaturbetrieb

Wie isoliert Fallada noch bei Erscheinen seines Debütromans *Der junge Goedeschal* im Januar 1920 war, enthüllt der Brief an seinen Verleger, in dem er mitteilt, dass er dem Verlag die Zusammenstellung von erwünschten Rezensenten nicht zusenden könne, da er „keinerlei Beziehungen oder Bekannte in der literarischen Welt besitze" (Fallada an Rowohlt, 31. Januar 1920). Mit dem Eintritt in die Verlagsfamilie eröffnen sich dem literarischen Außenseiter neue Möglichkeiten. Der Lektor Paul Mayer, der 1913 mit Gedichtbänden und 1914 mit einer Novellensammlung in literarischen Kreisen bekannt geworden war, erkannte und förderte Falladas Talent, war Fürsprecher und wurde zum Freund, mit dem Fallada und seine Familie auch privat zusammen waren. In der ersten Werbeanzeige im *Börsenblatt für den Deutschen Buchhandel* bescheinigte Mayer dem Autor „eine souveräne Beherrschung des Stoffes, ein makelloses Können" und verglich die Qualität des Romans mit Frank Wedekinds Drama *Frühlings Erwachen* (Mayer 1919, 11294). Mayer legte Fallada seine Novellen zur Beurteilung vor, dieser wiederum porträtierte seinen Lektor 1924 in einem Text, der jedoch wie die „erotische[n] Tiernovellen" anscheinend verloren gegangen ist (Hessel an Fallada, 1. Januar 1925; Fallada an Mayer, 7. Juli 1925). Den promovierten Juristen Mayer und Fallada, den Sohn eines Richters, der selbst Gefängniserfahrungen gesammelt hatte, verband über das Literarische hinaus das Interesse am System des Strafvollzugs. Mayer gab 1925 zusammen mit Paul Dreyfus das politische Sachbuch *Recht und Politik im Fall Fechenbach* heraus. In Falladas Berichten aus dem Greifswalder Gefängnis und Felix Fechenbachs Erinnerungen an die Gefängnishaft *Im Haus der Freudlosen* (1925) sah er überraschende Übereinstimmungen und ermutigte Fallada, über dieses Thema zu schreiben. Er redigierte das Manuskript von *Bauern, Bonzen und Bomben*, schrieb eine Rezension über *Kleiner Mann – was nun?*, die Fallada als beste bezeichnete, und stellte die Verbindung zu Stefan Großmann her, dem damaligen Herausgeber und Chefredakteur der Wochenschrift *Das Tage-Buch*. Beider Briefwechsel offenbart ein freundschaftliches, vertrauensvolles Verhältnis, das sich zum Beispiel in der Anrede „Liebes Paulchen" und in Falladas Dankesworten widerspiegelt: „Lieber Doktor, was für ein Weg seit dem jungen Goedeschal. Und Sie haben immer zu mir gehalten. Das freut mich so! Das freut mich so!" (Fallada an Mayer, Juli 1932). Mit Peter Zinglers Eintritt in den Verlag, zu dem Fallada sehr schnell eine enge Beziehung einging, schien Mayer etwas in den Hintergrund zu treten. Das kann aber auch mit Mayers Rückzug aus dem öffentlichen Leben ab 1933, den Ernst von Salomon in seinem autobiografischen Roman *Der Fragebogen* beschreibt, und mit der engeren Bindung an jüdische Freunde und Schicksalsgenossen zusammenhängen (vgl. Salomon 2007, 274; Fallada 2009, 89). Aber 1943 gestaltet er seinen alten Freund noch einmal in einem literarischen Text. In seinem Unterhaltungsroman *Der Jungherr von Strammin*, einem Auftragswerk für die illustrierte Zeitschrift *Die Woche*, setzt er ihm in der Figur des klugen und sympathischen Gymnasiallehrers Prof. Marcelin Arland ein Denkmal (vgl. Koburger 2015, 456). Umgekehrt würdigte Mayer, als er in Mexiko von Falladas Tod erfuhr, seinen ehemaligen Weggefährten in einem Nachruf als einen der wenigen bedeutenden realistischen Schriftsteller der deutschen Literatur (vgl. Williams 2002, 347).

Franz Hessel hatte zu Beginn des Jahres 1923 seine Tätigkeit im Ernst Rowohlt Verlag aufgenommen, und schon bald entwickelte sich eine Zusammenarbeit mit

Fallada, die beide in künstlerischer Hinsicht bereichern sollte. Hessel genoss in literarischen Kreisen beträchtliches Ansehen für seine feinsinnige Prosa und seine Übersetzungen französischer Literatur. Er beurteilte Falladas Novelle *Die Kuh, der Schuh, dann du*, die weder Verleger noch Zeitschriften publizieren wollten, als avantgardistisch und künstlerisch anspruchsvoll. Auch Fallada las und schätzte Hessel. Er sandte seiner Schwester Elisabeth unter anderem die Romane *Irrtümer der Liebenden*, *Kramladen des Glücks* sowie *Pariser Romanze* zu und schwärmte: „Das ist nun ein wirklicher Dichter, er hat nicht einen Kompromiss in seinem Leben gemacht, aber auch nie etwas erreicht" (Fallada an Hörig, 22. Oktober 1937). Hessels Toleranz und Modernität, sein sprachliches Können beim Redigieren der Romane sowie die vollendet geschriebenen Waschzettel und Werbeanzeigen machten ihn zu einem idealen Betreuer. Das sah Fallada genauso wie sein Verleger, denn während der Arbeit am Manuskript von *Wolf unter Wölfen* teilte er Rowohlt mit: „Wie nicht anders zu erwarten, macht Franz seine Sache ganz großartig, grade seine Genauigkeit und Sauberkeit im Deutschen kann dem Werk nur guttun. Eigentlich immer kann ich seinen Anregungen folgen." (Fallada an Rowohlt, 24. Juli 1937) Der stilsichere Hessel verband in seinen Werken Tradition und Moderne, eine ästhetische Konzeption, die auf viele von Falladas Romanen zutrifft. Auch wenn sich eine enge Freundschaft nicht entwickelte, blieben beide bis zu Hessels Flucht nach Frankreich im Herbst 1938 in Verbindung. Im Juni 1937 redigierte Hessel *Wolf unter Wölfen* in Carwitz, im Oktober lud ihn Fallada als Dank noch einmal für zehn Tage zu einem Erholungsurlaub ein. Im Gästebuch unterschrieb er humorvoll mit seinem Necknamen: „Franz Hessel, die dankbare Winterfliege" (Kuhnke 2007, 30). Als er seinen Haushalt wegen der bevorstehenden Emigration aufzulösen begann, übereignete er dem Bücherfreund und -sammler Fallada zahlreiche Werke aus seiner umfangreichen Bibliothek, die am 4. November 1937 in Carwitz eintrafen. Weihnachten 1937 ließ Fallada Ulrich Hessel, dem jüngsten Sohn, der mit seiner Mutter bereits in Paris lebte, als Weihnachtsgeschenk die Leinenausgabe von *Wolf unter Wölfen* zukommen.

In eben diesem Roman verewigt Fallada seinen Arbeitskollegen und späteren Verfasser reißerischer Kriminalromane und billiger Schmöker, Hans-Joachim Geyer, in einem wenig schmeichelhaften Spiegelbild – in der Figur des „Negermeier". Er hatte den Gutsbeamten 1923 bei der Arbeit auf dem Rittergut Radach (heute Radachów) kennengelernt. Ihr gemeinsames Interesse an Literatur sowie der Wunsch der beiden jungen Männer, erfolgreiche Schriftsteller zu werden, führten zu einem diese Zeit überdauernden Briefwechsel und drei Kurzbesuchen Geyers in Carwitz. Eine dieser Stippvisiten hat Fallada in einem ironischen Gestus in seinem Gefängnistagebuch von 1944 beschrieben (vgl. Fallada 2009, 204–209). Geyer war bereits 1928 in die NSDAP eingetreten und schrieb unter dem Pseudonym Henry Troll; aus seiner Feder stammen insgesamt vierzehn Werke, die ihm zumindest finanziellen Erfolg einbrachten. Fallada redigierte 1932 das Manuskript des Romans *Gutsbeamter Peter Möcke* und versuchte, es im Rowohlt Verlag unterzubringen, was jedoch am Widerstand der Lektoren scheiterte. So bemängelt Hessel: „Die Stimmung des Buches ist von einer etwas altertümlichen Bravheit, die mir nicht richtiger Fallada zu sein scheint, sondern ‚angewandter'" (Hessel an Fallada, 6. Juli 1932). Als Fallada 1945 in Berlin-Pankow wohnte, kam es durch die räumliche Nähe – Geyer lebte mit seiner Familie am Stadtrand Berlins – zu mehreren persönlichen Begegnungen. Er besuchte Fallada einen Tag vor dessen Tod, am 4. Februar 1947, im Hilfskrankenhaus Pankow und sah ihn damit als einer der Letzten.

Seit 1923 unterhielt Fallada Kontakte zu dem Schriftsteller, Journalisten und Herausgeber Stefan Großmann, dessen Œuvre heute nur noch Wenigen bekannt ist. Großmann tauschte sich mit Fallada, dessen Kreativität und Begabung er bewunderte, über seine Erzählungen aus, er ermunterte ihn zum Schreiben und bot ihm das renommierte Tage-Buch als Plattform an. Fallada schickte ihm daraufhin die Aufsätze *Stimme aus den Gefängnissen, Tscheka-Impressionen* und *Stahlhelm-Nachtübungen*, die jeweils im Januar, April und August erschienen. Großmanns Lob der im journalistischen Stil verfassten Texte mag nicht unerheblich dazu beigetragen haben, dass Fallada diesen Schreibansatz nach der Gefängnishaft weiterverfolgte.

Auch der Schriftsteller, Literaturkritiker und Lektor im Späth Verlag, Heinz Stroh, hat nur wenige literarische Spuren hinterlassen. Er versuchte 1925, Fallada als Autor für den Verlag zu gewinnen (vgl. Koburger 2015, 231–239). Ihr Briefwechsel und Strohs Besprechungen der beiden frühen Romane Falladas offenbaren eine große Wertschätzung. Die Verbindungen zu Großmann und Stroh, die Fallada in seinem Selbstverständnis als Schriftsteller stärkten, brachen während seiner zweieinhalbjährigen Gefängnishaft und der sich daran anschließenden Tätigkeit als Annoncenwerber und Lokalreporter in Neumünster ab und wurden nach seiner Rückkehr in den Berliner Literaturbetrieb 1930 nicht wieder aufgenommen.

Fallada im Fokus der Öffentlichkeit

Am 16. Januar 1930 begann Fallada seine Tätigkeit als Angestellter der Rezensionsabteilung im Rowohlt Verlag Berlin. Von nun an sah er berühmte Autoren ebenso wie Rowohlts Freunde (was manchmal dasselbe war) ein- und ausgehen: Joachim Ringelnatz, Ernst von Salomon, Franz Blei, Alfred Polgar, Wilhelm Speyer, Herbert Ihering, Bernard von Brentano, Paul Elbogen, Arnolt Bronnen, Max Krell und viele andere. Häufig erwähnt er in den Briefen an seine Frau den Erfolgsautor Emil Ludwig, den er allerdings ausgesprochen „unsympathisch" fand (Fallada an Anna Ditzen, 3 Februar 1931). Manche dieser Schriftsteller-Kollegen wie Bernard von Brentano oder Paul Elbogen schrieben später Rezensionen über seine Romane oder tauschten sich brieflich mit ihm aus. Engere Bindungen entstanden jedoch nur zu wenigen. Auch die Anerkennung, die er nach dem Erfolg von *Kleiner Mann – was nun?* von literarischen Größen wie Thomas Mann, Robert Musil, Jakob Wassermann, Carl Zuckmayer oder Ernst Weiß errungen hatte, führte nicht zu näheren Bekanntschaften, geschweige denn zu Freundschaften. Das hatte freilich auch etwas mit dem durch die Nazis erzwungenem Exodus zahlreicher Autoren im Laufe der 1930er Jahre zu tun. Fallada blieb in Deutschland und war damit nicht nur ständigen Angriffen der Nazi-Ideologen ausgesetzt, sondern auch dem Misstrauen und der Kritik vieler Exilautoren. Überdies verlor er das Netz kompetenter Rezensenten, das die Vielfalt der Literatur in der Weimarer Republik befördert hatte. So wurde er nach 1933 zwangsläufig wieder zum Einzelgänger.

Eine besondere Stellung nimmt der Briefwechsel mit Hermann Hesse zwischen Juni 1932 und April 1934 ein, weil Fallada in seiner Jugend Hesses Bücher geliebt und den Verfasser verehrt hatte (vgl. Fallada an Hesse, 2. Juni 1932). Ausgangspunkt war Hesses Besprechung des Romans *Bauern, Bonzen und Bomben* in der Zeitschrift

Bücherwurm, auf die Fallada mit einem Dankesbrief reagierte. Von nun an stand Hesse auf der Liste derer, die Freiexemplare vom Verlag erhielten. Er reagierte auf die Zusendung des Romans *Kleiner Mann – was nun?* überaus liebenswürdig und bedankte sich mit einem Gedicht und einem thematisch dazu passenden Aquarell mit dem Titel *Die Morgenlandfahrt*. (Die gleichnamige Erzählung war wenige Monate zuvor erschienen.) Mit dieser Gabe schloss er Fallada gewissermaßen in den Kreis der Auserwählten, der ‚Morgenlandfahrer', ein. In einer Rezension zu *Wer einmal aus dem Blechnapf frißt* zählt Hesse Fallada zu den „wenigen deutschen Autoren von heute, deren Arbeit den Aspekt einer echten sozialen Funktion hat"; im Gegensatz zu vielen anderen Kritikern beurteilt er die Darstellung des Schrecklichen, Bedrückenden nicht negativ, sondern sieht den Roman „voll von Sehnsucht nach dem Anderen, dem Schönen, dem Edlen, der höheren Wirklichkeit, dem tieferen Menschentum" (Hesse, April 1934). Falladas letzter Brief fällt auf den Tag dieser Rezension. Er bedankt sich darin für zwei Drucke des Malers Hesse, die er als Mahnung verstehe, als Künstler stets seiner Bestimmung zu folgen. Damit endet die Korrespondenz. Ob es daran liegt, dass sich Hesse von dem wenig später erschienenen Roman *Wir hatten mal ein Kind* in einer sehr kritisch gehaltenen Rezension (Hesse, November 1934) distanziert, oder ob der Abbruch des Briefkontaktes der politischen Situation in Deutschland geschuldet ist, muss offen bleiben.

Genau wie Hesse liebte Fallada den Dichter und Maler Joachim Ringelnatz. Er soll ihn gelegentlich im Berliner Prominentenlokal „Bei Peltzer" in der Neuen Wilhelmstraße getroffen haben (vgl. Ortner 2010, 55). Ringelnatz' Bücher standen regelmäßig auf Falladas Wunschlisten an den Verlag. Beide verstanden sich nicht als politische Dichter und gerieten dennoch zwischen die Mühlsteine der nationalsozialistischen Kulturbehörden. Ringelnatz erhielt 1933 Auftrittsverbot, und viele seiner Werke wurden auf den Index gesetzt. Damit verlor er seine Haupteinnahmequelle, seine Karriere als Künstler war zerstört. Als Fallada ihm 1934 in Berlin begegnete, erschütterte ihn die Veränderung, die mit Ringelnatz vorgegangen war: Abgemagert, hohlwangig und krank sah er aus. Fallada beteiligte sich an der von Freunden organisierten finanziellen Unterstützung für Ringelnatz und versuchte darüber hinaus, auch andere in die Hilfe einzubeziehen, wie ein Brief an seine frühere Schreibkraft und enge Freundin der Familie, die in der Emigration lebende Jüdin Dora Preisach, vom 12. August 1938 belegt. Ringelnatz starb wenig später, am 17. November 1934, an den Folgen der Tuberkulose und seines Kehlkopfleidens.

Erich Kästner, der als einer der bedeutenden Köpfe der Berliner Kulturszene galt, war damals noch kein Rowohlt-Autor. Fallada schien schon früh ein ambivalentes Verhältnis zu ihm zu haben – wie übrigens auch zu Tucholsky (vgl. Fallada an Rowohlt, 14. Februar 1946). Als Kästner um ein Freiexemplar seines Romans *Kleiner Mann – was nun?* bat, schrieb Fallada an seinen Verleger: „Ich finde ja eigentlich, dass er genug Geld verdient, sich selber eins zu kaufen, aber es ist schließlich nützlich […]" (Fallada an Rowohlt, 8. August 1932). Trotzdem stand dessen erfolgreiche Gedichtsammlung *Gesang zwischen den Stühlen* auf seinem ‚Weihnachtswunschzettel' an den Verlag. Für die Zeitschrift *Die Literatur* schreibt Fallada eine umfängliche Würdigung mit dem Titel *Auskunft über den Mann Kästner*, ein Wortspiel, das auf Kästners dritten Gedichtband *Ein Mann gibt Auskunft* (1930) zielt. In diesem Aufsatz lobt Fallada Kästners Roman *Fabian* (1930) und dessen Gedichte, die er als Aufrufe versteht, anständig zu bleiben – ein Credo, das er selbst in all seinen Werken formulierte. Andererseits kritisiert er die Botschaften, die Kästner den Kindern durch die klischeehafte Darstellung des Verbrechers und der Verbrecherjagd in den Kinderbüchern *Emil und die Detektive* (1930) und *Pünktchen und Anton* (1931) vermittelt, als Bruch mit allem, was dieser Autor sonst lehre (vgl. Fallada 1932b, 367–371). Eine Erwiderung Kästners scheint es nicht gegeben zu haben, ebenso wenig wie engere Kontakte in der Zeit des Nationalsozialismus. Ein eher zufälliges Zusammentreffen könnte es kurz vor Kriegsende gegeben haben, als Fallada bei e. o. plauen alias Erich Ohser zu einer der vertraulichen Runden eingeladen war, zu deren Stammgästen Kästner zählte.

Im Rowohlt Verlag lernte Fallada einen Autor kennen, dessen persönlicher und schriftstellerischer Werdegang zahlreiche Parallelen zu seinem eigenen aufweist: Ernst von Salomon. Beide thematisierten in ihren Romanen die Landvolkbewegung, und beide schätzten die Werke des jeweils anderen. Salomon pries in seinem autobiografischem Roman *Der Fragebogen* (1951) Falladas *Bauern, Bonzen und Bomben* als „vortreffliche[s] Buch": Nirgends sei Sinn und Unsinn der Landvolkbewegung besser dargestellt worden (Salomon 2007, 227). Fallada wiederum lobte nach der Lektüre von Salomons Roman *Die Stadt* Lebensechtheit und lebendige Erzählweise geradezu enthusiastisch (vgl. Fallada an Salomon, 14. Oktober 1932). Dieser Roman war, anders als *Bauern, Bonzen und Bomben*, für den Verlag bekanntlich ein Flop; nur 3 000 von 5 000 Exemplaren konnten abgesetzt werden, eine Neuauflage gab es nie. Fallada beurteilte aber auch Salomons Roman *Die Kadetten* (1933) positiv, nun allerdings mit der Einschränkung, er wünschte, Salomon hielte sich an das rein Erzählerische. Weihnachten 1933 schenkte er das Buch Margarete und Fritz Bechert mit dem Hinweis, dass es „glänzend erzählt" sei (Fallada an Bechert, 15. Dezember 1933). Überraschenderweise setzte sich der literarische Austausch nach 1933 nicht fort. Salomons Besuch in Falladas Wohnung in Berkenbrück Ostern 1933, in dessen Folge beide aufgrund einer Falschanzeige des Hausbesitzers in Schutzhaft genommen wurden, scheint der Schlusspunkt engerer Beziehungen gewesen zu sein, auch wenn sich Salomon weiterhin für Falladas Werke einsetzte und ihn im Rahmen seiner Tätigkeit als Lektor in Carwitz aufsuchte. So verdankte ihm Fallada eine ausführliche Rezension in der *Nordhäuser Zeitung*, die *Wer einmal aus dem Blechnapf frißt* uneingeschränktes Lob zollte (vgl. Salomon 1934). In seinem autobiografischen Roman *Der Fragebogen* urteilt Salomon: „Es gibt kein besseres Buch über das Gefängnisleben als dies." (Salomon 2007, 133) Sein Wort hatte Gewicht im Verlag, obwohl er 1934 ursprünglich nur zum Schein eingestellt worden war, um die jüdischen Lektoren Mayer und Hessel zu schützen. Er schrieb Waschzettel, entwarf Prospekte, beurteilte Manuskripte und wurde zu wichtigen Entscheidungen hinzugezogen. Als Rowohlt am 12. Februar 1934 den Korrekturabzug des zuvor viel diskutierten Vorwortes für den Roman *Wer einmal aus dem Blechnapf frißt* an den Autor schickte, fügte er eine neue, von Salomon redigierte Fassung hinzu und schlug vor, einen Mittelweg zwischen beiden Texten zu wählen. „Ich bin dem Salomonschen Gedanken gefolgt", antwortete Fallada postwendend (zit. nach Caspar 1988, 95). Mit Salomons fulminantem Gutachten zu *Wolf unter Wölfen* (1937) endete die Tätigkeit für Rowohlt. Schon seit Juni 1936 hatte er sich hauptberuflich dem Medium Film zugewandt; damit riss der Kontakt ab.

1935/36 nahmen die Angriffe auf Fallada seitens der nationalsozialistischen Kulturbehörden zu, allen voran lehnte ihn der mächtige Hellmuth Langenbucher ab; dieser erhielt darin zunehmend Rückendeckung von Autoren, die Fallada anfangs noch positiv gegenüber gestanden hatten. Als Beispiel sei Will Vesper genannt, dem Fallada noch am 31. März 1933 seinen Dank für die freundlichen Worte über *Kleiner Mann – was nun?* in der Monatsschrift *Die Neue Literatur* (vgl. Vesper 1933) ausgesprochen hatte. Als Begründung, warum ihm gerade Vespers Kritik so wohlgetan habe, verweist Fallada auf seine Bewunderung für die ihm aus dem Elternhaus bekannten Bände *Die Ernte aus acht Jahrhunderten deutscher Lyrik* und Vespers Nacherzählungen von *Parzival* sowie *Tristan und Isolde* (vgl. Fallada an Vesper, 31. März 1934). Vesper war 1933 in die Deutsche Akademie der Dichtung berufen worden und übte mehrere Ämter in einflussreichen Positionen aus. Sollte er gehofft haben, einen Fürsprecher im NSDAP-Mitglied Vesper zu finden, so hatte er sich getäuscht. Im Juli 1934 schrieb dieser eine herabsetzende und gehässige Rezension zu dem Roman *Wer einmal aus dem Blechnapf frißt* (vgl. Vesper 1934), so dass der empörte Fallada eine öffentliche Erwiderung erwog, wovon ihm Rowohlt jedoch abriet. Es blieb bei einem privaten Schreiben, in dem Fallada Vespers haltlosen Anschuldigungen mit Argumenten zu begegnen sucht und am Ende indirekt mit einer Verleumdungsklage droht (vgl. Fallada an Vesper, 4. Juli 1934). Vesper beeindruckte das nicht. Der letzte Brief an ihn endet mit den Worten:

> Nein, Herr Vesper, Sie haben nicht nur eine schlechte, heißt ungünstige Kritik geschrieben, sondern Sie haben wirklich eine schlechte, heißt unbeweisbare, eine in allen greifbaren Behauptungen unrichtige Kritik geschrieben. Mit Bedauern nehme ich von einem Manne Abschied, dessen Werk ich einmal schätzte. (Fallada an Vesper, 15. Juli 1934)

Ähnlich feindselig verhielten sich dann auch z.B. die Schriftsteller Hanns Johst und Theodor Jakobs (vgl. Koburger 2015, 439–441).

Fallada hatte aber auch Fürsprecher – nicht nur im Freundeskreis um seinen Verleger, zu dem unter anderem Walter Kiaulehn, Egmont Seyerlen, Hans Zehrer und Ernst von Salomon gehörten. Ein Autor, der seinen Werdegang seit 1934 mit einer nahezu rührenden Anhänglichkeit begleitete, war Felix Riemkasten. Dieser war mit dem aufsehenerregenden politisch-zeitkritischen Roman *Der Bonze* (1930) bekannt geworden, für dessen Hauptfigur der braunschweigische SPD-Kultusminister Otto Grotewohl Pate gestanden hatte, der dann von 1949 bis 1964 in der DDR das Amt des Ministerpräsidenten ausübte. Ungeachtet der Attacken führender Nazi-Ideologen auf Fallada verfasste er freundliche Besprechungen, ausgewogene Gutachten und ein geradezu liebevolles Nachwort für die Sammlung von Kindergeschichten *Hoppelpoppel, wo bist du?* (1936) (vgl. Riemkasten 1941). Unklar ist, ob Fallada den äußerst produktiven Autor – Riemkasten publizierte zwischen 1920 und 1945 nach eigenen Angaben etwa 35 Romane, Gedichte, Erzählungen und Sachbücher – ebenso schätzte. Bemerkenswerterweise stellte er ihm das gewünschte, entlastende Zeugnis für die Entnazifizierungskommission 1946 nicht aus, anders als seinem Verleger Rowohlt. Allerdings stand Fallada gerade in dieser Zeit ebenfalls im Fadenkreuz der Ankläger, so dass seine Begründung, ein Schreiben von ihm schade mehr als es nütze, nicht von der Hand zu weisen ist. Rowohlt berichtet er von dem „Klagebrief des armen Hiobs Riemkasten", den Verleger und Autor einvernehmlich als „ollen ehrlichen Riemkasten" bezeichnen (Fallada an Rowohlt, 14. Februar 1946). Beachtenswert ist, was Fallada seinem Verleger wenig später lakonisch mitteilt:

1.2 Falladas Kontakte zu Autoren seiner Zeit (1920er bis 1940er Jahre)

> Der Riemkasten scheint aber endgiltig [sic] erledigt, aber nicht so sehr wegen seiner Haltung während der Nazizeit, sondern während der Zeit vor 1933 […]. Die S.P.D. und zwar grade die vor 1933 scheint völlig sakrosankt geworden, aus dem Grunde ist wohl auch mein B-B-B [*Bauern, Bonzen und Bomben*] aus den Büchereien entfernt worden […]. (Fallada an Rowohlt, 20. März 1946)

Falladas Briefwechsel mit Riemkasten zwischen 1945 und Oktober 1946 zeugt von einer Vertrautheit, die sich nur durch jahrelange Bekanntschaft und Zusammenarbeit einstellt.

Wie Riemkasten schätzte auch der Journalist und Schriftsteller Axel Eggebrecht, Sohn des Hausarztes der Familie Ditzen in Leipzig, Falladas Talent. Er würdigt den Roman *Bauern, Bonzen und Bomben* in der *Literarischen Welt* als „gutes, anständiges Buch", in dem der Verfasser nach Gerechtigkeit gestrebt habe (Eggebrecht 1931, 64). In der Rubrik „Die Bücher von 1931" in der *Literarischen Welt* stellte er den künstlerischen Wert des Romans über Erik Regers preisgekröntes Werk *Union der Starken Hand*: „Reger bekam den Kleistpreis, der Erfolg ist unbestreitbar. Doch steht Falladas erzählerische Kraft viel höher. In *Bauern Bonzen und Bomben* ist das literarisch vernachlässigte Milieu der deutschen Kleinstadt mit ungewöhnlicher Kenntnis überzeugend gepackt." (Eggebrecht 1931) Das mag einer der Gründe dafür gewesen sein, dass Fallada ihm vorschlug, sich doch einmal zu treffen und „mit dem ‚Elternbild' zu vergleichen" (Fallada an Eggebrecht, 10. Juni 1932). Ob es dazu kam, ist nicht bekannt. Mit seiner Meinung bezüglich des Kleist-Preises stand Eggebrecht 1931 durchaus nicht allein. So hatte Herbert Ihering vorgeschlagen, den Preis zwischen Reger und Fallada zu teilen. Reger (eigentlich Hermann Dannenberger) war auch Rowohlt-Autor, beide kannten sich also. Falladas Animosität gegen ihn kam 1941 zum Ausbruch, als Reger, nunmehr Chefredakteur der *Berliner Illustrierten* (das einstige Ullstein-Blatt gehörte inzwischen unter dem Dach des Deutschen Verlages dem nationalsozialistischen Eher-Verlag), den Vorabdruck des Romans *Die Stunde eh' du schlafen gehst* ablehnte, was dieser ihm verübelte, obwohl er selbst das Werk für einen „idiotische[n] Roman" hielt (zit. nach Williams 2002, 282 f.). 1942 wurde Reger beauftragt, Falladas Manuskript eines Berlin-Romans (späterer Titel *Ein Mann will nach oben*), ein Auftragswerk der Produktionsfirma Wien-Film, für den Abdruck als Fortsetzungsroman in der *Berliner Illustrierten* um ein Viertel zu kürzen. Die Zusammenarbeit verlief offenbar harmonisch – Fallada äußerte sich gegenüber seinem Verlag euphorisch über den Arbeitseifer und Fleiß seines Kollegen (vgl. Töteberg 2018, 816 f.). 1945 nahm Fallada noch einmal Kontakt zu ihm auf, der jedoch nicht weitergeführt wurde. Reger konnte nahtlos an seine journalistische Karriere im Dritten Reich anknüpfen, er wurde im September 1945 mit Genehmigung der amerikanischen Militärregierung Lizenznehmer, Mitherausgeber und Chefredakteur der Berliner Zeitung *Der Tagesspiegel*. Damit trennten sich Falladas und Regers Wege endgültig.

Walther von Hollander, promovierter Germanist und Philosoph, ein zu jener Zeit außerordentlich populärer und finanziell erfolgreicher Schriftsteller und Drehbuchautor, führte zwischen 1932 und 1938 einen sporadischen Briefwechsel mit Fallada. Er durfte trotz mancher Vorbehalte der Reichsschrifttumskammer publizieren; rückblickend sagte er in einem Interview, Goebbels habe den kultivierten Unterhaltungsroman benötigt und ihn wegen seiner Filmdrehbücher vom Militärdienst freigestellt (vgl. Witter 1971). Am Beginn des neun Briefe umfassenden Austauschs stand Hollanders Dankesbrief wegen Falladas freundlicher Besprechung des Romans *Schattenfänger* im November 1932. Nach der Lektüre von *Wolf unter Wölfen* pries er Falladas Kunst der Figurengestaltung als einzigartig in Deutschland und im Ausland und stellte ihn dabei sogar über den damals vielgerühmten Thomas Wolfe, der „im allerhöchsten Falle ein Falladächen" sei (Hollander an Fallada, 14. Oktober 1937). Beide Autoren diskutieren in den wenigen Briefen Fragen der künstlerischen Gestaltung, so zu dem offenen Ausgang der Episode um den Diener Räder und Violet von Prackwitz, den Hollander bemängelt, Fallada hingegen verteidigt: „Ich für mein Teil finde es schön, in einem Roman Dinge offen zu lassen, wie viele Dinge auch in unserem Leben offen bleiben". Er führt noch einen weiteren Grund für seine Entscheidung an: „Aber, mein lieber Herr von Hollander, bin ich nicht schon für den Geschmack meiner Leser – und auch für den eigenen – bis an die Grenze des Möglichen und Tragbaren gegangen?" (Fallada an Hollander, 20. September 1937) Beide Autoren, auch dies ein verbindendes Element, schätzten das Landleben in Norddeutschland – Hollander besaß ein Gut in Hinterpommern. Persönliche Begegnungen scheint es jedoch nicht gegeben zu haben. 1939 werden Fallada und Hollander in einem Beitrag *Braucht der Film die Dichter?* in *Westermanns Monatsheften* als missliebige, von Staat und Partei nicht geschätzte Drehbuchautoren aufgeführt, wie aus einem Brief des Schriftstellers Erich Ebermayer an Fallada hervorgeht. (vgl. Ebermayer an Fallada, 5. Mai 1939).

Der ebenfalls im Beitrag geschmähte Ebermayer schickte Fallada die Abschrift seines Protestbriefes an die Schriftleitung der Zeitschrift und forderte ihn auf, Schritte gegen diese Diskreditierung zu unternehmen. Seine Bemerkung, Frank Thiess habe aufgrund eben dieses Angriffes fast einen Nervenzusammenbruch erlitten, enthüllt die Brisanz solcher Aussagen in der gleichgeschalteten Presse des NS-Staates. Ebermayer wurde in der NS-Zeit als Homosexueller attackiert, die meisten seiner Bücher verboten. Jedoch hatte er mächtige Fürsprecher im Reich, so dass er weiterhin als Drehbuchautor und Verfasser von Theaterstücken viel Geld verdiente und sich einen gehobenen Lebensstil leisten konnte (vgl. Sarkowicz 2011, 214–217). Fallada lehnte Ebermayers Ansinnen ab; er betrachte eine Stellungnahme zu solchen „Dummheiten" als sinnlose Verschwendung von Zeit und Kraft (Fallada an Ebermayer, 17. Mai 1939). Ohnehin schätzte er Ebermayer nicht und teilte diese Abneigung sowohl mit Rowohlt als auch mit Mayer, der bis Mitte 1933 mehrere Manuskripte des Autors abgelehnt hatte (vgl. Fallada an Rowohlt, 2. Juni 1933; Rowohlt an Fallada, 27. Juni 1933).

Demgegenüber zeigte Fallada Respekt für die sozialkritischen Werke des Schriftstellers und Malers Peter Martin Lampel. Dessen Interesse galt den sozial benachteiligten Jugendlichen, die er zum Thema seiner Reportagen und eines Theaterstückes gemacht hatte. Der Band mit Berichten über Fürsorgezöglinge mit dem Titel *Jungen in Not* (1928) imponierte Fallada, wie in einem der wenigen Autorenporträts, die er jemals verfasst hat – *Lampel, der Jäger* – sichtbar wird:

> Aber das, was er da gesammelt hat, in einem Haufen Elend, Dreck und Misstrauen, was er den Jungen wohl abgebettelt, abgelistet, abgelauscht hat, das verrät ein jägerisches Herz. Er ist der alte Abenteurer noch, [...] so ist das wohl die Abkehr von dem billigen Abenteuer der Faust, aber er jagt noch – wie er jagt! – nach den tieferen Abenteuern in der Seele der Unterdrückten. (Fallada 1932a, 187–190)

Selbst Carl von Ossietzky, der Lampels Reportage *Packt an Kameraden. Erkundungsfahrten in die Arbeitslager* (1932) scharf kritisierte (vgl. Ossietzky 1932, 223), gestand dem Autor zu, den Arbeitsdienst sehr genau beschrieben zu haben und im guten Glauben zu handeln. Darin trifft er sich mit Fallada, der Lampel „Könnerschaft" und den „Impuls zum Guten" bescheinigt. Sein Porträt enthüllt die eigene Sinnsuche, die Akzeptanz des Scheiterns und das Interesse für sozialpolitische Fragen. Es muss – das geht aus einem Brief (vgl. Lampel an Fallada, 25 Juni 1932) hervor – ein oder mehrere Treffen mit Lampel gegeben haben. 1933 wurden dessen Werke verboten, 1936 emigrierte er.

1934 trat Fallada in Briefwechsel mit dem seit 1920 in London lebenden österreichisch-jüdischen Schriftsteller und Übersetzer Carl Ehrenstein. Dieser hatte ein begeistertes Gutachten über *Wer einmal aus dem Blechnapf frißt* für den englischen Verlag Putnam geschrieben, der daraufhin die Übersetzungsrechte erwarb. Der bis 1937 andauernde Briefwechsel ist von Fallada nicht aufbewahrt worden, ungewöhnlich für den pedantischen Sammler. Im Januar 2011 entdeckte der Archivar Stefan Litt 61 Briefe und zwei Postkarten im Nachlass Ehrensteins in der israelischen Nationalbibliothek: 25 Schreiben von Ditzen und 28 von Ehrenstein. Die Schreiber tauschten sich zum Beispiel über Gärtnerei und Landwirtschaft aus, Politisches wurde, wenn überhaupt, nur in versteckten Andeutungen ausgesprochen (vgl. Borgstede 2011, 23). Die Korrespondenz endete abrupt mit einer Weihnachts- und Neujahrskarte Falladas, danach blieben Ehrensteins Briefe ohne Antwort. Die Vermutung liegt nahe, dass politische Gründe die Ursache waren. Ehrenstein blieb Fallada in seiner Bewunderung nach dem Krieg treu – 1947 versuchte er erfolglos, Putnam auch für eine Übersetzung des Romans *Jeder stirbt für sich allein* zu gewinnen.

Bemerkenswert ist der kurze Briefwechsel mit dem damals hochgeschätzten österreichischen Erzähler, Essayisten und Philosophen Hermann Broch zwischen 1934 und 1937. Er gilt noch heute als einer der großen Briefschreiber des 20. Jahrhunderts. Im Nachlass Falladas finden sich vier Briefe und eine Postkarte, darunter das Schreiben vom 22. November 1937, in dem Broch, ausgehend von *Wolf unter Wölfen*, ein Resümee seiner Auffassungen von der Rolle der Kunst zieht. Seine Bewunderung gilt Falladas Erzählkunst, der sprachlichen Gestaltung, der Architektur. Mehr noch zeigt er sich aber beeindruckt von der „tiefernsten ethischen Anständigkeit", die er schon bei *Bauern, Bonzen und Bomben* festgestellt habe und ohne die ein Künstler nichts Bleibendes schaffen könne. Er sieht die Lebensberechtigung der Kunst gerade in Zeiten des Wertezerfalls darin, dem Leser geistigen Erkenntnisgewinn zu vermitteln. Deshalb stellt er „Gesinnung" über „Artistik". Broch schreibt der Kunst eine philosophisch-ethische Mission zu, daher kritisiert er die Wendung Pagels zum schlichten Leben und seine Anständigkeit, die Flucht „in die Gartenlaube", die der „Erkenntnisaufgabe der Kunst" nicht gerecht werde, sondern „Anempfehlung von Resignation", falscher Optimismus sei, der wirkungslos bleiben müsse. Fallada räumt ein, dass es richtiger gewesen wäre, seine Figur Pagel scheitern zu lassen: „Ich selbst habe mich auf die Linie einer tüchtigen Schlichtheit zurückgezogen, wie Sie ganz richtig sagen, aber das ist natürlich nur ein fauler Kompromiss, damit ist es nicht getan." Sein Brief endet mit der pessimistischen Feststellung, dass er, obwohl es ein „trauriges Geschäft" sei, immer „schreiben, schildern, erzählen" müsse; er könne nicht eine Woche pausieren, dennoch mache es ihn nicht glücklicher (Fallada an Broch, 1. Dezember 1937). Es ist der letzte Brief und zugleich das Ende einer kurzen künstlerischen Berührung, weil

Broch nach dem ‚Anschluss' Österreichs im März 1938 als einer der Ersten verhaftet wurde und wenig später emigrieren musste.

Unter den Kontakten Falladas ist ein Bildkünstler hervorzuheben: der Holzschneider Heinz Kiwitz. Rowohlt hatte ihn für die Gestaltung des Schutzumschlages von *Altes Herz geht auf die Reise* und die Illustrationen zum *Märchen vom Stadtschreiber, der aufs Land flog* vorgeschlagen. Inspiriert von der Figur des gleichnamigen Knechts aus dem *Märchen vom Stadtschreiber* schuf Kiwitz mit *Enaks Geschichten* eine Erzählung in Bildern, zu der Fallada das Vorwort verfasste, das mit dem Satz beginnt: „So ist mir denn ein Kind entlaufen."(Fallada 1991, 5) Die Entscheidung zur Zusammenarbeit mit diesem Künstler war durchaus heikel, denn der politisch links stehende Kiwitz war nach Hitlers Machtantritt verhaftet, ins KZ Börgermoor verschleppt und von dort im März 1934 entlassen worden. Am 16. und 17. Oktober 1935 weilte er zu einem Arbeitsaufenthalt bei Fallada in Carwitz. Darüber ist nichts weiter bekannt, aber dass Fallada und Rowohlt ihm wohlgesonnen waren und seine Arbeiten liebten, offenbart der Verlagsbriefwechsel. Als Kiwitz' Büchlein 1937 bei Rowohlt erschien, war sein Schöpfer bereits nach Dänemark emigriert. Wieder konnte sich die wechselseitige Bewunderung unter dem Druck der politischen Verhältnisse nicht entfalten.

Unter ungünstigen politischen Umständen fand auch der Besuch einer bekannten amerikanischen Journalistin und Schriftstellerin bei Fallada statt, die zudem noch Tochter des amerikanischen Botschafters in Deutschland war. Martha Dodd suchte den berühmt gewordenen Autor am 27. Mai 1934 zusammen mit Mildred Harnack und dem Presseattaché der Sowjetischen Botschaft, Boris Winogradow, in Carwitz auf, um ihn wegen des auch in den USA erfolgreichen und gerade verfilmten Romans *Little Man, What Now?* (UA 1. Mai 1934, New York) endlich einmal persönlich kennenzulernen. „Die unselige Miss Dodd", wie der im Vorfeld des von Heinrich Maria Ledig organisierten Besuches genervte Fallada sie nannte (Fallada an Ledig, 13. Mai 1934), kehrte enttäuscht von diesem Besuch zurück. Das offenbart ihr Erinnerungsbuch *Through Embassy Eyes* (New York 1939). Sie hielt Fallada zwar für einen begabten Autor, kritisierte aber seinen Rückzug aufs Land sowie seine resignative Haltung und zog daraus den Schluss, dass er in Zukunft nur noch bedeutungslose Bücher schreiben werde.

Im August 1935 arbeitete der Schriftsteller und Redakteur Dr. Otto Alfred Palitzsch vier Tage lang in Carwitz, um den Roman *Altes Herz geht auf die Reise* für den Vorabdruck in der *Berliner Illustrierten Zeitung* zu bearbeiten. 1932 hatte Fallada dessen Roman *Marie* wohlwollend im *Querschnitt* rezensiert. Zwischen beiden entwickelte sich während ihrer gemeinsamen Arbeit eine Freundschaft, die sich auch auf die Familien erstreckte und mehrere Besuche und gemeinsame Unternehmungen in Carwitz und Umgebung einschloss. Nachdem sich Palitzsch, um weiterhin als Redakteur arbeiten zu können, Ende 1936 gezwungen sah, sich von seiner ‚nicht-arischen' Frau scheiden zu lassen, verweilte er selbst kaum noch, dafür aber seine geschiedene Frau immer häufiger bei den Ditzens. Fallada setzte ihr in der *Geschichte vom verkehrten Tag* (1938) in der liebenswerten Figur der Tante Palitzsch ein literarisches Denkmal (vgl. Fallada 1986, 352–355).

Ende der 1930er-Jahre erlebte der 45jährige Hans Fallada noch einmal eine beglückende Beziehung zu einer viel jüngeren Schriftstellerin: der aus Mähren stammenden, damals erst 18jährigen Marianne Portisch (verh. Wintersteiner, Ps. Annemarie

1.2 Falladas Kontakte zu Autoren seiner Zeit (1920er bis 1940er Jahre)

Steiner), die zur Führungsspitze der ‚Sudetendeutschen Volksjugend' gehörte und sich in Hohenlychen unweit von Carwitz in einem Sportsanatorium für nationalsozialistische Führungskräfte einer Knie-Operation mit wochenlanger Nachbehandlung unterziehen musste. Sie schwärmte für Falladas Romane, bewunderte den berühmten Autor – er wiederum war auch von ihr fasziniert und förderte bzw. ermutigte sie. 1939 redigierte er ihren ersten Roman *Ein Schloß in Mähren* und schrieb ein Verlagsgutachten dazu, in dem er sie mit der ebenfalls aus Mähren stammenden Marie von Ebner-Eschenbach verglich (vgl. Müller-Waldeck 2000, 64). Zu ihrem 19. Geburtstag verfasste er für sie *Pechvogel und Glückskind. Ein Märchen für Kinder und Liebende*, das 2010 von Gunnar Müller-Waldeck herausgegeben wurde. In einem 1994 publizierten Gespräch berichtet Wintersteiner, dass sie sich in dem Roman *Der ungeliebte Mann* (1940) wiedererkannt habe (bis hin zu ihrem gelben Kleid), ebenso in der Figur der Österreicherin Catriona in *Der Jungherr von Strammin*. Sie erwähnt Falladas Bewunderung für Knut Hamsun und seine Abneigung gegen Thomas Mann, dessen Stil ihm „zu steif, die Schachtelsätze zu konstruiert" erschienen (Müller-Waldeck 2000, 70, 81). Zum letzten Mal traf sie mit Fallada im Dezember 1944 in Feldberg zusammen. Das umfangreiche Œuvre der Autorin besteht aus etwa 40 Romanen, wozu ein als Fortsetzungsroman in einer österreichischen Lokalzeitung abgedrucktes autobiografisches Werk über ihre Beziehung zu Fallada gehört, das lange Zeit als verschollen galt und 2017 von Müller-Waldeck unter dem Titel *So fang es heimlich an. Von Hans Fallada zu Hannes Valentin* herausgegeben wurde (vgl. Wintersteiner 2017).

Neue Kontakte unter schwierigen Bedingungen

Als Fallada seinem Briefpartner Ettighoffer am 29. Dezember 1942 das Geständnis machte: „Selten erreicht mich einmal eine solche Stimme Mitschreibender in meiner Einsamkeit", befand er sich schon seit mehreren Jahren in einer schweren Lebens- und Schaffenskrise, und Kontakte zur ‚Außenwelt' wurden immer seltener. Dennoch entstand eine kurze Männerfreundschaft mit dem Künstler Erich Ohser, besser bekannt unter dem Pseudonym e. o. plauen, dessen lustige und nachdenkliche Bildgeschichten über Vater und Sohn von Dezember 1934 bis Dezember 1937 wöchentlich in der *Berliner Illustrierten Zeitung* erschienen waren. Die drei Bände der Vater-Sohn-Geschichten gehörten zur Lieblingslektüre der Familie Ditzen, wie sich Falladas ältester Sohn Ulrich erinnert (vgl. Kuhnke 2003, 21). Ohsers Lavieren in der NS-Zeit, wenngleich schärfer und öffentlicher zutage tretend, ähnelt demjenigen Falladas. Das mag neben den Übereinstimmungen in ihren Kunstauffassungen und ihrer Weltsicht zur Sympathie zwischen den beiden Männern beigetragen haben, die sich aus dem Briefwechsel zwischen Januar und Juni 1943 ablesen lässt. Überraschend sind die Gemeinsamkeiten zwischen den Bild- und den literarischen Geschichten. Beide Künstler behandeln auf der Grundlage eigener Erfahrungen Erziehungsprobleme, und bei beiden werden sie mit Liebe und Verständnis für die Kinder gelöst. Fallada traf den Künstler in Berlin, und vom 3. bis 6. Mai 1943 weilte Ohser in Carwitz; danach vertiefte sich ihre freundschaftliche Zuneigung. Fallada schuf in seinen Gefängnisaufzeichnungen von 1944 ein bleibendes literarisches Porträt von Ohser (vgl. Fallada 2009, 143–148). Aber auch Ohsers Karikatur „der traurige Clown", wie Fallada sie nannte, ist inzwischen weltberühmt und zu einer Erkennungsmarke geworden: ob auf Büchern, der Zeitschrift der Hans-Fallada-Gesellschaft, auf Veranstaltungsplakaten oder in Form einer Gedenkbriefmarke. Ursprünglich hatte der Verlag die Karikatur für das Buch *Heute bei uns zu Haus* in Auftrag gegeben, sie erschien dann aber doch etwas zu gewagt. Fallada liebte sie: „Ach, ich war begeistert. Es war wundervoll, es war Zauberei, was er da geschaffen hatte."(Fallada 2009, 146f.) Am 27. März wurden Ohser und sein Freund Erich Knauf nach einer Denunziation verhaftet. Noch vor der Hauptverhandlung vor dem Volksgerichtshof erhängte sich Ohser am 5. April 1944 in seiner Zelle.

Andere Kontakte blieben oberflächlich oder sporadisch wie die zu dem Schauspieler und Erzähler Leo Slezac oder dem Dramatiker, Prosaisten und Drehbuchautor Hans Reimann, der unter verschiedenen Pseudonymen schrieb. Dagegen war die Beziehung zu Friedrich Eisenlohr intensiver, dem Fallada schon im Dezember 1937 einmal geschrieben und im Januar 1938 eine freundliche Antwort erhalten hatte. Im Frühsommer 1943 trafen sie zufällig in der Nähe von Paris zusammen, und im Oktober 1945 nahm Fallada die Verbindung zu Eisenlohr wieder auf. Der mit Johannes R. Becher befreundete Autor leitete dort den Bühnenvertrieb im Aufbau Verlag in Ost-Berlin. Eisenlohr war 1913 als Mitglied des Dichter-Trios mit Ludwig Rubiner und Livingstone Hahn für die Kriminal-Sonette berühmt geworden, von denen Robert Gernhardt schreibt, sie gehörten „seit fast hundert Jahren zu den kräftigsten, formvollendetsten und unbekanntesten Gedichten deutscher Hochkomik" (Gernhardt 2010, 28). Die NS-Zeit hatte der in der Weimarer Republik erfolgreiche Essayist, Romancier und Dramaturg mit heiterer Unterhaltungs- und sogenannter Kameradschaftsliteratur überstanden. Trotz seiner guten Beziehungen zu Becher erhoffte er sich im Dezember 1945 von Fallada Fürsprache und bat ihn, sich für die Publikation seines autobiografischen Romans *Das gläserne Netz* (1927) einzusetzen, den er ihm im Dezember 1937 mit einer freundschaftlichen Widmung hatte zukommen lassen. Offensichtlich versprach er sich viel von der Vermittlung. Zu einer Publikation kam es jedoch nicht, obwohl Fallada zugesagt hatte, sich außerdem noch beim Leiter des Aufbau Verlages Kurt Wilhelm für das Buch einzusetzen.

Ein im Vergleich relativ umfangreiches Konvolut von 15 Briefen und einer Postkarte geht aus dem Kontakt mit dem Schriftsteller und Journalisten Dr. Paul Coelestin Ettighoffer (Ps. Frank Löhr von Wachendorf) zwischen Dezember 1942 und September 1946 hervor. Die Briefschreiber lernten sich nie persönlich kennen, aber ihr Austausch offenbart, wie dankbar Fallada in den 1940er-Jahren für Zuwendung war und wie sehr er der Anerkennung bedurfte. Der Schriftsteller und Wehrmachtsoffizier Ettighoffer nahm am 24. Dezember 1942 aus dem Weihnachtsurlaub in Bonn Kontakt zu Fallada, den er bewunderte, auf. So schreibt er z.B.: „Aber Ihre Romane werden noch lange Gültigkeit haben, auch dann noch, wenn von Ihren Widersachern nichts mehr übrig sein wird als ein paar schwulstig geschriebene Machwerke." (Ettighoffer an Fallada, 24. Dezember 1942) Die Anrede „Sehr geehrter Herr Doktor!" legt die Vermutung nahe, dass er von Fallada als Privatmann nichts wusste. Die Briefe geben Einblick in das Denken der beiden Männer über Literatur, erlittene Kränkungen, Kollegenneid, persönliches Leid und ansatzweise auch über den Krieg, in dem sich der überzeugte Soldat und Nationalist Ettighoffer bemerkenswerterweise als unbedeutende Schachfigur im Spiel der Mächte sah.

Als Ettighoffer nach seiner Rückkehr aus der 14-monatigen englischen Gefangenschaft im Sommer 1946 den Briefverkehr wieder aufnahm, standen zahlreiche seiner Schriften in der Sowjetischen Besatzungszone auf der Liste der auszusondernden

Literatur. Falladas letzter Brief an ihn klingt optimistisch: „Sehen Sie, das ist unsere Stärke und unsere Schwäche: dieses es immer wieder von vorne Anfangen, diese Fähigkeit in der Arbeit. Was ist schon wieder geleistet –! Wie sah Berlin aus und was ist heute schon wieder geschaffen und wieder geschaffen!" (Fallada an Ettighoffer, 19. September 1946) Diese Zuversicht dürfte mit dem neuen Werk *Jeder stirbt für sich allein* zusammenhängen, das Fallada Anfang Oktober 1946 zu schreiben begann, knapp ein Jahr, nachdem der aus der Emigration zurückgekehrte Dichter Johannes R. Becher, nunmehr Präsident des ‚Kulturbundes zur demokratischen Erneuerung Deutschlands', ihm einen Teil der Gestapo-Akte des Berliner Ehepaars Hampel übergeben hatte. Paul Wiegler, der einstige Cheflektor der Roman-Abteilung des Ullstein Verlages, hatte die Verbindung geknüpft. Von Wiegler war 1934 der Roman *Das Haus an der Moldau* bei Rowohlt erschienen. 1945 arbeitete er in dem von Becher geleiteten ‚Kulturbund'. Fallada hatte Anfang 1945 wieder zu ihm Kontakt aufgenommen, und nur wenig später, am 11. oder 12. Oktober führte ihn dieser mit Becher in dessen Büro zusammen. 1946/47 leitet Wiegler als Lektor des Aufbau Verlages die Überarbeitung und posthume Herausgabe von Falladas letztem Roman *Jeder stirbt für sich allein*.

Becher wiederum riss den in Berlin gestrandeten Fallada aus seiner Apathie und konnte ihn dank seiner engen Kontakte zur Sowjetischen Militär-Administration mit exklusivem Wohnraum, Heizmaterial und Lebensmitteln versorgen; er organisierte ärztliche Hilfe und verschaffte dem Schriftsteller das Wichtigste: Schreibaufträge. Ihre Beziehung war kurzzeitig sehr eng, umfasste Gespräche und Zusammenkünfte, die Kommunikation mit kleinen Zetteln oder per Telefon und führte zu der Beteiligung Falladas an Vortragsreisen, der Rede zum Nürnberger Prozess im Schweriner Staatstheater und anderen Aktivitäten für den Kulturbund. Das wichtigste Ergebnis freilich war der Roman *Jeder stirbt für sich allein*, der ohne Becher nicht geschrieben worden wäre. In seinem Roman *Der Alpdruck* schildert Fallada die Hintergründe ziemlich genau (vgl. Fallada 1947, 204). Die Motive Bechers, sich für Fallada einzusetzen, waren vielschichtig. Neben großer Sympathie für den Autor und Bewunderung für dessen Œuvre spielte der Wunsch eine Rolle, nicht-faschistische Schriftsteller im Sinne eines breiten politischen Spektrums für die kulturelle Erneuerung des Landes zu gewinnen. Und unter diesen war ihm Fallada besonders wichtig. Der genoss seine bevorzugte Stellung und identifizierte sich zunehmend mit Bechers Bemühungen um eine demokratische Erneuerung der Kultur, so wie er sich auch im Aufbau Verlag immer mehr zu Hause fühlte, von dem er überzeugt war, dass er einmal das größte deutsche Verlagshaus werden würde (vgl. Fallada an Rowohlt, 12. Dezember 1945). Seine Begeisterung für den Freund wich jedoch nach persönlichen Spannungen und den Angriffen neidischer Kollegen sowie der ‚Journaille' gegen ihn ab dem Frühjahr 1946 einer kritischen Sicht: „Becher nimmt all dem gegenüber eine sehr weiche Haltung ein, er geht den Widerständen gerne aus dem Wege, ein Kämpfer ist er bestimmt nicht. Weder Sie noch ich können im Ernstfall auf ihn rechnen. Offiziell stehen wir uns noch sehr gut, innerlich gibt es so einige Differenzen." (Fallada an Rowohlt, 20. März 1946) Becher und Fallada trafen sich kaum noch, allerdings nicht nur aufgrund der Distanz, die Fallada einnahm, sondern auch, weil Becher mit Arbeit überlastet war. Unter den extrem schwierigen politischen Umständen konnte ein dauerhaftes Vertrauensverhältnis zwischen den beiden innerlich zerrissenen, von vielen Seiten angefeindeten Männern nicht entstehen. Becher freilich blieb in seiner Hilfe und Zuneigung standhaft. 1950 notierte er in seinem Tagebuch: „Von mir aus eine echte Freundschaft, eine neidlose Bewunderung seiner epischen Fähigkeiten, eine tiefe Verwandtschaft mit seiner schöpferischen Leidenschaft, mir ein Vorbild in seinem volkstümlichen, reich-poetischen Erzählertalentstil." (zit. nach Weber 2009, 74) Becher hielt nach Falladas Tod am 2. Februar 1947 die Grabrede und verfasste für den Roman *Der Alpdruck*, der im Herbst 1947 erschien, einen empathischen Nekrolog mit dem Titel *An Stelle eines Nachwortes*. Darin würdigt er Fallada, „was den Reichtum und die Vielartigkeit seiner Figuren anbelangt", als den „bedeutendste[n] der lebenden deutschen Erzähler" (Becher 1947, [237].)

Literatur

Die Veröffentlichung der Briefauszüge erfolgt mit freundlicher Unterstützung des Aufbau Verlages Berlin.

Becher 1947: Becher, Johannes R.: An Stelle eines Nachworts. In: Hans Fallada: Der Alpdruck, Berlin 1947, S. 237–240.
Borgstede 2011: Borgstede, Michael: Das Rätsel der verschwundenen Fallada-Briefe. In: Die Welt, Nr. 52, 3. März 2011, S. 23.
Briefwechsel Hans Fallada – Margarete und Fritz Bechert, 1933, HFA N 202.
Briefwechsel Hans Fallada – Hermann Broch, 1934–1937, HFA N 254.
Briefwechsel Hans Fallada – Deutsche Verlags-Anstalt GmbH Stuttgart 1943, HFA N 249.
Briefwechsel Hans Fallada – Erich Ebermayer, 1939, HFA N 257.
Briefwechsel Hans Fallada – Axel Eggebrecht 1932, HFA N 294.
Briefwechsel Hans Fallada – Friedrich Eisenlohr, 1937–1945, HFA N 257.
Briefwechsel Hans Fallada – P. C. Ettighoffer, 1942–1944, HFA N 257.
Briefwechsel Hans Fallada – Stefan Großmann (Verlagsbriefwechsel), 1923–1925, HFA S 970–972.
Briefwechsel Hans Fallada – Hermann Hesse, 1932–1934, HFA N 297.
Briefwechsel Hans Fallada – Franz Hessel (Verlagsbriefwechsel), 1923, HFA S 970
Briefwechsel Hans Fallada – Elisabeth und Heinz Hörig, 22. November 1937, HFA N 190.
Briefwechsel Hans Fallada – Walter von Hollander, 1932–1938, HFA N 260.
Briefwechsel Hans Fallada – Johannes Kagelmacher, 1930, HFA N 217.
Briefwechsel Hans Fallada – Peter Martin Lampel 1932, HFA N 300.
Briefwechsel Hans Fallada – Paul Mayer (Verlagsbriefwechsel), 1920, HFA S 967; N 244.
Briefwechsel Hans Fallada – Felix Riemkasten, 1945–1946, HFA N 286.
Briefwechsel Hans Fallada – Ernst Rowohlt (privat), 1941–1945, HFA N 252.
Briefwechsel Hans Fallada – Ernst Rowohlt (privat), 1945–1946, HFA N 251.
Briefwechsel Hans Fallada – Ernst Rowohlt Verlag GmbH, 1920; 1930, HFA S 967; N 236.
Briefwechsel Hans Fallada – Rowohlt Verlag GmbH, 1931–1938, HFA N 237–244.
Briefwechsel Hans Fallada – Heinz Stroh (Verlagsbriefwechsel), 1925, HFA S 972.
Briefwechsel Hans Fallada – Will Vesper, 1933–1934, DLA Marbach, A: Vesper 76.2083/1–3.
Briefwechsel Hans Fallada – Anna Ditzen, 1931. In: Hans Fallada/Anna Ditzen. Wenn du fort bist, ist alles nur halb. Briefe einer Ehe, hg von Uli Ditzen, Berlin 2007, S. 175–271, hier S. 238.
Caspar 1988: Caspar, Günter: Fallada-Studien, Berlin (Ost)/Weimar 1988.
Eggebrecht 1931: Eggebrecht, Axel: Hans Fallada: *Bauern, Bonzen und Bomben*. In: Die Literarische Welt 7 (1931), Nr. 25, 19.6.1931, S. 6.
Fallada 1932a: Fallada, Hans: Lampel, der Jäger. In: Die Literatur. Monatsschrift für Literaturfreunde 34 (1931/32), H. 4 (Januar 1932), S. 187–190.
Fallada 1932b: Fallada, Hans: Auskunft über den Mann Kästner. In: Die Literatur. Monatsschrift für Literaturfreunde 34 (1931/32), H. 7 (April 1932), S. 367–371.
Fallada 1947: Fallada, Hans: Der Alpdruck. Roman, Berlin 1947.

Fallada 1986: Fallada, Hans: Geschichte vom verkehrten Tag. In: Ders.: Ausgewählte Werke in Einzelausgaben, Bd. 9: Märchen und Geschichten, hg. von Günter Caspar, 2. Auflage, Berlin (Ost) 1986, S. 350–355.

Fallada 1991: Fallada, Hans. Vorwort. In: Heinz Kiwitz: Enaks Geschichten, Berlin 1991, S. 5–6.

Fallada 2009: Fallada, Hans: In meinem fremden Land. Gefängnistagebuch 1944, hg. von Jenny Williams und Sabine Lange, Berlin 2009.

Gernhardt 2010: Gernhardt, Robert: Was das Gedicht alles kann: Alles. Texte zur Poetik, hg. von Lutz Hagestedt und Johannes Möller, Frankfurt a. M. 2010.

Hesse 1934: Hesse, Hermann: Der neue Fallada. In: National-Zeitung. Organ für Handel und Industrie. Anzeigeblatt der Stadt Basel 92 (1934), 1.4.1934.

Hesse 1934: Hesse, Hermann: Hans Fallada. *Wir hatten mal ein Kind*. In: National-Zeitung. Organ für Handel und Industrie. Anzeigeblatt der Stadt Basel 92 (1934), 18.11.1934.

Koburger 2015: Koburger, Sabine: Ein Autor und sein Verleger. Hans Fallada und Ernst Rowohlt in Verlags- und Zeithorizonten, München 2015.

Kuhnke 2003: Kuhnke, Manfred: Eine kleine Oase fast unbekümmerter Menschlichkeit. Die Bildergeschichten um Vater und Sohn von e. o. plauen – Hans Falladas Vatergeschichten. In: Hans-Fallada-Jahrbuch (2003), Nr. 4, S. 202–215.

Kuhnke 2007: Kuhnke, Manfred: Über Freund Franz [Hessel]. Ein Nachtrag zu einem Vortrag. In: Salatgarten 16 (2007), H. 1, S. 30–35.

Mayer 1919: Mayer, Paul: Der junge Goedeschal. In: Börsenblatt für den Deutschen Buchhandel 86 (1919), Nr. 241, S. 11294.

Müller-Waldeck 2000: Müller-Waldeck, Gunnar. „Er war ein Ermunterer". Gespräch mit Annemarie Steiner. In: Hans Fallada Jahrbuch (2000), Nr. 3, S. 64–81.

Ortner 2010: Ortner, Rainer: Joachim Ringelnatz – Dichter und Maler. In: Salatgarten 19 (2010) H. 2, S. 54–57.

Ossietzky 1932: Ossietzky, Carl von: Kamerad Lampel. Die Weltbühne, 20.9.1932. In: Carl von Ossietzky. Rechenschaft, Publizistik aus den Jahren 1913–1933, hg. von Bruno Frei, Frankfurt a. M. 1984, S. 223–226.

Riemkasten 1941: Riemkasten, Felix: Nachwort: In: Hans Fallada: Hoppelpoppel – wo bist du? Kindergeschichten, Leipzig 1941, S. 71–74.

Salomon 1934: Salomon, Ernst von: Der Dichter des Unentrinnbaren. Bemerkungen zu dem neuen Roman von Hans Fallada *Wer einmal aus dem Blechnapf frißt*. In: Nordhäuser Zeitung und General-Anzeiger 87 (1934), 14.4.1934.

Salomon 2007: Salomon, Ernst von: Der Fragebogen, 18. Auflage, Reinbek bei Hamburg 2007.

Sarkowicz 2011: Sarkowicz, Hans (Hg.): Schriftsteller im Nationalsozialismus. Ein Lexikon, Berlin 2011.

Töteberg 2018: Töteberg, Michael: Die Eroberung von Berlin. Nachwort: In: Hans Fallada: Ein Mann will nach oben. Roman, Reinbek bei Hamburg 2018, S. 813–825.

Vesper 1933: Vesper, Will: *Kleiner Mann – was nun?* In: Die Neue Literatur 34 (1933), H. 4 (April 1933), S. 209–210.

Vesper 1934: Vesper, Will: *Wer einmal aus dem Blechnapf frißt*. In: Die Neue Literatur 35 (1934), H. 7 (Juli 1934), S. 444.

Weber 2009: Weber, Hermann: Juristensöhne als Dichter. Hans Fallada, Johannes R. Becher und Georg Heym. Der Konflikt mit der Welt ihrer Väter in ihrem Leben und ihrem Werk, Berlin 2009.

Williams 2002: Williams, Jenny: Mehr Leben als eins. Hans Fallada. Biographie. Aus dem Englischen von Hans-Christian Oeser, Berlin 2002. [Originalausgabe: More Lives than One. A Biography of Hans Fallada, London 1998.]

Wintersteiner 2017: Wintersteiner, Marianne: So fang es heimlich an. Von Hans Fallada zu Hannes Valentin, hg. von Gunnar Müller Waldeck, Elmenhorst/Vorpommern 2017.

Witter 1971: Witter, Ben: „Man beschimpft keinen alten Mann". Gespräch mit Walther von Hollander. In: Die Zeit, 17.9.1971 (online http://www.zeit.de/1971/38/man-beschimpft-keinen-alten-mann [8. Februar 2016]).

1.3 Fallada und seine Verleger
Sabine Koburger/David Oels

Hans Falladas Schreiben war auf das Publikum gerichtet, er wollte gelesen und geliebt, gekannt und gekauft werden. Der Weg zu diesem Publikum führte stets über eine Redaktion oder ein Lektorat, einen Verlag und einen Verleger – Instanzen, von denen er nicht nur eine möglichst umfangreiche Honorierung seiner Arbeiten erwartete, sondern die er als Wegbereiter ansah und von denen er Kommentare, Kritik, Anregungen und Ideen geradezu verlangte. Verlag und Verleger sind bei Fallada deshalb keine zu vernachlässigenden Störgrößen, sondern zentrale Mitspieler im Produktionsprozess, deren Verhalten nicht selten über den Fortgang von Schreibprojekten entschied.

Ernst Rowohlt Verlag 1919 bis 1938

Am 14. Mai 1919 trafen sich der zu diesem Zeitpunkt 25jährige Autor und sein 31jähriger künftiger Verleger Ernst Rowohlt in dessen Berliner Verlag, Potsdamer Straße 123 B, um den Vertrag über Falladas Roman *Der junge Goedeschal* vorzubereiten. Rowohlt hatte nur wenige Monate zuvor seinen nunmehr zweiten Verlag gegründet und mit der Publikation der dramatischen Dichtung *Der Retter* des damals außerordentlich erfolgreichen Walter Hasenclever debütiert. An Manuskripten mangelte es nicht. Ohne den gemeinsamen Freund Egmont Seyerlen, der dem Verleger am 25. April das Manuskript persönlich nahelegte, wäre Rudolf Ditzens Roman möglicherweise in der Flut der eingereichten Arbeiten untergegangen. So allerdings las ihn Rowohlts Lektor Paul Mayer und schätzte diese Erzählprosa als künstlerisch wertvoll ein; überdies fügte er sich harmonisch in das Verlagsprogramm. Am 19. Juni wurde der aus zwölf Punkten bestehende Verlagsvertrag unterzeichnet, der festlegte, das Buch noch im Herbst in einer Auflage von 2000 Exemplaren herauszubringen. Das Honorar betrug 10% vom Ladenpreis; für spätere Werke sagte man Ditzen, der sich inzwischen das Pseudonym Hans Fallada zugelegt hatte, bessere Bedingungen zu. Rowohlt sicherte sich für die nächsten drei Jahre die Optionsrechte an weiteren Büchern – ein durchaus positives Signal für den jungen Autor. Der Roman wurde am 3. November im *Börsenblatt des deutschen Buchhandels* als herausragendes Werk über die Qualen eines Knaben in der Pubertät angekündigt und mit Wedekinds Drama *Frühlingserwachen* verglichen; er erschien jedoch aufgrund verschiedener Verzögerungen erst Anfang Februar 1920 im Buchhandel, also zu einem für den Buchabsatz eher ungünstigen Zeitpunkt. Obwohl *Der junge Goedeschal* von der Kritik überwiegend freundlich besprochen wurde, verlief der Absatz schleppend – nach zwei Jahren waren erst 1283 Exemplare verkauft.

Im Juni 1920 kündigte Fallada einen Band mit Novellen an, in dem er die Wirkung von Rauschmitteln auf die Psyche des Menschen thematisieren wollte. Acht Monate später sandte er eine Erzählung mit dem Titel *Die Kuh, der Schuh, dann du*, zu der Rowohlt sich jedoch über Monate nicht äußerte und deren Publikation er schließlich ablehnte, da die Novelle nur für einen kleinen Kreis von Lesern in Betracht komme und das geschäftliche Risiko daher zu hoch sei. Er gab das Manuskript frei, beteuerte jedoch sein Interesse an Falladas weiterem Schaffen und ermutigte ihn zu einer neuen Arbeit, möglichst einem Roman. Gleichwohl blieb das Verhältnis zwischen Autor

1.3 Fallada und seine Verleger

und Verleger unverändert kühl. Der spärliche Briefwechsel zeichnete sich durch einen förmlichen, geschäftsmäßigen Ton aus. Fallada wandte sich mit Wünschen und Fragen im Allgemeinen zuerst an den Lektor Mayer.

Im September 1922 schickte er seinen zweiten Roman, *Anton und Gerda,* an den Verlag. Mayer beurteilte den Text außerordentlich positiv, und der Schriftsteller Franz Hessel, zu diesem Zeitpunkt noch nicht fest angestellter Lektor, bekundete ebenfalls seine Wertschätzung. Am 18. Dezember erfolgte der Vertragsabschluss. Die Bedingungen hatten sich nicht verändert, lediglich die Auflagenhöhe sank auf 1 000 Exemplare. Kurz vor Weihnachten 1923 erschien der von Hessel lektorierte Roman im Handel, fand aber nur wenige Käufer. Werbemaßnahmen wurden kaum ergriffen, und von der Kritik wurde das Buch trotz der avantgardistischen Komposition und des Einsatzes moderner erzählerischer Mittel kaum wahrgenommen. Für den Verlag erwies es sich – wie schon *Der junge Goedeschal* – als Verlustgeschäft.

Die Publikation von Falladas drittem Roman, *Im Blinzeln der Großen Katze,* den er am 20. Juli 1924 in der Greifswalder Haftanstalt begonnen hatte, lehnte Rowohlt dann rundweg ab, wie er auch trotz anfänglicher Zusage die *Erotischen Tiernovellen* letztlich nicht in das Verlagsprogramm aufnahm. In seinem Gefängnistagebuch hatte der Autor zuvor vermerkt, dass er „irgend ein Opus" beginnen müsse, denn Rowohlt sei schließlich „die einzige Geldquelle" (Fallada 1998, 130). Den Versand des fertigen Romanmanuskriptes, das am 24. Dezember zusammen mit den *Tiernovellen* im Verlag eingetroffen war, hatte er folgerichtig gleich wieder mit der Bitte um einen Vorschuss verbunden, den Rowohlt allerdings diesmal nicht in der gewünschten Höhe gewährte.

Die Ursachen für das über einen Zeitraum von fünf Jahren distanzierte Verhältnis zwischen Autor und Verleger sind vielschichtig. Der Absatz von Falladas ersten Romanen blieb hinter den Erwartungen zurück, und der Autor selbst dürfte von Rowohlt vorwiegend als Problemfall wahrgenommen worden sein. Er hielt, nicht zuletzt wegen seiner Drogenabhängigkeit, Termine nicht ein, wechselte seine Arbeits- bzw. Aufenthaltsorte und war dadurch häufig nicht erreichbar. Sein unverhältnismäßig hoher Geldbedarf, der sich in den ständigen Bitten um Vorschüsse ausdrückte, die räumliche Entfernung und der Gefängnisaufenthalt 1924 verhinderten die Entwicklung einer freundschaftlichen Autor-Verleger-Beziehung, wie sie Rowohlt mit vielen seiner Autoren pflegte. Dessen verlegerisches Interesse blieb jedoch ungeachtet der Unwägbarkeiten bestehen, zumal beide Lektoren des Verlags Falladas Arbeiten schätzten.

Eine Krise kündigte sich 1925 an. Fallada hatte sich mit seinen essayistischen Arbeiten für die Wochenschrift *Das Tage-Buch* und kleineren Prosaarbeiten für Zeitschriften erfolgreich in der Literaturszene etabliert und wurde von einem Bewunderer seiner Werke, dem Lektor des Späth Verlages Heinz Stroh, so umworben, dass dieser sich um die Freigabe des abgelehnten Romanmanuskripts *Im Blinzeln der Großen Katze* für Späth bemühte. Rowohlt reagierte darauf nicht, wie er auch die erneute Bitte um einen weiteren Vorschuss zu diesem Zeitpunkt ablehnte. Der intensive Kontakt zu Stroh riss jedoch nach Falladas Unterschlagung und der sich anschließenden Gefängnisstrafe abrupt ab. Rowohlts Lektor Mayer dagegen besuchte ihn im Untersuchungsgefängnis Berlin-Moabit, und der Verleger erklärte sich sofort bereit, die Kosten für einen Verteidiger zu übernehmen. Den für den Oktober 1925 zugesagten Vorschuss von 1 000 RM zahlte er hingegen nicht aus, und auch die Forderungen des mit dem

Fall beauftragten Rechtsanwaltes Fritz Bechert, Falladas Schwager, den Roman zu publizieren und dafür die Novellen freizugeben, ignorierte er.

Nur wenige Monate nach der Entlassung aus dem Zentralgefängnis Neumünster nahm Fallada am 8. August 1928 den Briefkontakt zu seinem alten Verlag wieder auf, musste jedoch vier Wochen auf eine Antwort warten. Rowohlt versprach, sich um eine Stellung in Berlin zu kümmern, ließ dann aber bis Januar 1929 nichts von sich hören, und auch in den Folgemonaten blieb der Briefverkehr sporadisch. Erst Falladas Ankündigung eines neuen Romans unter dem Arbeitstitel *Ein kleiner Zirkus namens Belli* über „die Geschichte einer verkrachenden Kleinstadtzeitung" im August 1929 brachte eine Wende (Fallada 2008, 54). Der Verleger bekundete sofort sein Interesse an dem geplanten Werk, und nachdem Ditzen ihm Anfang November 1929 von seiner Entlassung und der Schwangerschaft seiner Frau berichtet hatte, bot er ihm am 19. Dezember eine Stelle als Rezensionsredakteur in seinem Verlag an: Gehalt 250 Mark, Arbeitszeit von 9 bis 14 Uhr. Das Unternehmen stand allerdings zu diesem Zeitpunkt bereits vor dem Konkurs, so dass es sich nur um eine vorübergehende Lösung handeln konnte, die nichtsdestotrotz für die junge Familie ein Glücksfall war. Am 16. Januar 1930 trat Fallada seinen Dienst an. Damit begann eine neue Phase der Beziehung zu Rowohlt, denn der lernte seinen Autor nun als verantwortungsbewussten Familienvater und gewissenhaften Angestellten kennen, der sogar innerbetriebliche Prozesse im Verlag verbesserte.

Das fertige Romanmanuskript begeisterte Rowohlt, und nicht nur er, sondern auch die Lektoren Paul Mayer und Franz Hessel glaubten fest an einen Erfolg. Dennoch kalkulierte er das Buch nur mit einer Auflage von 5 000 Exemplaren, weil er nach dem langen Gefängnisaufenthalt befürchtete, dass Fallada in Vergessenheit geraten sei und als weitgehend unbekannter Autor gelten dürfte. Da der Verlag in finanziellen Schwierigkeiten steckte, erklärte sich Fallada bereit, seinen Anteil am Honorar in die zusätzliche Inseratenwerbung zu stecken, um dem Buch einen guten Start zu ermöglichen. Für die zweite Auflage sagte ihm Rowohlt dafür ein Ansteigen des Honorarsatzes auf 17% zu. Am 15. November 1930 begann der Vorabdruck in der *Kölnischen Illustrierten Zeitung* unter dem Titel *Bauern, Bonzen und Bomben*, und am 20. März 1931 wurde das Buch ausgeliefert. Umfangreiche Besprechungen in allen wichtigen Presseorganen verhalfen Fallada sprunghaft zu Popularität, wenngleich sich der ganz große Verkaufserfolg, den Rowohlt mit dem für ihn typischen Optimismus vorausgesagt hatte, nicht einstellte.

Als der Verlag im Juni 1931 zahlungsunfähig war, erhielt Fallada wie alle Angestellten die Kündigung. Allerdings schrieb er zu dieser Zeit schon an seinem nächsten Roman. Nach vergeblichen Verhandlungen mit dem S. Fischer Verlag über eine Übernahme konnte Rowohlt, unterstützt von Egmont Seyerlen, einen Vergleich mit den Gläubigern – unter ihnen auch Fallada – erzielen und neue Geldgeber finden. Am 29. August wurde die Rowohlt GmbH als Stützungsgesellschaft gegründet, mit deren Hilfe vorschussweise Finanzierung und Produktion der insolventen KGaA aufrechterhalten werden konnten. Frisches Kapital floss durch die Familie Ullstein in den Verlag, die als Mehrheitsgesellschafter den größten Einfluss auf die Verlagspolitik ausüben konnte. Rowohlt war von nun an nur noch einer von zwei angestellten Geschäftsführern der GmbH und mit einem relativ geringen Aktienanteil von 5 000 RM am Grundkapital beteiligt. Gleichzeitig musste er als Komplementär der KGaA die Lagerbestände und Verfilmungsrechte verwerten, um die Gläubiger abzufinden. Darüber hinaus war der Verleger mit hohen privaten Schulden belastet. Der Neubeginn des Unternehmens war mit einer Reihe von Sanierungsmaßnahmen verbunden: Zum Beispiel wurden die Autorenrenten und Gehälter um ein Drittel gekürzt, und auch Rowohlt verdiente nur noch die Hälfte seines früheren Gehaltes. Andererseits bot ihm die Verflechtung mit dem größten Pressehaus Europas zahlreiche Vorteile: Neben den engen Beziehungen zu den Redakteuren waren die Vorabdrucke und Rezensionen in den Zeitungen und Zeitschriften des Ullstein Verlags eine ausgezeichnete Werbeplattform; die finanziellen Möglichkeit der Ullsteins gestatteten es, hohe Honorare zu zahlen. Auch für Fallada war die Ullstein Romanabteilung mit ihren Redakteuren, die über Vorabdrucke entschieden, nun nicht selten eine Instanz, an die er seine Romane richtete.

Als Fallada am 16. November 1931 den ersten Teil des Manuskripts mit dem vorläufigen Titel *Pinneberg und sein Murkel* vorlegte, lautete Rowohlts Urteil „großartig"; er war fest von einem Remarque'schen Millionenerfolg überzeugt und fokussierte seine Marketingstrategien auf das neue Buch (Fallada 2008, 75). Am 18. Januar 1932 schrieb er an seinen Autor: „Die Rowohlt Verlag G. m. b. H. wird Ihnen dann hoffentlich zeigen können, daß sie tüchtiger ist als die Rowohlt Kommanditgesellschaft a. A. und Ihnen Mordsgelder aus dem Buch herauswirtschaften." (Rowohlt 1932) Im April 1932 schloss Rowohlt mit seinem Autor einen Generalvertrag bis 1935, der diesem eine monatliche Rente garantierte. Als der Roman *Kleiner Mann – was nun?* nach einem Vorabdruck in der renommierten, zum Ullstein Verlag gehörenden *Vossischen Zeitung* dann Ende Juni 1932 in einer Auflage von 10 000 Exemplaren erschien, wurde er von den Rezensenten gefeiert; bis zum November waren deutschlandweit 21 344 Exemplare verkauft, bis Weihnachten 34 000. Die Rowohlt GmbH tätigte weltweite Abschlüsse, und Autor und Verlag verdienten jahrelang sehr gut an dem Buch.

Im Zuge der intensiven Zusammenarbeit bei der Herstellung und Vermarktung des Romans entwickelte sich aus einer Arbeitsbeziehung eine pragmatische Männerfreundschaft. Dies wird sichtbar im Anwachsen der Korrespondenz und in den zahlreichen privaten Zusammenkünften. Begünstigt wurde diese Entwicklung durch viele Gemeinsamkeiten zwischen Autor und Verleger. Eine nicht unwesentliche Rolle spielte, dass beide Familienväter waren, den Kindern zugetan, dass ihre Ehefrauen sich gut verstanden und insbesondere zwischen Rowohlt und Anna Ditzen ein herzliches Einvernehmen herrschte. Autor und Verleger hatten schmerzvolle Erfahrungen des Scheiterns hinter sich, sowohl privat wie auch beruflich, auch dies mag verbindend gewirkt haben. Dem labilen, zu Depressionen neigenden Ditzen dürfte der optimistische und tatkräftige Rowohlt den für seine Arbeit nötigen Halt und eine gewisse Sicherheit gegeben haben. Rowohlt wiederum brauchte einen Erfolgsautor wie Fallada, der immer wieder neue Einfälle hatte und mit außerordentlichem Fleiß unablässig und zuverlässig arbeitete. In politischer Hinsicht ähnelten sich ihre grundsätzlichen Auffassungen insofern, als beide nicht im Dienst einer Ideologie oder Partei wirken wollten, wenngleich es Unterschiede gab. Fallada war zwar Mitglied der SPD, wurde allerdings nicht aktiv und nannte sich in der Folgezeit immer wieder einen unpolitischen Menschen. Rowohlt hatte sich 1929/30 den linken nationalsozialistischen Kreisen um Otto Strasser, dem Tat-Kreis um Hans Zehrer und den Nationalrevolutionären um Ernst Jünger zugewandt, die einen nationalen Sozialismus durch eine Revolution von oben anstrebten.

Die ‚Machtergreifung' der Nationalsozialisten 1933 brachte für Autor und Verleger gleichermaßen Gefahren mit sich, was einen noch engeren Zusammenschluss zur Folge hatte. Rowohlt war den Machthabern verdächtig, weil er während der Weimarer Republik als liberaler Verleger gewirkt und in seinem Unternehmen eine Vielzahl jüdischer Autoren versammelt hatte, aber auch wegen seiner Verbindungen zum Strasser-Kreis. Sein Versuch, sich 1933 dem NS-System mit der Produktion *Ein Volk steht auf. 53 Tage nationaler Revolution* anzudienen, scheiterte – er musste sich in einem Artikel des *Völkischen Beobachters* „Gesinnungslumperei" vorwerfen lassen (Wolff 1933). Fallada war durch die Gefängnisaufenthalte und ihm feindlich gesinnte Nationalsozialisten wie Hanns Johst gefährdet, die schon bald maßgebliche Positionen in der Schrifttumsbürokratie besetzten. Für den ängstlichen Autor wurde Rowohlt zur wichtigsten Stütze, ein Ratgeber und Helfer. Für Rowohlt war der von den Lesern im In- und Ausland geschätzte Fallada ein wirtschaftlicher Garant, da immer mehr Autoren verboten wurden und emigrierten. Beide passten sich dem NS-System bis zu einem gewissen Grade an, um weiterhin produzieren zu können. So wurden Falladas umstrittene Vorworte zu seinen brisanten Zeitromanen (siehe den Beitrag 1.3 *Vorwort-Politik* in Kap. II) sowohl von Rowohlt als auch von den Lektoren als Schutzmaßnahme und Mittel zum Zweck ausdrücklich gebilligt. Pläne für eine Emigration in den Jahren 1935/36 setzten Autor und Verleger nicht in die Tat um. Fallada hatte all seine Mittel in das Carwitzer Anwesen gesteckt, das er liebte; überdies dürfte ihn das Netzwerk von Ärzten und privaten Sanatorien gehalten haben, in deren Schutz er sich in Deutschland jederzeit flüchten konnte.

Rowohlt wiederum musste seine privaten und geschäftlichen Schulden abzahlen, war also auf Verdienst und Gewinnbeteiligung in der GmbH angewiesen. Autor und Verleger versuchten folglich, alles zu vermeiden, was den Zorn der Machthaber erregen konnte. Gleichzeitig nahmen die Schwierigkeit zu, die Lagerbestände des Verlags zu veräußern, da es sich nicht selten um die Werke politisch oder ‚rassisch' unerwünschter und verbotener Autoren handelte. Es wurde darüber hinaus zunehmend unmöglich, ein anspruchsvolles und gleichzeitig verkäufliches Verlagsprogramm zu erstellen. Selbst Falladas Werke, die nach 1933 immer noch hohe Umsätze erbracht hatten – 1934 betrugen seine Einnahmen laut Steuerbehörde 101 424,34 RM –, erlebten ab 1935 infolge ständiger Angriffe eine rückläufige Nachfrage, da auch die Buchhändler durch amtliche Listen empfehlenswerter Bücher und öffentliche Debatten zunehmend unter Druck gesetzt wurden. Die gehässigen Attacken richteten sich vor allem gegen die Romane *Wer einmal aus dem Blechnapf frißt* und *Wir hatten mal ein Kind*, die nicht in die herrschende nationalistische Literaturauffassung passten.

In der Folge beschloss der Autor, auf vermeintlich anspruchslose Unterhaltungslektüre wie Märchen, Kindergeschichten, Erzählungen und heitere Romane auszuweichen. Aber gerade der auf den ersten Blick unverfängliche Unterhaltungsroman *Altes Herz geht auf die Reise* führte im September 1935 dazu, dass Fallada zum „unerwünschten Autor" erklärt wird. Das Verdikt bedeutete das Verbot des Vertriebs seiner Werke respektive den Verlust der Verfilmungs- und Übersetzungsrechte im Ausland. Damit entfiel der Hauptteil der Einnahmen, außerdem war für die Zukunft ein völliges Schreibverbot durch die Reichsschrifttumskammer nicht mehr auszuschließen – für Fallada eine existenzbedrohende Aussicht, für den Verlag ein herber Verlust. Autor und Verleger kämpften mit allen ihnen zur Verfügung stehenden Mitteln um eine

Revision des Urteils, ohne eine Antwort von den Behörden zu bekommen. Anfang Dezember 1935 wurde es dann ohne Erklärungen aufgehoben, ein durchaus nicht untypischer Vorgang in den von Kompetenzstreitigkeiten beherrschten NS-Institutionen.

Fallada, verwöhnt durch überdurchschnittlich hohe Einnahmen in den Jahren 1932 bis 1934, reagierte auf den nachlassenden Absatz und die Bedrohung seiner Tätigkeit als Schriftsteller mit Nervosität, Zusammenbrüchen und Überreaktionen, die das Verhältnis zu Rowohlt belasteten. Die Jahre 1935/36 waren von Konflikten und Krisen im Autor-Verleger-Verhältnis geprägt, der Briefwechsel kam ab Oktober 1936 zum Erliegen. Auch Rowohlt befand sich in einer angespannten Situation. Die Reichsschrifttumskammer forderte im Juli 1935 nachdrücklich die Entlassung seiner langjährigen jüdischen Lektoren Mayer und Hessel, die Lagerbestände wurden weiter entwertet; und seitdem die Hauptverwaltung für Industrien, eine Tochtergesellschaft der Ullstein AG, die Geschäftsanteile von Fritz Koch übernommen hatte, war die Rowohlt GmbH noch enger an den nationalsozialistischen Parteiverlag Franz Eher Nachf. gebunden. Erst im Dezember 1936 näherten sich Autor und Verleger langsam wieder an, und mit der Ankündigung des Romans *Wolf unter Wölfen*, an dem Fallada seit etwa einem Jahr im Geheimen gearbeitet hatte, fanden sie zu ihrem vertrauensvollen Verhältnis zurück.

Der Verleger konnte auch in anderer Hinsicht aufatmen: Die Gläubiger der KGaA waren teilweise abgefunden und hatten sich mit dem Verzicht auf weitere Forderungen einverstanden erklärt. Am 11. Juli 1937 wurde die Ernst Rowohlt KGaA aus dem Handelsregister gelöscht.

Fallada beendete kurz vor Rowohlts 50. Geburtstag am 23. Juni 1937, den beide gemeinsam in Carwitz feierten, das Manuskript zu *Wolf unter Wölfen*. Den Roman hielten auch Heinrich Maria Ledig, Ernst Rowohlts nichtehelicher Sohn, der neu eingestellte Lektor Friedo Lampe und der zeitweilig mit Lektoratsaufgaben beschäftigte Harald Eschenburg für einen ganz großen Wurf. Hessel wurde illegal als Lektor eingesetzt und verbrachte im Oktober 1937 knapp zwei Wochen in Carwitz, um zusammen mit dem Autor die Fahnenkorrekturen zu erledigen. Rowohlt bereitete die Buchausgabe voller Enthusiasmus vor, die Auflagenhöhe von 10 000 Exemplaren spricht für das Vertrauen, das er in das Werk setzte. Nachdem der Roman Ende September erschienen war, trafen glänzende Kritiken ein, per 15. Oktober waren 5 659 Exemplare verkauft, im November wurde eine neue Auflage vorbereitet. Eine Würdigung des Buches durch den renommierten ‚Staatsschauspieler' Mathias Wieman in einer Rundfunksendung ließ den Absatz weiter ansteigen. Der Roman fand ebenfalls den Beifall höchster Regierungskreise – selbst Goebbels lobte das Buch in einem Gespräch mit dem Regisseur und Schauspieler Veit Harlan, der wiederum Rowohlt versicherte, dass er dieses Lob öffentlich verbreiten dürfe (vgl. Rowohlt 1938). In finanzieller Hinsicht übertrafen dann die Filmabschlüsse mit der Tobis-Magna-Filmgesellschaft über den *Eisernen Gustav* Anfang November 1937 und einen Monat später mit der Ufa über den Roman *Altes Herz geht auf die Reise* alle Erwartungen – die Tobis zahlte beispielsweise 30 000 RM (siehe die Beiträge 4.5 *Der eiserne Gustav* in Kap. II und 2. *Verfilmungen* in Kap. III).

Der Aufwärtstrend des Verlages, der sich Ende des Jahres 1937 abzeichnete und auch Fallada in den ersten neun Monaten des folgenden Jahres Verdienste von über 38 000 RM bescherte, änderte jedoch nichts daran, dass Rowohlt zum 1. Juli 1938

„wegen sogenannter verlegerischer und politischer Unzuverlässigkeit" (Rowohlt 1946, 3) aus der Reichsschrifttumskammer ausgeschlossen wurde. Zwar legte er sofort Widerspruch ein und aktivierte sein Netzwerk von Freunden und Bekannten, aber Anfang November erhielt er die endgültig abschlägige Antwort auf seine Einsprüche. Inzwischen hatte mit Wirkung vom 20. Oktober die Deutsche Verlagsanstalt Stuttgart (DVA), zu dieser Zeit ebenfalls bereits mittelbar zum Eher-Konzern gehörend, die Geschäftsanteile der Rowohlt GmbH erworben. Neuer Geschäftsführer wurde in Stuttgart Heinrich Maria Ledig. Öffentlich blieb der Vorgang schwer durchschaubar, denn die Rowohlt GmbH bestand dem Namen nach bis zu ihrer Verschmelzung mit der DVA im November 1943 weiter.

Fallada litt unter dem Verlust seines Verlegers. Anfang November schrieb er an seine Mutter: „Aber eines ist klar: einen so großzügigen, freundschaftlichen Verleger wie Rowohlt, dessen Ausschluß übrigens definitiv ist, bekomme ich nie wieder." (Fallada 1938b) Als am 28. November der Roman *Der eiserne Gustav* an die Buchhandlungen ausgeliefert wurde, befand sich Rowohlt bereits nicht mehr in Deutschland. Verschärfte Angriffe in der Presse, insbesondere in der berüchtigten Zeitschrift der SS *Das Schwarze Korps* ließen ihn um seine Sicherheit fürchten. Nach Aufenthalten in Zürich, Paris und London schiffte er sich im Februar 1939 mit seiner Familie nach Brasilien ein, wo seine Frau Verwandte hatte. Zum Jahreswechsel 1938/39 sandte er seinem ehemaligen Autor die besten Wünsche aus Ascona, Casa Pascolada bei Engelhardt. Erst nach seiner Rückkehr aus Brasilien im Dezember 1940 nahm Rowohlt die Korrespondenz mit Fallada wieder auf (vgl. Rowohlt 1946).

Als Tochtergesellschaft der Deutschen Verlagsanstalt in Stuttgart 1938–1943

Der auch von anderen Verlagen umworbene Erfolgsautor Fallada konnte es sich leisten, bei der zum 1. Januar 1939 anstehenden Verlängerung seines Generalvertrags hohe Forderungen zu stellen. Unter anderem wünschte er eine über sieben Jahre garantierte Monatsrente in Höhe von 1 200 RM. Den Vertragsentwurf hatte Rowohlt noch vorbereitet und auch geholfen, Fallada zu überzeugen, zwei Klauseln anzunehmen, die dem Verlag die Möglichkeit gaben, die monatlichen Zahlungen herabzusetzen, sollten sich Fallada-Bücher, insbesondere aus politischen Gründen, als nicht verkäuflich erweisen. Zu Stande kam der neue, für zwei Jahre geschlossene Vertrag jedoch erst nach einem persönlichen Besuch des Generaldirektors der DVA, Dr. Gustav Kilpper, zusammen mit Ernst Rowohlt in Carwitz. Am 24. November schrieb der Jung-Verleger Heinrich Maria Ledig seinem Autor: „Mir ist ein Stein vom Herzen gefallen und ich freue mich, daß wir nun doch wenigstens noch für einige Zeit zusammenarbeiten werden." (Fallada 2008, 276)

Ein Verhältnis wie zu Rowohlt stellte sich zu dem neuen Unternehmen, das Fallada abfällig als „Bücherfabrik" (Fallada 1938a) bezeichnete, freilich nicht ein. Schuld daran waren zunächst neuerliche Schwierigkeiten beim Verkauf seiner Bücher. Namentlich *Der eiserne Gustav* galt bald als unerwünscht, ohne dass klar war, welche der Institutionen der Schrifttumsbürokratie dafür verantwortlich zeichnete. Betroffen waren aber auch *Wolf unter Wölfen* und die Ende 1938 erschienenen *Geschichten aus der Murkelei*. Erst im Frühjahr 1939 wurde im Verlag bekannt, dass insbesondere die zum Amt Rosenberg gehörende ‚Reichsstelle zur Förderung des deutschen Schrifttums' Vorbehalte gegen Falladas Roman hatte. Zu diesem Zeitpunkt konnte der Rowohlt Verlag schon auf neuen Wegen gegen solche Kritik vorgehen. Denn seit dem März war ein neuer Geschäftsführer neben Ledig im Amt: der Reichskulturwalter Franz Moraller. Obgleich Moraller bei Goebbels in Ungnade gefallen war, verfügte er als ehemals hoher Funktionär der Reichsschrifttumskammer und der Reichspropagandaleitung der NSDAP über gute Verbindungen, die es ihm ermöglichten, zu Falladas Gunsten beim Propagandaministerium zu intervenieren. Im Juni wandte sich sogar die NSDAP an den Autor und bat um eine „lebenswahre Erzählung" für die Hitlerjugend über die Not „der Jugend in der Inflationszeit" (Müller-Waldeck 1997, 169). Trotzdem dauerte die Rehabilitation Falladas bis in den Sommer. Unter den Bedingungen der kurz darauf einsetzenden Kriegswirtschaft war für ihn jedoch nur noch phasenweise an ungestörtes und das heißt finanziell umfangreich und langfristig abgesichertes Arbeiten zu denken. 1940 forderte Fallada vergeblich einen höher dotierten Vertrag mit längerer Laufzeit und erkundete gleichzeitig Möglichkeiten bei anderen Verlagen. Die Buchauflagen verzögerten sich und wurden wegen des Papiermangels zusehends kleiner, und selbst die Vorabdrucke konnten beim Ende 1937 in Deutscher Verlag umbenannten Ullstein Verlag und anderen Zeitungen und Zeitschriften nicht mehr so üppig bezahlt werden, zumal auch hier die Mangelwirtschaft deutliche Umfangsbeschränkungen nach sich zog. Nicht zuletzt deshalb dürften einige der von Fallada für die Ullstein-Zeitungen geschriebenen Fortsetzungsromane abgelehnt worden sein, und daher nicht, wie er meinte, aus Missgunst des Redakteurs Erik Reger. Diese durch die Zeitläufte bedingten Unwägbarkeiten lastete Fallada nun auch seinem Verlag und namentlich dessen jungem Verleger an.

Doch auch abgesehen von solchen Ungerechtigkeiten konnte Ledig nicht an Rowohlts Stelle treten. Hatte Rowohlt stets jovial alle Schwierigkeiten beiseite geschoben und war Falladas Zweifeln mit ungebrochenem Optimismus begegnet, teilte Ledig seinem Autor nicht selten unverblümt sachlich mit, was sich gerade im Verlag und auf dem Buchmarkt tat. Umgekehrt ließen Rückmeldungen zu Falladas Werken, die der Autor – wie vage auch immer – umgehend erwartete, manchmal einige Wochen auf sich warten. Warf Fallada dem Verlag daraufhin mangelnden Einsatz vor, verweigerte wegen der Unsicherheit überhaupt die Arbeit oder zumindest die Zusendung weiterer Texte, zog Manuskripte zurück und beharrte auf nicht opportun scheinenden Wünschen, waren es meist Kilpper oder Moraller, die den Autor beschwichtigten. Nicht zuletzt dieses Ausweichen führte dazu, dass Fallada später meinte, Rowohlt habe den „letzten Rest von Eigenwillen und Mut aus" dem Sohn „herausgeschlagen", der nun „pflaumenweich [...] nie etwas" wagte und „immer nach oben" schielte (Fallada 2009, 183).

In diese ungünstige personelle Konstellation griff bald der Krieg ein. Moraller war „monatelang" als „Reichsstoßtrupp-Redner am Westwall" (Fallada 2008, 309) unterwegs, bevor im August 1940 seine Anstellung im Rowohlt Verlag überhaupt endete. Ledig wurde zunächst von Mai bis Juli 1940 in der Heeresnachrichtenschule in Halle/Saale zum Funker ausgebildet, anschließend aber entlassen und für unabkömmlich erklärt. Im Juni 1941, kurz vor dem Angriff der Wehrmacht auf die Sowjetunion, wurde er erneut eingezogen. An der Ostfront schwer verwundet, kehrte er Ende 1942 nach Stuttgart zurück und konnte – aus der Wehrmacht entlassen – ab 1943 wieder die Arbeit im Verlag aufnehmen. Unterdessen war Alfred Günther, ein neuer Lektor, Ansprechpartner für Fallada im Verlag geworden. Der ausführliche und rege, aber rein geschäftsmäßige Briefwechsel zwischen Autor und Lektor wandelte sich Ende 1941. Fallada hatte eine Weihnachtskarte geschickt, die Günther, der zu Anfang des Jahrhunderts in Dresden mit expressionistischen Gedichten reüssiert hatte und wegen einer 1938 verstorbenen jüdischen Ehefrau vorübergehend aus der Reichsschrifttumskammer ausgeschlossen worden war, sehr persönlich beantwortete. Fallada reagierte auf die Mitteilung geradezu bestürzt, hatte er doch bislang als Briefpartner immer einen „ganz junge[n] Mensch[en]" vor Augen gehabt. Dem 57jährigen Witwer, dessen Söhne in Russland waren, konnte sich Fallada nun ganz anders zuwenden und seine Verbundenheit mit dem Rowohlt Verlag auch wieder als „Schicksalsgemeinschaft" bezeichnen. (Fallada 2008, 346)

Trotz Unstimmigkeiten und schlechten äußeren Bedingungen erschienen in den knapp fünf Jahren, die Rowohlt unter dem Dach der DVA existierte, nicht wenige Bücher Falladas. Neben regelmäßigen Nachdrucken und einigen Lizenzausgaben waren das *Kleiner Mann, großer Mann – alles vertauscht* (1940), *Der ungeliebte Mann* (1940), *Damals bei uns daheim* (1941) und als letzte Neuerscheinung des Rowohlt Verlags im Zweiten Weltkrieg überhaupt *Heute bei uns zu Haus* (1943). Auch Falladas Verdienste waren keineswegs rückläufig. Hatte er der Reichschrifttumskammer 1939 48 466 RM als Einnahmen gemeldet, wovon nur 5067 RM aus Buchveröffentlichungen stammten, waren es 1940 61 262 RM mit 30 386 RM aus Buchveröffentlichungen und 1941 65 956 RM mit 37 096 RM aus Buchveröffentlichungen. 1942 erreichten seine Gesamteinkünfte 74 891 RM, wovon allerdings nur noch 21 037 RM aus Buchveröffentlichungen stammten. Obgleich Fallada in dieser Zeit also längst nicht durchgängig der unerwünschte Autor war, als der er sich nach dem Zweiten Weltkrieg meist sah – so druckte zum Beispiel auch *Die Woche* von August bis November 1943 seinen Unterhaltungsroman *Der Jungherr von Strammin*, und zum 50. Geburtstag im Juli 1943 sind mehrere Würdigungen im Nachlass überliefert –, blieben drei Fallada-Manuskripte als Bücher ungedruckt, über die es zu heftigen Auseinandersetzungen kam, als der Rowohlt Verlag im November 1943 geschlossen wurde und in der DVA aufging. Denn die DVA wollte Fallada nicht übernehmen, und so forderte der Autor vergeblich Schadensersatz für die trotz Vertrag nicht gedruckten Texte in Höhe von 25 000 RM. Nach fast 25 Jahren bei Rowohlt war Fallada per 31. Dezember 1943 ohne Verlag.

Wilhelm Heyne Verlag 1944/45

Unmittelbar danach nahm Fallada Verhandlungen mit Franz Schneekluth vom Wilhelm Heyne Verlag auf und meldete der DVA bereits am 26. Januar, dass er einen neuen Generalvertrag abgeschlossen habe. Doch zogen sich Verhandlungen und Genehmigungen hin, so dass der Autor im Februar Kontakt zu seinem Ex-Verleger Ernst Rowohlt aufnahm und um Hilfe bat. Zunächst kam es dazu nicht. Aber im März konnte Rowohlt mitteilen, dass er mit Hans Zehrer vom Stalling Verlag gesprochen hätte, der „sofort bereit" wäre, „Ihre Bücher zu übernehmen und Ihnen bis auf weiteres eine Rente zu zahlen, *ohne daß* es notwendig wäre, daß in absehbarer Zeit ein Buch von Ihnen erscheinen müßte" (Fallada 2008, 363). Doch inzwischen war Fallada bereits für ein Jahr an Heyne gebunden. Damit hielt er sich andere Optionen offen. An Rowohlt schrieb er am 26. Juni 1943: „Ich werde den Tag mit Jauchzen begrüßen, wo ich wieder unter Ihrer Ägide arbeiten kann, wo wieder Briefe von Ihnen kommen, aus denen der alte, vertraute Ton klingt! Sehen Sie zu, dass es bald soweit kommt! Ich will der erste sein, der unter Ihre Fahne tritt und wieder zu ihr schwört!" (Fallada 1943) Wesentlicher Inhalt des Vertrags mit Heyne war der geplante Roman über den jüdischen Hochstapler Iwan Kutisker, für den Fallada 40 000 RM Vorschuss erhielt. Noch während Fallada in der Anstalt Neustrelitz einsaß, nahm Ende Oktober 1944 Ernst Rowohlt erneut mit Fallada Kontakt auf. Es hob eine intensive Korrespondenz mit mehreren wechselseitigen Besuchen an, die stets auch berufliche Gründe hatten, denn Rowohlt wollte nach dem Krieg mit seinem Starautor wieder einen Verlag eröffnen. Im Frühjahr 1945 wurde zwar noch ein Generalvertrag aufgesetzt und Fallada zur Kündigung bei Heyne überredet, doch kam es nicht mehr zur Unterzeichnung. Rowohlt konnte im März 1945 nach Hamburg fliehen, und Fallada erlebte das Kriegsende in Carwitz.

Aufbau Verlag 1945–1947

Obgleich Heinrich Maria Ledig bereits am 26. August 1945 wieder um Fallada warb und eine Lizenz in Stuttgart in der amerikanischen Zone in Aussicht stellte, brauchte Fallada nach dem politischen und insbesondere dem persönlichen Zusammenbruch 1945 einen Verlag und Verleger vor Ort, mit dem er regelmäßig Kontakt halten und auf dessen Hilfe er zählen konnte. Den fand er durch Paul Wiegler, den ehemaligen Leiter der Romanabteilung des Ullstein Verlags, in Johannes R. Becher, dessen ‚Kulturbund zur demokratischen Erneuerung Deutschlands' im Sommer 1945 den Aufbau Verlag gegründet hatte. Becher half Fallada mit Lebensmittelkarten und suchte eine Wohnung in Berlin, vermittelte Kontakte zur *Täglichen Rundschau*, der Zeitung der Roten Armee, die Fallada bald gut bezahlte, und zu anderen Zeitschriften und Zeitungen in der sowjetischen Zone. Im Oktober 1945 schloss Fallada mit Aufbau einen Vertrag über den neuen Roman *Jeder stirbt für sich allein*, der zunächst *Im Namen des deutschen Volkes* heißen sollte und nach einem Vorabdruck in der *Neuen Berliner Illustrierten* 1946 hätte erscheinen sollen. Im November folgte ein Abschluss über eine Neuauflage von *Wer einmal aus dem Blechnapf frißt*. Der Roman erschien im März 1946 mit einem den neuen Verhältnissen angepassten Vorwort in 30 000 Exemplaren. Fallada erhielt 20% vom Ladenpreis und einen Vorschuss von 20 000 RM. Im Juni 1946 wurde ein Vertrag über die *Geschichten aus der Murkelei* und im Oktober über *Der Alpdruck* geschlossen, zu jeweils ähnlich guten Konditionen. In einem Brief des Verlagsleiters Kurt Wilhelm, der nun zu Falladas bald auch persönlichem Ansprechpartner wurde, vom Oktober 1946 ist sogar von einem Generalvertrag die Rede, der sich jedoch nicht erhalten zu haben scheint. Als die drei noch mit Fallada selbst verabredeten Bücher 1947 erschienen, lebte der Autor schon nicht mehr.

Die Korrespondenz mit Ernst Rowohlt war bereits im September 1946 abgebrochen, ein Nekrolog des Verlegers auf seinen einstigen Starautor ist nicht bekannt; dagegen schrieb Johannes R. Becher eine Würdigung, die als Nachwort im Roman *Der Alpdruck* (1947) erschien. Rowohlt schickte sich indes an, zu einem der vitalsten Verleger der Nachkriegszeit zu werden. 1950 gelang es ihm, die Taschenbuchrechte an dem Roman *Kleiner Mann – was nun?* zu erwerben, mit dem er die berühmte rororo-Taschenbuchreihe eröffnete.

Literatur

Caspar 1988: Caspar, Günter: Fallada-Studien, Berlin (Ost)/Weimar 1988.
Fallada 1938a: Hans Fallada an Elisabeth Ditzen, 7. Oktober 1938, HFA N 175.
Fallada 1938b: Hans Fallada an Elisabeth Ditzen, 6. November 1938, HFA N 175.
Fallada 1943: Hans Fallada an Ernst Rowohlt, 26. Juni 1943, HFA N 252.
Fallada 1947: Fallada, Hans: Der Alpdruck, Berlin 1947.
Fallada 1998: Fallada, Hans: Strafgefangener, Zelle 32. Tagebuch 22. Juni-2. September 1924, hg. von Günter Caspar, Berlin 1998.
Fallada 2008: Fallada, Hans: Ewig auf der Rutschbahn. Briefwechsel mit dem Rowohlt Verlag, hg. von Michael Töteberg und Sabine Buck, Reinbek bei Hamburg 2008.
Fallada 2009: Fallada, Hans: In meinem fremden Land. Gefängnistagebuch 1944, hg. von Jenny Williams und Sabine Lange, Berlin 2009.
Müller-Waldeck/Ulrich 1997: Müller-Waldeck, Gunnar/Ulrich, Roland (Hg.): Hans Fallada. Sein Leben in Bildern und Briefen, Berlin 1997.
Koburger 2015: Koburger, Sabine: Ein Autor und sein Verleger. Hans Fallada und Ernst Rowohlt in Verlags- und Zeithorizonten, München 2015.
Oels 2013: Oels, David: Rowohlts Rotationsroutine. Markterfolge und Modernisierung eines Buchverlags vom Ende der Weimarer Republik bis in die fünfziger Jahre, Essen 2013.
Rowohlt 1932: Ernst Rowohlt an Hans Fallada, 18. Januar 1932, HFA N 238.
Rowohlt 1938: Ernst Rowohlt an Hans Fallada, 15. Januar 1938, HFA N 244
Rowohlt 1946: Ernst Rowohlt: Lebenslauf 1946, 2. Fassung, 6 Bl. In: Manuskripte, Verschiedenes. Autobiografisches, DLA A: Rowohlt.
Williams 2002: Williams, Jenny: Mehr Leben als eins. Hans Fallada. Biographie. Aus dem Englischen von Hans-Christian Oeser, Berlin 2002. [Originalausgabe: More Lives than One. A Biography of Hans Fallada, London 1998.]
Wolff 1933: Wolff, Heinz: Nationale Verleger auf dem Gimpelfang. In: Völkischer Beobachter (Süddeutsche Ausgabe), 13./14.4.1933.

1.4 Anpassungsstrategien und indirekter Widerstand im Dritten Reich
Ralf Schnell

Wohl kein anderer Autor verkörpert die Ambiguität, die dem Begriff des ‚unerwünschten Autors' im Dritten Reich eingeschrieben ist, auf eine so profilierte – und das heißt in diesem Fall: auf eine so widerspruchsvolle – Weise wie Hans Fallada. Schon die ersten einschlägigen Listen, die in den Jahren 1933 bis 1935 ‚unerwünschte Autoren' ausdrücklich benennen, führen Fallada mit dreien seiner Romane auf. Insgesamt 12 seiner Werke – dies belegt eine Auswertung der Buchproduktion in den Jahren 1933 bis 1944 – galten der NS-Literaturpolitik als „unerwünscht" (Strothmann 1968, 444). Und nicht anders als dem Autor erging es seinem Verlag. Eine von Alfred Rosenbergs *Kampfbund für deutsche Kultur* zusammengestellte Liste führt den bevorzugten Publikationsort Falladas allein für das Jahr 1933 mit 55 Titeln als politisch verdächtig (Oels 2013, 86). Die 2008 veröffentlichte Verlagschronik zitiert die entsprechende „Liste 1 des schädlichen und unerwünschten Schrifttums (Stand vom Oktober 1935)" bereits mit 74 Autoren und Sammelwerken des Rowohlt Verlags (Gieselbusch u. a 2008, 115).

‚Unerwünscht' – dieser schillernde Terminus bezeichnet ein Wechselspiel zwischen Kritik und Förderung, Ablehnung und Duldung, Verbot und Akzeptanz, dessen Regeln den Betroffenen, Autoren wie Verlegern, ebenso undurchschaubar blieben

1.4 Anpassungsstrategien und indirekter Widerstand im Dritten Reich

wie den beteiligten staatlichen und parteiamtlichen Stellen im Dritten Reich. Denn es gab keine einzelne Institution, die nach eigenem Gutdünken, gewissermaßen letztinstanzlich über jene Kriterien verfügte, nach denen eine sich als ‚nationalsozialistisch' verstehende Kultur- und Literaturpolitik widerspruchsfrei hätte exekutiert werden können. Zwar setzten die Nationalsozialisten unmittelbar nach der Machtübernahme am 30. Januar 1933 mit Pressenotverordnungen, Zeitungsverboten und der Aufstellung ‚Schwarzer Listen' für Buchhandlungen und Bibliotheken Zensurmaßnahmen durch, die den gesamten Bereich der Literatur betrafen. Zwar bestanden mit der Reichsschrifttumskammer innerhalb der Reichskulturkammer, die dem Propagandaministerium unter Joseph Goebbels zugeordnet war, mit der Parteiamtlichen Prüfungskommission unter Philipp Bouhler und dem Hauptamt Schrifttum unter Alfred Rosenberg mehrere Institutionen, die für Kontrolle, Überwachung und Verbot der Literatur zuständig waren. Zwar konnten sich die Maßnahmen vom Eingriff in einzelne Werke bis zum Berufsverbot und zur Schließung eines ganzen Verlages erstrecken. Doch gerade diese Vielfalt an Entscheidungsinstanzen hatte zur Folge, dass sich Konkurrenzen zwischen Personen und Gremien entwickelten, die zu Widersprüchen im Hinblick auf bestimmte Autoren und Verlage und zu Revisionen im Einzelfall führten. Ebenso zählten zu den politisch inkonsequent gehandhabten Restriktionen Verfügungen bei der Papierzuteilung, die bisweilen in Aussicht gestellt, dann widerrufen, schließlich doch genehmigt wurde; und widersprüchliche Auskünfte und Beschlüsse finden sich auch zu Übersetzungsmöglichkeiten, die etwa im Fall Falladas 1935 durch die Reichsschrifttumskammer zunächst verweigert, zum Jahreswechsel 1935/36 hingegen doch wieder eröffnet wurden.

Anhand der Erfolgsgeschichte, die diesen Autor mit dem Rowohlt Verlag verbindet, lässt sich der Problemkreis ‚unerwünschter' Schriftsteller im Dritten Reich beispielhaft verdeutlichen. Der literarische Erfolg Falladas steht in klarem Widerspruch zu den eindeutigen Signalen politischer Repression, denen er im Dritten Reich ausgesetzt war. Frühzeitig hatte Ernst Rowohlt dem späteren Bestseller-Autor in seinem Verlag eine publizistische Heimat geboten. Bereits im Februar 1920 war hier unter dem Titel *Der junge Goedeschal* sein erstes Buch erschienen. 1931 folgte mit *Bauern, Bonzen und Bomben* „‚der' Erfolg des Jahres" (so Rowohlt im Geschäftsbericht für das Jahr 1932, zit. nach Oels 2013, 38), im Februar 1932 der „neue Weltbestseller" *Kleiner Mann – was nun?*, ein Buch, das „zur Sanierung des angeschlagenen Verlags" beiträgt und „bis 1943 eine Gesamtauflage von 188 000 Exemplaren (ohne Lizenzausgaben) [erreicht]. Übersetzungen in mehr als zwanzig Sprachen folgen, dazu ein Hörspiel und sogar zwei Verfilmungen in den USA und in Deutschland" (Rowohlt Verlagschronik 2008). 1934 erschien, ebenfalls bei Rowohlt, *Wer einmal aus dem Blechnapf frißt* und *Wir hatten mal ein Kind*, 1935 *Das Märchen vom Stadtschreiber, der aufs Land flog*, 1936 *Altes Herz geht auf die Reise*, 1937 *Wolf unter Wölfen*, 1938 *Geschichten aus der Murkelei* und *Der eiserne Gustav*, 1940 *Kleiner Mann, großer Mann – alles vertauscht* und *Der ungeliebte Mann*, 1942 *Damals bei uns daheim* und 1943 schließlich – als einziger Titel des Rowohlt Verlags in diesem Jahr und unmittelbar vor der Schließung des Verlags – *Heute bei uns zu Haus*. Hinzu kommt, dass Fallada nicht nur seit 1941 auf den Förderlisten des Propagandaministeriums genannt wurde (Strothmann 1968, 188f., Oels 2013, 95), sondern dass sogar die Reichspropagandaleitung der NSDAP im Dezember 1943 wegen eines Films über die Stadt-Land-Problematik bei Fallada angefragt hatte (Oels 2013, 116), dass von *Damals bei uns daheim* eine „Lizenzausgabe der Luftwaffe" in Höhe von 5 000 Exemplaren aufgelegt wurde (Fallada 2008, 349), dass schließlich die von Joseph Goebbels begründete Soldatenzeitung *Front und Heimat* sich im März 1944 mit Fallada wegen eines „Heimatbriefs" unter dem Titel „Nun fressen wir alle aus dem Blechnapf" in Verbindung setzte (Oels 2013, 116) und offenbar Pläne für eine Feldpostausgabe seiner Erzählung *Das Abenteuer des Werner Quabs* (1941) bestanden (Oels 2013, 198).

Im Widerspruch zu diesen eindeutigen Signalen der Förderung eines offensichtlich nicht-nationalsozialistischen Autors stehen die Beispiele einer vehementen Kritik, die Falladas Romane *Bauern, Bonzen und Bomben, Kleiner Mann – was nun?, Wer einmal aus dem Blechnapf frißt, Wir hatten mal ein Kind* und *Wolf unter Wölfen* in der dem Hauptamt Schrifttum Alfred Rosenbergs zugeordneten Zeitschrift *Bücherkunde* auf sich zog. Der Begriff, auf den sich das Hauptlektorat dieser Kontrollinstanz zur Bezeichnung des unerwünschten „Schöngeistigen Schrifttums" verständigte – darunter Autoren wie Stefan Andres, Werner Bergengruen, Horst Lange, Edzard Schaper und Wolfgang Weyrauch –, lautete „geistiges und literarisches Zwischenreich" (Barbian 2010, 289). Wiederum ein weicher, kaum fassbarer Terminus, der das Terrain der im Dritten Reich geduldeten Autoren der Inneren Emigration (Schnell 1998, 70–98) berührte. Für Fallada aber hielt das Amt Schrifttumspflege 1938 das eindeutig negative Urteil bereit, er sei „‚eine typische Erscheinung der Zersetzung der vergangenen Jahre'" (zit. nach Walther 2017, 289).

Die in der *Bücherkunde* wiederholt und mit wachsender Schärfe vorgetragene Kritik an Fallada reichte jedoch nicht hin, die Verbotsanträge gegenüber der Bürokratie des von Goebbels geführten Propagandaministeriums durchzusetzen (vgl. Barbian 2010, 289). Im Gegenteil: Goebbels persönlich rechnete, wie sich einer Tagebucheintragung vom 29. Mai 1943 entnehmen lässt, Fallada – einen Autor, der „in der Systemzeit eine große Rolle gespielt" habe – zu den „maßgebenden Schriftstellern" der Zeit, von denen er sich „eine Reihe von antisemitischen Büchern" erwarte, „wenn sie auch nicht so vorbehaltlos zum Nationalsozialismus stehen wie etwa unsere Feld-, Wald- und Wiesendichter, die zwar in ihrer Gesinnung sehr tüchtig sind, aber nicht viel können" (Goebbels 1993, 386).

Der geschäftstüchtige Verleger dieses offenbar gleichermaßen ‚unerwünschten' wie ‚erwünschten' Autors wusste denn auch, was er an ihm hatte. „Das Jahr 1934 steht für mich im Zeichen Hans Falladas", schrieb Ernst Rowohlt bereits im Dezember 1934 in der Zeitung *Der Mittag*:

> Ich bin der Überzeugung, daß Hans Fallada ein wirklich volkstümlicher Autor ist, und daß in seinen Romanen deutsche Menschen der heutigen Zeit, in ihren Nöten und in der Art, wie sie sie zu überwinden versuchen, geschildert werden. Fallada schildert diese Menschen wie sie sind. In allen seinen Werken spüren wir das Ethos der Selbstbehauptung des Menschen. (zit. nach Oels 2013, 68)

Ernst Rowohlt war es auch, der anlässlich einer geplanten Neuauflage fragte: „Ist in *Bauern, Bonzen und Bomben* irgend etwas gegen den Nationalsozialismus enthalten? Denn, wenn wir die Restauflage jetzt als neue Auflage anzeigen, könnte man uns evtl. daraus einen Strick drehen" (Brief vom 15. Mai 1934, zit. nach Fallada 2008, 147). Die Umsatzzahlen erhellen die ökonomische Ratio hinter dieser Anfrage – und scheinen dem Verleger Recht zu geben: Nahezu alle Werke Falladas, auch seine gesellschaftskritischen Romane, erzielten bereits im Jahr ihres Erscheinens hohe Auflagen, bei einer insgesamt beachtlichen Höhe: *Wer einmal aus dem Blechnapf frißt* 30 000 Exemplare, *Wolf unter Wölfen* 25 000, *Der eiserne Gustav* 20 000, und *Kleiner Mann – was nun?* erreichte in einem einzigen Jahr sogar eine Auflage von 66 000. Fallada war, ohne Frage, ein populärer Autor. Fragwürdig erscheint gleichwohl, ob die von Rowohlt in Anspruch genommenen Kriterien der Volkstümlichkeit und Menschennähe, des Realismus und Optimismus Falladas Popularität literarhistorisch hinreichend erklären können. Das bereits erwähnte widerspruchsvolle Zusammenspiel von Ablehnung und Unterstützung, Diskriminierung und Förderung dieses Autors im Dritten Reich legt zumindest den Gedanken nahe, dass die nationalsozialistische Literaturpolitik von einem ebenso begabten wie publikationswilligen, eben deshalb aber auch anpassungs- und kompromissbereiten Künstlertypus ausgehen konnte. Fallada sah sich im Dritten Reich zwar erheblichen Anfeindungen und Angriffen ausgesetzt – dennoch konnte er weiterhin publizieren. Keines seiner Werke ist im Dritten Reich verboten worden, im Gegenteil: Fallada besaß als Autor publikumsnaher Romane in Reichsminister Joseph Goebbels sogar einen nachdrücklichen Befürworter.

Angesichts so unterschiedlicher literaturpolitischer Reaktionen auf ein und denselben Autor liegt es nahe, nach den Dispositionen zu fragen, die Fallada, allen Widrigkeiten zum Trotz, ein Schreiben im Dritten Reich überhaupt ermöglicht haben. Eine erste Antwort auf diese Frage ergibt sich aus der Anpassungsbereitschaft, wenn nicht -willigkeit, die der Autor nach der nationalsozialistischen Machtübernahme an den Tag gelegt hat. Die 1933 erschienene Sonderausgabe des Romans *Kleiner Mann – was nun?* blieb zwar im Vergleich zur Publikation von 1932 ‚ungekürzt', wie der Verlag nach außen signalisierte, doch war sie deshalb nicht unverändert geblieben. Vielmehr hatte Fallada aus dem „Nazi Lauterbach" der Erstausgabe in der neuen Auflage den „Torwart Lauterbach" gemacht, mit allen erforderlichen Konsequenzen: Aus Nationalsozialismus und Antisemitismus, S.A.-Werbefahrten und Straßenschlägereien wurden unverfängliche Körperkräfte, athletische Exerzitien und Sportattacken (vgl. die direkte Gegenüberstellung in Fallada 2008, 134f.). Zur Begründung für diese „Umänderungen am *Kleinen Mann*" heißt es in einem Brief an Ernst Rowohlt vom 3. Dezember 1933:

> Es ist nur aus dem Nazi Lauterbach ein Torwart mit Schlägerneigungen geworden. Ich habe [...] weder Lämmchens Neigung zu K.P.D., noch Frau Nothnagels Klage über die Antisemiten getilgt, das alles gehört zur Atmosphäre des Buches, zu der Zeit, in der es entstand und in der es spielt, und tut auch niemandem weh. Nur eben die Anrempelung der SA ist gefallen. Und das ist ja auch nur richtig. (zit. nach Fallada 2008, 132)

Eine mit dieser Reaktion auf die veränderten Machtverhältnisse durchaus vergleichbare zweite Antwort bietet auf die Frage nach Falladas Schreibdisposition das Vorwort, das der Autor – gut vier Wochen später – seinem Roman *Wer einmal aus dem Blechnapf frißt* (1934) voranzustellen beabsichtigt (siehe den Beitrag 1.3 *Vorwort-Politik* in Kap. II):

> Am 8. Januar 1934 ist Ditzen [= Fallada] in Berlin, um im Verlag über die Veröffentlichung von *Wer einmal aus dem Blechnapf frißt* zu sprechen. Er besteht darauf, in einer Vorrede darauf hinzuweisen, daß die geschilderten Verhältnisse einer überwundenen Vergangenheit angehören. Ernst Rowohlt und Lektor Paul Mayer können ihn nicht davon abbringen, diesen ‚Knicks' vor den braunen Machthabern zu machen. (Fallada 2008, 132)

Doch es war kein „‚Knicks'" – es war eine tiefe Verbeugung, die Fallada vor den neuen Machthabern für angebracht hielt. „Mit diesem Roman", so leitete der Autor die in 20 000 Exemplaren aufgelegte Erstausgabe 1934 ein, „rennt sein Verfasser offene Türen ein: der sogenannte humane Strafvollzug, dessen lächerliche wie groteske, wie beklagenswerte Folgen auf seinen Seiten dargestellt werden, ist nicht mehr." Die Hoffnungen, die sein „Schöpfer" mit diesem Buch verbinde, richte sich auf „Arbeit für Strafentlassene": „Keine Gnade, sondern Strich drunter, und nun zeige wer du bist" – „Kein Geschwätz von Humanität", „keine öde berufsmäßige Betreuung, sondern Verständnis" (Fallada 1934, 5). Die Fragwürdigkeit seiner Argumentation – einerseits die Preisgabe eines „humanen Strafvollzugs" zu begrüßen, andererseits „Verständnis" für Strafentlassene, also Empathie zu fordern – war Fallada zweifellos bewusst. Das Vorwort – datiert auf den „30. Januar 1934", den Jahrestag der nationalsozialistischen Machtübernahme – bedeutete keineswegs eine Abkehr vom durchweg kritischen Subtext des Romans angesichts einer „verwandelte[n]" deutschen Wirklichkeit. Es war vielmehr das Feigenblatt, das deren nach wie vor erkennbare Blößen rhetorisch verdecken sollte, mithin eine Demutsgeste, die den Druck vor Eingriffen der Zensur und damit vor einem Verbot bewahren sollte. Eine Bestätigung für diese Vermutung, die zugleich eine weitere Antwort auf die Frage nach den Schreibmotiven Falladas bereit hält, bietet seine Reaktion auf die schwedische Ausgabe des Romans. Bitter beschwert sich der Autor am 6. Juni 1934 bei Rowohlt:

> In der mir zugesandten schwedischen Ausgabe vom *Blechnapf* steht meine Vorrede!!! Als ich sie schrieb, war ausdrücklich vereinbart, daß sie nur in der deutschen Ausgabe erscheinen sollte, keinesfalls im Ausland, und nun steht sie doch drin! […] Die Vorrede hat mir – gerade im Auslande – schon genug Apostrophen eingetragen – und daß wir sie da dem ausländischen Publikum auch noch extra auf's Butterbrot schmieren, das hätte nun wirklich vermieden werden müssen. (Fallada 2008, 147f.)

Falladas Handeln ist – dies lässt sich den zitierten Beispielen unschwer entnehmen – im Dritten Reich durch eine Anpassungsbereitschaft bestimmt, die sich an den aktuellen Publikationsmöglichkeiten und Resonanzräumen orientiert: hinsichtlich Deutschlands an der restriktiv gehandhabten literaturpolitischen Praxis, im Blick auf die Reaktionen im Ausland mit Rücksicht auf das bedrohte Renommee – eine Anpassungsbereitschaft, die auch das weitere Publikationsschicksal des Romans *Wer einmal aus dem Blechnapf frißt* kennzeichnet. Denn das Vorwort von 1934 war mehr als nur eine – seinerzeit möglicherweise durchaus angemessene – Reaktion auf die Literaturpolitik im Dritten Reich. Auch der Neuausgabe des Romans, die unmittelbar nach dem Ende des Krieges im Ost-Berliner Aufbau Verlag erschien, stellte Fallada ein Vorwort voran, in dem nun – datiert auf den 1. Dezember 1945 – den „ersten Taten des neuen demokratischen Deutschland" ein vorbehaltloses Lob gezollt wird:

> Jetzt ist wieder Platz für Humanität, für eine Humanität, die wohl frei ist von jeder Gefühlsduselei, die aber des Satzes eingedenk bleibt: Ihr laßt den Armen schuldig werden … [Absatz]. Ich habe bei diesem Neudruck keine Zeile geändert der ersten Auflage gegenüber. Vielleicht denke ich heute in manchen Dingen anders als damals vor elf Jahren, als ich dieses Buch schrieb. Um so mehr ein Grund, nichts zu ändern. Wir können unsere Bücher nicht in jeder Lebensphase umschreiben. Und im großen und ganzen hat für mein Gefühl noch Gültigkeit, was ich damals schrieb. (Fallada 1946, 5)

1.4 Anpassungsstrategien und indirekter Widerstand im Dritten Reich

Kein Wort davon, dass Fallada sehr wohl Änderungen an der Sonderausgabe von *Kleiner Mann – was nun?* vorgenommen hat; kein Hinweis darauf, dass das Vorwort von 1945 seinerseits eine bedeutsame Änderung aufwies: eben durch die Fortlassung des Vorworts von 1934, an dessen Stelle elf Jahre später die Formulierung eines neuen, programmatisch gedachten, an die neuen Machthaber sich richtenden Prologs treten sollte.

Offenbar handelt es sich bei den zitierten Beispielen um den Opportunismus eines Autors, der publizieren wollte – nicht um jeden, doch um einen hohen Preis, auch um den der eigenen Glaubwürdigkeit. Angesichts der von einem Teil der NS-Literaturpolitik geäußerten Schmähungen sah sich Fallada in einem Brief an Ernst Rowohlt vom 14. Juni 1934 zwar mit Recht genötigt, zu überlegen, was zu tun sei, „wenn wirklich ein großer Angriff gegen mich losgehen sollte" (Fallada 2008, 148). Und in der Tat finden sich in der NS-Presse unmissverständliche Angriffe gegen den Autor und sein Werk – vom *N.S. Kurier in Stuttgart* mit einer herabsetzenden („Makulatur"), mehrfach nachgedruckten Besprechung Hellmuth Langenbuchers vom 11. Juni 1934 (Fallada 2008, 148f.) bis zur parteinahen Zeitschrift *Volksgesundheit*, die 1936 unter der Rubrik *Spreu und Weizen* und der Überschrift *Der Fall Fallada* eine vernichtende Attacke vortrug. Andererseits zog sein Roman *Wolf unter Wölfen* (1937) – von einem enthusiastischen Lob des Chefredakteurs der *Neuen Leipziger Zeitung* (Fallada 2008, 242) bis zum *Völkischen Beobachter*, der den Roman in einer am 23. Oktober 1937 veröffentlichten Besprechung „ein grundanständiges Buch" nannte (zit. nach Denk 1995, 359) – auch wohlwollende Urteile auf sich. Diese Tatsache mag mit ein Grund dafür gewesen sein, dass Fallada sich im Januar 1941 weigern konnte, eine vom Verlag erbetene Änderung im Hinblick auf „Äußerungen zur Judenfrage und über Juden" (Fallada 2008, 318f.) in *Kleiner Mann – was nun?* vorzunehmen. Und zumal das Goebbels-Ministerium ließ Falladas Verlag über den einstigen Reichsamtleiter für Kultur in der Reichspropagandaleitung der NSDAP und Geschäftsführer der Reichskulturkammer, Franz Moraller, ausdrücklich mitteilen, „,daß von Seiten des RM f. V. u. P. keinerlei Bedenken gegen die Person Ihres Autors Fallada vorliegen'" (Fallada 2008, 303).

Die pauschale Behauptung: die Nazis „haßten [...] Hans Fallada" (Denk 1995, 153), ist insoweit unzutreffend und irreführend. Richtig hingegen ist: Hans Fallada bleibt während der 12 Jahre nationalsozialistischer Herrschaft in Deutschland ein ‚unerwünschter' Autor – mit eben jener semantischen Ambiguität des Wortes, von der bereits die Rede war. Er hatte Vorbehalte gegenüber dem Regime, doch passte er sich an, wenn er dies für geboten hielt. Er wahrte Distanz zur NSDAP, war jedoch zu Zugeständnissen bereit, wenn es ihm opportun erschien. Er neigte zu Kompromissen, um sich seine Publikationsmöglichkeiten zu erhalten. Seine „Sonderführertätigkeiten in Frankreich" 1943 im Rang eines Majors, die mit der Verpflichtung verbunden waren, über den Reichsarbeitsdienst zu berichten, entschuldigte er im Rückblick mit dem Hinweis, diese seien „rein erzwungen" gewesen (Fallada 2008, 421). Hatte er damals nach Deutschland geschrieben: „Wir müssen an den Sieg glauben, sonst ist alles sinnlos. [...] Wir sind die Herren der Welt, bestimmt die von Europa" (zit. nach Schäfer 1981, 147f.), so beteuerte er 1946: „die Briefe waren reine Zweckbriefe, da ich ständig bespitzelt wurde" (Fallada 2008, 421).

Aufschlussreich ist in diesem Zusammenhang auch Falladas Beziehung zur Reichsschrifttumskammer, die für die Anerkennung des Status als Autor zuständig war: „Ich bin nie Mitglied der R.S.K. geworden, ich habe nur weiterarbeiten dürfen ‚vorläufig', da mein Gesuch noch nicht abgelehnt, also noch nicht bearbeitet war", hat er behauptet (Fallada 2009, 78). Doch diese Auskunft in eigener Sache entsprach nicht der Wahrheit. Zwar ist Fallada – im Unterschied zu seinem Verleger Ernst Rowohlt – nicht in die NSDAP eingetreten. Doch sein RSK-Mitgliedsausweis trägt, wie sich einer Dokumentation zu Leben und Werk entnehmen lässt, das Datum vom 11. Juli 1934 (Fallada 2012, 131). Mit anderen Worten: Hans Fallada befindet sich während des Dritten Reichs inmitten eines gesellschaftlichen Kraftfeldes, das aus einer kaum beherrschbaren, in nur geringem Maße durch ihn zu beeinflussenden Vielfalt einander widerstreitender politischer und ökonomischer, sozialer und persönlicher Faktoren besteht. Hierzu zählt auch das wechselhafte Auf und Ab in der Publikumsresonanz, die etwa im Hinblick auf politisch unverdächtige Werke wie *Das Märchen vom Stadtschreiber, der aufs Land flog* (1935) verhalten bleibt, während das heitere Erinnerungsbuch *Damals bei uns daheim* (1941) zu einem großen Erfolg wird. Ferner kommt es zu Auseinandersetzungen mit Ernst Rowohlt um Honorare und Buchgestaltungsfragen, die sich wiederholt bis hin zu deutlichen Verstimmungen bemerkbar machen, obwohl seine „Verleger und Lektoren den politisch umstrittenen Autor durch die Untiefen der NS-Diktatur navigierten" (Barbian 2010, 410); ebenso zu juristischen Auseinandersetzungen um ein Grundstück, dessen Ankauf zu einer mehrtägigen ‚Schutzhaft' Falladas auf Grund einer Denunziation führt; und nicht zuletzt zu finanziellen Schwierigkeiten des ökonomisch bisweilen kurzsichtigen, wenn nicht leichtfertigen Autors, der an Schlaflosigkeit und Depressionen leidet und abhängig ist von Alkohol, Nikotin und Morphinen. Aus alledem resultiert eine mit den Jahren abnehmende körperliche und seelische Belastbarkeit, die ihrerseits zu Entziehungskuren und Sanatoriumsaufenthalten, zu Gewaltakten und zum Zerwürfnis mit nahestehenden Personen führt.

Vor diesem Hintergrund ist die Bereitschaft Falladas einzuschätzen, an verschiedenen Filmprojekten der NS-Kulturpolitik mitzuwirken (siehe auch die Beiträge 3.4 *Drama, Hörspiel und Drehbücher* und 4.11 *Unterhaltungsromane* in Kap. II; 2. *Verfilmungen* in Kap. III). Zu nennen ist vor allem das von Joseph Goebbels unterstützte Vorhaben, die unter dem Titel *Der eiserne Gustav* (1938) bekannt gewordene Geschichte des Berliner Droschkenkutschers Gustav Hartmann (bei Fallada: Gustav Hackendahl) und seiner Kutschfahrt von Berlin nach Paris zu verfilmen, mit Emil Jannings in der Titelrolle. Fallada schreibt einen Roman, der zwar in der NS-Presse „infolge seiner realistischen Darstellung Bedenken und Ablehnung hervorgerufen hat" – so Heinrich Maria Ledig aus dem Rowohlt Verlag in einem Brief an den Autor vom 17. März 1939, verbunden mit der beruhigenden Auskunft: „Ein Verbot des Buches ist nicht zu befürchten [...]". Dennoch bestehe auf Grund der negativen Kritiken ein erheblicher ökonomischer Druck: „Das Ergebnis ist natürlich nun eine Ängstlichkeit in Buchhändlerkreisen und eine Zurückhaltung in der Presse. Das sind zwei Momente, die nicht gerade absatzfördernd wirken [...]" (Fallada 2008, 289). Gleichwohl wird Falladas Roman zur Vorlage, aus der Drehbuchautoren im Auftrag der Tobis-Klangfilm – nicht zuletzt: Thea von Harbou – eine filmreife Fassung machen sollten. Das Drehbuch wird von Goebbels persönlich begutachtet und mit einer Auflage versehen, über die Fallada in seinem *Gefängnistagebuch 1944* ausführlich berichtet:

> es sei natürlich ein Unding, den Film mit der Fahrt nach Paris enden zu lassen! Es gebe natürlich nur einen Endpunkt für ihn: die Machtergreifung. Bis zur Machtergreifung seien

1.4 Anpassungsstrategien und indirekter Widerstand im Dritten Reich

die Figuren zu führen, vor allem aber der alte Hackendahl, der eiserne Gustav, der sich in den Jahren vor der Pariser Fahrt bis zur Machtergreifung zu einem glühenden N.[ationalsozialisten] zu entwickeln habe. (Fallada 2009, 169)

Eine von Emil Jannings übermittelte Drohgeste des Ministers – „wenn Fall. heute noch nicht weiß, wie er zur Partei steht, so weiß die Partei[, wie sie] zu Fa. steht!" (Fallada 2009, 170) – reicht hin, um den Autor zur Überarbeitung und Ergänzung zu veranlassen. Dass dieses Projekt am Ende nicht realisiert wurde, lag nicht an der mangelnden Kooperationsbereitschaft Hans Falladas, sondern findet seine Begründung in entschiedenen Einsprüchen des Amtes Rosenberg gegen seine Person.

Auch wenn sich Fallada verschiedentlich kritisch, ja verächtlich und angeekelt – „Es ist eine elende Arbeit!", „Film bleibt doch ein ewiger Kotz!" (Fallada 2008, 307f.) – zu seiner Mitwirkung an Filmen geäußert hat, befindet er sich dennoch Anfang 1940 abermals inmitten der Arbeit an einem weiteren Projekt. Angeregt wurde es von dem Regisseur und Produzenten Carl Froelich, offensichtlich zu sehr günstigen finanziellen Konditionen, die zumindest teilweise den Sinneswandel Falladas erklären. Doch über einen Drehbuchentwurf, der im Jahr 1994, aus dem Nachlass ediert, unter dem Titel *Dies Herz, das dir gehört* in Romanform erschien, ist dieses Projekt nicht hinausgekommen (vgl. Giesecke 2013, 289–298; siehe den Beitrag 4.11 *Unterhaltungsromane* in Kap. II). Obwohl auch dieser Film nicht realisiert wird, geht Fallada im Oktober 1941 wiederum auf das Angebot – dieses Mal der Firma Wien-Film – ein, unter dem Titel *Die Eroberung von Berlin* in Romanform die Vorlage für einen publikumswirksamen Streifen zu erarbeiten: „absolut positiv, dunkle Verbrechernaturen fehlen ganz, und fehlen dabei nicht einmal mir" (Fallada 2008, 344), so der Autor. Auch dieses Filmprojekt, das 1953 unter dem Titel *Ein Mann will nach oben* als Roman erschienen ist (siehe den Beitrag 4.7 *Ein Mann will hinauf* in Kap. II), scheitert. Dass finanzielle Erwägungen jeweils einen nicht gering zu schätzenden Impuls für das Engagement des Autors bildeten, lässt sich dem Briefwechsel mit dem Rowohlt Verlag unmissverständlich entnehmen. Im Zweifelsfall spielte Fallada die „Arbeitsbedingungen beim Film" selbstbewusst gegen Verlagsangebote aus – und erklärte sich nur dann zur Übernahme eines Verlagsauftrages bereit, wenn dieser „unter den gleichen Bedingungen wie der Film" (Fallada 2008, 307f.) erteilt werde.

„Dies ist in aller Kürze das, was ein kleiner deutscher Schriftsteller erlebte [...]" (Fallada 2009, 189) – mit diesen Worten hat Fallada 1944 lakonisch seine insgeheim im Gefängnis verfassten Aufzeichnungen qualifiziert. Zu Erlebnishorizont und Erfahrungswirklichkeit dieses „kleinen deutschen Schriftstellers" gehört auch die brieflich gegenüber seiner Schwester geäußerte Einsicht, er sei „verdammt, weiterhin gut zu verdienen" (Fallada 2008, 211). Man wird angesichts dieser Selbsterkenntnis Falladas Bereitschaft, an Filmprojekten des nationalsozialistischen Staates mitzuarbeiten, auch dann kritisch sehen müssen, wenn man die selbstverständlichen Überlebensnotwendigkeiten eines Schriftstellers im Dritten Reich in Rechnung stellt. Zwar beschwerte Fallada sich gegenüber Ernst Rowohlt über die Widrigkeiten seines dörflichen Alltagslebens („der kleine Ekelkram", Fallada 2008, 356), zwar beklagte er den „Triumph der Geistlosigkeit über den Geist, der platten Bürgerlichkeit über den Künstler" (ebd., 367) – doch gestand er sich seine eigene, anpassungsbereite Beteiligung an der Misere des deutschen Geistes und des Lebens in Deutschland durchaus nicht ein.

Wenn es so etwas wie Widerstandswillen bei Fallada gegen den herrschenden Nationalsozialismus gab, so lenkte er diesen nach Innen. Bezeichnenderweise ergaben sich Anlässe für kritische, gar gegnerische Distanznahmen nicht notwendig aus explizit politischen Vorgängen, sondern aus persönlichen Kontroversen, die sich mit Parteigängern der NSDAP verbanden. Beispielhaft hierfür kann der Ankauf eines Grundstücks in Berkenbrück bei Fürstenberg im Jahr 1933 stehen, der aufgrund einer Denunziation durch den vorherigen Hausbesitzer zu einer elftägigen Haft führt. Im Hinblick auf seine Verärgerung über diese Demütigung notierte Fallada elf Jahre später:

> Ich fraß Wut und Grimm und Erbitterung in mich hinein, und was mir von einer Handvoll Braunhemden angetan war, das übertrug ich auf alle Braunhemden, vom Führer bis zum kleinsten Hitlerjungen, und wenn ich sie nur sah mit ihren Standarten und wenn ich die Lieder hörte, die sie der S.P.D. gestohlen hatten, und ihre Fanfaren, die von den Kommunisten herstammten, dann schüttelte mich der Ekel. Und das ist bis heute so geblieben, noch heute, nach elf Jahren, habe ich mich nicht an diese Bulldoggenschnauzen ihrer Träger gewöhnen können. Dieser Ekel ist unüberwindbar. (Fallada 2009, 91f.)

Treffend heißt es an einer Stelle im Gefängnistagebuch: „in meinen vier Wänden ließ ich meinem frevntlichen Mundwerk oft hemmungslos den Lauf" (Fallada ebd., 216), an einer anderen: „Das Schwerste habe ich mir von der Seele geschrieben: der alte Hass gegen den N.[ationalsozialismus] ist immer noch da, aber er tut nicht mehr so weh." (ebd., 265). Setzt man diese Aufzeichnungen in ein Verhältnis zur Tradition der großen *Confessiones*, der bedeutenden Bekenntnisliteratur von Augustinus über Rousseau und Montaigne bis zu Elias Canetti, so tritt in Falladas Reflexionen der Gestus der Selbstrechtfertigung, in seinen Selbstdeutungen die Fiktionalisierungsabsicht, in seinen Situationsschilderungen die strategische Figur der vorsorglichen Abwehr möglicher Angriffe unübersehbar hervor. Aufschlussreich ist in diesem Zusammenhang auch die Ambivalenz, die Falladas Äußerungen zu Judentum und Antisemitismus aufweisen. Sie wiederholen einerseits auf eine höchst fragwürdige Weise eine Reihe antisemitischer Stereotypen, die Fallada in dieser Zeit mit der Mehrheit der Deutschen teilt:

> Ich sah ein, daß es die Juden selbst sind, die diese Schranke zwischen sich und den anderen Völkern errichtet haben, die wir den Nazis nicht glauben wollten, daß die Juden selbst die Blutverschiedenheit fühlen und behaupten, über die wir stets gelächelt hatten. Ich bin über dieser Erkenntnis kein Antisemit geworden. Aber ich habe doch anders über die Juden denken gelernt. Ich bedaure es – aber ich kann es nicht ändern. Ja, es tut mir verdammt leid – aber ändern kann ich es nicht. (ebd., 89)

Der Autor hat andererseits – dies merken die Herausgeberinnen des Tagebuchs ausdrücklich an – in einer selbstkritischen Revision seines Textes später eine bezeichnende Änderung vorgenommen: „Im Typoskript (1945) ist diese Passage umgeschrieben; Fallada revidierte den Gedanken, die Juden hätten selbst ‚diese Schranke zwischen sich und den anderen Völkern errichtet'." (Williams/Lange 2009, 304) Bezeichnenderweise berichtet Fallada in seinen Aufzeichnungen an anderer Stelle von der Unterhaltung mit einem Lehrer namens Stork, „bei der ich aus meinen nicht-n.[nationalsozialistischen] Ideengängen gar kein Hehl mehr machte":

1.4 Anpassungsstrategien und indirekter Widerstand im Dritten Reich

> Wir sprachen von der Judenfrage, und ich verwies ihn auf ein Führerwort, daß nur der ein Mann sei, der seinen Freunden in der Not die Treue halte. Die Juden seien nun einmal in guten Zeiten meine Freunde gewesen, ich sei nicht gesonnen, ihnen jetzt, da es ihnen schlecht gehe, die Treue zu brechen. (Fallada 2009, 170)

Auch wenn man die Umstände der Entstehung dieser Aufzeichnungen – die Notwendigkeit des verdeckten Schreibens und Falladas deplorable existentielle Situation – in Rechnung stellt, bleibt die Unentschiedenheit seiner Argumentation unübersehbar. Sie tritt deutlicher noch hervor angesichts der Tatsache, dass sich Fallada auch einer bezeichnenden Zumutung des Goebbels-Ministeriums nicht zu widersetzen wagte. Diese ging zurück auf Recherchen Falladas über das jüdische Bankhaus Barmat und Kutisker, das in den 1920er Jahren in einen Betrugsfall verstrickt gewesen war:

> Das P.P.M. selbst bestellte bei mir einen antisemitischen Roman, speziell zur Verbreitung im Ausland, und es winkte mit Papier, und es drohte mit dem Ausschluß, und nun schreibt der Autor F. einen antisemitischen Roman. Da das aber ein großes Thema ist, wird dieser Roman ca. 1800 Druckseiten stark, und nun liege ich in einem Wettlauf mit diesem Kriege: wer wird wohl eher zu Ende gehen, der Roman oder der Krieg –? (ebd., 189)

An Heinrich Maria Ledig schrieb Fallada bereits im August 1943: „[…] ich fürchte, dass der Roman in seiner Haltung nicht so ausfallen wird, wie man dort erwartet" (zit. nach ebd., 321). Am 30. November 1944 teilte er seiner Frau Anna Ditzen mit, er habe den Roman vor zwei Tagen beendet (vgl. ebd.). Auch wenn die der rhetorischen Frage im Gefängnistagebuch am Ende unterlegte List unverkennbar ist, bleibt als Fazit: Fallada hat sich durch Drohung und Lockung zu einer Indienstnahme seines Talents wie seines Renommees bewegen lassen, die auf Anpassung eher als auf Widerstand schließen lässt. Im Rückblick musste er erkennen, dass der Entfaltung seiner schriftstellerischen Möglichkeiten seit 1933 aufgrund der nationalsozialistischen Machtübernahme enge Grenzen gesetzt waren. Er selbst hat diese Erfahrung in die Worte gekleidet:

> Wie ein Verleger nicht mehr Bücher verlegen konnte, sondern einen törichten Schriftwechsel um jeden Dreck führen musste, so konnte auch der Bücherschreiber sich nicht ungestört seiner Arbeit widmen. Ständig gab es Reibereien, Aufregungen, Störungen. Und wie habe ich mich im Schreiben meiner Bücher selbst ändern müssen! Ich konnte nicht mehr daran denken, die Bücher zu schreiben, die mir am Herzen lagen. Jede Schilderung dunklerer Gestalten war mir streng untersagt. Ich hatte optimistisch und lebensbejahend zu sein, gerade in einer Zeit, die mit Verfolgungen, Martern und Hinrichtungen den Sinn des Lebens verneinte. (ebd., 229)

Die Kehrseite dieser Erkenntnis bildet Falladas Abgrenzung von den Autoren des Exils – in ihrem Kern eine Polemik, welche die berühmt-berüchtigte Debatte um das Verhältnis von Innerer Emigration und literarischem Exil nach 1945, namentlich die Invektiven von Frank Thiess gegen Thomas Mann (vgl. Grosser 1963), nahezu wörtlich vorwegnimmt (vgl. Fallada 2009, 142f.). Mit allem erdenklichen Pathos stilisiert Fallada demgegenüber seine Lebenssituation zur *conditio sine qua non* eines Schreibens, das sich unverbrüchlich mit dem Schicksal seines Landes verbunden habe:

denn ich bin ein Deutscher, ich sage es heute noch mit Stolz und Trauer, ich liebe Deutschland ich möchte nirgendwo auf der Welt leben und arbeiten als in Deutschland. [...] Hier sind Lieder gesungen wie in keinem anderen Land der Welt, hier in Deutschland erklangen Töne, die man nicht wieder hören wird, wenn dieses Land untergeht! So treu, so geduldig, so standhaft dieses Volk – und so leicht zu verführen. (Fallada 2009, 17f.)

Falladas letzter Roman, *Jeder stirbt für sich allein* – im Oktober 1946 in nur 24 Tagen geschrieben, 1947 in einer gekürzten Fassung im Ost-Berliner Aufbau Verlag erschienen, im Jahr 2011 zum ersten Mal vollständig veröffentlicht – lässt sich als literarischer Versuch verstehen, „die innere Wahrheit" (Fallada 1947, 5) jenes Widerstandes gegen den Nationalsozialismus zu vergegenwärtigen, den der Autor Hans Fallada nicht zu leben vermochte.

Literatur

Barbian 2010: Barbian, Jan Pieter: Literaturpolitik im NS-Staat. Von der „Gleichschaltung" bis zum Ruin, Frankfurt a. M. 2010.
Denk 1995: Denk, Friedrich: Die Zensur der Nachgeborenen. Zur regimekritischen Literatur im Dritten Reich, Weilheim i. OB. 1995.
Fallada 1934: Fallada, Hans: Wer einmal aus dem Blechnapf frißt. Roman, Berlin 1934.
Fallada 1946: Fallada, Hans: Wer einmal aus dem Blechnapf frißt. Roman, Berlin 1946.
Fallada 1947: Fallada, Hans: Jeder stirbt für sich allein. Roman, Berlin 1947.
Fallada 2008: Fallada, Hans: Ewig auf der Rutschbahn. Briefwechsel mit dem Rowohlt Verlag, hg. von Michael Töteberg und Sabine Buck, Reinbek bei Hamburg 2008.
Fallada 2009: Fallada, Hans: In meinem fremden Land. Gefängnistagebuch 1944, hg. von Jenny Williams und Sabine Lange, Berlin 2009.
Fallada 2012: Fallada, Hans: Sein Leben in Bildern und Briefen, hg. von Gunnar Müller-Waldeck und Roland Ulrich unter Mitarbeit von Uli Ditzen, Berlin 2012.
Fallada 2013: Fallada, Hans: Dies Herz, das dir gehört (Zuflucht), 2. Aufl., Berlin 2013.
Giesecke 2013: Giesecke, Almut: Nachwort. In: Fallada, Hans: Dies Herz, das dir gehört (Zuflucht), 2. Aufl., Berlin 2013, S. 289–298.
Gieselbusch/Moldenhauer/Töteberg 2008: Gieselbusch, Hermann/Moldenhauer, Dirk/Naumann, Uwe/Töteberg, Michael: 100 Jahre Rowohlt. Eine illustrierte Chronik, Reinbek bei Hamburg 2008.
Goebbels 1993: Die Tagebücher von Joseph Goebbels, hg. im Auftrag des Instituts für Zeitgeschichte von Elke Fröhlich, Teil 2, Bd. 8, München 1993.
Grosser 1963: Grosser, Johannes F. G. (Hg.): Die große Kontroverse. Ein Briefwechsel um Deutschland, Hamburg 1963.
Manthey 1963: Manthey, Jürgen: Hans Fallada in Selbstzeugnissen und Bilddokumenten, Reinbek bei Hamburg 1963.
Oels 2013: Oels, David: Rowohlts Rotationsroutine. Markterfolge und Modernisierung eines Buchverlags vom Ende der Weimarer Republik bis in die fünfziger Jahre, Essen 2013.
Rowohlt Verlagschronik 2008: https://web.archive.org/web/20150427013724/http://www.rowohlt.de/sixcms/detail.php?template=rr_verlag_ueber_uns_chronik_detail&id=2678923 [Stand 3. April 2017].
Schäfer 1981: Schäfer, Hans Dieter: Das gespaltene Bewußtsein. Deutsche Kultur und Lebenswirklichkeit 1933–1945, München/Wien 1981.
Schnell 1998: Schnell, Ralf: Dichtung in finsteren Zeiten. Deutsche Literatur und Faschismus, Reinbek bei Hamburg 1998.
Strothmann 1968: Strothmann, Dietrich: Nationalsozialistische Literaturpolitik. Ein Beitrag zur Publizistik im Dritten Reich, Bonn 1968.
Walther 2017: Walther, Peter: Hans Fallada. Die Biographie, Berlin 2017.

Williams/Lange 2009: Williams, Jenny/Lange, Sabine: Anhang [Sendbrief aus dem Totenhaus. Nachwort/Zu dieser Ausgabe]. In: Hans Fallada: In meinem fremden Land. Gefängnistagebuch 1944, hg. von J. W. und S. L., Berlin 2009, S. 271–324.

1.5 Falladas Briefwechsel
Julian Preece

In der ersten Hälfte des 20. Jahrhunderts erlebte man zwar die Einführung des Telefons (von Telefongesprächen ist in Hans Falladas Briefen und anderen Schriften häufig die Rede), auch konnte man dank moderner Verkehrsmittel lange Strecken immer schneller und billiger zurücklegen, aber der Briefverkehr zwischen Schriftstellern erreichte – wie die Post allgemein – einen Höhepunkt. Einige der größten Briefkünstler deutscher Sprache gehörten zu Falladas Zeitgenossen wie etwa Arthur Schnitzler (1862–1931), Rainer Maria Rilke (1875–1926), Franz Kafka (1883–1924) oder Walter Benjamin (1892–1940). Alle pflegten Korrespondenzen persönlicher und beruflicher Natur, die ihrem sonstigen literarischen Schaffen unentbehrlich waren und dessen fester Bestandteil wurden.

Ganz literarisches Kind seiner Zeit war Hans Fallada ein eifriger Briefschreiber und scheint Briefe lieber geschrieben als gelesen zu haben – bei Schriftstellern ist es meistens umgekehrt: Sie sind eher gierige Empfänger der Briefe von anderen als generöse Verfasser, die ihre Gegenüber mit Schrift beglücken. Die vielen Briefe sind mitunter auch ein Grund dafür, dass es so viele Fallada-Biografien gibt, da sein Leben sich anscheinend relativ leicht aus Briefauszügen und anderen Lebenszeugnissen zusammensetzen lässt (vgl. Fallada 2012). Wie Falladas autobiografische Schriften sind die Briefwechsel, die uns jetzt vorliegen, erst nach der Wende von 1989, d. h. mehr als ein halbes Jahrhundert nach seinem Tod erschienen. Das lag zum Teil am Verhalten seiner Erben und der innerdeutschen Kulturpolitik während des Kalten Krieges und zum Teil sicherlich auch an seinem Ruf als Autor von Unterhaltungsliteratur, der während des Dritten Reiches in Deutschland blieb. Die vielen Biografien mögen auch Briefausgaben in den Augen der Verleger überflüssig erscheinen lassen. Wie dem auch sei, erst zwischen 2004 und 2008 wurden drei große Briefkorpora veröffentlicht: der Briefwechsel mit seinem Sohn Uli (Fallada/Ditzen 2004), mit seiner ersten Frau ‚Suse' Anna Ditzen geborene Issel (Fallada/Ditzen 2007) und mit seinem Verleger Ernst Rowohlt (Fallada 2008). Von Auszügen aus anderen, oft ausführlichen Briefwechseln, die seine Biografen exzerpiert haben, abgesehen, ist der weitaus größere Teil von Falladas Korrespondenz nach wie vor nur im Archiv einzusehen: der weit überwiegende Teil im Hans-Fallada-Archiv des Literaturzentrums Neubrandenburg in Carwitz (HFA) neben den Beständen im Deutschen Literaturarchiv Marbach und verstreuten Nachweisen in verschiedenen Bibliotheken (Zentral- und Landesbibliothek Berlin; Stiftung Archiv der Akademie der Künste; Autografensammlung der Deutschen Nationalbibliothek; Theaterwissenschaftliche Sammlung im Institut für Medienkultur und Theater der Universität Köln; Autografensammlung Schleswig-Holsteinische Landesbibliothek Kiel).

Briefe erfüllten für Fallada eine Reihe praktischer Zwecke und sind deswegen eine reichhaltige Quelle von Informationen und Ansichten, auch wenn er sich unter den

Nazis natürlich verschlüsselt ausdrücken musste. Als er im Frühjahr 1944 beispielsweise erfährt, dass die Schule seines Sohnes Uli nun eine „SS-Heimschule" geworden ist, meint er, sich nicht „viel" darunter vorstellen zu können und ermutigt den Jungen, sich weiter mit den alten Griechen und Römern zu beschäftigen, denn „schließlich ist es nie das Haus, das Gebäude, die äußere Einrichtung, die den Geist trägt und weitergibt, sondern das Innere seiner Insassen, der Lehrer und der Schüler und daß Ihr da am meisten tun könnt, um Euch diesen Geist zu erhalten, das ist doch klar" (8. März 1944, Fallada/Ditzen 2004, 165). Ob Uli sich diese Botschaft zu Herzen zu nehmen verstand, ist aus seiner Korrespondenz mit dem Vater nicht zu ersehen. In anderen Briefen an Uli gibt es jedenfalls Anzeichen dafür, dass Fallada sich literarisch übt, und zwar an Texten, die er zu dieser Zeit für Kinder geschrieben hat.

Fallada hielt durch Briefe Beziehungen mit weiteren Familienmitgliedern aufrecht und erwies sich brieflich als treuer Sohn, Bruder und Ehemann sowie auch als Freund. Er schrieb sowohl Freundschaftsbriefe (an Johannes Kagelmacher) als auch freundliche Geschäftsbriefe (an „Vater Rowohlt"), Liebes- (etwa an Anne Marie Seyerlen, vgl. Studnitz 2007) und sogar Brautbriefe (an Suse). Er nimmt mal einen herzlichen, mal einen sachlichen Ton an und verkehrt mit Freunden und Verwandten auch häufig spielerisch. Er gibt sich und seinen Adressaten manchmal Spitznamen und versucht sich mit seiner Verlobten etwa im Plattdeutschen: „Min olen Lüten, min Schieterchen" beginnt er einen Brief an Anna Issel am 6. Februar 1929 (Fallada/Ditzen 2007, 54). Briefe gehören für Fallada durchaus zur Rollenprosa. Immerhin befremdet es den heutigen Leser, wenn er es für angebracht hält, einen Brief mit „Heil Hitler!" zu beenden. Es ist auch bezeichnend, dass er nach 1933 viele Einladungen zu Lesungen mit falschen Ausreden abwehrt, weil er schlimm stottere und stammele und deswegen vor der Öffentlichkeit lieber nicht auftreten wolle.

Was bei einer Durchsicht der Korrespondenzen Falladas im Carwitzer Archiv als erstes auffällt, ist sein Habitus als Schreiber und Empfänger von Briefen, nachdem er sich zum zweiten Mal anschickte, eine literarische Laufbahn anzutreten. In dieser Hinsicht ist seine Praxis konventionell und bürgerlich. Nach 1928 sammelt er nämlich alle an ihn gerichteten Briefe und behält Durchschläge seiner eigenen, die er nun nur mit der Maschine und nicht mehr per Hand schreibt. Er geht mit diesen und anderen Schriftstücken (wie z. B. Rezensionen seiner Werke) wie ein geborener Archivar um und bezeichnet sich selbst diesbezüglich als „Pedant". Dem Befund der langjährigen Leiterin des Fallada Archivs muss in diesem Zusammenhang zugestimmt werden: „In wohlgeordneten, nach Jahrgängen abgelegten Briefmappen, in denen hinter jedem Brief der maschinenschriftliche Durchschlag der Antwort Falladas zu finden ist, zeigt sich eine besondere Sorgfalt und Gründlichkeit in der Erledigung der Korrespondenz" (Lange 1986, 7). Wollte Fallada dem Chaos und der Unsicherheit in seinem sonstigen Leben hier entgegenwirken, indem er es der Nachwelt leichter machte, einen Einblick in sein Schaffen zu bekommen? Sesshafte Schriftsteller sind immer die besten Sammler. Falladas Umzüge vor der Carwitzer Zeit scheinen die Mappen überlebt zu haben, nur nach dem Krieg, als er wieder nach Berlin zieht, sind Verluste zu verbuchen.

In anderer Hinsicht ist Falladas epistolarische Praxis alles andere als konventionell. In den Jahrzehnten um seine Geburt wurden viele literarische Briefwechsel veröffentlicht, die angehende Verfasser von literarischen Briefen wie Kafka und Schnitzler regelrecht verschlangen. Fallada scheint davon keine Notiz genommen zu haben. Er wählte sich auch keine Vorbilder in der immer reichhaltiger werdenden Brief-Literatur:

1.5 Falladas Briefwechsel

Er erwähnt sie auf jeden Fall nicht und inszeniert sich auch nicht als Briefverfasser; nichts kann ihm ferner gelegen sein, als mit der Briefform zu experimentieren. Fallada pflegte keine Korrespondenzen mit führenden Persönlichkeiten des Literaturbetriebs oder des kulturellen Lebens – mit der Ausnahme seines Verlegers Ernst Rowohlt, wobei es ums Geschäft ging. Es gibt kaum epistolarische ‚Dramen' oder Krisen in seinen Korrespondenzen, die für die eigene Literatur nützlich gewesen sein könnten, auch keine großen Machtgefälle zwischen ihm und seinen Korrespondenzpartnern, die Briefwechsel manchmal nähren. Fallada brauchte offensichtlich nichts, was der oder manchmal die andere ihm schriftlich oder materiell hätten liefern können, aber nicht einfach liefern wollten – alles Sachverhalte, die Brieflektüre sonst so spannend machen können.

Sein Verhalten als Briefschreiber ist vor dem literarischen Wendepunkt 1928 anders als danach. Als Jugendlicher schließt er Brieffreundschaften, unter anderem mit dem Schulkameraden Necker, den er bald töten wird. Sie tauschen sich über Falladas Lieblingsschriftsteller Oscar Wilde aus. Fallada erinnert sich: „Unser Briefverkehr ist damals schon rapide gewesen, wir schrieben uns oft, ein, zwei Wochen lang postwendend" (zit. nach Börner 2010, 31). Hier ist es eine Frage des literarischen Übens für den zukünftigen Schriftsteller. Fallada schreibt gleichzeitig an ein Fräulein Matzdorf, das er offensichtlich intimer kennenlernen möchte. Wie in allen Biografien nachzulesen ist, spielt er ihr und am Ende auch sich selbst einen dummen, aber aus literarischer Sicht interessanten Streich: Er schreibt einen anonymen Brief an die Familie Matzdorf (den er sogar seinen Eltern zeigt), in dem er diese davor warnt, ihre Tochter vor dem ‚bösen' Rudolf Ditzen zu schützen, so dass auf diesem Weg ein Liebesverhältnis unterstellt wird (vgl. Williams 2002, 37f.). Der Gedanke zu diesem epistolarischen Ulk soll ihm im Traum gekommen sein, aber er ließ auch nach dem Aufwachen nicht davon ab, weil es ihm beim Schreiben half:

> Und dachte ich zuerst nur über den Gedanken nach, so später über die Sache selbst. Sie schien mir vollständig sinnlos. Wenn ich den Verkehr abbrechen wollte, so gab es andere Mittel. Aber ich wollte das gar nicht, nein, ganz im Gegenteil. Ich sah, daß er mich anregte zum schriftstellerischen Arbeiten. (zit. nach Börner 2010, 32)

Mit anderen Worten: Fräulein Matzdorf ist ihm, ohne es zu ahnen, eine Muse und seine Freundschaft mit ihr literarischer Stoff. Das schriftliche Erfahren dieser ersten Bekanntschaft mit einem weiblichen Wesen muss er steigern, um es dann ganz platzen zu lassen.

Diese Episode wird in den Biografien kommentiert, weil sie Falladas Selbstbild formte (vgl. Williams 2002, 37f.). Nachdem er sich und die Freundin denunziert hatte, zeigt ihm Frau Matzdorf seinen eigenen anonym verschickten Brief. Er muss nun die Rolle des Beleidigten spielen, bevor das Unausweichliche geschieht und seine Autorschaft ans Licht kommt. Im Nachhinein beim Aufzeichnen der Episode kostet er seine widerspruchsvollen Gefühle aus und versucht, sie zu verstehen. Denunziationen und die Beweggründe der Denunzianten haben ihn sein Leben lang fasziniert und spielen, unter ganz anderen Umständen, noch in *Jeder stirbt für sich allein* eine zentrale Rolle. Bei Fräulein Matzdorf ist die Tat fiktiv und alles inszeniert. Mentaler Masochist, der Fallada gewesen sein mag, trägt er die Erinnerung an die Demütigung und peinliche Entlarvung als Trophäe davon.

Sieben Jahre später bekommt er einen Anlass, mit einer literaturkundigen Frau Briefe auszutauschen. Diese Aktivität fördert sein Einfühlungsvermögen und die literarische Versiertheit, die dieses erst ermöglicht. Da hilft ihm nämlich die um zehn Jahre ältere und schon verheiratete Anne Marie Seyerlen beim Schreiben seines ersten Romans *Der junge Goedeschal*. Er macht aus dieser Bekanntschaft, die sich in Briefen niederschlägt, Literatur. Und dafür dankt Fallada ihr in einem Schreiben vom 29. Juli 1918 ausführlich:

> ich komme eben nicht in andere Menschen hinein, über *mich* kann ich schreiben, und *Dich*, aber *Du* bist ja ich. – – – […] Ja, Du, Andersens Märchen habe ich nun auch wieder gelesen: Kai und Gerda und das kleine Zigeunermädchen mit seinem großen Messer. Es ist wirklich ein Kai, genau wie mein Kai, und hat der Gerda-Kai das Glashorn des Verstandes im Auge, so hat meiner das Körnchen der Sexualität. Und zu beiden mußte erst Gerda kommen und sie erlösen. Du, Du, ich danke Dir, immer wieder Dein Du. (Studnitz 2007, 159f.)

Er diskutiert seine Romanpläne mit Anne Marie Seyerlen, die ihn ermuntert, sich von seinen Qualen freizuschreiben. Er berichtet ihr sowohl über den Fortschritt am Manuskript als auch über den Flirt mit ihrer Freundin. Das ganze Drama der ehebrecherischen Affäre und ihre Ausformulierung dienen seinem literarischen Schaffen. Das Ergebnis ist enttäuschend, denn daraus wird ein Roman, dem der Erfolg versagt blieb und auf den er nicht mit Stolz zurückblicken mochte.

Zehn Jahre später macht Fallada sowohl literarisch als auch brieflich einen Neuanfang. Zuerst beginnt er einen regen Briefaustausch mit einer Frau (es handelt sich um seine künftige Ehefrau Anna Issel). Gleichzeitig aber plant er einen neuen Roman, und zwar einen, der ihn mit Stolz erfüllen wird. Daraus wird drei Jahre später *Bauern, Bonzen und Bomben*, womit er sich als Schriftsteller etabliert. Er ist nun der festen Überzeugung, dass er gut schreiben kann, wenn die Zeiten und sein Gesundheitszustand ihn nur lassen. Nach diesem neuen Ansatz braucht er Korrespondenzen nicht mehr, aus denen er literarische Inspiration schöpfen kann. Er wird in dieser Beziehung sozusagen bürgerlich und als Schriftsteller reif. Seine Briefwechsel werden von nun an sorgfältig archiviert und sind für außenstehende Leser reichhaltige Quellen von Informationen über seine literarischen Pläne, Gedankengänge, soweit er sie frei äußert und äußern durfte, und über seine Lebensumstände. Aber diese Briefe sind nicht mehr spannend. Dafür haben wir jetzt seine Romane und Erzählungen.

Literatur

Börner 2010: Börner, Daniel (Hg.): „Wenn Ihr überhaupt nur ahntet, was ich für einen Lebenshunger habe!" Hans Fallada in Thüringen. Ausstellungskatalog, Weimar/Jena 2010.
Fallada 2008: Fallada, Hans: Ewig auf der Rutschbahn. Briefwechsel mit dem Rowohlt Verlag, hg. von Michael Töteberg und Sabine Buck, Reinbek bei Hamburg 2008.
Fallada/Ditzen 2004: Fallada, Hans/Ditzen, Uli: Mein Vater und sein Sohn: Briefwechsel, hg. von Uli Ditzen. Mit Anmerkungen von Hartmut Schönfuß, Berlin 2004.
Fallada/Ditzen 2007: Fallada, Hans/Ditzen, Anna: Wenn du fort bist, ist alles nur halb. Briefe einer Ehe, hg. von Uli Ditzen, Berlin 2007.
Lange 1986: Lange, Sabine: Findbuch des literarischen Nachlasses von Hans Fallada, hg. von dem Literaturzentrum Neubrandenburg Hans-Fallada-Archiv in Feldberg, [unveröffentlicht] 1986.

Fallada 2012: Hans Fallada: Sein Leben in Bildern und Briefen, hg. von Gunnar Müller-Waldeck und Roland Ulrich unter Mitarbeit von Uli Ditzen, Berlin 2012.
Studnitz 2007: Studnitz, Cecilia von: Ich bin nicht der, den Du liebst. Die frühen Jahre des Hans Fallada in Berlin, Neubrandenburg 2007.
Williams 2002: Williams, Jenny: Mehr Leben als eins. Hans Fallada. Biographie. Aus dem Englischen von Hans-Christian Oeser, Berlin 2002. [Originalausgabe: More Lives than One. A Biography of Hans Fallada, London 1998.]

1.6 Die autobiografischen Schriften
Julian Preece

Hans Fallada hat mehrere Versuche unternommen, über sich selbst zu berichten, ohne eine abgeschlossene Autobiografie zu hinterlassen. Er wurde nicht alt genug oder fand nie die Ruhe dazu, denn die zwei autobiografischen Bücher, die er unter den Bedingungen der Nazi-Zensur geschrieben hat, zählen in dieser Hinsicht kaum (Fallada 1941; Fallada 1943). Das sah er selbst im September 1944 in seiner Zelle in der Anstalt in Neustrelitz ein, als er seinem Notizheft anvertraute, er sei „in die seichte Unterhaltung abgesackt", als er diese „Erinnerungsbücher" schrieb: „Ich fühle mich wirklich noch nicht so alt, daß ich schon von meinen Lebenserinnerungen leben möchte. Das wäre sehr viel hübscher gewesen, wenn ich das zehn oder zwanzig Jahre später hätte tun dürfen" (Fallada 2009, 229). Fallada gab diesem *Gefängnistagebuch 1944*, das ursprünglich *In meinem fremden Land* hieß und als verschollen galt, bis es 1996 im Nachlass von Günter Caspar auftauchte, nach dem Ende des Krieges allerdings einen anderen Titel: *Der unerwünschte Autor. Meine Erlebnisse während zwölf Jahren Naziterror* (vgl. Liersch 1981). Die Zeiten haben ihn letztendlich daran gehindert, sich als Künstler so zu entwickeln, wie er sich in Friedenszeiten und in Freiheit wahrscheinlich entwickelt hätte. Die Zeiten und seine Lebensweise, die zum Teil wohl von diesen Zeiten bedingt war, sprachen auch gegen ein ruhiges Alter, das andere zum Schreiben von Autobiografien nutzen. Fallada war weniger als ein Jahr erfolgreich, als die Nazis, die manche vielversprechende literarische Karriere zerstörten, an die Macht kamen. Er hat das Regime um weniger als zwei Jahre überlebt, lebte dann aber nicht lang genug, um sich selbst zu reetablieren.

(Auto-)Biografische Mythen Hans Falladas

Fallada hat jedoch aus seinem Leben auch stets Mythen gemacht, nicht nur, wenn es darum ging, sich zu vermarkten oder einfach in schweren Zeiten über die Runden zu kommen; und er hat einige stark autobiografisch geprägte Romane geschrieben. Sein Erstling *Der junge Goedeschal* zählt ebenso dazu wie der Gefängnisroman *Wer einmal aus dem Blechnapf frißt* und, gegen das Ende seines Lebens, *Der Trinker* und *Der Alpdruck*. Es ist bezeichnend, dass die drei Romane, die er selbst als seine besten einschätzte – *Bauern, Bonzen und Bomben*, *Kleiner Mann – was nun?* und *Jeder stirbt für sich allein* – verhältnismäßig wenig mit seinen eigenen Erfahrungen zu tun haben (vgl. Fallada 1967).

Wenn man bedenkt, dass Fallada nach Abschluss der beiden autobiografischen Unterhaltungstexte 1941 und 1943 im Herbst 1944 den Bericht über die zwölf Jahre seines Lebens im Dritten Reich verfasste, dann kurz vor dem Tode den Essay *Wie ich Schriftsteller wurde* (Fallada 1952; Fallada 1967), so ist er in den letzten sechs bis sieben Jahren seines Lebens sehr intensiv mit der eigenen Vergangenheit beschäftigt. Diese weniger erdichteten Selbstdarstellungen sowie das erste *Gefängnistagebuch* von 1924 (Fallada 1998), die Aufzeichnungen über seine Erfahrungen als Morphiumsüchtiger (Fallada 1997, unvollständig zuerst 1955) und die für seine Psychiater handschriftlich verfasste neunzehnseitige Vita (Fallada 2010), die er achtzehnjährig in der Jenaer Klinik schreiben musste, sind alle posthum erschienen. Im Nachwort zum Gefängnistagebuch von 1924 unterscheidet Günter Caspar zwischen den Texten, die der Autor mit seinem Schriftstellernamen Hans Fallada unterzeichnete und denjenigen, die er unter seinem wirklichen Namen für sich zurückbehielt: „Später wird Rudolf Ditzen alle ‚Makel' seines Werdeganges aus Falladas Lebensgeschichte tilgen" (Fallada 1998, 171). Fallada-Leser wissen dementsprechend sehr wenig über Ditzen, dafür alles über Fallada.

Die unterhaltsamen Erinnerungsbücher gehören noch heute in Deutschland zu seinen erfolgreichsten Veröffentlichungen. Bis 1990 war *Damals bei uns daheim* in der Bundesrepublik das zweite unter seinen meistverkauften Büchern nach *Kleiner Mann – was nun?* An vierter Stelle kam *Heute bei uns zu Haus* knapp hinter *Wer einmal aus dem Blechnapf frißt* (vgl. Dünnebier 1993). Im Ausland dagegen sind diese Beschwörungen einer intakten Welt, die Fallada mitten im Krieg sofort in den Druck geben durfte, kaum präsent. In der DDR blieben sie bis 1977 ungedruckt. Autobiografisch sind sie auch nur insofern, als eine Person mit dem Namen ‚Hans Fallada' im Mittelpunkt steht, und Hans Fallada auch auf dem Buchdeckel steht: Sowohl der Name als auch die Person im Mittelpunkt sind aber Fiktion. Das Wesentliche klammern sie aus: Von Rudolf Ditzen ist in diesen Büchern kaum eine Spur zu finden. Das erste reicht chronologisch von seiner Geburt bis zum Ende der Kindheit, das zweite von 1928 bis in die Erzählgegenwart von 1942. Von der Tötung Hanns Neckers, von den Erlebnissen auf den Gutshöfen im Ersten Weltkrieg oder den Erfahrungen mit Drogen- und Alkohol sowie in Zuchthäusern ist hier natürlich nicht die Rede. Die Geschichten vom Pechvogel, der sich immer wieder in heiklen Situationen befindet, die ihn beinahe das eigene Leben kosten, wurden nichtsdestotrotz von den Biografen eifrig weitererzählt. Dennoch gilt es zu beachten, dass Ditzen hier verschleiert über sein wahres Selbst berichtet: Es ging ihm im Krieg nicht wirklich gut, und das bringt er indirekt zum Ausdruck.

In Deutschland sind mehr Biografien über Fallada geschrieben worden, deren Autoren sich auf die von ihm selbst fabrizierten Mythen stützen, als von anderen deutschen Schriftstellern seiner Generation oder Herkunft. Liegt das an der Vielfalt und Fülle seiner eigenen Darstellungen, ganz zu schweigen von denen anderer Familienmitglieder? Falladas Mutter etwa, die ihren berühmt gewordenen Sohn überlebte, schrieb ihre Erinnerungen nieder, auf die sich, obwohl nie veröffentlicht, Biografen gestützt haben. Auf die in der BRD erschienene ‚rororo Monographie' (Manthey 1963) folgten in der DDR zwei längere Darstellungen (Crepon 1978; Liersch 1981), wovon eine nach der Wende in ergänzter Form wieder gedruckt wurde (Liersch 1993). Zur 50sten Wiederkehr seines Todestages legte Cecilia von Studnitz eine Lebensgeschichte vor, die wiederum größtenteils aus unkritisch zusammengestellten Versatzstücken aus

1.6 Die autobiografischen Schriften

Falladas eigenen autobiografischen Äußerungen bestand (Studnitz 1997; vgl. Fallada 1997b). Dass ein so berühmter Autor und seine Nachkommen ein halbes Jahrhundert nach seinem Tode immer noch die Kontrolle über die öffentliche Wahrnehmung seines Lebens behielten, ist ziemlich erstaunlich, hat eine seiner Ursachen wohl in der Konkurrenz der politischen ‚Systeme' um den Autor: In der DDR wollte man sich auf den Antifaschisten Fallada berufen, der sich in seiner Jugend gegen seine bürgerliche Herkunft auflehnte. In der BRD sollte er dagegen als ein zwar halb-trivialer, aber doch unproblematischer ‚volkstümlicher' Schriftsteller gelten. Die erste Biografie, die diese Mythen kritisch hinterfragt, stammt von außerhalb des deutschen Sprachraums. Sie heißt bezeichnenderweise *More Lives than One* und wurde von Jenny Williams auf englisch geschrieben (Williams 1998) und bald übersetzt (Williams 2002).

Fallada hat sich selbst in kürzeren wie in längeren Formen mythologisiert. Zum Beispiel schreibt er 1933 nach dem Welterfolg von *Kleiner Mann – was nun?* einen knappen Lebenslauf auf Geheiß seines Verlags, in dem er schlicht aber bedeutungsträchtig berichtet:

> Geboren am 21. Juli 1893 in Greifswald, der pommerschen Stadt. Juristensohn, aufgewachsen in Berlin und Leipzig, die ersten achtzehn Jahre des Lebens also immer in Städten lebend, aber nie ein Städter werdend, immer – wohl von friesischen und hannöverschen Ahnen her – mit einem Hang nach Land, Gewächs, Getier, Wasser, Tiefebene. (Fallada 1933, 859)

Der Gegensatz von Stadt und Land ist ein klassischer Topos in den Auseinandersetzungen der Weimarer Republik. Er überdeckt in diesem Fall unausgesprochene Widersprüche, die für Fallada charakteristisch sind. Seine Bevorzugung der Natur mag eine Ferne zur Moderne der modischen Metropolen zum Ausdruck bringen, wenn er Vokabeln wie „Gewächs, Getier" nicht den Expressionisten entliehen hätte. Fallada mag einen der besten Berlin-Romane des zwanzigsten Jahrhunderts geschrieben haben (*Jeder stirbt für sich allein*), aber er wollte nie in einer Großstadt wohnen. Die ‚Ahnen' sind eine Kategorie, die bald an Bedeutung gewinnen sollte, und es zeugt nicht von politischem Feingefühl, dass Fallada sie hier in eigener Sache in Anspruch nimmt, wenngleich er ihr nach ersten Erfahrungen mit dem NS-Regime 1934 in seinem Roman *Wir hatten mal ein Kind* eine ganz eigene Deutung geben wird.

Fallada lebte einen anderen, von Thomas Mann berühmt gemachten Gegensatz, nämlich den zwischen ‚Bürger' und ‚Künstler', wie er auf typisch selbstironische Weise in einem im Herbst 1934 geschriebenen kurzen Text erklärte: Er legte sich den Künstlernamen zu, weil er seine literarische Karriere vor seinen Eltern geheim halten wollte. (In anderen Versionen dieser Erklärung ging es darum, den Ruf der Familie zu schützen, worauf sein Vater bestand.) Als er den Antrag auf Namensänderung stellte, habe ihm die Behörde mitgeteilt, er hätte sich bürgerlich weiter ‚Ditzen' zu nennen, auch wenn er seine Schriften mit ‚Fallada' unterschriebe: „Also: wenn ich mir einen Anzug beim Schneider auf Pump machen ließ, so hatte sich der Ditzen was gepumpt, schrieb ich aber einen Artikel wie diesen, so war's der Fallada gewesen" (Fallada 1934, [2]).

In diesen zwei kurzen Werbetexten erwähnt Fallada selbstverständlich nichts von den Episoden, die Biografen nach seinem Tode interessiert haben. Es waren aber gerade diese Episoden, die ihm zeit seines Lebens Stoff und Anlässe für Rechenschaftsberichte lieferten, die er aus verschiedenen Gründen zunächst für sich behielt. Er schrieb sie nämlich entweder für eine ihn untersuchende Behörde (*Lebenslauf*, 1911), als literarische Übung (das Gefängnistagebuch, 1924) oder für die Nachwelt (*Sachlicher Bericht* in den 1920er Jahren; *In meinem fremden Land*, 1944; *Wie ich Schriftsteller wurde*, 1946). All diese Texte wurden erst nach seinem Tod veröffentlicht.

Die vier autobiografischen Schriften über Rudolf Ditzen

Im Folgenden wird nur auf diese vier direkt autobiografischen Schriften näher eingegangen, die Fallada zwischen 1911, als er nach dem Mord an seinem Schulfreund Hanns Dietrich von Necker zur Diagnose in die Jenaer Klinik eingeliefert wurde, und seinem Lebensende kurz nach der Niederlage des Nationalsozialismus schrieb, als er die wiedergewonnene Freiheit benutzte, um über sich, sein Schaffen und Tun nachzudenken und sich dazu zu äußern.

Fallada verfolgte in diesen Schriften offensichtlich verschiedene Zwecke. Vom Gesichtspunkt der literarischen Qualität sind sie daher nicht gleichrangig, aber literaturgeschichtlich hochinteressant, weil sie Einblicke entweder in seinen Schaffensprozess oder in sein Leben gewähren. *In meinem fremden Land* zählt zu den bedeutendsten Zeitdokumenten, die über das Leben im Dritten Reich berichten. Dieser Text verdient es, so roh Stil und Struktur manchmal auch ausfallen und so peinlich einige Stellen wirken, neben die großen Romane gestellt zu werden. Andere kritische Autoren – von den weniger kritischen Autoren ganz zu schweigen –, die in Hitler-Deutschland geblieben sind, haben nach 1945 nicht versucht, mit sich selbst so ins Reine zu kommen, wie Fallada es hier tut. Das Alltagsleben unter dem Hakenkreuz ist selten zum Thema gemacht worden.

Am Anfang des *Lebenslaufs* von 1911 beruft sich der zukünftige Autor, der sieben Jahre später seinen ersten Roman vorlegen wird, auf Erinnerungen, wie jeder Autobiograf es tun muss, um sofort seine Fähigkeit, sich überhaupt richtig an sein früheres Leben erinnern zu können, in Frage zu stellen. Diesen Absatz hätte er einem autobiografischen Text der Reife voranstellen können:

Ich wurde am 21. Juli 1893 als der Sohn des Landgerichtrats Ditzen in Greifswald geboren. Doch habe ich an die Zeit in Greifswald kaum noch Erinnerungen. Einige Plätze, wo ich wohl viel gespielt habe, kann ich mir noch so ungefähr vorstellen, an Personen erinnere ich mich überhaupt nicht mehr. Doch wird mir erzählt, daß ich schon damals sehr still und schüchtern war. (Fallada 2010, 21)

Und schon ist der Leser mittendrin: Der Verfasser ist offensichtlich noch immer „still und schüchtern". Die Behauptung bekommt noch mehr Gewicht, weil sie von anderen und nicht von ihm selbst stammt. Ob er lange an diesem Auftakt gefeilt hat, ist nicht zu eruieren, aber man kann sich kaum vorstellen, dass er absichtlich einen Chiasmus im dritten Satz einsetzte. Das tut er dann unbewusst umso überzeugender. Fallada scheint ein geborener Stilist zu sein. Jedes Wort in diesem kurzen Absatz zählt und würde nicht nur aus semantischen Gründen fehlen, wäre es nicht da. Die Prosa ist rhythmisch aufgebaut und der Text als Ganzes genau strukturiert.

Dieser Lebenslauf soll angeblich in erster Linie medizinischen und juristischen Instanzen klar machen, dass Fallada für den Mord an seinem Mitschüler nicht bestraft werden sollte. Seine Tat wird untersucht; deswegen ist er in die Klinik eingeliefert

1.6 Die autobiografischen Schriften

worden. Doch der angehende Autor erreicht damit etwas anderes: Er übt sich im Literarischen und erklärt seinen Werdegang als junger Dichter. Es geht Fallada in diesem ersten erhaltenen Text um Gefühle in einer extremen Situation und um deren Deutung, Verarbeitung und Ausdruck. Er schreibt schon seit langem, und sein Mord an Necker ist mit seinem literarischen Anliegen eng verflochten. Sein Außenseitertum macht ihn zum Dichter. Er berichtet mehr von seinen Lektüren als von seinen Mitmenschen, und schon im dritten kurzen Absatz bekennt er, dass er zu schreiben angefangen hat als Reaktion auf die üble Behandlung, die ihm in der Schule durch seine Mitschüler zuteil wurde: „Doch erinnere ich mich, daß ich damals meine ersten Gedichte gemacht habe, die ich aber gleich darauf wieder verbrannte" (Fallada 2010, 22). Zum Schreiben ist er ebenso veranlagt wie bestimmt. Bei der Wandervogel-Tour 1910 durch Holland wird er von seinen Genossen damit beauftragt, „das Tagebuch zu führen" (ebd., 28). Aber es bedeutet bezeichnenderweise eher „Entsagen" und „Schmerz" als „Freude" (ebd., 29). Davon schreibt er 1941 nichts mehr.

Die Beschreibung des doppelten Selbstmordversuchs fällt eher sachlich aus, aber die Tat als Tat, ihre Planung und fehlgeschlagene Durchführung erscheinen bedeutungsschwer und düster. Fallada beendet diese frühe Lebensbeschreibung mit vollem Pathos:

> Ich sah mit Staunen, wie sich eins fein auf's andere aufbaute und daß von frühester Jugend an alles diese Tat vorbereitete, ja ahnen ließ. Hatte ich bis jetzt nur die Rückseite des gewobenen Lebens gesehen, auf der alle Fäden wirr und unenträtselbar durcheinanderschossen, so sah ich jetzt die rechte Seite und sah, das alles sinngemäß war und alles so kam, wie es kommen mußte. (ebd., 55)

Was für ein furchtbarer, aber fesselnder Stoff für einen sich selbst auslotenden jungen Dichter!

Der nächste autobiografische Text wurde dreizehn Jahre später als Tagebuch eines Aufenthaltes im Greifswalder Gefängnis niedergeschrieben. Fallada begibt sich in seine Zelle zwar unfreiwillig, aber mit zwei Absichten: mehrere Monate keinen Alkohol und keine Drogen zu sich zu nehmen (der Aufenthalt ist mit anderen Worten eine Entziehungskur) und wieder mit dem Schreiben anzufangen. Als Vorbereitung auf die literarische Verwertung dieses Erlebnisses liest er vor seiner Einlieferung erneut Oscar Wildes *Ballade vom Zuchthaus in Reading* (vgl. Williams 2012, 65). Diese Jugendlektüre mag ein Beweis dafür sein, dass Fallada auf seinen kreativen Durchbruch noch hinarbeitet. Anders gesagt: Er steckt noch in der ersten Schreibphase. Die Parallele mit dem Freiheitsentzug in Jena dürfte dem Romanschriftsteller, der inzwischen veröffentlicht hat, klar gewesen sein, denn er nutzt die ihm aufgezwungene Ruhe, über sich selbst nachzudenken und gleichzeitig oder gerade dadurch seine schriftstellerische Karriere voranzutreiben: Er ist jetzt einunddreißig Jahre alt, Autor zweier Romane (bei denen er allerdings später dazu neigt, sie als Jugendsünden abzutun) und – zumindest zeitweise – heroin- sowie alkoholsüchtig. Obwohl er den Künstlernamen Hans Fallada schon verwendet, ist dieses Tagebuch mit Rudolf Ditzen unterzeichnet – ein Zeichen dafür, dass es sich hier um keinen fiktionalen, sondern um einen dokumentarischen Text handelt. Literarisch braucht er offensichtlich einen Neuanfang. Er kehrt zu den Anfängen zurück, insofern Tagebuchführen zu den ersten Ratschlägen gehört, die ein beginnender oder Möchte-gern-Schriftsteller bekommt. Es ist nicht sein erstes Tage-buch, nur das erste uns erhaltene. Aber Tagebuch schreiben sollte bei Fallada nicht zur Gewohnheit werden.

Nachdem ihm am dritten Tag Schreibzeug ausgehändigt wird, schreibt er jeden Abend allein in der Zelle wie besessen. Hier entstehen auch Romanentwürfe. Schreiben macht ihn glücklich und stellt ihn gleichzeitig unter einen Zwang, wie er wiederholt beteuert: „Schwer wäre es, wenn ich nicht diese Freude am Abend hätte, schreiben zu können. Es ist beinahe so, als lebte ich tagsüber nur für sie, ich sammle Material, ich sehe dies, ich höre das, aber endlich dann sitze ich doch wieder hier, vor dem weißen Papier und schreibe" (Fallada 1998, 37); „ich muß alles schreiben, weglassen kann ich nichts"; „das wäre ein wirklicher Schmerz, dieses Manuskript zu verlieren oder nur nicht weiterschreiben zu können" (ebd., 102). Fallada erzählt seine Träume, wie er es zwanzig Jahre später in Neustrelitz auch tun wird; er erinnert sich an wichtige Episoden in seinem Leben, er schreibt Dialoge und sogar Zoten nieder, die er am Tag im Gefängnis gehört hat. Gleichzeitig lernt er Neues über sich selbst, zum Beispiel wie er sich in Notsituationen verhält und warum. Er wird nämlich zum Spitzel, als er Mitgefangene an die Behörden verrät, offensichtlich weil er sich viel mehr mit den Behörden identifiziert als mit den Menschen, die sein Schicksal teilen. Wie der *Lebenslauf* ist *Strafgefangener, Zelle 32* heute von Interesse, weil der Autor bald darauf ein wichtiger Romancier werden sollte. Sein literarischer Wert sollte aber nicht überschätzt werden.

Das gleiche kann man von *In meinem fremden Land. Gefängnistagebuch 1944* nicht behaupten. Manche Passagen wie die Porträts oder ‚Fallstudien' der Verleger Ernst Rowohlt und Peter Suhrkamp, des Karikaturisten E. O. Plauen und des Filmschauspielers Emil Jannings sowie zahlreiche Vignetten aus dem Alltagsleben können sich mit den renommiertesten Reminiszenzen und sonstigen Darstellungen aus dem Dritten Reich messen. Fallada mag einiges hinzugedichtet haben oder sich nicht immer richtig erinnern – doch wer könnte das alleine in einer Anstaltszelle, vollkommen abgeschnitten von der Welt und anderen Menschen? Im Großen und Ganzen aber berichtet er von dem, was er erlebt, beobachtet, gehört und erlitten hat. Mit einem Ende des Krieges und der Schreckensherrschaft der Nazis hat Fallada immer gerechnet. Eine Autobiografie nach diesem Ende zu schreiben, wäre aber seines Erachtens weniger glaubwürdig gewesen, denn „nach dem Kriege werden's Hunderte tun" (Fallada 2009, 21). Dass diese Einschätzung sich als vollkommen falsch erwies, braucht uns nicht länger aufzuhalten. Was Fallada jedoch mit Mitläufern und anderen, die Schlimmeres auf dem Gewissen haben, eint, ist ein Rechtfertigungsdrang. Er schreibt am Anfang: „Und wenn ich mich heute frage, ob ich recht oder falsch gehandelt habe, daß ich in Deutschland geblieben bin, so sage ich noch heute: ‚Ich habe recht gehandelt!'" (ebd., 20). Darauf kommt er mehrmals zurück. Er findet (weil er ihn auch nicht sucht) keinen selbstreflexiven erzählerischen Standpunkt, der es ihm ermöglicht hätte, seine Handlungsweisen und Gedankengänge zu hinterfragen. Dieser Absatz endet mit einem Hauch Selbstmitleid ganz emphatisch:

> Ich hause mit vierundachtzig größtenteils völlig geisteskranken Männern zusammen, die fast alle als Mörder, Diebe oder Sittlichkeitsverbrecher sich strafbar gemacht haben. Aber selbst unter diesen Umständen sage ich: „Ich habe recht getan, in Deutschland zu bleiben. Ich bin ein Deutscher und lieber will ich mit diesem unselig-seligen Volk untergehen, als in der Fremde falsches Glück genießen!" (ebd., 21)

Sein eigentliches Delikt bleibt unerwähnt. Ein anderer hätte seine Ausfälle und Nervenzusammenbrüche mit den politischen Umständen in Verbindung gebracht. Fallada tut dies nicht. Es liegt ihm nicht daran, ein abgerundetes Selbstporträt zu schaffen. Mag das ein Grund für die Enttäuschung mit dem eigenen Text sein, die er gegen Ende äußert, als er die Furcht ausspricht, seine „Erlebnisse [seien] nur kleinliche Zänkereien, die jeden Menschen langweilen müssen" (ebd., 228)? Die Begründung für seine Verfahrensweise und Erzählmethoden werden ihm viele Leser nicht abkaufen: dass er nur über solche Zänkereien berichten könne, weil er „das Leben der kleinen Leute, der Masse" gelebt habe; und „unser Leben hat, soweit wir keine Parteimitglieder waren, im Dritten Reich eben aus Streitereien bestanden, aus lauter kleinen Kämpfen, die wir durchfechten mußten, um unser Dasein zu erhalten" (ebd., 229).

Fallada hat viele kleine Kompromisse mit dem Regime gemacht. Er hat mit seiner Feder den Lebensunterhalt für sich und seine Familie verdient. Seine Briefe an Behörden sind mit „Heil Hitler!" unterschrieben, und dieser deutsche Gruß wird ihm selbstverständlich und regelmäßig auch über die Lippen gegangen sein. Sein Freund Plauen, dessen Porträt auch ein verkapptes Selbstporträt ist, zeichnete all die Jahre weiter für die Wochenschrift *Das Reich*; dessen Karikaturen über Churchill, Roosevelt und Stalin (vgl. ebd., 144) waren politischer Natur, aber sowenig wie Fallada ist er selbst ein Nazi gewesen. Das haben beide erkannt und aneinander wohl wiedererkannt, als sie sich 1943 kennenlernten, weil Plauen eine Karikatur von Fallada für sein Buch *Heute bei uns zu Haus* machen sollte. Zur Rede gestellt, erklärt er Fallada, dass er nie eine antisemitische Karikatur gemacht habe: „[D]iese Schweinerei" mache er einfach nicht mit. Seine Frau erklärte weiter, dass er unter den Nazis weiterzeichnete, weil er als Zeichner zeichnen musste. Fallada resümiert: „Dieses ‚Muß' ist das Entscheidende, er konnte nicht anders – das ‚Reich' gab ihm die Chance, er nahm sie" (ebd., 144). Fünf Seiten weiter bezieht Fallada dieses gleiche ‚Muß' auf sich selbst und seine eigene Schreiberei: „Ich muß einfach" (ebd., 149). Plauens Situation hat sich auf Dauer als untragbar erwiesen. Weil er nicht immer ein Geheimnis aus seinen wirklichen Ansichten machte, wurde er eines Tages denunziert. In der Haft hat er sich das Leben genommen.

Autobiografie und Roman nach 1945

Nachdem Fallada im Dezember 1944 wieder auf freien Fuß gesetzt wird, erscheinen in den letzten zweieinhalb Jahren neben seinem dritten großen Roman *Jeder stirbt für sich allein* zwei autobiografische Romane: *Der Trinker* und *Der Alpdruck*. Ob er geahnt hat, dass er nicht mehr lange zu leben hatte, ist ungewiss, aber das Ende der Nazi-Herrschaft gab ihm die Freiheit, über sich selbst nachzudenken. *Der Trinker* ist direkt vor *In meinem fremden Land* unter den gleichen Bedingungen geschrieben worden. Es ist der einzige Roman, den Fallada in der Ich-Form schrieb, aber man erkennt das autobiografische Element vielleicht weniger im Inhalt dieses Lebensberichts einer süchtig gewordenen Figur als in dessen Lebenssituation am Anfang des Romans. Die Vierzig gerade überschritten, beruflich erfolgreich und glücklich verheiratet, entdeckt der Ich-Erzähler anscheinend von einem Tag auf den anderen, dass er sein Leben nicht mehr in den Griff kriegt. Nachdem er dem Alkohol verfallen ist, gerät er unter die Kontrolle skrupelloser Figuren aus der Unterschicht, die ihn in den Ruin treiben, bis er in eine Anstalt eingewiesen wird. Geht es dem Autor im gleichen Alter am Anfang von *In meinem fremden Land* nicht ähnlich, als er zur Kenntnis nehmen muss, dass 1933 die Gesetze und die bisherigen sozialen Spielregeln nicht mehr gelten und er von neidischen und ihm sozial unterlegenen Nachbarn denunziert und, wie Kafkas Josef K., verhaftet und beinahe umgebracht werden kann? Wie die Hauptfigur in *Der Trinker* wird Fallada im Sommer 1933 vierzig Jahre alt. Diesen Stoff behandelt er zuerst verschleiert in einer zeit- und ortlosen Fiktion und dann kaum noch geschminkt in dem autobiografischen Bericht, nachdem er entdeckt hat, dass niemand ihm mehr über die Schulter blickt und er sich zu schreiben traut.

Der letzte längere autobiografische Text *Wie ich Schriftsteller wurde*, der erst 1967 in einem Band mit *Erzählungen* erschien, ist direkt vor dem Tode geschrieben worden. Der Ton bleibt jedoch lebendiger als je zuvor, und gegen Ende spricht Fallada seine Leser an, als ob sie vor ihm im Saal sitzen würden. Er hält an zwei Grundsätzen fest: Um zu schreiben, muss man sowohl andere Bücher lesen als auch Erfahrungen in der Welt sammeln. Das Schreiben scheint dem Trinken nicht unähnlich zu sein, wenn man sich nachher nicht mehr erinnern kann, was man geschrieben hat. Es ist auch eine Sucht, nur sagt Fallada das nicht direkt, weil er auch hier das Gesicht wahren will. Er schämt sich wegen einiger Bücher, sagt aber dieses Mal nicht, welche es sind. Als entscheidend beschreibt Fallada das zufällige Wiedertreffen mit Ernst Rowohlt 1928. Denn Rowohlt verstand, was in ihm steckte, und stellte ihn als Mitarbeiter im Verlag ein, wo er nur bis 13 Uhr zu arbeiten brauchte und danach davon befreit war, um Zeit fürs Schreiben zu haben. Rowohlts Plan ging auf: Fallada nutzte die Zeit, um *Bauern, Bomben und Bonzen* zu Papier zu bringen. Mit dieser Erklärung seines Anfangs als Romancier und Bücherschreiber beendet Fallada seine Karriere. Kurz darauf stirbt er.

Literatur

Crepon 1978: Crepon, Tom: Leben und Tode des Hans Fallada, Halle/Leipzig 1978.
Dünnebier 1993: Dünnebier, Enno: Hans Fallada 1893–1947. Eine Bibliographie, zusammengestellt und annotiert von E. D., hg. vom Literaturzentrum Neubrandenburg, Neubrandenburg 1993.
Fallada 1933: Fallada, Hans: Kannten Sie schon …? [bearbeitete und gekürzte Fassung von *Lebensabriß Hans Falladas*]. In: Das Illustrierte Blatt. Frankfurter Illustrierte 21 (1933), Nr. 35, 7.9.1933, S. 859.
Fallada 1934: Fallada, Hans: Zwei Pseudonyme über sich selbst. In: Berliner Tageblatt und Handels-Zeitung 63 (1934), Nr. 438 [So, 16.9.1934 /Ausgabe A, 4. Beiblatt: Geistiges Leben. Kunst – Wissenschaft – Kritik], S. [2].
Fallada 1941: Fallada, Hans: Damals bei uns daheim. Erlebtes, Erfahrenes und Erfundenes, Berlin/Stuttgart 1941.
Fallada 1943: Fallada, Hans: Heute bei uns zu Haus. Ein anderes Buch. Erfahrenes und Erfundenes, Berlin/Stuttgart 1943.
Fallada 1952: Fallada, Hans: Bücher schreiben war mein Beruf. In: Frankfurter Allgemeine. Zeitung für Deutschland 4 (1952), Nr. 32, D-Ausgabe, 7.2.1952, S. 4.
Fallada 1955: Fallada, Hans: Der tödliche Rausch. Das letzte Manuskript des Dichters Hans Fallada [um ein Drittel gekürzte Fassung des Manuskripts *Sachlicher Bericht über das Glück, ein Morphinist zu sein*]. In: Neue Illustrierte. Aktuelle politische Bilderzeitung 10 (1955), Nr. 47, 19.11.1955, S. 20–25.
Fallada 1967: Fallada, Hans: Wie ich Schriftsteller wurde. In: Ders.: Gesammelte Erzählungen, Reinbek bei Hamburg 1967, S. 278–319.

Fallada 1997a: Fallada, Hans: Sachlicher Bericht über das Glück, ein Morphinist zu sein. In: Ders.: Drei Jahre kein Mensch. Erlebtes. Erfahrenes. Erfundenes. Geschichten aus dem Nachlaß 1929–1944, hg. von Günter Caspar mit einer Studie *Marginalien zu Falladas Nachlaß*, Berlin 1997, S. 5–24.
Fallada 1997b: Hans Fallada. Sein Leben in Bildern und Briefen, hg. von Gunnar Müller-Waldeck und Roland Ulrich unter Mitarbeit von Uli Ditzen, Berlin 1997.
Fallada 1998: Fallada, Hans: Strafgefangener, Zelle 32. Tagebuch 22. Juni-2. September 1924, hg. von Günter Caspar, Berlin 1998.
Fallada 2009: Fallada, Hans: In meinem fremden Land. Gefängnistagebuch 1944, hg. von Jenny Williams und Sabine Lange, Berlin 2009.
Fallada 2010: Fallada, Hans: Der Lebenslauf von Rudolf Ditzen [1911]. In: Daniel Börner (Hg.): „Wenn Ihr überhaupt nur ahntet, was ich für einen Lebenshunger habe!" Hans Fallada in Thüringen. Ausstellungskatalog, Weimar/Jena 2010, S. 17–67.
Liersch 1981: Liersch, Werner: Hans Fallada. Sein großes kleines Leben. Biographie, Berlin (Ost) 1981/Düsseldorf 1981.
Liersch 1993: Liersch, Werner: Hans Fallada. Sein großes kleines Leben. Erweiterte Neuausausgabe, Hildesheim 1993
Manthey 1963: Manthey, Jürgen: Hans Fallada in Selbstzeugnissen und Bilddokumenten, Reinbek bei Hamburg 1963.
Studnitz 1997: Studnitz, Cecilia von: „Es war wie ein Rausch". Fallada und sein Leben, Düsseldorf 1997.
Williams 1998: Williams, Jenny: More Lives than One. A Biography of Hans Fallada, London 1998.
Williams 2002: Williams, Jenny: Mehr Leben als eins. Hans Fallada. Biographie. Aus dem Englischen von Hans-Christian Oeser, Berlin 2002.
Williams 2012: Williams, Jenny: More Lives than One, Harmondsworth 2012.

2. Literarhistorische Kontexte und diskursive Voraussetzungen

2.1 Traditionen des Erzählens (Realismus, Frühe Moderne)
Carsten Rohde

Konstellationen zeitgenössischer Romanpoetik im späten 19. und frühen 20. Jahrhundert

Im Jahre 1888, an der Schwelle zur literarischen Moderne, erscheinen in Deutschland zwei Romane, die jene „Konstellation" (im Sinne von Goethes *Dichtung und Wahrheit*, vgl. Goethe 1985–1998, Bd. 16, 13) zeitgenössischer Romanpoetik exemplarisch abbilden, die den wenig später zur Welt gekommenen Hans Fallada in seiner literarischen Sozialisation erwarten und begleiten wird: *Niels Lyhne* des Dänen Jens Peter Jacobsen und *Meister Timpe* von Max Kretzer stehen für zwei Modelle modernen Erzählens, gleichsam Haupt- und Königsstraßen, die der Roman seit dem 19. Jahrhundert nimmt. Beide Romane erfahren bis ins erste Drittel des 20. Jahrhunderts hinein mehrere Neuauflagen und dürfen somit auch unter rezeptionsästhetischen Gesichtspunkten einen repräsentativ-exemplarischen Status für sich beanspruchen. Analog zu Brechts Unterscheidung einer ‚pontifikalen' und ‚profanen' Linie in der deutschen

Lyrik (vgl. Brecht 1988–2000, Bd. 26, 416) lässt sich am Beispiel von Jacobsens neuromantischem *Niels Lyhne* und Kretzers naturalistischem *Meister Timpe* auch in der Geschichte des Romans die Bifurkation in einen esoterischen und exoterischen Strang beobachten: Eine Linie des modernen Romans führt nach innen, in die Unendlichkeit der Innenwelten bzw. in die erzählerische Explikation und Analyse dieser psychischen, reflexiven und imaginativen Innenwelten. Die romantische Behauptung der „Poesie des Herzens" (Hegel 1970, Bd. 15, 393) mutiert dabei im Verlaufe der Moderne zur Explikation des ‚bloßgelegten', des ‚abenteuerlichen' Herzens (E. A. Poe, Ernst Jünger). Es ist eine Linie, die Karl Heinz Bohrer im Blick hat, wenn er Proust, Joyce, Musil und andere zu den Heroen der Moderne erklärt (Bohrer 1995). Ihre Anfänge liegen in der frühromantischen progressiven Universalpoesie: Der Roman fungiert als „Enzyklopädie des ganzen geistigen Lebens eines genialischen Individuums" (Schlegel 1956, 15). Die Produktivität dieser Romantradition gründet im Wesentlichen auf der von Nietzsche so eindringlich verfolgten, potentiell unendlichen Selbststeigerung des Menschen bzw. Menschlichen.

Falladas spätexpressionistischer „Pubertätsroman" *Der junge Goedeschal* von 1920 steht im Zeichen dieser Linie, dieses Weges nach innen. „Sehnen, Fortwollen, Schluchzen, Weinen, Begehren" (Fallada 1920, 18) – stichwortartig werden zu Beginn die Koordinaten benannt, innerhalb derer sich das Dasein des problematischen Helden abspielt. Dieser Kai Goedeschal, unverkennbar fiktional stilisiertes Alter ego des Autors, fügt sich als ein spät- bzw. neuromantischer, expressionistisch gesteigerter Abkömmling in die Genealogie all jener unzähligen spätromantischen Helden des 19. Jahrhunderts ein, deren hochfliegende subjektive Aspirationen, deren weit aufgespannter Innenraum sich krass disproportional verhalten zur Enge und Beschränktheit der äußeren Verhältnisse. Das Zentrum bildet stets ein erlebendes Bewusstsein (zuweilen auch mehrere), dessen Wahrnehmungen und Gedanken ein überdurchschnittlich, ja exzeptionell starkes, reiches und differenziertes Innenleben indizieren; dessen reiche Innerlichkeit jedoch aufgrund der äußeren Armut im Fortlauf der Handlung depraviert und desillusioniert wird. Spezifisch neuromantisch, teils nietzscheanisch beeinflusst, ist die innere Textur von Falladas Roman insofern, als sie einem Kult des Lebens folgt: Die Helden sind „Suchende[ ]", und zwar auf der Suche nach dem „Leben" (Fallada 1920, 22) als einem Zustand kontinuierlicher intellektueller und emotionaler Intensität. Indem das für die Literatur um 1900 charakteristische „Lebenspathos", die „Lebensmystik" (vgl. Rasch 1967, bes. 17ff.) rückgekoppelt werden an ein erlebendes Bewusstsein, das dieses (säkularisierten) metaphysischen (Ersatz-)Zusammenhangs inne wird, entpuppen sich die in ihrem Zeichen entstandenen Werke letztlich als Ausfaltungen der esoterischen, auf inneren Reichtum zielenden Linie des modernen Romans.

Die andere Linie des modernen Romans hingegen – auf ihr bewegt sich Falladas Romanschaffen seit *Bauern, Bonzen und Bomben* (1931) – führt nach außen, in die jeweilige Gesellschaft und Zeit. Die entsagungsvolle Akzeptation der „Prosa der Verhältnisse" (Hegel 1970, Bd. 15, 393) mündet in die radikale Depotenzierung und Entfremdung des Subjekts. Nicht die psychischen, reflexiven und imaginativen Innenwelten stehen im Mittelpunkt, sondern die – potentiell nicht weniger unendlichen, unendlich differenzierten, spezifizierten – Beziehungen zwischen dem Einzelnen und der Außenwelt in Gestalt der sozialen und historisch-politischen Gegebenheiten. Die Gründungsväter dieser ‚realistischen Moderne' treten zu Beginn des 19. Jahr-

2.1 Traditionen des Erzählens (Realismus, Frühe Moderne)

hunderts in Erscheinung: Balzac in Frankreich, etwas später Dickens in England. Der Reichtum dieser Romantradition gründet im Wesentlichen auf der von Balzac und anderen in den Blick gebrachten Mannigfaltigkeit und Dynamik der konkreten, gesellschaftlichen Phänomenalitäten, der sozialen Beziehungen der Menschen untereinander, aber auch der gesellschaftlich produzierten Objektivationen im weitesten Sinne (ein Reichtum, der sich etwa in Zolas *Le ventre de Paris* zur schieren sinnlichen Opulenz steigert). Und nicht zuletzt öffnet diese Linie des Romans, die sich u. a. in die Untergattung Gesellschaftsroman ausdifferenziert (vgl. Auerochs 1994), den Blick auf die gesellschaftlichen Tiefenstrukturen, also auf überindividuelle sozialhistorische Prozesse und Veränderungen in den ideologischen Fundamenten einer Gesellschaft. Mit Blick auf den hier in Rede stehenden Zeitraum der frühen Moderne, also die Jahrzehnte um 1900, führt der Roman somit auf die folgenden soziologischen Modernisierungsvektoren: Industrialisierung, Urbanisierung, Technisierung, Rationalisierung, Demokratisierung, Individualisierung, bzw. in sozialmentaler Hinsicht auf folgende gesamtgesellschaftlich verbreitete Wert- und Einstellungsmuster: Materialismus, Utilitarismus, Egoismus, Habgier, Großmannssucht – Erscheinungen, die in der essayistischen Zeitkritik (etwa in Nietzsches *Unzeitgemäßen Betrachtungen*) ebenso zur Sprache kommen wie in fiktionalen Werken, z. B. in Fontanes *Jenny Treibel* oder im bereits erwähnten Roman von Max Kretzer, *Meister Timpe*, der als ‚sozialer Roman', als welcher er sich im Untertitel selbst annonciert, erkennbar darum bemüht ist, die Durchsicht zu eröffnen auf allgemeine gesellschaftliche Phänomene und Probleme der Zeit, hier genauer: der Gründerzeit um 1870.

Im Unterschied zur esoterischen Linie des Romans, die sich einer prononciert *ästhetischen Moderne* zuordnen lässt, handeln Romane wie die von Kretzer und später auch Fallada von der *sozialen Moderne*, wie sie sich mit der Industrialisierung, der Amerikanischen und Französischen Revolution Ende des 18. Jahrhunderts und dem Aufkommen der sog. „soziale[n] Frage" (Kretzer 1976, 252; vgl. auch Adler 1980, 39 ff.) konstituiert hat. Eine Abzweigung der nach außen führenden Linie thematisiert das Soziale dabei im Sinne einer solidarisch-parteilichen Darstellung des Daseins der Deklassierten, der ‚Schwachen' und ‚Beschädigten' (vgl. Fallada 1968, 40). Es entsteht das ‚soziale Drama' (Lenz, Büchner, Hauptmann); die Begriffe ‚soziale Lyrik' und ‚sozialer Roman' haben sich in der literaturwissenschaftlichen Terminologie zwar nicht etablieren können, aber Gedichte wie Heines *Die schlesischen Weber* und Romane wie Zolas *Germinal* stellen de facto Gattungsmuster hierfür bereit. Entscheidend ist, wie schon Auerbach herausstrich, dass erstmals in der Geschichte der Literatur Schicksal und Lebenswelt der unteren sozialen Schichten zum Gegenstand ernsthafter Dichtung werden, dass Protagonisten aus diesen Schichten erstmalig tragisch-‚hohe' Eigenschaften zeigen (vgl. Auerbach 1994, 422 ff.).

Die realistische Tradition

Im Rahmen der sozialen Moderne bilden Realismus und Naturalismus eine Einheit, beide verbindet der konzentriert realistische bzw. naturalistische Blick auf das Milieu und Personal der mittleren bis unteren Bevölkerungsschichten. Die Neue Sachlichkeit, als deren Vertreter Fallada um 1930 wahrgenommen wurde, verstand sich selbst als eine Art Neonaturalismus (vgl. Becker 2000, 64 ff.). Der Leser Fallada war mit den Vertretern des europäischen Realismus und Naturalismus im 19. Jahrhundert von

Jugend auf gut vertraut, Flaubert erkor er zu seinem zeitweiligen ‚Hausgott', Balzac, Zola, Dickens, Dostojewskij u. a. m. zählten ebenfalls zu den prägenden Lektüreeindrücken (vgl. Manthey 1963, 30f., 128). Falladas Prosa seit *Bauern, Bonzen und Bomben* lässt sich sowohl stofflich-thematisch wie sprachlich-stilistisch in die realistisch-naturalistische Tradition der sozialen Moderne einordnen. Stofflich-thematisch: Die unteren sozialen Schichten – Kleinbürger, Bauern, Arbeiter, Arbeitslose, Kriminelle, Außenseiter – und deren Lebenswelt und Probleme werden zum Gegenstand ernsthafter Dichtung. Sprachlich-stilistisch: Die Romane Falladas stehen in der genuin modernen Tradition einer ‚Sprache der Geringen', wie sie u. a. Georg Büchner im sozialen Drama *Woyzeck* literarisch inszenierte. In Falladas Romanprosa herrscht eine weitgehend schmucklose Alltagssprache vor, in der Figurenrede dominiert ein restringierter Code, eine einfache, teils colloquiale Idiomatik, gelegentlich kommen Vulgärsprache und Soziolekte (Dialekt, Ganovensprache) vor, die Syntax ist ebenfalls von Einfachheit, d. h. von der Parataxe geprägt. Hinsichtlich der poetologischen Dimension lässt sich mit Auerbach festhalten:

> Die ernsthafte Behandlung der alltäglichen Wirklichkeit, das Aufsteigen breiterer und sozial tieferstehender Menschengruppen zu Gegenständen problematisch-existentieller Darstellung einerseits – die Einbettung der beliebig alltäglichen Personen und Ereignisse in den Gesamtverlauf der zeitgenössischen Geschichte, der geschichtlich bewegte Hintergrund andererseits – dies sind, wie wir glauben, die Grundlagen des modernen Realismus. (Auerbach 1994, 458 f.)

Dem Ineinander von Besonderem und Allgemeinem korrespondiert auf der Handlungsebene des Romans ein Ineinander von fiktionalen Figurenschicksalen und empirischen (oder wenigstens teilweise empirischen) historischen Ereignissen, von individuellen und überindividuellen Handlungshorizonten. Bezogen auf Falladas Roman *Bauern, Bonzen und Bomben* bedeutet dieses Programm konkret: Der Erzähler wendet sich den Schicksalen der ‚einfachen' Bevölkerung zu (Bauern, Kleinbürger, Landproletariat – hinzu kommen einige Honoratioren der Kleinstadt), er schildert ihren Alltag, ihre materiellen Nöte und Sorgen im Zuge der Weltwirtschaftskrise, er ist auch sprachlich um Realismus und Volksnähe bemüht, benutzt zwar keine Mundart, dafür aber nicht selten Vokabular abseits der Hochsprache; und obwohl das Geschehen in der Provinz konzentriert ist, werden die gesellschaftlichen und politisch-ideologischen Konflikte der Zeit kenntlich, die retrospektiv betrachtet zum Untergang der Weimarer Republik führten.

Zur Modernität Falladas

Legt man Jürgen Petersens idealtypisches Modell zugrunde, demzufolge der „Roman der Wirklichkeit" und der „Roman der Möglichkeit" zweipolig das Feld des Erzählens in der Moderne konstituieren, so ist Fallada ohne Frage eher dem Pol des Wirklichkeitsromans zuzuordnen, als „jene[r] Großerzählung, in der das Wirkliche, also Welt, Gesellschaft, soziale, geistige, materielle Umstände den bestimmenden Faktor bilden". Gleichwohl weist sein Erzählen auch Elemente dessen auf, was Petersen auf den Begriff „Roman der Möglichkeit" bringt und worunter er die Leitprinzipien des experimentell-modernistischen Erzählens subsumiert: Reflexion, Abstraktion, Selbstreferentialität, Essayismus (Petersen 1991, 46 f.).

2.1 Traditionen des Erzählens (Realismus, Frühe Moderne)

Vor diesem Hintergrund mehren sich in der jüngeren Fallada-Forschung die Stimmen, die das lange Zeit wirksame Verdikt, es handele sich bei dieser Prosa um trivial-realistische Unterhaltungsliteratur, relativieren und komplementär dazu die modernistischen Facetten hervorheben. So rücken George (2003) und Gansel (2009) die experimentellen Züge der frühen Prosa in den Blick. George verknüpft dies mit dem Hinweis, dass der Übergang zur neusachlich-realistischen Prosa Ende der 1920er Jahre eine bewusste Formentscheidung darstelle:

> Fallada war eben nicht der begnadete naive Fabulierer. Das scheinbar unkompliziert abbildende Geschichtenerzählen ist Ergebnis einer bewussten künstlerischen Entscheidung, die die Verunsicherungen des Sinnzweifels und der Subjektzersetzung, die andere Strömungen der Literatur des 20. Jahrhunderts thematisiert haben, außen vor lässt, um überhaupt eine beschreibbare fiktionale Wirklichkeit schaffen zu können. (George 2003, 187)

Prümm hat bereits 1995 als einer der ersten auf die Verbindungslinien von Falladas Romanen zu den Elementen einer neusachlich-modernistischen Foto-, Film- und Kinoästhetik aufmerksam gemacht. Das ‚Kino'-Kapitel in *Kleiner Mann – was nun?* steht exemplarisch für diese Verbindung (vgl. Fallada 1932, 288ff.); wichtiger aber noch sei, dass im Rahmen einer ‚konkretistischen' neusachlichen Ästhetik der Kinoblick in grundsätzlicher Weise als „Erkenntnis- und Erzählprinzip" fungiere (Prümm 1995, 265; vgl. auch Prümm 2011). Fallada scheue jedoch vor den radikalen Konsequenzen dieser Ästhetik zurück. Statt einer neusachlichen Oberflächenästhetik zu folgen, suche er einen „Ausgleich mit dem epischen Erzählen des 19. Jahrhunderts": „Fallada durchmischt avancierte Techniken mit konventionellen Mitteln, seine Weimarer Romane sind voller Widersprüche. Erregend Neues steht neben verbrauchtem Bildmaterial, präzise Gesehenes neben Sentimentalem." (Prümm 1995, 269) In eine ähnliche Richtung zielen Untersuchungen, die in Fallada einen beispielhaften Vertreter für das Modell einer ‚Synthetischen Moderne' von 1925 bis 1955 erblicken (siehe den Beitrag 1.5 *Fallada als populärer Autor der Synthetischen Moderne* in Kap. II). Demzufolge komme es seit Mitte der 1920er Jahre zu einem „Umbau der frühen Moderne", zu einer „Bilanzierung und Revision der Bestände" (Frank/Palfreyman/Scherer 2005, 400):

> Formgeschichtlich äußert sich die neue Tendenz in der Rückkehr zu ‚Einfachheit' bei gewahrter Modernität der Verfahren: etwa in einem maßvoll experimentierenden *Erzählen* oder in der Konjunktur des Naturgedichts […] Die lapidare Dokumentation des Alltäglichen wird nun ins gleichsam Warme der kleinen Tröstungen umkodiert, und zwar in einer Weise, die auf das identifikatorische Einverständnis mit den Lebensschwierigkeiten des ‚Kleinen Mannes' baut. Bemerkbar ist diese Tendenz etwa in Falladas *Kleiner Mann – was nun?* (1932), gekennzeichnet durch einen moderaten Modernismus mit subtilem Sinn für alltägliche Machtmechanismen auf der privaten wie der beruflich-öffentlichen Ebene. (ebd., 414)

Es handele sich um „eine Modernität, die souverän über medienreflexive Erzählstrategien verfügt, ohne die tatsächliche Artistik noch eigens hervorkehren zu wollen" (ebd.). Mit dem Roman *Wolf unter Wölfen*, so Frank/Scherer an anderer Stelle, reihe sich Fallada

> verfahrenstechnisch wie thematisch in die panoramatischen Totalitätsprojekte von Broch, Musil, Döblin, Kessel, Feuchtwanger und Canetti ein. Fallada unterstellt jedoch die Verfahrenspluralität dieser Großtexte, die noch einmal literarische Summen ihrer Zeit auf dem

formgeschichtlichen Stand der Moderne liefern wollen, durchweg einer illusionistischen Darstellung zur Erfassung höchst widersprüchlicher gesellschaftlicher Lebenslagen. Trotz ihrer formalen Komplexität bleibt so seine Darstellung [...] für den ‚normalen Leser' verständlich. (Frank/Scherer 2011, 26)

Als Exemplum einer ‚Synthetischen Moderne' führt *Wolf unter Wölfen* auch die eingangs skizzierten exoterischen und esoterischen Linien des modernen Romans zusammen: Der Roman spiegelt in panoramatischer Breite und mit aufmerksamem Blick für die alltäglichen, materiell-konkreten Implikationen die sozialen Probleme und Nöte der Inflationsjahre 1923/24; zugleich fokussiert er das Geschehen auf die Erlebnisperspektive einzelner Figuren, die in zum Teil sprachlich elaborierten, teils auch lyrisierenden inneren Monologen die psychologisch-reflexive Dimension explizit machen.

Fallada – ein realistisch-naturalistischer Erzähler in der Moderne? Die zitierte Forschung deutet darauf, dass für dieses Erzählen ein komplexes Ineinander heterogener ästhetischer Prinzipien kennzeichnend ist. Gleicht man den Erzähler Fallada mit modernistischen Leitprinzipien ab, wie sie der Autor John Barth einmal stichwortartig auf den Punkt gebracht hat: „Disjunction, simultaneity, irrationalism, anti-illusionism, self-reflexiveness, medium-as-message, political olympianism, and a moral pluralism approaching moral entropy" (Barth 1984, 203), so fällt das Ergebnis denn auch durchaus zwiespältig aus. Falladas Romane behalten die linear-sukzessive Handlungsstruktur der realistischen Romanfabel weitgehend bei; dennoch experimentiert er teilweise mit modernistischen Techniken, etwa mit der erzählerischen Evokation von Gleichzeitigkeit, so wenn er in *Bauern, Bonzen und Bomben* die Stimmungslagen und Redeformen in einem Gerichtssaal unverbunden aneinandermontiert und auf diese Weise dissonante Simultaneität erzeugt (vgl. Fallada 1931, 539ff., 548ff.), oder wenn er in *Wolf unter Wölfen* in Anlehnung an Dos Passos und andere Modernisten mittels einer polyperspektivischen Erzählstruktur den Versuch unternimmt, eine Zeit und Gesellschaft in ihrer simultan-heterogenen Verfasstheit literarisch abzubilden. Trotzdem gehen diese Experimente nie so weit, dass sie mit dem illusionistischen Schein brechen oder auch das eigene Erzählen reflexiv hinterfragen und thematisieren (es sei denn, was durchaus möglich ist, man begreift Motiv und Thema des Journalismus, die sich durch einige Werke Falladas ziehen, als eine solche selbstreflexive Brechung). Irrationalismus und Ästhetizismus wiederum stehen Fallada ebenso fern wie politischer und moralischer Indifferentismus.

Zwischen Mimesis und Poiesis: Falladas Vorworte

Den Erzähler Fallada als einen Vertreter der realistischen Tradition namhaft zu machen, der gleichwohl bestrebt ist, diese Tradition mit den neueren modernistischen Formprinzipien synthetisch zu vermitteln, diese Position Falladas bestätigt ein Blick in die Vorworte zu seinen Romanen, die zu den wenigen Dokumenten gehören, die Auskunft geben über seine ästhetischen und poetologischen Prinzipien (siehe den Beitrag 1.3 *Vorwort-Politik* in Kap. II). Das Vorwort zu *Bauern, Bonzen und Bomben* (1931), Falladas erstem größeren Erfolg und zugleich Auftakt der neusachlich-realistischen Zeitromane, lautet:

2.1 Traditionen des Erzählens (Realismus, Frühe Moderne) 67

> Dieses Buch [Absatz] ist ein Roman, also ein Werk der Phantasie. Wohl hat der Verfasser Ereignisse, die sich in einer bestimmten Gegend Deutschlands abspielten, benutzt, aber er hat sie, wie es der Gang der Handlung zu fordern schien, willkürlich verändert. Wie man aus den Steinen eines abgebrochenen Hauses ein neues bauen kann, das dem alten in nichts gleicht, außer dem Material, so ist beim Bau dieses Werkes verfahren. [Absatz] Die Gestalten des Romans sind keine Photographien, sie sind Versuche, Menschengesichter unter Verzicht auf billige Ähnlichkeit sichtbar zu machen. [Absatz] Bei der Wiedergabe der Atmosphäre, des Parteihaders, des Kampfes aller gegen alle ist höchste Naturtreue erstrebt. Meine kleine Stadt steht für tausend andere und für jede große auch. (Fallada 1931, [5])

Die hier geäußerten Maximen gelten nicht nur für den Roman von 1931, sondern *mutatis mutandum* für alle weiteren Werke des Erzählers Hans Fallada: Diese Prosa erhebt Anspruch auf Authentizität („Naturtreue") und gleichermaßen auf Kunst („Phantasie"). Wie im gesamten bürgerlichen Realismus deutschsprachiger Façon liegt der Akzent auf dem *realistischen*, aber auch auf einem *ideal-poetischen* Moment: Intendiert ist die Aufhebung der mimetischen und poietischen Dimensionen in der fiktionalen Offenlegung einer höheren, allgemeineren Ebene. Ziel des Romans ist es, „Menschengesichter" „sichtbar zu machen", jedoch nicht im fotografisch-mimetischen Sinne, sondern in ihren allgemeingültig-exemplarischen Zügen, ebenso wie auch die fiktive Stadt „für tausend andere" steht. Kehrt das Vorwort zu *Wer einmal aus dem Blechnapf frißt* (1934) im Kontext aktueller, politischer Veränderungen im Strafvollzugswesen das realistische Moment hervor („Wie bei *Bauern, Bonzen und Bomben*, wie beim *Kleinen Mann* konnte der Verfasser nur darstellen, was er sah, nicht, was da sein wird."), so betont der Autor in den jeweils mit „H. F." gezeichneten Vorworten zu *Der Alpdruck* (1947) und zu *Ein Mann will hinauf* (1953) zunächst die Fiktionalität dieser Werke: „[...] es ist ein Roman, also ein Werk der Phantasie" (Fallada 1953); „[...] alles hier Erzählte *konnte* so geschehen und ist doch ein Roman, also ein Gebilde der Phantasie" (Fallada 1947). Mit dem Hinweis auf das Ineinander von Möglichkeit und Wirklichkeit („*konnte* so geschehen und ist doch ein Roman") operiert der Verfasser indes bereits an der konstitutiven ontologischen Nahtstelle des Romans und verweist implizit in gleichem Maße auf den Realitätsgehalt seiner Prosa. Recht besehen exponieren diese Vorworte das für die gesamte Geschichte des Romans konstitutive Junktim von ‚Wahrheit' und ‚Lüge' (vgl. Vargas Llosa 1988), von Mimesis und Poiesis, Faktualität und Fiktionalität. So insistiert das Vorwort zum Roman von 1953 einerseits darauf, dass dieser „Phantasie" sei, und es bestreitet vehement eventuelle Ähnlichkeiten mit lebenden Personen, Ereignissen usw. Ganz am Ende akzentuiert es dann aber wiederum die faktuale Dimension: „Trotzdem hofft der Verfasser, ein getreues Bild verschiedener Zeitepochen seit 1910 in der Hauptstadt Berlin gegeben zu haben."

Ähnlich argumentiert das Vorwort zu *Jeder stirbt für sich allein*: „Die Geschehnisse dieses Buches folgen in großen Zügen Akten der Gestapo über die illegale Tätigkeit eines Berliner Arbeiterehepaares während der Jahre 1940 bis 1942. Nur in großen Zügen – ein Roman hat eigene Gesetze und kann nicht in allem der Wirklichkeit folgen." Die zwei Protagonisten „sind also zwei Gestalten der Phantasie, wie auch alle andern Figuren dieses Romans frei erfunden sind. Trotzdem glaubt der Verfasser an die innere Wahrheit des Erzählten, wenn auch manche Einzelheit den tatsächlichen Verhältnissen nicht ganz entspricht." (Fallada 1948, [5])

Für den literarischen Realisten Fallada sind somit die beiden Pole des Fiktionalen und Faktualen bzw. des Fiktiven und des Faktischen keine starren Gegensätze, sondern dynamische Größen, zwischen denen ein stetiger Wechselverkehr das Erzählen organisiert. Fallada ist ein zugleich fiktionaler und faktualer Erzähler, insofern er stets gleichermaßen auf der Artifizialität und auf dem Realitätsgehalt seines Werks beharrt. Die allgemeine Negativität der im Roman *Jeder stirbt für sich allein* erzählten Welt („daß in diesem Buche reichlich viel gequält und gestorben wird"; ebd.) wird denn auch wiederum in der Vorbemerkung, entgegen der zuvor behaupteten Fiktionalität des Erzählten, mit den entsprechenden empirisch-realen Verhältnissen der geschilderten Zeit gerechtfertigt. Bemerkenswert ist besonders Falladas Wort von der „innere[n] Wahrheit des Erzählten": Es ruft Goethes Wort von der „höheren Wahrheit" (Goethe 1985–1998, Bd. 19, 446) in Erinnerung, das dieser zwar explizit nur für sein autobiografisches Schreiben im engeren Sinne reklamiert, das jedoch im Sinne seiner symbolischen, realistisch-idealistischen Kunst für sein gesamtes Schaffen gilt wie auch gleichermaßen für das gesamte realidealistische 19. Jahrhundert, das sich immer wieder auf die großen Synthetiker um 1800 philosophisch und poetologisch beruft (neben Goethe besonders auf Hegel). Gerade im Verfolg einer höheren „innere[n] Wahrheit des Erzählten", zu der sich Realität und Fantasie aufheben und die zudem wertmäßig in Verbindung steht mit einem humanistischen Ethos der Anständigkeit, gerade in diesem verborgenen idealistischen Impetus entfernt sich der Realist Fallada sowohl von naturalistischen Zuspitzungen wie von den Kälte- und Distanz-Maximen der neusachlichen Programmatik.

Poetik des ‚kleinen Glücks'

Das für den realistischen Roman charakteristische Zusammenspiel von individueller Figurenebene und überindividueller gesellschaftlich-geschichtlicher Situation, von ‚Kleinem' und ‚Großem', wiederholt sich intern auf der Ebene der Figuren und ihrer erzählten Welt im Widerspiel von Momenten des intimen, ‚kleinen' Glücks und der Abhängigkeit von äußeren Gegebenheiten in der kapitalistischen Konkurrenzgesellschaft, die den Einzelnen einer fremdbestimmten Dynamik und Turbulenz unterwerfen und in eine permanente soziale Notlage versetzen. Charakteristisch für Falladas Poetik und Ethos sind in diesem Kontext Momente des stillen, ‚einfachen', ‚kleinen' Glücks, die sprachlich und erzählerisch oftmals mit einem konzentrierten Maß an Einfachheit und Schlichtheit inszeniert werden. Beispielhaft hierfür steht eine Passage in *Kleiner Mann – was nun?*, in der Emma Mörschel und Johannes Pinneberg nach der Entbindung ihres Kindes in ihre Wohnung heimkehren und das ‚stille', ‚kleine' Glück der Familie beschrieben wird:

> Sie geht hin und her, sie faßt einen Rahmen sacht und schnell an und rückt ihn ein wenig zurecht. Sie gibt dem Sessel einen Schlag. Sie streicht mit der Hand über das Bett. Sie geht zu den beiden Primeln am Fenster, nur einen Augenblick beugt sie sich über sie, ganz leicht und sacht. Und schon ist sie am Schrank, sie öffnet die Tür, sie sieht hinein, sie schließt die Tür wieder. Am Ausguß dreht sie den Hahn auf, sie läßt das Wasser laufen, nur so, sie schließt den Hahn wieder. [Absatz] Und plötzlich hat sie den Arm um Pinnebergs Nacken: „Ich bin froh", flüstert sie. „Ich bin sehr froh." [Absatz] „Ich bin auch froh", flüstert er. [Absatz] Sie stehen ein Weilchen so, ganz still, sie hat den Arm um seinen Nacken, er hält das Kind. Sie sehen aus den Fenstern, vor denen schon der grüne Schatten der Baumkronen liegt. [Absatz] „Gut ist das", sagt Lämmchen. [Absatz] Und: „Gut ist das", sagt er. (Fallada 1932, 250)

2.1 Traditionen des Erzählens (Realismus, Frühe Moderne)

Solche Augenblicke stillen Glücks werden in der Dramaturgie des Romans jedoch rasch eingeholt von der allgemeinen Misere der Verhältnisse. Noch präziser lässt sich diese für Fallada konstitutive Grundspannung auf zwei fundamentale anthropologisch-existentielle Daseinsmodi zuspitzen: Alleinsein und Nicht-allein-sein/Intimität. „Alles ist Alleinsein", ruft Lämmchen am Ende von *Kleiner Mann – was nun?* aus, in einem Moment tiefster Verzweiflung (Fallada 1932, 364). „,Es gibt einen Weg ins Freie – man bleibt ja doch nicht allein. – Es gibt einen Weg ins Freie – am besten gehst du ihn zu zwein …'", singt hingegen Willi Kufalt vor sich hin, der Protagonist von *Wer einmal aus dem Blechnapf frißt*, in einer Momentaufnahme seltenen, temporären Glücks (Fallada 1968, 123). Diese Modi und ihre Äquivalente ,Tod/Angst' bzw. ,Leben' organisieren auf der Ebene der Figurenschicksale wesentlich die Romane Falladas; ihr entsprechen auf der Ebene der Darstellung der überindividuellen gesellschaftlichen Zustände die Extreme Sozialdarwinismus und „Solidarität" (ebd., 142), wobei auch hier die Verhältnisse derart sind, dass ersterer die Regel, letztere die Ausnahme ist. In der Frage, welche Kräfte in der symbolisch-semantischen Ordnung der Romane Falladas das positive Gegengewicht zum „Alleinsein" bzw. zur allgemeinen gesellschaftlichen Entsolidarisierung bilden, hat die Forschung verschiedene Antworten formuliert: Natur und Liebe (Lethen 1970, 160ff.), Familie (Delabar 1999, 18ff.), Leben (Frank/Scherer 2011, 30) oder auch Anständigkeit (Heinrich 2011). In jedem Falle liegt das ,kleine Glück' im Nicht-Gesellschaftlichen, ist es nur in einer Sphäre möglich, auf welche die Gesellschaft keinen oder keinen entscheidenden Zugriff hat. In einem Brief vom 3. November 1932 formuliert Fallada diese Utopie des privaten Glücks mit Bezug auf seinen Erfolgsroman und den bereits im Titel mitschwingenden moralischen Imperativ: *Kleiner Mann – was nun?* enthält implizit auch die Frage: ,Kleiner Mann – was tun?' Der Verfasser habe, schreibt Fallada, für diese Fragen keine „,Patentlösungen'". „Wenn sein Buch trotzdem etwas wie eine Antwort bedeutet, so weiß ich recht gut, daß diese Antwort etwas unbedeutend ist. Sie lautet: die Lösung, die Erlösung kann nur im Privaten liegen. Im Falle Pinnebergs ist es Lämmchen". Charakteristisch für Falladas Festhalten an bürgerlich-humanistischen Denkmustern ist, dass er die „Lösung" an dieser Stelle ausdrücklich mit einem individualistisch-privatistischen Ethos der Anständigkeit verknüpft: Er glaube daran,

> daß es hilft, ein ganz klein wenig hilft, wenn man den Menschen sagt: seid anständig zu einander. Schweres wird nicht leicht dadurch, daß man nett zueinander ist, aber manches Schwere wird leichter. Ich denke so, der Mann hinter dem Krankenkassenschalter, der meinen Pinneberg abfertigt und hat gerade das Buch gelesen, er ist vielleicht ein ganz klein bißchen netter. Ich denke, der nervöse Käufer wird nicht gar zu sehr den verkaufenden Pinneberg angrobsen, wenn er gerade von ihm und seinen Nöten gelesen hat. Es ist wenig, ich gebe es Ihnen zu, es ist herzlich wenig, aber mein Buch ist […] der Glaube an die Anständigkeit des Menschen und der Appell an diese Anständigkeit. (zit. nach Müller-Waldeck/Ulrich/Ditzen 2012, 119)

Gerade in der Auseinandersetzung mit einer als übermächtig empfundenen Wirklichkeit bewährt und offenbart sich so die Subjektivität des Einzelnen; die gesellschaftliche Ohnmacht schärft nur desto mehr das je Eigene, Subjektive, nicht zuletzt das eigene, unverfügbare, irreduzible Humane. Fallada erzählt im Rahmen seines ,Kleine-Leute'-Ethos vom Grundrecht eines jeden auf Humanität, und sei er nur ein geringfügiges Rädchen im Massenbetrieb, „einer von Millionen" (Fallada 1932,

138). Und die Humanität, die er meint, ist keine der weihevollen Ideale, sondern sie erweist sich in der konkreten Praxis, in der Menschlichkeit und Anständigkeit des Umgangs mit dem Mitmenschen, in der Abgeltung basaler, auch kreatürlich-sinnlicher Bedürfnisse jedes Einzelnen. Teil des Fallada'schen Anständigkeitsethos ist darum: Zärtlichkeit, Aufmerksamkeit für den anderen; eine Zärtlichkeit, die sich etwa auch artikuliert in den Kosenamen, mit denen sich die beiden Protagonisten in Falladas bekanntestem Roman anreden, die sie – gemäß der namensmagischen Tradition – für einander sind: Johannes Pinneberg ist zugleich „Junge" bzw. „Jungchen", Emma Mörschel ist „Lämmchen", das gemeinsame Kind Horst ist „der Murkel". Fallada feiert nicht nur hier die unscheinbare Liebe der ‚kleinen Leute' als das wahrhaft Große, eigentlich Humane. Wolfgang Pagel und Petra Ledig (in *Wolf unter Wölfen*) und Anna und Otto Quangel (*Jeder stirbt für sich allein*) sind ebenfalls Beispiele für Falladas unverbrüchlichen Glauben an die Möglichkeit des Humanen, ja des Glücks und der Liebe im Kleinen wider alle Anfechtungen und Versuchungen von außen.

So modern und neusachlich Falladas Prosa in mancherlei Hinsicht erscheint, so deuten doch das Anständigkeitsethos, die „humane Tendenz" und „menschenfreundliche Gesinnung" (Mann 1977, 356f.) dieses Erzählens auch in die Vergangenheit. Fallada verbinden mit dem bürgerlichen Realismus des 19. Jahrhunderts nicht nur bestimmte erzählerische Prinzipien, beide wurzeln auch in einem gemeinsamen Ethos der Humanität – das in Deutschland zumal in den Ausprägungen des *poetischen* bzw. des *Ideal*realismus zum Tragen kommt –, nur dass Fallada dieses in die von Armut bedrohten, proletarisierten neuen Mittelschichten der Gesellschaft transferiert und ebenso effektvoll wie anrührend kontrastiert mit den inhumanen Zeitverhältnissen. Damit aber steht er einmal mehr ethisch-ästhetisch zwischen den Fronten: zwischen Tradition und Moderne, Realismus und Avantgarde. Der Rückzug in ein gesellschaftsfernes Refugium, in dem das allgemeine Humane gilt und nicht die sozialdarwinistischen Gesetze der kapitalistischen Konkurrenzgesellschaft – wie er programmatisch am Ende von *Kleiner Mann – was nun?* steht –, entpuppt sich so als ambivalentes Unternehmen, das gerade darin wiederum typisch und wegweisend ist für die Moderne insgesamt.

Literatur

Adler 1980: Adler, Hans: Soziale Romane im Vormärz. Literatursemiotische Studie, München 1980.
Auerbach 1994: Auerbach, Erich: Mimesis. Dargestellte Wirklichkeit in der abendländischen Literatur, Tübingen/Basel ⁹1994.
Auerochs 1994: Auerochs, Bernd: Erzählte Gesellschaft. Theorie und Praxis des Gesellschaftsromans bei Balzac, Brecht und Uwe Johnson, München 1994.
Barth 1984: Barth, John: The literature of replenishment. Postmodernist fiction. In: Ders.: The Friday book. Essays and other nonfiction, New York 1984, S. 193–206.
Becker 2000: Becker, Sabina: Neue Sachlichkeit, Bd. 2: Quellen und Dokumente, Köln/Weimar/Wien 2000.
Bohrer 1995: Bohrer, Karl Heinz: Erinnerung an Kriterien. Vom Warten auf den deutschen Zeitroman. In: Merkur 49 (1995), S. 1055–1061.
Brecht 1988–2000: Brecht, Bertolt: Werke, 30 Bde. und ein Registerband, hg. von Werner Hecht, Jan Knopf, Werner Mittenzwei und Klaus-Detlef Müller, Berlin u. a. 1988–2000.
Delabar 1999: Delabar, Walter: Was tun? Romane am Ende der Weimarer Republik, Opladen/Wiesbaden 1999.

Fallada 1920: Fallada, Hans: Der junge Goedeschal. Ein Pubertätsroman, Berlin 1920.
Fallada 1931: Fallada, Hans: Bauern, Bonzen und Bomben. Roman, Berlin 1931.
Fallada 1932: Fallada, Hans: Kleiner Mann – was nun? Roman, Berlin 1932.
Fallada 1947: Fallada, Hans: Der Alpdruck, Berlin 1947.
Fallada 1948: Fallada, Hans: Jeder stirbt für sich allein. Roman, Berlin 1948.
Fallada 1953: Fallada, Hans: Ein Mann will hinauf. Die Frauen und der Träumer. Roman, München/Konstanz 1953.
Fallada 1968: Fallada, Hans: Wer einmal aus dem Blechnapf frißt. Roman, Reinbek bei Hamburg 1968.
Frank/Palfreyman/Scherer 2005: Frank, Gustav/Palfreyman, Rachel/Scherer, Stefan: *Modern Times?* Eine Epochenkonstruktion der Kultur im mittleren 20. Jahrhundert – Skizze eines Forschungsprogramms. In: *Modern Times?* German Literature and Arts Beyond Political Chronologies/Kontinuitäten der Kultur: 1925–1955, hg. von G. F./R. P./St. Sch., Bielefeld 2005, S. 387–430.
Frank/Scherer 2011: Frank, Gustav/Scherer, Stefan: „Lebenswirklichkeit" im „gespaltenen Bewußtsein". Hans Falladas *Wolf unter Wölfen* und die Erzählliteratur der 30er Jahre. In: Hans Fallada. Autor und Werk im Literatursystem der Moderne, hg. von Patricia Fritsch-Lange und Lutz Hagestedt, Berlin/Boston 2011, S. 23–37.
Gansel 2009: Gansel, Carsten: Zwischen Auflösung des Erzählens und ‚Präzisionsästhetik'. Hans Falladas Frühwerk *Die Kuh, der Schuh, dann du* und das moderne Erzählen. In: Hans Fallada und die literarische Moderne, hg. von C. G. und Werner Liersch, Göttingen 2009, S. 35–50.
George 2003: George, Marion: Falladas frühe Prosa. In: Hans-Fallada-Jahrbuch (2003), Nr. 4, S. 172–192.
Goethe 1985–1998: Goethe, Johann Wolfgang: Sämtliche Werke nach Epochen seines Schaffens. Münchner Ausgabe, 21 Bde. in 33 Tln., hg. von Karl Richter in Zusammenarbeit mit Herbert G. Göpfert, Norbert Miller, Gerhard Sauder und Edith Zehm, München 1985–1998.
Hegel 1970: Hegel, Georg Wilhelm Friedrich: Werke. Auf der Grundlage der *Werke* von 1832–45 neu edierte Ausgabe, 20 Bde., Redaktion Eva Moldenhauer und Karl Markus Michel, Frankfurt a. M. 1970.
Heinrich 2011: Heinrich, Bernhard: Anstand. Hans Falladas moralischer Imperativ. In: Hans Fallada. Autor und Werk im Literatursystem der Moderne, hg. von Patricia Fritsch-Lange und Lutz Hagestedt, Berlin/Boston 2011, S. 59–67.
Kretzer 1976: Kretzer, Max: Meister Timpe. Sozialer Roman [1888], Stuttgart 1976.
Lethen 1970: Lethen, Helmut: Neue Sachlichkeit 1924–1932. Studien zur Literatur des „Weißen Sozialismus", Stuttgart 1970.
Mann 1977: Mann, Thomas: Tagebücher 1933–1934, hg. von Peter de Mendelssohn, Frankfurt a. M. 1977.
Manthey 1963: Manthey, Jürgen: Hans Fallada in Selbstzeugnissen und Bilddokumenten, Reinbek bei Hamburg 1963.
Müller-Waldeck/Ulrich/Ditzen 2012: Hans Fallada. Sein Leben in Bildern und Briefen, hg. von Gunnar Müller-Waldeck und Roland Ulrich unter Mitarbeit von Uli Ditzen, Berlin 2012.
Petersen 1991: Petersen, Jürgen H.: Der deutsche Roman der Moderne. Grundlegung – Typologie – Entwicklung, Stuttgart 1991.
Prümm 1995: Prümm, Karl: Exzessive Nähe und Kinoblick. Alltagswahrnehmung in Hans Falladas Roman *Kleiner Mann – was nun?*. In: Neue Sachlichkeit im Roman. Neue Interpretationen zum Roman der Weimarer Republik, hg. von Sabina Becker und Christoph Weiß, Stuttgart/Weimar 1995, S. 255–272.
Prümm 2011: Prümm, Karl: Gebanntes Schauen und protokolliertes Sehen. Kinokritik und Kinoprosa bei Hans Fallada. In: Hans Fallada. Autor und Werk im Literatursystem der Moderne, hg. von Patricia Fritsch-Lange und Lutz Hagestedt, Berlin/Boston 2011, S. 135–151.
Rasch 1967: Rasch, Wolfdietrich: Aspekte der deutschen Literatur um 1900. In: Ders.: Zur deutschen Literatur seit der Jahrhundertwende, Stuttgart 1967, S. 1–48.

Schlegel 1956: Schlegel, Friedrich: Kritische Schriften, hg. von Wolfdietrich Rasch, München 1956.

Vargas Llosa 1988: Vargas Llosa, Mario: Die Kunst der Lüge. In: Ders.: Gegen Wind und Wetter. Literatur und Politik. Aus dem peruanischen Spanisch von Elke Wehr, Frankfurt a. M.1988, S. 225–232.

2.2 Literatur der 1920er Jahre
Walter Delabar

Vielfalt statt Dominanz

Die deutschsprachige Literatur der 1920er Jahre wird in der Regel unter dem Begriff ‚Literatur der Weimarer Republik' gefasst und durch die politischen Daten 1918 und 1933 begrenzt. Mit dem Beginn der sog. Neuen Sachlichkeit im Jahre 1925 im Anschluss an den Expressionismus wird sie zudem gewöhnlich in zwei einigermaßen gleich große Hälften getrennt. Diese Herangehensweise ist pragmatisch, nivelliert jedoch eine ganze Reihe von Erscheinungen und Abweichungen und verfälscht zudem das Bild von der Literatur des frühen 20. Jahrhunderts unzulässig: Die gesamte Literatur Österreichs wird damit kategorial ignoriert, wenngleich Wien als zweites Zentrum der literarischen Moderne in allen Darstellungen präsent ist; der Einfluss der politischen Eckdaten wird übermäßig verstärkt und die Vielfalt literarischer Strömungen unterschlagen. Hinzu kommt, dass kontingente Ereignisse wie die Mannheimer Ausstellung zur Malerei der Neuen Sachlichkeit (1925), die bereits deutlich früher geplant gewesen war, als Abgrenzung genutzt und damit aufgewertet werden – ein Problem, das auch bei einer auf das Jahrzehnt beschränkten Betrachtung besteht.

Die Literatur der Jahre 1918 bis 1933 erweist sich bei genauerem Blick als ungemein vital, vielfältig und uneindeutig: Die Fokussierung auf Autorinnen und Autoren, deren Karriere um 1918 begann, erfasst dabei nur einen Bruchteil der in den 1920er Jahren populären, erfolgreichen und angesehen Protagonisten (zum Überblick vgl. Schütz 1986; Weyergraf 1995; Kiesel 2004; Streim 2009; Delabar 2010; Kiesel 2017).

Hingegen waren die 1920er Jahre bestimmt vom Wirken einer Reihe von Autoren, deren Karriere bereits im 19. Jahrhundert begann: Als Gründungsmitglieder der neuen Sektion für Dichtkunst der Preußischen Akademie der Künste und damit als repräsentative Autoren wurden im Jahre 1926 fünf Autoren benannt, von denen der 1875 geborene Thomas Mann noch der mit Abstand Jüngste war: Neben Mann waren dies Gerhart Hauptmann (*1862), Arno Holz (*1863), Ludwig Fulda (*1862) und Stefan George (*1868). Da George eine Berufung bereits zu einem frühen Zeitpunkt ablehnte, rückte mit Hermann Stehr (*1864) ein gleichfalls älterer Autor nach (vgl. Mittenzwei 1992). Dass sich in dieser Gruppe kein Vertreter der jüngeren Literatur, kein Expressionist, kein Dadaist, kein Autor der Neuen Sachlichkeit findet, ist zum einen dem repräsentativen Charakter der Akademie zu verdanken, verweist aber zum anderen auch darauf, dass in der Literatur der 1920er Jahre die älteren Autoren eine gewichtige Rolle spielten, unabhängig davon, ob sie konservativen Strömungen oder frühen Strömungen der Moderne wie die Naturalisten Hauptmann und Holz angehörten. Der George-Kult trieb gerade in den 1920er Jahren starke Blüten, ein impressionistischer Autor wie Rainer Maria Rilke fand in den 1920er Jahren zu einer spezifisch modernen Form des Schreibens (*Sonette an Orpheus*, *Duineser Elegien*, beide 1924). Die expressionistischen Dramen kamen erst nach 1918 auf die deutschen Bühnen. Der expressionistische Skandalautor Gottfried Benn erfuhr erst nach Kriegsende überhaupt Beachtung bei größeren Verlagen. Der Dadaismus, der als radikale Kritik des Expressionismus und des Kriegs begonnen hatte, fristete hingegen in den 1920er Jahren ein untergeordnetes Dasein.

Die aufsehenerregenden Autoren der 1920er Jahre waren neben Thomas und Heinrich Mann, Rainer Maria Rilke, Hugo von Hofmannsthal und Karl Kraus Hermann Hesse, dessen Erfolg bis heute anhält, Carl Zuckmayer, mit dem das Volksstück seine Renaissance erlebt, Vicki Baum, die zur repräsentativen Erfolgsautorin der jungen Republik wurde, Alfred Döblin, der die Bedingungen modernen Schreibens intensiv reflektierte, Ricarda Huch, deren historische Romane zu den spektakulärsten und stilistisch gewagtesten Texten der 1920er gehörten, und Ernst Jünger, der wohl zu den einflussreichsten Autoren der Kriegstextkonjunktur um 1930 zählte.

Die Autoren, mit denen die Weimarer Republik aus heutiger Sicht vor allem in Verbindung gebracht wird, erlebten in vielen Fällen ihren Durchbruch erst um oder nach 1930: Bertolt Brecht gehört ebenso zu ihnen wie Erich Kästner, Walter Mehring, Erich Maria Remarque, Marieluise Fleißer, Irmgard Keun, Anna Seghers, Robert Musil und eben Hans Fallada. Franz Kafka war hingegen in den 1920er Jahren weniger bekannt. Hinzu kommen Siegfried Kracauer, Kurt Tucholsky und Carl von Ossietzky, die für die politische Publizistik aus heutiger Sicht prägend waren, und Autoren wie Franz Hessel, Walter Benjamin, Gabriele Tergit oder Victor Auburtin, die das von Karl Kraus so heftig verachtete Feuilleton pflegten.

Die Abfolge der neuen stilistischen Strömungen, ausgehend vom Impressionismus und Fin de siècle über den Expressionismus und Dadaismus hin zur Neuen Sachlichkeit, zu der als Nebenströmung der Magische Realismus gezählt werden kann, gilt zwar als gesichert. Daneben existierte aber eine breite Strömung realistischen Schreibens, deren wichtigster Vertreter Thomas Mann ist und die sich weniger dem neusachlichen Impetus als der Schreibschule des 19. Jahrhunderts verpflichtet sah (vgl. Baßler 2015; siehe den Beitrag 2.1 *Traditionen des Erzählens (Realismus, Frühe Moderne)* in Kap. I). Schließlich ist die generelle Politisierung von Literatur festzuhalten. Die Zahl der Provinz- und Bauernromane, die zumeist konservativen politischen Richtungen folgen (Karl Heinrich Waggerl, Ernst Wiechert, mit Ausnahme besonders von Oskar Maria Graf), stieg in den 1920er Jahren gleichfalls an. Die Ausrichtung der Kriegsromane um 1930 ist politisch gesehen zwiespältig (Ludwig Renn, Arnold Zweig, Erich Maria Remarque einerseits, Ernst Jünger, Hans Zöberlein, Edwin Erich Dwinger andererseits), wenngleich die Durchlässigkeit der literarischen und politischen Lager vor 1933 aus heutiger Sicht ungemein groß ist und es zu zahlreichen, auch persönlichen Kontakten kam. Politisch klar positioniert ist hingegen die sozialistische und proletarische Literatur, die mit der Gründung des Bundes Proletarisch Revolutionärer Schriftsteller Deutschlands (BPRS) 1928 zwar für die parteipolitische Propaganda funktionalisiert wurde, dennoch eine breite Palette literarischer Formen hervorbrachte. Auffallend ist die geringe Zahl von Texten, die für eine nationalistische bis nationalsozialistische Literatur von Rang stehen könnten. Arnolt Bronnen, Ernst Jünger und Ernst von Salomon sind wohl die bedeutendsten. Hans Fallada spricht allerdings im *Tagebuch* bereits 1929 von „den wesentlich ernster zu nehmenden Ideen des sogenannten Nationalismus – der Jünger, Schauwecker, Hielscher und Plaas" (Fallada 1929, 1314).

Stratifizierter Literaturmarkt

Die Pluralität der Erscheinungen und die Gleichzeitigkeit unterschiedlicher literarischer Strömungen, Textformen und Stilrichtungen sind dabei nicht notwendig neue historische Phänomene. Spätestens mit der Ausweitung des literarischen Marktes zu Beginn des 19. Jahrhunderts lässt sich zwar auch weiterhin von signifikanten literarischen Strömungen sprechen, aber immer weniger von exklusiven oder dominanten. Die Gleichzeitigkeit verschiedener, ja gegensätzlicher literarischer Richtungen entspricht jedoch in besonderem Maße der seit den 1920er Jahren forcierten Ausdifferenzierung der literarischen Kultur in vergleichsweise kleine und zielgruppenorientierte Sparten, was als Phänomen generell die Konsumkultur des 20. und 21. Jahrhunderts kennzeichnet. Diese Entwicklung führt wie in anderen gesellschaftlichen Bereichen zu einem stratifizierten Literaturmarkt, der unterschiedlichen Ansprüchen und Wünschen entsprechen kann und muss. Auch für den Literaturmarkt gilt also das Phänomen der „immer kleineren Gemeinschaften von Konsum- und Lebensstil-Gruppen", das die postindustrielle Phase kennzeichnet (Illouz 2007, 25f.). Das schließt auch die in den 1920er und frühen 1930er Jahren aufsteigende sozialistische und proletarische Literatur mit ein, die sich selbst zwar im basalen Antagonismus zur Klassengesellschaft positioniert, im Wesentlichen jedoch auf ihre jeweilige Peergroup resp. Rezipientengruppe bezogen ist. Für Jost Hermand und Frank Trommler machte diese Literatur noch den Kern der Kultur der Weimarer Republik aus, da sie den „Anspruch des ‚Demokratischen', das heißt Massenhaften dieser Republik wirklich ernst nahm und sich gegen alles bloß Reaktionäre wandte" (Hermand/Trommler 1978, 12). Aus der hier gewählten Perspektive ist die sozialistische und proletarische Literatur dagegen nicht anders zu bewerten als die Avantgarden, die neu entstehende Reportageliteratur, neue Illustriertenformate oder andere Literatursparten, die ein spezifisches Publikum ansprachen.

Dieser Stratifizierungsprozess der Literatur vollzieht sich allerdings gegen ein exklusives Selbstverständnis literarischer Autoren, deren Orientierungspunkte der Habitus des Dichters, die Rolle als externer Interner (Prophet, Mahner, Praeceptor Germaniae und Lehrer) und die Kunst als extraordinäre Ausdrucksform waren. Dies ist in der Forschung als Kompensationsversuch beschrieben worden, mit dem einerseits der Ausweitung der Gruppe derer, die Literatur verfassen, anderseits deren generellem Bedeutungsverlust im Rahmen der Industrialisierung und schließlich der zunehmenden Konkurrenz mit der technischen Intelligenz begegnet werden sollte (vgl. Haß 1993; Bollenbeck 1999).

Bleiben Dichter-Habitus und Kunstanspruch dominante Kennzeichen der literarischen Kultur auch in den 1920er Jahren, erschließen sich zugleich Konsum- und Unterhaltungsliteratur sowie journalistische Formate in der Praxis des Literaturbetriebs immer größere Sektoren und werden Vermarktungsformen für den literarischen Erfolg essentieller. Außerdem steigt die Zahl der Autoren, die in arbeitsteilige literarische Produktionen involviert sind (Drehbuch, Zeitung, Zeitschrift, Reportage). Trivialisierung und Ökonomisierung sind als Chancen wie Bedrohungen der literarischen Kultur bereits Ende der 1920er, Anfang der 1930er Jahre intensiv unter anderem von

S. Fischer und Ernst Rowohlt diskutiert worden (vgl. auch die Feuilletondebatte, wie sie Kaes 1983, 287–304, zugänglich macht). Mit gutem Grund, sinkt doch die Zahl der belletristischen Titel während der Weimarer Republik (Kastner 2007, 344). Diese Bruchlinie trennt auch das spätexpressionistische Frühwerk Falladas in den 1920er Jahren, das sich noch am Kunstanspruch abarbeitet, vom erfolgreichen Schreiben im Medienverbund von Zeitungen, Zeitschriften und Filmindustrie seit seinem Durchbruch Anfang der 1930er Jahre.

Zugleich hat der Literaturbetrieb sehr intensiv an der Vermittlung von Hoch- und Massenkultur gearbeitet (siehe den Beitrag 2.5 *Schreiben in der/für die Populärkultur* in Kap. I). Der Erfolg der Volksausgabe von Thomas Manns *Buddenbrooks* (1901) im Jahr 1929, als ihm der Literaturnobelpreis für dieses Werk zugesprochen wird, aber auch von Erich Maria Remarques *Im Westen nichts Neues* (1929) zeigt dies. Es wächst das Bewusstsein für die Bedeutung von massenkompatiblen Texten, die zwar ein hinreichendes Niveau haben, jedoch zu geringen Preisen angeboten werden. Thomas Mann hatte im „Geleitwort" zu der von ihm herausgegebenen Reihe *Romane der Welt*, die im Th. Knaur Verlag erschien, bereits 1927 darauf verwiesen, dass das „Massenhafte, das Massengerechte" seinen Platz in der Literatur haben müsse: „Die Bücher sind da, die vorzügliche Unterhaltung ist da, das Massengerechte von durchaus unlächerlicher Qualität; und namentlich ist das Bedürfnis nach dieser Qualitätsware entwickelt" (Mann 1927; auch bei Kaes 1983, 288).

Literatur in der Medienkonkurrenz

Mit zu dieser Selbstwahrnehmung trägt die Erfahrung bei, dass die Literatur der 1920er Jahre von mehreren Faktoren bestimmt wird, die historisch relativ neu sind, und dabei zunehmend in Konkurrenz zu anderen Medien gerät (vgl. Schütz 1986, 35 ff.). Zentral hierbei ist der mediale Wandel, der sich in den 1920er Jahren intensiviert: Presse, Illustrierte, Film und Foto sowie der Start des Rundfunks wirken auf die literarischen Produkte ebenso ein, wie sie das literarische Feld insgesamt verändern. Die Unterhaltungsindustrie als Teil der Konsum- und Massenkultur wird in den 1920er Jahren durchgesetzt und eröffnet den literarischen Autoren neue Arbeitsfelder und neue Einnahmequellen.

Allerdings konkurrierten um 1925 eine Vielzahl von Autoren auf dem nunmehr erweiterten literarischen Markt um Publikationsmöglichkeiten, Aufmerksamkeit und Einkommen (genannt werden zwischen 8 000 und 37 000 Autoren, davon allerdings nur gut 1 000 Autorinnen und Redakteurinnen) (Delabar 2011, 26; Delabar/Schubert 2017; vgl. auch Kaes 1995, 38 ff.). Den erweiterten Möglichkeiten der neuen Medien und der Unterhaltungskultur stand die große Zahl von Autoren gegenüber, die sich einerseits an dem tradierten Dichter-Selbstbild orientierten, andererseits den Zwängen neuer Auftraggeber ausgesetzt waren und schließlich in einen intensiven Konkurrenzkampf gezwungen wurden. Aus dem Dichter wurde der literarische Produzent, auch wenn er diese Erkenntnis noch weitgehend verweigert (vgl. Kaes 1995, 59). Das Beispiel 1933 zeigt die Engführung von Markt und Autorschaft besonders deutlich: Die Exilierung eines großen Teils der Kultur der Weimarer Republik nach der Machtübernahme durch die Nationalsozialisten führte eben auch zu einer massiven Aufwertung der konservativen Autoren, die den Markt nunmehr fast ohne Konkurrenz beherrschten.

Als dominante Strömung der Literatur der 1920er Jahre erweist sich dabei jene große Gruppe medial affiner, massenkompatibler Texte, zu denen auch die Romane Hans Falladas gehören. Mit dem Terminus ‚Angestelltenromane' sind sie dabei nur unscharf gefasst, auch wenn Texte – und hier vor allem eben Romane – unter anderem von Martin Kessel, Irmgard Keun, Vicki Baum, Gabriele Tergit und Hans Falladas in großen Teilen im Angestelltenmilieu angesiedelt sind. Dass sie nicht nur eine anwachsende soziale Gruppe, sondern auch Themen aufnehmen, die zu den zentralen dieser 1920er Jahre gehören, lässt sich an der Bewertung von Theodor W. Adorno und Max Horkheimer erkennen, die Falladas *Kleiner Mann – was nun?* in ihrer *Dialektik der Aufklärung* (1944) zu den „bedeutendsten deutschen Romane[n] des Vorfaschismus" zählten (Horkheimer/Adorno 1971, 137).

Dieses Milieu wächst zu Beginn des 20. Jahrhunderts rasch zu einer maßgeblichen Größe an, erweist sich aber zugleich als sozial und politisch massiv gefährdet – wie ja nicht zuletzt die Romane Falladas zeigen. Es ist damit Referenzraum auch einer Modernisierung der literarischen Produktion insbesondere in der zweiten Hälfte der 1920er Jahre, erkennbar u. a. daran, dass aus dem ‚Handlungsgehilfen' nunmehr der ‚Angestellte' wird und es eine massive weibliche Neubesetzung gab (vgl. Peukert 1987). Die Konsum- und Unterhaltungskultur fokussiert sich auf diese soziale Gruppe, weil nur sie in der Lage scheint, kulturelle Produkte (Film, Presse, Literatur) in ausreichender Zahl zu konsumieren und nur sie lebensweltlich darauf ausgerichtet ist. Siegfried Kracauers *Ladenmädchen* (1927) ‚gehen deshalb ins Kino', weil das Kino als phantasmatische Anstalt sie in besonderem Maße bedient und auf sie referiert (vgl. Kracauer 2004, 308–322).

Film und Literatur

Die Affinität zum Film ist dabei innerhalb der Autorenschaft der 1920er Jahre fast ubiquitär. Zu attraktiv waren die ökonomischen Bedingungen in der Filmindustrie, auch wenn die Arbeitsstrukturen durch ihre extreme Arbeitsteilung dem Habitus des genialischen Dichters, der zur Basisausstattung des literarischen Autors der 1920er Jahre zählt, harsch widersprachen. Die Bemühungen etwa Bertolt Brechts um eine massenwirksame Literatur und deren Verschränkung mit den neuen Medien zeigen das (Piscator-Inszenierungen, Radio-Theorie, *Dreigroschenfilm* von 1931 gerade wegen seiner Distanzierung von diesem Film und *Kuhle Wampe*, 1932). Auch das Beispiel Heinrich Mann belegt die enge Verbindung der sog. Hochliteratur mit den neuen Massenmedien: Mit *Professor Unrat* lieferte Mann die Vorlage für den Erfolgsfilm *Der Blaue Engel*, die unter anderem von Carl Zuckmayer für den Film bearbeitet wurde (vgl. Der blaue Engel 2000). Die Schwierigkeiten, die bei der Umsetzung einer Romanvorlage in Film auftauchen, reflektiert Fallada nicht zuletzt in einem Vortrag von 1932/33, einem Artikel und in einem Brief aus dieser Zeit (Fallada 2017a; Fallada 1932; Fallada 2017b; Fallada 2017c; vgl. auch Töteberg 2017).

Die Adaptation filmischer Mittel für die Literatur (etwa in den Montagetechniken) liegt angesichts der engen Bindung von Literatur und Film nahe (zumal die konkrete Filmvorlage literarischer Natur ist). Allerdings ist diese Nähe von der metaphorischen Behauptung von Analogien kaum zu unterscheiden (etwa im ‚Kamera-Auge', das den neusachlichen Schriftstellern zugeschrieben wird).

Feuilleton

Anknüpfungspunkte der kurrenten Zeitungs- und Zeitschriftenformate an die filmisch konnotierte Literatur lassen sich über die sog. Kleine Form herstellen. In der Presse setzten sich seit der Jahrhundertwende neue Textsorten durch, die von der Massenpresse und den neuen Zeitschriftenformaten entwickelt worden waren: Gewünscht waren knappe Texte, die dem Presseformat entsprachen und die Aufmerksamkeit eines rasch seine Interessen und Zuwendung wechselnden Publikums zu binden vermochten. Im Vordergrund standen dabei urbane und lebensweltliche Sujets (zumindest bei den Pressetiteln, die in den urbanen Zentren erschienen), die sich direkt mit der Lebenswelt der Leserinnen und Leser verknüpfen ließen (vgl. u. a. Franz Hessel, Walter Benjamin, Victor Auburtin, Gabriele Tergit, Sling [alias Paul Schlesinger]). Die Flaneursliteratur als kleine Prosaform entsprach in ihrer detaillierten und entschleunigten Verfassung dabei auf komplexe und widersprüchliche Weise den Anforderungen der modernen Lebenswelt. Die minutiöse Beobachtung, der Gang durch die Stadt als erkenntnisleitende Bewegung und die Berücksichtigung von banalen Ausstattungen des Lebensraums Stadt wie seiner Bewohner kennzeichnen diese Texte. Damit integrieren sie aktuelle Wahrnehmungen mit teils melancholisch gefärbten Rückblicken, die sich an den Zeugnissen vergangener Epochen orientierten (exemplarisch in Benjamins *Berliner Kindheit*; vgl. Köhn 1988; Bienert 1992; Kauffmann/Schütz 2000; Frank/Scherer 2007). Zugleich wurde die kleine Form einer massiven Kritik unterzogen, etwa von Karl Kraus, der sie als von Heine eingeschleppte Franzosenkrankheit diskreditierte.

Reportage

Die neu entstehenden Spartenformate (Frauenzeitschriften, Illustrierte) druckten zudem Reportagen, in denen Text und Fotografie eine neue, einander ergänzende Verbindung eingingen. Solche Text/Bild-Kombinationen mündeten in Reisereportagen im Buchformat, was nicht zuletzt durch das enorme Interesse an den kommunistischen Experimenten in der UdSSR und der kapitalistischen Konsumgesellschaft in den USA gefördert wurde (vgl. Huber 2014; Asholt/Leroy 2006). Die neusachliche Reportage erhielt von der Fotografie das entscheidende Authentizitätssiegel: In Zeitungen, Zeitschriften und in den zum Teil daraus entstehenden Buchpublikationen ergänzen Fotografien die Reiseberichte mit dem Ziel, den beschreibenden Text überprüfbar und zugleich die Perspektive des Autors nachvollziehbar zu machen (daher die oft starke, oft auch optische Berücksichtigung des Automobils, das als Fortbewegungsmittel zentral wird und höchste Aufmerksamkeit erfährt). Die steigende Bedeutung der Reportage (besonders Egon Erwin Kisch, Heinrich Hauser) und hier insbesondere der Reisereportage hängt nicht zuletzt mit der Dynamisierung der sozialen Veränderung, der Ausweitung des individuellen Handlungsfeldes und der Komplexität gesellschaftlicher Verhältnisse zusammen, die eine verstärkte Nachfrage nach Handlungsorientierung provozierte (vgl. Schütz 1995; Delabar 2010; Huber 2014).

Lyrik und Theater

Der mediale Druck übertrug sich auf Lyrik und Drama, die seit den 1910er Jahren von starken Modernisierungsschüben erfasst wurden. Dabei lässt sich Bertolt Brechts umstrittene Lyrik-Jurorschaft im Literaturwettbewerb der *Literarischen Welt* im Jahr 1927 als entscheidender Schritt kennzeichnen: Mit seinem provokanten Text *Kurzer Bericht über 400 (vierhundert) junge Lyriker* kanzelte Brecht nicht nur die Einsendungen des Wettbewerbs ab, sondern plädierte für eine umfassende Inanspruchnahme der Lyrik für ein kritisches Verhältnis zur Gesellschaft, das über das der ‚objektiv' anmutenden Fotografie hinausgeht (Brecht 1992a, 192). Dass er sich dabei von den Apologeten des im selben Jahr verstorbenen Rainer Maria Rilke und Stefan Georges abgrenzte, ist als polemische Attacke auf die subjektive Bekenntnislyrik zu sehen, der er weder politische noch erkenntnisfördernde, weder lebensweltliche noch künstlerische Bedeutung zusprach.

Die neusachliche Lyrik, deren prominenteste Vertreter Erich Kästner, Kurt Tucholsky, Walter Mehring und die in jüngerer Zeit wieder vermehrt beachtete Mascha Kaléko sind, schließt das Medium Zeitung, in der sie Teil des Feuilletons ist, mit den Kleinkunstbühnen und der Schallplattenindustrie zusammen: Das Couplet, der Song und der Schlager sind in den modernen Medienverbund integriert, der in den 1920er Jahren das mehr oder weniger bis heute bekannte Gesicht erhält und der eine funktionale, belehrende und unterhaltende Lyrik provoziert. Das beginnt auf den Kleinkunstbühnen um 1900 und setzt sich in der Gebrauchslyrik der 1920er Jahre weiter fort, deren extremste Form die politische Kampflyrik (Erich Weinert, Erich Mühsam) in den letzten Jahren der Weimarer Republik ist.

Die Texte zeichnen sich durch relative Kürze, einfache und eingängige Reim- und Versformen sowie gute Memorierbarkeit aus. Sie sind generell lebensweltlich oder politisch orientiert – also im umfassenden Sinn als Gebrauchsliteratur zu verstehen, die nicht auf Überzeitlichkeit angelegt ist wie die Texte der Hochliteratur, sondern auf Aktualität, Alltäglichkeit und Nützlichkeit. Zunehmend verdrängen diese neueren Gebrauchstexte die Hochliteratur aus der öffentlichen Wahrnehmung, was bereits Stefan Zweig in der *Anthologie Jüngster Lyrik* (1927) beklagt.

Als politisch verhängnisvoll hat sich allerdings die Abgrenzung und Diskreditierung der linksliberalen Lyrik eines Erich Kästner, Kurt Tucholsky oder auch Walter Mehring von der an der KPD orientierten Kampflyrik erwiesen: Walter Benjamin warf Kästner und anderen 1931 ihre als *Linke Melancholie* abqualifizierte Wirkungslosigkeit vor (Benjamin 1991a, 279–283; vgl. Lethen 1975). Diese Konfliktlinie wurde durch die Gründung des der KPD nahen Bundes Proletarisch Revolutionärer Schriftsteller (BPRS) schärfer gezogen. Der BPRS machte die Funktionalisierung der literarischen Produktion für die Revolutionierung der Gesellschaft zur Hauptaufgabe und erhob die jeweilige Parteilinie zur Handlungsmaxime ihrer Produzenten (vgl. Trommler 1976).

Die Übergänge der politischen Lyrik zur Populärmusik sind fließend, wie das Beispiel Brecht zeigt: Er hatte nicht nur in seiner frühen Phase *Lieder zur Klampfe* (1918) geschrieben, die an die Praxis eines Frank Wedekind anschließend zum Teil in der *Hauspostille* (1927) einer breiteren Öffentlichkeit bekannt gemacht wurden. Dabei hat er das Reservoir der populären Lyrik bedenkenlos genutzt, was ihm nicht zuletzt Plagiats-Vorwürfe einbrachte. Brecht gelang es in der Zusammenarbeit mit Kurt Weill auch, den engen Bereich bildungsbürgerlicher Kunst zu verlassen und mit den *Songs der Dreigroschenoper* (1928) ins populäre Genre vorzustoßen, ohne den politischen Gehalt oder die literarische Qualität seiner Texte aufzugeben. Dabei nutzte er die zunehmend erfolgreiche Schallplatte als Verbreitungsmedium, wie die vielen Plattenauskoppelungen der *Dreigroschenoper* zeigen, und schrieb die Erfahrungen mit dem Medium seiner weiteren literarischen Produktion ein, etwa im *Lesebuch für Städtebewohner*, einer kleinen, 1930 gedruckten lyrischen Sammlung, die ausdrücklich als Schallplattenproduktion vorgesehen war. Er ergänzte damit seine Bemühungen um eine avancierte Indienstnahme der (zeitgenössischen) neuen Medien, die er mit seinen Radiohörspielen (*Lindberghflug*, 1929) und seiner Radiotheorie gleichfalls weiter vorangetrieben hatte. Insbesondere die Radiotheorie, die von reziproken Beziehungen zwischen Medium und Nutzern ausging, prägt bis heute moderne Medienpraktiken und -theorien. Zugleich schloss Brecht sich enger an die Arbeiterbewegung an und schrieb für sie, diesmal in reger Zusammenarbeit mit dem Komponisten Hanns Eisler, Kampflieder, von denen das *Solidaritätslied* zugleich in Brecht/Dudows Spielfilm *Kuhle Wampe* integriert wurde. Die Exil-Sammlung *Svendborger Gedichte* (1939) setzte diesen agitatorischen Ansatz weiter fort.

Die Bedeutung der neuen Medien zeigt sich zugleich in den neuen Inszenierungstechniken, die gleichermaßen von Erwin Piscator und Bertolt Brecht ausgingen (vgl. Rühle 2007). Die Auflösung der festen drei- und fünfaktigen Akteinteilung und deren Ersetzung durch die Reihung von ‚Bildern' wird ergänzt durch den Einsatz vor allem von Filmen in der Bühneninszenierung, was – wiederum Brecht folgend – den neuen gesellschaftlichen Verhältnissen und Rezeptionsgewohnheiten der Moderne folgen sollte („Publikum des wissenschaftlichen Zeitalters", Brecht im Dialog über Schauspielkunst im Jahr 1929/30; Brecht 1992b).

Hoch-Zeit der Klassischen Moderne

Die Literatur der 1920er Jahre ist eine Literatur von hochkomplexen, reflektierten und kanonisierten Texten der sogenannten Klassischen Moderne: Das beginnt noch in der späten Kaiserzeit bei Heinrich Manns *Der Untertan* (1914/1918) und Ricarda Huchs *Der große Krieg in Deutschland* (1912–14) und setzt sich in repräsentativen Werken wie Thomas Manns *Der Zauberberg* (1924), Franz Kafkas Erzählungen, Hermann Brochs *Schlafwandler*-Trilogie (1930/32), Bertolt Brechts *Dreigroschenoper* (1928), Alfred Döblins *Berlin Alexanderplatz* (1929), Robert Musils *Der Mann ohne Eigenschaften* (Bd. 1, 1930; Bd. 2, 1933) oder Lion Feuchtwangers *Erfolg* (1930) fort.

Bei der Kanonisierung zentraler Texte der Moderne wurden Falladas Romane und zuvorderst *Kleiner Mann – was nun?* nicht berücksichtigt. Dazu waren sie zu massenkompatibel und gaben sich zu unprätentiös. Ihnen wurde zudem nicht der notwendige Reflexionsgrad und die stilistische Qualität zugeschrieben, die den kanonisierten Texten der Moderne der 1920er Jahre eigen ist. Die von den kanonisierten Texten reflektierten sozialen Realitäten und ästhetischen Formen sind jedoch auch in dem großen Feld der neusachlichen Romane, zu denen Falladas Texte gehören, präsent.

Der Begriff der Klassischen Moderne bezieht sich entsprechend auf eine Gruppe literarischer Texte, die bewusst auf dem Stand der literarischen Techniken, der zu

Beginn der 1920er Jahre erreicht ist, basiert. Die mit den Avantgarden des frühen 20. Jahrhunderts vorangetriebene Zerschlagung ästhetischer Normen, die Zersetzung des figurativen und realistischen Moments wird in den Texten der Klassischen Moderne berücksichtigt, aber nicht bedingungslos aufgenommen. Stilistisch und konzeptionell gesehen sind die Extreme der Avantgarden erkennbar. Döblins *Berlin Alexanderplatz* und Brechts *Dreigroschenoper* kommen den Avantgarden dabei noch am nächsten. Generell ist jedoch in allen Texten das Bemühen erkennbar, nach der basalen Erschütterung der Kunstform, sich nicht auf das „Meer des nie Geahnten" (Adorno 1998, 9) hinauszuwagen, sondern sich vorsichtig und reflektiert mit den formalen und thematischen Unwägbarkeiten der Moderne zu befassen. Die Kennzeichnung als reflektierte Moderne, die Kiesel favorisiert und die mit dem der Klassischen Moderne konkurriert, ist mithin nicht minder plausibel (Kiesel 2004).

Bis etwa Mitte der 1920er Jahre verebbt der radikale Innovationsschub der Avantgarden, insbesondere des literarischen Expressionismus und Dadaismus. Die Neue Sachlichkeit wird als Konsolidierungsphase der Entwicklung literarischer Techniken und Konzepte wahrgenommen (vgl. Frank/Palfreyman/Scherer 2005; für eine Kontinuität von Phänomen und Begriff der Avantgarde plädieren dagegen Fähnders/van den Berg 2009, 1–19). Das lässt sich auch an den kanonisierten Texten der Klassischen Moderne erkennen, die zwar Montage- und Assoziationstechniken verwenden und verschiedene, teils gegensätzliche Formen kombinieren, sie jedoch an die Konstruktion sinnhafter Erzählungen und Konstruktionen rückzubinden versuchen.

Verhaltenslehren der Kälte

Die Differenz zwischen den Avantgarden bis 1925 und den Klassischen Modernen der Periode danach liegt dabei auch darin, dass seit Mitte der 1920er Jahre die „Epochendiagnosen im Resonanzraum der etablierten und massenhaft verfügbaren Techniken" dominant werden (Frank/Palfreyman/Scherer 2005, 409). Mit dem Extremereignis des Großen Krieges wird die Modernisierungsdynamik, mit der relativen Konsolidierung der Entwicklung Mitte der 1920er Jahre wird das Interesse an der Verarbeitung und Bewältigung einer Welt verstärkt, in der „nichts unverändert geblieben war als die Wolken und unter ihnen, in einem Kraftfeld zerstörender Ströme und Explosionen, der winzige, gebrechliche Menschenkörper", so Benjamin 1934 in *Der Erzähler* (Benjamin 1991b, 439).

Die extremen Anforderungen, die die Moderne mit ihren dichten und dynamischen Lebenswelten an die Subjekte stellte, führte zu einem distanzierten Haltungs- und Verhaltenskonzept, das der Soziologe Georg Simmel bereits 1903 in seinem paradigmatischen Aufsatz *Die Großstädte und das Geistesleben* diagnostizierte (vgl. Simmel 1984). In den literarischen Texten der 1920er Jahre – insbesondere denen Brechts oder Fleißers, die für jene Jahre spezifisch sind – hat Helmut Lethen (1994) in einer viel beachteten Schrift diese Überlegung zu *Verhaltenslehren der Kälte* weiter entwickelt gesehen (dem widersprechend Becker 2000). Gemütskälte und Distanz bilden dabei eine überlebensnotwendige Haltung, mit der die mangelnde Stabilität der sozialen Beziehungen und die geringe Dauer sozialer Rollen ertragen werden kann. In einer sozialen Welt, in der alle Traditionen und Konventionen zur Disposition gestellt werden, werden ‚kalte' Faktoren ebenso wie Form und Ordnung zu attraktiven Orientierungsmerkmalen. Literarische Texte, in denen Handlungsformen erprobt und Strukturen entworfen werden, wie dies auch in den Romanen Hans Falladas geschieht, gewinnen deshalb in den späten 1920er und frühen 1930er Jahren eine ungemein große Popularität.

Literatur

Adorno 1998: Adorno, Theodor W.: Ästhetische Theorie, Darmstadt 1998 (textidentisch mit Adorno, Theodor W.: Gesammelte Schriften, hg. von Rolf Tiedemann unter Mitwirkung von Gretel Adorno, Susan Buck-Morss und Klaus Schultz, Bd. 7).

Asholt/Leyroy 2006: Asholt, Wolfgang/Leroy Claude (Hg.): Die Blicke der Anderen. Paris – Berlin – Moskau, Bielefeld 2006.

Baßler 2015: Baßler, Moritz: Deutsche Erzählprosa 1850–1950. Eine Geschichte literarischer Verfahren, Berlin 2015

Becker 2000: Becker, Sabina: Neue Sachlichkeit. 2 Bde, Köln/Weimar/Wien 2000.

Benjamin 1991a: Benjamin, Walter: Linke Melancholie. Zu Erich Kästners neuem Gedichtbuch. In: Ders.: Gesammelte Schriften. Unter Mitwirkung von Theodor W. Adorno und Gershom Scholem hg. von Rolf Tiedemann und Hermann Schweppenhäuser, Bd. 3, Frankfurt a. M. 1991. S. 279–283.

Benjamin 1991b: Benjamin, Walter: Der Erzähler. Betrachtungen zum Werk Nikolai Lesskows. In: Ders.: Gesammelte Schriften. Unter Mitwirkung von Theodor W. Adorno und Gershom Scholem hg. von Rolf Tiedemann und Hermann Schweppenhäuser, Bd. 2.1, Frankfurt a. M. 1991, S. 438–465.

Bollenbeck 1999: Bollenbeck, Georg: Tradition, Avantgarde, Reaktion. Deutsche Kontroversen um die kulturelle Moderne 1880–1945, Frankfurt a. M. 1999.

Bienert 1992: Bienert, Michael: Die eingebildete Metropole. Berlin im Feuilleton der Weimarer Republik, Stuttgart 1992.

Brecht 1992a: Brecht, Bertolt: Kurzer Bericht über 400 (vierhundert) junge Lyriker. In: Ders.: Werke. Große kommentierte Berliner und Frankfurter Ausgabe, hg. von Werner Hecht, Jan Knopf, Werner Mittenzwei und Klaus Detlef Müller, Bd. 21, Schriften 1: 1914–1933, Berlin/Frankfurt a. M. 1992, S. 191–193.

Brecht 1992b: Brecht, Bertolt: Dialog über Schauspielkunst. In: Ders.: Werke. Große kommentierte Berliner und Frankfurter Ausgabe, hg. von Werner Hecht, Jan Knopf, Werner Mittenzwei und Klaus Detlef Müller, Bd. 21, Schriften 1: 1914–1933, Berlin/Frankfurt a. M. 1992, S. 279–282.

Delabar 2004: Delabar, Walter: Was tun? Romane am Ende der Weimarer Republik. Opladen/Wiesbaden 1999, 2. Aufl., Berlin 2004.

Delabar 2010: Delabar, Walter: Klassische Moderne. Deutschsprachige Literatur 1918–33, Berlin 2010.

Delabar 2011: Delabar, Walter: Hedonistische Revolutionärinnen. Autorinnen, Texte, Konzepte zwischen 1918 und 1933. In: Schreibende Frauen. Ein Schaubild im frühen 20. Jahrhundert, hg. von Gregor Ackermann und Walter Delabar, Bielefeld 2011 (JUNI Magazin 45/46), S. 11–31.

Delabar/Schubert 2017: Walter Delabar/Ines Schubert: Autoren der Weimarer Republik. Eine Nebenbemerkung. In: Jahrbuch zur Kultur und Literatur der Weimarer Republik 18 (2017), S. 205–212.

Der blaue Engel 2000: Der blaue Engel. Die Drehbuchentwürfe. Ediert, eingeleitet und kommentiert von Luise Dirscherl und Gunther Nickel. Mit einer Chronik von Werner Sudendorf, St. Ingbert 2000.

Fähnders 2010: Fähnders, Walter: Avantgarde und Moderne 1890–1933. Lehrbuch Germanistik. 2., aktualisierte und erweiterte Auflage, Stuttgart/Weimar 2010.

Fähnders/van den Berg 2009: Fähnders, Walter/van den Berg, Hubert: Die künstlerische Avantgarde im 20. Jahrhundert – Einleitung. In: Metzler Lexikon Avantgarde, hg. von W. F., H. v .d. B., Stuttgart 2009, S. 1–19.

Fallada 1929: Fallada, Hans: Die schwarze Bauernfahne. In: Das Tage-Buch 10 (1929), H. 32, 10.8.1929, S. 1311–1315.
Fallada 1932: Fallada, Hans: Der Roman wird zum Film. In: Film-Kurier. Theater, Kunst, Varieté, Funk 14 (1932), Nr. 230, 29.9.1932, [S. 2].
Fallada 2017a: Fallada, Hans: Zu *Kleiner Mann – was nun?* [1932] In: JUNI. Magazin für Literatur und Politik (2017), H. 53/54, S. 89–93 [Kleiner Mann in Einbahnstraßen. Funde und Auslassungen zu Irmgard Keun, Carl Sternheim, zur Neuen Frau, zu Walter Hasenclever, Louise Dumont, Annemarie Schwarzenbach, Walter Benjamin, Hans Fallada, Albert Einstein, Anna Siemsen, Sigmund Freud, Ernst Toller und anderen, hg. von Gregor Ackermann und Walter Delabar, Bielefeld 2017, S. 89–93].
Fallada 2017b: Fallada, Hans: Exposé für den Film *Kleiner Mann – was nun?* In: Salatgarten 26 (2017), H. 2, S. 15–19.
Fallada 2017c: Fallada, Hans: Einschreiben. An die Robert Neppach Film A.G. In: Salatgarten 26 (2017), H. 2, S. 31.
Frank/Palfreyman/Scherer 2005: Frank, Gustav/Palfreyman, Rachel/Scherer, Stefan: *Modern Times?* Eine Epochenkonstruktion der Kultur im mittleren 20. Jahrhundert – Skizze eines Forschungsprogramms. In: *Modern Times?* German Literature and Arts Beyond Political Chronologies/Kontinuitäten der Kultur: 1925–1955, hg. von G. F, R. P. und St. Sch., Bielefeld 2005, S. 387–430.
Frank/Scherer 2007: Frank, Gustav/Scherer, Scherer: „Stoffe sehr verschiedener Art ... im Spiel ... in eine neue, sprunghafte Beziehung zueinander setzen". Komplexität als historische Textur in Kleiner Prosa der Synthetischen Moderne. In: Kleine Prosa. Theorie und Geschichte eines Textfeldes im Literatursystem der Moderne, hg. von Thomas Althaus, Wolfgang Bunzel und Dirk Göttsche, Tübingen 2007, S. 253–279.
Haß 1993: Haß, Ulrike: Militante Pastorale. Zur Literatur der antimodernen Bewegungen im frühen 20. Jahrhundert, München 1993.
Hermand/Trommler 1978: Hermand, Jost/Trommler, Frank: Die Kultur der Weimarer Republik, München 1978.
Horkheimer/Adorno 1971: Horkheimer, Max/Adorno, Theodor W. : Dialektik der Aufklärung. Philosophische Fragmente, Frankfurt a. M. 1971.
Huber 2014: Huber, Simon: Orientierungsfahrten. Sowjetunion- und USA-Berichte der Weimarer Republik, Bielefeld 2014.
Illouz 2007: Illouz, Eva: Der Konsum der Romantik. Liebe und die kulturellen Widersprüche des Kapitalismus. Aus dem Amerikanischen von Andreas Wirthensohn, Frankfurt a. M. 2007.
Kaes 1983: Kaes, Anton (Hg.): Weimarer Republik. Manifeste und Dokumente zur deutschen Literatur 1918–1933. Mit einer Einleitung und Kommentaren hg. von A. K., Stuttgart 1983.
Kaes 1995: Kaes, Anton: Schreiben und Lesen in der Weimarer Republik. In: Literatur in der Weimarer Republik 1918–1933, hg. von Bernhard Weyergraf, München/Wien 1995 (Hansers Sozialgeschichte der deutschen Literatur vom 16. Jahrhundert bis zur Gegenwart 8), S. 38–65.
Kastner 2007: Barbara Kastner: Statistik und Topographie des Verlagswesens. In: Geschichte des deutschen Buchhandels im 19. und 20. Jahrhundert. Die Weimarer Republik 1918–1933, Teil 1, hg. von Ernst Fischer und Stephan Füssel, München 2007, S. 341–378.
Kauffmann/Schütz 2000: Kauffmann, Kai/Schütz, Erhard (Hg.): Die lange Geschichte der Kleinen Form. Beiträge zur Feuilletonforschung, Berlin 2000.
Kiesel 2004: Kiesel, Helmuth: Geschichte der literarischen Moderne. Sprache, Ästhetik, Dichtung im zwanzigsten Jahrhundert, München 2004.
Kiesel 2017: Kiesel, Helmuth: Geschichte der deutschsprachigen Literatur 1918–1933, München 2017.
Köhn 1988: Köhn, Eckhard: Straßenrausch. Flanerie und kleine Form 1830–1933. Versuch zur Literaturgeschichte des Flaneurs, Berlin 1988.
Kracauer 2004: Kracauer, Siegfried: Film und Gesellschaft. [Die kleinen Ladenmädchen gehen ins Kino.] In: Werke, Bd. 6: Kleine Schriften zum Film 1921–1927, Bd. 6.1, hg. von Inka Mülder-Bach, Frankfurt a. M. 2004, S. 311–322.

Lethen 1975: Lethen, Helmut: Neue Sachlichkeit 1924–1932. Studien zur Literatur des „Weißen Sozialismus", Stuttgart ²1975.
Lethen 1994: Lethen, Helmut: Verhaltenslehren der Kälte. Lebensversuche zwischen den Kriegen, Frankfurt a. M. 1994.
Mann 1927: Mann, Thomas: Romane der Welt. Geleitwort. In: Hugh Walpole: Bildnis einer Rothaarigen. Roman. Mit einem Geleitwort für die Romane der Welt von Thomas Mann, Berlin 1927, S. 7–12.
Mittenzwei 1992: Mittenzwei, Werner: Der Untergang einer Akademie oder: Die Mentalität des ewigen Deutschen. Der Einfluß der nationalkonservativen Dichter an der Preußischen Akademie der Künste 1918–1947, Berlin 1992.
Peukert 1987: Peukert, Detlev J. K.: Die Weimarer Republik. Krisenjahre der klassischen Moderne, Frankfurt a. 1987.
Rühle 2007: Rühle, Günther: Theater in Deutschland 1887–1945. Seine Ereignisse – seine Menschen, Frankfurt a. M. 2007.
Schütz 1986: Schütz, Erhard: Romane der Weimarer Republik, München 1986.
Schütz 1995: Schütz, Erhard: Autobiographien und Reiseliteratur. In: Literatur in der Weimarer Republik 1918–1933, hg. von Bernhard Weyergraf, München/Wien 1995 (Hansers Sozialgeschichte der deutschen Literatur vom 16. Jahrhundert bis zur Gegenwart 8), S. 549–600.
Simmel 1984: Simmel, Georg: Das Individuum und die Freiheit. Essais, Berlin 1984.
Streim 2009: Streim, Gregor: Einführung in die Literatur der Weimarer Republik, Darmstadt 2009.
Töteberg 2017: Töteberg, Michael: Chronik eines Desasters. 1932/33: *Kleiner Mann – was nun?* soll verfilmt werden. In: Salatgarten 26 (2017), H. 2, S. 20–30 [mit Anzeigen- und Bildmaterial zum verschollenen Film] (überarbeitete und aufgrund neuer Funde ergänzte bzw. korrigierte Fassung von Töteberg, Michael: „Beim Film weiß man nie". Ein Autor scheitert an der Filmindustrie. In: Hans Fallada, hg. von Gustav Frank und Stefan Scherer, München 2013 (Text + Kritik 200), S. 40–50).
Trommler 1976: Trommler, Frank: Sozialistische Literatur in Deutschland. Ein historischer Überblick, Stuttgart 1976.
Weyergraf 1995: Weyergraf, Bernhard (Hg.): Literatur in der Weimarer Republik 1918–1933, München/Wien 1995 (Hansers Sozialgeschichte der deutschen Literatur vom 16. Jahrhundert bis zur Gegenwart 8).

2.3 Zum Umbruch in Falladas Werk um 1925
Sabine Koburger

Als Hans Fallada am 3. November 1924 aus dem Greifswalder Strafvollzug entlassen wurde, hatte sich sein Kunstverständnis gewandelt, und er begann, sich neu zu orientieren – hin zu einer unsentimentalen Darstellungsweise sowie einer nüchternen und illusionslosen Wiedergabe der Realität, die dann als Neue Sachlichkeit die Kunstszene der zweiten Hälfte der 1920er Jahre dominiert. Der Beginn dieses Wandels lässt sich aus Falladas Manuskript erschließen, das Günter Caspar 1998 postum unter dem Titel *Strafgefangener, Zelle 32* herausgegeben hat. Fallada stellt hier die alten, klassisch-idealistischen Seh- und Beschreibungsweisen für die Darstellung der Gefängniswirklichkeit in Frage, denn er konstatiert hinsichtlich der Häftlinge: „Nichts von der kühnen Entschlossenheit der Romanhelden, aber von der angstvollen Entschlossenheit des Lebendigen." (Fallada 1998, 107) Den Verbrecher, wie er wirklich ist, der ohne Leidenschaft stiehlt wie ein anderer arbeitet, finde man in der Literatur nicht, bemerkt Fallada. Ihn interessierten daher die Geschichten der Inhaftierten: Er schrieb ihre Dialoge auf, notierte witzige Redensarten, erweiterte seinen Wortschatz durch Knastausdrücke und übernahm die „andersartliche[n]" Begriffe aus der „neuen Branche" (Fallada 1992, 57f.). Der Abgleich von Situationen des Gefängnisalltags mit Darstellungen in der schöngeistigen Literatur half ihm nicht nur, die schwierige Zeit zu überstehen, sondern führte auch zum Nachdenken über die Bedeutung des Schreibens und dessen Realitätsbezogenheit. So verwundert es nicht, dass der noch im Gefängnis begonnene Roman *Im Blinzeln der Großen Katze* sich sowohl hinsichtlich der Themen und Motive als auch stilistisch von den expressionistischen Romanen der Frühzeit absetzt; gleichwohl bleibt auch dieser Text ein Werk des Übergangs. Erst in den Essays und Erzählungen des Jahres 1925 wird die Veränderung von Falladas Kunstverständnis deutlicher sichtbar. Mehr noch: 1925 wurde zum bisher erfolgreichsten Jahr des Schriftstellers. Seine literarischen Kontakte beschränkten sich nicht mehr nur auf den Ernst Rowohlt Verlag. Fallada korrespondierte mit mehreren Redakteuren angesehener Zeitschriften, in denen seine Essays und eine kleine Novelle veröffentlicht wurden, und der Lektor des Späth Verlages, Heinz Stroh, versuchte, ihn als Autor zu gewinnen.

Informativ, unterhaltsam, kritisch – Essays

Am 3. Januar 1925 erschien Falladas Aufsatz *Stimme aus den Gefängnissen* in der renommierten Wochenschrift *Das Tage-Buch*. Rowohlts Lektor Franz Hessel hatte den Text für interessant befunden und Anfang Dezember 1924 an den Herausgeber und Chefredakteur Stefan Großmann weitergeleitet. Der aus einer jüdischen Familie in Wien stammende Sozialist Großmann hatte als Feuilleton-Redakteur der Wiener *Arbeiter-Zeitung* und Leiter der Wiener Volksbühne gearbeitet, bevor er 1912 nach Berlin übersiedelte und als Journalist tätig war. Großmann schrieb selbst Novellen und Erzählungen. Offensichtlich schätzte er Fallada seit Langem – in einem Brief vom März 1923 schrieb er: „Sie schöpfen aus einer sehr starken Quelle, die vielleicht stärker nachströmt als meine." (Großmann an Fallada, 2. März 1923)

Falladas im journalistischen Stil geschriebener Text gefiel, und es folgten zwei weitere Publikationen im *Tage-Buch*, am 11. April der Aufsatz *Tscheka-Impressionen* und am 15. August *Stahlhelm-Nachtübung*. Alle drei Beiträge zeugen von seinem Interesse für aktuelle gesellschaftliche Probleme und der Fähigkeit des genauen Beobachtens. Dabei beschreibt er die Vorgänge aus unterschiedlichen Perspektiven, in *Stimme aus den Gefängnissen* aus der Sicht eines Häftlings, in *Tscheka-Impressionen* aus der des neutralen Berichterstatters. Im Text *Stimme aus den Gefängnissen*, der das Ausgeliefertsein der Strafgefangenen an die Gefängnisbürokratie thematisiert, kommt Fallada zu dem Schluss, dass nicht einzelne Maßnahmen verändert werden müssten, sondern das gesamte System des Strafvollzugs einer Reform bedürfe.

Die Ungerechtigkeiten in den Haftanstalten behandelt Fallada auch in den *Tscheka-Impressionen*. Er stellt beispielhaft zwei Untersuchungsgefangene gegenüber, den ‚ehrlichen' Verbrecher und den gemeinen, einen Denunzianten und Spitzel der Beamten, der nicht nur während der Haft bessere Bedingungen erhält, sondern dem darüber hinaus Strafermäßigung und Strafaussetzung in Aussicht gestellt werden. Falladas Schlussfolgerung: „All dies lebt, all dies kommt täglich vor, und wir wundern uns nicht einmal darüber. [...] Wir zahlen Prämien für die schuftigste Gesinnung." (Fallada 1925b, 524) Die politischen Hintergründe der Gerichtsverhandlung beleuchtet Fallada nicht, ihn interessieren eher die Begleitumstände. In ironischem Stil geschrieben, enthüllt der Essay seine Kritik an der Macht der Presse und deren Missbrauch: „vollkommen Neues erfinden, Geschehenes verfälschen, Gehörtes unterdrücken. Alle drei Wege werden eifrig benutzt." (ebd., 525f.)

Im Text *Stahlhelm-Nachtübung*, der unter der Rubrik *Glossen* in *Das Tage-Buch* erschien, behandelt Fallada die umstürzlerischen Aktivitäten eines Mitgliedes der paramilitärischen Gruppe ‚Stahlhelm' aus der Sicht eines distanziert-ironischen Beobachters. Mit wenigen Strichen zeichnet er die Arroganz und konservative nationalistische Haltung des ostelbischen Adels, der misstrauisch blieb, auch wenn er die Stahlhelm-Bewegung im Geiste unterstützte; der aber nicht willens war, selbst Risiken einzugehen. Mit feinem Spott schildert Fallada die Dummheit der jugendlichen Teilnehmer der Nachtübung, die nicht bemerken, dass sie missbraucht werden. Am Schluss hebt er die Anfälligkeit der Landjugend für vaterländische Parolen hervor und warnt vor der Gefährlichkeit ihrer politischen Naivität:

> Sie wären nicht nur gegen Küstrin, sie wären gegen Berlin, sie wären gegen die ganze Welt marschiert. [...] Sie wissen nichts, wenn nicht dies, daß sie die anderen hassen. [...] [S]ie marschieren zu jedem Mord- und Totschlag, sie marschieren heute noch. Und sie werden immer marschieren – gegen den Geist. (Fallada 1925c, 1228f.)

Bereits im März 1925 hatte der *Neue Merkur* um einen Beitrag gebeten. Im April meldete sich Heinrich Fischer, ein Mitarbeiter von Willy Haas, dem Herausgeber und Redakteur der von Rowohlt neu gegründeten Zeitschrift *Die Literarische Welt*, und erbat Falladas Mitarbeit. Etwas über eine Woche später schickte ihm dieser den Essay *Was liest man eigentlich in Hinterpommern?*, der Fischer ausgezeichnet gefiel und sofort angenommen wurde. Fischer betonte, dass Fallada den Ton des Blattes nicht nur „einigermaßen", sondern „überraschend vollendet" getroffen habe und ermutigte ihn zu weiteren Artikeln, auch Buchbesprechungen seien willkommen (Fischer an Fallada, 22. April und 11. Juli 1925).

Kühl, nüchtern, unsentimental – Erzählungen

Nachdem seine Aufsätze so schnell publiziert worden waren, schickte Fallada zwei Erzählungen an Großmann, die dieser jedoch wegen ihrer Länge von „acht bis neun Seiten" ablehnen musste, obwohl er sie durchaus schätzte. Am 14. Juli 1925 teilte er dem Autor mit:

> Ich habe Ihre Erzählungen so lange zurückbehalten, weil ich sie unterzubringen hoffte, da sie in einem sehr schönen und guten Deutsch geschrieben sind und ihr stiller vornehmer Erzählton mir nahe geht. Aber beim allerbesten Willen kann ich die Erzählungen nicht unterbringen, weil sie zu lang sind. [...] Wenn Sie kürzere dichterische Arbeiten hätten, würde ich sie gern abdrucken. (Großmann an Fallada, 14. Juli 1925)

Es handelt sich bei den erwähnten Texten mit hoher Wahrscheinlichkeit um *Die große Liebe* und *Der Apparat der Liebe* (siehe den Beitrag 2.3 *Erzählungen der 1920er*

Jahre in Kap. II). Günter Caspar hat sie, basierend auf den noch existierenden Handschriften, 1993 zusammen mit dem Frühwerk Falladas postum herausgegeben. Er nimmt an, dass beide Texte vor dem Sommer 1925 entstanden sein müssen, was auf die im Briefwechsel erwähnten Erzählungen zutreffen würde. Auch der von Großmann genannte Textumfang, das „schöne gute Deutsch", der als still und vornehm charakterisierte Erzählton stützen diese Vermutung.

Die Handlung der Erzählung *Die große Liebe* wird in chronologischer Folge von einem heterodiegetischen Erzähler präsentiert. Der Leser erlebt das schrittweise Auseinanderbrechen einer Ehe ohne Schuldzuweisungen, als Prozess, der objektiv und unabhängig vom Wollen der Ehepartner verläuft. Die große Liebe wird als Illusion entlarvt, am Ende ist jeder allein, ein Gefangener seiner selbst. Jenny Williams vertritt die Auffassung, dass Eheprobleme seines Freundes Johannes Kagelmacher Fallada zu dieser Erzählung inspiriert hätten. Sie begründet das mit einem Tagebucheintrag Falladas vom 13. Juli 1924, in dem er einen Brief Kagelmachers über dessen bevorstehende Scheidung kommentiert (vgl. Williams 2004, 103). Die zweite Erzählung, *Der Apparat der Liebe*, führt eine Ehe vor, die von Anfang an seitens der Frau ganz ohne Liebe funktioniert. Fallada entrollt die Geschichte diesmal aus der Perspektive einer weiblichen Erzählstimme, der etwa vierzigjährigen Mutter von drei Kindern. Mieze Lauterbach stellt im Rückblick, ausgehend von ihrem traumatischen Kindheitserlebnis – der Vergewaltigung ihrer Schwester Violet durch vier Männer – ihren Lebensweg, insbesondere ihren dreifachen Ehebruch, dar. Der Preis für die Überwindung ihrer Angst-Blockade ist eine illusionslose Sicht auf „die Mechanik des Lebens" (Scherer 2015, 40). Die Liebe ist für sie nur ein Apparat: „Immer das gleiche. Nichts Neues unter der Sonne" (Fallada 1993, 280). Das Motiv des Alleinseins, des Ausgeliefertseins des Einzelnen an das Leben, das Falladas vorausgegangene Werke wie ein roter Faden durchzieht, taucht auch in dieser Erzählung wieder auf, ebenso wie die ‚Große Katze' und eben ‚Mieze' als Symbol für das Spiel des Schicksals.

Fallada bot die Erzählungen seinem Hausverlag gar nicht erst an, denn Rowohlt hatte im Mai 1925 das Romanmanuskript *Im Blinzeln der Großen Katze* abgelehnt und verlegte trotz seiner ursprünglichen Zusage die 1924 entstandenen *Tiernovellen* nicht. Auch Falladas Versuche, die von Hessel hochgeschätzte, aber von Rowohlt abgelehnte Novelle *Die Kuh, der Schuh, dann du* (1921; siehe den Beitrag 2.3 *Erzählungen der 1920er Jahre* in Kap. II) nun doch noch bei einer Zeitschrift unterzubringen, scheiterten. *Die Neue Rundschau* wies sie als zu lang zurück, und auch Max Krell wollte sie nicht publizieren, er wünschte sich „etwas einfach Erzähltes" (Krell an Fallada, 21. April 1925). Krell war zu jener Zeit Chefredakteur bei der Leipziger Verlagsdruckerei für die drei ersten deutschen Illustrierten im Magazin-Format: *Die Große Welt*, *Das Leben* und *Der Die Das* (am 1. Januar 1926 zu *Das Leben* zusammengelegt). Am 15. Mai bedankte er sich für die Novelle *Der Trauring*, die ihm so gut gefiel, dass er sogleich um weitere Arbeiten bat (Krell an Fallada, Juli 1925). Er kündigte die Publikation der Novelle im Magazin *Die Große Welt* für den 1. August an – mit Ditzens Foto auf der ersten Seite. Überdies konnte sich Fallada über ein Honorar von 125 Mark freuen (Krell an Fallada, Juli 1925).

Die Geschichte *Der Trauring* (siehe den Beitrag 2.3 *Erzählungen der 1920er Jahre* in Kap. II) enthüllt Falladas Talent der realistischen Milieuschilderung und Figurengestaltung ebenso wie seine Fähigkeit, mit wenigen Kunstgriffen Spannung zu erzeugen und diese auch aufrechtzuerhalten. Ein unbedeutender Vorfall weitet sich zur Katastrophe für drei Menschen aus. Das Motiv ‚ein Schritt vom Wege' aus seinem Roman *Im Blinzeln der Großen Katze* wieder aufnehmend, greift Fallada auf seine Kenntnisse der Arbeits- und Lebenswelt der ländlichen Bevölkerung zurück, so dass ihm eine überzeugende Studie menschlicher Verhaltensweisen gelingt. Wie in seinen späteren Romanen spart er grausige Details aus und überlässt es der Vorstellungskraft des Lesers, sich die Situation auszumalen. Im August 1934 war die Novelle noch einmal Thema eines Briefwechsels zwischen Heinrich Maria Ledig und Fallada. Eine Vertriebsmitarbeiterin in Dänemark fragte an, ob sie die Geschichte an eine dänische Redaktion verkaufen dürfe, die Interesse angemeldet hatte. Fallada erinnerte sich sogar noch daran, dass der Text in einer von Krell geleiteten Zeitschrift erschienen war. Er lehnte jedoch eine erneute Veröffentlichung kategorisch ab, da ihm die kleine Erzählung nicht mehr gefiel (Ledig an Fallada, 30. August 1934, sowie Fallada an Ledig, 2. September 1934).

Im Februar 1926 – Fallada befand sich zu diesem Zeitpunkt bereits seit drei Monaten im Gefängnis Neumünster – erschien in dem Magazin *Das Leben* seine heitere Geschichte *Ich übe mich im Dialog* mit Illustrationen von Beatrice Braun-Fock. Der Text ist insofern bedeutsam, als der Autor hier erstmals ganz bewusst den Dialog als vorherrschendes Gestaltungsmittel wählt und ironisch mit der Form spielt. Der Ich-Erzähler spottet zu Beginn über seine Unfähigkeit, einen Dialog zu schreiben: „Ich weiß, ich kann keinen Dialog schreiben. Ich möchte aber gern solch witzigen, überraschenden, schlagfertigen Dialog schreiben können, wie ihn alle Leute in allen Zeitungen schreiben." (Fallada 1926, 929) Mit seiner Binnenerzählung beweist er das Gegenteil, um dann den Rahmen mit der Pointe zu schließen: „Witziger, überraschender, schlagfertiger Dialog, wie ihn alle Leute in allen Zeitungen schreiben, ist furchtbar langweilig." (ebd., 930) In seinem Roman *Bauern, Bonzen und Bomben* wird Fallada die dialogische Erzähltechnik dann gezielt einsetzen, um den Erzähler fast völlig auszuschalten und eine neutrale Atmosphäre zu schaffen.

Falladas Publikationen in renommierten Zeitschriften wie *Das Tage-Buch*, *Der Neue Merkur*, *Die Literarische Welt* und im Magazin *Die Große Welt* brachten ihm Anerkennung und neue Kontakte in der Literaturszene ein. Er war so auf dem besten Wege, sich mit Essays und Erzählungen als Schriftsteller zu etablieren. Das Schreiben für Zeitschriften erforderte Kürze und Prägnanz, er musste Themen aufgreifen, die das Publikum interessierten und diese unterhaltsam darstellen. Dabei probierte er verschiedene Schreibverfahren aus. Thematisch konnte er aus seinen Erfahrungen und Eindrücken schöpfen, die er während seines ersten Gefängnisaufenthaltes in Greifswald, aber auch als Rendant auf den großen Gütern und in den Dörfern gesammelt hatte. In seinen Essays und Erzählungen setzt er sich mit sozialen und psychologischen Problemen auseinander, und selbst das Thema Liebe behandelt er nüchtern und illusionslos als ein von gesellschaftlichen Normen und Erwartungen bestimmtes Phänomen. Falladas Abkehr vom Expressionismus und sein Wechsel zum neusachlichen Schreibansatz vollzog sich also nicht erst, wie vielfach in der Sekundärliteratur dargestellt, am Ende der 1920er Jahre, sondern offenbart sich bereits in seinen Essays und Erzählungen als ein Schreiben im Kontext der aktuellen Zeitschriftenformate von 1925.

Bemühung um Fallada durch den Späth Verlag

Das Jahr 1925 war aber auch insofern ein besonderes für Fallada, als sich erstmals neue Perspektiven in einem anderen Verlag eröffneten, und dies bemerkenswerterweise zu einem Zeitpunkt, da sein Verhältnis zu Rowohlt aus verschiedenen Gründen in die Krise geraten war. Schon seit März war er von Heinz Stroh, dem Lektor des J. M. Späth Verlages, umworben worden. Der Literaturkritiker und Schriftsteller war seit Langem ein Bewunderer des nur sechs Jahre älteren Fallada. Stroh hatte 1921 einen Auszug aus dem Roman *Der junge Goedeschal* in den von ihm herausgegebenen Novellenband *Die Einsamen* aufgenommen. Mit dem Titel *Verzweiflung* leitet der Textauszug die Sammlung der ‚Kindheitsnovellen' von bekannten Schriftstellern wie Robert Musil, Stefan Zweig und Hermann Hesse ein – ein schöner Erfolg für ein Debüt. Auch den Roman *Anton und Gerda* (1923) hatte Stroh positiv besprochen, und in einer Kritik *Zur Epik unserer Tage* zählte er Fallada neben Robert Musil, Hans Carossa, Albrecht Schaeffer und anderen zu den „wahrhaft deutsche[n] Dichter[n]" (Stroh 1925, o. S.).

Der rege Briefwechsel zwischen Stroh und Fallada von Anfang März bis August 1925 enthüllt nicht nur Strohs Bewunderung, sondern zeigt auch, wie Fallada sich dem Späth Verlag anzunähern beginnt. So heißt es in einem Brief Strohs: „Späth würde ganz gerne Ihren Roman [i. e. *Im Blinzeln der Großen Katze*, S. K.] bringen." Und an anderer Stelle: „Gerne möchte ich Ihnen helfen, Ihre kleinen Arbeiten unterzubringen." (Stroh an Fallada, 2. Juni 1925) Fallada schickte ihm daraufhin die Novelle *Länge der Leidenschaft*, die Stroh „ausgezeichnet" fand und in der *Neuen Rundschau* unterbringen wollte (Stroh an Fallada, 17. Juli 1925), was allerdings nicht gelang; wie auch Falladas Vorhaben, zwei bei Späth erschienene Novellenbände von Arnold Zweig zu besprechen, nicht mehr ausgeführt werden konnte. Der Name der Protagonistin Ria in dieser Novelle verweist auf Falladas Manuskript *Ria. Ein kleiner Roman*, das Hessel im August 1923 abgelehnt hatte und das bislang als verschollen gilt. Der Lektor war der Meinung, Fallada hätte eine andere Art des Erzählens wählen müssen, nicht die monologische und traumdialogische wie bei *Anton und Gerda*, sondern die Geschichte hätte „objektiv" erzählt werden müssen (Hessel an Fallada, 14. August 1923). Fallada könnte den Roman in diesem Sinne umgearbeitet und gekürzt oder zumindest als Grundlage für die Erzählung benutzt haben.

Wie weit Falladas Beziehungen zum Späth Verlag gediehen waren, wird aus der Tatsache ersichtlich, dass der Verleger Späth ihm den Verlagskatalog und ein Bücherpaket zusandte, wofür sich Fallada am 6. August 1925 überschwänglich bedankte. Das ist zugleich der letzte Brief des Konvoluts. Die Beziehung zu Stroh und dem Späth Verlag endete abrupt, wie auch Falladas Schriftsteller-Karriere. Ähnlich dem Bankbeamten Lütt im Roman *Im Blinzeln der Großen Katze* unterwarf er sich nach seiner in Neuhaus bei Lütjenburg begangenen Unterschlagung und den folgenden Ausschweifungen dem bürgerlichen Comment, indem er sich am 18. September 1925 der Polizei stellte. Nach der Verbüßung der zweieinhalbjährigen Gefängnisstrafe im Zentralgefängnis Neumünster – er wurde am 10. Mai 1928 entlassen – konnte er nicht mehr problemlos an seine ersten schriftstellerischen Erfolge anknüpfen, sondern musste zunächst eine Arbeitsstelle suchen, um seinen Lebensunterhalt zu sichern. Die gerade erst geknüpften Kontakte zu den Redakteuren waren abgebrochen, die Literaturlandschaft hatte sich verändert. Als Fallada 1931 mit seinem Roman *Bauern, Bonzen und Bomben* hervortrat, war er den meisten Kritikern (und Lesern) unbekannt, sein Frühwerk in Vergessenheit geraten.

Bis in die jüngste Gegenwart hinein blieben seine 1925 entstandenen Texte im Schatten seiner späteren Werke, obwohl sich gerade in ihnen die Hinwendung Falladas zu einem sozialen Alltagsrealismus, wie er ihn in den neusachlichen Zeitromanen ab 1931 zur künstlerischen Vollendung führen wird, anbahnt.

Literatur

Briefwechsel Hans Fallada – Stefan Großmann, 2.3.1923, HFA S 970.
Briefwechsel Hans Fallada – Stefan Großmann, 14.7.1925, HFA S 972.
Briefwechsel Hans Fallada – Heinrich Fischer 1925, HFA S 972.
Briefwechsel Hans Fallada – Max Krell 1925, HFA S 972.
Briefwechsel Hans Fallada – Heinz Stroh 1925, HFA S 972.
Briefwechsel Hans Fallada – J. M. Späth Verlag, 6.8.1925, HFA S 972.
Briefwechsel Hans Fallada – Heinrich Maria Ledig 1934, HFA N 240.
Fallada 1925a: Fallada, Hans: Stimme aus den Gefängnissen. In: Das Tage-Buch 6 (1925) H. 1, 3.1.1925, S. 9–15.
Fallada 1925b: Fallada, Hans: Tscheka-Impressionen. In: Das Tage-Buch 6 (1925) H. 15, 11.4.1925, S. 522–526.
Fallada 1925c: Fallada, Hans: Stahlhelm-Nachtübung. In: Das Tage-Buch 6 (1925) H. 33, 15.8.1925, S. 1227–1229.
Fallada 1926: Ich übe mich im Dialog. Von Hans Fallada. Illustriert von Beatrice Braun-Fock. In: Das Leben. Die Große Welt. Der Die Das 3 (1926), Nr. 9 (Februar 1926), S. 929–930.
Fallada 1991a: Fallada, Hans: Der Trauring. In: Gute Krüseliner Wiese rechts und 55 andere Geschichten. Geschichten und Geschichtchen. 1925–1936, hg. von Günter Caspar, Berlin 1991, S. 7–21.
Fallada 1991b: Fallada, Hans: Länge der Leidenschaft. In: Gute Krüseliner Wiese rechts und 55 andere Geschichten. Geschichten und Geschichtchen. 1925–1936, hg. von Günter Caspar, Berlin 1991, S. 22–37.
Fallada 1993a: Fallada, Hans: Im Blinzeln der Großen Katze. Ein Roman [1924]. In: Falladas Frühwerk in zwei Bänden, Bd. 2: Frühe Prosa, hg. von Günter Caspar, Berlin/Weimar 1993, S. 283–420.
Fallada 1993b: Fallada, Hans: Der Apparat der Liebe. Eine Erzählung [1925] In: Falladas Frühwerk in zwei Bänden, Bd. 2: Frühe Prosa, hg. von Gunther Caspar, Berlin/Weimar 1993, S. 177–280.
Fallada 1993c: Fallada, Hans: Die große Liebe. Eine Erzählung [1925]. In: Falladas Frühwerk in zwei Bänden, Bd. 2: Frühe Prosa, hg. von Günther Caspar, Berlin/Weimar 1993, S. 115–174.
Fallada 1998: Fallada, Hans: Strafgefangener, Zelle 32. Tagebuch 22. Juni–2. September 1924, hg. von Günter Caspar, Berlin 1998.
Scherer 2015: Scherer, Stefan: Psychomechanik des Lebens. Der noch zu entdeckende Erzähler Fallada um 1925: *Der Apparat der Liebe* (1925). In: Salatgarten 24 (2015), H. 2, S. 38–41.
Stroh 1925: Stroh, Heinz: Die Königsschlächter. Zur Epik unserer Tage. Unbezeichnete Kritik, 8.6.1925, HFA S 972.
Williams 2004: Williams, Jenny: Mehr Leben als eins. Hans Fallada. Biographie. Aus dem Englischen von Hans-Christian Oeser, Berlin 2004. [Originalausgabe: More Lives than One. A Biography of Hans Fallada, London 1998.]

2.4 Fallada und die literarische Situation um 1930
Lutz Hagestedt/Sabine Koburger

Falladas Erfahrungen als Journalist in Neumünster haben sich unzweifelhaft auf seine Schreibverfahren ausgewirkt. Seine Lehrjahre in der Provinz, teils als „wenig rühmliche Zeit" (Nimz 2011, 110) abgetan, sind von Lesern und Literaturwissenschaftlern erst noch zu würdigen. Er selbst erweckte den Eindruck, die Arbeit eines Lokalreporters sei eine unbefriedigende Tätigkeit, der er nur ungern nachgegangen sei. So gestand er seinem Freund Johannes Kagelmacher: „Und der Stil geht bei diesem blöden Artikelschreiben für die Zeitung, wo man genauso dumm und blöd schreiben muss, wie es die Kleinstadt verlangt, wirklich vor die Hunde." (Fallada an Kagelmacher, 2. Februar 1929) In einem anderen Brief klagt er über „Tagesarbeit, Geldverdienestümperei" (Fallada an Kagelmacher, 15. Dezember 1929). Ungeachtet dieser Äußerungen spricht die Qualität vieler seiner in Neumünster entstandenen Texte gegen diese Sichtweise (siehe den Beitrag 1.1 *Verhältnis literarisches Werk – Rezensionspraxis – journalistische Tätigkeit* in Kap. II). Seine journalistische Arbeit zeugt von Kreativität und Lust am Schreiben.

Nachdem Fallada 1930 dank seinem Verleger Ernst Rowohlt der Sprung nach Berlin gelungen war und er die Leitung der Rezensionsabteilung des Rowohlt Verlags übernommen hatte, profilierte er sich rasch als Literaturkritiker. Ein Jahr später bereits war er mit *Bauern, Bonzen und Bomben* deutschlandweit bekannt geworden. Seine Rezensionen erschienen in so angesehenen Presseorganen wie *Die Literatur*, *Der Querschnitt* und *Vossische Zeitung*. Als 1932 ein Beitrag einmal nicht im Feuilleton, sondern ‚nur' in der *Literarischen Rundschau* als Beilage der *Vossischen Zeitung* erschienen war, riet Rowohlt seinem Autor verärgert, nicht mehr so viele Rezensionen zu schreiben (vgl. Rowohlt an Fallada, o. D., vermutlich 3. Juli 1932).

Die Anzahl der Kritiken zeigt, dass seine Lust am Schreiben letztlich taktische Überlegungen ausstach. Er rezensierte ein breites Spektrum moderner zeitgenössischer Autoren: Ernest Hemingway, Gerhart Hauptmann, Irmgard Keun, Ludwig Winder, Günther Weisenborn, Erich Maria Remarque, Martin Andersen Nexö, Sinclair Lewis, Aldous Huxley, Walther von Hollander, Alfred Neumann, André Maurois, um nur die wichtigsten zu nennen. Berührungsängste kannte er weder beim ‚Höhenkamm' noch bei Autoren der Populärliteratur (siehe den Beitrag 2.5 *Schreiben in der/für die Populärkultur* in Kap. I). Seine Bücherliste enthält auch Autoren wie August Gailit, Hermann Stehr und Heinrich Hauser, ja sogar regelrechte Trivialliteratur. Eine Auswahl der Bücher nach bestimmten Kriterien ist nicht zu erkennen, vielmehr scheint es so, dass er als Rezensent annahm, was ihm angetragen wurde oder was ihn besonders zur Besprechung reizte. Bemerkenswerterweise interessierte er sich nicht nur für Belletristik, sondern rezensierte vereinzelt auch Sachbücher zu Themen wie Garten, Pädagogik, Politik und Medizin von Autoren wie Karl Förster, Karel Čapek, Walter Poenicke, Hans Würtz, Heinrich Hauser, O. B. Server (Ps.) und Dr. Else Kienle. Vom Umfang her sind seine Kritiken eher knapp gehalten, sie umfassen selten mehr als ein, zwei Seiten. Nur in Ausnahmefällen, wie bei Überblicksdarstellungen zu den Werken von Peter Martin Lampel oder Erich Kästner, gehen sie darüber hinaus.

Die rege Arbeit Falladas als Kritiker und Beobachter des Kulturbetriebs bekam 1933 einen Dämpfer. Mit dem Machtantritt der Nationalsozialisten und dem damit verbundenen Ende einer Literaturkritik unter den Bedingungen der Demokratie wurde es für Fallada zunehmend schwieriger, publizistisch tätig zu sein. Nach verstärkten ideologischen Angriffen auf seine Romane, denen insbesondere *Wer einmal aus dem Blechnapf frißt* (1934) und *Wir hatten mal ein Kind* (1934) ausgesetzt waren, zog er sich von der Rezensionstätigkeit weitgehend zurück (siehe die Beiträge 1.4 *Anpassungsstrategien und indirekter Widerstand im Dritten Reich* und 2.7 *Zwischen Innerer Emigration und NS-Literatur: Falladas Poetik im literarischen Kontext des Dritten Reichs* in Kap. I). Wenige Ausnahmen bilden einige von Rowohlt in Auftrag gegebene Buchrezensionen, die der Bewerbung des jeweiligen Titels dienten.

Fallada als Lokalreporter in Neumünster (1928/29)

Von ausschlaggebender Bedeutung für seine Entwicklung vom Lokalreporter zum versierten Literaturkritiker war seine Tätigkeit als Film- und Theaterkritiker in Neumünster. Unter dem Druck der Zeilenbegrenzung und der Notwendigkeit, sich mit vielfältigen Themen schreibend auseinanderzusetzen, gelang es ihm, einen ganz eigenen, unverkennbaren Stil zu entwickeln. Auch wenn er ‚nur' ein kleiner Provinzjournalist war, ausgesetzt den Widrigkeiten der Auftragsarbeiten, den Ansprüchen der Kinobetreiber, der Kulturverantwortlichen, der Stadtväter und der Abonnenten, sorgten seine Beiträge doch schnell für Aufmerksamkeit. Eigentlich war er nach seiner Entlassung aus dem Zentralgefängnis in Neumünster am 10. Mai 1928 und einer kurzen Zwischenstation als Adressenschreiber in Hamburg zunächst nur als Anzeigen- und Abonnentenwerber für den *General-Anzeiger in Neumünster* eingestellt worden. Schon früh gab ihm der Chefredakteur des Blättchens, K. H. Berthold, mehr Verantwortung und ließ ihn kleinere (gelegentlich sogar zweispaltige) Beiträge schreiben, da sich Fallada nicht nur als fleißiger Hilfs-Redakteur, sondern auch als stilsicherer Schreiber auszeichnete: Ab März 1929 erhält Fallada eine Festanstellung als offizielles Mitglied der Redaktion (vgl. Williams 2002, 123f.). Der *General-Anzeiger* war die kleinste der drei Zeitungen Neumünsters, die überdies unter starkem Abonnentenschwund litt. „Dass ich natürlich ausgerechnet an eine deutschnationale, antisemitische Zeitung geraten bin, ist eine Spezialtücke des Schicksals, über die wir beide wohl kein Wort zu verlieren haben", schreibt Fallada an Kagelmacher am 11. Dezember 1928.

In den etwa 14 Monaten seiner Tätigkeit in Neumünster verfasste er hauptsächlich Artikel für den Lokalteil, rezensierte die regelmäßig angebotenen Vorträge des Ortsvereins für freies Bildungswesen, die Aufführungen des Musikvereins sowie die Vorstellungen des Thalia-Theaters und des Deutschen Schauspielhauses im nahegelegenen Hamburg. Fallada berichtete über ‚Höhepunkte' im Schuljahr der Holstenschule, über besondere lokale Ereignisse, und er schrieb Filmkritiken. Darüber hinaus gelang es ihm, mehrere Kurzgeschichten und kürzere Prosatexte bzw. Feuilletons in den *Kieler Neuesten Nachrichten*, dem *Hamburger Echo*, dem *Hamburger 8 Uhr Abendblatt* und sogar in so renommierten Zeitschriften wie dem *Tage-Buch* und der *Weltbühne* unterzubringen. Über 50 publizistische Arbeiten Falladas aus den Jahren 1928/29 sind im Hans-Fallada-Archiv dokumentiert. Seine Beiträge als Lokalreporter unterzeichnete Ditzen mit „-n" oder „-en", eigene Geschichten oder Feuilletons mit „Hans Fallada". Möglicherweise verfasste er auch für das *Kino-Magazin Neumünster* Artikel, ein monatlich erscheinendes Blatt mit Rätselecke, Leserbriefen, Filmvorschau und Schauspieler-Porträts (Nachweis nur in HFA N 145). Diese wurden jedoch namentlich nicht gezeichnet, so dass eine Zuordnung kaum noch möglich ist.

Im sozialen Mesokosmos der Kleinstadt spürte er auf seine Weise dem Puls der Zeit nach. Am 24. Januar 1929 begleitete er als Lokalredakteur den Vortrag *Für und wider die Todesstrafe* des Neumünsteraner Rechtsanwaltes Dr. Schmidt im Ortsverband für freies Bildungswesen. Ein Brief an seine Verlobte Anna Issel enthüllt sein Dilemma:

> Heute Abend höre ich erst noch einmal einen Vortrag, Thema: *Für oder gegen die Todesstrafe*, der mich bannig interessiert, den ich aber aus internen Gründen runterreissen [sic] muss, ob er mir nun gefällt oder nicht. (Fallada/Ditzen 2007, 39)

Falladas umfängliche Besprechung fällt dann aber doch weitgehend positiv aus. Sie besticht durch ihren packenden feuilletonistischen Stil und eine überzeugende Komposition. Ausgehend von der vorgefassten Meinung der meisten Besucher, dass die Todesstrafe angemessen sei, wählt er einen kontrastiven Auftakt: „Es sei gleich gesagt: Herr Rechtsanwalt Schmidt war gegen die Todesstrafe." (Fallada 1929b, 3) Die in erster Linie von Zweckmäßigkeitserwägungen geprägten Argumente des Referenten fasst er in gegliederter Form zusammen und gibt sich dann ebenfalls als Gegner der Todesstrafe zu erkennen. Mit der überraschenden Wendung „Und doch – warum war in meiner Nachbarschaft niemand überzeugt?" (ebd.) lenkt er den Leser sodann auf den wesentlichen Kritikpunkt: Der Vortragende erreichte die Herzen der Zuhörer nicht. Mit dem lateinisch zitierten Appell des römischen Dichters Horaz „tua res agitur" wendet sich Fallada direkt an seine Leser:

> Auch um dich geht's! Und wenn du auch nicht mordest und nicht deine Brüder und nicht deine Verwandten, so geht es doch um das Ansehen der Rechtspflege deines Vaterlandes, um das Ethos deines Volkes. Denn Gesetze sind die Niveaumesser der Volkssittlichkeit. (ebd.)

Für ein Provinzblättchen ist das ein ungewöhnlicher Text. Er verdankt sich einem zutiefst humanistisch denkenden Zeitgenossen, dem die gesellschaftlich Geächteten nicht gleichgültig sind. Fallada scheut sich nicht, am Ende klare Worte zu finden: „Ein geschickter Vortrag, ein flüssiger Vortrag, ein populärer Vortrag, alles zugegeben. Aber kein zwingender Vortrag. Schade, eine versäumte schöne Gelegenheit, eine vertane Stunde." (ebd.)

Stilistisch knüpft Fallada an seine Essays und kleinen Erzählungen von 1925 an, in denen er – den neusachlichen Stil erstmalig erprobend – die moderne Wirklichkeit einzufangen sucht. Nun aber ist der Zwang zum komprimierten, publikumsorientierten Schreiben größer geworden, so dass er sich genötigt sieht, gezielt Darstellungstechniken eines verdichteten Schreibens einzusetzen. Seine Vortragsbesprechungen sind aber noch in anderer Hinsicht aufschlussreich: Fallada, der sich zu seinen politischen Überzeugungen nie öffentlich geäußert hat, gibt in diesen Feuilletons zu den Vorträgen des Bildungsvereins, die aktuell-politische Themen wie zum Beispiel *Gegenwartsprobleme der Weltwirtschaft*, *Die Berufsethik des Arbeitnehmers*, *Die Berufsethik des Unternehmers* oder *Deutsche Kommunalpolitik in amerikanischem Lichte* behandeln, Einblick in sein Denken über gesellschaftliche Probleme. Dabei offenbart er sich als Humanist und weltoffener Demokrat – er setzt sich für Völkerverständigung ein, für Wohnungsbau und Wohlfahrt, geißelt die überbordende Bürokratie, er ist Fürsprecher und Verteidiger des Rechts. So kommentiert er den Vortrag *Französische Kulturpropaganda und deutsche Zerrissenheit*:

> Daher ist geistige Zusammenarbeit notwendig, die Völker müssen sich nicht nur besser verstehen lernen, ihre Kulturen müssen sich auch gegenseitig beleben und weiter entwickeln. [...] Abschließen gegen alle fremden Einflüsse, wie es augenblicklich Italien tut, deutet auf innere Schwäche. (Fallada 1929c, 3)

Mit solchen Wertungen dient er sich als Journalist einer deutschnationalen Zeitung eben nicht leichtfertig bestimmten Interessengruppen der Stadt an, sondern lässt Eigenständigkeit im Denken erkennen. Er behandelt alle Themen mit Sachverstand und Scharfsinn und gelangt zu einem begründeten Urteil. Nicht selten endet er pointiert: „Manches bliebe noch zu sagen, aber Vorträge sollen schließlich nicht Aufsätze gebären, sondern Köpfe denken machen, und das hat dieser Vortrag schließlich getan." (ebd.)

In einem Beitrag über die neuen Entwicklungen in der Weltwirtschaft und die Rolle der USA äußert er sich besorgt und hellsichtig zugleich über mögliche Folgen der Herstellung künstlicher Rohstoffe: das Ende der Bindung der Industrien an die natürlichen Ressourcen und die daraus resultierende Abwanderung der Unternehmen in Länder mit billigen Arbeitskräften. Weltanschauliche Betrachtungen über die zunehmende Funktionalisierung der Wirtschaft zur Machterweiterung und Machtentfaltung sowie die daraus folgende unsichere Stellung des Einzelnen im Weltgetriebe schließen die Besprechung wirkungsvoll ab (vgl. Fallada 1929d, 3).

Neben der Lokalberichterstattung verfasst Fallada auch kleinere atmosphärische Feuilletons für den *General-Anzeiger*. So unerheblich die Anlässe oft sein mögen, selbst sie lassen den stilistisch versierten, kreativen Kopf erkennen, so dass sie sich von der üblichen Berichterstattung abheben. Sein Feuilleton *Sieben Kinder spielen im Stadtpark* schildert aus dem Blickwinkel eines unbeteiligten Beobachters einen stillen Sonntagnachmittag: das Kleinste, zweijährig, unter der Obhut eines Erwachsenen – des siebten Kindes! In die Beschreibung des Spiels und der charakterlichen Besonderheiten der Kinder flicht Fallada weltanschaulich-philosophische Betrachtungen über deren Zukunft ein. Das Ende überrascht mit einer humorvollen Anspielung auf die Bibel: „Und so toben sie in der Buckligen Welt im Stadtpark, der ‚Herr' mit seinen sechs Trabanten und – wer möchte nicht noch einmal mitspielen?" (Fallada 1929h, 5) Die „Bucklige[ ] Welt", das sind ein paar steile Hügel im Stadtpark, und Fallada mag den Begriff durchaus symbolisch für die Kinderwelt gesehen haben. Seine Affinität zu Kindern als noch unverdorbenen Geschöpfen und seine Gabe der Menschenbeobachtung zeigen sich auch in anderen Artikeln, die ihn in den dreißiger und vierziger Jahren zu seinen noch heute gern gelesenen Kindergeschichten inspirieren werden.

Der Rezensent Fallada vermittelt den Eindruck, es ginge bei der Beurteilung der jeweiligen Werke um Echtheit und Wahrheit hinter den Dingen. Wo er sie zu finden glaubt, ob im Film oder in Vorträgen, verlässt er die distanzierte Position des Kritikers, als wolle er seinen Lesern einen Blick in sein Innerstes gestatten. Einen Abend in der Volksbücherei über Briefbücher rezensiert er euphorisch, sind doch Bücher auch für ihn wie für den Referenten Freunde und Gefährten. Was er darin suche, sei nicht „Wissens- und Unterhaltungsstoff, sondern Leben, wahres Leben, Essenz, Aroma des

Seins." (Fallada 1929f, 3) Die sinnliche Freude, die der Redner empfindet, wenn er ein Buch öffnet, das Titelblatt und den Satzspiegel betrachtet – er fühle sie förmlich mit, ein Bruder im Geiste. Von den vielen genannten Briefbüchern hebt Fallada zwei Bände des Malers und Schriftstellers Wilhelm von Kügelgen hervor, dessen *Jugenderinnerungen eines alten Mannes* er als die „vielleicht schönste deutsche Autobiographie" bezeichnet, sowie die Kriegsbriefe von Menschen verschiedener Bildungsstufen, die er „Zeugnisse von Pflichterfüllung und Opfermut" nennt (ebd.).

Der Filmkritiker

Der Übergang vom Stummfilm zum Tonfilm ist 1929 in vollem Gange, als Fallada die moderne Kinowelt als Filmkritiker für den *General-Anzeiger* und das *Kino-Magazin* aus eigener Anschauung mitverfolgen durfte. Nicht immer fühlte er sich frei in seinem Urteil. In einem Brief an seine Frau vom 20. März 1929 klagte er:

> Im Kino war es schrecklich, denke Dir, die Qual dauerte von 8 bis ½ 12, ich war erledigt, als ich nach Hause kam, vor allem deswegen erledigt, weil man nicht einmal seine Wut über diesen Mist auslassen darf, sondern zu schreiben hat, wie es die Interessen des Inseratenkontos gebieten.

Als Filmkritiker glaubte Fallada, die Interessen von Publikum und Kinobetreiber gleichermaßen berücksichtigen zu müssen, was ihn häufig vor das Problem der Selbstzensur stellte. Mitunter sah er sich die Filme gar nicht erst an, sondern schrieb seine Besprechung auf der Basis von Annoncen, wie er seiner Schwester Elisabeth Hörig in einem Brief vom 17. Juli 1929 gestand. Aber natürlich begeisterte er sich andererseits für bestimmte Filme und nutzte das Privileg des freien Eintritts. Wie auch immer er zu dem jeweiligen Film stand, eine Kurzkritik erforderte viel Geschick: In prägnanten, treffenden Formulierungen, die an die vorgegebene Zeilenzahl gebunden waren, musste er Genre, Atmosphäre und Personal des Films charakterisieren.

Prümm ist der Auffassung, dass die Auseinandersetzung des Autors mit Film und Kino das Profil seines von Prägnanz und emotionaler Berührtheit geprägten Schreibverfahrens maßgeblich beeinflusst habe (vgl. Prümm 2011, 145f.). Tatsächlich wird Fallada in seinen späteren Romanen von seinem ‚Kinoblick' profitieren, Kinoeffekte als neuartige Darstellungstechniken verwenden und seinen Texten dadurch eine besondere Wirksamkeit verleihen. Es ist kein Zufall, dass seine epischen Arbeiten bis heute zu den am häufigsten verfilmten in Deutschland gehören (siehe den Beitrag 2. *Verfilmungen* in Kap. III).

Die Filmkritik zum Lehr- und Kulturfilm der Hamburg-Amerika-Linie *Amerika – das Land der unbegrenzten Möglichkeiten* zeigt exemplarisch, wie Fallada allein durch knappe Aufzählung einzelner Aspekte skizzenhaft ein charakteristisches Bild des Landes zeichnet:

> Man sah das Leben an Bord, die gigantische Vision jener brausenden Stadt am Meer, Autos, Eisenbahnen, Wolkenkratzer, Erzgruben, Maisfelder, sehr viele Autos, Monumente, Häfen, Wasserfälle, Geisire, Filmateliers, noch mehr Autos, Felsen, Badeorte, Baumwollplantagen – ein Kind fragte: ist das Blumenkohl? –, Schönheitskonkurrenzen, Fabriken –: kurz, alle jene Bilder, die man bald hier, bald dort schon gesehen und die doch ihren alten Zauber immer wieder ausüben. (Fallada 1929e, 3)

Auf Wirkung bedacht, bricht er in dieser Filmkritik mit dem Titel *Ausflug nach Amerika mit der Hapag* die Schilderungen in ein parataktisches Aneinander von Eindrücken auf: „Oder die seltsamen Erntemaschinen auf den Maisfeldern […]. Oder die ungeheuren Erzverladungsanlagen, gespenstig beweglich, aus dem Märchen entsprungen …" (ebd.). Bei den optischen Eindrücken vom fremden Land bleibt der Rezensent jedoch nicht stehen, denn er macht vielmehr auch Problematisches sichtbar: In diesem Film über das „wundervolle, verlockende Land", so beschließt er seine Betrachtung, fehlten die Menschen. Diejenigen, die man sieht, seien „Staffage", „Leute im besten Falle". Sein Einspruch klingt so:

> Und im Beschauer regt sich der Gedanke, daß der Amerikaner nur Mythos ist, der Mensch, der Amerika bevölkert, daß er nur die Hand am Hebel der Maschine ist, der Arm hinter dem Schlächterbeil in den Packhäusern Chicagos, der Tag für Tag, Stunde für Stunde, Minute für Minute denselben Schlag führt. Das Werk triumphiert über den Schöpfer. (ebd.)

Das ist keine ‚Allerweltskritik', hier schreibt vielmehr ein ambitionierter Geist, der sich nicht vom schönen Schein und von großen Bildern blenden lässt, sondern seine kritische Sicht zur Lage der arbeitenden Bevölkerung im Traumland USA kommuniziert.

Ein Auszug aus der Kritik zu Carl Wilhelms schlichtem Militärschwank *Kaczmarek* (D, 1928) offenbart Falladas Vermögen, sich auf subtile Weise vom abgedroschenen Thema zu distanzieren und die Handlung, wenn auch indirekt, als trivial zu charakterisieren. Falladas raffende Inhaltsparaphrase von Sujets und Requisiten lässt eigentlich nur einen Schluss zu: *Kaczmarek* ist seichte Unterhaltung, aber gekonnt gemacht. Die Aufzählungen von Schlagwörtern, die dem Leser einen Eindruck vom Geschehen vermitteln, nutzt er, wie so oft, als Mittel der sprachlichen Verdichtung. Damit gewinnt er dem Film positive Seiten ab:

> Dieser Trottel, von Fritz Schulz hinreißend gemimt, wirbelt das ganze Regiment mit seinen Offizieren, Chargen, Aerzten, Mannschaften, hohen Patronessen, süßen Mädchen, Bräuten und Chicagoer Packermillionären durcheinander. Babies, Rizinusöl, Säbel, Sekt, vergessene Briefe und Freßpakete spielen entscheidende Rollen, bis alles endlich doch zum ‚happy end' gelangt und jeder Topf seinen Deckel hat. (Fallada 1929a, 3)

Prümm bezeichnet die von der Forschung lange Zeit nicht wahrgenommenen Filmkritiken Falladas als „Kritik-Miniaturen von beachtlicher Qualität", die „einen eigenen originellen Zugang zum Medium Film offenbaren und damit eine wichtige Vorstufe zu den filmisch inspirierten Romanen der 1930er Jahre darstellen" würden. (Prümm 2011, 145f.)

Kurzgeschichten und Feuilletons

Einen Blick ins Angestelltenleben wirft Fallada mit seinen kleinen Geschichten für Zeitungen wie die *Kieler Neuesten Nachrichten*, das *Hamburger Echo* und das *Hamburger 8 Uhr Abendblatt*, Feuilletons, die wie Fingerübungen zu seinen großen Zeitromanen wirken. *Großstadttypen* lautet der Titel zweier Texte, deren erster *Die Verkäuferin auf der Kippe* als Telefonat einer schlecht verdienenden Trikotagen-Verkäuferin mit ihrer verheirateten Freundin Trude Eschwege gestaltet ist: als Monolog der namenlosen Protagonistin, da die Antworten der Freundin am anderen Ende der Leitung nicht mitgeteilt werden (siehe dazu auch die Beiträge 2.3 *Erzählungen der 1920er Jahre* und 1.1 *Verhältnis literarisches Werk – Rezensionspraxis – journalistische Tätigkeit* in Kap. II). Unterbrechungen wie zum Beispiel „Bist du noch da, Trude?", „Dein Mann?" und die Einbeziehung des Fräuleins vom Amt – „Also schön, Fräulein, wir machen jetzt Schluß" (Fallada 1928a, 1) – erzählen von der Alltäglichkeit des Mediums Telefon, das gerade die Kommunikation revolutioniert und in Prosa und Dialog neue Darstellungstechniken erfordert. Eine moderne junge Frau steht im Mittelpunkt, die sich um Konvention und Tradition nicht schert und darüber nachdenkt, ob sie, wie ihre ehemalige Schulfreundin Minna Lenz, die sich jetzt Mia nennt und einen Blaufuchs trägt, ihr Geld durch Prostitution verdienen könnte. Welche Entscheidung die Protagonistin treffen wird, lässt Fallada am Schluss offen: „Und sieh dir das Crepesatinkleid an. Goldig, sage ich dir. Diese Woche krieg ich's noch, wetten?" (ebd.) Falladas Erzähltalent, seine Kunst der Figurengestaltung und die Fähigkeit, den Alltag ‚kleiner Leute' neusachlich zu gestalten, offenbart sich in diesem fiktiven Telefonat ebenso wie in *Der Strafentlassene*, der salopper gehalten ist. Ein beliebtes Gestaltungselement ist die Autor-/Leser-Apostrophe:

> Sagen Sie mir nicht, daß Sie ihn noch nicht gesehen haben. Vielleicht haben Sie ihn nicht erkannt, das ist möglich, aber gesehen haben Sie ihn ein Dutzend Mal – was sage ich? – hundertmal, tausendmal! Denn überall, Jahr für Jahr werfen ihn die Gefängnisse zu Zehntausenden auf die Straße. (ebd., 1 f.)

Falladas Darstellungstechnik suggeriert eine ganz besondere Nähe zum Sujet und (er-)fordert die Einfühlung in die Figur des Strafentlassenen, ein Thema, das er in seinem Zeitroman *Wer einmal aus dem Blechnapf frißt* aufgreifen wird. Wie unbekannt er als Journalist außerhalb Neumünsters war, zeigt sich am falsch geschriebenen Namen: „Hans Pallada".

Der Beobachter politischer Ereignisse

Fallada ist aber nicht nur der Erzähler fiktiver Sujets, sondern auch der glänzende, gut informierte Beobachter politischer Ereignisse. Als solcher verfasst er drei Beiträge für die von Leopold Schwarzschild herausgegebene Zeitschrift *Das Tage-Buch*, erschienen im zweiten Halbjahr 1929, wovon einer außerdem in der *Weltbühne* publiziert wird. Fallada behandelt hier Themen und Entwicklungen, die im Roman *Bauern, Bonzen und Bomben* eine bedeutende Rolle spielen werden: die Landvolk-Bewegung und den *Bauern-Krieg wider Neumünster*, wie er seinen zweiten, ausführlichen Essay nennt. Gleich zu Beginn kennzeichnet er die Landvolk-Bewegung als eine für ganz Deutschland wichtige Revolte, anhand deren sich fragwürdige politische Methoden und Schwächen der Regierung illustrieren lassen. Er charakterisiert die Bewegung als eine, die vor allem gegen etwas gerichtet sei: gegen den Dawes- und Young-Plan, gegen die Kriegsschuldlüge, gegen die Juden, gegen die Innen- und Außenpolitik des Staates wie auch gegen den Staat überhaupt (vgl. Fallada 1929i, 1516). Seine Ursachenforschung zeigt ihn als scharfsinnigen Analytiker und genauen Beobachter. Anders als im Roman wird seine Haltung zu den Vorgängen deutlich. So arbeitet er heraus, wie die Führer der Landvolk-Bewegung die an sich unerhebliche Bauerndemonstration für ihre Zwecke funktionalisierten. Ihre Forderung nach sofortiger Entlassung des Polizeioffiziers und des zuständigen Polizeidezernenten charakterisiert er als reine Agitation, ebenso wie spätere Forderungen: „Es ist gar kein anderer Schluß möglich, als daß, um die Bewegung anzufachen, bewußt Unerfüllbares gefordert wurde." (ebd., 1517) Fallada verdeutlicht, dass die treibenden Kräfte der Landvolkbewegung nicht an einer Deeskalation interessiert waren, denn „jedem Bauern wurde immer von neuem eingehämmert, daß er aufs schwerste beleidigt worden sei." (ebd., 1518) Kritik übt er aber auch am bürgerlichen Lager, das glaubte, alles werde sich beruhigen und, statt in Einigkeit eine Lösung zu suchen, gegeneinander arbeitet. Mit seinem Kinoblick kreiert Fallada eine Art Nebentext, ähnlich einer Filmsequenz:

> Bild einer hartbelagerten Stadt: vom Feinde umschlossen, wachsende Panik. Zwietracht in den eigenen Mauern. Und in diese belagerte Stadt fällt nun in der Stunde, da dies geschrieben wird, ein Geschoß aus unerwarteter Richtung: der Regierungspräsident billigt einerseits die Maßnahmen der Polizei und entbindet andererseits den Polizeioffizier vorläufig vom Exekutivdienst! (ebd., 1518f.)

Der Artikel mit dem Titel *Landvolkprozess* beschäftigt sich mit den Folgen der zwölftägigen Gerichtsverhandlung. Nicht Ruhe sei eingekehrt, sondern die Gegensätze hätten sich aufgrund des unentschiedenen Urteils verschärft. Das Ergebnis der fünf Tage nach dem Urteilsspruch angesetzten Wahlen wertet Fallada als Überraschung. Gewinner waren die Sozialisten, für ihn ein Beweis, dass die Mehrheit der Bürger Neumünsters das Vorgehen der Polizei und nicht das Urteil billigte (vgl. Fallada 1929j, 2007f.). In seinem Roman *Bauern, Bonzen und Bomben* entscheidet er sich ganz bewusst, den Erzählerstandpunkt so weit zurückzunehmen, dass eine Autorposition für den Leser nicht erkennbar wird. Die beiden journalistischen Arbeiten hingegen offenbaren Falladas Position: Er distanziert sich vom Vorgehen des Landvolks ebenso, wie er die Maßnahmen der sozialdemokratischen Stadtregierung gegen die Polizei missbilligt. Es ist die Schwäche des Staates, seine Unfähigkeit, Probleme zu lösen, die er anprangert.

Der Rezensent belletristischer Literatur

Im Hans-Fallada-Archiv sind 42 Buchbesprechungen aus den Jahren 1930 bis 1940/45 dokumentiert, jedoch lassen sich nicht für alle vorhandenen Typoskripte Druckbelege in Tageszeitungen und Zeitschriften ermitteln (vgl. Dünnebier 1993, 64). Die Bibliografie in vorliegendem Handbuch verzeichnet 25 Nachweise mit Druckbeleg und 20 ohne Drucknachweis. Falladas Rezensionen bestechen durch das Raffinement ihrer Komposition. Ein Beispiel par excellence ist seine Besprechung des Hemingway-Bandes *In unserer Zeit* (1932) für die Zeitschrift *Die Literatur*. Fallada konzipiert sie im Stile Hemingways als Dialog zwischen Mann und Frau, weil gerade bei diesem Autor jedes Geschlecht etwas anderes herauslese. Das ist angewandte Gender-Theorie! Überdies lässt er inhaltliche und strukturelle Elemente der Kurzgeschichte *Cat in the Rain* (1924) einfließen, was den Hemingway-Kennern ein besonderes Vergnügen bereitet haben dürfte. Am Schluss übernimmt er die überraschende Schlusswendung aus *Cat in the Rain* und appliziert sie auf seine Rezension: „Es klopfte. Ein Zimmermädchen stand in der Tür. ‚Frau Sanitätsrat Krell lässt die Dame um das versprochene

Buch von dem Amerikaner bitten'." (Fallada 1932l, 23) In den 1930er Jahren übte Hemingway auf deutsche Autoren wie Thomas und Klaus Mann, Wolfgang Koeppen oder Alfred Polgar eine faszinierende Wirkung aus. Fallada bewunderte die exakte Detailbeschreibung, den fotografischen Blick auf die Wirklichkeit und die scheinbar völlige Abwesenheit des Autors respektive Erzählers. Unverkennbar ist außerdem eine gewisse Ähnlichkeit hinsichtlich ihrer fatalistischen Anschauungen. In seiner Rezension *Hemingway oder Woran liegt es?*, die drei Titel vorstellt – die Romane *Fiesta* und *In einem anderen Land* sowie die Kurzgeschichtensammlung *Männer* –, stellt Fallada fest: „Und aus all dem steigt Traurigkeit auf, die Verlorenheit im Leben, unsere Ziellosigkeit, Ausgeliefertsein an das Schicksal." (Fallada 1931a, 672)

Während er mit Hemingway die Werke eines bereits Berühmten und Durchgesetzten beurteilte, war Irmgard Keun noch unbekannt, als ihr Debüt *Gilgi, eine von uns* (1931) auf den Buchmarkt kam. Fallada zeigt sich begeistert: „[…] ach, ich wünschte, recht viele würden dies Buch von der Irmgard Keun lesen, das so jung ist und das so viel von dem Mut der Jugend in sich birgt!" (Fallada 1932b, 249) Er lobt die Wahrhaftigkeit, die Figurenzeichnung, den erfrischenden Ton des Romans und stellt fest: „[D]ieses ganz ungekonnte Buch ist ein herrlich tapferes, junges, gläubiges, ehrliches, anständiges Buch." Ungeachtet des Lobes ist ein männlich herablassender Ton nicht zu überhören: Die Einschübe „ganz ungekonnte[s] Buch" oder ein „Anfängerbuch mit einer Kolportagehandlung" (ebd.) artikulieren Vorbehalte (wohl wegen handwerklicher Mängel), und sie verwechseln Gilgi als Perspektivträgerfigur (und ihren ganz eigenen Denk- und Sprachstil) mit der Autorin. Offenbar konnte Fallada sich nicht vorstellen, dass Keun eine solche Kunstfigur erschafft, mit der sie sich selbst nicht identifiziert, weil deren Perspektive allein als Instrument der Analyse von Zeittendenzen dient. Johannes R. Becher führte solche Einschätzungen über eine „Kolportagehandlung", denen sich auch Fallada bei seinen Romanen ausgesetzt sah, in seinem Nachruf 1947 mit dem Argument *ad absurdum*, dass „die Wirklichkeit selbst kolportagehaft" sei (Becher 1947, 98). Falladas kritische Einwendungen bleiben im Vergleich zu denen Tucholskys jedoch moderat, obwohl auch dieser in seiner Rezension Keun zumindest Talent zugesteht. Bei Fallada überwiegt letztlich der Aspekt der Würdigung von Autorin und Buch.

Die *Gilgi*-Rezension gehört zu der Sammel-Besprechung *Fünf Frauen* schreiben, die außerdem den Roman *Gefährliche Jahre* der englischen Autorin Rose Macaulay behandelt sowie Horst Herta van Deldens (Ps. für Herta van Delden) Buch *Jugend zwischen den Zeiten*, Cecilia Sidgwicks *Töchter ein halb Dutzend* sowie *Eine Frau macht sich frei* aus der Feder der erfolgreichen dänischen Schriftstellerin und Journalistin Karin Michaelis. Letzterer gelang 1910 mit dem Roman *Das gefährliche Alter* der Durchbruch. Fallada geht jedoch auf den schillernden Lebensweg der Autorin nicht ein, auch nicht auf ihre Heldin der Kinderbuchreihe *Bibi*, ihrem literarischen *alter ego*. Er wählt zunächst die Form der Inhaltsparaphrase, um dann seine Kritik anzubringen: „Dieses Buch besteht eigentlich nur aus Selbstgesprächen der Heldin und aus Briefen. Keine Szene ist gestaltet, alles geschieht wie hinter Schleiern." (Fallada 1932b, 250) Nach weiteren Kritikpunkten kommt dann aber die überraschende Wendung zum Positiven: Echt sei die Frau, die dies geschrieben habe, das Buch bezwinge durch Ehrlichkeit, Tiefe des Gefühls, es sei ein „starkes Buch von der Eifersucht des Mannes" (ebd.). *Fünf Frauen schreiben* – das impliziert auf den ersten Blick eine gesonderte Betrachtung weiblicher Autorschaft. Dem entgeht Fallada jedoch in seinen Rezen-

2.4 Fallada und die literarische Situation um 1930

sionen, die sich in Sprache und Gestaltung nicht von den Betrachtungen männlicher Kollegen unterscheiden. Wie er zur Emanzipation der Frau und ihrer Eroberung des literarischen Marktes, die in den 1920er und frühen 1930er Jahren eine unübersehbare Rolle spielt, stand, lässt sich allein aus der Analyse seiner Rezensionen nicht belastbar ableiten. Gleichwohl wird ein Gespür für Gender-Fragen deutlich.

Falladas Kritiken sind noch in anderer Hinsicht aufschlussreich, denn sie bieten dem Leser Einblick in sein Kunstverständnis der Zwischenkriegszeit. Liersch konstatiert in seinem Essay *Der Literaturkritiker*, dass Fallada an keiner Stelle öffentlich so viel von seinen literarischen Prinzipien habe durchblicken lassen wie in den Rezensionen der Jahre 1931/32 (Liersch 2005, 33). Äußerungen zu gattungstheoretischen Fragen, etwa zum Unterschied zwischen Kurzgeschichte und Novelle in der Rezension zu Carl Zuckmayers *Affenhochzeit*, bleiben daher die Ausnahme:

> Eine Kurzgeschichte wird geschrieben um einer Pointe willen, oft eines Bluffs willen, und wenn der Leser sehr überraschend geblufft ist, so sagt man: „Welch eine gute Kurzgeschichte!" Bei der Kurzgeschichte ist das Ende wichtig und der Weg unwichtig, bei der Novelle ist der Weg alles. (Fallada 1932f, 5)

Falladas Ansprüche an ein Kunstwerk werden in seinen Kritiken meist indirekt formuliert: Wichtig sind für ihn Figurengestaltung, Realitätsnähe, Lebendigkeit der Darstellung, das Auslösen emotionaler Betroffenheit beim Leser sowie das Aufzeigen einer Hoffnung, und sei sie noch so gering. Artistisches lehnt er ebenso ab wie Triviales. Wenn er die Realität des Lebens in einem Buch aufzufinden glaubt, ist er sogar bereit, stilistische Mängel hinzunehmen, wie seine umfängliche Besprechung von Claire Bergmanns Roman *Was wird aus deinen Kindern, Pitt? Die Geschichte der Familie Deutsch* (1932) belegt. Fallada kritisiert, dass die Autorin in einem „nachlässigen, oft falschen Deutsch" schreibe, und dass die sprachliche Form des Dialogs nicht überzeuge – er nennt sie „steifleinen". Ungeachtet dessen setzt er sich für den Roman ein, der Durchschnittliches Menschen in ihrem Alltag – überzeugend darstelle, der keine Patentlösung für die Arbeitslosen biete, der aber dennoch Hoffnung gebe. Fallada prophezeit, dass dieses Buch sicher von vielen geliebt werde (vgl. Fallada 1932k, 1).

Zwischen dem 20. April und dem 10. Juni 1932 war sein Roman *Kleiner Mann – was nun?*, in dem Fallada wie Bergmann die Verlierer der Wirtschaftskrise darstellte, ebenfalls als Vorabdruck in der *Vossischen Zeitung* erschienen. Viele Aspekte dessen, was er an Bergmanns Autorenposition goutiert – dass sie keine Patentlösung suche, dass sie sich nicht abfinde mit den Zuständen, dass sie Veränderung wolle –, treffen auch auf seinen Roman selbst zu. Das mag die freundliche Besprechung eines eher schwachen Konkurrenten erklären.

Günther Weisenborn hatte sich vor Erscheinen von *Barbaren. Roman einer studentischen Tafelrunde* (1931) bereits als Dramatiker und Dramaturg der Berliner Volksbühne einen Namen gemacht. Fallada kritisiert, dass der Roman „nicht episch" ausfalle und dass neun Hauptpersonen auf nur 250 Druckseiten nicht überzeugend zu gestalten seien, dass Weisenborn die Ruhrbesetzung durch französische Truppen im Rheinland zwar erlebt und gut beobachtet habe, aber dann doch nur „ein Sonderschicksal" daraus mache, statt etwas Typisches zu zeigen. Hingegen lobt er die pointierte Darstellung der Studenten und stimmt am Ende der antikapitalistischen Position zu: „[D]iese Welt von Hunger und Luxus, in der alles Ware ist und jede Ware blutbefleckt, muss zertrümmert werden. Sehr gut." (Fallada 1932c, 343) Fallada war zu diesem Zeitpunkt noch Mitglied der SPD, deren Programm ihm, wie er seinen Eltern gestand, weltanschaulich am nächsten stehe (Fallada an E. und W. Ditzen, 3. November 1929).

In seinen Rezensionen stellt er seine Wertschätzung gern am Schluss nochmals explizit heraus, dabei für jede Besprechung andere Varianten findend. Walther von Hollanders Roman *Schattenfänger* (1932) resümiert er wie folgt:

> Aber am Ende dieser Zeilen noch einen Gruß an Benita, [...] eine deutliche Gestalt, ich kenne sie, klug und mit Herz, nüchtern und voll Phantasie – eins von den Mädchen aus dem Heute, die um ihr Ziel wissen (während die Jungen ziellos sind). Einen Gruß also an Benita! (Fallada 1932m, 763)

Den Schluss seiner Rezension der Novelle *Die Affenhochzeit* bildet seine Quintessenz: „Aus. Ende. So ist das Leben. Was soll man noch mehr dazu sagen? So ist das Leben. Ende: ich danke Ihnen, Carl Zuckmayer." (Fallada 1932f, 6)

‚Leben' als äußere Referenzgröße sowie eine überzeugende Figurengestaltung – generell sind diese Aspekte Fallada besonders wichtig bei der Bewertung literarischer Werke. Wo sie fehlen bzw. misslingen, urteilt er mitleidslos wie im Fall von Georg Schäfers Roman *Straßen führen auf und ab* (1932). Dieser handelt vom Schicksal eines Arbeitslosen und wurde von Siegfried Kracauer immerhin noch hinsichtlich des dokumentarischen Wertes positiv beurteilt. Anders dagegen Fallada: „Papierdeutsch, Papiermenschen, ein Buch aus Papier. [...] 285 Seiten bedrucktes Papier. Schade." (Fallada 1932g, 1) Das betrifft auch Aldous Huxleys Erzählungen *Zwei oder drei Grazien* (1931), deren Figuren jede Beziehung zum Leben fehle (vgl. Fallada 1932p). Nicht immer äußert er seine Position so explizit und im Sinne der Lebensideologie der Epoche. Trivialliteratur kritisiert er gern indirekt, indem er sprechende Zitate ohne jeglichen Zwischentext aneinanderreiht, wie z. B. bei *Mädchenkind. Die Psyche der Minderjährigen* (1931) von Ottl Kaczmarek. Zynisch oder gar bissig lesen sich die Schlusssätze: „Nach so viel Leiden bleibt nichts wie der Tod: ‚Und Gerty Roland schlief der ewigen Erlösung von diesem Weltenkampfe entgegen'. Hoffentlich schläft sie nun endgültig!" (Fallada 1932h, 577)

Zu den wenigen Würdigungen des Gesamtwerkes eines Schriftstellers gehören zwei umfangreichere, essayistische Autorenporträts – darunter eines über *Lampel der Jäger*, das Liersch mit Recht „zum Empfindlichsten zählt, was über Peter Martin Lampel geschrieben wurde" (Liersch 2005, 29). Hier erweist sich Fallada als psychologisch versierter, feinfühliger Menschenkenner, der einen Suchenden und Grübelnden, einen „Jäger nach Ehrlichkeit" und dessen Werk zu verstehen und dem Leser zu erklären sucht (Fallada 1932a, 190). Der Text signalisiert Falladas Fähigkeit, Beziehungen zwischen schriftstellerischem Können und der Persönlichkeit eines Autors sowie seinem Werk deutlich zu machen.

Auch sein Essay *Auskunft über den Mann Kästner* (1932) besticht, indem er nicht in die allgemeinen Würdigungen des renommierten Autors und seines Werkes einstimmt, sondern einen ganz eigenen, kritischen Blick auf dessen erfolgreiche Kinderbücher wirft. Kleinkriminelle, eigentlich „arme Schlucker", würden den Kindern als „schwarze Verbrecher" vorgeführt; das sei ein Bruch mit allem, was Kästner sonst lehre. Verständnisvoller, so die Schlussfolgerung, machten solche Darstellungen die

Kinder nicht (Fallada 1932e, 370). Hier kommt noch einmal ein Kriterium zum Vorschein, das Fallada besonders wichtig ist: die Verbundenheit des Schriftstellers mit den Schwächsten der Gesellschaft.

Der Rezensent von Sachbüchern

Es scheint so, als habe Fallada nur Sachbücher ausgewählt, die ihm gefielen: so bei Gartenbüchern wie *Trauben am Haus, Trauben im Garten* (1932) von Walter Poenicke, einem führenden Autor auf dem Gebiet des Obstbaus, sowie *Das Jahr des Gärtners* (1929, dt. 1932) von dem weltweit bekannten Erfolgsautor Karel Čapek, einem Meister der tschechischen Sprache, der bis 1933 Mitglied des PEN-Klubs war. Ein Buch, das Fallada zu einer geradezu emphatischen Besprechung hinriss, war *Garten als Zauberschlüssel* (1934) des damals wie heute bekannten Gärtners und Garten-Philosophen Karl Foerster. Es wurde 1988 neu aufgelegt – bezeichnenderweise mit einem Auszug aus Falladas Rezension auf dem Buchdeckel (Foerster 1988).

Positiv bespricht Fallada auch den Erfahrungsbericht einer Ärztin unter dem Titel *Frauen. Aus dem Tagebuch einer Ärztin* (1932), in dem sich Else Kienle gegen den Paragraphen 218 auflehnt. Fallada, wenngleich kein Anhänger der Abtreibung, verhehlt seine Sympathie für die mutige Ärztin, die es sich zur Lebensaufgabe gemacht hat, aufklärend zu wirken und den Frauen zu helfen, nicht. Er unterstützt ihre Idee, dass die Abschaffung des Paragrafen 218 nur Etappe sein sollte, das politische Ziel jedoch Verhütung heißen müsse, und charakterisiert Kienles Werk als unsentimentales Buch von „äußerster Klarheit", als „schlechthin bewunderungswürdig" (Fallada 1932n, 713). Es ist neben dem Buch selber die Persönlichkeit der Ärztin, die ihn beeindruckt. Sie hat in der Untersuchungshaft Isolation erlebt, die ihm nicht fremd ist, und außerdem die Zerstörung der persönlichen Welt. Das mag einer der Gründe sein, weshalb er sich als Mann diesem Frauen-Thema mit so viel Empathie zuwendet. Und es ist typisch für ihn, dass er in einer dominanten Männerkultur für die Interessen der Frauen eintritt.

Im Sachbuch *Zerbrecht die Krücken* (1932) des damals international bekannten, aber auch umstrittenen Pädagogen Hans Würtz, der sich vehement für Körperbehinderte engagierte, beobachtet Fallada eine Haltung, die er selbst im Leben einnahm: „immer von neuem diese Symphonie des Trotzes, dieser Lebenswille." Das Ende der Besprechung mündet in einem Aufruf an alle, die eine schwere Last zu tragen haben: „Sie [die Widerwärtigkeiten] können besiegt werden. Sie sollen besiegt werden!" (Fallada 1932d, 364) Damit geht er über das Thema des Werkes, den Umgang mit schweren Behinderungen, hinaus und empfiehlt das Buch indirekt einer größeren Leserschar.

Das Buch *Matadore der Republik. 26 Politikerporträts mit 26 Karikaturen von Erich Goltz* (1932) von O. B. Server (Ps.) findet Fallada wichtig, weil es helfe, die „biedere Untertanenbravheit" und „Denkfaulheit" zu zerstören; er nennt es „eine anständige und ehrliche Fibel, von einem Mann geschrieben, der möchte, dass diese elende Erde etwas leichter werde, nicht nur denen, die in ihr ruhen, sondern grade denen, die auf ihr schuften." (Fallada 1932j, 649)

Heinrich Hauser war der Träger des Gerhart-Hauptmann-Preises, den er 27jährig für seinen Roman *Brackwasser* (1928) erhalten hatte. Zwischen 1928 und 1934 verfasste er neun Romane und mehrere Reportagen, von denen Fallada neben dem

Roman *Noch nicht* die Ostpreußen-Reportage *Wetter im Osten* (Februar 1933) besprach. Das Buch erschien im nationalkonservativen Eugen Diederichs Verlag in Jena; auch wenn es eine gewisse Nähe zu nationalsozialistischen Positionen aufwies, so vermied Hauser doch die zeittypischen nationalistischen Parolen und nationalsozialistischen Phrasen (vgl. Delabar 2016, 29). Fallada nennt das Werk „die beste nur denkbare Reportage von einem unbestechlichen, nachdenksamen Mann." (Fallada 1933, 301) Er hebt dessen außerordentliche Beobachtungsgabe hervor. Wie Hauser empfinde er Ostpreußen, das seit dem Versailler Vertrag durch die hoheitliche Zone eines Korridors geografisch mit dem Deutschen Reich verbunden worden war, als bedrohtes Land, das zu Deutschland gehöre: „Du hast geglaubt, du wüßtest was, aber du weißt nichts. […] Plötzlich empfinde ich diese Provinz da oben als etwas, das mich angeht, das alle angeht […], das mein ist und dein Land und das uns gehört." (ebd.) Man könnte meinen, Fallada sei im Februar 1933 bereits ein wenig nach rechts gerückt, hätte er nicht von Hauser bereits 1932 den bei S. Fischer erschienenen Roman *Noch nicht* über den Außenseiter Christian Skeel überaus freundlich besprochen und in einer Umfrage der Zeitschrift *Das Tage-Buch* als eines seiner nachhaltigsten Leseerlebnisse bezeichnet (vgl. Fallada 1932o, 1909).

Resümee

Falladas Texte werfen die Frage auf, was er auf dem Gebiet der Literaturkritik noch hätte leisten können, wenn seine Entwicklung in diesem Feld nicht 1933 abrupt unterbrochen worden wäre. Kritik und Publizistik gehören zu den ersten Bereichen, die von den nationalsozialistischen Kulturbehörden gesäubert wurden und fortan als Propagandainstrument des NS-Regimes fungierten. Der gerade erst erweckte Publizist Fallada konnte sich unter diesen Bedingungen nicht weiter profilieren, auch wenn sich seine persönliche Situation nach dem Erfolg von *Kleiner Mann – was nun?* so verbessert hatte, dass er auf eine journalistische Tätigkeit aus finanziellen Gründen nicht mehr angewiesen war. Schon die wenigen Kritiken aber zeigen seine Könnerschaft, sein Wahrnehmungsvermögen, wie schlicht und unprätentiös auch immer sie auftreten. Die vergleichsweise kurzen Texte sind nicht analytisch angelegt, sondern ungezwungene, im Plauderton gehaltene feuilletonistische Darstellungen. Sie erheben nicht den Anspruch, endgültige Wahrheiten zu verkünden, sondern sind vom Standpunkt eines versierten Erzählers verfasst, der sich immer auch als Leser versteht, dem das Buch eines Kollegen einfach gefällt oder auch nicht. Dabei urteilt Fallada nach Kriterien, denen er selbst sich beim Schreiben verpflichtet fühlt. Er spiegelt sich also gewissermaßen in den Rezensionen. Anders als in seinen frühen nachexpressionistischen Romanen möchte er den normalen Menschen, den ihrem Schicksal Ausgelieferten, eine Stimme geben, weil sie eben keine Helden sind, sondern Opfer der Verhältnisse. Wichtig erscheint ihm, dass ein Schriftsteller im Einzelschicksal Typisches aufdecken kann. Er erwartet vom Künstler keine Lösungen der gesellschaftlichen Probleme, aber Anteilnahme, er verlangt Empathie in der Darstellung, Lebendigkeit im Erzählen, wahrhaftige Figurengestaltung und eine gute Beobachtungsgabe. Was einen guten Text ausmacht, wird für ihn in der Anteilnahme des Autors zur Thematik spürbar, weil nur sie einen Text authentisch mache. Wo er diese Kriterien erfüllt sieht, verleiht Fallada seiner Freude darüber Ausdruck, so dass er auch für weniger anspruchsvolle Werke ermutigende Worte finden kann: An Otto Alfred

Palitzschs bis heute literarisch wenig beachteter Geschichte des grundanständigen, naiven Dienstmädchens Marie, dessen missliche soziale Lage sie zum Opfer egoistischer, geldgieriger Mitmenschen werden lässt, goutiert er etwa „die lautere Ehrlichkeit des Autors", der „keine Konzessionen" macht und „die Liebe des Autors zu seinem Geschöpf" (Fallada 1932i, 529). Auch hier wird wieder seine Empathie für weibliche Belange erfahrbar. Fallada untersucht dabei allerdings nicht im Detail, wie es Palitzsch durch den gezielten Einsatz erzählerischer Strategien gelingt, diese Anteilnahme am Schicksal seiner Protagonistin hervorzurufen. Analysen solcher Art findet man in seinen Rezensionen ebensowenig wie solche zur Poetologie eines Autors.

Wenn er ein Werk als Ganzes ablehnte, scheute er sich nicht, deutliche Worte dafür zu finden. Dem nationalsozialistischen Roman über die Kämpfe in Oberschlesien (*Reiter in deutscher Nacht* von Hanns Heinz Ewers) bescheinigt er eine romanhafte, unwahrscheinliche Handlung, „peinliche Unwahrscheinlichkeiten und Entgleisungen" sowie einen „saloppen Stil". Und so endet seine Kritik mit einem klaren Bekenntnis: „Es ist möglich, dass es für dieses Buch ein Publikum gibt, aber ich finde, man sollte dieses Publikum nicht mit solchen Büchern versorgen." (Fallada 1932q)

Fallada vermittelt klare, unmissverständliche Botschaften, er vermeidet den Duktus der gelehrten Rede und kann auch von Laien mit Vergnügen gelesen werden. Somit dienen seine Feuilletons nicht dem Ausweis eigener Belesenheit. Fallada wertet nicht nach vorgegebenen literarästhetischen Gesichtspunkten, geschweige denn nach starren Regeln, sondern fragt nach dem jeweiligen Realitätsbezug eines Werkes, seinem moralischen und emotionalen Wert und der damit einhergehenden Wirkung auf den Rezipienten. Seine Urteile sind subjektiv, sie entspringen eigenen Überzeugungen, zumal er nicht glaubte, dass ein Kritiker objektiv sein könne. Im Artikel *Rückschau eines Kritikers,* den er als Lokalreporter in Neumünster verfasst hat, räumt er entsprechend fast entschuldigend ein:

Der Kritiker ist am Tage, der [sic] er schreibt, abhängig von dem, was ihm geschah: vom Brief, den er am Morgen empfing, dem Gespräch, das er führte, dem Aerger, der ihn betraf. Er ist weiter abhängig von dem, was er zu tun vorhat, von seinen Absichten, seinen Hoffnungen, seinen Sorgen. Auch ein Kritiker kann nicht gerecht sein. Unsinnig, das zu leugnen. (Fallada 1929g)

Literatur

Becher, Johannes R.: Was nun? Zu Hans Falladas Tod. In: Aufbau. Kulturpolitische Monatsschrift 3 (1947), H.2, S. 97–101.
Briefwechsel Hans Fallada – Johannes Kagelmacher, 1928, HFA N 215.
Briefwechsel Hans Fallada – Johannes Kagelmacher, 1929, HFA N 216.
Briefwechsel Hans Fallada – Rowohlt Verlag GmbH, 1931–1938, HFA N 237-N 244.
Briefwechsel Hans Fallada – Anna Ditzen 1929, HFA S 343.
Briefwechsel Hans Fallada – Elisabeth Ditzen 1929, HFA N 166.
Briefwechsel Hans Fallada – Elisabeth und Wilhelm Ditzen 1929, HFA N 166.
Delabar, Walter 2016: Delabar, Walter: „Er weiß zu sehen, er übersieht nichts". Hans Fallada rezensiert Heinrich Hauser (1901–1955). In: Salatgarten 26 (2016) H. 1, S. 27–30.
Dünnebier 1993: Dünnebier, Enno: Hans Fallada 1893–1947. Eine Bibliographie, zusammengestellt und annotiert von E. D., hg. vom Literaturzentrum Neubrandenburg, Neubrandenburg 1993.

Fallada 1928a: Fallada, Hans: Großstadttypen. 1. Die Verkäuferin auf der Kippe. 2. Der Strafentlassene. In: Hamburger Echo. Hamburg Altonaer Volksblatt 54 (1928), Nr. 349, 17.12.1928, Erste Beilage, [S. 2].

Fallada 1929a: Fallada, Hans: *Kaczmarek*. Holsten-Palast. In: General-Anzeiger für Neumünster. Nachrichten- und Tageblatt für Schleswig-Holstein 39 (1929), Nr.10, 12.1.1929, [S. 4].

Fallada 1929b: Fallada, Hans: Für und wider die Todesstrafe? Von Rechtsanwalt Dr. Schmidt – Neumünster. In: General-Anzeiger für Neumünster. Nachrichten- und Tageblatt für Schleswig-Holstein 39 (1929), Nr. 21, 25.1.1929, [S. 3].

Fallada 1929c: Fallada, Hans: Französische Kulturpropaganda und deutsche Zerrissenheit. Ministerialrat Dr. Gertrud Bäumer spricht über *Internationale Kulturpolitik*. In: General-Anzeiger für Neumünster. Nachrichten- und Tageblatt für Schleswig-Holstein 39 (1929), Nr. 33, 8.2.1929, [S. 3].

Fallada 1929d: Fallada, Hans: U. S. A. heute Herr der Welt – und morgen – ? Syndikus Dr. Hammerschlag – Bremen spricht über Gegenwartsprobleme der Weltwirtschaft. In: General-Anzeiger für Neumünster. Nachrichten- und Tageblatt für Schleswig-Holstein 39 (1929), Nr. 34, 9.2.1929, [S. 3].

Fallada 1929e: Fallada, Hans: Ausflug nach Amerika mit der Hapag. In: General-Anzeiger für Neumünster. Nachrichten- und Tageblatt für Schleswig-Holstein 39 (1929), Nr. 59, 11.3.1929, [S. 3].

Fallada 1929f: Fallada, Hans: Briefbücher. Rektor Paulsen – Tungendorf. In: General-Anzeiger für Neumünster. Nachrichten- und Tageblatt für Schleswig-Holstein 39 (1929), Nr. 69, 22.3.1929, [S. 3].

Fallada 1929g: Fallada, Hans: Rückschau des Kritikers. In: Schleswig-Holsteinische Verkehrs-Zeitung 3 (1929), April 1929, HFA N 145; HFA S 2105.

Fallada 1929h: Fallada, Hans: Sieben Kinder spielen im Stadtpark. In: General-Anzeiger für Neumünster. Nachrichten- und Tageblatt für Schleswig-Holstein 39 (1929), Nr. 155, 05.7.1929, [S. 5].

Fallada 1929i: Fallada, Hans: Bauern-Krieg wider Neumünster. In: Das Tage-Buch 10 (1929), H. 37, S. 1516–1519.

Fallada 1929j: Fallada, Hans: Landvolkprozeß. In: Das Tage-Buch 10 (1929), H. 47, S. 2007–2008.

Fallada 1931a: Fallada, Hans: Ernest Hemingway oder Woran liegt es? In: Die Literatur. Monatsschrift für Literaturfreunde 33 (1930/31), H. 12 (September 1931), S. 672–674.

Fallada 1932a: Fallada, Hans: Lampel, der Jäger. In: Die Literatur. Monatsschrift für Literaturfreunde 34 (1931/32), H. 4 (Januar 1932), S. 187–190.

Fallada 1932b: Fallada, Hans: Fünf Frauen schreiben. In: Die Literatur. Monatsschrift für Literaturfreunde 34 (1931/32), H. 5 (Februar 1932), S. 249–250.

Fallada 1932c: Fallada, Hans: *Barbaren*. Roman. Von Günter Weisenborn. In: Die Literatur. Monatsschrift für Literaturfreunde 34 (1931/32), H. 6 (März 1932), S. 343.

Fallada 1932d: Fallada, Hans: Zerbrecht die Krücken! In: Die Literatur. Monatsschrift für Literaturfreunde 34 (1931/32), H. 7 (April 1932), S. 364.

Fallada 1932e: Fallada, Hans: Auskunft über den Mann Kästner. In: Die Literatur. Monatsschrift für Literaturfreunde 34 (1931/32), H. 7 (April 1932), S. 367–371.

Fallada 1932f: Fallada, Hans: *Die Affenhochzeit*. In: B. Z. am Mittag. Berliner Zeitung 56 (1932), Nr. 137, 9.06.1932, S. 5–6.

Fallada 1932g: Fallada, Hans: Schäfer, Georg: *Straßen führen auf und ab*. In: Vossische Zeitung. Berlinische Zeitung von Staats- und gelehrten Sachen (1932), Nr. 317, Morgen-Ausgabe, 3.7.1932, Literarische Umschau, Nr. 27, [S. 1].

Fallada 1932h: Fallada, Hans: *Mädchenkind*. Die Psyche der Minderjährigen. Roman. Von Ottl Kaczmarek. In: Die Literatur. Monatsschrift für Literaturfreunde 34 (1931/32), H. 10 (Juli 1932), S. 577.

Fallada 1932i: Fallada, Hans: O. A. Palitzsch: *Die Marie*. In: Der Querschnitt 12 (1932), H. 7 (Juli 1932), S. 529.

Fallada 1932j: Fallada, Hans: *Matadore der Politik*. Von O. B. Server. In: Die Literatur. Monatsschrift für Literaturfreunde 34 (1931/32), H. 11 (August 1932), S. 649.
Fallada 1932k: Fallada, Hans: Familie Deutsch. Ein Alltags-Roman von heute. In: Vossische Zeitung. Berlinische Zeitung von Staats- und gelehrten Sachen (1932), Nr. 509, Morgen-Ausgabe, 23.10.1932, Literarische Umschau, Nr. 43, [S. 1].
Fallada 1932l: Fallada, Hans: Gespräch zwischen Ihr und Ihm über Ernest Hemingway: *In unserer Zeit*. In: Die Literatur. Monatsschrift für Literaturfreunde 35 (1932/33), H. 1 (Oktober 1932), S. 21–24.
Fallada 1932m: Fallada, Hans: Walter von Hollander, *Schattenfänger*. Roman einer Familie. In: Der Querschnitt 12 (1932), H. 10 (Oktober 1932), S. 763.
Fallada 1932n: Fallada, Hans: Frau von „Frauen". In: Die Literatur. Monatsschrift für Literaturfreunde 34 (1931/32), H. 12 (September 1932), S. 712–713.
Fallada 1932o: Fallada, Hans: (Mit Erschütterung habe ich ‚Hemingways' neuen Kurzgeschichtenband *In unserer Zeit* (Rowohlt) gelesen ...) In: Das Tage-Buch 13 (1932), Nr. 49, 3.12.1932, S. 1909.
Fallada 1932p: Fallada, Hans: Aldous Huxley: *Zwei oder drei Grazien* [1931]. In: Ders.: Auch ein Kritiker kann nicht gerecht sein. Aufsätze zur zeitgenössischen Literatur, hg. von Michael Töteberg, Reinbek bei Hamburg 2018, S. [61–62].
Fallada 1932q: Fallada, Hans: Hanns Heinz Ewers: *Reiter in deutscher Nacht* [1932]. In: Ders.: Auch ein Kritiker kann nicht gerecht sein. Aufsätze zur zeitgenössischen Literatur, hg. von Michael Töteberg, Reinbek bei Hamburg 2018, S. [47–49].
Fallada 1933: Fallada, Hans: *Wetter im Osten*. Von Heinrich Hauser. In: Die Literatur. Monatsschrift für Literaturfreunde 35 (1932/33), H. 5 (Februar 1933), S. 301.
Fallada/Ditzen 2007: Fallada, Hans/Ditzen, Anna: Wenn du fort bist, ist alles nur halb. Briefe einer Ehe, hg. von Uli Ditzen, mit Anmerkungen von Erika Becker, Berlin 2007.
Foerster 1988: Foerster, Karl: Garten als Zauberschlüssel. Ein Buch von neuer Abenteuerlichkeit des Lebens und Gärtnerns unter dem Zeichen erleichterten Gartenwesens. Neue Originalausgabe nach der 1934 erschienenen 1. Ausgabe. Mit Vorwort von Prof. Dr. R. Hansen: Weihenstephan, Sulzberg/Allgäu 1988 (Bibliothek für Gärtner und Gartenliebhaber).
Liersch 2005: Liersch, Werner: Der Literaturkritiker. In: Ders.: Der Büchersammler. Der Literaturkritiker. Der Photographierte. Der Missbrauchte, Schöneiche bei Berlin 2005, S. 26–44.
Nimz 2011: Nimz, Ulrike: Zwischen den Zeilen. Hans Fallada als Literaturkritiker. In: Namen- und Stadtlandschaften. Beiträge des Hans-Fallada-Symposiums Carwitz, hg. von Petra Ewald und Lutz Hagestedt, München 2011, S. 91–136.
Prümm 2011: Prümm, Karl: Gebanntes Schauen und protokolliertes Sehen. Kinokritik und Kinoprosa bei Hans Fallada. In: Hans Fallada. Autor und Werk im Literatursystem der Moderne, hg. von Patricia Fritsch-Lange und Lutz Hagestedt, Berlin/Boston 2011, S. 135–151.
Williams 2002: Williams, Jenny: Mehr Leben als eins. Hans Fallada. Biographie. Aus dem Englischen von Hans-Christian Oeser, Berlin 2002. [Originalausgabe: More Lives than One. A Biography of Hans Fallada, London 1998.]

2.5 Schreiben in der/für die Populärkultur
Madleen Podewski

Diffuse Zuschreibungen: ‚populär'– ‚volkstümlich'– ‚unterhaltsam'

Falladas Texte sind immer wieder als ‚populär', ‚volkstümlich', ‚trivial' oder als ‚Unterhaltungsliteratur' klassifiziert worden – das auch schon von ihm und seinen Zeitgenossen selbst (siehe die Beiträge 1.5 *Fallada als populärer Autor der Synthetischen Moderne* und 4.11 *Unterhaltungsromane* in Kap. II). In der Fallada-Forschung queren bzw. komplementieren solche Zuschreibungen aus dem Feld der Populärkultur die Zuordnung von Falladas Werk zu einzelnen Epochen der Literaturgeschichte (frühe Erzählungen und die beiden ersten Romane zum Expressionismus, einige Romane der 1930er Jahre zur Neuen Sachlichkeit). Vor allem *Kleiner Mann – was nun?* wird folglich nicht nur als neusachlicher Roman klassifiziert, sondern ebenso als Bestseller, wenn nicht gar als Weltbestseller wahrgenommen; und ein guter Teil der Produktion der späten dreißiger und der vierziger Jahre gilt als konventionelle, zuweilen wiederum als ‚volkstümlich' ausgegebene Unterhaltungsliteratur (Nienhaus 2003). Die unterhaltenden und volkstümlichen Themen und Formen werden dazu meist als quasi überzeitliche, epochenunspezifische Konstanten konzipiert, die ab und an vom ebenso stabil gedachten ‚Trivialen' der Massen- und Serienliteratur ausdrücklich abgegrenzt werden (besonders ausgeprägt bei Nienhaus 2003; Gansel/Liersch 2009).

Für eine angemessene historische Situierung von Falladas Produktion sind solche Einordnungen aus mehreren Gründen unzureichend und problematisch: Vor allem entsteht hier der Eindruck, als ließen sich die populären, unterhaltenden oder volkstümlichen Texte von literatur- und kulturgeschichtlichen Dynamiken abkoppeln und als würden sie damit auch innerhalb von Falladas Werkgeschichte eine Art Interimszone bilden, die durch äußere biografische Faktoren ausreichend erklärt ist; v. a. für die Produktion im Dritten Reich wird hier (überlebenswichtiger) Opportunismus ins Spiel gebracht. Dazu kommen die Schwierigkeiten, die sich aus der Vermessung von Nähe und Distanz solcher Art Literatur zur deutlich abgewerteten Massenliteratur ergeben. Die Distanz wird jedenfalls nicht an Textverfahren nachgewiesen, sondern nur mit assertorischer Verve behauptet: „Fallada ist selbstverständlich kein Verfasser von Serientexten." (Nienhaus 2009, 163) Und der Bestseller-Status von *Kleiner Mann – was nun?* bleibt zumeist – in konsequenter Fortführung der Trennung von Sozial- und Symbolsystem – bloße Zusatzinformation, die literatur- und formgeschichtlich nicht weiter ausgewertet zu werden braucht (anders im Beitrag 1.5 *Fallada als populärer Autor der Synthetischen Moderne* in Kap. II).

Diese Defizite ergeben sich aus den grundlegenden Problemen, die mit dem Konzept ‚Populärkultur' verbunden sind. Für den reflektierten Umgang mit ihm ist mittlerweile ein Verweis auf seine Vagheit und auf die von unterschiedlichen Disziplinen (u. a. Volkskunde, Ästhetik, Medienwissenschaft, Soziologie) vorgeschlagene Vielfalt an Herleitungsmöglichkeiten obligatorisch: dass es verankert werden kann in Produkteigenschaften (Themen und Formen), in Produktionsformen (Markt- und Konsumorientierung), in Zahl und Zuschnitt der Rezipienten (Masse, Volk, ungebildete Schichten, „the people") oder im Modus der Rezeption (Unterhaltung, Zerstreuung) und dass es als überzeitliche Praxis oder als Spezifikum von Entwicklungsstufen moderner Industriegesellschaften modellierbar ist. So gesehen, gibt es weder „eine allgemein anerkannte Theorie Populärer Kultur [...] noch ist verbindlich geklärt, welche Gegenstände und/oder welche kulturellen Aktivitäten zur Populären Kultur gehören" (Hügel 2003, 1). Trotz dieser Schwierigkeiten bei der Objektbildung kann der kultur- und literaturwissenschaftliche Diskurs offenbar aber doch nicht auf ‚Populärkultur' verzichten, und er nimmt dafür immer wieder theoretisch und methodisch ansonsten nicht akzeptierte Prämissen und Verfahren in Kauf: ungesicherte Kurzschlüsse zwischen Objektstrukturen, Rezipientenbedürfnissen, Marktbedingungen

2.5 Schreiben in der/für die Populärkultur

und Publikationsorten, Verzicht auf kultur-, wissens- und literaturgeschichtliche Kontextualisierungen und nicht zuletzt Pauschalurteile ohne genaue Kenntnis von Einzeltext oder Korpus. Damit ist das ‚Populäre' weniger eine stabile Kategorie, mit der sich überprüfbare Erkenntnisse gewinnen lassen, denn ein ‚heißer' Begriff, der das „politisch[e] und ästhetisch[e] Koordinatensystem" (Hecken 2010, 223) moderner Gesellschaften in zentraler Weise betrifft. Theorien der Populärkultur sind deshalb bis heute nur bedingt professionalisierte ‚Theorien' mit häufig unscharfen Grenzen zur ideologischen Debatte – und das in einer langen Tradition, die „von Schiller bis zu den Cultural Studies" (vgl. Hecken 2007) und weiter zu jüngeren Versuchen der Systemtheorie reicht (vgl. Huck/Zorn 2007).

Ihre erste Verdichtung erfahren diese Theorie-Debatten um 1900, als sich abzeichnet, dass die Populärkultur ein konstitutiver Bestandteil moderner Gesellschaften sein wird (vgl. Maase/Kaschuba 2001). Hier wird sie überzogen mit den Wertungsrastern, die die zentralen Streitsachen einer „heterogenen Moderne" (Herlinghaus 2003, 833) bearbeiten. Auch die wissenschaftliche Auseinandersetzung mit Populärkultur ist seitdem unweigerlich verstrickt in Grundfragen nach der Funktionsweise moderner Gesellschaften, nach der Fundierung ihres Zusammenhangs, nach Möglichkeiten ihrer Sektorialisierung bzw. Differenzierung, in Fragen nach Psychodynamiken, nach Autonomie oder Heteronomie von Subjekten, und sie impliziert Krisendiagnosen und Vorschläge zu ihrer Bewältigung und ästhetische Wertungs- und Kanonisierungsfragen. Bis in seine Negation hinein ist dabei ein wertend-dualistisches Raster prägend geblieben, in welchem die Populärkultur als Opposition zu einer anspruchsvoll-hohen bzw. exkludierend-elitären Kultur konzipiert ist. Vor allem im deutschsprachigen Raum hat auch eine Forschung, die Populärkultur als funktionalen, unverzichtbaren Bestandteil moderner Kulturen und Wissensordnungen ausgezeichnet und simple stratifikatorische Sozialmodelle als unterkomplex ausgewiesen hat, nicht viel daran ändern können, dass er weiterhin genutzt wird.

Die literaturwissenschaftliche Beschäftigung mit populärer Literatur ist Teil dieser Muster und hat damit Teil an ihren Schwierigkeiten. Das zeigt sich in der nicht standardisierten, nur teilweise synonymen Terminologie, die auf Themenwahlen, Form- bzw. Stilmerkmale (Schema-, Trivialliteratur), auf qualitative (Unterhaltungsliteratur) bzw. quantitative Rezeptionsformen (Massenliteratur) bzw. auf spezifische Rezipientengruppen (Volksliteratur) rekurriert. Dabei ist die Abgrenzbarkeit eines eigenständigen Korpus von Populärliteratur ebenso problematisch wie für die Populärkultur als ganze – das vor allem deshalb, weil sich die kategoriale Trennung von Symbol- und Sozialsystem der Literatur hier besonders nachdrücklich niederschlägt: Die in Anschlag gebrachten Klassifizierungskriterien zu Produktion, Distribution und Rezeption lassen sich nicht geradewegs und nicht durchweg mit Themenwahl und Formstrukturen korrelieren. Gerade an Fallada wird deutlich, dass die gängigen Raster der Literaturwissenschaft (autonome, marktferne, ans ‚Buch' gebundene, innovativ-dynamische, elitäre Kunst mit einer eigenen Geschichte vs. heteronome, marktförmige, massenmediale, ‚harmlose', populäre, volkstümliche, unterhaltende statisch-schematische Produkte) gravierende Zuordnungsprobleme erzeugen.

Populärkultur als dynamisches Feld

Man kann Populärkultur aber auch konsequent als ein Phänomen der Moderne konzipieren, in der mit der Etablierung von Freizeit- und Massenkulturen ein Sektor ausgebildet wird, in dem (überkommene) starke Bindungen, Korrelationen und Markierungen auf verschiedenen Ebenen gelockert bzw. suspendiert werden und für den deshalb eigenständige Formen und Praktiken zu entwickeln sind. Diese Möglichkeit ist geknüpft an eine breit ausdifferenzierte, professionell organisierte Medienlandschaft und an die Bildung eines diffusen, nicht mit bestimmten Schichten, Klassen oder Gruppen identischen Publikums. Im Kern ist Populärkultur „weniger auf Teilkulturen" gerichtet, „in denen ein größerer Vergesellschaftungs- bzw. Vergemeinschaftungsdruck entsteht, als vielmehr [auf den] kulturelle[n] Mainstream". Damit ist sie „keine Kultur des [sozialen, M.P.] Zwangs" (Hügel 2003, 6), sondern eine Kultur tendenziell großer Reichweiten. Sie fordert und begünstigt die Ausbildung von Themen und Formen, die Spezialmarkierungen (v. a. politischer und ästhetischer Art) nivellieren, und entwickelt dafür ein breites Spektrum an Neutralisierungs- bzw. Distanzierungsoptionen: von eher schwachen Überformungen, die spezielle Zugehörigkeiten noch erkennbar halten (z. B. deutsch-jüdische Familienromane, die den Anschluss an Identitätsprobleme einer Spezialgruppe wahren oder Falladas *Kleiner Mann – was nun?*, der auf erkennbare Weise Formtraditionen der literarischen Moderne verarbeitet) bis hin zur Entwicklung eigenständiger Formen, die kaum noch von solchen Anschlüssen geprägt sind (ausgeprägte Schemaliteratur). Konstitutiv für dieses Feld ist zugleich die Flexibilisierung von Medienbindungen, d. h. der Korrelation von Darstellungs- und Publikationsformen. Sie ermöglicht und befördert Mehrfachverwertungen und damit eine breite Streuung z. B. von literarischen Texten, die nicht unbedingt auch mit hohen Auflagen einhergehen muss. Und sie ermöglicht und befördert die Integration von Artefakten, die nicht gezielt für das populäre Feld produziert worden sind: mit Höchstauflagen etwa bei der Warenhausausgabe von Thomas Manns *Buddenbrooks* (1929) oder im Einspeisen eines ‚bildungsbürgerlichen' Textes in ein populäres Medienformat wie beim Abdruck von Arthur Schnitzlers *Traumnovelle* in Ullsteins *Die Dame. Illustrierte Modezeitschrift* (1925/26).

Die Nivellierung von Spezialmarkierungen und die Ausdehnung bzw. Flexibilisierung von Zugehörigkeiten und Reichweiten ist Effekt historischer Arbeit, deren Eigendynamik sich innerhalb historischer Kulturen entfaltet. Die Frage nach Falladas Schreiben in der/für die Populärkultur lässt sich somit nicht im alleinigen Rekurs auf Texteigenschaften beantworten und erst recht nicht im Rekurs auf Texteigenschaften, die ein historisch unspezifisches, sich quasi von selbst verstehendes ‚Populäres', ‚Triviales', ‚Unterhaltendes' oder ‚Volkstümliches' reproduzieren. Zu rekonstruieren sind vielmehr eben diese Arbeits- und Aushandlungsprozesse des populären Feldes, in die sich Fallada mit seinem Schreiben auf eine spezifische Weise involviert: mediale Infrastrukturen, zeitgenössische Debatten und Platzierung der Texte im (Print-)Medienverbund.

Weimarer Republik

Hans Fallada beginnt seine schriftstellerische Arbeit in einer Phase, in der sich eine hoch modernisierte Populärkultur – mit nochmaliger Ausdehnung und Diversifizie-

2.5 Schreiben in der/für die Populärkultur

rung des Printmedienmarktes und mit dem Aufkommen der neuen audiovisuellen Medien (Radio ab 1923, Kino mit Tonfilm Ende der 1920er Jahre) – als unterhaltungsindustrielle Medien- und Erlebnisgesellschaft endgültig und flächendeckend etabliert hat (Segeberg 2003, 15–112). Kulturprodukte sind nunmehr allgemein und leicht zugänglich, sie stützen sich auf einen erweiterten, nicht sozial, wirtschaftlich oder durch Bildungsstand eingeschränkten Kreis von anonymen Interessenten. Diese verdrängen die traditionellen Träger- und Käuferschichten samt ihrem elitären, auf Exklusion setzenden Kulturkonzept und entziehen sich der Kontrolle der bildungsbürgerlich-literal geprägten Instanzen. Unter solchen Bedingungen verändern sich das Bildungsgut ‚Buch', die Vorstellung von Literatur als ‚Werk' und vom Autor als ‚Dichter'. Auch das Buch wird jetzt, v. a. als „Bestseller" (die erste deutsche Bestsellerliste erscheint in der *Literarischen Welt* 1927–1928), zum festen Bestandteil einer beschleunigten, von gegenwartsbezogenen Modethemen geprägten Freizeit- und Konsumkultur. Eingespeist in „supramedial[e] Kommunikationszusammenhänge" (Fischer 1999, Sp. 773) verliert das Einzelwerk an Relevanz, und der Autor wandelt sich vom „exklusiven Wort-Dichter zum in mehreren Medien operierenden Medien-Arbeiter" (Segeberg 2003, 36).

Diese neuen Leitbilder, Gesellungs- und Wahrnehmungsformen (vgl. Schütz 1989), die in diesem Sektor vorgeschlagen werden, werden auch noch nach dem Ende der ‚Schmutz- und Schund'-Front des Kaiserreichs, vor allem von den alten Eliten und den ‚Volkspädagogen' (Schulwesen, Leihbüchereien, Börsenverein des deutschen Buchhandels) abgewertet und zu reglementieren versucht: der Rundfunk durch die Bindung an das Reichspostministerium, der Film mit dem Reichslichtspielgesetz (1920), populäre Printmedien mit dem Gesetz zur Bewahrung der Jugend vor Schund- und Schmutzschriften (1926). Neben diese justiziablen Eingriffe treten ausführliche Debatten, die gleichwohl die misstrauisch beäugte neue massenmediale Infrastruktur durchaus professionell für sich zu nutzen verstehen. Für die Printmedien greifen Skeptiker und Gegner noch einmal auf eine unterkomplexe, medieninduzierte Zweiteilung der Kultur zurück, die bereits im 19. Jahrhundert entworfen worden war. Hier gilt das ‚Buch' als Hort marktferner Autorenliteratur, die periodische, populäre Presse dagegen als Verbreitungsinstitut marktförmiger, ästhetisch und kulturell minderwertiger Dilettantenmachwerke (vgl. Günter 2008). In einem solchen Verständnis von ‚Buch' wird die viel beredete Bücherkrise (faktisch begründet in einem deutlichen Niedergang der Produktionszahlen) zum Indiz für den Verlust von „Kultur und Sitte" (Fischer 1926, 1). Wie hauptsächlich die Kritik am ‚Bestsellerwesen' zeigt, provoziert vor allem die Perforierung der insistent verteidigten Grenze zwischen den beiden Bereichen: Das prestigeträchtige Buch in die Kreisläufe von Freizeit und Konsum einzuspeisen, erscheint als besonders bedrohliches Zeichen von ‚Amerikanisierung' und Kulturverfall.

In solche Diskussionen um den Bestseller mischen sich aber auch Angebote, diese starren Raster zu flexibilisieren und die emphatische, sich überstrapazierende Krisenrhetorik durch eine nüchternere Analyse der Funktionsweisen der gegenwärtigen Populärkultur zu ersetzen. Besonders nach dem Millionenerfolg von Remarques *Im Westen nichts Neues* (1930) beginnt man verstärkt, Ursachenforschung statt Normierungen zu betreiben (vgl. Vogt-Praclik 1987). Ihren Ausgangspunkt nehmen diese Überlegungen von den neuen nicht-literalen Medien Radio und Film. Die Erkundung von deren Eigenart wird u. a. in den Arbeiten von Balázs, Brecht, Benjamin, Döblin und Kracauer in einer nunmehr neuen Weise aufs engste verknüpft mit Fragen nach den gegenwärtigen sozialen Gefügen und ihrer Rolle darin. Das führt ein gutes Stück weg von Urteilen über den kulturellen Wert der Populärkultur und hin zu ihrer Soziologisierung. Ins Zentrum der Aufmerksamkeit rückt dabei ihre soziale Trägerschicht, die ‚Masse' der ‚Angestellten'. Für deren Erfassung taugen die etablierten Gesellschafts-, Schichten- und Klassenmodelle nicht mehr, weil sie keine präzisen Konturen zu zeigen scheint. Als spezifisch gilt deshalb ihre Mittellagigkeit, die jetzt als statistische Durchschnittlichkeit innerhalb eines Kontinuums von Soziallagen konzipiert wird. Als ‚neue Mittelschicht' unterwandert und dynamisiert sie so klar gegliederte, mit deutlichen Grenzen versehene Gesellschaftsmodelle. Diese instabile und flexible statistische Mitte erarbeitet man sich zunehmend auch in den Bestsellerdebatten. Das Spektrum reicht hier von Versuchen, die alten Konzepte ein weiteres Mal zu modifizieren bis hin zur Entwicklung neuer Raster und Analyseverfahren. In Thomas Manns *Geleitwort* zur Reihe *Romane der Welt* des Knaur Verlags (vorab abgedruckt im *Berliner Tageblatt* vom 28. März 1927) etwa wird die „ehemals offene Kluft" zwischen „hoher Dichtung" und „als blamabel empfundener Blödheit" durch das „vorzüglich gemacht Mittlere" geschlossen. Für diese „unlächerlich[e] Qualität" registriert Mann einen stetig wachsenden Bedarf, fragt aber nicht nach den sozialen Dynamiken, die ihm zugrunde liegen. So bleibt dieses „Massengerechte" (Mann 1927, o. S.) noch eingespannt in die alten, geistesgeschichtlich grundierten Wertraster, beginnt aber doch, den traditionellen Dualismus mit seinen scharfen Grenzen zu unterwandern. Den Beziehungen zwischen Textmerkmalen und Soziallagen gerade dieser Mittelzone ist dann Kracauer auf der Spur. Im Beitrag *Über Erfolgsbücher und ihr Publikum*, der 1931 im Feuilleton der *Frankfurter Zeitung* die Reihe *Wie erklären sich große Bucherfolge?* abschließend zusammenfasst, geht es ihm explizit nicht um Kolportage-, Milieu- oder Parteiliteratur, d. h. nicht um Literatur, die zuverlässig und vorhersagbar von distinkten sozialen Gruppen bzw. von „lang währende[n] Instinkten" getragen wird. Hier scheint die Sachlage klar, zu erkunden ist stattdessen eine „Mannigfaltigkeit von Schichten, die sich von der Großbourgeoisie bis zum Proletariat erstreck[t]", die historisch neu und deren Charakter noch unerforscht ist. Deshalb sind Bucherfolge für Kracauer nicht kalkulierbar, sondern „Zeichen eines geglückten soziologischen Experiments". Nur über die sorgfältige Beobachtung solcher Oberflächenphänomene – und gerade nicht über die Ableitung aus etablierten Ordnungsmustern – lässt sich vorerst Einblick gewinnen in ihre Bedürfnisstrukturen (Kracauer 1963, 65, 67, 67).

In der Weimarer Republik hat sich mithin ein Medienfeld als Medienmarkt fest etabliert, das Flexibilisierung und Binnendifferenzierung der Populärkultur (nach Milieus, nach Verbreitungsgrad, nach Medienbindung) vorantreibt und unterstützt und das komplementär dazu einen Sektor befördert und stabilisiert, der sich von distinkten Zuschreibungen mehr oder weniger deutlich abkoppelt. Diese Grundstruktur bleibt auch für die Populärkultur im Dritten Reich und partiell auch noch in der unmittelbaren Nachkriegszeit in der SBZ konstitutiv. Sie wird hier aber doch überformt: Vor allem wird versucht, den Sektor für die sozial unzuverlässige (Angestellten-)Masse einzuschränken und ihn – bei Beibehaltung seiner hoch geschätzten Reichweiten – mit Themen und Formen zurückzubinden an stabile und homogene Großgruppen wie vor allem das ‚deutsche Volk'. Das geschieht mit Eingriffen in die Infrastruktur und in einer erneuten diskursiven Bearbeitung des Phänomens.

Drittes Reich

Die Machtübernahme der Nationalsozialisten 1933 bedeutet einerseits eine tiefe Zäsur für den Kultursektor. Verbote, Inhaftierung, Ermordung und Vertreibung entziehen ihm prägende Akteure, und mit einer Fülle von Kontrollmechanismen wird er grundlegend reglementiert, u. a. über die Gründung des Propagandaministeriums und der Reichskulturkammer 1933 mit Sparten für Rundfunk, Presse, Film und Schrifttum, die Gründung der Dienststelle Rosenberg 1934, mit dem Schriftleitergesetz 1933, im mehrfachen Erstellen von Listen über „schädliches und unerwünschtes Schrifttum", in der Zentralisierung des Rundfunks, dem Verbot der Kunstkritik 1936 und mit Beginn des Zweiten Weltkriegs über die Papierkontingentierung. Andererseits beschränkt sich der äußerst gewalttätig durchgesetzte Anspruch auf eine Neuordnung der Kultur weitgehend auf Produkte von Autoren, die als politische und weltanschauliche Gegner gelten, so dass ein großer Teil der in der Weimarer Republik etablierten Institutionen kaum oder nur punktuell angetastet bzw. für den Ausbau eines eigenen „Pausenraum[s]" (vgl. Würmann/Warmann 2008) genutzt werden kann. Damit vollzieht sich im Dritten Reich der „endgültige Übergang aus einer literarisch dominierten Bildungsgesellschaft in eine technisch-visuell und technisch-auditiv geprägte Mediengesellschaft" (Segeberg 2003, 125). Das Printmedienfeld steht dabei nicht so sehr im Zentrum der Regulierungsbemühungen wie Film und Rundfunk, lässt sich wegen seiner bereits weit verzweigten Ausdifferenzierung zudem schwerer kontrollieren. Es ist darüber hinaus besonders ausgeprägt von polykratischen Strukturen gesteuert, in denen verschiedene Instanzen (Propagandaministerium, Amt Rosenberg, Reichsleitung) ihre jeweils eigenen und teilweise kontroversen Auffassungen von Populär-, Volks- oder Unterhaltungsliteratur durchzusetzen versuchen.

Unter solchen Bedingungen kann dieser Bereich des ‚Pausenraums' zu einem Experimentierfeld für neue Produktions-, Vertriebs- und Marketingstrukturen avancieren: mit Feldpostausgaben als Vorformen des Taschenbuchs, mit der nochmals forcierten Karriere des populären Sachbuchs, mit der ausgeprägten Verbindung von Buch und Film (bei Fallada bei den beiden Romanen *Der eiserne Gustav* und *Ein Mann will nach oben*), mit dem Ausbau professioneller Werbekampagnen in Presse, Rundfunk und Fernsehen, mit der Inszenierung der Buchmessen oder der Einführung der Woche des deutschen Buches (Fischer/Wittmann/Barbian 2015, 218f.). Das Segment der hohen Auflagen und/oder der breiten Streuung ist dabei zunächst vor allem durch die Bildung von Verlagsmonopolen geprägt, die an nationalsozialistische Organisationen gekoppelt sind: So etwa beim Eher-Konzern (NSDAP), der, nachdem er sich u. a. den Ullstein Verlag einverleibt hatte, 1939 zum größten Wirtschaftsunternehmen des Deutschen Reiches avanciert (ebd., 187), oder in den Verlags- und Vertriebsunternehmen der Deutschen Arbeitsfront (DAF). Hier ist es hauptsächlich die Hanseatische Verlagsanstalt, die, ab 1935 mit einem eigenen Lektorat für Freizeitliteratur ausgestattet, einen nationalsozialistischen Massenbuchmarkt aufbaut – mit Anbindung u. a. an die Freizeitorganisation „Kraft durch Freude" und mit festen Abnehmern bei den angekoppelten Buchgemeinschaften (v. a. Deutsche Buch-Gemeinschaft, Büchergilde Gutenberg) und bei den Werkbüchereien (ebd., 191). Höchste Auflagen und Millionenumsätze werden hier zwar zu guten Teilen mit verordneter Parteiliteratur erzielt (Hitlers *Mein Kampf* etwa erscheint bis 1945 in einer Auflage von 12,45 Millionen Exemplaren; ebd., 55), zugleich diffundiert man hier mit Reise- und Abenteuerromanen, Sachliteratur und Belletristik in Buch-, Heft- und Reihenform und in der periodischen Presse in den ideologisch weniger oder gar nicht markierten Bereich (ebd., 211). Dabei werden die Themen und Formen, die für diesen Bereich bereits in der Weimarer Republik entwickelt worden waren, aufgegriffen und mehr oder weniger modifiziert (vgl. Schneider 2004). Sie bleiben darüber hinaus relevant für den Frontbuchhandel, mit dem im Zweiten Weltkrieg noch einmal ein neuer Buchmarkt mit diversen Buchreihen und Lizenzausgaben entsteht. Auf ihm können nun auch nicht dezidiert nationalsozialistische Verlage – an ihrer Spitze der Bertelsmann Verlag – mit hohen Auflagen für verschiedenste Textformen agieren: An den Feldpostausgaben, die von 1940 bis 1944 vertrieben werden und die in mehr als 35 Millionen Exemplaren erscheinen, beteiligen sich 71 Verlage (Fischer/Wittmann/Barbian 2015, 180).

Die partei-indifferente Literatur ist im Dritten Reich mithin konstitutiver Teil des Massenbuchmarktes und vermischt sich dort mit dezidiert nationalsozialistischen Werken. Diese Kopräsenz scheint problematisch, und so gibt es immer wieder Versuche, sie zu bereinigen und das Feld zu homogenisieren, d. h. bestimmte Literaturformen aus ihm zu tilgen und sie durch affinere Formen zu ersetzen: 1934 etwa gründet sich eine Überwachungsstelle für Leihbüchereien, die vor allem „Kriminalromane, Abenteuerromane, sog. Liebesromane" aussondern soll, d. h. „Machwerke, die ‚weder verboten noch beschlagnahmt [...], ihrem Inhalt nach aber [...] so seicht und wertlos sind, daß auch sie aus dem Leihbüchereigewerbe verdrängt werden müssen.'" (zit. nach Würmann 2000, 15) 1940 werden nach Kriegsbeginn vom Propagandaministerium noch einmal 20 umfangreiche Serien und mehrere hundert Einzeltitel verboten (Fischer/Wittmann/Barbian 2015, 143), und auf der Buchhändler-Kantate im Frühjahr 1941 ergeht für die Verleger der schöngeistigen Literatur (die mit 72 Millionen Exemplaren den Hauptteil der gesamten Buchproduktion ausmacht) die Order, eine „planmäßige Wertauslese unter schrifttumspolitischen Gesichtspunkten" zu verfolgen (zit. nach ebd., 148). Parallel dazu betreibt man Protektion: 1935 mit der Anordnung zur Förderung guter Unterhaltungsliteratur, mit zahlreichen Preisausschreiben, mit der Begründung eigener Heftreihen (vgl. Galle 2002, 88–96), mit zahlreichen Auswahlverzeichnissen, die über die periodische Presse, Rundfunk und Kino in Höchstauflagen verbreitet werden (vgl. Fischer/Wittmann/Barbian 2015, 205), und mit kontrollierenden und zugleich beratenden Instanzen für die äußerst erfolgreichen Leihbüchereien (vgl. Würmann 2000, 20).

Die von der Forschung bereits vielfach vermerkte Uneinheitlichkeit im Umgang mit Unterhaltungs- bzw. Massenliteratur (vgl. u. a. Würmann/Warmann 2008) ist somit vor allem Indiz gravierender Unsicherheiten im Umgang mit der aus der Weimarer Republik überkommenen, modernisierten Populärkultur. Sie zeigen sich darin, dass eine Vielzahl von Instanzen Zuständigkeit für ihre Verwaltung, Regulierung und Normierung beanspruchen kann. Und sie zeigen sich besonders prägnant in den Debatten, die zahlreich und über den gesamten Zeitraum hinweg vor allem über ‚Unterhaltungs-' und ‚Volksliteratur' geführt werden. Hier greifen zwar noch immer, ganz ähnlich wie in der Weimarer Republik, die traditionellen, im 19. Jahrhundert entwickelten Herleitungs- und Wertungsmodelle: Heftromane gelten weiterhin als jugend- und sittengefährdend, Kitsch als Verblendung und als Auswuchs der Phantasie, bevorzugt goutiert im „dumpfen Drange" von den Ungebildeten (zit. nach Fischer/Wittmann/Barbian 2015, 307). Diese Wertungsmodelle werden für die gegenwärtige Lage mäßig modifiziert, vor allem im Wunsch nach moderaten Kompromissformen, die wie Thomas

Manns Massenliteratur von „unlächerlicher Qualität" mit dem neuen deutschen Unterhaltungsbuch eine Mittelzone besetzen sollen (vgl. Linthout 2008). Das Konzept wird hier allerdings nicht wie bei Mann auf demokratische Verhältnisse bezogen, sondern an die Bildung einer Volksgemeinschaft angeschlossen. Dabei wird versucht, die Vorstellung von diffusen, statistisch bestimmbaren Freizeit-Massen wieder durch eine homogene, qualitativ prägnante Gruppe zu ersetzen. Hier greift man bis auf romantische Ausdeutungen des Populären zurück, vereindeutigt die Gruppenzugehörigkeit aber auch im Rekurs auf ‚deutsches Volk' und ‚deutsche Rasse'. Zugleich besteht aber für diese a-modernen Modelle kein übergreifender Konsens mehr. Vor allem im Umfeld von Goebbels' Propagandaministerium werden die grundsätzliche Existenzberechtigung und die Eigenständigkeit des populärkulturellen Sektors nicht mehr in Frage gestellt. Im Mittelpunkt stehen hier prinzipiell gruppenunspezifische anthropologische Bedürfnisse nach Unterhaltung und Entspannung, die eines Freiraums – eben eines ‚Pausenraums' – bedürfen. Dass das ‚deutsche Volk' als a-soziologische Referenzgröße weiterhin im Spiel bleibt, erleichtert die Begründungsarbeit für die propagandistische Funktionalisierung solcher Art Unterhaltungsliteratur. Sie avanciert auf diese Weise zum „Kraftreservoir der Nation", aufgefüllt „durch nationale Freude" (so Goebbels, zit. nach Würmann 2000, 16).

Nachkrieg und SBZ

Nach Ende des Zweiten Weltkrieges unterwerfen die alliierten Besatzungsmächte in allen vier Zonen die Medien Film, Rundfunk, Buch, Zeitschrift und Presse – und damit auch die infrastrukturellen Voraussetzungen für die Ausbildung einer Populärkultur – einer strikten Kontrolle. Vor dem Aufbau neuer Strukturen stehen die Auflösung und die Liquidierung zentraler Medieninstitutionen (u. a. Reichskulturkammer mit allen Teilsparten, Eher Verlag als Zentralverlag der NSDAP), die Aussonderung nationalsozialistischer Literatur aus den Buchhandlungen und Leihbüchereien, die Übernahme der Funkhoheit für den Rundfunk und die Beschlagnahmung der UFA-Film. Neuschaffung und Umbau sollen im Zeichen einer demokratisch-humanistischen Erziehung der deutschen Bevölkerung stehen und stützen sich vor allem auf die gezielte Förderung entsprechender Kulturprodukte. Für deren weite Verbreitung sorgt hier zunächst der Rundfunk, der die Rolle eines Leit- und Führungsmediums im Programm umfassender kultureller Neuorientierungen übernimmt (vgl. Koch/Glaser 2005, 146–233). Ihm zur Seite steht die periodische Presse mit neuen Tages- und Wochenzeitungen und einer Fülle von Kulturzeitschriften: In den Westzonen entstehen zwischen 1945 und 1949 z. B. 155 neue Tageszeitungen (ebd., 156). Der programmatisch geforderte (und vor allem in der Literaturgeschichtsschreibung auch noch nachträglich behauptete) Kahlschlag fand allerdings nicht statt. Die Forschung hat auch für diese Phase gezeigt, dass mitten in den Erneuerungsbemühungen Vieles aus dem Dritten Reich weiterbestehen konnte (vgl. Bollenbeck 2000).

Als besonders durchsetzungsfähig erweist sich auch hier der Sektor der Populärkultur. Beim Film bleiben die als unpolitisch deklarierten Unterhaltungsfilme der UFA im Programm, Unterhaltungsroutiniers der UFA können, auch in der SBZ, weiter produzieren (Beispiele bei Segeberg 2003, 201), Ähnliches gilt für den Rundfunk und die Printmedien. Damit bestehen auch in der unmittelbaren Nachkriegszeit, d. h. unter besonders ausgeprägter (militärischer) Kontrolle, gemischte Verhältnisse. In der

SBZ scheint das Nebeneinander von Erziehungs- und Unterhaltungsfilm, von Exil-, Klassiker- und Heftchenliteratur, von Volksmusik und Wunschkonzert nicht so stark ausgeprägt gewesen zu sein. Allerdings lässt die Forschung, die sich noch kaum mit den ‚Pausenräumen' im besetzten Deutschland beschäftigt hat, solide Einschätzungen hier nicht zu. Fest steht allenfalls, dass in der SBZ eine eigene Version von Populärkultur durchgesetzt werden sollte und dass die zentralistischen Strukturen und die strikte politisch-ideologische Linie diesem Unternehmen wohl einen gewissen Erfolg beschert haben. Die Kritik am „Kitsch"-Konsum (Münz-Koenen 1980, 23, 67) deutet aber darauf hin, dass hier nicht die gesamte Literaturproduktion unter Kontrolle zu bringen war – auch deshalb nicht, weil bis zur Währungsreform 1948 kein abgeschlossener Literaturmarkt bestand.

Der Literatur spricht man jedenfalls in der SBZ eine zentrale Rolle bei der demokratischen Umgestaltung Deutschlands zu. Dabei wird sie als eine Art Erziehungsmittel betrachtet, dessen Auswahl wohl überlegt und das in großem Umfang verbreitet werden muss. So wird mit hoher Schlagkraft und äußerst effizient sehr schnell und gezielt ein Massenangebot an passender Literatur geschaffen, die schon in den Erstauflagen in mindestens 20 000 Exemplaren erscheint. Bedeutendste verlegerische Kraft ist dabei der Verlag der Sowjetischen Militäradministration in Deutschland (SMAD), der SWA Verlag: Zwischen 1945 und 1949 werden hier Bücher und Broschüren in einer Gesamtauflagenhöhe von zehn Millionen Exemplaren gedruckt; eine besondere Bedeutung kommt dabei den deutschen Übersetzungen sowjetischer Literatur zu: Von ihr erscheinen insgesamt 314 Titel, die zum Teil, wie etwa Ostrowskis *Wie der Stahl gehärtet wurde* (ED 1947), äußerst erfolgreich auch noch über die Gründung der DDR hinaus sind (vgl. Bille 1992). Dieses Literaturprogramm wird ergänzt durch die Produktion deutscher Verlage. Sie sind der Lizenzierung unterworfen, die in der SBZ anders als in den Westzonen an die Verknüpfung mit gesellschaftlichen bzw. Parteiorganisationen gebunden ist. Erst 1946 dürfen auch alte Privatverlage (u. a. Reclam, Insel, Greifen Verlag), nach der Sichtung ihrer Bestände, ihre Arbeit wieder aufnehmen. Schon im Juni 1945 wird der „Kulturbund zur demokratischen Erneuerung Deutschlands" unter dem Vorsitz von Johannes R. Becher als Massenorganisation der parteilosen Intelligenz gegründet. Er fungiert als wichtiger kultureller Mittler und Werbeträger der SMAD; dieser Ausrichtung und dem SBZ-spezifischen re-education-Programm ist auch sein Verlag, die im August 1945 gegründete Aufbau Verlag GmbH, verpflichtet. Sie prägt das literarische Feld der Nachkriegszeit entscheidend mit: hauptsächlich mit Werken des humanistisch-klassischen Erbes – u. a. Lessing, Goethe, Schiller, Heine, Büchner, Fontane – und mit ‚antifaschistischen' bzw. ‚demokratischen' Autorinnen und Autoren des Exils – u. a. Plivier, Heinrich Mann, Seghers, Becher –, die gleichfalls hohe und höchste Auflagen erzielen (Pliviers *Stalingrad* erreicht z. B. bis 1949 neun Auflagen mit insgesamt 150 000 Exemplaren; vgl. Wurm 1996).

Parallel zur massiven Überschwemmung des Literaturmarktes mit solcher Literatur arbeitet man in Rundfunk und periodischer Presse intensiv an der diskursiven Begründung ihrer (Um-)Erziehungsfunktion. Man stützt sich dabei auf zentrale Theoreme des Marxismus-Leninismus, d. h. auf eine Soziologie der Klassen(kämpfe) und auf ein dialektisch-materialistisches Geschichtsverständnis. In deren Rahmen werden überkommene Bestimmungen der Populärkultur auf eine charakteristische Weise umgruppiert und überformt. Dabei verliert die rigide Zweiteilung der Kultur in Elite und Masse ihre Relevanz und damit auch die Suche nach einer Mitte, die sie möglicherweise überbrücken könnte. Sie gilt vielmehr als Fehlentwicklung kapitalistisch-bürgerlicher Gesellschaften, der in einer demokratisch-sozialistischen Gesellschaft mit der engsten Verknüpfung von ‚Basis‘ und ‚Überbau‘ begegnet werden kann und muss. Erhalten bleibt dagegen der paternalistische Habitus in den Literaturvermittlungsprogrammen; die angestrebte Erziehungsarbeit richtet sich nun aber nicht mehr auf eine Bezähmung der Sinne, sondern auf die Ausbildung eines angemessenen Klassenstandpunktes. Darüber hinaus spielt auch eine latent klassenübergreifende Vorstellung von ‚Volk‘ weiterhin eine wichtige Rolle: An sie wird die Favorisierung realistisch-mimetischer – ‚volkstümlicher‘ – Darstellungsformen und die rigide Ablehnung der literarischen Moderne geknüpft (Hartmann 1988).

Falladas Position

Was die Auflagenhöhen seiner Bücher betrifft, so ist Fallada zu keiner Zeit einer der ganz großen Bestseller, die von den hoch industrialisierten Populärkulturen v. a. in der Weimarer Republik und im Dritten Reich auf neue Weise ermöglicht werden. Hier lassen sich – wie z. B. mit Remarques *Im Westen nichts Neues* (1928), Schenzingers *Anilin. Roman der deutschen Farben-Industrie* (1937) oder, unter etwas anderen Bedingungen, mit Ostrowskis *Wie der Stahl gehärtet wurde* (1947) – innerhalb kurzer Zeit Auflagenhöhen von mehreren Hunderttausend und noch darüber hinaus erreichen (vgl. Vogt-Praclik 1987; Schneider 2004; Wurm 1996). Das trifft gerade auch für sein erfolgreichstes Buch zu, den *Kleinen Mann*: Eine Erstauflage von 10 000 Exemplaren gilt hier bereits als besonderer Vertrauensbeweis des Verlegers, und bis 1932 sind in Deutschland gerade einmal 34 000 Exemplare verkauft. Ebenso durchschnittlich ist der Erfolg von *Jeder stirbt für sich allein*: Der Band erscheint in der üblichen Auflagenhöhe von 30 000. Im Großen und Ganzen gilt Ähnliches für den Abdruck seiner Texte in der periodischen Presse. In die innovativen Massenblätter mit Auflagenhöhen über der Millionengrenze dringt nur ein einziger umfangreicherer Text vor, *Altes Herz geht auf die Reise* (1936, Auflagenhöhe mind. 1,25 Mio), ansonsten ist Fallada in diesem Sektor eher unauffällig und nur punktuell mit kurzen Erzählungen präsent (u. a. 1931–1943 in der *Grünen Post* mit ca. 1 Mio, 1934 in der *Berliner Morgenpost* mit ca. 600 000, 1931–1942 in der *Woche* mit ca. 180 000 und 1945–1948 in der *Täglichen Rundschau* mit Auflagenhöhen zwischen 150 000 und 800 000). Hauptsächlich finden sich seine Texte in den Unterhaltungssparten der Lokalpresse bzw. der politisch moderaten Tagespresse, in illustrierten Zeitschriften und Magazinen mit geringerer Reichweite und in Kultur- und Literaturzeitschriften mit Kleinstauflagen. *Kleiner Mann – was nun?* erscheint z. B. in der *Vossischen Zeitung* mit einer Auflage zwischen 40 000 und 60 000 (alle Auflagenhöhen nach Stöber 2005), allerdings muss die Praxis des Nachdrucks in 20 und mehr Regional- und Lokalblättern in Rechnung gestellt werden.

Dem entsprechend sind Falladas Texte nur sehr mittelbar, über die wechselvolle Geschichte des Rowohlt Verlags (Übernahme bzw. Beteiligung durch den Ullstein Verlag und die Deutsche Verlags Anstalt; siehe den Beitrag 1.3 *Fallada und seine Verleger* in Kap. I), eingebunden in die Produktion von Verlags- und Medienkonzernen, die Erfolgsbücher mittels ausgefeilter Marketing- und Promotions-Konzepte planen und arbeitsteilig herstellen und die die Diversifizierung des populären Medienfeldes aus einer Hand betreiben – wie das in der Weimarer Republik der Ullstein-Konzern vorexerziert, der die Produktion eines breiten Printmedienspektrums mit einem eigenen Bühnenvertrieb und der Beteiligung an Filmgesellschaften kombiniert, und im Dritten Reich der Eher Verlagstrust. Wie es aussieht, gibt es Falladas Texte zwar auch in billigeren Volksausgaben für die populären Buchgemeinschaften (z. B. *Bauern, Bonzen und Bomben* im Vier-Falken Verlag), nicht aber als billiges Massenbuch (z. B. in der Reihe der *Gelben Ullstein-Bücher für eine Mark*). Stattdessen erscheinen Falladas Bücher hauptsächlich in klassischen Kulturverlagen (bei Rowohlt und Nachfolgern, im Aufbau Verlag). Auch wenn sich die zweite Generation der Kulturverleger, zu der auch Rowohlt gehört, in der Weimarer Republik und im Dritten Reich der industrialisierten Massenproduktion ein Stück weit öffnet, bleiben Grundprämissen bestehen: persönlich gehaltene Autorenbindung, die Beschäftigung literarisch geschulter Lektoren und der Anspruch, bildend und gestaltend an Literatur und Kultur teilzuhaben.

Kennzeichnend für Falladas Position in der Populärkultur ist stattdessen die breite Streuung seines Werkes. Eine weite Verbreitung erfährt es nicht durch einzelwerkfixierte, monomediale Massenpräsenz, sondern durch die Einpassung in die feinen Binnendifferenzierungen, die der populäre Sektor auch jenseits von industrialisierter Massenproduktion synchron und diachron ausgebildet hat. Das gilt partiell für einzelne Werke (v. a. für *Kleiner Mann – was nun?*), die mehrfach gedruckt, in verschiedene Verlagsprogramme und Printmedientypen eingebaut, die in verschiedene Sprachen übersetzt werden können und die leicht anschließbar sind an eine auch nicht-literale Nutzung wie etwa durch den Film. Das gilt aber vor allem für Falladas Werk insgesamt, das sich von der Weimarer Republik über das Dritte Reich bis hin zu den frühen Jahren in der SBZ in eben diesem Sektor behauptet. Das ist Indiz dafür, dass Fallada die Breite des Spektrums an Publikationsofferten, das hier ermöglicht, aber auch immer wieder eingeschränkt, umbesetzt, aus- und umgedeutet wird, wahrzunehmen versteht und seine Texte entsprechend an- und einzupassen in der Lage ist. Mit seinem Gesamtwerk lotet er hier vor allem Optionen für die Tilgung deutlicher (Gruppen-)Markierungen aus. Solche können, wie vor allem in der Produktion im Dritten Reich, aber in Richtung ideologischer Einordnung wieder verstärkt werden. Das geschieht gleichwohl nur mit einzelnen Eingriffen in Handlungsverläufe und Figurengestaltung, die sich bei veränderter politischer Lage ohne Weiteres wieder tilgen bzw. neu überformen lassen (siehe den Beitrag 1.3 *Vorwort-Politik* in Kap. II). Andererseits können die Texte aber ebenso gut in den Bereich einer inzwischen dezidiert markierten Popularität hinüberreichen, d. h. Formen und Themen verwenden, die für die Zeitgenossen als eigenständig und spezifisch ‚populär' identifizierbar sind (als Massen-, Unterhaltungs- oder Trivialliteratur). Auf diese Weise trägt Fallada auch zur Flexibilisierung und Weiterentwicklung mimetisch-anschaulicher Darstellungsweisen bei, die in allen hier aufgezeigten Debatten zum Populären, Volkstümlichen oder Unterhaltenden gleichermaßen im Zentrum stehen (siehe den Beitrag 1.2 *Falladas Poetologie* in Kap. II).

Literatur

Bille 1992: Bille, Thomas: Der Börsenverein der deutschen Buchhändler zu Leipzig 1945–1948. Aspekte der Verlagspolitik in der sowjetischen Besatzungszone. In: Leipziger Jahrbuch zur Buchgeschichte 2 (1992), S. 165–208.
Blaseio/Pompe/Ruchatz 2005: Blaseio, Gereon/Pompe, Hedwig/Ruchatz, Jens (Hg.): Popularisierung und Popularität, Köln 2005.

Bollenbeck 2000: Bollenbeck, Georg (Hg.): Die janusköpfigen 50er Jahre. Kulturelle Moderne und bildungsbürgerliche Semantik III, Wiesbaden 2000.
Fischer 1999: Fischer, Ernst: Bestseller in Geschichte und Gegenwart. In: Medienwissenschaft. Ein Handbuch zur Entwicklung der Medien- und Kommunikationsformen. 1. Teilband, hg. von Joachim-Felix Leonhard, Hans-Werner Dietrich Schwarze und Erich Straßner, Berlin/New York 1999, Sp. 764–776.
Fischer 1926: Fischer, Samuel: Bemerkungen zur Bücherkrise. In: Die Literarische Welt 2 (1926), 22.10.1926, S. 1.
Fritsch-Lange/Hagestedt 2011: Fritsch-Lange, Patricia/Hagestedt, Lutz (Hg.): Hans Fallada. Autor und Werk im Literatursystem der Moderne, Berlin/Boston 2011.
Gansel/Liersch 2009: Gansel, Carsten/Liersch, Werner: Hans Fallada und die literarische Moderne – Vorbemerkungen. In: Hans Fallada und die literarische Moderne, hg. von C. G. und W. L., Göttingen 2009, S. 7–11.
Fischer/Wittmann/Barbian 2015: Fischer, Ernst/Wittmann, Reinhard/Barbian, Jan-Pieter (Hg.): Geschichte des deutschen Buchhandels im 19. und 20. Jahrhundert, Bd. 3: Drittes Reich, Teil 1, Berlin/Boston 2015.
Günter 2008: Günter, Manuela: Im Vorhof der Kunst. Mediengeschichten der Literatur im 19. Jahrhundert, Bielefeld 2008.
Hartmann 1988: Hartmann, Anneli: „Erneuerung der deutschen Kultur?" Zur sowjetischen Literatur- und Kulturpolitik in der SBZ und frühen DDR. In: Frühe DDR-Literatur. Traditionen – Institutionen – Tendenzen, hg. von Klaus R. Scherpe und Lutz Winckler, Hamburg 1988 (Argument Sonderband 149), S. 33–80.
Hecken 2007: Hecken, Thomas: Theorien der Populärkultur. Dreißig Positionen von Schiller bis zu den Cultural Studies, Bielefeld 2007.
Hecken 2010: Hecken, Thomas: Populäre Kultur, populäre Literatur und Literaturwissenschaft. In: Journal of literary theory 4 (2010), H. 2, S. 217–233.
Herlinghaus 2002: Herlinghaus, Hermann: Populär/volkstümlich/Populärkultur. In: Ästhetische Grundbegriffe, hg. von Karlheinz Barck u. a., Bd. 4, Stuttgart/Weimar 2002, S. 832–884.
Huck/Zorn 2007: Huck, Christian/Zorn, Karsten (Hg.): Das Populäre der Gesellschaft. Systemtheorie und Populärkultur, Wiesbaden 2007.
Hübner 2008: Hübner, Anja Susan: „Erfolgsautor mit allem Drum und Dran". Der Fall Fallada oder Sollbruchstellen einer prekären Künstlerbiographie im ‚Dritten Reich'. In: Im Pausenraum des ‚Dritten Reiches'. Zur Populärkultur im nationalsozialistischen Deutschland, hg. von Carsten Würmann und Ansgar Warner, Bern u. a. 2008 (Publikationen zur Zeitschrift für Germanistik, Neue Folge, Bd. 17), S. 197–213.
Hügel 2003: Hügel, Hans-Otto: Einführung. In: Handbuch Populäre Kultur. Begriffe, Theorien und Diskussionen, hg. von H. -O. H., Stuttgart/Weimar 2003, S. 1–22.
Koch/Glaser 2005: Koch, Hans Jürgen/Glaser, Hermann: Ganz Ohr. Eine Kulturgeschichte des Radios in Deutschland, Köln u. a. 2005.
Kracauer 1963: Kracauer, Siegfried: Über Erfolgsbücher und ihr Publikum. In: Ders.: Das Ornament der Masse. Essays. Für Theodor W. Adorno, Frankfurt a. M. 1963, S. 64–74.
Linthout 2008: Linthout, Ine van: „Dichter, schreibt Unterhaltungsromane!" Der Stellenwert der Unterhaltungsliteratur im ‚Dritten Reich'. In: Im Pausenraum des ‚Dritten Reiches'. Zur Populärkultur im nationalsozialistischen Deutschland, hg. von Carsten Würmann und Ansgar Warner, Bern u. a. 2008 (Publikationen zur Zeitschrift für Germanistik, Neue Folge, Bd. 17), S. 111–124.
Maase/Kaschuba 2001: Maase, Kaspar/Kaschuba, Wolfgang (Hg.): Schund und Schönheit. Populäre Kultur um 1900, Köln/Wien 2001.
Mann 1927: Mann, Thomas: Romane der Welt. In: Berliner Tageblatt, 28.3.1927 (Abendausgabe) (o. S.).
Münz-Koenen 1980: Münz-Koenen, Ingeborg: Literaturverhältnisse und literarische Öffentlichkeit 1945 bis 1949. In: Literarisches Leben in der DDR 1945–1960. Literaturkonzepte und Leseprogramme, hg. von I. M. -K., Berlin (Ost) 1980, S. 23–100.

Nienhaus 2003: Nienhaus, Stefan: Was heißt und wie wird man ein volkstümlicher Autor? Überlegungen zur Unterhaltungsliteratur in der ersten Hälfte des 20. Jahrhunderts am Beispiel Hans Falladas. In: Hans-Fallada-Jahrbuch (2003), Nr. 4, S. 155–170.
Galle 2002: Populäre Lesestoffe. Groschenhefte, Dime Novels und Penny Dreadfuls aus den Jahren 1850 bis 1950. Katalog zur Ausstellung von Heinz J. Galle, Köln 2002.
Schneider 2004: Schneider, Tobias: Bestseller im Dritten Reich. Ermittlung und Analyse der meistverkauften Romane in Deutschland 1933–1944. In: Vierteljahresschrift für Zeitgeschichte 52 (2004), H. 1, S. 77–97.
Schütz 1989: Schütz, Erhard: Medien. In: Handbuch der deutschen Bildungsgeschichte. Bd. 5: 1918–1945. Die Weimarer Republik und die nationalsozialistische Diktatur, hg von Dieter Langewiesche und Heinz-Elmar Tenorth, München 1989, S. 371–406.
Segeberg 2003: Segeberg, Harro: Literatur im Medienzeitalter. Literatur, Technik und Medien seit 1914, Darmstadt 2003.
Stöber 2005: Stöber, Rudolf: Deutsche Pressegeschichte, 2. Aufl., Konstanz 2005.
Vogt-Praclik 1987: Vogt-Praclik, Kornelia: Bestseller in der Weimarer Republik 1925–1930, Herzberg 1987.
Würmann 2000: Würmann, Carsten: Entspannung für die Massen. Die Unterhaltungsliteratur im Dritten Reich. In: Zwischen den Zeiten. Junge Literatur in Deutschland 1933–1945; hg. von Uta Beiküfner und Hania Siebenpfeiffer, Berlin 2000, S. 9–35.
Würmann/Warman 2008: Würmann, Carsten/Warman, Ansgar (Hg.): Im Pausenraum des ,Dritten Reiches'. Zur Populärkultur im nationalsozialistischen Deutschland, hg. von Carsten Würmann und Ansgar Warner, Bern u. a. 2008 (Publikationen zur Zeitschrift für Germanistik, Neue Folge, Bd. 17).
Wurm 1996: Wurm, Carsten: Prospekt und Umbruch. Die ersten Jahre des Aufbau-Verlags. In: Unterm Notdach. Nachkriegsliteratur in Berlin 1945–1949, hg. von Ursula Heukenkamp, Berlin 1996, S. 147–174.

2.6 Fallada und die Kulturdiagnostik
Gustav Frank

„Der Alltag denkt nicht."

Unter dieser Überschrift hat Wilhelm Genazino, einer der Romanciers in der Nachfolge Hans Falladas, 1977 in der *Frankfurter Rundschau* festgestellt: „[E]s gibt nicht einen Aufsatz von ihm, über den heute noch nachzudenken wäre. Der essayistische Aspekt fehlt in seinem Werk überhaupt fast ganz." (Genazino 1977, 3) Insofern kann die Beziehung Falladas zu den Texten essayistischer Kulturdiagnostik um 1930, die „auf einem weit höheren Niveau von Reflexion, Einsicht und Ausdruck geschrieben sind als die späteren Kulturgeschichten ‚über' sie" (Sloterdijk 1983, 708), keine direkte sein. Davon aber ist die Forschung der 1970er und 80er Jahre – sie folgt dabei der zeitgenössischen Kritik (Gehrke 1932) – ausgegangen, indem sie freiweg ein Abhängigkeitsverhältnis der Literatur von den theoretisierenden Einlassungen behauptet: hier vor allem von Siegfried Kracauer zum Phänomen der Angestellten (vgl. Kracauer [1930] 1971). Das Feuilleton wiederholt das bis heute (vgl. Schaper 2016): Kracauers Überlegungen gelten als die „theoretische Plattform, auf der Falladas Romane entworfen wurden" (Lethen 1970, 157; so auch Hüppauf 1984, 215; Zachau 1989, 83). Doch weder ist der Zusammenhang ein so unmittelbarer, noch ist er so einseitig, wie

2.6 Fallada und die Kulturdiagnostik

angenommen wird. Zum einen werden die weltanschaulichen Thesen nicht einfach als *histoire* von Falladas Romanen umgesetzt, denn die Romane leisten mehr und Anderes. Zum anderen ist auch keine Annäherung in der Form, im *discours*, zu beobachten: Falladas Romane machen gerade nicht von ihrer gattungsbedingten Flexibilität Gebrauch, indem sie theoretisierende Abschweifungen eines Erzählers essayistisch einflechten, wie das bei seinen Zeitgenossen geschieht: bei Robert Musil im *Mann ohne Eigenschaften* (bei Falladas damaligem Arbeitgeber Rowohlt 1930 und 1933 erschienen) oder Hermann Broch im dritten Teil der Trilogie *Die Schlafwandler* (*1918 Huguenau oder die Sachlichkeit*, 1932).

Was stattdessen bemerkt werden kann, ist ein kompliziertes Wechselverhältnis. Es ergibt sich einerseits daraus, dass Kulturdiagnostik wie Literatur auf dieselben „,modernen Probleme'" (Roth [1930] 1982, 655) reagieren. Und es resultiert andererseits daraus, dass sich die Verhandlung dieser Probleme in Periodika vollzieht, in denen theoretisierende Prosa und literarische Verfahrensweisen sich annähern und in Austausch treten können. Von theoretischer Seite wird hier erstmals die „Exotik des Alltags" (Kracauer [1930] 1971, 11) entdeckt und das ‚Denken des Alltags' in populären Publikationsformen unternommen. ‚Alltag' erfährt damit insgesamt eine Aufwertung zum legitimen Gegenstand des Interesses. Das Wort bezeichnet dabei allerdings nur einen unter mehreren Versuchen, auf ein Bündel von Problemlagen zuzugreifen, die miteinander verflochten sind. Verschiedene Zugriffe kommen hier zusammen, sie konkurrieren miteinander um die Deutungshoheit über den neuen Gegenstand (vgl. Waldenfels 1989): Unter einem phänomenologischen Aspekt kann dieser ‚Alltag' als ‚Lebenswelt' erscheinen, die einer ‚natürlichen Einstellung' fraglose Voraussetzung aller Praxis bleibt (so Edmund Husserl und Max Scheler folgend bei Schütz [1932] 1960). Unter sprachanalytischem Aspekt kann „das alltägliche Sprachspiel" als ‚Lebensform' entziffert werden; diese „bedarf keiner Rechtfertigung" (Wittgenstein [1948] 1984, 529): „Das Hinzunehmende, Gegebene – könnte man sagen – seien Tatsachen des Lebens/seien Lebensformen" (Wittgenstein [1946] 1984, § 630). Die aphoristisch-unsystematische Form der Bemerkungen Wittgensteins, die sich formal der kleinen Prosa wie bei anderen Autoren der Zeit öffnen (vgl. Frank/Scherer 2007), deutet an, wie verbreitet, vor allem vielfältig und widersprüchlich die Beschäftigung mit dem ‚Alltag' zwischen 1925 und 1950 ausfällt. Auch die literarische Seite schärft an diesen Debatten ihre Sensibilität für die Wahrnehmung derselben Probleme, sie entwickelt dabei aber eigene Wahrnehmungsweisen und Verfahren für ihre Darstellung.

Möglichkeitsbedingung für dieses spezifische Wechselverhältnis von Proto-Theorie und Literatur und damit selbst Bestandteil der ‚problematics of modernism' (vgl. Sheppard 1993) ist eine neuartige, vortheoretische Situation diesen Problemen gegenüber. Das wird auch von den Wissenschaften und der Philosophie erkannt. So versuchen die Zeitgenossen, sie wissenstheoretisch überhaupt erst einmal in den Griff zu bekommen: in einer „vorläufigen, unsicheren und persönlich gefärbten, nicht additiven Zeitschriftenwissenschaft, die mühsam ausgearbeitete lose Avisos eines Denkwiderstandes zum Ausdruck bringt" (Fleck [1935] 1980, 157). In den florierenden Periodika der Zeit findet also das „Denkkollektiv" (ebd., 54) aus Literaten, Feuilletonisten, Journalisten und akademischen Kulturdiagnostikern seinen primären Ort. Von dort gehen Impulse für die weiteren Theoriebemühungen genauso aus wie für die literarischen „Erfolgsbücher" (Kracauer [1931] 1977, 64–74). Diese werden dort dann in den Bestseller-

Listen verzeichnet, wie sie seit 1927 in Rowohlts *Literarischer Welt* erscheinen und den Theoretikern wiederum Stoff liefern.

Kulturdiagnostik als populäres Phänomen

Der Essay, folgt man Genazinos Maßstab, entsteht mit dem Pressemarkt der Kaiserzeit und prägt die Kulturzeitschriften seit den 1870er Jahren (vgl. Frank/Scherer 2016). Er wird zwar von seriösen Organen wie der *Neuen Rundschau* von S. Fischer auch in der Moderne propagiert. Seit den 1920er Jahren organisiert sich die innovative Kulturdiagnostik aber vor allem in den kleineren Formen, deren Affinität zum Tagesschrifttum, d. h. zu hochfrequenten Periodika unverkennbar ist (vgl. Frank/Scherer 2007). Der Druck der ‚Reportage' (Egon Erwin Kisch) in den Tages- und illustrierten Zeitungen auf den Essay ist auch an Kracauers *Die Angestellten*, *tertium comparationis* der Forschung für Falladas Romane, ablesbar. Dieses Buch basiert auf einer „enquête menée d'avril à juillet 1929" (Vincent 2011, 16), denn es erscheint zuerst als ungewöhnlich lange Folge von zwölf Feuilletons zwischen Dezember 1929 und Januar 1930 in der *Frankfurter Zeitung*, bevor sie Kracauer 1930 als Broschur sammelt und auf den Markt bringt. Obwohl sie bereits eine längere Karriere im/als Feuilleton hinter sich haben, werden derart kleine Formen in der Weimarer Republik auf diese Weise zu einer theoriefähigen Textsorte aufgewertet, die maßgebliche Zeitdiagnosen über den Stand von Kultur und Gesellschaft bietet. Diese Aufwertung erfahren ‚feuilletonistische' Texte, weil sie als die jetzt angemessene Reaktion auf den beschleunigten Umbau der Gesellschaft im Gefolge von Weltkrieg, Massendemokratie und Inflation gelten. Mit diesem umfassenden Wandel können andere Textsorten nicht mehr Schritt halten: weder traditionell ideologische noch wissenschaftliche, also so systematische wie umfangreiche Publikationsformen mit langer Gestehungsdauer und damit verbundenen Ansprüchen an Geltung bzw. Haltbarkeit. An ihrer Stelle werden nunmehr ‚schnelle' Analysen, gewonnen an den je aktuellen sozialen ‚Oberflächen' der urbanen Konsumsphäre, und damit kurze Texte der eingreifenden Zeitdiagnose als probate Mittel von der kleinen Prosa selbst reflektiert, so etwa in Walter Benjamins *Tankstelle* in der *Literarischen Welt* (1927, 3).

Es ist der kulturdiagnostische Anspruch an die kurze Prosa, der die weitverzweigten Aktivitäten eines akademischen Prekariats in den Printmedien legitimiert: als Theorie in der Nussschale eines Zeitungstextes, die sich an akuten sozialen Umschichtungen und Gemengelagen (die ‚Angestellten', die ‚neue Frau', die ‚Girlkultur') ebenso entzündet wie sie die Medienrevolution von Radio, Schallplatte, Stumm- und Tonfilm und Reklame erkundet – auch indem sie deren Publika beobachtet. Auf der Höhe der Zeit zu sein, wird deshalb eher der Massenpresse zugetraut, so von Benjamin in *Nichts gegen die Illustrierte* ([1925] 1972, 449). Und wenn der lange Zeitschriften-Essay doch einmal gewählt wird, dann um in ihm die *Prawda*, die revolutionäre Wahrheit der Tageszeitung zu feiern wie Benjamins Moskau-Denkbild in der Vierteljahresschrift *Die Kreatur* (1927/28, 101).

Fallada in periodischen Printmedien

Die kleinen Formen sind das Feld, auf dem auch Fallada die Umstellung seines Schreibens von der Kunstprosa des Spätexpressionismus auf eine neue Sensibilität für den

2.6 Fallada und die Kulturdiagnostik

‚Alltag' seit Mitte der 1920er Jahre erprobt. An Falladas beiden Werken des Durchbruchs um 1930 ist zu studieren, wie sich der Anschluss an die öffentlichen Debatten vollzieht. Fallada ist auf dieses Printmedienfeld auf mehrfache Weise bezogen:

1. Er ist selbst als Annoncenwerber und Redakteur tätig: zwar nur für Provinzblätter, in seiner Funktion als Lokalreporter erhält er aber Einblicke in provinzielle Verhältnisse von überregionaler Bedeutung wie den „Landvolkprozess" (vgl. Kiesel 2017, 969–977), so dass sie strukturell relevant sind: „Meine kleine Stadt steht für tausend andere und für jede große auch" (Fallada 1931, 5). In den wenigen Zeilen, die der *General-Anzeiger für Neumünster* seinem Redakteur für die Besprechung von Kinofilmen, Büchern und theatralischen Aufführungen einräumt, entwickelt Fallada seine neuen Schreibverfahren und eine eigene Handschrift. Hier registriert er aktuelle Tendenzen, wenn er das lokale Vortragswesen beobachtet und für seine Leser kritisch begleitet.

Als Autor ist er 2. aber auch in den großen überregionalen Zeitschriftenprojekten der 1920er Jahre aktiv, die der öffentlichen Diskussion maßgebliche Impulse geben: für *Das Tage-Buch* und die *Literarische Welt* (beide bei seinem Hausverlag Rowohlt), zudem für die *Weltbühne* und schließlich für ein neues massenwirksames Blatt wie die *Kölnische Illustrierte Zeitung* (1926–1942). Anders als im *General-Anzeiger für Neumünster* und im kostenlosen Werbeblättchen *Schleswig-Holsteinische Verkehrszeitung* sind Stellungnahmen erwünscht; sie reihen sich hier ein neben die von anderen vielgelesenen, heute kanonisierten Schriftstellern und Journalisten (siehe den Beitrag 1.1 *Verhältnis literarisches Werk – Rezensionspraxis – journalistische Tätigkeit* in Kap. II).

Als Fallada 3. für Rowohlt seit Januar 1930 für einundhalb Jahre halbtags die Stelle eines „Rezensionsredakteurs" (Koburger 2015, 296 ff.) versieht, betreibt er die Lektüre und Auswertung von Zeitungen, Zeitschriften und Leserzuschriften schließlich sogar umfassend und systematisch. Seine berufliche Funktion mit dieser Art des Zugriffs resultiert 4. wiederum unmittelbar in eigenen Publikationen, jetzt in Form von 25 Buchbesprechungen (weitere 20 ohne Druckbeleg im HFA).

Eine noch deutlichere Vorstellung von der Viralität einzelner Elemente in den Periodika der Zeit kann man gewinnen, wenn man auf die beiden ersten Erfolgsromane Falladas selbst einen Blick wirft. Denn nicht nur werden sie 5. in Zeitungen und Zeitschriften zuerst gedruckt, sondern vielfach auch nachgedruckt. *Kleiner Mann – was nun?* erscheint in der äußerst traditionsreichen *Vossischen Zeitung*, die seit 1704 besteht und seit 1914 zum Ullstein-Konzern gehört. Im Unterhaltungsblatt der liberal-bürgerlichen Tageszeitung mit zwei Ausgaben täglich und einer geschätzten Auflage um 65 000 (vgl. Bender 1972, 37–39) wird der Roman zwischen dem 20. April und dem 10. Juni 1932 unter dem Strich als Feuilletonroman der Abendausgabe in Fortsetzung publiziert. Er öffnet damit unmittelbar seine Flanken zur umgebenden politischen und wirtschaftlichen Berichterstattung in den Nachrichtenteilen. Bis zu 50 Provinzzeitungen drucken den Roman nach (Hüppauf 1984, 209), was die Reichweite zusätzlich zu den Buchausgaben weiter erhöht.

Dadurch wiederholt sich 6. genau das beschriebene Zusammenspiel, indem beständig veränderte Kombinationen mit den je aktuellsten Aufzeichnungen, was in der Welt der Fall ist, entstehen. Anders gesagt: Falladas Roman liefert zu vielen verschiedenen Wirtschaftsnachrichten und tagespolitischen Details dann jeweils die Fallgeschichte. So tritt der Roman in Wechselwirkung mit dem je aktuellen Zeitgeschehen, mit einem von Blatt zu Blatt und Tag zu Tag veränderten Ko-Text und daher für die Leser je neu.

Nur auf Grundlage dieser Pressesituation mit ihren weitreichenden Distributionen und Zirkulationen wird 7. auch die schier unglaubliche Zahl der Rezensionen von Falladas ersten Romanen erklärbar. Bewahrt das HFA zu *Bauern, Bonzen und Bomben* bereits „rund 480" Besprechungen „aus in- und ausländischen Presseorganen" (Koburger 2016, 394) auf, so für den ‚Weltbestseller' *Kleiner Mann – was nun?* dann sogar 753 (Grisko 2002, 59). Die Zirkulation von Texten, Ideen, einzelnen charakteristischen Anekdoten, Szenen, Beobachtungen und Argumenten erfolgt flächendeckend.

Die Angestellten

Was Kulturdiagnostik und Literatur nach 1925 gleichermaßen verunsichert und fasziniert, ist der umfassende Wandlungsprozess zur nach-bürgerlichen „Massendemokratie" (Kondylis 1991), weil dafür keine angemessenen wissenschaftlichen Theorien und ideologischen Konzepte zur Verfügung stehen. Im Gegenteil geraten politische Ideologien und wissenschaftliche Disziplinen in Erklärungsnot, auch weil „das Tempo der ökonomischen Entwicklung dem der wissenschaftlichen Verarbeitung rasch vorauseilt" (Lederer 1912, III). Beispielhaft dafür ist die „Krise der Nationalökonomie" (Köster 2011), die sich um 1900 als akademische Disziplin gerade durch den Ausschluss von Fragen, die über eine beschreibende Beobachtung des Wirtschaftsprozesses hinausgehen, etabliert hatte. In Carl Mengers *Grundsätzen der Volkswirthschaftslehre* (Wien/Leipzig ²1923) sind die „moralischen Implikationen ökonomisch rationalen Handelns – die Sorge um (Lebens-)Sinn – [...] nicht mehr Gegenstand der Ökonomie." (Priddat 1993, 116) Sich für diese Sorge zuständig zu erklären, gehört zur Begründungsgeschichte der Soziologie als Disziplin in der Generation nach Max Weber. Mit der Weimarer Republik entsteht eine Vielzahl soziologischer Institute: von der durch Adenauer betriebenen Kölner Gründung mit Leopold von Wiese als erstem Inhaber eines Lehrstuhls für Soziologie in Deutschland und dem katholischen Philosophen Max Scheler über das Heidelberger Institut für Sozial- und Staatswissenschaften, getragen von Alfred Weber und Emil Lederer, bis hin zur Frankfurter Schule. Gegenstand der Profilbildung sind *Die Privatangestellten in der modernen Wirtschaftsentwicklung*, wie sie der austromarxistische Nationalökonomen Lederer (1912) in seiner Pionierstudie erstmals systematisch zu erfassen versucht. Erst nachdem die Angestellten als „neuer Mittelstand" (Lederer/Marschak 1926) identifiziert sind, ziehen die „Zwischenschichten" (Lederer [1929] 1979) eine Reihe von Qualifikationsschriften auf sich (Horbart 1925; Süssengut 1930; Jobst 1930; Dreyfuss 1933; Sträter 1933; Speier [1933] 1977; Dittrich 1939; vgl. Vincent 2011).

Alte Modelle wie der Marxismus, der an der Industrialisierung und ihrem Klassengegensatz von Kapital und Arbeit ausgerichtet blieb, greifen jetzt deshalb zu kurz, weil die ‚Zwischenschichten' Träger des rapide anwachsenden tertiären Sektors der Dienstleistungen sind. Die urbane Gesellschaft zerfällt in eine Reihe von Milieus, und zwar nicht im Sinne Kracauers, der etwa Arbeiterklasse und Katholizismus ausschließlich als traditionelle stabile Milieus begreift (vgl. Kracauer [1931] 1977, 65), sondern als soziale Gruppen, die durch Schichtzugehörigkeit und weitere Merkmale charakterisiert werden. Sie entstehen im Zerfall der Stände- und Klassengesellschaft durch

2.6 Fallada und die Kulturdiagnostik

eine Mobilität, die in „vier Jahren Krieg und fünf Jahren Nachkrieg" erzwungen wird (Fallada 1937, 70). Dabei werden einerseits Eigenschaften aus der ursprünglichen Sozialisation in Ober- und Unterschicht neben der alten Mittelschicht aus den Gewerbetreibenden (etwa Erwin Sommer im *Trinker* von 1944) mitgebracht; andererseits muss eine eigene Identität und Geschichte, müssen eigene Werte und Normen erst hergestellt und dann ebenso aufwändig wie permanent bestätigt werden. Alle klassenspezifischen Merkmale, Statusindikatoren und Verhaltensweisen taugen dazu nicht mehr, während klassentypische rekontextualisierbar sind, indem die neuen ‚Lebensformen' durch neue Kennzeichen beschrieben werden.

Die Ausbreitung des modernen Angestellten geht der Automatisierung, Standardisierung und Spezialisierung der Verwaltungs- und Dienstleistungsebene im Prozess der industriellen Rationalisierung einher. Sein Sonderstatus zwischen Arbeiter und Unternehmer verdankt sich der Umwandlung des Fabrikkontors in die arbeitsteilige Büroorganisation nach 1850. Die Lage des angestellten ‚Privatbeamten', zwischen 1890 und 1910 ausdifferenziert, wird verschärft durch den Rationalisierungsdruck in der Stabilisierungskrise (vgl. Bahrdt 1972, 43 ff.), als sich die Tätigkeit auf mechanische Routine an Büromaschinen reduziert. „Achtstundentag, Schreibmaschine, Stenogrammblock" sind die Schlagwörter, die diesen Arbeitsalltag umreißen: „Alle sehen einander ähnlich. Gleichheit des Tagesablaufs und der Empfindungen hat ihnen den Serienstempel aufgedrückt" (Keun [1931] 1989, 10 f.). Doch die Dienstleistung emanzipiert sich auch aus einer zuarbeitenden Funktion in den großen Industriebetrieben, sie übernimmt neue Funktionen: zum einen in den wachsenden Bildungs-, Sozial- und Gesundheitseinrichtungen (der Antrag auf Wochen- und Stillgeld in *Kleiner Mann – was nun?* etwa bleibt bei der Krankenkasse liegen), zum anderen nun auch in der Unterhaltungs- und Medienindustrie. Sozialhistorisch stabilisieren sich diese Bereiche erst seit der zweiten Hälfte der 1950er Jahre, als sie von der öffentlichen Hand und gesellschaftlichen Institutionen alimentiert werden, die nichtprekäre Karrieren ermöglichen. Von der erzählenden Literatur werden auch diese Transformationen mehr oder weniger kritisch begleitet: in Martin Walsers *Ehen in Philippsburg* (1957; vgl. Scherer 1998/2005) oder in Hans Scholz' *Am grünen Strand der Spree. So gut wie ein Roman* (1955, Hörspiel in fünf Teilen 1956, TV-Verfilmung in fünf Teilen 1960; vgl. dazu Heck/Lang/Scherer 2019). Die 1920er bis 1950er Jahre sind für die ‚Zwischenschichten' somit eine instabile Übergangszeit, bevor schließlich die „Herausbildung einer nivellierten kleinbürgerlich-mittelständischen Gesellschaft" (Schelsky 1955, 218) proklamiert werden kann. Insofern interessieren sich Theorie und Literatur der Phase gerade auch für Zonen, in denen die soziale Kohäsion (noch) schwach ausgeprägt ist, weil es an Integration durch sichere Arbeitsverhältnisse fehlt, und die Einzelnen verwundbar bleiben, weil ihre soziale Eingliederung als labil und temporär empfunden wird und jederzeit die Gefahr der Entkoppelung von allen sozialen Zusammenhängen droht. Davon handelt Fallada immer wieder an Figuren von Tredup und Pinneberg über Gäntschow und Pagel bis Sommer.

Als epochaler Einschnitt erweist sich, dass die Hyperinflation zunächst die scharfe Kalkulation der Lohnkosten noch erspart hat und erst in der Stabilisierungsphase die Automatisierung nach dem Vorbild des amerikanischen Taylorismus nun auch in den Büros greift. Die schnell erlernbaren Tätigkeiten setzen keine beruflichen Qualifikationen oder lang erworbenen Erfahrungen mehr voraus, so dass billige unqualifizierte, jüngere und vor allem weibliche Kräfte angestellt werden, die den Konkurrenz- und Lohndruck erhöhen und Binnenkonflikte anheizen.

Die Büro-Hierarchie wird flacher und durchlässiger, und die Stenotypistin kann durch den Einsatz des sportertüchtigten sonnengebräunten Körpers, von Kosmetik und Mode (vgl. Schüller 2015), in den Vorhof der Macht und damit in die Nähe des Chefs gelangen, wie es 1929 Vicki Baums Fortsetzungsroman *Menschen im Hotel* aus der *Berliner Illustrirten* popularisiert: An Generaldirektor Preysing und Fräulein Flamm alias Flamm zwo alias Flämmchen [sic] zeigt sich der neue Grad der Flexibilisierung und der Perfektionierung technisch-organisatorischer Abläufe im Zeichen der ‚Psychotechnik' (vgl. Rieger 2001). Ebenfalls an den Dienstleistern im Hotel macht *Wolf unter Wölfen* deutlich, dass der Zustrom in die rapide wachsenden ‚Zwischenschichten' gleichermaßen von oben, aus dem verarmten Adel und Bürgertum, wie von unten erfolgt. Am Phänomen der Untervermietung durch die Witwe Scharrenhöfer in *Kleiner Mann – was nun?* wird der Niedergang des alten Mittelstandes durch Krieg und Inflation als weitere Ursache für den Zustrom kenntlich.

Im Hinblick auf seine Klassenlage unterscheidet den abhängig beschäftigten Angestellten nichts von der Arbeiterschaft. Das „Heraufkommen einer *neuen* Schicht, die ihrer ganzen Situation nach *zwischen*" (Lederer 1912, IIIf.) Kapital und Arbeit tritt, gründet also auf anderen Merkmalen, die den Dienstleistungssektor kennzeichnen wie die ‚Sauberkeit' von Arbeitsplatz und Kleidung oder das Prestige von Monatsgehalt, Urlaub und Nähe zum Eigentümer. Die Unterscheidung vom Arbeiter und die Aufstiegsorientierung sind deshalb vor allem Merkmale einer eigentümlichen Bewusstseinslage, die spezifische Verhaltensstrategien hervorbringt. Während die soziologischen Arbeiten statistische und qualitative Erkenntnisse beibringen wollen, um die Frage der Klassenzugehörigkeit noch einmal entscheiden zu können, interessiert die literarischen Texte die prekäre, gerade eben nicht als Klassenlage beschreibbare Selbstpositionierung. Das Fehlen klarer sozialer Konturen resultiert aus der historisch späten Entstehung, die einer Milieubildung entgegensteht – ebenso wie der Zustrom Aufstiegswilliger von unten und Depravierter von oben, welcher dem auffällig „raschen Wachstum der großen Schicht privater Angestellter" (Lederer 1912, III) zugrundeliegt. Das wird als hochgradige Vereinzelung erfahren, die einerseits zur Ausbildung einer hohen sozio-semiotischen, sozial-empathischen und -psychologischen Sensibilität im Fremdverstehen und Reagieren in der Konkurrenz- und Abgrenzungssituation führt. Es erzwingt andererseits die nachholende Arbeit an einem schichtspezifischen Habitus, an Verhaltens-, Wohn- und Lebensformen im Abgleich mit den kurrenten Debatten um die ‚neue' Frau, das ‚neue' Wohnen (vgl. Lauffer 2011, 277–314) oder die „Kulturindustrie" (Horkheimer/Adorno [1947], 1987, 144–196). Insbesondere die Romanliteratur mit ihrem langen Atem breitet dazu den Kosmos von Lebens(re)formen aus und erprobt und bewertet sie in ihren fiktionalen Welten, etwa mit den Verlaufskurven ihrer erzählten Geschichten: „not in terms of class conflict but of popular culture and the widespread attitudes of ordinary people" (Boa/Palfreyman 2000, 83).

Das Wissen der ‚neuen' Disziplin Soziologie ist zwar aktuell, das Fach hat aber offenbar noch kein Deutungsmonopol etabliert. Zudem wendet sich der theoretisierende Zugriff den ‚Zwischenschichten' von ‚außen' objektiv und von ‚oben' kritisch zu, so dass die Soziologie in der Frage nach der angemessenen Lebensform keine überzeugende Orientierungsfunktion anbieten kann. Auch für die Theorie jedenfalls „ist

2.6 Fallada und die Kulturdiagnostik

klargestellt, daß durch einen Wandel der attention de la vie das Fraglos-Gegebene zum Objekt besonderer Zuwendung, zu einem ‚Problematischen' werden kann." (Schütz 1932, 78) Die Wissensproduktion bleibt damit zum einen unvollständig, zumal sich konkurrierende Deutungsangebote unterschiedlicher Herkünfte überlagern; zum anderen bleibt sie aus Sicht der Betroffenen unbefriedigend. Eine soziale und mentalitäre Identität der neuen Gruppen bildet sich daher in Auseinandersetzung mit den kurrenten Debatten, darüber hinaus aber vor allem in Anlehnung an die fiktionalen Biografie-, Lebens- und Verhaltensmodellen in Literatur, in den Illustrierten und im Film heraus. Deren Attraktivität besteht darin, dass ihre Angebote zwar fiktional und nicht objektiv sind, aber von ‚innen' aus der Erlebnisperspektive der Betroffenen gespeist zu sein beanspruchen. Es ist kennzeichnend für die neue massendemokratische Konstellation, wie umfangreich und heftig die Publikumsreaktionen auf diese fiktionalen medialen Angebote in Leserzuschriften ausfallen und dass diese selbst wiederum publizistisch zirkulieren.

Der ‚kleine Mann', auf den sich Falladas literarische Aufmerksamkeit nach seiner expressionistischen Frühphase mehr und mehr verschiebt, schon bevor er als Buchtitel sprichwörtlich und zugleich zum Kennzeichen seines weiteren Schreibens aufsteigt (siehe den Beitrag 1.2 *Falladas Poetologie* in Kap. II), gehört diesen neuen ‚Zwischenschichten' an. Wenn die zeitgenössische Rezeption und, ihr nachfolgend, die Forschung Fallada also einen spezifischen ‚Realismus' mit dokumentarischer Authentizität im Zeichen der Neuen Sachlichkeit attestiert, dann muss historisch präzisiert werden. Zum einen wird hier weniger ein bestimmtes Milieu dokumentarisch abgebildet, denn ein solches existiert eben gerade noch nicht; vielmehr werden Modelle von Lebensformen für die ‚Zwischenschichten' überhaupt erst entworfen. Die Romane fallen mithin ebenso präskriptiv wie deskriptiv aus. Zum anderen sind die Welten, die Fallada entwirft, selektiv: Es geht um diese spezielle soziale Lage des prekären Dazwischen, um Aufstiegshoffnungen, mehr noch um Abstiegsängste und um die sozialen Mechanismen und mentalitären Folgen, schließlich um die Optionen, die diese Lage bestimmen.

Neben Querschnitt-Romanen, die je historische Momentaufnahmen vom aktuellen Stand der Entwicklung geben wie *Bauern, Bonzen und Bomben* und *Kleiner Mann – was nun?*, schreibt Fallada dann wenig später auch Längsschnitt-Romane, die sich stärker für Herkünfte und Lebensläufe interessieren wie *Wir hatten mal ein Kind* von 1934 oder *Der eiserne Gustav* von 1938. Selten, wie in *Wolf unter Wölfen* von 1937, kombiniert er in einen Querschnitt-Roman Spuren von Längsschnitten ein. An einem wie Johannes Gäntschow aus dem vermeintlichen Bauern-Roman *Wir hatten mal ein Kind* zeigt sich bei Fallada gerade die soziale Inhomogenität der ‚Zwischenschichten' und der Grad der sozialen Mobilität, der ihnen Menschen unterschiedlichster Herkünfte zuführt: aus den alten Ständen, dem Adel und der Bauernschaft, aber ebenso aus den neueren Klassen, dem alten Mittelstand der kleinen Gewerbetreibenden, der verarmten Bourgeoisie und der aufstiegsorientierten Arbeiterschaft.

Ethnologie des Alltags

Kracauer führt seine marxistisch informierte soziologische Analyse der Angestellten als teilnehmende Beschreibung einer „Exotik des Alltags" (Kracauer [1930] 1971, 11) durch. Die Problematik der Angestellten impliziert offenbar ein ethnologisches

Konzept vom ‚Alltag‘ als dem Fremden in der eigenen Kultur der Gegenwart. Diese Zuwendung zum ‚Alltag‘ setzt voraus, dass man das gegebene Soziale als eine Abwendung vom Exzeptionellen und Elitären akzeptiert. Statt des „Bewußtseins des einsamen Ich" (Schütz [1932] 1960, 106) ohne Bezug auf den sozialen Zusammenhang geraten weit verbreitete, ‚allgemeine‘ Lebensformen in den Blick, die neben der „*Du-Sphäre* und *Wir-Sphäre*" (Max Scheler, zit. nach ebd., 107) jetzt auch die „Anonymität der Mitwelt" in der „*Ihreinstellung*" umfassen (ebd., 220). Der Schwerpunkt in Theorie und Literatur verschiebt sich vom einsamen Ich Husserls oder Kafkas bei Schütz oder Wittgenstein (vgl. Lütterfelds/Roser 1999) wie bei Fallada auf den Einzelnen im Netz seiner sozialen Beziehungen. Während es in der Theorie noch um eine erste Systematisierung des Fremdverstehens und der Sprachspiele geht, werden in der Literatur bereits konkrete Situationen durchgespielt, in denen über Glücken oder Scheitern des Fremdverstehens oder über die Bewährung in den Sprachspielen der anderen innerhalb des neuen sozial-topografischen Zusammenhangs entschieden wird: anhand konkreter Lebensläufe in ebenso konkretisierten alltäglichen Lebenszusammenhängen.

Von der Existentialontologie Heideggers wie von der Kritischen Theorie Adornos wird dem ‚Alltag‘ dagegen die Anerkennung grundsätzlich verweigert: als etwas fraglos Gegebenes im Status einer „*Tiefenschichte, welche sich* in einem bestimmten Jetzt und So […] *als nicht weiter auflösungsbedürftig darbietet*" (Schütz [1932] 1960, 78). Heideggers *Sein und Zeit* von 1927 erscheint insofern als Werk des Übergangs, indem sein Verfasser noch einmal radikal gegen die Fokusverschiebung auf die sozialen Tatsachen opponiert. Diese vollzieht sich im „Nach-Expressionismus" (Roh 1925) durch Abkehr von elitären Projekten des „Vertrauen[s] in die Kraft des exzentrischen Subjekts", welche „die Anforderungen an das Subjekt bis zur Überforderung anspann[ten]" (Fellmann 1982, 12). Dagegen übt Heidegger noch einmal mit ontologischer Emphase beißende Kulturkritik an der sich durchsetzenden Massendemokratie. Er unterscheidet dazu die „beiden Seinsmodi der *Eigentlichkeit* und *Uneigentlichkeit*". Letztere verfällt dem Verdikt, weil sie zwar „das Dasein nach seiner vollsten Konkretion" bestimmt: „seiner Geschäftigkeit, Angeregtheit, Interessiertheit, Genußfähigkeit". Diese „alltägliche Indifferenz des Daseins" ist aber bloß „durchschnittliche Alltäglichkeit" (Heidegger [1927] 2001, 43), d. h. „,Betrieb'" (ebd., 174): „entfremdend" und bestimmt durch „*Absturz*" und „*Wirbel*" (ebd., 178). Der neuartigen ‚Betriebsamkeit‘ in der Literatur und im Diskurs der 1920er Jahre (vgl. Marx 2009) stellt Heidegger daher den Seinsmodus der ‚Eigentlichkeit‘ ([1927] 2001, 266) entgegen.

‚Alltag‘ als Votum für die Durchschnittlichkeit und das Miteinandersein bedeutet insofern eine weitgehende Kritik an den elitären Zügen der Avantgarden, die schon mit dem naturalistischen Mitleid und der Verachtung für die Fremdbestimmtheit der Unterschichten beginnen. Jetzt korreliert der Anerkennung der sozialen Tatsachen, hier insbesondere der kapitalistischen Wirtschaftsform, der Versuch, innerhalb dieser unhintergehbaren Rahmenbedingungen eigentümliche, lebenswerte und lebbare Lebensformen für die neuen ‚Zwischenschichten‘ einzufordern und zu schaffen – also genau daran zu arbeiten, was Adorno in seinem Aphorismus *Asyl für Obdachlose* aus den späteren *Minima Moralia* für unmöglich erklärt: „Es gibt kein richtiges Leben im falschen." (Adorno [1951] 1997, 43) Von diesem Standpunkt aus sind Falladas Romane für den kleinen Mann dann leicht kritisierbar: „[E]r hat die falsche Antwort für ihn, eine private, die betrügt, weil sie scheinbar eine gesellschaftliche Antwort überflüssig macht. Und damit gibt Fallada eine reaktionäre Lösung für revolutionärkritisch aufgedeckte Widersprüche." (Kuczynski 1969, 357)

Während der Theorie die ‚Exotik des Alltags' und ‚das Man' als breit ausgemalte, aber negative Folie eines ‚falschen Lebens' dient, entwickelt Fallada Erzählverfahren, die diese Welt der ‚Zwischenschichten' von innen heraus, in ihrer Eigenlogik sich selbst darzustellen erlauben. Wie für Kracauer lässt sich für Falladas Romane zeigen, dass auch sie von literarischen Quellen ausgehen, die beide Autoren für die Presse besprechen. Manchmal sind es sogar dieselben Beispiele: Im Fall von Claire Bergmanns *Was wird aus deinen Kindern, Pitt?* ist der Streit um die Priorität zugunsten von Fallada zu entscheiden, der den Roman am 23. Oktober 1932 für die *Vossische Zeitung* rezensiert. (Im Juni ist dort der Abdruck von *Kleiner Mann – was nun?* zu Ende gegangen.) Kracauer kritisiert am 26. Februar 1933 im Literaturblatt der *Frankfurter Zeitung* aus Anlass dieses Romans „[d]ie bürgerliche Nachkriegsgeneration" überhaupt. Fallada dagegen schätzt in seiner Besprechung, die *Ein Alltags-Roman von heute* betitelt ist, bei aller Kritik an Sprache und Stil den Gegenstand der Darstellung: durchschnittliche Menschen in ihrem Alltag, denen keine Patentlösungen angedient, aber Trost gespendet und Hoffnung gegeben werden (Fallada 1932, [1]; siehe den Beitrag 2.4 *Fallada und die literarische Situation um 1930* in Kap. I).

Erzählen vom Alltag und der Anpassung

Falladas Interesse am ‚Alltag' als Gegenstand hat zur Folge, dass seine Texte in der Rezeption anhaltend als volkstümlich qualifiziert werden. Dabei sind seine literarischen Verfahren in erster Linie nur nicht-elitär, indem sie eine ‚ernste Nachahmung des Alltäglichen' (Auerbach 1937) anstreben, die zudem eine von innen, durch Mitsicht der Figuren ist. Die kulturgeschichtlich weit ausholende Rechtfertigung eines solchen „ernsten Realismus" in der Literatur – in einer „rücksichtslosen Mischung von alltäglich Wirklichem und höchster, erhabenster Tragik" – entsteht erst im Exil (Auerbach [1946] 1964, 516). Den theoretisierenden Stilgesten von Kracauer, Schütz oder Wittgenstein stehen diese Darstellungstechniken nicht zur Verfügung, weshalb sie den Phänomenen äußerlich bleiben und in einer Position der (elitären, auktorialen) Übersicht verharren. Zudem garantieren die literarischen Verfahren eine breite Zugänglichkeit der Texte, womit sie sich auch darstellungstechnisch in ihrem ‚Gebrauchswert' für den ‚Alltag' bewähren. Dafür empfehlen sie sich mit ihren Empathie und Sympathie ermöglichenden Innensichten ohnehin.

Zweierlei Folgerungen sind in der Rezeption daraus fälschlicherweise gezogen worden. Die erste besteht darin, zu verkennen, inwieweit der ‚Alltag' eben nicht schon ein immergleiches Gegebenes ist. Vielmehr bezeichnet diese Kategorie ein spezifisches Erkenntnisinteresse dieser Jahre, in denen er überhaupt erst theoriefähig wird. Eine *terra incognita* ist ‚Alltag' gleichermaßen auch für die Literatur, und Fallada gehört zu ihren Entdeckern und Kartographen. ‚Alltag' kann zu einem solchen Zentralobjekt des Interesses aufsteigen, weil er sich fundamental von den Lebensverhältnissen im bürgerlichen 19. Jahrhundert unterscheidet. Gegen diese hatte die Frühe Moderne in jeder ihrer Spielarten seit 1890 revoltiert: Der Alltag des 19. Jahrhunderts dient als Feindbegriff einer lebensphilosophischen Grundlegung in der Moderne seit Nietzsche. Er gilt als Hemmnis des emphatisch proklamierten Anspruchs (zumindest einer Elite) auf ein intensives Leben, bestimmt durch Negation der bürgerlichen Lebensverhältnisse der Mitte (vgl. Kondylis 1991) und ihrer diätätischen und asketisch-entsagenden Züge. Sich als lebendig, als vital erleben, heißt für die Figuren der Frühen Moderne immer, gegen die Moral der bürgerlichen Gesellschaft zu verstoßen und die Grenzen des Subjekts ins Abenteuerliche und Verbotene, ins sozial Marginale, geografisch Fremde, psychisch Tiefe zu erweitern.

Der ‚Alltag' im Zeichen des beschleunigten und unsicheren sozialen Wandels nach 1918, für den als exemplarisches Anzeichen das auffällige Anwachsen der prekären ‚Zwischenschichten' gesehen wird, ist dagegen ein gänzlich unvertrauter und wechselvoller. Das scheint auf den ersten Blick paradox. Auf den zweiten Blick ist es das nicht, denn erst die neuen Züge erhöhter Dynamik, der Marginalisierung, Fremdheit und Gefährdung scheinen das Aufkommen eines breiten Interesses an ihm zu befördern und so auch die literarische wie wissenschaftliche Auseinandersetzung zu legitimieren.

Die zweite Fehleinschätzung besteht darin, Falladas Erzählverfahren selbst als simpel und wenig avanciert misszuverstehen. Das geht darauf zurück, dass diese Verfahren die leichte Verständlichkeit seiner Texte ermöglichen. Paradoxerweise ist diese Zugänglichkeit aber gerade das Ergebnis einer intrikaten Kombinatorik, genauer der erzähltechnischen Errungenschaften von der Frühen Moderne bis zur Neuen Sachlichkeit (siehe den Beitrag 1.2 *Falladas Poetologie* in Kap. II). Was Falladas Texte von den avancierten Vorgängern unterscheidet, ist sein freies Verfügen über ihre Mittel, die er zudem stets nur ‚lokal' einsetzt, so dass sie keinen seiner Romane vollständig als Stileigenheit (im Sinne eines bestimmten Ismus) beherrschen. So markiert beides – der ‚Alltag' zwischen 1920 und 1950 als neuer Gegenstand wie die besondere Kunst, ihn ästhetisch zugänglich zu machen – die spezifische Avanciertheit von Falladas Erzählen.

Im Unterschied zur Kulturdiagnostik denkt Fallada den ‚Alltag' dabei nicht: Er reflektiert nicht über seine spezifischen Gegebenheiten, sondern er erschließt seine unausgesprochen bleibenden Regulative mit Verfahren des Erzählens – wie auch immer er sich dazu Konfigurationen und Motivkomplexe etwa von Bergmann (die Familie mit den 5 Kindern etwa variiert er in *Der eiserne Gustav* auf seine Weise) und anderen Autoren anverwandelt und bestimmte Verfahren der Avantgarden dafür funktionalisiert. Es sind die sozialen Transformationen, in denen seine Figuren – oft von jeglicher Herkunftsordnung abgeschnitten – stehen. Den neuen Phänomenen ihres Alltags müssen sie mit neuartigen Aufmerksamkeiten, d. h. auch erst zu entwickelnden Verhaltensstrategien begegnen. Was Fallada beobachtet, ist mithin die Erfindung des Alltags in einer Welt tiefgreifender Umschichtungsprozesse und neuer, ‚harter' sozialer und wirtschaftlicher Tatsachen, denen sich seine Figuren nicht entziehen oder verweigern können.

Der ‚Alltag' mit seinen Routinen und Determinanten war als erstarrtes und erstickendes Gegenkonzept die negative Folie, vor der die Literatur der Frühen Moderne (1890–1925) ihr Ideal eines freien und selbstbestimmt erfüllten und deshalb emphatisch gefeierten ‚Lebens' variantenreich entfalten konnte. In den Romanen Falladas wird er dagegen zu einer Gestaltungsaufgabe. Diese Umwertung setzt den ‚Alltag' und die Macht der sozialen Tatsachen, die ihn regulieren, wie bei Schütz oder Wittgenstein als fraglos ‚Hinzunehmendes' voraus. ‚Leben' wird daher jetzt erst als Ergebnis einer geglückten Anpassung an die Determinanten des Alltags denkbar. Diese Umwertung macht auch die entscheidende Differenz zu den Narrativen der vorausgehenden Strömungen seit der Jahrhundertwende einschließlich der Avantgarden bis zum Beginn der

2.6 Fallada und die Kulturdiagnostik

1920er Jahre aus, hier noch angetrieben vom individuellen Ausbruch aus einer leblosen oder lebensfeindlichen sozialen Umwelt oder vom kollektiven Aufbruch in eine neue Weltordnung. Das Interesse von Nach-Expressionisten wie Fallada gilt dagegen dem Überleben und der Selbstbewahrung unter den Bedingungen der Massendemokratie in internationalen Marktverhältnissen. Noch drastischer als in Falladas *Kleiner Mann – was nun?* wird deren Unhintergehbarkeit von Rudolf Brunngrabers *Karl und das 20. Jahrhundert* (1932) vorgeführt (vgl. Lukas 2002; Scherer 2018).

Die Mehrheit von Falladas Romanen dekliniert insofern den Versuch der Anpassung an die ‚sozialen Tatsachen' durch, indem sie in unterschiedlichen Konstellationen erfolgversprechende Varianten durchspielen. Während die glückenden Versuche dabei eher die seltene Ausnahme bleiben (Wolfgang Pagel in *Wolf unter Wölfen*; Heinz Hackendahl, das jüngste von fünf Kindern in *Der eiserne Gustav*; die Sekundärfamilie um Eva Kluge in *Jeder stirbt für sich allein*), überwiegt das Scheitern, das sich in Lebensläufen männlicher Modernisierungsverlierer (vgl. Delabar 2013) manifestiert. Unentschieden bleibt einzig Falladas (deshalb?) erfolgreichster Roman *Kleiner Mann – was nun?* Trotz bis zuletzt abfallender Linie (vgl. Schönert 2011) – der Titelheld geht, wie er immer befürchtet hat, im Gegenraum der arbeitslosen Massen auf –, reklamiert der Erzähler für die dargestellte Kleinfamilie das Recht auf Existenz. Doch überwiegt an dieser Stelle die Macht der Tatsachen derart, dass sich als Alternativprogramm die (kriminelle) Verweigerung der Anpassung in der Laubenkolonie abzeichnet. Dagegen ist ein politisch-revolutionärer Aufbruch bereits durch die frühe Darstellung des Zwists von Sozialdemokraten und Kommunisten in der Familie Mörschel als Ausweg unmöglich gemacht.

In den renommierten Texten kaum vertreten, spielt die Variante der ‚verweigerten Anpassung' daher gerade unter den von der Forschung weniger geschätzten Romanen durchaus eine wichtige Rolle: Spuren sind bei Willi Kufalt in *Wer einmal aus dem Blechnapf frißt* zu erkennen, wenn er am Ende aus seinen scheiternden Anpassungsversuchen die Konsequenz zieht, in die geordnete Gegenwelt des Gefängnisses zurückzukehren. Am deutlichsten vertritt die ‚verweigerten Anpassung' in der scheiternden Form Johannes Gäntschow in *Wir hatten mal ein Kind*. Der im Ton märchenhaft erzählte Roman *Märchen vom Stadtschreiber, der aufs Land flog* von 1935 beklagt eingangs noch das europäische Sklavenleben eines unter Bergen von Akten begrabenen Angehörigen aus den prekären städtischen ‚Zwischenschichten', weil ihm im Krankheitsfall sofortige Entlassung und Ersetzung und (vermeintlich ohne Verwandtschaft) damit Not und Elend drohen. Auch in *Altes Herz geht auf die Reise* (1936) glückt die Verweigerung der Anpassung an die Schattenseiten eines Landlebens, das von Misswirtschaft, Intrigen und Feindschaften bestimmt wird. Dieses Gelingen beruht zum einen auf dem Rekurs auf magisch-mythische Weltmodelle: etwa des Märchens und der Apokalypse nach der Offenbarung des Johannes. Zum anderen wird es durch ein überwiegend nullfokalisiertes Erzählen bewerkstelligt, das die Handlung, zuweilen sogar im *pluralis auctoris*, unaufgeregt zum guten Ausgang lenkt. Dass es sich hierbei nur um Varianten des Erzählens von der Anpassung handelt, belegt die akribisch genaue Registratur der sozialen Tatsachen auch in diesen Romanen, weshalb sie dann diejenigen Kritiker von *Altes Herz geht auf die Reise* empört, die dem Nationalsozialismus nahe stehen. In dieser Reihe von Romanen probiert Fallada also, das unaufgelöste Dilemma am Ende von *Kleiner Mann – was nun?* mit einem ‚Sprung' aus der Realität zu lösen, die aber auch hier immer genau protokolliert wird. Dieses Liebäugeln mit der ‚verweigerten Anpassung' rückt ihn in die Nähe des um 1925 entstehenden Magischen Realismus mit seinen Einsprengseln des Wunderbaren.

Einen charakteristischen Höhepunkt erreicht die Registratur aller Anpassung mit der in den Roman *Kleiner Mann – was nun?* einmontierten Liste des „Normal-Etat[s] von Johannes und Lämmchen Pinneberg" (Fallada [1932] 1970, 189–190). Damit hält das Büro mit Buchführung und Statistik Einzug in die Selbstkontrolle der privaten Lebensführung.

Anstand/anständig

Der „Normal-Etat" steht jedoch nicht nur für die Versuche, Sicherheit in einer angespannten Lage der Haushaltsführung wiederzugewinnen. Er ist vielmehr Indiz für neue und umfassende Modelle der Herstellung sozialer Kohäsion, die der sozialen Ausdifferenzierung der ‚Zwischenschichten' Rechnung tragen sollen. Wie die Ökonomie ist nämlich die Regulation des Verhaltens in der „Anonymität der Mitwelt" und in der „*Ihreinstellung*" (Schütz [1932] 1960, 220) zum Problem geworden. Die massendemokratischen Republiken der Zwischenkriegszeit können Werte und Normen nicht länger als extrasoziale und überzeitliche Institutionen behaupten oder gar durchsetzen. Die harten Regulative für normatives Agieren, wie sie der rechtliche Rahmen mit dem Strafrecht oder der Zensur bereithält, treten weiter zurück und überlassen immer mehr Bereiche der Selbstregulation und Selbstverständigung in der Gesellschaft: Selbst deutliche Grenzmarkierungen im Bereich der Sexualmoral geraten unter Druck, wie der Kampf um die §§ 218 (Abtreibung) und 175 (männliche Homosexualität) im Strafgesetzbuch belegt.

Die Forschung hat als Reaktion und Remedium Falladas in dieser Krise der Moral immer wieder die Kategorie des ‚Anstands', der als Verhaltensregulativ funktionieren soll, namhaft gemacht. Als Lexem ist sie in den Romanen häufig zu finden (vgl. Heinrich 2011). Man hat diese Kategorie als den Kern eines überzeitlichen Humanismus des Autors und als einzig haltbaren Restbestand bürgerlicher Moral deuten wollen. Allerdings wird in den meisten Romanen erkennbar, dass ausnahmslos alle moralischen Werte sozialen Tauschwert besitzen. Im Inflationsroman *Wolf unter Wölfen* wird nur besonders deutlich, dass mit dem fallenden Geldwert schlicht alles zum Verkauf steht: neben Immobilien und Kunst auch die Ehre und der eigene Körper. Schon in *Kleiner Mann – was nun?* tritt mancher auch einem Verein für Freikörperkultur bei, um seine schlechtgehende Vertretung in Teppichen und Gardinen anzukurbeln. Deshalb konstatiert in *Wolf unter Wölfen* auch Studmann entgegen Prackwitz' entschiedener Ablehnung, dass ‚Geld etwas war, das Nachdenken verlohnt' (vgl. Fallada 1937, 86). Und bereits in *Wir hatten mal ein Kind* fällt für die Inflationszeit das Wort vom „Geld als Waffe" (Fallada 1934a, 242). Angesichts dieses allgemeinen und umfassenden Werteverfalls bleibt Falladas ‚Anstand' auffällig unterbestimmte Leerformel, weil ihm weder konkrete Werte noch gar feste Normen zugeordnet werden.

Bedeutungsgeschichtlich gehört allerdings ‚Anstand' eng mit Angestellter zusammen, sofern in diesem das ‚Stell dich an!' mitgemeint ist, das Anstehen um Anstellung angesichts wachsender Arbeitslosenzahlen bedeutet (vgl. Scherer 2005) und das Warten, den Aufschub und den Selbstzwang angesichts knapper ökonomischer Ressourcen. Anstand verweist damit wiederum auf den ‚Alltag' als Geltungsbereich

2.6 Fallada und die Kulturdiagnostik

des „Normal-Etats". Er ist das Gegenteil des exzeptionellen Feiertags mit seiner Verschwendung in Luxus, Kunst und Konsum. Dies alles korreliert wiederum mit der ursprünglich als bürgerlicher Wertkomplex entwickelten ‚Arbeit', die als strenge Selbstkontrolle und Disziplinarmacht sozialer Integration und Kohäsion funktioniert (vgl. Schönert 1988/1992). Wo ‚Arbeit' von der positiv bewerteten Gruppe von Romanfiguren bei Fallada verloren oder von der negativ bewerteten Gruppe verweigert wird, drohen Rausch und Sucht sie zu deformieren. Figuren wie Kufalt und Sommer halten dem Druck der Disziplinarmacht ‚Arbeit' nicht stand, sondern geben angesichts ihrer Überforderung dem Wunschtraum nach, sich gehenlassen zu dürfen. Wenn ‚Arbeit' als Indikator von Selbstdisziplinierung positiv gewertet wird, dann erscheint sie nun nicht mehr innerhalb der bürgerlichen Werteordnung als Voraussetzung des redlichen Erwerbs von Eigentum und des Erhalts von Erbe, sondern ist vitalistisch neukonzipiert: Ausschließlich in der körperbetonten Handarbeit, bevorzugt auf dem Land oder im Kontakt mit den elementaren Grundstoffen des Lebens, erfahren sich Figuren wie Petra Ledig und Wolfgang Pagel (in *Wolf unter Wölfen*) als selbstmächtig. Die eine Seite des Anstands besteht in dieser vitalistisch imprägnierten Komponente der ‚Innenleitung'; sie wird aber bereits ergänzt und zunehmend abgelöst von einer statistisch orientierten Komponente der ‚Außenleitung' auf der anderen Seite, die David Riesman im ersten soziologischen Welt-Bestseller *The Lonely Crowd. A Study of the Changing American Character* von 1950 (dt. *Die einsame Masse* 1956) beschreibt.

Insofern Falladas häufige Darstellung von Kriminalität die vom Staat und seinem Gesetz sanktionierten Normverletzungen nicht mehr als Ausnahme zu betrachten erlaubt, scheinen die Verstöße gegen die weitaus schwächer geschützte hergebrachte Moral schon fast die Regel, denn sie werden von den Hauptfiguren erwogen, begangen und als akzeptabel eingestuft. Das zeigt sich insbesondere im Umgang mit den Kernzonen bürgerlicher Sozialordnung: dem redlich erworbenen Eigentum und der weiblichen Sexualmoral. Nicht nur wird in den Texten regelmäßig gegen sie verstoßen, ihre Legitimität selbst wird immer wieder in Frage gestellt. Je akribischer die Härte der sozialen Tatsachen von den Texten im Detail protokolliert wird, desto mehr Verständnis entsteht bei Figuren wie Lesern für die Zwangslagen, die sie zu Prostitution und Eigentumsdelikten zwingen. Lämmchen verweist ihren „Jungen" während der Schwangerschaft an Prostituierte, Petra Ledig bleibt höchstbewertete Figur des Romans *Wolf unter Wölfen*, obwohl sie sich vor Einsetzen der erzählten Geschichte temporär prostituieren musste. Insofern solche Figuren nicht mehr exzeptionelle Grenzüberschreitungen im Zeichen der Lebensbejahung repräsentieren, sondern solches Verhalten zur Regel im prekären ‚Alltag' wird, wandelt sich ihr Status gänzlich gegenüber der Literatur der Frühen Moderne.

Tiefer verwurzelt als die Sexualmoral scheint die Eigentumsordnung. Wird sie von Lämmchen trotz Arbeitslosigkeit und kärglicher Laubenexistenz noch gegen Pinneberg gewahrt, können im allgemeinen Hunger während der Inflation in *Wolf unter Wölfen* keine triftigen Argumente mehr gegen die Kartoffeln für ihre Kinder und Futter für ihre Ziegen stehlenden Arbeiter aus Altlohe aufgebracht werden. ‚Anständig bleiben' ist hier offensichtlich bloß die Formel für ein flexibles Konzept, dass keine rigiden und dauerhaften Normen mehr kennt, sondern das Verhalten vor allem der veränderlichen sozialen Tatsache im Mehrheitsverhalten anpasst. In Falladas Romanen kann ein Übergang von der normativen zu einer flexiblen Regulierung von Verhalten *in actu* beobachtet werden, wobei das neue Konzept erst langsam Konturen gewinnt, ohne schon eine eigene Bezeichnung zu haben, ja überhaupt auf Figuren- oder Erzählerebene thematisiert werden zu können. Lämmchens „Normal-Etat" ist jedoch ein Indiz dafür, dass dieses Konzept mit einer Orientierung an der ‚Normalität' (im Sinne Links 1997), mit einer generellen Ausrichtung von Verhalten am statistischen Durchschnitt und an den Mehrheiten in der Massendemokratie zu tun hat. Vermutlich arbeitet sich einer der avanciertesten Romane Falladas, *Wolf unter Wölfen*, deshalb am Umgang mit der Statistik und dem Zufall am Beispiel des Roulettes ab. Am Verlauf der Handlung kann jedenfalls abgelesen werden, dass Glück nicht aus einer kompletten Auslieferung an die Kontingenz des Zufalls am Spieltisch resultiert, zumal ihr magische Operationen schon gar nicht beikommen können. Glück besteht vielmehr in einer Anpassung an die soziale Tatsache des Mehrheitsverhaltens, das je bedingt als ‚anständig' gilt und einen Ersatz für die ‚Innenleitung' durch einen moralischen Kompass darstellt.

Immer wenn Falladas Texte eine Vielzahl von Figuren vorführen, von *Bauern, Bonzen und Bomben* (1931) bis zu *Jeder stirbt für sich allein* (1947), dann veranschaulichen sie damit ein breites Spektrum von verschieden kombinierten Verhaltensoption, die nur graduell voneinander unterschieden sind, eine Schwarz-Weiß-Zeichnung aber nicht zulassen. Dieses Verhaltensspektrum moralisch zu bewerten, wird auf zweierlei Weise unmöglich: Zum einen befinden sich die dargestellten Institutionen, die Werte und Normen garantieren (Justiz, Kirche, Staat, Familie), in der Krise. Zum anderen zeigt sich die Unmöglichkeit, das Verhalten der Figuren moralisch zu qualifizieren, im Erzählverfahren: In der multiplen internen Fokalisierung werden nicht nur die Protagonisten, sondern auch Nebenfiguren, ja erklärte Antagonisten in der Mitsicht empathisch und damit partiell sympathisch oder wenigstens verstehbar dargestellt. Passagen szenischer Darstellung, in denen sich die Figuren ohne Erzählereingriff ausschließlich selbst präsentieren, tragen ebenso zum Eindruck moralischer Indifferenz bei wie die erlebte Rede, in der die Unterscheidung zwischen Erzählstimme und Figurenrede oftmals unmöglich ist.

Diese Indifferenz hat die Rezeption und die Forschung bis in die jüngste Zeit auf dem politisch-ideologischen Gebiet als Mangel an Haltung oder als moralische Fehlleistung des Autors moniert. Die oben angedeutete Kritik von rechts wie von links macht dabei gegenüber Falladas flexibel-normalistischen Experimenten ihre festen proto-normalistischen Standpunkte geltend. Von daher wird auch erklärlich, dass beide Lager nur den Verdacht hegen können, Fallada müsse dem gegnerischen angehören, da er nicht explizit dem eigenen zuarbeitet: So kann *Wer einmal aus dem Blechnapf frißt* 1934 als „profaschistisch" (Kersten 1934, 56) betrachtet werden wie gleichzeitig Willi Kufalt als „jene Sorte degenerierter Menschen, für die wir heute die Sicherheitsverwahrung haben" (Langenbucher 1934a, 11). Für Fallada ist es dagegen so, dass seine Darstellung allein durch das Faktische der Statistik erzwungen wird: „Die Tatsachen mußten allein sprechen, unangenehme, häßliche, bittere Tatsachen. Kufalt durfte kein Ausnahmefall sein" (Fallada 1934b, 10). Liest man dann in *Wir hatten mal ein Kind*: „Jetzt gab es keine Weichheit mehr. Die Jugend war vorbei. Härte, Eisen und Stahl" (Fallada 1934a, 232), dann versteht man das Verdikt der Exilpresse, die in Fallada ein „tüchtiges Assimilationstalent" (Türk 1935, 785) erkennt, das mit „Haut und Haaren" (Richter 1935, 106) dem Faschismus verfallen sei. Rosenbergs Amt für Schrifttumspflege hält denselben Roman trotz solcher Sätze und aufgrund seiner Darstellung von Debilität, Irrsinn, Inzest und Sodomie für das „Machwerk [...] einer zügellosen Phantasie" (Langenbucher 1934b, 993; siehe genauer den Beitrag 4.1 *Wir hatten mal ein Kind* in Kap. II).

Prekär oder pathologisch

Auf ihren prekären Status reagiert die gerade entstehende ‚Zwischenschicht', indem sie sich flexibel am jeweiligen Mehrheitsverhalten in der neuen Massendemokratie zu orientieren beginnt, die ihre Öffentlichkeit zunehmend mit statistischen Daten wie etwa auch Bestseller-Listen versorgt. Wie breit die Zonen dessen ausfallen, was noch als ‚normales' Verhalten gelten kann, hängt sicher von der ökonomischen Lage und der sozialen Sicherheit ab. Auch Falladas Romane messen deshalb nicht nur die Skala des ‚normalen', i. e. ‚anständigen' Verhaltens aus. Sie weisen auch Zonen der Denormalisierung außerhalb aus, die sich nicht nur graduell vom ‚Durchschnitt' unterscheiden, sondern das absolut Andere darstellen. Dieses Andere, das auch mit den oben angedeuteten erzählerischen Mitteln der Empathie nicht mehr eingeholt wird, ist das psychopathologische Verhalten. Dass diese Grenze ein grundsätzliches Problem für die außengeleitete Neujustierung des Verhaltens ist, wird vor allem wiederum in *Wolf unter Wölfen* deutlich. Der Roman widmet sich umfassend der Gefährdung seiner dargestellten Welt durch Varianten der Psychopathologie, beginnend mit Studmanns Niederlage und Entlassung nach der Begegnung mit dem irrsinnigen Baron von Bergen bis hin zu Studmanns Eintritt in das Sanatorium des Geheimrats Schröck, aus dem Bergen entflohen war; nicht zuletzt und vor allem mit Wolfgang Pagels überraschendem Entschluss zum Medizinstudium mit den Ziel, „ein wirklicher Arzt" zu werden, „Psychiater, Seelenarzt" (Fallada 1937, 1139, 1138). Diese Karrieren im Zentrum des Romanpersonals indizieren, wie relevant die Einhegung dieser Zone ist, weil sie das Konzept der Normalität mit seinen grundsätzlich fließenden statistischen Übergängen als solches bedroht. Denn neben den harmlosen wie Violet von Prackwitz und ihren Vater kennt die dargestellte Welt auch die extremen, gefährlichen und absolut unverständlichen Fälle wie den Diener Räder. Letzterer steht soweit außerhalb jeglicher Vorstellung von Normalität, dass der Text auch eine Art *deus ex machina* in Gestalt des ebenfalls extrasozialen dicken Kriminalisten aufbieten muss, um seine Ordnung aufrechtzuerhalten.

Eine bedeutsame Konsequenz, die für alle Romane Falladas zu gelten scheint, ist die Ausgrenzung jeglicher Psychologie (auch diesseits der Psychiatrie) aus der Darstellung der Figuren. Das springt deshalb nicht sofort ins Auge, weil die Erzähltechniken der internen Fokalisierung, also der erlebten Rede und des Inneren Monologs häufig eingesetzt werden, dies jedoch ohne die Funktion, in der sie vor allem von der Wiener Moderne ausgebildet wurden: zur Erschließung einer psychischen Komplexität bei Schnitzler, die mehrere, einander gegenläufige Instanzen kennt, wie sie exemplarisch die Tiefenpsychologien der Freud-Schule beschreiben, deren Lektüre Falladas Dr. Doll in *Der Alpdruck* bekundet (Fallada 1947, 155). Was in Falladas Figuren dagegen vorherrscht, ist eine physiognomisch und semiotisch sensible Aufmerksamkeit, die das Verhalten der anderen registriert und auf ihre sozialen Absichten und Interessen hin abschätzt und das eigene Verhalten daraufhin ausrichtet. Dieser Zwang zur permanenten Abstimmung, die die Außenleitung verlangt, führt offensichtlich dazu, dass eine komplexe Psyche als unerwünschte Schwächung des neuen Sozialcharakters empfunden wird. Die dargestellten Welten zerfallen deshalb komplementär in die Zonen psychischer ‚Normalität' und extremer psychopathologischer Störungen. Eine Psychologie, die hier einen graduellen Übergang nahelegte, wird deshalb ausgeschlossen. Zurückgegriffen wird stattdessen auf naturalistische Deutungsmuster für offensichtlich psychisch induzierte Abweichungen, deren Nennung aber mit dem Mittel der Aposiopese zugleich vermieden wird – so in *Der eiserne Gustav*: „Na ja, dekadent ... Du kennst das nicht? Weißt du, das ist so ... wenn 'ne Familie, ja, das ist schwer zu erklären ... Du weißt das mit Erich. Und dann das mit Eva. Sophie ist auch nicht, wie sie sein soll. [...] Wenn eben die Familie zerfällt, die ist doch der Grundpfeiler vom Staat." (Fallada 1938, 230f.)

Literatur

Adorno [1951] 1997: Adorno, Theodor W.: Minima Moralia [1951]. In: Ders.: Gesammelte Schriften 4, Frankfurt a. M. 1997.
Adorno/Horkheimer [1944/47] 1987: Adorno, Theodor W./Horkheimer, Max: Die Dialektik der Aufklärung (1944/47). In: Max Horkheimer: Gesammelte Schriften, Bd. 5, Frankfurt a. M. 1987, S. 144–196.
Auerbach 1937: Auerbach, Erich: Über die ernste Nachahmung des Alltäglichen, Istanbul 1937.
Auerbach [1946] 1964: Auerbach, Erich: Mimesis. Dargestellte Wirklichkeit in der abendländischen Literatur, 3. Aufl. Bern u. a. 1964.
Bahrdt 1972: Bahrdt, Hans Paul: Industriebürokratie. Versuch einer Soziologie des industrialisierten Bürobetriebs und seiner Angestellten, Stuttgart 1972 [^{1}1958].
Bender 1972: Bender, Klaus, Vossische Zeitung (1617–1934). In: Deutsche Zeitungen des 17. bis 20. Jahrhunderts, hg. von Heinz-Dietrich Fischer, Pullach bei München 1972, S. 25–39.
Benjamin [1925] 1972: Benjamin, Walter: Nichts gegen die „Illustrierte". In: Ders.: Gesammelte Schriften, hg. von Rolf Tiedemann und Hermann Schweppenhäuser unter Mitwirkung von Theodor W. Adorno und Gershom Scholem, Bd. 4.1, Frankfurt a. M. 1972, S. 448–449.
Benjamin 1927: Benjamin, Walter: Tankstelle. In: Die literarische Welt 3 (1927), Nr. 46 (18.11.1927), S. 3.
Benjamin 1927/28: Benjamin, Walter: Moskau. In: Die Kreatur 2 (1927/28), S. 71–101.
Blomert 1999: Blomert, Reinhard: Intellektuelle im Aufbruch. Karl Mannheim, Alfred Weber, Norbert Elias und die Heidelberger Sozialwissenschaften der Zwischenkriegszeit, München 1999.
Boa/Palfreyman 2000: Boa, Elizabeth/Palfreyman, Rachel: Heimat. A German Dream. Regional Loyalties and National Identity in German Culture, Oxford/New York 2000.
Delabar 2013: Delabar, Walter: In der Hölle. Männliche Modernisierungsverlierer in den Romanen Hans Falladas. In: Hans Fallada, hg. von Gustav Frank und Stefan Scherer, München 2013 (Text + Kritik 200), S. 51–60.
Dreyfuss 1933: Dreyfuss, Carl: Beruf und Ideologie der Angestellten, München 1933.
Dittrich 1939: Dittrich, Manfred: Die Entstehung der Angestelltenschaft in Deutschland, Stuttgart/Berlin 1939.
Fallada 1931: Fallada, Hans: Bauern, Bonzen und Bomben. Roman, Berlin 1931.
Fallada 1932: Fallada, Hans: Familie Deutsch. Ein Alltags-Roman von heute. In: Vossische Zeitung. Berlinische Zeitung von Staats- und gelehrten Sachen (1932), Nr. 509, Morgen-Ausgabe, 23.10.1932, Literarische Umschau, Nr. 43, [S. 1].
Fallada 1934a: Fallada, Hans: Wir hatten mal ein Kind. Eine Geschichte und Geschichten, Berlin 1934.
Fallada 1934b: Fallada, Hans: Hat Riemkasten recht – ? Ein offener Brief von Hans Fallada. In: Der Tag. Moderne Illustrierte Zeitung 34 (1934), Nr. 91, 17.4.1934, Die Unterhaltung, [S. 2].
Fallada 1937: Fallada, Hans: Wolf unter Wölfen. Roman, 2 Bde, Bd. 1: Erster Teil. Die Stadt und ihre Ruhelosen. Bd. 2: Zweiter Teil. Das Land in Brand, Berlin 1937.

Fallada 1947: Fallada, Hans: Der Alpdruck, Berlin 1947.
Fallada 1970: Fallada, Hans: Kleiner Mann – was nun? In: Ders.: Ausgewählte Werke in Einzelausgaben, Bd. 2, hg. von Günter Caspar, Berlin (Ost)/Weimar 1970.
Fellmann 1982: Fellmann, Ferdinand: Phänomenologie und Expressionismus, Freiburg/München 1982.
Fleck [1935] 1980: Fleck, Ludwik: Entstehung und Entwicklung einer wissenschaftlichen Tatsache. Einführung in die Lehre vom Denkstil und Denkkollektiv, mit einer Einführung hg. von Lothar Schäfer und Thomas Schnelle, Frankfurt a. M. 1980.
Frank 2002: Frank, Gustav: „... und das moderne Epos des Lebens schreiben': Wirtschaftswissen bei Sternheim, Fallada, Borchardt und Fleißer. In: Literatur und Wissen(schaften) 1890–1935, hg. von Christine Maillard und Michael Titzmann, Stuttgart/Weimar 2002, S. 279–330.
Frank/Scherer 2007: Frank, Gustav/Scherer, Stefan: „Stoffe sehr verschiedener Art ... im Spiel ... in eine neue, sprunghafte Beziehung zueinander setzen". Komplexität als historische Textur in Kleiner Prosa der Synthetischen Moderne. In: Kleine Prosa. Theorie und Geschichte eines Textfeldes im Literatursystem der Moderne, hg. von Thomas Althaus, Wolfgang Bunzel und Dirk Göttsche, Tübingen 2007, S. 253–279.
Frank/Scherer 2011: Frank, Gustav/Scherer, Stefan: „Lebenswirklichkeit" im „gespaltenen Bewusstsein". Hans Falladas *Wolf unter Wölfen* und die Erzählliteratur der 30er Jahre. In: Hans Fallada. Autor und Werk im Literatursystem der Moderne, hg. von Patricia Fritsch-Lange und Lutz Hagestedt, Berlin/Boston 2011, S. 23–37.
Frank/Scherer 2013: Frank, Gustav/Scherer, Stefan: Mikrodramatik der unscheinbaren Dinge. Hans Falladas soziologischer Blick als Bedingung für Weltbestseller. In: Hans Fallada, hg. von G. F. und Stefan Scherer, München 2013 (Text + Kritik 200), S. 83–93.
Frank/Scherer 2016: Frank, Gustav/Scherer, Stefan: Feuilleton und Essay in periodischen Printmedien des 19. Jahrhunderts. Zur funktionsgeschichtlichen Trennung um 1870. In: Vergessene Konstellationen literarischer Öffentlichkeit zwischen 1840 und 1885, hg. von Katja Mellmann und Jesko Reiling, Berlin/Boston 2016, S. 107–125.
Genazino 1977: Genazino, Wilhelm: Der Alltag denkt nicht. Bemerkungen über den heimlichen Bestseller Fallada. In: Genazino, Wilhelm: Der Alltag denkt nicht. Bemerkungen über den heimlichen Bestsellerautor Fallada. In: Zeit und Bild. Frankfurter Rundschau am Wochenende 33 (1977), Nr. 18, 7.5.1977, S. 3.
Gehrke 1932: Gehrke, M.[artha] M.[aria]: Romanze vom Stehkragenproleten. In: Die Weltbühne. Wochenschrift für Politik, Kunst, Wirtschaft 28 (1932), Nr. 48, 29.11.1932, S. 793–795.
Grisko 2002: Grisko, Michael: Hans Fallada. *Kleiner Mann – was nun?* [Erläuterungen und Dokumente], Stuttgart 2002
Heck/Lang/Scherer 2019: Heck, Stephanie/Lang, Simon/Scherer, Stefan (Hg.): Am grünen Strand der Spree. Ein populärkultureller Medienkomplex der bundesdeutschen Nachkriegszeit, Bielefeld 2019 [i. V.]
Heidegger [1927] 2001: Heidegger, Martin: Sein und Zeit, 18. Auflage, Tübingen 2001.
Heinrich 2011: Heinrich, Bernhard: Anstand. Hans Falladas moralischer Imperativ. In: Hans Fallada. Autor und Werk im Literatursystem der Moderne, hg. von Patricia Fritsch-Lange und Lutz Hagestedt, Berlin/Boston 2011, S. 59–67.
Horbart 1925: Horbart, Hans: Die wirtschaftliche Lage des deutschen Angestellten, Leipzig/Berlin/Hamburg 1925.
Hüppauf 1984: Hüppauf, Bernd: Hans Fallada. *Kleiner Mann – was nun?* In: Der deutsche Roman im 20. Jahrhundert. Analysen und Materialien zur Theorie und Soziologie des Romans, hg. von Manfred Brauneck, Bd. 1, 2. Aufl. Bamberg 1984, S. 209–239.
Jobst 1930: Jobst, Rudolf: Die deutsche Angestelltenbewegung in ihrer grundsätzlichen Stellung zu Kapitalismus und Klassenkampf, Jena 1930.
Kersten 1934: Kersten, Kurt: Kufalt und der Mann in „seinem Eigen". Hans Fallada *Wer einmal aus dem Blechnapf frißt*, Roman. In: Neue deutsche Blätter. Monatschrift für Literatur und Kritik 2 (1934), Nr. 1, S. 56–58.

Keun [1931] 1989: Keun, Irmgard: Gilgi – eine von uns, München 1989.
Koburger 2015: Koburger, Sabine: Ein Autor und sein Verleger. Hans Fallada und Ernst Rowohlt in Verlags- und Zeithorizonten, München 2015.
Koburger 2016: Koburger, Sabine: „Pinke zur Verfügung" – Hans Fallada und Ernst Rowohlt im Jahr 1931. Eine Beziehung im Spannungsfeld zwischen schriftstellerischem Erfolg und geschäftlichem Zusammenbruch. In: Hans-Fallada-Jahrbuch (2016), Nr. 7: Hans Fallada und die Literatur(en) zur Finanzwelt, S. 386–409.
Köster 2011: Köster, Roman: Die Wissenschaft der Außenseiter. Die Krise der Nationalökonomie in der Weimarer Republik, Göttingen 2011.
Kondylis 1991: Kondylis, Panajotis: Der Niedergang der bürgerlichen Denk- und Lebensformen. Die liberale Moderne und die massendemokratische Postmoderne, Weinheim 1991.
Kracauer [1930] 1971: Kracauer, Siegfried: Die Angestellten. Aus dem neuesten Deutschland, Frankfurt a. M. 1971.
Kracauer [1931] 1977: Kracauer, Siegfried: Über Erfolgsbücher und ihr Publikum. In: Ders.: Das Ornament der Masse. Essays. Mit einem Nachwort von Karsten Witte, Frankfurt a. M. 1977, S. 64–74.
Krohn 1975: Krohn, Claus-Dieter: Hans Fallada und die Weimarer Republik. ‚Zur Disposition' kleinbürgerlicher Mentalitäten vor 1933. In: Literaturwissenschaft und Geschichtsphilosophie. Festschrift für Wilhelm Emrich, hg. von Helmut Arntzen, Bernd Balzer, Karl Pestalozzi und Rainer Wagner, Berlin/New York 1975, S. 507–522.
Kuczynski 1969. Kuczynski, Jürgen: Gestalten und Werke, Bd. 1: Soziologische Studien zur deutschen Literatur, Berlin/Weimar 1969.
Langenbucher 1934a: Langenbucher, Hellmuth: *Wer einmal aus dem Blechnapf frißt*. In: Bücherkunde der Reichsstelle zur Förderung des deutschen Schrifttums 1 (1934), Nr. 1–4 (Juli 1934), S. 10–11.
Langenbucher 1934b: Langenbucher, Hellmuth: Hans Fallada. In: Deutsches Volkstum. Halbmonatsschrift für das deutsche Geistesleben 16 (1934), 1. Dezemberheft, S. 986–993.
Lauffer 2011: Lauffer, Ines: Poetik des Privatraums. Der architektonische Wohndiskurs in den Romanen der Neuen Sachlichkeit, Bielefeld 2011.
Lederer 1912: Lederer, Emil: Die Privatangestellten in der modernen Wirtschaftsentwicklung, Tübingen 1912.
Lederer [1929] 1979: Lederer, Emil: Die Umschichtung des Proletariats und die kapitalistischen Zwischenschichten vor der Krise. In: Neue Rundschau (1929), zit. nach: Ders.: Kapitalismus, Klassenstruktur und Probleme der Demokratie in Deutschland 1910–1940, Göttingen 1979, S. 172–185.
Lederer/Marschak 1926: Lederer, Emil/Marschak, Jakob: „Der neue Mittelstand". In: Grundriß der Sozialökonomik, 9 Abteilung. Das soziale System des Kapitalismus: 1. Teil: Die gesellschaftliche Schichtung des Kapitalismus, Tübingen 1926, S. 120–141.
Lethen 1970: Lethen, Helmut: Neue Sachlichkeit. 1924–1932. Studien zur Literatur des ‚Weißen Sozialismus', Stuttgart 1970.
Link 1997: Link, Jürgen: Versuch über den Normalismus. Wie Normalität produziert wird, Opladen 1997.
Lütterfelds/Roser 1999: Lütterfelds, Wilhelm/Roser, Andreas: Der Konflikt der Lebensformen in Wittgensteins Philosophie der Sprache, Frankfurt a. M. 1999.
Lukas 2002: Lukas, Wolfgang: Individuelles ‚Schicksal' und überindividuelles ‚Leben'. Zur Funktion von ‚Wissen' in Alfred Döblins *Berlin Alexanderplatz* und Rudolf Brunngrabers *Karl und das 20. Jahrhundert*. In: Literatur und Wissen(schaften) 1890–1935, hg. von Christine Maillard und Michael Titzmann, Stuttgart 2002, S. 247–277.
Marx 2009: Marx, Sebastian: Betriebsamkeit als Literatur. Prosa der Weimarer Republik zwischen Massenpresse und Buch, Bielefeld 2009.
Menger 1923: Menger, Carl: Grundsätze der Volkswirtschaftslehre, 2. Auflage Wien/Leipzig 1923.
Priddat 1993: Priddat, Birger P.: Zufall, Schicksal, Irrtum. Über Unsicherheit und Risiko in der deutschen ökonomischen Theorie vom 18. bis ins frühe 20. Jahrhundert, Marburg 1993.

Richter 1935: Richter, Trude: Der gleichgeschaltete Fallada. Zu seinem neuesten Roman. In: Internationale Literatur. Zentralorgan der Internationalen Vereinigung Revolutionärer Schriftsteller 5 (1935) Nr. 4, S. 103–106.

Rieger 2001: Rieger, Stefan: Die Individualität der Medien. Eine Geschichte vom Menschen, Frankfurt a. M. 2001.

Roh 1925: Roh, Franz: Nach-Expressionismus – Magischer Realismus. Probleme der neuesten europäischen Malerei, Leipzig 1925.

Roth [1930] 1982: Roth, Joseph: Schluß mit der „Neuen Sachlichkeit". In: Die literarische Welt 6 (17. Januar 1930), Nr. 3, S. 3–4, (24. Januar 1930), Nr. 4, S. 7–8, zit. nach: Weimarer Republik. Manifeste und Dokumente zur deutschen Literatur 1918–1933, hg. von Anton Kaes, Stuttgart 1982, S. 653–657.

Schaper 2016: Schaper, Rainer: Hans Fallada – ein grosser Moment für einen kleinen Mann, Sendung Kultur kompakt, 3. August 2016, 17:06 Uhr, Text: 6.8.2016 URL: https://www.srf.ch/kultur/literatur/hans-fallada-ein-grosser-moment-fuer-einen-kleinen-mann.

Schelsky 1955: Schelsky, Helmut: Wandlungen der deutschen Familie in der Gegenwart. Darstellung und Deutung einer empirisch-soziologischen Tatbestandsaufnahme, Stuttgart 1955.

Scherer 1998: Scherer, Stefan: Literarische Modernisierung in der Restauration. Martin Walsers *Ehen in Philippsburg*. In: Zwischen Kontinuität und Rekonstruktion. Kulturtransfer zwischen Deutschland und Italien nach 1945, hg. von Hansgeorg Schmidt-Bergmann, Tübingen 1998, S. 115–134.

Scherer 2005: Scherer, Stefan: Stell Dich an! Literarische Transformationen des Angestelltenromans (1930–1959). In: *Modern Times?* German Literature and Arts Beyond Political Chronologies/Kontinuitäten der Kultur: 1925–1955, hg. von Gustav Frank, Rachel Palfreyman und Stefan Scherer, Bielefeld 2005, S. 185–210.

Scherer 2018: Scherer, Stefan: Der Wiener Kreis und die Literatur der Zwischen- und Nachkriegszeit. Musil, Broch, Brunngraber, Bachmann. In: Der Wiener Kreis – Aktualität in Wissenschaft und Kunst, hg. von Ulrich Arnswald, Friedrich Stadler und Peter Weibel, Heidelberg 2018 [i. Dr.].

Schönert 1988: Schönert, Jörg: ‚Arbeit in der deutschen Weise' als nationales Erziehungsprogramm des Nachmärz. Zur Wirkungsweise literarischer Wertkonstitution. In: Polyperspektivik in der literarischen Moderne, hg. von Jörg Schönert und Harro Segeberg, Frankfurt a. M. 1988, S. 338–352.

Schönert 1992: Schönert, Jörg, 1992: „Helden der Arbeit": Das ‚deutsche Handels- und Wirtschaftsleben' als Gegenstand des Erzählens im Umfeld des Ersten Weltkriegs. In: Literatur für Leser 92 (1992), H. 1, S. 22–40.

Schönert 2011: Schönert, Jörg: Krisen, Kriminalität und Katastrophen. Falladas Lebensläufe nach abfallender Linie. In: Hans Fallada. Autor und Werk im Literatursystem der Moderne, hg. von Patricia Fritsch-Lange und Lutz Hagestedt, Berlin/Boston 2011, S. 153–167.

Schüller 2015: Schüller, Liane: „Gepflegt ist mehr als hübsch – es ist eignes Verdienst". Körperdesign in Irmgard Keuns *Gilgi, eine von uns*. In: Das riskante Projekt II. Die Moderne und ihre Bewältigung 1890–1940, hg. von Simon Huber, Walter Delabar, Behrang Samsami und Ines Schubert, Bielefeld 2015, S. 35–58.

Schütz [1932] 1960: Schütz, Alfred: Der sinnhafte Aufbau der sozialen Welt. Eine Einleitung in die verstehende Soziologie, Wien 1960.

Sheppard 1993: Sheppard, Richard: The Problematics of European Modernism. In: Theorizing Modernism: Essays in Critical Theory, hg. von Steve Giles, London 1993, S. 1–51.

Sloterdijk 1983: Sloterdijk, Peter: Kritik der zynischen Vernunft, Frankfurt a. M. 1983.

Speier [1933] 1977: Speier, Hans: Die Angestellten vor dem Nationalsozialismus. Ein Beitrag zum Verständnis der deutschen Sozialstruktur, 1918–1933, Göttingen 1977.

Sträter 1933: Sträter, Emma: Die soziale Stellung der Angestellten, Bochum 1933.

Süssengut 1930: Süssengut, Otto: Die Angestellten als Stand und Klasse, Halle 1930.

Türk 1935: Türk, Werner: Talent und Facismus. In: Die neue Weltbühne. Wochenschrift für Politik, Kunst, Wirtschaft 31 (1935), Nr. 25, 20.6.1935, S. 783–785.

Vincent 2011: Vincent, Marie-Bénédicte: Les employés sous la république de Weimar. L'historien face au bestseller de Hans Fallada, *Quoi de neuf, petit homme* ? (1932). In: Vingtième Siècle. Revue d'histoire (2011), Nr. 112, S. 10–26.
Waldenfels 1989: Waldenfels, Bernhard: Lebenswelt zwischen Alltäglichem und Unalltäglichem. In: Phänomenologie im Widerstreit: Zum 50. Todestag Edmund Husserls, hg. von Christoph Jamme und Otto Pöggeler, Frankfurt a. M. 1989, S. 106–121.
Wittgenstein [1946] 1984: Wittgenstein, Ludwig: Bemerkungen über die Philosophie der Psychologie, Werkausgabe in 8 Bänden, Bd. 7, Frankfurt a. M 1984.
Wittgenstein [1948] 1984: Wittgenstein, Ludwig: Philosophische Untersuchungen, Werkausgabe in 8 Bänden. Bd. 1, Frankfurt a. M. 1984.
Zachau 1989: Zachau, Reinhard: Hans Fallada als politischer Schriftsteller, New York/Bern/Frankfurt a. M./Paris 1990.

2.7 Zwischen Innerer Emigration und NS-Literatur: Falladas Poetik im literarischen Kontext des Dritten Reichs
Christoph Deupmann/Hannes Gürgen

An den Verkaufszahlen seiner Romane gemessen hat sich Falladas literarische Karriere vor allem im nationalsozialistischen Deutschland abgespielt, wo er neben Ernst Wiechert und Hermann Hesse zu den meistverkauften Autoren zählte (vgl. Schäfer 1984, 11). Das gibt der Fallada-Forschung bis heute Probleme auf: Wie ist ein Autor einzuschätzen, der in einer Zeit, die viele heute kanonisierte Autoren in die äußere oder innere Emigration zwang, Erfolge feierte – während seine Romane und Erzählungen sich doch keineswegs in den ideologischen Propagandadienst für das Dritte Reich stellten? Einerseits gibt es Thomas Manns sehr prinzipielles Diktum in einem offenen Brief an Walter von Molo aus dem Herbst 1945, demzufolge „Bücher, die von 1933 bis 45 in Deutschland überhaupt gedruckt werden konnten, weniger als wertlos und nicht gut in die Hand zu nehmen" seien: „Ein Geruch von Blut und Schande haftet ihnen an; sie sollten alle eingestampft werden." (Mann 2009, 76) Andererseits notierte Mann selbst den von Frank Thiess geprägten Begriff der Inneren Emigration, der er sich selbst zurechnete, bereits in einem Tagebucheintrag von 1933. Damit billigte er offenbar die Option, ohne ideologische Anpassung ‚dazubleiben' oder sogar literarische Subversion zu betreiben. (Tagebucheintrag vom 7. November 1933; Mann 1977, 243) Fallada hingegen bestimmte im Nachhinein sein Verhalten als Autor in einem Brief an Hans Reimann vom 3. März 1946 angesichts des von Hans Habe gegen ihn erhobenen Vorwurfs, ein „literarischer Alibisucher des Hitlertums" gewesen zu sein (*Die neue Zeitung*, 18. Februar 1946, zit. nach Lamp 2002, 82), so:

> Es scheint nun einmal mein Schicksal, immer zwischen den beiden Stühlen zu sitzen. Vor 1933 war es die SPD, die mir *Bauern, Bonzen und Bomben* nicht verzieh, nach 1933 war es der ganze Fallada, der nicht paßte und ständig verfolgt wurde, und jetzt fängt es wieder von Frischem an. Eigentlich ein Zeichen, daß ich wirklich unparteiisch schreibe, aber was hilft das? (zit. nach Lamp 2002, 85)

An seinen Verleger Ernst Rowohlt schrieb er am 20. März 1946: „Kompromisse hat jeder machen müssen, der von 1933 bis 1945 in Deutschland arbeiten wollte – es fing bei jedem damit an, daß er die Nazifahne raushängte und entscheidend ist m. E. nur, wie weit es mit diesen Kompromissen ging, ob einer innerlich sauber blieb." (Fallada 2008, 424) Während Ernst Rowohlt 1937 der NSDAP beitrat, um seinem Verlag vorerst die Existenz zu sichern, vollzog das SPD-Mitglied Ditzen diesen Beitritt nicht. Die Mitgliederkartei der NSDAP enthält keinen Eintrag und kein Aufnahmegesuch. Das deutet womöglich einen *dritten* Weg durch die literarische Landschaft des Dritten Reichs an, durch die Fallada mit Hilfe seines Verlags „navigierte[ ]" (Barbian 2010, 410): zwischen Innerer Emigration und NS-Literatur.

Diesen dritten Weg sah die deutsche Literaturkritik nach 1945 freilich nicht vor: Während Fallada in der DDR als Autor gewürdigt wurde, der mit seinen Romanen und Erzählungen humanistische Werte in Opposition zum Nationalsozialismus vertrat, stand er in der Bundesrepublik unter dem Verdacht des Opportunismus und der Kollaboration mit dem Nazi-Regime. Dieser Verdacht konnte freilich alle in Deutschland verbliebenen Autoren treffen, zumal das Wertungsverhältnis von innerer und äußerer Emigration sich nach 1945 umkehrte: Nicht das Exil, sondern das Dagebliebensein erschien nunmehr als moralisch und politisch erklärungsbedürftig. Während die Exilautoren bei aller Verschiedenheit noch die Auswanderung gemeinsam hatten, verband die Autoren der Inneren Emigration vorderhand nichts (Zimmermann 2012, 54). Ob ihre publizierten und nichtpublizierten Texte eine latent widerständige Qualität besaßen oder bloß unpolitische Schreibweisen fortsetzten, ist häufig Sache der Interpretation. So „unglücklich" (Zimmermann 2012, 48) der Begriff Innere Emigration also schon deshalb ist, weil er eine Gemeinsamkeit von Haltungen oder gar Schreibweisen behauptet, die es ebenso wenig gab wie mit den oder unter den Autoren des Exils, so wenig kann er auf Fallada Anwendung finden.

Fallada war in den ‚finsteren Zeiten' der NS-Diktatur (Schnell 1998, Hermand 2010) keineswegs ‚heimatlos in der Heimat' (Klaus Mann), sondern ein erfolgreicher Autor. Trotz großzügiger Angebote aus der Schweiz und England wollte er nicht emigrieren, da er für sich und sein literarisches Werk nur in Deutschland eine Perspektive sah. Mitte 1936 setzte er sich in einem Brief an Johannes Kagelmacher von den Exilschriftstellern durchaus sarkastisch ab: „Ich kann mich nicht wie andere Helden ins Ausland setzen und da Literatur schreiben." (zit. nach Lamp 2002, 47.) Während der überzeugte Demokrat Hermann Kasack, auf den der Begriff der Inneren Emigration am ehesten zutrifft, jede Anpassung verweigerte und nach 1933 beinah nichts publizierte und der Lyriker und Hörspielautor Peter Huchel immerhin auf verdeckte Weise Krieg und Genozid thematisierte, behielt Fallada auch im literarischen Feld der NS-Zeit eine unübersehbare Position.

Uneinheitliche Bewertung von ‚links' und ‚rechts'

Die Bewertung Falladas war dabei von nationalsozialistischer Seite durchaus uneinheitlich. Zwar empfahl das Propagandaministerium aufgrund eines Nachsuchens des Innenministeriums schon 1933, seinen Roman *Kleiner Mann – was nun?* aus den ‚Volksbibliotheken' auszusortieren; im Buchhandel war der Roman dennoch nach wie vor erhältlich. Er gehörte sogar zu den Bestsellern im Dritten Reich (vgl. Adam 2010, 324). Auch die ‚Schwarze Liste', die das *Börsenblatt des Deutschen Buchhandels* am 16. Mai 1933, sechs Tage nach den Bücherverbrennungen, publizierte, sprach lediglich Empfehlungen aus. Die Verkaufsbilanz von Falladas Büchern fiel indes Ende 1933 im Vergleich zum vorhergehenden Jahr mehr als enttäuschend aus; eine direkte Folge der Rezession, des verunsicherten Buchhandels (Barbian 2010, 411) und der fehlenden Förderung von staatlicher Seite. Schärfere Angriffe hatte er für den Roman *Wer einmal aus dem Blechnapf frißt* (1934) auszustehen. Gleichzeitig mit den Anfeindungen erhielt Fallada jedoch ein vom Propagandaministerium gefördertes Filmangebot: „Von der einen Stelle verfolgt, von der anderen beauftragt – es ist eine närrische Welt." (Brief an die Eltern, 31. August 1934, zit. nach Lamp 2002, 46) Ende 1935 wurde Fallada, der schon zwei Jahre zuvor zu wissen meinte, dass „ich nicht persona grata bin" (Brief an Johannes Kagelmacher, 10. Dezember 1933, zit. nach Caspar 1988, 94), als ‚unerwünschter Autor' eingestuft, dies freilich nur für wenige Wochen (vgl. Williams 2002, 233 ff.). Der Verkauf seiner Bücher ins Ausland wurde verboten.

Wolf unter Wölfen (1937), dessen Erscheinen im NS-Staat er selbst für unwahrscheinlich hielt, wurde dennoch Falladas größter Markterfolg im Dritten Reich. Im *Völkischen Beobachter*, dessen Auflage 1937 schon um 700 000 betragen haben dürfte (vgl. Hoser 2016), erschien am 20. November eine positive Rezension; in Berlin warb der Verleger Rowohlt auf einhundert Reklamesäulen für Falladas neuen Roman, und das KaDeWe präsentierte in einer Vitrine alle lieferbaren Titel Falladas. „Was ist denn dort besonderes los?", fragte Falladas Schwester Margarete brieflich im Dezember 1937 angesichts vieler übernächtigter Gesichter: „Zuviel SA-Dienst oder so was? Nein, sie haben alle *Wolf unter Wölfen* gelesen" (zit. nach Lamp 2002, 77). Eine negative Rezension im Publikationsorgan des NS-Lehrerbunds, die den Roman als „genau so flach, so seelenlos und zersetzend wie jene überwundene Zeit" kritisierte (*Volksaufklärung und Schule* 43, 1938, zit. nach Lamp 2002, 77), blieb demgegenüber folgenlos. Die Ambivalenz der Fallada-Rezeption im Dritten Reich geht am deutlichsten aus einer Tagebuchnotiz des Propagandaministers und promovierten Germanisten Joseph Goebbels vom 31. Januar 1938 nach (freilich oberflächlicher) Lektüre des über tausendseitigen Romans hervor: „Nachmittags gelesen: Fallada *Wolf unter Wölfen*. Ein tolles Buch. Aber der Junge kann was." (Goebbels 2000, 126) Unter dem Datum des 3. Februar 1938 heißt es sogar mit bemerkenswerter Distanz gegenüber der eigenen parteistaatlichen Zensur: „Unsere Schrifttumsabteilung spricht sich in einem Gutachten scharf gegen Fallada aus. Ich hatte von der Seite auch nichts anderes erwartet." (Goebbels 2000, 132)

Ebenso uneinheitlich war die politische Einschätzung Falladas auf Seiten der (freilich heterogenen) politischen Linken. *Bauern, Bonzen und Bomben* wurde in der von Johannes R. Becher mitherausgegebenen Zeitschrift *Linkskurve* 1931 von Kurt Kläber eine Perspektive „von rechts" attestiert (v. a. hinsichtlich der Darstellung der Kommunisten; Kläber 1931, 21). Nach 1945 gehörte Becher jedoch zu den wichtigsten Förderern des Autors in der sowjetischen Besatzungszone. Kurt Tucholsky lobte in der *Weltbühne* denselben Roman im selben Jahr 1931 trotz Vorbehalten gegenüber seiner eher verhaltenen Modernität:

> Die Technik ist simpel; es ist der brave, gute, alte Naturalismus, das Dichterische ist schwach, aber der Verfasser prätendiert auch gar nicht, ein großes Dichtwerk gegeben zu haben. [...] Nein, ein großes Kunstwerk ist das nicht. Aber es ist echt ... es ist so unheimlich echt, daß es einem graut. (Tucholsky 1931, 497)

2.7 Zwischen Innerer Emigration und NS-Literatur

Was Falladas Roman an artistischer Raffinesse entbehre, mache er an gesellschaftshistorischem Verismus wett. Zugleich attestierte Tucholsky diesem „besten deutschen Kleinstadtroman" aber ein Kaschierungsverfahren, das ihn aus dem Blickfeld der faschistischen Beobachter rückte und die Distanz des Autors gegenüber den Nationalsozialisten markiert:

> Seine Helden heißen nicht Knut, sondern Tunk. Wird diese Tarnkappe genügen? Begeistert wird die kleine Stadt von seiner Schilderung grade nicht sein – nicht davon, wie er sie entblößt; wie er aufzeigt, daß weit und breit keine Juden da sind, die man für alles verantwortlich machen könnte; weit und breit keine Kommunisten, die etwas bewirken. (Tucholsky 1931, 501)

Antisemitische oder antikommunistische Akzente sind auch in Falladas weiteren Romanen ebenso wenig zu finden wie in seiner brieflichen Korrespondenz. Von den rassistischen und parteipolitischen Schemata der NS-Literatur trennen Falladas Romane daher weit größere Differenzen als von der Inneren Emigration. Tucholsky meinte sogar, den Autor (in Anspielung auf Grimms Märchen von der Gänsemagd, von dem Fallada sein Pseudonym ableitete) warnen zu müssen: „Wenn sie dich kriegen, Hans Fallada, wenn sie dich kriegen: sieh dich vor, daß du nicht hangest!" (ebd.)

Dass Fallada von politischer Verfolgung nicht unmittelbar bedroht war, lässt sich auf mehrere Strategien zurückführen (siehe den Beitrag 1.4 *Anpassungsstrategien und indirekter Widerstand im Dritten Reich* in Kap. I). Zum einen hat Fallada den unmittelbaren Konflikt mit der nationalsozialistischen Herrschaft zweifellos nicht gesucht. Stattdessen unterlief er politische Erwartungen durch Schreibverfahren, deren Orientierung am Wert moralischen ‚Anstands' sich von jeder parteipolitischen Ideologie fernhielt (und diese mitunter sogar auf camouflierende Weise kritisierte). Zum anderen betrieb er jedoch eine anpassungsbereite Vorwort-Politik (siehe den Beitrag 1.3 *Vorwort-Politik* in Kap. II), mit der er sich gegenüber den Kulturapparaten des NS-Staats als loyal zu zeigen versuchte, um potentiellen Publikationsverboten entgegenzuwirken. Zum dritten jedoch verstand sich Fallada in Einzelfällen auch zu einschneidenden Anpassungen seiner Texte an die NS-Ideologie, die als Selbstzensur zu beschreiben sind.

Zwischen Selbstbestimmung und Selbstaufgabe: ‚Nullpositionierung', Anpassung und Camouflage

Dass der mit dem Roman *Kleiner Mann – was nun?* (1932) erfolgreiche Autor im Jahr 1933 das mecklenburgische Carwitz und nicht Berlin zu seinem Wohnsitz wählte, ist vielleicht auch als Ausweichen vor der allzu großen Nähe zur politischen Macht einzuschätzen („unsere kleine Insel zu dreien in dieser heute etwas stürmischen Welt"; Brief an Anna Ditzen, 20. April 1933, zit. nach Fallada 2007, 295). Bis 1943 wird Fallada in Carwitz „im Eigenen sitzen und schreiben" (Brief an Adelaide Ditzen, 17. Juni 1934, zit. nach Hübner 2008, 201). Allerdings spielen mehrere von Falladas Romanen gerade in der von den Nationalsozialisten verachteten ‚Systemzeit' der Weimarer Republik: Von der ‚Landvolkbewegung' in *Bauern, Bomben und Bonzen* (1931) über die prekäre Situation der Angestellten und Arbeitslosen während der Weltwirtschaftskrise (*Kleiner Mann – was nun?*, 1932; ‚Volksausgabe' 1934), den Strafvollzug (*Wer einmal aus dem Blechnapf frißt*, 1934) und den gescheiterten Küstriner Putschversuch

(*Wolf unter Wölfen*, 1937) bis zum verderblichen autoritären Wilhelminischen Erbe (*Der eiserne Gustav*, 1938) verarbeiten sie Themen der gegenwartsnahen Zeit- und Gesellschaftsgeschichte, statt wie andere – emigrierte und nicht emigrierte – Autoren historisch entlegenen oder gar mythologischen Stoffen den Vorzug zu geben (vgl. Thomas Manns *Joseph und seine Brüder*, 1933–1943). Dabei ist die Wirklichkeitsdarstellung ästhetisch einer ‚Neuen Sachlichkeit' verpflichtet, deren veristische Tendenz keine allegorische Verrätselung zulässt. Dass Falladas zeitgeschichtliche Sujets in die politisch, wirtschaftlich und sozial turbulenten Jahre zwischen Erstem Weltkrieg und Weltwirtschaftskrise fallen, also Krisensituationen zum Gegenstand haben, bot ihm indes auch die Möglichkeit der Distanzierung von einer Zeit, „die so nahe und doch so völlig überwunden ist" (Fallada 1937, 6).

Bereits bei der ersten Buchveröffentlichung im Dritten Reich schien Fallada der symbolische „Knix" vor den neuen Machthabern notwendig zu sein (Brief an Margarete Bechert, 13. Februar 1934, zit. nach Hübner 2008, 202) – selbst wenn das Vorwort mit dem Inhalt des Romans *Wer einmal aus dem Blechnapf frißt* nur schwer in Übereinstimmung zu bringen war und die nationalsozialistischen ‚Rassehygieniker' ihm die „Zuchthauspornographie" auch später nicht verziehen (Rezension über *Altes Herz geht auf die Reise* in der Zeitschrift *Volksgesundheit*, Ende April 1936, zit. nach Lamp 2002, 54). Dieser Kniefall vor den politisch Mächtigen konnte auch die Affirmation des nationalsozialistischen Geschichtsbildes einschließen. *Wolf unter Wölfen* versah Fallada gar mit einer „Warnung als Vorspruch": Das Buch handle von „Kindern einer zerfallenen, irren, kranken Zeit. Aber auch von einigen Aufrechten, Mutigen, Gläubigen." (Fallada 1937, 7)

Den Gegenstand dieses ‚Glaubens' sparte er indes wohlweislich aus. Durch solche „ideologische Unbestimmtheit" ließ sich „Akzeptabilität für ideologisch sehr verschiedene Gruppen" erreichen (Titzmann 2011, 173), zumal Falladas Helden nicht als Bekenntnisträger politisch-ideologischer Positionen figurieren. Stattdessen repräsentieren sie wie Johannes Pinneberg, dessen Freundin Emma „Lämmchen" Mörschel, Wolfgang Pagel oder Amanda Backs eine parteipolitisch unspezifische Position der moralischen ‚Anständigkeit', die jede konkrete Zuordnung unterläuft. Politische Bekenntnisse werden dagegen eher Nebenfiguren wie dem Nazi Lauterbach in *Kleiner Mann – was nun?* (in der Erstausgabe von 1932) oder den Verschwörern des Küstriner Putschversuchs in *Wolf unter Wölfen* zugewiesen (Lutz 2013, 63). ‚Politik' erscheint bei Fallada überhaupt eher als Sphäre von Opportunismus und eigennützigen Intrigen. Diese politische „Nullposition" (Titzmann 2011, 173) kann als subversiv angesichts eines Totalitarismus gelesen werden, der parteipolitische ‚Standpunktlosigkeit' kaum mehr tolerierte. Aber auch diejenigen Romane Falladas, die keinen gesellschaftspolitischen Bezug aufweisen, unterlaufen eine ideologische Orientierung, so dass sich mehr als einmal eine Spannung zwischen explizitem Diskurs und narrativer Darstellung ergibt.

In *Wir hatten mal ein Kind* (1934) scheint zum Beispiel der Bauernsohn Johannes Gäntschow auf dem ersten Blick jene Eigenschaften zu verkörpern, die der nationalsozialistischen ‚Herrenrassen'-Ideologie inhaltlich wie sprachlich entgegenkamen: „Aber in ihm saß etwas, das härter war, als er selbst sein wollte, das nicht nachgab, und wenn man noch so sehr daran zerrte. [...] Jetzt gab es keine Weichheit mehr. Die Jugend war vorbei. Härte, Eisen und Stahl" (Fallada 1934, 232). Zur ideologischen Identifikationsfigur taugt er dennoch nicht: Gäntschow ist ein negativer Held, ein

2.7 Zwischen Innerer Emigration und NS-Literatur

Sonderling, der sich durch Sturheit, Menschenverachtung und einen falsch verstandenen Ahnenkult selbst zugrunde richtet. Debilität, Irrsinn und Sodomie kennzeichnen die degenerierte Ahnenlinie der Gäntschows, so dass der ‚Blut-und-Boden'-Mythos der Nationalsozialisten geradezu ins Negative gekehrt bzw. persifliert wird. Die literaturkritische Bewertung des Romans war dementsprechend uneinheitlich: Während die Exilpresse Fallada ein „tüchtiges Assimilationstalent" (Türk 1935, 785) bescheinigte und befand, dass sich der Autor mit „Haut und Haaren" (Richter 1935, 106) dem Faschismus verschrieben habe, verurteilte die nationalsozialistische Literaturkritik – z. B. der Leiter des Zentrallektorats in Alfred Rosenbergs ‚Amt für Schrifttumspflege', Hellmuth Langenbucher – den Roman als „Machwerk [...] einer zügellosen Phantasie" und drohte Fallada sogar: Wir „wollen ein waches Auge haben auf alle die andern, die nicht willens sind, mit ihrer Arbeit den ‚betonten Forderungen unserer Tage' Rechnung zu tragen" (Langenbucher 1934, 993).

Der Gegenwind von Seiten der nationalsozialistischen Literaturkritik und von der Exilpresse verunsicherte Fallada: „Ich kann nicht mehr [...] produzieren, wie ich möchte. Da mir Erzählen wirklich Freude macht, und da man, um recht erzählen zu können, drauflos erzählen muß, ohne Gedanken an Publikum usw., so klappt eben heute alles nicht mehr" (Brief an Elisabeth Hörig, 29. April 1935, zit. nach Caspar 1988, 135). Hinzu kamen finanzielle Sorgen, da die Einnahmen seiner Bücher im Jahr 1935 rapide sanken; eine Situation, die der Beschluss der Reichsschrifttumskammer noch verstärkte, Fallada zum ‚unerwünschten Autor' zu erklären und den lukrativen Vertrieb seiner Bücher im Ausland zu untersagen. Fallada musste sich nach Nebenbeschäftigungen umsehen und publizierte bereits Ende 1934 harmlose Kurzgeschichten in verschiedenen Tageszeitungen. Der ebenfalls um diese Zeit begonnene, aber erst 1936 erschienene Roman *Altes Herz geht auf die Reise* war auch ein Produkt dieser finanziellen Krise: „[...] ich habe viel gegrübelt und mir überlegt, wie man ein aktuelles Buch schreibt, ohne es aktuell zu machen" (Brief an Elisabeth Hörig, 12. Oktober 1934, zit. nach Liersch 1993, 288). Die Handlung des Romans erscheint dementsprechend auf den ersten Blick harmlos und konventionell: Professor Kittguß rettet sein Patenkind Rosemarie vor ihrem ‚bösen' Vormund Paul Schlieker. Fallada greift auf Formen und Motive des Märchens zurück, indem er seinen Roman mit der märchenhaften Wendung „Es war einmal ein alter Professor" beginnen lässt (Fallada 1936, 7) und eine zeitlose, menschlich allgemeingültige Wertzuschreibung von ‚gut' und ‚böse' auf die Figuren verteilt. Obwohl der Roman aller konkreten Bezüge auf die historische Gegenwart entbehrt, erlaubt er dennoch eine abweichende, subversive Lesart als mehrdeutige Märchen-Camouflage: „D i e lügen und d i e betrügen! rief sie. Und wenn wir gegen sie aufkommen wollen, hilft uns allein die List. Die List ist bei den Bösen, Rosemarie, warnte der Professor. Bei uns aber muß die Wahrheit sein" (Fallada 1936, 25). Der ‚Einsiedler' Kittguß, der zuvor 16 Jahre lang die Johannes-Offenbarung studierte und im Roman als christlich-humanistische Instanz fungiert, wird schließlich dazu gebracht, auf seine Weise Widerstand zu leisten: „Wir müssen an unser Herz [...] denken" (Fallada 1936, 75). Dieser Appell wird immer wieder an den Leser herangetragen. Wenn am Ende des Romans das Schlieker-Haus abbrennt und das ‚Böse' überwunden ist, scheint damit auch ein Neuanfang möglich, also die Hoffnung auf ein baldiges Ende der Unrechtsherrschaft im Dritten Reich.

Ähnlich verhält es sich mit dem wenig später entstandenen, im gleichen Jahr veröffentlichten *Märchen vom Stadtschreiber, der aufs Land flog*. Die als Kindermärchen getarnte, phantastische „Zaubergeschichte aus dunklen Mächten und Liebe" (Fallada 1935, 5) exponiert abermals die Konfrontation des ‚Guten' mit dem ‚Bösen'. Nahezu identisch liest sich der humanistische Leser-Appell: „Es mag mit den bösen Geistern bestellt sein, wie es will [...], unverrückbar bleibt dem Menschen in der Brust das eigene Herz" (Fallada 1935, 37). Von allen Seiten droht dem Stadtschreiber Guntram Spatt, der sich als verwandelter, kleiner Spatz vor den „großen Vögeln mit scharfen Krallen und stählernen Schnäbeln" (Fallada 1935, 100) in Acht nehmen muss, Gefahr, während die Gerechten sich angesichts der Übermacht des Bösen nicht zu erkennen geben dürfen. Am Ende lernt Guntram jedoch, sich durchzusetzen, seinen „Weg gerade" zu gehen (Fallada 1935, 33) und gewinnt schließlich die Liebe der schönen Monika. – Darüber hinaus bemerkenswert ist die „Klage des gemeinen Stadtspatzen", die als kritisch-parodistischer Seitenhieb Falladas auf nationalsozialistische Rassenideologie, Führerkult und Tannenberg-Mythos entschlüsselt werden kann:

> Es ist männiglich bekannt, daß es kein älteres, berühmteres, mutigeres, klügeres Volk auf Erden gibt als das der Spatzen. Von der stummen Larve im Baum bis zum mistenden Pferd, vom sich ringelnden Wurm [...] hat alles uns dienstbar zu sein, so hat es der Große Urspatz bestimmt. [...] Und wenn auch zu erwarten steht, daß unsere Übermacht sie eines Tages sämtlich vernichten wird – gelang es uns doch in der berühmten Schlacht am Tannenfluß einen ganzen Eulenhorst voll nackter Junger zu zerhacken. (Fallada 1935, 129)

Bis ins Jahr 1937 vermeidet Fallada zeitgeschichtliche Sujets, übernimmt stattdessen Übersetzungsarbeiten und verlegt sich auf unverfängliche ‚Kindergeschichten' wie *Hoppelpoppel – wo bist du?* (1936), autobiographisch inspirierte Erzähltexte und märchenhaft anmutende Tiergeschichten, die eine Nähe zur Fabel erkennen lassen. Eine ideologieferne, allgemeinmenschliche Moralität wird auch danach noch in den *Geschichten aus der Murkelei* (1938) pädagogisch vermittelt, wenn etwa in der *Geschichte von der hinterlistigen Ratte* kindgerecht vor falschen Freunden gewarnt und in zurückhaltender Form abermals auf menschlichen Anstand verwiesen wird.

Resigniert über die eigene „Schreiberei", die „keine rechte Freude mehr" war (Brief an die Eltern, 8. Juli 1936, zit. nach Lamp 2002, 56), entschloss sich Fallada mit *Wolf unter Wölfen* jedoch, allen Vorsichtsmaßnahmen zum Trotz erneut einen zeitkritischen Stoff zu bearbeiten. Noch „einmal hatte mich das alte Feuer erfaßt, [...] ich schrieb ohne mich umzusehen – weder nach rechts noch nach links" (Fallada 2009, 122). Das Inflationsjahr 1923 wird im Romanvorwort als Zeitsituation beschrieben, in der man sich bewähren muss, in der die ‚Schwachen' untergehen und die „Aufrechten, Mutigen, Gläubigen" überleben (Fallada 1937, 7). Im Roman heißt es dazu: „Es ist hungrige Zeit, Wolfzeit. [...] – wer stark ist, lebe! Aber wer schwach ist, der sterbe!" (Fallada 1937, 195) Dies entspricht vordergründig der nationalsozialistischen Herrenrassen-Ideologie: Das ‚Starke' setzt sich durch und ist schließlich mit dafür verantwortlich, dass die von den Nazis diffamierte ‚Systemzeit' im Jahr 1933 überwunden wurde. Das Romanvorwort offeriert diese Lesart, so dass sich der „Gerettete[ ]" im Jahr 1937 nun der „glückhaften Rettung" durch die vollzogene ‚nationale Revolution' erfreuen mag (Fallada 1937, 7). Die politischen Machenschaften und kriminellen Strukturen auf dem Land dementieren jedoch die behauptete Differenz, und die Negativzeichnung der Figuren um die ‚Schwarze Reichswehr' (allen voran der Chauvinist Leutnant Fritz und der opportunistisch-korrupte Feldinspektor Meier, nicht zuletzt aber auch deren Führung) diskreditieren die reaktionär-nationale Bewegung in unmittelbarer zeitlicher

Nähe zum gleichfalls gescheiterten Münchner Hitler-Ludendorff-Putsch (im nationalsozialistischen Jargon: „Marsch auf die Feldherrnhalle") im selben Jahr 1923.

Ähnlich wie zuvor Guntram Spatt im *Stadtschreiber* entwickelt auch die Hauptperson Wolfgang Pagel in *Wolf unter Wölfen* eine innere Stärke, die ihn von den anderen Figuren abhebt und ihn schließlich erfolgreich, allen Machenschaften und Intrigen zum Trotz, durch die Krisenzeit kommen lässt. Wieder ist es eine Frauenfigur, Pagels Freundin Petra Ledig, die ihm allegorisch gekennzeichnet als „zärtliche Gestalt der Liebe" (Fallada 1937, 965) immer wieder vor das geistige Auge tritt. Sie ermahnt ihn dazu, Verantwortung für sein Leben zu übernehmen und durchzuhalten: „Wie ein Gespenst sieht Pagel sich plötzlich neben Peter [Kosename für Petra Ledig] […]. Wie ein Symbol scheint ihm das jetzt, nein, wie die Vorstufe einer schweren Probe" (Fallada 1937, 965). Pagel besteht diese Probezeit und geht aus ihr am Romanschluss, im Gegensatz zu den anderen Figuren, gestärkt und zum „Mann" gereift (Fallada 1937, 1138) hervor. Schließlich gewinnt er damit auch sein privates Glück zurück, die Liebe von Petra Ledig. Allgemein-menschliche Werte werden von Fallada damit abermals akzentuiert:

> Es gab eine Zeit, da war ihm viel aufgeladen, aber er hat durchgehalten. Er hielt nur durch? Nein, es machte ihn stark, er entdeckte etwas in sich, das ihm Halt gab, etwas Unzerstörbares, einen Willen. Einmal war er bloß liebenswürdig gewesen – dann wurde er der Liebe würdig. (Fallada 1937, 1156)

Politische Selbstzensur

Dass Fallada freilich auch zur politischen Selbstzensur bereit war, zeigt bereits die Überarbeitung seines Romans *Kleiner Mann – was nun?* für die ‚Volksausgabe' von 1934, für die der als Kraftprotz gezeichnete Nationalsozialist Lauterbach zu einem Fußballtorwart umgestaltet wurde. Aus finanziellen Gründen stimmte Fallada 1938 einer Neuveröffentlichung von *Bauern, Bonzen und Bomben* im Vier Falken Verlag zu, wobei er vereinzelte Streichungen und politische Korrekturen vornahm und das Vorwort konformistisch umschrieb: „Als ich eben auf das Titelblatt der ersten Ausgabe sah, erschrak ich fast, wie wenig Zeit seitdem verflossen ist – wie gewaltig hat sich Deutschland in so kurzem verändert!" (Fallada 1938, 7)

Am 12. November 1937 hatte Fallada auch die lukrative Auftragsarbeit einer Filmgesellschaft angenommen und sich verpflichtet, den Roman *Der eiserne Gustav* (1938) film- und systemgerecht zu bearbeiten. Die vertragsmäßigen Vorgaben sahen nicht nur eine Paraderolle für den Staatsschauspieler Emil Jannings vor, sondern auch eine Umgestaltung der Handlung, die mit der ‚Machtergreifung' des Jahres 1933 zu enden hatte. Fallada machte Einwände gegen diesen Schluss geltend, lenkte jedoch schließlich ein, zumal von höchster Stelle (Joseph Goebbels) eine Drohung erging: „Wenn Fallada heute noch nicht weiß, wie er zur Partei steht, so weiß die Partei, wie sie zu Fallada steht" (zit. nach Fallada 2009, 173). Die geplante Verfilmung des Romans wurde schließlich durch die ‚Dienststelle Rosenberg' verhindert, nachdem bereits der Roman auf Anweisung einiger Gauleiter nicht in den Schaufenstern des Buchhandels präsentiert werden sollte (Barbian 2010, 411). Fallada flüchtete im Folgenden in unverfängliche Unterhaltungsromane wie *Kleiner Mann, Großer Mann – alles vertauscht* (1940) oder *Der ungeliebte Mann* (1940) und veröffentlichte harmlose, autobiografische Erinnerungsbücher wie *Damals bei uns daheim*

(1941) und *Heute bei uns zu Haus* (1943), den letzten vor Schließung des Rowohlt Verlags erschienenen Roman. Damit erwarb sich Fallada den lang anhaltenden, auch aus seiner eigenen Perspektive leider nicht unbegründeten Ruf als Autor bloßer Unterhaltungsliteratur, der seinem Gesamtwerk indes nicht gerecht wird. „Ich konnte nicht mehr daran denken, die Bücher zu schreiben, die mir am Herzen lagen. Jede Schilderung dunklerer Gestalten war mir streng untersagt. [...] Ich bin in die seichte Unterhaltung abgesackt" (Fallada 2009, 229). Eine unmittelbare literarische Verarbeitung der Nazi-Diktatur erfolgte erst nach ihrem Zusammenbruch im Roman *Jeder stirbt für sich allein* (1947), der vom – letztlich wirkungslosen – individuellen Widerstand des kleinbürgerlichen Ehepaars Quangel nach der Nachricht vom ‚Heldentod' ihres einzigen Sohnes erzählt.

Literatur

Adam 2010: Adam, Christian: Lesen unter Hitler. Autoren, Bestseller, Leser im Dritten Reich, Berlin 2010.
Barbian 2010: Barbian, Jan-Pieter: Literaturpolitik im NS-Staat. Von der „Gleichschaltung" bis zum Ruin, Frankfurt a. M. 2010.
Caspar 1988: Caspar, Günter: Fallada-Studien, Berlin (Ost)/Weimar 1988.
Fallada 1934: Fallada, Hans: Wir hatten mal ein Kind. Eine Geschichte und Geschichten, Berlin 1934.
Fallada 1935: Fallada, Hans: Märchen vom Stadtschreiber, der aufs Land flog, Berlin 1935.
Fallada 1936: Fallada, Hans: Altes Herz geht auf die Reise. Roman, Berlin 1936.
Fallada 1937: Fallada, Hans: Wolf unter Wölfen. Roman, 2 Bde, Bd. 1: Erster Teil. Die Stadt und ihre Ruhelosen. Bd. 2: Zweiter Teil. Das Land in Brand, Berlin 1937.
Fallada 1938: Fallada, Hans: Bauen, Bonzen und Bomben. Roman, Berlin 1938.
Fallada 2007: Fallada, Hans, Anna Ditzen: Wenn du fort bist, ist alles nur halb. Briefe einer Ehe, hg. von Uli Ditzen, Berlin 2007.
Fallada 2008: Fallada, Hans: Ewig auf der Rutschbahn. Briefwechsel mit dem Rowohlt Verlag, hg. von Michael Töteberg und Sabine Buck, Reinbek bei Hamburg 2008.
Fallada 2009: Fallada, Hans: In meinem fremden Land. Gefängnistagebuch 1944, hg. von Jenny Williams und Sabine Lange, Berlin 2009.
Goebbels 2000: Goebbels, Joseph: Die Tagebücher. Teil 1: Aufzeichnungen 1923–1941, Bd. 5: Dezember 1937-Juli 1938. Im Auftrag des Instituts für Zeitgeschichte, hg. von Elke Fröhlich, München 2000.
Hermand 2010: Hermand, Jost: Kultur in finsteren Zeiten. Nazifaschismus, innere Emigration, Exil, Köln/Weimar/Wien 2010.
Hoser 2016: Hoser, Paul: Völkischer Beobachter. In: Historisches Lexikon Bayerns. URL: https://www.historisches-lexikon-bayerns.de/Lexikon/V%C3%B6lkischer_Beobachter#Entwicklung_im_.22Dritten_Reich.22 [Stand 24. Februar 2016].
Hübner, Anja Susan: „Erfolgsautor mit allem Drum und Dran". Der Fall Fallada oder Sollbruchstellen einer prekären Künstlerbiographie im ‚Dritten Reich'. In: Im Pausenraum des ‚Dritten Reiches'. Zur Populärkultur im nationalsozialistischen Deutschland, hg. von Carsten Würmann und Ansgar Warner, Bern 2008, S. 197–213.
Kläber, Kurt: Wir brauchen Bauernromane. In: Die Linkskurve 3 (1931), H. 11 (November 1931), S. 20–22.
Lamp 2002: Lamp, Hannes: Fallada unter Wölfen. Schreiben im Dritten Reich: Die Geschichte des Inflationsromans *Wolf unter Wölfen*, Friedland 2002.
Langenbucher 1934: Langenbucher, Hellmuth: Hans Fallada. In: Deutsches Volkstum. Halbmonatsschrift für das deutsche Geistesleben 16 (1934), 1. Dezemberheft 1934, S. 986–993.
Liersch 1993: Liersch, Werner: Hans Fallada. Sein großes kleines Leben, Hildesheim 1993.
Lutz, Daniel: Bewährung in der Krise. Hans Falladas *Wolf unter Wölfen* und die moderate

Moderne während des „Dritten Reichs". In: Hans Fallada, hg. von Gustav Frank und Stefan Scherer, München 2013 (Text + Kritik 200), S. 61–71.
Mann 1977: Mann, Thomas: Tagebücher 1933–1934, hg. von Peter de Mendessohn, Frankfurt a. M. 1977.
Mann 2009: Mann, Thomas: Brief nach Deutschland. In: Ders.: Essays. Große kommentierte Frankfurter Ausgabe, hg. und textkritisch durchgesehen von Herbert Lehnert, Frankfurt a. M. 2009, S. 72–82.
Richter, Trude: Der gleichgeschaltete Fallada. Zu seinem neuesten Roman. In: Internationale Literatur. Zentralorgan der Internationalen Vereinigung Revolutionärer Schriftsteller 5 (1935) Nr. 4, S. 103–106.
Schäfer 1984: Schäfer, Hans Dieter: Das gespaltene Bewußtsein. Über deutsche Kultur und Lebenswirklichkeit 1933–1945, Berlin/Frankfurt a. M. 1984.
Schnell 1998: Schnell, Ralf: Dichtung in finsteren Zeiten. Deutsche Literatur und Faschismus, Reinbek bei Hamburg 1998.
Titzmann 2011: Titzmann, Michael: Selbstfindung und Selbstverlust. Zur textinternen Anthropologie in Hans Falladas *Wolf unter Wölfen* (1937). In: Hans Fallada. Autor und Werk im Literatursystem der Moderne, hg. von Patricia Fritsch-Lange und Lutz Hagestedt, Berlin/Boston 2011, S. 169–188.
Tucholsky 1931: Wrobel, Ignaz [Pseudonym: Kurt Tucholsky]: *Bauern, Bonzen und Bomben*. In: Die Weltbühne. Wochenschrift für Politik, Kunst, Wirtschaft 27 (1931), Nr. 14, 7.4.1931, S. 496–501.
Türk 1935: Türk, Werner: Talent und Fascismus [sic]. In: Die neue Weltbühne. Wochenschrift für Politik, Kunst, Wirtschaft 31 (1935), Nr. 25, 20.6.1935, S. 783–785.
Williams 2002: Williams, Jenny: Mehr Leben als eins. Hans Fallada. Biographie. Aus dem Englischen von Hans-Christian Oeser, Berlin 2002. [Originalausgabe: More Lives than One. A Biography of Hans Fallada, London 1998.]
Zimmermann 2012: Zimmermann, Hans Dieter: ‚Innere Emigration'. Ein historischer Begriff und seine Problematik. In: Schriftsteller und Widerstand. Facetten und Probleme der ‚Inneren Emigration', hg. von Frank-Lothar Kroll und Rüdiger von Voß, Göttingen 2012, S. 45–60.

2.8 Fallada im Kontext der Nachkriegsliteratur
Antonie Magen

Auf den ersten Blick scheint Falladas Existenz als Autor nach dem Krieg eingeschränkt gewesen zu sein. Zwischen Kriegsende (bzw. der Einnahme Feldbergs durch russische Truppen am 28. April 1945; Crepon 1981, 277; von Studnitz 1997, 346) und seinem Tod am 5. Februar 1947 lagen nur einige Monate, die unter dem Gesichtspunkt literarischer Produktion abermals verkürzt waren: Von Mitte Mai bis Mitte August 1945 war Fallada von der sowjetischen Besatzungsmacht als Bürgermeister von Feldberg eingesetzt (Müller-Waldeck 1993, 161), ein Amt, das ihm schon zeitlich kaum Spielräume zum Schreiben ließ. Ferner fielen in diese Epoche diverse Entziehungskuren, die mehrwöchige Sanatoriums- und Krankenhausaufenthalte notwendig machten (Vogel 1989, 45). Fallada erlebte demnach nur die früheste Nachkriegszeit mit, in der das literarische Leben über erste Anfänge noch nicht hinausgekommen und die Weichen für bestimmte Inhalte und Strukturen noch nicht gestellt waren (Bredohl 2008, 22, 26).

Auf den zweiten Blick hingegen ist Falladas Dasein als Nachkriegsautor gerade deswegen beachtenswert: In den Jahren 1945/46 war sein Leben und Schaffen eng mit einigen kulturpolitischen Maßnahmen verbunden, die für die spätere literarhistorische

Entwicklung ausschlaggebend waren. Mit anderen Worten: Falladas Nachkriegsexistenz fand zu einem Zeitpunkt statt, zu dem die beiden politischen Systeme und ihre jeweiligen kulturellen Ausprägungen noch nicht etabliert waren, in einer gemeinsamen Grundlage wurzelten und sich noch nicht unterschiedlich entwickelt hatten.

Im Einzelnen sind es Bechers Kulturbundpolitik (zur grundsätzlichen Bedeutung Bechers für Fallada vgl. von Studnitz 1997, 363–365; Kuhnke 1999), die Frage der NS-Vergangenheitsbewältigung sowie Falladas Stellung auf dem literarischen Markt, die sein Profil als Nachkriegsautor bzw. seine Position innerhalb der Nachkriegsliteratur schärfen.

Fallada und Bechers Kulturbundpolitik

Anfang Oktober 1945 war Fallada seinem ehemaligen Ullstein-Lektor, Paul Wiegler, wiederbegegnet, der inzwischen beim Aufbau Verlag arbeitete. Er vermittelte Fallada an Johannes R. Becher, der seit seiner Rückkehr aus dem Exil versucht hatte, Kontakt zu ihm herzustellen (von Studnitz 1997, 361–362; Lange 1988, 7).

Als Präsident des im Juni 1945 gegründeten ‚Kulturbundes zur demokratischen Erneuerung Deutschlands' hatte Becher eines der wichtigsten kulturpolitischen Ämter der SBZ inne, das ihm für den kulturellen, insbesondere für den literarischen Wiederaufbau nach dem Ende des Faschismus vielfältige Gestaltungsmöglichkeiten bot. Sein oberstes Ziel war es, eine neue, auf dem intellektuellen Erbe basierende kulturelle Identität zu etablieren (Klausnitzer 1988, 1728). Vermieden werden sollte dabei nach Möglichkeit die Aufspaltung in eine west- und eine ostdeutsche Literatur. Vielmehr beabsichtigte Becher, eine überparteiliche Literatur aufzubauen (Bredohl 2008, 22), die der demokratischen Erziehung des gesamten deutschen Volkes dienen sollte. Für die Verwirklichung dieses Plans setzte er von Anfang an darauf, Künstler an der kulturellen Neugestaltung praktisch zu beteiligen (Klausnitzer 1988, 1730). Auch von den hierfür geeigneten Kräften hatte er klare Vorstellungen (Vogel 1990, 674). Neben Fallada unterstützte er beispielsweise Gerhart Hauptmann (vgl. hierzu Falladas Brief an Hans-Georg Fabian vom 3. August 1946, zit. nach Lange 1988, 36), Erich Kästner (Lange 1988, 7), Ernst Wiechert, Ricarda Huch sowie Bernhard Kellermann (von Studnitz 1997, 362) und damit Schriftsteller unterschiedlicher Generationen und literarischer Ausprägung, die zwei Dinge gemeinsam hatten: Zum einen hatten sie sich schon in Zeiten der Weimarer Republik auf dem literarischen Markt etabliert und waren in den verschiedensten Leserkreisen populär. Damit setzte Becher auf enge Volksverbundenheit des Künstlers (Klausnitzer 1988, 1730), von der er sich eine Förderung demokratischer Aufklärung versprach. Zum anderen aber waren seine Protegés nach 1933 nicht emigriert, sondern in Deutschland geblieben. Sie hatten also – im Gegensatz zu den exilierten Schriftstellern – in den Jahren 1933 bis 1946 die gleichen oder doch zumindest ähnliche Erfahrungen gemacht wie das nun zu erziehende deutsche Volk. Bechers Kulturpolitik ermöglichte somit vor allem Vertretern der sog. Inneren Emigration einen künstlerischen Neuanfang in Nachkriegsdeutschland (zu den Grundsätzen des Kulturbundes vgl. Kuhnke 1999, 71–77, hier v. a. 75). Er sorgte daher für Rahmenbedingungen, die ihnen zumindest äußerlich ein unproblematisches, relativ bruchloses Anknüpfen an ihre Vorkriegs- und Kriegsarbeit ermöglichten.

In diesem Kontext ist die persönliche Förderung zu verstehen, die Becher Fallada angedeihen ließ und die es diesem gestattete, sofort nach dem Krieg weiter zu schreiben

2.8 Fallada im Kontext der Nachkriegsliteratur

und zu veröffentlichen. Damit ist Fallada einer jener Autoren, die sowohl während der Weimarer Republik, des Nationalsozialismus als auch in der unmittelbaren Nachkriegszeit erfolgreich publizierten (Bredohl 2008, 22).

Becher hatte Falladas literarischen Weg während seiner Zeit in der Sowjetunion aufmerksam verfolgt und, obwohl er um die angreifbare Position wusste, die Fallada zwischen 1933 und 1945 eingenommen hatte, ihn im Grunde für einen apolitischen Menschen gehalten, der sich nicht ernsthaft mit dem Faschismus eingelassen hatte (Lange 1988, 7). Dieser Einschätzung ist es zu verdanken, dass Fallada in den breitenwirksamen Medien der Nachkriegszeit mitarbeiten konnte: von November 1945 bis Mitte Februar 1946 (Lange 1988, 13) an der *Täglichen Rundschau*, der in Ostberlin erscheinenden Zeitung der sowjetischen Besatzungsmacht (vgl. von Studnitz 1997, 370). In ihr publizierte er Beiträge, die z. T. bereits während des Zweiten Weltkrieges entstanden waren, z. T. aber auch eigens für das Organ geschrieben wurden. Belegt wird dies beispielsweise durch die Kurzgeschichte *Oma überdauert den Krieg*, die am 12. Dezember 1945 erstmals veröffentlicht wurde. Ebenfalls in dieser Zeit, nämlich Ende 1945/Anfang 1946, begann Fallada für den Rundfunk zu arbeiten (von Studnitz 1997, 370; Müller-Waldeck/Ulrich, 228; Lange 1988, 10).

Dass Becher Fallada gezielt zu demokratischer Volksbildung (Lange 1988, 58–59) einsetzte, wird auch an einer anderen Fördermaßnahme sichtbar: Am 8. Dezember 1945 war Fallada Hauptredner auf einer Veranstaltung des Kulturbundes in Schwerin. Hier hielt er einen Vortrag über die Nürnberger Prozesse, die er in den Medien verfolgt hatte (ebd., 9). Zu diesem Zeitpunkt wurde bereits seit drei Wochen verhandelt, und Fallada nimmt in seiner Rede, wie er es formuliert, „von Seiten des deutschen Volkes Stellung" (Lange 1988, 57). Glaubhaft wird dies vor allem dadurch, dass er einräumt, selbst die Augen vor dem verschlossen zu haben, was durch die Nürnberger Prozesse publik wurde (Lange 1988, 69). Die Kernaussagen der Rede liegen dabei ganz auf der Linie von Bechers Kulturbundpolitik: Fallada verleiht seinem Glauben an die Entwicklung eines neuen Deutschlands und an einen politisch-gesellschaftlichen Neubeginn Ausdruck, etwa wenn es heißt: „[...] wir haben nicht nur das Chaos, sondern stehen an einem Beginn" (ebd., 57). Ganz im Sinne des Kulturbundes ist es auch, wenn er das Kunsterbe des 19. Jahrhunderts (ebd., 57–58) als Grundlage für den Neubeginn beschwört.

Damit hatte Fallada nach Monaten seine Produktivität wiedergefunden (Vogel 1990, 678). Ein literarischer Neuanfang war gemacht, den er gleichermaßen Bechers persönlicher Zuwendung wie dessen Kulturbundpolitik zu verdanken hatte (Vogel 1989, 45; Vogel 1990, 674). Mit beidem ist auch Falladas Romanproduktion jener Monate verbunden. In dem autobiografischen Roman *Der Alpdruck* setzt er Becher mit der Figur Granzow ein Denkmal, und es kommt nicht von ungefähr, dass ausgerechnet in diesem Buch die Suche nach einem Platz im sich konsolidierenden literarischen Leben der Nachkriegszeit thematisiert wird. So weist hier etwa Dr. Pernies, für den Gottfried Benn, ein anderer in Deutschland gebliebener Schriftsteller, Pate gestanden hat (Lamp 1995, 125–126), die Hauptfigur Doll darauf hin, dass das literarische Leben wieder begänne, indem „alle möglichen Vereine, Bünde, Kammern, Gruppen" (Fallada 1947, 179) gegründet würden, wobei auch die Möglichkeit erörtert wird, bei einem literarischen Neuanfang übergangen zu werden (Fallada 1947, 180). Schließlich fragt Pernies die Hauptfigur Doll:

„Haben Sie eigentlich schon etwas getan, um in der Literatur wieder Ihren Platz einzunehmen, Herr Doll –?" [...] „Ich glaube", sagte der andere [...]. „Ich glaube, man muß sich jetzt beeilen, wenn man eine Rolle spielen will. Alle möglichen ganz unbekannten Leute scheinen sich schon wieder um die Futterkrippe zu drängen ..." (Fallada 1947, 179).

Fallada selbst hatte freilich weder mit dem Problem zu kämpfen, ein Unbekannter zu sein, noch war er bei der Verteilung der Rollen im literarischen Nachkriegsdeutschland zu kurz gekommen. Vielmehr profitierte er von jenen „Bünde[n], Kammern [und] Gruppen" (Fallada 1947, 179), die sich seit Sommer 1945 gegründet hatten. Allerdings wurde seine kaum bezogene Position gerade dadurch, dass sie als eindeutige Gruppenzugehörigkeit verstanden wurde, schon bald durch eine publizistische Kampagne in Frage gestellt. In ihr wurde seine öffentliche Rolle seit 1943 unter die Lupe genommen. Damit ist Fallada, neben Benn (Decker 2006, 370), einer der ersten Schriftsteller, deren NS-Vergangenheit unmittelbar nach Ende des Faschismus auf den Prüfstand gestellt wurde.

Fallada auf dem Prüfstein: Auseinandersetzung mit der NS-Vergangenheit

Zum Jahreswechsel 1945/46 entflammte eine Debatte über Falladas Bedeutung im NS-Regime (Robinson 2004, 65). Auslöser war der *Offene Brief an Fallada*, geschrieben von seiner ehemaligen Sekretärin Else-Marie Bakonyi. Ende 1945 war dieser Text im *Neue[n] Hannoversche[n] Kurier. Nachrichtenblatt der Alliierten Militärregierung* erschienen und am 20. Januar 1946 in der Frauenzeitschrift *Sie* nachgedruckt worden (Caspar 1988, 264; Lange 1988, 12; dort auf Seite 80 das Faksimile des Briefes; vgl. zudem Ulrich 2018). Bakonyi nimmt darin auf eine Presseäußerung Falladas Bezug, in der er – wieder ganz im Sinne der Kulturbundpolitik – darlegt, dass Kulturschaffende der Gegenwart die Schuldigkeit hätten, das deutsche Volk, insbesondere die Jugend, für eine demokratische Erneuerung zu erziehen (Lange 1988, 80). In ihrem Brief spricht Bakonyi Fallada die Befähigung für diese Aufgabe ausdrücklich ab, denn der habe seit 1943 „[seinen] Frieden mit [den Nazis] gemacht" (ebd.). Als Beleg hierfür führt sie seine Tätigkeit als RAD-Sonderführer ins Feld und zitiert aus Briefen, in denen er sich davon überzeugt gibt, dass Deutschland als Sieger aus dem Krieg hervorgehen werde (ebd.).

Bakonyis Brief ist als persönliche Abrechnung mit Fallada verstanden worden, der 1943 unter dem Druck der politischen Verhältnisse die Arbeitsverbindung mit der Halbjüdin gelöst hatte (Lemmer 1961, 149). Die Folgen seiner Publikation eröffnen jedoch noch eine andere Lesart mit politischer Dimension. Am 18. Februar 1946 nämlich unterstrich der Chefredakteur der Münchener *Neue[n] Zeitung*, einem offiziellen Organ der amerikanischen Besatzungsmacht, Bakonyis Vorwurf, indem er Fallada beschuldigte, „ein braver Nationalsozialist" gewesen zu sein (Caspar 1988, 264; Vogel 1990, 675). Wie nachhaltig diese Vorhaltungen waren, zeigen noch einige der Nachrufe, in denen sie wieder auftauchen (z. B. Pfeiffer 1947, 4). Auch der Klub der Kulturschaffenden distanzierte sich daraufhin von Fallada und verweigerte ihm, mit Hinweis auf seine Trunksucht, die Aufnahme (Vogel 1990, 275; Müller-Waldeck/ Ulrich 1997, 222). Der Brief hatte also gezielt öffentliche Zweifel an Falladas Integrität gestreut (Vogel 1990, 675). Die publizistische Diskussion war zu einem Politikum geworden, das sich letztlich gegen die sowjetische Militäradministration richtete (Lange 1988, 12; vgl. auch Robinson 2004, 65).

2.8 Fallada im Kontext der Nachkriegsliteratur

Eine öffentliche Reaktion Falladas zu diesen Vorwürfen gibt es nicht. Lediglich aus einigen privaten Briefen geht hervor, dass er selbst sie im Zusammenhang mit der beginnenden ideologischen Lagerbildung interpretierte und sich – mit Ausnahme seines Romans *Der eiserne Gustav* mit dem von ihm selbst despektierlich so genannten ‚Nazi-Schwanz' (siehe den Beitrag 4.5 *Der eiserne Gustav* in Kap. II) – in dieser Hinsicht nichts vorzuwerfen hatte (Brief an die Mutter vom 10. März 1946, zit. nach Lange 1988, 30). Am 19. September heißt es, an Felix Riemkasten gerichtet, beispielsweise: „Ich werde nämlich selber als Pronazi in Bann getan und zwar hochoffiziell von München her, von den Amerikanern aus [...]" (ebd., 37). Und kurz vor dem Jahreswechsel 1946/47 ist in einem Brief an Margarete und Fritz Bechert zu lesen:

> Vielleicht habt Ihr es auch aus den Gazetten gesehen, daß ich recht kräftig besonders von den Amerikanern angegriffen wurde, als Pronazi usw., aber gottlob kümmert das dumme, verlogene Zeug die Russen, meine Freunde, gar nicht. Sie haben mir sogar ihre Zeitung zum Antworten zur Verfügung gestellt, aber ich denke gar nicht daran, laß sie reden, schweige still ... (ebd., 44).

Auch wenn Fallada keine offizielle Stellungnahme zu den Vorwürfen publizierte, veranlassten sie ihn, sich mit der jüngsten Vergangenheit, genauer gesagt mit dem NS-Regime, den letzten Kriegsjahren und deren Folgen für die unmittelbare Nachkriegszeit auseinanderzusetzen. Im Wesentlichen geschieht das mit Überlegungen zu zwei Problemkomplexen, die seit 1933 virulent waren, nämlich mit den Themen Exil und Widerstand. Während Fallada sein Verbleiben in Deutschland während der NS-Herrschaft ausdrücklich damit begründet, „dieses Volk [nicht] sich selbst zu überlassen" (ebd., 60), wie er es in seiner Schweriner Rede formuliert, denkt der autobiografische Held seines Romans *Der Alpdruck*, entsetzt über den durch das Nachkriegselend verursachten moralischen Zustand der Deutschen, erstmals nach Kriegsende ernsthaft über die Möglichkeit einer Emigration nach:

> Ihnen allen, und vielen darunter, die früher keine Nazis gewesen waren, schien plötzlich die Zeit unter der Hitler-Tyrannei wie eine gelobte, wie eine gute Zeit. Die Schrecken des Krieges mit seinen Bombennächten, die in Blut und Tod gesandten Männer und Söhne, die Schändung Unschuldiger – all das war schon wieder vergessen. Sie rechneten nur, daß sie früher ein wenig mehr Brot oder Fleisch bekommen hatten. Sie schienen unverbesserlich, manchmal war es fast unerträglich, unter ihnen zu leben; zum ersten Male dachte Doll – jetzt nach dem Kriege! – ernstlich an Emigration. (Fallada 1947, 228f.)

Allerdings wird das Exil hier nur als persönliche Option der Nachkriegszeit reflektiert. Eine Auseinandersetzung mit den massenweise erzwungenen Emigrationen seit 1933 geht nicht über die Parenthese „jetzt nach dem Kriege!" (ebd., 260) hinaus, findet, anders gesagt, nicht statt. Bemerkenswert ist dieser Ausruf trotzdem, wenn man die Kluft zwischen exilierten und in Deutschland gebliebenen Autoren bedenkt, die sich nach Kriegsende aufgetan hatte: Die Lebenserfahrungen beider Gruppen waren so unterschiedlich, dass beispielsweise das im Oktober 1947 auf dem ersten Schriftstellerkongress über die Aufgaben von Literatur geführte Gespräch von „gegenseitige[m] Nicht-Verstehen[ ] geprägt" war (Pankau 1992, 59). Insofern sind vor diesem Hintergrund Falladas Emigrationsüberlegungen, wie wenig durchdacht sie auch sein mögen, doch als eine Art Annäherungsversuch beachtenswert.

Umfassender beschäftigte sich Fallada mit dem Thema Widerstand, um das es in seinem letzten, im Herbst 1946 entstandenen Roman *Jeder stirbt für sich allein* geht. Auch diese Arbeit ist Bechers Initiative zu verdanken, der Fallada mit einem Werk über die Nazizeit beauftragte (Vogel 1990, 674). Er überließ Fallada die Gestapo-Akten im Fall Hampel und forderte ihn auf, den Stoff des Berliner Arbeiterehepaars, das 1940–1942 Widerstand gegen Hitler geleistet hatte, literarisch zu bearbeiten (Crepon 1981, 301; Crepon 1984, 132–133). Mit diesem Thema befindet sich Fallada in einer allgemeinen Zeitströmung. Gerade die Literatur der SBZ brachte in jenen Jahren diverse Widerstandsromane hervor, etwa Adam Scharers *In jungen Jahren* (1946), *Wo Deutschland lag …* von Harald Hauser (1947) oder Bernhard Kellermanns *Totentanz* (1948). Dass diese Häufung im östlichen Teil Deutschlands auftrat, ist wiederum dem bereits vor 1945 geplanten antifaschistischen Kulturkonzept Bechers zu verdanken (Barner 1994, 131), das nicht zuletzt auch dafür verantwortlich war, dass Fallada unmittelbar nach dem Krieg gut auf dem literarischen Markt Fuß fassen konnte.

Fallada auf dem Buchmarkt

Eine wichtige Quelle hierfür ist das *Verzeichnis der auszusondernden Literatur*, das im Februar 1946 vom Berliner Magistrat „nur für den Dienstgebrauch", wie das Titelblatt vermerkt, herausgegeben worden war. Die Liste entstand unter Mitwirkung des Kulturbundes und der Kammer der Kunstschaffenden (Adam 2016, 26). Falladas Vergangenheit wird dort folgendermaßen bewertet:

> Die Tatsache ist unbestreitbar, daß Rudolf Ditzen bei den Amtsstellen der NSDAP verhaßt war, und das Propagandaministerium mehr als einmal den Gedanken erwogen hat, Fallada gänzlich zu verbieten. Gerettet hat ihn nur der Umstand, daß er infolge seiner Beliebtheit im Auslande erhebliche Devisen brachte. (Verzeichnis 1946, 6; vgl. auch Adam 2016, 27)

Diese ambivalente Stellung hatte zur Folge, dass sich der Berliner Magistrat „damit begnügt[e], jene Werke auszusondern, die heute mißverstanden werden könnten, wie *Bauern, Bonzen, Bomben* und den *Eisernen Gustav*" (Verzeichnis 1946, 6; vgl. auch Adam 2016, 27). Die übrigen Titel wurden verlegt – und zwar mit großem Erfolg. In den ersten Nachkriegsjahren wurden Falladas Bücher (sowohl die neuen als auch die wiederaufgelegten) zu Bestsellern (Bredohl 2008, 21). So befand sich beispielsweise unter den im Jahre 1947 in Mecklenburgs Leihbibliotheken am meisten gelesenen Büchern *Wer einmal aus dem Blechnapf frißt* (Adam 2016, 311), wobei die Nachkriegs-Publikationsgeschichte gerade dieses Werkes für die Mechanismen aussagekräftig ist, die für Falladas Erfolg auf dem literarischen Markt verantwortlich waren: Für eine Neuausgabe des Romans im Aufbau Verlag hatte sich wiederum Becher eingesetzt (Vogel 1990, 675). Gefährdet wurde sie kurzfristig durch die von Bakonyi ausgelöste Zeitungskampagne (Müller-Waldeck/Ulrich 1997, 233), um dann 1946 schließlich doch zu erscheinen (Müller-Waldeck/Ulrich 1997, 240).

2.8 Fallada im Kontext der Nachkriegsliteratur

Neben dem Beistand einflussreicher Kulturpolitiker (Bredohl 2008, 21) war für Falladas Anerkennung auf dem literarischen Markt seit Herbst 1945 auch sein Standort ausschlaggebend: Die Viersektorenstadt Berlin legte ihn nicht auf eine der Besatzungszonen und ihren Buchmarkt fest (Bredohl 2008, 25), sondern ermöglichte es ihm, über die Sektorengrenzen hinweg zu agieren (ebd., 26). Von Berlin aus konnte er Kontakte sowohl zu ost- und westdeutschen als auch zu ausländischen Verlagen knüpfen. Schon im Herbst 1945 berichtete er seiner ersten Frau Suse, dass er „von den alten Ullstein-Lektoren [...] Wiegler und Reger wieder getroffen [habe], vom Scherz-Verlag Eisenlohr" (Müller-Waldeck/Ulrich 1997, 218); im August des folgenden Jahres war der Verleger Schneekluth vom Heyne Verlag aus Hannover zu Gast (Lange 1988, 36; vgl. auch Müller-Waldeck/Ulrich 1997, 225). Bereits im Dezember 1945 trat Fallada in brieflichen Kontakt zu Ernst Rowohlt (von Studnitz 1997, 370; Müller-Waldeck/Ulrich 1997, 225; Bredohl 2008, 21). Aber auch die Zusammenarbeit mit dem Aufbau Verlag, dem „einzigen [...], der bereits in der sowjetischen Besatzungszone produziert" (an Suse im September 1945, zit. nach Müller-Waldeck/Ulrich 1997, 218), hatte begonnen. Dass Fallada diese doppelte Orientierung, so wünschenswert sie auch war, vor ein Loyalitätsproblem stellte, zeigt folgende Passage im Brief an Ernst Rowohlt:

Für Sie wird es die Hauptsache sein, möglichst bald nach Berlin zu kommen und mit mir und Becher zu sprechen. Sie müssen irgendeine Form der Zusammenarbeit finden, die mich nicht undankbar gegen neue Freunde und nicht treulos gegen die alten handeln läßt. (Müller-Waldeck/Ulrich 1997, 225)

Kontakte zu ausländischen Verlegern knüpfte Fallada ab Sommer 1946 (Müller-Waldeck/Ulrich, 241), auch wenn diese nicht ganz ohne äußere Schwierigkeiten zu verfolgen waren. In dieser Zeit berichtet er Suse, dass sich als erster Auslandsverleger Putnam gemeldet habe (Müller-Waldeck/Ulrich 1997, 240), und am 28. September 1946 schreibt er an Elisabeth und Heinz Hörig:

Übrigens wird es Euch interessieren, daß ich schon aus England, Schweden und Dänemark wieder Nachfragen von meinen Verlegern nach neuen Büchern von mir habe – es scheint also doch schon wieder möglich, ein deutsches Buch im Auslande zu veröffentlichen. Psychologisch möglich – denn wie es mit den praktischen Möglichkeiten steht, das weiß der Himmel. Und auch der nicht. Denn da ist erstens einmal der Zensor, und zweitens ist ja noch nicht Friede geschlossen, ich bin also immer noch feindlicher Ausländer und darf keine Geschäfte mit dem Auslande machen. Aber ich denke doch, das alles wird so langsam wieder in Gang kommen. (zit. nach Lange 1988, 38)

Auch wenn die Geschäfte mit dem Ausland noch nicht ganz reibungslos abliefen, hatten die internationalen Verlagsverbindungen doch den Vorteil, dass Fallada und seine Familie in den Genuss von Lebensmittelpaketen kamen (Müller-Waldeck/Ulrich 1997, 245). Neben Bechers Engagement waren es somit vor allem die reaktivierten Kontakte zu seinen Vorkriegsverlegern, die es Fallada seit Herbst 1945 erlaubten, sich auf dem literarischen Markt im In- und Ausland zu etablieren (Bredohl 2008, 21), auf dem er als populärer, unterhaltsamer Autor seit den Weimarer Tagen eine Rolle gespielt hatte. Dass sich auch die beiden neuen Romane, die in der Nachkriegszeit entstanden waren, gut verkauften, lässt auf Kontinuitäten seines bisherigen Erfolgsrezepts schließen, auch wenn er in seinem vorletzten Roman eine ästhetische Erneuerung zumindest theoretisch forderte.

Ästhetische Konsequenzen: Trümmer- und Kahlschlagliteratur

Für Falladas inhaltlich-ästhetisches Selbstverständnis als Nachkriegsautor ist wiederum *Der Alpdruck* aufschlussreich. Insbesondere sind es die Gespräche, die die Hauptfigur Doll mit ihrem Lektor Völger führt. An prominenter Stelle des Textes erklärt er ihm:

> Wissen Sie [...] ich habe natürlich – wie alle – erst einmal im Dreck gelegen. Aber auch später, als ich mich schon wieder ein bißchen hochgekrabbelt hatte und an das zu denken anfing, was ich wohl später tun wollte, kam es mir ganz unmöglich vor, Bücher zu schreiben wie vordem, als sei nichts geschehen, als sei uns nicht eine ganze Welt zusammengebrochen. Ich dachte, man müsse nun ganz anders schreiben, nicht so, als habe es das Tausendjährige Reich nie gegeben, und man brauche nur an das anzuknüpfen, was man vor 33 geschrieben hat. Nein, etwas ganz Neues muß man beginnen, inhaltlich schon ganz gewiß, aber auch in der Form ... (Fallada 1947, 196).

Die hier anklingende literarische Erneuerung, bemerkenswerterweise ausdrücklich als inhaltliche wie als formal-ästhetische Renovation postuliert, wird an späterer Stelle des Romans abermals beschworen: „Ich hatte immer das Gefühl, als müsse ich nach diesem völligen Zusammenbruch, auch meiner selbst, völlig neu und anders beginnen." (Fallada 1947, 206) Damit wird eine poetische Haltung ausgedrückt, die vor allem von der jüngeren, aus dem Krieg heimgekehrten Schriftstellergeneration vertreten wurde und die als Kahlschlag- bzw. Trümmerliteratur Eingang in die Literaturgeschichte gefunden hat. Dass Falladas Vorstellungen einer literarischen Erneuerung tatsächlich in diese Richtung gingen, belegen Passagen wie diese aus dem *Alpdruck*: „Ein Tisch, ein Stuhl, ein Bett, ein enger Wandschrank und ein alter, ganz verschossener Samtsessel, damit ist die Einrichtung dieser Stube erschöpft." (Fallada 1947, 210) Die durch den Charakter einer kargen Bestandsaufnahme evozierten Ähnlichkeiten zu Günter Eichs programmatischem, 1945 entstandenem Gedicht *Inventur*, sind evident: Inszeniert wird hier wie dort eine persönliche Stunde Null, ein Neuanfang, an dessen Beginn nur das Notwendigste aus der Vergangenheit steht. Allerdings geht Fallada nicht über eine epische Beschreibung dieser neuen Poesie hinaus und bleibt damit der ästhetischen Tradition seines Erzählens verpflichtet. Ob die Erkenntnis, dass eine literarische Erneuerung stattfinden müsse, sich später tatsächlich zu einer neuen Ästhetik entwickelt hätte, muss Spekulation bleiben. Fallada starb am Beginn eines potentiellen Neuanfangs.

Literatur

Anonym 1947: [Anonym]: Er nannte sich Hans Fallada. Der Chronist des Kleinen Mannes starb. In: Der Spiegel (1947), Nr. 6, 8.2.1947, S. 18.
Ächtler 2013: Ächtler, Norman: „Ein gemäßigter Pessimist". Falladas gesellschaftskritische Texte der 1940er Jahre. In: Hans Fallada, hg. von Gustav Frank und Stefan Scherer, München 2013 (Text + Kritik 200), S. 72–82.
Adam 2016: Adam, Christian: Der Traum vom Jahre Null. Autoren, Bestseller, Leser. Die Neuordnung der Bücherwelt in Ost und West nach 1945, Berlin 2016.

2.8 Fallada im Kontext der Nachkriegsliteratur

Barner 1994: Barner, Winfried (Hg.): Geschichte der deutschen Literatur von 1945 bis zur Gegenwart, München 1994.
Becher 1978: Becher, Johannes R.: Was nun? Zu Hans Falladas Tod. In: Kritik in der Zeit, Literaturkritik der DDR 1945–1975. Bd. 1, 1945–1965, hg. von Klaus Jarmatz, Christel Berger und Renate Drenkow, Halle/Leipzig 1978, S. 57–62.
Bredohl 2008: Bredohl, Thomas: Hans Fallada und die ‚Kulturelle Erneuerung' im Nachkriegsdeutschland. In: Zeit vergessen, Zeit erinnern. Hans Fallada und das kulturelle Gedächtnis, hg. von Carsten Gansel und Werner Liersch, Göttingen 2008, S. 21–29.
Caspar 1968: Caspar, Günter: Becher und Fallada. In: Die Weltbühne. Wochenschrift für Politik, Kunst, Wirtschaft. Neue Folge 23 (1968), Nr. 29, 16.7.1968, S. 917–920.
Caspar 1988: Caspar, Günter: Fallada-Studien, Berlin (Ost)/Weimar 1988.
Crepon 1981: Crepon, Tom: Leben und Tode des Hans Fallada, Hamburg 1981.
Crepon 1984: Crepon, Tom: Dokumente einer Freundschaft – Johannes R. Becher und Hans Fallada. In: Zum Verhältnis von Geist und Macht im Werk Johannes R. Bechers. Ergebnisse einer wissenschaftlichen Konferenz vom 24. bis 26. November 1981 in Berlin veranstaltet von Akademie der Wissenschaften der DDR, Akademie der Künste der DDR, Kulturbund der DDR – Präsidium und Zentraler Arbeitskreis Johannes R. Becher, Redaktion von Simone Barck u. a., Berlin (Ost) 1983, S. 130–133.
Decker 2006: Decker, Gunnar: Gottfried Benn. Genie und Barbar. Biographie, Berlin 2006.
Fallada 1947: Fallada, Hans: Der Alpdruck, Berlin 1947.
Gessler 1972: Gessler, Alfred: Hans Fallada. Sein Leben und Werk, Berlin (Ost) 1972.
Hofmann 1947: Hofmann, A.: Hans Fallada gestorben. In: Tägliche Rundschau. Zeitung für Politik, Wirtschaft und Kultur 3 (1947), Nr. 32, 7.2.1947, S. 4.
Klausnitzer 1988: Klausnitzer, Hans Peter: Berliner Konferenz „Johannes R. Becher und der Kulturbund – 1949 bis 1954". In: Weimarer Beiträge 34 (1988), S. 1728–1734.
Kuhnke 1999: Kuhnke, Manfred: Verstrickt in die Zeiten. Anmerkungen zu den verwobenen Lebenslinien von Johannes R. Becher und Hans Fallada, Neubrandenburg 1999.
Lamp 1995: Lamp, Hannes: Benn hilft Fallada. Die Begegnung der Schriftsteller im zerbombten Berlin 1945. In: Hans-Fallada-Jahrbuch (1995), Nr. 1, S. 124–129.
Lange 1988: Lange, Sabine: „... wir haben nicht nur das Chaos, sondern wir stehen an einem Beginn ...". Hans Fallada 1945–1947, hg. vom Literaturzentrum Neubrandenburg, Neubrandenburg 1988, S. 23–44.
Lange 2007: Lange, Sabine: Zwischen Ausschluss und Vereinnahmung – Hans Fallada und das kollektive Gedächtnis in der DDR. In: Gedächtnis und Literatur in den ‚geschlossenen Gesellschaften' des Real-Sozialismus zwischen 1945 und 1989, hg. von Carsten Gansel, Göttingen 2007, S. 207–224.
Lemmer 1961: Lemmer, Theodor: Hans Fallada. Eine Monographie, phil. Diss. Freiburg (Schweiz) 1961.
Müller-Waldeck/Ulrich 1993: Müller-Waldeck, Gunnar/Ulrich, Roland (Hg.): Neues von daheim und zu Haus. Erinnerungen an Hans Fallada. Gespräche – Betrachtungen – Dokumente, hg. im Auftrag des Hans-Fallada-Vereins Greifswald e. V., Frankfurt a. M./Berlin 1993.
Müller-Waldeck/Ulrich 1997: Müller-Waldeck, Gunnar/Ulrich, Roland (Hg.): Hans Fallada. Sein Leben in Bildern und Briefen unter Mitarbeit von Uli Ditzen, Berlin 1997.
Pankau 1992: Pankau, Johannes G.: Innere Emigration – Kahlschlag – Exil. In: Exil 12 (1992), S. 58–67.
Pfeiffer 1947: Pfeiffer, Herbert: Hans Fallada gestorben. In: Der Tagesspiegel 3 (1947), Nr. 32, 7.2,1947, S. 4.
Robinson 2004: Robinson, Benjamin: Hans Fallada fixes at Zero Hour. A bad example for Rethinking the Post war Canon. In: German studies review 27 (2004), Nr. 1, S. 63–82.
Studnitz 1997: Studnitz, Cecelia von: „Es war wie ein Rausch". Fallada und sein Leben, Düsseldorf 1997.
Ulrich 2018: Ulrich, Roland: Fallada zwischen Anpassen und Wiederstehen. Eine Herausforderung für Biographen. In: Salatgarten 27 (2018), H. 1, S. 34–38.

Verzeichnis 1946: Verzeichnis der auszusondernden Literatur. Hg. von der Abteilung für Volksbildung im Magistrat der Stadt Berlin unter beratender Mitarbeit der Kammer der Kunstschaffenden und des Kulturbundes zur demokratischen Erneuerung Deutschland, Berlin Februar 1946.
Vogel 1989: Vogel, Marion: Neuer Anfang in der Bündnispolitik. Bechers Bemühungen um Hans Fallada. In: Zwischen politischer Vormundschaft und künstlerischer Selbstbestimmung. Protokoll einer wissenschaftlichen Arbeitstagung vom 23. bis 24. Mai 1989 in Berlin, veranstaltet vom Institut für Literaturgeschichte der Akademie der Künste zu Berlin, hg. von Irmfried Hiebel, Hartmut Kahn und Alfred Klein, Berlin (Ost) 1989, S. 45–48.
Vogel 1990: Vogel, Marion: Bechers Bemühungen um Hans Fallada. In: Weimarer Beiträge 36 (1990), H. 4, S. 674–680.
Zachau 1990: Zachau, Reinhard K.: Hans Fallada als politischer Schriftsteller, New York/Bern/Frankfurt a. Main/Paris 1990.

II. Das literarische Werk

1. Übergreifende Aspekte zum Gesamtwerk

1.1 Verhältnis literarisches Werk – Rezensionspraxis – journalistische Tätigkeit
Hannes Gürgen

Am 10. Mai 1928 wird Fallada aus dem Zentralgefängnis Neumünster entlassen – zweieinhalb Jahre war er vom gesellschaftlichen und kulturellen Leben der Weimarer Republik abgeschnitten. Fallada, der in der ersten Hälfte der 1920er Jahre mit den beiden Romanen *Der junge Goedeschal* (1920) und *Anton und Gerda* (1923) und einigen kürzeren Erzählungen als expressionistischer Autor in die literarische Öffentlichkeit getreten war, muss 1928 persönlich wie literarisch neu anfangen. Bis zu seinem ersten neusachlichen Roman *Bauern, Bonzen und Bomben* (1931) und dem Welterfolg von *Kleiner Mann – was nun?* (1932) vollzieht sich ein künstlerischer Wandel, der eng mit seiner journalistischen Tätigkeit verbunden ist. Zunächst als einfacher Abonnentenwerber und Annoncenschreiber für den *General-Anzeiger für Neumünster* zuständig, wird Fallada schnell zum Universalberichterstatter für alles, was in der Kleinstadt vor sich geht. Das Spektrum umfasst lokale Feste, Theateraufführungen, Liederabende, Ausstellungen, Vorträge und Kinovorführungen. Fallada erhält dadurch einen umfassenden Einblick in den lokalen Kulturbetrieb, das Vereinswesen und nicht zuletzt in die Politik – hier insbesondere im Jahr 1929 aufgrund seiner Berichterstattung über den ‚Landvolkprozess'. Falladas Kurzkritiken nehmen zu tagesaktuellen Ereignissen Stellung und geben in einem reportageartigen Gestus persönliche Eindrücke pointiert wieder. War er mit dieser journalistischen Kurzform anfänglich noch nicht vertraut, entwickelt Fallada mit diesem Schreiben einen knappen und präzisen Dokumentarstil, so dass die Forschung in diesen Kurzkritiken ein literarisches Probierfeld erkennt (vgl. Prümm 2013, 20). Deren Eigenständigkeit besteht darin, dass sich journalistische Darstellungstechniken bei Fallada immer auch mit erzählerischen Elementen verbinden. Auch darin ist er nahe bei den einfachen Leuten: Er studiert ihre Verhaltensweisen, lernt ihre Sorgen und Nöte und ihre unmittelbare Lebenssituation kennen und macht dabei Erfahrungen, aus denen eine „Echtheit" in den literarischen Werken hervorgeht, „die sich sofort überträgt" (Tucholsky 1931, 499).

Als Fallada 1930 dem Ruf Ernst Rowohlts folgt und nach Berlin zieht, um dort in der Rezensionsabteilung des Verlages zu arbeiten, eröffnet sich ihm damit ein weiteres Erfahrungsfeld: Was er beim *General-Anzeiger* teils ebenso intuitiv wie probierend, teils intendiert-formbewusst schrieb, wird nun auf eine reflektierte, auch literaturhistorisch informierte Ebene gebracht. Fallada lernt nahezu alle Rowohlt-Autoren kennen (so z. B. Kurt Tucholsky, Albert Ehrenstein, Robert Musil, Arnolt Bronnen, Ernst von Salomon). Gleichzeitig ist er offen für neue Anregungen und Einflüsse und dazu bereit, seine eigenen literarischen Vorstellungen und Positionen zu hinterfragen.

Darüber hinaus bespricht Fallada 1931/1932 für die *Vossische Zeitung*, *Der Querschnitt* und *Die Literatur* ein ansehnliches Repertoire zeitgenössischer Literatur. Er gleicht dabei sein literarisches Formverständnis mit anderen Autoren ab. Die literarische Wandlung Falladas von den artistisch-expressionistischen Experimenten seiner Anfangsjahre zum dokumentarisch-realistischen Zeitroman bahnt sich zwar bereits um 1925 an (siehe den Beitrag 2.3 *Zum Umbruch in Falladas Werk um 1925* in Kap. I), er vollzieht sich aber endgültig erst vor dem Hintergrund seiner journalistischen Erfahrungen in den Jahren 1928–1931.

Falladas vorjournalistische Phase (bis November 1928)

Nach seiner Entlassung am 10. Mai 1928 aus dem Zentralgefängnis Neumünster geht Fallada, in der Hoffnung, Arbeit zu finden, nach Hamburg und versucht zunächst vergeblich, die Manuskripte seiner „Tagesschriftstellerei" bei verschiedenen Zeitungen unterzubringen (Brief an Ernst Rowohlt, 8. August 1928, zit. nach Caspar 1985, 682): Er hat nun wieder Zeit zum Schreiben und verarbeitet erstmals seine Gefängnis-Erfahrungen in den *Gauner-Geschichten*. Diese 1928 konzipierten Kurzgeschichten deuten bereits einen formalen wie thematischen Neuansatz an, insofern sie eine Tendenz zur Sozialreportage erkennen lassen: In *Mein Freund, der Ganove* nimmt der Ich-Erzähler (zuweilen auch in der kollektiven Wir-Form) eine Beobachterrolle ein, um die Verhaltensweise und Lebenseinstellung des Ganoven Otsche zu beschreiben. Diese werden aber nicht kommentiert, so dass sich der Leser selbst seine Meinung bilden kann: „Er sortierte aus einem Fetzen Zeitungspapier Kippen. Jeder Zigarettenstummel wurde sorgsam aufgepult und der Tabak in eine Blechschachtel getan. [...] Wir sahen den Mann an, der beim Glase Bier am Büfett lehnte" (Fallada 1985, 38). Die noch verhalten eingesetzte, aber erkennbare Wiedergabe des Ganoven-Soziolekts verstärkt den Eindruck von Authentizität: „Die vollgefressene Brillenschlange da, mit der Seehundsfranse unter der Nase, ist von der Schmiere. Nun, meine Flebben sind rein" (ebd.). Damit bahnt sich erstmals auch der entsprechende Sprachgebrauch in seinem späteren Roman *Wer einmal aus dem Blechnapf frißt* an.

Fallada gelingt es in der zweiten Jahreshälfte 1928, fiktionale Texte in Hamburger Zeitungen unterzubringen. *Rache einer Hamburgerin* (am 16. September 1928 im *Hamburger 8 Uhr Abendblatt* veröffentlicht) ist ein Kurzprosatext, der, wie die *Gauner-Geschichten*, die Begegnung zweier Figuren beschreibt: Wilhelm Tredup (später kehrt der Figurenname in Falladas ersten neusachlichen Roman *Bauern, Bonzen und Bomben* wieder, dort als Max Tredup) erzählt von seiner „heiße[n] Liebe" (Fallada 1928a) zu einer Hamburgerin mit Namen Mieke und davon, wie diese ihm in verschiedenen, pointiert beschriebenen Lebensstationen nachstellt. Weil sie das drohende Ende der Beziehung nicht verkraftet, versucht Mieke sich zu rächen. Tredup wird vergiftet, es werden ihm Schlangen und Skorpione ins Bett gelegt, und am Ende bedroht sie ihn sogar mit einem Revolver. Die Schlusspointe fällt humoristisch-skurril aus, wenn Tredup schließlich gesteht: „Ich habe sie *natürlich geheiratet*" (ebd.). Den Dialog versucht Fallada bereits so authentisch wie möglich zu halten, doch die häufige Verwendung von Modalpartikeln wie „nun", „doch", „also" (ebd.) wirkt in diesem frühen Text noch durchaus gezwungen und konstruiert. Die Figurenzeichnung eines jungen, labilen Mannes, der auf eine vitale und durchsetzungsstarke Frau trifft, wird Fallada dann in modifizierter Form in einem Roman erstmals für *Kleiner Mann – was nun?* übernehmen. Diese Konstellation ist seitdem ein wiederkehrender Motivzusammenhang in seinem Œuvre.

Der noch vor Falladas Engagement als Lokalredakteur beim *General-Anzeiger für Neumünster* entstandene zweiteilige Prosatext *Großstadttypen* (am 17. Dezember 1928 im *Hamburger Echo* veröffentlicht) legt das Augenmerk auf zwei sozial benachteiligte Figuren. Der erste Teil *Die Verkäuferin auf der Kippe* beschreibt anhand eines Telefonats das triste Angestelltenleben einer Trikotagen-Verkäuferin, die vom gesellschaftlichen Aufstieg träumt. Nach der Begegnung mit ihrer Freundin Minna Lenz gesteht sie: „Und einen Blaufuchs trägt das Geschöpf, ich bin fast geplatzt vor Neid. Die hat's raus. [...] ich hab' mich so geschämt vor ihr in meinem Konfektionsfähnchen [...]" (Fallada 1928b, 1). Die Verkäuferin überlegt daraufhin, es ihrer Freundin gleichzutun und als Prostituierte zu arbeiten. Sie zögert aber noch; der Text lässt offen, ob sie sich für diesen Weg entscheidet: „Ewig warten und hinter dem Ladentisch stehen. Und die andern tanzen und fahren dicke im Auto? Das habe ich nicht nötig. Na, wir werden ja sehen" (ebd.). Die sozial schwierige Situation der Angestellten Ende der 1920er Jahre in der Weimarer Republik wird von Fallada hier an einem Einzelschicksal vorgeführt. Fallada weist die Prostitution als Möglichkeit des gesellschaftlichen Aufstiegs für weibliche Angestellte aus und spielt dabei bewusst mit den Moralvorstellungen seiner Leserinnen und Leser, indem er Reaktionen provozieren will, die letztlich den kritischen Diskurs über das Angestellten-Problem zum Ziel haben, wie er dann wenig später in Siegfried Kracauers Artikelserie *Die Angestellten* in der *Frankfurter Zeitung* geführt wird. Im zweiten Teil *Der Strafentlassene* wird in ganz ähnlicher Weise der Überlebenskampf ehemaliger Häftlinge kritisch hervorgehoben; dabei zeigt sich Fallada als sensibler Beobachter gesellschaftlicher Randgruppen: „Der junge Mann, der Ihren Autoschlag zuwarf und sich nur verlegen fortwandte, als der erwartete Groschen nicht kam – das war er" (ebd.). Scham und Minderwertigkeitsgefühle begleiten den Strafentlassenen, der von der Mehrheitsgesellschaft ins Abseits gedrängt und mit Ignoranz und Verachtung gestraft wird. Stellvertretend für diese Einstellung stehen die Sätze: „Er ist überall, er treibt im gesunden Blut des Volkskörpers, ein kranker Tropfen, der bald wieder ausgeschieden sein wird" (ebd.). Auch hier versucht Fallada, seinen Leser zu sensibilisieren und zur Selbstkritik anzuregen, indem er diesen immer wieder direkt anspricht: „Sagen Sie mir nicht, daß Sie ihn noch nicht gesehen haben. Vielleicht haben Sie ihn nicht erkannt, das ist möglich, aber gesehen haben Sie ihn ein Dutzend Mal [...]. Denn er ist überall [...]" (ebd.).

Wenngleich die Texte jener Zeit ihren Fokus deutlich auf gesellschaftliche Themen in einer realistisch-berichtenden Manier legen, war Fallada selbst noch zwiegespalten, wohin sein literarischer Weg führen würde. Bis Mai 1929 arbeitete er „aus Beharrung" (Brief an Ernst Rowohlt, 6. Mai 1929, zit. nach Caspar 1985, 685) noch an *Die Kuh, der Schuh, dann du* – ein von surreal anmutenden Traumsequenzen und wechselnden Assoziationsketten durchzogener Avantgarde-Text, der sich Gattungskonventionen widersetzt (siehe den Beitrag 2.3 *Erzählungen der 1920er Jahre* in Kap. II). Fallada legt schließlich auch diesen Text wie die anderen, vor seiner Haft entstandenen Arbeiten „aus der Zeit der Rauschgift- und Alkoholsüchte" (Caspar 1985, 685) beiseite, ja er distanziert sich von ihnen.

Journalistische Arbeiten im *General-Anzeiger für Neumünster* (1928–1930)

Im November 1928 wird Fallada angestellt als Abonnenten- und Annoncenschreiber im *General-Anzeiger für Neumünster*. In der überwiegend sozialdemokratisch und teils kommunistisch geprägten Kleinstadt ist das auflagenschwache, deutschnationale Blatt allerdings nicht beliebt und ständig davon bedroht, eingestellt zu werden. Dennoch sieht Fallada, endlich zu Arbeit gekommen, beim *General-Anzeiger* eine Zukunft, auch weil er eigene Artikel unterbringen kann: „Hier kann ich all meine Begabungen am besten auswerten" (Brief an die Eltern, 20. Januar 1929, zit. nach Lamp 2007, 73).

Sein Debüt als Kulturberichterstatter gibt Fallada am 23. November 1928 mit dem Titel *Bunter Abend im Tivoli* (vgl. Fallada 1928c). Auffällig an allen Kritiken Falladas in diesem Bereich sind die überschwänglichen Lobeshymnen, die er den Vortragenden und Musikern etc. zuteil werden lässt mit Bemerkungen zur Einmaligkeit des künstlerischen Eindrucks, den er jeweils hervorhebt. Fallada selbst macht dabei keinen Hehl daraus, dass ihm beispielsweise die Besprechung klassischer Musikabende schwer fällt und ihn an die Grenzen seines Kunstverständnisses bringt: „Was soll der Kritiker von der Fülle des Schönen, mit dem er überschüttet wurde, herausgreifen?" – so fragt er unschlüssig in der Besprechung eines Konzerts des Vereins der Musikfreunde (Fallada 1929f, 3). Neben wiederkehrenden Beschreibungsformeln – „[es] gab an diesem Abend nicht nur Höhepunkte, nein, dieser ganze Abend war schlechthin ein Höhepunkt" (ebd.) – flüchtet sich der Autor in pauschale oder gar oberflächliche Wortspielereien: „Doch wieder ist in diesen Klängen etwas Hurtiges, Eilendes, Tupfendes. Und wieder etwas Verhaltenes, hastend, bleibend" (Fallada 1929d, 3). Fallada achtet dabei aber stets sensibel auf die Reaktionen des Publikums; er sieht sich in seiner Kritikerrolle nicht als Außenstehender, sondern als Teil der kollektiven Hörerschaft, deren Eindrücke er teilen und wiedergeben will: „Jedenfalls können wir sagen, daß wir mit einer seltenen Ergriffenheit diesem meisterlichen Spiel zuhörten, und daß wir Herrn Zöllner [...] herzlich danken" (Fallada 1929n, 3).

In seinen frühen Artikeln für den *General-Anzeiger* hält sich Fallada noch weitgehend mit literarischen Gestaltungsansprüchen zurück und belässt es, neben einzelnen wertenden Einordnungen, bei der Wiedergabe der Veranstaltungsabläufe. Ein Beispiel dafür wäre die beschriebene Feier der ortsansässigen Holstenschule:

> Nachdem der Schulchor das Schleswig-Holsteinlied zum Vortrag gebracht hatte, gab Herr Oberstudiendirektor Müller in kurzem Rückblick und Ausblick Bericht über das im letzten Jahre besonders in erzieherischer Hinsicht gewonnene Neuland [...]. Nachdem dann gemeinsam das Lied der Holstenschule gesungen worden war, erfolgte die Ueberreichung der vom Verein ehemaliger Holstenschüler gestifteten Buchprämien [...]. (Fallada 1929a)

Selbstbewusster in Einschätzung und künstlerischer gestaltet in der Formulierung ist Fallada dort, wo es um sein Hauptinteressensgebiet Literatur geht – diesen Besprechungen, wie in der vom 23. Januar 1929, wo er eine Hans Langmaack-Lesung rezensiert, ist seine Begeisterung deutlich anzumerken:

> All dieses lebte erst wahrhaft durch die reine, jeder Manier fremde Kunst von Hans Langmaack. Sein Männergesicht glich in mancher Sekunde dem eines alten weisen Bauernweibleins, das viel Leid erfahren hat. Erschütternd wie der Tod die sterbende Eggert an der Kehle faßt und leise, verhalten die Liebesszene zwischen Swehn und der sterbenden Mutter. Ein

Meister seines Fachs, ein Meister, Menschen aus den Seiten eines Buches hervortreten, unter uns weilen zu lassen. (Fallada 1929b, 3)

Diese frühe Besprechung ist bereits mit dem für die *General-Anzeiger*-Artikel typischen Fallada-Autorenkürzel „-en" versehen. Manche Artikel sind jedoch (womöglich bewußt) nicht gekennzeichnet worden. Gründe dafür mögen taktische (bei kritischen Beiträgen) oder ästhetische gewesen sein (vgl. Bendig 2011, 153).

Das überwiegend positiv gefärbte Rezensionsverhalten Falladas muss wohl vor allem dem Überlebenskalkül des Lokalblatts zugeschrieben werden. Der *General-Anzeiger* war auf Inserate der Stadt angewiesen und konnte sich Verrisse nicht leisten: „Scharf kann man in einem Nest wie hier überhaupt nicht schreiben", gesteht Fallada seiner Mutter (Brief an Elisabeth Ditzen, 5. Februar 1929, zit. nach Lamp 2007, 74). Diese Einsicht war dem Ärger geschuldet, den eine Kritik Falladas über einen Vortrag des ortsansässigen Rechtsanwalt Dr. Schmidt zum Thema *Für und wider die Todesstrafe?* auslöste: Fallada bezieht in seinem Artikel eindeutig Partei für die straffällig Gewordenen und steigert sich am Ende sogar in ein moralisches Plädoyer hinein: „Auch um dich geht's! Und wenn du auch nicht mordest [...], so geht es doch um [...] das Ethos deines Volkes. Denn Gesetze sind die Niveaumesser der Volkssittlichkeit" (Fallada 1929c, 3). Den Vortrag selbst wertet der Autor mit lapidaren Worten ab: „[...] kein zwingender Vortrag. Schade, eine versäumte schöne Gelegenheit, eine vertane Stunde" (ebd.). Dr. Schmidt beschwerte sich daraufhin bei Karl Wachholz, dem Eigentümer des *Anzeigers*, der Fallada vorlädt und fortan zur Mäßigung ermahnt. Fallada lernt damit in wenigen Wochen die Gesetzmäßigkeiten des Lokaljournalismus kennen und damit die jeweiligen Interessen, die es dabei zu berücksichtigen gilt – Erfahrungen, die später in *Bauern, Bonzen und Bomben* einfließen werden.

Wie die Kritik zum Thema ‚Todesstrafe' bezeugen auch spätere Beiträge Falladas großes Interesse an sozial-politischen Fragen der Gegenwart. Er versucht dabei, als identifizierbare Autorenstimme meinungsbildend zu wirken und einen Dialog mit seinem Lesepublikum zu eröffnen, indem er dessen Aufmerksamkeit mit rhetorischen Mitteln zu gewinnen und zur Reflexion anzuregen versucht. In der Besprechung eines Vortrags zur *Berufsethik eines Unternehmers* spielt Fallada mit der Lesererwartung, indem er zunächst die inhaltlichen Positionen des Redners (die eigentlich seine eigenen sind) darstellt und lobt, um anschließend den tatsächlichen Gehalt des Vortrags zu bemängeln: „Die Hörerschaft [...] folgte hingerissen und dankte mit rauschendem Beifall. – – Lieber Leser, so hätte es sein können, aber es war leider ganz anders. Der Vortragende [...] sprach überhaupt nicht von der Berufsethik des Unternehmers" (Fallada 1929r, 3).

Auch die zeitgenössischen Kunstströmungen, mit denen sich Fallada bei zahlreichen Veranstaltungen vertraut machen konnte, werden einer kritischen Beurteilung unterzogen. In seiner Rezension zu einem Vortrag „über Backstein-Kunst, über das Werden des Baustils unserer Zeit" zitiert er unkommentiert und zustimmend den referierenden Architekten Höger: „Neue Sachlichkeit, welch dummes Schlagwort! Es gibt keine neue Sachlichkeit. Jede wahre Kunst ist von je sachlich gewesen" (Fallada 1929e, 3). Meistens reflektiert Fallada mit solchen Äußerungen zugleich *seinen* künstlerischen Weg in der literarischen Orientierung am sachlich Konkreten und für ihn wahrhaft Wirklichen. So wird etwa der Besuch eines Bürgerstiftsfests von ihm dazu genutzt, eine Prosastudie des Kleinbürgers abzuliefern. Der eigentliche Festverlauf interessiert ihn dabei kaum, es geht ihm allein um die Wünsche und Hoffnungen, die er den Besuchern abliest. Fallada geht hier ganz in seiner Beobachterrolle auf, nimmt einzelne Personen und Gegenstände detailliert in den Blick und versucht, ein momenthaftes Stimmungsbild und ein Gefühl umfassender Übereinstimmung bei allen Anwesenden zu beschreiben:

> Ein Seidenkleid, ein Gartenschirm, eine Wolldecke, eine Reise nach Boulogne. Dicht gedrängt steht alles, die kleinen gelben Loszettelchen in der Hand. Eine zarte Hand greift in die Trommel, ein Beglückter jubelt auf, und wieder dreht sich das schicksalsschwere Rad. Alles denkt: Die Reise, die große Reise! Wenn ich sie nur hätte! [...] Und es war wunderhübsch, [...] als die Gewinnerin herzutrat [...], als sie ganz unwillkürlich rief: „Da kann mein Mann eine Reise machen!" (Fallada 1929s, 3)

Im April 1929 zieht Fallada in der *Schleswig-Holsteinischen Verkehrs-Zeitung* eine erste Bilanz als Lokaljournalist und reflektiert dabei sein Selbstverständnis als Kritiker, das sich fast als eine nachträgliche Entschuldigung im Rückblick um die Auseinandersetzung mit Dr. Schmidt liest: „Der Kritiker ist am Tage, der [sic] er schreibt, abhängig von dem, was ihm geschah: [...] Auch ein Kritiker kann nicht gerecht sein, wie das keiner sein kann" (Fallada 1929k). Fallada stellt unter den zahlreich von ihm besuchten Veranstaltungen *nur* zwei positiv heraus: den Vortrag des Architekten Höger zur Backstein-Kunst (vgl. Fallada 1929e) sowie eine literarische Lesung aus Per Hallströms *Der Stumme* (vgl 1929i). Fallada leidet unter der Provinzialität Neumünsters und dankt dem Ortsverband daher für diesen Kunstgenuss, der „frisches Wasser, raschen Strom" in die Kleinstadt gelenkt und die „Genügsamen aufgeschreckt, die Hungrigen gesättigt" habe (Fallada 1929k). Fallada spricht hier von sich, er ist selbst derjenige, der ohne solche Kunst zu verhungern droht. Diese Ansprüche sollte er im Folgenden dann auch stärker an seine eigenen Texte stellen, insofern sie sich in ihrer ästhetischen Gestaltung vom Niveau eines Provinzjournalisten deutlicher abheben. So zwingt ihn der begrenzte Seitenumfang des *General-Anzeigers* dazu, seine Kurzprosa prägnant zu halten und in ihrer Gesamtgestaltung zu perfektionieren.

In der zweiten Jahreshälfte 1928 legt er sein Augenmerk verstärkt auf die alltäglichen Ereignisse der Kleinstadt Neumünster, wenn er neuartige literarische Verfahren erprobt, die im Kontext neuer Wahrnehmungsformen etwa durch das Autofahren stehen: Ein Brand im Nachbardorf wird beispielsweise von Fallada zum Anlass genommen, eine spannende Reportage zu schreiben. Aus der Perspektive des Beifahrers beschreibt er zunächst die rasante Autofahrt zur Brandstätte. Kurze, gerade noch aufgeschnappte Eindrücke des kleinstädtischen Alltags werden hier ausschnitthaft, wie sie am Reporter vorbeiziehen, eingefangen: „Wie sonst gehen die Leute ihren Beschäftigungen nach, auf dem Großflecken drehen sich die Räder und Karussels, der Klang der Orchestrions mit Cymbeln und Becken schallt herüber. Verweht, schon fahren wir durch Wittdorf" (Fallada 1929l). Bei der Brandstätte angekommen, wird der so hektische wie Orientierung suchende Blick in paratakischer Aufzählung gestaltet:

> Man orientiert sich: vier Gebäude, eine Stallung, die Feldscheune, nebeneinander stehend, fast ausgebrannt, ein massives weiteres Stallgebäude mit Teerdach wird ständig unter Wasser gehalten. [...] Und plötzlich [...] sieht man, daß auch das alte Bauernhaus mit dem bemoosten Dach verloren ist. Eben noch glimmte es kaum, nun blühen überall im Gebälk, im Stroh, in den Luken die feurigen Blumen auf, wachsen, spotten des Feuerstrahls, greifen weiter, sind hier, sind dort. (ebd.)

Anschließend greift Fallada die Symbolik des Feuers auf und überträgt sie in feuilletonistischer Manier auf das Werden und Vergehen des menschlichen Lebens. Am Ende wird diese allgemeinmenschliche Erörterung in Relation zu den eingangs geschilderten Kleinstadteindrücken gesetzt, die gleichzeitig als kunstvoll gestalteter Reportagerahmen dienen: „Das Auto surrt wieder heimwärts, auf dem Großflecken drehen sich die Karussels, die Räder wie eh und je. Auch das Leben dreht sich, was oben war, kommt nach unten, was unten hielt, wird emporgetragen. Es ist immer so gewesen: hier stirbt man, dort wird geboren, der lacht, der weint" (ebd.).

An der Schwale liegt ein Märchen ist ein Text, der ein weiteres modernes Fortbewegungsmittel für die literarische Gestaltung neuer Wahrnehmungen und Perspektiven aufgreift. Ähnlich wie der Jahre später erscheinende Roman *Septembergewitter* (1937) des Rowohlt-Autors und Fallada-Lektors Friedo Lampe, in dem von einem Heißluftballon aus eine Kleinstadt beschrieben wird, beobachtet Fallada im Flugzeug Neumünster aus der Vogelperspektive. Gleich einem Kameraobjektiv oszilliert das Blickverhalten des Reporters von der Totale zum Detailblick im Wechsel von Objekt zu Objekt:

> Weiter wird der Horizont, Wälder breiten sich aus, überall glänzt das Wasser [...]. Ueber den geneigten Rand sieht man unten, ganz unten, eine Straße, Wald, aber das ist fern [...]. So wirklich-unwirklich ist das Neumünster, das dort unten liegt. Gewiß, das ist das Rathaus am Großflecken, jede Einzelheit ist zu erkennen, aber ein sehr anderes Rathaus ist es als das, an dem man am Morgen noch im Berufstrott vorbeitrabte. [...] Durch die Stadt windet sich ein Wässerchen, blinkt an einer Stelle weißlich als Teich auf, heißt [...] die Schwale. Dort der Bahnhof, die Gleisanlagen, Kuhberg, Großflecken, Kirche, Reihenhäuser [...]. (Fallada 1929m, 3)

Der Flugzeugblickwinkel lässt Fallada die Kleinstadt mit anderen Augen sehen. Der Text erscheint zudem wie eine heimliche Liebeserklärung an Neumünster, wie man an der akzentuierenden Gestaltung des Unscheinbaren, an der Detailliertheit des Blicks und der Aufmerksamkeit für die städtischen wie landschaftlichen Eigenheiten erkennen kann, die eine Verbundenheit mit der Region anzeigen.

Sieben Kinder spielen im Stadtpark dagegen versucht eingangs die Stimmung eines kleinstädtischen Sonntagnachmittags wiederzugeben – in einem Text, der an die impressionistischen Alltagsbeobachtungen von Peter Altenberg erinnert: „Es ist ein früher stiller Sonntag Nachmittag [...]. In dieser äußersten Ecke des Stadtparks ist es fast ganz still, selten einmal, daß ein Spaziergänger seines Weges kommt. Die meisten sitzen noch zu Haus und trinken ihren Kaffee oder sind im Stadion hängen geblieben [...]"(Fallada 1929o, 5). Anschließend beobachtet der Erzähler sieben Kinder, die im Stadtpark spielen; er erkennt in ihnen verschiedene Menschentypen und denkt über ihre Zukunft nach. Fallada sammelt auch hier Beobachtungsmaterial für seine späteren Romanfiguren. Das unverfälschte naive Spiel der Kinder scheint als Beobachtungsgegenstand prädestiniert dafür zu sein, den künftigen Lebensweg von Menschen prognostizieren zu können und als Stoff zur dichterischen Gestaltung zu bringen: „Sorgen kennen sie noch nicht. Aber das Leben kennt sie schon, sie meinen zu spielen, und weisen doch im Spiele, das, was sie sein werden, einst" (ebd).

O Sylter Strand! O Dünenland! wiederum ist ein Reisebericht, in dem Fallada sich als „Berichterstatter", „Reisende[r]" und „Ehemann" mit zunehmendem Selbstbewusstsein als Autorenstimme ausweist. Letzteres geschieht hier sogar im Kontext einer privaten Begebenheit mit seiner Frau Anna Ditzen: Persönliche Bekenntnisse wie „Auf dem Wege zum Wattenmeer brach eine kleine Meinungsverschiedenheit zwischen dem Ehepaar aus" (Fallada 1929p, 5) sind sonst ungewöhnlich für Falladas *General-Anzeiger*-Beiträge, sie verstärken aber hier die subjektiv nachempfundene Reiseschilderung. Die im Präsens gehaltene Zugfahrt und die mit Temporaladverbien wie „nun" oder „schon" durchsetzte Beschreibung ermöglichen dem Leser, unmittelbar an der Reise teilhaben zu können, bis der Text schließlich ins Präteritum wechselt und einzelne Reisemomente berichtend akzentuiert. Besonders hervorgehoben wird auch das visuell-bildhafte Moment: hier vor allem in den Landschaftsbeschreibungen. Dieser Zug verstärkt sich dann nochmals in Falladas Kinorezensionen.

Fallada war vom filmischen Medium in zweierlei Hinsicht fasziniert: Einerseits von der scharf umrissenen Materialität der Filmbilder, an denen er seine Beobachtungsgabe und den Blick auf das Wesentliche schulen konnte; andererseits von der unmittelbaren Präsenz und affektiven Wirkungskraft, mit der ein Film den Zuschauer zu emotionalisieren verstand. Das „äußerlich Wahrnehmbare[ ] der Oberfläche" (Becker 1995, 21) sowie die literarische Umsetzung der fast schon distanzlosen Nähe, die das Publikum zu den dargestellten Figuren hat, wird Falladas Literatur seit *Kleiner Mann – was nun?* besonders interessieren. Als Autor versucht er zunächst, diesen zweifachen Effekt des Kinos auf seine Filmrezensionen zu übertragen, indem er in äußerst reduzierter Form prägnante Beschreibungen und gleichzeitig bedeutungsvolle Einzelwörter setzt, deren sinnlicher Gehalt den Leser emotionalisieren und zu eigenen Assoziationen anregen soll:

> Man sah das Leben an Bord, die gigantische Vision jener brausenden Stadt am Meere, Autos, Eisenbahnen, Wolkenkratzer, Erzgruben, Maisfelder, sehr viel Autos, Monumente, Häfen, Wasserfälle, Geisire, Filmateliers, noch mehr Autos, Felsen, Badeorte, Baumwollplantagen – […].Vorzügliches dazwischen: etwa vier ungeheure Schnellzuglokomotiven nebeneinander, Dampf ablassend, Renner vor dem Start. (Fallada 1929h, 3)

Weitaus zurückgenommener und stenogrammartiger liest sich die Eingangspassage der Kritik zum Gary-Cooper-Film *Der weiße Harem*: „Französische Kolonie in Nordfrankreich, Sahara, Palmen, Kamele, Oasen und Sand. Zuaven, Fremdenlegion, Wüstenscheichs" (Fallada 1929j, 3). Fallada benennt hier zuerst den Schauplatz „Nordafrika", „erweitert ihn dann zu einer umfassenden Vorstellung des Raumes, indem dem Leser eine ganze Kette von Bildern" präsentiert wird (Prümm 2011, 141). An anderer Stelle sind es wieder die kinematografischen Stoffe selbst, die Fallada interessieren, z. B. in Ernst Lubitschs Stummfilm-Romanze *Alt-Heidelberg* (USA 1927). Kronprinz Karl Heinrich muss nach der Konvention des Königshauses standesgemäß heiraten, obwohl er die einfache Kellnerin Kathi liebt. Die Abschiedsszene zwischen den beiden Liebenden versinnbildlicht in klischeehafter Form das Ideal der Liebe und entfaltet so eine rührende Wirkung, die auch Fallada ansteckt: „Und wieder einmal wandert über die weiße Leinwand die alte, ewig junge Geschichte von zwei Liebenden, die das höchste Glück und das tiefste Leid erleben. So oft gesehen, so oft gehört – und der alte Zauber ist noch immer wach." (Fallada 1929g, 3)

Der Topos von der ‚wahren und unglücklichen Liebe' scheint für Fallada allgemeinmenschliche Gültigkeit zu besitzen. In modifizierter Form organisiert dieses melodramatische Erzählmuster nicht nur den Roman *Kleiner Mann – was nun?*, sondern auch die Paare Guntram und Monika im *Märchen vom Stadtschreiber, der aufs Land flog* und Wolfgang und Petra in *Wolf unter Wölfen*. Falladas Aneignungen der filmischen Ästhetik und Kino-Stoffe können daher als „Vorstudien zu den großen Romanen, Vorübungen des dort praktizierten kinematographischen Schreibens" angesehen werden (Prümm 2011, 146).

Berichterstatter beim ‚Landvolkprozess' (Oktober/November 1929)

Anfang Juli 1929 vertritt Fallada für zwei Wochen den Redaktionsleiter des *General-Anzeigers* und ist damit für die Gesamtkonzeption des Blatts verantwortlich. Er findet Gefallen an der neuen Herausforderung, bekommt wieder Lust zu *eigenen* literarischen Projekten und denkt daran, ausgehend von seinen jüngsten Erfahrungen als Lokaljournalist, die „Geschichte einer verkrachten Kleinstadtzeitung" zu schreiben (Brief an Ernst Rowohlt, 14. August 1929, zit. nach Caspar 1988, 16). Ende Oktober 1929 bekommt er die Gelegenheit, die Prozessberichterstattung beim ‚Landvolkprozess' zu übernehmen, was die anfängliche Konzeption des geplanten Romans bedeutend verändert. Hintergrund dieses Prozesses war eine Demonstration der Neumünsteraner Landbevölkerung, die sich gegen staatlich verordnete Pfändungen richtete. Diese wurde von der Polizei gewaltsam niedergeschlagen und von den Bauern mit einem lang anhaltenden Warenboykott beantwortet. Während dieser Prozesszeit bekommt Fallada einen authentischen Eindruck von der gesellschaftlich unsicheren Lage der Weimarer Republik und den einander bekämpfenden politischen Strömungen.

> Landvolkbewegung, Städter, Reichsbanner – alles in Antagonistenstellung. Auch die Kommunisten spielen herein. Eine ganze Stadt gab sich ein Stelldichein im Gerichtssaal, 120 Zeugen […]. Man kiekt zwischen die Kulissen, es war ein Tohuwabohu, ein Intrigenspiel. (Brief an Elisabeth Ditzen, 20. November 1929, zit. nach Wolff 1983, 86 f.)

Im Zuge seiner Berichterstattung kommt Fallada jedoch zunehmend in Interessenskonflikte: Als bezahlter Angestellter beim national-konservativen *General-Anzeiger* musste er loyal gegenüber der Bauernbewegung und gegen die Polizei sein – eine Einstellung, die wiederum seinen Vorgesetzten beim Neumünsteraner Verkehrsverein (Fallada war auch dort beschäftigt), Bürgermeister Hermann Lindemann (SPD) und zugleich Polizeichef von Neumünster, verprellte. „Wir waren bürgerlich-parteilos", erinnert sich Fallada später, „was nichts anderes hieß, als dass wir uns durch ein Labyrinth vorsichtig hindurchschlängeln mussten, ohne je anzustoßen, dass wir nie zu einer Frage klar Stellung nahmen" (zit. nach Crepon 1981, 150). Dementsprechend hält sich der Autor mit seiner Meinung zum ‚Landvolkprozess' weitgehend zurück und versucht, sich „mit aller Diplomatie durchzuwinden" (Brief an die Eltern, 6. März 1929, zit. nach Lamp 2007, 129). Darüber hinaus konnte Fallada einzelne Texte beim renommierten *Tage-Buch* und sogar in der *Weltbühne* unterbringen. In einem Artikel vom September 1929 geht er, wie verlangt, zurückhaltend vor und versucht, den Ablauf der Bauerndemonstration in Neumünster faktenbezogen nüchtern nachzuerzählen, ohne dabei Partei für eine Seite zu ergreifen:

> Als der Zug sich in Bewegung setzte, bemerkte der anwesende Polizeioffizier, daß die berühmte *schwarze Fahne mit dem roten Schwert* mitgeführt wurde. Er fürchtete, daß die Arbeiterschaft sich provoziert fühlen könne, und bat, die Fahne ins Lokal zurückzubringen. Das wurde verweigert, der Offizier wandte Gewalt an. Nachdem die Fahne entfernt war, bewegte sich der Zug ungestört weiter. (Fallada 1929t, 1517)

In ähnlicher Weise ist ein zwei Monate später erschienener Artikel gestaltet. Es werden nur die Positionen der miteinander streitenden Kontrahenten unkommentiert wiedergegeben. Der Autor hält sich abermals mit seiner Meinung zurück und nutzt seine (scheinbar) neutrale und unbeteiligte Stellung, um den Leser überblicksartig und zusammenfassend über das Wesentliche zu informieren:

> Als das [...] Landvolk nach dem 1. August Neumünster boykottierte, fanden die in erster Linie betroffenen Geschäftsleute, daß dieser Boykott sich ein wenig ungerecht auswirke [...]. Aber das Landvolk argumentierte, daß die Polizei einem sozialistischen Bürgermeister unterstellt sei [...]. Nun ist nach 12tägiger Verhandlung der Prozeß vorüber. Ruhe hat er nicht gebracht, die bestehenden Gegensätze hat er verschärft. (Fallada 1929u, 2007)

In beiden Artikeln ist die Neutralisierung der urteilenden bzw. kommentierenden Autorstimme erkennbar. Sie nehmen damit ästhetisch die neusachliche Ausrichtung von *Bauern, Bonzen und Bomben* vorweg: Dort „sollte der Autor [...] im Buch ganz fehlen. Mit keinem Wort sollte er andeuten, was er selbst über das Erzählte dachte, das war Sache des Lesers" (Fallada 1943, 30). Im Artikel der *Weltbühne* geht Fallada sogar noch einen Schritt weiter, wenn er den Stoff des Bauerndemonstrationszugs ‚literarisiert'. Real existierende Personen wie Bürgermeister Lindemann, die Fallada persönlich kennenlernte, werden als literarische Figuren gestaltet und weiterentwickelt: Dazu zählen die Zuschreibung von Eigenschaften und Charakteristika, das Mitteilen der individuellen Vorgeschichte und die generelle Einfühlung in die Motive der handelnden Figur mittels erlebter Rede:

> [...] Bürgermeister Lindemann, Sozialdemokrat, zweiunddreißig Jahre alt, Sohn eines Barbiers und ein ganzer Kerl. Unter dem Heer von Zeugen war er der Mann, der stets wusste, was er wollte [...]. Dieser Sozialdemokrat, den die Arbeiterschaft so jung auf seinen Posten berufen, hat eine Liebe für die Bauernschaft. Ihm war es in den zwei Jahren seines Wirkens gelungen, wirkliche, innere Verbundenheit zwischen der Industriestadt und dem flachen Lande zu schaffen. [...] Er kannte viele Bauern, er verkehrte viel mit ihnen, er saß mit ihnen beim Teepunsch. Er kannte seine Bauern – sie sollten Randale machen? Ausgeschlossen, mochten sie demonstrieren, mochten sie selbst vor dem Gefängnis ihrem Hamkens eine Ovation darbringen, wem tat das weh? (Fallada 1929v, 834)

Die bereits im September-Artikel von Fallada beschriebene Auseinandersetzung des Polizeioffiziers mit dem Fahnenträger wird anschließend anhand verschiedener Figurenperspektiven dargestellt. Die durchgehende Verwendung des Präsens ermöglicht hier nicht nur den Eindruck der unmittelbaren Gegenwärtigkeit des Geschehens, sondern führt auch dazu, dass der Leser die dargestellten Vorkommnisse aus nächster Nähe mitverfolgen und zugleich beobachten kann. Im Folgenden ist der Text teils intern, teils nullfokalisiert, wenn er dem Polizeioffizier folgt:

> Er sieht die Fahne an der Spitze des Zuges, schwarzer Grund mit rotem Pflug und weißem Schwert, eine Sense blinkt darauf. [...] [D]er Offizier stutzt. Er geht zu dem Fahnenträger, bittet, die Fahne zurückzuziehen. Nein, heißt es. Der Zug geht weiter, er wird abgehängt. [...] Fünfzig Schritt weiter hält er den Zug wieder an, beschlagnahmt die Fahne. Es gibt Gedränge, Püffe. Er zieht den Säbel. Einer seiner Beamten liegt unter den Füßen der Leute. Der Säbel wird ihm von hinten entrissen. Er macht die Pistole frei, schlägt sich aus dem Gewühl heraus. Da steht er an einer Häuserwand, er hat das Gefühl, als blickten sie von

allen Fenstern auf ihn. Er wirft die leere Scheide in einen Laden, läuft die Straße entlang, dem Zug voraus. Bekannte sprechen ihn an, er stürzt weiter, er schämt sich. (ebd., 833)

Verglichen mit dem im September 1930 abgeschlossenen Roman *Bauern, Bonzen und Bomben* sind die stilistischen Analogien und die gleichartige perspektivische Gestaltung des Stoffes augenfällig, so dass man Falladas Artikel in der *Weltbühne* als eigenständiges Roman-Exposé ansehen kann:

> Frerksen hält beim Laufen den Griff des Säbels in der Hand [...]. Er hat das Gefühl, als sähen alle Leute ihn an [...]. Er schaut sich nicht um, stürzt auf Henning zu, fasst den Schaft der Fahne, schreit atemlos: „Ich beschlagnahme die Fahne! [...]." Frerksen bekommt von hinten einen Stoß, dreht sich halb um, zwei zornglühende Augen starren ihn an [...]. Ein Schlag. Viele Schläge auf die Schulter. Da ist Maurer, er zerrt vorne an der Fahne [...]. Nun fällt er über ein Bein. Maurer liegt am Boden [...]. Frerksen hat die Hand freibekommen. Er greift in die Pistolentasche. [...] Nun ist er auf dem Bürgersteig der andern Seite, die Leute treten auseinander. Ihre Gesichter werden scheu, wenn sie ihn ansehen ... [...]. Und der Zug marschiert weiter. (Fallada 1931a, 151ff.)

Fallada ist sich der Qualität seiner neuen literarischen Entwicklung zu diesem Zeitpunkt bewusst und schreibt entsprechend begeistert an seine Schwester: „Jeder Mensch, der einmal ein Buch von mir gelesen, fällt auf den Rücken, wenn er dies liest und schwört: Fallada? Fallada? Ausgeschlossen!" (Brief an Elisabeth Ditzen, 2. September 1930, zit. nach Caspar 1985, 687). Eine am 17. Oktober 1929 im *Hamburger 8 Uhr Abendblatt* veröffentlichte und mit „Hans Fallada" autorisierte Kurzgeschichte *Eine vom Mädchenklub* ist dagegen bemerkenswert unausgearbeitet. Die Schilderung des Mädchens Aenne Gich, die auf dem nächtlichen Heimweg von Männern angesprochen wird, bis einer, provoziert durch ihre Ignoranz und ihr Stillschweigen, sie wütend anfährt und stehen lässt, wirkt im Vergleich zu anderen Texten Falladas jener Zeit konstruiert und banal. Auch der Schluss wirkt wenig pointiert: „Seitdem ist es um Aenne Gich geschehen; zu jeder Nachtstunde irrt die durch die Ritterstraße [...] – ihm ihre Meinung zu sagen. Sie hat ihn nie wiedergesehen. Und ist redlich unglücklich" (Fallada 1929q). Letztlich fehlt es an einer psychologischen Motivation für Gichs Verhaltensumkehr, der Text bleibt bei der Oberflächenwahrnehmung stehen.

In einem Schreiben vom 20. Dezember 1929 bietet Ernst Rowohlt Fallada eine Beschäftigung in der Rezensionsabteilung seines Verlages an. Fallada verlässt Neumünster Anfang 1930 und geht nach Berlin. „Neumünster war gut und hat mir sehr viel weitergeholfen. Ich habe mich wieder an das Leben gewöhnt und bin durch das Vielerlei von Arbeiten sicher nicht dümmer geworden" (Brief an Elisabeth Hörig, 23. Dezember 1929, zit. nach Lamp 2007, 150). Fallada arbeitet bis zu seinem Umzug am 14. Januar 1930 beim *General-Anzeiger* weiter. Sein letzter, nachweislicher Artikel vom 9. Januar 1930 ist eine Theaterkritik über das bekannte Anti-Kriegsstück *Die andere Seite* des Engländers R. C. Sheriff (vgl. Fallada 1930).

Rezensionsabteilung bei Rowohlt (1930/31) und Literaturkritiker für die *Vossische Zeitung* und *Die Literatur* (1931/1932)

Am 15. Januar 1930 tritt Fallada eine Stelle in der Rezensionsabteilung des Rowohlt Verlags an. Er kümmert sich dort um den Versand von Besprechungsexemplaren an die Presse, sammelt die gedruckten Rezensionen und wertet sie für den Verlag aus. Fallada registriert genau, wie die Presse das breite literarische Angebot von Rowohlt bewertet, und lernt dabei nicht nur die publizistische Öffentlichkeit kennen, sondern kann anhand von Leserbriefen und -anfragen sein potentielles Publikum, dessen Wünsche und Erwartungen studieren. Rowohlt ermöglicht Fallada dabei kulante Arbeitszeiten, so dass ihm viel Zeit zur eigenen literarischen Produktion bleibt.

Neben *Bauern, Bonzen und Bomben* veröffentlicht Fallada bis Ende 1931 einige Kurzgeschichten in verschiedenen Zeitungen, die abermals sein Interesse an gesellschaftspolitischen Themen sowie seine emotionale Teilhabe an der Not der ‚kleinen Leute' belegen. In *Der Pleitekomplex* wird das individuelle Schicksal der arbeitslosen Annemarie Geier beschrieben, die, ungeachtet der Folgen der Weltwirtschaftskrise, sich selbst die Schuld an ihrem sozialen Abstieg gibt. Ähnliche sozialpsychologische Aspekte lassen sich auch in *Ich bekomme Arbeit* finden, wo es um die Beschreibung sozialer Verhaltensweisen von Arbeitern und Angestellten, ihrer Konfliktlagen und um die generellen Unterschiede der Lebensverhältnisse beider Schichten geht. Diesen Themenkomplex greift Fallada dann in *Kleiner Mann – was nun?* an der exemplarischen Figur des Angestellten Pinneberg wieder auf.

In der Phase vor und insbesondere nach der Buchveröffentlichung von *Kleiner Mann – was nun?* am 18. Juni 1932 scheint Fallada von einem enormen Selbstbewusstsein geprägt zu sein. Thematisch wie stilistisch gefestigt, liefern vor allem seine Literaturbesprechungen für die *Vossische Zeitung*, *Der Querschnitt* und *Die Literatur* jener Jahre wichtige Erkenntnisse über die poetologischen Einsichten und Positionen des Autors. Dabei kennt er keine ästhetischen Berührungsängste, denn er bespricht Höhenkamm-Autoren ebenso wie populäre Literatur, Trivialliteratur und Sachbücher. Rezensiert werden zeitgenössische deutsche Autoren wie Erich Kästner, Gerhart Hauptmann, Irmgard Keun, Günther Weisenborn oder Peter Martin Lampel, aber auch international beachtete Literatur von Erich Maria Remarque, Martin Andersen Nexö bis Aldous Huxley, wobei sich Fallada vor allem für die amerikanische Moderne (Sinclair Lewis, Ernest Hemingway) interessiert (siehe den Beitrag 2.4 *Fallada und die literarische Situation um 1930* in Kap. I). Insbesondere der nüchtern gehaltene Ausdruck und die Reduktion auf das Wesentliche bei Hemingway faszinieren ihn. Seine Aussagen dazu lesen sich wie ein poetologischer Entwurf seines eigenen Stils:

> Zeichnen ist Weglassen, auch Erzählen ist Weglassen. Es ist ganz ungeheuerlich, wie er das macht. Er erzählt Details über Details [...], Weglassen aller Gefühle, es gibt keinen Autor –: und aus all dem steigt Traurigkeit auf, die Verlorenheit im Leben, unsere Ziellosigkeit, Ausgeliefertsein an das Schicksal (Fallada 1931b, 674).

Darüber hinaus lassen sich immer wieder auch gattungstheoretische Stellungnahmen Falladas finden, zum Beispiel in einer Diskussion des Unterschieds zwischen Novelle und Kurzgeschichte: „Bei der Kurzgeschichte ist das Ende wichtig und der Weg unwichtig, bei der Novelle ist der Weg alles" (Fallada 1932a, 5). Derartige Einschätzungen sind bemerkenswert, da Fallada sich selten zu literarischen Konzepten und Gattungsfragen äußert. Im Kontext der Literaturkritik bezieht Fallada jedoch nicht nur als Literaturinteressierter Stellung, sondern er bringt auch sein Selbstverständnis als Autor zur Geltung und positioniert sich damit. Dies wird auch in politischer Hinsicht deutlich, wenn Fallada, zu dieser Zeit SPD-Mitglied, Hanns Heinz Ewers' nationalen Roman *Reiter in deutscher Nacht* kritisiert: „Das Buch ist voll von Patriotismus. Ich misstraue diesem Patriotismus, der sich in der Hauptsache in der Beschimpfung der andern äussert" (Fallada 1932e, 49). Anschließend differenziert Fallada seine Aussagen und lobt die ebenfalls als national einzuordnenden (bei Rowohlt erschienenen) Romane wie Arnolt Bronnens *O. S.* und Ernst von Salomons *Die Geächteten*: „Ich finde, dass Bronnen[s] Oberschlesienschilderungen turmhoch darüber stehen, ganz zu schweigen von Salomons Buch, dass […] Atmosphäre […] gestaltet" (ebd.) – wobei Fallada hier weniger auf den politischen Inhalt der Romane eingeht, sondern vor allem die literarisch ansprechende Form akzentuiert.

Der Bezug zum Leben und eine ehrlich-wahrhaftige literarische Gestaltung ist Fallada besonders wichtig; beides wird selbst über die stilistischen Schwächen des jeweiligen Autors gestellt: „Aber nachdem man diese Einwendungen aufgezählt hat, sagt man […]: es ist *trotzdem* ein gutes Buch" (Fallada 1932b, 1). Fragen des Stils und der Form sind Fallada deswegen eher gleichgültig, wenn der Mensch als solcher authentisch dargestellt wird: „Und so wie dies Buch den Alltagsmenschen von heute in seinem Alltag packt, wie es den Durchschnitt durchschnittlich zeichnet, so geht es auch mit den Menschen, mit den Hoffnungen dieses Durchschnitts, dieses Alltags" (ebd.).

Fallada betont in seinen Rezensionen immer wieder den Grundaspekt des Allgemeinmenschlichen. Gerhart Hauptmann beispielsweise erhält viel Lob, auch weil der naturalistische Autor jene Eigenschaften verkörpert, die Falladas eigenen literarischen Maßstäben entsprechen. Fallada zufolge ist Hauptmann „ein exakter Beschreiber, ein Photographenauge und ein waches Hirn" (Fallada 1932c, 30). Insbesondere aber zeigt er sich beeindruckt von der hohen Moralität dieses Autors, „dessen Herz stets geklopft hat für die Schwachen gegen die Starken, für das Recht gegen die Rechthaber, […] für den Menschen, für die Menschheit!" (ebd.) Auch in den unveröffentlichten Rezensionen zeigt sich Fallada besonders von jener Literatur angesprochen, die versucht, „den wahren Menschenton" (Fallada 1931c, 89) wiederzugeben – jene Literatur, die „Durchschnittlichkeit atmet" und „die Lebensrealität und -mittelpunkt" der ‚kleinen Leute' zur Darstellung bringt, ist Fallada dabei am nächsten (Nimz 2011, 112): „Diese Mittellage, der volle menschliche Ton aus Sorge, Liebe und Alltag, der ist am schwersten zu treffen" (Fallada 1931c, 89). Der Autor muss diesen menschlichen Ton wahrhaft empfinden, eine ehrliche Anteilnahme besitzen, um eine ungekünstelte Darstellung gewährleisten zu können: „[…] nur, was durch das Herz gegangen ist, nur, um was gehungert, gekämpft, verzweifelt worden ist, kann an das Herz rühren" (Fallada 1935, 68).

Das, was Fallada in seinen Literaturrezensionen lobt oder kritisiert, ist immer auch poetologische Selbstvergewisserung und damit Abgleich mit dem eigenen ästhetischen Standpunkt. Die Art und Weise, in der andere Autoren sozialpolitische Themen wie die Weltwirtschaftskrise, Arbeitslosigkeit etc. gestalten, inspiriert Fallada und regt ihn zur Kritik an eigenen literarischen Projekten an. In einer Rezension lässt sich beispielsweise die detaillierte Wiedergabe der Gliederung eines zeitgenössischen Arbeitslosenromans finden, in dem man fast schon einen Ablaufentwurf zum *Blechnapf* erkennen kann: „Ein Jahr Gefängnis (7 Seiten), Suche nach Arbeit (11 Seiten), Elend (10 Seiten), Hausbettelei (2 Seiten), Tippeln auf der Walze (6 Seiten)" (Fallada 1932d, 1). Aber auch hier ist es die fehlende ‚Echtheit', die Fallada stört: „Papierdeutsch, Papiergefühle, Papiermenschen […]. Nicht eine eigene Beobachtung, kein einziger Sonderzug" (ebd.).

Falladas vielfältige Erfahrungen während seiner journalistischen Arbeit beim *General-Anzeiger*, seine verstärkte Hinwendung zu gesellschaftlichen Themen seit dem ‚Landvolkprozess', seine Arbeit in der Rezensionsabteilung bei Rowohlt sowie seine Tätigkeit als Literaturkritiker – all dies sind wichtige Stationen, die seine literarische Entwicklung zu einem ‚realistischen' Autor beeinflusst und gefördert haben. Wenn er Georg Schäfer, dem Verfasser des Arbeitslosenromans, vorwirft: „[...] er kann nicht sehen, er kann nicht gestalten, er kann nicht schreiben" (ebd.), so weiß Fallada stets selbst, wovon er spricht. Auch er musste dies über die Jahre erst lernen.

Literatur

Becker 1995: Becker, Sabina: Neue Sachlichkeit im Roman. In: Neue Sachlichkeit im Roman. Neue Interpretationen zum Roman der Weimarer Republik, hg. von Sabina Becker und Christoph Weiss, Stuttgart 1995, S. 7–26.

Bendig 2011: Bendig, Anja: Zwischen gesellschaftskritischer Perspektive und fehlender Programmatik. Zur politischen Bedeutung von Falladas Werk. In: Namen- und Stadtlandschaften. Beiträge des Hans-Fallada-Symposiums Carwitz, hg. von Petra Ewald und Lutz Hagestedt, München 2011, S. 137–175.

Caspar 1985: Caspar, Günter: Hans Fallada, Geschichtenerzähler. In: Hans Fallada: Ausgewählte Werke in Einzelausgaben, Bd. 9: Märchen und Geschichten, hg. von Günter Caspar, Berlin (Ost)/Weimar 1985, S. 649–781.

Caspar 1988: Caspar, Günter: Fallada-Studien, Berlin/Weimar 1988.

Crepon 1981: Crepon, Tom: Leben und Tode des Hans Fallada, Hamburg 1981.

Fallada 1928a: Fallada, Hans: Rache einer Hamburgerin. In Hamburger 8 Uhr Abendblatt (1928), 16.9.1928, HFA N 145.

Fallada 1928b: Pallada, Hans [sic]: Großstadttypen. 1. Die Verkäuferin auf der Kippe. 2. Der Strafentlassene. In: Hamburger Echo. Hamburg Altonaer Volksblatt 54 (1928), Nr. 349, 17.12.1928, Erste Beilage, [S. 1–2].

Fallada 1928c: [Anonym]: Bunter Abend im Tivoli. In: General-Anzeiger für Neumünster. Nachrichten- und Tageblatt für Schleswig-Holstein 38 (1928), Nr. 275, 23.11.1928, [S. 3].

Fallada 1929a: [Anonym]: (Die Holstenschule vereinigte am Sonnabend mittag ihre Schüler ...). In: General-Anzeiger für Neumünster. Nachrichten- und Tageblatt für Schleswig-Holstein 39 (1929), Nr. 5, 6.1.1929, HFA N 145.

Fallada 1929b: -en.: Hans Langmaack-Abend. Dithmarscher Verein. In: General-Anzeiger für Neumünster. Nachrichten- und Tageblatt für Schleswig-Holstein 39 (1929), Nr. 19, 23.1.1929, [S. 3], HFA N 145.

Fallada 1929c: -en.: Für und wider die Todesstrafe? Von Rechtsanwalt Dr. Schmidt – Neumünster. In: General-Anzeiger für Neumünster. Nachrichten- und Tageblatt für Schleswig-Holstein 39 (1929), Nr. 21, 25.1.1929, [S. 3].

Fallada 1929d: -en.: Kirchenkonzert. Professor Alfred Sittard – Hamburg. In: General-Anzeiger für Neumünster. Nachrichten- und Tageblatt für Schleswig-Holstein 39 (1929), Nr. 28, 2.2.1929, [S. 4].

Fallada 1929e: -en.: Backstein-Baukunst. Architekt Höger – Hamburg. In: General-Anzeiger für Neumünster. Nachrichten- und Tageblatt für Schleswig-Holstein 39 (1929), Nr. 51, 1.3.1929, [S. 3].

Fallada 1929f: -en.: Rudolf Watzke singt. Konzert des Vereins der Musikfreunde. In: General-Anzeiger für Neumünster. Nachrichten- und Tageblatt für Schleswig-Holstein 39 (1929), Nr. 54, 5.3.1929, [S. 3].

Fallada 1929g: [Anonym]: *Alt-Heidelberg*. Holsten-Palast. In: General-Anzeiger für Neumünster. Nachrichten- und Tageblatt für Schleswig-Holstein 39 (1929), Nr. 55, 6.3.1929, [S. 3].

1.1 Verhältnis literarisches Werk – Rezensionspraxis – journalistische Tätigkeit 171

Fallada 1929h: [Anonym]: Ausflug nach Amerika mit der Hapag. In: General-Anzeiger für Neumünster. Nachrichten- und Tageblatt für Schleswig-Holstein 39 (1929), Nr. 59, 11.3.1929, [S. 3].

Fallada 1929i: [Anonym]: Per Hallström: *Das Stumme*. Vorgetragen von Else Johannsen – Nürnberg. In: General-Anzeiger für Neumünster. Nachrichten- und Tageblatt für Schleswig-Holstein 39 (1929), Nr. 63, 15.3.1929, [S. 3].

Fallada 1929j: [Anonym]: *Der weiße Harem – Ballet*. Holsten-Palast. In: General-Anzeiger für Neumünster. Nachrichten- und Tageblatt für Schleswig-Holstein 39 (1929), Nr. 67, 20.3.1929, [S. 3].

Fallada 1929k: -en.: Rückschau des Kritikers. In: Schleswig-Holsteinische Verkehrs-Zeitung 3 (1929), April 1929, HFA N 145.

Fallada 1929l: [Anonym]: Im Auto zur Brandstätte. In: General-Anzeiger für Neumünster. Nachrichten- und Tageblatt für Schleswig-Holstein 39 (1929), Nr. 100, 30.4.1929.

Fallada 1929m: -en.: An der Schwale liegt ein Märchen … In: General-Anzeiger für Neumünster. Nachrichten- und Tageblatt für Schleswig-Holstein 39 (1929), Nr. 153, 3.7.1929, [S. 3].

Fallada 1929n: -en.: Abendmusik in der Anscharkirche. Paula und Robert Kleinecke singen. In: General-Anzeiger für Neumünster. Nachrichten- und Tageblatt für Schleswig-Holstein 39 (1929), Nr. 154, 4.7.1929, [S. 3].

Fallada 1929o: -en.: Sieben Kinder spielen im Stadtpark. In: General-Anzeiger für Neumünster. Nachrichten- und Tageblatt für Schleswig-Holstein 39 (1929), Nr. 155, 5.7.1929, [S. 5].

Fallada 1929p: -en.: O Sylter Strand! O Dünenland! Sonderfahrt mit der Reichsbahn nach Sylt. In: General-Anzeiger für Neumünster. Nachrichten- und Tageblatt für Schleswig-Holstein 39 (1929), Nr. 195, 21.8.1929, [S. 5].

Fallada 1929q: Hans Fallada: Eine vom Mädchenklub. In: Hamburger 8 Uhr Abendblatt (1929), 17.10.1929, HFA N 145.

Fallada 1929r: -en.: Berufsethik des Unternehmers. Dritter Vortrag im Ortsverband. In: General-Anzeiger für Neumünster. Nachrichten- und Tageblatt für Schleswig-Holstein 39 (1929), Nr. 274, 22.11.1929, [S.3].

Fallada 1929s: [Anonym]: Für das Bürgerstift. Glänzender Verlauf des Festes. Schönes Ergebnis. In: General-Anzeiger für Neumünster. Nachrichten- und Tageblatt für Schleswig-Holstein 39 (1929), Nr. 284, 4.12.1929, [S. 3].

Fallada 1929t: Fallada, Hans: Bauern-Krieg wider Neumünster. In: Das Tage-Buch 10 (1929), H. 37, 14.9.1929, S. 1516–1519.

Fallada 1929u: Fallada, Hans: Landvolkprozess. In: Das Tage-Buch 10 (1929), H. 47, 23.11.1929, S. 2007–2008.

Fallada 1929v: Fallada, Hans: Landvolkprozeß. In: Die Weltbühne. Wochenschrift für Politik, Kunst, Wirtschaft 25 (1929), Nr. 49, 3.12.1929, S. 832–835.

Fallada 1930: -en.: Stadttheater Neumünster. R. C. Sheriff: Die andere Seite. In: General-Anzeiger für Neumünster. Nachrichten- und Tageblatt für Schleswig-Holstein 40 (1930), Nr. 7, 9.1.1930, [S. 3].

Fallada 1931a: Fallada, Hans: Bauern, Bonzen und Bomben. Roman, Berlin 1931.

Fallada 1931b: Fallada, Hans: Ernest Hemingway oder Woran liegt es? In: Die Literatur. Monatsschrift für Literaturfreunde 33 (1930/31), H. 12 (September 1931), S. 672–674.

Fallada 1931c: Hans Fallada: Hermann Stehr: *Meister Cajetan*. Novelle [1931]. In: Ders.: Auch ein Kritiker kann nicht gerecht sein. Aufsätze zur zeitgenössischen Literatur, hg. von Michael Töteberg, Reinbek bei Hamburg 2018, S. [88–89].

Fallada 1932a: Hans Fallada: *Die Affenhochzeit*. In: B.Z. am Mittag. Berliner Zeitung 56 (1932), Nr. 137, 9.6.1932, S. 5–6.

Fallada 1932b: Fallada, Hans: *Familie Deutsch*. Ein Alltags-Roman von heute. In: Vossische Zeitung. Berlinische Zeitung von Staats- und gelehrten Sachen (1932), Nr. 509, Morgen-Ausgabe, 23.10.1932, Literarische Umschau, Nr. 43, [S. 1].

Fallada 1932c: Fallada, Hans: Ein Naturalist und etwas mehr! In: Gerhart Hauptmann und das junge Deutschland, hg. von Ludwig Kunz, Breslau 1932, S. 29–30.

Fallada 1932d: Fallada, Hans: Schäfer, Georg: *Straßen führen auf und ab*. In: Vossische Zeitung. Berlinische Zeitung von Staats- und gelehrten Sachen (1932), Nr. 317, Morgen-Ausgabe, 3.7.1932, Literarische Umschau, Nr. 27, [S. 1].

Fallada 1932e: Fallada, Hans: Hanns Heinz Ewers: *Reiter in deutscher Nacht* [1932]. In: Ders.: Auch ein Kritiker kann nicht gerecht sein. Aufsätze zur zeitgenössischen Literatur, hg. von Michael Töteberg, Reinbek bei Hamburg 2018, S. [47–49].

Fallada 1935: Fallada, Hans: Arnold Krieger: *Das Blut der Lysa Góra* [1935]. In: Ders.: Auch ein Kritiker kann nicht gerecht sein. Aufsätze zur zeitgenössischen Literatur, hg. von Michael Töteberg, Reinbek bei Hamburg 2018, S. [68].

Fallada 1943: Fallada, Hans: Heute bei uns zu Haus. Ein anderes Buch. Erfahrenes und Erfundenes, Berlin/Stuttgart 1943.

Fallada 1985: Fallada, Hans: Gauner-Geschichten. In: Hans Fallada: Ausgewählte Werke in Einzelausgaben, hg. von Günter Caspar, Bd.9: Märchen und Geschichten, Berlin (Ost)/Weimar 1985, S. 38–46.

Lamp 2007: Lamp, Hannes: Der Alp meines Lebens. Hans Fallada in Hamburg und Schleswig-Holstein, Hamburg 2007.

Nimz 2011: Nimz, Ulrike: Zwischen den Zeilen. Hans Fallada als Literaturkritiker. In: Namen- und Stadtlandschaften. Beiträge des Hans-Fallada-Symposiums Carwitz, hg. von Petra Ewald und Lutz Hagestedt, München 2011, S. 91–136.

Prümm 2011: Prümm, Karl: Gebanntes Schauen und protokolliertes Sehen. Kinokritik und Kinoprosa bei Hans Fallada. In: Hans Fallada. Autor und Werk im Literatursystem der Moderne, hg. von Patricia Fritsch-Lang und Lutz Hagestedt, Berlin/Boston 2011, S. 135–152.

Prümm 2013: Prümm, Karl: Selbstfindung im Vorraum des Romans. Hans Falladas Kulturpublizistik und Filmkritik für den *General-Anzeiger* in Neumünster (1928–1930). In: Hans Fallada, hg. von Gustav Frank und Stefan Scherer, München 2013 (Text + Kritik 200), S. 18–30.

Tucholsky 1931: Wrobel, Ignaz [Pseudonym: Kurt Tucholsky]: *Bauern, Bonzen und Bomben*. In: Die Weltbühne. Wochenschrift für Politik, Kunst, Wirtschaft 27 (1931), Nr. 14, 7.4.1931, S. 496–501.

Wolff 1983: Wolff, Rudolf (Hg.): Hans Fallada. Werk und Wirkung, Bonn 1983.

1.2 Falladas Poetologie

Gustav Frank/Stefan Scherer

Produktionsästhetik I: keine Werkpolitik – Schreiben als Strom

Fallada ist ein genuiner Erzähler. Als Autor umfangreicher Romane erfindet er keine fremden Welten, sondern er findet seine Stoffe in den Erfahrungen der eigenen Lebenswelt:

> [I]ch habe mit und für Bücher gelebt, und wenn ich mit Menschen zusammen war und Dinge erfuhr und Taten erlebte, so wurden sie immer Stoff für mich zu Büchern. Das war nicht so, dass ich mir das etwa vornahm, dass ich den oder jenen Menschen aufs Korn nahm, ihn beobachtete, ausspionierte mit dem festen Vorsatz, eine Gestalt in einem Buche aus ihm zu machen, nein, nichts von alledem. Aber ich habe nun mittlerweile in meinem Leben die Erfahrung gemacht, dass mir alles, was ich sehe und erlebe, Stoff zu einem Buche oder zu einer Geschichte in einem Buche oder zu einer Gestalt in einem Buche werden *kann*. Ich weiß das nicht, ich nehme mir nichts vor. Aber plötzlich, während ich schreibe, taucht dies oder jenes Erlebnis in mir auf [...], und das, und das muss ich nun schildern, dass es jeder sieht.

1.2 Falladas Poetologie

> Mein Hirn, mein ganzes Leben ist zu einer Speicherkammer geworden für etwas, das eines Tages geschrieben werden soll, und ich weiß nicht, was der Speicher alles enthält, so groß ist er, ich kann nicht in seine dunklen Winkel und Laden sehen, aber ich weiß, ich finde in ihm alles. (Fallada 2018c, 238)

„Alles in meinem Leben endet in einem Buche" (ebd., 227f.), schreibt er in diesem autobiografischen Text *Meine lieben jungen Freunde* von 1946, der erstmals 1967 unter dem Titel *Wie ich Schriftsteller wurde* publiziert wird. Fallada ist zudem ein Autor, der sich im primären Interesse an Stoffen wenig um Formprobleme bekümmert:

> Ich habe mir diese Dinge ja nicht ausgedacht, das entspringt keiner Laune von mir, sondern: je intensiver ich mich mit einem Roman beschäftige, je mehr der Stoff aus meinem Innern kommt, nicht von außen her als Auftrag herangetragen ist, umso mehr werde ich sein Sklave, bin nur noch ausführendes Werkzeug … (Fallada 2018a, 193)

Das äußert der „Verfasser" im (fiktiven) Gespräch mit „seiner Frau", das unter dem Titel *Ein Roman wird begonnen* am 9. Januar 1946 in der *Literaturstunde* im Berliner Rundfunk ausgestrahlt wurde: „Ja, der Aufbau der Handlung, die Entwicklung der Charaktere, der feste Plan – das klingt vorher sehr schön. Und manchmal gelingt es mir sogar, danach zu arbeiten, dann aber misslingt mir das Buch. Viel besser ist es, wenn es ganz anders kommt als nach meinen Wünschen und Absichten …" (ebd., 193f.). Die Unverfügbarkeit der Gestaltung, was die Ausarbeitung von Figuren angeht, konkretisiert Fallada an der Figur Petra Ledig in *Wolf unter Wölfen*. Sie sei

> ein Musterbeispiel dafür, wie es oft nicht nach meinen Plänen und Absichten geht. Ursprünglich sollte Petra neben dem Wolf die Hauptfigur des Romans werden. Schon der Name sagt das, denn Petra, das ist der Felsen, das Beharrliche neben dem schwachen, innerlich haltlosen Wolf. Aber da geschah es nun, dass sie im Laufe der Handlung festgenommen wurde, ich konnte nichts daran ändern. Und soviel Mühe ich mir gab, ich bekam sie nicht wieder frei. Ich brauchte sie, ich wollte sie durchaus nicht vermissen, aber ich musste mich damit abfinden: sie blieb mir verloren, und ich hatte ohne sie auszukommen. (ebd.)

Das sind keineswegs bloß kokette Ausführungen, sondern an den Texten überprüfbare Beschreibungen, wie Fallada beim Schreiben in seine Welt versinkt, wie er dabei seine Figuren als leibhaftige Menschen vor sich erlebt und wie er sie entsprechend in ihrer je konkreten Lebenssituation agieren lassen muss, ohne dies selbst beeinflussen zu können:

> Ich habe all mein Lebtage Menschen gefressen, ich habe sie mit ihren Bewegungen, Redensarten, Gefühlen in meinem Gehirn notiert, und da habe ich sie nun, jederzeit parat zu sofortigem Gebrauch! Nichts hat mich je so interessiert wie die Erkenntnis, warum Menschen so handeln, wie sie handeln. Mein sonst schlechtes Gedächtnis ist ausgezeichnet für jede Einzelheit, für die kleinsten Tatsachen, die ich über die Lebensgewohnheiten meiner Mitmenschen erfahre. Ich bin ein Menschenfresser, nein, ich bin ein Menschensammler, ich tue es bewußt und unbewußt. Dies hat die Natur in mich gelegt und mir dadurch die Grundlage, den Stoff für all meine Schreiberei gegeben … (Fallada 1943, 252).

Zentral ist für Falladas Erzählen daher die Aufmerksamkeit auf Figuren in all ihren Dimensionen und Facetten: den schönen und anmutigen wie den hässlichen oder gar gemeinen, ja auch den fiesen und abgründigen. Zu Dostojewski, einem seiner literarischen ‚Ahnen', formuliert er: „[I]ch fühle mich diesem rücksichtslosen Taucher in die Abgründe der menschlichen Seele zutiefst verwandt. Wie er habe ich eine nicht zu unterdrückende Vorliebe für die Nachtseiten menschlichen Lebens, für die labilen, angekränkelten und verzweifelten ‚Helden'" (Fallada 2018b, 186). Zu den literarischen ‚Ahnen' gehören alle „geborene[n] Erzähler" in dieser Richtung, insofern

> ihnen und ihrem Leben Erzählen so notwendig ist wie Luft und Nahrung. Alles, was sie sehen, erleben und erfahren, wird ihnen Stoff und Vorwand zum Erzählen, sie kriechen in ihre Mitmenschen hinein, und selbst vor dem Nächststehenden, dem Liebsten machen sie nicht halt, es gibt weder Scheu noch Scham, es muss erzählt werden. (ebd., 188)

So kann der Autor über seine Figuren gerade deshalb nicht verfügen, weil ihr Eigensinn in bestimmten Situationen zum Gesetz ihres Erzähltwerdens wird:

> Ich nehme an, dass es diese plötzlichen Einfälle sind, diese Eingebungen von oben, die meine Leser dazu bringen, meine Bücher ‚spannend' zu finden. Wenn nicht einmal der Autor es von heute auf morgen weiß, wie das Buch weitergehen wird – wie kann es da der Leser erraten? Gewiß, in großen Zügen weiß ich wohl, wohin die Straße geht. Ich kenne auch schon die Szenen, um derentwillen das Buch eigentlich geschrieben wird. Aber wie der Weg dahin geht, die Biegungen, die plötzlichen Ausblicke, Hindernisse, die ich nicht voraussah, die im Charakter des Helden liegen, die seine Mitspieler ihm bereiten – das alles weiß ich nicht, das alles überrascht mich genauso wie meine Leser! (Fallada 1943, 201)

Bei Fallada geht aus diesem Vorgang ein Erzählen hervor, in das man als Leser sofort hineingezogen wird. Atemlos verschlingt man die 668 Seiten von *Jeder stirbt für sich allein* (in der ungekürzten Buchfassung von 2011). Wer diesen Roman zu lesen beginnt, kann ihn so leicht nicht wieder ablegen, im Grunde genommen erst dann, wenn er ausgelesen ist – oder er wird ihn weglegen müssen, weil die Intensität der Darstellung unerträglich wird, um dann doch wissen zu wollen, wie es mit den Figuren weitergeht: nicht im Sinne einer Spannung, die dem Fortgang der Handlung, sondern einer Spannung, die dem Schicksal der Figuren entgegenfiebert.

Der Eigensinn der Darstellung, der dieser Aufmerksamkeit auf Figuren in ihrem Eigensinn entspricht, gilt auch dem Erzählverhalten, genauer: möglichen Ebenenwechseln in den Erzählerstandpunkten zwischen ‚exzessiver Nähe' (Prümm 1995) und nullfokalisierter Distanz. In *Wir hatten mal ein Kind* ermöglicht dieser Ebenenwechsel es dem Erzähler z. B., in der Nacherzählung der Ahnengeschichte Gäntschows im „Ersten Abschnitt" seinen Standort zu ändern und in der ‚Wir'-Form zusammen mit dem Leser das Klo-Häuschen zu betreten und dort sein Geschäft zu erledigen (siehe den Beitrag 4.1 *Wir hatten mal ein Kind* in Kap. II). Falladas Erzähler kann offenbar problemlos die ontologischen Ebenen seiner Diegese wechseln: nicht kalkuliert, sondern weil es ihn im Augenblick so überkommt, um dem Leser vergangene Lebensumstände aus dem 19. Jahrhundert leibhaftig, genauer in allen sinnlichen Dimensionen (kalter Luftzug, Gestank, davonfliegendes Klopapier: alle widrigen Bedingungen im Scheißhaus) mitlebbar zu machen. Narratologisch ist das schwer zu greifen, so dass man zu Hilfskonstruktionen wie einem quasi-homodiegetischen Erzähler kommt. Der begibt sich als Erzähler (nicht als erzählte Figur!) temporär in die von ihm erzählte vergangene Welt und nimmt in der gewählten ‚Wir'-Form, die damit eben nicht der Pluralis Auctoris-Funktion nullfokalisierten Erzählens entspricht, seinen Leser dorthin mit.

1.2 Falladas Poetologie

Verselbständigungen dieser Art gehen nicht auf narrative Kalküle zurück: weder solche des Autors noch des Erzählers. Sie sind vielmehr Effekte im Vorgang des Schreibens, dem sich der Autor überlässt:

> Aber so ist das nun: ich setze mich hin und beginne zu schreiben. Seit Wochen habe ich an diesen Roman gedacht, mein Kopf hat sich immer ausschließlicher mit ihm beschäftigt, mit dem Gang der Handlung, mit den einzelnen Charakteren … Aber je näher der Arbeitsbeginn kommt, umso mehr tritt das alles zurück. Immer mehr konzentriert sich mein Denken auf das erste Kapitel, und schließlich fast nur auf die ersten Sätze des ersten Kapitels. […] Nun wird es hohe Zeit, sie niederzuschreiben, das ist schon wie Wiederkäuen; es kann dann sein, dass sie mir plötzlich widerstehen, dann habe ich zu lange gewartet. (Fallada 2018a, 195)

Entscheidend ist der glückliche Zeitpunkt, der *kairos*. Der wird zum Sprungbrett für den Schreibfluss, dem sich der Autor dann in keiner Weise mehr entziehen kann. Das ist der Grund für die legendären, häufig beschriebenen Schreibräusche, in denen Fallada Romane wie *Wir hatten mal ein Kind* (546 Druckseiten) oder *Jeder stirbt für sich allein* (668 Druckseiten in der ungekürzten Ausgabe von 2011) in weniger als einem Monat hinschreibt, um danach völlig ausgelaugt, genauer ‚ausgeschrieben' zurückzubleiben: „Hinterher werde ich halbtot sein, aber ich bin doch froh, dieses Buch geschrieben zu haben, endlich wieder ein Fallada!" (Brief an Kurt Wilhelm, 17. November 1946, zit. nach Giesecke 2011, 692)

Um diesen „Strom" (Fallada 2018c, 230) aufrechtzuerhalten, schreibt Fallada grundsätzlich mit der Hand, denn hier „denkt der Kopf gründlicher als beim Fabulieren im Umhergehen …" (Fallada 2018a, 195; vgl. auch Fallada 2018c, 230). Es ist eine mediologische Situation im Austausch von *Körperströmen und Schriftverkehr* (Koschorke 1999; vgl. Scherer 2002), in der dem Autor Fallada die erzählte Welt leibhaftig, mit allen Sinnen vor Augen steht – und in der er sich vom Strom seines Schreibens, mäandrierend wie ein Fluss, tragen lässt. Das ‚Gesetz', dem er folgt, besteht darin, „dass ich die Natur so schildere, wie sie sich in mir sammelt, in der Auswahl, in der sie sich in mir ansammelt, in der Veränderung, die sie in mir erfährt." (Fallada 2018c, 239) In keiner Weise verfügt der Autor über dieses Schreiben, schon gar nicht im Blick auf die eingesetzten Verfahren: „Schreibe ich denn diese Bücher? Es schreibt sie in mir. […] Ich muss so schreiben, wie das Gesetz in mir ist, oder ich muss das Schreiben lassen." (ebd., 246) Die Gestaltung hat ihre „eigene Gerechtigkeit", was die Figuren als „Menschen" angeht, „mit denen ich beim Schreiben umgehe" (Fallada 2018a, 195). Der Umgang mit ihnen ist ein so intimer wie mit der eigenen Familie: „Wenn die erdachten, erfundenen Gestalten ihr Eigenleben bekommen, wenn sie zu wirklichen Menschen für mich werden, wenn sie in der Stille meines Arbeitszimmer bei mir leben – das ist Glück." (ebd, 196) Die Feder selbst „fängt […] an, schneller und schneller zu schreiben", so dass der Stoff, der „in mir" liegt, nur noch „niederzuschreiben" ist (ebd., 197).

Seine Berufung erkennt Fallada allein darin, dass er „zum Bücherschreiben auf dieser Welt" ist, „zu sonst nichts!" (ebd., 199) – nicht als Lyriker und nicht als Dramatiker, sondern als ein Autor langer Romane, denn Romane „von 200 oder 250 Seiten" sind für ihn geradezu nichtig: „Kaum ist man mit seinen Gestalten warm geworden, muss man schon wieder Abschied von ihnen nehmen. Nein, ich mag mich gerne in einem Roman einrichten wie in einem großen Haus. Zimmer für Zimmer nehme ich langsam in meinen Besitz, überall fällt mit der Zeit Licht hinein, ich bevölkere sie mit Menschen, alle diese Räume ..." (ebd., 199). Fallada äußert sich auch von daher praktisch nie zu Gattungsfragen oder literarischen Konzepten, auch nicht in seinen Literaturkritiken um 1930 (siehe den Beitrag 1.1 *Verhältnis literarisches Werk – Rezensionspraxis – journalistische Tätigkeit* in Kap. II).

Zum Schluss des (fiktiven) Gesprächs mit seiner Frau formuliert der „Verfasser" die Quintessenz seiner Poetologie:

> Nein, es kommt ja nicht auf die Formen an, die Formen sind unwichtig. Sondern der Inhalt ist das Wichtige, mit einem ganz neuen Inhalt muss ich neu beginnen. Mir ist, als müsste ich Menschen leben und erleben lassen, denen man es, und spräche ich auch nie davon, stets anmerkt, dass sie einmal am Abgrund gelegen haben, dass sie in einer Stunde sich völlig aufgegeben haben, Menschen, die das Zusammenstürzen ihrer ganzen Vergangenheit erlebt haben, Menschen, die dann leer dastanden und die ganz allmählich erst jetzt wieder anfangen, ihrem sinnlos gewordenen Leben von früher einen neuen Inhalt zu geben. [...] Ich will um Gottes willen keine Tendenzromane schreiben, Romane mit irgendwelchen politischen Plakaten, nein, sondern ich hoffe, es gelingt mir noch einmal, Menschenromane zu schreiben, Bücher von Menschen, die heute leben und die uns, die wir heute leben, nahe und verwandt sind, Gefährten unseres eigenen Schicksals. (ebd., 202)

So weiß der Autor dann auch stets genau um das Ende eines Roman, ohne dass er irgendwelche Formkalküle auf einen bestimmten Abschluss parat hat: „Aber nun, plötzlich, mitten im Schreiben, dämmert es mir, daß das Ende ganz nahe ist. Plötzlich ist der Stoff verbraucht. Alles, was ich noch plante, Szenen, die ich mir ausdachte, sind nicht mehr nötig, der Roman hat sich gerundet. Er ist zu Ende." (Fallada 1943, 211) Ist in diesem Augenblick damit auch der Autor selbst „verbraucht", wird die Stoffbearbeitung nicht mehr wiederholt. Niemals mehr wird Fallada trotz des Erfolgs so etwas wie *Kleiner Mann – was nun?* schreiben: Mit den dazugehörigen Figuren ist auch der Stoff erledigt, so dass neue Figuren (Johannes Gäntschow, Wolfgang Pagel oder Petra Ledig) eine neue, andere Ausgestaltung verlangen.

Nicht zuletzt bedingt das Schreiben als „Rausch" (Fallada 2018c, 227) ein ganz eigenes Verhältnis zur Leserschaft: Es gibt keine besonderen Adressatenkalküle, mit denen Fallada Leser ‚einfangen' will. Alles ergibt sich aus dem Schreiben. Und wenn sich das wie bei *Kleiner Mann – was nun?* als erfolgreich erweist, dann weiß der Autor intuitiv, wie er schreiben muss, ohne diese Resonanzen gezielt ansteuern zu wollen: „Ich habe es [das ‚Buch' *Kleiner Mann – was nun?*] gewiss nicht meiner Leser wegen geschrieben. Ich denke nie an meine Leser, wenn ich ein Buch schreibe. Ich denke nur an das Buch, an seine Gestalten, an seine Schicksale. Wenn ich außer diesen Dingen an etwas denke, so denke ich eigensüchtig an mich selbst." (ebd., 227) Schreiben wird zu einer Form der Weltbeherrschung, nicht um dem Leser zu gefallen, sondern weil es dem Autor selbst Glück verschafft (vgl. ebd., 229). Auch in dieser Hinsicht ist Falladas Erzählen ein so anti-intellektualistisches wie sinnliches, weil es die ‚sinnliche Gewissheit' (vgl. Scherer 2002) affiziert und darin auf eine Weise überwältigt, dem sich auch die Leserin nicht entziehen kann. Fallada ist in dieser Hinsicht auch ein Autor für Frauen, nicht nur weil seine Frauenfiguren meist stärker als die Männer sind, sondern weil sich die weibliche Leserschaft durch seine ganz eigene Form der Darstellung unmittelbar verstanden fühlt.

1.2 Falladas Poetologie

Produktionsästhetik II: keine ‚Einflussangst', keine intertextuellen Spiele

Mit Ausnahme seines Frühwerks der 1920er Jahre, das sich noch an der expressionistischen Avantgarde abarbeitet, feilt Fallada nicht an seinen Werken, und er arbeitet seit seinem Durchbruch auch nicht mehr mit bestimmbaren poetologischen Konzepten:

> Ich bin ein reiner Autodidakt, eigentlich ein ganz ‚ungebildeter' Mensch, irgendeiner meiner Kritiker hat mich mal wild gewordenen Leser genannt – und hat nicht so unrecht damit gehabt. Natürlich will ich mich bemühen, richtige Sprachfehler zu vermeiden, wie und als z. B., auch mit der Interpunktion haben Sie recht, wenn ich einmal die erhabene Sprachglätte und Richtigkeit von Thomas Mann erreicht habe, so werde ich nicht mehr Fallada sein. (Fallada an Herrn Caspari, 13. April 1935, zit. nach Müller-Waldeck/Ulrich 2012, 136)

Zwar ist Fallada ein extrem belesener Autor, der von Jugend an Weltliteratur exzessiv verschlingt (siehe den Beitrag 2.1 *Juvenila und schriftstellerische Pläne: Übersetzungen, Gedichte* in Kap. II). Diese Lektüren schlagen sich aber nicht als ‚Einfluss' in der Gestaltung seiner Werke nieder. Dies gilt zumindest für die Phase nach seinen Durchbruchsromanen, während sich die (nach-)expressionistische Prosa der 1920er Jahre durchaus noch von den Ansprüchen, Avantgarde sein zu wollen, affiziert zeigt. So ist *Die Kuh, der Schuh und dann du* zwar ein Rausch-Text, die literarische Konstruktion wird hier aber noch deutlich ausgestellt. Daran lässt sich die Kunst des ‚feilenden' Autors ablesen, literarische Artistik im systemreferentiellen Rekurs auf Formkalküle der Avantgarden aufführen zu wollen.

An diesem Konzept hält Fallada bis Ende der 1920er Jahre fest, es gilt dann nicht mehr für die Romane seit *Bauern, Bonzen und Bomben*. Und wenn einmal – so in *Wir hatten mal ein Kind* und *Wolf unter Wölfen* – intertextuelle Resonanzen auf Form- und Darstellungsmodelle vom 19. Jahrhundert über die Frühe Moderne bis in die Literatur der eigenen Zeit bemerkbar werden, dann sind das keine Systemreferenzen mehr, die der Autor ausspielt. Es sind nur noch punktuell aufleuchtende Bezugnahmen, die bei Fallada niemals mehr einen ganzen Roman ‚stilrein', d. h. im Sinne eines Ismus oder einer Schule, prägen. Fallada „war nie Teil einer literarischen Bewegung, gehörte nie einem Autorenkreis an" (Uzulis 2017, 69; siehe den Beitrag 1.2 *Kontakte zu Autoren seiner Zeit (1920er bis 1940er Jahre)* in Kap. I) – „Da ich ein ziemlich menschenscheuer Mann bin und einsam auf dem Lande lebe, habe ich keinen Umgang mit anderen Schriftstellern. Ich weiß nicht, ob einer von ihnen ähnlich arbeitet. Nach allem, was ich gehört und gelesen habe, tun sie es nicht." (Fallada 1943, 209)

Bezüge auf Autorenstile (etwa indem er ein Pastiche auf Thomas Mann schreibt) oder bestimmte Schreibgesten sind bei Fallada kein intellektuelles Spiel mit Intertextualität. Sie sind ein Anverwandeln von Tonfällen und Macharten im Lektüreprozess, die sich an eine Figur anlagern, indem Falladas Schreibfantasie sie damit ausstattet: Die Situation muss so erzählt werden, weil die Figur in diesem Augenblick so klingt. Das bleibt auch deshalb so intrikat, weil Derartiges bei ihm nur ‚lokal' zum Einsatz kommt: Keun, die er rezensiert (siehe die Beiträge 2.4 *Fallada und die literarische Situation um 1930* in Kap. I und 1.1 *Verhältnis literarisches Werk – Rezensionspraxis – journalistische Tätigkeit* in Kap. II), oder Thomas Mann sind nur Anmutungen, die nie so weit reichen, dass sie eine subkutane Schwelle überschreiten und intertextuell auffällig im Sinne von Form-Zitaten werden. Fallada hat diese

Autor*innen gelesen, er kennt ihre Werke, aber sie leuchten in seinem Erzählen nur im Augenblick einer Figurengestaltung auf: funktional auf diese bezogen wie eben der Stil Thomas Manns beim Hamburger Kaufmannssohn Wendland in *Wir hatten mal ein Kind* oder Keuns Girl-Inszenierungen, wenn Sophie Kowalewski, ihrer Wirkung bewusst, einen nicht-modernen Badeanzug kauft, ohne dass solche Anspielungen in *Wolf unter Wölfen* vorherrschen würden. Nur in diesen beiden Romanen geht Fallada aufs Ganze und berauscht sich entsprechend auch daran, was er an Erzählkunst beherrscht, die im Blick auf die nationale wie internationale Entwicklung mithalten kann: Zu denken ist hier an Thomas Mann und Alfred Döblin wie an Irmgard Keun und Vicki Baum oder Marieluise Fleißer auf der einen, an die jüngeren Amerikaner wie Wolfe, Faulkner, Fitzgerald oder Hemingway oder auch z. B. an Céline (siehe den Beitrag 4.4 *Wolf unter Wölfen* in Kap. II) auf der anderen Seite. In diesem Feld der von ihm beobachteten Konstellationen entwickelt Fallada einen eigenen Sound, der ihn durch *Kleiner Mann – was nun?* weltberühmt macht.

Falladas Prosa unterliegt daher im Kern auch nicht der von Harold Bloom beschriebenen ‚Einflussangst' (Bloom 1997). Vielbelesen, wie er ist – nicht zuletzt, weil Rowohlt ihn mit allen Büchern versorgt, die er haben will –, hat dieses Vielesen keine Wirkung auf die Gestaltung seiner Romane, eben weil diese sich an Figuren und dem mit ihr verbunden Stoff orientiert. Der Wirklichkeitsbezug der Romane (auf der Basis eigener Erlebnisse und sozialer Wahrnehmungen und Beobachtungen) zielt auf eine Gestaltungsweise, die soziales Wahrnehmen und dessen Wirkungen auf den Körper wie auf das Innenleben von Figuren in ein eigensinniges Erzählen verwandelt, das sofort als typisch für Fallada vernommen wird und genau darin ein hohes Identifikationspotential bietet. Die Ausnahme bei seinen großen Romanen ist *Wir hatten mal ein Kind*. Das ist auch die Erklärung dafür, dass dieser Roman bis heute die geringste Aufmerksamkeit sowohl bei den Lesern wie in der Literaturkritik und -wissenschaft findet: Dieser Erzähltext trägt den spezifischen Sound Falladas nicht aus, so dass es bemerkenswert erscheint, dass sein Autor gerade ihn zeit seines Lebens zu seinem ‚besten, reifsten und schönsten' erklärte (siehe den Beitrag 4.1 *Wir hatten mal ein Kind* in Kap. II).

Für diesen Sound mit Wiedererkennungswert haben bereits die Zeitgenossen den Begriff ‚falladesk' gefunden: Im *Völkischen Beobachter* wird der „Inflationsroman" *Wolf unter Wölfen* aufgrund „seiner typisch ‚falladesken' Meisterschaft" (Schramm 1937, 6) belobigt. Und auch Falladas Ansprechpartner bei Rowohlt, Heinrich Maria Ledig, zeigt sich begeistert von *Kleiner Mann, Großer Mann – alles vertauscht*, wie er dem Autor in einem Brief vom 6. Juni 1939 mitteilt, weil es „dann auch wieder einmal wie am Anfang des zweiten Teils ‚falladesker' zuging" (Fallada 2008, 297). Schließlich weiß Fallada selbst darum, was das ist: „endlich wieder ein Fallada!", schreibt er zu *Jeder stirbt für sich allein*, wo er sich nicht mehr den Zensurbedingungen in der Diktatur fügen muss, sich also wieder ungebrochen dem erläuterten Schreibstrom überlassen kann (Brief an Kurt Wilhelm, 17. November 1946, zit. nach Giesecke 2011, 692). Es gibt also auch für ihn selbst Romane, in denen er einen ‚richtigen Fallada' im Unterschied zu den ‚Unterhaltungsromanen' erkennt, mit denen er in der Endphase des Dritten Reichs die größten Zugeständnisse macht: Mit *Jeder stirbt für sich allein* sei ihm, wie er an Anna Ditzen am 27. Oktober 1946 schreibt, „seit *Wolf unter Wölfen* wieder der erste richtige Fallada" gelungen (zit. nach Giesecke 2011, 692; zu dieser Rhetorik des ‚Richtigen' für seinen letzten Roman siehe den Beitrag 5.3 *Jeder stirbt für sich allein* in Kap. II).

Medien-Arbeit (vgl. Segeberg 2003, 36) ist bei diesen ‚richtigen' Fallada-Romanen nicht Beobachtung der Produktion anderer Autoren, um sich davon im Zeichen der ‚anxiety of influence' (Harold Bloom) zu unterscheiden und den eigenen Ton aktiv herbeizuführen. Sie ist vielmehr genaue (Selbst-)Beobachtung sozialer Erfahrungen in je konkreten Situationen, die Fallada in eine eigene Form der literarischen Artikulation umzusetzen weiß: geschult an den ‚soziologischen Erfolgsbedingungen für Schriftsteller' (Kracauer 1977, 67), die er sowohl in seinen journalistischen Texten wie in der Arbeit für die Rezensionsabteilung bei Rowohlt einzuschätzen lernt.

Fallada hat dazu ein absolutes Gespür für soziale Situationen entwickelt, genauer gesagt dafür, wie sich solche Situationen im ganz konkreten Verhalten anfühlen. Genau das kann er in literarische Sprache verwandeln: auf der einen Seite aus dem Gefühl seiner Figuren heraus, von ihrer Lage durch Arbeitslosigkeit, Rausch, Vergnügen, Lust, Erniedrigung oder Selbstzerstörung überwältigt zu sein; auf der anderen Seite im Gefühl, diesen Zustand zugleich unentwegt beobachten und kontrollieren zu müssen. Wie sein Erzähler ist der Autor mit seinen Figuren verwickelt in solchen Situationen: Er steht selbst mittendrin und ist doch zugleich auch ein Stück weit davon distanziert, weil das erst die literarische Gestaltung ermöglicht. Falladas Erzählen macht die jeweiligen Zu- und Umstände dieses emotionalen Verstricktseins für den Leser nachvollzieh- und darin durchschaubar, ohne dass es selbst mehr weiß als die Figur. Es ist bei ihm kein Erzählen von hinten, d. h. von einem souveränen Standpunkt mit Überblick über das Ganze wie bei Thomas Mann, sondern eine Form des Darstellens, bei der auch der Erzähler wie seine Figuren nur bei Vermutungen und subjektiven Interpretationen einer Situation verbleiben kann. (Auch hier schließt das gelegentliche Prolepsen wie den Hinweis auf den späteren Tod Kniebuschs in *Wolf unter Wölfen* nicht aus; der Erzähler verfügt damit dennoch nicht über die Fähigkeit, die Funktionalität einer Sequenz für das Romanganze wie bei Thomas Mann präsent halten zu können.) In dieser Doppelung von Nähe und Distanzblick oszilliert Falladas Erzähler seit *Bauern, Bonzen und Bomben*, insbesondere aber seit dem ‚kleinen Mann' Pinneberg: Er kennt seine Gefühle und desolaten Verfasstheiten in- und auswendig, so dass der Autor in der Gesamtanlage des Romans insofern keine Inkohärenzen befürchten muss, als ihm alles, was er in seiner Romanwelt darstellt, in jedem Augenblick durch und durch vertraut ist.

Herausbildung eines Sounds: Falladas Erzählverfahren
vom avantgardistischen Frühwerk zu den großen Romanen

Fallada beginnt in den 1910er Jahren seine schriftstellerische Tätigkeit mit Übersetzungen und expressionistischen Gedichten. Nachdem er damit erfolglos bleibt, wechselt er um 1920 zur Romanprosa. *Der junge Goedeschal* und *Anton und Gerda* erzählen von den Nöten und Sehnsüchten pubertierender junger Männer mit expressionistischen Stilgesten, die Fallada in avantgardistischen Formexperimenten der 1920er Jahre fortsetzt: am radikalsten in seiner ‚Novelle' *Die Kuh, der Schuh, dann du*, die als Mischung aus expressionistischen Rausch-Ekstasen, dadaistischen Montagetechniken und Annäherungen an die surrealistische *écriture automatique* wie zum naturalistischen Sekundenstil alle Gattungskonventionen sprengt. Es gibt keine kohärente Geschehensfolge in dieser radikal antipsychologischen Darstellung von Bewusstseinsformen einer Figur im Kokainrausch, über den sie während der Haft in der Psychiatrie gleichermaßen berauscht schreibt. So kann der Rausch selbstreferentiell als Produkt dieses Schreibens ausgestellt werden. Noch Ende der 1920er Jahre hält Fallada an den Kunstansprüchen dieser ostentativ artifiziellen Prosa fest, bis er 1929 einsehen muss, dass er damit keine Chance auf eine Publikation hat.

Mitte der 1920er Jahre wendet er sich aber bereits auch von solchen experimentellen Spielarten der literarischen Entgrenzung ab, indem sich in sozialpsychologischen Milieustudien wie *Der Trauring* ein sozialer Alltags-Realismus in der Darstellung konkreter dörflicher Milieus und ihrer Machtverhältnisse auch zwischen Männern und Frauen geltend macht. Hier deutet sich erstmals der spätere Stil an: in einem neutralen Erzählen mit gleitenden Übergängen in die erlebte Rede, in der Innenverhältnisse verschiedener Figuren nachgebildet werden. Bemerkenswert ist bereits hier die magische Koppelung des titelgebenden Rings mit dem Leib (siehe den Beitrag 2.3 *Erzählungen der 1920er Jahre* in Kap. II). In *Kleiner Mann – was nun?* wird die Rolle des Eherings dann in einer Szene nach der Rückkehr des frisch verheirateten Ehepaars nach Ducherow auserzählt, genauer, wie dieser Gegenstand die ‚Mikrodramatik der unscheinbaren Dinge' bestimmt (vgl. Frank/Scherer 2013).

Im Unterschied zu den avantgardistischen Formexperimenten ist eine Darstellung wie in *Der Trauring* um 1925 publizierbar. In dieser Zeit schreibt Fallada zudem erste journalistische Beiträge in *Das Tage-Buch* neben drei weiteren (nicht publizierten) Erzählungen, die in psychologischer Vertiefung Psychopathologien in den Liebes- und Lebensgeschichten von Frauen erkunden. *Länge der Leidenschaft* und *Die große Liebe* sind Erzählungen von einer unerfüllten bzw. scheiternden Paarbeziehung, vorherrschend aus Sicht der Protagonistinnen in atemloser, teils zeitraffender Weise erzählt. *Der Apparat der Liebe* berichtet in der Ich-Form von der unentrinnbaren „Psychomechanik des Lebens" (Scherer 2015) auf völlig desillusionierte Weise. Diese umfangreichste Erzählung nimmt eine Sonderstellung ein, weil sie als Psychogramm einer Frau individuelle Dimensionen der Psyche erschließt, indem sie vollzieht, wie die Ich-Erzählerin durch die Vergewaltigung der Schwester selbst traumatisiert wird. Die Erzählung der Schwester von der Gewalttat geht auf sie über, so dass man in Form dieser Ich-Erzählung an diesem Ereignis selbst teilhat. Fallada zeigt ein idiosynkratisches Gespür für die traumatisierende Wirkung, die sich durch das Erzählen der Gewalttat auf die identitätsgestörte Schwester überträgt. In dieser Dimension besteht, trotz aller Nähe in der psychologischen Vertiefung, auch die Differenz zur Wiener Moderne (etwa im Erzählen Schnitzlers), die dergleichen noch nicht kannte.

Vor seiner Haft (seit März 1926) kann Fallada neben *Der Trauring* im Bereich seiner literarischen Texte nur noch *Ich übe mich im Dialog* (1926) publizieren: eine anekdotische, ebenso selbstreflexive wie durchaus witzige Auseinandersetzung mit Genrekonventionen von ‚Erzählung' und ‚Dialog' in ihrem Verhältnis zum Feuilleton, das „witzige[ ], überraschende[ ], schlagfertige[ ] Dialog[e]" fordere (Fallada 1926, 930) – Kennzeichen, die Falladas Erzählen seit 1930 prägen sollen. Die Umstellung auf Umweltreferenz seit 1925 korrespondiert insofern mit ersten publizistischen Erfahrungen, die durch den zweijährigen Gefängnisaufenthalt (1926–1928) unterbunden werden. Die sog. Goldenen Zwanziger Jahre lernt Fallada nicht kennen: Er wird erst in der Phase der erneut aufkommenden gesellschaftlichen und wirtschaftlichen Krisen am Ende der Weimarer Republik in die Freiheit entlassen. Anschluss ans öffentliche Schreiben findet er durch weitere publizistische Erfahrungen, die es ihm nun ermöglichen, sich in den Techniken journalistischen Darstellens in verschiedenen Feldern (Kulturberichterstattung, Kino- und Literaturkritiken) zu professionalisieren: Dazu gehören Varianten der Aussparung durch Reduktion auf das Knappste in einem so pointiert-andeutenden wie skizzenhaften Schreiben neben Formen des Dialogischen (in mündlich geprägten Redesituationen), die bei Fallada nun mit einer Begeisterungsrhetorik durch Einbezug seiner Leserschaft in ‚Wir'-Anreden einhergehen. Falladas journalistische Arbeiten sind nun durch einen auch am Film geschulten Sinn für das genau beobachtete Detail geprägt, das als Symptom für etwas Allgemeines gedeutet wird (dazu genauer Kapitel 2017). Zugleich erkennt Fallada diese Detail-Technik bei anderen Autoren wie Hemingway: „Zeichnen ist Weglassen, auch Erzählen ist Weglassen. Es ist ganz ungeheuerlich, wie er das macht. Er erzählt Details über Details [...], Weglassen aller Gefühle, es gibt keinen Autor –: und aus all dem steigt Traurigkeit auf, die Verlorenheit im Leben, unsere Ziellosigkeit, Ausgeliefertsein an das Schicksal" (Fallada 1931, 674; siehe den Beitrag 1.1 *Verhältnis literarisches Werk – Rezensionspraxis – journalistische Tätigkeit* in Kap. II).

Aus solchen Techniken der Aussparung und Skizzierung generiert Fallada in seinem eigenen Erzählen einen spezifischen Sound, der Facetten des Lebens in Ausdrücken des Alltäglichen und Menschlichen (psychischer Verfasstheiten wie sinnlicher Wahrnehmungen) versprachlicht – geschult u. a. an den Beobachtungsformen des Films (Ausschnitt, Großaufnahmen, Blickregimes durch Kameraführung). Fallada entwickelt darin einen Sinn für das Soziale in einem Erzählen, das unmittelbar evident zu machen weiß, wie Menschen in bestimmten Situationen funktionieren, kalkulieren, wahrnehmen, einsehen und fühlen, und wie sich das anfühlt, dass und was sie kalkulieren, wahrnehmen, bemerken und fühlen.

Nach der Entlassung aus dem Zentralgefängnis Neumünster im Mai 1928 schreibt er kurze Prosatexte, in denen es um die äußere Umwelt in einem beobachtenden, Lebensumstände taxierenden Schreiben oder um Erfahrungen mit dem Strafvollzug geht: jetzt ohne Aufmerksamkeit auf Innenverhältnisse. Die *Gauner-Geschichten* sind Studien über Kleinkriminelle im Milieu, so dass sich aus einem soziologischen Blick die Typologie des ‚Ganoven' im Gauner-Jargon und in den Grundwerten seiner Berufsehre ergibt (siehe den Beitrag 2.3 *Erzählungen der 1920er Jahre* in Kap. II). In diesen Erzählungen über ‚Großstadttypen', die Fallada in regionalen Zeitungen unterbringen kann, werden erstmals bei ihm soziale Spektren erfasst. *Die Verkäuferin auf der Kippe* nimmt die ‚kleine Angestellte' ins Visier: Ihre Ansichten, Probleme und Aufstiegsträume werden durch den ‚Mitschnitt' eines Telefonats vermittelt, das die Verkäuferin während der Arbeit mit ihrer Freundin führt. Zeitgenössisch wirkt das alltägliche Plappern und die Mitteilung von Warenhausnamen („Karstadt") wie die Aufstellung der Ausgaben für Kost, Logis und Krankenkasse, was ähnlich dann auch in *Kleiner Mann – was nun?* begegnet (siehe den Beitrag 2.6 *Fallada und die Kulturdiagnostik* in Kap. I).

Weil solches Erzählen auf Basis der erarbeiteten Reportagetechniken publizierbar ist, sieht Fallada sich gezwungen, von seinen Kunstansprüchen Abstand zu nehmen. Der aus seiner Sicht ‚hingeschluderte' Roman *Bauern, Bonzen und Bomben* mit zurücktretendem Erzähler, vorherrschend szenischem Erzählen in Dialogen und einem Panorama an Figuren, das durch filmische *short cuts* das Mosaik einer Kleinstadt in politischem Aufruhr präsentiert, erweist sich nun als Erfolgsmodell: Resonanz findet ein Erzählen im dramatischen Modus, bei dem das Innere der Figuren nur punktuell aufleuchtet bzw. nicht auserzählt wird. Der in der Fallada-Forschung dazu häufig vermittelte Eindruck, Fallada rezipiere die Neue Sachlichkeit (oder dann Kracauers *Die Angestellten* für *Kleiner Mann – was nun?*) und springe auf diesen aktuellen Zug auf, ist falsch (siehe den Beitrag 2.6 *Fallada und die Kulturdiagnostik* in Kap. I). Vielmehr arbeitet er an diesen neuen Verfahrensweisen aufgrund seiner Erfahrungen und Neigungen seit 1925, verstärkt auf der Basis der erworbenen journalistischen Fähigkeiten nach der Haftentlassung und durch die vertieften Kenntnisse aktueller Weltliteratur, die er in der Rezensionsabteilung bei Rowohlt erwirbt.

Als erfolgreich erweist sich in *Bauern, Bonzen und Bomben* eine multiperspektivische Darstellung (im Gefolge von Dos Passos und Faulkner), die im vorwiegend szenischen Erzählen Figuren in einem großen Panorama ohne Mittelpunktsfigur sprechen und agieren lässt und im kanonisierten neusachlichen Erzählen Keuns oder Kästners kein Pendant hat. Diese Figuren werden dargestellt, wie sie in ihrem Jargon, Dialekt und Soziolekt sprechen, so dass eine präsente Erzählerstimme kaum vernehmbar ist. Bemerkenswert ist ein Wechsel im Erzählmodus bzw. Erzählton zwischen Stadt und Land, woraus bereits hier erhellt, dass die Stoffbehandlung an Figuren und Lokalitäten angepasst wird:

> Fallada nimmt die Sinnlichkeit der ländlichen Gegend anders wahr als die Sinnlichkeit in der Stadt. Entsprechend ändert er seine Textur: Der ‚Sound auf dem Land' wird im Gegensatz zum ‚Sound ist der Stadt' nicht erzeugt durch filmisches, dokumentarisches Erzählen, sondern durch eine stärker episch-atmosphärische Textur. Diese entsteht zum einen durch Motive aus der Natur: Tier-, Pflanzenwelt und überzeitliche Elemente wie Wetterphänomene, das Meer und die Gestirne. [...] Zum anderen trägt zum ländlichen Erzählmodus eine stärker typisierte Darstellung ‚spleeniger' (Bauern)figuren bei, die aufgrund ihres abgeschiedenen oder dörflichen Lebens spezielle Eigenheiten entwickelt haben und von einer tendenziell auktorialen Erzählerstimme entsprechend kommentiert werden. (Kapitel, 2017, 47)

Im ländlichen Bereich gibt es daher, so die Schlussfolgerung Kapitels (ebd.), weniger Dialoge und in einem eher traditionelleren Erzählen auch mehr Erzählerbericht mit bemerkbaren Elementen des Magischen Realismus. In *Wir hatten mal ein Kind* wird diese Rückbindung an das Erzählen des 19. Jahrhunderts von Fallada dann programmatisch postuliert, obwohl er auch hier moderne Darstellungsverfahren des Magischen Realismus aufgreift (siehe den Beitrag 4.1 *Wir hatten mal ein Kind* in Kap. II).

Erstmals schlägt sich in *Bauern, Bonzen und Bomben* der Sound nieder, den die zeitgenössische Kritik als ‚falladesk' qualifizieren wird: in virtuos gehandhabten Formen der elliptischen Verknappung und Pointierung der Figurenrede bei großer Nähe zu ganz verschiedenen Figuren und ihren Kalkülen und Interessen – wiewohl Fallada diese ‚Dialogisiererei' als Manier seit der Arbeit an *Wir hatten mal eine Kind* (1934) nicht mehr schätzen wollte, weil sie den eigenen Kunstansprüchen nicht entspricht. Dennoch ist das, was er auch in *Bauern, Bonzen und Bomben* macht, große Kunst, wenn er die psychosoziale Determiniertheit seiner Figuren in einer symptomatischen Darstellung des Zwischenmenschlichen plausibel machen kann (vgl. Kapitel 2017, 33). Öffentliche Reaktionen werden in knappsten Setzungen in ihrem Funktionieren einsichtig: oft rein als Symptome an körperlichen Reaktionen oder in den Reaktionsformen von Interessengruppen, die teils nur bei bloßen Aufzählungen verbleiben, etwa von „Verben der Emotionsbekundung (‚Toben, Jauchzen, Grinsen, Schluchzen.'" (ebd., 34) Fallada erweist sich als Meister in der Erfassung einer kleinstädtischen

Sozialstruktur durch verschiedene Mitsichten, denen die alltäglichen Widrigkeiten der unscheinbaren Dinge begegnen, ohne dass sich der Erzähler im bloßen Registrieren dessen, wie sie diese Widerfahrnisse erleben, über sie erhebt: Er ordnet seine Darstellung nicht; auch weist er den mitgeteilten Details keine besondere symbolische Bedeutung zu, sondern bleibt auch in Tabubereichen (Toilettengang) ganz nah am Erfahrungswert der Figuren. Wie nebenbei werden soziale Lebensverhältnisse oder der aktuelle Stand in der Architektur (z. B. der Bauhausstil) vermittelt, stets an der Gegenständlichkeit und Materialität alltäglicher Dinge ausgemacht: Diese sagen alles, der Erzähler muss ihre Bedeutung für die Figur nicht mehr kommentieren (vgl. Prümm 1995, 265). Es gibt keine Entfaltung bei der Erfassung solcher Kleinigkeiten, wenn der Erzähler wie Kracauer in seinen Feuilletons Oberflächen abtastet. Im Unterschied zu Kracauer geschieht das bei Fallada aber stets nahe bei und mit den Figuren, indem er die Form ihrer Wahrnehmungen mitteilt. Er zeigt so, wie in scheinbar belanglosen Einzelheiten die sozialen Zwänge stecken.

Eine spezifische Vermittlung durch eine Erzählinstanz wird dann spürbar, wenn der Erzähler den Jargon der Figuren aufgreift, ohne Einvernehmlichkeit mit ihnen herzustellen, denn es werden bei Fallada stets auch die unsympathischen Züge in unflätiger Sprache mitgeteilt, um zu zeigen, wie die jeweilige Figur ‚tickt' (vgl. Kapitel 2017, 66). So gelingt es ihm, mentale Verfasstheiten sozialer Gruppen und ihre Berechnungen ökonomischer Vorteile einsichtig zu machen, indem er vorführt, wie Menschen mit solchen Fragen umgehen und welche Überzeugungen, Ideen und Vorurteile in ihren Köpfen (bei unterschiedlicher sozialer Herkunft) kursieren. So macht er die sozialen und gesellschaftlichen Mechanismen kenntlich in ihrer konkreten alltäglichen Gestalt: im „Taxieren eines Gesamtbildes, das sich durch die einzelnen Szenen ergibt" (ebd., 58). Wichtig ist stets, was gesprochen wird, wie sich die Figuren dabei verhalten und wie und worin sich ihre Interessen zeigen. Es ist induktiv an den Einzelsituationen und Gesprächen direkt erschließbar, an „Kleinigkeiten in der Wortwahl der Beschreibung dessen, was die Figur tut" (ebd., 59): Abtönungen und Sarkasmen stellen sich vorurteilslos und ungeschönt dar, oft in wenigen Worten mit Auslassungen, Abbrüchen, oft nur in Andeutungen, die man aber sofort in ihren sozialen Implikationen versteht.

Die personale Nähe zu den Figuren ist zwar auch für *Bauern, Bonzen und Bomben* prägend, noch aber nicht in Varianten der erlebten Rede wie dann für Pinneberg in *Kleiner Mann – was nun?* Diese Formen der ‚Verinnerung', die das Erzählen der Wiener Moderne ausdifferenziert hatte (vgl. Scherer 2017), entwickelt Fallada erst hier zur Erschließung nunmehr entfalteter Mit- und Innensichten: etwa zur Darstellung sentimentaler Erinnerungen, wenn in Pinneberg noch einmal die erste Begegnung mit Lämmchen im ‚Rausch/en' der Ostsee aufsteigt (siehe im Vergleich den Beitrag 4.1 *Wir hatten mal ein Kind* in Kap. II). Spätestens in *Kleiner Mann – was nun?* ist damit Falladas Sound vollends etabliert: bemerkbar an der nun sympathetischen Nähe des Erzählers zu seiner Figur ineins mit einer im Vergleich zu *Bauern, Bonzen und Bomben* stärker spürbaren Erzählerstimme, die sich indes auch hier nicht zu ironischen Bewertungen über ihre Figuren wie bei Thomas Mann erhebt. Das ist – allerdings strikt figurenbezogen – erst in *Wir hatten mal ein Kind* der Fall. Dennoch gibt es in Falladas Erzählen immer auch eine (einmal stärker, einmal weniger deutlich spürbare) narrative Instanz, die ihre Figuren aber nicht kommentiert, sie vielmehr an ihrem Verhalten in bestimmten Situationen und ihren oft modal gefärbten internen Reaktionen darauf („herrlich", Pinneberg) plastisch vor Augen treten lässt: stets so, dass das Verhalten der Figuren durch und durch sozial motiviert erscheint (vgl. Frank/ Scherer 2013).

In *Kleiner Mann – was nun?* beschränkt sich diese personale Nähe in der Mitteilung von Überlegungen, Kalkülen oder auch nur bloßen Affektwerten in konkreten Situationen auf Pinneberg, während man Lämmchen mit einer Ausnahme nur aus seiner Sicht begegnet. Die ‚Verinnerung' seines Erzählens wird Fallada in *Wer einmal aus dem Blechnapf frißt* vertiefen, geprägt hier von den eigenen Gefängniserfahrungen, die es ihm ermöglichen, das alarmistische Taxieren einer Figur in ihrem ‚Milieu' als sozial bedingt zu erfassen. Mit Kufalt konzipiert Fallada noch einmal eine Mittelpunktsfigur in einer fast schon monologischen Figurenmitsicht, nun auch in Inneren Monologen. Nach *Wer einmal aus dem Blechnapf frißt* verteilt Fallada seine Technik, Figuren sowohl von Innen als auch von Außen in ihren menschlichen Regungen und Disposition in spezifischen Situationen nahezubringen, auf ganze Panoramen: Dieser personale Multiperspektivismus bahnt sich in der Lebensgeschichte Gäntschows in *Wir hatten mal ein Kind* an. Nach *Wolf unter Wölfen* wird Fallada ihn vor allem in *Jeder stirbt für sich allein* als gleitendes Hinein und Heraus an verschiedenen Figuren perfektionieren: in einem Spektrum, das auch Nazis wie Kommissar Escherich nicht moralisch abqualifiziert, sondern im Verlauf ihres Handelns zu Einsichten in ihre Fehler bringt, wodurch sie sich in diesem Fall zum Selbstmord gezwungen sehen.

So erschließt Fallada in dieser Folge von Romanen sukzessiv Möglichkeiten der Darstellung, die er zunehmend kombinatorisch einsetzt: ausgehend vom multiperspektivischen Panorama in *Bauern, Bonzen und Bomben* über die Erschließung von Innenverhältnissen bis zu den wieder stärker ausgestellten literarischen Ansprüchen im Rekurs auf Erzähltraditionen des späten 19. Jahrhunderts in *Wir hatten mal ein Kind*, die aber auch hier durch und durch von den Erzählkonventionen der literarischen Moderne infiltriert sind. Mit *Wolf unter Wölfen* hat Fallada dann das ganze Spektrum an Darstellungsweisen der Synthetischen Moderne, über die er punktuell wie kombinatorisch verfügt, ausdifferenziert (siehe den Beitrag 1.5 *Fallada als populärer Autor der Synthetischen Moderne* in Kap. II). Die Rücknahmen solcher Verfahrenskomplexität in *Der eiserne Gustav* und *Ein Mann will hinauf* sind den verschärften politischen Umständen im NS-Regime nach Beginn des Zweiten Weltkriegs geschuldet, zumal diese Texte auf entsprechende Filmaufträge zurückgehen und vorab stärker als die vorangehenden Romane bereits als Drehbücher angelegt sind. *Wolf unter Wölfen* ist in diesem Sinn der letzte ‚richtige Fallada' vor *Jeder stirbt für sich allein*, indem dieser Roman Falladas handwerkliche Könnerschaft in allen genannten Facetten virtuos ausagiert, ohne dies noch als Kunst ostentativ ausstellen zu wollen. Selbst *Der eiserne Gustav* zeigt noch einige dieser Qualitäten, obwohl er wegen seiner opportunistischen Anbiederung im sog. Nazi-Schwanz umstritten ist. Auch hier bleibt die Darstellung sozialer Verhältnisse in der Großstadt ganz auf der Höhe dessen, was Falladas Erzählen ausmacht. Mit *Jeder stirbt für sich allein* erreicht es dann noch einmal eine neue Qualität im gleitenden Vollzug wechselnder Perspektiven, hier in einem breiten Figurenpanorama, das aus den Erzählungen vom Alltag in der Spätphase des Dritten Reichs entsteht. Der bis heute währende Erfolg vor allem dieses Romans geht auch hier darauf zurück, was seit *Kleiner Mann – was nun?* ‚falladesk' heißt.

Erfolgsbedingungen für Bestseller I: exzessive Nähe, nicht allein filmisch

Karl Prümm hat Falladas unmittelbare Nähe zu seinen Figuren auf den „Kinoblick" zurückgeführt (Prümm 1995). Im Zeigen (*showing* statt *telling*) ist der Erzähler kaum spürbar. Er lässt die Figuren reden oder ist in erlebter Rede oder in Inneren Monologen ganz nahe bei ihnen, ja, er schlüpft geradezu in ihre Gefühle hinein, um den Komplex ihrer sinnlichen Wahrnehmung und gedanklichen Verarbeitung bei ihren Weltbegegnungen wie direkt zu vermitteln: in *Kleiner Mann – was nun?* noch weniger intern fokalisiert als dann in *Wer einmal aus dem Blechnapf frißt* und *Wir hatten mal ein Kind*. Im Unterschied zum Erzählen in der Wiener Moderne (etwa bei Schnitzler) geschieht dies ohne psychologisches Interesse, weil es Fallada grundsätzlich um Elementar-Menschliches geht, nicht also um figurenspezifische Individuallagen. Fallada ist kein Psychologe, sondern Kenner des Menschen in seinen Innenspannungen und alarmistischen Regungen gegenüber einer bestimmten Situation, in der sich eine Figur zurechtfinden muss und auch zurechtfinden will. Nie verschwindet der nullfokalisierte Erzähler dabei ganz hinter diesen Figurenperspektiven wie etwa bei Schnitzler oder Kafka.

Die Ausgrenzung von Psychologie ist für Falladas Darstellen systematisch relevant (siehe den Beitrag 2.6 *Fallada und die Kulturdiagnostik* in Kap. I), weil deren Erfassung die Figuren als Individuen um ihren „Kern", um ihren „Willen" bringen würde, der ihnen „Halt" (Fallada 1937, 1156) gibt – und damit um die Chance, sich angesichts der Übermacht der sozialen Tatsachen einen Rest an Selbstbestimmung zu bewahren. Ein machtvolles Nicht-Bewusstes zuzulassen (wie es in Schnitzlers Erzählen der Fall ist), würde nicht nur die einzelne Figur vollkommen destabilisieren, sondern auch die von der Psychoanalyse her bekannte Spannung in die Kleinfamilie tragen, während diese in Falladas Romanen eben oft als Residuum erträglichen Lebens herhalten muss. Die individualpsychologisch erkundete Tiefe würde darüber hinaus die gesamte Balance dieses Erzählens erschüttern, denn mit den bevorzugten Verfahren der Mitsicht griffe es vollständig auf die Erzählinstanz selbst (wie bei Schnitzler oder Kafka) über. Bei Fallada behält sich der Erzähler bei aller Nähe zu den Figuren im Letzten doch ein bestimmtes Verfügen vor, indem er entweder die (selteneren) guten Ausgänge oder zumindest Trost garantiert.

Gewiss beschreibt Prümm in der Rückführung auf das filmische Sehen in vielen Details viel Richtiges. Seine Einsichten greifen aber dann zu kurz, wenn es um Differenzen zu den Verfahrensmöglichkeiten des zeitgenössischen Films geht. Über Innenperspektiven kann der Film wie ein Erzähltext eben nicht verfügen. Er muss derartige Perspektiven anders, etwa im Schuss-Gegenschuss-Verfahren, durch symbolische Detailaufnahmen oder durch Externalisierung in sichtbare Handlungen gestalten (vgl. am Beispiel der Verfilmung von Schnitzlers *Fräulein Else* durch Paul Czinner Frank 2016). Damit kann der Film aber eben nicht die Gedanken einer Figur („denkt es in Pinneberg"; Fallada 2016, 197) oder ihre sinnlich direkten Wahrnehmungen erfassen – daher vor allem auch nicht, wie sich eine Situation in ihrem Inneren anfühlt. Wie Fallada das zu vermitteln weiß, ist auch der subjektiven Kamera in diesem Komplex aus Gedanklichkeit, Wahrnehmung, Sinneseindruck und Gefühl nicht darstellbar.

Zwar gibt es *Cameray Eye-* und Montage-Techniken in *Bauern, Bonzen und Bomben* (vgl. Gürgen 2017), *Kleiner Mann – was nun?* und *Wolf unter Wölfen* (auch hier etwa noch *short cuts*). Wenn man aber als Leser die Welt Pinnebergs miterlebt, dann ist das stets mehr als bloß „durch die Augen Pinnebergs" (Reimann 2017, 11) gesehen: „So müsste man wohnen können, denkt Pinneberg" (Fallada 2016, 7). Das Beispiel, das Reimann aufführt, zeigt, dass es sich um eine subjektive Einschätzung, um einen modal gefärbten Eindruck handelt, der einen Wunsch Pinnebergs und die unmögliche Verwirklichung in seinem Leben zugleich im Konjunktiv II, also im Irrealis, anzeigt. Auch der nächste von Reimann zitierte Satz – „Um die Ecke weht Lämmchen, im plissierten weißen Rock, der Rohseidenbluse, ohne Hut, die blonden Haare verweht" (ebd., 8) – ist zwar soweit durchaus filmisch gesehen, der Vorgang wird aber von Pinneberg völlig unfilmisch interpretiert: ‚Wehen' ist die sprachliche Gestalt für Pinnebergs Eindruck, wie das nun doch plötzliche Aufscheinen Lämmchens (nachdem er ihre übliche Unpünktlichkeit erduldet hat) auf ihn wirkt: „Und nun ist es doch wieder fünf Minuten nach vier. Wenn ich mir eine Zigarette anbrenne, kommt Lämmchen natürlich sofort um die Ecke. Lass ich es also. Heute wird es schon wieder teuer genug." (ebd., 7) Kaum zündete er sich dann doch die Zigarette an, um die Wartezeit zu überbrücken: Schon ist sie tatsächlich da. Erzählt wird damit also auch die Erfahrung, die Pinneberg in solchen Situationen des Wartens wie immer („wieder") mit Lämmchen macht: von den Gewohnheiten im Umgang miteinander.

Wenn Reimann schreibt, der Erzähler „interpretiert jedoch nie das Gesagte" (Reimann 2017, 12), ist das zwar einerseits richtig, andererseits lässt er aber seine Figur die Situation interpretieren: nicht nur „mit einer zeitlupenhaften Intensität und einer zugeneigten Genauigkeit, bei der jedes noch so abwegig erscheinende Detail gewürdigt wird" (Prümm 1995, 259, zit. nach Reimann 2017, 12), sondern indem mitgeteilt wird, wie Pinneberg es empfindet, dass Lämmchen für ihn so beschwingt wie der flüchtige Wind aufscheint (obwohl sie gerade vor dem teuren Gang zum Frauenarzt stehen: „Heute wird es schon wieder teuer genug"; Fallada 2016, 7) Triftig ist das als „Technik einer einvernehmlichen Erzählhaltung bei gleichzeitig detailgenauer Protokollierung der alltäglichen, vor allem gegenständlichen Welt" (Kapitel 2017, 48) beschrieben worden: Gegenstände werden dabei entweder durch Abtönungswörter („herrlich"; Fallada 2016, 11) mit modal gefärbten Energien besetzt (vgl. Prümm 1995, 264), oder sie lösen Visionen aus, indem sie von der Lebendigkeit ihres Betrachters energetisch aufgeladen werden, so dass sich Figuren bei der Betrachtung der so begehrten (und hart ‚erkämpften'; Fallada 2016, 202) Frisiertoilette fast schon wundern, „daß Furniere nicht blasig werden von soviel Blick" (ebd., 421). Modalpartikel und ihre spezifische Mündlichkeit machen Haltungen und Einstellungen der Figuren (das ‚Entzücken' Pinnebergs) deutlich: ihre Einschätzungen einer Lage und deren subjektive Geltung in ihrem Inneren (vgl. Liefländer-Leskinen 2011; Kapitel 2017, 63–65).

Fallada hat demnach Darstellungsverfahren entwickelt, solch subjektive Nähe als Gesamtheit aller sinnlichen Befunde von Figuren eins mit ihren Projektionen so zu vermitteln, dass man als Leser*in selbst zu spüren glaubt, wie es sich in der erzählten Situation anfühlt. Das ist das Geheimnis seines großen Erfolgs: Man fühlt sich in dieser Darstellung sofort in den eigenen Problemen und Psychologen verstanden, ohne dass die jeweilige Situation detailliert auserzählt wäre. Sie wird tatsächlich wie im Film eher gezeigt, das aber in der Gesamtheit eines so sinnlichen wie imaginären Komplexes von Wahrnehmungen und Einschätzungen, der sich in der Lektüre in allen Facetten direkt überträgt.

Diesen Vorgang mit den Mitteln der Narratologie analytisch zu beschreiben, ist extrem schwierig, weil dieses Erzählen problemlos, d. h. vor allem auch unmarkiert zwischen größter Nähe und bestimmter Distanz zur Figur oszillieren kann. Voraussetzung dafür ist das von Fallada in oben zitierten Äußerungen beschriebene Moment, in und mit den Figuren in ihren konkreten Situationen beim Schreiben selbst zu leben. Insofern ist es richtig, wenn festgestellt wird, dass es Fallada gelinge, „eine einzigartige Intimität zwischen den Protagonisten untereinander und zwischen Figuren und Leser zu erschaffen" (Reimann 2017, 13). Falladas Alltäglichkeitseffekte im intimen Detailblick resultieren also daraus, dass sie die Wirkung erzählter Details auf seine Figuren erfassen: an Einzelheiten, die als bemerkte Elemente der wahrnehmbaren Welt auf ihre damit verbundenen (teils unwillkürlichen) Vorstellungen und Empfindungen bezogen sind, die der Erzähler direkt mitteilt – oft auch in der verdichteten Ansammlung von Einzelwahrnehmungen, wie sie von der Figur im Registrieren des Gehörten, Gesehenen oder mit den anderen Sinnen Empfundenen auch in inneren Selbstgesprächen vernommen werden. Fallada ist in der Lage, die emotionale Wirkung von Dingen, Sachverhalten und Situationen auf Figuren zu versprachlichen, ohne dass sich die erzählerische Vermittlung dabei allzu spürbar geltend macht. Die Einfachheit und Verständlichkeit dieses Erzählens ist dabei ebenso Garant des Erfolgs wie die emotionale Verdichtung, die als vertraute Reaktion in einer Sprache der Ergriffenheit der Figuren, einer „Art Familiensprache" (Kapitel 2017, 65) durch Kosenamen und Diminutive („Junge", „Jungchen"), selbst sofort anrührt.

Erfolgsbedingungen für Bestseller II: Geschichten statt Realität

Die Verkennung von Falladas Poetik ist eine doppelte. Die langanhaltende Ignoranz gegenüber seiner ganz eigenen Erweiterung des verfahrenstechnischen Spektrums (die in der Modifikation von personalen Techniken wie dem *style indirect libre* und dem *stream of consciousness* wie in der intrikaten Kombination dieser Techniken mit einer traditionell nullfokalisierten, heterodiegetischen Erzählstimme besteht) ist zwar mittlerweile erkannt, aber längst nicht überwunden. Weithin unbemerkt ist demgegenüber die starke Formung geblieben, die Fallada auch seinen erzählten Geschichten gibt. Als abbild-realistisches Schreiben bis heute missverstanden, werden diese Geschichten immer noch als inhaltliche oder thematische Steinbrüche ausgebeutet, denen je nach ideologischer Vorliebe oder kulturwissenschaftlichem Interesse dies und das zu entnehmen ist (siehe den Beitrag 2.6 *Fallada und die Kulturdiagnostik* in Kap. I). Wie für verfahrenstechnische Aspekte vor allem Prümm (1994/1995/2011/2013) Anstöße zur aufmerksameren Lektüre gegeben hat, gilt das auf der Ebene der *histoire* für die Studie von Schönert (2011), der einen Teil der Romane als Varianten einer gemeinsamen Erzählgrammatik, als „Lebensläufe nach abfallender Linie" beschreibt.

Dabei hätte man statt auf Georg Lukács' Invektiven (1936) nur auf Hermann Brochs Brief an Fallada vom November 1937 hören müssen. Broch erörtert hier die „Tragfähigkeit der Lösungsversuche" (zit. nach Caspar 1970, 669), die Fallada unternimmt, „um aus einer ungeheuren Bedrückung, Hilflosigkeit, Hoffnungslosigkeit herauszufinden, ohne daß es Ihnen [Hans Fallada] gelänge" (ebd., 668) – eine „Hoffnungslosigkeit", die Robert Musil 1923 als zentrales Merkmal der anbrechenden Epoche diagnostizierte (Musil 1978, 1355) und die auch Hermann Hesses Rezension zu *Wer einmal aus dem Blechnapf frißt* festhält: „Fallada […] zeigt uns eine böse, mechanisierte, ja teuflische Art von Leben"; „und wir müssen es annehmen, müssen zugeben, daß es stimmt, daß es so ist, daß Tausende und Millionen so leben und daß ich, der ich das Glück habe, anders zu leben, dies Glück bloß einem Zufall verdanke" (Hesse 1934).

Falladas Geschichten arbeiten sich demnach an den Problemen ab, die nach der Ernüchterung der hoffnungsfrohen Aufbrüche in den Avantgarden, die in seinem expressionistischen Frühwerk noch Orientierungsmaßstab waren, im Nach-Expressionismus bzw. Magischen Realismus (vgl. Roh 1925) entstehen. Dass daraufhin bestimmte Muster wiederkehren, ist nicht einer professionellen Wiederverwertung einmal für gut befundener Einfälle geschuldet, sondern zeigt an, wie aus einer neuen Konstellierung Lösungsversuche hervorgehen sollen. So wird in der Erzählsituation von *Anton und Gerda* (1923), der als längerer Roman schon von der Ablösung vom Expressionismus zeugt, das intensive erotische Erleben in der Beziehung mit der älteren und erfahreneren Prostituierten noch gegen die komplementäre Laufbahn als erfolgreicher Schriftsteller eingetauscht. Dagegen verfällt in *Wolf unter Wölfen* (1937) ein solch rücksichtsloser Ausbruch aus der Bürgerwelt, wenn er nicht zur moderatmodernen Kunstproduktion führt, als falscher Weg der Elterngeneration dem Verdikt und wird entsprechend zu einer Episode reduziert. Was erhalten bleibt, ist die lebenstüchtigere Frauenfigur, die es allerdings nie mehr gleichberechtigt in einen Buchtitel Falladas schafft wie noch in *Ria. Ein kleiner Roman*, den Rowohlts Lektor Franz Hessel im August 1923 abgelehnt hatte (siehe den Beitrag 2.3 *Zum Umbruch in Falladas Werk um 1925* in Kap. I).

Der Fokus der Texte nach *Anton und Gerda* als letztem Roman des jugendlichen Ausbruchs liegt auf den weit problematischeren männlichen Biografien (siehe den Beitrag 3.2 *Kleiner Mann – was nun?* in Kap. II; Schönert 2011). Nach *Anton und Gerda* kann keine der Figuren mehr die sozialen Rahmenbedingungen in einem Kurhotel am Meer hinter sich lassen. Das Problem, an dem die Texte seitdem arbeiten, besteht darin, einen mentalen und sozialen Modus zu finden, die Macht der sozialen Tatsachen zu ertragen sowie ihnen Überleben und individuellen Wohn- und Lebensraum (vgl. Lauffer 2011, 277–314) abzutrotzen. Figuren wie Erzähler beschäftigt dabei häufig die Suche nach einer Instanz, die entweder diese Minimalanforderung garantiert oder wenigstens Trost spendet, indem sie die Normalität dieser Verhältnisse beglaubigt. Ist an den Rahmenbedingungen, deren oft veristischer Darstellung sich die Romane ausgiebig widmen, also wenig zu ändern, so versuchen die Figuren variantenreich, diese zu durchschauen und Verhaltensweisen und Strategien zu entwickeln, die ihnen ein Bestehen erlauben. Die Texte kombinieren dazu eine Vielzahl an Merkmalen, was Voraussetzungen der Figuren, etwa die Herkunft, ihren Charakter wie ihre berufliche Situation und soziale Lage betrifft. Dennoch stellen sich neben solchen Variablen auch Konstanten ein.

Zwar überwiegen die „Lebensläufe nach abfallender Linie" (Schönert 2011), aber es gibt nach dem Erfolg des offenen (*Kleiner Mann – was nun?*) auch das gute (*Wolf unter Wölfen*), das versöhnliche (*Ein Mann will hinauf*) oder (partiell) tröstliche Ende (*Jeder stirbt für sich allein*). Die Macht der sozialen Tatsachen bringt das gemischte Auf und Ab in den Romanen der 1940er Jahre zur Geltung, beobachtbar etwa an den drei wechselnden Paaren in *Der ungeliebte Mann* (1940) oder im Längsschnitt an *Ein Mann will hinauf. Die Frauen und der Träumer* (1942/53). Was sich insgesamt abzeichnet, ist eine Verschiebung in der Alters- und in der Kleinfamilienstruktur. Ist Falladas Interesse am ‚hässlichen' Alter schon in *Wolf unter Wölfen* ausgeprägt (die Ehe der Kniebuschs oder die Mitsicht beim Förster, die vielen alten Dienerfiguren), ohne dass es sich dabei um Mittelpunktsfiguren gehandelt hätte, rücken das Erwachsenenalter etwa in *Der Trinker* und in *Der ungeliebte Mann*, schließlich auch das Greisenalter mehr und mehr ins Zentrum: seit *Altes Herz geht auf die Reise* (1936) noch metaphorisch, beim *Eisernen Gustav* (1938) direkt im Titel, wobei er dennoch nicht Hauptfigur ist, in *Jeder stirbt für sich allein* als unumstrittenes Protagonistenpaar, wobei erstmals auch der Mann auf Augenhöhe agiert, ja sogar initiativ wird. Der tröstliche Ausgang wird hier wie in *Ein Mann will hinauf* durch eine späte zweite Familie und die Adoption eines eigenen, im späteren Roman eines fremden Kindes erreicht. Das Vorausgegangene verhindert dabei den Eindruck, anders als noch in *Wolf unter Wölfen*, es handle sich bloß um eine fadenscheinige Idylle am Rande der politischen Welt.

Ein ‚volkstümliches' Erzählen?

Das anheimelnde Potential dieser Geschichten, herbeigeführt durch ebenso berührende Erzählverfahren, hat Fallada den Ruf eingetragen, ein ‚volkstümlicher' Autor zu sein. Damit wird ein professionelles Selbstverständnis als Medienarbeiter verkannt, der mit seinem Erzählen idiosynkratisch zu gestalten weiß, was je zeitgemäß relevant ist – und damit bei seiner Leserschaft fast schon zwingend anklingen muss. Die Virtuosität der literarischen Techniken, die Fallada dazu einsetzt, ist in der Forschung kaum über Ansätze hinaus hinreichend präzise beschrieben worden, sowohl was die Ebene des *discours* als auch die Ebene der *histoire* angeht – vermutlich auch deshalb, weil man mit den gängigen Kategorien der Erzähltextanalyse bei diesem Autor, wie in vielerlei Hinsicht angedeutet, schnell an Grenzen gerät.

Nicht nur, dass man bei Fallada oft nur schwer sagen kann, wo der Erzähler zu verorten ist: „An vielen Stellen ist kaum auszumachen, wer spricht", der Erzähler oder die Figur (Kapitel 2017, 67). In diesem eigentümlichen Empathiekonzept ist auch vieles andere oft nur schwer einzuschätzen: ob etwa die immer wieder spürbaren ironischen Tönungen dem ‚inneren Reden' der Figur (gleichsam als Distanz zu sich selbst) angehören oder ob sie den Eindruck des Erzählers wiedergeben, dass nun schon wieder mal etwas so ist, wie man es in seinen alltäglichen Miseren ja gewohnt ist. Sich dabei dennoch nicht unterkriegen zu lassen, setzt diese merkwürdige Distanz der Figur zu sich selbst voraus.

Als Leser stimmt man auf jeden Fall gerne und sofort in die Plausibilität einer Darstellung alltäglich-lebensweltlicher Phänomene ein (,So ist es'), obwohl dieser Effekt extrem kurzschlüssig ist. Gerade diese Kurzschlüssigkeit hat erheblich dazu beigetragen, Falladas Erzählen als simpel einzuschätzen. Dabei ist sie Effekt erzählerischer Verfahren und als solcher hochgradig erklärungsbedürftig, wobei das analytische Instrumentarium, das sein Funktionieren präzise erklären könnte, noch weiter zu entwickeln ist. Diese Kurzschlüsse, die sofort klar machen, wie eine Figur ‚tickt', wie sie kalkuliert und mit ihren Affekten umgeht und die sogleich herbeiführen, was ‚falladesk' heißt, sind das eigentliche Geheimnis dieses Erzählens. Das extrem hohe Anmutungspotential, das darin steckt, bestätigen die begeisterten Leserbriefe anlässlich von *Kleiner Mann – was nun?* (vgl. Latzkow 1995; Grisko 2002, 81–83). Fallada trifft offenkundig die Bedürfnisstruktur einer breiten Leserschaft im Ton. Das hat ihm in seinen angeblichen Anpassungsstrategien an Leserbedürfnisse den Ruf eingetragen, volkstümlich (und damit im Kern auch trivial) zu sein. Dass Fallada an seine Leserschaft beim Schreiben jedoch gar nicht denkt, wie er betont, darf man getrost glauben, denn sonst wäre es undenkbar, in weniger als einem Monat 600-Seiten-Romane zu verfassen. Das geht nur in den viel beschriebenen Schreibräuschen.

Es muss etwas anderes sein, was seine Leserschaft glauben macht, dass es ‚genau so ist', wie es die Romane darstellen, so dass sie glauben, der Autor kenne ihre Nöte und Sorgen aufs Genaueste, ja er verstehe sie in ihrem eigenen Innersten. Es ist ein Geheimnis, das vermutlich mit dem zu tun hat, was man das ‚Wahrnehmungsunbewusste' des Allgemein-Menschlichen in sozialen Räumen zu nennen hätte. Fallada ist ein Autor, der es freizusetzen in der Lage ist: also das, was sich im Verhalten, im (teils unbewussten) Denken und Fühlen von Menschen in konkreten sozialen Situationen unmittelbar so geltend macht, wie es in dergleichen Situationen nun mal der Fall zu sein pflegt. Auf jeden Fall hat der Autor für diese Dinge ein untrügliches Gespür, und er beherrscht die Sprachverfahren, die damit verbundene Emotionen unmittelbar freisetzen können. Von den Dialogtechniken in *Bauern, Bonzen und Bomben* ausgehend, entwickelt er diese Verfahren mit Blick auf Innenwirkungen des Sozialen in Varianten des Selbstgesprächs – genauer müsste man sagen in internen Selbstabgleichungen, die stets modal gefärbt sind: „Man erlebt eben immer wieder Überraschungen an sich. Was so ein Kuss ausmacht, hätte er nicht gedacht" (Fallada 2016, 208), denkt sich Pinneberg, nachdem er, der üblichen Zärtlichkeit Lämmchens bei den „ehelichen Gewohnheiten" (ebd., 206) im Zubettgehen zunächst überdrüssig, nun doch „die etwas eindeutige handfeste männliche Konsequenz" „zu Eroticis" daraus zieht, obwohl der Kuss gar nicht als „versteckte Aufforderung Lämmchens" gemeint war (ebd., 210). Schnitzler hat derartige Doppelungen – äußerlich Vernehmbares wird in den Innenwirkungen auf die Figur gezeigt – in *Fräulein Else* (1924) noch typografisch, durch kursiv und nicht-kursiv gesetzte Redesequenzen, getrennt (vgl. Frank 2016). Fallada integriert beides in einem neuartigen Erzählen, das unmittelbar einleuchtend wie anheimelnd ist, weil sein warmer Grundton die menschlich-empathische Geste bewahrt.

Literatur

Bloom 1997: Bloom, Harold: The Anxiety of Influence. A Theory of Poetry, New York 1997.
Fallada 1926: Fallada, Hans: Ich übe mich im Dialog. Von Hans Fallada. Illustriert von Beatrice Braun-Fock. In: Das Leben. Die Große Welt. Der Die Das 3 (1926), Nr. 9 (Februar 1926), S. 929–930.
Fallada 1931: Fallada, Hans: Ernest Hemingway oder Woran liegt es? In: Die Literatur. Monatsschrift für Literaturfreunde 33 (1930/31), H. 12 (September 1931), S. 672–674.
Fallada 1937: Fallada, Hans: Wolf unter Wölfen. Roman, 2 Bde, Bd. 1: Erster Teil. Die Stadt und ihre Ruhelosen. Bd. 2: Zweiter Teil. Das Land in Brand, Berlin 1937.
Fallada 1943: Fallada, Hans: Heute bei uns zu Haus. Ein anderes Buch. Erfahrenes und Erfundenes, Berlin/Stuttgart 1943.
Fallada 2008: Fallada, Hans: Ewig auf der Rutschbahn. Briefwechsel mit dem Rowohlt Verlag, hg. von Michael Töteberg und Sabine Buck, Reinbek bei Hamburg 2008.
Fallada 2016: Fallada, Hans: Kleiner Mann – was nun? Roman, ungekürzte Neuausgabe mit einem Nachwort von Carsten Gansel, Texterfassung Mike Porath und Nele Holdack, Berlin 2016.
Fallada 2018a: Fallada, Hans: Ein Roman wird begonnen. Zwiegespräch zwischen dem Verfasser und seiner Frau. In: Junge Liebe zwischen Trümmern. Erzählungen, hg. und mit einem Nachwort von Peter Walther, Berlin 2018, S. 190–203.
Fallada 2018b: Fallada, Hans: Meine Ahnen. In: Junge Liebe zwischen Trümmern. Erzählungen, hg. und mit einem Nachwort von Peter Walther, Berlin 2018, S. 183–189.

Fallada 2018c: Fallada, Hans: Mein lieben jungen Freunde. In: Junge Liebe zwischen Trümmern. Erzählungen, hg. und mit einem Nachwort von Peter Walther, Berlin 2018, S. 204–249.
Frank 2016: Frank, Gustav: Literatur – Filmgeschichte – Populäre Kultur. *Fräulein Else* in der visuellen Kultur, URL: http://litkult1920er.aau.at/?q=themes/literatur-filmgeschichte-populäre-kultur-fräulein-else-der-visuellen-kultur [Stand 24. April 2018].
Frank/Scherer 2013: Frank, Gustav/Scherer, Stefan: Mikrodramatik der unscheinbaren Dinge. Falladas soziologischer Blick als Bedingung für Weltbestseller. In: Hans Fallada, hg. von G. F. und St. Sch., München 2013 (Text + Kritik 200), S. 83–93.
Giesecke 2011: Giesecke, Almut: Anhang. In: Hans Fallada: Jeder stirbt für sich allein. Roman, ungekürzte Neuausgabe, hg. von A. G., mit 12 Abbildungen, Berlin 2011, S. 669–701.
Grisko 2002: Grisko, Michael: Hans Fallada. *Kleiner Mann – was nun?* [Erläuterungen und Dokumente], Stuttgart 2002.
Gürgen 2017: Gürgen, Hannes: Camera-eye, short cuts und Montage. Filmisches Schreiben in Hans Falladas Roman *Bauern, Bonzen und Bomben*. In: Salatgarten 26 (2017), H. 2, S. 4–8.
Hesse 1934: Hesse, Hermann: Der neue Fallada. In: National-Zeitung. Organ für Handel und Industrie. Anzeigeblatt der Stadt Basel 92 (1934), 1.4.1934, HFA N 366.
Kapitel 2017: Kapitel, Kristina: Hans Falladas journalistisches Schreiben im Verhältnis zu seinem literarischen Werk um 1930, Masterarbeit, Karlsruhe (KIT) 2017.
Koschorke 1999: Koschorke, Albrecht: Körperströme und Schriftverkehr. Mediologie des 18. Jahrhunderts, München 1999.
Kracauer 1977: Kracauer, Siegfried: Über Erfolgsbücher und ihr Publikum [1931] In: Ders.: Das Ornament der Masse. Essays, Frankfurt a. M. 1977, S. 64–74.
Latzkow 1995: Latzkow, Bettina: „Wir werden doch nicht weinen müssen am Ende". Leserbriefe zu *Kleiner Mann, was nun?* In: Hans Fallada. Beiträge zu Leben und Werk. Materialien der 1. Internationalen Hans-Fallada-Konferenz in Greifswald vom 10.6 bis 13.6.1993, hg. von Gunnar Müller-Waldeck und Roland Ulrich, Rostock 1995, S. 273–284.
Lauffer 2011: Lauffer, Ines: Poetik des Privatraums. Der architektonische Wohndiskurs in den Romanen der Neuen Sachlichkeit, Bielefeld 2011.
Liefländer-Leskinen 2011: Liefländer-Leskinen, Luise: Funktionen von Modalpartikeln in fiktionalen Dialogen von Hans Fallada und den Übersetzungen ins Finnische. In: Sprache – Literatur – Literatursprache. Linguistische Beiträge, hg. von Anne Betten und Jürgen Schiewe, Berlin 2011, S. 263–268.
Lukács 1936: Lukács, Georg: Literaturnyj kritik. Ezemesjacnyj zurnal literaturnoj teorii, kritiki i istorii literatury (1936), H. 5, S. 135–147; deutsch unter: Hans Fallada – Die Tragödie eines begabten Schriftstellers unter dem Faschismus. In: Sammlung. Jahrbuch für antifaschistische Literatur und Kunst 3 (1980), S. 59–71.
Müller-Waldeck/Ulrich 2012: Müller-Waldeck, Gunnar/Ulrich, Roland unter Mitarbeit von Uli Ditzen (Hg.): Hans Fallada. Sein Leben in Bildern und Briefen, Berlin 2012.
Musil 1978: Musil, Robert: Der deutsche Mensch als Symptom. In: Ders.: Gesammelte Werke, Bd. 2: Essays und Reden. Kritik, hg. von Adolf Frisé, Reinbek bei Hamburg 1978, S. 1353–1400.
Prümm 1994: Prümm, Karl: Die Oberfläche der Dinge. Repräsentation des Alltäglichen im Film, im Theater und im Roman um 1930 am Beispiel von Robert Siodmak, Ödön von Horváth und Hans Fallada. In: Les Fictions d'actualité dans les pays de langue allemande au XXe siècle. Die ästhetische Umsetzung des Zeitgeschehens im deutschsprachigen Raum im 20. Jahrhundert, Villeneuve d'Ascq Cédex 1994, S. 31–59.
Prümm 1995: Prümm, Karl: Exzessive Nähe und Kinoblick. Alltagswahrnehmung in Hans Falladas Roman *Kleiner Mann – was nun?* In: Neue Sachlichkeit im Roman. Neue Interpretationen zum Roman der Weimarer Republik, hg. von Sabina Becker und Christoph Weiß, Stuttgart/Weimar 1995, S. 255–272.
Prümm 2011: Prümm, Karl: Gebanntes Schauen und protokolliertes Sehen. Kinokritik und Kinoprosa bei Hans Fallada. In: Hans Fallada. Autor und Werk im Literatursystem der Moderne, hg. von Patricia Fritsch-Lange und Lutz Hagestedt, Berlin/Boston 2011, S. 135–151.

Prümm 2013: Prümm, Karl: Selbstfindung im Vorraum des Romans. Hans Falladas Kulturpublizistik und Filmkritik für den *General-Anzeiger* in Neumünster (1928–1930). In: Hans Fallada, hg. von Gustav Frank und Stefan Scherer, München 2013 (Text + Kritik 200), S. 18–30.
Reimann 2017: Reimann, Carolin: Falladas ‚neue Art zu sehen'. Filmisches Schreiben im Roman *Kleiner Mann – was nun?* In: Salatgarten 26 (2017), H. 2, S. 11–13.
Roh 1925: Roh, Franz: Nach-Expressionismus – Magischer Realismus: Probleme der neuesten europäischen Malerei, Leipzig 1925.
Scherer 2002: Scherer, Stefan: Mediologische Narration. Sinnliche Gewißheit und erzählte Medientheorie in Prosatexten der 90er Jahre. In: Akten des X. Internationalen Germanistenkongresses Wien 2000. ‚Zeitenwende – Die Germanistik auf dem Weg vom 20. ins 21. Jahrhundert', hg. von Peter Wiesinger unter Mitarbeit von Hans Derkits, Bd. 7: Gegenwartsliteratur, betreut von Helmut Kiesel und Corina Caduff, Bern/Berlin/Brüssel/Frankfurt a. M. u. a. 2002, S. 113–118.
Scherer 2015: Scherer, Stefan: Psychomechanik des Lebens. Der noch zu entdeckende Erzähler Fallada um 1925: *Der Apparat der Liebe* (1925). In: Salatgarten 24 (2015), H. 2, S. 38–41.
Scherer 2017: Scherer, Stefan: Übergänge der Wiener Moderne. Schnitzlers frühe Prosa der 1880er Jahre. In: Textschicksale. Das Werk Arthur Schnitzlers im Kontext der Moderne, hg. von Wolfgang Lukas und Michael Scheffel, Berlin/Boston 2017, S. 9–25.
Schönert 2011: Schönert, Jörg: Krisen, Kriminalität und Katastrophen. Falladas Lebensläufe nach abfallender Linie. In: Hans Fallada. Autor und Werk im Literatursystem der Moderne, hg. von Patricia Fritsch-Lange und Lutz Hagestedt, Berlin/Boston 2011, S. 153–167.
Schramm 1937: Schramm, Hermann: *Wolf unter Wölfen*. Ein Inflationsroman von Hans Fallada. In: Völkischer Beobachter. Kampfblatt der national-sozialistischen Bewegung Großdeutschlands 50 (1937), Nr. 324, 20.11.1937, S. 6.
Segeberg 2003: Segeberg, Harro: Literatur im Medienzeitalter. Literatur, Technik und Medien seit 1914, Darmstadt 2003.
Uzulis 2017: Uzulis, André: Hans Fallada. Biografie, Berlin 2017.

1.3 Vorwort-Politik
Daniel Lutz

Vorworte als werk-, markt- und realpolitisches Instrument

„Nach einer schlecht verbrachten Nacht habe ich mir wieder so eine Art Vorrede zurechtgeschustert", schreibt Rudolf Ditzen am 6. Juni 1946 in der letzten schriftlichen Nachricht an seinen ältesten Sohn Uli (Fallada/Ditzen 2004, 208). In der lapidaren Bemerkung, die sich wohl auf den Roman *Der Alpdruck* bezieht, verdichten sich drei wesentliche Elemente von Falladas Vorwort-Produktion. Erstens richten sich die Vorworte von einer defensiven Position aus an die Leser. Sie dienen der Abwehr, Entschuldigung oder Rechtfertigung des jeweils folgenden Textes. Im übertragenen Sinne sind sie deshalb durchaus treffend als Produkte einer „schlecht verbrachten Nacht" zu verstehen, da sie immer wieder die sorgenvolle Unruhe des Autors über mögliche Fehllektüren zum Ausdruck bringen. Zweitens weist das „wieder" auf die Regelmäßigkeit hin, in der diese Autor-Bemerkungen den Romanen und Erzählungen vorgeschaltet sind – zwischen 1931 und 1947 sind es allein 15 publizierte Vorbemerkungen –, was seinen Grund nicht zuletzt darin hat, dass Fallada für spätere Ausgaben einzelner Texte die originalen durch neue Vorreden ersetzt. Drittens ist die handwerkliche

1.3 Vorwort-Politik

Metaphorik des Zurechtschusterns bedeutsam, verbindet sich damit doch der Eindruck einer behelfsmäßig eingerichteten Konstruktion, die vorwiegend pragmatischen Überlegungen folgt. Anders gesagt: An erster Stelle steht die Zweckmäßigkeit der Texte, nachrangig ist dagegen die ‚poetische Qualität'. Der literarische Text beginnt in diesem Verständnis nicht mit dem Vorwort, sondern erst danach.

Fallada sieht seine Vorworte nicht als integrale Werkbestandteile, sondern als beigefügte Texte, die bei Bedarf auch ausgetauscht werden können. Angewendet wird diese Austauschpraxis von Fallada über das Dritte Reich hinaus auch in der Nachkriegszeit. Nach seinem Tod wird sie von den Verlagen Rowohlt und Aufbau perpetuiert, die kein Interesse an Hinweisen auf oder gar an der Verbreitung politisch fragwürdiger Vorreden haben. Seit 1945 stehen jedenfalls nur noch unverfängliche Vorworte in den neuaufgelegten Ausgaben, wenn denn ein solches aus Falladas Hand vorliegt, oder der inkriminierte Text wird getilgt, wie dies bei *Wolf unter Wölfen* der Fall ist. In diesem Vorgehen verbinden sich politische Rücksichtnahmen und Verwertungsinteressen. Falladas Vorworte sind immer auch als Werbemaßnahmen zu verstehen, um unter schwierigen bzw. veränderten politischen Verhältnissen seine Bücher auf dem Markt platzieren zu können. So versucht er noch 1946, Ernst Rowohlt für sein vom Aufbau Verlag abgelehntes Manuskript *Der Jungherr von Strammin* zu interessieren, das er, den neuen Verhältnissen gemäß, „mit einer entsprechenden kleinen Vorrede für die heutige Zeit" ausstatten will (Fallada 2008, 403, vgl. auch 427). Als Medienprofi hat Fallada stets den noch unentschiedenen Leser im Blick, explizit wenn er bei *Wolf unter Wölfen* von einer „bei jedem Buchhändler rasch zu überfliegenden Vorrede" (Fallada 1937, [7]) spricht. *In puncto* Austauschbarkeit stellt eine als Brief an seinen Verleger Ernst Rowohlt aufgemachte Beilage zur Erstauflage von *Wer einmal aus dem Blechnapf frißt* (1934) einen bezeichnenden Sonderfall dar. Die Beilage fingiert persönliche Kommunikation, ist tatsächlich aber Werbung für den kommenden Roman *Wir hatten mal ein Kind* (vgl. Fallada 2008, 142f.). Dieser Text ist als epitextuelles, d. h. außerhalb des Buches befindliches Vorwort zu verstehen, zumal *Wir hatten mal ein Kind* selbst kein peritextuelles, also zum Buch gehöriges Vorwort besitzt. Die Beilage wird daher nachfolgend im Kontext der ‚Anpassungsvorworte' während der NS-Zeit verortet. Die Form der Beigabe demonstriert in anschaulicher Weise den funktionalen und in diesem Sinne taktisch motivierten Einsatz der Vorreden zu den Zeitromanen Falladas zwischen 1933 und 1939.

Insbesondere für politische Anpassungen während des Dritten Reichs nutzt er Vorreden als Mittel, um Angriffe gegen Einzelwerke *und* gegen sein Gesamtwerk abzuwehren. Die Vorworte sind somit ein wichtiges werkpolitisches Instrument, das dazu dient, Lektüre- und Rezeptionsregeln mitzugeben, wo Missverständnisse wahrscheinlich sind (vgl. Martus 2007, 6). Als Teil des Paratextes, also „jenes Beiwerk[s], durch das ein Text zum Buch wird und vor die Leser und, allgemeiner, vor die Öffentlichkeit tritt", stellen Vorworte eine Form der Zugangsregulierung dar, wobei „es sich weniger um eine Schranke oder eine undurchlässige Grenze als um eine *Schwelle* [handelt]" (Genette 2001, 10). Falladas Vorworten eignet gleichwohl, bei allen enthaltenen Unzulänglichkeitsbekundungen, ein autoritativer Gestus. Sie sind direktive Sprechakte, die um den Leser werben und ihn über die ‚richtige' Lektüre im Autorsinne instruieren wollen (vgl. Wirth 2004, 608 ff.). Unterstrichen wird dies durch die Signatur der Vorworte, die fast immer namentlich – entweder mit vollem *nom de plume* oder mit den Initialen H. F. – gezeichnet sind.

Gebrauchsanweisung des Fiktionalen – *Bauern, Bonzen und Bomben* (1931)

Bereits beim ersten Vorwort zu *Bauern, Bonzen und Bomben* von 1931 spielen realpolitische Gründe eine wichtige Rolle, insofern die Darstellung der Bauernaufstände nicht als Parteinahme für eine bestimmte Seite interpretiert werden soll. Die Notwendigkeit paratextueller Rahmung ergibt sich gerade aus der Hinwendung Falladas zum Zeitroman, in dem aktuell virulente Kontroversen dargestellt werden. Während im avantgardistischen Frühwerk *Die Kuh, der Schuh, dann du* (entstanden 1920) die Vorrede noch als ironischer Erzählerkommentar innerhalb der Fiktion durchgespielt wird (vgl. Fallada 1993, 38f.), ist sie ab 1931 der Fiktion vorangestellt, um diese sozusagen von außen zu definieren. Um dem Missverständnis der Faktualität vorzubeugen, betont Fallada daher den fiktionalen Status von *Bauern, Bonzen und Bomben*, hält jedoch gleichzeitig den dokumentarischen Anspruch aufrecht:

> *Dieses Buch* [Absatz] ist ein Roman, also ein Werk der Phantasie. Wohl hat der Verfasser Ereignisse, die sich in einer bestimmten Gegend Deutschlands abspielten, benutzt, aber er hat sie, wie es der Gang der Handlung zu fordern schien, willkürlich verändert. Wie man aus den Steinen eines abgebrochenen Hauses ein neues bauen kann, das dem alten in nichts gleicht, außer dem Material, so ist beim Bau dieses Werkes verfahren. [Absatz] Die Gestalten des Romans sind keine Photographien, sie sind Versuche, Menschengesichter unter Verzicht auf billige Ähnlichkeit sichtbar zu machen. [Absatz] Bei der Wiedergabe der Atmosphäre, des Parteihaders, des Kampfes aller gegen alle ist höchste Naturtreue erstrebt. Meine kleine Stadt steht für tausend andere und für jede große auch. H. F. (Fallada 1931, [5])

Mit der paradox erscheinenden Engführung von „Phantasie" und „höchste[r] Naturtreue" ist Fallada um 1930 kein Einzelfall. Im Feld der ‚Tatsachen-Literatur' und deren Tendenz, „alle wiedererkennbar aktuellen Zeitprobleme im Medium des Romans bei gleichzeitigem Bekenntnis zur Sachlichkeit" zu verhandeln (Oels 2013, 45), ist stets das Zusammendenken von Ästhetik und Präzision wichtig. Innerhalb der argumentativen Engführung von Erfindung und Wahrhaftigkeit bleibt jedoch zu beachten, dass die Betonung der transformierenden Fiktion bei Fallada an erster Stelle steht. Im Vergleich zu anderen Autoren wie Erik Reger oder Ernst von Salomon optiert er eindeutig für die fiktionale Betrachtung seiner Stoffe (vgl. ebd.). Falladas Vorworte sind denn auch dezidiert nicht-ironisch, denn sie versuchen, dem Leser anschaulich das literarische Vorgehen zu erläutern. Anstatt den Fiktionsvertrag mit dem Leser zu durchkreuzen, wie dies etwa in Regers Vorwort zu *Union der festen Hand. Roman einer Entwicklung* (1930) geschieht, wo die Bezeichnung Roman sofort wieder infrage gestellt wird (vgl. Reger 1990, 9), betont Fallada regelmäßig den Kunst-Status seiner Werke.

Pragmatisch betrachtet vermeidet Fallada mit dem Vorwort rechtliche Klagen, die aus einer realen Bezugnahme entstehen könnten, werkpolitisch lenkt er die Aufmerksamkeit damit aber erst auf Realbezüge. Präsentiert wird ein häufig anzutreffender Fiktionsvertrag, der mit seiner „Leugnung ‚jeder Ähnlichkeit' von Anfang an die doppelte Funktion besitzt, den Autor vor den eventuellen Folgen der ‚Applizierungen' zu schützen und die Leser unweigerlich auf die Suche nach ihnen anzusetzen." (Genette 2001, 211) Hinzu kommt, dass die Authentizität des vorliegenden Falls offenbar zu einer höher bewerteten ‚literarischen Wirklichkeit' führen soll. Das gebrauchsanweisende Vorwort hebt als Autoraussage zunächst den fiktionalen Status des Romans heraus, woraus aber keineswegs Beliebigkeit hervorgehen soll, sondern ein repräsentativer Anspruch der Fiktion: „Meine kleine Stadt steht für tausend andere und für jede große auch." Während die Dokumentation auf den Einzelfall beschränkt bleibt, soll der Roman diesen übersteigen und eine exemplarische Geschichte präsentieren.

Politische Anpassung und Werkverteidigung (1933–1939)

Zu den Vorworten, die sich um eine Anpassung an die nationalsozialistische Kulturpolitik bemühen, zählen die Originalvorreden zu *Wer einmal aus dem Blechnapf frißt* (1934) und zu *Wolf unter Wölfen* (1937) sowie das nachträgliche Vorwort zur 1939 erschienenen ‚Volksausgabe' von *Bauern, Bonzen und Bomben*. Darüber hinaus ist auch das Werbeblatt zu *Wir hatten mal ein Kind* zu berücksichtigen. Diese Anpassungsversuche werden in den Textausgaben nach 1945 nicht mehr abgedruckt. Stattdessen verwenden diese beim *Blechnapf*-Roman ein nachträgliches, antifaschistisch geprägtes Vorwort, das Fallada für die Wiederauflage von 1946 im Aufbau Verlag verfasste. Bei *Wolf unter Wölfen* wurde die Vorrede nach dem Krieg getilgt, und bei *Bauern, Bonzen und Bomben* steht wieder das Originalvorwort von 1931 vor dem Text.

Die Genese der *Blechnapf*-Vorrede ist von Anfang an auf die politische Besänftigung der wenige Monate zuvor an die Macht gelangten Nationalsozialisten ausgerichtet. Die erste Idee dazu stammt von Max Geisenheyner, der als Redakteur der *Frankfurter Illustrierten* den *Blechnapf* für einen Vorabdruck prüft. Ernst Rowohlt kolportiert Fallada am 30. November 1933 dessen Einwände hinsichtlich eines Abdrucks. Geisenheyner glaube jedoch, so Rowohlt, „daß die Bedenken überwunden würden, wenn es möglich sei, irgendeinen Strafvollzüger dafür zu gewinnen, eine kurze Vorbemerkung vor Beginn des Vorabdrucks zu schreiben." (Fallada 2008, 129) Fallada weiß jedoch keinen geeigneten Kandidaten und will „wegen dieser Vorredenfrage gar nicht raten" (ebd., 131). Nachdem sich der Vorabdruck zerschlagen hat, besteht Fallada für die Buchausgabe darauf, selbst in einem Vorwort zu betonen, dass die im Roman geschilderten Zustände inzwischen überwunden seien (ebd., 132). Die nun von Seiten des Verlags geäußerten Bedenken einer zu starken Anbiederung können Fallada nicht von seiner Haltung abbringen. Rowohlt sendet am 12. Februar 1934 „noch einmal den Korrekturabzug des Vorwortes" und betont, dass ihm Falladas „Fassung doch etwas *zu* entgegenkommend" erscheint, setzt aber hinzu, dass er nicht weiter zu insistieren gedenkt: „Aber das soll nun die letzte Belästigung in der Sache sein. Wie Sie es jetzt aufsetzen, wird es bleiben und gedruckt werden." (ebd., 137) Das abgedruckte Ergebnis lautet daraufhin:

> *Mit diesem Roman* [Absatz] rennt sein Verfasser offene Türen ein: der sogenannte humane Strafvollzug, dessen lächerliche, wie groteske, wie beklagenswerte Folgen auf seinen Seiten dargestellt werden, ist nicht mehr. Während der Autor noch schrieb, verwandelte sich auch dies Stück der deutschen Wirklichkeit. [Absatz] Wenn nun Willi Kufalt, dieser beschattete Bruder des kleinen Mannes Pinneberg, doch vor die Lesewelt tritt, so darum, weil sein Schöpfer alle Hoffnungen für ihn hat: kein Geschwätz von Humanität für Strafgefangene, sondern Arbeit für Strafentlassene. Keine öde berufsmäßige Betreuung, sondern Verständnis. Keine Gnade, sondern Strich drunter, und nun zeige, wer du bist. [Absatz] Wie bei *Bauern, Bonzen und Bomben*, wie beim *Kleinen Mann* konnte der Verfasser nur darstellen was er sah, nicht, was da sein wird. Dies schien ihm seine Aufgabe, sonst nichts. [Absatz] Am 30. Januar 1934 [Absatz] *Hans Fallada* (Fallada 1934, [5])

Trotz der überdeutlichen Anbiederungsversuche, die in der wohl kaum zufälligen Datierung auf den ersten Jahrestag der sog. Machtergreifung Hitlers gipfeln, ist die offiziöse Reaktion verheerend. Die *Bücherkunde*, das Organ der „Reichstelle zur Förderung des deutschen Schrifttums", diffamiert den Roman als durchweg defizitäre Darstellung „degenerierter Menschen" (Bücherkunde 1934, 11). Hinsichtlich des Vorworts wirft der anonyme Rezensent Fallada und dem Verlag vor, die falsche Konsequenz gezogen zu haben. Seiner Ansicht nach hätte diese darin bestanden, das „Makulatur" gewordene Buch nicht mehr zu veröffentlichen (ebd., 10). Positiv wertet dagegen die Rezension der bürgerlichen *Vossischen Zeitung* den Roman gegenüber dem Vorwort auf. Allerdings bemerkt auch sie eine Inkongruenz von Vorwort und Roman:

> Sofort merkt der sachkundige Leser, daß dieser Roman in der nun abgeschlossenen Zeit des ‚humanen Strafvollzugs' spielt. Auch der Laie wird von Fallada in einem kurzen Vorwort darauf hingewiesen [...] Immerhin, sein Buch erzählt noch von jenen Zuständen, die inzwischen Vergangenheit geworden sind. Nein es erzählt nicht, es gibt vielmehr Tuchfühlung, unmittelbare Nähe, es ist selbst ein Stück Wirklichkeit geworden wie das Dasein der Familie Pinneberg. (J[acobs] 1934, 27)

Dieser wohlwollenden Sicht konnte sich Thomas Mann indes nicht anschließen. Nach der Lektüre der *Blechnapf*-Rezension in der *Neuen Zürcher Zeitung* notiert er am 14. März 1934 in sein Tagebuch: „Um in Deutschland möglich zu sein, muß ein Buch seine menschenfreundliche Gesinnung in einer Einleitung verleugnen und in den Boden treten." (Mann 1977, 356 f.) Die Besprechung der *Vossischen Zeitung*, erschienen in einer der letzten Nummern der Zeitung vor ihrer erzwungenen Einstellung, schließt mit dem Hinweis auf den beigelegten Zettel für ein kommendes „Bauernbuch" (J[acobs] 1934, 27), gemeint ist der Werbebrief für *Wir hatten mal ein Kind*. Darin preist Fallada seinen für Weihnachten 1934 angekündigten Roman als sein „liebstes und schönstes Buch", das sich in literarischer wie thematischer Hinsicht als traditionell ausweisen will: „Wie ich nach rund zwanzig Jahren städtischen Umhergetriebenseins wieder heimgefunden habe auf das Land, so, habe ich, glaube ich, heimgefunden zu meinen liebsten geistigen Vätern: Jean Paul und Wilhelm Raabe." (Fallada 2008, 142) Einher mit dieser Herstellung von Traditionsbezügen geht die Besinnung auf die eigenen Vorfahren, die „alle eine herzhafte Liebe zum Ländlichen, zum Bauerntum gehabt haben" müssen (ebd.). Obwohl Fallada offensichtlich selbst mehr als deutlich ist, dass er einen Roman verfasst hat, der keinesfalls die ‚Blut-und-Boden'-Ästhetik bedient – „es ist ja doch kein ‚richtiger' Bauernroman geworden" (ebd.) –, betont er die thematische Hinwendung ins Ländliche so stark, dass sie sich letztlich sogar als persönliche Umorientierung interpretieren lassen soll. Gerade im Blick auf den schließlich bereits im Oktober 1934 erschienenen Roman wird deutlich, wie sehr hier das thematische Element in den Vordergrund gerückt und die tatsächliche Modernität des Textes verschwiegen wird (siehe den Beitrag 2.7 *Zwischen Innerer Emigration und NS-Literatur. Falladas Poetik im literarischen Kontext des Dritten Reichs* in Kap. I). Selektiv ist Fallada nicht nur in dieser Hinsicht: Nachdem er die schwedische Ausgabe des *Blechnapf*-Romans zugesandt bekommt, beschwert er sich am 6. Juni 1934 bei Rowohlt, dass diese entgegen einer Absprache die Vorrede enthält: „Als ich sie schrieb, war ausdrücklich vereinbart, daß sie nur in der deutschen Ausgabe erscheinen sollte, keinesfalls im Ausland" (ebd., 147).

1.3 Vorwort-Politik

Mit dem 1937 veröffentlichten Roman *Wolf unter Wölfen* verschiebt sich die Anpassungsstrategie. Zwar lässt sich schon beim *Blechnapf* bemerken, dass die Vorrede „durchaus janusköpfig angelegt" ist (Hagestedt 2011, 219), doch nun kann Fallada sich nicht mehr auf die Textentstehung vor 1933 berufen. Noch stärker setzt er darum in der *Wolf*-Vorrede wie im Roman selbst Doppel- und Mehrdeutigkeiten ein, die es ermöglichen, politische Haltungen mehr anzudeuten als auszuführen, was sowohl bei den offiziösen Organen als auch bei einer ideologisch breit gestreuten Leserschaft für Akzeptanz sorgen soll (vgl. Lutz 2013, 63f.). Unter der Überschrift „Warnung als Vorspruch" setzt Fallada diese Strategie des Mehrdeutigen besonders augenfällig um. Pathologische Figuren und haltlose Tendenz des im Roman dargestellten Inflationsjahres 1923 werden wieder den inzwischen überwundenen Zeitumständen zugeschlagen:

> [...] *Wolf unter Wölfen* ist ein Buch von sündigen, sinnlichen, schwachen, irrenden, haltlosen Menschen, von Kindern einer zerfallenen, irren, kranken Zeit. Aber auch von einigen Aufrechten, Mutigen, Gläubigen. Es ist alles in allem ein Buch für in jedem Sinne Erwachsene. [...] [Absatz] Unter Verzicht auf alle äußere Ähnlichkeit wollte der Autor ein Bild jener Zeit malen, die so nahe und doch so völlig überwunden ist. Aber vielleicht geziemt es dem Geretteten, überstandene Gefahr nicht ganz zu vergessen, sondern ihrer gedenkend sich doppelt der glückhaften Rettung zu freuen. [Absatz] Weihnachten 1936. H. F. (Fallada 1937, [7])

Eine solche Beschreibung ist sowohl im engeren Sinne lesbar, wonach die Inflationszeit eben historisch geworden ist, als auch im weiteren Sinne, wonach die Zeit der demokratisch verfassten Weimarer Republik nunmehr für vollständig überwunden gelten darf, je nachdem, was man unter der „kranken Zeit" versteht: nur die erzählte Zeit des Romans von 1923/24 oder die als ‚Systemzeit' diffamierte Republik. Im Roman selbst erfolgt die ‚Rettung' durch die Einführung der Rentenmark, also innerhalb der Republik, das Vorwort markiert allerdings diese Zeit als „so völlig überwunden", dass diese Einlassung wiederum problemlos als Hinweis auf die positive Wirkung der NS-Herrschaft verstanden werden kann. Ähnlich, aber noch deutlicher, wird diese Wirkung in der – allerdings unveröffentlicht gebliebenen – Vorrede zu *Der eiserne Gustav* beschrieben – die erstmals im Rahmen des Briefwechsels zwischen Fallada und Ernst Rowohlt von 2008 publiziert wurde (Fallada 2008, 254–256).

Auch für die 1939 im Vier Falken Verlag mit 50 000 Exemplaren aufgelegte Ausgabe von *Bauern, Bonzen und Bomben* macht Fallada Zugeständnisse an die Machthaber. In einem Entwurf formuliert er sogar den Satz: „Ich beschrieb eine Erkrankung, den Kampf gesunden Blutes gegen verdorbenes." (Fallada 2008, 449) Nach Intervention von Heinrich-Maria Ledig und Friedo Lampe streicht er den Satz jedoch und übernimmt auch weitere vorgeschlagene Änderungen (vgl. Ledig an Fallada, 24. November 1938; ebd. 275f.). Ledig betrachtet das Vorwort gleichfalls als taktisches Instrument, findet es „sicher richtig für eine Volksausgabe", moniert aber die inzwischen sichtbare Redundanz der Vorreden: „Die letzten Worte des Vorwortes wiederholen den Rhythmus und zum Teil auch die Worte der Schmonzen für *Wolf* und *Gustav*, sicher werden das die wenigsten Leser merken. Wenn Ihnen aber doch noch etwas anderes einfallen sollte, könnte man das wohl besser vermeiden." (ebd., 276)

Die Wiederholungen sind tatsächlich bemerkenswert. Am Ende der Vorreden von *Blechnapf*, *Wolf unter Wölfen* und der *Bauern, Bonzen und Bomben*-Volksausgabe werden die dargestellten Verhältnisse vor 1933 für überwunden erklärt, was unschwer als Anerkennung des NS-Staates, der ebendiese ‚Überwindung' vollzogen hat, gewertet werden muss. Auch wenn explizit (mit Ausnahme des unveröffentlichten Entwurfs zum *Eisernen Gustav*) nie der Nationalsozialismus erwähnt wird, besteht kein Zweifel an der Affirmation der Machthaber, wie sie wiederum die *Bauern, Bonzen und Bomben*-Vorrede von Ende 1938 herausstellt:

[...] Als ich eben auf das Titelblatt der ersten Ausgabe sah, erschrak ich fast, wie wenig Zeit seitdem verflossen ist – wie gewaltig hat sich Deutschland in so kurzem verändert! Mir war, als müsse es ein böser Traum, ganz fern in meiner Jugend, zwanzig, dreißig Jahre her, gewesen sein – und es sind doch nur neun Jahre vergangen! Das beglückt mich: nur neun Jahre, und alles wurde anders! Wie ein Mahnmal erscheint mir heute dieses Buch, Mahnmal und Warnung: hier sind wir hindurchgegangen – wir dürfen es nie vergessen! [Absatz] Carwitz, November 1938 Hans Fallada (Fallada 1939, 7)

Zur Absicherung gegen politische Angriffe tritt die Verteidigung des Werks hinzu, indem Fallada in den Vorworten Bezüge zu seinen anderen Romanen herstellt. Auf diese Weise werden Kontinuitäten zwischen den Einzelwerken insbesondere auf der Figurenebene gestiftet, so dass der Eindruck einer Verwandtschaft der verschiedenen Romanfiguren entsteht: „Willi Kufalt, dieser beschattete Bruder des kleinen Mannes Pinneberg" (Fallada 1934, [5]) heißt es im *Blechnapf*, und im beigelegten *Wir hatten mal ein Kind*-Werbebrief ist zu lesen: „Ich kann es gar nicht abwarten, was die deutsche Lesewelt zu dieser schönen, stolzen und wahrhaftigen Schwester meines Lämmchens sagen wird: zur Christiane." (Fallada 2008, 143) Die *Wolf*-Vorrede beginnt mit den Worten: „Mancher Leser des Buches *Wir hatten mal ein Kind* hat dem Autor den Vorwurf gemacht, daß sein Held Johannes Gäntschow ein gar so brutaler Bursche sei" (Fallada 1937, [5]); sie bezeichnet die Figuren des Romans als „Kinder einer zerfallenen [...] Zeit" (ebd.). Dass sich Fallada als *pater familias* seines Werks versteht, erklärt schließlich das nachträgliche Vorwort zu *Bauern, Bonzen und Bomben*: „ich empfinde ein noch stärkeres Glück, heute, daß dieses mein ältestes Kind nun in einem neuen Gewande für viele neu erscheint." (Fallada 1939, 7)

Märchen-Vorworte (1935–38) und Privatisierung der Produktion (1941–1943)

Gegenüber den Vorworten zu den Zeitromanen, die mögliche Applizierungen durch den Hinweis auf Fiktionalität abwehren, sind noch weitere, davon weitgehend freie Vorreden zu verzeichnen. Das Fiktionsargument entfällt zwischen 1935 und 1938 ganz, wenn es sich um Märchen handelt. Da die Gattung eine Verwechslung von Realität und Fiktion kaum zulässt, tritt im *Märchen vom Stadtschreiber, der aufs Land flog* (1935) eine Ausnahmeerscheinung in Falladas Vorwort-Produktion zutage: Eine poetisierende Vorrede, deren Stil sich an den Haupttext annähert, indem sie dem dort beschriebenen Verfahren der Textproduktion gleichfalls märchenhafte Züge verleiht. Die „Vorrede des verlegenen Verfassers" entschuldigt sich für den vorgelegten Text, der „für nicht mehr als zehn oder fünfzehn Druckseiten geplant" gewesen sei. Letztlich, schreibt Fallada, sei „ganz ohne seinen Willen" jene „Zaubergeschichte" entstanden (Fallada 1935, [5]). In dem aus dem *Stadtschreiber*-Kontext hervorgegangenen Vorwort für Heinz Kiwitz' Bildererzählung *Enaks Geschichten* von 1936 wird wiederum der Text als eigenes Kind des Autors bezeichnet (vgl. Kiwitz 1936). Damit deutet sich schon eine Verschiebung ins Private an, die sich seit 1938 auch in den Vorworten bemerkbar machen wird.

Mit den *Geschichten aus der Murkelei* (1938) veröffentlicht Fallada einen Band mit Kindermärchen. Parallel zur Annäherung an den NS-Staat mit dem *Eisernen Gustav* geht damit eine sukzessive Umstellung der Produktion einher: weg vom Zeitroman und hin zu idyllisierenden, gleichsam privatisierenden Darstellungen. Dieser Wandel ist nicht zuletzt anhand der Vorreden deutlich zu beobachten, bei denen sich eine Veränderung der familialen Adressierung feststellen lässt: Statt an die fiktive Werk-Familie richten sich nun mehrere Vorworte an die tatsächliche Familie respektive die Verwandtschaft. Werden 1938 Sohn Uli und Tochter „Mücke" angesprochen, so richtet sich die Adressierung in *Damals bei uns daheim* (1941) an die leibhaftige Verwandtschaft. Zwar wird in der *Murkelei*-Vorrede wiederum die Fiktionalität herausgestellt, was die eventuell sich wiedererkennenden Personen in Falladas Umkreis besänftigen soll, aber der Anspruch der Fiktion ist nicht mehr auf Repräsentanz aus. Auch wenn „die Freiheiten im Kleinen mir erst die Treue im Großen möglich gemacht haben" (Fallada 1941, [5]), soll das Erzählte dennoch in der subjektiven Sicht verbleiben: „So habe ich die Eltern gesehen, so die Geschwister, so die gesamte Verwandt- und Bekanntschaft! Ihr seht sie anders? Geschwind, schreibet euer Buch! Meines bleibt mir darum doch lieb – als Gruß an die versunkenen Gärten der Kinderzeit." (ebd.) Noch stärker fällt die Beschränkung auf den privaten Raum im Nachfolgeband *Heute bei uns zu Haus* (1943) ins Gewicht. Dort verkündet Fallada zu Beginn: „Dieses Buch gibt Bilder aus dem Familienleben eines Schriftstellers auf dem Lande, in unserer Zeit, will sagen, von etwa 1929 bis 1942. Für meinen Geschmack ist es reichlich privat geraten" (Fallada 1943, [5]).

Die zeitliche Nähe der dargestellten Welt muss nun nicht mehr verteidigt und in eine wie auch immer verkappte Annäherung ans Dritte Reich umgebogen werden, wie dies bei den Romanen bis 1939 der Fall ist: „Alles in allem: dies ist eine kleine Welt, die ich mir erschaffen. Ich gestehe offen: sie gefiel mir – beim Schreiben sowohl wie beim Überarbeiten. Möge es vielen ähnlich gehen – beim Lesen! [Absatz] H. F." (ebd.) Trotz des vermeintlich unpolitischen Gehalts, den Fallada hier so betont, kann es aber dennoch unversehens zu regimekonformen Wendungen aus dem Privaten ins Politische kommen, etwa wenn in der Geschichte *Glück aus Leder, Lack und Stahl* in *Heute bei uns zu Haus* die Beschlagnahme des Privatautomobils als kriegswichtige Leistung affirmiert und mit dem Satz gefeiert wird: „Daß er [der PKW, D.L.] für sein winziges Teil mithelfen wird zum Sieg" (ebd., 163). Ein Satz, der in den Nachkriegsausgaben übrigens, wie so manches Vorwort, kommentarlos getilgt wurde.

Neuanpassung nach 1945

Vorwort [Absatz] Eine der ersten Taten der Nazis war es, daß sie dieses Buch vom Blechnapf auf die schwarze Liste setzten. Eine der ersten Taten des neuen demokratischen Deutschlands ist es, dieses Buch wieder zu drucken. Dies scheint mir beinahe symbolisch: Jede Zeile in diesem Roman widerstreitet der Auffassung, die von den Nationalsozialisten über den Verbrecher gehegt und durchgeführt wurde an ihnen. Jetzt ist wieder Platz für Humanität, für eine Humanität, die wohl frei ist von jener Gefühlsduselei, die aber des Satzes eingedenk bleibt: Ihr laßt die Armen schuldig werden ... [...] H. F. [Absatz] Berlin, am 1. Dezember 1945 (Fallada 1946, [5])

Mit dem neuen Vorwort zum *Blechnapf*-Roman ist auch der Beginn einer Lesart Falladas als antifaschistischer Autor zu verorten. In Falladas Diktion könnte man es allerdings zugespitzt auch so sagen: Eine der ersten Taten Falladas in der Nazizeit war es, ein angepasstes Vorwort zu verfassen, und eine der ersten Taten Falladas in der Nachkriegszeit ist es, ein Vorwort zu schreiben, dass sich in die politische Landschaft einpasst. Die zentrale Umbesetzung gegenüber dem alten Vorwort betrifft den Begriff der Humanität: Wird sie 1934 verabschiedet (s. o.), kann sie 1945 wieder zum tragenden Wert werden. Mit dem neuen Vorwort kommt der Autor einer Bitte Kurt Wilhelms vom Aufbau Verlag nach, der Fallada am 4. Dezember 1945 mitteilt, dass die Zensur das Vorwort von 1934 gestrichen hat und der es nun für ratsam hält, ein neues Vorwort zu verwenden (Wilhelm 1945). In der schon von Rowohlt bemerkten Tendenz Falladas zur Überanpassung an die Verhältnisse gehen Professionalität und Selbststilisierung Hand in Hand, ein Verhalten, wie er es auch im Fall des – ohne Veröffentlichung gebliebenen – Typoskripts *Der unerwünschte Autor* demonstriert. Das dazu verfasste, gleichfalls nicht publizierte Vorwort (Hübner 2008, 209–213) „zeigt, wie [...] Fallada die Zeichen der Zeit zu erkennen und zu deuten vermag: Ausgeblendet werden die eigenen Versäumnisse [...], angemessen auf die politische Lage reagiert zu haben." (ebd., 207)

Die beschönigende Ausrichtung ist jedoch nur ein Teil der Vorwort-Politik Falladas in den frühen Nachkriegsjahren. Weitergeführt wird auch die Privatisierung in einer als Briefkommunikation mit den eigenen Kindern aufgemachten Vorrede zu den *Geschichten aus der Murkelei* (1947). Dort wird der Produktionsprozess vom mündlichen Erzählen einer Geschichte bis zum fertig illustrierten Kinderbuch in aller Einfachheit und Kürze darlegt. Die didaktische Ausrichtung bringt es mit sich, dass die sonst obligatorischen Unzulänglichkeitsbekundungen nicht vorkommen. Differenzierter und von deutlichen Selbstzweifeln durchzogen ist hingegen das Vorort zum stark autobiografischen Roman *Der Alpdruck* (1946). Neben dem abermals betonten Hinweis auf die eigene künstlerische Unzulänglichkeit tritt hier eine nur leidlich kaschierte depressive Haltung hinzu, die noch weit entfernt von jeder Aufbruchsstimmung und jedem Wiederaufbaupathos ist. Dies wirkt sich auch auf den Fiktionsvertrag aus, der nun brüchig wird und sich nur noch mühsam aufrechterhalten lässt. Zwar handle es sich weiterhin um einen „Roman, also ein Gebilde der Phantasie" (Fallada 1947a, 5). Explizit wird aber – trotz des Fiktionsvorbehalts – der künstlerische Anspruch fallen gelassen und nicht mehr mit dem dokumentarischen Wert zusammengeführt:

> [...] Wenn der Roman der Öffentlichkeit [...] übergeben wird, so darum, weil er vielleicht ein ‚document humain' ist, ein möglichst wahrheitsgetreuer Bericht dessen, was deutsche Menschen vom April 1945 bis in den Sommer hinein fühlten, litten, taten. Vielleicht wird man schon in naher Zeit die Lähmung nicht mehr begreifen, die so verhängnisvoll dies erste Jahr nach Kriegsende beeinflußte. Eine Krankheitsgeschichte also, kein Kunstwerk – verzeiht! (Auch der Verfasser konnte nicht aus seiner Haut, auch der Verfasser war ‚gelähmt'.) [...] Berlin, August 1946 H. F. (ebd.)

Ist Fallada vom künstlerischen Wert hier also nicht mehr überzeugt, glaubt der Autor im Vorwort des wenig später fertiggestellten Romans *Jeder stirbt für sich allein* (1947) wieder „an ‚die innere Wahrheit' des Erzählten, wenn auch manche Einzelheit den tatsächlichen Verhältnissen nicht ganz entspricht." (Fallada 2011, 5) Das letzte von Fallada verfasste Romanvorwort ruft somit wiederum die bekannten Fiktionsvorbehalte auf, ist aber im Kontext von Falladas Werkpolitik nach dem Krieg insofern bemerkenswert, als sich der Verfasser dort auffallend zurücknimmt. Gegenüber den Tendenzen zur antifaschistischen Selbststilisierung im neuen *Blechnapf*-Vorwort oder der schamvoll bekundeten Involvierung in die Ereignisse wie in *Der Alpdruck* nimmt das Vorwort von *Jeder stirbt für sich allein* eine eher distanziert-respektvolle Haltung ein. Der Verfasser schließt sich ausdrücklich nicht in den Widerstand ein, den er darstellt, sondern verbleibt in seiner Rolle als Schilderer eines Geschehens, dass „in großen Zügen Akten der Gestapo über die illegale Tätigkeit eines Berliner Arbeiter-Ehepaares während der Jahre 1940 bis 1942" folgt (ebd.). Wieder zeigt sich jenes charakteristisch doppelte Spiel aus Abwehr und Hinweis auf Realitätsbezüge, dass sowohl ästhetisches wie auch lebensweltliches Interesse miteinander geschickt zusammengeführt. Dazu gehört auch der programmatisch unverstellte Blick hinab in die menschlichen Abgründe:

[...] Der Verfasser gestattet sich, darauf aufmerksam zu machen, dass in diesem Buche fast ausschließlich von Menschen die Rede ist, die gegen das Hitlerregime ankämpften, von ihnen und ihren Verfolgern. In diesen Kreisen wurde in den Jahren 1940 bis 1942 und vorher und nachher ziemlich viel gestorben. Etwa ein gutes Drittel dieses Buches spielt in Gefängnissen und Irrenhäusern, und auch in ihnen war das Sterben sehr im Schwange. Es hat dem Verfasser auch oft nicht gefallen, ein so düsteres Gemälde zu entwerfen, aber mehr Helligkeit hätte Lüge bedeutet. [Absatz] Berlin, am 26. Oktober 1946. H. F. (ebd.) (Fallada 1947b)

Mit dieser zwischen emotionaler Aufladung und kühler Präzision („ein gutes Drittel dieses Buches") changierenden Einlassung und besonderes mit dem letzten Satz des Vorworts knüpft Fallada wiederum an seine seit 1931 betriebene Ästhetik eines Kunstwerks nach wahren Begebenheiten unter dem Vorzeichen einer pessimistischen Anthropologie an. Deren Idealvorstellung ist ein exemplarisches Bild des sozialen Lebens, aber eben nicht ein fotografiertes Abbild, sondern ein kunstfertiges, eher abgedunkeltes Gemälde.

Literatur

Bücherkunde 1934: Anonym: [Hellmuth Langenbucher] *Wer einmal aus dem Blechnapf frißt.* Hans Fallada. In: Bücherkunde der Reichsstelle zur Förderung des deutschen Schrifttums 1 (1934), Nr. 1–4 (Juli 1934), S. 10–11.
Fallada 1931: Fallada, Hans: Bauern, Bonzen und Bomben. Roman, Berlin 1931.
Fallada 1934: Fallada, Hans: Wer einmal aus dem Blechnapf frißt. Roman, Berlin 1934.
Fallada 1935: Fallada, Hans: Märchen vom Stadtschreiber, der aufs Land flog, Berlin 1935.
Fallada 1937: Fallada, Hans: Wolf unter Wölfen. Roman, 2 Bde, Bd. 1: Erster Teil. Die Stadt und ihre Ruhelosen. Bd. 2: Zweiter Teil. Das Land in Brand, Berlin 1937.
Fallada 1939: Fallada, Hans: Bauern, Bonzen und Bomben. Roman, Berlin o.J. [1939].
Fallada 1941: Fallada, Hans: Damals bei uns daheim. Erlebtes, Erfahrenes und Erfundenes, Berlin/Stuttgart 1941.
Fallada 1943: Fallada, Hans: Heute bei uns zu Haus. Ein anderes Buch. Erfahrenes und Erfundenes, Berlin/Stuttgart 1943.
Fallada 1947a: Fallada, Hans: Der Alpdruck, Berlin 1947.
Fallada 1947b: Fallada, Hans: Jeder stirbt für sich allein, Berlin 1947.
Fallada 1993: Fallada, Hans: Die Kuh, der Schuh, dann du. Eine Novelle. In: Falladas Frühwerk in zwei Bänden, Bd. 2: Frühe Prosa. Die Erzählungen, hg. von Günter Caspar, Berlin/Weimar 1993, S. 7–111.

Fallada 2008: Fallada, Hans: Ewig auf der Rutschbahn. Briefwechsel mit dem Rowohlt Verlag, hg. von Michael Töteberg und Sabine Buck, Reinbek bei Hamburg 2008.
Fallada/Ditzen 2004: Fallada, Hans/Ditzen, Uli: Mein Vater und sein Sohn. Briefwechsel, hg. von Uli Ditzen. Mit Anmerkungen von Hartmut Schönfuß, Berlin 2004.
Genette 2001: Genette, Gérard: Paratexte. Das Buch vom Beiwerk des Buches, Frankfurt a. M. 2001.
Hagestedt 2011: Hagestedt, Lutz: „Sehr viel wahrer ist in Deutschland seither nicht geschrieben worden". Forschungs- und Tagungsbericht. In: Hans Fallada. Autor und Werk im Literatursystem der Moderne, hg. von Patricia Fritsch-Lange und L. H., Berlin/Boston 2011, S. 215–232.
Hübner 2008: Hübner, Anja Susan: „Erfolgsautor mit allem Drum und Dran". Der Fall Fallada oder Sollbruchstellen einer prekären Künstlerbiographie im ‚Dritten Reich'. In: Im Pausenraum des Dritten Reiches. Zur Populärkultur im nationalsozialistischen Deutschland, hg. von Carsten Würmann und Ansgar Warner, Bern u. a. 2008, S. 197–213.
J[acobs] 1934: J[acobs], M[onty]: Kleiner Mann im Gefängnis. Hans Fallada: *Wer einmal aus dem Blechnapf frißt*. In: Vossische Zeitung. Berlinische Zeitung von Staats- und gelehrten Sachen (1934), Nr. 66, 18.3.1934, Literarische Umschau, Nr. 66, [S. 1].
Kiwitz 1936: Kiwitz, Heinz: Enaks Geschichten. Erzählung in Holzschnitten. Mit einem Vorwort von Hans Fallada, Berlin 1936, [S. 7–8].
Lutz 2013: Lutz, Daniel: Bewährung in der Krise. Hans Falladas *Wolf unter Wölfen* und die moderate Moderne während des „Dritten Reichs". In: Hans Fallada, hg. von Gustav Frank und Stefan Scherer, München 2013 (Text + Kritik 200), S. 61–71.
Mann 1977: Mann, Thomas: Tagebücher 1933–1934, hg. von Peter de Mendelssohn, Frankfurt a. M. 1977.
Martus 2007: Martus, Steffen: Werkpolitik. Zur Literaturgeschichte kritischer Kommunikation vom 17. bis ins 20. Jahrhundert mit Studien zu Klopstock, Tieck, Goethe und George, Berlin/New York 2007.
Oels 2013: Oels, David: Rowohlts Rotationsroutine. Markterfolge und Modernisierung eines Buchverlags vom Ende der Weimarer Republik bis in die fünfziger Jahre, Essen 2013.
Reger 1990: Reger, Erik: Union der festen Hand. Roman einer Entwicklung, Stuttgart/München 1990.
Wilhelm 1945: Kurt Wilhelm an Hans Fallada, 4. Dezember 1945, Staatsbibliothek zu Berlin IIIA, Dep. 38, 0583 0222.
Wirth 2004: Wirth, Uwe: Das Vorwort als performative, paratextuelle und parergonale Rahmung. In: Rhetorik. Figuration und Performanz, hg. von Jürgen Fohrmann, Stuttgart/Weimar 2004, S. 603–628.

1.4 Falladas Namen

Christoph Deupmann

‚Falladas Namen' ist eine mehrdeutige Überschrift. Sie betrifft zunächst das Autor-Pseudonym Rudolf Ditzens, der sich seit 1919 in literarischen Veröffentlichungen (und zum Teil in brieflichen Korrespondenzen) Hans Fallada nannte. Unter dem Lektüreeindruck von Oscar Wildes *The Picture of Dorian Gray* (1890/91) hatte sich bereits der Schüler den Vornamen Harry zugelegt, da er sich mit dem geistreich-zynischen Lord Henry (Harry) Wotton identifizierte. Der *nom de plume* Hans Fallada setzte dieses pseudonymische Spiel fort, indem er zwei Gestalten der Grimm'schen *Kinder- und Hausmärchen* miteinander verschmolz: den unbedarft-vergnügten *Hans im Glück* und das Pferd ‚Fal[l]ada' aus dem Märchen *Die Gänsemagd*, dessen abgetrennter Kopf noch vom Tor herab, an das er genagelt ist, unbeirrt die Wahrheit sagt. Ditzens Vater hatte mit Rücksicht auf seine prominente Stellung als Reichsgerichtsrat den Sohn um die Verwendung eines Pseudonyms gebeten. Der Autorname ermöglichte auch interpretierende und wortspielerische Anknüpfungen wie Kurt Tucholskys Warnung an den Autor von *Bauern, Bonzen und Bomben* (1931) in der *Weltbühne* („sieh dich vor, daß du nicht hangest!"; Tucholsky 1931, 501) oder Hans Reins Aufsatz über den „Fall Fallada" (Rein 1950).

Im Folgenden geht es jedoch um Eigennamen literarischer Figuren in Falladas Werk; von (meist authentischen) Marken- oder Orts-, Flur- und Straßennamen, die soziale Milieus charakterisieren oder erzählte (Stadt-)Landschaften strukturieren, wird dagegen abgesehen (vgl. dazu Riffert/Thierauf 2011; Kietzmann/Kohlenberger/Neumann 2011). Literarische Figurennamen sind Gegenstand der literarischen Onomastik (Namenkunde), die im Schnittpunkt von Sprach- und Literaturwissenschaft angesiedelt ist. Sie bilden eine Unterklasse der *nomina propria* (Eigennamen). Figuren literarischer Texte sind aber keine Personen, sondern eher „mentale Modelle" (Jannidis 2004, 177 ff.), weshalb Namen neben äußeren und inneren Beschreibungen, erzählten Situationen und Verhaltensweisen wesentlich zu ihrem Verständnis und damit zur Interpretation von Texten beitragen. Namen identifizieren, charakterisieren, akzentuieren Figuren und befördern die Illusionierung (vgl. Debus 2002, 73–89; im Anschluss an Birus 1989). Wenn daher eine Figur teilweise oder gänzlich namenlos bleibt wie Leutnant Fritz oder ‚der dicke Kriminalist' in *Wolf unter Wölfen* (1937), wird sie dadurch ähnlich suspekt wie der schattenlose Titelheld in Adalbert von Chamissos *Peter Schlemihls wundersame[r] Geschichte* (1814). Im Unterschied zu anderen sprachlichen Zeichen und Namen realer Personen sind Figurennamen jedoch nie arbiträr oder gar ‚nichtssagend' (Tynjanov 1967, 34; vgl. Debus 2002, 10). Selbst farblose (Allerwelts-)Namen können die Bedeutungslosigkeit einer Figur markieren wie etwa in Thomas Manns Novelle *Tristan* (1903): „Aber er heißt Müller und ist überhaupt nicht der Rede wert." (Mann 2004, 321)

Fallada war hinsichtlich der Namengebung mehr dem ‚Finden' als dem ‚Erfinden' zugeneigt. In *Wolf unter Wölfen* etwa verwendete er zahlreiche Namen aus seiner unmittelbaren Umgebung: die zweier Sekretärinnen seines Verlegers Ernst Rowohlt (Sieber und Ploschinsky, letztere abgekürzt Plosch) für die Angestellten einer Berliner Galerie, den eines Gärtners auf seinem Carwitzer Anwesen für den maliziösen Diener (Hubert) Räder, den eines Berliner Taxiunternehmers für den Chauffeur des Gutspächters von Prackwitz, Finger. Prackwitz steht wiederum phonologisch dem Gutsbesitzer Curt von Pappritz nahe, auf dessen Gut Radach (heute Radachów) Ditzen während des Hyperinflationsjahrs 1923 von Mai bis Oktober als Rechnungsführer angestellt war (vgl. Williams 2010, 96). Dessen Rolle übernimmt im Roman freilich ein Geheimer Ökonomierat von Teschow. Mit dem Namen wird also nicht notwendig auch ein Rollenvorbild übernommen. Die Geflügelmamsell Amanda Backs trägt (zur Verärgerung von Ditzens Mutter) den Namen einer befreundeten Familie (vgl. Lamp 2002, 99). Falladas Namenfindung ließ sogar den Rezensenten seines Romans *Kleiner Mann – was nun?* (1932) nicht aus: Der schwedische Literaturwissenschaftler und -kritiker Fredrik Böök musste seinen Nachnamen für einen Chauffeur in *Kleiner Mann, großer Mann – alles vertauscht* (1939) hergeben.

Solche Entlehnungen konnten bei den realen Namensträgern freilich Anstoß erregen, wenn diese sich in der erzählten Figur ‚falsch' dargestellt sahen. Violet

(Weio) von Abercon, die 17jährige Verwandte und ‚Haustochter' Curt von Pappritz', empörte sich (ohne Falladas Kenntnis) über ihr ‚Portrait' in *Wolf unter Wölfen*, weil die gleichnamige Romanfigur allzu frivol dargestellt sei (vgl. Lamp 2002, 101). Rowohlts Sohn Heinrich Maria Ledig-Rowohlt billigte hingegen die Verwendung seines Namens für die Figur Petra Ledig im selben Roman. Manche Entlehnungen blieben aber auch von den Namengebern unbemerkt wie die des Protagonisten Karl Siebrecht in *Ein Mann will hinauf* (1942; EA 1953), der den Namen eines Landwirtschaftshelfers gleichen Namens trägt: „[d]er Geehrte hat es aber noch garnicht gemerkt, er liest wohl kaum etwas" (Brief an Karl Siebrecht vom 1.12.1942, zit. nach Lamp 2002, 99).

Eine vollständige Inventur der Figurennamen in Falladas Texten kann hier nicht vorgenommen werden (die reichhaltigsten Darstellungen bieten Lemmer 1961 sowie Lamp 2002 und die Beiträge in Ewald/Hagestedt 2011). Ein systematischer Überblick kann sich jedoch an einer vierstufigen Typologie literarischer Namen orientieren (Birus 1989, modifiziert in Debus 2002), deren Zuordnungen sich indes nicht immer scharf voneinander abgrenzen lassen.

(1) Redende (sprechende) Namen. – Explizite Auslegungen von Namen wie bei Petra Ledig (*Wolf unter Wölfen*) sind selten, begegnen aber in einzelnen Texten Falladas: „Petra Ledig (es gibt solche Namen, die ein Schicksal zu sein scheinen) war ein lediges Kind gewesen, ohne einen Vater" (Fallada 1937, 26). Auch gefundene Namen können also im fiktionalen Kontext sprechend werden. In *Bauern, Bonzen und Bomben* meint der Zeitungsredakteur Stuff bei einer mühsamen Gehaltsverhandlung, der Verleger Gebhardt trage seinen „Namen nicht zu Unrecht [...]. Wortspiele über Geben und Hartsein stellen sich zwanglos ein" (Fallada 1931, 189). Auch wenn der ‚kleine' Stadtschreiber Guntram Spatt im *Märchen vom Stadtschreiber, der aufs Land flog* (1935) sich in einen Spatzen verwandelt, wird sein Name beim Wort genommen: Der Spatz ist eben „auch einer von den Spatt's" (Fallada 1935, 11). Der Familienname Gustav Hackendahls in *Der eiserne Gustav* (1938), dessen historisches Vorbild Hartmann hieß, gibt den Schulkameraden seines Sohnes Heinz, genannt Bubi, Gelegenheit zu der spöttischen Deutung: „Hackendahl, nimm die Hacken dahl [...]" (‚nimm die Hacken zusammen'; Fallada 1938, 58). Die Änderung von ‚Hartmann' zu ‚Hackendahl' spricht für den semantischen Mehrwert ungewöhnlicher Namen gegenüber Allerweltsnamen. – Wenn zwischen Bedeutung und Träger ein Abstand besteht, können Namen auch ironisch verwendet werden: „Gerhard Grote war, im Widerspruch zu seinem Namen, kein großer Mann." (*Zwei zarte Lämmchen, weiß wie Schnee*, postum 1948; Fallada 1967, 127)

Allzu plakative Namengebungen hat Fallada allerdings vermieden. Die meisten redenden Namen muss sich der Leser daher mit Hilfe seiner Text-, Sprach- und Weltkenntnis selbst erklären. Der Name des Redakteurs Stuff in *Bauern, Bonzen und Bomben* lässt sich aus dem englischen *stuff* (Sachen, Material) verstehen. Hans Liebschner, der Zuchthäusler und Hochstapler in *Wolf unter Wölfen*, verdankt seinen Namen einer Zusammenrückung der Adjektive ‚lieb' und ‚hübsch' mit dem Substantiv ‚Gauner', wie Lemmer plausibel darlegt (vgl. Lemmer 1961, 63). Der Familienname des Ehepaars Quangel in *Jeder stirbt für sich allein* (1947), das nach dem Heldentod seines einzigen Sohnes im Westfeldzug mittels beschrifteter Karten gegen das NS-Regime protestiert, liegt phonologisch dem Verb ‚quengeln' nahe. Hingedeutet wird damit auf ein widerständiges Handeln, das ohne politische Wirksamkeit bleibt. Mitunter gibt es auch Überschneidungen redender und klassifizierender Namen (vgl. den zweiten Namentypus): Der sprechende Name des Schiebers von Zecke in *Wolf unter Wölfen* impliziert zusätzlich zur Adelspräposition eine sozialmoralische Disqualifizierung der Figur.

Eine Untergruppe der redenden Namen bilden ‚symbolische' Namen, deren Motivierung erst einem „philologisch-interpretatorische[n] Zugriff" durchsichtig wird (Debus 2002, 63f.). Sie beziehen sich z. B. auf eine religiöse Folie. Der Kosename ‚Lämmchen' als Ableitung vom Vornamen der aufopferungsbereiten Verlobten Johannes Pinnebergs in *Kleiner Mann – was nun?*, Emma Mörschel, evoziert den Kontext der christlichen Heilsgeschichte: ‚Lamm Gottes' als symbolischer Name für Jesus Christus. (Eine ähnliche Anspielung mit Hervorkehrung des Unschuldsmotivs begegnet im Titel von Falladas Erzählung *Zwei zarte Lämmchen, weiß wie Schnee*.) Lämmchens Nachname steht dabei außerdem mit dem Maurerberuf ihres Vaters in Verbindung (Mörtel). In diesen Zusammenhang gehört auch der Kosename ‚Peter' für Wolfgang Pagels moralisch feste Freundin Petra in *Wolf unter Wölfen*: Er spielt auf Petrus an, abgeleitet vom griechischen Wort für ‚Fels' (*petra*), auf dem Christus katholischer Auffassung nach seine Kirche errichtete (Mt 16, 18). Der Geschlechtswechsel stellt zugleich die Verteilung ‚männlicher' und ‚weiblicher' Eigenschaften zwischen den Figuren zur Diskussion. Der sprechend-symbolische Name des ehemaligen Strafgefangenen Willi Kufalt (*Wer einmal aus dem Blechnapf frißt*, 1934) verweist mit seinem doppelten Anklang an ‚Einfalt' und ‚Dreifalt(igkeit)' ebenfalls auf den christlichen Deutungshorizont. Kufalt benutzt *drei* Decknamen, und einem Wachtmeister entfährt der Seufzer: „Gott sei's getrommelt und gepfiffen. Drei solche wie Sie, Kufalt ..." (Fallada 1934, 89).

(2) Klassifizierende Namen. – Sie weisen Namenträger „aufgrund von religiös, national, sozial oder aber einfach literarisch bedingten Namengebungskonventionen einer bestimmten Gruppe" zu (Birus 1989, 37). Ein empirisches Experiment mit Studierenden des Heidelberger Sprachwissenschaftlers Gerhard Eis ergab im Jahr 1970 für die Zuordnung von Namen und Rollen von Figuren in *Wolf unter Wölfen* eine Trefferquote von 99% (vgl. Eis 1970, 15). Eine Leserbefragung mit Figurencharakterisierungen ergab dagegen deutlich geringere Übereinstimmungen (vgl. Oertzen/ Plenzke/Siolek 2011). Was soziale Rollen angeht, legen die Namen von Teschow und von Prackwitz schon aufgrund der Adelspräposition einen Gutsbesitzer oder -pächter nahe, Kniebusch einen neugierigen Förster (der hinter den Büschen kniet und lauscht), Matzke oder Kowalewski aufgrund der slawischen Einwanderer-Herkunft eine oft abwertend konnotierte Zuordnung zum kleinbürgerlichen Milieu (vgl. Debus 2002, 131). „Die kleine Matzke" heißt bereits eine Figur in Heinrich Manns Roman *Im Schlaraffenland* (1900; Mann 1988, 260). Ein Kleinganove in *Wer einmal aus dem Blechnapf frißt* trägt den Namen Batzke, und in *Bauern, Bonzen und Bomben* heißt ein „ewige[r] Kriminalassistent" Perduzke (Fallada 1931, 361), dessen Name sich womöglich außerdem von ‚verdutzt' und ‚perdautz' ableitet. In dieselbe Kategorie gehört auch Johannes Pinneberg (*Kleiner Mann – was nun?*): Die nahe Hamburg gelegene Kleinstadt markiert im Romankontext eine soziale Marginalität, in die der arbeitslos gewordene Kleinbürger gerät. Ebenso ist der Anzeigenwerber Max Tredup in *Bauern, Bonzen und Bomben* schon durch seinen sprechenden Namen als ‚kleiner Mann' kenntlich gemacht bzw. stigmatisiert, auf den von oben herab ‚getreten' wird (vgl. auch Lemmer 1961, 60).

(3) Klangsymbolische Namen. – Auch wenn klangliche Eigenschaften von Namen subjektiven Einschätzungen unterliegen, ist ihr expressiver Gehalt kaum bestreitbar (vgl. Debus 2002, 69f.). Dabei spielen Euphonie und Disphonie eine wichtige Rolle. Die gleichartigen dunklen Vokale im Namen ‚Amanda Backs' (*Wolf unter Wölfen*) erzeugen eine klangästhetische Wirkung, die mit dem Affrikat (ks) im einsilbigen Nachnamen kontrastiert. Beides stimmt mit der sinnlichen Bedeutung des Vornamens (‚die, die geliebt wird') und dem resoluten Charakter der Figur zusammen. Die Vielsilbigkeit von ‚Johannes Pinneberg' ergibt dagegen einen unruhigen Rhythmus, der sich mit dem unsicheren Sozialschicksal der Figur klangsymbolisch solidarisiert. Die Laut- und Klanglinguistik stellt indes den unsichersten Bereich der literarischen Onomastik dar.

(4) Verkörperte (präfigurierte oder zitierte) Namen. – Diese Namen rekurrieren auf einen „außerhalb des Kunstwerks existierenden Träger" (Debus 2002, 70), so dass der Name eine reale Figur ‚verkörpert'. Mit solchen real-authentischen Namen gehen Falladas Texte auf dreierlei Weise um: übernehmend, verfremdend oder adaptierend. Personennamen der ‚ersten Reihe' historischer Prominenz dienen vor allem der zeitgeschichtlichen Situierung (Bismarck oder Hitler). Namen aus der ‚zweiten Reihe' werden dagegen verfremdet bzw. verschlüsselt wie der des NS-Volksgerichtshofs-Präsidenten Roland Freisler, der in *Jeder stirbt für sich allein* durch einfache Buchstabenauslassung als ‚Feisler' erscheint. Die Abweichung markiert die Nähe zur historischen Person und zugleich ihren Status als fiktionale Figur. Bei der Benamung des Kommissars Escherich in *Jeder stirbt für sich allein* adaptiert Fallada hingegen den Namen des Gründers der ‚Organisation Escherich' (‚Orgesch', 1920–21), eines republikfeindlichen Dachverbands der ‚Einwohnerwehren', Georg Escherich (1870–1941; vgl. auch Lemmer 1961, 65). Solche Verfremdungen können auch Ortsnamen betreffen: Das verfallene Gut Klein-Kirschbaum, das zum Besitz von Ditzens zeitweiligem Arbeitgeber von Papritz gehörte, gab den Namen für das Rittergut Klein-Birnbaum in *Wolf unter Wölfen* ab (vgl. Lamp 2002, 10). Zu diesem Typus gehören auch intertextuelle Referenzen: Der Name des Pinneberg-Freundes Joachim Heilbutt in *Kleiner Mann – was nun?* lässt sich auf das Grimm'sche Märchen *Von dem Fischer un syner Frau* beziehen, in dem der geangelte Butt als verwunschener Prinz eine helfende (heilende) Rolle spielt (vgl. Lemmer 1961, 61). Eine zitierende Bezugnahme auf E. T. A. Hoffmanns Kunstmärchen *Klein Zaches, genannt Zinnober* (1819) enthält der Name Zaches in Falladas Roman *Der Alpdruck* (postum 1947).

Da die literarische Onomastik ein relativ junges Forschungsfeld darstellt (vgl. Debus 2002, 11), lassen die Typen, Verfahren und Funktionen der Namengebung in Falladas Werk noch vielfältige Untersuchungen zu.

Literatur

Birus 1989: Birus, Hendrik: Vorschlag zu einer Typologie literarischer Namen, exemplifiziert an Heißenbüttels Namenspektrum. In: Namen in deutschen literarischen Texten des Mittelalters. Vorträge Symposion Kiel 9.-12.9.1987, hg. von Friedhelm Debus und Horst Pütz, Neumünster 1989, S. 17–41.

Debus 2002: Debus, Friedhelm: Namen in literarischen Werken. (Er-)Findung – Form – Funktion, Stuttgart 2002.

Eis 1970: Eis, Gerhard: Tests über suggestive Personennamen in der modernen Literatur und im Alltag. In: Ders.: Vom Zauber der Namen, Berlin 1970, S. 9–28.

Ewald/Hagestedt 2011: Ewald, Petra/Hagestedt, Lutz (Hg.): Namen- und Stadtlandschaften. Beiträge des Hans-Fallada-Symposiums Carwitz, München 2011.
Fallada 1931: Fallada, Hans: Bauern, Bonzen und Bomben, Berlin 1931.
Fallada 1934: Fallada, Hans: Wer einmal aus dem Blechnapf frißt, Berlin 1934.
Fallada 1935: Fallada, Hans: Märchen vom Stadtschreiber, der aufs Land flog, Berlin 1935.
Fallada 1937: Fallada, Hans: Wolf unter Wölfen. Roman, 2 Bde, Bd. 1: Erster Teil. Die Stadt und ihre Ruhelosen. Bd. 2: Zweiter Teil. Das Land in Brand, Berlin 1937.
Fallada1938: Fallada, Hans: Der eiserne Gustav, Berlin 1938.
Fallada 1967: Fallada, Hans: Gesammelte Erzählungen, Reinbek bei Hamburg 1967.
Jannidis 2004: Jannidis, Fotis: Figur und Person. Beitrag zu einer historischen Narratologie, Berlin 2004.
Kietzmann/Kohlenberger/Neumann 2011: Kietzmann, Ina/Kohlenberger, Dominique/Neumann, Anne: In *Wolf unter Wölfen* auf den Straßen Berlins. In: Namen und Stadtlandschaften. Beiträge des Hans-Fallada-Symposiums Carwitz, hg. von Petra Ewald und Lutz Hagestedt, München 2011, S. 31–42.
Lamp 2002: Lamp, Hannes: Fallada unter Wölfen. Schreiben im Dritten Reich. Die Geschichte des Inflationsromans *Wolf unter Wölfen*, Friedland 2002.
Lemmer 1961: Lemmer, Theodor: Hans Fallada. Eine Monographie, Münster 1961.
Mann 1988: Mann, Heinrich: Im Schlaraffenland. Ein Roman unter feinen Leuten. Mit einem Nachwort von Wilfried F. Schoeller und einem Materialienanhang, zusammengestellt von Peter-Paul Schneider, Frankfurt a. M. 1988.
Mann 2004: Mann, Thomas: Tristan. In: ders.: Große kommentierte Frankfurter Ausgabe, Bd. 2:1: Frühe Erzählungen 1893–1912, hg. und textkritisch durchgesehen von Terence J. Reed, Frankfurt a. M. 2004, S. 319–371.
Oertzen/Planzke/Siolek 2011: Oertzen, Sybille von/Planzke, Stefanie/Siolek, Franziska: Ledig ist ledig. Die Wahrnehmung von Namenbedeutsamkeit im Test. In: Namen und Stadtlandschaften. Beiträge des Hans-Fallada-Symposiums Carwitz, hg. von Petra Ewald und Lutz Hagestedt, München 2011, S. 61–77.
Rein 1950: Rein, Hans: Die große Literatur des kleinen Mannes. Der Fall Fallada. In: Ders.: Die neue Literatur. Versuch eines ersten Querschnitts, Berlin 1950, S. 327–333.
Riffert/Thierauf 2011: Riffert, Dorothea/Thierauf, Doreen: Kapp-Putsch und Sunlichtseife. Sujetexterne Eigennamen in Hans Falladas *Wolf unter Wölfen*. In: Namen und Stadtlandschaften. Beiträge des Hans-Fallada-Symposiums Carwitz, hg. von Petra Ewald und Lutz Hagestedt, München 2011, S. 17–30.
Tucholsky 1931: Tucholsky, Kurt [Pseudonym Ignaz Wrobel]: *Bauern, Bonzen und Bomben*. In: Die Weltbühne. Wochenschrift für Politik, Kunst, Wirtschaft 27 (1931), Nr. 14, 7.4.1931, S. 496–501.
Tynjanov 1967: Tynjanov, Jurij: Das literarische Faktum. In: Die literarischen Kunstmittel und die Evolution in der Literatur. Ausgewählt und aus dem Russischen übersetzt von Alexander Kaempfe, Frankfurt a. M 1967, S. 7–37.
Williams 2010: Williams, Jenny: Mehr Leben als eins. Hans Fallada. Biographie. Aus dem Englischen von Hans-Christian Oeser, Berlin 2010. [Originalausgabe: More Lives than One. A Biography of Hans Fallada, London 1998.]

1.5 Fallada als populärer Autor der Synthetischen Moderne
Gustav Frank/Stefan Scherer

Falladas ‚populäre' Literatur

Hans Falladas Erfolg bis zum Weltbestseller *Jeder stirbt für sich allein* ‚um 2010' ist beides: lang anhaltend und trotzdem missverstanden. Das Ansehen seiner meist sehr dicken Romane beruht auf Schreibverfahren, die intrikat, im Effekt aber populär sind und genau deswegen von der Literaturwissenschaft wenig geschätzt werden. Spezifisch für Falladas Position in der Populärkultur ist eine breite Streuung seiner Werke, die ihm jenseits von industrialisierter Massenproduktion und dezidierter Politisierung gelingt (siehe den Beitrag 2.5 *Schreiben in der/für die Populärkultur* in Kap. I). Falladas Romane kommen daher weder mit einem Text wie Remarques *Im Westen nichts Neues* überein, erschienen 1929 beim zu Ullstein gehörigen Propyläen Verlag, noch mit Polly Maria Höflers *André und Ursula*, der unter den Neuerscheinungen des Jahres 1937 mit einer Auflage von 390 000 herausragt, während *Wolf unter Wölfen* gerade einmal 25 000 erreicht. Sie stehen aber auch diesseits des Höhenkamms, was zwar von der sozialgeschichtlich ausgerichteten Literaturwissenschaft goutiert wird, aber ohne dass sie dabei einen Sinn für die komplizierten Darstellungsformen entwickelt hat: Auch Fallada ist ein Autor, der mit allen Wassern der literarischen Moderne gewaschen ist, wie man es an Autoren von Alfred Döblin bis Thomas Mann rühmt. Ihre weite Verbreitung erfahren seine Romane dabei nicht durch eine Massenpräsenz, die monomedial auf Einzelwerke fixiert bleibt. Sie gelingt vielmehr durch beständig neu austarierte Einpassungen in die feinen Binnendifferenzierungen eines flexibilisierten Buchmarktes, denen sich gerade ein ambitionierter Verleger alter Schule wie Rowohlt in der Weimarer Republik (und dann auch eben noch im Dritten Reich) zu öffnen sucht.

Mit Ausnahme von *Wir hatten mal ein Kind* machen sich Falladas Erzählverfahren als Sound geltend, der durch großen Wiedererkennungswert die Leserschaft besticht, so dass seinen Romanen zeitgenössisch sehr schnell das Attribut ‚falladesk' zukam. Falladas Darstellungsformen erreichen damit eine breit gestreute Leserschaft, die keine dezidierte Partei- oder Milieuliteratur verlangt, sondern eben den ‚neuen Fallada' erwartet (siehe den Beitrag 1.2 *Falladas Poetologie* in Kap. II). Adressiert wird dieses Publikum ebenso durch Erzählungen von problematischen Lebensläufen und Lebenskrisen der ‚Zwischenschichten', die in den fortgeschrittenen Industriegesellschaften auf Millionenstärke anwachsen und sich bis heute in prekärer Lage empfinden. Dieser Bedarf an Orientierung stößt in den mehrfach gedruckten, für verschiedene Verlagsprogramme und Printmedientypen geeigneten Romanen, die dann auch leicht an weitere mediale Verwertungsketten wie den Film anschließbar sind, auf passende Antworten. Eine derart populäre, politisch unspezifische und dennoch soziale Notstände reflektierende Machart ist schließlich die Voraussetzung dafür, dass Falladas Bücher in verschiedene Sprachen übersetzt werden und insbesondere auf dem amerikanischen Buchmarkt wie in der dortigen Filmindustrie auf Resonanz stoßen.

Nach-Expressionismus

Wegen ihrer Vorurteile gegen solcherart populäre Romane zeigt sich die Literaturwissenschaft lange wenig sensibel für den Umbruch, der die deutsche Literatur seit den 1920er Jahren in Abkehr von den historischen Avantgarden der 1910er Jahre prägt. Von den Zeitgenossen selbst wurde diese Veränderung im Anschluss an die Avantgarden dagegen ganz genau wahrgenommen: Franz Roh hat sie 1925 mit der Formel ‚Nach-Expressionismus' für eine Kunst charakterisiert, die von einer neuen Gegenständlichkeit geprägt sei, ohne dass die avancierten Verfahrensweisen der Avantgarden bis zum Expressionismus in ihr preisgegeben wären. Die Literaturwissenschaft hat diese Impulse bislang kaum aufgenommen, wenn sie in der Literatur seit Mitte der 1920er Jahre vor allem die Übernahme von Darstellungsweisen der Neuen Sachlichkeit feststellt (so insbesondere Becker 2002). Sie verkennt dabei die auch hier noch bemerkbaren Verfahren der Avantgarden, die nun (wie der gesamte Traditionsbestand literarischer Darstellungsformen) verfügbar sind, aber nurmehr funktional eingesetzt werden: An Döblins Großstadtroman *Berlin Alexanderplatz* (1929) springt das fast schon überdeutlich ins Auge (vgl. Frank/Scherer 2016).

Die um 1925 einsetzende Neutralisierung der avantgardistischen Artistik durch erneute Aufmerksamkeit auf konkrete Phänomene der empirischen Welt (vielerorts ist auch von einem ‚neuen Naturalismus' die Rede) setzt sich über die NS-Zeit bis weit in die 1950er Jahre fort. Neben Autorinnen wie Vicki Baum oder Irmgard Keun gehört Fallada zur Trägergruppe dieser neuartigen Literatur, die im Gefolge von Erich Maria Remarques *Im Westen nichts Neues* (1929) dann auch die internationale Filmindustrie und den Weltmarkt erobert. Anders als Vicki Baum, die ihre Produktion von Weltbestsellern im amerikanischen Exil mit Romanen wie *Hotel Shanghai* (1939) fortsetzen kann (Scherer 2012b), unterliegt Fallada im Dritten Reich zwar stärkeren Restriktionen. Aber auch diese lassen Spitzentexte wie *Wolf unter Wölfen* (1937) zu, die Bedürfnisse nach Unterhaltung und Entspannung zumindest partiell bedienen: als Freiräume für das ‚deutsche Volk' bzw. als „Pausenraum des Dritten Reichs" (Würmann/Warman 2008; zu Fallada darin Hübner 2008).

Neu ist an der nach-expressionistischen Konstellation seit Mitte der 1920er Jahre, dass das Literarische nicht mehr durch Gesten der Überbietung herausgestellt wird, wie das noch die jeweiligen Ismen der Avantgarden inszenierten. Die Teilhabe am letzten Ismus, dem post-dadaistischen Surrealismus – 1924 durch André Bretons *Manifeste du surréalisme* begründet und getragen von der Zeitschrift *La Révolution surréaliste* (1924–1929) –, ist einem Maler wie Max Ernst etwa nur deshalb noch möglich, weil er nach Paris übersiedelt war. Die deutsche Literatur der Zeit widmet ihre Aufmerksamkeit stattdessen der Darstellung von Lebensverhältnissen in der neuen Weltmetropole Berlin, nach dem Ersten Weltkrieg geprägt von einer Populärkultur, die nun von primär kommerziell orientierten Medien wie Film, Rundfunk, Revue, Illustrierte und Reklame bestimmt wird. Das Interesse am Detail in Natur und Gesellschaft, an Figuren, Soziallagen und Lebenswelten, das diese Populärkultur entwickelt, rückt auch bei Fallada in den Mittelpunkt seiner Texte. Das schließt Modernität der eingesetzten Verfahren auch bei ihm keineswegs aus. Im Gegenteil verfügen all seine Romane versiert über die Errungenschaften der literarischen Moderne (siehe den Beitrag 1.2 *Falladas Poeotologie* in Kap. II). Seit den Durchbruchsromanen um 1930 verhalten sie sich aber so selektiv wie eklektisch zu ihnen, wie das z. B. auch bei

Ernst Jünger oder Elisabeth Langgässer in der spezifischen Anverwandlung des Surrealismus der Fall ist (vgl. Frank/Scherer 2007/2012).

Blickt man auf die Verfahren, die seit der Frühen Moderne bis zur Neuen Sachlichkeit ausdifferenziert worden sind, so begegnet man im Nach-Expressionismus gleichzeitig personalem Erzählen, erlebter Rede und Inneren Monologen auf der einen, Montagetechniken im Gefolge der modernen Kunst seit dem Kubismus von Picasso und Braque und dem Dadaismus (vgl. Scherer 2018) auf der anderen Seite – hier nun auch, indem diese Techniken breitenwirksam vom zeitgenössischen Film seit Griffith und Eisenstein übernommen werden (vgl. Harris 2009). Neu sind entsprechend auch in der Literatur die vom Film herkommenden Möglichkeiten in der Organisation des Blickens (durch *camera eye*, *mise en scène*) und der Verknüpfung isolierter Szenen durch *short cuts*, die Fallada in Varianten des ‚filmischen Schreibens' seit *Bauern, Bonzen und Bomben* auch noch in den Nachfolgeromanen (hier aber nur noch punktuell) praktiziert.

Über sämtliche Darstellungstechniken der Zeit souverän zu verfügen, gehört zum professionellen Selbstverständnis gerade von Autoren, die mit diesen neuen Möglichkeiten in der Massenkultur erfolgreich sein wollen. Das konnten deutschsprachige Autoren wie Fallada und Autorinnen wie Vicki Baum oder Irmgard Keun in dieser Zeit bei den Amerikanern der jungen Generation – von Scott Fitzgerald und Anita Loos über Thomas Wolfe und William Faulkner bis Ernest Hemingway – lernen. Allerdings werden alle verfügbaren darstellerischen Mittel von ihnen nur noch ‚lokal' eingesetzt und grundsätzlich einem konstruktiven Darstellungsprimat unterworfen. Auf jeden Fall werden sie nicht mehr hervorgekehrt, geschweige denn radikalisiert und als besonderer Stil einer Gruppe ausgestellt: um entweder die Überlegenheit von Kunst vorzuführen oder im Gegenteil Kunst und die damit verknüpften kulturellen Semantiken wie Subjekt, Realität und Sprache zu dekonstruieren, wie das im Kubismus, Futurismus oder in der Dada-Bewegung noch der Fall war (vgl. Scherer 2018).

Die neue amerikanische Literatur konnte Fallada als Angestellter im Ernst Rowohlt Verlag, zuständig für die Pflege des Rezensionsarchivs, kennenlernen. Spuren der Auseinandersetzung mit internationaler Literatur finden sich bei ihm aber von Beginn an: seit den ersten literarischen Unternehmungen (siehe den Beitrag 2.1 *Juvenila und schriftstellerische Pläne: Übersetzungen, Gedichte* in Kap. II), dann in der Phase um 1925 in Bezug auf Prousts *A la recherche du temps perdu* oder auf die Prosa der Wiener Moderne in *Der Apparat der Liebe* (Scherer 2015), schließlich auf John Dos Passos' *Manhatten Transfer* (1925) in *Bauern, Bomben und Bonzen* (Baßler 2015, 314), wobei der personale Perspektivismus, der sein Erzählen seitdem kennzeichnet (siehe den Beitrag 1.2 *Falladas Poetologie* in Kap. II) nicht zuletzt auf Faulkners *The Sound and the Fury* (1929) zurückgeführt werden kann (zur Rolle von Dos Passos für Rowohlts Orientierung an amerikanischer Literatur vgl. Koburger 2015, 251–253). Während sich Falladas breites Interesse insbesondere in den Buchbestellungen bei Rowohlt bekundet (vgl. ebd., 378–382) und beifällige Äußerungen zu Faulkner (Fallada an Rowohlt, 9. Januar 1937, zit. nach Fallada 2008, 220) oder Céline (Fallada an Rowohlt, 23. Januar 1937, zit. nach ebd., 224) oft nur en passant brieflich erfolgen, weist er auf Hemingway auch öffentlich enthusiastisch hin (Fallada 1931/1932a/1932b; vgl. Ulrich 2000; siehe auch den Beitrag 1.1 *Verhältnis literarisches Werk – Rezensionspraxis – journalistische Tätigkeit* in Kap. II). Schließlich ist noch in *Wolf unter Wölfen* der Bezug auch auf Thomas Wolfe nachweisbar (vgl. Lutz 2013, 64).

In der ‚Buchkrise' der 1920er Jahre (vgl. Füssel 2005) setzt sich mit dieser Orientierung an aktuellen amerikanischen Romanen eine neue Einstellung von Literatur auf den Markt durch, welche die Unterscheidung von ernster hoher und unterhaltsamer niederer Literatur flexibler handhabt bzw. beides miteinander vermitteln möchte (vgl. Waine 2007, 73–83). Unter verwandten sozio-ökonomischen Bedingungen beginnt im Berlin der 1920er Jahre, was in dieser Zeit sonst nur mit New York als Welthauptstadt zu vergleichen ist: dass sich auch hier so etwas wie die amerikanische *Middlebrow Culture* zu entwickeln beginnt (vgl. Rubin 1992; Frank 2013). Danach richten sich zunächst Medienkonzerne wie Ullstein in ihrem Geschäftsgebaren aus (vgl. King 1988; Oels/Schneider 2015), unter dessen Kontrolle dann auch Rowohlt gerät (vgl. Oels 2013, 47 ff.).

Synthetische Moderne: eine andere Ordnung der Literatur im 20. Jahrhundert

Solche Einsichten haben in jüngster Zeit dazu geführt, alternative Periodisierungen für die deutsche Literatur im 20. Jahrhundert zu behaupten. Im Gefolge der einschlägigen Grundlegung durch Hans Dieter Schäfer (1981/2009; ähnlich auch Arntzen 1995) konstruieren diese Vorschläge eine ‚Synthetische Moderne' (Frank/Palfreyman/Scherer 2005; Frank/Scherer 2005/2007/2016; Scherer 2012a), deren Diskussion mittlerweile Arbeiten zur Literaturgeschichte aller Gattungen erreicht hat (Streim 2008, 5 f.; Haefs 2009, 19; Schmidt 2009, 20 ff.; Delabar 2010, 77, 86; Lampart 2013, 1–13; Baßler/Roland/Schuster 2016, 5; Schuster 2016, 10; Kiesel 2017, 92 f.). Der Begriff Synthetische Moderne will kohärenzstiftende Einheitsbezüge der deutschen Literatur beobachtbar machen, die über die Brüche in der politischen Geschichte hinweg greifen. Die Kontinuitäten für das Symbolsystem literarischer Verfahren, Semantiken und dargestellter Welten fallen nämlich erstaunlich umfassend aus, während das Sozialsystem literarischer Produktion, Distribution und Rezeption stärker dem Wechsel von der Weimarer Demokratie zur NS-Diktatur und von da aus zur SBZ/DDR und BRD unterworfen ist. Indem die Debatten um Falladas Teilhabe an der Literatur im Dritten Reich aber oft beide Ebenen unvermittelt kurzschließen, verstricken sie sich in Widersprüche, weil ihnen die vermeintliche Anpassung an Zensurvorgaben nicht mit modernen Verfahren kompatibel erscheint. Hält man die Ebenen dagegen getrennt, wird deutlich, dass auch die Erfahrung von Diktatur, Weltkrieg, Shoa und Nachkrieg mit literarischen Mitteln verarbeitet wird, die sich in Reaktion auf die Avantgarden herausbilden und dann nur noch graduell, nicht mehr grundsätzlich bis in die Mitte der 1950er Jahre wandeln. Darüber hinaus bietet es sich auch für Fallada an, die Blickrichtung umzukehren, also danach zu fragen, welche politischen Bekenntnisse von den jeweils gewählten literarischen Verfahren überhaupt ermöglicht werden: Bei ihm ist eine Pluralisierung der Verfahren im wachsenden Spektrum an Figuren zu bemerken, die seine Erzähler in der Mitsicht eng begleiten, so dass sich eine übergeordnete Erzählinstanz, die dann ideologische Positionen vertreten könnte, oft nur schwach geltend macht (siehe die Beiträge 1.2 *Falladas Poetologie* und 4.8 *Der Kutisker-Roman* in Kap. II). Aber auch die dargestellten Welten und insbesondere die erzählten Biografieverläufe und die Romanschlüsse harmonieren nicht mit eindeutigen ideologischen Vorgaben.

Bei den Beobachtungen zu einer neuen Phasengliederung der literarischen Moderne darf schließlich nicht aus dem Blick geraten, dass literaturgeschichtliche Epochen keine positiven Gegebenheiten sind. Sie sind vielmehr methodisch perspektivierte Konstrukte, die ihre Erklärungskraft überzeugend machen, indem ihre Homogenitätsannahmen für eine Vielzahl einzelner Daten als zutreffend ausgewiesen werden. Eine solche Konstruktion muss sowohl für das gesamte Œuvre von Schriftstellern wie Hans Fallada in dieser Phase als auch für Autoren ganz unterschiedlicher Provenienz gelten, was eine bestimmte Einheitlichkeit der von ihnen eingesetzten literarischen Verfahren und Formen angeht.

Der Vorschlag, eine andere Ordnung der deutschsprachigen Literatur nach der Frühen Moderne (1890–1925) zu begründen, geht nicht zuletzt auf die Fragwürdigkeit bisheriger Phaseneinteilungen zurück: Sämtliche Geschichten der deutschsprachigen Literatur im 20. Jahrhundert meinen, ohne eine Explikation der Gründe für ihre epochalen Binnengliederung seit dem Ersten Weltkrieg politische Daten zugrundelegen zu können. Die Literaturgeschichte der Jahrhundertwende ist dagegen auch noch an poetologischen Gesichtspunkten orientiert. Mit den Befunden zum Formenpluralismus der Jahrhundertwende lässt sich der Beginn der literarischen Moderne um 1890 tatsächlich auch stilgeschichtlich fassen: als literarischer Impressionismus oder als Jugendstil, als Nachahmung der Welt im ‚Sekundenstil' oder eben als Ästhetizismus in Gegenstellung zum programmatischen Naturalismus, mit dem sich die Moderne 1887 durch Eugen Wolff selbst zur Epoche ‚ernennt'.

Literaturgeschichten für die Zeit danach ordnen die Entwicklung dagegen nur noch nach politischen Einschnitten. Für die Literatur während der NS-Zeit ergibt sich dabei das Problem, welche Relevanz man den publizierten ‚nicht-nationalsozialistischen' Texten zuweist. Diese Frage stellt sich vor allem dann, wenn man einräumen muss, dass es eine beträchtliche Menge an Werken gibt, die sich dem ideologiekritisch profilierten Bild so ohne weiteres nicht fügen. Daraus resultiert wiederum die Frage nach der spezifischen Kohärenz literarischer Verhältnisse: Korrelieren diese ausschließlich mit den politischen Daten? Oder steht die Produktions- und Organisationslogik der Werke nicht eher in einer Kontinuität, die von den ereignisgeschichtlichen Zusammenhängen weniger berührt ist, weil kultur- und medienhistorische Hintergründe in der Literatur ihren Eigensinn entfalten? Selbst wenn die Einschnitte im Sozialsystem der Literatur, bedingt durch die politischen Daten 1933 und 1945, ihre Entsprechungen in den literarischen Texten selbst finden, so bleiben sie doch immer bezogen auf formsemantische Kontinuitäten: Literarische Verfahren beweisen ihre Dignität, gerade weil sie epochale Umbrüche darstellbar halten. Was in den Diskussionen Synthetische Moderne genannt wird, zeichnet sich folglich dadurch aus, diese komplexen Zusammenhänge überhaupt beschreibbar zu machen. Darüber hinaus kann diese Epochenkonstruktion plausibel zeigen, wie durch Anknüpfung an den Realismus (so zuletzt auch Baßler 2015; vgl. Frank/Scherer 2005/2012) oder die Jahrhundertwende sich die dort jeweils entwickelten Verfahren (z. B. die symbolische Verdichtung der dargestellten Welt, z. B. die ‚Verinnerung' des Erzählens) an neuen Themen bewähren.

Die Epochenkonstruktion einer Synthetischen Moderne favorisiert daher für die Zeit zwischen Mitte der 1920er und Mitte der 1950er Jahre eine explanatorisch leistungsfähige, weil an nicht wenigen Beispielen überprüfte Homogenitätsannahme. Sie erkennt ein kohärenzstiftendes Moment der Werke ungeachtet ihrer weltanschaulichen bzw. literaturpolitischen Ausrichtung in der Zuversicht auf eine höhere Ordnung: auf ‚geistige Organisation' (Musil 1983, 1089) oder auf „geglaubte Ganzheit", so Hofmannsthal im Aufruf zur ‚Konservativen Revolution' in der Münchner Rede *Das*

Schrifttum als geistiger Raum der Nation von 1927 (Hofmannsthal 1980, 39). Denkgeschichtlich geht diese ontologische Rückversicherung auf den Vitalismus seit den 1890er Jahren zurück. Der Begriff des intensiven ‚Lebens' ist auch im Werk Falladas noch virulent, obwohl er bei ihm erkennbar an Überzeugungskraft einbüßt. Literaturgeschichtlich ist die spezifische Modernität der Texte daran festzumachen, dass die ins Spiel kommenden Zweckbindungen – national-konservative oder kulturell-humanitäre, gesellschaftlich-aufklärerische oder vorwiegend kunstmetaphysische – mit dem je aktuellen Stand der Formgeschichte arbeiten. Dazu verhalten sich die Texte synthetisch in dem Sinn, wie es bei den sich durchsetzenden Kunst- und Ersatzstoffen (Bembergseide, Cellophan, Synthesekautschuk, Anilin, Ammoniak) der Fall ist, die nun in literarischen Texten selbst thematisch werden: in Irmgard Keuns *Das kunstseidene Mädchen* (1932), Hans Dominiks *Vistra, das weiße Gold Deutschlands* (1936), Karl Aloys Schenzingers *Anilin* (1937) oder Vicki Baums *Kautschuk/The Weeping Wood* (1943), wobei Schenzinger wiederum Sachbuch und Roman synthetisiert.

Auch die formgeschichtlich avancierten Stadtromane Döblins (*Berlin Alexanderplatz*, 1929) oder Koeppens (*Tauben im Gras*, 1951) bleiben zurückgebunden an metaphysische Ordnungsideen (vgl. Scherer/Frank 2016). Das wird häufig verkannt, obwohl sie eine höhere Ganzheit mit literarischen Mitteln anstreben, indem sie ihr disparates Material durch ein poetisches Verweissystem homogenisieren. Umgekehrt zeigt sich in einem ideologisch eindeutigen Roman wie *Vereinigung durch den Feind hindurch* (1937), den der konservative Revolutionär Rudolf Borchardt publiziert hat, dass er moderne Darstellungsverfahren nicht abwehren kann – genauer: Er betreibt seine ideologische Aufgabe, die Borchardt als ‚Schöpferische Restauration' verstanden wissen will, gerade mit deren Hilfe (Frank 2002; Frank/Scherer 2006; Scherer 2007). Solche Befunde einer literarischen Synthese der Verfahren gelten nicht nur für die Erzählliteratur. Ähnliches ist auch an der Naturlyrik im Dresdner *Kolonne*-Kreis um Günter Eich und Martin Raschke zu beobachten (vgl. Betz 2005; Streim 2008, 110–116; Kiesel 2017, 1060–1064; Schuster 2016).

Der Blick auf die literarischen Verfahrensweisen erlaubt es, ideologisch nicht kompatible Autoren wie Alfred Döblin, Rudolf Borchardt, Ernst Jünger, Robert Musil, Hermann Broch und Elisabeth Langgässer oder Horst Lange und viele andere mehr als miteinander vergleichbar anzusehen: aufgrund gemeinsamer Textstrategien, d. h. im Blick auf poetische Äquivalenzen. Diese Ähnlichkeit der Schreibweisen gilt durchgehend für die große Gruppe an Texten, die ungeglaubte Mythen wiederbeleben und neu funktionalisieren (vgl. Dörr 2004), selbst noch für den Arno Schmidt von *Brand's Haide* (1951) oder den ostentativ modernen Heinrich Böll. Immer bleibt die Form ihrer Darstellung einer synthetischen Funktion untergeordnet, die den avantgardistischen Impulsen auf Form(zertrümmerung) entgegensteht. Das führt nicht selten zu einer äußersten, teils auch existenzialistischen Spannung zwischen Formsemantik und Narration vor allem in Texten der Nachkriegszeit wie in Ilse Aichingers *Spiegelgeschichte* (*Wiener Tageszeitung*, 1949) oder in Hans Erich Nossacks Roman *Spätestens im November* (1955).

Die an Umweltreferenz interessierte Literatur seit Mitte der 1920er Jahre kann aber nicht allein über die Schreibweisen im engeren Sinn, sondern sie muss auch über die spezifische Form ihrer erzählten Geschichten erschlossen werden. Die wert- und normenbasierte Form der Narrationen, ihre ideologische Orientierung, bedeutet keine Determination der literarischen Gestaltung durch Codes der sozialen Realität, die ihr äußerlich wären. Vielmehr entstammt die mimetische Orientierung einer internen Entwicklungslogik und Prioritätensetzung, die vom Literatur- und Kunstsystems selbst definiert wird. Das ermöglicht es der Literatur, ihre Funktionen im Prozess kultureller Selbstverständigung aufrechtzuerhalten und damit ihre Reproduktion sicherzustellen. Die entscheidende Differenz zu den Avantgarden besteht demnach darin, dass die Synthetische Moderne deren Verfahrensweisen mit traditionell umweltreferentiellen bzw. realistischen, ja naturalistischen, veristischen und neorealistischen kombiniert, sie dabei aber ‚lokalisiert' (weil sie nur noch Segmente oder einzelne Figuren in Texten beherrschen) und ‚funktionalisiert' (indem sie bestimmte und begrenzte Leistungen erbringen). Daraus resultiert ein epochentypischer ‚komplexer Realismus' (Frank/Scherer 2006/2012), der auf der formalen Ebene das Konzept der Synthese (in einem nicht dialektischen Sinn) erfüllt.

Falladas Platz in der Synthetischen Moderne

An Falladas Œuvre lässt sich in diesem Rahmen der literaturgeschichtliche Wandel um 1925 als ein Auslaufen des Expressionismus beobachten: In längeren Erzähltexten wie in Falladas ersten Romanen kann der Expressionismus sein utopisches Potential in einer immer detaillierter gezeichneten sozialen und psychischen Welt nicht mehr entfalten. Zugleich ist die Genese nach-expressionistischer Schreibweisen an seinen journalistischen Arbeiten zu rekonstruieren (siehe den Beitrag 1.2 *Falladas Poetologie* in Kap. II). So sind dann die Romane von *Kleiner Mann – was nun?* (1932) über *Wir hatten mal ein Kind* (1934) und *Wolf unter Wölfen* (1937) bis zu *Jeder stirbt für sich allein* (1947) ein prominentes Beispiel für den zurückgenommenen, aber als verfügbar gezeigten Einsatz avancierter literarischer Techniken.

Das hat die zeitgenössische Rezeption nicht davon abgehalten, in Fallada einen faschistischen Autor zu sehen, dem sogar Teile der NS-Kritik attestierten, dass ein Roman wie *Wir hatten mal ein Kind* die Blut-und-Boden-Ideologie erfülle. Man kann das mit vergleichenden Hinweisen auf eindeutig völkisch-rassistische Romane wie Hans Friedrich Bluncks *Wolter von Plettenberg* (1938, 1943 im 240. Tausend) jedoch leicht abweisen (siehe den Beitrag zu diesem Roman in vorliegendem Handbuch). Der Großteil der ideologisch orientierten Kritik von rechts wie von links erkennt denn auch einsichtig, dass Fallada niemals für ihre Positionen zu haben ist, eben weil er keine Tendenzromane zu Propagandazwecken geschrieben hat. Dennoch gibt es auch bei Fallada das Begehren, eine feste Größe, einen Kern zu beglaubigen, der seine Figuren lebensfähig hält. Das geschieht bei ihm nicht selten in aufgesetzt wirkenden Schlussgebungen durch eine wie willkürlich eingeführt erscheinende, dominante Erzählerstimme. Im Ganzen ist Falladas Romanproduktion mit ihrer Suche nach einer Ordnung hinter den sozialen Tatsachen einer Ideologie des Nicht-Ideologischen verpflichtet.

Die Verflechtung von komplexer Modernität und Ordnungsstiftung im Zeichen der Synthese ist genauer an Döblins *Berlin Alexanderplatz* als ‚Mastertext' vorgeführt worden (vgl. Frank/Scherer 2016). Vergleichbares lässt sich an Fallada zeigen, weil auch seine Werke durch moderne Verfahren ausgezeichnet sind, die nach 1930 besonders die Schreibweisen der sog. ‚jungen Generation' der um 1900 Geborenen charakterisieren. Zu diesen Autoren gehören neben Fallada u. a. Wolfgang Koeppen, Friedo Lampe, Horst Lange, Hermann Kasack, Ernst Kreuder, Elisabeth Langgässer,

1.5 Fallada als populärer Autor der Synthetischen Moderne

Peter Huchel und Günter Eich. An ihnen allen sind bestimmte literarhistorische Kontinuitäten feststellbar, die in einer seit 1925 beobachtbaren Doppelung besteht: von zweckgebundener Vereinfachung im Sinne des ‚Gebrauchswerts' (Brecht) mit den Mitteln des modernen Realismus zum einen und einer moderierten Komplexität im Einsatz dieser Mittel zum anderen. Diese Doppelung äußert sich bei dieser Gruppe von Autoren, die politisch kaum eindeutig identifizierbar sind, auch als Affinität zum Magischen: Bei detailgetreuer Darstellung des Alltags mit nuanciertem Sinn für moderne ‚Tatsachen' lässt diese Schreibweise stets zugleich die geheime Konsonanz der Welt, die Idee eines höheren Lebens ‚hinter' den Dingen durchscheinen. Diese Ebene kommt mit einem unaufgelösten Rätsel bzw. einer numinosen Macht durch eine Atmosphäre verdüsterter Bedrohlichkeit hindurch ins Spiel.

Was die Forschung als Stilphänomen unter dem Namen Magischer Realismus an ganzen Texten zu fassen versuchte, umgreift insofern ein nicht festgelegtes Spektrum von neusachlichen bis zu traumartig halluzinativen und (seltener) auch surrealistischen Erzählweisen, die sich verfahrenstechnisch als Varianten eines auf Synthesen abzielenden ‚komplexen Realismus' organisieren. Die je spezifische Geschlossenheit der Texte wird herbeigeführt durch poetische Verfahren, u. a. im gleitenden Ineinander der disparaten Details, hier oft auch atmosphärisch eingeholt durch die suggestive Versprachlichung sinnlicher Erfahrungen. Genau diese Linie, die Jüngers *Das Abenteuerliche Herz* (1929) an Elisabeth Langgässers *Gang durch das Ried* (1936), Horst Langes *Schwarze Weide* (1937), Hermann Kasacks *Stadt hinter dem Strom* (1947) und Ernst Kreuders *Die Gesellschaft auf dem Dachboden* (1946) oder *Die Unauffindbaren* (1948) annähert, wirkt zuletzt über das Vorbild des Rowohlt-Lektors Friedo Lampe (*Septembergewitter*, 1937 bei Rowohlt) noch bei Wolfgang Koeppen nach, ja sogar noch bis in die so erfolgreiche, existenzialistisch eingefärbte Fantastik einer toten Erzählerin in Hans Erich Nossacks *Spätestens im November* (1955) hinein: Neben Frischs *Stiller* (1954) ist dieser Roman der saisonale Höhepunkt im Literaturbetrieb, so dass an dieser ‚Konstellation' ‚um 1955' dann schon der Epochenübergang hin zu einer neuen Literatur ‚nach der Synthese' zu erkennen ist (vgl. Scherer 2008).

Bei Fallada hat man diese Elemente des Magischen Realismus in allen Romanen seit seinem Durchbruch, im Kern seit seiner Erzählprosa um 1925, noch gar nicht erkannt, geschweige denn genauer beschrieben, weil er der Forschung in aller Regel als Autor der Neuen Sachlichkeit gilt. Und weil dann Neue Sachlichkeit und Nationalsozialismus lange Zeit als unvereinbar galten, wurden seine Romane während des Dritten Reichs als Schwundformen der Neuen Sachlichkeit gewertet. Doch auch bei Fallada sind die ‚geheimnisvollen' Elemente in der Darstellung von Innenverhältnissen seiner Figuren zwischen Bewusstseinstrom, Einbildung oder halluzinativem Wahn durchweg unübersehbar. In *Wir hatten mal ein Kind* wird das in einer leitmotivisch aufscheinenden Semantik der ‚Verzauberung' angezeigt, der selbst der liebesunfähige Johannes Gäntschow in seinen Begegnungen mit Christiane unterliegt – mit bemerkenswerten Motivübernahmen aus *Kleiner Mann – was nun?* wiederum, weil auch Pinneberg von Lämmchen ganz ähnlich gebannt bleibt. Solche Elemente hat die Forschung bislang noch gar nicht bemerkt, geschweige denn triftig kontextualisiert, wenn sie bestenfalls die ihr wunderlich erscheinende Kombination von Sachlichkeit und Romantik registriert (siehe den Beitrag 4.1 *Wir hatten mal ein Kind* in Kap. II).

Im Segment des „vorzüglich gemacht Mittlere[n]" (Mann 1927, o. S.) zeigt sich die Verfügbarkeit im raffinierten Einsatz aller Verfahren aus Realismus und Moderne seit 1890 am deutlichsten in *Wolf unter Wölfen* von 1937 (vgl. Frank/Scherer 2011). Hier schließt Fallada auf dem Höhepunkt seines Könnens an eine ganze Reihe zeitgenössischer Textmodelle und aktueller Stile an: Mit dem zweibändigen, 1100seitigen Roman reiht er sich verfahrenstechnisch wie thematisch in die Totalitätsprojekte von Broch (Frank/Scherer 2012), Musil, Döblin, Martin Kessel (Scherer/Stockinger 2004) und Feuchtwanger ein, die noch einmal literarische Summen ihrer Zeit auf dem formgeschichtlichen Stand der Moderne liefern wollen. Fallada unterstellt jedoch die Verfahrenspluralität dieser Großtexte durchweg einer ‚illusionistischen‘ Darstellung widersprüchlicher gesellschaftlicher Lebenslagen. Trotz ihrer formalen Komplexität bleibt seine Darstellung für den ‚Normalleser‘ verständlich, denn sie richtet sich an eine Leserschaft, die nicht mehr schichtspezifisch akademisch, sondern über alle Schichten hinweg auf dem *qui vive* der neuen Populär-Medien der 1920er Jahre (Film, Fotoillustrierte, Reklame, Radio, Schallplatte, Revue) sozialisiert wurde (vgl. Frank 2009). Einfachheit der Sätze und Mündlichkeit der Sprache, szenisch unmittelbare Anschaulichkeit durch Präsens und Dialoge bedingen, dass man das Raffinement dieser Darstellung, den intertextuellen Reichtum (auch in *Wir hatten mal ein Kind*) unterschätzt. Trotz unmittelbarer Verständlichkeit des Stils verfährt Fallada stets subtil, ja innovativ in der Beschreibung gesellschaftlicher Machtverhältnisse, indem er mit seiner internen Fokalisierungstechnik fehlende Solidaritäten, Machtgesten und fieses Verhalten so idiosynkratisch wie empathisch in den Blick rückt.

Komplementär dazu funktioniert der Einsatz des von Prümm für *Kleiner Mann – was nun* diagnostizierten ‚Kinoblicks‘ (Prümm 1995/2011) noch in *Wolf unter Wölfen*, auch hier als Modus des Ausgleichs zwischen der Verfahrensmodernität Döblins und traditionellem Erzählen. Der chronikartige, kulinarisch konsumierbare Lapidarstil und der Reportagegestus dieses Schreibens kehrt die tatsächliche Artistik seiner Mikrodramatik der unscheinbaren Dinge im Alltag der ‚Leute‘ (Frank/Scherer 2013) nicht mehr hervor. Indem es Alltag mit genuin literarischen Mitteln darstellt (siehe den Beitrag 2.6 *Fallada und die Kulturdiagnostik* in Kap. I), garantiert Falladas Schreiben eine derart breite Anschlussfähigkeit, dass auch die üblichen ideologischen Grenzziehungen letztlich überschritten werden. Obwohl er über die formalen Errungenschaften der literarischen Moderne sichtlich verfügt, ist Fallada somit kein artistischer oder experimenteller Autor.

Aber auch die gern gebrauchte Formel vom ‚volkstümlichen‘ Schriftsteller verstellt das Verständnis dieses professionalisierten Schreibens auf Weltbestseller-Niveau (siehe den Beitrag 1.2 *Falladas Poetologie* in Kap. II). In der deutschen *Middlebrow*-Literatur (vgl. Rubin 1992) als Referenzsystem sind auch bei ihm die zahlreichen Anschlüsse an die avancierte wie weniger avancierte internationale Literatur nicht zu verkennen. Neben Bezügen auf den Bloomsday im *Ulysses* kann man vor allem die Verbindungen zur Literatur der Amerikaner nicht übersehen, die in Übersetzungen und in der Literaturkritik bis zum Ende der 1930er Jahre in Deutschland nicht zuletzt dank Falladas Hausverlag Rowohlt im ‚gespaltenen Bewußtsein‘ (Schäfer 1981; von „split character and ambiguity" spricht auch schon Slochower 1942, 23) sehr wohl präsent bleibt (vgl. Oels 2013). Entscheidend ist es dabei, dass diese Literatur nicht mehr mit der Unterscheidung von *high* und *low* arbeitet (siehe den Beitrag 2.5 *Schreiben in der/für die Populärkultur* in Kap. I).

Weil *Wolf unter Wölfen* seine Kombination von Darstellungstechniken auf die Tatsachenerschließung anwendet, funktioniert auch dieser Roman als ‚Neutralitätsformel', wie Lethen die Neue Sachlichkeit charakterisiert hat. Denn er neutralisiert Gegensätze zwischen Kunst und Realität, ästhetischer oder politischer Wirkung, rechter und linker Perspektive als „Ernüchterungsmodell" auf dem ‚Boden der Tatsachen' (Lethen 1995, 391). Er synchronisiert damit nicht nur die seit den Avantgarden verfügbar gewordenen literarischen Mittel, sondern eben auch die politischen und ideologischen Tendenzen seit Mitte der 20er Jahre. So gewinnt Literatur im Zusammenhang eines *Rappel à l'ordre* (vgl. Cocteau 1926) formale Ordnungsprinzipien zurück, die der Zersplitterung von Kunst und Gesellschaft entgegenwirken, indem sie die etablierten Oppositionen im synchronen Nebeneinander, durch Gleichzeitigkeit höchst heterogener Befunde, aufhebt.

Seine Verschiebung von einem ‚Desillusionsrealismus' zur finalen Zuversicht auf „Halt" und auf ein „Unzerstörbares", auf ein „Glück", das „von äußeren Dingen", insbesondere vom Geld, nicht „abhängig" sei (Fallada 1937, 1156), reflektiert *Wolf unter Wölfen* wie vorher bereits *Wir hatten mal ein Kind* auch in Veränderungen des Erzählens in seinem Verlauf. Herrscht eingangs mit der forcierten Prosa noch das verwirrende Chaos in der Großen Stadt Berlin während der Inflationszeit vor, in das sich der Leser unvermittelt ohne Orientierung reportageartig hineingestellt fühlt, tritt gegen Ende hin zunehmend eine ordnende Erzählstimme hervor. In *Wir hatten mal ein Kind* findet eine gegenläufige Bewegung statt von den digressiven und realistischen Erzählstilen des 19. Jahrhunderts hin zur forcierten Prosa ‚um 1930'. Von einem Stilgestus, der Thomas Manns „wir" am Ende des *Zauberbergs* evoziert, wird der Leser in *Wolf unter Wölfen* schließlich in sympathetischer Vertrautheit so an die Hand genommen, wie der Erzähler seine Figur Pagel – ganz analog zu Döblins Biberkopf – über die Krisen der Inflationszeit hinwegrettet: „Wir haben einen weiten Weg gehabt". Jetzt aber „ist alles ganz anders" (ebd., 1137). In *Wir hatten mal ein Kind* gibt dieser ‚Wir'-Erzähler seine unsympathische Figur Gäntschow dagegen auf, weil sie jede Anpassung verweigert. Daran zeigt sich nicht nur, wie Fallada mit unterschiedlichen Schlussfolgerungen arbeitet, sondern auch, inwiefern die verfahrenstechnische Offenheit dieses synthetischen Erzählens Probleme der Schlussgebung provoziert, weil keines der vorgängigen Erzählmodelle mehr eine überzeugende Lösung bieten kann.

Offenbar wird Fallada die Schlussgebung sowohl in positiver wie negativer Hinsicht überhaupt zum Problem seiner Romane (siehe den Beitrag 4.4 *Wolf unter Wölfen* in Kap. II). Am stärksten wirkt die tröstende Zuversicht im Bild des Korns durch einen ‚Wir'-Erzähler in *Jeder stirbt für sich allein* wie aufgesetzt, um der trostlosen Geschichte um die Hinrichtung des Ehepaars Quangel doch noch eine sinnvolle Sicht auf die Welt entgegenzusetzen, derer Fallada offenbar auch in seinen düstersten Romanen bedurfte. Organisch aus der Gestaltung gehen diese Schlüsse nicht hervor. Sie wirken wie ‚auktorial' hinzugefügt. Das hat offenbar auch damit zu tun, dass Fallada als ein Autor, der primär am Stoff orientiert ist (siehe den Beitrag 1.2 *Falladas Poetologie* in Kap. II), niemals auf Handlungsspannung hin schreiben kann, sondern stets nur in der Gespanntheit auf das Schicksal seiner Figuren, bis der Stoff verbraucht und damit auserzählt ist. Ein aus der Handlung heraus motiviertes Ende wie im Drama der geschlossenen Form können diese Romane nicht finden: Das Leben geht weiter, so dass der Abschluss eines Romans nur durch die je eigene Positionierung seines Erzählers zur Figur erfolgt.

Epochen der literarischen Moderne

Auch innerhalb der Synthetischen Moderne sind Veränderungen zu bemerken: Die Rückkehr von Ordnungsvorstellungen, die auf Ontologie gestützt sind, setzt wie die weiteren Relativierungen von geistigen und künstlerischen Experimenten (die sich Anfang der 1940er Jahre verstärken) nur eine Tendenz fort, die seit dem Magischen Realismus wie in der Neuen Sachlichkeit als Dämpfung, als Moderation von Modernität anläuft (vgl. Delabar/Denkler 1999, 9; Lutz 2013, 67f.). Diese Tendenz zeigt sich auch im Lager der marxistischen Linken: bei Johannes R. Becher oder bei Georg Lukács, dessen Brecht-Kritik auf einen neuen Realismus im kommunistischen Verständnis abzielt und nun mit dem Widerspiegelungspostulat als Norm die moderne Literatur attackiert. Bemerkenswert ist das, weil Lukács 1916 als erster Theoretiker des modernen Romans auf den Plan trat. Fallada würde nach Maßgabe der Realismus- bzw. Expressionismusdebatte im Moskauer Exil um die Zeitschrift *Das Wort*, in der er entsprechend ablehnend rezensiert wird, zur Fraktion von Bertolt Brecht und Anna Seghers gehören, die die Moderne gerade im Einsatz der entsprechenden literarischen Verfahren gegen ihre Verächter verteidigen. Insbesondere Anna Seghers weist in *Das siebte Kreuz* (1939/1942) erzähltechnische Verwandtschaft mit Falladas Querschnittsromanen auf, während ihr Roman *Transit* (1944) neben magisch-realistischen sogar surrealistische Passagen enthält.

Die epochale Binnenordnung seit Beginn der deutschsprachigen Moderne prägt sich insgesamt – grobflächig betrachtet – in drei Stufen aus:
– vom Umbruch des realistischen Literatursystems hin zu den Avantgarden bis 1925
– über das heterogene Feld von Versuchen, Ordnung zu retten
– bis zur endgültigen Preisgabe aller Zuversicht auf metaphysische oder ontologische Integrationen seit 1955.

Der Stilpluralismus der Jahrhundertwende mündet in die Avantgardevarianten der 1910er Jahre zwischen Futurismus, Dadaismus, Expressionismus und den zahllosen anderen Ismen. Eine radikale Vervielfältigung der Verfahren ist die Folge. Schon seit den 1910er Jahren von einem konstruktiv-idealistischen Expressionismus überlagert, werden seit Mitte der 1920er Jahre diese Ismen von Ordnungsmodellen abgelöst: sei es im Rahmen der Debatte über die Neue Sachlichkeit, sei es nach Maßgabe des Magischen Realismus. Über diese Stabilisierungsmodelle und ihre Fortsetzungen während der NS-Zeit hinweg reicht die Sinnstiftungszuversicht dieser nachexpressionistischen Konstellation bis zur Mitte der 1950er Jahre. Erst hier zerfällt sie endgültig, indem das kulturpessimistische Lamento über den *Verlust der Mitte* (Sedlmayr 1948) von einer neuen Autoren-Generation abgelehnt wird: „Die Kulturindustrie gehört zu unserer Wirklichkeit, statt an ihr gebildet zu nörgeln, sollte man ihre Gesetzmäßigkeiten erforschen", wird Enzensberger in der maßgebenden neuen Literaturzeitschrift *Akzente* schreiben (Enzensberger 1956, 213). Damit entfällt die Ontologie des Vitalen, an der Fallada noch festzuhalten versuchte, so dass eine genuin literarische Deskription konkreter Zeit- und Lebensverhältnisse in nicht-normativem Kontext fortgesetzt werden kann. Aber auch das hatte bereits Fallada mit seiner Orientierung am Alltag des Durchschnitts begonnen. Literatur tritt jetzt als analytisches Korrektiv neben die soziologische Präskription einer ‚nivellierten Mittelstandsgesellschaft' (Schelsky 1955). Die synthetische Phase der Literatur- und Kulturgeschichte wird insofern nicht abgelöst von einer ‚Postmoderne' (vgl. Tommek 2015), sondern von einer Moderne ‚nach der

Synthese'. Die Literatur dieser neuen Phase stellt ihre künstlerische und theoretische Aufmerksamkeit vom Ethikangebot und von der Bestätigung eines phänomenologisch geglaubten, also vorab unterstellten Sinns auf die Analyse seiner Erzeugung durch Strukturen und Verfahren um. Genannt seien hier nur exemplarisch die *Mythen des Alltags* von Roland Barthes (1957). Michel Foucault (geb. 1926) hat im Gespräch mit Paolo Caruso von der „Konversion" seiner Generation durch Abkehr von der Phänomenologie gesprochen: „Von 1955 an haben wir uns hauptsächlich der Analyse der formalen Bedingungen des Erscheinens von Sinn gewidmet" (Caruso 1987, 7f.).

Die Synthetische Moderne arbeitet sich dagegen noch daran ab, die Konsequenzen aus dem Übergang vom realistischen Wertsystem zum avantgardistischen Literatursystem einerseits, aus den sozialen und mediengeschichtlichen Folgen des Ersten Weltkriegs andererseits erträglich zu machen. Die Neue Sachlichkeit als Stabilisierungsmodell seit 1925 bleibt bis Anfang der 1930er Jahre in Ganztexten präsent, allerdings vielfältig überlagert von Verfahren des nachexpressionistischen Magischen Realismus. Elemente der Neuen Sachlichkeit wie des Magischen Realismus, etwa die Reportagetechnik oder auch Biografiemodelle wie die ‚Neue Frau', sind indes auch nach 1933 noch verbreitet. Sogar ein NS-naher Text wie Kuni Tremel-Eggerts *Barb. Roman einer deutschen Frau* (1933) knüpft daran an. Gerade der Magische Realismus als parallele Strömung, die neben der Neuen Sachlichkeit als zweite Variante des ‚Nach-Expressionismus' (Roh 1925) zu gelten hat, bricht um 1930 nicht ab, sie bestimmt vielmehr bis weit in die 1950er Jahre die literarische Szene (vgl. Schuster 2016). Wie schon Franz Roh bemerkt: Diese miteinander verträglichen und sich in ihren Verfahrenstechniken überlappenden Varianten entstehen nicht in einer vollständigen Abkehr, sie ergeben sich vielmehr – nicht selten auch werkgeschichtlich und biografisch – aus dem Durchgang durch die Avantgarden, so dass der Wandel um 1925 sogar späte Texte älterer Autoren wie Thomas Manns *Unordnung und frühes Leid* (1925) oder Schnitzlers letzten Roman *Therese. Chronik eines Frauenlebens* (1928) prägt.

Texte der Synthetischen Moderne sind daher nicht mehr auf Überbietungsgesten durch artistische Neuerungen programmiert, sondern sie verstehen sich als Epochendiagnosen im Resonanzraum der etablierten literarischen Möglichkeiten – nun auch, indem sie die technisch-medialen Neuerungen im Rundfunk und Film, die sich als populäre Medien in den 1920er Jahren durchsetzen, mit literarischen Mitteln zum Teil simulieren, zum Teil mit (wiederum verfilmbaren) Illustriertenromanen in Fortsetzung (Vicki Baum), Drehbüchern (Thea von Harbou, Bert Brecht, Hans Fallada) und Hörspielen (Bert Brecht, Friedrich Wolf, Günter Eich) überhaupt erst erschaffen. Die Synthetische Moderne ist insofern gekennzeichnet durch eine illusionistisch-mimetische Erschließung der modernen ‚Tatsachen' auf dem ästhetischen wie medientechnologischen Stand ihrer Zeit. Die poetischen Bilanzen der Epoche dienen dazu, die gesellschaftliche Modernisierung zu sichten und durch Moderierung der ästhetischen Moderne zu bändigen.

Die gemeinsame mentale Disposition in der Literatur von der Weimarer Republik bis zur Mitte der 1950er Jahre im Zeichen der Synthese ist nicht mit dem Stil einer Schule oder einem Ismus zu verwechseln. Synthesen können vielmehr mit ganz verschiedenen Strategien angestrebt werden, die sich auch in Falladas *Wir hatten mal ein Kind* und *Wolf unter Wölfen* deutlich voneinander unterscheiden. Bei Friedo Lampe oder Wolfgang Koeppen verdanken sie sich etwa einer atmosphärischen Lyrisierung. Bei Elisabeth Langgässer und Ernst Jünger kommen sie durch surrealistische Verfahren zur Darstellung einer Apokalypse zustande. Die gemeinsame Funktion der eingesetzten Verfahren besteht darin, das Eindringen moderner Elemente, die Krisen auslösen, zu dokumentieren und zugleich literarisch zu bändigen. Synthesis wird also nicht im Sinne Hegels verstanden, sondern im Sinne der ‚Modern Times', die Kunststoffe wie die Bemberg-Seide herstellen, die in Keuns Titel *Das kunstseidene Mädchen* (1932) metonymisch auf die Anthropologie des Romans übergreift: Industriell aus Polymeren produziert und einer neuen Konsumkultur demokratisierend zum massenhaften Gebrauch verfügbar gemacht, verleiht dieser neuartige Weltkunststoff den charakteristischen ‚Glanz'. Synthesen resultieren demnach aus einer literarischen Kombinatorik bei grundsätzlich mimetisch-illusionistischem Anspruch der Darstellung, weil es den Texten in erster Linie darum geht, Lebensumstände in Stadt und Land zu erfassen und so über die Bedingungen, Möglichkeiten und Grenzen der ‚Modernen Zeiten' zu orientieren, wie sie Chaplins Stummfilm von 1936 in exemplarischen sozialen Räumen aufführt (vgl. Frank/Palfreyman/Scherer 2005).

Mit dem Rekurs auf eine transempirische Ontologie soll – und das ist auch eine Konsequenz des Scheiterns der Frühen Moderne an der Einlösung ihrer Postulate – letztlich noch einmal Sinn gestiftet oder doch wenigstens Trost gespendet werden. Das einheitsstiftende Moment der Synthetischen Moderne besteht damit grundsätzlich darin, eine doppelte Wirklichkeit zu plausibilisieren, indem die zersplitterte und seit Rilkes *Malte* und Einsteins *Bebuquin* als solche nicht mehr überzeugend darstellbare Tatsachenwelt mit einem höheren Sinn enggeführt wird. Die Literatur der Synthetischen Moderne, die hinter der Welt der Tatsachen eine zweite Wirklichkeit durchscheinen lässt, bleibt damit getragen von der Idee der Kunst als Ethikangebot.

Literatur

Arntzen 1995: Arntzen, Helmut: Ursprung der Gegenwart. Zur Bewußtseinsgeschichte der Dreißiger Jahre in Deutschland, mit Beiträgen von Thomas Althaus, Eckehard Czucka, Wolfgang Golisch, Edzard Krückeberg, Burkhard Spinnen und Gerd-Theo Tewilt, Weinheim 1995.
Baßler 2015: Baßler, Moritz: Deutsche Erzählprosa 1850–1950. Eine Geschichte literarischer Verfahren, Berlin 2015.
Baßler/Roland/Schuster 2016: Baßler, Moritz/Roland, Hubert/Schuster, Jörg: Kontinuitäten und Diskontinuitäten literarischer Verfahren von 1930 bis 1960. In: Poetologien deutschsprachiger Literatur 1930–1960. Kontinuitäten jenseits des Politischen hg. von M. B., H. R. und J. Sch., Berlin 2016, S. 1–14.
Betz 2005: Betz, Thomas: „mit fremden Zeichen" – Zur Poetologie im Werk Günter Eichs 1927–1935. In: *Modern times?* German Literature and Arts Beyond Political Chronologies/ Kontinuitäten der Kultur: 1925–1955, hg. von Gustav Frank, Rachel Palfreyman und Stefan Scherer, Bielefeld 2005, S. 93–114.
Becker 2002: Becker, Sabina: Die literarische Moderne der zwanziger Jahre. Theorie und Ästhetik der Neuen Sachlichkeit. In: Internationales Archiv für Sozialgeschichte der deutschen Literatur 27 (2002), H. 1, S. 73–95.
Caruso 1987: Caruso, Paolo: Gespräch mit Michel Foucault. In: Michel Foucault: Von der Subversion des Wissens, Frankfurt/M. 1987, S. 7–27.
Cocteau 1926: Cocteau, Jean: Le Rappel à l'ordre, Paris 1926.
Delabar/Denkler/Schütz 1999: Delabar, Walter/Denkler, Horst/Schütz, Erhard: Vorbemerkung. In: Zeitschrift für Germanistik, N. F., Beiheft 1: Banalität mit Stil. Zur Widersprüchlichkeit der Literaturproduktion im Nationalsozialismus (1999), S. 7–10.

Delabar 2010: Delabar, Walter: Klassische Moderne. Deutschsprachige Literatur 1918–1933, Berlin 2010.
Dörr 2004: Dörr, Volker: Mythomimesis. Mythische Geschichtsbilder in der westdeutschen (Erzähl-)Literatur der frühen Nachkriegszeit (1945–1952), Berlin 2004.
Enzensberger 1956: Enzensberger, Hans Magnus: Literatur und Linse und Beweis dessen, daß ihre glückhafte Kopulation derzeit unmöglich. In: Akzente 3 (1956), S. 207–217.
Fallada 1931: Fallada, Hans: Ernest Hemingway oder Woran liegt es? In: Die Literatur. Monatsschrift für Literaturfreunde 33 (1930/31), H. 12 (September 1931), S. 672–674.
Fallada 1932a: Fallada, Hans: Gespräch zwischen Ihr und Ihm über Ernest Hemingway: *In unserer Zeit*. In: Die Literatur. Monatsschrift für Literaturfreunde 35 (1932/33), H. 1 (Oktober 1932), S. 21–24.
Fallada 1932b: Fallada, Hans: (Mit Erschütterung habe ich ‚Hemingways' neuen Kurzgeschichtenband *In unserer Zeit* (Rowohlt) gelesen ...) In: Das Tage-Buch 13 (1932), Nr. 49, 3.12.1932, S. 1909.
Fallada 1937: Fallada, Hans: Wolf unter Wölfen. Roman, 2 Bde, Bd. 1: Erster Teil. Die Stadt und ihre Ruhelosen. Bd. 2: Zweiter Teil. Das Land in Brand, Berlin 1937.
Fallada 2008: Fallada, Hans: Ewig auf der Rutschbahn. Briefwechsel mit dem Rowohlt Verlag, hg. von Michael Töteberg und Sabine Buck, Reinbek bei Hamburg 2008.
Frank 2009: Frank, Gustav: Girlkultur, Populärkultur und neues Wissen in der Weimarer Republik. In: Irmgard Keun, hg. von Stefan Scherer, München 2009 (Text + Kritik 183), S. 35–46.
Frank 2012: Frank, Gustav: Beyond the Republic? Post-Expressionist Complexity in the Arts In: Beyond Glitter and Doom. The Contingency of the Weimar Republic, hg. von Jochen Hung, Godela Weiss-Sussex und Geoff Wilkes, München 2012, S. 45–66.
Frank/Palfreyman/Scherer 2005: Frank, Gustav/Palfreyman, Rachel/Scherer, Stefan: *Modern Times?* Eine Epochenkonstruktion der Kultur im mittleren 20. Jahrhundert – Skizze eines Forschungsprogramms. In: *Modern times?* German Literature and Arts Beyond Political Chronologies/Kontinuitäten der Kultur: 1925–1955, hg. von G. F., R. P. und St. Sch., Bielefeld 2005, S. 387–430.
Frank/Scherer 2005: Frank, Gustav/Scherer, Stefan: Komplexer Realismus in der Synthetischen Moderne: Hermann Broch – Rudolf Borchardt. In: Realistisches Schreiben in der Weimarer Republik, hg. von Sabine Kyora und Stefan Neuhaus, Würzburg 2005, S. 111–122.
Frank/Scherer 2007: Frank, Gustav/Scherer, Stefan: ‚Stoffe sehr verschiedener Art ... im Spiel ... in eine neue, sprunghafte Beziehung zueinander setzen'. Komplexität als historische Textur in Kleiner Prosa der Synthetischen Moderne (1925–1955). In: Kleine Prosa, hg. von Thomas Althaus, Wolfgang Bunzel und Dirk Göttsche, Tübingen 2007, S. 253–279.
Frank/Scherer 2011: Frank, Gustav/Scherer, Stefan: „Lebenswirklichkeit" im „gespaltenen Bewusstsein". Hans Falladas *Wolf unter Wölfen* und die Erzählliteratur der 30er Jahre. In: Hans Fallada. Autor und Werk im Literatursystem der Moderne, hg. von Patricia Fritsch-Lange und Lutz Hagestedt, Berlin/Boston 2011, S. 23–37.
Frank/Scherer 2012: Frank, Gustav/Scherer, Stefan: Komplexer Realismus in Elisabeth Langgässers Romanen von 1936 und 1946. In: Realismus nach den europäischen Avantgarden, hg. von Claudia Oehlschläger, Vittoria Borsò und Lucia Perrone Capano, Bielefeld 2012, S. 13–39.
Frank/Scherer 2013: Frank, Gustav/Scherer, Stefan: Mikrodramatik der unscheinbaren Dinge. Hans Falladas soziologischer Blick als Bedingung für Weltbestseller. In: Hans Fallada, hg. von G. F. und St. Sch., München 2013 (Text + Kritik 200), S. 83–93.
Frank/Scherer 2016: Frank, Gustav/Scherer, Stefan: Textur der Synthetischen Moderne (1925–1955). (Döblin, Lampe, Fallada, Langgässer, Koeppen). In: Deutsche Literatur 1930–1960. Zur (Dis-)Kontinuität literarischer Verfahren, hg. von Moritz Baßler, Hubert Roland und Jörg Schuster, Berlin/Boston 2016, S. 77–104.
Füssel 2005: Füssel, Stefan: Medienverbund statt Bücherkrise. Zum Verhältnis von Buch und Film in der Weimarer Republik. In: Buchkulturen. Festschrift für Reinhard Wittmann, hg. von Monika Estermann, Ernst Fischer und Ute Schneider, Wiesbaden 2005, S. 431–444.

Haefs 2009: Haefs, Wilhelm: Einleitung. In: Hansers Sozialgeschichte der deutschen Literatur; Bd. 9: Nationalsozialismus und Exilliteratur 1933–1945, München/Wien 2009, S. 7–52.

Harris 2009: Harris, Stefanie: Mediating Modernity. German Literature and the ‚New' Media, 1895–1930, University Park, Pennsylvania 2009.

Hofmannsthal 1980: Hofmannsthal, Hugo von: Das Schrifttum als geistiger Raum der Nation [1927]. In: Ders.: Gesammelte Werke in zehn Einzelbänden, Reden und Aufsätze III 1925–1929, Frankfurt a. M. 1980, S. 24–41.

Hübner 2008: Hübner, Anja Susan: „Erfolgsautor mit allem drum und dran". Der Fall Fallada oder Sollbruchstellen einer prekären Künstlerbiographie im ‚Dritten Reich'. In: Im Pausenraum des Dritten Reiches. Zur Populärkultur des nationalsozialistischen Deutschland, hg. von Carsten Würmann und Ansgar Warman, Bern 2008 u. a, S. 197–213.

Kiesel 2017: Kiesel, Helmuth: Geschichte der deutschsprachigen Literatur von 1918 bis 1933, München 2017.

King 1988: King, Lynda J.: Best-Sellers by Design. Vicki Baum and the House of Ullstein, Detroit 1988.

Koburger 2015: Koburger, Sabine: Ein Autor und sein Verleger. Hans Fallada und Ernst Rowohlt in Verlags- und Zeithorizonten, München 2015.

Lampart 2013: Lampart, Fabian: Nachkriegsmoderne. Transformationen der deutschsprachigen Lyrik 1945–1960, Berlin/Boston 2013.

Lethen 1995: Lethen, Helmut: Der Habitus der Sachlichkeit in der Weimarer Republik. In: Literatur der Weimarer Republik 1918–1933, hg. von Bernhard Weyergraf, München/Wien 1995, S. 371–445.

Lutz 2013: Lutz, Daniel: Bewährung in der Krise. Hans Falladas *Wolf unter Wölfen* und die moderate Moderne während des „Dritten Reichs". In: Hans Fallada, hg. von Gustav Frank und Stefan Scherer, München 2013 (Text + Kritik 200), S. 61–71.

Mann 1927: Mann, Thomas: Romane der Welt. In: Berliner Tageblatt, 28.3.1927 (Abendausgabe) (o. S.).

Musil 1983: Musil, Robert: Das hilflose Europa oder Reise vom Hundertsten ins Tausendste [1922]. In: Ders.: Gesammelte Werke II, Essays und Reden. Kritik, hg. von Adolf Frisé, Reinbek bei Hamburg 1983, S. 1075–1094.

Oels 2013: Oels, David: Rowohlts Rotationsroutine. Markterfolge und Modernisierung eines Buchverlags vom Ende der Weimarer Republik bis in die fünfziger Jahre, Essen 2013.

Oels/Schneider 2015: Oels, David/Schneider, Ute: „Der ganze Verlag ist einfach eine Bonbonniere": Ullstein in der ersten Hälfte des 20. Jahrhunderts, Berlin/Boston 2015.

Prümm 1995: Prümm, Karl: Exzessive Nähe und Kinoblick. Alltagswahrnehmung in Hans Falladas Roman *Kleiner Mann – was nun?* In: Neue Sachlichkeit im Roman. Neue Interpretationen zum Roman der Weimarer Republik, hg. von Sabina Becker und Christoph Weiß, Stuttgart/Weimar 1995, S. 255–272.

Prümm 2011: Prümm, Karl: Gebanntes Schauen und protokolliertes Sehen. Kinokritik und Kinoprosa bei Hans Fallada. In: Hans Fallada. Autor und Werk im Literatursystem der Moderne, hg. von Patricia Fritsch-Lange und Lutz Hagestedt, Berlin/Boston 2011, S. 135–151.

Roh 1925: Roh, Franz: Nachexpressionismus – Magischer Realismus. Probleme der neuesten europäischen Malerei, Leipzig 1925.

Rubin 1992: Rubin, Joan Shelly: The Making of Middlebrow Culture, Chapel Hill/London 1992.

Schäfer 1981: Schäfer, Hans Dieter: Das gespaltene Bewußtsein. Deutsche Kultur und Lebenswirklichkeit 1933–1945, München/Wien 1981.

Schäfer 2009: Schäfer, Hans Dieter: Das gespaltene Bewusstsein. Vom Dritten Reich bis zu den langen Fünfziger Jahren, Göttingen 2009.

Schelsky 1955: Schelsky, Helmut: Wandlungen der deutschen Familie in der Gegenwart. Darstellung und Deutung einer empirisch-soziologischen Tatbestandsaufnahme, Stuttgart 1955.

Scherer/Stockinger 2004: Scherer, Stefan/Stockinger Claudia (Hg.): Martin Kessel (1901–1990), Bielefeld 2004.
Scherer 2008: Scherer, Stefan: Vor dem Durchbruch. Zum literarischen Werk Frischs bis zum Roman *Stiller* (1954). In: „Jedes Wort ist falsch und wahr". Max Frisch – neu gelesen, hg. von Jan Badewien und Hansgeorg Schmidt-Bergmann, Karlsruhe 2008, S. 9–43.
Scherer 2012a: Scherer, Stefan: ‚Synthetische Moderne'. Eine Epochenschwelle um 1925. Paula Schliers *Petras Aufzeichnungen oder Konzept einer Jugend nach dem Diktat der Zeit* (1926). In: Vielheit und Einheit der Germanistik weltweit. Akten des XII. Internationalen Germanistenkongresses Warschau 2010, Bd. 8: Klassische Moderne-Schwellen, betreut und bearbeitet von Stefan Börnchen, Claudia Liebrand und Georg Main, Frankfurt a. M. 2012, S. 263–267.
Scherer 2012b: Scherer, Stefan: Globalisierung in der Zwischenkriegszeit. China im Weltstadtroman des Exils: Vicki Baums *Hotel Shanghai* (1939). In: China in der deutschen Literatur 1827–1988, hg. von Uwe Japp und Aihong Jiang, Frankfurt a. M. 2012, S. 125–141.
Scherer 2015: Scherer, Stefan: Psychomechanik des Lebens. Der noch zu entdeckende Erzähler Fallada um 1925: *Der Apparat der Liebe* (1925). In: Salatgarten 24 (2015), H. 2, S. 38–41.
Scherer 2018: Scherer, Stefan: Kubistische Prosa? *Bebuquin* 2018. In: Carl Einstein Re-visited, hg. von Maria Männig und Sebastian Baden, Heidelberg 2018 [i. Dr.].
Schmidt 2009: Schmidt, Wolf Gerhard: Zwischen Antimoderne und Postmoderne. Das deutsche Drama und Theater der Nachkriegszeit im internationalen Kontext, Stuttgart/Weimar 2009.
Schuster 2016: Schuster, Jörg: Die vergessene Moderne. Deutsche Literatur 1930–1960, Stuttgart 2016.
Sedlmayr 1948: Sedlmayr, Hans: Verlust der Mitte. Die bildende Kunst des 19. und 20. Jahrhunderts als Symptom und Symbol der Zeit, Salzburg/Wien 1948.
Slochower 1942: Slochower, Harry: Hauptmann and Fallada: Uncoordinated Writers of Nazi Germany. In: Accent. A Quarterly of New Literature 3 (1942), Nr. 1, S. 18–25.
Streim 2008: Streim, Gregor: Das Ende des Anthropozentrismus. Anthropologie und Geschichtskritik in der deutschen Literatur zwischen 1930 und 1950, Berlin/New York 2008.
Tommek 2015: Tommek, Heribert: Der lange Weg in die Gegenwartsliteratur. Studien zur Geschichte des literarischen Feldes von 1960 bis 2000, Berlin/München/Boston 2015.
Ulrich 2000: Ulrich, Roland: Fasziniert von Hemingway. Fallada zwischen Tradition und Moderne. In: Hans-Fallada-Jahrbuch (2000), Nr. 3, S. 220–228.
Waine 2007: Waine, Anthony: Changing Cultural Tastes: Writers and the Popular in Modern Germany, New York/Oxford 2007.
Würmann/Warman 2008: Würmann, Carsten/Warman, Ansgar (Hg.): Im Pausenraum des Dritten Reiches. Zur Populärkultur des nationalsozialistischen Deutschland, Bern 2008.

2. Frühwerk

2.1 Juvenila und schriftstellerische Pläne: Übersetzungen, Gedichte
Stefan Scherer

Als junger Mann will Fallada Lyriker werden, er orientiert sich damit an der Leitgattung im expressionistischen Jahrzehnt (1910–1920). Diese Ambitionen versanden nach 1917, als er eine Gedichtsammlung *Gestalten und Bilder* mehreren Verlagen erfolglos anbietet. Er wechselt zum Roman, der zumindest in seiner Langform im Expressionismus keinen Platz hat.

Der Wechsel mag auch darauf zurückgehen, dass er sich schon früh an maßlosen Lektüren der Weltliteratur berauscht, die der Junge in der heimischen Bibliothek vorfindet: In autobiografischen Texten erwähnt Fallada jedenfalls immer wieder eine Kiste mit „Reclambändchen", die der Vater „aus früheren Zeiten" (Fallada 2018a, 208) noch hatte. Daraus habe er ‚wahllos' „Zola, Flaubert, Dumas und Scott, Sterne und Petöfy, Manzoni und Lie, die ganze Weltliteratur kunterbunt durcheinander und in keiner Weise ausgewählt und gereinigt" konsumiert (ebd.). Eine besondere Rolle spielen französische und russische Autoren: „Ich habe meinen Flaubert, meinen Daudet, meinen Zola zum ersten Mal wohl schon mit zehn oder elf gelesen, die *Bovary* nicht anders wie *Fromont jr. und Risler sr.* oder *Germinal*." (Fallada 2018b, 185) Wenig davon habe er als Junge verstanden, Flaubert sei aber „für viele Jahre" sein „Hausgott geblieben" (ebd., 186), so dass er alles, auch die Tagebücher und die Briefe von und über ihn liest. „Durch Reclam sind mir auch die Russen nahe gekommen" – Fallada erwähnt Tolstois *Krieg und Frieden* und Dostojewskis *Raskolnikow* (aus *Schuld und Sühne*) neben *Die Brüder Karamasow* und *Der Spieler* (ebd.). Der Titel des späten Rundfunktexts *Meine Ahnen* vom Dezember 1945, in dem er davon berichtet, meint daher die eigenen Lieblingslektüren, zu denen nicht zuletzt Defoe (vgl. ebd., 184), Swifts *Gullivers Reisen* (ebd., 185), Cervantes *Don Quichote* (ebd.), schließlich E. T. A. Hoffmann und Jean Paul gehören, von dem er „sämtliche 66 Bände seiner Werke – und die meisten nicht nur einmal – gelesen" habe (ebd., 187). Durch den Vater sei er zudem früh auch auf Raabe und Fontane aufmerksam geworden. Seit 1912 kommen Dickens, D'Annunzio, Chateaubriand und Romain Rolland (vgl. Walther 2017a, 74; zu Rolland vgl. Full 1993) neben prominenten zeitgenössischen Autoren wie Dauthendey, Hofmannsthal, Maeterlinck und Oscar Wilde hinzu, die Falladas frühe schriftstellerische Ambitionen „in Weltmüdigkeits-Pathos und Gesten des Lebensverzichts" bestärken (Manthey 1963, 34). Dieser „literarisch veredelte Lebensekel" bekräftigt sich nicht zuletzt in den Lektüren Nietzsches (Walther 2017a, 56), der ihn vor allem als „Wort- und Stilkünstler" gebannt habe (so im Brief an die Schwester Elisabeth kurz vor dem geplanten Doppelselbstmord, zit. nach Manthey 1963, 40).

Ein wichtiger fiktionaler Fluchtraum sind die „Robinson-Phantasien" des Jungen (Fallada 2018a, 184). *Robinson im Gefängnis* war dann der Titel eines Romanplans, von dem Fallada in einem Brief an Franz Hessel vom 7. Juli 1925 spricht und der die Problematik von *Wer einmal aus dem Blechnapf frißt* aufgreift, die vorher in *Drei Jahre kein Mensch* eingeht (siehe den Beitrag 3.3 *Wer einmal aus dem Blechnapf frißt* in Kap. II). Noch Pinneberg erinnert sich in der ursprünglichen Fassung von *Kleiner Mann – was nun?* an Defoes *Robinson Crusoe*: „Man war der Herr seines Lebens" (Fallada 2016, 171), selbst wenn die Insel nicht wirklich einen Schutzraum biete wie die „Höhle", die sich Pinneberg als Rückkehr in den „Mutterschoß" herbeifantasiert, „in dem man ihm nichts tun kann, in dem er keine Angst zu haben braucht" (ebd., 172; zur Bedeutung von *Robinson Crusoe* in Falladas Erfolgsroman vgl. Gansel 2016, 512–515). Auch von Johannes Gäntschow in *Wir hatten mal ein Kind* wird erzählt, dass „er immer diese Bücher gelesen [hatte], den Robinson, den Karl May, den Lederstrumpf", da sie für „[g]roße Abenteuer" stehen (Fallada 1934, 81). Und noch in *Der Alpdruck* kehrt dieser Bezug in Kapitelüberschriften wieder: „Robinson" (Kapitel 9), „Robinson geht in die Welt" (Kapitel 10).

Schriftsteller-Aktivitäten ohne Erfolg

Erste eigene literarische Aktivitäten Falladas sind seit 1910 im Rahmen seiner Beteiligung in der Literarischen Gesellschaft in Leipzig durch Veranstaltungen bekannt, bei denen Werke von Dante, Ronsard, Shakespeare und Oscar Wilde vorgetragen werden (vgl. Williams 2002, 32). Für Wilde kann Fallada sich derart begeistern, dass er nach dessen Romanfigur Lord Henry Wotton den Namen ‚Harry' Ditzen annimmt. Seine schriftstellerischen Ambitionen beichtet er zuerst 1910 seiner Tante Adelaide, die allerdings meint, er solle es mit Übersetzungen versuchen, um den jugendlichen Überschwang zu bändigen. Im Literaturbetrieb will er zunächst damit auf sich aufmerksam machen: 1912 startet er erste Anfragen bei Zeitungen (so bei der *Täglichen Rundschau. Unabhängige Zeitung für nationale Politik*; vgl. Caspar 1985, 662); bis Anfang 1913 bietet er neun deutschen Verlagen – darunter Eugen Diedrichs, Erich Reiß, Albert Langen, S. Fischer, Axel Juncker – eine Übersetzung von Chateaubriands Roman *Monsieur des Lourdines* an (vgl. Williams 2002, 55; Caspar 1985, 662). In dieser Phase reicht er zudem eine Übersetzungsprobe aus Romain Rollands *La vie de Michel Ange* bei Eugen Diedrichs ein (vgl. Manthey 1963, 41; Caspar 1985, 661, hier auch die positiven Antworten Rollands). Damit wird er auch bei Albert Langen in München und beim Xenien-Verlag in Leipzig vorstellig (vgl. Liersch 1997, 65). Bekannt ist ein Buchplan über Tolstoi (Manthey 1963, 42), so dass sich Fallada auf Briefköpfen dieser Zeit bereits „Schriftsteller" nennt, wie aus einem Antwortbrief des Xenien Verlags Leipzig ersichtlich wird (vgl. Caspar 1985, 664). Im Januar 1914 bietet er diesem Verlag eine Übersetzung von Dante Gabriel Rossettis Gedichten (*The Blessed Damozel*) mit Vorlagen für Illustrationen neben eigenen „Skizzen und einen Roman" an (vgl. ebd., 664). Nichts davon kommt zustande, zumal ein Roman auch gar nicht vorliegt (Liersch 1997, 71), so dass Fallada 1916 um die Rücksendung der Rossetti-Übersetzung bittet (Williams 2002, 65).

Nach der Entlassung aus der Nervenheilanstalt Tannenfeld im September 1913 (darauf bezieht sich das Gedicht *Tannenfeld*) nimmt Fallada seine erste Stelle als Landwirtschaftslehrling an; auch während seiner Arbeit auf dem Gut Heydebreck 1915 habe er wenig Zeit für Literatur gehabt (so Williams 2002, 62). Erst mit dem Antritt einer Bürostelle in Berlin im November 1916 verstärkt sich das Interesse an der Schriftstellerei wieder (ebd., 65). Sein Gedicht-Zyklus *Gestalten und Bilder* (1917) nimmt nun auch Phänomene großstädtischen Lebens auf, u. a. das Schicksal von Dirnen, die ihren Leib verkaufen, von angestellten Stenotypistinnen, die beim Tippen im *Büro* an ihre Liebhaber denken, oder den philisterhaften Alltag von Ehemännern: „Mein Leib geht stets die ausgetretnen Wege", schreibt er im Gedicht *Mein Leib – Mein Geist*, das die geistigen Fluchten zum Ausweg erklärt (Fallada 1917b, [67]). Daneben gestaltet Fallada in Gedichten Erfahrungen, die aus der Zeit in Stettin 1916 herrühren, wo er als Spezialist Kartoffelexpertisen verfasst (vgl. Uzulis 2017, 80). Im Gedicht *Sehnsüchte* wird „die Kartoffel mit ihrem Verlangen nach Licht und Blüte als Symbol der Sehnsucht angesehen"; es „schließt damit, daß die Erfüllung dieser Sehnsucht den Tod bringt" (Williams 2002, 67): „Mit bleichen Trieben wie mit kranken Armen / Rankt sich der Knollen Lust zum nassen Fenster / Und fleht zum Frühling draussen: Hab Erbarmen! / Wir sind nur unsers Inneren Gespenster! [...] / Wir möchten Blüten sein und sind gefangen –" (Fallada 1917b, [45]). Das lyrische Ich nimmt hier die Perspektive einer Kartoffel ein: „Es ist vermutlich das einzige Gedicht in deutscher Sprache, dessen erotisches Fluidum sich an einer Kartoffel entzündet: ‚Kartoffeln liegen hoch in nassen Haufen / Vor seines Bauches klebrig-feuchten Falten / Und von den haar'gen Schenkelbogen laufen / Blutläuse knackend in der Schichtung Spalten.'" (Walther 2017a, 85)

1917 geht Fallada an eine Übersetzung D'Annunzios, im August 1917 bietet er „dem Insel-Verlag eine deutsche Fassung des *Rubáiyát of Omar Kahyyám (Sinnsprüche Omars des Zeltmachers)* an." (Williams 2002, 68). Dieser Versuch, der in der von Fallada meist gebrauchten Form des fünfhebigen Jambus in vierzeiligen Strophen den Wein besingt, beruht auf einer freien Nachdichtung in der englischen Übersetzung von Edward FitzGerald (1859), genauer auf der dritten Ausgabe von 1872, auf die er wohl über seine Beschäftigung mit Rossetti kam (vgl. Caspar 1985, 666/Anm.). In einem Brief an den Insel-Verlag betont er, dass seine Übertragung als einzige der ihm bekannten deutschen Übersetzungen sich „vollständig genau an das persische Versmaß" anschließe (zit. nach ebd., 666). Tatsächlich knüpft er (mit Abweichungen in der Reimgestaltung) an die Übertragung von FitzGerald an. Im Unterschied zu den durchgängig kreuzgereimten eigenen Gedichten nutzt Fallada den umarmenden Reim zur Verstärkung der strophischen Einheit (während FitzGerald die Strophen nach dem Schema aaba reimt): „55. / Die Rätsel dieser Welt hab ich studiert / Und fleissig Stift und Winkelmass geführt, / Doch hab ich nicht so wirklich ganz erkannt, / Allein den Wein – den hab ich durchprobiert." (Fallada 1917a, [10]; vgl. die Übersetzung von FitzGerald in der Referenzbibliothek Arno Schmidt: http://www.gasl.org/refbib/ Rubaiyat.pdf, 78) Der Vergleich zeigt, dass Fallada die Verse nach Maßgabe eigenen Weltempfindens ausgestaltet. Obwohl Omar Kahyyám seit der Übersetzung von FitzGerald durchaus ein Mode-Phänomen der Zeit war, wie man an vielen deutschsprachigen Ausgaben seit 1878 erkennen kann, hatte er auch mit diesem Projekt sowenig Erfolg wie mit seinem Gedichtband *Gestalten und Bilder*, den er Anfang 1917 Herwarth Walden, dem Herausgeber der expressionistischen Zeitschrift *Der Sturm* (Caspar 1985, 665), und fünf Verlagen anbietet (vgl. Williams 2002, 66 f.; Liersch 1997, 84): Erich Reiß und der Verlagsbuchhandlung Bruno Cassirer in Berlin mit Absage von Bruno Cassirer am 17. April; Paul Cassirer sei einberufen, so dass man augenblicklich nicht in der Lage sei, „neue Bücher drucken zu lassen" (Liersch 1997, 84). Auch Georg Müller lehnt ab. Über seinen Freund Burlage versucht Fallada es sodann bei Kurt Wolff. Die Rücksendung erfolgt mit dem Hinweis, dass die „außergewöhnliche Lage" des Krieges es nicht erlaube, neue Verträge abzuschließen (zit. nach Liersch 1997, 85). Im Juli versucht er es dann noch einmal bei Langen-Müller in München (Liersch 1997, 85). „Diese Absagen aus fünf renommierten Häusern scheinen Ditzen klarzumachen, daß niemand seine Gedichte drucken wird. Er bietet sie nicht mehr an" (Caspar 1985, 666).

Tatsächlich ist diese gleichartige, formal durchweg konventionelle Lyrik anachronistisch geworden: Ihre Zugehörigkeit zum frühen Expressionismus erklärt sich in erster Linie sowohl motivisch (*Die Irre*) als auch nach Maßgabe einer Provokationsästhetik durch tabuisierte Themen (Masturbation, Sodomie, Nekrophilie, Ekel des Körpers). Angesichts der Erfahrungen des Ersten Weltkriegs interessierten solche „Produkte des frühen Vorkriegsexpressionismus" nicht mehr (Williams 2002, 67). Alle Aktivitäten der 1910er Jahre bleiben erfolglos: Fallada gelingt keine Publikation bis 1920. Seit August 1917 arbeitet er an seinem Erstlingsroman *Der junge Goedeschal*, der seine erste Veröffentlichung werden sollte, so dass seine Existenz als Schriftsteller, der tat-

2.1 Juvenila und schriftstellerische Pläne: Übersetzungen, Gedichte 227

sächlich publiziert, 1919 beginnt, als er Ernst Rowohlt begegnet (Koburger 2015, 1 ff.). Damit setzt seine Neuorientierung ein, weil er sich seitdem mehr oder weniger ausschließlich der literarischen Prosa unter dem erstmals am 5. Mai 1919 bezeugten Autorennamen Hans Fallada (vgl. ebd., 15 f.) verschreibt.

Bislang veröffentlichte Texte der 1910er Jahre (Stand Februar 2018)

Zwei Gedichte aus dem geplanten Band *Gestalten und Bilder* wurden nach Falladas Tod 1948 von seiner zweiten Ehefrau Ursula im *Nacht-Express. Die illustrierte Berliner Abendzeitung* publiziert: *Gesang zu zweien, Trennung* (Fallada 1948a). Erhalten ist das Konvolut mit 71 Gedichten in einer 1948 angefertigten Abschrift, die laut Caspar (1985, 663/Anm.) aus dem Nachlass von Rudolf Kurtz, Chefredakteur des seit Dezember 1945 erscheinenden *Nacht-Express*, überliefert sind: Fallada war mit ihm durch Paul Wiegler oder Johannes R. Becher bekannt (siehe den Beitrag 5.3 *Jeder stirbt für sich allein* in Kap. II). Kurtz wollte mit dem Typoskript, so die Vermutung Caspars (ebd.), Ursula Loesch-Ditzen bei der Herausgabe behilflich sein. Fallada habe ihr das Manuskript noch vor der Eheschließung mit der Bemerkung geschenkt: „Es sind die einzigen Gedichte, die ich in meinem Leben geschrieben haben. Vor langer, langer Zeit, ich war noch sehr jung. Niemand außer Ihnen kennt sie, und ich möchte auch nicht, daß sie Jemand kennenlernt." (Fallada 1948b; zu den Vorbehalten gegenüber dem frühen Werk bis zur Prosa der 1920er Jahre siehe den Beitrag 2.2 *Frühe Romane* in Kap. II)

Weitere Veröffentlichungen erfolgen durch Liersch (1992): *Erster Dichter, Stummes Herz, Fremdheit, Pulverdampf über dem Erschossenen, Tannenfeld, An Jagusch, Zueignung, Dulder, Sträfling*; einzelne dieser Gedichte publiziert Liersch in seinem Aufsatz zu Falladas Lyrik: *An Jagusch, Pulverdampf über dem Erschossenen, Dulder, Erster Dichter* (Liersch 2001, 120, 123, 124, 125). Eine Auswahl aus dem geplanten Band *Gestalten und Bilder* erscheint 1993 in der Literaturzeitschrift *Stint: Tannenfeld* (1912/13), *Erster Dichter, Dulder, Sträfling, Enttäuschung* (Fallada 1993a); *Tannenfeld* ist publiziert auch in Müller-Waldeck/Ulrich (2012, 47). Darüber hinaus sind einzelne Strophen in den Biografien von Liersch (1997, 82–85, 109f.), Williams (2002) und Walther (2017) nachzulesen: *Sind wir zur Trauer hier geborgen?* (1911) bei Liersch (1997, 39) und Walther (2017, 60), *Nach dem Erguß* bei Liersch (1997, 109); drei Strophen aus *Der kleine Kreis I* („Als er dem Tier der Atmung Luft versperrte") bei Walther (2017, 39), drei Strophen aus *Erster Dichter* (aus *Gestalten und Bilder*) bei Williams (2002, 51), vier Strophen aus *Befreiung* bei Liersch (1997, 110). Publiziert ist schließlich ein Gelegenheitsgedicht von 1928 (Fallada 1993b).

Seit 2018 sind die handschriftlichen Aufzeichnungen vom Doppelselbstmordversuch im Jahr 1911 verfügbar (Fallada 2018c), zu denen Manthey (1963, 36 f.) ein laut Walthers editorischer Notiz mittlerweile verschollenes Faksimile publiziert hat. Den Lebenslauf von 1911 macht Börner (2010) einsehbar. Die 2018 erstmals veröffentlichte autobiografische Erzählung *Junge Liebe*, die Fallada 1946 verfasst, handelt von der Begegnung mit einem pickeligen Mädchen in dieser Zeit, die später zu einer „strahlend schöne[n] Frau" wurde: „[A]ber er hatte jetzt Angst, sie würde ihm seine frühe Missachtung nie verzeihen und ihn zu ihrem Sklaven machen, wie sie einst seine Sklavin gewesen war" (Fallada 2018d, 13). Wiedergegeben wird damit allerdings die Perspektive des späten Fallada, der auf eine Jugendepisode zurückblickt.

Frühe literarische Versuche im Überblick

Seit den ersten Unternehmungen habe Fallada kein Jahr vom Schreiben abgelassen (so Manthey 1963, 48). Von Tante Adelaide ist nach einem Besuch der Familie 1910 überliefert: „Mir gegenüber hat er sich damals schon dahin ausgesprochen, daß er Schriftsteller werden wolle. Er faßte überhaupt das ganze Leben nur als Stoff für lyrische und dramatische Versuche auf und hatte außer für Literatur keinerlei Interesse" (zit. nach Walther 2017a, 41). In seinem ‚Lebenslauf' von 1911 berichtet er von großer schriftstellerischer Aktivität: „[V]iele Märchen, Gedichte und Theaterstücke. Aber hauptsächlich Märchen, im Stil standen sie unbedingt unter der Herrschaft von O. Wilde, gedanklich suchte ich Religionsprobleme auf symbolische Weise zu lösen" (zit. nach Walther 2017a, 44, der Börner 2010, 31 zitiert; zum Lebenslauf von 1911 vgl. Hellmann 2009). Bekannt ist ein Lustspiel *Das Kräutlein Wahrheit* von 1910 (Fallada 1910b), das als Salonkomödie die Figuren Kommerzienrat, Fabrikbesitzer, Arzt, Husarenleutnant, lyrischer Dichter mit Ehefrauen, Töchtern und Dienstboten persifliert, indem die Fee Aletheia die Bowle mit dem Kräutlein ‚Wahrheit' versetzt, so dass sich alle Figuren skandalträchtig nicht mehr verstellen (vgl. Caspar 1985, 649; zudem Kuhnke 2002, 36; Liersch 1997, 66; Walther 2017a, 44). Bekannt ist zudem der Plan zu einem Lustspiel namens *Der Ring* (vgl. Liersch 1997, 39) und ein abgeschlossenes Hexameter-Gedicht *Minnedienst. Ein Epos vom Lieben und vom Liebeln*, „gewidmet Fräulein Käthe Matzdorf in aufrichtiger Zuneigung" (Fallada 1910c, [2]), in dem der Verfasser biografische Bezüge auf die eigene Bücher-Manie beim Blick auf die väterliche Bibliothek festhält: „‚Fort von den Büchern, den lieben, / reissen sollen sie mich nun / In ihre [Käthes] Freuden hinein [...]'" (ebd. [4]). In selbstbezüglicher Darstellung – „Noch sollte ich dichten für Käthe. / Schwer ist die Sache fürwahr, es türmen sich auf vor mir trutzig / Die Bogen weissen Papieres; füllen soll ich sie alle" (ebd. [3]) – gestaltet das „Epos vom Einsamen Menschen" [5] eine Tanzstundenliebe. Krankheit verhindert die Teilnahme an der Tanzstunde und beeinträchtigt so das Verhältnis zur angebeteten Schülerin: „Mit Selbstmitleid und Todessehnsucht schildert er sich als unglückseligen [sic] Liebenden, als Narr, der im Kampf um das Mädchen unterliegt" (Kuhnke 2002, 38; hier auch ein Faksimile des Texts). „Wer zum ersten Mal liebt, / sei's auch glücklos, ist ein Gott; / aber wer zum zweiten Male / Glücklos liebt, der ist ein Narr", heißt es in Versen, die dem ‚Epos' als Motto vorangestellt sind (Fallada 1910c [1]). Mitschüler werden als Nebenbuhler verachtet; auch eine satirische Distanz gegenüber den Müttern sei bemerkbar (so Kuhnke 2002, 38f.). Der epische Grundzug dieses frühesten erhaltenen Versuchs (vgl. Walther 2017a, 44) in prosanahen, teils unbeholfenen Hexametern widerstreitet dem alltäglichen Thema. Wenn der schülerhafte Verfasser die Eifersucht auf den Konkurrenten, der die Gunst des geliebten Mädchens erlangt, im hohen Stil abhandelt, dann zeigt das, dass er keinen Sinn für die Diskrepanz zwischen aufgenommenem Versmaß und Thema (‚Liebelei') hat. „Unglück hat stets dich verfolgt, kaum hast du gesehen dies Mädchen" (Fallada 1910c [9]), heißt es dann gegen Ende, indem sich Fallada bereits hier als ‚Pechvogel' zu erkennen gibt. Er wendet sich vom rhapsodischen Hexameter ab und dem *Lied der Liebe* zu, „das andere Laute saget, / Nicht mehr verhüllet so leis, nein offen will ich es sagen (ebd., [9]). Den Abschluss des Texts bildet eine pathetische Prosa, in der sich die „Seele im Dunkel der Einsamkeit" (ebd., [9]) direkt ausdrückt.

2.1 Juvenila und schriftstellerische Pläne: Übersetzungen, Gedichte

Als erste literarische Äußerung Falladas gilt neben diesem ‚Epos' nach einhelliger Meinung der Biografen das Gedicht *Dank der Schönheit* (Fallada 1910a), das an *Gedanken über den Glauben* anschließt, in denen sich Fallada vom Christentum lossagt (Kuhnke 2002, 37): In Paarreimen geschrieben, schildert es „das blinde und ziellose Umherschweifen des Dichters, bis er jener ‚Lebensschönheit' begegnet, der er sich von nun an weiht." (Williams 2002, 33) Gedichte sind für Fallada Selbstaussprache über eigene Miseren, erfahren in seinem „qualvollen jugendlichen Gefühlsüberschwang" (ebd., 37). In der Maske ‚Harry' Ditzen kultiviert er in Rudolstadt (1911) den „weltmüden, amoralischen Poeten" (ebd., 41): Sein Gedicht *Von der großen Müdigkeit* zeige Spuren der Lektüren Hofmannsthals und Nietzsches (ebd., 41). Anerkennung findet er damit bis Herbst 1911 nicht (ebd., 43), so dass er beim Doppelselbstmordversuch 1911 alle Gedichte zu verbrennen versucht. Aus der Rudolstädter Akte ist überliefert: „Sind wir nicht zur Trauer hier geboren? / Ich hatte einstmals Freude, / nun ist sie ganz vorbei, – / und einmal ist genug: / Wir trugen beid' an einem großen Leid, / Wir sprachen nicht, wir klagten nicht, / nicht ein Wort kam davon von unseren Lippen, / Ja, nicht einmal ein feuchtes Schwingen – / unserer Kehle – verriet, welch Riesenleid / wir ganz unfassbar litten." (Fallada 1911, zit. nach Liersch 1997, 39; abgedruckt auch bei Walther 2017a, 60) Bemerkbar wird eine Gesinnungslyrik im Ausdruck des eigenen Empfindens, das sich im Gedicht *Erster Dichter* aus dem späteren Band *Gestalten und Bilder* so artikuliert: „Er ward sich fremd, es wuchs in ihm ein Baum [...] // Er floh aus sich, mit lauten Taggebärden [...] // Er schuf sich Tanz, er warf in tausend Spiegel / Das Bild des äußern Ichs" (Fallada 1917b, [18 f.]; drei Strophen daraus sind zit. bei Williams 2002, 51; drei Strophen bei Liersch 2001, 124 f.). In Tannenfeld hat Fallada keinen Kontakt zu anderen Autoren: „Die Isolation, in der Rudolf Ditzen seine literarische Laufbahn antrat, sollte zeitlebens ein Kennzeichen seiner schriftstellerischen Existenz bleiben. Weder schloß er sich einer literarischen Bewegung an, noch suchte er die Gesellschaft von Schriftstellerkollegen." (Williams 2002, 53; siehe den Beitrag 1.2 *Kontakte zu Autoren seiner Zeit (1920er bis 1940er Jahre)* in Kap. I)

Der Gedicht-Zyklus *Gestalten und Bilder* (1917)

Eine Forschung zu Falladas Lyrik gibt es nicht. Vereinzelte Hinweise im biografischen Kontext finden sich bei Liersch (1997), Williams (2002) und Walther (2017). Der einzige längere Beitrag stammt von Liersch (2001), der seiner Auswahl in einem „Leseblatt" von 1992 bereits eine kurze ‚Einführung' vorangestellt hat: Falladas Lyrik diene „der ganz eigenen Selbstverständigung" (Liersch 1992), die als „eine Art literarischen Tagebuchs" funktioniert, so dass das Gedicht zum „Lebensbegleiter" wird. Liebesgedichte sind „Nachrichten einer tiefen Zerrissenheit" ohne besondere poetische Qualitäten. „Aber an keiner anderen Stelle erhalten wir einen so tiefen Einblick in die Seelenlandschaft des jungen Rudolf Ditzen wie hier", weshalb ihr „Zeugnischarakter" interessiert, der „Wiedererkennbarkeit" ermögliche (ebd.). Expressionistische Züge erkennt Liersch (2001, 121 f.) im generationentypischen Vaterkonflikt, wobei der Vergleich mit der Lyrik Bechers für Fallada ungünstig ausfällt. Auskünfte über den Lyriker Fallada erhält man mit ähnlichen Befunden zudem bei Liersch (1997, 82–85).

Den Zyklus *Gestalten und Bilder* (1917), den Fallada nicht einer realen, sondern einer literarischen Figur widmet (Walther 2017b, 8), kennzeichnen wiederkehrende

Motiv-Komplexe, die v. a. um den ‚Kern' der Existenz, der nicht erreichbar sei, kreisen. Die elementare Einsamkeit erscheint grundsätzlich unaufhebbar. Leitmotivisch scheinen die Wörter ‚Herz' und ‚Hirn' auf, ebenso Reflexionen auf die tierische Natur des Menschen (*Tier – Mensch*), worin das lyrische Ich seine Kreatürlichkeit erkennt, selbst wenn es auch in seinem Körper einsam bleibt. Einen Ausweg verspricht nur der Rausch, der die Einsamkeit aber nicht dauerhaft aufheben kann: „Nie kommt das wahre Leben zu uns her" (*Enttäuschung*, Fallada 1917b, [82]). In den fünf Strophen des Gedichts *Gesang zu zweien*, das Falladas zweite Frau Ursula im *Nacht-Express* veröffentlichte, heißt es dagegen wiederum emphatisch: „‚Und ich bist du und deines Innern Kern […]' // ‚Wir zwei sind eins und wenn Du fern auch bist'" (Fallada 1917b, [55]). Vorherrschend ist indes der Tenor, wonach „Nähe, Nähe" auch bei der Dirne nicht zu finden ist, so im ersten Gedicht des Zyklus *Der kleine Kreis* (Fallada 1917b, [24]); Teil III stellt dann fest, dass selbst die Kinder, die aus der Vereinigung mit einem jungen „Weib" hervorgehen („Und Einsamkeit geilt wild wie Wucherkraut"), diese Isolation nicht mindern: „Sie werden nie mit seinem Herz vertraut. […] // Und nie schliesst sich der Einsamkeiten Ring. –" (Fallada 1917b, [25]). Die resultierenden Todessehnsüchte artikulieren sich früh im Gedicht *Tannenfeld* (1912/1913), das im „Ton auf Hofmannsthal und Rilke gestimmt" sei (Walther 2017a, 72); vorherrschend ist aber auch hier der emphatische Ausdruck: „So schreit auch Mensch in Schmerzen jederzeit / Bis man ihm schließlich dunkle Kränze flicht" (Fallada 1917b, [38]). Liersch (2001, 126) beendet seinen Aufsatz über Falladas Gedichte mit zwei Zeilen aus dem Gedicht *Der Sträfling* (mit freistehender Schlusszeile im Unterschied zur publizierten Fassung in der Zeitschrift *Stint*), die ihm offenbar besonders signifikant für diese Lyrik erscheinen: „Ihm war allein nach seinem Innern bang / Und Welt war nichts als innerste Zerstörung." (Fallada 1917b, [12])

In der Form fallen alle Gedichte vollkommen gleichartig aus, organisiert in fünfhebigen Jamben ohne Konventionsbrüche in Syntax und Verssprache mit vierzeiligen, kreuzgereimten Strophen. Die Gedichte setzen sich meist aus drei bis sechs, gelegentlich aus acht bis zu elf Strophen zusammen. In *Der kleine Kreis* baut Fallada ausnahmsweise auf eine dreiteilige zyklische Organisation mit sieben und zweimal vier Strophen. Weitere Ausnahmen variieren dieses Gleichmaß mittels kurzzeiliger Strophen mit acht Zeilen – so das Gedicht *Übersturz von Einsamkeit* in zwei- und dreihebigen Versen, die, teils daktylisch, durch Anführungszeichen als Zitate markiert sind (Fallada 1917b, [10 f.]). Auch dieses Gedicht schließt resignativ: „Er hob sich hoch und ging ins Namenlose / Ein rasches Auto fasst ihn, wo er steht, / Aus seiner Brust entblühte eine Rose, / Doch ward auch sie so bald ins Nichts verweht." (Fallada 1917b, [11])

Deutlich wird, dass Entwicklungen der ‚Wortkunst' wie in den Gedichten von August Stramm, die auf Einzelwortemphase und Zertrümmerung konventioneller Syntax abzielen, an Falladas lyrischen Versuchen vorübergehen. Bestenfalls erinnern gelegentliche Wortneuschöpfungen an Stramm: im Gedicht *Eifersucht* in Adverbialangaben wie „lustzerbissen" (Fallada 1917b, [29]). Im Unterschied zur zunehmenden Verknappung bei Stramm bleibt das Gedicht in der Form selbst indes so konventionell wie etwa auch *Befreiung*, wo vor der Ermordung der Frau (durch die sich das Ich aus dem ewig gleichen Einerlei der Liebesvereinigung befreit) ebenfalls expressionistische Sprachgesten begegnen: „Und von den Spitzen ihrer Brüste tropfte / Triumph auf sein genickverkrampftes Haupt" (Fallada 1917b, [36 f.]).

2.1 Juvenila und schriftstellerische Pläne: Übersetzungen, Gedichte

Neben solchen Wortneuschöpfungen sind formale Ambitionen bei diesen konventionell gereimten Gedichten, getragen vom Pathos höchster Themen wie (Frei-) Tod, Einsamkeit, Liebe, Sehnsucht, Landschaft und Entfremdung des lyrischen Ich auf der Suche nach Sinn, nicht zu bemerken. Insgesamt gibt es eine gewisse Neigung zu Erzählgedichten in der Er-Form mit Präteritum. Expressionistisch erscheinen Motive der Großstadt (Dirnen, Büro-Alltag) und Benennungen körperlicher Vorgänge: Den „Eiterschleim", den Gestank und die Flecken des Biers führt *Taumel im Bordell* auf, wo in „schlammbegrünten Sümpfen" „blutge Samendämpfe", „Chaos" und „Entlösung" für „Mann wie Weib" bemerkt werden (Fallada 1917b, [76]). In *Pulverdampf über dem Erschossenen* scheint einmal mehr das „Hirn" als Leitmotiv des Zyklus' auf, das hier „wie Schleim" in der „Verbühlung" riecht: „Er fühlte, wie der Duft das Fleisch ihm rührte / Und gab sich hin, verlockt, verspielt und gern. –" (Fallada 1917b, [7]). Auf Provokation zielt die Darstellung der sexuellen Vereinigung mit toten Frauen oder mit Tieren, weshalb diese Gestaltungen Tante Adelaide im Juli 1917 über die Wirkung des Bandes besorgt machen, der „ja alle sexuellen Perversitäten behandelt" (zit. nach Williams 2002, 69). Ein Beispiel ist das Gedicht *Der kleine Kreis I*, auf das Walther verweist, der in der Tötung des Tiers („Als er dem Tier der Atmung Luft versperrte") die „Sehnsucht nach einem unverstellten Zugang zum Kreatürlichen" erkennt, die „zugleich von der Lust am Quälen und dem Selbstekel geprägt" sei (Walther 2017a, 39): „In seinem Innern war ein strömend Weinen", weshalb das lyrische Ich „Tiere zu sich nah herbei" ruft; ihr schlagendes Herz verschafft ihm „Glück", selbst wenn es sich „fern dem Wesen" fühlt. „An Wesensnähe wollt er ganz genesen", heißt es dann im narrativen Arrangement, in dem das Tier in „wildem Taumel" erwürgt wird: „‚Ich bin alleine nicht in mir gefangen / Ich bin in dir und bin in dir doch nie.'" Mit der Leiche des Tiers in den Händen kommen Schuldgefühle auf: „‚Ich habe Gott in dir, mein Tier, erschlagen – / Und Gott verzeiht mir diesen Frevel nie!!'" (Fallada 1917b, [22f.]). Die sexuelle Vereinigung mit einer Frauenleiche formuliert das Gedicht *Leichenrede* in acht Strophen als „irdisch Liebesglück!" (Fallada 1917b, [79])

Die von Tante Adelaide monierte ,Perversität' äußert sich in den masochistischen Fantasien einer jungen Frau im Gedicht *Das perverse junge Fräulein* („Und zwingt dich fort von sachten Peitschenschlägen / Dann bist du geil nach Mann und Tier und Leib"; Fallada 1917b, [9]; vgl. auch Walther 2017a, 85) oder in einer sodomitischen Szene mit einer Kuh (die als Motiv in *Wir hatten mal ein Kind* wiederkehrt) in *Abendspaziergang*: „Auf seinem Hof verstohlen angekommen / Zieht ihn zum Kuhstall sehnendes Gebrüll / Er hat sich dort von einer Kuh genommen / Was ihm das Mädchen nicht gewähren will" (Fallada 1917b, [72]). Im Gedicht *Rote Reime* funktioniert die Engführung von Wein und Blut in der Vereinigung (wenn die Adern „reissen") durch den „Schleim im Gaumen und der Zunge" auch als Anspielung auf die Menstruation: „Ich blute hin im scharlachroten Tod / Und schmecke keusches Mädchenblut auf meiner Zunge." (Fallada 1917b, [94]) Wie später in den Romanen thematisieren Gedichte die Masturbation (*Nach dem Erguß*) mit Schuldgefühlen, die den Vergleich mit Jesus am Kreuz mit der Dornenkrone nicht scheuen – ein Motiv, das in *Dämmerungs-Gespenster* und *Dulder* wiederkehrt. Immer wieder wird der Körper thematisiert, so in *Körperlicher Ekel* oder *Hübscher Morgen*, wo eine Frau spricht, die jeden in ihr Bett nimmt, während die *Dirne* unter dem „toten Zwang des Geldverdienenmüssens" darin leidet: „Ihr Leib ist fern von ihres Wesens Kern [...] // Jedoch, den letzten Kern, den kennt sie nie –" (Fallada 1917b, [4f.]). Eine Benn-Nähe zeigt *Mordzimmer*, auch wenn die Biografen sich darin einig sind, dass Fallada Benns *Morgue*-Gedichte nicht gekannt habe: „Von blauem Messerschnitt die Brust zerrissen / Ein trüber Seich tropft dumpf aus ihrer Leiche", bis in der letzten Zeile „quäkend rauh ein Neugebornes" aufschreit (Fallada 1917b, [6]). Sexuelle Themen umspielen *Befriedigter Ehemann*, *Der Unbefriedigte*, *Mutter und Dirne* und *Haute volée*, das die „geile Gier" aufführt (Fallada 1917b, [64]). *Der Befleckte* erfährt an sich den Verfall des eigenen Körpers: „Und Fäulnis frass darin mit gelbem Munde / Es tropfte Eiter wie ein fädig Harz / Sein ganzer Leib war eine wilde Wunde. [...] // Er selber trieb, ein steuerloser Kahn, / Als Irrer zu den lichtern Ewigkeiten" (Fallada 1917b, [28]).

Bemerkenswert ist das Gedicht *Wesensfremdheit*, weil es ein Motiv aus Rilkes *Urgeräusch* (1919) vorwegnimmt: „Der Wölbung seines Schädels hat er nachgetastet / Und fand die Naht nicht, die zum Wissen führt, / Er hat bei diesem Rätsel nicht gerastet / Und hat sich selbst im Irrweg aufgespürt. // Er sprach: In meinem Haupte treiben Blüten, / Wachsblumengleich, die auf Altären stehn, / Millionen Bläschen glänzten und verglühten, / Doch was sie trieb, das kann ich nicht verstehn." (Fallada 1917b, [21]) Williams (2001, 67) erkennt „recht anspruchsvolle Verse" im Gedicht *Wanderung*, „worin der Dichter sein Leben damit verbringt, auf der vergeblichen Suche nach dem Meer durch Sanddünen zu streifen". Kennzeichnend ist aber auch hier, dass formal unspektakulär die Sinnlosigkeit des Lebens beklagt wird: „So kam ich sinnlos schon in diese Welt" (Fallada 1917b, [89]). Auch das von Williams hervorgehobene Gedicht *Büro*, das von Stenotypistinnen handelt, die beim Tippen an ihre Geliebten denken, verharrt beim kitschig gerührten „Ich bin Dein" während der öden Maschinenschreiberei: „Die Hände springen emsig auf den Tasten – / Stakkato schreit der Schreibmaschinen Fis – / Und möchten doch so gerne sehnend rasten / In tausend Träumen voller Bitternis. / Die Hirne treiben tausend bunte Blasen – / Die Hände schlagen A und schlagen C – // Ihr Leib ist hier und lebt für sich allein – / Und doch – in jeder toten Armbewegung / Schreit es ins Nichts fort: Ich bin Dein!" (Fallada 1917b, [62f.])

Gerahmt wird der Band durch das Eingangsgedicht *Zueignung* in programmatischer Du-Anrede („Jörg van Dryn zugeeignet"), die zugleich das lyrische Ich selbst meint: „Du, der in allen Schlingen sich gefangen, [...] // Du lächelst still bei diesen bunten Bildern / Du gehst dem Sinn durch tausend Gänge nach, [...] / Sei diesen Versen Nacht, sei ihnen Tag"; Fallada 1917b, [3]). Im abschließenden *Gespräch mit mir* formuliert dieses Ich, wie „das letzte Denken" im „tiefsten Kern gemach zerfasert". Todessehnsucht und Ekstase kommen dort zusammen, wo es sich „[a]uf einen wilden Fleisch-, Blut-, Leben – Schmaus [sic]" stürzt: „Dann siehst du dich von dir besiegt, geschlagen, / Der Sieger bist du, stummer Held, / Du hast dich selbst zum Grab hinaus getragen, / Dir selbst den Spruch gesagt, der stets missfällt." (Fallada 1917b, [103]) Selten gibt es selbstbezügliche Momente in dieser durchweg pathetisch gestimmten Lyrik wie im Gedicht *Sinnlos sinniges Getänzel*, dessen drei Strophen ausnahmsweise fünfzeilig (nach dem Schema abaab gereimt) ausfallen: „Ein Spiel wie dieser Verse sinnlos tiefe Weis" (Fallada 1917b, [33]).

Getragen von schwermütig-pathetischem Ausdruck der Einsamkeit, die nur der Tod erlösen könne, weisen Falladas Gedichte thematisch-motivische Nähe zu den Pubertätsproblemen des ersten Romans *Der junge Goedeschal* auf: Autobiografische Erlebnisse sind hier in einer Art lyrischem ‚Tagebuch' (Liersch 1992) gestaltet, das literarische Innovationen nur im Bereich expressiver Neologismen erkennen lässt. Die Gedichte scheuen den Kitsch so wenig wie den Vergleich mit dem Leid Christi unter der Dornenkrone. An den formalen Ambitionen der expressionistischen Avantgarde ist diese Lyrik nicht interessiert. Mit den Expressionisten teilt sie aber die ekstatischen Gesten in Thema und Sprachgestaltung zum Ausdruck des eigenen Erlebens, das wie im anschließenden Romanwerk den Stoff der lyrischen Gestaltung bildet.

Im Kontext der gesamten expressionistischen Lyrik sind Falladas Gedichte einer Linie der konventionell geschlossenen Form zuzuordnen, die auch in Pinthus' einschlägiger Anthologie *Menschheitsdämmerung* (1919, 1920 bei Rowohlt) durchaus noch häufig vorkommt: Gedichte wie Ernst Stadlers *Form ist Wollust* etwa setzen die konventionelle Form für Gesten der Kunst(-Ekstase) und Beherrschung im Angesicht einer chaotischen Welt ein. Während in der Semantik das Irre und Hässliche neben der Provokation seinen Platz findet, wird der Ort der Rede darüber durchaus stabil gehalten. Dieser Variante neigt Fallada zu, denn bei ihm scheint der Gedichtsprecher gefestigter als das lyrische Ich und seine Welt. Allerdings ist bei diesem jugendlichen Autor auch nur die schematische Anwendung einer bestimmten Formvorgabe festzustellen, so dass man sie nicht als formbewussten Ausweis einer lyrischen Könnerschaft wie bei Stadler bewerten kann. Zum Roman, auf den sich Fallada dann seit *Der junge Goedeschal* kapriziert, drängt bereits die Neigung zum erzählenden Gedicht, angezeigt in der Mitteilung von erlebten Ereignissen im Präteritum.

Nach 1917 schreibt Fallada nur noch wenige Gelegenheitsgedichte, insbesondere im Jahr 1928 ein „Einjähriges Hochzeitsgedicht" für den Logenleiter des Guttempler-Ordens Oscar Ebers (Fallada 1928a; vgl. Walther 2017a, 142), daneben *Verse zur Feier der 1500. Sitzung der Loge Vicelinus am 18. XI. 1928*, schließlich *Die Uhr. Zum 13. XII. 1928 an Vizemama Louise Issel*: „Ich sehe, wo ich stehe, / Stets eine Uhr vor mir, / Wieviel es geschlagen habe, / Du siehst es nie auf ihr. [...] // Sie jagt uns zu früh aus den Betten, / Sie treibt mich zeitig zum Zug, / Sie quält den Hans des Morgen, / Sie steht nicht in gutem Geruch". Den Schluss verbindet das Glückwunsch-Gedicht im „Hoch!!" auf die Gefeierte mit dem Wunsch auf eine „neue Zeit" „ohne Streit", bei der die Uhr „nur glückliche Stunden" und „Freude" ticken lassen solle (Fallada 1928b).

Literatur

Börner 2010: Börner, Daniel: Der Lebenslauf von Rudolf Ditzen [1911]. In: „Wenn Ihr überhaupt nur ahntet, was ich für einen Lebenshunger habe!" Hans Fallada in Thüringen. Ausstellungskatalog, hg. von Daniel Börner, Weimar/Jena 2010, S. 17–67.

Caspar 1985: Caspar, Günter: Hans Fallada, Geschichtenerzähler. In: Hans Fallada: Märchen und Geschichten, hg. von Günter Caspar, Berlin (Ost)/Weimar 1985, S. 649–781.

Fallada 1910a: Fallada, Hans: Dank der Schönheit. Widmung an W. Burlage [ca. 1910]. In: Gedanken über den Glauben. I/l Willi Burlage gewidmet von R. Ditzen, [S. 10], HFA S 58.

Fallada 1910b: Fallada, Hans: Das Kräutlein Wahrheit. Lustspiel in einem Acte von Rudolf Ditzen. Seinen lieben Eltern zum Weihnachtsfeste 1910 zugeeignet von Rudolf Ditzen, HFA N 122.

Fallada 1910c: Fallada, Hans: Minnedienst. Ein Epos vom Lieben und vom Liebeln von Rudolf Ditzen [1910], HFA S 1805.

Fallada 1911: Fallada, Hans: Sind wir nicht zur Trauer hier geboren? [1911]. In: Peter Walther: Hans Fallada. Die Biographie, Berlin 2017, S. 60; vorher bereits in: Werner Liersch: Hans Fallada. Sein großes kleines Leben. Biographie, erweiterte Neuausgabe Reinbek bei Hamburg 1997, S. 39. HFA S 58/1 [Rudolstädter Gerichtsakte].

Fallada 1917a: Fallada, Hans: Die Verse des Omar Khayyam. Aus dem Englischen des Fitzgerald ins Deutsche übertragen von Rudolf Ditzen [Typoskript 1917, ohne Seitenangaben], HFA S 297.

Fallada 1917b: Fallada, Hans: Gestalten und Bilder. Verse von Rudolf Ditzen [1917], HFA S 297.

Fallada 1928a: Fallada, Hans: Zum 5. XI. 1928 [‚Einjähriges Hochzeitsgedicht' für Oscar]. HFA N 121.

Fallada 1928b: Fallada, Hans: Die Uhr. Zum 13. XII. 1928 an Vizemama Louisa Issel. HFA S 2238.

Fallada 1934: Fallada, Hans: Wir hatten mal ein Kind. Eine Geschichte und Geschichten, Berlin 1934.

Fallada 1948a: Fallada Hans: Gesang zu zweien/Trennung. In: Nacht-Express. Die Illustrierte Berliner Abendzeitung 4 (1948), Nr. 300, 24.12.1948, [S. 5]..

Fallada 1948b: Fallada Ursula: Unbekannte Gedichte von Hans Fallada. In: Nacht-Express. Die Illustrierte Berliner Abendzeit 4 (1948), Nr. 300, 24.12.1948, [S. 5].

Fallada 1993a: Fallada, Hans: Tannenfeld. In: Stint. Zeitschrift für Literatur Bremen 7 (1993), Nr. 14, S. 67–71.

Fallada 1993b: Fallada, Hans: Verse zu Feier der 1500. Sitzung der Loge Vicelinus am 18.11.1928. In: Neues von daheim und zu Haus. Erinnerungen an Hans Fallada. Gespräche – Betrachtungen – Dokumente, hg. im Auftrag des Hans-Fallada-Vereins Greifswald e. V., Frankfurt a. M./Berlin 1993, S. 57–59.

Fallada 2016: Fallada, Hans: Kleiner Mann – was nun? Roman [ungekürzte Manuskriptfassung], ungekürzte Neuausgabe mit einem Nachwort von Carsten Gansel, Texterfassung Mike Porath und Nele Holdack, Berlin 2016.

Fallada 2018a: Fallada, Hans: Meine lieben jungen Freunde [1946]. In: Junge Liebe zwischen Trümmern. Erzählungen, hg. und mit einem Nachwort von Peter Walther, Berlin 2018, S. 204–249 [zuerst als *Wie ich Schriftsteller wurde*, Gesammelte Erzählungen 1967].

Fallada 2018b: Fallada, Hans: Meine Ahnen [1945], In: Junge Liebe zwischen Trümmern. Erzählungen, hg. und mit einem Nachwort von Peter Walther, Berlin 2018, S. 183–189.

Fallada 2018c: Fallada, Hans: Aufzeichnungen des jungen Rudolf Ditzen nach dem Scheinduell mit seinem Schulfreund [1911]. In: Junge Liebe zwischen Trümmern. Erzählungen, hg. und mit einem Nachwort von Peter Walther, Berlin 2018, S. 14–18.

Fallada 2018d: Fallada, Hans: Junge Liebe [1946]. In: Junge Liebe zwischen Trümmern. Erzählungen, hg. und mit einem Nachwort von Peter Walther, Berlin 2018, S. 9–13.

Full 1973: Full, Jean: Hans Fallada et Romain Rolland. Trois lettres inédites de Fallada (1912). In: Recherches Germaniques. Revue annuelle 3 (1973), S. 223–234.

Gansel 2016: Gansel, Carsten: Von Robinson Crusoe, Charlie Chaplin und den Nazis. Das wiederentdeckte Originalmanuskript von Hans Falladas *Kleiner Mann – was nun*. In: Hans Fallada: Kleiner Mann – was nun? Roman, ungekürzte Neuausgabe mit einem Nachwort von C. G., Texterfassung Mike Porath und Nele Holdack, mit 6 Abb, Berlin 2016, S. 485–550.

Hellmann 2009: Hellmann, Birgit: „[…] ich bin auch da stets Einspänner, Sonderling gewesen". Zum frühesten Lebenslauf Hans Falladas aus dem Jahr 1911. In: Salatgarten 18 (2009), H. 1, S. 29–30.

Koburger 2015: Koburger, Sabine: Ein Autor und sein Verleger. Hans Fallada und Ernst Rowohlt in Verlags- und Zeithorizonten, München 2015.

Kuhnke 2002: Kuhnke, Manfred: Das früheste literarische Zeugnis Hans Falladas. Ein Höhepunkt der 12. Hans-Fallada-Tage im Juli 2002 war gewiss die Übergabe eines der frühesten literarischen Zeugnisse Hans Falladas an das Carwitzer Archiv. Die hier folgenden Beiträge wollen dieses Ereignis dokumentieren und einige Zusammenhänge verdeutlichen. In: Salatgarten 11 (2002), H. 2, S. 36–39.

Liersch 1992: Hans Fallada [‚Leseblatt' DINA 3, mit verschiedenen Gedichten aus dem Zyklus *Gestalten und Bilder* [1917]], hg. vom Literaturzentrum Neubrandenburg, Neubrandenburg 1992.

Liersch 1997: Liersch, Werner: Hans Fallada. Sein großes kleines Leben. Biographie, erweiterte Neuausgabe Reinbek bei Hamburg 1997 [¹1993].
Liersch 2001: Liersch, Werner: Hans Falladas Gedichte. In: „Es ist das Werk, es ist die Person und es ist mehr". Eine Chronik seit 1983 in Berichten, Dokumenten und Bildern, hg. von Doris Haupt und Patricia Fritsch, Feldberg 2001, S. 120–126.
Manthey 1963: Manthey, Jürgen: Hans Fallada in Selbstzeugnissen und Bilddokumenten, Reinbek bei Hamburg 1963.
Müller-Waldeck/Ulrich 2012: Müller-Waldeck, Gunnar/Ulrich, Roland unter Mitarbeit von Uli Ditzen (Hg.): Hans Fallada. Sein Leben in Bildern und Briefen, Berlin 2012.
Uzulis 2017: Uzulis, André: Hans Fallada. Biografie, Berlin 2017.
Walther 2017a: Walther. Peter: Hans Fallada. Die Biographie, Berlin 2017.
Walther 2017b: Walther, Peter: Ich bin nur ein Schilderer. Fallada im Spiegelkabinett von Literatur und Leben. Festvortrag zum 70. Todestag Hans Falladas. In: Salatgarten 26 (2017), H. 1, S. 7–11.
Williams 2002: Williams, Jenny: Mehr Leben als eins. Hans Fallada. Biographie. Aus dem Englischen von Hans-Christian Oeser, Berlin 2002. [Originalausgabe: More Lives than One. A Biography of Hans Fallada, London 1998.]

2.2 Frühe Romane: *Der junge Goedeschal* (1920), *Anton und Gerda* (1923)

Sabine Koburger

Falladas Frühwerk stand lange im Schatten seiner Erfolgsromane und wurde von der Forschung weitestgehend ignoriert oder vorwiegend in seiner biografischen Dimension wahrgenommen. Erst seit einigen Jahren setzt eine Neubewertung ein, die das Experimentelle und Avantgardistische seiner frühen Prosa im Kontext der literarischen Moderne diskutiert (vgl. George 2003). Zu dieser Geringschätzung seiner ersten beiden Romane hat der Autor allerdings nicht unerheblich selbst beigetragen. Sein ablehnendes Urteil im Rundfunkmanuskript *Wie ich Schriftsteller wurde* (1946) verführte dazu, Falladas Selbstaussagen unkritisch zu übernehmen. Verfolgt man jedoch die Einstellung zu seinem nachexpressionistischen Frühwerk über den gesamten Zeitraum von 1920 bis 1946, eröffnen sich neue Einsichten. Sie berechtigen zu der These, dass er sich von seinen ersten beiden Romanen nicht aus persönlichen oder literarästhetischen, sondern aus pragmatischen wie politischen Gründen distanzierte und sie daher verleugnete. Während der Weimarer Republik bekannte er sich noch zu ihnen, auch wenn ihm *Der junge Goedeschal* nach eigenen Aussagen „unerträglich" gewesen sei (Fallada an Kagelmacher, 8. August 1930) und er nach dem Erfolg von *Bauern, Bonzen und Bomben* aus verkaufstaktischen Erwägungen kein Interesse an Werbekampagnen für die beiden frühen Romane mehr hatte. Nach 1933 vermied er aus politischen Gründen Neuauflagen oder Übersetzungen. In einem Werbeblatt der Deutschen Verlags-Anstalt Stuttgart, deren Tochterfirma der Rowohlt Verlag ab 1939 war, erklärte er seine ersten beiden Romane sogar für verschollen (vgl. Koburger 2015, 117–122). Sowohl in der nationalsozialistischen Diktatur als auch in der sowjetischen Besatzungszone lehnten die Partei- und Kulturinstanzen, wenn auch mit unterschiedlichen Begründungen, solche Literatur als dekadent ab, die sich mit Themen wie sexuellen Irritationen, der Sinnlosigkeit der menschlichen Existenz, depressiver Todessehnsucht und moralischem

Verfall beschäftigen. In beiden Fällen gab Fallada eine literaturpolitisch flexible, aber auch wache Antwort auf die Zeitläufte.

Der junge Goedeschal. Ein Pubertätsroman

Entstehung

Falladas Aktennotizen geben genaue Auskunft über Beginn und Abschluss der Arbeit an seinem ersten publizierten Roman: Sie reicht vom 24. August 1917 bis 19. April 1919 (vgl. Fallada 1919) – ein für ihn ungewöhnlich langer Zeitraum, vergleicht man diese Entstehungsgeschichte mit der späterer Romane. Die Ursachen liegen nicht nur in Falladas Suchtkarriere und seinem Arbeitspensum als wissenschaftlicher Hilfsarbeiter einer Kartoffelbaugesellschaft, sondern auch in der mangelnden Routine, die sich etwa darin ausdrückt, dass er wenige Tage nach der Fertigstellung des Manuskripts am 10. März 1918 eine zweite Fassung in Angriff nimmt (Fallada 1919, Eintrag 19. April 1919). Da sein Vater eingewilligt hatte, ihm ein schriftstellerisches Probejahr zu finanzieren, konnte er in dieser Zeit unabhängig von jeglichen beruflichen Anforderungen schreiben.

Die acht Jahre ältere, literarisch interessierte Dänin Anne Marie Seyerlen, die ihm geraten hatte, seine traumatischen Jugenderlebnisse in einem Roman zu verarbeiten, spielte eine wichtige Rolle im Arbeitsprozess – sie war Zuhörerin, erste Leserin, Ratgeberin und Mutmacherin. Wie eng Fallada den Roman mit seiner Liebe zu ihr verknüpfte, zeigt die Widmung, mit der er das für sie bestimmte Typoskript versehen hat. Dem gedruckten „Annemarie Seyerlen gewidmet" folgt handschriftlich: „so sagt man offiziell! / Kai Goedeschal aber sagt: / Alles ist nichts – ohne dich! / Auch Dies hier wurde – aus Dir! / Es ist nur zu lieben, da es dein! / Niemand lässt es reifen, wenn nicht – Du!" (Studnitz 2007, 205) Als der Roman im Februar 1920 bei Rowohlt erschien, war die Beziehung längst zerbrochen, einen Heiratsantrag im Frühjahr 1920 lehnte Seyerlen, obwohl inzwischen von ihrem Mann Egmont geschieden, ab. Fallada wird ihr die Zurückweisung nie verzeihen (vgl. Fallada an Anne Marie Förg [gesch. Seyerlen], 19. April 1934, nach Studnitz 2007, 233). Noch 1946 behauptete er, seine ersten beiden Romane „auf Anraten, auf Befehl fast einer ehrgeizigen Frau" geschrieben zu haben (Fallada 1967, 284).

Der Briefwechsel mit Anne Marie Seyerlen verrät viel über die Werkgenese und den hohen künstlerischen Anspruch, den Fallada an sich selbst stellte:

> [...] ich sehe nun schon, wie viel Schwierigkeiten mir das rein Technische macht, das Einführen von Personen, Vorbereiten von Handlung usw., also weiter nichts als das äußere Geschehen im Roman. Das lege ich nun in dieser Vorarbeit fest, sozusagen das Gerippe, das Skelett, um das dann später das eigentlich Wertvolle herumwachsen soll. (Fallada an Anne Marie Seyerlen, 30. August 1917, zit. nach Studnitz 2007, 94)

Diese Anlaufprobleme sollte er bald überwunden haben. Das „eigentlich Wertvolle" aber waren für ihn, wie er weiter ausführt, „das Seelische und im engen Zusammenhang damit das Stilistische". Damit knüpfte er an literarische, denk- und mentalitätsgeschichtliche Entwicklungen und Muster der Frühen Moderne an, deren Texte anhand individualpsychologischer Fälle den krisenhaften Zustand einer Welt im Übergang und Wandel erzählen (siehe den Beitrag 2.1 *Traditionen des Erzählens (Realismus, Frühe Moderne)* in Kap. I). Auch Anne Maries Ehemann Egmont hatte mit *Die schmerzliche Scham. Geschichte eines Knaben um 1900* (1913) bei S. Fischer einen für die Frühe Moderne typischen Pubertätsroman vorgelegt, der zumindest in Berlin recht erfolgreich gewesen war. Er sah sich als Rat- und Impulsgeber Falladas, wenn er – seit 1916 als Offizier in der Türkei stationiert – im Heimaturlaub zu Hause weilte.

Gleichwohl ließ sich Fallada in seinen Intentionen nicht beirren, wie ein Brief vom Juli 1918 zeigt:

> Es kommt viel darauf an, wie Egmont mein[en] Kram beurteilen wird, dazu muß ich aber noch fleißig arbeiten, dass ich überhaupt etwas Rechtes vorweisen kann. Freilich, ganz klar ist mir, auch wenn er alles zurückweist, werde ich nach anfänglicher Entmutigung doch wieder dazu zurückkehren. (Fallada an Anne Marie Seyerlen, 27. Juli 1918, zit. nach Studnitz 2007, 155)

Im Unterschied zu den kanonisierten Adoleszenzromanen jener Zeit steht nicht die Kritik der Institutionen Elternhaus und Schule im Fokus, wenngleich eine solche natürlich immer mitgedacht werden muss, sondern der Leidensweg eines 16jährigen, den sexuelle Irritationen quälen und der ratlos seine Identität erkundet. Fallada griff mit der Darstellung des Leidens eines Gymnasiasten an sich selbst und seiner Umwelt ein Thema auf, das seit Wedekinds Drama *Frühlings Erwachen. Eine Kindertragödie* (1891) die Literaturlandschaft prägt. Zahlreiche Romane thematisieren Selbstfindungsprozesse und erotische Verwirrungen vorwiegend junger Männer aus der bürgerlichen Mittelschicht, Suizidfantasien, narzisstische Todessehnsüchte, sadomasochistische Exzesse sowie den Generationenkonflikt. Adoleszenz- und Schulromane waren insbesondere zur Zeit der Jahrhundertwende modern. Sie wurden wohlwollend von der Kritik aufgenommen und trafen auf ein (auch männliches) Lesepublikum, das ähnlich den Helden gelitten hatte und für solche Probleme ganz besonders sensibilisiert war. So beschreibt zum Beispiel Kurt Hiller in seinen Erinnerungen *Leben gegen die Zeit (Eros)*, wie körperliche Veränderungen in der Pubertät von ihm als beunruhigende mögliche Krankheitszeichen wahrgenommen wurden (vgl. Hiller 1973, 27). Stefan Zweig widmete seinen Geschichtenband *Erstes Erlebnis* (1911) der Pädagogin Ellen Key, deren Hauptwerk auf *Das Jahrhundert des Kindes* (1900) fokussierte und frühpubertäre Regungen thematisierte. Die Expressionisten verschieben den Schwerpunkt dann von Kindertragödien auf die Söhne am Übergang ins Erwachsenenalter und im Aufstand gegen die Väter, so in Walter Hasenclevers Drama *Der Sohn* (1914) oder Franz Werfels Novelle *Nicht der Mörder, der Ermordete ist schuldig* (1920).

Inwieweit manche Lektüre, klischeehaft angefüllt mit Selbstmord-Romantik und Pubertätsnarzissmus, die Glorifizierung dekadenter Kränklichkeit bei Gymnasiasten mit fragilem Selbsterleben beförderte, sei dahingestellt. 1911 wurde die Öffentlichkeit durch drei Schüler-Suizide aufgeschreckt, die an dem renommierten Königin-Carola-Gymnasium in Leipzig kurz nacheinander vorfielen und die jahrzehntelange Kritik am staatlichen Erziehungswesen wie auch reformpädagogische Denkansätze beflügelten. Einer der Schüler war der Sohn eines Kollegen des Reichsgerichtsrates Wilhelm Ditzen. Insofern dürfte der Fall auch ihn und seine Familie nicht gleichgültig gelassen haben. Als Gründe, weshalb die drei Selbstmörder „ihr inneres Gleichgewicht" verloren hätten, nannten deren Mitschüler am Leipziger Gymnasium „Literaturbegeisterung, Kunstleidenschaft und politisches oppositionelles Denken" (zit. nach Mix 1994, 64). Der damals 17jährige Fallada bezeichnete in einem späteren, für die psychiatrische Klinik in Jena geschriebenen Lebenslauf den Leipziger Lebensabschnitt, insbesondere die Schulzeit, als „die Zeit dieses schwersten Leidens"; damit meint er sein diffuses Leiden an sich selbst. Freude habe er nur noch in der Kunst gefunden: In ihr habe er das Schöne gesehen, welches er immer gesucht habe (Börner 2010, 24).

Falladas Roman ist also deutlich erkennbar von eigenen Erlebnissen und von Denkmustern jener Krisenzeit geprägt, aber er ist kein Schlüsselroman wie Egmont Seyerlens *Die schmerzliche Scham*, und er ist auch nicht das Werk eines Epigonen, wie es Jürgen Manthey in seiner Fallada-Biografie darstellt. (Manthey 1963, 51) Auf den ersten Blick freilich scheint Fallada die Muster seiner Vorgänger zu bedienen: mit einem sensiblen jugendlichen Außenseiter, der sich von Eltern und Schule unterdrückt fühlt und dessen Sinnsuche und Identitätsfindung scheitert. Dennoch unterscheidet sich sein Roman von den kanonisierten Werken, denn er ist sowohl stofflich-thematisch als auch in der erzählerischen Vermittlung unverwechselbar. Carsten Gansel hebt hervor, dass „die Adoleszenz [...] stärker noch als bei Hesse oder Musil als Effekt der Modernisierung einsehbar und die Unsicherheit sowohl auf Seiten des jugendlichen Protagonisten wie auch der Elterngeneration literarisch erfasst" werde (Gansel 2008, 110).

Rezeption

Die meisten Erstrezipienten schätzten – wie übrigens auch der Rowohlt-Lektor Paul Mayer – das Werk als Dichtung von Rang. So heißt es zum Beispiel in der *Kieler Zeitung*:

> Hans Fallada ist ein Dichter und sicherlich ein junger Dichter; denn nur in jungen Herzen kann all die Qual und Verstörtheit noch so gegenwärtig sein, die das Buch [...] enthüllt. Gewiß *Frühlingserwachen* war eine Tat, an Falladas Werk gemessen, erscheint es nur Vorläufer, Wegbereiter. Jeder, der ehrlichen Sinnes das Buch liest, wird Erinnerungen wach werden fühlen an eigenen Kampf, an eigene Bitternis, der die rettende Hand aus dem Wirrsal erwachender Triebe fehlt. Eine heiße Mahnung an Eltern und Erzieher flammt aus jedem Kapitel, endlich den Heranwachsenden die Hand entgegenzustrecken. [...] Immer ist die Sprache von dichterischer Reife, konzentriert in maßvollem Expressionismus. Ein Buch, das Dichtung und Tat in einem ist. (kw 1920)

Überwiegend positive Besprechungen finden sich auch in mehreren renommierten Blättern, so zum Beispiel im *Berliner Tageblatt*, im *8-Uhr-Abendblatt*, in der *Saale-Zeitung*, im *Börsenblatt des deutschen Buchhandels*, in der *Wiener Montagspresse*, dem *Literarischen Echo*, der *Freiheit* und dem *Kölner Tageblatt*. Falladas Debüt wird selbst von kritischen Rezensenten als Kunstwerk herausgestellt: Martin Feuchtwanger bemängelt zwar das Aufgreifen des seit der Jahrhundertwende so oft behandelten Themas der existentiellen Krise Jugendlicher, das er mit dem ironischen Begriff „Hasencleverei" belegt. Aber selbst diese Kritikerstimme hält Fallada für „begabter als die meisten jungen Dichter" (Feuchtwanger 1920).

Uneingeschränkte Bewunderung zollte der Schriftsteller und Lektor des Späth Verlages Heinz Stroh dem Roman. Er bat Rowohlt, einen Textauszug in einen Novellenband aufnehmen zu dürfen: *Die Einsamen. Kindheitsnovellen* erschien 1921 im Gustav Kiepenheuer Verlag mit dem Textauszug aus *Der junge Goedeschal* unter dem Titel *Verzweiflung* an erster Stelle des Bandes, wovon Fallada jedoch erst 1925 Kenntnis erhielt. Rowohlt hatte ohne sein Wissen die Zustimmung für den Abdruck gegeben. Stroh wird 1932 in der *B. Z. am Mittag* über Falladas Romanerstling schreiben:

> In dieser Dichtung, die wie in einem Zuge geschrieben schien, und durch das wilde Chaos und das unerhörte Tempo wirkte, die seinem Verfasser keine Zeit zu ordnen und zu glätten ließen, in dieser Dichtung führte Fallada den Kampf des Gefühls gegen die Bürgerlichkeit. Dieser Roman, Hasenclevers Drama *Der Sohn* im Thematischen verwandt, erschütterte und zeigte seinen Autor unerbittlich und unversöhnlich, haßerfüllt gegen die Welt der „Alten". (Stroh 1932)

Bemerkenswerterweise wurde also das Debüt mit den Werken so anerkannter Dichter wie Hasenclever und Wedekind verglichen. Aber auch Fallada selbst stellte in seinem Roman einen direkten Bezug zu *Frühlings Erwachen* her, wenn er Staatsrat Goedeschal in einem Disput mit dem Hausarzt auf Wedekinds Drama zu sprechen kommen lässt: „Auch ist, soviel ich weiß, die Frage pro et contra Storch in der Literatur noch längst nicht entschieden!" (Fallada 1993a, 105) Diese Anspielung weist auf die noch immer ungelöste dringliche Frage der Sexualaufklärung hin. Im Roman diskutiert Staatsrat Goedeschal die Frage sowohl mit seiner Frau als auch mit dem Hausarzt, der eben diese Unaufgeklärtheit Kais als Ursache für dessen problematisches Verhalten sieht.

Trotz der Aktualität des Themas sexuelle Aufklärung und der überwiegend positiven Aufnahme durch die Rezensenten fand Falladas Roman nur wenige Leser. Bis März 1921 waren von der ersten Auflage in Höhe von 2 000 Exemplaren nur 1 283 Stück verkauft (vgl. Mayer an Fallada, 22. März 1921). Da hatte selbst Rowohlts Trick, eine Titelauflage als drittes und viertes Tausend herauszubringen und dadurch eine große Nachfrage zu suggerieren, den Absatz nicht steigern können. Für die mangelnde Nachfrage dürfte es mehrere Ursachen geben. So musste sich das Buch ohne nennenswerte Werbemaßnahmen seitens des Verlages auf dem Buchmarkt behaupten. Schwerer noch wog aber wohl die Tatsache, dass es zu einem denkbar ungünstigen Zeitpunkt, gewissermaßen verspätet, in die Buchläden gelangte. Nach Krieg und Nachkriegszeit hatte sich das Thema ‚Leiden in der Pubertät' erschöpft. Die einst so beliebten Pubertätsromane waren aus der Mode gekommen. Nach dem Untergang des Wilhelminismus begann sich ein neues Lebensgefühl zu etablieren, und auch in puncto sexuelle Befreiung setzte ein Umdenken ein, zu dem nicht zuletzt der Arzt Magnus Hirschfeld beitrug, der 1919 in Berlin ein Institut für Sexualwissenschaften mit einer Sexualberatungsstelle gegründet hatte. Eine veränderte Sozialstruktur und die damit verbundene Partikularisierung des Lesepublikums bewirkten darüber hinaus ein verändertes Kaufverhalten (siehe die Beiträge 2. *Literatur der 1920er Jahre* und *2.5 Schreiben in der/für die Populärkultur* in Kap. I). Im Rowohlt Verlag entwickelten sich ab 1920 Novitäten im feuilletonistischen Stil und Memoirenliteratur zu Verkaufsschlagern. Die pathetisch aufgeladene Ausdrucksform des Expressionismus begann sich zu überleben, und wie in der bildenden Kunst neigte sich auch in der Literatur der Expressionismus dem Ende zu. Hermann von Wedderkopp konstatiert 1922 in seinem Vorwort zum Jahresband der Monatsschrift *Querschnitt*, dass die expressionistische Literatur den Leser nur ermüde, den Theaterbesucher verärgere und dass man in diesen literarischen Konstruktionen das alltägliche Leben vergebens suche (vgl. Wedderkop 1922, 5).

Aufbau und Inhalt

Falladas Roman spiegelt nur einen kleinen Ausschnitt aus dem Leben vor dem Ersten Weltkrieg wider: das Schul- und Freizeitleben von Söhnen und Töchtern einer privilegierten Beamtenschicht. Die Handlungsfolge erstreckt sich über mehrere Wochen des Winters, dessen frostige, graue Landschaft den Hintergrund für die krisenhafte Lage des Protagonisten abgibt. Wenn es anfangs noch scheint, als könne dem 16jährigen Kai Goedeschal, der Schule und Elternhaus als fremd und einengend empfindet, eine Verbindung mit der schwärmerisch angebeteten Schülerin Ilse Lorenz gelingen, so zeigt sich bald, dass seine Verletzlichkeit, sein hoher Anspruch, seine Außenseiterrolle, sein Schulversagen und seine sexuellen Nöte ihn vor unlösbare Probleme stellen, denen er sich immer wieder durch Flucht in seine eigene Welt entzieht.

Eine selbstverschuldete peinliche Situation, die er als schmerzliche Demütigung empfindet, wird zum Wendepunkt der Geschichte. Von Ilse nach einem gemeinsamen abendlichen Spaziergang in die elterliche Wohnung eingeladen, wartet er im Flur, während das Mädchen das Einverständnis ihrer Mutter einholen möchte. Gesprächsfetzen, die die Ablehnung der Mutter signalisieren, fliegen an sein Ohr; er will fliehen, gerät statt zur Tür in die Ecke mit der Garderobe und verbirgt sich in Panik hinter einem Mantel. Gerade in dem Moment tritt Ilse aus der Tür und ruft ihrer Mutter verwundert zu, dass er nicht mehr da sei. Kais Entsetzen, das durch den Wechsel von Erzählbericht, Bewusstseinsstrom und innerem Monolog für den Leser nacherlebbar geschildert wird, gipfelt darin, dass er klebrige Nässe zwischen den Beinen fühlt – das Schreckliche ist unaussprechbar: „Verklebt an den Beinen? Du hast …!" (Fallada 1993a, 169). Als Ilse ihn entdeckt, bricht er zusammen: „Er ahnt den Mund, der schreien will: da wirft er eine namenlose Gebärde des Flehens, in den Bauch sinkt der Oberleib zurück, die Knie brechen entzwei, über die Schenkel wächst Diele, jedes Gesicht ist verlöscht." (ebd., 170) Nach „der durchwanderten Höllennacht" (ebd., 183), die im Schutzraum seines Zimmers weitere sexuell-peinvolle Erlebnisse für ihn bereithält, nach selbstquälerischen Anklagen und lügenhaften Verstrickungen fühlt sich Kai „von allem Menschentum entfremdet" (ebd., 183), unendlich allein. Das 52. Kapitel endet damit, dass er sich verzweifelt das Gesicht schminkt, „jenes Gesicht, das sein war, sein, sein wahres, das er getragen hatte, unsichtbar, durchs Schwarze im Paradies der Schmach." (ebd., 183) Von nun an gleitet er immer weiter in schizophrene Handlungsweisen, die sich im Schreiben eines anonymen Hilferufes an den Direktor des Gymnasiums sowie in ‚unsittlichen' Briefen an Ilses Eltern äußern und schließlich in eine Katastrophe münden. Der erwartete, zeittypische Suizid bleibt jedoch aus: Der Vater steht zur Rettung bereit, „breitend die Arme" (ebd., 280), aber die Probleme sind nicht gelöst und das weitere Schicksal des Protagonisten bleibt ungewiss: „Und weinte. Und weinte." (ebd.) Damit endet der Roman.

Literarische Verfahrensweisen

Durch die Gegenüberstellung bürgerlicher Normalität auf der einen und Normverletzung bzw. Negation von Normen auf der anderen Seite wird innere und äußere Spannung erzeugt. Zur äußeren Spannung trägt neben den in ihrer Wirkung sich steigernden Ereignissen auch die Segmentierung in 80 kurze Kapitel bei, die scheinbar unvermittelt aneinander stoßen. Das erste Kapitel setzt mit der Figurenrede des Protagonisten ein und offenbart die Gedankengänge des literarisch begabten, devianten Gymnasiasten Kai Goedeschal, dem Goethe und damit die humanistischen Wertvorstellungen schal geworden sind, der den Skandalautor Oscar Wilde liest und an Selbstverliebtheit laboriert. Schon hier wie auch in den folgenden Kapiteln schildert Fallada mit feiner Beobachtungsgabe die Welt der Pennäler, trifft genau den Ton der nach außen großmäuligen und arroganten, innerlich jedoch zutiefst zerrissenen und unsicheren Gymnasiasten und zeichnet mit wenigen Strichen ihren Alltag nach. Die kurzen Dialoge wirken lebensecht und lassen bereits Falladas Kunst der Dialoggestaltung, wie er sie in *Bauern, Bonzen und Bomben* perfektionieren wird, erahnen. Präsentiert wird die Szenenfolge in der dritten Person Singular von einem heterodiegetischen Erzähler. Gleichwohl werden die Geschehnisse überwiegend aus der Sicht des Protagonisten erzählt und beurteilt; dessen Gedanken werden bis ins kleinste Detail vor dem Leser aufgeblättert.

Die Distanz zwischen Erzählinstanz und dem Protagonisten variiert, je nachdem, ob objektiv aus der Außensicht erzählt wird oder ob die innerpsychischen Prozesse dargestellt werden. Durch den ständigen Wechsel in der Distanz hebt sich Fallada vom tradierten Erzählen ab und wählt eine moderne Form für die Darstellung einer Gesellschaft im Umbruch. Er knüpft zwar einerseits an realistische Erzählweisen wie das chronologische Berichten, die Verwendung von Leitmotiven (der Langstuhl, die gelben Gardinen, der Hase Hans) und das Vorausdeuten an; andererseits setzt er mit syntaktisch unvollständigen inneren Monologen, erlebter Rede bis hin zum Bewusstseinsstrom auch gezielt moderne erzählerische Mittel ein (vgl. George 2003, 182 f.). Die Aussparung von Informationen und üblichen Satzgliedern erzeugt Leerstellen: Symbolik, literarische Formensprache wie Bildhaftigkeit und Metaphorik bedingen Indirektheit und Mehrdeutigkeiten, während parataktische Setzungen in einem oft verb- und subjektlosen asyndetischen Reihenstil das direkt Emotive in den Vordergrund rücken. Die expressionistische ‚Wortkunst'-Lyrik aus dem *Sturm*-Kreis (z. B. von August Stramm) reproduziert Fallada hier in dezidierter Kunstprosa: „Stiller Park, dunkelnder. Streicht Wind durch die Wipfel, steht warm noch drunten nebliger Erddampf, feuchtet die Wange und verheißt Schritt um Schritt neuen Trost." (Fallada 1993a, 261) Wie mit diesen Sprachverfahren die Abschnitte miteinander verbunden werden, zeigt der Übergang von Kapitel 74 zu 75:

Nachtdurch heimwärts ging, indes Stadt von Getriebe brauste und eben vielleicht verräterisches Wort lebenendend unhinderlich einem Munde entfloß ...
Nachtdurch heimwärts getrieben ward zum Bettpfuhl: Lieg wach!
75
Nacht läßt schluchttief ins Nichts stürzen. Kai träumt schwarz. Morgens erwacht: Nacht hat Furcht gefressen. Leichter regen sich Glieder. „Was fürchte ich ...?" (ebd., 265)

Nach dem Wendepunkt in Kapitel 52 nehmen solche expressionistischen Sprachzertrümmerungen sowie die Verzerrung und Verfremdung der Vorgänge weiter zu. Die verdichtete Sprache, nunmehr vom Formzwang befreit, verweigert sich so auch dem schnellen Verstehen: „Klingelschlag. Zögerschritt in Raschelrock, Türloch-Durchguck – welch strenges Auge! –, langsam weicht das gekehlte Holz: Ilse vor Kai." (ebd., 266)

Falladas expressionistischer Wortgebrauch erfindet neue Adjektivkomposite wie „blickgestreift", „stimmklangbetäubt", „schwarzbewestet" oder Sätze wie „Frau Lorenz schmalt die Lippen" (ebd., 141), mit denen er die jeweilige Situation unvermittelt in ihrer emotionalen Intensität und Wirkung präsentieren will, statt sie konventionell erzählerisch zu entfalten. So denkt Kai zum Beispiel nicht daran, vor den Mitschülern ein Geständnis abzulegen: „Hier dies entspulen? Vor glotzköpfiger Klasse?" (ebd., 135) Die ausgestellte Gemachtheit dieser Sprache signalisiert Falladas Teilhabe am ‚maßvoll' gewordenen Expressionismus der 1920er Jahre. Der wird zu dieser Zeit bereits als Manieriertheit empfunden; auch die fragwürdigen Längen und ein Held, der ob seiner ungewöhnlichen Neigungen und Handlungsweisen nur selten Mitgefühl erregt, werden von der zeitgenössischen Kritik als Schwachstellen des Romans benannt. Zugleich sieht sie aber auch die ästhetischen Qualitäten dieses Kunstwillens im Gefolge des expressionistischen ‚Wortkunst'-Programms, das seinen Höhepunkt indes bereits überschritten hatte. Erlebnisintensität des Expressionismus und das Erzählbedürfnis, das Fallada im längeren Roman einlöst, stehen im Gegensatz zueinander.

Bemerkenswert ist gegenüber den expressionistischen Traditionsvorgaben, dass Fallada im Unterschied zu den kanonisierten Schulromanen nicht die gängige klischeehafte Vaterfigur kreiert, in der sich die Herrschaft des Patriarchats symbolisiert, sondern mit dem Staatsrat Goedeschal eine bereits geschwächte Autorität gestaltet. Mutter und Vater, liebevoll und sensibel, ringen um Verständnis für den Sohn, dessen Ansichten ihnen fremd sind, so wie der Sohn die Liebe des Vaters durchaus anerkennt:

Lauschte: es ging und ging jener, der Vater, Wege des Denkens, Wege der Liebe vielleicht. Und in staubige Kelleröde, mattmüdes Herz stellte der tackende Schritt dies Gesicht: blaß, Sorgenfalten, Augen tief, voller Liebe; Augen wie Strom und Feld, Augen wie Welt ... „Liebe wohl, die nicht trifft, die vorbeischießt: Liebe doch ...". (ebd., 278f.)

Die Abweichung von der verkürzenden expressionistischen Figurentypologie des ‚strengen Über-Vaters' und des von ihm ‚gequälten Sohns' durch ihre Überführung in epische Psychogramme reichte indes nicht hin, eine größere Aufmerksamkeit seitens des Publikums und der Kritik auf sich zu ziehen.

Sexualität und Intertextualität

Falladas Roman fällt vor allem dadurch aus der Reihe, wie er die Rolle der Sexualität zum dominierenden Thema macht, das im Gespräch zwischen Vater und Arzt explizit erörtert wird (vgl. Gansel 2008, 107). Der Autor lässt Kai nicht etwa an den autoritären Instanzen scheitern, sondern an seinem Konflikt zwischen aufbrechender Sexualität der Pubertät und dem damit einhergehenden Gefühl der Fremdheit und Verunsicherung – Verhaltensweisen, die freilich nur vor dem Hintergrund des wilhelminischen Obrigkeitsstaates und seinem Ordnungsmodell plausibel erscheinen. Nachdem er sich an die „starken Beine" des Dienstmädchens Erna erinnert, „über deren gestrammten Kniekehlen der weiße Rand einer Hose erschienen war", sinkt er erschüttert auf eine Bank nieder: „Bin ich krank. Werde ich wahnsinnig?" (Fallada 1993a, 35) Und abends in seinem Zimmer, seinen Körper betrachtend, sucht er nach

2.2 Frühe Romane: *Der junge Goedeschal* (1920), *Anton und Gerda* (1923)

den Zeichen einer Veränderung: „Ich bin verändert, eine Krankheit verzehrt mich. Vielleicht finde ich ihre Male und bin gerettet." (ebd., 39) Nach der Beschreibung von Kais Körperbetrachtung aus der Außenperspektive wechselt der Erzähler unmerklich in die Innenperspektive und beschließt das Kapitel mit der Gedankenrede des Protagonisten: „Dieser Leib war kein Freund, kein ich, er war der *Feind*." (ebd., 41) In der Psychologie würde man von einer Identitätsdiffusion sprechen, wie sie insbesondere in der Adoleszenz auftritt. Die damals bekannte Schriftstellerin, Mäzenin und Salondame Auguste Hauschner drückt in ihrer ausführlichen Rezension im *Berliner Tageblatt* Kais Dilemma so aus:

> Besessen vom Gedanken an das Weib, verschmachtend nach Erkenntnis, keusch zurückschreckend von letztem Wissen, nach Liebe dürstend, vom Trieb in Vereinsamung gejagt; in Laster, Lüge, seelische Umnachtung. Ein Schrei der Anklage. Gegen die Gesellschaftsordnung, Eltern, Lehrer? (Hauschner 1921)

Sie verneint ihre Frage indirekt und resümiert: „Sollte nicht die Gabe, sein Leiden künstlerisch zu formen, den Weg weisen zur Erlösung aus dem Fegefeuer der Geschlechtlichkeit!" (ebd.)

Falladas Anspielungen auf Wedekinds Drama *Frühlings Erwachen* und auf die Monografie des römischen Historikers Sallust, *Die Verschwörung des Catilina*, sind nicht die einzigen Bezüge zu anderen Werken. Als weiteres Beispiel sei die Lektüre-Episode aus Thomas Manns Novelle *Tonio Kröger* (1902) genannt. In Anlehnung an die Bitte Tonios an den Freund – „Du musst es lesen, Hans, es ist nämlich Don Carlos von Schiller ... Ich leihe es dir, wenn du willst ..." (Mann 1998, 13) – lässt Fallada seinen Protagonisten Kai zu Ilse Lorenz sagen: „Kennen Sie *Jettchen Gebert*? Schade. Das Buch müssen Sie lesen. Wenn Sie mögen, leih ich es Ihnen einmal." (Fallada 1993a, 29) Anders als der pragmatische Hans Hansen erweist sich Ilse als Seelenverwandte und antwortet: „Gerne". Mit *Jettchen Geberts Geschichte* (1906, 98. Aufl. 1920), einem der meistgelesenen Romane des frühen 20. Jahrhunderts und 1918 prominent von Richard Oswald verfilmt, setzt Fallada dem von ihm geschätzten Schriftsteller und Kunstkritiker Georg Hermann (1871–1943), dessen Werke er in seiner Jugend gern gelesen hatte, ein literarisches Denkmal (vgl. Börner 2010, 78–80). In der Fortsetzung dieser Geschichte, *Henriette Jacobi* (1908), nimmt sich die Heldin, ihrer spießigen und bornierten Umwelt überdrüssig, das Leben – eine epische Vorausdeutung auf den tragischen Ausgang des Romans. Fallada stellt also der Schiller-Lektüre Tonio Krögers einen Roman in der Tradition Fontanes gegenüber, und im Unterschied zur literarischen Vorlage tauschen sich Kai und Ilse über ihre gemeinsame Lektüre aus. Bemerkenswert ist, dass Ilse der fatalistischen Lebensauffassung Jettchens (und Kais) – „Alles kommt, wie es kommen muß" – überraschend selbstbewusst ihre eigene Weltsicht gegenüberstellt: „Alles kommt, wie ich es will." (Fallada 1993a, 94) Die sensible Ilse gesteht jedem Menschen einen schwachen Moment zu, ist aber von der Überwindung persönlicher Niederlagen überzeugt: „Aber dann heben wir von neuem die Hände, einem andern Tag entringen wir den Gewinn, den uns sein gestorbener Bruder verhielt." – „Unser Leben in unsrer Hand bringt, was wir wollen." (ebd., 92) Das Spannungsverhältnis des schwachen Mannes und der starken Frau, das hier anklingt, wird Fallada dann in seinem Roman *Anton und Gerda* noch stärker herausarbeiten.

Anton und Gerda

Entstehung

Fallada hat keine Notizen hinterlassen, wann genau er *Anton und Gerda* begonnen und beendet hat. Im Juni 1920 mahnte sein Lektor Paul Mayer zwei seit Langem angekündigte Novellen an und fragte: „Wie ist es mit einem neuen Roman?" (Mayer an Fallada, 8. Juni 1920) Falladas Antwort: „Mein Roman ist leider noch ganz Entwurf, da mag ich Ihnen von einer Frist schon gar nicht sprechen." (Fallada an Mayer, 16. Juni 1920) Auch die beiden Novellen könne er frühestens in einem halben Jahr fertigstellen. Am 23. Februar 1921 schickte er schließlich die Erzählung *Die Kuh, der Schuh, dann du* an den Verlag, eine zweite lieferte er nie ab. Günter Caspar hat den Beginn der Arbeit an *Anton und Gerda* auf Januar 1921 datiert. Was er nicht wissen konnte: Fallada hielt sich vom 5. Januar bis zum 14. Februar in der Provinzialheilanstalt in Stralsund zur Behandlung seiner Schlafstörungen auf. Dieser Umstand wurde erst 2011 durch den späten Fund der Krankenakte bekannt (vgl. Koburger/Armbruster 2015, 21–27). Hier wird deutlich, dass Fallada an der ‚großen Schwester' der Novelle, an einem „Lustspiel" gearbeitet habe, „in freundlicher Stimmung" und unbeeindruckt von dem allgegenwärtigen psychischen Elend um ihn herum (ebd., 23). Tatsächlich bestätigt der Rowohlt Verlag mit Poststempel 28. Januar 1922 den Eingang einer Komödie, von der jedoch in der äußerst sporadischen Korrespondenz jener Jahre nie wieder die Rede ist und die auch nicht mehr auftaucht.

Nach seinem Klinikaufenthalt begab sich Fallada sofort wieder nach Gudderitz zu seinem Freund Johannes Kagelmacher, wo der Auftakt seines Romans *Anton und Gerda* situiert ist. Dieser Prosatext (vollendet 1922) bezeugt inhaltlich und strukturell seine Auseinandersetzung mit der dramatischen Form wie mit der Novelle. Hinsichtlich des Entstehungsprozesses bleiben viele Fragen offen, fest steht nur: Fallada schickte im September das Manuskript an den Verlag, denn am 21. September 1922 ließ der Cheflektor Paul Mayer verlauten, dass er den Roman „ganz vorzüglich" finde. In einem späteren Brief teilte er mit, dass Franz Hessel das Werk für eine „künstlerische Leistung von Rang" halte, „dem Publikumserfolg sicher" sei (Mayer an Fallada, 30. November 1922). Hessel selbst erkennt darin eine „vollendete Prosa" (Hessel an Fallada, 5. März 1923). Beide setzten sich bei Rowohlt für eine Publikation ein, regten lediglich Kürzungen an. Hessel, selbst ein angesehener Schriftsteller, lektorierte dann auch den Roman. Bereits am 18. Dezember 1922 erfolgte der Vertragsabschluss. Gleichwohl konnte das Buch, bedingt durch Falladas Säumnis im Schreibprozess, erst im Dezember 1923 an die Buchhandlungen ausgeliefert werden. Die Auflagenhöhe betrug nur 1000 Exemplare, denn Rowohlt wollte offensichtlich nach dem kommerziellen Misserfolg des *Jungen Goedeschal* nicht erneut zuschießen.

Und tatsächlich führt Fallada die Motive des sexuellen Erwachens, der exzessiven Ich-Bezogenheit, der Rebellion gegen Autoritäten, der Todessehnsucht und Einsamkeit fort, greift expressionistische Lexeme wie Weinen, Blut und Angst wieder auf und auch den expressionistischen Reihenstil. Zahlreiche inhaltliche und symbolische Verflechtungen stellen eine Verbindung zum ersten Roman her, wie die Entlehnung der Namen Kai und Gerda aus dem Märchen *Die Schneekönigin* (Fallada an Anne Marie Seyerlen, 29. Juli 1918), die ödipale Beziehung zur Mutter, das Erwürgen der Katze als Reaktion auf den Brief der Mutter – im *Goedschal* war es in ähnlicher Situation

2.2 Frühe Romane: *Der junge Goedeschal* (1920), *Anton und Gerda* (1923) 245

der Hase Hans, der außerdem in einer Traumfantasie Antons wieder auftaucht. Auffällig sind die autobiografischen Bezüge. Erwähnt sei lediglich der im inszenierten Doppelselbstmord von 1911 erschossene Freund Dietrich von Necker, dessen Tod in zwei Erzählbildern des dritten Buches literarisiert wird (vgl. Fallada 1993b, 409–412).

Inhalt und Form

Die Komposition erscheint mit der Segmentierung in vier Bücher, die jeweils abgeschlossene Handlungsteile beinhalten und in einzelne Erzählbilder mit jeweils eigenen Überschriften weiter unterteilt sind, einerseits sehr übersichtlich. Andererseits ist sie durch einen Rahmen, der am Ende nicht geschlossen wird, sowie Rückblenden und Traumsequenzen vielschichtig und kompliziert in der Gesamtanlage, zumal ein durchgängiger kontinuierlicher Erzählfluss nicht zustande kommt.

Zu Beginn des Romans blickt der heterodiegetische Erzähler auf den 30jährigen Dichter Anton Färber, der „bei Freunden auf dem Lande lebte."(Fallada 1993b, 283) Die Beschreibung des Schauplatzes scheint von Kagelmachers Garten und der Landschaft der Halbinsel Wittow inspiriert. Anton begibt sich zum Meer, wo er nach der Durchführung mystischer Rituale vom Wasser überspült wird. Der „Ertrunkene", im weiteren Verlauf auch „der Träumer" genannt, träumt nun seine eigene Lebensgeschichte.

Mit dem sechsten Erzählbild im ersten Buch unter dem Titel *Mulus in jedem Belang* setzt die Analepse ein. Anton ist fast 18 Jahre alt, Sohn eines Oberlehrers in Rostock, und bei seinen ehemaligen Mitschülern als Streber verschrien. Der Bücherliebhaber, der am liebsten in seinem Zimmer sitzt und arbeitet, hat das Abitur erfolgreich absolviert. Die Begegnung des noch ‚keuschen' jungen Mannes mit der Prostituierten Gerda lässt die latent vorhandenen Widersprüche zu seinem Elternhaus und dem bürgerlichen Milieu aufbrechen und die Sehnsucht nach einem gesteigerten Leben übermächtig werden. Die Flucht aus dem Haus seines Onkels, des Superintendenten, bedeutet den Bruch mit seiner bürgerlichen Herkunft und Lebensweise.

Das zweite Buch setzt mit dem Erzählbild *Auftakt* ein, in dem der Erzähler Anton ein tragisches Scheitern voraussagt: „Ich sehe Wege und grade sind sie nicht, ich höre Gelübde und gehalten werden sie nicht, von Liebe spricht man und eine Sekunde ist es, ein Beil blinkt – wer sollte da Glauben glauben?" (ebd., 357f.). In den folgenden Bildern wird die Liebe zwischen ihm und Gerda, deren „Kleinmädchengeschichte" sowie Antons Flucht nach Leipzig geschildert, wo er tagelang mittellos und gedemütigt in einem Hotel auf die Geliebte wartet, aber dann doch noch die ersehnte sexuelle Vereinigung erlebt. Die Grenzen zwischen Traum und Wirklichkeit sind fließend, der Erzähler scheint unzuverlässig. Die skeptische Vorhersage, mit der das zweite Buch begann, erhärtet sich am Ende. Der „Bürgerling" Anton, wie ihn Gerda in einer Auseinandersetzung nennt, leidet bereits an seiner Hingabe an ihre Schönheit und „Unbürgerlichkeit", ein tragisches Ende ahnend (ebd., 381, 387).

Das dritte Buch erfüllt die Funktion eines retardierenden Momentes. Es beginnt im Wartesaal des Bahnhofes in Leipzig. Gerda lässt, da es noch Stunden bis zur Abfahrt sind, Anton dort zurück, um vor der Reise Verschiedenes zu erledigen. Die Retardation wird durch unterschiedliche Techniken auf allen Ebenen der Erzählung ausgelöst: durch Traumfantasien, leidvolle Erinnerungen und Reflexionen Antons sowie durch abschweifende Nebenhandlungen. Darin gelangt Anton unfreiwillig in eine „Irrenanstalt", deren Beschreibung mit der damaligen Stralsunder Provinzialheilanstalt korreliert, in der sich Fallada für sechs Wochen aufhielt (vgl. Koburger/Armbruster 2015, 21–27). Gerda landet in einem Absteigehotel. Am Ende finden sich beide im Wartesaal wieder.

Das vierte und umfangreichste Buch handelt von der Bahnfahrt nach Stralsund, der Dampferfahrt auf eine namentlich nicht genannte Insel, die deutlich Züge von Rügen, insbesondere der Halbinsel Wittow, und Hiddensee trägt, und vom Aufenthalt dort unter falschem Namen, getarnt als Schwester und Bruder. Spätestens durch das Eindringen der Realität in das Urlaubsrefugium in Person des Amtsvorstehers und des Superintendenten, die einen Brief der Mutter überbringen, zeigt sich, dass der Konflikt zwischen intensivem Leben und Bürgerlichkeit nicht gelöst werden kann. Der Roman endet mit einer gefährlichen Bootsfahrt der Liebenden und ihrer Rettung aus eigener Kraft. Doch Antons Gedanken enthüllen seine Desillusionierung: Vor seinen Augen entfaltet sich sein künftiges demütigendes Leben mit der durch Prostitution den Unterhalt verdienenden Gerda. Entgegen der Erwartung wird die Rahmenhandlung nicht explizit geschlossen; dieser Kunstgriff hinterlässt eine Leerstelle zwischen dem 18jährigen Abiturienten und dem arrivierten Schriftsteller von 30 Jahren, mit dem der Roman einsetzte.

In Erzählweise und Komposition knüpft Fallada an seine experimentelle Prosa in *Die Kuh, der Schuh, dann du* an (siehe den Beitrag 2.3 *Erzählungen der 1920er Jahre* in Kap. II), indem er auch hier Formen avantgardistischen Erzählens sowohl in Varianten der Selbstthematisierung des Schreibens (vgl. die Abschnitte *Spazierwandeln (fortgesetzt)*, Fallada 1993b, 284; *Seltsam unverständliches Gespräch*, ebd., 293) als auch im generischen Spiel mit lyrischen (vgl. ebd., 288) und szenisch-dialogischen Sprachverfahren (vgl. ebd., 288f.) bis hin zum Einsatz eines „Chorus" nutzt (ebd., 290). Kennzeichnend sind das Nebeneinander von Skizzen (vgl. ebd., 291) und ein Sprachstil nach Maßgabe der expressionistischen ‚Formzertrümmerung', der nun auch die Überschriften der einzelnen Abschnitte bestimmt (vgl. *Denkens Beginn*, ebd., 296; *Abgetan im Unratswinkel*, ebd., 305).

Der besondere Reiz des Romans liegt daher zweifellos auf der Ebene des *discours*, der Art und Weise des Erzählens. Die vielen kleinen Erzählbilder der vier Bücher tragen lapidare Überschriften wie *Trara! Trara!* (ebd., 292), *Schaukel und Kokotte* (ebd., 342), *Der Gummi* (ebd., 346) oder *Refrain* (ebd., 389). Die Länge der Abschnitte variiert von äußerster Kürze (drei Zeilen im Abschnitt *Schwer. Schwer*, ebd., 285) bis hin zu mehreren Seiten. Innere Monologe, erlebte Rede und Bewusstseinsstrom wechseln mit Dialogpassagen im dramatischen Modus. Traumsequenzen mit anschaulichen, fast schon lyrischen Beschreibungen des Landlebens, der Dünen- und Meerlandschaft, folgen parodistischen Elementen mit Situationskomik und dann wieder dem Realismus verpflichteten Schilderungen von Vorgängen. Der Handlungsfluss wird durch Kommentare der extradiegetischen, nullfokalisierten Erzählinstanz unterbrochen, die so den „Ertrunkenen" bzw. „Träumer" dem Leser immer wieder ins Gedächtnis ruft: „Nein, einer schleicht noch durch Tang und Gras, du siehst ihn kaum. […] Ein Dichter, der versäumtes Leben träumt …" (ebd., 305) An anderer Stelle heißt es: „Ist der vergessen, der im Dunkel draußen liegt und träumt? Um ihn ist Düne, der Seewind spielt in seinen Haaren […]." (ebd., 404) Leitmotivisch durchzieht die Aufforderung an ihn, doch weiter zu träumen, den Roman. Der Träumer wiederum erhält ebenfalls eine Stimme. Er spricht zu Beginn des dritten Buches Anton direkt an: „Hörst du gut zu, Schläfer im Wartesaal?"; ebenso wird auch der Leser adressiert: „Höret mich, und dann urteilt!" (ebd., 405) Diesem Auftakt folgen mehrere Traum-Erzählbilder in der Ich-Form, die durch einen Kommentar des Erzählers abgeschlossen werden.

Ähnlich wie in *Der junge Goedeschal* gehen also hetero- und homodiegetisches Erzählen nahtlos ineinander über, die Darstellungsebene ist von einem Wechsel zwischen Nullfokalisierung und interner Fokalisierung geprägt. Die avantgardistische Textur bricht mit den Gattungskonventionen: Erzählt wird in novellistischer Zuspitzung – Episches, Lyrisches und Dramatisches bilden eine Synthese. Mayer und Hessel sprechen in ihren Briefen treffend von dem „Monologische[n]" und „Traumdialogische[n]" sowie dem „lyrischen Grundton" des Romans (Mayer an Fallada, 30. November 1922; Hessel an Fallada, 14. August 1923).

Rezeption

Zweifellos hat Fallada seinen zweiten Roman künstlerisch ehrgeizig angelegt. In diesem Sinne äußert er sich, nun mit Blick auf seinen völlig anders erzählten Roman *Bauern, Bonzen und Bomben*, im August 1930 gegenüber Freund Kagelmacher:

> Also, das Buch [*Bauern, Bonzen und Bomben*, S. K.] ist geschludert, aber, lieber Kagelmacher, soll ich Ihnen mal was erzählen? Anton und Gerda waren gearbeitet und noch heute finde ich sie gut (während der Gödeschal [sic] mir unerträglich ist). Wissen Sie, wie viel bis heute von A. und G. seit ihrem Erscheinen, also in netto 9 Jahren, verkauft sind? Noch keine 500 Exemplare." (Fallada an Kagelmacher, 8. August 1930)

Heinz Strohs Rezension erkannte in *Anton und Gerda* eine indirekte Fortsetzung des *Goedeschal* (Stroh, 29. Juni 1932).

Obwohl der Roman vor Weihnachten erschien, lief der Verkauf nur schleppend an, und anders als beim *Goedeschal* nahmen die Rezensenten kaum Notiz von ihm. Ein Grund mag gewesen sein, dass Falladas Buch in einer angespannten Situation, im Schnittpunkt von Hyperinflation und Einführung der Rentenmark, auf den Markt kam. Auf Werbemittel, wie sie Rowohlt bei späteren Werken Falladas einsetzte, gibt es keinerlei Hinweise. Selbst in dem mehrere Seiten umfassenden Inserat „Unsere Weihnachtsbücher" im *Börsenblatt* vom 5. Dezember 1923 ist der Roman nicht aufgeführt (Börsenblatt 1923, 8260f.) Am 15. Februar 1924 beklagte Rowohlt in einem Brief an Fallada, dass nur sehr wenige Kritiken im Verlag eingegangen seien. Selbst diese wenigen Besprechungen sind nicht mehr auffindbar.

Nachweisbar sind vier zeitnahe Buchbesprechungen. Der damals 20jährige Alfons Steiniger lobt in der *Weltbühne*: „Unvergeßlich bleibt an Hans Falladas Roman (erschienen bei Ernst Rowohlt) der aus bitterer Qual erschaffen, dumpfes Leidgefühl aus den dämmernden Tiefen unserer Seele heraufbeschwört, die stachelscharfe, bohrende Psychologie." (Steiniger 1924, 77) Kritik übt er an der überzogenen expressionistischen Sprache, auch wenn er am Ende seiner Besprechung resümiert: „Unverantwortlich wäre, dem Buch uneingeschränktes Lob zum Geleit zu geben; aller Pflicht ist, es dem Leserkreis zu empfehlen, der die Dankbarkeit vor werdender Kraft nicht verloren hat." (ebd., 78)

Ein Rezensent in der Wochenschrift *Das Tage-Buch* vom 12. April 1924 wertet den Roman als großen Fortschritt gegenüber *Der junge Goedeschal*. Er beschreibt dessen Sujet als „Zusammenbruch der bürgerlichen Mentalität unter erschütternden

Krisen." Als besonders gelungen hebt der Kritiker das „Aufgehen des menschlichen Erlebnisses in der Landschaft" hervor. Diese „metaphysische Erfüllung" hält er für ganz bedeutend (K 1924, 501). In der Rubrik „Bücherschau" der *Allensteiner Zeitung* vom 11. Februar 1931 heißt es dagegen: „Es ist seit Strindbergs Erwachen kein Pubertätsroman geschrieben worden, der um so viel Verständnis rang wie dieses Buch. Aber der Verfasser begibt sich dabei völlig in den Bann einer manirierten und unerträglich gekünstelten Sprache. Und daran scheitert dieses Buch, das, so bleibt schließlich zu vermuten, Fallada heute nicht mehr oder doch sehr anders schreiben würde." (v. E., 1931) 1932, nach dem Erfolg des Romans *Kleiner Mann – was nun?*, äußert sich Heinz Stroh, der den Roman einst in der *Berliner Börsen-Zeitung* rezensiert hatte (vgl. Stroh 1924), in der *B. Z. am Mittag* überaus freundlich zu Falladas beiden frühen Romanen. *Anton und Gerda* nennt er „ein schönes Buch, […] eine Liebesgeschichte voller Kämpfe umeinander, voller Erniedrigungen um der Liebe willen – voller Geldsorgen." Er stellt dabei fest, dass es „den Schöpfer der wundervollen Frauengestalt Lämmchen ahnen, ja bereits erkennen" lasse (Stroh, 1932).

Tatsächlich ist Gerda wie Lämmchen durchsetzungsstark und mutig, dabei sensibel und mütterlich. Nach der sexuellen Vereinigung jubelt sie: „Ich habe dich in mir! Ich habe dich in meinen Bauch zurückgenommen. Du bist mein Kind. Mein Kleines! O ich habe dich in mir!" (Fallada 1993b, 391). Hier kommt die neurotische Wunschfantasie zum Ausdruck, dass die Geliebte die beschützende und ernährende Funktion der Mutter auf den Mann übertragen und dieser sich im Uterus gegen eine feindliche Welt geborgen fühlen könne. In *Kleiner Mann – was nun?* nimmt Lämmchen ebenfalls eine Mutterrolle ein. Im Unterschied dazu sind Anton und Gerda trotz der Gleichordnung im Titel jedoch keine gleichrangigen Figuren. Der Fokus des Textes liegt auf Anton, aus seiner Sicht werden die Vorgänge bewertet, meist nur ihn stellt der Erzähler in der Innenperspektive dar, auch wenn zuweilen Passagen vorkommen, die personal aus der Sicht Gerdas erzählt werden (vgl. ebd., 397–400).

Strohs außerordentlich freundliche Besprechung in der *B. Z. am Mittag* und der inzwischen deutschlandweit bekannte Name des Schriftstellers Fallada änderten nichts daran, dass sich die Liebesgeschichte von *Anton und Gerda* nur schwer verkaufen ließ. 1931 waren es fünf, 1932 sechsundvierzig verkaufte Bücher, wie Rowohlt Fallada am 20. Dezember 1932 mitteilt, was in Anbetracht des Welterfolgs von *Kleiner Mann – was nun?* nur als minimaler Anstieg zu bewerten ist. Während der nationalsozialistischen Diktatur verleugnete Fallada den Roman ebenso wie den *Jungen Goedeschal*, obwohl er ihn immer geschätzt hatte. Aber aufgrund der niedrigen Auflagenhöhe und des schwachen Absatzes dürfte das Werk ohnehin kaum wahrgenommen worden sein. Noch im Oktober 1938 hatte Fallada in einem Brief an Ernst Rowohlt festgelegt: „Im § 2 sind Gödeschal [sic] und Anton und Gerda nicht mehr genannt. Vielleicht können wir uns gegenseitig gesondert schriftlich bestätigen, dass diese Bücher weder verkauft, noch angezeigt, noch verramscht werden dürfen. An sich wird das ja auch kein vernünftiger Verleger tun, denn namentlich in diesen Zeiten würden diese etwas expressionistisch angehauchten Werke mir sicher nur schaden." (Fallada an Rowohlt, 21. Oktober 1938) Günter Caspar vermutet, dass Fallada einer Makulatur der Restbestände letztlich doch noch zugestimmt habe. Er verweist in diesem Zusammenhang auf die Tatsache, dass die Bücher antiquarisch und in öffentlich-wissenschaftlichen Bibliotheken nur gelegentlich zu finden seien (vgl. Caspar 1993, 537). Zu einer Neuauflage kam es bis zur deutschen Wiedervereinigung nicht. Erst 1993 brachte der

Aufbau Verlag *Falladas Frühwerk in zwei Bänden* heraus. Doch während *Der junge Goedeschal* zumindest im Zusammenhang mit anderen Adoleszenzromanen eine gewisse Aufmerksamkeit erhielt und in den Folgejahren hin und wieder Gegenstand literaturwissenschaftlicher Forschung war, fristet der Roman *Anton und Gerda* bis heute ein Schattendasein.

Literatur

Börner 2010: Börner, Daniel (Hg.): „Wenn Ihr überhaupt nur ahntet, was ich für einen Lebenshunger habe!" Hans Fallada in Thüringen. Ausstellungskatalog, Weimar/Jena 2010.
Börsenblatt 1923: Unsere Weihnachtsbücher. Börsenblatt des Deutschen Buchhandels 90 (1923) Nr. 282, S. 8260 f.
Briefwechsel Hans Fallada – Franz Hessel, 1923, HFA S 970.
Briefwechsel Hans Fallada – Paul Mayer, 1920, HFA S 967.
Briefwechsel Hans Fallada – Paul Mayer, 1921, HFA S 968.
Briefwechsel Hans Fallada – Paul Mayer, 1922, HFA S 969.
Fallada 1919: Fallada, Hans: Aktenvermerke 1919, HFA S 966.
Fallada 1967: Fallada, Hans: Wie ich Schriftsteller wurde. In: Hans Fallada: Gesammelte Erzählungen, Reinbek bei Hamburg 1967, S. 278–319.
Fallada 1993a: Fallada, Hans: Der junge Goedeschal. Ein Pubertätsroman. In: Falladas Frühwerk in zwei Bänden, Bd. 1, hg. von Günter Caspar, Berlin (Ost)/Weimar 1993, S. 5–280.
Fallada 1993b: Fallada, Hans: Anton und Gerda. In: Falladas Frühwerk in zwei Bänden, Bd. 1, hg. von Günter Caspar, Berlin (Ost)/Weimar 1993, S. 283–542.
Feuchtwanger 1920: Feuchtwanger, Martin: Ein expressionistischer Pubertätsroman. In: Saale-Zeitung 54 (1920), Nr. 165, Morgen-Ausgabe, 9.4.1920, S. 2.
Gansel 2008: Gansel, Carsten: „Es war eine verdammte Zeit" – Moderne Adoleszenzkrisen als traumatische Erinnerung. Neue Überlegungen zu Hans Falladas Frühwerk *Der arme* [sic] *Goedeschal*. In: Zeit vergessen, Zeit erinnern. Hans Fallada und das kulturelle Gedächtnis, hg. von C. G. und Werner Liersch, Göttingen 2008, S. 95–111.
George 2003: George, Marion: Falladas frühe Prosa. In: Hans-Fallada-Jahrbuch (2003), Nr. 4, S. 172–192.
Hauschner 1921: Hauschner, Auguste: Zwei Jünglingsbücher. Ludwig Winder, *Kasai*. Roman. Hans Fallada. *Der junge Goedeschal*. Ein Pubertätsroman. Beide im Verlag Ernst Rowohlt, Berlin. In: Berliner Tageblatt und Handels-Zeitung 50 (1921), Nr. 73, 13.2.1921, 4. Beiblatt, Literarische Rundschau, [S. 1].
Hiller 1973: Hiller, Kurt: Leben gegen die Zeit. Erinnerungen. Eros, hg. und mit einem Nachwort versehen von Horst H. W. Müller, Reinbek bei Hamburg 1973.
K 1924: K.: Hans Fallada: *Anton und Gerda*. In: Das Tage-Buch 5 (1924), H. 15, 12.4.1924, S. 501.
Koburger 2015: Koburger, Sabine: Ein Autor und sein Verleger. Hans Fallada und Ernst Rowohlt in Verlags- und Zeithorizonten, München 2015.
Koburger/Armbruster 2015: Koburger, Sabine/Armbruster, Jan: Fallada als Patient in der Provinzialheilanstalt Stralsund. Stoff für seinen Roman Anton und Gerda? In: Salatgarten 24 (2015) H. 1, S. 21–27.
kw 1920: kw: Ein Buch von erwachenden Sinnen. In: Kieler Zeitung (1920), Nr. 261, Morgenblatt, 6.6.1920, [S. 11].
Mann 1998: Mann, Thomas: Tonio Kröger. Mario und der Zauberer. Ein tragisches Reiseerlebnis, Frankfurt a. M. 1998.
Manthey 1963: Manthey, Jürgen: Hans Fallada in Selbstzeugnissen und Bilddokumenten, Reinbek bei Hamburg 1963.
Mix 1994: Mix, York-Gothart: Selbstmord der Jugend. Hans Falladas *Der junge Goedeschal*, J. R. Bechers *Abschied*, H. Hesses *Unterm Rad* und der Erziehungsalltag im Kaiserreich. In: Germanisch-Romanische Monatsschrift 44 (1994), H. 1, S. 63–76.

Steiniger 1924: Steiniger, Alfons: *Anton und Gerda*. In: Die Weltbühne. Wochenschrift für Politik, Kunst, Wirtschaft 10 (1924), Nr. 28, 10.7.1924, S. 77–78.
Stroh 1924: Stroh, Heinz: *Anton und Gerda*. Roman von Hans Fallada. In: Berliner Börsen-Zeitung 69 (1924), Nr. 191, Morgenausgabe, 24.4.1924, 1. Beilage, S. 6.
Stroh 1932: St.[roh], H.[einz]: Falladas literarische Frühzeit. Liebe B. Z. am Mittag! In: B. Z. am Mittag. Berliner Zeitung 56 (1932), Nr. 154, 29.6.1932, [S. 6].
Studnitz 2007: Studnitz, Cecilia von: Ich bin nicht der, den du liebst. Die frühen Jahre des Hans Fallada in Berlin, Neubrandenburg 2007.
v. E 1931: v. E.: *Anton und Gerda*, *Der junge Goedeschal*, zwei Romane von Hans Fallada, Ernst Rowohlt Verlag, Berlin. In: Allensteiner Zeitung, 11.2.1931, Kritische Bücherschau. Schöne Literatur, HFA S 409.
Wedderkop 1922: Wedderkop, Hermann von: Vorwort zum Jahresband 1922. In: Der Querschnitt durch 1922. Marginalien der Galerie Flechtheim, hg. von Alfred Flechtheim, Wilhelm Graf Kielmansegg und H. v. W., Düsseldorf u. a. 1922, S. 5.

2.3 Erzählungen der 1920er Jahre
Christoph Kleinschmidt

Hans Falladas früheste Erzählungen gehören zugleich zu den spätesten Entdeckungen. Noch im April 2011 bringt das *Hamburger Abendblatt* einen ‚exklusiven' Wiederabdruck von Prosaskizzen, die Fallada Ende des Jahres 1928 im *Hamburger Echo* unterbringen konnte und die erst 90 Jahre später wieder in einer Erzählungssammlung beim Aufbau Verlag zu finden sind (Fallada 2018, 31–38). Tatsächlich zählen diese kurzen Porträts von Charakteren aus dem Großstadtleben gemeinsam mit der 1925 publizierten Geschichte *Der Trauring* zu den einzigen Erzählungen der 1920er Jahre, die zu Lebzeiten Falladas veröffentlicht wurden. Erst im neunten Band der von Günter Caspar edierten *Ausgewählten Werke in Einzelausgaben* erscheinen 1985 die drei so genannten *Gauner-Geschichten* (1926–1928) sowie die Erzählung *Länge der Leidenschaft* (1925), die zwar schon 1967 in die *Gesammelten Erzählungen* aufgenommen wurde, dort allerdings mit Eingriffen in die Manuskriptfassung. Mit dem zweiten Band zu *Falladas Frühwerk* finden schließlich 1993 die umfangreicheren Erzählungen *Die große Liebe* (vor 1925), *Der Apparat der Liebe* (vor 1925) und vor allem *Die Kuh, der Schuh, dann du* (1919–1929) ihre Öffentlichkeit. Diese Edition enthält zudem den Roman *Im Blinzeln der großen Katze* (1924), dessen Titel ursprünglich *Mörder, Liebe und die Einsamkeit* lauten sollte. Als unklar gilt der Verbleib von *Ria. Ein kleiner Roman* (1923) sowie der von Fallada in verschiedenen Verlagskorrespondenzen als *Liebesgeschichten mit Tieren* oder auch *Tiernovellen* betitelten Texte. Allerdings kann angenommen werden, dass es sich bei ihnen nicht um ein eigenes Textkorpus handelt, sondern dass es darin um die Interpretation der Liebe als eines triebhaft-animalischen Komplexes geht, den Fallada in verschiedenen anderen Erzählungen ausformuliert. In dieser Hinsicht findet sich nämlich nicht nur in *Die Kuh, der Schuh, dann du* eine dezidierte Tiermetaphorik, sondern auch in *Die große Liebe* (Fallada 1993b, 166) und *Der Apparat der Liebe* (Fallada 1993c, 186). Es ist daher wahrscheinlich, dass Fallada diese drei Texte als Tiernovellen zusammenfassen wollte.

Im Hinblick auf die Forschungslage zu den Erzählungen der 1920er Jahre lässt sich ein ähnliches Bild zeichnen wie beim Editionsstand. Bis heute sind sie nur vereinzelt ins Blickfeld literaturwissenschaftlicher Untersuchungen gerückt. Einen grundlegenden Überblick liefert Günter Caspar, dem mit seiner Durchsicht des Nachlasses auch die Datierung der frühen Erzählungen zu verdanken ist (vgl. Caspar 1993). Neuere Untersuchungen werten Falladas frühe Erzählungen als ein Erproben verschiedener Schreibtechniken (vgl. Ulrich 1995, 132) mit „avantgardistischen Ambitionen" (Scherer 2015, 38) bzw. als „Spiel- und Experimentalformen sowohl seiner Persönlichkeitskonsolidierung als auch seiner Selbstfindung als Schriftsteller" (George 2003, 177). Dabei setzt sich die Auffassung durch, dass man ihnen nicht gerecht wird, wenn man sie bloß als Durchgangsstation zum neusachlichen Erzählen versteht. Wie Carsten Gansel betont, findet Fallada für seine „jeweils erzählten Geschichten ihre adäquate Umsetzung" (Gansel 2013, 12), weshalb sie gerade wegen ihrer variablen Erzählformen von Interesse sind. Die Verfahren umfassen dabei assoziative Montagetechniken ebenso wie die Wahl einer weiblichen Erzählstimme und eröffnen damit eine Spannbreite, die von einer Betonung des Textes in seiner ästhetischen Verfasstheit über „sozialpsychologisch[e] [...] Milieustudien" (Scherer 2015, 38) bis zur mimetischen Abbildung von Figurenpsychen reicht. So heterogen die Gegenstände dem ersten Blick nach scheinen, lotet Fallada doch hier das Mitte der 1920er Jahre erheblich verbreiterte Spektrum der Geschlechterverhältnisse aus: Kitschige Liebesdiskurse und regressive Wunschfantasien stehen Konzeptionen des Geschlechterverhältnisses als Kriegsschauplatz und der Sexualität als Triebfeder für Perversion gegenüber. In seinen frühen Erzählungen reagiert Fallada darauf mit einem breiten Panorama an Schreibweisen, in denen sich verschiedene Elemente der literarischen Moderne kreuzen.

Die Kuh, der Schuh, dann du

Aus den frühen Erzählungen sticht besonders die Novelle *Die Kuh, der Schuh, dann du* heraus, weil sie im krassen Gegensatz zur poetologischen Orientierung von Falladas späteren Romanen steht. Fallada beginnt mit der Arbeit an dem Manuskript während seines Aufenthalts im Sanatorium Carolsfeld im Jahr 1919 und verarbeitet darin die Erfahrungen des Drogenentzugs, die er in der gleichen Dekade in anderer Form noch einmal mit der essayistischen Skizze *Sachlicher Bericht über das Glück, ein Morphinist zu sein* (1925/30) ergründet. Eine erste Fassung der literarischen Bearbeitung schließt Fallada im Februar 1921 ab und schickt sie an den Rowohlt Verlag, von dem er jedoch erst im September des Jahres eine Antwort erhält. Obwohl das „allerstärkste Interesse" vorhanden sei (Brief des Rowohlt Verlags an Fallada, 7. September 1921, zit. nach Fallada 2008, 34), kann sich der Verlag nicht für eine Veröffentlichung entscheiden, zu groß erscheint das „geschäftliche Risiko" (ebd.) angesichts der experimentellen Ausrichtung der Novelle. Der von Franz Hessel 1923 initiierte Versuch, eine gekürzte Fassung des Textes in der hauseigenen Zeitschrift *Vers und Prosa* unterzubringen, scheitert ebenso wie eine von Fallada angestrebte Veröffentlichung in der *Neuen Rundschau* des S. Fischer Verlags im Jahr 1925. Fast trotzig schreibt er im Mai 1929 an Ernst Rowohlt: „An *Kuh-Schu-du* arbeite ich weiter, aus Beharrung. Sie bekommen es aber kaum zu sehen, ich weiß jetzt bestimmt, daß das Buch, so gut es ist, buchhändlerisch ganz ausgeschlossen ist, dafür gibt es eben kein Publikum" (ebd., 53).

Fallada orientiert sich mit seiner Novelle an verschiedenen avantgardistischen Verfahren, vor allem der absoluten Prosa, die anstelle von Kohärenz und kausaler Handlungsführung auf eine assoziative Textgestaltung setzt. Neben expressionistischer

Sprachkunst und dadaistischer Montagetechnik begründen *écriture automatique* und Traumstudien des Surrealismus, aber auch naturalistische Verfahren des Sekundenstils den Stilmix, dessen Fallada zur angemessenen Darstellung eines psychopathologischen Ich-Erzählers bedarf. Thematisch kann der Text in die Tradition des literarischen Schreibens über den Wahnsinn eingeordnet werden, wobei die Schilderung um die gestörte Triebnatur des männlichen Protagonisten konkret von Freuds Psychoanalyse (vgl. Caspar 1993, 484–486, 519f.) sowie den zahlreichen psychiatrischen Antiheldengeschichten des Expressionismus geprägt sein dürfte.

Insgesamt gliedert sich die Novelle in 40 Kapitel, von denen die Erzählinstanz behauptet, sie seien vertauscht und in eine falsche Ordnung geraten. Dazu kommen ein zweites, nachgelagertes Kapitel 1 und ein als „Außerhalb" betitelter Epilog. Die Ausgangssituation der Handlung bildet die gegenwärtige Haft des Ich-Erzählers, der als Insasse einer Irrenanstalt mithilfe des Schreibens vor der Repression der Ärzte entflieht: „Hier [im Schreiben, C.K.] kann ich sein, wer ich will." (Fallada 1993a, 68) Bis zu seinem Tod durch Erhängen entwickelt er als imaginative Fluchtstrategie drei Erinnerungs- bzw. Fantasiewelten, die zwar kapitelweise variieren, trotz aller Rupturen und Widersprüche aber eine gewisse Entwicklung durchlaufen. Ihnen können bestimmte pathologische Muster zugeordnet werden, welche die krude Ansammlung von Erlebnisfetzen zunächst als eine individualpsychische Störung erscheinen lässt, die sich zum Schluss als Ausdruck eines Kokainrauschs erweist. Die eigentliche Dauer des Drogen- und damit des Schreibtrips – eine Zeitspanne von etwa 24 Stunden – steht dabei im Gegensatz zu den teilweise jegliche Zeit- und Raumdimensionen sprengenden Fluchtfantasien.

Im Sinne eines genealogischen Prinzips gibt ein erster Erinnerungsstrang Auskunft über die familiäre Herkunft des Erzählers. In einem Bekenntnisgestus vor dem Leser inszeniert der Text dies als eine Art Rechtfertigung für die Selbstvorstellung als Kuh, mit der die Novelle kurioserweise beginnt. In diesen Kindheitsvisionen lautet der Name des Erzählers – in Anlehnung an den einflussreichen Expressionisten Kurt Pinthus – Pippe Pinthus, allerdings variiert er in einer anderen Fantasie zu Pippin. Hierin zeigt sich ein für die Novelle charakteristisches Spiel der variablen Benennung, das Rückschlüsse auf eine multiple Identität zulässt. Ein ähnliches Verwirrspiel betreibt der Erzähler mit seinem Alter, das er an einer Stelle mit 50 (ebd., 100), an einer anderen mit 22 Jahren angibt (ebd., 103). In der Forschung hat man die erste Variante übernommen (vgl. Caspar 1993, 518; Williams 2011, 89), allerdings lässt die abschließende Szene, in der von einem „junge[n] Student[en]" (Fallada 1993a, 111) die Rede ist, die jüngere Altersangabe plausibler erscheinen. Wie Carsten Gansel gezeigt hat, müssen ohnehin alle Aussagen der ersten 39 Kapitel als Ausdruck eines unzuverlässigen Erzählers begriffen werden, die erst nach dem Geständnis des Kokaineinflusses ihre zuverlässige Auflösung erfahren (vgl. Gansel 2009, 37). Was die genealogische Selbstauskunft anbelangt, so zeigt sich ihre wichtigste Funktion in der Schilderung unerfüllten Begehrens. Das Erwachen von Triebkräften und die Ablehnung insbesondere durch die Nachbarin begründen die sexualpathologische Störung des Erzählers.

Der zweite Erzählkomplex zeigt einen über mehrere Kapitel verteilten regressiven Wunsch des Inhaftierten nach einem Zurück in den Schutzraum des Mutterleibs, bei dem sich das Erzähl-Ich in die Existenzform eines Kalbfötus hineinträumt: „Ich erinnere mich noch jener wundermärchenhaften Süße, da ich in Muhtsche lag. Wir waren noch ein und nicht zwei." (Fallada 1993a, 9) Die Uterusfantasie rekurriert auf einen vorbegrifflichen Naturzustand, der mithilfe einer umso stärkeren Sprachintensität ausgedrückt wird. Effekt einer solchen, nach dem Vorbild expressionistischer Wortkunst gestalteten syntaktischen Verdichtung stellt eine Unmittelbarkeit des Erlebens dar, bei dem der Sprecher pathetisch in einen heilen Zustand flieht: „Das Einsinken in Muhtsche. Die Schnauze am Euter, nun von außen [...]. Immer waren wir froh." (ebd., 42) Allerdings unterliegt mit dem Erwachsenwerden der Kalbidentität auch dieser Entwurf dem Verfall, ausgedrückt in dem Verschwinden der Muhtsche, die zum Schlachthof abtransportiert wird. Zudem durchziehen Elemente der Komik die heile Welt, wie etwa bei der Geburtsszene, bei der sich dem Neugeborenen ein „goldfarbener Glanz ... (wie Sterne) ... von weit" entfaltet, der sich als eine „AEG-Glühbirne" (ebd., 25) entpuppt. In diesen Grotesken zeigt sich die Differenz von erzähltem Ich und nachgelagertem Erzähl-Ich, das die Gegenwärtigkeit der schreibenden Instanz immer wieder in die Traumsequenzen hineinholt.

Gleiches gilt für die dritte Sphäre der Imaginationen, in der die manische Fixierung auf die Prostituierte Coccola zelebriert und zugleich in einem leidenden Gestus vorgetragen wird. Sie speist sich aus dem gestörten Verhältnis zum weiblichen Geschlecht in der Adoleszenzphase und ergänzt die männliche Projektion auf das Mütterlich-Geborgene der Kuhepisode um den sexuell anziehenden und zugleich bedrohlichen Aspekt des Weiblichen. Die Begehrte tritt darin über zwei metonymische Verschränkungen in Erscheinung: Die erste stellt eine visuelle Verbindung vom Gesicht der Geliebten mit dem Mond her, der abends in die Zelle hineinscheint und für den Inhaftierten den Anlass gibt, sich in seine erotischen Fantasien zu flüchten. Das leitmotivische Verschmelzen beider Komponenten kann als romantische Fassung eines Liebesdiskurses gesehen werden, dem eine perverse Version zur Seite gestellt ist. So fungiert der Schuh als zweite Metonymie im Sinne eines Fetischobjekts, der nach Freud das weibliche Geschlechtsteil verkörpert (vgl. Caspar 1993, 519f.) und im Zentrum des sexualpathologischen Begehrens steht: „eine süße Sekunde streift meine Fingerkuppe ihren Schuh. Wie das Leder mir schwillt!" (Fallada 1993a, 20) Diese Szene, bei der der Fantasierende sich Coccola zu Füßen wirft, stellt den Auftakt einer Beziehungskonstellation dar, die als eine der Unterwerfung konzipiert ist und in einer grausamen sadomasochistischen Ermordungsszene kulminiert.

> Die Nadel zitterte in ihrer Brust. Er, beinahe anatomisches Interesse: „Tiefer! Tiefer!" (Dabei zitterten meine Knie. Süß, ach!) „Tiefer!! Tiefer!!!" „Ich kann nicht ... Da ist ein Knochen ..." ... und schon sah ich ihren Mund von Schreien schwellen ... als ich mein Messer leicht mit der Spitze aufsetzte ... unten ... zentral ... ... ich zog es nach oben ... ... ihr Bauch klaffte auf wie ein geschlitzter Gummiball ... ... an dem Nabel ein kleiner knorpeliger Widerstand, der bei ziehenden Drucken zerbarst [...] und ich sah das graue, blaugraue Quellen Gedärms, indes sie ersterbend sprach: „So ist es recht! Komm in meinen Bauch zurück ... mein Geliebter ... mein Kind ... das ich gebar ... krauch hinein in die Wärme." Rote Ameisen liefen rasend schnell über das Grüne, das Blaue, das Graue ... „... Komm in meinen Bauch retour, mein Geliebter ... mein Kind ..." Ich warf mich auf sie. (ebd., 95 f.)

Das tödliche Fanal verbindet das Mütterliche und das Sexuelle als Figurationen des Weiblichen über einen extremen Akt der Gewalt. Da der Erzähler sich im Raum seiner Imaginationen befindet und an einer Stelle sogar behauptet: „Alles war Scherz: Pinthus existiert nicht, ich bin Coccola!" (ebd., 68), müssen die Frauenfantasien weniger als radikale Aneignung des begehrten Anderen verstanden werden, sondern vielmehr als autoaggressive Ich-Dissoziationen. Vor diesem Hintergrund ist es nur folgerichtig, dass sich die Gewalt des Erzähl-Ichs ‚tatsächlich' zum Schluss gegen sich selbst richtet und sich der Gefangene am Fenster erhängt, also an dem Ort, der den visuellen Konnex von Innen und Außen, von ‚Realität' und Imagination darstellt. Die Elemente des Titels *Die Kuh, der Schuh, dann du* stehen vor diesem Hintergrund für die Reihe der Tode, die sich in der Novelle ereignen.

Überschaut man die Skizze der Erinnerungsbilder, so geben sie zwar die imaginierten Handlungssequenzen wieder, können der Gesamtausrichtung der Novelle aber kaum gerecht werden, denn ihr Prinzip beruht gerade darin, diese ineinander zu verschränken und den Leser bewusst einer Desorientierung auszusetzen. Dass eine solcherart gestörte Linearität eine Herausforderung darstellt, reflektiert Fallada in einem Brief von 1929 an Johannes Kagelmacher, in dem er unterstellt, es gebe „kaum ein paar Menschen, die so etwas wirklich lesen können". Dennoch befindet Fallada im gleichen Zuge, dass die Novelle „das Beste ist, was ich je geschrieben habe und je schreiben werde" (zit. nach Caspar 1993, 522). In der Tat muss gegen die Negativkonturierung, die der Novelle zuteil wurde, eine entschiedene Neubewertung vorgenommen werden. Wer sie nur vor dem Hintergrund von Falladas neusachlicher Prosa liest, dem erscheint sie als eine merkwürdige Verirrung, allerdings entgeht ihm die Radikalität eines Textes, der sich als veritables Formexperiment erweist. Bedenkenswert bleiben Falladas scheiternde Versuche, den Text zu veröffentlichen, auch im Lichte des äußerst dünnen Stranges einer deutschen Rezeption des Surrealismus und seiner Rauschtechniken, Psychologie und Schreibverfahren (vgl. Reents 2009). Der Vorwurf zumindest, bei *Die Kuh, der Schuh, dann du* handele es sich „um ein sehr unausgeglichenes Werk", weil Fallada „zu sehr mit seinen eigenen Sorgen beschäftigt [gewesen sei], um genügend Distanz zu dem Erzählten aufzubringen" (Williams 2011, 89), trifft in zweierlei Hinsicht nicht zu. Erstens arbeitete Fallada im Verlauf der 1920er Jahre immer wieder an dem Manuskript, so dass die persönliche Verstrickung im Entstehungsprozess zugunsten einer literarischen Durchformung zurücktritt; und zum zweiten muss die ‚Unausgeglichenheit' als Methode verstanden werden, die auf einem grundlegenden Konstruktionsprinzip beruht. Gerade wegen seiner Vielschichtigkeit rückt der Text denn auch vermehrt ins Blickfeld der Forschung. So sieht Carsten Gansel mit ihm die breite „Spanne modernen Erzählens" dokumentiert (Gansel 2009, 36), die Fallada beherrsche, und Marion George beobachtet gleich drei Deutungsebenen: „die Identitätssuche des Individuums […], die gesellschaftliche Kontrollinstanz der Ärzte […] und die Ebene des ‚Dichters'" (George 2003, 176).

Gerade die letzte Deutungsschicht kann nicht hoch genug eingeschätzt werden, da als konstitutiv für diese Novelle ihr eigenes Verfahren angesehen werden muss: das Schreiben als Performanz. Wie in Falladas Roman *Im Blinzeln der Großen Katze* bildet die Schreibsituation den „archimedischen Punkt der Erzählung" (Mergenthaler 2011, 102), denn durch die Prozesshaftigkeit des skripturalen Vorgangs, kombiniert mit der ständigen Selbstthematisierung des Erzählers, entsteht eine assoziative Reflexionsprosa, die konkret zwei Adressaten angibt: die Ärzteschaft und die Leser. Man kann daraus eine doppelte Relevanz des Schreibens ableiten, einmal eine diegetische, innerhalb derer die Blätter unbedingt verborgen werden müssen und letztlich als ein Geständnis fungieren, und eine externe Beziehung, bei der die kommunikative Situation immer schon mitbedacht ist. Was von den Ärzten im Epilog despektierlich als „Haufen Geschriebenes" (Fallada 1993a, 111) abgetan wird, markiert den poetischen Fluchtpunkt, in den hinein die Erzählinstanz schließlich komplett verschwindet. Nicht von ungefähr ist die Novelle durchzogen von intertextuellen Verweisen, die den scheinbar wahnsinnigen Schreiber als literarisch versiert ausweisen. Diese selbstreflexiven Elemente tauchen nicht nur im Hinblick auf Autorennamen wie Flaubert, Schiller oder Tolstoi auf, sondern auch in Bezug auf die berühmte naturalistische Formel *Kunst = Natur − x*. Wenn im Kapitel 37 die Gleichung auftaucht: „x = Aufhängen" (ebd., 100) und das Kapitel 39 bloß aus einer Reihe von Gedankenstrichen besteht, wie sie die Naturalisten gebrauchten, um Erzählzeit und erzählte Zeit zur Deckung zu bringen, dann erfüllt sich die Formel für den Schreiber der Blätter insofern, als der Selbstmord die endgültige Grenznivellierung des Subjekts und seiner poetisch verfassten Fantasiewelt bedeutet. Das Ende des Schreibens und das Ende des Lebens werden in der Kopplung von figuraler Bewusstlosigkeit und semiotischem Leerlauf identifiziert. Daran ändert auch der Umstand nichts, dass der Epilog ein Außerhalb eröffnet, das die gleichgültige Perspektive der Ärzte dem Toten gegenüber wiedergibt. Denn das letzte Wort ist eine Signatur des Dichters, der als höhere Organisationseinheit auftritt und der Novelle einen ironischen Schlusspunkt verleiht: „Kinder, so ein Rummel! Kinder!! (Der Dichter)." (ebd., 111) Gerade wegen dieser poetologischen Absicherung, insbesondere der beständigen Präsenz des Schreibens und der daraus resultierenden Signifikanz der Zeichen, ist es bedauerlich, dass bei der Herausgabe des Textes in Orthografie und Interpunktion „zugunsten der Lesbarkeit" (Caspar 1993, 539) eingegriffen wurde. Will man der Novelle in ihrem akribischen Entstehungs- und Umarbeitungsprozess gerecht werden, scheint eine Neuedition nach historisch-kritischen Maßstäben dringend geboten.

Der Trauring

Der Trauring ist die einzige der frühen Erzählungen, die Fallada zu Lebzeiten publizieren konnte. Von Max Krell, der in den 1920er Jahren die belletristische Literatur im Ullstein Verlag lektorierte, wurde sie 1925 in die August-Ausgabe des Magazins *Die große Welt* aufgenommen. Anders als bei dem irreführenden Untertitel von *Die Kuh, der Schuh, dann du* lässt sich *Der Trauring* in einem strengeren Sinn als Novelle bezeichnen, jedenfalls wenn man sie nach Goethes Diktum durch die unerhörte Begebenheit bestimmt sieht, die sich hier als Verlust des Titel gebenden Rings ereignet: Martha, erst seit kurzem verheiratet mit dem Tischler Willem Utesch, rutscht der Ring während der Feldarbeit vom Finger; er wird vom Unterinspektor Wrede heimlich eingesteckt, um damit seine Schulden begleichen zu können. Auf der Grundlage dieses Gelegenheitsdiebstahls entsteht eine ganze Reihe dramatischer Verwicklungen, in denen es um soziale und geschlechterbedingte Machtverhältnisse geht und an deren Ende der grausame Mord an Martha durch ihren eifersüchtigen Ehemann steht. Anhand von sieben Kapiteln zeichnet Fallada schlaglichtartig und in zeitlicher Dichte von zwei Tagen und zwei Nächten ein pessimistisches Bild zwischenmenschlicher Beziehungen, in denen die Lästereien und Hasstiraden der Leute in nichts den sadistischen Fantasien eines perfiden Feldinspektors nachstehen. Anders als in seinen späteren Romanen, in denen die individuelle Krise vor allem aus einer wirtschaftlichen Notlage resultiert, bedient sich Fallada in diesem frühen Text eines mystischen Elements, um den Zerfall sozialer Mikrostrukturen zu motivieren. So verbindet sich im

Ring nicht nur eine symbolische Funktion der ehelichen Treue mit einem handfesten Materialwert, sondern er ist überdies mit einem Schwur des so genannten Zülkenhäger Schäfers belegt, der Marthas Untergang prophetisch vorzeichnet: „Diesem Ring gehört dein Leib. Bewahrst du ihn, bewahrst du dich. Gibst du ihn fort, gibst du dich fort." (Fallada 1985a, 12) Diese magische Kopplung des Leibs an ein symbolisches Unterpfand erweist sich als zentrales Organisationsprinzip der Erzählung, das nicht zuletzt dadurch eine sexuelle Dimension erhält, dass Martha tatsächlich für einen Moment dazu bereit ist, ihren Körper herzugeben. Dass sie auf Wredes Aufforderung „Komm, Martha!" (ebd., 13) dann doch nicht zu ihm durchs Fenster steigt, sondern ihm 20 Mark überreicht, ohne freilich ihren Trauring ausgehändigt zu bekommen, besiegelt auf tragische Weise die Katastrophe. Denn gerade weil sie die Treue wahrt, fasst Wrede den perfiden Plan, sich für seine Zurückweisung zu rächen und ihrem Mann eine Wahnvorstellung des Rings vorzugaukeln, die den Anstoß zum brutalen Mord gibt. Die Tat selbst wird nicht geschildert, sondern im Schlusskapitel nur in ihren Folgen dadurch rekonstruiert, dass Wrede im Schein eines brennenden Streichholzes Marthas abgehakte Hand und eine Blutlache auf dem Boden des Tischlerhauses sieht.

Nicht erst an dieser Stelle der Erzählung treten schauerromantische Motive auf, bereits der Aberglaube des Schwurs und die nächtliche Traumvision von Martha sind Elemente, die der fantastischen Erzähltradition der Frühen Moderne verpflichtet sind, die um 1925 ausläuft und in den Magischen Realismus übergeht. Vom Text werden diese Motive mit einer expressionistischen Farbmetaphorik verbunden, wodurch sich insgesamt eine Dominanz visueller Verfahren ergibt. An erster Stelle zeigt sich dies im Leitmotiv des Rings, der als narratives Bindeglied eine Doppelrolle als omnipräsentes wie zugleich absentes Objekt des Begehrens spielt. Damit ist auf eine grundlegende Ordnung von Sichtbarkeit und Unsichtbarkeit verwiesen, die sich etwa in der verbundenen Hand Marthas, den dunklen Gestalten, der Tag-Nacht-Dichotomie oder den halb ausgeleuchteten Räumen ausdrückt. In der Erzählweise schlägt sie sich in partiell filmischen Schreibweisen nieder, wie sie aus Kurt Pinthus' *Kinobuch* (1913) bekannt sind und auch in Falladas späteren Romanen eine wichtige Rolle spielen (vgl. Prümm 2011). Einher gehen diese Narrative des Visuellen mit einer von Kapitel zu Kapitel variierenden internen Fokalisierung, die den Leser sowohl an Marthas verzweifelter Lage als auch am arglistigen Vorhaben Wredes partizipieren lässt. Passt Wrede im Hinblick auf Stellung und Mentalität in „Falladas Figurengalerie" (Caspar 1993, 504), so spielt insbesondere der Sattler Hinz eine merkwürdige Rolle, weil er wie ein *deus ex machina* in Erscheinung tritt und vor allem in der Schlussszene, in der das Erzähltempus auffällig ins Präsens wechselt, als dämonisch-übermächtige Instanz fungiert. Gemeinsam mit der unbekannten Gestalt, vor der Martha sich in ihrem Traum fürchtet, die ihr aber zugleich den Weg zum Ringdieb weist, lassen sich diese Figuren als Schicksalsgestalten deuten, die auf der Grundlage der Ringbeschwörung keinen anderen Ausgang der Geschichte zulassen.

Damit aber liegen Movens und Telos der Erzählung weniger im menschlichen Handeln als vielmehr in einer Art kosmischen Fügung begründet. Dass Wrede zuletzt in die Felder flieht und in „lange[r] Stille" (Fallada 1985a, 21) verharrt, lässt offen, ob er sich das Leben nimmt; in jedem Fall entzieht er sich der Bestrafung durch die polizeiliche Ordnung. Möglicherweise ist es diese unaufgelöste Spannung zwischen Schicksalsmacht und persönlicher Verantwortung, Schauerromantik und Milieustudie, die Fallada dazu bewogen hat, die Erzählung später, wie Günter Caspar schreibt, zu „verleugnen" (Caspar 1993, 504). Dass sich innerhalb der Erzählung die Titelvariante eines seiner Erfolgsromane der Nachkriegszeit findet – „Jeder ist allein" (Fallada 1985a, 18) –, deutet zumindest an, dass sich hier gegenüber dem mystischen und expressionistischen Kolorit eine sozialkritische Darstellung abzeichnet, bei der die Fügung des Schicksals und der gesellschaftliche Kampf eines jeden gegen jeden zusammengedacht werden können.

Die große Liebe, Länge der Leidenschaft, Der Apparat der Liebe

Ein bestimmendes Thema der frühen Prosa Falladas ist der Komplex der Liebe. Die drei Erzählungen, in denen verschiedene Schreibweisen durchgespielt werden, beruhen auf mitunter recht klischeehaften Geschlechterstereotypen. In *Die große Liebe* zeigt sich dies bereits an der klassischen Grundkonstellation: ein junges Paar – Thilde und Fritz – lernt sich mit 17 Jahren kennen, verlebt eine Phase der innigen Leidenschaft, heiratet mit 24, bekommt Kinder, irgendwann betrügen beide einander, es kommt zur Scheidung, zum Sorgerechtsstreit; am Ende zieht er ins Ausland, und sie bleibt einsam zurück. Fallada geht es in seiner Erzählung gleichsam um die Endoskopie einer scheiternden Beziehung, die ihre Darstellung mithilfe einer wechselnden internen Fokalisierung findet und darin vor allem eines offenlegt: eine grundlegende Geschlechterdifferenz. Der Hauptteil der chronologisch erzählten Leidensgeschichte wird aus der Sicht Thildes geschildert, die zwischen einer beständigen Verlustangst und der immer wieder aufkeimenden Hoffnung auf ein Wiedergewinnen der ersten Gefühle schwankt. Ihr maskulines Gegenstück dagegen wird als gefühlskalt, freiheitsliebend und willensstark gezeichnet, und man kann in der Figur unschwer Anleihen an Nietzsches Antichristen erkennen: In einer der wenigen Passagen, die Einblicke in seine Gedankenwelt geben, heißt es zum Beispiel: „Der Starke ist immer allein" (Fallada 1993b, 171). Mit dieser Art des introspektiven Erzählens gelingt Marion George zufolge eine „mimetische[ ] Einfühlung" (George 2003, 181), allerdings sollte nicht übersehen werden, dass auch die Meinung der Dorfgemeinschaft als Außenperspektive eine zentrale Rolle spielt. Gilt deren Kritik zunächst Thilde, die mit der heimlichen Taufe der ersten Tochter Meta den Wendepunkt der Beziehung einleitet, so wird hiernach Fritz mit seinem langen Wegbleiben, seinen Affären, besonders aber wegen der Entführung der Tochter als Schuldiger für das Scheitern der Ehe ausgemacht. Liebe – das ist vielleicht eine der wichtigsten Erkenntnisse dieser Erzählung – ist nie eine außersoziale Sphäre des Paares, sondern steht im Kontext gesellschaftlicher Erwartungen. Derjenige, der sich von diesen frei macht wie Fritz (männliche Perspektive), wird zuletzt von der Gesellschaft ausgeschlossen. Andersherum dient die Liebe jedoch auch dazu, die Wirklichkeit zu überblenden (weibliche Perspektive). Erhält das romantische Pathos, mit dem die Geschichte einsetzt, ein Gegenstück in der Entwicklung der Liebenden zu „Kameraden" und schließlich zu „Feinden" (Fallada 1993b, 130), so muss das Ende als Re-Romantisierung gewertet werden, die sich selbst *ad absurdum* führt. Denn Thildes Bibellektüre des ‚Hohelieds' über die Liebe (vgl. 1. Kor. 13) sowie ihr Credo, noch „im Sterben würde sie ihn [Fritz, C. K.] allein lieben" (Fallada 1993b, 174), ist unschwer als Verklärung zu erkennen, die angesichts der Trostlosigkeit des eigenen Lebensschicksals als blanker Hohn erscheint. Im Kollisionskurs der Geschlechter erweist sich die Liebe als einseitiges und einsames Unterfangen.

Der Erzählung *Länge der Leidenschaft*, die Fallada im Juli 1925 ohne Erfolg an den Lektor des J. M. Spaeth Verlags Heinz Stroh schickt, liegt zunächst eine ganz ähnliche Konstellation zugrunde, allerdings mit einem gegenteiligen Ausgang. Die Erzählung wird aus der Perspektive Rias geschildert, die sich als Tochter eines Gutsbesitzers gegen die schamlosen Avancen des Hofschreibers Martens wehrt, ihm dann aber nur allzu willfährig verfällt. Die erste kurze Welle der Leidenschaft endet abrupt, weil Martens als Hochstapler enttarnt wird und vom Gut fliehen muss, nach unregelmäßigen Briefwechseln mit Ria jedoch eines Abends heimlich zurückkehrt. Bis zu diesem Zeitpunkt dominiert Martens die Beziehung, was in einem auffälligen Kontrast zur Erzählperspektive steht, die ausschließlich Einblicke in die Gefühls- und Gedankenwelt Rias gibt. Ihre Rolle ist anfangs als eine widersprüchliche konzipiert, wobei besonders der Zwiespalt von Ablehnung und Verlangen als Teil ihres Persönlichkeitsprofils angelegt ist. Die Idealisierung einer Liebe, die offensichtlich auf Seiten des Mannes nur auf sexuellen und finanziellen Motiven beruht, lässt Ria als naiv erscheinen. Allerdings kippt die Asymmetrie des Geschlechterverhältnisses im Verlauf der Erzählung, als nach der erneuten Flucht Jahre ohne ein Lebenszeichen von Martens vergehen und Ria ihn in einer Hafenstadt als Strafgefangenen in einer Arbeitskolonne sieht. Ein Bettelbrief des Mittellosen sorgt schließlich für eine Abkühlung der Empfindungen, erst nach Jahren taucht er wieder auf – Ria lebt mittlerweile als verheiratete Frau eine bürgerliche Existenz –, und die Leidenschaft entbrennt erneut: „Mann und Kinder waren nur Schale gewesen, dieses war Kern und Herz." (Fallada 1985b, 37)

Der für Falladas frühe Erzählungen typische Zeitraffer, der anhand kurzer Kapitel ausschnitthaft elementare Handlungssequenzen beleuchtet, reicht hier von der Adoleszenz bis zum Lebensabend der gealterten Protagonistin und weist zudem eine proleptische Dimension auf. So sorgt Rias unerschütterlicher Glaube an die passionierte Liebe dafür, dass sich die konkrete Gestalt des ehemaligen Gutsschreibers in die Metapher eines leidenschaftlich Geliebten schlechthin auflöst: „Er war überall und nirgends, er war hier und dort, er war oben und unten." (ebd.) Wenn eine seiner Figurationen zuletzt Arm in Arm mit ihrer Tochter auftritt, dann erhält das Prinzip der entworfenen Liebe einen überzeitlichen Charakter. Die Länge der Leidenschaft bemisst sich demnach nicht an irdischen Verhältnissen, sondern eröffnet ein tieferes Verständnis für den eigentlichen Sinn des Lebens in einer unendlichen Wiederholungsgeste. In den wenigen Untersuchungen, die die Erzählung bisher erfahren hat, wird sie auf die autobiografische Situation Falladas Anfang der 1920er Jahre bezogen, besonders auf die Tätigkeit als Rendant auf verschiedenen Gutshöfen und die Liaison mit einer Frau namens Ria Schildt (vgl. Caspar 1993, 506f.; Williams 2001, 111). Eine solche einseitige Interpretation verkennt jedoch die formale Gestaltung, denn gerade die ausschließliche Darstellung der weiblichen Sicht zeigt, dass Fallada sich zwar des autobiografischen Materials bedient, mit diesem aber erzählerisch experimentiert. Es ist nicht ganz klar, ob der als verschollen geltende Text *Ria. Ein kleiner Roman* in dieser Erzählung seine Kurzversion findet, aber die Kritik an dessen Subjektivismus, die Franz Hessel äußert (vgl. Caspar 1993, 491, 518), könnte auch auf *Länge der Leidenschaft* zutreffen. Dieser zeitgenössischen Kritik muss allerdings entgegen gehalten werden, dass gerade hierin die narrative Raffinesse liegt, denn mit der subjektiven Sicht zeigt sich, dass der Liebesdiskurs bei allem emphatisch vorgetragenen Idealismus als eine Konstruktion gedacht ist, deren Bestand davon abhängt, ob man an sie glaubt.

Gänzlich verloren hat diesen Glauben die Protagonistin der ausgereiftesten unter den frühen Erzählungen, *Der Apparat der Liebe*, die Fallada als Ich-Erzählerin auftreten und im Stile eines autobiografischen Berichts eine Lebensbeichte ablegen lässt. Marie, Lehrerin Anfang Vierzig, gibt darin Auskunft über ihre Doppelexistenz als Ehefrau des Gymnasialprofessors Hans Lauterbach, mit dem sie drei Kinder hat und eine Fünfzimmerwohnung im Berliner Stadtteil Steglitz bewohnt, und als Geliebte, die im Laufe ihres Lebens drei außereheliche Beziehungen eingeht. Trotz dieser ebenfalls kritischen Sicht auf die bürgerliche Ehe stellt der Text das genaue Kontrastprogramm zu *Länge der Leidenschaft* dar. Zum einen aufgrund der narrativen Anlage, weil die Erzählung als Erinnerungsnarrativ konzipiert ist, das in die geschilderten Lebensstadien des erzählten Ichs immer wieder die reflektierende Perspektive des erzählenden Ichs einfügt, und zum anderen wegen des grundlegenden Pessimismus, der am Anfang und Ende steht. Ihm zufolge muss jede noch so lodernde Leidenschaft in eine „Routine des Gefühls" (Fallada 1993c, 178) übergehen, die einer Apparatur der Liebe gleicht, also einem Mechanismus, der jede Sinnlichkeit als Illusion entlarvt. Wenn am Schluss dieser Erzählung ein Ausblick auf die folgenden Generationen steht, dann findet der proleptische Optimismus Rias aus *Länge der Leidenschaft* sein negatives Gegenstück, denn über die Aussichten ihrer Kinder urteilt Marie, dass auch über sie „eines Tages [...] diese Lähmung fallen" (ebd., 280) werde.

Ihren Ausgang nimmt die Liebesmüdigkeit in einer traumatischen Ur-Erfahrung in den Mädchenjahren. So muss Marie miterleben, wie ihre lebensfrohe Schwester Violet, genannt Weio, durch eine Gruppenvergewaltigung jäh des Glaubens an eine sich auf Reinheit und Gegenseitigkeit gründende Liebe beraubt wird und sich aus Scham vor der daraus resultierenden Schwangerschaft selbst verbrennt. Hatte die Sexualität in *Länge der Leidenschaft* gerade für ein existentielles Erleben jenseits der bürgerlichen Ordnung eingestanden, so markiert das ‚wirkliche Leben' zu Beginn dieser Erzählung den radikalen Einbruch des Gewaltsam-Sexuellen und damit die bittere Erkenntnis, dass „stets das Unreine Sieger bleibt über das Reine" (ebd., 186). Das Männliche wird in dieser Konstellation als triebhaft und animalisch dargestellt, woraus eine anatomische Auffassung der Sexualität resultiert, die Marie lange Jahre eine „Abscheu vor der ‚Liebe'" (ebd., 179) empfinden lässt. Die Metapher des Titels aufnehmend wird sie als eine „richtige umständliche tote gefährliche Maschine mit Rädern und Sehnen und Übertragungen und Verspannungen" (ebd., 191) beschrieben. Dass Marie trotz dieser gravierenden Erlebnisse dem Heiratsantrag ihres Lehrerkollegen Hans zustimmt, liegt vor allem daran, dass von seiner zurückhaltenden Art keine Gefahr ausgeht, weshalb dann auch sie die Initiative ergreift und all ihre „Evaskünste" (ebd., 216) aufbietet, um nach Monaten der Ehe endlich die Hochzeitsnacht nachzuholen, mit der verblüfften Einsicht: „Das ist alles?" (ebd., 217) Für die Aufarbeitung ihrer sexuellen Störung spielt ihre Ehe offensichtlich keine Rolle; diese Funktion übernehmen die Liebschaften. Sie repräsentieren dabei nicht nur verschiedene Entwicklungsstadien in der Selbstfindung Maries (vgl. George 2003, 177), sondern bewirken darüber hinaus eine Ermächtigung über das andere Geschlecht. So fungiert ihr erster Geliebter, der Maler Heinz Delbrück, mit seinem polygamen Beziehungsmodell als Befreier von ihren Hemmungen. Der zweite, der wesentlich jüngere, wohlhabende Ernst Hartwig, steht für das Abenteuer und den Rausch, wobei ihre Beziehung in einen Kampf umschlägt, an dessen Ende Marie zur Siegerin aufsteigt, da sie ihren Geliebten anonym bei der Polizei anzeigt. Und schließlich verführt sie den sensiblen Dichter

Tredup, in dem sie ein frühes Stadium ihrer selbst gespiegelt sieht, und lässt ihn zerstört zurück, seiner Illusionen über das Ideal einer überdauernden Liebe beraubt, wie damals ihre Schwester Weio.

In den Facetten dessen, was die verschiedenen Liebschaften beleuchten – Befreiung, Leidenschaft, Spiel und Macht –, erfährt die Ich-Erzählerin im Schreiben noch einmal die intensiven Momente des Glücks, allerdings wird die Vergänglichkeit der Beziehungen immer wieder mit einer „fatalistische[n] Sicht" verknüpft, die Caspar als zentrales Motiv auch noch des späteren Fallada beschreibt (Caspar 1993, 524). Erzählerisch umgesetzt wird dies, indem sich Marie immer wieder der Perspektive der Schwester erinnert, die nach ihrer Vergewaltigung im Anblick des Sternenhimmels an Christenverfolgung, Guillotine, Kriege und „an alles Blut, allen Tod, und Tränen" (Fallada 1993c, 186) des Weltgeschehens denken muss. Geschichte erscheint hier als eine anhaltende Historie der Grausamkeit, weshalb die eigene moralische Verantwortung angesichts des Schicksalslaufs der Welt hinfällig wird. Indem zuerst Weio und später Marie sich jegliche Handlungsfreiheit absprechen, bleibt die Erkenntnis, dass das Individuum einem Szenario fortwährender Enttäuschungen ausgeliefert ist. Dieser Fatalismus mag der Grund dafür sein, dass die Schreibreflexion, mit der die Erzählung einsetzt, nicht wieder aufgenommen wird, um etwa der Vergänglichkeit des Seins das Überdauern der Schrift entgegenzusetzen. Mit dem Anschluss der Analepse an die Gegenwart Maries schließt sich der Kreis und damit erlischt jede Hoffnung darauf, dass es im Verhältnis der Geschlechter einmal anders aussehen könnte.

Dass ein männlicher Autor hinter diesem Liebesdiskurs steht, ändert an der Grundsätzlichkeit seiner pessimistischen Ausrichtung nichts. Allerdings ist es signifikant, dass Günter Caspar als männlicher Rezensent Fallada die weibliche Erzählerin nicht abnimmt (vgl. Caspar 1993, 524), während seine Biografin Jenny Williams sie als „größtenteils glaubwürdig" (Williams 2011, 107) einstuft. Entscheidend für das Verständnis der Erzählung ist jedoch nicht, ob ihrem Autor ein realistisches Bild des Weiblichen gelingen kann, sondern dass es ihm angesichts des bekenntnishaften Gestus um die Darstellung von Innerlichkeit im Sinne einer authentischen Selbstauskunft geht. Insofern vollzieht dann das Ausbleiben einer neuerlichen Schreibreflexion am Textende die Einsicht in die „ewige Wiederkehr im Kreislauf des Lebens" als unüberwindlich mit und weist sie so als determiniert von der „Psychomechanik des Lebens selbst" aus (Scherer 2015, 41).

Großstadttypen und *Gauner-Geschichten*

Nicht zuletzt bedingt durch seine zweieinhalbjährige Haftstrafe von 1926 bis 1928 erfährt Falladas Schreiben Ende der 1920er Jahre eine Zäsur. Von seinen expressionistisch geprägten Erzählungen, die aber auch schon emphatisch Perspektiven der Innerlichkeit ausloten, verabschiedet sich Fallada und wendet sich den Schilderungen von Alltags- und Milieusituationen zu. Bis zu seinem literarischen Durchbruch erprobt er dabei Kurzformen der Prosa, die sich durch pointierte Zuspitzungen auszeichnen und eine schnelle Publikation in den Tageszeitungen Hamburgs versprechen, wo sich Fallada nach seiner Haftentlassung aufhält. 1928 kommt es im *Hamburger 8-Uhr-Abendblatt* und dem *Hamburger Echo* zu mehreren Veröffentlichungen, die der Fallada-Forschung weitgehend unbekannt sind. Obwohl zumindest zwei dieser Kurzgeschichten – *Die Verkäuferin auf der Kippe* und *Der Strafentlassene* – von

Enno Dünnebier bereits 1993 in seiner Fallada-Bibliografie erfasst wurden (vgl. Dünnebier 1993, 51), sind sie erstmals 2011 vom *Hamburger Abendblatt* wiederabgedruckt worden. In einem begleitenden Artikel weist Michael Töteberg darauf hin, dass weitere Texte mit Hans Pallada überschrieben gewesen und wohl deshalb durch das Raster einer systematischen Suche gefallen seien (vgl. Töteberg 2011). Eine Neuedition und dezidierte Auswertung der von ihm exemplarisch erwähnten Titel *Rache einer Hamburgerin* und *Eine vom Mädchenclub* sowie weiterer Anekdoten aus dem Komplex der Großstadttypen stehen noch aus. Bei den zwei medienwirksam wiederveröffentlichten Kurzgeschichten lassen sich dagegen bereits zwei Grundtendenzen erkennen: eine gesellschaftskritische Haltung sowie eine komische Ausleuchtung des Angestelltenmilieus. Erstere findet sich in der Kurzgeschichte *Der Strafentlassene*, die diesen Typus zunächst als ein Massenphänomen beschreibt: „Er ist überall, er treibt im gesunden Blut des Volkskörpers, ein kranker Tropfen, der bald wieder ausgeschieden sein wird." (Fallada 1928) Erst nach dieser generalisierenden Feststellung wechselt der Fokus auf die individuelle Lage eines 25-Jährigen, der nach zweijähriger Haft vergeblich versucht, im Alltag wieder Fuß zu fassen. Sein weniges Geld, die Wohnung und seine mühsam erworbene Anstellung als Adressenschreiber verliert er sukzessive und gerät in Erinnerung an die geregelten Zustände im Gefängnis wieder in Versuchung, sein Leben durch Diebstahl zu finanzieren. Die kritische Ausrichtung des Textes ist klar: Das Bemühen des Einzelnen um eine gesellschaftliche Reintegration scheitert an den sozialen Verhältnissen, so dass das Verbrechen als Folge und nicht als Ursache gesellschaftlicher Vorurteile gedeutet werden muss.

In *Die Verkäuferin auf der Kippe* lässt Fallada einmal mehr eine Sprecherin zu Wort kommen, und zwar in Form eines Telefonats zweier Verkäuferinnen. Dabei wird nur die Stimme einer der beiden wiedergegeben, weshalb man von einer monologischen Geschwätzigkeit sprechen könnte, die hier imitiert wird (vgl. Fallada 1928). Thema der Unterhaltung ist die Affäre der Sprecherin, die sich insofern ‚auf der Kippe' befindet, als sie sich einerseits nicht zwischen ihrem Verlobten und dem Geliebten entscheiden kann und andererseits überlegt, ihre Anstellung aufzugeben und als Tanzdame zu arbeiten, um mehr Geld zu verdienen. Das oberflächliche Figurenprofil lässt das Elementare als Banales und das Gespräch insgesamt als ein Reden ohne Substanz erscheinen. Der Blick auf die Befindlichkeit der Angestellten ist hier unverkennbar parodistisch geprägt.

Eine monologische Konstellation findet sich ebenfalls in der Kurzgeschichte *Liebe Lotte Zielesch*, die zu einem Trio von Texten gehört, die Günter Caspar unter dem Titel *Gauner-Geschichten* zusammengefasst hat. Neben *Mein Freund, der Ganove* und *Besuch bei Tändel-Maxe* gehörte ursprünglich noch *Otsches Fluchtbericht* dazu, den Fallada später unter dem Titel *Ein Mensch auf der Flucht* zu einer umfangreicheren Erzählung ausgebaut und 1931 in Ullsteins Männermagazin *Uhu* (Fallada 1931) veröffentlicht hat (vgl. Caspar 1985, 696). In allen drei Kurzgeschichten aus dem Jahr 1928 bedient sich Fallada des Kriminaljargons, wobei *Liebe Lotte Zielesch* als Leserbrief eines Ganoven konzipiert ist, in dem der Schreiber sich dafür bedankt, dass in einem Zeitungsartikel endlich einmal auf die schlechte Lage der Berufsgauner aufmerksam gemacht worden sei. Die Wahl eines fingierten Öffentlichkeitsmediums sowie das zwielichtige Angebot an die adressierte Journalistin, ihr bei Wünschen nach Schmuck behilflich sein zu können, dokumentieren die komische Annäherung an den Ganoven-Typus. Seine Charakteristik speist sich aus einer Mischung aus Berufsehre und Spitzfindigkeit, die ihn als sympathisch-verschlagene Figur ausweisen. In *Besuch bei Tändel-Maxe* etwa verteilt der Gauner zwar Falschgeld, würde es selbst aber nie annehmen; und in *Mein Freund der Ganove* geht der Erzähler durch einen Faustschlag k. o. und verhindert dadurch unfreiwillig, dass eine Geldübergabe von der Polizei aufgedeckt wird. Erzähltechnisch aufschlussreich ist, dass beide Kurzgeschichten die Sicht eines homodiegetischen Beobachters schildern, der mit den Gesetzen der Verbrecherwelt konfrontiert wird. Die Pointe einer solchen Überwindung der Distanz durch eine plötzliche Teilhabe am Geschehen liegt darin, dass auch ein scheinbar nüchternes Erzählen in eine persönliche Verstrickung umschlagen kann. Somit müssen die *Gauner-Geschichten* nicht nur als ein Bemühen von Fallada gesehen werden, eine gesellschaftlich geächtete Schicht erzähltechnisch buchstäblich ins Bewusstsein der Öffentlichkeit zu rücken, sondern damit auch als Versuche, neue Formen des Erzählens zu erproben: Milieudarstellung und Erzählexperiment ergänzen einander hierbei.

Literatur

Caspar 1985: Caspar, Günter: Hans Fallada, Geschichtenerzähler. In: Hans Fallada: Ausgewählte Werke in Einzelausgaben, Bd. 9: Märchen und Geschichten, hg. von G. C. , Berlin (Ost)/Weimar 1985, S. 649–781.
Caspar 1993: Caspar, Günter: Zu Falladas Frühwerk. In: Hans Fallada: Falladas Frühwerk in zwei Bänden, Bd. 2: Frühe Prosa. Die Erzählungen, hg. von G. C., Berlin/Weimar 1993, S. 423–536.
Dünnebier 1993: Dünnebier, Enno: Hans Fallada 1893–1947. Eine Bibliographie, zusammengestellt und annotiert von E. D., hg. vom Literaturzentrum Neubrandenburg, Neubrandenburg 1993.
Fallada 1928: Großstadttypen. 1. Die Verkäuferin auf der Kippe. 2. Der Strafentlassene. In: Hamburger Echo. Hamburg Altonaer Volksblatt 54 (1928), Nr. 349, 17.12.1928, Erste Beilage, [S. 1–2].
Fallada 1931: Fallada, Hans: Ein Mensch auf der Flucht. Eine Erzählung von Hans Fallada. Mit Zeichnungen von Godal. In: Uhu 7 (1931), H. 12 (September 1931), S. 43–51 (Digitalisat: http://magazine.illustrierte-presse.de/die-zeitschriften/werkansicht/dlf/84557/1/ [Stand 15.3.2016])
Fallada 1985a: Fallada, Hans: Der Trauring. In: Ders.: Ausgewählte Werke in Einzelausgaben, Bd. 9: Märchen und Geschichten, hg. von Günter Caspar, Berlin (Ost)/Weimar 1985, S. 7–21.
Fallada 1985b: Fallada, Hans: Länge der Leidenschaft. In: Ders.: Ausgewählte Werke in Einzelausgaben, Bd. 9: Märchen und Geschichten, hg. von Günter Caspar, Berlin (Ost)/Weimar 1985, S. 22–37.
Fallada 1985c: Fallada, Hans: Mein Freund, der Ganove. In: Ders.: Ausgewählte Werke in Einzelausgaben, Bd. 9: Märchen und Geschichten, hg. von Günter Caspar, Berlin (Ost)/Weimar 1985, S. 38–42.
Fallada 1985d: Fallada, Hans: Besuch bei Tändel-Maxe. In: Ders.: Ausgewählte Werke in Einzelausgaben, Bd. 9: Märchen und Geschichten, hg. von Günter Caspar, Berlin (Ost)/Weimar 1985, S. 42–45.
Fallada 1985e: Fallada, Hans: Liebe Lotte Zielesch. In: Ders.: Ausgewählte Werke in Einzelausgaben, Bd. 9: Märchen und Geschichten, hg. von Günter Caspar, Berlin (Ost)/Weimar 1985, S. 45–46.
Fallada 1993a: Fallada, Hans: Die Kuh, der Schuh, dann du. Eine Novelle. In: Falladas Frühwerk in zwei Bänden, Bd. 2: Frühe Prosa. Die Erzählungen, hg. von Günter Caspar, Berlin/Weimar 1993, S. 7–111.
Fallada 1993b: Fallada, Hans: Die große Liebe. Eine Erzählung. In: Falladas Frühwerk in zwei Bänden, Bd. 2: Frühe Prosa. Die Erzählungen, hg. von Günter Caspar, Berlin/Weimar 1993, S. 113–174.

Fallada 1993c: Fallada, Hans: Der Apparat der Liebe. Eine Erzählung. In: Falladas Frühwerk in zwei Bänden, Bd. 2: Frühe Prosa. Die Erzählungen, hg. von Günter Caspar, Berlin/Weimar 1993, S. 175–280.
Fallada 2008: Fallada, Hans: Ewig auf der Rutschbahn. Briefwechsel mit dem Rowohlt Verlag, hg. von Michael Töteberg und Sabine Buck, Reinbek bei Hamburg 2008.
Fallada 2018: Fallada, Hans: Junge Liebe zwischen Trümmern. Erzählungen, hg. und mit einem Nachwort von Peter Walther, Berlin 2018.
Gansel 2009: Gansel, Carsten: Zwischen Auflösung des Erzählens und ‚Präzisionsästhetik' – Hans Falladas Frühwerk *Die Kuh, der Schuh, dann du* und das moderne Erzählen. In: Hans Fallada und die literarische Moderne, hg. von C. G. und Werner Liersch, Göttingen 2009, S. 35–50.
Gansel 2013: Gansel, Carsten: Vor dem Durchbruch. Vom nachexpressionistischen Roman *Der junge Goedeschal* (1920) zur avantgardistischen Novelle *Die Kuh, der Schuh, dann du* (1929). In: Hans Fallada, hg. von Gustav Frank und Stefan Scherer, München 2013 (Text + Kritik 200), S. 7–17.
George 2003: George, Marion: Falladas frühe Prosa. In: Hans Fallada Jahrbuch (2003), Nr. 4, S. 172–192.
Mergenthaler 2011: Mergenthaler, Volker: „Unkontrollierbare Geschichten", die Bedingungen ihrer Hervorbringung und ihr epochengeschichtlicher Ort. Hans Falladas Gefängnistext *Im Blinzeln der Großen Katze*. In: Hans Fallada. Autor und Werk im Literatursystem der Moderne, hg. von Patricia Fritsch-Lange und Lutz Hagestedt, Berlin/Boston 2011, S. 97–113.
Prümm 2011: Prümm, Karl: Gebanntes Schauen und protokolliertes Sehen. Kinokritik und Kinoprosa bei Hans Fallada. In: Hans Fallada. Autor und Werk im Literatursystem der Moderne, hg. von Patricia Fritsch-Lange und Lutz Hagestedt, Berlin/Boston 2011, S. 135–151.
Reents 2009: Reents, Friederike (Hg.): Surrealismus in der deutschsprachigen Literatur, Berlin 2009.
Scherer 2015: Scherer, Stefan: Psychomechanik des Lebens. Der noch zu entdeckende Erzähler Fallada um 1925: *Der Apparat der Liebe* (1925). In: Salatgarten 24 (2015), H. 2, S. 38–41.
Töteberg 2011: Töteberg, Michael: Kleiner Mann, großer Schatz. Weltweit wird der Autor Hans Fallada wiederentdeckt – nun fand ein Hamburger Lektor vergessene Originale aus den 20er Jahren. In: Hamburger Abendblatt (2011), Nr. 93, 20.4.2011, S. 21.
Ulrich 1995: Ulrich, Roland: Gefängnis als ästhetischer Erfahrungsraum bei Fallada. In: Hans Fallada. Beiträge zu Leben und Werk. Materialien der 1. Internationalen Hans-Fallada-Konferenz in Greifswald vom 10.6. bis 13.6.1993, hg. von Gunnar Müller-Waldeck und R. U., Rostock 1995, S. 130–140.
Williams 2011: Williams, Jenny: Mehr Leben als eins. Hans Fallada. Biographie. Aus dem Englischen von Hans-Christian Oeser. Erweiterte und aktualisierte Neuausgabe, Berlin 2011. [Originalausgabe: More Lives than One. A Biography of Hans Fallada, London 1998.]

2.4 Im Blinzeln der Großen Katze (1924/1993)
Christoph Kleinschmidt

Entstehung und Gattungszuordnung

Im Unterschied zu den meisten der posthum erschienenen Texte aus der frühen Schaffensphase von Hans Fallada lässt sich die Entstehungszeit von *Im Blinzeln der Großen Katze* genau angeben. Am 19. Juli 1924 notiert Fallada in sein Tagebuch, dass er sich am nächsten Tag, einem Sonntag, zu „einem Anfang zwingen" wolle, um „irgend ein

Opus zu beginnen" (Fallada 1998, 130). Der recht beliebigen, dezidiert aufs Finanzielle abzielenden Motivation folgt eine konkrete, literarische, die sich buchstäblich über Nacht ergibt: „Als ich heute früh erwachte, war der Plan zu diesem umgeänderten Roman […] fix und fertig, für die ersten zwanzig, dreißig Seiten sogar schon mit Kapiteleinteilungen und Überschriften!" (Fallada 1998, 135) Zu diesem Zeitpunkt sitzt Fallada seit einem Monat im Gefängnis von Greifswald ein, zu dem er wegen Unterschlagung verurteilt wurde. Die ganze Zeit über arbeitet er an dem Manuskript, stellt es jedoch erst im November 1924 nach seiner Haftentlassung fertig (vgl. Caspar 1993, 500).

Wie bei fast allen seiner frühen Prosaentwürfe bleiben die Ambitionen auf Veröffentlichung (und damit auf Vergütung) ohne Erfolg. Zwar schafft es sein kritischer Essay über die damaligen Haftbedingungen *Stimme aus den Gefängnissen* im Januar 1925 in die Zeitschrift *Das Tage-Buch*, die literarische Variation der Thematik allerdings wird erst 1993 veröffentlicht. Der ursprüngliche, noch im Gefängnis erdachte Titel *Mörder, Liebe und die Einsamkeit* erinnert an Kokoschkas Monodrama *Mörder Hoffnung der Frauen* (1907) und zitiert dessen zentrale Thematik des Geschlechterkampfes, die Fallada um die Isolation als Grunderfahrung der Moderne erweitert. Mit dem finalen Titel *Im Blinzeln der Großen Katze* erhält der Text eine Ausrichtung auf die tödliche Schicksalsmacht, die zuschnappt, weil der Protagonist vom rechten Weg abweicht.

Gattungstypologisch handelt es sich um einen schwer einzuordnenden Text. Von Fallada wird er selbst als ‚kleiner Roman' bezeichnet und erhält deshalb vom Herausgeber Günter Caspar auch den Untertitel „Ein Roman". Etwas verwirrend allerdings erscheint es, dass er ihn im zweiten Band der Frühen Prosa abdruckt, der mit „Erzählungen" überschrieben ist. Als eine solche wird sie denn auch durchgehend von Volker Mergenthaler angeführt (vgl. Mergenthaler 1998), während andere Forschungsaufsätze sich an die ursprüngliche Gattungsbezeichnung halten und *Im Blinzeln der Großen Katze* mit den beiden frühen Romanen *Der junge Goedeschal* (1920) und *Anton und Gerda* (1923) in Beziehung bringen (vgl. George 2003, 183). Der Grund für diese divergierende Gattungszuordnung mag am Umfang sowohl der Seiten als auch der erzählten Geschichte liegen. Denn trotz wichtiger Erinnerungsbezüge, die zum Teil bis in die Kindheit der Figuren zurückreichen, sind die Erzählstränge in den 36 Kapiteln eng miteinander verwoben und vor allem auf zwei Mordfälle bezogen, die dem Leben des erfolgreichen Bankangestellten Friedrich Lütt eine ganz andere Wendung geben und ihn geradewegs ins Gefängnis führen. Wo Fallada mit der Bezeichnung Roman eine epische Dimension seines Stoffes suggeriert, deutet die strukturelle Dichte auf ein novellistisches Moment hin, das im Sinne einer unerhörten Begebenheit die Handlung motiviert. Für eine Auswertung des Textes, der von Teilen der Forschung als misslungen eingeschätzt wird (Caspar 1993, 528; Williams 2011, 105), gilt es denn auch, dieses Spannungsverhältnis von Ereignishaftigkeit und innerer Anlage als den entscheidenden narrativen wie figuralen Grundkonflikt in den Blick zu nehmen.

Geständnis als Verwirrung. Bekenntnisse eines unzuverlässigen Erzählers

Der Form nach ist *Im Blinzeln der Großen Katze* als ein Geständnis konzipiert. Als Gefängnisinsasse erhält der des zweifachen Lustmordes angeklagte Friedrich Lütt „Feder und Papier" (Fallada 1993, 285) und beginnt mit seinen Aufzeichnungen: „Nun schreibe ich dir, mein Bruder Etz, dem ich so Übles tat, die Beichte meines Herzens. Du hast alles durch mich verloren: Stellung und Geliebte, Freiheit und den Bruder, Leid tragen mußt du für mich; soll ich dir nicht sagen dürfen, wie alles geschah?" (ebd., 286) Was konkret in den 24 Stunden passierte, die die ‚Memoiren' umfassen, erfährt man erst sukzessive und anhand immer neuer verwirrender Wendungen. Am Anfang steht der Mord an der Prostituierten Erna Habermann, mit der Lütt in der Mordnacht zusammen war, für deren Tod er jedoch nicht verantwortlich sein will, gleichwohl er sich immer wieder in die Rolle des Mörders hineinversetzt. Ausgehend von dieser zweifachen Perspektive lässt Fallada die Grenzen von Einbildung und Tatsachenbericht verschwimmen. Was an vermeintlichen Fakten herausgeschält werden kann, ist Folgendes: Um seine Unschuld zu bezeugen, sucht Lütt den Kellner Anders auf, der ihn beim Abschied von der Prostituierten gesehen hat und ihn erpresst anstatt ihn zu entlasten. Getrieben von der Angst, gefasst zu werden, verlässt Lütt seine Frau Ria und plant seine Flucht in den Süden. Um an Geld zu kommen, gesteht er seinem ebenfalls bei der Bank arbeitenden Bruder Etz den Mord, den er doch eigentlich nicht begangen haben will, damit dieser ihm einen gefälschten Scheck einlöst. Anstatt zu fliehen, beginnt er eine Affäre mit Pübe, der Frau seines Bruders, die einen ähnlichen Hang zum Bösen verspürt. Zusammen begeben sie sich auf die Suche nach dem ‚wahren' Mörder, um schließlich genau in dem Zimmer zu landen, in dem die Prostituierte Erna getötet wurde. Hier wartet Anders zusammen mit zwei Komplizen, die Lütt ausrauben, und von ihm verlangen, den Mord auf sich zu nehmen, den – und das ist die Pointe – Pübe aus Eifersucht begangen zu haben gesteht. Schließlich stirbt auch sie im Handgemenge mit Lütt, der Schuss jedoch, das beteuert er am Ende seiner Aufzeichnungen, sei von ihr selbst abgegeben worden.

Die Volten dieses Kriminalfalles grenzen ans Absurde. Von Interesse ist der Roman weniger durch seine erzählte Geschichte als vielmehr aufgrund seiner narrativen Gestaltung. Wie Marion George konstatiert, „wird immer wieder in der Schwebe gehalten, ob die Zentralfigur das Verbrechen, um das sich die Handlung dreht, wirklich begangen hat oder nicht" (George 2003, 184). Diese Unentscheidbarkeit resultiert nicht nur daraus, dass Lütt ein Geständnis abliefert und es später revidiert, sondern sie stellt sich als Effekt der verschiedenen Bewusstseins- und Zeitebenen des Romans ein. Insgesamt lassen sich drei Ebenen unterscheiden: 1. die Erzählgegenwart der Inhaftierung mit dem Akt des Schreibens, 2. die Erinnerungen an die Vorgänge, an deren Anfang und Ende die Frauenmorde stehen, und 3. in beide Erzählstränge eingestreute Visionen, Halluzinationen und Wunschprojektionen des Erzählers, die dessen Triebfantasien wiedergeben. Durch die Vermengung der verschiedenen Bewusstseinszustände wird zunehmend unklar, was erdacht und was tatsächlich passiert ist. Hinzu kommt, dass sich die Aufzeichnungen zwar an den Bruder richten, jedoch im Bewusstsein geschrieben werden, dass die Gefängnisinspektoren sie lesen und sie Lütt somit be- oder entlasten können. Der Modus der Beichte als ein authentisches Schreiben macht sich demnach aufgrund seiner manipulierenden Funktion verdächtig. Effekt ist die Evokation eines unzuverlässigen Erzählers, in dessen Perspektive die Grenzen von Wirklichkeit und Fantasie verwischen und dem am Ende als einzige Gewissheit nur der Wunsch abgenommen werden kann, leben zu wollen. Dieses Leben bedeutet für den Erzähler keine Rückkehr in die Gesellschaft im Sinne einer Rehabilitation, sondern das Aufgehen in die literarische Imagination: „Ich sitze über diesen Blättern. Das ist das Leben." (Fallada 1993, 391) Wenn er zum Schluss beteuert, die Wahrheit erzählt zu haben, dann richtet sich das Bekenntnis schon nicht mehr an eine juristische Urteilsinstanz, sondern an eine ästhetische, in der Inkohärenzen und Widersprüche legitime Erlebens- und Darstellungsweisen darstellen (vgl. Mergenthaler 2011, 98–102).

Das Prinzip der Alterität

Dem komplizierten Handlungsgefüge des Romans steht eine polare Anlage gegenüber. Sie funktioniert über eine Reihe von Dichotomien, die sowohl die innere Disposition des Protagonisten als auch das Figurenarsenal betreffen. Als Bankangestellter führt Lütt ein bürgerliches Leben, erwartet mit seiner Frau Ria ein gemeinsames Kind und sieht in ihrer Reinheit das Ideal wahrer Liebe verkörpert. Zugleich plagt ihn ein „böser Trieb" (Fallada 1993, 333), der ihn immer wieder Prostituierte aufsuchen lässt. Dieser Konflikt zwischen Moralvorstellungen und Lustprinzip spielt auf die Freud'sche Triebtheorie mit ihren zentralen Dimensionen Eros und Thanatos an, die gesellschaftlichen Wertvorstellungen gegenübersteht. Metaphorisch zeigt sich diese Gegenüberstellung zu Beginn anhand der Beschreibung zweier Gärten, einem kultivierten, der als Gefängnis erscheint, und einem wilden, verlockenden, in dem sich alle Sinnenfantasien erfüllen: „In dem Bauerngarten habe ich lange gelebt, ewige Jahre, im Garten des Rausches einen Tag" (ebd., 283f.).

Dieser Grundkonflikt des Protagonisten als Zwiespalt von Moral und Begehren findet sich auch in den Aufzeichnungen wieder – und zwar in Gestalt der anderen Charaktere. So repräsentiert sein Bruder Etz die Rechtschaffenheit des Bürgertums, wohingegen dessen Frau Pübe mit ihren sadomasochistischen Neigungen für die psychischen Abgründe steht. Ihre Kindheitsschilderungen mit den Tierquälereien und der traumatisch erlebten Urszene vom Liebesakt der Eltern kombinieren in der gleichen Weise Sexual- und Destruktionstrieb, wie dies auch im Doppelleben von Lütt zutage tritt. Im Verhältnis der Geschlechter offenbart sich somit eine kreuzsymmetrische Anordnung, die als Projektion der im Protagonisten selbst angelegten Pole erscheint. Auf zwei Einschränkungen sei dabei hingewiesen. Zum einen findet sich die Lust am Bösen bei Pübe derart gesteigert, dass sich Lütt zwischenzeitlich sogar als moralische Instanz aufspielen kann. Während er seinen bösen Trieb als inneren Kampf versteht und seine Mordfantasien als Gedankenspiele ausweist, besteht die Grausamkeit von Pübe darin, in vollem Bewusstsein zu agieren, indem sie das Lustprinzip zur Maxime ihres Handelns erklärt: „Alles ist gut, was du der Lust zu Willen tust." (ebd., 349) Die zweite Einschränkung betrifft den Bruder, der sich in dem Moment, wo er seine Frau und Lütt eng umschlungen antrifft, auf ihn stürzt. An dieser Stelle demonstriert der Text, wie schnell die Umstände zu einem Mordversuch führen, dass also auch vermeintliche Moralinstanzen nicht von Fehlbarkeit frei bleiben. Unschwer lassen sich darin Ansätze einer Gesellschaftskritik erkennen, die Verbrechen auf Triebunterdrückungen zurückführt. Mit diesen Abweichungen von der polaren Ordnung versucht Lütt, sein Handeln zu erklären und jener Instanz einen Spiegel vorzuhalten, die über ihn gerichtlich urteilt.

Eine besondere Funktion im Spiel der Alterität kommt dem Kellner Anders zu. Er entzieht sich, *nomen est omen*, jeder greifbaren Figurenidentität und entpuppt sich als Alter Ego von Lütt. Besonders deutlich zeigt sich das im zehnten Kapitel, in dem das Aufeinandertreffen beider wie ein schizophrener Monolog gestaltet ist, bei dem erst Lütt Zweifel hegt, ob er nicht doch der Mörder sei, die von Anders jedoch ausgeräumt werden, nur um ihn wenig später genau mit diesem Vorwurf zu konfrontieren. Wenn der Kellner schließlich angibt, der wirkliche Mörder heiße auch Anders und sei sein

Bruder, dann wird das Verwirrspiel der Verdopplung auf die Spitze getrieben. Dass freilich im Anderen das Identische steckt, ahnt Lütt, wenn er die Vermutung äußert: „Über alles Geschehene hinaus meinte ich diesen tiefer, abgründiger mit mir verknüpft." (ebd., 309) Die ‚mystische Angst' vor dem Kellner entpuppt sich als die Furcht vor dem Anderen in Lütt selbst. Dies erklärt, warum die Flucht durch Berlin geradewegs zu ihm hin führt. Dass Lütt ihn im gleichen Zimmer antrifft, in dem er mit der Prostituierten zusammen war, ist bereits ein deutlicher Hinweis auf eine verschobene Identität. Mehr noch erweist sich jedoch der Umstand, dass Anders sich aus dem Bett herausschält, als Beleg dafür, dass am Ende der Suche nach dem Mörder die Konfrontation Lütts mit seinem dunklen Selbst steht, das an die Oberfläche tritt. Im Text finden sich denn auch viele Passagen, die den Begriff des ‚anderen' variieren und mehr oder weniger subtil das Dissoziative der Persönlichkeit des Protagonisten herausstellen: „Ich lösche mich aus. Friedrich Lütt ist nicht mehr. Ein anderer löst die Karte nach Amsterdam [...]" (ebd., 292); oder: „Vielleicht war alles anders. Vielleicht steckte der Keim zu dem, was geschah von je in mir [...]" (ebd., 301). Vor dem Hintergrund dieser Alteritätsstrukturen muss die ‚Auflösung' der Geschichte als Versuch Lütts gewertet werden, das Böse an Pübe als die Verantwortliche zu delegieren und durch ihren Tod komplett aus sich auszuschließen, gewissermaßen als dritte Wandlung seines Ichs.

Während des Schreibakts in der Isolation der Zelle gerät alles und jeder zur Verfügungsmasse der schreibenden Instanz. Lütt erklärt an einer Stelle sogar unumwunden: „ich leugnete die ganze Welt, ich schuf eine andere, und ich zwang sie, wahr zu sein. Ich war Gott!" (ebd., 380) Die Verabsolutierung der eigenen Weltwahrnehmung führt die psychoanalytische Ausrichtung des Romans (vgl. Caspar 1993, 529) mit der autoreflexiven (vgl. Mergenthaler 2011) zusammen. Denn in dem Maße, wie sich in der Imaginationssphäre das Unbewusst-Triebhafte als Vernichtungsfantasie Bahn bricht, tritt im Akt des Schreibens der Lebenserhaltungs- und Gestaltungstrieb hervor. *Im Blinzeln der Großen Katze* erweist sich in der Widersprüchlichkeit seiner Figuren und Verfahren als schöpferischer Prozess, der auch dort noch funktioniert, wo dem Leben vermeintlich ein Ende bereitet wird.

Literatur

Caspar 1993: Caspar, Günter: Zu Falladas Frühwerk. In: Hans Fallada: Falladas Frühwerk in zwei Bänden, Bd. 2: Frühe Prosa. Die Erzählungen, hg. von G. C., Berlin/Weimar 1993, S. 423–536.
Fallada 1993: Fallada, Hans: Im Blinzeln der Großen Katze. Ein Roman [1924]. In: Falladas Frühwerk in zwei Bänden, Bd. 2: Frühe Prosa. Die Erzählungen, hg. von Günter Caspar, Berlin/Weimar: Aufbau 1993, S. 283–420.
Fallada 1998: Fallada, Hans: Strafgefangener, Zelle 32. Tagebuch 22. Juni-2. September 1924, hg. von Günter Caspar, Berlin 1998.
George 2003: George, Marion: Falladas frühe Prosa. In: Hans-Fallada-Jahrbuch (2003), Nr. 4, S. 172–192.
Mergenthaler 2011: Mergenthaler, Volker: „Unkontrollierbare Geschichten", die Bedingungen ihrer Hervorbringung und ihr epochengeschichtlicher Ort. Hans Falladas Gefängnistext *Im Blinzeln der Großen Katze*. In: Hans Fallada. Autor und Werk im Literatursystem der Moderne, hg. von Patricia Fritsch-Lange und Lutz Hagestedt, Berlin/Boston 2011, S. 97–113.
Williams 2011: Williams, Jenny: Mehr Leben als eins. Hans Fallada. Biographie. Aus dem Englischen von Hans-Christian Oeser. Erweiterte und aktualisierte Neuausgabe, Berlin 2011. [Originalausgabe: More Lives than One. A Biography of Hans Fallada, London 1998.]

3. Zeit des Durchbruchs um 1930

3.1 *Bauern, Bonzen und Bomben* (1931)
Sebastian Marx

Entstehung und werkgeschichtlicher Kontext

Von Oktober bis November 1929 war Hans Fallada, Redakteur beim *General-Anzeiger für Neumünster*, als Prozessberichterstatter im sogenannten ‚Landvolkprozess' tätig. Gegenstand des landesweit beachteten Prozesses am Gericht der holsteinischen Stadt war eine gewaltsam von der Polizei niedergeschlagene Bauerndemonstration. In ihr war der Protest der vom wirtschaftlichen Niedergang betroffenen Bauernschaft gegen einen Staat eskaliert, der seine Steuerforderungen durch die Pfändung von Vieh und Gehöften durchzusetzen versucht hatte. Die Auflösung der Demonstration durch die Polizei wegen einer von den Bauern mitgeführten Fahne, an deren Stil sich ein Sensenblatt befand, war wiederum Auslöser für einen Boykott des Landvolks gegen die Stadt Neumünster, der bis zum Sommer des darauf folgenden Jahres währte. Schon im September 1929 hatte Fallada für das *Tage-Buch* und die *Weltbühne* über den Landvolkprozess geschrieben, war also mit den Ereignissen bestens vertraut (vgl. Fallada 1929abc; siehe den Beitrag 2.4 *Fallada und die literarische Situation um 1930* in Kap. I). Anfang 1930, als er seinen Redakteursposten aufgegeben hatte und halbtags bei Rowohlt in Berlin arbeitete, begann er, die Ereignisse zu einem Roman zu verarbeiten. Dazu verlegte er das Geschehen vom holsteinischen Neumünster in die fiktive Stadt Altholm in Pommern. Nur acht Monate später, im September 1930, war Falladas dritter Roman fertig.

Bereits im August 1929 hatte Fallada seinem Verleger Ernst Rowohlt brieflich das Vorhaben angekündigt, die Ereignisse in Neumünster zum Gegenstand eines Romans zu machen (vgl. Williams 2011, 131). Hatte er zunächst die „Geschichte einer verkrachenden Kleinstadtzeitung im Sinn" (ebd.), verlagerte sich später sein Interesse. Im Februar 1930 sprach Fallada in einem Brief an seinen Schwager Fritz Bechert von einem „Roman, der sich in der Hauptsache mit Kommunalpolitik befaßt" (zit. nach Caspar 1981, 641). Als Titel hatte Fallada zunächst *Ein kleiner Zirkus namens Belli*, später *Ein kleiner Zirkus namens Monte* vorgesehen. Der spätere Titel *Bauern, Bonzen und Bomben* geht auf die *Kölnische Illustrierte* zurück, die den Roman in einer von Fallada dafür bearbeiteten gekürzten Version als Vorabdruck brachte.

Fallada schrieb seinen Roman in sehr kurzer Zeit, und das in einer Phase, in der – selbst gemessen an seinen bewegten Lebensverhältnissen – viel zusammenkam: Nach dem Umzug von Neumünster nach Berlin folgte ein weiterer Umzug innerhalb Berlins; die halbtägliche Arbeit für Rowohlt in der Rezensionsabteilung, die Geburt seines Sohnes und gesundheitliche Probleme verringerten die Zeit zum Schreiben zusätzlich. Trotzdem arbeitete Fallada sehr schnell:

> Das handschriftliche Manuskript von Vorspiel und Erstem Buch entstand zwischen dem 4. Februar und dem 22. April; Drittes Buch und Nachspiel wurden zwischen dem 18. August und dem 2. September an vierzehn Schreibtagen auf hundertsiebenunddreißig großformatigen Seiten zu Papier gebracht. (Caspar 1981, 641)

Dass diese Schnelligkeit nicht ohne Konsequenzen blieb, war dem Autor klar: „Ehrlich gesagt: es ist geschludert. Viele Szenen sind gut, aber alle könnten zehnmal besser sein, hätte ich Zeit zum Feilen", schrieb er in einem Brief an Johannes Kagelmacher (zit. nach Gansel 2013, 16). Was wie eine allgemeine Bescheidenheitsfloskel klingt, ist Indiz für einen werkgeschichtlichen Umbruch, nämlich der Abkehr vom avantgardistischen, expressionistischen Frühwerk und der Hinwendung zur Produktion von Texten, die auf Erfolg im Literaturbetrieb zielen. Dieser Wechsel hin zu realistischen und teils neusachlichen Darstellungsverfahren geht bei Fallada auch auf seine Erfahrungen im journalistischen Schreiben um 1930 zurück (siehe den Beitrag 1.1 *Verhältnis literarisches Werk – Rezensionspraxis – journalistische Tätigkeit* in Kap. II).

Fallada stellt das Manuskript noch vor der mit dem Verlag vereinbarten Abgabefrist am 2. September fertig. Im März 1931 wurde die Buchausgabe ausgeliefert, bis November 1930 fertigte Fallada die gekürzte Fassung für den Fortsetzungsdruck in der *Kölnischen Illustrierten* an. Diese Veröffentlichung in Fortsetzungen erstreckte sich vom 15. November 1930 bis zum 21. März 1931. Mit der gekürzten Fassung war Fallada höchst unzufrieden, er wollte aber zugleich das Honorar für den Vorabdruck nicht gefährden. Eine weitere, noch stärker gekürzte Fassung entstand für den Abdruck im *Fränkischen Kurier*. Darüber hinaus arbeitete Fallada gemeinsam mit Heinz-Dietrich Kenter an einer Bühnenfassung, die im August 1931 fertig wurde und 1932 als Bühnentext mit dem Untertitel *Die schwarze Fahne* im Freiburger Max Reichard Verlag erschien (siehe den Beitrag 3.4 *Drama, Hörspiel und Drehbuch* in Kap. II).

Mit *Bauern, Bonzen und Bomben* gelang der Durchbruch im Literaturbetrieb. Der Roman wurde ein kommerzieller Erfolg und ermöglichte Fallada eine Existenz als freier Schriftsteller, das Angestelltenverhältnis bei Rowohlt konnte er aufgeben. Mögen sich die Auflagenzahlen im Vergleich zu denjenigen von *Kleiner Mann – was nun?* noch bescheiden ausnehmen, markieren sie gegenüber den kaum nennenswerten Verkaufszahlen der ersten beiden Romane Falladas eine gewaltige Steigerung: Von *Anton und Gerda* sind insgesamt 1281, von *Der junge Goedeschal* offenbar nicht einmal 500 Exemplare verkauft worden (vgl. Dünnebier 1993, 16). Seit 1932 stiegen die Verkaufszahlen von *Bauern, Bonzen und Bomben* wohl aufgrund der durch *Kleiner Mann – was nun?* hervorgerufenen Popularität des Autors weiter. Waren von den 6 000 Exemplaren der Erstauflage (vgl. ebd., 17) im Juni 1932 erst gut die Hälfte verkauft (vgl. Williams 2011, 154), so wurden von 1932 bis 1935 weitere 7 000 Exemplare abgesetzt.

1938 wurde der Roman als „Volksausgabe'" im Vier Falken Verlag aufgelegt. Für diese Ausgabe verfasste der 1928 in die SPD eingetretene Fallada 1938 ein Vorwort, das die Entwicklung Deutschlands in den vorangegangenen neun Jahren feierte, und suchte so die Nähe zu den neuen Machthabern (siehe Beitrag 1.3 *Vorwort-Politik* in Kap. II). Darüber hinaus weist die „Volksausgabe" gegenüber der Originalausgabe bei Rowohlt einige Veränderungen an der Textgestalt auf, die wie das geänderte Vorwort die Publikationsbedingungen im Nationalsozialismus anzeigen (siehe die Beiträge 1.4 *Anpassungsstrategien und indirekter Widerstand im Dritten Reich* und 2.7 *Zwischen Innerer Emigration und NS-Literatur: Falladas Poetik im literarischen Kontext des Dritten Reichs* in Kap. I). So ist in der Vier-Falken-Ausgabe die Bestechung der Polizeibeamten in der Wachstube durch den Redakteur Stuff ebenso gestrichen wie die Aufforderung des kommunistischen Funktionärs Matthies an ein eng umschlunge-

nes Liebespaar: „‚Seid man recht fleißig, es gibt noch lange nicht genug Proleten'"
(Fallada 1931, 207). An anderer Stelle ist die explizite Rede über Sexualität in der
„Volksausgabe" ebenso entschärft wie ein Ausspruch Stuffs gestrichen: „Auf seinem
[des Bürgermeisters] Schreibtisch haben sie's gemacht" (Fallada 1931, 16). Mit der
Volksausgabe stieß *Bauern, Bonzen und Bomben* in neue Auflagenhöhen vor: 50 000
Exemplare wurden gedruckt, die bis 1940 vergriffen waren (vgl. Dünnebier 1991, 17).

1950 erschien der Roman neu im Münchner Desch Verlag. Hier und in allen folgenden Ausgaben wurde wieder auf den Text der Erstausgabe zurückgegriffen. 1964 bildete *Bauern, Bonzen und Bomben* dann den ersten Band der von Günter Caspar herausgegebenen Fallada-Werkausgabe im Aufbau Verlag Ost-Berlin. Von 1966 bis 1991 erlebte der Roman in der Fassung der Werkausgabe als Rowohlt-Taschenbuchausgabe 18 Auflagen mit insgesamt 138 000 Exemplaren. Danach erschienen mehrere Taschenbuchausgaben im Aufbau Verlag, außerdem diverse Lizenzausgaben. Zum anhaltenden Erfolg des Romans trug die Fernsehverfilmung des Norddeutschen Rundfunks bei, der *Bauern, Bonzen und Bomben* 1973 als Fünfteiler unter der Regie von Egon Monk auf den Bildschirm brachte (siehe Beitrag 2. *Verfilmungen* in Kap. III), denn noch im selben Jahr erschien eine neue Ausgabe des Romans im Bertelsmann Verlag. 1996 produzierte der MDR eine Hörspielbearbeitung des Romans mit Otto Sander als Erzähler, für die Gerhard Rentzsch verantwortlich zeichnete (siehe den Beitrag 3. *Hörspiele und Lesungen* in Kap. III). 2011 erschien zudem eine neue Taschenbuchausgabe im Aufbau Verlag – Indizien dafür, dass die mit der englischen Übersetzung von *Jeder stirbt für sich allein* ausgelöste Fallada-Renaissance (siehe den Beitrag 7. *Fallada heute: Internationale Rezeption (Renaissance in Großbritannien, Israel und USA)* in Kap. III) auch das Publikumsinteresse an Falladas Kleinstadt-Roman gesteigert hat.

Zeitgenössische Rezeption

Eine große Aufmerksamkeit seitens der zeitgenössischen Literaturkritik trug dazu bei, dass sich Fallada mit *Bauern, Bonzen und Bomben* einen Namen machen konnte (siehe den Beitrag 1. *Zeitgenössische Rezeption* in Kap. III). Hermann Hesse lobte den Roman in der Zeitschrift *Der Bücherwurm* als „ausgezeichnete Wirklichkeitsschilderung" und bescheinigte ihm „echte Liebe und echtes Menschentum" (zit. nach Caspar 1981, 632). Ein weiterer namhafter Rezensent war Kurt Tucholsky. Zwar konstatierte der Schwächen in der Darstellung der Bauern und kam zu dem Schluss: „Nein, ein großes Kunstwerk ist das nicht" (Tucholsky 2005, 821). Aber zugleich feierte Tucholsky den Roman in der *Weltbühne* als „die beste Schilderung der deutschen Kleinstadt" (ebd., 820) und lobte die „Echtheit des Jargons" (ebd., 823). Er ließ sich auch nicht vom Wort „Bauern" im Titel täuschen, denn er erkannte den eigentlichen Gegenstand des Romans im „politische[n] Leben einer kleinen Provinzstadt" (ebd., 821). Tucholsky sah darüber hinaus das zeit- und gesellschaftskritische Potential des Romans, und er ahnte die daraus entstehenden Schwierigkeiten des Autors mit den Nationalsozialisten.

Andere Stimmen der linken Literaturkritik konstatierten dagegen eine Nähe des Romans zu völkischer Ideologie. So urteilte Karl Wittfogel in der *Linkskurve* unter der Überschrift *Bauern, Bonzen, Faschisten*: „Der Geist der faschistischen Volksgemeinschaftslüge leitet F[allada]'s Blick und seine Feder" (zit. nach Caspar 1981,

631). Diesem Faschismus-Vorwurf stand die Würdigung des Romans als „großartige Reportage" in der *Roten Fahne* gegenüber (ebd., 631 f.). Genauso uneinheitlich wie in der linken Literaturkritik verlief die Rezeption im rechten Lager. Eine Rezension in der von Joseph Goebbels herausgegebenen Zeitung *Der Angriff* sah in der Figur des sozialdemokratischen Bürgermeisters Gareis „im besten Sinne mehr ‚Nazi', als es scheinen will" und konstatierte: „Das Buch ist in einem linken Verlag erschienen, aber alle Achtung – der Roman ist gekonnt!" (Anonym 1931). Im Gegensatz dazu steht ein im Dezember 1934 in der Zeitschrift *Deutsches Volkstum* erschienener Aufsatz des Leiters der Reichsstelle zur Förderung des deutschen Schrifttums, Hellmuth Langenbucher, der die „Untragbarkeit" Falladas aufzeigen soll und mit dem Satz beginnt: „Mit *Bauern, Bonzen, Bomben* hat es bei Fallada angefangen" (zit. nach Caspar 1981, 644).

Die im Roman verhandelten realen Ereignisse lagen bei Erscheinen des Romans noch keine zwei Jahre zurück, so dass deren Wahrnehmung bei den politisch motivierten Rezensenten noch frisch war und die Beurteilung des Romans mitbestimmt haben dürfte. Das würde die starke Tendenz auf beiden Seiten des politischen Spektrums erklären, den Roman politisch zu verorten. Der Streit um die politische Zuordnung von Text und Autor zeugt allerdings nicht nur von der politisch aufgeheizten Situation am Ende der Weimarer Republik, sondern auch davon, dass der Text eine politische Festlegung ganz offensichtlich schwer macht. Das spiegelt sich in der Publikationsgeschichte: Hatte die Erstausgabe der nach Ansicht des *Angriffs* ‚linke' Rowohlt Verlag herausgebracht (bemerkenswerterweise mit Verlagswerbung für Arnolt Bronnens Freikorps-Roman *O.S.* auf dem Umschlag), so erschien der Text später dem Vier Falken Verlag geeignet, mit geringfügigen Änderungen als „Volksausgabe" verlegt zu werden, an deren Nähe zum Nationalsozialismus das Vorwort keinen Zweifel lässt.

Zu den zeitgenössischen Rezensenten, die nicht die politische Richtung des Romans, sondern seine Darstellungstechnik in den Mittelpunkt stellten, zählte neben Tucholsky auch Siegfried Kracauer. Der Leiter des Berliner Feuilletons der *Frankfurter Zeitung* beschreibt präzise die Darstellungstechnik Falladas, die sich einerseits an Tatsachen hält, andererseits aber nie „den Eindruck bloßer Betrachtung" erweckt (Kracauer 1931). Kracauers Rezension legt damit wichtige Spuren für eine ästhetische Auseinandersetzung mit Falladas Roman, die von der literaturwissenschaftlichen Forschung erst viel später aufgegriffen werden sollten.

Forschung

Die Feststellung, dass „[b]ei der Rezeption Hans Falladas [...] Variablen der politischen Zeitströmungen einen prominenten Platz ein[nehmen], während die ästhetische Beurteilung seines Werks oft nur eine untergeordnete Rolle spielt" (Zachau 2013, 94), trifft nicht nur auf Lesepublikum und Literaturkritik zu, sondern auch auf die Forschung, die sich ab den 1970er Jahren für den Roman zu interessieren begann. Ein großer Teil der Arbeiten widmet sich dem Verhältnis von Text und Autor zu den dargestellten politischen Verhältnissen (vgl. z. B. Krohn 1975). Tenor solcher Arbeiten ist häufig der Vorwurf der Indifferenz des Autors Fallada im Umgang mit der politischen Realität. Seitens der marxistischen Literaturwissenschaft wirft man Fallada also einen Mangel an Klassenbewusstsein vor oder kommt zu dem Schluss, er habe als „Seismograph" die herrschenden Verhältnisse gleichsam nur mechanisch aufgezeichnet, ohne ein eigenes politisches Programm zu verfolgen (vgl. Thöming 1975). Die Frage nach dem politischen Standpunkt des Autors erhielt zusätzliche Nahrung, als nach der deutsch-deutschen Wiedervereinigung der Status Falladas und der mit ihm befassten Literaturwissenschaft in der DDR in den Blick genommen wurde (siehe Beitrag 6. *Forschungsgeschichte* in Kap. III).

Auch haben die Nähe des Redakteurs Fallada zum Landvolk-Prozess und die vermeintlich enge Übereinstimmung zwischen der Person des Autors und der Romanfigur Tredup dazu geführt, dass weite Teile der Forschung *Bauern, Bonzen und Bomben* als autobiografischen Text auffassen – exemplarisch hier Geoff Wilkes:

> The clearest difference between Tredup and Fallada – that the one meets a premature end during the Altholm trial, whereas the other moved to Berlin a few months after the Neumünster trial to take up more lucrative work in the Rowohlt-Verlag [...]. (Wilkes 2002, 36)

Die französische Germanistin Michelle Le Bars verglich 1986 die literarische Verarbeitung der Landvolkbewegung durch drei Autoren, die alle drei als Zeitungsmitarbeiter unmittelbar mit den Ereignissen in Holstein in Kontakt gekommen waren: Neben Fallada waren dies Bodo Uhse, Autor des Romans *Söldner und Soldat* (1935) und zeitweilig Chefredakteur der *Schleswig-Holsteinischen Tageszeitung*, sowie Ernst von Salomon, der ein Jahr nach *Bauern, Bonzen und Bomben* ebenfalls im Rowohlt Verlag den Roman *Die Stadt* veröffentlichte. Von Salomon verarbeitet darin seine Erfahrungen als Mitarbeiter der Zeitung *Das Landvolk*. Le Bars Erkenntnisinteresse gilt allerdings stärker den Motiven der Landvolkbewegung als der Art und Weise der literarischen Verarbeitung.

Erst ab der Jahrtausendwende interessiert sich die Forschung vermehrt auch für den literarischen Eigensinn der Texte. Der Frage nach dem Verhältnis des Textes zu den geschilderten realen Verhältnissen wird jetzt auch anhand der Darstellungstechnik nachgegangen. Zu nennen wäre Fiona Littlejohn, die 2000 die Erzähltechnik des Romans mit Blick auf die Authentizitätsforderung der neusachlichen Programmatik untersucht (vgl. Littlejohn 2000). Einen ähnlichen Ansatz verfolgt Reinhard K. Zachau, der ebenfalls auf die ästhetische Dimension des Romans eingeht, indem er sich mit „Beispiele[n] von Falladas Erzähltechnik" befasst (Zachau 2005, 41) und damit sowohl von einer politischen Lesart als auch von der Gleichsetzung des Autors mit der Figur Tredup dezidiert Abstand nimmt. Zachau benennt das dialogische Erzählen und den „Verzicht auf den Romanhelden im traditionellen Sinn" (ebd., 51) als wichtige Kennzeichen der Erzähltechnik und setzt sich mit der journalistischen Herangehensweise seines Autors auseinander. In der neueren Serienforschung schließlich werden die Darstellungsinnovationen von Falladas Roman in einer Technik der *short cuts* gesehen (vgl. Gürgen 2017, 7f.), die bereits hier für die Erzeugung panoramatischer Totalität genutzt wird: „Sozialrealistisch akzentuiert kann dieses Panorama als Gesellschafts- oder Sittenbild, als Modell eines Gemeinwesens gestaltet sein, wie in Falladas *Bauern, Bonzen und Bomben* (1931) oder David Simons emphatisch realistischer Serie *The Wire* (2002–2008). Den losen Enden, dem nicht Integrierten, nicht Sinntragenden der vielen Binnenerzählungen käme dann die Funktion des Realitätseffektes zu", wie Baßler im Anschluss an Roland Barthes' These zum literarischen Realismus des 19. Jahrhunderts konstatiert (Baßler 2014, 352 f.).

Struktur und Inhalt

Bauern, Bonzen und Bomben organisiert dieses gleichermaßen perspektivische wie panoramatische Darstellungsprinzip, indem die drei Bücher des Romans (*Die Bauern, Die Städter, Der Gerichtstag*) in ‚Kapitel' mit eigenen Überschriften und darin noch einmal in kleinere, durchnummerierte Abschnitte gegliedert sind. Diese ‚Szenen' können darüber hinaus, etwa in Abschnitt 8 des 7. Kapitels im ‚Ersten Buch' („Die Regierung greift durch") durch eine Leerzeile nochmals aufgespalten werden – hier mit der Funktion, die verschiedenen Perspektiven aus Figuren und Lokalitäten, die der Roman bis dahin aufgebaut hat, noch einmal am Ende eines Buchs im Nebeneinander von Kurzszenen zu resümieren. Ähnlich verfährt Fallada am Schluss des Romans, wo sich in den Abschnitten 1 und 4 des letzten Kapitels im ‚Dritten Buch' die rahmenbildende Konstruktion noch einmal im Kleinen spiegelt, die im ganzen Roman mit dem „Vorspiel" „Ein kleiner Zirkus namens Monte" und dem „Nachspiel" „Ganz wie beim Zirkus Monte" eine Klammer um die Romanhandlung bildet. Darüber hinaus gibt es ein Vorwort, in dem Fallada knapp sein poetologisches Programm offenlegt (siehe den Beitrag 1.3 *Vorwort-Politik* in Kap. II). Die dreiteilige Struktur plus Vor- und Nachspiel kann zusammen mit dem ‚szenischen' Gliederungsprinzip auf den genannten Ebenen als Referenz auf die Dramenform gelesen werden.

Das „Erste Buch" „Die Bauern" vermittelt dem Leser im Sinne einer Exposition die Entwicklung der Bauernproteste. Es setzt ein mit der Darstellung einer Pfändung, zeigt den zum Teil radikalen Protest der Bauern und endet mit der Niederschlagung der Bauerndemonstration in Altholm durch die Polizei: Die Situation eskaliert, als Polizeioberinspektor Frerksen die im Demonstrationszug mitgeführte Fahne der Bauernschaft beschlagnahmt, denn dabei wird Fahnenträger Henning schwer verletzt. Mit Unterstützung einer Sondereinheit, die gegen den Willen des Bürgermeisters Gareis in der Nähe der Stadt stationiert worden war, löst die Polizei die Demonstration auf, die Anführer der Bauernschaft werden inhaftiert.

Das „Zweite Buch" „Die Städter" zeigt Verwicklungen und Intrigen, die nach der Niederschlagung der Demonstration entstehen: Die Bauern beschließen einen Boykott über die Stadt, die Städter versuchen, einen Wirtschaftsfrieden mit den Bauern herbeizuführen und zugleich ihre jeweiligen Eigeninteressen durchzusetzen.

Das letzte Buch „Der Gerichtstag" endet mit dem Gerichtsurteil über die Beteiligten an der Demonstration. Zugleich wird angedeutet, dass sich das Romangeschehen wiederholen wird: Im Gespräch fassen ein Stadtrat und der Oberstaatsanwaltschaftsrat den Plan, „sofort wieder die Bauernschaftsfahne zu beschlagnahmen" (Fallada 1931, 550) – ein Plan, der dann im „Nachspiel" bereits umgesetzt ist.

Im „Vorspiel" kommen die Bauernproteste noch nicht zum Tragen, hier werden dem Leser die Verhältnisse in der Redaktion der „Pommerschen Chronik für Altholm und Umgebung, Heimatblatt für alle Stände" (ebd., 9) vorgeführt. Anhand der Gespräche des Redakteurs Stuff und des Annoncenwerbers Tredup erhält der Leser Einblick in die prekären Zustände in der Redaktion der Provinzzeitung: Stuff schreibt mit Billigung des Herausgebers einen Verriss über eine Vorstellung des Zirkus Monte, die er gar nicht besucht hat, als Rache für die Entscheidung der Zirkusbetreiber, in diesem Jahr auf ein Inserat in der *Chronik* zu verzichten. Das Nachspiel „Ganz wie beim Zirkus Monte" macht explizit, dass diese Vergeltungslogik für die Verhältnisse in der gesamten Kleinstadt Gültigkeit hat:

„Ich habe", sagt der Assessor, „eben den Stuff gesehen. Wissen Sie, vor einem halben Jahr waren alle so wütend auf ihn, weil er einen kleinen Zirkus verrissen hatte. Die Vorstellung war Mist gewesen, aber nicht darum hatte Stuff sie verrissen, sondern weil der Zirkusdirektor nicht inseriert hatte. Daran habe ich eben denken müssen." „Richtig", sagt der Bürgermeister. „Das ist es. Das ist genau die Sache. Und ich habe auch mitgemacht im Zirkus Monte und bin genauso gewesen wie die andern." (ebd., 565f.)

Hier werden nicht nur Erpressung und die Durchsetzung von „miekrigen Interessen" (ebd., 565) aus der Zirkus-Episode auf das Leben in der Stadt übertragen, hier wird die Stadt selbst zum Zirkus. So erklärt sich, warum Fallada den Titel des „Vorspiels" ursprünglich für den gesamten Roman vorgesehen hatte. Er war Fallada sympathischer als die von der *Kölnischen Illustrierten* für den Vorabdruck geforderte und werbewirksamere Alliteration *Bauern, Bonzen und Bomben*, denn er enthielt ein allegorisches Deutungsangebot für die politisch-sozialen Zeitverhältnisse. Es sind die Zustände in der kleinen Stadt, die der Autor im Vorwort wiederum als stellvertretend für alle anderen Städte darstellt: „Meine kleine Stadt steht für tausend andere und für jede große auch" (ebd., 5). Der endgültige Titel greift aus dem „Zirkus" der vielfältig miteinander verbundenen Akteure die Gruppe der Bauern und die der lokalen Politiker heraus. Das und die Verwendung des pejorativen Begriffs „Bonzen" dürfte mit dazu beigetragen haben, dass den Roman in Kritik und Forschung von Anfang an eine von politischem Lagerdenken bestimmte Diskussion begleitete. „Ernst von Salomon, der das Buch vor ein paar Tagen in Aushängern las, sagte, sein Eindruck sei am Schluss: armes Deutschland. Und das war mein Ziel, nicht der Eindruck: arme Bauern", schreibt Fallada im November 1930 in einem Brief an Fritz Bechert (zit. nach Williams 2011, 153).

Ernst von Salomons eigener Roman über die Landvolkbewegung, *Die Stadt* (1932), thematisiert wie *Bauern, Bonzen und Bomben* die Ereignisse in Neumünster, unterscheidet sich aber in seinem Darstellungsinteresse stark von Falladas Text. Bei Salomon geht es nicht um die Funktionslogik der Stadt als Mikrokosmos, vielmehr rechnet er in seiner Darstellung der „Stadt" mit den Verhältnissen in der Weimarer Republik ab, die er als undurchschaubar und verkommen empfindet.

Eine wichtige Funktion im Mikrokosmos Stadt nimmt die Zeitung ein. Die *Pommersche Chronik für Altholm und Umgebung, Heimatblatt für alle Stände* ist kein neutraler Berichterstatter, sondern steht im Mittelpunkt eines von der Durchsetzung unterschiedlicher Interessen bestimmten Geflechts: Wechselnde Loyalitäten, Gewinnstreben und der Kampf um den eigenen Vorteil bestimmen nicht nur die Handlungsweise der Zeitungsmitarbeiter vom Annoncenwerber bis zum Herausgeber, sondern letztlich das Leben aller Stadtbewohner – sei es der Bürgermeister Gareis, der Polizeioberinspektor Frerksen oder die Geschäftsleute der Stadt, die um ihren Gewinn fürchten. Typischerweise geht in diesem Geflecht die Anbiederung an die nächsthöhere Machtebene mit Rücksichtslosigkeit gegen das eigene Umfeld einher, zu erkennen an Tredup, der zu Hause seine Frau schlägt, oder an Frerksen, der seinen Sohn mit Schlägen zwingt, in der Schule seine wahrheitsgetreue Darstellung der Aussagen seines Vaters als Lüge zu widerrufen. Und ebenso typischerweise führt das Verhalten der Figuren zur allseitigen Verstrickung in Abhängigkeiten und wechselseitigen Erpressungen. Bürgermeister Gareis beispielsweise setzt den Redakteur Stuff unter Druck, der mit gefälschten Auflagenzahlen Inserenten wirbt. Den Stadtverordnetenvorsteher und Bürgermeisterkandidaten Manzow macht er sich mit zugetragenem Wissen gefügig, das dessen politische Karriere gefährden würde, wenn Gareis es durch Stuff in der Zeitung verbreiten ließe. Von Stuff wird Manzow wegen seiner Vorliebe für sehr junge Mädchen unter Druck gesetzt, Manzow wiederum erfährt durch Gareis, dass ihm Stuff falsche Auflagenzahlen vorgegaukelt hat. Gareis seinerseits wird von den eigenen Genossen wegen seiner Rolle bei der Niederschlagung der Bauerndemonstration aus dem Amt gedrängt, sobald er der Partei mehr Schaden als Nutzen zu versprechen scheint. Die Bürger der Stadt, die Bauern, aber auch Behörden und Presse greifen allesamt zu unsauberen Mitteln; es kennzeichnet den „Kampf[ ] aller gegen alle" (Fallada 1931, 5), dass es keine klaren Grenzen zwischen Gut und Böse gibt.

Darstellungsinteresse und Verfahrensweisen

Der Text bezieht keine eindeutige Position in diesem Kampf, den er durchgängig im Präsens vermittelt und so nah an den Leser heranrückt, im späteren Roman *Wolf unter Wölfen* wird der Kampf dann ausdrücklich schon im Titel thematisiert, der auf das von Thomas Hobbes im *Leviathan* prominent gebrauchte Diktum *homo homini lupus est* verweist. *Bauern, Bonzen und Bomben* setzt sich nicht mit den Hintergründen der Landvolkbewegung auseinander, und auch die Darstellung der verschiedenen politischen Richtungen erfolgt ausschließlich anhand ihrer Oberflächenerscheinungen: Weder die antidemokratische Einstellung des sozialdemokratischen Bürgermeisters, der das Parlament in Berlin als „Schwatzbude" bezeichnet (ebd., 512), noch die Nähe der Bauernschaft zur völkischen Ideologie der Nationalsozialisten werden bewertet, sondern in ihren Erscheinungsformen gezeigt. Es ist kein Wunder, dass die eifrig suchenden Rezensenten an beiden Enden des politischen Spektrums keinen eindeutigen politischen Standpunkt auszumachen vermochten: Liegt doch der Clou der Darstellung gerade darin, dass aus verschiedenen, schnell wechselnden Perspektiven die rasche Abfolge der Ereignisse und die verflochtenen Zusammenhänge literarisch erfasst werden. Damit einher geht ein gegenüber *Kleiner Mann – was nun?* deutlich geringeres Identifikationspotenzial. *Bauern, Bonzen und Bomben* erschwert die Parteinahme für die Sache der Außenseiter und sozial Schwachen, was dem Roman bereits bei den Zeitgenossen Vorwürfe eingetragen hat, worin man aber eben gerade auch eine bestimmte ästhetische Qualität in einer neuartigen literarischen Darstellung sehen kann.

Die fehlende Parteinahme zeigt sich beispielhaft an der Figur des Annoncenwerbers Tredup, in dem die Forschung gerne ein Selbstporträt Falladas sehen will: Tredup verkauft seine Beweisfotos von protestierenden Bauern dem Regierungspräsidium, das mehr bietet als die Bauern, und richtet als Redakteur den Tenor seiner Prozessberichte am eigenen Vorteil aus. Er wird von den Verhältnissen zerrieben, in die er sich begibt, schließlich aber auch nur aus Versehen erschlagen. Angetrieben wird Tredup nicht zuletzt von der Geldgier seiner Frau Elise. So bietet das Paar Tredup/Elise deutlich weniger Identifikationspotenzial als Pinneberg und Lämmchen in *Kleiner Mann – was nun?* oder das Paar Wolfgang Pagel/Petra Ledig in *Wolf unter Wölfen*. Der Text lässt nicht den Rückschluss zu, dass die ‚kleinen' Leute Opfer der herrschenden Verhältnisse sind, denn sie spielen im ‚Zirkus' mit. Vielmehr ironisiert der Roman sogar die Klage der ‚kleinen' Leute über ihr Geschick: Dem Ausspruch des Bauern Banz – „Welche sind, die haben kein Glück" – gilt einer der seltenen Erzählerkommentare: „und meint sich" (ebd., 482). Dieser Kommentar baut ironische Distanz zur Klage des Bauern auf, schließlich ist dessen ‚Unglück' in der konkreten Situation kein übergeordnetes Schicksal: Banz glaubt, seinen Sohn erschlagen zu haben, muss aber feststellen, dass er versehentlich Tredup getötet hat. Dass an dieser Stelle lapidar davon gesprochen wird, Banz habe „kein Glück", wirkt auf groteske Weise unpassend und komisch, schließlich könnte es schwerlich als „Glück" im landläufigen Sinne gelten, den eigenen Sohn erschlagen zu haben. Eine weitere komische Brechung liegt darin, dass in der Situation ja eigentlich eher der aus Versehen erschlagene Tredup derjenige ist, der offensichtlich „kein Glück" hat. Auf Tredup oder mögliche Folgen seines Todes kommt der Roman nicht mehr zurück: Er verschwindet spurlos aus dem Roman, dem es eben nicht darum geht, Handlungsstränge diachron auszuerzählen, sondern stets darum, auf der Höhe des gleichzeitigen Geschehens zu bleiben.

Trotz der engen Bindung an die historischen Ereignisse von Neumünster ist *Bauern, Bonzen und Bomben* mehr als ein dokumentarischer Zeitroman, denn er erschöpft sich nicht in der Wiedergabe der politischen und sozialen Verhältnisse. Mit scharfem Blick legt Fallada in seinem Roman vielmehr die Funktionsprinzipien der (Kleinstadt-) Gesellschaft offen. Diese treten in den Dialogen zutage, in dem, was die Figuren sagen, aber auch in dem, was unausgesprochen mitschwingt. Der „Aufweis der Wirklichkeit" (Kracauer 1931) gelingt Fallada über eine sehr vielgestaltig direkte Wiedergabe von Sprache und Dialogen, während die Erzählinstanz in den Hintergrund tritt und gelegentlich ganz zu verschwinden scheint. Die Nähe zum Drama, die in der auf die Form der Dreiaktigkeit verweisende Gliederung der Handlung in drei Bücher strukturell angelegt ist, wird im Schriftbild verstärkt, wenn Dialoge zuweilen mit der Angabe des jeweiligen Sprechers versehen werden:

> Rehder: „Wir stellen Jungbauern in die Spitzengruppe. Wehe dem, der die Fahne antastet."
> Rohwer: „Aber die Sense muß stumpf gemacht werden. Sonst richtet sie Unheil an."
> Henning: „Meinethalben. Ich nehme die Schneide mit einer Blechschere weg." (Fallada 1931, 78.)

Zum Eindruck von gesprochener Sprache beim Leser trägt bei, dass in die Dialoge mit naturalistischer Genauigkeit Dialekt, Umgangssprache und Jargon eingestreut werden. Zusammen mit der häufigen Verwendung von Abtönungspartikeln („Äh Scheiß", „Ah bäh", „Ach leck") trägt das dazu bei, dass die Gespräche authentisch wirken.

Wo der Text untypischerweise einmal nicht die Figuren selbst sprechen lässt, sondern Gesagtes zusammenfassend vermittelt, tritt dennoch die Erzählinstanz häufig nicht eindeutig in Erscheinung. Der Text deutet dann mit Auslassungspunkten an, was sich der Leser selbst vervollständigen muss, und spiegelt so die Funktionsweise von Gerede und Gerüchten in der kleinen Stadt:

> Manzow hatte in Altholm zwei Spitznamen: „der weiße Neger" und „der Kinderfreund". Weißer Neger wegen seines Gesichtes, das mit den aufgeworfenen Lippen, der fliehenden Stirn, dem krausen Haar viel Negerhaftes hat, Kinderfreund darum weil ... Gewohnheitsmäßig späht er über die Zäune in die Nachbargärten [...] (ebd., 238).

Das System aus Intrigen, Erpressung und Mauschelei in der Stadt (und genauso auf dem Land) funktioniert dadurch, dass die Akteure immer wieder in wechselnden Konstellationen zusammentreffen und Absprachen treffen, Koalitionen schmieden und sie aufkündigen, wenn es für die eigene Positionierung opportun erscheint. Bei der Wiedergabe solcher Absprachen legt Fallada große Virtuosität an den Tag, indem er Dialoge verknappt und so deren Essenz auf den Punkt bringt, ohne dass er dazu des Eingriffs durch eine vermittelnde Erzählinstanz bedürfte.

> Er [Manzow] hat da eine knifflige Steuerfrage, er hätte gerne den Rat seines lieben Doktors, aber nein, er denkt natürlich nicht daran, hier zu schnorren, er weiß, auch ein Volkswirt will leben, haha!, er wird in den nächsten Tagen Herrn Doktor ganz offiziell konsultieren. Und – er läßt es in der Ferne sehen – der Syndikus des Einzelhandelsbundes ist etwas überaltert –: „Ja, mein lieber Herr Doktor, davon sprechen wir noch." (ebd., 338)

Die Darstellung changiert zwischen erlebter Rede, wörtlicher Figurenrede und Erzählerkommentar und bildet damit virtuos die Vielstimmigkeit ab, die in Manzows Rede enthalten ist: Dem Wunsch, sich den Bücherrevisor Dr. Hüppchen wieder gewogen zu machen, mischt sich gespielte Unterwürfigkeit bei, und noch in der Artikulation seines Anliegens nimmt Manzows, wohl von der eigenen Interessenlage ausgehend, die möglichen finanziellen Erwartungen des Gegenübers taktisch vorweg. Hier demonstriert Fallada nicht zweckfrei seine Virtuosität im Umgang mit Sprache, sondern er nutzt sie, um die Verhaltenslehren im Intrigen-Kampf aller gegen aller in knappster Form anschaulich zu machen. Insofern ist Falladas Darstellung entgegen Tucholskys Diktum („große Kunst ist das nicht") durchaus kunstvoll gestaltet, aber die Kunstfertigkeit wird nicht ausgestellt, sondern so eingesetzt, dass sie sich der Lektüre nicht in den Weg stellt und die Dialoge gerade den Eindruck von Natürlichkeit erzeugen.

Um die Figuren und Schauplätze seines Romans im Griff zu behalten, obwohl die Erzählinstanz zurückgenommen wird, nutzt Fallada souverän Techniken filmischen Erzählens (vgl. Gürgen 2017). Wie der fiktive Redakteur Stuff, der Kinokritiken schreibt (allerdings ohne die Filme gesehen zu haben, anhand von Kino-Aushängen), schrieb auch Fallada in seiner Zeit als Lokalredakteur Filmkritiken (vgl. Prümm 2013). Allerdings hat er sich anders als Stuff die Filme offenbar auch tatsächlich angeschaut, denn sein Roman ist auf Höhe seiner Zeit, was die Möglichkeiten von Schnitt und Blickführung angeht. Mit filmischen *short cuts* verbindet Fallada die Schauplätze simultan sich abspielender Szenen: Wenn Bürgermeister Gareis eine Sternschnuppe erblickt, wird der Sternenhimmel zum Ausgangspunkt einer motivischen Verweiskette, die verschiedene, grafisch voneinander abgesetzte Abschnitte eines Kapitels verbindet:

> Auch Tredup, der vom Zentralgefängnis heimtrottet, sieht zu den Sternen empor. [...] Stuff geht mit gesenktem Kopf. Sieht er die Sterne, sieht er sie höchstens im Wasser, im Teich, den entlang er der Kneipe zustrebt. [...] Er blinzelt nach einem Fenster, das hell durch Gebüsch zu ihm blinkt. Krankenhaus, denkt er. Die krepieren und gebären immer feste weiter. [...] Der im Licht der blinkenden Lampe liegt, denkt nicht daran zu krepieren. (Fallada 1931, 198f.)

Nach einem kurzen Schnitt auf die Figur des Hilfswachtmeisters (und Bombenbauers) Gruen wird die Motivkette fortgesetzt mit dem Gespräch zwischen Polizeioberinspektor Frerksen und seinem Sohn:

> Na, geh schon aufs Klosett. Aber leise, daß keiner was merkt. [...] Leise müht sich auch Thiel zu sein [...] Ganz dunkel ist die Nacht, ganz still sind die Straßen. Und oben funkeln die Sterne. [...] Er faßt das Seil und läßt sich hinab ins Dunkel. [...] Im Dunkel steht auch

Padberg [...] Es ist sinnlos, daß ich hier noch stehe [...] Aber morgen nacht, morgen Freundchen, packe ich mich unter den Schreibtisch. [...] Noch an einem anderen Schreibtisch wird in dieser Nacht heimlich gearbeitet. (ebd., 200f.)

Am Ende der Passage greift Fallada das Sternenhimmel-Motiv noch einmal auf, spannt das „Sternenzelt" über das vielfältige parallele Geschehen und demonstriert so beiläufig seine Fähigkeit, den komplexen „Zirkus" erzähltechnisch im Griff zu haben.

„Ein junger Mann stürmt den Burstah" entlang – der erste Satz des Romans bringt den Leser unvermittelt dicht ans Geschehen heran und erzeugt Spannung, denn man will wissen, wer da wohin stürmt und warum. Den Kontext liefern immer weitere Ausschnitte, bis sich das Bild komplettiert – die erzähltechnische Raffinesse der filmischen Schnitt- und Montagetechnik (vgl. Gürgen 2017) drängt sich dabei wiederum nicht in den Vordergrund, sondern wird virtuos eingesetzt, um das komplexe Geschehen abzubilden. Das erleichtert dem Leser die Orientierung, denn es lenkt den Blick im Nebeneinander der Handlungen stets dahin, wo Entscheidendes passiert, und löst die durch viele Einzelbilder entstehende Verwirrung in der Gesamtschau auf.

Nicht umsonst wird auf der ersten Romanseite der „Burstah" als „Broadway von Altholm" bezeichnet. Darin mag ein wenig milde Ironie stecken, aber es ist auch ein Hinweis auf das poetologische Programm des Romans, den man zu lesen bekommt: „Meine kleine Stadt steht für tausend andere und für jede große auch", hieß es im Vorwort (Fallada 1931, 5), und wenn im ersten Kapitel über das Wort Broadway Manhattan aufgerufen wird, deutet sich schon an, dass es in der norddeutschen Provinz kaum weniger betriebsam zugeht als in der Großstadt. Dem wird Fallada durch den gesamten Roman hindurch mit einer ausgefeilten filmischen Darstellungstechnik gerecht. So kann man in der Engführung von Altholm und Manhattan durchaus eine Referenz an John Dos Passos *Manhattan Transfer* (1925) lesen, der berühmt ist für seine Camera-eye-Technik und das Geschehen in der Großstadt multiperspektivisch durch Ein- und Ausblenden nebeneinandergestellter Szenen vermittelt.

Wie souverän und beiläufig Fallada filmische Darstellungsform beherrscht und die Möglichkeiten des Films im Medium Text sogar noch übertrifft, kann man an der Schlüsselszene des Romans erkennen, wenn der Protestmarsch der Bauern mit der Polizei zusammenstößt. Hier kulminiert der Konflikt zwischen Stadt und Land. Fallada orientiert seine Darstellung an der Montagetechnik in Sergei Eisensteins *Panzerkreuzer Potemkin* (1925) Ähnlich wie Eisenstein in der Schlüsselszene des Films, dem Massaker auf der Hafentreppe von Odessa, mit dem Wechsel von Totale und Close-Ups arbeitet, geht auch Fallada bei der Darstellung der Demonstrationsauflösung vor.

Ein Vergleich mit der Behandlung derselben Szene in Ernst von Salomons *Die Stadt* (vgl. Salomon 1932, 40–42) zeigt den darstellungstechnischen Aufwand, den Fallada hier betreibt. Während von Salomon die Ereignisse chronologisch aus Sicht eines auktorialen Erzählers referiert, inszeniert Fallada das Geschehen für den Leser aus unterschiedlichen Perspektiven, nicht nur räumlich zwischen verschiedenen Schauplätzen der Auseinandersetzung hin- und herwechselnd, sondern auch zwischen externer Fokalisierung und Darstellung des Figureninneren, von der Außensicht der Bauern auf die des Polizeioberinspektors oder des Oberwachtmeisters Schmidt; zwischendurch wechselt die Perspektive in die Innensicht des Fahnenträgers Henning und von Padbergs, einmontiert sind immer wieder Nahaufnahmen: Gesichter, Schlagstöcke, die

Hand des Fahnenträgers, sein weißes Hemd, das sich von Blut rot färbt. Ein weiterer Perspektivwechsel zeigt den Polizeioberinspektor aus der Sicht des Verkehrspostens, Hauptwachtmeister Hart; zum Schluss erlebt der Leser den Kampf aus der Sicht des Bauern Banz, bis dessen Wahrnehmung (und damit die des Lesers) durch einen Schlag auf den Kopf abbricht, bevor der Text wieder in die externe Fokalisierung zurückkehrt.

Das Verfahren, die Ereignisse mit szenischen und filmischen Mitteln gleichsam direkt vor den Augen des Lesers stattfinden zu lassen, entspricht dem poetologischen Programm, das Fallada im Vorwort zu seinem Roman umreißt: „Bei der Wiedergabe der Atmosphäre, des Parteihaders, des Kampfes aller gegen alle, ist höchste Naturtreue erstrebt" (Fallada 1931, 5). Er inszeniert das bewegte Geschehen wie ein Filmregisseur, statt die Ereignisse nur abzubilden, denn „[d]ie Gestalten des Romans sind keine Photographien" (ebd.). Dabei geht die Inszenierung über die Möglichkeiten des Films hinaus, weil sie auch das Innere der Figuren abbilden kann – nicht nur im Modus des inneren Monologs, sondern buchstäblich als Licht-Bild noch dann, wenn die Figur das Bewusstsein verliert: „Da trifft ihn etwa mit voller Schärfe, dringt in sein Hirn ein wie glühendes Eisen. Feurige Funken wirbeln, und er stürzt vornüber mit zerschlagenem Schädel." (ebd., 164)

„Wie man aus Steinen eines abgebrochenen Hauses ein neues bauen kann, das dem alten in nichts gleicht außer dem Material, so ist beim Bau dieses Werkes verfahren" (ebd., 5). Mit diesem Statement beugt Fallada nicht nur möglichen Problemen vor, die aus der kaum verhüllten Darstellung realer Personen und Ereignisse entstehen könnten und denen er auch durch die Verlegung der Handlung von Neumünster in die fiktive Stadt Altholm zu begegnen sucht. Dass er explizit vom „Bau dieses Werkes" und nicht etwa vom Schreiben oder vom Verfertigen desselben spricht, kann man auch als Verweis auf Döblins zwei Jahre vor Erscheinen des Romans veröffentlichten Essay *Der Bau des epischen Werkes* lesen, zumal das Vorwort von einem Realitätsbegriff kündet, der dem Postulat Döblins entspricht: Zeigt doch auch Falladas Text die Fähigkeit seines Autors, „[...] dicht an die Realität zu dringen und sie zu durchstoßen, um zu gelangen zu den einfachen großen elementaren Grundsituationen und Figuren des menschlichen Daseins [...] im Strom der lebendigen Sprache, der der Autor folgt" (Döblin 1989, 245).

Zu Falladas ausgeprägtem Bewusstsein in der Frage der Realitätsdarstellung, das sich am Vorwort zu *Bauern, Bonzen und Bomben* ablesen lässt, gehört nicht zuletzt, dass er im Roman deren Möglichkeiten zur zeitgenössischen Neuen Sachlichkeit in Kontrast setzt. So sind die Zeitungsredakteure im Roman keine neutralen Berichterstatter, sondern interessengetrieben: Das zeigt sich, wenn sie politische Gegner „anmisten" (Fallada 1931, 15), absichtlich falsche Meldungen lancieren oder selbstverfasste Texte als Leserbriefe abdrucken. Fotografien mögen ein Abbild der Wirklichkeit geben, aber sie lassen sich eben auch dazu verwenden, Meinung zu machen und so auf die Wirklichkeit einzuwirken. Das wissen auch die Bauern: „O, Georg, wenn sie mich fesseln würden, wenn sie mich in Ketten ins Auto schaffen würden! Einen Fotografen her und Bilder in die nächste Ausgabe der ‚Bauernschaft'!" (ebd., 61). Damit wird das von Falladas Zeitgenossen Egon Erwin Kisch propagierte Prinzip der „unbefangenen Zeugenschaft" (Kisch 1978, 659) desavouiert, deutlicher noch anhand des Kriminalkommissars Tunk, der als Inkarnation des neusachlichen, demonstrativ unbeeindruckten Beobachtertypus vorgestellt wird: „Der Kommissar steht da, der

Zeuge par excellence, der Sachverständige, den nichts erschüttert" (Fallada 1931, 528), der dann aber mit offenkundig falschen Aussagen und „Sonderbeobachtungen" die angeklagten Bauern belastet. Die neutrale Beobachtung, wie sie die Ästhetik der Neuen Sachlichkeit fordert, wird hier als unmöglich dargestellt, schlimmer noch: Gerade die vermeintlich unanfechtbar neutrale Beobachtung kann im Kampf aller gegen alle instrumentalisiert und als Waffe eingesetzt werden. Die ebenso beiläufige wie polemische Auseinandersetzung mit der Poetologie der Neuen Sachlichkeit geht einher mit einer scharfen Kritik auf der Inhaltsebene: Weder die Presse noch die Politik können in Falladas illusionsloser Gesellschaftsdarstellung einen Gegenpol zur rücksichtslosen Durchsetzung von Partikularinteressen bilden.

Zur angestrebten Neutralität der Darstellung passt der Verzicht auf eine Bewertung des Geschehens durch den Erzähler. Der Gestus von *Bauern, Bonzen und Bomben* ist kein anklagender – wie auch, ist es doch schier unmöglich, einen einzelnen Schuldigen auszumachen im ‚Kampf aller gegen alle'. Die menschliche Grundbedingung in Falladas Roman ist die Perspektivlosigkeit. Bei den ‚kleinen' Leuten erwächst sie aus materieller Not: „Eine Woche können das alle. Das Schlimme ist ja, immer so leben, ohne Aussicht, daß es besser wird, das ist das Schlimme" (ebd., 432), formuliert Tredup, wobei die Wiederholungsfigur („Das Schlimme [...] das Schlimme)" die Aussage für den Leser verstärkt. Unabhängig von der materiellen Lage entsteht Perspektivlosigkeit aber auch aus der zyklischen Struktur, die den Roman bestimmt: auf der Handlungsebene, wenn sich am Ende des Romans mit der erneuten Beschlagnahmung der Bauernschaftsfahne und der Unterdrückung einer Bauerndemonstration der nächste Konflikt zwischen Landvolk und Stadt abzeichnet; und auf einer Ebene, die über die Handlungsebene hinausweist, weil die Figuren bei all ihrem Tun die eigene Bedeutungslosigkeit spüren – „[d]ie krepieren und gebären, immer feste weiter. Was das für einen Sinn hat", fragt sich Stuff am Ende des ersten Buches (ebd., 199).

Den Wunsch nach Sinnstiftung bedient der Roman, aller Illusionslosigkeit zum Trotz, indem er am Schluss Auswege aus dem immer gleichen „Zirkus" eröffnet. Es ist der Sinn-Suchende Stuff, der Verantwortung für die Witwe des niedergeschlagenen Tredup und ihre Kinder übernimmt und es ihnen ermöglicht, aus Altholm wegzuziehen. Und auch Bürgermeister Gareis verlässt am Schluss die Stadt, um ein neues Amt als Bürgermeister von Breda anzutreten. Der „Zirkus" wird weitergehen – aber man kann ihn verlassen. Insofern endet der Roman im Dialog zwischen Stuff und Gareis kurz vor der Abreise des Bürgermeisters am Bahnsteig durchaus versöhnlich. Fallada bietet dem Leser die Aussicht auf ein Leben außerhalb des „Zirkus" an und lässt das Buch mit einer hoffnungsvollen Perspektive enden: „‚Aber in Breda wird alles anders?' ‚Hoffen wir', schreit Bürgermeister Gareis und ist schon zehn Meter weiter. ‚Ich hoffe stark.'" (Fallada 1931, 566)

Literatur

Anonym 1931: [Anonym]: *Bauern, Bonzen und Bomben*, von Hans Fallada. In: Der Angriff. Das deutsche Abendblatt in Berlin 5 (1931), Nr. 172, 3.9.1931, 2. Beilage, [S. 1].
Baßler 2014: Baßler, Moritz: Bewohnbare Strukturen und der Bedeutungsverlust des Narrativs. Überlegungen zur Serialität am Gegenwarts-*Tatort*. In: Zwischen Serie und Werk. Fernseh- und Gesellschaftsgeschichte im *Tatort*, hg. von Christian Hißnauer, Claudia Stockinger und Stefan Scherer, Bielefeld 2014, S. 347–358.

Caspar 1981: Caspar, Günter: Nachwort. In: Hans Fallada: Ausgewählte Werke in Einzelausgaben, Bd. 1: Bauern, Bonzen und Bomben. Roman, hg. von Günter Caspar, 4. Auflage Berlin (Ost)/Weimar 1981, S. 629–689.

Döblin 1989: Döblin, Alfred: Der Bau des epischen Werkes. In: Schriften zur Ästhetik, Poetik und Literatur, hg. von Erich Kleinschmidt, Otten/Freiburg i. Br. 1989, S. 215–245.

Dünnebier 1993: Dünnebier, Enno: Hans Fallada 1893–1947. Eine Bibliographie, zusammengestellt und annotiert von E. D., hg. vom Literaturzentrum Neubrandenburg, Neubrandenburg 1993.

Fallada 1929a: Fallada, Hans: Bauern-Krieg wider Neumünster. In: Das Tage-Buch 10 (1929), H. 37, 14.9.1929, S. 1516–1519.

Fallada 1929b: Fallada, Hans: Landvolkprozeß. In: Das Tage-Buch 10 (1929), H. 47, 23.11.1929, S. 2007–2008.

Fallada 1929c: Fallada, Hans: Landvolkprozeß. In: Die Weltbühne. Wochenschrift für Politik, Kunst, Wirtschaft 25 (1929), Nr. 49, 3.12.1929, S. 832–835.

Fallada 1931: Fallada, Hans: Bauern, Bonzen und Bomben. Roman, Berlin 1931.

Gansel 2013: Gansel, Carsten: Vor dem Durchbruch. Vom nachexpressionistischen Roman *Der junge Goedeschal* (1920) zur avantgardistischen Novelle *Die Kuh, der Schuh, dann du* (1929). In: Hans Fallada, hg. von Gustav Frank und Stefan Scherer, München 2013 (Text + Kritik 200), S. 7–17.

Gürgen 2017: Gürgen, Hannes: Camera-eye, short cuts und Montage. Filmisches Schreiben in Hans Falladas Roman *Bauern, Bonzen und Bomben*. In: Salatgarten 26 (2017), H. 2, S. 4–8.

Kracauer 1931: Kracauer, Siegfried: Politik in der Kleinstadt. In: Frankfurter Zeitung und Handelsblatt 76 (1931), Nr. 947, Zweites Morgenblatt, 20.12.1931, Literaturblatt, Nr. 51, S. 8.

Kisch 1978: Kisch, Egon Erwin: Der rasende Reporter. In: Ders.: Gesammelte Werke in Einzelausgaben, hg. von Bodo Uhse und Gisela Kisch, Bd. 5: Der rasende Reporter. Hetzjagd durch die Zeit. Wagnisse in aller Welt. Kriminalistisches Reisebuch, Berlin (Ost)/Weimar 1978, S. 5–278.

Krohn 1975: Krohn, Claus-Dieter: Hans Fallada und die Weimarer Republik. ‚Zur Disposition' kleinbürgerlicher Mentalitäten vor 1933. In: Literaturwissenschaft und Geschichtsphilosophie. Festschrift für Wilhelm Emrich, hg. von Helmut Arntzen, Bernd Balzer, Karl Pestalozzi und Rainer Wagner, Berlin/New York 1975, S. 507–522.

Le Bars 1986: Le Bars, Michelle: Le mouvement paysan dans le Schleswig-Holstein 1928–1932, Bern/Frankfurt a. M./New York 1986.

Littlejohn 2000: Littlejohn, Fiona: „Sachliche Berichterstattung"? Zur Problematisierung neusachlicher Ästhetik in Hans Falladas *Bauern, Bonzen und Bomben*. In: Hans-Fallada-Jahrbuch (2000), Nr. 3, S. 204–219.

Prümm 2013; Prümm, Karl: Selbstfindung im Vorraum des Romans. Hans Falladas Kulturpublizistik und Filmkritik für den „General-Anzeiger" in Neumünster (1928–1930). In: Hans Fallada, hg. von Gustav Frank und Stefan Scherer, München 2013 (Text + Kritik 200), S. 18–30.

Salomon 1932: Salomon, Ernst von: Die Stadt, Berlin 1932.

Thöming 1975: Thöming, Jürgen C.: Hans Fallada. Seismograph gesellschaftlicher Krisen. In: Zeitkritische Romane des 20. Jahrhunderts. Die Gesellschaft in der Kritik der deutschen Literatur, hg. von Hans Wagener, Stuttgart 1975, S. 97–123.

Tucholsky 2005: Tucholsky, Kurt: Bauern, Bonzen und Bomben. In: Ders.: Gesammelte Werke 3: 1929–1935, Lizenzausgabe Frankfurt a. M. 2005, S. 820–826.

Wilkes 2002: Wilkes, Geoff: Hans Fallada's Crisis Novels 1931–1947, Bern/Berlin/Frankfurt a. M./Paris/Wien 2002.

Williams 2011: Williams, Jenny: Mehr Leben als eins. Hans Fallada. Biographie. Aus dem Englischen von Hans-Christian Oeser, Berlin 2011. [Originalausgabe: More Lives than One. A Biography of Hans Fallada, London 1998.]

Zachau 2005: Zachau, Reinhard K.: „Armer Tredup, es war nie viel los mit dir": Zu Erzählstrategien der Neuen Sachlichkeit in *Bauern, Bonzen und Bomben*. In: Die Provinz im Leben und Werk von Hans Fallada. Protokollband des Kolloquiums des Fallada-Forums vom

4. Dezember 2004 in der Akademie der Künste Berlin, hg. von Thomas Bredohl und Jenny Williams, Schöneiche bei Berlin 2005, S. 41–63.

Zachau 2013: Zachau, Reinhard K.: Die Rezeption von Falladas Werk: vom Feuilleton zur Literaturwissenschaft. In: Hans Fallada, hg. von Gustav Frank und Stefan Scherer, München 2013 (Text + Kritik 200), S. 94–102.

3.2 Kleiner Mann – was nun? (1932)
Walter Delabar

Entstehung

Die Entstehung von Hans Falladas viertem Roman lässt sich relativ genau nachvollziehen (vgl. Fallada 1943, 22 ff.; Fallada 1967, 293 ff.; Manthey 1973, 83 ff.; Liersch 1993, 210 ff.). Fallada, der in Neumünster als Anzeigenakquisiteur und Zeitungsredakteur tätig war, traf angeblich bei einem Ausflug im August 1929 nach Sylt durch einen Zufall den Verleger seiner beiden frühen Romane, Ernst Rowohlt. Obwohl der Kontakt eine Zeit lang geruht hatte, hätten sich beide sofort aneinander erinnert. Welch ein Zufall – und eine Geschichte, die vom notorisch unzuverlässigen Zeugen Fallada stammt, obwohl sie möglicherweise im Kern zutrifft (zur Intensität der Kontakte zwischen Rowohlt und Fallada vgl. Koburger 2015, 272–277).

Rowohlt warb wenig später Fallada für seinen Verlag an, wo dieser seine Stelle am 15. Januar 1930 antrat. Seine Aufgabe: die Erfassung und Aufarbeitung der Besprechungen von Verlagspublikationen (vgl. Fallada 2008, 57–61). Rowohlt ließ Fallada mit Absicht jedoch genügend Zeit, an neuen Romanprojekten zu arbeiten. Bereits am 4. Februar 1930 begann Fallada die Niederschrift seines dritten publizierten Romans, *Bauern, Bonzen und Bomben*, der wohl als sein Durchbruch anzusehen ist, wie Gansel (2016, 500) zurecht urteilt. Das Buch erschien im März 1931 und war mehr als ein Achtungserfolg, obwohl Verlag und Autor vom Absatz enttäuscht waren: Kiaulehn (1967, 128) bezeichnet den Roman allerdings als „großen Erfolg". Die Deutsche Nationalbibliothek verzeichnet eine Auflage vom 1. bis 6. Tsd.

Im selben Zeitraum begann Fallada einen neuen Roman, der später unter dem Titel *Wer einmal aus dem Blechnapf frißt* publiziert wurde (vgl. Fallada 2008, 56). Die Niederschrift dieses Projektes unterbrach er am 17. April 1931 und schrieb anschließend an kleineren Geschichten für Zeitungen (siehe den Beitrag 4.9 *Erzählungen seit den 1930er Jahren* in Kap. II). Erst im Herbst des Jahres begann er schließlich mit *Kleiner Mann – was nun?* Als Anlage eines Briefs vom 24. September 1931, in dem er einen Vorschlag machte, wie mit der mittlerweile vakanten Position im Verlag und den ausstehenden Honoraren umzugehen sei, reichte Fallada das Exposé des Romans bei Rowohlt ein (vgl. Fallada 2008, 66 f.; Liersch 1993; 230; Grisko 2002, 56). Der Roman, zu dem er die Titelvarianten *Pinneberg und sein Murkel*, *Der Pumm* und *Der kleine Mann* angab, sollte vom Niedergang des Angestellten Pinneberg erzählen, der ins Proletariat abrutscht und zum Fabrikarbeiter wird. Fallada plante, seinen Protagonisten in ein Umfeld zu versetzen, das den verworrenen und widersprüchlichen Verhältnissen seiner Gegenwart entsprach: „Was in sein Leben reicht, wird gezeigt", formulierte er im *Exposé über meinen neuen Roman*, „der Schwiegervater, der durch die Partei an eine Behörde gekommen ist, die Kollegen, die zu den Nazis gehen, der Schwager, der K.P.D.-Mann ist, die Arbeitgeber, die gleichgültigen, die ausnutzenden, die pedantischen. Die Misere der Krankenkassen, die Tätigkeit Arbeitslosein, die Plage Wohlfahrtsamt, die Wohnungsnot." (zit. nach Fallada 2008, 67) Dabei sollte Pinneberg als Durchschnittsgestalt ausgestattet sein, „ohne besondere Fähigkeiten" (zit. nach ebd., 66), einem Schicksal ausgeliefert, das er nicht beeinflussen kann.

Dieses Konzeptpapier wird in der Forschung häufig im Gegensatz zum realisierten Projekt gesehen (Caspar 1962; Grisko 2002), vor allem deshalb, weil es deutlich politischer ausgerichtet gewesen sei als der publizierte Roman. „Von der politischen Geschichte blieben nur Rudimente" (Grisko 2002, 56). Insbesondere dem Verlag wird hierbei ein mäßigender Einfluss zugeschrieben (vgl. zuletzt Gansel 2016).

Fallada selbst konstatierte seinerseits die Differenz von Konzept und realisiertem Roman, hebt aber auf einen anderen Umstand ab: Auch *Kleiner Mann – was nun?* wurde nicht das „herrliche[ ], leichte[ ], beschwingte[ ] Buch […], das sich gewissermaßen von selbst schreibt", wie er in einem Vortragstyposkript zur Entstehung des Romans bemerkte (Fallada 2017, 89), das bereits bei Caspar als Vergleich herangezogen wird (Caspar 1962, 365 ff.; Teilabdruck bei Grisko 2002, 57 f.). Allerdings stehen weniger die politischen Spannungen im Vordergrund des Projektes wie des fertigen Romans als der Widerspruch zwischen der Fokussierung auf das eben nicht extraordinäre Subjekt und dessen mangelndem Durchsetzungsvermögen – also ein spezifisch modernes Problem.

Damit spielt der Roman in der Tat dasselbe Thema wie Alfred Döblins *Berlin Alexanderplatz* (1929) an, wie Horkheimer/Adorno in ihrer *Dialektik der Aufklärung* von 1944 (vgl. 1998, 176) gesehen haben: Es geht in beiden Romanen um die Zurichtung des Protagonisten und seine bedingungslose Eingliederung in die Massengesellschaft. In beiden Fällen sänken, so Adorno/Horkheimer, die Protagonisten am Ende ins Proletariat ab. Für sie ist zugleich die Demontage des männlichen Rollenmodells zentral. Dem Mann werde die aktive, regulierende Position, die ihm bislang zugefallen sei, genommen. An dessen Stelle stehe die Einsicht des Protagonisten in seine Machtlosigkeit.

Die in der Forschung monierte Fokussierung auf die kleinbürgerliche Idylle, „in der er [Pinneberg] infantil, der ‚Junge' sein darf" und in deren Zentrum das „symbiotische Verlangen" des Mannes steht (Schütz 1986, 176), wird bereits im Exposé thematisiert und im Vortragstyposkript bestätigt, allerdings mit einer anderen Wertung: Im Vortragstyposkript schreibt Fallada mit Verweis auf den Roman „von der kleinen Insel", „auf der sie leben, und draussen ist die wilde weite böse Welt". Sie alle lebten nun eigentlich auf einer solchen Insel, fährt Fallada fort (Fallada 2017, 92). Seinen Ausdruck findet dies insbesondere in der Ausrichtung auf das Kind, das es einmal besser haben solle (vgl. Fallada 2008, 66). Das setzt die Haltung der Vorgängergeneration fort, ordnet Pinneberg also in ein spezifisches soziales Profil ein. Die aus der Sicht der 1980er Jahre symbiotische Idylle (vgl. Schütz 1986, 176) hat aus der Perspektive der frühen 1930er Jahre die Funktion eines Schutzraums gegen eine übermächtige Gesellschaft.

Fallada nimmt außerdem im Vortragstyposkript ein Motiv auf, das im Manuskript mit einer Reminiszenz auf *Robinson Crusoe* unterlegt ist (Fallada 2016, 171 ff.), in der Bearbeitung des Romans für den Druck jedoch gestrichen worden war (vgl. Gansel 2016, 512–516).

Die idyllischen Momente sind auch in der primären Rezeption wahrgenommen, d. h. in den zeitgenössischen Besprechungen diskutiert worden (etwa Ihering 1932, vgl. Fritsch 1989). Pinnebergs Frau (Emma, genannt ‚Lämmchen') ist im Exposé allerdings noch nachrangig. Ihre Rolle und Funktion werden erst während des Schreibprozesses weiter ausgebaut, bis Lämmchen zur eigentlich tragenden Figur aufgestiegen ist. In seiner nachträglichen Betrachtung bezeichnet Fallada sie als seine Antwort auf die titelgebende Frage des Buches (Grisko 2002, 57f., Fallada 2017, 92).

Falladas Position im Verlag war zum Zeitpunkt des Exposés ungesichert. Die Verständigung über das neue Projekt war entsprechend eng verknüpft mit der Einigung mit dem zwischenzeitlich in wirtschaftliche Schwierigkeiten geratenen Verleger Rowohlt und dem Treuhänder seiner Gläubiger, Otto Gerschel, der vom Ullstein Verlag kam (vgl. Mayer 1967, 107; dagegen Oels 2013, 47, der Leopold Ullstein als Gläubigervertreter der überschuldeten Kommanditgesellschaft auf Aktien, KGaA, nennt). Die Beteiligten einigten sich darauf, dass Fallada seine Stelle, die zum 30. September 1931 gekündigt worden war, nicht zu den Bedingungen antreten sollte, die ihm für die Fortführung angeboten worden waren und die eine deutliche Reduzierung seines Gehalts bedeutet hätten. Stattdessen sollte er für einen Vorschuss in Höhe von 250 Mark monatlich bis zum März 1932 den kurz zuvor vorgeschlagenen Roman liefern (vgl. Liersch 1993, 231 f.; Fallada 2008, 64). Insofern ist Falladas eigene Stilisierung als „Der arme Arbeitslose mit Kind" (Fallada 1943, 33), wie man ihn in seinem Wohnort Altenhagen genannt habe, wohl vor allem der Herleitung des Themas zu seinem neuen Roman geschuldet: „Was lag in einer solchen Situation näher, als ein Buch zu schreiben des Titels: *Kleiner Mann – was nun?*" (ebd.). Hingegen war er lediglich zwei Wochen, in der zweiten Oktoberhälfte, arbeitslos, anschließend erhielt er ein monatliches Pauschalhonorar des Verlags, was nach Einschätzung von Fritsch (1989, 21) einem durchschnittlichen Angestelltengehalt entsprach. Gefordert hatte Fallada 400 Mark.

Der Abgabetermin (31. März 1932), den er selbst dem Verlag vorgeschlagen hatte (Fallada an Rowohlt, 24. September 1931, vgl. Fallada 2008, 65) und für den der Verlag eine nach damaligem Stand hohe Vorauszahlung riskierte, war knapp gesetzt – dennoch gelang Hans Fallada der große Wurf. Die Niederschrift begann im Oktober 1931 und wurde im Februar 1932 abgeschlossen.

Handschrift/Typoskript

Die Handschrift des Romans liegt heute im Brigitte-Reimann-Literaturhaus (Neubrandenburg), das die Original-Bestände des Hans Fallada-Archivs im Mecklenburgischen Carwitz (Feldberg) übernommen hat. Sie umfasst 372 Seiten und ist in einer regelmäßigen, gut lesbaren deutschen Schreibschrift, einer Vorform der Sütterlin, verfasst, die allenfalls etwas zittrig wirkt. Der Text wurde beidseitig auf weißem Papier im Folio-Format (21 x 33 cm) geschrieben (vgl. Caspar 1962, 368, der die Maße 20 x 33 cm angibt). Das Manuskript enthält selbst wenige Korrekturen, zudem einige Zeichen von anderer Hand, die möglicherweise dem Satz oder der Übertragung ins Typoskript gedient haben. Gekennzeichnet sind Sperrungen oder Anordnungen, eingefügt sind gleichfalls Striche, die als Markierungen für die Textabschrift gedient haben könnten. Die Seiten 235 bis 253 sind lediglich als Typoskript erhalten und in die Paginierung, die wohl nachträglich eingetragen worden ist, lückenlos eingefügt worden. Die Handschrift ist abschnittweise datiert, beginnend mit dem 19. Oktober 1931, endend mit dem 19. Februar 1932 (zu Beginn des letzten Abschnitts mit Eintrag auf S. 369). Das Manuskript trägt den Arbeitstitel *Der Pumm*, ein Titel, der bereits im Konzept erscheint, jedoch bis heute nicht erklärt ist. Falladas eigene Angabe, als Titel *Der Murkel* vorgegeben zu haben, ist demnach nicht korrekt (Fallada 1967, 307). Der Publikationstitel *Kleiner Mann – was nun?* stammt nach Kiaulehn (1967, 128) vom Rowohlt-Mitarbeiter Peter Zingler. Fallada (1967, 307) schreibt sich allerdings später selbst die Urheberschaft zu.

Das Manuskript war, folgt man Caspar, Vorlage für eine nicht erhaltene Schreibmaschinenabschrift, die Fallada in den Schreibpausen habe anfertigen lassen und die anschließend als Druckvorlage gedient haben wird (Caspar 1962, 370). Dagegen spricht Williams (2002, 161) davon, dass Fallada das Typoskript selbst hergestellt habe, wie auch sein Brief an Rowohlt vom 30. Oktober 1931 erkennen lässt (vgl. Fallada 2008, 72; Töteberg 2016; Gansel 2016, 488). Die maschinenschriftliche Umschrift des Manuskripts lag im Rowohlt Verlag 1950 vor, gilt aber als verschollen (vgl. Töteberg 2016).

Die Handschrift weist eine Reihe von Abweichungen zu den beiden ersten Drucken und insbesondere zur Erstausgabe vom Juni 1932 auf, die Caspar teilweise aufgelistet hat. Gansel (2016) hat die Zahl der Änderungen erweitert. Die maschinenschriftlichen Seiten (S. 235–253) lassen sich chronologisch in die kritische Phase der Arbeit am Roman einordnen, die Fallada in seinem Vortragstyposkript schildert und die auf die Tage vor Weihnachten 1931 datiert werden (vgl. Fallada 2017, 90f.; Caspar 1962, 369; Liersch 1993, 235). Von ihnen seien, so Caspar, etwa sieben Seiten für den Druck nicht berücksichtigt worden. Von den folgenden 19 Seiten seien wiederum neun nicht gedruckt worden.

Caspar verweist auf „Längen" und „schwache Stellen", die zurecht der Überarbeitung zum Opfer gefallen seien (Caspar 1962, 370). Insgesamt umfasst die Handschrift nach Abschätzung von Caspar etwa 60 Seiten mehr, als gedruckt wurden (ca. 16%; Caspar 1962, 370). Gansel hingegen spricht davon, dass „in der weltweit erfolgreichen Buchfassung in der Tat fast ein Viertel des umfangreichen Textes" fehlte (Gansel 2016, 489). An anderer Stelle gibt er Streichungen im Umfang von 100 Seiten an (ebd., 506), was einem Anteil von knapp 27% des Manuskripts entspräche. Die Streichungen, betont Gansel, gingen über die von Caspar angegebenen weit hinaus, sie seien „auf nahezu jeder Seite" zu finden und beträfen „keineswegs nur [...] Nuancen" (ebd., 508). Gansel klassifiziert drei Gruppen von Streichungen: Die erste betreffe Figurencharakterisierungen und -beziehungen, was er an Pinneberg und seiner Frau ausführt (ebd., 508ff.). Die zweite Gruppe umfasse vor allem „kontroverse Auffassungen der Weimarer Zeit" (ebd., 516ff.), die dritte kulturelle Phänomene, etwa das Berliner Nachtleben oder der Umgang mit Sexualität (ebd., 518ff.). Gansel hebt hervor, dass die Eingriffe in den Text nicht das „Ergebnis von lektorierender Arbeit" gewesen seien und das Ziel verfolgt hätten, „den Roman konziser zu machen und gegebenenfalls überflüssige Längen" zu kürzen (ebd., 518). Die gestrichenen Passagen hätten vielmehr die Figurenzeichnung differenzierter und reicher gemacht (ebd., 510) und ein „genaueres Bild der Zeit" ermöglicht (ebd., 518). Dass der Rowohlt Verlag im Jahre 1950 der Fassung von 1932 den Vorrang gegeben habe und man der Meinung gewesen sei, dass die „geringen Kürzungen und Auslassungen keinen Mangel" darstellten, sei „aus heutiger Sicht nur schwer nachvollziehbar" (ebd., 528).

Damit positioniert sich Gansel gegen Caspar, der immerhin konstatiert hatte, dass der Text insgesamt vor dem Druck „nicht sorgfältig durchgearbeitet und korrigiert" worden sei. Seine „sprachlichen und stilistischen Mittel" seien „tatsächlich alles andere als ‚kunstvoll'" (Caspar 1962, 391). Auf der anderen Seite hat Caspar jedoch eine Reihe von Umarbeitungen als entpolitisierend charakterisiert und dies auch in seinem Nachwort belegt (ebd., 395–400). Die Bewertungen gehen also weit auseinander, was das Lektorat des Manuskripts angeht. Stichproben ergeben, dass bei der Bearbeitung in der Regel Absätze oder ganze Abschnitte getilgt wurden. In einzelnen Fällen mussten deshalb Anschlüsse leicht verändert werden. Ein stilistisches Lektorat hat ansonsten nicht stattgefunden. Allerdings würde dies auch der Intention Rowohlts widersprechen, der ja gerade Falladas stilistisches Profil schätzte, das durch ein strikteres Lektorat gelitten hätte.

Die Zeit für das Lektorat war sehr knapp: Zwischen der Fertigstellung des Manuskriptes und dem Beginn des Vorabdrucks liegen nur zwei Monate, bis zum Erscheinen der Erstausgabe vier Monate. Übereinstimmend machen jedoch Gansel (2016) wie Caspar (1962, 395) den Verlag für die Kürzung und Entschärfung des Manuskripts verantwortlich, für die Differenzen zwischen Vorabdruck und Erstausgabe den Ullstein Verlag, bei dem die *Vossische Zeitung* erschien und der auch politisch den Mainstream bediente (vgl. Oels 2013; Oels/Schneider 2015).

Ausgaben

Der Roman erschien zwischen dem 20. April (Abendausgabe) und 10. Juni 1932 als Vorabdruck in der *Vossischen Zeitung*, einem der Leitblätter des Ullstein Verlags. Gedruckt wurden 51 Folgen (nicht 50, so Gansel 2016, 494), die in der Regel (bis auf sonntags und einen Feiertag) in der Abendausgabe der *Vossischen Zeitung* erschienen. Ullstein zahlte für den Vorabdruck ein Honorar von 7000 Mark (ebd., 491). Es handelt sich bei dem Vorabdruck wie üblich um eine bearbeitete und gekürzte Fassung (Grisko 2002, 58).

Wie Gansel berichtet, fand sich Fallada am 13. April 1932 bei Ullstein ein, um mit Max Krell, dem Leiter der Ullstein-Belletristik, die „Kürzungen und Milderungen" des Romans zu besprechen. Dabei sei es, so Fallada in einem Brief an Rowohlt, „sehr anständig abgegangen" (Gansel 2016, 452). Nach Gansel umfassen die Eingriffe für den Zeitungsdruck vor allem Passagen, die den politischen und moralischen Vorstellungen des „gutbürgerlichen Publikum[s]" der *Vossischen Zeitung* widersprochen hätten, also allzu freizügige Schilderungen oder die „rassistischen Vorurteile und Parolen" der Nationalsozialisten (ebd., 494). Insgesamt seien die Eingriffe sehr flüchtig vorgenommen worden. Dennoch habe die „gekürzte und entschärfte Fassung" „den Nerv der Leser getroffen" (ebd., 496). Die Kürzungen sind allem Anschein nach auf der Basis des bereits bearbeiteten Romans durchgeführt worden. Allerdings wurden die Überschriften der einzelnen Abschnitte nicht übernommen und durch eine Zählung ersetzt.

Stichproben in der 2., 35. und 47. Fortsetzung bestätigen die Einschätzung Gansels. Der Text der Erstausgabe ist bis auf einzelne Umbrüche im Wesentlichen erhalten geblieben. Gestrichen wurden in der 2. Fortsetzung die sexuell freizügigen Teile der Verhandlungen der beiden Liebenden, wie sie im Haushalt der Mutter Emmas die Nacht miteinander verbringen: Weder wird der Bourgeois-Vorwurf des Bruders auf-

3.2 Kleiner Mann – was nun? (1932)

genommen, noch darf Pinneberg seine Kondome vermissen oder den Beischlaf mit einer vertrauten Bemerkung einleiten (Fallada 1933, 30). Die zweite Stichprobe, in der die jungen Eltern den Neugeborenen erstmals zuhause allein versorgen müssen, weist keine Abweichungen auf. In der dritten Stichprobe finden sich eine Streichung und ein redaktioneller Eingriff: Aus der anzüglichen Bemerkung Meister Puttbreeses, „Feine Schinken hat Ihre Frau ..." (was auf die Ankunft der jungen Mutter nach der Niederkunft in der Wohnung zurückverweist), wird ein: „Ich trag gerne mal wieder Ihre Frau rauf ..." (ebd., 335). Wenige Absätze später werden die „Kommunisten" aus dem Satz „Also Krach hat es wieder mal mit den Kommunisten gegeben" gestrichen (ebd., 335).

Am 10. Juni 1932, dem Tag der letzten Folge des Vorabdrucks, wurde die erste Auflage des Romans ausgeliefert, die mit 10 000 Exemplaren (Angabe nach Katalog der Deutschen Nationalbibliothek; nach späteren Verlagsangaben 12 000 Exemplare, Fallada 1937) angesichts der Enttäuschung von Verlag und Autor über *Bauern, Bonzen und Bomben* relativ hoch angesetzt war. Der Preis war mit 4,50 Reichsmark (RM) für die kartonierte und 5,50 RM für Leinenausgabe im oberen Preissegment für Belletristik festgelegt (vgl. Grisko 2002, 59; der Buchpreis-Mittelwert lag bei 2,61 RM [vgl. Kastner 2007, 356]; 2,85 RM waren für die sogenannten Volksausgaben, also Massenauflagen in Reihen oder Buchclubs üblich und wurden schließlich für die 1935 veröffentlichte Sonderausgabe von *Kleiner Mann – was nun?* verlangt). Der Preis wird den Absatz in der Wirtschaftskrise deutlich erschwert haben (vgl. Fritsch 1989, 36). Er bewegt sich allerdings durchaus im Rahmen von zeitgenössischen Neuerscheinungen. In einem der Leserbriefe an den Rowohlt Verlag wird angeregt, das Buch in einer „Volksausgabe zu erschwinglichen Preisen" anzubieten (Latzkow 1995, 276). Trotz des vergleichsweise hohen Preises wurden bis Ende 1933 insgesamt 80 000 Exemplare abgesetzt, ein Erfolg, der insofern bemerkenswert ist, als der Buchabsatz sich weitgehend unbeeindruckt durch die NS-Machtübernahme fortsetzte. Die Ausgabe von 1937 weist eine Gesamtauflage von 169 000 Exemplaren aus, davon von der Volksausgabe (ab dem 85. Tsd.) insgesamt 85 Tsd. Dünnebier verweist auf eine Absatzstatistik vom 31. Dezember 1940, die Fallada geführt habe und in der 83 302 Exemplare der „großen Ausgabe" und 63 819 Exemplare der „Volksausgabe" aufgeführt worden seien (Dünnebier 1993, 18). Die „Volksausgabe", die alle Ausgaben ab dem 85. Tsd. umfasst, wurde mit Impressum 1935 publiziert (Auslieferung bereits 1934). Die Deutsche Nationalbibliothek weist noch eine Auflage vom 179.-188. Tsd. nach, die 1941 erschien und in der von Fraktur auf Antiqua umgestellt wurde (vgl. Dünnebier 1993, 18). Unabhängig davon betonen Dünnebier (1993) und Grisko (2002), dass die Auflagenzählung mit der Ausgabe von 1934 unübersichtlich werde.

Für die ‚Volksausgabe' 1935 nahm Fallada einige Änderungen vor, mit denen er den Roman anscheinend für den nunmehr nationalsozialistisch beherrschten Markt kompatibel zu machen hoffte. Er reagierte damit auf eine Reihe von Widerständen, mit denen ihm die Existenz als Autor im NS-Regime schwer gemacht wurde: Fallada sah sich publizistischen Angriffen ausgesetzt. Er wurde verhaftet. Die Aufnahme in die Reichsschrifttumskammer wurde ihm 1935 erst nach Intervention durch Ernst Rowohlt ermöglicht, Ende des Jahres wurde er zudem zum unerwünschten Autor erklärt, womit Übersetzungen in andere Sprachen untersagt waren. Auch in diesem Fall dauerte es eine Weile, bis dieses Hindernis, das für beide, Verlag wie Autor, deutliche Einbußen nach sich gezogen hätte, beseitigt war.

Caspar berichtet, dass Fallada bereits im Mai 1933 Änderungen an *Kleiner Mann – was nun?* vornehmen wollte (Caspar 1988, 94). In einem Brief vom 2. Dezember 1933 an Ernst Rowohlt kam Fallada darauf zurück, bereits am nächsten Tag meldete er, dass die Änderungen fertiggestellt seien (vgl. Fallada 2008, 131 f.). Die Änderungen betrafen nur wenige Seiten, die Fallada zudem genau aufführte: „Sie betreffen die Buchseiten 63, 64, 65, 80, 82, 90, 99 und 108" (ebd., 132). Er betonte zugleich, dass er die Zeichen genau ausgezählt habe, um dem Setzer die Arbeit zu erleichtern. Der Umbruch des Buches veränderte sich also nicht, was die Änderungen verbergen half. Der Hinweis im Impressum, es handele sich um eine „ungekürzte Sonderausgabe" (Fallada 1935a), lässt vermuten, dass es Verlag und Autor um eine unauffällige Bereinigung schwieriger Passagen gegangen ist. Ausgeliefert wurde diese Ausgabe anscheinend im November 1934 mit dem Impressum 1935 (vgl. Fritsch 1989, 37).

Die Hauptänderung bestand darin, dass Fallada im sechsten Abschnitt des Ersten Teils aus dem „Nazi Lauterbach" den „Fußballer Lauterbach" machte (Fallada 1935a, 63 ff.; vgl. Caspar 1962, 395 ff.). Das zog weitere kleinere Änderungen innerhalb des Kapitels nach sich. Darüber hinaus tilgte Fallada einige Passagen, die möglicherweise im antisemitischen NS-Deutschland hätten provozieren können: Der zum Torwart konvertierte Lauterbach wirft nun mit Säcken, statt Judenwitze zu erzählen (ebd., 64), und der Ausruf Lauterbachs, dass die Eigentümer des Kaufhauses Mandel, bei dem Pinneberg seine neue Stelle hat, Juden seien, wird in der neuen Fassung gestrichen (ebd., 108). Weitere Änderungen, die der Verlag im Jahre 1940 vorschlug, lehnte Fallada allerdings ab (vgl. Fallada an Ledig, 23. Januar 1941, Fallada 2008, 319).

Fallada selbst erläuterte in seinem Brief vom 3. Dezember 1933 seine Änderungen: So habe er zwar Lämmchens Neigung zur KP nicht getilgt, auch Frau Nothnagels Klage über die Antisemiten sei nicht gestrichen worden: „Nur eben die Anrempelung der SA ist gefallen", so betont er, und das sei ja nur richtig (Fallada an Rowohlt, 3. Dezember 1933, zit. nach Fallada 2008, 132).

Eine Fortsetzung des Romans unter dem Titel *Die Siedler*, die Fallada in einem Brief an Bernard von Brentano vom 2. Juli 1932 erwähnt, ist nie zustande gekommen (HFA N 292). Die Erzählung *Fröhlichkeit und Traurigkeit*, die am 2. Februar 1932 in der *Frankfurter Zeitung* erschien (Fallada 1932), kann als Variante zum *Nachspiel* des Romans gelesen werden (Grisko 2002, 56; Nachdruck in Fallada 1985, 151–158). Die Abweichungen betreffen zum Teil zentrale Momente des Schlussteils: Der Protagonist beteiligt sich hier an den Holzdiebstählen. Er vergisst zwar gleichfalls, die versprochenen Bananen zu kaufen, die Szene vor dem Feinkostgeschäft und die anschließende Vertreibung aber entfallen. Stattdessen spricht er eine Prostituierte an, mit der er die Nacht trinkend und redend verbringt und von der er sich anschließend nach Hause bringen lässt.

Umschlag und Buchdeckel der Erstausgabe waren mit einer Zeichnung von George Grosz (1893–1959) versehen, seit der zweiten Ausgabe nur noch der Schutzumschlag (vgl. Grisko 2002, 59). Ende 1932 oder Anfang 1933 resp. in der Ausgabe 49.-58. Tsd. wurde das Motiv durch eine Zeichnung von Walter Müller-Worpswede (1901–1975) abgelöst (Dünnebier 1993, 18; vgl. Kiaulehn 1968, 165). Die Grosz-Zeichnung habe ihm „empörte Proteste" eingetragen, berichtet Fallada in seinem Vortragstyposkript (Fallada 2017, 92; vgl. Fritsch 1989, 64). George Grosz selbst hatte im Januar 1933 – noch vor der Reichskanzlerschaft Hitlers – Deutschland verlassen. Ob die Änderung der Aufmachung politische Hintergründe hat oder mit den Publikumsreaktionen zusammenhängt, ist strittig. Die Ausgabe der Deutschen Buch-Gemeinschaft 1935 wurde mit Illustrationen von Heinrich Ilgenfritz (1899–1969) versehen (Fallada 1936b). Die Rowohlt-Ausgabe von 1950 erhielt eine Umschlagzeichnung von Karl Gröning jun. (1921–2003) und Gisela Pferdmenges (1921–2003, vgl. Grisko 2002, 60), die später zuerst variiert, dann durch eine Zeichnung von Eva Kausche-Kongsbok (1918–2010) ersetzt wurde. Die DDR-Ausgabe der Volksbücherei im Aufbau Verlag 1954 war mit einer Umschlagzeichnung von Werner Klemke (1917–1994) versehen (Fallada 1954). Die Werkausgabe erhielt lediglich eine typografische Ausstattung. Die Gestaltung der 2014 lieferbaren Ausgaben des Aufbau Verlags und des Rowohlt Verlags wählen fotografische resp. filmische Motive als Basis der Umschlaggestaltung (vgl. zu den Nachkriegsumschlägen bei Rowohlt Töteberg 2016).

Vom Bestseller zum Longseller

Insgesamt vermarktete der Verlag den Roman sehr erfolgreich. Bis zum Ende des Jahres 1932 habe der Verlag zehn Lizenzen an ausländische Verlage vergeben (vgl. Grisko 2002, 59; Caspar 1988, 286; Jürss 1997, 110, druckt eine Verlagsanzeige aus dem *Börsenblatt* Nr. 206, S. 5610, vom 3. September 1932 ab, in der neben der Auslieferung des 15.-20. Tausend Übersetzungsrechte für neun Länder mit den Verlagsnamen verzeichnet werden). Insgesamt sollen 20 Lizenzen vergeben worden sein; belegt sind nach Fritsch (1989, 73) lediglich 14 Lizenzausgaben (siehe den Beitrag 5. *Übersetzungen* in Kap. III). Caspar konstatiert zudem, dass der Roman in den USA außerordentlich erfolgreich war: Insgesamt seien in den ersten drei Wochen 60 000 Exemplare abgesetzt worden. Ein amerikanisches Filmplakat habe sogar mit der Auflage von einer halben Million Exemplaren geworben (Caspar 1988, 292).

Der Roman wurde zweifelsohne ein „Welterfolg" (Caspar 1962, 359). Liersch betont, er habe „einen Nerv der Zeit getroffen" und sei auch buchhändlerisch sehr erfolgreich gewesen (Liersch 1993, 241). Mehr noch, er bezeichnet das Buch als das „literarische Ereignis des Sommers 1932" (ebd., 246). Zwar bleibt der Roman deutlich hinter den größten Erfolgen der späten Weimarer Republik zurück, aber er gehört zu den erfolgreichsten Buchveröffentlichungen dieser Zeit im Qualitätssegment. Im Jahr 1929 war Erich Maria Remarques *Im Westen nichts Neues* (1929) und die Volksausgabe von Thomas Manns *Buddenbrooks* (1901) erschienen. Beide Ausgaben erreichten binnen kurzem jeweils eine Auflage von einer Million Exemplaren, allerdings – zumindest was den Fall Remarque angeht – mit einer deutlich intensiveren und kostspieligeren Werbekampagne als Falladas Roman (vgl. Fritsch 1989, 29ff.). Dennoch lassen sich Parallelen zwischen Falladas und Remarques Erfolg erkennen, insbesondere beim Zusammenwirken von Vorabdruck, Buchpublikation und Wahrnehmungssteuerung. Dies ist auch den Zeitgenossen aufgefallen. Remarques Roman wie dessen Erfolg wurden in der primären Rezeption von *Kleiner Mann – was nun?* zur Hauptreferenz, Döblins *Berlin Alexanderplatz* rückt daneben (vgl. Fritsch 1989, 132, mit Verweis auf Schirokauers Besprechung aus dem Jahr 1932 oder Horkheimer/Adornos Hinweis aus dem Jahr 1944, 1998). Verlag und Autor stützten sich insbesondere auf den Versand von Rezensionsexemplaren, auf das Einholen von Lesermeinungen und den Vorabdruck in der *Vossischen Zeitung*; Fallada beteiligte sich selbst am Versand der Besprechungsexemplare und versah sie mit persönlichen Anschreiben. Fritsch nennt eine Zahl von über 100 Exemplaren, die Fallada selbst versandt habe (ebd., 32; Fritsch 1995, 250; Koburger 2015). Die Maßnahmen sind Teil der zeitweise intensiven Korrespondenz zwischen Verlag und Autor gewesen (vgl. Koburger 2015, 364–378). Auf Marketingmaßnahmen wie Werbezettel, Postwurfsendungen oder Plakatierungen verzichtete der Verlag beim Start des Buches – anders als noch bei *Bauern, Bonzen und Bomben* (vgl. Koburger 2015; Fritsch 1989, 29 ff.; Fritsch 1995; Grisko 2002). Der Verlag entschied sich stattdessen nicht zuletzt aufgrund der eigenen angespannten wirtschaftlichen Situation für die jeweils kostengünstigsten Maßnahmen (Fritsch 1989, 84), unter anderem indem er in großem Umfang Leseexemplare an Sortimenter versandte, deren Leseeindrücke er im Gegenzug abforderte und im Börsenblatt publizierte (Füssel 2012, 36). Allerdings scheinen Rowohlt und der Ullstein Verlag ihre Aktivitäten aufeinander abgestimmt zu haben, erfolgte der Vorabdruck doch in einem Ullstein-Blatt und erschienen zahlreiche Hinweise und Besprechungen in weiteren Blättern des Hauses Ullstein (vgl. Fritsch 1989, 148ff). Außerdem wiesen mit der *B. Z. am Mittag* und der *Berliner Morgenpost* zwei weitere große Ullstein-Tageszeitungen auf den Vorabdruck hin, womit der Vorabdruck etwa 600 000 Berliner Zeitungslesern bekannt gemacht wurde (vgl. ebd., 31). Als Grund für das Engagement des Ullstein Verlags wird man dessen Beteiligung am Rowohlt Verlag annehmen können, die er in der Krise im Herbst 1931 übernommen hatte. Nach Mayer (1967, 198; vgl. Füssel 2012, 36) erwarb Ullstein zwei Drittel der Rowohlt-Anteile. Oels und Koburger hingegen berichten, dass neben dem überschuldeten alten Rowohlt Verlag, einer KGaA, eine GmbH gegründet wurde, die sämtliche verwertbaren Rechte und damit das operative Geschäft übernahm (vgl. Oels 2013, 47; Koburger 2015, 326–329). Rowohlt hatte an dieser GmbH nur noch einen Minderheitsanteil von 5 000 RM, gegenüber 50 000 RM, die direkt oder indirekt von Ullstein kontrolliert wurden (Oels 2013, 47). Ullstein wurde damit zum beherrschenden Gesellschafter, hat aber anscheinend keinen erkennbaren Einfluss auf das Verlagsprogramm genommen (Füssel 2012, 36 f.). Nach Kiaulehn (1967, 153 f.) hat er stattdessen eine mitunter lästige Kontrollfunktion ausgeübt und die operativen Aktivitäten des Verlags jeweils genehmigt.

Auch wenn Remarques *Im Westen nichts Neues* wiederholt zum Vergleich herangezogen wurde, ist Falladas *Kleiner Mann – was nun?*, was seine Auflage angeht, am ehesten vergleichbar mit Vicki Baums *Menschen im Hotel* (Berlin: Ullstein 1929) oder Irmgard Keuns *Gilgi, eine von uns* (Berlin: Universitas 1931). Baums Roman hatte 1931 eine Gesamtauflage von 56 000 Exemplaren (Fischer/Füssel 2007, 22), Keun 30 000 (Kreis 1991, 64). Die Sonderauflage von Baums Roman des Jahres 1932, die anlässlich der amerikanischen Verfilmung erschien, erreichte eine Auflage von über 100 000 Exemplaren (Fischer/Füssel 2007, 22).

Falladas Roman ist damit für den Verlag und für die Branche ein großer Erfolg, zumal er bis zur Machtübernahme Anfang Januar 1933 nur noch etwa ein halbes Jahr ungehindert verkauft werden konnte. Danach hatten Verlag und Autor mit zahlreichen Widerständen zu kämpfen, die auch den Roman zu behindern drohten. Fallada weist Rowohlt im Brief vom 6. März 1935 darauf hin, dass sich „der Zorn der Gewaltigen" auch nicht durch „ganz geringe Streichungen", wie sie anscheinend Peter Suhrkamp vorgeschlagen hatte, hätte vermeiden lassen (zit. nach Fallada 2008, 178). Dennoch nahm er diese Umarbeitung Ende 1933 vor, die in die Ausgaben ab 1935 einfloss. Dies ermöglichte es, den Roman auch im Dritten Reich weiter zu vertreiben. Nach den Schwierigkeiten im Jahr 1935 wurden die institutionellen Hindernisse für Fallada zudem geringer: Weder Autor noch Roman tauchen auf den „Listen des schädlichen und unerwünschten Schrifttums" der Reichsschrifttumskammer der Jahre 1939 bis 1941 auf (vgl. Liste 1979). Das „Schriftsteller-Verzeichnis" der Reichsschrifttumskammer von 1942 führt Fallada unter dem Klarnamen Ditzen (vgl. Schriftsteller-Verzeichnis 1942), so dass, was den Literaturbetrieb angeht, von einer im Ganzen ungehinderten Publikationstätigkeit Falladas auszugehen ist. Oels (2013, 95) berichtet von hohen Einnahmen bis ins Jahr 1942. In einem Schreiben vom 23. Januar 1941 bemerkt Fallada selbst, dass der Roman „in einer so hohen Auflage und bis dahin völlig unangefochten verbreitet" worden sei (zit. nach Fallada 2008, 319).

Der eigentliche Erfolg des Romans setzte erst nach Falladas Tod ein: In beiden deutschen Staaten erschienen unabhängig voneinander Ausgaben des Textes, die auf die Buchfassung von 1932 zurückgehen. Rowohlt platzierte den Roman 1950 prominent als ersten Band der rororo-Taschenbücher (Fallada 1950). Diese Ausgabe erreichte allein bis 1960 eine Auflage von 300 000 und bis 2016 eine Auflage von rund 942 000 Exemplaren (Grisko 2002, 61; Töteberg 2016, 415). 1954 erschien die erste DDR-Ausgabe im Aufbau Verlag, der 1962 die von Günter Caspar besorgte Ausgabe im Rahmen der *Ausgewählten Werke* folgte.

Im Jahr 2016 veröffentlichte der Aufbau Verlag eine Fassung des Textes, die auf dem Originalmanuskript Falladas beruht. Allerdings wurde von Seiten der Bearbeiter, Mike Porath und Nele Holdack, in den Text eingegriffen: Der Text wurde normalisiert, also auf die Neue Rechtschreibung umgestellt, die Überschriften wurden, soweit sie im Manuskript fehlen, aus der Buchfassung von 1932 übernommen. Abkürzungen (Namen und Zahlen) wurden aufgelöst, offensichtliche Irrtümer stillschweigend korrigiert, Schwankungen und Unregelmäßigkeiten wurden vereinheitlicht. In zwei Fällen, deren Umfang nicht angegeben wird, wurden Streichungen vorgenommen (Fallada 2016, 551 f.). Insgesamt handelt es um eine Leseausgabe auf der Basis des Manuskriptes, die deutlich umfangreicher ist als der Druck von 1932. Immerhin betonen die Bearbeiter, dass die vorgelegte Fassung „den Roman nicht grundlegend" verändere, heben allerdings zugleich hervor, dass das Manuskript zeige, dass Fallada „vieles nuancierter abzuwägen und zu schildern vermochte, als das bislang gedruckte Buch vermuten ließ" (ebd., 551). Eine textkritische Ausgabe des Romans, in der Manuskript, Zeitungserstdruck und Buchfassungen detailliert abgeglichen werden, steht noch aus.

Zentral für den Erfolg des Buches in der Wirtschaftskrise sind der Vorabdruck in der *Vossischen Zeitung* und die zahlreichen Zeitungsnachdrucke, die bis in die NS-Zeit hinein erschienen. Grisko (2002, 59) berichtet von über 50 Regionalzeitungen, in denen Falladas Roman erschien. Die erste Buchclub-Ausgabe, hier in das Programm der *Deutschen Buch-Gemeinschaft*, erfolgte 1935. Fritsch (1995, 55) weist zudem auf eine Ausgabe des *Deutschen Buch-Clubs* hin, der 1932 parallel zu Rowohlt den Roman veröffentlicht und ihn zum „Buch des Monats Juni" ausgelobt habe. Die Aufnahme ermöglichte den Verkauf zu deutlich geringeren Preisen und verstetigte den Erfolg ebenso wie die im selben Jahr gedruckte Sonderausgabe, mit der das Buch zu einem verbilligten Preis in die Buchhandlungen gebracht wurde (2,85 RM, vgl. Fritsch 1989, 37 mit Verweis auf die *Blätter für Bücherfreunde*, Leipzig [1935] H. 1). Die Buchclub-Ausgabe erreichte allerdings nur eine Auflage von 23 000 Exemplaren (Dünnebier 1993, 19).

Handlung und Schreibweise

Die Handlung des Roman ist in der schnell wachsenden, dabei wirtschaftlich und sozial bedrängten Angestelltenschicht vor allem des urbanen Zentrums der Weimarer Republik, Berlin, angesiedelt. Die Handlungszeit umfasst etwa zweieinhalb Jahre, wobei die historische Fixierung trotz der zahlreichen Hinweise Falladas nicht eindeutig ist und Anachronismen hingenommen werden müssen (Caspar 1962, 375f.). Am naheliegendsten ist ein historischer Rahmen zwischen dem Juli 1930 und dem November 1932 (vgl. Grisko 2002, 6), die Handlung reicht unter dieser Prämisse also über die Entstehungszeit hinaus. Die Datierungen, die – so Caspar – noch in der Handschrift zu finden sind und mit denen die Erzählung ursprünglich zeitgeschichtlich verortet werden sollte (Caspar 1962, 375), sind für den Druck getilgt worden (vgl. Fallada 2016; der Druck, der auf die Handschrift zurückgeht, enthält Datierungen etwa auf den Seiten 101 und 242). Eine allzu eindeutige zeitgeschichtliche Einbettung der Handlung lag daher wohl nicht in der Absicht des Autors, um das Identifikationspotenzial und die breite Rezeption des Romans nicht zu mindern. Falladas Roman blieb mithin mit Absicht „am Rande des großen Geschehens" (ebd., 378). Der Protagonist Pinneberg wurde als politischer Mitläufer positioniert und nicht als Vorbild- oder Heldenfigur ausgezeichnet. Die politischen und ökonomischen Ereignisse (Weltwirtschaftskrise, Aufstieg der NSDAP, Wahlen etc.) bilden lediglich den Handlungsrahmen, da sie lebensweltlich zwar wirksam sind, aber kaum wahrgenommen werden. Der Anachronismus resp. „Datierungsirrtum", den Caspar (ebd., 376) meint festhalten zu müssen und der mit dem Bedürfnis einhergeht, den Roman historisch eindeutig einzuordnen, ist demnach eher irrelevant.

Thema ist der vergebliche Versuch des Protagonisten – Titelfigur ist der anfangs 23jährige, gelernte Verkäufer für Herrenkonfektion Johannes Pinneberg – und seiner Frau, sich eine gesicherte materielle Position und damit einen sozialen Ort in der Gesellschaft zu erarbeiten. Zugleich ist der Roman als Studie über das Überleben der prekarisierten Einzelnen in der Moderne angelegt und über das Scheitern der Überlebensstrategien, die an konventionelle Rollenmodelle gebunden sind.

Basis ist die enge emotionale Bindung der beiden Hauptfiguren aneinander, die sich gegenseitig mit den Kosenamen „Lämmchen" und „Junge" ansprechen. Das gemeinsame Kind („Murkel", eigentlich Horst) ist vor allem Ausdruck dieser engen Bindung und seiner Untrennbarkeit, es bekommt – altersbedingt – nur geringe Handlungsanteile im Schlussabschnitt (was seine konzeptionelle Bedeutung jedoch zugleich verstärkt). Die Trias von Vater-Mutter-Kind ist als Basisform von Gesellschaft überhaupt und im Gegensatz zum gesellschaftlichen Großraum angelegt. Gesellschaft wird als komplexer Raum mit undurchschaubaren kommunikativen und sozialen Anforderungen beschrieben. Die dissoziativen Tendenzen von Gesellschaft, die ihre dysfunktionalen Mitglieder marginalisiert und prekarisiert, werden dem Rückzugs- und Schutzraum des Paares gegenübergestellt, in dem basale kommunikative Kompetenzen noch ausreichen, in dem eine ethische Grundform als Regularium funktioniert („ein klein bisschen Anständigkeit"; Fallada 2017, 92) und der von Empathie bestimmt wird. Darüber hinaus dient dieser Raum auch als idealisiertes Gegen- und Vorbild zum gesellschaftlichen Großraum und als Basis für die externen Aktivitäten der Akteure (vgl. Lauffer 2011, 277–314). Der idyllische Schutzraum übernimmt mithin Funktionen, die in der Tradition der frühneuzeitlichen Schäferspiele wie des Bürgerlichen

Trauerspiels stehen und etwa bei Heinrich Böll weitergeschrieben werden (vgl. Delabar 2008). Dieser soziale Raum ist nicht abgeschlossen, sondern grundsätzlich offen, dient aber zugleich als Basis der Neustrukturierung der persönlichen Verhältnisse und der geschlechtsspezifischen Rollenverteilung (vgl. Delabar 2013).

Die Zuordnung von Falladas Schreibtechnik zur Neuen Sachlichkeit hat ihm in der frühen, politisch motivierten literaturwissenschaftlichen Rezeption seit Lukács (1936) harsche Kritik eingetragen (vgl. Lukács 1980; Lethen 1975). Die vermeintliche Nachrangigkeit seines Stils und die unterstellte Trivialität seines Inhalts haben zudem verhindert, dass Falladas Erfolgsroman in die Kernbereiche der wissenschaftlichen Rezeption und Diskussion aufgenommen wurde (vgl. Töteberg 2016). Kommt die Sprache auf die Romane der Klassischen Moderne, fehlt Falladas *Kleiner Mann – was nun?* regelmäßig. Horkheimer/Adornos Wertschätzung in der *Dialektik der Aufklärung* (1944) als einer der bedeutendsten Romane der späten Weimarer Republik hat ebenso wenig Wirkung gezeigt wie die Wertschätzung, die die DDR-Forschung dem ‚Realismus' des Roman bei aller Kritik entgegengebracht hat. Darauf, wie stark Fallada stilistisch in die avancierten Schreibweisen der Klassischen Moderne eingebunden war, wurde allerdings bereits in der bundesdeutschen Diskussion der 1970er und frühen 1980er Jahre verwiesen (Theilig/Töteberg 1980, 73; vgl. Gansel 2016), ohne dass dies die Wertschätzung des Romans in der literaturwissenschaftlichen Forschung nachhaltig verbessert hätte. Dies scheint sich in den letzten beiden Jahrzehnten jedoch zu ändern: Karl Prümm hat diese Hinweise aufgenommen und für die Frage genutzt, wie es Fallada gelungen sei, jenen „Realitätseindruck" hervorzurufen, „der bei den Rezipienten das Bewußtsein des Romanhaften zum Verschwinden bringt" (Prümm 1995, 258). Er betonte, dass Fallada mit seinen „Erzähltechniken […] auf der Höhe der Zeit" gewesen sei:

Mit einem nicht zu unterschätzenden Grad an Selbstreflexion und Selbstkontrolle bedient er sich avancierter Erzählweisen, läßt sich von einem Medienbewußtsein leiten, das bislang noch nicht gewürdigt wurde, überschreitet das Literarische und adaptiert andere Formen der Wahrnehmung und der Repräsentation. (Prümm 1995, 258; vgl. Prümm 2011, 136)

Prümms Fazit, Falladas *Kleiner Mann – was nun?* sei „ein romanhafter Reflex auf die Dingwahrnehmung und das neue Sehen der zeitgenössischen Fotografie" (Prümm 1995, 262), unterschätzt jedoch noch die von ihm selbst angeführte Breite der stilistischen Verfahren, derer sich Fallada auch in diesem Roman bedient.

Dabei stellt Fallada eine hohe Übereinstimmung von Thema und Schreibweise her: Die Fokussierung auf die Subjekte als wahrnehmende und erlebende Faktoren und damit als entscheidende Akteure wird durch eine Darstellung gestützt, die die Perspektive dieser Subjekte ernst nimmt und umsetzt: Vom „Fischauge Subjekt" spricht Delabar (2004, 58 ff.). Die subjektivierte Perspektivierung korrespondiert mithin mit der in der Kultursoziologie von Ulrich Beck (1986) entwickelten Überlegung, dass auf die Subjekte in der modernen Gesellschaft neue Aufgaben zukommen, für die ihre Orientierung in ihrem konkreten Umfeld zentral ist (vgl. Delabar 2004). Literarische Texte bieten für diese Orientierung eine der wichtigsten Plattformen, die in einer Gesellschaft zur Verfügung stehen.

Die Nähe von Falladas Text zu Siegfried Kracauers Studie *Die Angestellten*, die zuerst in der *Frankfurter Zeitung* in Fortsetzungen, im Anschluss in Buchform erschien (vgl. Kracauer 1930), ist immer wieder hervorgehoben worden (Bermeitinger 1932; Manthey 1973, 88; Teilabdruck bei Mayer 1978, 37–41; Fritsch 1989, 19; Lethen 1975, 157). Fallada verweist in seinem Vortragstyposkript von 1932 auf umfangreiche Studien, die er selbst im Vorfeld unternommen habe (Fallada 2017, 89f.). Eine Rezeption Kracauers ist jedoch nicht nachgewiesen. Die zeitliche Nähe zwischen dem Konzeptpapier (24. September 1931) und dem Beginn der Arbeit an der Niederschrift (19. Oktober 1931) macht wahrscheinlich, dass Fallada auf frühere Lektüren auch der Kracauer-Schrift zurückgreifen konnte. Im Wesentlichen besteht die Korrespondenz zwischen Roman und Kracauers Artikelsammlung in der erzählerischen Präsentation von Habitus und Handlungskonzepten der Angestelltenschicht, deren theoretische Beschreibung Kracauer vorgelegt hatte (siehe den Beitrag 2.6 *Fallada und die Kulturdiagnostik* in Kap. I). Die Erzählung Falladas wählt dafür naheliegender Weise eine andere Perspektive als die soziologisch und politisch interessierte Analyse Kracauers, verschiebt sie mithin in die Figurenperspektive (Prümm 1995, 259).

Gegliedert ist der Text in ein „Vorspiel", zwei Teile und ein „Nachspiel". Der erste der beiden Hauptteile „Die kleine Stadt" spielt in Ducherow (78 Druckseiten), der zweite in „Berlin" (206 Druckseiten). Das „Vorspiel" „Die Sorglosen" (26 Druckseiten) dient der Exposition und Positionierung der Protagonisten, das „Nachspiel" „Alles geht weiter" (37 Druckseiten) fokussiert die Handlung zunehmend auf die Kernfiguration von Mann-Frau.

Neben den beiden Protagonisten Johannes und Emma Pinneberg, geb. Mörschel, gibt es eine Reihe von Assistenzfiguren, von denen die bedeutendsten der Liebhaber der Mutter Pinnebergs, Holger Jachmann, und der Kollege Pinnebergs im Kaufhaus Mandel, Heilbutt, sind. Alle anderen Figuren sind den jeweiligen Stationen zugeordnet: die Kollegen bei Kleinholz und Mandel, die jeweiligen Vorgesetzten, die Eltern Emmas und die Mutter Pinnebergs. Hinzu kommen Ausstattungsfiguren, die an bestimmte Szenen gebunden sind (der Arzt in der Auftaktepisode, die Krankenschwestern in der Geburtsklinik etc.).

In den beiden Hauptteilen wird die in der Exposition in den Vordergrund gestellte Selbstbehauptung nach und nach suspendiert. Die Protagonisten wollen zu Beginn „vorwärtskommen", wie Lämmchen nach der Ankunft in Ducherow betont (Fallada 1933, 45). Allerdings müssen sie dafür die notwendigen Bedingungen erst schaffen: Basis der Absicherung wie des sozialen Aufstiegs ist die Anstellung Pinnebergs. Die Aufstellung der materiellen Rücklagen, ein einigermaßen belastbares Budget, eine ausreichend große Wohnung und eine bezahlbare Miete sind die wiederkehrenden Themen, die zwischen den jungen Eheleuten diskutiert werden. Für eine effiziente Bewirtschaftung des gemeinsamen Haushalts fehlt es allerdings beiden an der notwendigen Kostendisziplin: Die Lachs-Episode Lämmchens, der Kauf der Spiegelkommode durch Pinneberg und die Diskussion vor dem Kauf des Kinderwagens zeigen das an. Hinzu kommt, dass Lämmchen, auch wenn sie aus einem Arbeiterhaushalt kommt, nicht kochen kann – ein geläufiger Umstand, auf den die in den 1920er Jahren zahlreich erscheinenden Haushalts- und Kochbücher reagieren. Das kleine Haushaltseinkommen, mit dem beide umzugehen lernen müssen, die Struktur notwendiger Ausgaben und gelegentliche Unregelmäßigkeiten der Protagonisten führen immer wieder zu finanziellen Engpässen. Die Situation wird schließlich durch die Entlassung Pinnebergs existenzbedrohend.

3.2 Kleiner Mann – was nun? (1932)

Der Kollege Heilbutt attestiert den Pinnebergs angesichts der grundsätzlich unsicheren Situation sogar „Mut" (ebd., 202), da sie sich nicht davon abhalten lassen wollten, eine Familie zu gründen. Dies ist auch als Hinweis darauf zu werten, dass genau diese Grundstruktur in der sozialen Schicht, zu der die beiden gehören, ubiquitär ist. Ein Blick auf den Referenzbereich (etwa Gabriele Tergits ebenfalls bei Rowohlt erschienener Roman *Käsebier erobert den Kurfürstendamm* und Irmgard Keuns *Gilgi* von 1931 oder Martin Kessels *Herrn Brechers Fiasko* von 1932) zeigt, dass Angestellte deutlich bessere Überlebenschancen als Single und ohne Kinder haben. In *Gilgi* wird ausdrücklich vor der Ehe und vor Kindern gewarnt: Hertha, eine der Gegenfiguren Gilgis, rät ihr zu „Selbständigkeit und Unabhängigkeit – dann kannst du einen Mann lieben und dir die Liebe erhalten. Sorg' rechtzeitig, daß du nie eines Tages so hilflos und wehrlos dastehst wie ich" (Keun 1932, 191). Sie verweist in der betreffenden Passage auf das Gesamtmuster von Ehebindung, geschlechtsspezifischer Rollenverteilung, zu versorgenden Kindern und ökonomischer Krise, was in diesem Fall zum Selbstmord der Figur und ihrer Familie führt (vgl. Delabar 2004, 131 ff.).

Berufstätigkeit und männliches Selbstverständnis Pinnebergs als Versorger der Familie sind eng miteinander verbunden. Pinnebergs Anstellung ist jedoch in der ersten Station, der kleinen Stadt, ungesichert, da er vom Chef als Heiratskandidat der Tochter ausgewählt wurde. Er wird entlassen, als seine Ehe mit Lämmchen bekannt wird. Die Stelle im Kaufhaus Mandel in Berlin erhält er durch Protektion des Liebhabers seiner Mutter, Holger Jachmann. Er scheitert aber auch hier, in diesem Fall an vorgegebenen Verkaufszahlen, die ihn schließlich in einer Extremreaktion dazu verleiten, die gebotene Zurückhaltung beim Verkauf aufzugeben: Einen bekannten Schauspieler, Franz Schlüter, der im Kaufhaus verschiedene Kleidungsstücke anprobiert, ohne eins kaufen zu wollen, beschwört er zum Kauf, was umgehend zur Entlassung führt. Seine vom Kollegen Heilbutt gelobte Einfühlsamkeit, die ihn zu einem guten Verkäufer mache, versagt in diesem Moment. Das notwendig einzuhaltende Rollenmodell als Verkäufer gibt er auf, mit fatalen Folgen (vgl. Lethen 1975).

Zu Beginn des Romans finden sich noch Passagen, in denen die Überlegenheit des Mannes über die Frau als selbstverständlich unterstellt wird: „Aber es gibt Sachen, die brauchen Frauen nicht zu wissen." (Fallada 1933, 52) – „Denken Sie immer, es ist nur eine Frau, sie hat den Verstand nicht so." (ebd., 105) Spätestens mit dem Verlust der Stelle und dem Rückzug der Pinnebergs in die Laubensiedlung am Stadtrand kehren sich die Verhältnisse jedoch um: Der Mann versorgt das Kind, während die Frau den Lebensunterhalt bestreitet. Die Rollenprofile werden vertauscht: „Der Mann als Frau" (ebd., 22) wird auf eine untergeordnete, passive Rolle reduziert, gibt seinen Anspruch auf die Suprematie und Versorgerfunktion auf, mithin auch die Anstrengungen, eine gesicherte soziale Position für sich und seine Familie zu erreichen. Lämmchen hingegen wird in ihrer Position gestärkt: durch ihre wirtschaftliche Bedeutung für die kleine Familie, durch ihre persönliche Stärke wie Zuversicht und durch ihre durchgängige moralische Haltung (sie untersagt es Pinneberg, mit Nachbarn der Laubensiedlung illegal Holz zu schlagen). Sie rückt damit in die zentrale Position des sozialen Kleinraums.

Der Schlussgang in die Stadt, auf dem Pinneberg die Arbeitslosenunterstützung abholen, Besorgungen machen und Schulden zahlen soll, gibt Fallada schließlich die Möglichkeit, die Situation von Arbeitslosen in der Hochzeit der Wirtschaftskrise vorzuführen. Der Gang gipfelt in der Situation auf der Friedrichstraße, in der ein

Polizist den heruntergekommenen Pinneberg vom Schaufenster einer Delikatessenhandlung und vom Bürgersteig auf die Fahrbahn vertreibt: „Und plötzlich begreift Pinneberg alles, angesichts dieses Schupo, dieser ordentlichen Leute, dieser blanken Scheibe begreift er, daß er draußen ist, daß er hier nicht mehr hingehört, daß man ihn zu Recht wegjagt: ausgerutscht, versunken, erledigt." (ebd., 343)

Auffallend am Text ist seine starke Fokussierung auf die interpersonalen Aktivitäten und nicht auf historische oder politische Ereignisse. Die „durchgehend fiktionalisierte Bestandsaufnahme des politischen, ökonomischen und sozialen Klimas am Ende der Weimarer Republik" (Grisko 2002, 51) muss deshalb auf der lebensweltlichen Ebene der Pinnebergs gesucht werden, als „Panorama des Alltags" (ebd., 52). „Realismus" und „Aktualität" des Textes (ebd., 52) sind mit dieser Ebene verbunden, was auf der anderen Seite die bereits angeführte Ferne zum politischen Geschehen begründet (vgl. Lukács 1980, 67; Caspar 1962, 378). Die Figuren agieren in einem Feld, das, so Grisko, von „einer fortschrittlichen Sozialpolitik" einerseits und der „zunehmenden [...] Arbeitslosigkeit" andererseits geprägt ist, die die politische Stabilität merklich erschüttert und bis hinein auf die Ebene der Protagonisten Auswirkungen hat. Sie befinden sich zudem „im Spannungsfeld der fortschreitenden parteipolitischen Polarisierung und des latenten Antisemitismus" (Grisko 2002, 52). Lämmchen bezeugt gelegentlich ihre Abneigung gegen Juden, Pinnebergs Tätigkeit für Bergmann in Ducherow und das Kaufhaus Mandel in Berlin wird von anderen Figuren kritisch kommentiert. Pinneberg selbst wird fälschlicherweise beschuldigt, die Personaltoilette bei Mandel mit antisemitischen Parolen beschmiert zu haben. Damit agieren die Figuren zeittypisch und aus heutiger Sicht unreflektiert. Gansel betont allerdings, dass die antisemitischen Denkmuster der Protagonisten durch die Kürzungen verstärkt worden seien (Gansel 2016, 517). Ohne das Argument Gansels zu suspendieren, bleibt als Stärke der Ausgabe 1932 festzuhalten, dass solche Auszeichnungen die Gemengelage der historischen Situation kennzeichnen, in die der Roman eingebettet ist. Sie machen die Figuren selbst plausibel und nachvollziehbar. Falladas Protagonisten sind gemischte Charaktere und mittlere Helden, deren Wissensstand und Reflexionsgrad den historischen Rahmenbedingungen entspricht.

Aufnahme und Wirkung

Der Erfolg von *Kleiner Mann – was nun?* ging weit über die Erwartungen von Verlag und Autor hinaus. Zurückzuführen ist dies im Wesentlichen auf drei Faktoren: auf die konkreten Marketingmaßnahmen (insbesondere auf die enge Abstimmung von Buch-Publikation mit Vorabdruck und korrespondierenden Besprechungen der Ullstein-Presse), auf die mediale Präsenz (die zahlreichen Zeitungsnachdrucke, die dem Roman weite Lesekreise eröffneten) und schließlich auf die direkte Resonanz bei den Lesern selbst (starke primäre Rezeption mit großer sekundärer Resonanz in deren Umfeld, aus der heraus das Buch weitgehend ohne Begleitung durch den Literaturbetrieb nachgefragt wurde). Die Rezensionen, die auf die den Buchstart begleitenden Besprechungen der Ullstein-Presse folgten, begannen schnell auch den Erfolg selbst zu reflektieren (vgl. Fritsch 1989; Fritsch 1995). Sie haben damit eher einen verstärkenden denn einen den Erfolg begründenden Charakter. Die Leserresonanz selbst, von der bereits Fallada berichtet, verweist stattdessen, wie Siegfried Kracauer 1931 betonte, auf das „geglückte[ ] soziologische[ ] Experiment[ ]", als das sich jeder Bestseller erweist. Fallada war jene notwendige „Mischung von Elementen gelungen", „die dem Geschmack der anonymen Lesermassen entspricht". Diese wiederum, so Kracauer, müsse auf den „sozialen Verhältnissen der Konsumenten beruhen", also auf einer allgemeinen Bedingung, die für große Absatzzahlen notwendig sei (Kracauer 1963, 67). Diese Überlegungen, die Kracauer aus anderem Anlass und bereits vor der Publikation von *Kleiner Mann – was nun?* angestellt hatte, haben die wissenschaftliche Rezeption bis heute geprägt. In den primären Rezeptionszeugnissen findet sich deren Konkretisierung. Die Identifikation der Leser mit den Romanereignissen und Figuren war ungemein groß, wie sich in Falladas zeitgenössischem Vortragstyposkript erkennen lässt, in dem er von Leserzuschriften berichtet: „[D]a schreibt mir eine Frau [...], sie bittet mich herzlich, es mit Pinneberg und seinem Lämmchen nicht gar zu übel zu machen, wenn es ginge, ein ganz klein bisschen happy end!" (Fallada 2017, 91)

Die erhaltenen Leserbriefe an Fallada stammen aus der Phase des Vorabdrucks des Romans in der *Vossischen Zeitung* (Latzkow 1995, 274). Dass *Kleiner Mann – was nun?* anders als *Bauern, Bonzen und Bomben* Leser zu eigenen Stellungnahmen und zur Kontaktaufnahme mit dem Verfasser motivierte, weist auf eine deutlich größere Affinität vor allem zu den Romanfiguren und zur Handlung hin. Der Fortsetzungscharakter des Zeitungsvorabdrucks ließ zudem offenbar vermuten, dass Leserzuschriften Einfluss auf den Fortgang und Ausgang der Erzählung haben könnten. Zumindest setzt die zitierte Zuschrift voraus, dass das Ende des Romans noch modifizierbar ist.

Die Leserzuschriften lassen mehrere Anknüpfungspunkte erkennen (vgl. Latzkow 1995): Primär ist die Identifikation von Leserinnen und Lesern mit dem Romangeschehen resp. die Nutzung des Romans als Reflexions- und Abgrenzungsfolie für eigene, vergleichbare Konstellationen. Dass gemeinsame Erfahrungshorizonte eine wesentliche Rolle spielen, ist an Zuschriften aus dem ländlichen und süddeutschen Bereich erkennbar: Leser aus solchen Regionen, so Latzkow, teilten in wesentlich geringerem Umfang Erfahrungen mit den Protagonisten des Romans als norddeutsche, urbane und insbesondere Berliner Leser und neigten weniger dazu, sich mit den Protagonisten oder dem Geschehen zu identifizieren (ebd., 275). Das im Laufe der Romanarbeit immer stärker werdende Profil „Lämmchens" und ihre erstaunliche Beharrungs- und Durchsetzungskraft wurde von Leserinnen und Lesern als ermutigendes Signal wahrgenommen. Sie wünschten deshalb, dass die Protagonisten unbehelligt blieben (ebd., 281). Dasselbe gilt für den Rückzug in den kleinen sozialen Raum von Mann, Frau, Kind und den Habitus, der von Elementen wie „Liebe", „Anständigkeit" und „Helfen" (Fallada 2017, 92) geprägt ist. Personalisierte Empathie, Ethos und gegenseitige Hilfe werden als Anknüpfungspunkte gesehen und wertgeschätzt, wie anzunehmen ist, gerade weil der Großraum der Gesellschaft von starken Brüchen und harschen Auseinandersetzungen geprägt ist. Die Szenerie und Besetzung des Romans wird als authentisch wahrgenommen, wie nicht nur an den zustimmenden Zuschriften erkennbar wird, sondern auch daran, dass der Roman als Medium verstanden wird, in dem sich Leser über die Gegebenheiten der sozialen Schicht informieren können, der die Protagonisten zuzuordnen sind (vgl. Latzkow 1995, 281).

Das mediale Echo auf den Roman ist bemerkenswert stark. Bei den Besprechungen sind nach Fritsch zwei Phasen zu unterscheiden. In die erste Phase gehören jene Besprechungen, die mehr oder weniger eindeutig zu den konzertierten Maßnahmen der Verlage Ullstein und Rowohlt gehören. Die zweite Phase reflektiert den Erfolg bereits und ist zumeist unabhängigen Rezensenten und Blättern zuzuordnen (vgl. Fritsch 1989; Fritsch 1995; Grisko 2002; Caspar 1962). Grisko nennt die überaus große Zahl von 753 Besprechungen des Romans, die zumeist noch von Fallada selbst gesammelt worden sind (vgl. Grisko 2002, 59, 61 ff. mit dem Teilabdruck von Besprechungen und Leserbriefen; Fritsch 1989, 87). Fritsch verweist zudem darauf, dass der Roman „in der Zeit der sogenannten Machtergreifung", also zwischen Dezember 1932 bis März 1933, am „intensivsten" besprochen worden sei (Fritsch 1995, 249).

Die Rezensenten und Blätter, in denen ihre Besprechungen erscheinen, sind prominent. Es finden sich auch heute noch bekannte Namen wie Carl Zuckmayer, Herbert Ihering, der spätere Verleger Peter Suhrkamp, Bernard von Brentano oder Hermann Hesse. Alle großen Blätter der Weimarer Republik nahmen sich des Romans an. Der Erfolg wirkte weit bis in die Provinzmedien hinein, wie die zahlreichen Nachdrucke zeigen. Besprechungen lassen sich zudem in verschiedenen Sparten- und Branchenblättern finden (vgl. Fritsch 1989; Fritsch 1995).

Der durchweg positiven ersten Besprechungsphase folgten erst in der zweiten Phase kritische Äußerungen. Allerdings hielt sich die linksgerichtete Presse weitgehend zurück (Fritsch 1995, 251). Sie wartete anscheinend, so Fritsch, ab und reagierte schließlich auf den Erfolg, der strategisch bewertet wurde. Daher rührten die weitgehend positiven Besprechungen in den linksorientierten Blättern, in denen die Deklassierung und Proletarisierung Pinnebergs in den Vordergrund gestellt wurde (vgl. ebd.; Fritsch 1989, 93 f.). Dass Fallada der notwendige Klassenstandpunkt fehle (vgl. Fritsch 1989, 90), war hierbei nachrangig. Bernard von Brentano beurteilte den Roman in der *Roten Fahne* positiv: Man solle den Text lesen, weil er „Menschenkenntnisse vermittelt, die man gebrauchen" könne. Gerade Arbeiter verbesserten mit der Lektüre ihr Wissen über „die ihr ökonomisch benachbarte[ ] Gruppe von Werktätigen" (Brentano 1933; vgl. Fritsch 1989, 97 ff.).

Als ähnlich strategisch bewertet Fritsch die Besprechungen der nationalen Presse, die gleichfalls Falladas Erfolg habe nutzen und sich seiner Loyalität habe versichern wollen (ebd., 253). Fritsch vermutet gar, dass die politisch motivierten Besprechungen sich mehr an Fallada selbst als an das Publikum gerichtet hätten, denn „in den meisten Fällen wurde seine Akzeptanz unter der Bedingung der Anpassung in Aussicht gestellt" (ebd., 254). Unter den Rezensenten befanden sich prominente Repräsentanten der NS-Kultur und des Neuen Nationalismus wie Hanns Johst, Hellmuth Langenbucher, Franz Schauwecker und Will Vesper, was auf die Bedeutung des Romans für den Nationalsozialismus hinweist. Die Schwierigkeiten Falladas mit dem Regime bis 1935 lassen jedoch wenigstens einen Strategiewechsel des nationalen Lagers oder unterschiedliche Positionen vermuten (etwa, wie auch für andere Fälle bekannt, zwischen dem Goebbels- und Rosenberg-Lager im Regime). Die ablehnende Positionierung Hellmuth Langenbuchers am 15. Januar 1933 in der *Berliner Börsen-Zeitung*, der gar von seinem „Widerwillen" sprach, das Buch überhaupt zur Hand zu nehmen (Langenbucher 1933), beeinflusste jedoch die Haltung der nationalsozialistischen Presse nachhaltig (so Fritsch 1989, 124 ff.; vgl. Caspar 1988). Langenbucher bemühte sich, Falladas literarische Bedeutung zu mindern; dem Roman sprach er ab, überhaupt als „eine Dichtung", also hochrangige Literatur, gelten zu können (Langenbucher 1933). Den Erfolg des Buches sprach er den Eigentümlichkeiten des Buchhandels der „Systemzeit" zu.

Die politisch neutralen oder gemäßigten Tageszeitungen hingegen publizierten positive Bewertungen des Romans, auch jenseits der Publikationen des Ullstein-Konzerns. Sie betonten „Alltäglichkeit und Durchschnittlichkeit des [...] Geschehens sowie die Wirklichkeitsnähe der Schilderung" (Fritsch 1995, 256). Zu den wenigen negativen Kritiken in der bürgerlichen Presse gehört der Text Karl Bermeitingers in der *Frankfurter Zeitung*, der die „Anekdotisierung und Idyllisierung" bemängelte (Bermeitinger 1932; vgl. auch Lukács 1980, 70; Fritsch 1989, 139). Fallada gelinge es nicht, „dem Objekt, dem er den realen Zusammenhang genommen hat, einen neuen und einen höheren Zusammenhang zu geben" (Bermeitinger 1932; vgl. Fritsch 1989, 140). Er wurde dabei von Herbert Ihering im *Berliner Börsen-Courier* unterstützt, der darüber hinaus bemängelte, dass Fallada sein kleinbürgerliches Lesepublikum in seiner apolitischen und eskapistischen Haltung unterstützt habe (Ihering 1932; vgl. Fritsch 1989, 142): „Dichtung war hier wieder Verschönerung, Vergoldung." Fallada wende die Probleme der Gegenwart so, dass sie „märchenhaft" erschienen; der Roman mache „den Kummer angenehm und den Hunger liebenswürdig" (Ihering 1932). Die prominente Platzierung dieser Kritiken in den intellektuell führenden, wenngleich nicht auflagenstärksten Tageszeitungen der Weimarer Republik sicherten ihnen zwar eine große Verbreitung in deren Leserschaft und damit in den intellektuellen Diskussionen der Zeit, auf den Erfolg des Buches hatten sie dennoch keinen erkennbaren Einfluss. Sichtbar wird, dass die Kritik der bürgerlichen Presse sehr viel direkter auf die meinungsbildende Kraft von Literatur setzte und deshalb ihren Vorbildcharakter betonte, während die Medien, die parteipolitisch an den Extremen orientiert waren, sehr viel strategischer den Erfolg von Autor und Buch zu nutzen versuchten. Die Besprechungen haben demnach neben ihrer werblichen Funktion noch die Aufgabe, die Diskussion in den intellektuellen Kreisen der Weimarer Republik zu beeinflussen, zielen also auf eine völlig andere Zielgruppe als die Besprechungen in den Massenblättern der Zeit.

Auch vor diesem Hintergrund ist der Roman mehrfach adaptiert worden: Am 23. November 1932 wurde die Hörspielbearbeitung des Romans unter der Regie von Gerd Fricke im Sender Berliner Funkstunde – allerdings mit mäßigem Erfolg – gebracht (siehe den Beitrag 3. *Hörspiele und Lesungen* in Kap. III). Die zeitgenössischen filmischen Adaptionen wurden hingegen publizistisch intensiv begleitet und fanden ein großes Echo. Spätere mediale Verarbeitungen wie die Dramenfassungen und Revuen der 1970er Jahre stehen hingegen im Kontext der jeweiligen Auseinandersetzung mit Autor, Text und Zeit (siehe den Beitrag 4. *Fallada auf der Bühne* in Kap. III).

Forschung

Eine literaturwissenschaftliche Forschung setzt im Wesentlichen erst mit der Neupublikation des Textes nach 1945 ein (vgl. Zachau 1995; Zachau 2013). Hinzu kommt, dass es schwierig ist, die Fallada-Forschung insgesamt von der literaturwissenschaftlichen Forschung zu *Kleiner Mann – was nun?* abzugrenzen: Die Haltung zu Fallada wird in den meisten Fällen mit der Kritik an seinem wichtigsten Erfolgsbuch verbunden. Im Vorfeld liegt die 1936 auf Russisch, auf Deutsch allerdings erst 1980 publizierte Abrechnung von Georg Lukács mit Fallada (Lukács 1980), der die hohe Wertschätzung Max Horkheimers und Theodor W. Adornos in dem 1944 als

Typoskript erschienenen Großessay *Dialektik der Aufklärung* gegenübersteht (Horkheimer/Adorno 1998). Während Lukács Fallada als neusachlichen Autor ablehnte, seinen Eklektizismus und seine weltanschauliche Orientierungslosigkeit kritisierte, hoben die Vertreter des exilierten Instituts für Sozialforschung die hellsichtige Verortung des Kleinbürgers in Falladas Erfolgsroman hervor, den sie zu den bedeutendsten Texten seiner Zeit zählten. Trotz der skeptischen Haltung auf Seiten der KP suchte Johannes R. Becher 1947 die Zusammenarbeit mit Fallada, attestierte ihm allerdings in seinem Nachruf, „als Dichter kein Denker" gewesen zu sein, was auf den seit Lukács' Aufsatz kurrenten und in der Forschung wiederholten Vorwurf der ideologischen Orientierungslosigkeit verweist. Er fügte dem aber sogleich hinzu, dass Fallada dazu auch gar keinen Raum gehabt habe, sei er doch vollauf „mit der Fülle der ihn bedrängenden Figuren" beschäftigt gewesen (Becher 1947, 99).

Die DDR-Rezeption ist entsprechend Fallada und seinem Erfolgsroman gegenüber zwiegespalten, wie an Günter Caspars Nachwort zur Neuausgabe des Romans im Rahmen der *Ausgewählten Werke* im Jahr 1962 zu erkennen ist (Caspar 1962). Der Wunsch, einen derart attraktiven Autor und einen so breit rezipierten, wenn nicht volkstümlichen Text für sich reklamieren zu können, steht in der Sicht Caspars die geringe Identifikation von Personal und Autor mit KP-Positionen gegenüber. Caspar sieht in der Fokussierung auf die Kernfiguration und die relative Neutralität der Protagonisten einen Mangel des Textes, der umso schwerer wiegt, als wenigstens Emma Pinneberg aus einer proletarischen Familie stammt. Dieser Mangel spielte bis in die 1970er Jahre eine Rolle bei der Beurteilung des Textes durch die DDR-Literaturwissenschaft, dennoch setzte sich der Text als „sozialistischer Klassiker" durch, „weil es, wie Becher schon gesehen hatte, für die von Fallada behandelte Periode der deutschen Geschichte der 1920er und 1930er Jahre nur wenige gute sozialkritische Autoren gab" (Zachau 2013, 95). Seit der Abwendung der DDR-Literaturwissenschaft von den Lukács-Positionen setzte sich eine differenziertere Sicht durch, in der Autor- und Figurenpositionen deutlicher voneinander geschieden wurden.

In der bundesdeutschen Forschung spielt die psychoanalytisch motivierte Biografie Jürgen Mantheys aus dem Jahr 1963 eine zentrale Rolle (Manthey 1973). Sie begründete textliche und biografische Entwicklungen bei Fallada mit frühkindlichen Traumata – in diesem Fall vor allem mit dem Konflikt mit dem Vater resp. dem Wunsch nach dessen Anerkennung (ebd., 92) –, was das idyllisierende Konzept von *Kleiner Mann – was nun?* auf die Person Fallada zurückverweist. Allerdings ist dem entgegenzuhalten, dass eine psychoanalytische Begründung des Textkonzeptes nicht generalisierbar und damit methodisch nicht haltbar ist. Seine Wirkung in den sozialen Raum hinein wird damit nicht erklärt. Helmut Lethen griff 1970 in seiner einflussreichen Studie zur *Neuen Sachlichkeit* direkt auf Thesen Horkheimer/Adornos und Lukács' zurück, fokussierte den Plot jedoch auf die Frage nach der „Proletarisierung eines Angestellten" (Lethen 1975, 156). Das verkürzende Erkenntnisinteresse Lethens – ob sich nämlich bei Pinneberg das angemessene Klassenbewusstsein nach seiner Deklassierung einstelle (ebd., 157) – lässt Parallelen zum Ansatz von Brentano (1933) erkennen. Allerdings argumentiert Lethen radikaler. Die Familie als Gegenraum gerät ihm zum inszenierten Naturraum und konkurriert mit der Solidarität zum Proletariat: „Pinneberg verschwindet nicht in der Masse der Proletarisierten. Er verschwindet in der Natur." (Lethen 1975, 162) Das sei zwar untauglich, korrespondiere jedoch mit der nicht-intellektuellen Ausstattung der Figur, die damit in der Entwicklung eines angemessenen Klassenbewusstseins gehindert werde. Dies wiederum helfe, die desaströse politische Orientierung seiner Klasse zu erklären.

Seit Mitte der 1970er Jahre wird in der bundesdeutschen Forschung die erkenntnisleitende Funktion des Textes wieder aufgenommen (etwa Thöming 1975). Dabei macht es die Anlage der Figur Pinneberg für Leserinnen und Leser möglich, die gesellschaftlichen Brüche wie das ungeklärte Verhältnis des Subjekts zur Gesellschaft wahrzunehmen. Das leidende Subjekt Pinneberg sei dafür der Katalysator (vgl. Zachau 2013, 98). Folgt man Zachaus Überblick, dann ist seit 2000 zudem ein Paradigmenwechsel in der Forschung festzuhalten: „Aus einem fragwürdigen parteiischen Vertreter der Weimarer Querelen ist ein Vorreiter der Ästhetik der literarischen Moderne geworden. Fallada gilt jetzt als einer der ästhetisch interessantesten Autoren der 1930er und 1940er Jahre." (ebd., 101) *Kleiner Mann – was nun?* werde etwa wegen seiner Annäherung an filmische Konzepte geschätzt (so etwa Prümm 1995), was es ermögliche, das „filmische Sehen auch in den narrativen Strukturen nachzuweisen" (ebd.; 100 in Bezug auf Brunner 2006). Frank/Scherer erweitern diesen Ansatz noch um „Falladas soziologische[n] Blick", der nicht nur Basis des Erfolgs sei, sondern Fallada auch zu den ästhetisch avanciertesten Autoren der „Synthetischen Moderne" mache (Frank/Scherer 2013, 91). Falladas präziser Blick für die prekäre Lage des Subjekts lässt sich mithin als Grund für seinen Erfolg verstehen. Der Erfolg selbst wiederum ist ein Indiz dafür, dass Falladas Roman als Identifikations- und Reflexionsmedium funktioniert. In diesem Kontext spielt das Konzept der abfallenden Lebensläufe, das vor allem die männlichen Protagonisten betrifft, eine zentrale Rolle: *Kleiner Mann – was nun?* zeigt nicht zuletzt die Konsequenzen der Auflösung der geschlechtsspezifischen Rollenmodelle, an die sich anzupassen vor allem den männlichen Protagonisten misslingt (vgl. Delabar 2013; Schönert 2011).

Inwieweit die Publikation der (bearbeiteten) Manuskriptfassung (Fallada 2016) der Forschung einen neuen Impuls, womöglich eine neue Richtung geben wird, bleibt abzuwarten. Allerdings ist zu erwarten, dass die gestrichenen Passagen weitere Anstöße für die Forschung zur Literatur und Kultur der Weimarer Republik geben können. Dazu gehören sicherlich die Passagen zum Sexualleben der Protagonisten sowie zum Berliner Nachtleben.

Literatur

Becher 1947: Becher, Johannes R.: Was nun? Zu Hans Falladas Tod. In: Aufbau. Kulturpolitische Monatsschrift 3 (1947) H. 2, S. 97–101.
Beck 1986: Beck, Ulrich: Risikogesellschaft. Auf dem Weg in eine andere Moderne, Frankfurt a. M. 1986.
Bermeitinger 1932: Bermeitinger, Karl: Hans Fallada: *Kleiner Mann, was nun?*. In: Frankfurter Zeitung und Handelsblatt 77 (1932), Nr. 681, Zweites Morgenblatt, 11.9.1932, Literaturblatt 65, Nr. 37, S. 5.
Brentano 1933: Brentano, B.[ernard von]: *Kleiner Mann, was nun?* Ein Roman über Angestellte. In: Die Rote Fahne. Zentralorgan der Kommunistischen Partei Deutschlands 16 (1933), Nr. 19, 22.1..1933, 3. Beilage, Feuilleton, [S. 1].
Brunner 2006: Brunner, Maria E.: Schreiben im Dritten Reich: Hans Fallada. In: Hans-Fallada-Jahrbuch (2006), Nr. 5, S. 164–190.
Caspar 1962: Caspar, Günter: Nachwort. Zum Text. In: Hans Fallada. Ausgewählte Werke in Einzelausgaben, Bd. 2: Kleiner Mann – was nun? Roman, hg. von G. C., Berlin (Ost)/Weimar 1962, S. 359–400.

Caspar 1988: Caspar, Günter: Fallada-Studien, Berlin (Ost)/Weimar 1988.
Delabar 2004: Delabar, Walter: Was tun? Romane am Ende der Weimarer Republik. 2., verbesserte Auflage, Berlin 2004.
Delabar 2008: Delabar, Walter: Konstruktive Idylle. Thesen zu Heinrich Bölls Gesellschaftskonzept in den frühen Erzählungen und Romanen. In: „Ich sammle Augenblicke." Heinrich Böll (1917–1985), hg.. von Werner Jung und Jochen Schubert, Bielefeld 2008, S. 93–100.
Delabar 2013: Delabar, Walter: In der Hölle. Männliche Modernisierungsverlierer in den Romanen Hans Falladas. In: Hans Fallada, hg. von Gustav Frank und Stefan Scherer, München 2013 (Text + Kritik 200), S. 51–60.
Dünnebier 1993: Dünnebier, Enno: Hans Fallada 1893–1947. Eine Bibliographie, zusammengestellt und annotiert von E. D., hg. vom Literaturzentrum Neubrandenburg, Neubrandenburg 1993.
Fallada 1932: Fallada, Hans: Fröhlichkeit und Traurigkeit. In: Frankfurter Zeitung und Handelsblatt 76 (1932), Nr. 85/86, Abendblatt. Erstes Morgenblatt, 2.2.1932, S. 1–2.
Fallada 1933: Fallada, Hans: Kleiner Mann – was nun? Roman. 71.-80. Tsd., Berlin: Rowohlt 1933.
Fallada 1935a: Fallada, Hans: Kleiner Mann – was nun? Roman. 85. - 115. Tsd., 1. - 30. Tsd. der ungekürzten Sonderausgabe, Berlin: Rowohlt 1935.
Fallada 1935b: Fallada, Hans: Kleiner Mann – was nun? Roman. Einbandentwurf und Buchschmuck von Heinrich Ilgenfritz. Berlin: Deutsche Buch-Gemeinschaft [1935].
Fallada 1937: Fallada, Hans: Kleiner Mann – was nun? Roman. 160.-169. Tsd., Berlin: Rowohlt 1937.
Fallada 1943: Fallada, Hans: Heute bei uns zu Haus. Ein anderes Buch. Erfahrenes und Erfundenes, Stuttgart/Berlin: Rowohlt 1943.
Fallada 1950: Fallada, Hans: Kleiner Mann – was nun? Roman, Reinbek bei Hamburg: Rowohlt 1950 [rororo Taschenbuch 1].
Fallada 1954: Fallada, Hans: Kleiner Mann – was nun? Roman. Berlin: Aufbau 1954 [Deutsche Volksbücherei].
Fallada 1967: Fallada, Hans: Wie ich Schriftsteller wurde. In: Ders.: Gesammelte Erzählungen, Reinbek bei Hamburg 1967, S. 278–319.
Fallada 1985: Fallada, Hans: Ausgewählte Werke in Einzelausgaben, Bd. 9: Märchen und Geschichten, hg. von Günter Caspar, Berlin (Ost)/Weimar 1985.
Fallada 2008: Fallada, Hans: Ewig auf der Rutschbahn. Briefwechsel mit dem Rowohlt Verlag, hg von Michael Töteberg und Sabine Buch, Reinbek bei Hamburg 2008.
Fallada 2016: Fallada, Hans: Kleiner Mann – was nun? Roman, ungekürzte Neuausgabe mit einem Nachwort von Carsten Gansel, Texterfassung Mike Porath und Nele Holdack, mit 6 Abb., Berlin: Aufbau 2016.
Fallada 2017: Fallada, Hans: Zu *Kleiner Mann – was nun?* [1932]. In: JUNI. Magazin für Literatur und Politik (2017), H. 53/54, S. 89–93. [Kleiner Mann in Einbahnstraßen. Funde und Auslassungen zu Irmgard Keun, Carl Sternheim, zur Neuen Frau, zu Walter Hasenclever, Louise Dumont, Annemarie Schwarzenbach, Walter Benjamin, Hans Fallada, Albert Einstein, Anna Siemsen, Sigmund Freud, Ernst Toller und anderen, hg. von Gregor Ackermann und Walter Delabar, Bielefeld 2017, S. 89–93].
Fischer/Füssel 2007: Fischer, Ernst/Füssel, Stephan: Kultur und Gesellschaft: Signaturen der Epoche. In: Geschichte des deutschen Buchhandels im 19. und 20. Jahrhundert, Bd. 2: Die Weimarer Republik 1918–1933, Teil 1. Im Auftrag der Historischen Kommission hg. von Ernst Fischer und Stephan Füssel, München 2007, S. 5–28.
Frank/Scherer 2013: Frank, Gustav/Scherer, Stefan: Mikrodramatik der unscheinbaren Dinge. Falladas soziologischer Blick als Bedingung für Weltbestseller. In: Hans Fallada, hg. von Gustav Frank und Stefan Scherer, München 2013 (Text + Kritik 200), S. 83–93.
Fritsch 1989: Fritsch, Patricia: Hans Falladas *Kleiner Mann – was nun?* in der zeitgenössischen Kritik, Magisterarbeit, FU Berlin 1989.
Fritsch 1995: Fritsch, Patricia: Der Roman *Kleiner Mann, was nun?* im Spiegel der deutschen Presse im Jahr seiner Ersterscheinung. In: Hans Fallada. Beiträge zu Leben und Werk.

Materialien der 1. Internationalen Hans-Fallada-Konferenz in Greifswald vom 10.6 bis 13.6.1993, hg. von Gunnar Müller-Waldeck und Roland Ulrich, Rostock 1995, S. 249–272.

Füssel 2012: Füssel, Stephan: Belletristische Verlage. In: Geschichte des deutschen Buchhandels im 19. und 20. Jahrhundert, Bd. 2: Die Weimarer Republik 1918–1933, Teil 2. Im Auftrag der Historischen Kommission hg. von Ernst Fischer und Stephan Füssel, Berlin/Boston 2012, S. 1–90.

Gansel 2016: Gansel, Carsten: Von Robinson Crusoe, Charlie Chaplin und den Nazis. Das wiederentdeckte Originalmanuskript von Hans Falladas *Kleiner Mann – was nun?* In: Hans Fallada: Kleiner Mann – was nun? Roman, ungekürzte Neuausgabe mit einem Nachwort von C. G., Texterfassung Mike Porath und Nele Holdack, mit 6 Abb., Berlin 2016, S. 485–550.

Grisko 2002: Grisko, Michael: Hans Fallada: Kleiner Mann – was nun? [Erläuterungen und Dokumente], Stuttgart 2002.

Horkheimer/Adorno 1998: Horkheimer, Max/Adorno, Theodor W.: Dialektik der Aufklärung. Philosophische Fragmente, Darmstadt 1998.

Ihering 1932: Ihering, Herbert: Zu einem Saisonerfolg. *Kleiner Mann, was nun?* in vielerlei Gestalt. In: Berliner Börsen-Courier. Tageszeitung für alle Gebiete 65 (1932), Nr. 549, Express-Morgen-Ausgabe, 24.11.1932, 1. Beilage, S. 5.

Jürss 1997: Jürss, Detlev: Zur Fallada-Rezeption in Ungarn. In: Hans-Fallada-Jahrbuch (1997), Nr. 2, S. 104–115.

Kastner 2007: Kastner, Barbara: Statistik und Topographie des Verlagswesens. In: Geschichte des deutschen Buchhandels im 19. und 20. Jahrhundert, Bd. 2: Die Weimarer Republik 1918–1933, Teil 1. Im Auftrag der Historischen Kommission hg. von Ernst Fischer und Stephan Füssel, München 2007, S. 341–378.

Keun 1932: Keun, Irmgard: Gilgi – eine von uns, Roman. Berlin [1932] ([1]1931).

Kiaulehn 1967: Kiaulehn, Walter: Mein Freund der Verleger Ernst Rowohlt und seine Zeit, Reinbek bei Hamburg 1967.

Koburger 2015: Koburger, Sabine: Ein Autor und sein Verleger. Hans Fallada und Ernst Rowohlt in Verlags- und Zeithorizonten, München 2015.

Kracauer 1930: Kracauer, Siegfried: Die Angestellten, Frankfurt a. M. 1930.

Kracauer 1963: Kracauer, Siegfried: Über Erfolgsbücher und ihr Publikum [1931]. In: Siegfried Kracauer: Das Ornament der Masse. Essays, Frankfurt a. M. 1963, S. 64–74.

Kreis 1991: Kreis, Gabriele: Was man glaubt, gibt es. Das Leben der Irmgard Keun, Zürich 1991

Langenbucher 1933: Langenbucher, Helmuth: Bücher vom Hunger nach Arbeit und Brot. Naturalismus mit Goldleiste. In: Berliner Börsen-Zeitung. Tageszeitung für nationale Politik, Wirtschaft, Kultur 78 (1933), Nr. 25, Morgenausgabe, 15.1.1933, Literaturblatt, Nr. 3, [S. 2].

Lauffer 2011: Lauffer, Ines: Die Poetik des Privatraums. Der architektonische Wohndiskurs in den Romanen der Neuen Sachlichkeit, Bielefeld 2011.

Latzkow 1995: Latzkow, Bettina: „Wir werden doch nicht weinen müssen am Ende". Leserbriefe zu *Kleiner Mann, was nun?* In: Hans Fallada. Beiträge zu Leben und Werk. Materialien der 1. Internationalen Hans-Fallada-Konferenz in Greifswald vom 10.6 bis 13.6.1993, hg. von Gunnar Müller-Waldeck und Roland Ulrich, Rostock 1995, S. 273–284.

Lethen 1975: Lethen, Helmut: Neue Sachlichkeit 1924–1932. Studien zur Literatur des ‚Weißen Sozialismus', 2. Auflage Stuttgart 1975 [[1]1970].

Liersch 1993: Liersch, Werner: Hans Fallada. Sein großes kleines Leben, Hildesheim 1993.

Liste 1979: Liste des schädlichen und unerwünschten Schrifttums. Stand vom 31. Dezember 1938 und Jahreslisten 1939–1941. Unveränderter Nachdruck, Vaduz/Liechtenstein 1979.

Lukács 1980: Lukács, Georg: Hans Fallada – Die Tragödie eines begabten Schriftstellers unter dem Faschismus [1936]. Editorische Vorbemerkung: Christian Fritsch. In: Sammlung. Jahrbuch für antifaschistische Literatur und Kunst 3 (1980), S. 59–71.

Manthey 1973: Manthey, Jürgen: Hans Fallada in Selbstzeugnissen und Bilddokumenten. Erweiterte Ausgabe, Reinbek bei Hamburg 1973 [[1]1963].

Mayer 1978: Mayer, Dieter (Hg.): Hans Fallada: Kleiner Mann – was nun? Historische, soziologische, biographische und literaturgeschichtliche Materialien zum Verständnis des Romans. Frankfurt a. M./Berlin/München 1978.

Mayer 1967: Mayer, Paul: Ernst Rowohlt in Selbstzeugnissen und Bilddokumenten. Zum 80. Geburtstag Ernst Rowohlts am 23. Juni 1967 gedruckt für seine Freunde und die Freunde des Verlags, Reinbek bei Hamburg 1967.

Oels 2013: Oels, David: Rowohlts Rotationsroutine. Markterfolge und Modernisierung eines Buchverlags vom Ende der Weimarer Republik bis in die fünfziger Jahre, Essen 2013.

Oels/Schneider 2015: Oels, David/Schneider, Ute (Hg.): „Der ganze Verlag ist einfach eine Bonbonniere." Ullstein in der ersten Hälfte des 20. Jahrhunderts, Berlin/München/Boston 2015.

Prümm 1995: Prümm, Karl: Exzessive Nähe und Kinoblick. Alltagswahrnehmung in Hans Falladas Roman *Kleiner Mann – was nun?*. In: Neue Sachlichkeit im Roman. Neue Interpretationen zum Roman der Weimarer Republik, hg. von Sabina Becker und Christoph Weiß, Stuttgart/Weimar 1995, S. 255–272.

Prümm 2011: Prümm, Karl: Gebanntes Schauen und protokolliertes Sehen. Kinokritik und Kinoprosa bei Hans Fallada. In: Hans Fallada. Autor und Werk im Literatursystem der Moderne, hg. von Patricia Fritsch-Lange und Lutz Hagestedt, Berlin/Boston 2011, S. 135–151.

Schönert 2011: Schönert, Jörg: Krisen, Kriminalität und Katastrophen. Falladas Lebensläufe nach abfallender Linie. In: Hans Fallada. Autor und Werk im Literatursystem der Moderne, hg. von Patricia Fritsch-Lange und Lutz Hagenstedt, Berlin/Boston 2011, S. 153–167.

Schriftsteller-Verzeichnis 1942: Schriftsteller-Verzeichnis, hg. von der Reichsschrifttumskammer, Leipzig 1942.

Schütz 1986: Schütz, Erhard: Romane der Weimarer Republik, München 1986.

Theilig/Töteberg 1980: Theilig, Ulrike/Töteberg, Michael: Das Dilemma eines deutschen Schriftstellers. Hans Fallada und der Faschismus. In: Sammlung. Jahrbuch für antifaschistische Literatur und Kunst 3 (1980), S. 72–88.

Thöming 1975: Thöming, Jürgen C.: Hans Fallada. Seismograph gesellschaftlicher Krisen. In: Zeitkritische Romane des 20. Jahrhunderts. Die Gesellschaft in der Kritik der deutschen Literatur, hg. von Hans Wagener, Stuttgart 1975, S. 97–123.

Töteberg 2013: Töteberg, Michael: „Beim Film weiß man nie." Ein Autor scheitert an der Filmindustrie. In: Hans Fallada, hg. von Gustav Frank und Stefan Scherer, München 2013 (Text + Kritik 200), S. 40–50.

Töteberg 2016: Töteberg, Michael: „… und zwar in großer Auflage". Die Erfindung des Taschenbuchs oder: Wie Fallada in der BRD zum Bestsellerautor wurde. In: Hans-Fallada-Jahrbuch (2016), Nr. 7: Hans Fallada und die Literatur(en) zur Finanzwelt, S. 410–437.

Williams 2002: Williams, Jenny: Mehr Leben als eins. Hans Fallada. Biographie. Aus dem Englischen von Hans-Christian Oeser, Berlin 2002. [Originalausgabe: More Lives than One. A Biography of Hans Fallada, London 1998.]

Zachau 1995: Zachau, Reinhard K.: Ein kurzer Blick auf die Fallada-Forschung. In: Hans Fallada. Beiträge zu Leben und Werk. Materialien der 1. Internationalen Hans-Fallada-Konferenz in Greifswald vom 10.6 bis 13.6.1993, hg. von Gunnar Müller-Waldeck und Roland Ulrich, Rostock 1995, S. 26–44.

Zachau 2013: Zachau, Reinhard: Die Rezeption von Falladas Werk: vom Feuilleton zur Literaturwissenschaft. In: Hans Fallada, hg. von Gustav Frank und Stefan Scherer, München 2013 (Text + Kritik 200), S. 94–102.

3.3 Wer einmal aus dem Blechnapf frißt (1934)
Hannes Gürgen

Entstehung und werkgeschichtlicher Kontext

Wer einmal aus dem Blechnapf frißt ist der letzte Roman von Hans Fallada, der während der Weimarer Republik entstanden ist. Der Entstehungsprozess erstreckt sich über drei Jahre und ist damit für Fallada untypisch lang. Am 2. März 1931 beginnt er mit der Niederschrift des Romans unter dem vorläufigen Titel *Kippe oder Lampen*. Nach 180 Drucksseiten setzt Fallada die Arbeit am 17. April erstmals aus. Gründe dafür mögen die Liquiditätsprobleme des Rowohlt Verlags gewesen sein: Am 30. Juni wird Fallada zum 30. September gekündigt (vgl. Oels 2013, 37), so dass er auf andere Einnahmen angewiesen ist und Kurzgeschichten für verschiedene Zeitungen schreibt (siehe die Tabelle im Beitrag 4.9 *Erzählungen seit den 1930er Jahren* in Kap. II). Falladas neues Romanprojekt mit dem Arbeitstitel *Pinneberg und sein Murkel* wird von seinem Verleger Ernst Rowohlt jedoch begrüßt und gefördert, da der Stoff Erfolgschancen auf dem Buchmarkt verspricht; eine derartige Veröffentlichung scheint dem insolventen Verlag attraktiv – zu Recht, wie der internationale Bestseller *Kleiner Mann – was nun?* beweisen sollte, der Rowohlt schließlich vor dem Bankrott rettet.

Nach einem Jahr nimmt Fallada am 17. April 1932 die Arbeit an *Kippe oder Lampen* wieder auf. Ein kontinuierliches Schreiben ist aber erneut nicht möglich, weil nun der Welterfolg von *Kleiner Mann – was nun?* den Autor ganz in Anspruch nimmt: „Der Übergang war zu plötzlich, aus dem Sparsamen, dem Überängstlichen wurde ein Verschwender: Ich gab das Geld auf die sinnloseste Weise aus [...]. Nächtelang saß ich in den dümmsten Bars, hielt das halbe Lokal frei und fuhr mit einem schweren Kopf heim" (Fallada 1983, 367). Falladas unsteter Lebensstil, die ständig wechselnde Wohnsituation (aufgrund der erneuten Schwangerschaft von Falladas Frau suchte man nach einem festen Wohnsitz) und zahlreich eingehende Arbeitsaufträge (z. B. für ein Filmdrehbuch von *Kleiner Mann – was nun?*) lassen den Autor nicht zur Ruhe kommen. Anfang Januar 1933 liegen die ersten drei Kapitel von *Kippe oder Lampen* in Reinschrift vor. Die Bearbeitung des vierten Kapitels stagniert jedoch, da Fallada seinem Drehbuchvertrag nachkommen muss. Er zieht für diese Zeit nach Berlin, wo er Zeuge des Reichstagsbrands in der Nacht vom 27. auf den 28. Februar wird. Mit der Machtübernahme Adolf Hitlers am 30. Januar ändern sich die politischen Verhältnisse im Land – Veränderungen, die auch Fallada spüren sollte und die Verfasstheit seines Romans beeinflussen.

Seit dem 8. März 1933 schreibt er wieder täglich an *Kippe oder Lampen* und schließt am 11. April mit dem fünften Kapitel die Hälfte des Buches ab (vgl. Caspar 1988, 72). Einen Tag später wird Fallada, unter dem Vorwurf, an einer „Verschwörung gegen die Person des Führers" beteiligt gewesen zu sein, verhaftet und muss für elf Tage ins Amtsgerichtsgefängnis Fürstenwalde (vgl. Williams 2002, 185f.). Er ist entschlossen, die Haftzeit nicht ungenutzt zu lassen, und bittet seine Frau um Tinte, Feder und 50 Bögen Schreibpapier: „Ich will sehen, daß ich hier meinen Roman fortsetze – dieser verteufelte Roman, wie oft und aus was für Gründen allen ist er schon unterbrochen worden" (Brief an Anna Ditzen, 20. April 1933, zit. nach Caspar 1988,

75). Die ersten vier Szenen des sechsten Kapitels (18 Druckseiten) entstehen innerhalb von zwei Hafttagen. Bezeichnenderweise findet Fallada im Gefängnis jene konzentrierte Ruhe und Geordnetheit, die sein Romanheld Kufalt, nach mehreren Monaten des Umherirrens in der Freiheit, ebenfalls erst im Knast wiedererlangen sollte.

Nach der Haftentlassung folgen wieder unruhige Monate: Interessiert an einem Haus in Berkenbrück, lässt sich Fallada auf ein undurchsichtiges Hypothekengeschäft ein, welches erst durch die Intervention Peter Suhrkamps und durch Zahlung von Reuegeld an die zuständige Bank vertraglich gelöst werden kann. Eine zweite Hiobsbotschaft kommt aus Berlin: Das von der Filmgesellschaft überarbeitete Drehbuch zu *Kleiner Mann – was nun?* wurde gravierend verändert, so dass Fallada, frustriert über diese Entwicklung, seine Mitarbeit kündigt und den Verantwortlichen die Nennung seines Namens untersagt. Fallada erleidet darauf einen Nervenzusammenbruch und verbringt sieben Wochen im Sanatorium Waldsieversdorf (Märkische Schweiz). Am 18. Juli bringt seine Frau Zwillinge zur Welt, doch eines der Mädchen ist nach drei Stunden tot. Fallada verfällt wieder dem Alkohol, geht aber auf Haussuche und findet schließlich ein passendes Anwesen in Carwitz bei Feldberg. In den Monaten Juli und August schreibt er etwa 30 Druckseiten, ist sich dabei aber nicht sicher, ob er seinen Gefängnisroman überhaupt fertigstellen soll. Seiner Schwester Margarete berichtet er bereits von einem neuen Romanprojekt *Wir hatten mal ein Kind* (vgl. Williams 2002, 201). Mit dem abgeschlossenen Umzug nach Carwitz am 12. Oktober findet Fallada jedoch die nötige Ruhe zur finalen Romanarbeit. Die fehlenden 200 Seiten schreibt er in einem Monat und schließt den Roman am 9. November ab. Er ändert den Titel zu *Wer einmal aus dem Blechnapf frißt* und betont damit deutlicher die hohe Rückfallquote von ehemaligen Strafgefangenen.

Nach Abschluss des Romans beginnt der Autor bereits mit *Wir hatten mal ein Kind*, dessen Manuskript nach zwei Monaten druckfertig ist. Fallada überlegt, ob er *diesen* Roman nicht *vor* dem *Blechnapf* veröffentlichen könnte, da dies „vieles sehr erleichtern" würde (zit. nach Caspar 1988, 95; siehe dazu genauer den Beitrag 4.1 *Wir hatten mal ein Kind* in Kap. II). Gemeint ist die politische Situation nach einem Jahr Nazi-Herrschaft. Die Gleichschaltung des Buchhandels hatte auch Auswirkungen auf die Verkaufszahlen von Falladas Büchern. „Der Absatz meiner Bücher ist schlecht, da ich nicht persona grata bin" (Brief an Margarethe Ditzen, 10. Dezember 1933, zit. nach Caspar 1988, 93f.). Fallada ist sich der Problemlage, ein derartiges Buch über Strafgefangene zu veröffentlichen, bewusst: „In Einzelheiten, wie in der Verurteilung des humanen Strafvollzuges ist es ja einig mit den heute geltenden Ideen, in anderen Dingen, in der ganzen Art, wie es das Verbrechen und den Verbrecher sieht, weicht es ab" (Brief an Margarete Bechert, 13. Februar 1934, zit. nach Terwort 1992, 192). Fallada fühlt sich veranlasst, bestimmte Romanpassagen (z. B. homoerotische Anspielungen) zu glätten sowie ein den neuen Machthabern entgegenkommendes, aber hinsichtlich des Romaninhalts widersprüchliches Vorwort zu verfassen (siehe den Beitrag 1.3 *Vorwort-Politik* in Kap. II). Dort polemisiert Fallada gegen den ‚humanen Strafvollzug', „dessen lächerliche, wie groteske, wie beklagenswerte Folgen auf seinen Seiten dargestellt werden" (Fallada 1934b, 5). Dieser Zustand sei im Jahr 1934 nicht mehr gegeben, so dass Fallada folgert: „Während der Autor noch schrieb, verwandelte sich auch dies Stück der deutschen Wirklichkeit" (ebd.). Dieser „Knix" sollte das Buch vor einem Verbot bewahren (Brief an Margarete Bechert, 13. Februar 1934, zit. nach Hübner 2008, 202). Am 13. März 1934 wird der Roman mit diesem Vorwort veröffentlicht. Eingelegt ist in das Buch zudem ein auf den 4. März 1934 datiertes Blatt, das als öffentlicher Brief an Rowohlt (mit handschriftlich gedruckter Anrede *Mein lieber Vater Rowohlt*) Auskünfte über die neue Poetologie des hier angekündigten nächsten Romans *Wir hatten mal ein Kind* (1934) gibt (vgl. das Faksimile in Fallada 2008, 142 f.). Die zeitgenössische Kritik wird auch das neben dem Vorwort als weitere Anbiederung an den Nationalsozialismus interpretieren (siehe genauer zu den Umständen und Wirkungen der Einlage den Beitrag 4.1 *Wir hatten mal ein Kind* in Kap. II). 1946 erschien *Wer einmal aus dem Blechnapf frißt* in der Sowjetischen Besatzungszone mit einem veränderten Vorwort, datiert auf den 1. Dezember 1945. Fallada passt sich damit einmal mehr der neuen politischen Situation an, wenn es nun heißt, dass der Roman „zur Humanisierung der Menschen – nach zwölf Jahren der Verrohung" beitragen soll (Fallada 1946, 5).

Zeitgenössische Kritik – Wirkung

Am 16. März 1934 gibt Rowohlt Fallada einen positiven Verkaufsbericht. Berliner Buchläden werben für *Wer einmal aus dem Blechnapf frißt* mit Sonderschaufenstern, die Presse aber halte sich mit Buchrezensionen weitgehend zurück. Bereits *vor* der Buchpublikation hatte sich keine Zeitung gefunden, die einen Vorabdruck des politisch brisanten Romans bringen wollte. Zwar wurde das Buch von staatlicher Seite weder beschlagnahmt noch verboten, sah sich aber im weiteren Jahresverlauf zunehmender Diffamierung von nationalsozialistischer Seite ausgesetzt, die auch den Buchabsatz beeinträchtigte. Bis Ende Juli wurden nicht mehr als 23 000 Exemplare verkauft, was, gemessen am Absatz von *Kleiner Mann – was nun?*, enttäuschend war.

Die zeitgenössische Kritik wertet den *Blechnapf* (weitgehend) als gelungenen Roman, der vor allem in ästhetisch-formaler Hinsicht überzeuge (siehe den Beitrag 1. *Zeitgenössische Rezeption* in Kap. III): Für Albert Ehrenstein ist das Buch ein „ausgezeichneter Sträflingsroman" sowie „ein Meisterwerk realistisch psychologischer, humorumwitterter Darstellungskraft", der weit über dem „zuckersüßen Engelhornroman" *Kleiner Mann – was nun?* stehe (Ehrenstein 2004, 420 f.). In ähnlicher Hinsicht bewertet auch Felix Riemkasten den Roman, doch fehle eine Lämmchen-Figur, die „das Positive, das Heraufwollende" betone (Riemkasten 1934a, 11). Kufalt sei ein falsch gewählter Romanheld. Unter „diesem überall ungutem Menschen leidet das überall gut geschriebene Buch" (Riemkasten 1934b, 10). Fallada, der danach eine weitere Kommentierung bezüglich des *Blechnapfs* aus guten Gründen vermied, verteidigt gegenüber Riemkasten die literarische Umsetzung: Es sei ihm nicht darum gegangen, Kufalt „ein bißchen bemühter, sympathischer, ehrlicher" zu gestalten, „sonst wäre das ganze Buch ein Schwindel gewesen. [...] Die Tatsachen mußten allein sprechen, unangenehme, häßliche, bittere Tatsachen. Kufalt durfte kein Ausnahmefall sein" (Fallada 1934a, 10).

Für die größte Kontroverse sorgte allerdings das NS-konforme Vorwort. Ehrenstein begriff es als „ein politisches Schutzmäntelchen" (Ehrenstein 2004, 420), und auch Thomas Mann konnte sich die Ambivalenz des Vorworts nur als eine Form von „Umschreibungsjargon" erklären, indem er auf die „humane Tendenz" verwies, die der Roman habe: „Aber um in Deutschland möglich zu sein, muß es sie im Vorwort verleugnen und in den Boden treten" (Mann 1977, 356 f.). Für die politisch-linken

Exilanten schien Fallada nun zu jenen Autoren zu gehören, die zu den Faschisten übergelaufen seien (vgl. Caspar 1988, 97). Kurt Kersten sah im Vorwort eine „indirekte Anerkennung der Konzentrationslagermethoden", bezeichnete den Roman als „profaschistisch" und konstatierte eine Übereinstimmung von Autor, Leser und Werk, die „in der Geisteshaltung des deutschen Kleinbürgertums begründet sei" (Kersten 1934, 56). Auch Georg Lukács kritisiert das Vorwort sowie die ‚Weltanschauung' des Romans, die er mit einer Kapitulation vor dem Faschismus gleichsetzt. Falladas Werk drücke demnach „die Stimmung jener Teile der Mittelschichten aus, die das Dritte Reich als Fatum, ohne Begeisterung, aber auch ohne Widerstand akzeptiert haben". Wenn Kufalt wieder in das Gefängnis zurückkehrt, wo er keine Verantwortung für sich selbst und andere tragen muss, „so wird darin sicher die Stimmung breiter Kreise zum Dritten Reich stimmungsgemäß ausgedrückt" (Lukács 1980, 68f.).

Wie zu befürchten war, fiel der *Blechnapf* bei der nationalsozialistischen Literaturkritik durch. Bernhard Payr (Leiter der Reichsstelle zur Förderung des deutschen Schrifttums) nimmt zwar die „nicht abzustreitende[ ] Virtuosität der Darstellung" zur Kenntnis, doch sei der Roman ein Versuch, „die heroische Lebensansicht unserer Zeit durch wirkungsvolle liberalistische Mittel zu sabotieren" (Payr 1934, 26). Hellmuth Langenbuchers Kritik, die in den wichtigsten nationalsozialistischen Zeitungen erschien, gab die offizielle Parteilinie vor. Langenbucher durchschaut Falladas Vorwort-Anbiederung und zweifelt daran, dass der Roman sich *gegen* den humanen Strafvollzug richte, „denn dann hätte es ja im Dritten Reich nicht mehr zu erscheinen brauchen" (Langenbucher 1934, 10). Der *Blechnapf* sei außerdem von einem „gassenhauerischen Naturalismus" geprägt: „Statt Aufruhr steht Verschlagenheit, statt Mut steht Tücke, müde ist alles, müde und muffig, und das Schicksal dieses Menschen [Kufalt] ist eine Dirne". Kufalt sei „einer von jener Sorte degenerierter Menschen, für die wir heute die Sicherheitsverwahrung haben [...]. Dieser Schmöker ein ‚Männerbuch' im Zeitalter der SA – es ist zum Schamrotwerden" (ebd., 11). In einer anderen Rezension droht Will Vesper dem deutschen Buchhandel, dieses „in vieler Hinsicht peinliche[ ] Buch" zu fördern. „Der Buchhandel soll sich nachher nicht allzu sehr wundern, wenn eine entschiedenere und entschlossenere" Gangart gefahren wird. „Ich warne immer wieder, weil ich den deutschen Buchhandel liebe und sein Weiterbestehen wünsche" (Vesper 1934, 444). Bemerkenswert ist, dass von Seiten der nationalsozialistischen Kritik keine biografischen Nachforschungen getrieben wurden, um den Autor aufgrund seines mehrjährigen Gefängnisaufenthalts an den Pranger zu stellen. Fallada selbst war sich jedoch dieser Gefahr bewusst, verweigerte er doch Peter Zingler, der für eine Kopenhagener Tageszeitung autobiografische Sätze des Autors zum *Blechnapf* wünschte, jede Information: „Je weniger ich mich zum *Blechnapf* äußere, um so weniger Angriffsfläche biete ich" (so Fallada im Brief an Peter Zingler, 15. April 1934, zit. nach Caspar 1988, 80).

Stoff – Literarische Textvorläufer

Wer einmal aus dem Blechnapf frißt trägt zum Teil autobiografische Züge. Fallada saß mehrmals im Gefängnis und verarbeitete seine Erfahrungen noch vor Entstehung des Romans in verschiedenen Prosatexten. Im Oktober 1922 wird er wegen Unterschlagung verhaftet und zu einer sechsmonatigen Haftstrafe in Greifswald verurteilt, die er aber erst 1924 antritt. Fallada bekommt die Erlaubnis, zu schreiben und führt vom

22. Juni bis zum 2. September 1924 ein Tagebuch. Er reflektiert darin seine eigene Haftsituation, porträtiert seine Mithäftlinge und studiert ihre Verhaltensweisen. Dieses nicht betitelte, 178 Seiten umfassende Manuskript enthält umfangreiches Beobachtungsmaterial, auf das Fallada beim *Blechnapf* zurückgreifen wird (vgl. Caspar 1988, 83). Die im Tagebuch notierten Anekdoten kehren dort wieder, zum Beispiel die von Fallada ausführlich beschriebene Wanzenplage, die auch Kufalt im Polizeigefängnis erleiden muss (vgl. Fallada 1934b, 265), sowie der endgültige Romantitel, den Fallada einer Inschrift im Innern seines Greifswalder Gefängnisschrankes entnimmt: „Wer einmal stihlt und ins Gefängnis kamm, der kommt auch öfter rein" (Fallada 1967b, 567). Außerdem lässt sich hier bereits die positive Grundhaltung gegenüber dem geordneten Gefängnisleben erkennen: „Ich bin in meiner Zelle, ich kann lesen, schlafen, schreiben, singen, auf- und abgehen: Niemand fragt danach. Und die schöne Ruhe hier [...]" (Fallada 1967b, 577).

Nach seiner vorzeitigen Entlassung am 3. November 1924 verarbeitet Fallada seine Hafterfahrungen das erste Mal literarisch in *Stimme aus den Gefängnissen*, einem reportageartig verfassten Prosatext, der am 3. Januar 1925 in Stefan Großmanns renommierter literarisch-politischer Wochenschrift *Das Tage-Buch* erscheint. Der Autor beschreibt Verhaltensweisen und -automatismen von Gefängnisinsassen anhand exemplarischer Beispiele und wirbt beim Leser um Anteilnahme und Verständnis: „Jeder kann jeden Tag verhaftet werden. [...] In den Gefängnissen die Leute sind nicht anders wie du, sie leiden wie du, sie möchten leben wie du. [...] Es ist eine rein praktische Frage, die jeden angeht" (Fallada 1925, 11). Die Schwierigkeit der gesellschaftlichen Wiedereingliederung ehemaliger Strafgefangener beginne bereits, so Fallada, während der Haftzeit, denn dort würden diese schikaniert und demoralisiert: „Sie zwangen ihn zu erschöpfender Arbeitsleistung. Sie brachten ihn zur tiefsten, feigsten Demut. [...] Dann zerstörte man ihm auch noch die spärlichen Aussichten für seine Zukunft" (ebd., 15). Falladas Kritik richtet sich nicht gegen die ausführenden Beamten, sondern gegen die „Gesamtheit des Strafvollstreckungsdienstes, der längst ein toter Körper, versteinertes Gerippe ist" (ebd.). Der Autor beschäftigt sich hier erstmals mit *der* Grundproblematik, die im *Blechnapf* literarische Verarbeitung finden wird. Wie wichtig die Thematik für Fallada war, zeigt auch ein Brief an Franz Hessel vom 7. Juli 1925, in dem er berichtet, einen Roman unter dem Titel *Robinson im Gefängnis* zu schreiben. Dieser Text wird später in *Drei Jahre kein Mensch* integriert: Dort werden die Schwierigkeiten eines Ich-Erzählers beschrieben, *überhaupt* verhaftet zu werden, mit dem Versuch, im Gefängnis der Rauschgiftsucht zu entfliehen und sein unstetes Leben gegen ein geregeltes Haftleben einzutauschen. Bemerkenswert ist, dass Fallada den praktizierten Strafvollzug als ‚human' bereits hier deutlich in Frage stellt und (als handschriftliche Korrektur) in Anführungszeichen setzt (vgl. Fallada 1997, 46) sowie an verschiedenen Textstellen die Abweichung von Theorie und Praxis herausstellt: „Soll man nicht bei der Aufnahme untersucht werden? Sicher, so steht das geschrieben. Eben. Geschrieben" (ebd., Fallada 1997, 33).

Am 26. März 1926 wird Fallada wegen Unterschlagung in vier Fällen zu zweieinhalb Jahren Haft im Zentralgefängnis Neumünster verurteilt, sechs Monate Untersuchungshaft in Berlin-Moabit und Kiel werden mit angerechnet. Am 10. Mai 1928 wird er entlassen, geht nach Hamburg und lebt für kurze Zeit in einem Heim der Entlassenenfürsorge, wo er in der angegliederten Schreibstube arbeitet – biografische Stationen und Erfahrungen, die Fallada in gleicher Weise Jahre später seiner Figur

Kufalt auf den Leib schreiben wird. Bis zur Abfassung des *Blechnapfs* schreibt er verschiedene Kurzprosatexte, die sich in ganz ähnlicher Weise autobiografisch und teilweise kritisch mit der Haftthematik befassen.

In den (bereits während seiner Haftzeit konzipierten) *Gauner-Geschichten,* einem dreiteiligen Text, der eine Tendenz zur Sozialreportage erkennen lässt, werden die Ganoventypen Otsche und Tändel-Maxe über einen namenlosen Ich-Erzähler vorgestellt (vgl. Fallada 1985a). Der Ich-Erzähler nimmt hier weitgehend eine Beobachterrolle ein, hält sich mit Wertungen zurück und lässt der Figurenrede viel Raum. Diese unmittelbare und unvoreingenommene Darstellung des Kriminellenmilieus ermöglicht dem Leser, sich seine eigene Meinung zu bilden und emotionalen Anteil am Schicksal der Figuren zu nehmen. Der ursprünglich den *Gauner-Geschichten* zugehörige vierte Teil *Otsches Fluchtbericht* akzentuiert die für den Protagonisten Kufalt im *Blechnapf*-Roman gänzlich unbekannte Perspektive des Knastausbruchs und der Freiheitssehnsucht (vgl. Fallada 1928a).

Die am 17. Dezember 1928 im *Hamburger Echo* veröffentlichte Prosa-Miniatur *Der Strafentlassene* (zweiter Teil der *Großstadttypen*) stellt dagegen nicht eine individuelle Figur in den Mittelpunkt, sondern versucht, eine allgemeingültige Mentalitätsstruktur ehemaliger Sträflinge darzustellen. Der Leser wird eingangs mit rhetorischen Fragen konfrontiert, welche die Aufmerksamkeit und das Verständnis für diese gesellschaftliche Randgruppe wecken sollen: „Sagen Sie mir nicht, daß Sie ihn noch nicht gesehen haben. Vielleicht haben Sie ihn nicht erkannt. […] Denn er ist überall. Jahr für Jahr werfen ihn die Gefängnisse zu Zehntausenden auf die Straße" (Fallada 1928b, 2). Die alltäglichen Schwierigkeiten, die einem Strafentlassenen bei der gesellschaftlichen Wiedereingliederung begegnen, werden anhand der Stationen Zimmervermietung, Arbeitssuche und Geldsorgen ausschnitthaft dargestellt und bilden damit bereits das inhaltliche Grundgerüst des *Blechnapf*-Romans.

In *Ein Beschwerdefall im Gefängnis* (entstanden 1929) kritisiert Fallada die Praxisferne der gültigen Strafvollzugsordnung. Geschildert wird der Fall eines Küchenmeisters, der Lebensmittel, die eigentlich für die Häftlinge gedacht waren, aus dem Gefängnis schmuggelt: eine Szene, die Fallada ins erste Kapitel des *Blechnapfs* aufnehmen sollte (vgl. Fallada 1934b, 39f.). Häftling Müller beschwert sich, macht von seinem Recht Gebrauch und bekommt wegen Beamtenbeleidigung weitere sechs Wochen Haft. Der Ich-Erzähler schließt am Ende resigniert: „Was in aller Welt hätten Müller und wir Vertrauensleute anderes tun sollen? Die richtige Antwort lautet natürlich: Maul halten. […] Beschwerderecht aber ist nicht" (Fallada 1967a, 599). *Einbrecher träumt von der Zelle* (erschienen in der *Berliner Montagspost* vom 13. Juli 1931) liest sich bereits wie ein Romanexposé zum *Blechnapf*: Die Hauptfigur ist mit einer charakterlichen Ambivalenz gezeichnet, so dass sie (wie Kufalt) kein Ganoven-Stereotyp darstellt, sondern vielschichtig erscheint. Der Leser muss sich mit der Figur auseinandersetzen, seinen eigenen Standpunkt hinterfragen, auch weil eine eindeutige Zuordnung von Sympathie oder Antipathie nicht mehr greift, sondern vom Autor bewusst offen gehalten wird: „Wenn Sie ihn sehen, macht er sicher keinen schlechten Eindruck auf Sie. Er ist gewandt und höflich […]. Er ist, verlangt es die Stunde, brutal bis zum Exzeß, mit Vorsicht und Rücksicht knackt man keine Schränke" (Fallada 1985b, 58). Akzentuiert wird in *Einbrecher träumt von der Zelle* auch bereits der für den *Blechnapf* wichtige Gegensatz von Innen und Außen: Das Gefängnis als heimatlicher Ruhepol steht der unruhig-gefährlichen Freiheit gegenüber. „Er sieht zu den vergitterten Fenstern empor, er träumt sich wieder drinnen. Dort ist die Ruhe, dort der Schlaf ohne Ängste, das regelmäßige Essen [...]. Schließlich geht er heim, in die große Stadt, die ohne Heim für ihn ist" (ebd., 60). Mit Begriffen wie „Schmiere" oder „Kippe machen" (ebd., 59) versucht Fallada abermals, die Ganovensprache deutlicher in den Vordergrund zu rücken – eine Schwerpunktsetzung, die der Autor bereits mit den *Gauner-Geschichten* (1928) vollzog. In *Ein Mensch auf der Flucht* wird der Berufsverbrecher Sänftlein interviewt. Abermals legt Fallada großen Wert auf den ganoventypischen Soziolekt, um einen authentischen Eindruck der Figur zu ermöglichen. Er hilft dem Leser, dem diese Sphäre nicht vertraut ist, zum Verständnis mit anschließenden Worterklärungen: „In Hamburg hatten sie mir acht Jahre Knast (Strafhaft) aufgebrummt, noch dazu Zet (Zuchthaus), nun sollte ich nach Kassel auf Termin [...]. Besser war, ich ging vorher stiften (fliehen)" (Fallada 1931, 44). Zuletzt ist noch der im November 1931 entstandene Prosatext *Ich bekomme Arbeit* zu erwähnen (ein Jahr später in *Die Tat* veröffentlicht). Auch dieser Text weist autobiografische Züge auf und bezieht sich auf die Erfahrungen, die Fallada in Neumünster als Abonnentenwerber beim *General-Anzeiger* gemacht hatte. Die beschriebenen Episoden, wie der Besuch beim katholischen Geistlichen, der erfolglose Gang zum Prokuristen der Lederwarenfabrik sowie die erste Abonnentenwerbung werden für den *Blechnapf* übernommen. Letztere Episode liest sich teilweise wortwörtlich wie der spätere Romantext:

> Mir klopfte doch das Herz, als ich vor der Tür meines ersten Kunden stand. Ehe ich die Klingel zog, wartete ich, daß es ruhiger ging, aber es ging nur immer stärker. Ich klingelte, und ein junges Mädchen machte mir auf. Ob ich Herrn Malermeister Bierla sprechen könnte? „Bitte schön", und „Vater, da ist jemand" (Fallada 1932, 781).

Im *Blechnapf* lautet die gleiche Stelle wie folgt:

> Das Herz klopfte dem Kufalt doch, als er vor der Tür seines ersten richtigen Kunden stand. Er wartete eine Weile, ehe er die Klingel zog; es sollte erst ruhiger gehen, aber es ging immer stärker. Schließlich entschloß er sich zum Klingeln [...] und ein junges Mädchen stand da. „Bitte?" fragte sie. „Kann ich wohl Herrn Malermeister Benzin sprechen?" fragte Kufalt. „Bitte schön", sagte sie. Sie ging voran über den Flur, sie machte eine Tür auf. „Vater, da ist ein Herr" (Fallada 1934b, 329).

Falladas Kurzprosatexte zeigen, wie vielfältig der Autor seine eigenen Gefängniserfahrungen literarisch verarbeitete und wie engagiert er den kritischen Diskurs über den zeitgenössischen Strafvollzug seinem Publikum nahezubringen suchte. Gleichzeitig geben die früheren bzw. parallel zur Konzeption des *Blechnapf*-Romans entstandenen Texte Einblicke in inhaltliche Schwerpunktsetzungen wie über den Entstehungsprozess des Romans überhaupt.

Inhalt

Der 28jährige Willi Kufalt wird nach fünf Jahren Haftzeit (wegen Unterschlagung und Urkundenfälschung) entlassen und geht nach Hamburg, um einen Neuanfang zu wagen. Er kommt nach Friedensheim, wohnt in einem Heim der Entlassenenfürsorge und arbeitet in der dort betriebenen Schreibstube. Aufgrund des geringen Lohns und der schlechten Behandlung machen sich Kufalt und seine Kollegen selbständig und gründen eine eigene Schreibstube (Cito-Presto), deren Existenz von den Verantwortlichen des Heims nicht geduldet und zur Anzeige gebracht wird. Kufalt wird nach diesem Fehlschlag wieder kriminell, begeht mit seinem Knastkumpanen Batzke einen Raubüberfall und kehrt mit dem Diebesgut in jene Kleinstadt zurück, in der er fünf Jahre im Gefängnis saß. Dort macht er einen zweiten Versuch, als ehemaliger Strafgefangener gesellschaftlich Fuß zu fassen. Er arbeitet als Annoncenwerber für eine Zeitung und verlobt sich mit einer Handwerkertochter. In der Kleinstadt wird aber seine Sträflingsvergangenheit bekannt, so dass er nach Hamburg zurückkehren muss. Dort lebt er unter falschem Namen, begeht Handtaschendiebstähle und raubt sogar seine alte Wirtin aus. Er wird zu sieben Jahren Haft verurteilt und kehrt in seine alte Strafanstalt zurück.

Die Romanhandlung vollzieht damit eine Kreisbewegung: Sie beginnt und endet im Gefängnis; dazwischen liegen zehn Monate, in denen Kufalt versucht, sich in der Freiheit zu behaupten. Konkreten Zeitbezüge weist der Roman nicht auf: Die beschriebenen Voraussetzungen und Möglichkeiten der gesellschaftlichen Wiedereingliederung eines Sträflings im Zuge des ‚humanen Strafvollzugs' sollen zeitübergreifend gesehen werden. Es lassen sich jedoch Hinweise auf das wirtschaftliche Krisen- und Inflationsjahr 1929 finden. Wenn beispielsweise Wachtmeister Thiessen Kufalt von ‚draußen' erzählt – „Sie werden sich wundern draußen. Fünf Millionen Arbeitslose. Schwer ist das, Kufalt, schwer. Meine beiden Söhne sind auch arbeitslos" (ebd., 50) –, so konnte der Leser Parallelen zu seiner eigenen unmittelbaren Erfahrungswelt ziehen. Auf weitere Identifikationsebenen, wie sie noch *Kleiner Mann – was nun?* für breite Gesellschaftsschichten anbot, wird hier verzichtet. Das Romanverständnis ist dadurch jedoch nicht beeinträchtigt.

Die ersten beiden Romankapitel gleichen einer Exposition (vgl. Caspar 1988, 110). Die zweieinhalb Tage Gefängnisalltag stehen repräsentativ für Kufalts fünfjährige Haftzeit und geben dem Leser einen umfassenden Einblick in die internen Machtverhältnisse und die Verhaltensmechanismen der Sträflinge: Kufalt hat über die Jahre gelernt, sich zurechtzufinden, unterwürfig und berechnend gegenüber Vorgesetzten sowie egoistisch und opportunistisch gegenüber seinen Mithäftlingen zu sein. Der in der offiziellen Strafvollzugsordnung fixierte Anspruch, bei „dem Vollzuge der Strafen" auf die „geistige und sittliche Hebung" zu achten (Fallada 1934b, 96), erscheint in der Praxis obsolet, werden die Sträflinge doch selbst zu Machenschaften, Erpressungen und Anschwärzungen veranlasst. Die unter den Sträflingen häufig gebrauchte Parole „Kippe oder Lampen" (also ‚Teilen oder Verpfeifen') steht stellvertretend für diese kollektive Einstellung. Kufalts Selbstbehauptung gelingt zwar im Gefängnis, aber nicht in der Freiheit, wo er für sich selbst Verantwortung tragen, Arbeit finden und Geld verdienen muss.

Im Gefängnis weiß niemand, aus welchen Gründen Kufalt verurteilt wurde. ‚Draußen' ist er von permanenter Existenzangst bedroht und in ständiger Gefahr, von seiner Strafgefangenvergangenheit eingeholt zu werden, die ihm letztendlich den Weg in ein wohlgeordnetes, kleinbürgerliches Dasein versperrt. Die restlichen acht Kapitel beschreiben Kufalts Lebenskampf in der Freiheit. Nach seiner Haftentlassung ist er zunächst voll guter Vorsätze: Einen „sauberen Anfang" (ebd., 52) ohne Altlasten will er. Vorsätze, die bereits nach wenigen Stunden aufgegeben werden. Sein mühsam im Knast erarbeitetes Geld gibt er für Zigaretten und Bier „völlig überflüssig" aus, „trotzdem er den [sic] Alkohol abgeschworen hat" (ebd., 99), und auf dem Weg nach

Friedensheim lügt er gleich den ersten Menschen, dem er begegnet und nach Rat fragt, an: „Ich will zu Verwandten" (ebd., 100).

Kufalt hat nie gelernt, auf eigenen Beinen zu stehen und selbständig Entscheidungen zu treffen. Die Entlassenenfürsorge in Friedensheim nutzt diese Sträflingsdispositionen aus. Kufalt muss bereits kurz nach seiner Ankunft einen Vertrag (im Dunkeln) unterschreiben und begibt sich damit in neue Abhängigkeiten (vgl. ebd., 107f.). In Friedensheim werden die ehemaligen Sträflinge nicht als Persönlichkeiten angesehen, sondern als billige, wehrlose Arbeitskräfte behandelt, die es zu kontrollieren gilt. Kufalt muss sein Geld offen legen, um seinen Arbeitslohn feilschen; er bekommt einen Aufpasser, der ihm nicht von der Seite weicht. Die unseriösen Methoden, die die Heimverantwortlichen gebrauchen, erinnern an die Gefängniszustände. Er „zittert am ganzen Leibe, es ist die alte Welt, sie sollte versunken sein, es sind die fünf Jahre […], es geht so weiter" (ebd., 134). Auch hier stehen Theorie und Praxis in einem eklatanten Widerspruch: „Der Strafentlassene soll das Leben bei uns schön finden", heuchelt Pastor Marcetus, „wir wollen ihm gewissermaßen noch nachträglich Grauen und Ekel vor dem Gefängnisdasein einimpfen. Wenn er wieder in Versuchung gerät, dann soll er an das freundliche Zimmer in Friedensheim denken" (ebd., 152).

Fallada beschreibt im *Blechnapf* kollektive Erfahrungen ehemaliger Strafentlassener sowie individuelle Prägungen, die ein selbstbestimmtes Leben in Freiheit unmöglich machen. Es sind allesamt „gehandikapte Menschen, verkorkste Menschen", die nie eine Form von Selbstbewusstsein entwickeln konnten. „Sie glauben nicht mehr an sich, sie trauen sich nicht mehr – es geht ja doch einmal schief, wer einmal aus dem Blechnapf frißt, frißt immer wieder daraus" (ebd., 223). Kufalt hat kein Durchhaltevermögen. Nach den persönlichen Fehlschlägen mit der eigenen Schreibstube Cito-Presto und der zusammengebrochenen Hoffnung auf eine kleinbürgerliche Existenz in Neumünster lässt Kufalt alle Anstrengungen fallen. Er weiß: So wie nach seiner Haftentlassung „fängt er nicht wieder an. Diesmal geht es auf die andere Tour. Er hat keine Lust mehr, sich Mühe zu geben, es geht doch schief" (ebd., 408). Es sind also nicht nur die individuellen Schwächen Kufalts, die ihn scheitern lassen. Die ehemaligen Häftlinge haben keine Lobby. Von allen Seiten begegnen ihnen Misstrauen, Abneigung und Vorurteile. Zum Beispiel wird Kufalt die Wohnung gekündigt, nachdem sein Heimkollege Beerboom sich als ehemaliger Zuchthäusler outet (vgl. ebd., 159). Fallada wirbt beim Leser um Verständnis und Sympathie für Kufalt, zum Beispiel wenn dieser dem Leistungsdruck in Jauchs Schreibstube nicht standhält und innerlich zusammenbricht (ebd., 184), aber auch wenn er mutig wird: „Ich verlang' mein Recht" (ebd., 88). Mit dem Affektmörder Bruhn und dem labilen Beerboom werden Kufalt zwei weitere, bemitleidenswerte Sträflingsschicksale zur Seite gestellt; einzig Batzke geht in der Rolle des gewieft-brutalen Verbrechers auf. Was alle vier Figuren gemeinsam haben: Sie können in der Freiheit nicht Fuß fassen, sie bleiben unter sich und damit gesellschaftliche Randgruppe.

Auch die noch im *Kleinen Mann* positiv akzentuierte und haltgebende Frauenfigur bietet keinen Ausweg. Entweder sind die Frauen hier unreif-lüsterne Sexualobjekte wie Luise Behn, oder sie werden nur als Mittel zum Zweck angesehen, um Einlass in die bürgerliche Gesellschaft zu finden, so bei Hildegard Harder. Mit *Wer einmal aus dem Blechnapf frißt* beschreibt Fallada nicht nur das Scheitern des ‚humanen Strafvollzugs' und die verlogene Strafgefangenenfürsorge, sondern er zeigt zugleich die Inhumanität und Scheinheiligkeit eines gesellschaftlichen Konstrukts auf.

Literarische Verfahrensweisen

Wie schon bei *Bauern, Bonzen und Bomben* und *Kleiner Mann – was nun?*, in denen die Figurendialoge großen Raum einnahmen, legt Fallada auch im *Blechnapf* großen Wert auf eine authentische Wiedergabe des gesprochenen Worts. Neben dem Sträflings-Soziolekt werden auch andere Figuren in ihren Reden individuell gekennzeichnet: Beim Oberwachtmeister Petrow lässt sich ein osteuropäischer Akzent finden, „Na, Kufalt, olles Haus, is sich zeit rum? Siehst du, is gewesen ein Blitz!" (ebd., 24), und Hauptwachtmeister Rusch redet in einem ans Militär erinnernden Stakkato-Stil: „Soll er nicht. Soll nicht dumm sein. Mit ihm reden. Strafe annehmen, dann Bewährungsfrist, morgen raus" (ebd., 58). Naturalistische wie neusachliche Einflüsse lassen sich in der unkommentierten Wiedergabe von Dialogen (vgl. ebd., 32) und in den unvermittelten Kapiteleinstiegen erkennen (vgl. ebd., 101).

Der Leser muss sich alleine zurechtfinden, besonders deutlich in der überraschend zwischengeschalteten Analepse aus Kufalts Jugendzeit (vgl. ebd., 488ff.). Falladas Erzähler betont in der Romandarstellung zwar immer wieder das fehlende Durchhaltevermögen und das zu vermissende Rückgrat der Figur, er lässt seinen Roman tatsächlich aber erst nach Abschluss von Kufalts Sozialisation beginnen. Die Frage, warum Kufalt so geworden ist, wie er ist, hält sein Autor damit weitgehend offen. Ihn interessiert es vor allem, den gesellschaftlichen Mechanismus aufzuzeigen, der es ehemaligen Häftlingen schwer macht, sich in der Freiheit zu behaupten. Einzig die Analepse aus Kufalts Jugendzeit gibt hier *einen* Anhaltspunkt auf die *vor* der Haft liegenden Prägungen der Figur. Kufalt fliegt dort wegen Annäherungsversuchen bei einem Mädchen vom Gymnasium, wird aber von seinem Vater nachsichtig behandelt. Der Ursprung seiner späteren Persönlichkeitsdisposition wird hier zwar gesetzt, der genaue Zusammenhang aber nicht geklärt.

Im *Blechnapf* überwiegt die interne Fokalisierung, bei der Gedankengänge und Gefühle Kufalts wiedergegeben werden, wobei der Erzähler teilweise auch auf Abstand geht und zwischen interner und Nullfokalisierung changiert. Zwar werden solche nullfokalisierten Erzählmomente eingesetzt, um dem Leser Zusatzinformationen zu geben, aber nicht romanübergreifend gebraucht. Im achten Kapitel lässt sich sogar eine Du-Erzählsituation erkennen: Kufalts Selbstansprache, die stellvertretend für alle Sträflingsschicksale steht, ermöglicht es hier, dass der Leser sich selbst angesprochen fühlt und auf eine gemeinsame Identifikationsebene mit der Figur gebracht wird: „[...] und du bist nicht allein, so einsam du auch gehst [...]" (ebd., 450).

Fallada setzt außerdem einzelne Handlungsmomente ‚in Szene', indem er besonderen Wert auf Optik und Sinneswahrnehmung legt, so dass sie von der Wirkungsästhetik des Kinos beeinflusst scheinen. Wenn Kufalt aus dem tristen Knastleben entlassen wird und aus dem Gefängnistor tritt, kann der Leser seinem Blick folgen und seine Eindrücke aufs Intensivste nachempfinden: „Das Tor geht auf. Kufalt sieht vor sich einen großen besonnten Platz in greller Sonne. Der Rasen ist grün. Die Kastanien blühen. Menschen gehen drüben, Frauen in hellen Kleidern. Er geht langsam und vorsichtig hinaus ins Licht" (ebd., 98). Auch der Moment, als Kufalt einen Brief von Reinhold liest und anschließend enttäuscht darüber ist, dass dieser ihm kein Startgeld für die Freiheit schickte, wird von Fallada filmszenenartig dargestellt. Kufalt nimmt in diesem Moment den öden Gefängnisalltag akustisch wahr; das, was anschließend beschrieben wird, steht stellvertretend für die Leere und Verzweiflung der Figur:

Der Maitag ist noch immer hell und strahlend, die Zelle ganz licht. Draußen ist Freistunde. Die Füße scharren und scharren. „Fünf Schritte Abstand! Abstand halten!" ruft ein Wachtmeister. „Halten Sie den Mund oder es gibt eine Anzeige!" Kufalt sitzt da, den Brief in der Hand. Er starrt vor sich hin. (ebd., 79)

Interpretationsansätze – Forschung

Im Mittelpunkt der germanistischen *Blechnapf*-Forschung steht die Frage nach der Determiniertheit der Figur Kufalts. Das Gros der Forschungsbeiträge macht externe Einflüsse (Gesellschaft – ‚humaner Strafvollzug') für das Scheitern Kufalts in der Freiheit verantwortlich, während andere die innere Disposition der Figur betonen. Im Gegensatz zur westdeutschen Forschung nahm sich die wissenschaftliche Auseinandersetzung in der DDR bereits früh (seit den 1950er Jahren) Falladas an und bestimmte mit ihrer Deutungshoheit die sozialistisch-marxistischen Lesart seiner Werke für Jahrzehnte: An der Figur Kufalts könne demnach die Zerstörung von Persönlichkeit durch die kapitalistische Gesellschaft abgelesen werden, die ihn zu immer neuen Verbrechen antreibt und schließlich aus ihrer Mitte ausschließt (vgl. Zachau 2000, 34ff.). Günter Caspar relativiert, „daß die Kufalts auf und aus dem Boden der kapitalistischen Gesellschaft wachsen", lässt jedoch keinen Zweifel daran, dass *diese* im Roman beschriebene Gesellschaft die Sträflinge „zermürbt [...], ausstößt und untergehen läßt" (Caspar 1988, 109). Auch die neuere Forschung sieht Kufalt und seine Mithäftlinge als Opfer der sozialen Verhältnisse, erkennt aber auch die Ursachen ihres Scheiterns im ‚humanen Strafvollzug' (vgl. Williams 2002, 204). Reinhard K. Zachau deutet den *Blechnapf* dagegen als psychologischen Entwicklungs- und Bildungsroman (vgl. Zachau 1990, 114): Kufalt sei von Natur aus kein Verbrechertyp, sondern er werde erst durch den Kontakt mit der Außenwelt auf diesen Weg geführt.

Falladas Vorwort gibt auch der neueren Forschung Anlass zur Diskussion. Lutz Hagestedt bezeichnet es als „janusköpfig" (Hagestedt 2011, 219), auch weil es im Widerspruch zu der im Roman dargestellten Wirklichkeit stehe. Falladas Vorwort-Politik und seine Konzessionen gegenüber dem Dritten Reich sowie das Auffinden autobiografischer Bezugspunkte im Roman sind weitere Forschungsschwerpunkte. Insgesamt dominieren bis heute inhaltsorientierte Fragestellungen, die die ästhetische Gemachtheit des Romans kaum einbeziehen und den Einfluss ‚Neuer Medien' wie etwa des Kinos auf Falladas Schreiben außer Acht lassen. Eine genauere Untersuchung zur Verknüpfung der erzählten Geschichte mit den Verfahrensweisen des Erzählens steht für den *Blechnapf*-Roman bis dato noch aus.

Literatur

Caspar 1967: Caspar, Günter: Nachwort. In: Hans Fallada: Ausgewählte Werke in Einzelausgaben, Bd. 3: Wer einmal aus dem Blechnapf frißt. Roman, hg. von Günter Caspar, Berlin (Ost)/Weimar 1967, S. 601–663.
Caspar 1988: Caspar, Günter: Fallada-Studien, Berlin (Ost)/Weimar 1988.
Ehrenstein 2004: Ehrenstein, Albert: *Wer einmal aus dem Blechnapf frißt*. Zu Hans Falladas neuen Roman. In: Albert Ehrenstein: Werke, Bd. 5: Aufsätze und Essays, hg. von Hanni Mittelmann, Göttingen 2004, S. 420–422.
Fallada 1925: Fallada, Hans: Stimme aus den Gefängnissen. In: Das Tage-Buch 6 (1925), H. 1, 3.1.1925, S. 9–15.

Fallada 1928a: Fallada, Hans: Otsches Fluchtbericht, HFA N 47.
Fallada 1928b: Fallada, Hans: Großstadttypen. 1. Die Verkäuferin auf der Kippe. 2. Der Strafentlassene. In: Hamburger Echo. Hamburg Altonaer Volksblatt 54 (1928), Nr. 349, 17.12.1928, Erste Beilage, [S. 1–2].
Fallada 1931: Fallada, Hans: Ein Mensch auf der Flucht. Eine Erzählung von Hans Fallada. In: Uhu 7 (1931), H. 12 (September 1931), S. 43–51.
Fallada 1932: Fallada, Hans: Ich bekomme Arbeit. In: Die Tat. Unabhängige Monatsschrift zur Gestaltung neuer Wirklichkeit 24 (1932/33), H. 9 (Dezember 1932), S. 778–786.
Fallada 1934a: Fallada, Hans: Hat Riemkasten recht – ? Ein offener Brief von Hans Fallada. In: Der Tag. [Moderne Illustrierte Zeitung] 34 (1934), Nr. 91, 17.4.1934, Die Unterhaltung, [S. 2].
Fallada 1934b: Fallada, Hans: Wer einmal aus dem Blechnapf frißt. Roman, Berlin 1934.
Fallada 1946: Fallada, Hans: Wer einmal aus dem Blechnapf frißt. Roman, Berlin 1946.
Fallada 1967a: Fallada, Hans: Ein Beschwerdefall im Gefängnis. In: Hans Fallada: Wer einmal aus dem Blechnapf frißt. Roman, Berlin (Ost)/Weimar 1967, S. 596–599.
Fallada 1967b: Fallada, Hans: [Tagebuch 1924]. In: Hans Fallada: Ausgewählte Werke in Einzelausgaben, Bd. 3: Wer einmal aus dem Blechnapf frißt. Roman, hg. von Günter Caspar, Berlin (Ost)/Weimar 1967, S. 547–585.
Fallada 1983: Fallada, Hans: Heute bei uns zu Haus. Ein anderes Buch. Erfahrenes und Erfundenes, Berlin (Ost)/Weimar 1983, S. 335–606.
Fallada 1985a: Fallada, Hans: Gauner-Geschichten. In: Hans Fallada: Ausgewählte Werke in Einzelausgaben, Bd. 9: Märchen und Geschichten, hg. von Günter Caspar, Berlin (Ost)/Weimar 1985, S. 38–46.
Fallada 1985b: Fallada, Hans: Einbrecher träumt von der Zelle. In: Hans Fallada: Ausgewählte Werke in Einzelausgaben, Bd. 9: Märchen und Geschichten, hg. von Günter Caspar, Berlin (Ost)/Weimar 1985, S. 58–60.
Fallada 1997: Fallada, Hans: Drei Jahre kein Mensch. In: Hans Fallada: Drei Jahre kein Mensch. Erlebtes. Erfahrenes. Erfundenes. Geschichten aus dem Nachlaß 1929–1944, hg. von Günter Caspar, Berlin 1997, S. 25–53.
Fallada 2008: Fallada, Hans: Ewig auf der Rutschbahn. Briefwechsel mit dem Rowohlt Verlag, hg. von Michael Töteberg und Sabine Buck, Reinbek bei Hamburg 2008.
Hagestedt 2011: Hagestedt, Lutz: „Sehr viel wahrer ist in Deutschland seither nicht geschrieben worden". Forschungs- und Tagungsbericht. In: Hans Fallada. Autor und Werk im Literatursystem der Moderne, hg. von Patricia Fritsch-Lange und Lutz Hagestedt, Berlin/Boston 2011, S. 215–232.
Hübner 2008: Hübner, Anja Susan: „Erfolgsautor mit allem Drum und Dran". Der Fall Fallada oder Sollbruchstellen einer prekären Künstlerbiographie im ‚Dritten Reich'. In: Im Pausenraum des ‚Dritten Reiches'. Zur Populärkultur im nationalsozialistischen Deutschland, hg. von Carsten Würmann und Ansgar Warner, Bern 2008, S. 197–213.
Kersten 1934: Kersten, Kurt: Kufalt und der Mann in „seinem Eigen". Hans Fallada *Wer einmal aus dem Blechnapf frißt*, Roman. In: Neue deutsche Blätter. Monatsschrift für Literatur und Kritik 2 (1934), Nr. 1, S. 56–58.
Langenbucher 1934: Langenbucher, Hellmuth: *Wer einmal aus dem Blechnapf frißt*. Hans Fallada. In: Bücherkunde der Reichsstelle zur Förderung des deutschen Schrifttums 1 (1934), Nr. 1–4 (Juli 1934), S. 10–11.
Lukács 1980: Lukács, Georg: Hans Fallada. Die Tragödie eines begabten Schriftstellers unter dem Faschismus. In: Sammlung. Jahrbuch für antifaschistische Literatur und Kunst 3 (1980), S. 59–71.
Mann 1977: Mann, Thomas: Tagebücher 1933–1934, hg. von Peter de Mendelssohn, Frankfurt a. M. 1977.
Oels 2013: Oels, David: Rowohlts Rotationsroutine. Markterfolge und Modernisierung eines Buchverlags vom Ende der Weimarer Republik bis in die fünfziger Jahre, Essen 2013.

Payr 1934: Payr, Bernhard: Verbrecherdarstellung im Roman. Fallada: *Wer einmal aus dem Blechnapf frißt.* Heinz Otto: *Rotmord.* In: Niedersächsische Tageszeitung. Die größte Zeitung in Norddeutschland 4 (1934), Nr. 108, 9./10.5.1934, [S. 26].

Riemkasten 1934a: Riemkasten, Felix: Hat Fallada recht? – Eine notwendige Erwiderung. In: Der Tag [Moderne Illustrierte Zeitung] 34 (1934), Nr. 71, 24.3.1934, [S. 11].

Riemkasten 1934b: Riemkasten 1934b: Riemkasten, Felix: ... und ein Schlusswort von Felix Riemkasten. In: Der Tag [Moderne Illustrierte Zeitung] 34 (1934), Nr. 91, S. 10.

Terwort 1992: Terwort, Gerhard: Hans Fallada im ‚Dritten Reich'. Dargestellt an exemplarisch ausgewählten Romanen, Frankfurt a. M. u. a. 1992.

Vesper 1934: Vesper, Will: Fallada, Hans: *Wer einmal aus dem Blechnapf frißt.* In: Die Neue Literatur 35 (1934), H. 7 (Juli 1934), S. 444.

Williams 2002: Williams, Jenny: Mehr Leben als eins. Hans Fallada. Biographie. Aus dem Englischen von Hans-Christian Oeser, Berlin 2002. [Originalausgabe: More Lives than One. A Biography of Hans Fallada, London 1998.]

Zachau 1990: Zachau, Reinhard K.: Hans Fallada als politischer Schriftsteller, New York/Bern/Frankfurt a. M./Paris 1990.

Zachau 2000: Zachau, Reinhard K.: Hans Fallada. Eine kritische Untersuchung zur Rezeption seines Werks in den Jahren 1930–1997, Stuttgart 2000.

3.4 Drama, Hörspiel und Drehbuch
Sven Hanuschek

Hans Fallada nimmt in seinen Erzählverfahren „konsequent [...] auf die literarische Moderne Bezug": Entgegen einem verbreiteten Klischee (auch der frühen Fallada-Forschung) sei er kein Getriebener „seiner Ängste und Süchte", sondern ein „formbewußter, hochbelesener, glänzend informierter, selbstreflexiver Autor, der von dem Bewusstsein getragen wird, mit seinen erfolgsträchtigen Romanen neue Erzählwelten mit neuartigen Darstellungstechniken zu erschließen" (Prümm 2011, 136). Dieses Bild ist in den letzten Jahren bestätigt worden. Falladas Modernität müsste sich entsprechend auch am Umgang des Erzählers mit den damals neuen Medien festmachen lassen, und für seine bekannten, gern als ‚realistisch' oder ‚neusachlich' klassifizierten Romane selbst steht die Film-Affinität nicht in Frage. Es ist unstrittig, dass sie „intermedial operieren, Kinoeffekte in die Romanprosa übertragen, dass sie also einen Medientransfer vollziehen, der den Texten eine ganz eigene Färbung, eine spezifische Kontur und damit eine besondere Wirksamkeit verleiht" (ebd., 137). Die zahllosen Fallada-Verfilmungen und Adaptierungen belegen nachdrücklich, wie sehr der Erzähler bereits „bei der Konzeptionalisierung und bei der Niederschrift seiner Romane Filmerfahrungen und Filmdenken aktualisiert hat" (ebd., 138). Umso erstaunlicher ist es andererseits, dass Fallada, so umworben er von der Filmindustrie war, so sehr einige der weniger bekannten Romane (und *Der eiserne Gustav*, 1938) direkt im Auftrag von Produktionsfirmen entstanden, kaum selbst Zweitverwertungen – Dramatisierungen, Filmdrehbücher, Hörspiele – seiner Romane vorgelegt hat. Er scheint sich hier an unerfreulichen Erfahrungen mit der ersten Verfilmung von *Kleiner Mann – was nun?* und den Empfehlungen seines wichtigsten Verlegers Ernst Rowohlt ausgerichtet zu haben. Der beglückwünschte Fallada, als er eine Hörspiel-Bearbeitung abgelehnt hatte: „Es hat keinen Zweck, für diese Dinge Zeit zu verschwenden. Die ganzen Leute, die sich mit Filmen, Hörspielen usw. beschäftigen, sind im großen Ganzen unzuverlässig und es kommt nur höchst, höchst selten etwas Gescheites dabei heraus." (8. Juni 1932, zit. nach Fallada 2008, 82)

Drama: *Die schwarze Fahne* (1932)

Immerhin hat Fallada sich an einer Dramatisierung des Romans *Bauern, Bonzen und Bomben* (1931) versucht, unter Mitarbeit des Schauspielers und Regisseurs Heinz Dietrich Kenter (1896–1984), mit dem er befreundet war. Die erste Fassung stand im Juni 1931, nach einer weiteren gründlichen Durcharbeitung beendeten die Verfasser ihre Dramatisierung Mitte August 1931. Allerdings soll Fallada „trotz Kenters Begeisterung nicht zuversichtlich" gewesen sein, „daß es je zu einer Inszenierung kommen würde. Als sie von einem Theaterverlag zum anderen wanderte, übertrug Ditzen die Verhandlungsführung schließlich Kenter und schwor, sich nie wieder mit irgendwelchen Dramatisierungen abzugeben." (Williams 2011, 155, 157) Im Freiburger Theaterverlag Max Reichard wurde *Bauern, Bonzen und Bomben (Die schwarze Fahne). Schauspiel in 5 Akten* 1932 als Bühnenmanuskript veröffentlicht. Die Uraufführung steht bis heute aus.

Die Theater-Version stellt eine Kurzfassung des mehr als 600 Seiten starken Romans dar, dessen Handlung hier vorausgesetzt werden muss. Alle Figuren des Romans, soweit sie hier erscheinen, haben andere Namen. Das Stück beginnt mit der gescheiterten Versteigerung zweier Ochsen: Die Bauern hindern den Gerichtsvollzieher an seiner Tätigkeit, indem sie nicht bieten (1. Akt). Der 2. Akt zeigt die Redaktion der Landeszeitung, die eine Großdemonstration der Bauern ankündigt; im 3. Akt versucht der SPD-Bürgermeister Grautoff, im Regierungspräsidium für Verständnis zu werben, dass er den Bauern die Demonstration genehmigen wird – trotz der schwachen Polizeikräfte, über die er verfügt. Der 4. Akt zeigt die unmittelbar der Demonstration vorausgehenden Gespräche der Bauern in einem Gasthof, wo sie über die Symbolik der selbstentworfenen Fahne debattieren. Hier wird auch klar, dass durch Polizeispitzel nicht nur die lokalen Gendarmen, sondern auch überregionale Schutzpolizei-Truppen, die durch den Regierungspräsidenten im Nachbarbezirk stationiert worden sind, stets bestens informiert sind. Nach einem vergeblichen Versuch des Ortspolizisten, in der Demonstration die Fahne zu entfernen (in Mauerschau verfolgt), wird die Schupo über den Kopf des Bürgermeisters hinweg zum Einsatz angefordert. Der letzte Akt spielt auf der nächtlichen Straße und in einem einsehbaren kleinen Haus nach der Demonstration. Einer der Bauern ist schwer verletzt und soll hier zunächst versteckt werden, die unterschiedlichen Fraktionen innerhalb der Bauernschaft streiten sich über den Ablauf und die Fortsetzung ihres politischen Protests. Sie werden von Schupo-Beamten verfolgt, auch Bürgermeister Grautoff spürt sie auf. Kurz vor der Einigung der Bauern mit Grautoff erscheint ein Regierungsassessor mit den Polizisten, teilt dem Bürgermeister mit, er sei seines Amtes enthoben, und verhaftet die anwesenden Bauern wegen „Landfriedensbruch, Aufruhr, Widerstand gegen die Staatsgewalt, Körperverletzung [...], wegen versuchten Totschlags" (Fallada/Kenter 1932a, 99).

Hans Fallada hatte den Roman unmittelbar nach und aus den Ereignissen der Demonstrationen der Landvolk-Bewegung in Neumünster geschrieben, deren Zeuge er als Mitarbeiter und zeitweiliger Gerichtsreporter des dortigen *General-Anzeigers* gewesen war. Trotz der Umbenennung der Stadt in ein fiktionales „Altholm" waren die Ereignisse für die deutsche Öffentlichkeit leicht entschlüsselbar. In einigen biografischen Arbeiten über Fallada ist dies im Rückblick ausführlich geschehen, es gibt dazu sogar ein „*Who is who*" in *Bauern, Bonzen und Bomben* (Crepon/Dwars 1993, 92–106). Der Roman wirkt gerade durch das „Pathos der Augenzeugenschaft und des Miterlebens"; sein semidokumentarischer Zugriff wird kaum verdeckt (Prümm 2011, 146).

So sehr Fallada in der Vorbemerkung des Romans betont, es handle sich um ein „Werk der Phantasie", die Figuren seien gerade „keine Photographien", sondern „Versuche, Menschengesichter unter Verzicht auf billige Ähnlichkeit sichtbar zu machen", beteuert er doch auch das Gegenteil – es werde „höchste Naturtreue" erstrebt, und es würden Ereignisse übernommen, die sich „in einer bestimmten Gegend Deutschlands abspielten" (Fallada 2011, 5). *Bauern, Bonzen und Bomben* funktioniert durchaus mit filmischen und auch fotografischen Strategien: Die Vorbemerkung ließe sich als indirekter Hinweis auf den vertrauten und differenzierten Umgang des Verfassers mit diesen Medien lesen. Liefert der Roman in der Tat eine „lückenlose, fast fotografische Rekonstruktion der Ereignisse und das vollständige Beibehalten der Chronologie" (Zachau 2009, 95), so muss die Theaterfassung nicht nur stark raffen, sie muss auch anders darstellen. Der Blick auf den „Broadway von Altholm" (Fallada 2011, 7) aus der Halbtotalen kann ebenso wenig stattfinden wie die Nah-, Groß-, ja Innenaufnahmen der einzelnen Figuren. Es bleiben einige (wenn auch zentrale) Ereignisse des Romans, die in Gruppendialogen vorgeführt werden. Mit Kenntnis des Romans ist *Die schwarze Fahne* durchaus ein spannendes Stück. Ohne sie erschließen sich die Zusammenhänge und auch die Motive der einzelnen Figuren nicht in vergleichbarer Komplexität; zudem ist es dem Realismus auf dem Theater eher abträglich als im Roman, dass die Bauern nicht im Dialekt sprechen. Eine Möglichkeit der notgedrungen zuspitzenden Dramatisierung hätte darin gelegen, sich selbst stärker im Meinungsballett der Konfliktparteien zu positionieren. Das hat Fallada nicht getan, er hat vielmehr versucht, seine erzählerisch angestrebte Objektivierung auch hier zu erhalten, schließlich gibt es im Drama keine Erzählerstimme. Jürgen Manthey hat zutreffend beobachtet, dass Fallada im Roman „die Fortsetzung der Verhältnisse, wie er sie im Gefängnis kennengelernt hat", betreibe: „Einer weiß etwas über den anderen, und jeder benutzt sein Wissen, um Macht über den Nächsten zu gewinnen, ihn zu Diensten, Willfährigkeit, Abgaben gefügig zu machen", ein „Dickicht aus Erpressung und sozialer Notwehr" (Manthey 1963, 77). Hier war nicht nur von Machtverhältnissen im Alltag die Rede, sondern auch vom Zustand der Demokratie in Deutschland, mit der es um 1930 herum schon nicht mehr weit her war. Diese Ebene wird in der Theaterfassung insofern deutlich, als der Bürgermeister, der hier Grautoff heißt statt Gareis, als weniger ambivalente Figur auftritt: Vielmehr scheint ihm sehr daran zu liegen, dass alle Bevölkerungsgruppen seiner Stadt miteinander auskommen, und dass daher auch die Nöte und die Wut der Bauern ernst genommen werden müssen. Dass er sich gegen die höhere und fatal autoritäre Regierungsebene nicht durchsetzen kann, steht auch für ein Ende von Demokratie, von Miteinander-Reden.

Bauern, Bomben und Bonzen ist gelegentlich von kleineren Theatern, sogar Laientheatern gespielt worden, allerdings nicht in Falladas eigener Dramatisierung *Die schwarze Fahne*. Das Bühnenmanuskript ist in zahlreichen Bibliotheken wie in Falladas Nachlass (HFA S 288) vorhanden; die Bühnentauglichkeit ist bislang nicht erwiesen worden. Fallada hat nach dieser Erfahrung keine eigenen Theaterbearbeitungen mehr versucht und sich damit nach der zitierten Einschätzung Ernst Rowohlts ausgerichtet, der später zu einer Anfrage nach einer Dramatisierung von *Kleiner Mann – was nun?* grundsätzlich abriet: Es sei „überhaupt ein Blödsinn, den Roman zu dramatisieren, das haben Sie schon bei *Bauern, Bonzen und Bomben* gesehen und gemerkt" (11. November 1932, zit. nach Fallada 2008, 105). Hier irrte Rowohlt; aber es brauchte einen bedeutenden Dramatiker und etliche Jahrzehnte Distanz, bis Tankred Dorst 1972 die formal sehr freie Revue *Kleiner Mann – was nun?* auf der Grundlage des Romans vorlegte (siehe den Beitrag 4. *Fallada auf der Bühne* in Kap. III).

Hörspiel: *Der Klatsch* (1932)

Für die Gattung Hörspiel hat Hans Fallada, erneut mit seinem Freund Heinz Dietrich Kenter, einen Originalstoff entwickelt. Direkt nach Abschluss von *Kleiner Mann – was nun?* schrieb er *Der Klatsch. Ein Hörspiel in neun Szenen*; das Skript wurde am 2. Mai 1932 beendet. Das Werk wurde sofort vom SÜWRAG (Südwestdeutscher Rundfunkdienst AG, Sender Frankfurt am Main) produziert und am 2. Mai 1932 ausgestrahlt. Regie führte Ernst Schoen (1894–1960), ein Jugendfreund Walter Benjamins, Komponist und Rundfunkpionier, der zum Umfeld der *Frankfurter Zeitung* gehörte und bis zum Beginn der Diktatur 1933 künstlerischer Leiter der Rundfunkanstalt gewesen war; im April 1933 musste er ins Exil fliehen (vgl. Schiller-Lerg/Soppe 1994). Fallada soll mit dem gesendeten Produkt unzufrieden gewesen sein, „sein Manuskript war beträchtlich gekürzt worden" (Williams 2011, 172).

Der Stoff ist freilich harmlos genug, ein Typoskript findet sich in Falladas Nachlass (Fallada/Kenter 1932b; HFA S 383): Der Lokalchef der „Mittagspost", Kaliebe, schickt aus einer personellen Verlegenheit heraus einen Redaktionsvolontär mit dem sprechenden Namen Matz in ein Miethaus in der Friesackerstraße 87; er soll aushorchen, ob Generaldirektor Wulle womöglich kurz vor einer Reise steht, auf der Flucht vor prospektiven Ermittlungen der Staatsanwaltschaft. Matz sucht daraufhin ein Miethaus in der genannten Straße auf, allerdings die falsche Nummer 78, und erkundigt sich nach dem Direktor Weygand, der dort wohnt. Matz wird für einen Kriminalassistenten gehalten und rollt mit seinen Andeutungen das ganze Haus auf: Er spricht mit verschiedenen Dienstmädchen, dem Portier und seiner Frau, einem benachbarten älteren Beamtenpaar, schließlich kommen der Direktor und seine Frau selbst ins Spiel. Der Klatsch zieht in verschiedenen Gesprächskonstellationen durch das ganze Haus, das Spiel mit Andeutungen und Gerüchten endet schließlich auf der Polizeiwache, wo zwei beschränkte Wachtmeister und der herbeigerufene Chefredakteur Kaliebe den Wirrwarr auflösen, der nicht ohne Folgen bleiben wird – die Dienstmädchen werden entlassen und wollen Beleidigungsprozesse gegeneinander führen, Direktor Weygand kündigt die Wohnung, weil „der Portier so die Mieter verklatscht" (Fallada/Kenter 1932b, 85); und auch seine Ehe steht auf dem Spiel, denn nebenbei ist herausgekommen, dass seine Frau gelegentlich Besuch hat, „dieser verdammte Kaffeehausgeiger" (ebd.).

Das Hörspiel folgt der Dramaturgie eines Boulevardstücks, die Botschaft ist klar, sie wird über das ganze Werk hinweg dialogisch (gewissermaßen in angewandter sokratischer Methode) demonstriert und schließlich von einem der Wachtmeister nach der Auflösung des dramaturgischen Knotens auch ausgesprochen: „Da soll doch ein heiliges Donnerwetter, solch einen Klatsch anzurühren – !" (ebd., 84) Das Hörspiel soll

„bei der Kritik […] zwiespältige Aufnahme" (Williams 2011, 172) gefunden haben; die erhaltene Rezension im Nachlass (HFA S 1232) ist allerdings uneingeschränkt positiv, die „ungekünstelte, lebensnahe Darstellung" wird ebenso gerühmt wie der „Stil dieses sicheren Beobachters", es ist sogar von der Aufführung eines „kleinen Meisterwerkes" die Rede (kap. 1932). In der Tat zeichnet sich *Der Klatsch*, im Gegensatz zu der durchschaubaren Dramaturgie, durch lebendige Umgangssprache und den beinah soziologisch genauen Blick aus, der für Fallada typisch ist; das Sujet war ihm aus seiner Zeit in Neumünster als Anzeigenwerber und Aushilfsredakteur vertraut.

Drehbuch: *Kopf hoch!* (1932)

Falladas Romane wurden verfilmt, zum Teil mehrfach, zu einem kleineren Teil schon zu Lebzeiten, überwiegend nach seinem Tod. Entgegen der frühen Forschungsliteratur ist sein enges Verhältnis zum Film mittlerweile Konsens. In seiner Zeit als Reporter und Anzeigenwerber beim *General-Anzeiger* in Neumünster hat er zahlreiche Filmrezensionen geschrieben (dazu ausführlich Prümm 2013, auch Prümm 2011, 139–145; siehe den Beitrag 1.1 *Verhältnis literarisches Werk – Rezensionspraxis – journalistische Tätigkeit* in Kap. II). Viele seiner Werke sind filmaffin, zweifellos hat er den Kinoblick besessen (vgl. Töteberg 2013, 40). Sein Welterfolg *Kleiner Mann – was nun?* wurde unmittelbar nach Erscheinen zweimal verfilmt; im Zusammenhang mit diesem Roman und der ersten Verfilmung stehen auch die wenigen Treatments und Drehbuch-Entwürfe, die er unter der Überschrift *Kopf hoch!* selbst geschrieben hat, wenn auch noch „ohne Auftrag" (ebd., 41). Fallada wollte die „Atmosphäre" des Romans erhalten, er glaubte, sie sei das, was die Leser an ihm liebten: nicht die Handlung, sondern das „Idyll des Ehelebens, das stille abseitige Dasein des kleinen Mannes mit Frau und Kind" (Fallada 1932c, zit. nach Töteberg 2013, 41).

Die Skizzen zeigen, dass Fallada sich souverän in seinem Stoff bewegen konnte; sie bestätigen damit auch, was er seinem amerikanischen Verleger schrieb – es gebe zwar „genug Parallelen" zu Pinnebergs Leben, aber es sei doch nicht sein eigenes Leben, das er hier erzählt habe, „ich bin nie Verkäufer gewesen, ich bin eigentlich nie schlecht von den Chefs behandelt worden usw.", vielmehr stelle er das Leben dar, „das ich um mich sah" (Fallada an Fadiman, 29. September 1932, zit. nach Fallada 2008, 95). – Es handelt sich um ein 31seitiges Manuskript, zwei siebenseitige und ein neunseitiges Typoskript. Nur das Manuskript ist datiert (6. Mai./9. Mai 1932), alle Entwürfe sind aber wohl zu einem Zeitpunkt verfasst worden, als sich der überwältigende Erfolg von *Kleiner Mann – was nun?* noch nicht abzeichnete (HFA N 123). Nach Günter Caspar (Caspar 1988, 286 f.) und Werner Liersch (2009) hat zuletzt Michael Töteberg diese Texte am ausführlichsten referiert und vorgestellt (vgl. Töteberg 2013, 41–46). Das handschriftliche Treatment ist in Vor- und Nachspiel sowie vier Akte unterteilt. Im Vorspiel wird Pinneberg in der Halbwelt-Wohnung seiner Mutter gezeigt, gestört vom Lärm der Prostituierten; am folgenden Tag macht er der schwangeren Lämmchen vor der Arztpraxis den Heiratsantrag: „Lämmchen – wie, wenn wir uns heirateten?" Der 1. Akt zeigt, wie das Paar und die bescheidene Hochzeitsgesellschaft vor dem Standesamt auseinandergehen, Pinnebergs Mutter prophezeit ihm, er werde schon wiederkommen. Ein Typoskript macht den filmischen Blick im Detail deutlich, es hätte nacheinander „Erwachen bei Kleinholzens" (Pinnebergs Chef) und „Erwachen in der Zeltstadt" (in die Pinneberg und Lämmchen gezogen sind) gezeigt werden sollen. Der Versuch, die Ehe vor dem Chef und seiner Tochter geheimzuhalten, die ein Auge auf Pinneberg geworfen hatte, scheitert, Pinneberg wird entlassen. Im 2. Akt, „Unordnung", finden sich die verkürzten Jachmann-Episoden, Pinneberg beginnt, im Kaufhaus Mandel zu arbeiten; um kriminalistischen Komplikationen auszuweichen, ziehen die beiden zu Puttbreese. Akt 3, „Der Murkel", setzt die Mandel-Szenen fort und zeigt Pinneberg und Lämmchen als glückliche Eltern im Entbindungsheim, parallel sollte die Entlassung Pinnebergs im Kaufhaus gezeigt werden. Im 4. Akt sind sie wieder in der Zeltstadt, Pinneberg ist definitiv kein Angestellter mehr und nimmt seine Proletarisierung an. Für den Schluss hat Fallada mehrere Varianten entworfen: In einer nimmt er Lämmchen die Arbeit beim Bau der Laube in der Zeltstadt ab, „[i]ch glaube, ich schaffe es doch"; in einer anderen Fassung kommt er „etwas zerschlagen, etwas gedemütigt" aus der Stadt zurück in die Zeltsiedlung. Auch hier resigniert er nicht, immerhin ist er „der Pinneberg seines Lämmchens, der Vater seines Murkels, der warten kann: es kommt auch wieder besser. Kopf hoch."

Die Fragmente sind insgesamt so skizzenhaft, dass nur mit großen Vorbehalten zu mutmaßen ist, was für ein Gesamt-Drehbuch daraus geworden wäre. Ohne Zweifel wäre der Romanstoff stark gekürzt worden, dem Adaptionsprozess angemessen; möglicherweise hätte Fallada sich auf die Liebesgeschichte zwischen Pinneberg und Lämmchen konzentriert und die „zeitgeschichtlichen und politischen Details des Romans" (Liersch 2009, 69), die akkurate Situierung in der Weimarer Republik, ausgespart oder mindestens stark vereinfacht. Andererseits wurde den Entwürfen attestiert, sie seien deutlicher politisch, ihre „Aussagen" seien „etwas resoluter als die des Romans" (Caspar 1988, 287), vor allem aufgrund der nur verhalten optimistischen Schlüsse; so werde Pinneberg im handschriftlichen Entwurf sogar als „richtiger, braun gebrannter Proletarier" bezeichnet. Gerade auf die Schlüsse kann sich die Argumentation aber kaum stützen; Caspar weist zu Recht auf den Briefwechsel Falladas mit Hermann Broch 1937 hin, dem er über den freundlichen Schluss von *Wolf unter Wölfen* geschrieben hat, seine Lösungen seien „Verlegenheitslösungen, es könnte ebensogut anders kommen, nein, es wäre viel richtiger, wenn mein Pagel versackte" (zit. nach Caspar 1988, 178). Dass es mit den Pinnebergs gut weitergeht, ist so sicher nicht – weder im Roman noch in den Film-Treatments, die allesamt trotz der Sterne oder der handfesten Griffe beim Bau mit Ausblicken, mit offenen Schlüssen enden.

Falladas Arbeit für diesen Film war keine gute Erfahrung, deshalb ist es vermutlich bei diesem einen Versuch geblieben; alle weiteren, auch die Auftragsarbeiten für den Film, sind Romane, die andere zu adaptieren hatten. Er hatte das Treatment *Kopf hoch!* als unbezahlte Vorleistung für den Regisseur und früheren Brecht-Mitarbeiter Erich Engel (und dessen Kompagnon Hans Feld) entworfen, die sich eine kostenlose Option für zehn Tage ausbedungen hatten und mit ihren Verhandlungen an der Althoff-Amboss-Film (AAFA) scheiterten. Künftig wollte der Schriftsteller nur noch gegen Geld für den Film arbeiten, er konnte diesen Vorsatz aber nicht lange einhalten. Es folgte das Deutsche Lichtspiel-Syndikat, mit dem Versprechen, sich eng an den Roman halten zu wollen; nach deren Bankrott übernahm der Europa Verleih das Projekt (nun bereits im Januar 1933) mit Berthold Viertel als vorgesehenem Regisseur, Kurt Weill als Komponisten. Fritz Wendhausen sollte Fallada beim Drehbuch helfen, und der Bühnenbildner Caspar Neher, ein Schulfreund Bertolt Brechts, sollte ebenfalls mit von der Partie sein. Nach dem Reichstagsbrand mussten Viertel und Weill ins Exil fliehen; Fallada war nicht mehr am Drehbuch beteiligt, seine frühen Entwürfe wurden nicht mehr verwendet. Fritz Wendhausen sollte allein für das Skript verantwortlich zeichnen und obendrein die Regie übernehmen; sein Drehbuch, das er zusammen mit dem Filmautor und Regisseur Herbert Selpin schrieb, empörte den Romancier. Er schrieb dem Produzenten Robert Neppach: „Ich bestreite Ihnen, dass dieser Film noch irgendetwas mit meinem Buch zu tun hat" (3. Mai 1933, HFA 263, zit. nach Töteberg 2013, 45). Töteberg resümiert: „Die Romanhandlung war, kinomäßig verkitscht, mit Happy End versehen worden, das Hauptmotiv verloren: die Angst, in Zeiten der Wirtschaftskrise abzurutschen, und die Hoffnung, selbst in solchen unsicheren Zeiten Liebe und Familienglück leben zu können." (Töteberg 2013, 45) Möglicherweise hat Fallada den abgedrehten Film mit Hermann Thimig und Hertha Thiele gar nicht mehr angesehen, es „soll ein mittelmäßiger Spielfilm mit einer schrecklichen Kolportagehandlung daraus geworden sein", schrieb er an seine Schwester Elisabeth Hörig (15. Mai 1933, HFA 186, zit. nach Töteberg 2013, 45). So sehr Filme das „Medium der großen Gefühle" für Fallada waren, so sehr ging es ihm doch um die „entscheidenden, […] existentiellen Momente" (Prümm 2011, 145) – den Absturz ins Melodram schätzte er nicht, zumal wenn andere seine Texte bearbeiteten. Offenbar war der Film regimekonform, ein großer Erfolg wurde er auch in der NS-Diktatur nicht. 1945 wurde er von den Alliierten verboten, eine Kopie hat sich nicht erhalten.

Literatur

Caspar 1988: Caspar, Günter: Fallada-Studien, Berlin (Ost)/Weimar 1988.
Crepon/Dwars 1993: Crepon, Tom/Dwars, Marianne: An der Schwale liegt (k)ein Märchen. Hans Fallada in Neumünster, Neumünster 1993, S. 107–164.
Fallada/Kenter 1932a: Fallada, Hans/Kenter, Heinz Dietrich: Bauern, Bonzen und Bomben (Die schwarze Fahne). Schauspiel in 5 Akten, Freiburg i. Breisgau: Max Reichard o. J. [1932], 99 S.
Fallada/Kenter 1932b: Fallada, Hans/Kenter, Heinz Dietrich: Der Klatsch. Ein Hörspiel in neun Szenen. Unverkäufliches Manuskript, Berlin-Charlottenburg: Programmdienst für den deutschen Rundfunk G.m.b.H. o. J. [1932], 85 S., HFA S 383.
Fallada 1932c: Fallada, Hans: Der Roman wird zum Film. In: Film-Kurier. Theater, Kunst, Varieté, Funk 14 (1932), Nr. 230, 29.9.1932, [S. 2].
Fallada 2008: Fallada, Hans: Ewig auf der Rutschbahn. Briefwechsel mit dem Rowohlt Verlag, hg. von Michael Töteberg und Sabine Buck, Reinbek bei Hamburg 2008.
Fallada 2011: Fallada, Hans: Bauern, Bonzen und Bomben. Roman, Berlin 2011.
kap. 1932: kap.: Ein Hörspiel vom *Klatsch*. Neun Szenen von Hans Fallada und H. D. Kenter. In: Tempo 5 (1932), 3.5.1932, HFA S 1232.
Liersch 2009: Liersch, Werner: Kleiner Mann – was mit Dir tun? In: Hans Fallada und die literarische Moderne, hg. von Carsten Gansel und Werner Liersch, Göttingen 2009, S. 67–77.
Manthey 1963: Manthey, Jürgen: Hans Fallada in Selbstzeugnissen und Bilddokumenten, Reinbek bei Hamburg 1963.
Prümm 2011: Prümm, Karl: Gebanntes Schauen und protokolliertes Sehen. Kinokritik und Kinoprosa bei Hans Fallada. In: Hans Fallada. Autor und Werk im Literatursystem der Moderne, hg. von Patricia Fritsch-Lange und Lutz Hagestedt, Berlin/Boston 2011, S. 135–151.
Prümm 2013: Prümm, Karl: Selbstfindung im Vorraum des Romans. Hans Falladas Kulturpublizistik und Filmkritik für den *General-Anzeiger* in Neumünster (1928–1930). In: Hans Fallada, hg. von Gustav Frank und Stefan Scherer, München 2013 (edition text + kritik 200), S. 18–30.

Schiller-Lerg/Soppe 1994: Schiller-Lerg, Sabine/Soppe, August: Ernst Schoen (1894–1960). Eine biographische Skizze und die Geschichte seines Nachlasses. In: Studienkreis Rundfunk und Geschichte. Mitteilungen 20 (1994), H. 2/3, S. 79–88.

Töteberg 2013: Töteberg, Michael: „Beim Film weiß man nie". Ein Autor scheitert an der Filmindustrie. In: Hans Fallada, hg. von Gustav Frank und Stefan Scherer, München 2013 (edition text + kritik 200), S. 40–50.

Williams 2011: Williams, Jenny: Mehr Leben als eins. Hans Fallada. Biographie, aus dem Englischen von Hans-Christian Oeser. Erweiterte und aktualisierte Neuausgabe, Berlin 2011. [Originalausgabe: More Lives than One. A Biography of Hans Fallada, London 1998.]

Zachau 2009: Zachau, Reinhard: Elemente der Neuen Sachlichkeit in Hans Falladas *Bauern, Bonzen und Bomben*. In: Hans Fallada und die literarische Moderne, hg. von Carsten Gansel und Werner Liersch, Göttingen 2009, S. 91–99.

4. Werke im Dritten Reich

4.1 *Wir hatten mal ein Kind* (1934)
Gustav Frank/Stefan Scherer

Wir hatten mal ein Kind trägt den bemerkenswerten Untertitel *Eine Geschichte und Geschichten* und ist der bis heute am wenigsten bekannte Roman Falladas seit seinem Durchbruch. Auch die Forschung hat ihn auffällig wenig untersucht. Daran hat die jüngste Renaissance wenig geändert, obwohl dieser erste längere Prosatext, den Fallada vollständig unter den neuen Lebensumständen des Dritten Reichs schreibt, in der zeitgenössischen Rezeption auch international eine breite positive öffentliche Resonanz erfuhr – und obwohl Fallada bis zum Ende seines Lebens wiederholt davon sprach, dass es sich um sein ‚liebstes und schönstes' Buch handele. Die Nachkriegsauflagen bleiben weit hinter denen seiner bekannten Romane zurück, zumal Rowohlt den Text als Taschenbuch erst 1980 wieder auflegt, während er in der DDR niemals erscheint (vgl. Häntzschel/Hummel/Zedler 2009, 68–91): Günter Caspar hat *Wir hatten mal ein Kind* nicht in die *Ausgewählten Werke in Einzelausgaben* aufgenommen, weil er den Roman im Gefolge von Lukács' Verdikt (1936) als reaktionären Kitsch ansah (vgl. Caspar 1988, 127, 133; Lingnau 2009a, 47; hier auch zur weiteren Auseinandersetzung mit dem Roman in der DDR, 47f.). Vorgeprägt ist diese Wirkungsgeschichte nach 1945 durch Berendsohn (1946, 34), der *Wir hatten mal ein Kind* in seiner Auseinandersetzung mit Falladas Werk vor *Wolf unter Wölfen* nicht behandelt. Es stellt sich die Frage, ob dies als ein Zeichen für die fehlende Bekanntheit oder die vom Emigranten unterstellte Nähe zum Nationalsozialismus zu bewerten ist, zumal der ‚Held' Johannes Gäntschow an einer Stelle dann doch erwähnt wird (ebd., 36). Falladas ‚Anpassungswilligkeit' gegenüber dem NS-Regime (siehe den Beitrag 1.4 *Anpassungsstrategien und indirekter Widerstand im Dritten Reich* in Kap. I) war auch in der ideologiekritisch geprägten linken Germanistik im Westen ein Grund dafür, die genauere Auseinandersetzung mit diesem Roman zu unterlassen.

Die insgesamt geringe Beachtung geht indes auch darauf zurück, dass *Wir hatten mal ein Kind* zu weiten Teilen den erfolgreichen Fallada-Sound vermissen lässt: das mitfühlende Erzählen von den ‚kleinen Leuten', das sogleich Anteil erweckt und den

Autor mit *Kleiner Mann – was nun?* weltberühmt machte (siehe den Beitrag 1.2 *Falladas Poetologie* in Kap. II). In einem Brief an Fallada vom 18. April 1934 bemerkt Heinrich Maria Ledig fragend: *Wir hatten mal ein Kind* sei zwar „ein schöner Roman – ein guter Roman – ein großer Roman – aber für einen verbohrten ‚Fallada'-Leser eine Hürde zum nächsten Fallada?" (Fallada 2008, 154) So fällt diese Chronik eines starrsinnig-harten und jähzornig-egomanen Bauern von der Ostsee-Insel Wittow-Rügen, von dem seine Lebensgeschichte von 1893 bis in die 1920er Jahre erzählt wird, einerseits epischer in der Anlage aus – zumal der „Erste Abschnitt" erst einmal „Die Urgeschichte des Helden" bis weit ins 19. Jahrhundert, ja in die „seit vielen hundert Jahren" (Fallada 1934, 11) währende Genealogie zurückverfolgt. Andererseits kennzeichnet *Wir hatten mal ein Kind* gerade in diesem Eingangsbereich ein digressives Erzählen, das im Unterschied zu den Vorgängerromanen eine nullfokalisierte Erzählerstimme präsent hält. Sie gibt sich gerne den episodischen Verselbständigungen von „Geschichten" (Untertitel) hin und erhebt sich dabei auch ironisch, am Ende sogar ablehnend über ihren ‚Helden'.

Der episch distanzierende Grundzug und das mäandrierende Ineinander in gleitenden Übergängen von Episoden und Perspektiven erschweren den Zugang gerade bei einem unsympathischen Bauern, der sich in seiner verweigerten Anpassung (siehe den Beitrag 2.6 *Fallada und die Kulturdiagnostik* in Kap. I) nicht zum Opfer seiner Familienherkunft machen will. Der Anfang entfaltet langatmig diese fast ins Mythische zurückreichende Familiengeschichte Gäntschows. Am Ende scheitert dieser ‚Held' genau an seinem Eigensinn, so dass er vom ‚Wir'-Erzähler als warnendes Exempel einsam, ohne Nachkommen, zurückgelassen bleibt, während Identifikationsfiguren wie Pinneberg in *Kleiner Mann – was nun?* oder auch Kufalt in *Wer einmal aus dem Blechnapf frißt* in der Mitsicht ihrer Probleme als Opfer der sozialen Verhältnisse noch unmittelbar berühren: „Wendland ging langsam aus dem dunkel werdenden Zimmer. – Und wir gehen mit ihm. Wir lassen Johannes Gäntschow allein, ihn, der das Leben seiner Ahnen noch einmal erlebt hat." (ebd., 545)

Wolfgang Pagel in *Wolf unter Wölfen* wird von diesem ‚Wir'-Erzähler am Ende gerettet und durch sein zu erwartendes wohltätiges Leben als Arzt in die Gesellschaft integriert. Johannes Gäntschow, in den ersten vier Kapitelüberschriften durchweg als ‚Held' der ‚Geschichte' ausgewiesene Hauptfigur, ist dagegen ein bis zum Schluss liebesunfähiger Bauer, vor dem sogar die Kinderfreundin Christiane, die ein Kind von ihm erwartet, „Angst" hat (ebd., 545). Er erlangt demnach nicht einmal beim Erzähler Verständnis wie das gutmütige Opfer der sozialen Umstände Pinneberg oder das ‚arme Schwein' Kufalt (wie auch immer der sich asozial in seiner Gefangenensituation einrichtet, so dass er im Gefängnis ein schutzbietendes Soziotop findet, das ihn lebensfähig hält).

Inszenierung einer neuen Poetologie – Entstehung und Veröffentlichungsgeschichte

Anstoß zur Niederschrift des Romans, den Fallada unter dem Titel *Der Salatgarten* konzipiert, war der Tod der Zwillingstochter Edith, die kurz nach der Geburt am 18. Juli 1933 an einer Gehirnblutung stirbt. Mit einem solchen Kindstod als „Unglücksfall" (Fallada 1934, 543) endet die Erzählung, die ihren Protagonisten trotz „Schuldbewußtsein" (ebd., 523) alleine zurücklässt, weil Christiane zu ihrem Ehemann Wendland zurückkehrt, ohne Gäntschow nach dem Tod des gemeinsamen

Kindes noch einmal sehen zu wollen. Die Buchfassung erscheint am 11. Oktober 1934 bei Rowohlt mit einer Umschlagzeichnung von Alfred Kubin in einer Auflage von 20 000 Exemplaren (zu Kubin vgl. Labuhn 1998; eine Abbildung bei Lingnau 2009b, 49; zu den damit verbundenen künstlerischen Ansprüchen vgl. Koburger 2015, 436 f.). Der große Verkaufserfolg geht aber schnell zurück: Rowohlt berichtet im Brief an Fallada am 14. Oktober 1935 von Anfragen „nach Rücknahme von sozusagen liegengebliebenen *Wir hatten mal ein Kind*": 10% der ausgelieferten Exemplare seien zurückgekommen (Fallada 2008, 199). Ein Grund für diese Rückgänge sind die vernichtenden Verrisse der NS-Kritik, insbesondere von Hellmuth Langenbucher, der sich auf eine wohlwollende Besprechung von Karl Rauch einschießt, die zwar die Nähe Falladas zum Nationalsozialismus unterstellt, aber vor allem die dichterische Qualität des Romans hervorhebt. Der überzeugte Nationalsozialist Langenbucher (vgl. genauer Koburger 2015, 395) wittert indes genau, dass Fallada kein richtiger Nazi ist, und folgert daraus, dass er nur anpasserische Camouflage betreibe, um sich im neuen NS-Staat durchzulavieren. Die NS-Verdikte wirken: Der Umsatz von Falladas Büchern „geht Anfang 1935 auf ein Fünftel zurück" (Walther 2017, 250), so dass er mit dem nächsten Roman die Flucht ins vermeintlich zeitlos Märchenhafte ergreift (siehe den Beitrag 4.2 *Altes Herz geht auf die Reise* in Kap. II). Der Gegenwind durch die nationalsozialistische Literaturkritik, aber ebenso von der Exilpresse, verunsichert Fallada: „Ich kann nicht mehr [...] produzieren, wie ich möchte. Da mir Erzählen wirklich Freude macht, und da man, um recht erzählen zu können, draufloserzählen muß, ohne Gedanken an Publikum usw., so klappt eben heute alles nicht mehr" (Brief an Elisabeth Hörig, 29. April 1935, zit. nach Caspar 1988, 135).

Fallada formuliert hier seinen gerade für *Wir hatten mal ein Kind* gültigen Anspruch, Erzähler sein zu wollen. Auch deshalb charakterisiert er diesen Roman in vielen privaten Briefen, aber auch in einem strategisch eingesetzten öffentlichen Brief an Rowohlt als sein „liebstes und schönstes Buch" (Fallada 2008, 142 f.) – gerade weil hier am stärksten der Fabulierer zu erkennen ist, der im teils absatzlosen Erzählstrom sich seiner ‚Geschichte' und den darin eingelagerten ‚Geschichten' überlässt. Fallada beruft sich dabei wiederholt auf Jean Paul wie auf Traditionslinien realistischen Erzählens bei Raabe. Das im Roman bemerkbare ‚Gespenstische' (vgl. gleich zu Beginn Fallada 1934, 8), das er sich auch für die Umschlaggestaltung durch Kubin wünscht, weil das ganze Buch doch „gespensterhaft" sei (zit. nach Koburger 2015, 436), geht aber eher auf Storm, etwa im *Schimmelreiter*, zurück (zu den biografischen Vorlieben Falladas für dieses Motiv vgl. Lingnau 2008b, 46). Auch mit der platonischen Kinderliebe zwischen Gäntschow und Christiane greift Fallada ein beliebtes Storm-Motiv seit *Immensee* auf, gestaltet u. a. in *Pole Poppenspäler*.

Mit diesem Traditionsverhalten in der Wiederholung von Darstellungsformen zwischen Goethezeit (Romantik, Jean Paul) und Realismus grenzt Fallada sich von den Vorgängerromanen ab. Seine „ganz private Abneigung gegen den *Blechnapf*" formuliert er an Heinrich Maria Ledig am 23. April 1934: „Und was das *Kind* angeht – nun, das ist und bleibt doch eben das Beste. Eines Tages werden auch Sie sehend werden. Meine bisherige Methode war wirklich am Ende. Und nun werde ich immer freier auf die Kinderart weiter schreiben und nicht anders." (Fallada 2008, 155) Daneben wertet er nun auch die ‚Dialogisiererei' seit *Bauern, Bonzen und Bomben* ab. Der neue Roman sei dichterisch wertvoll („weit über dem Standard aller anderen Schreiberei"; Fallada an Kagelmacher, 25. März 1934, zit. nach Koburger 2015, 435) und nicht wie *Bauern, Bonzen und Bomben* ‚geschludert' (siehe den Beitrag 3.1 *Bauern, Bonzen und Bomben* in Kap. II):

> Lieber Vater Rowohlt, manchmal denke ich, dies Buch wird mein bestes, es schreibt sich herrlich, liegt aber gar nicht in der Linie meiner bisherigen Bücher. Im Grunde sind es viele Einzelgeschichten (mit sehr wenig Dialog) um einen sehr starken Helden gruppiert. Am meisten Ähnlichkeit hat es noch mit Hamsun [Literaturnobelpreis 1920, G. F./St. Sch.], aber das sage ich nur vom Technischen, ich bin nicht größenwahnsinnig. (Brief an Rowohlt, 22. Dezember 1933, zit. nach Müller-Waldeck/Ulrich 1997, 128)

Fallada wollte also tatsächlich auch etwas Neues probieren:

> Ja, der Stil, der Stil. Weißt Du, Ibeth, ich habe gedruckst, mit der alten Methode von B.B.B. an bis zum Blechnapf war ich alle. Die Leute haben es noch nicht gemerkt, aber es wäre reine Manier geworden, dieses ewige Dialogisieren, mit kleinen Bilderchen. Hier haben wir nun den hoffentlich breiteren Fluss. Ich sehe hier unerschöpfliche Möglichkeiten. (Brief an Elisabeth Hörig, 16. Mai 1934, zit. nach Koburger 2015, 435)

Wir hatten mal ein Kind repräsentiert damit wieder jene Kunstansprüche, an denen Fallada in seiner Prosa der 1920er Jahre, vor allem in *Die Kuh, der Schuh, dann du* bis 1929, also noch in der Konzeptionsphase von *Bauern, Bonzen und Bomben* festhält (siehe den Beitrag 2.3 *Erzählungen der 1920er Jahre* in Kap. III). Immer wieder äußert er seine starke Identifikation mit dem neuen Roman auch privat und damit nicht allein hinsichtlich strategischer Kalküle gegenüber der NS-Kritik: „Es bleibt dabei: es ist mein schönstes und reichstes Buch, kein anderes reicht auch nur in seine Nähe" (Fallada an Peter Zingler, 28. Februar 1934, zit. nach Koburger 2015, 430). In allen Briefen (an Rowohlt, an den Freund Kagelmacher, an die Schwester und Eltern) bezeichnet er *Wir hatten man ein Kind* als seinen besten Roman (vgl. Koburger 2015, 430). Gegenüber einem ausländischen Verleger betont er: „Übrigens ist das *Kind* im ganzen genommen gar kein trübes Buch, allerdings ein sehr männliches, sehr hartes Buch" (an den amerikanischen Verlagsvertreter von Simon & Schuster, 21. September 1935, zit. nach Fallada 2008, 187). Im Brief an die Eltern vom 6. März 1934 verbindet er diese Vorliebe einmal mehr mit Hinweisen auf Raabe und Hamsun (vgl. Koburger 2015, 430f.), so dass er mit dem neuen Roman auch die „Versöhnung mit der Familie" anstrebt (ebd., 431; vgl. genauer Lingnau 2009b), zumal Raabe Lieblingsautor seines Vaters war (siehe den Beitrag 2.1 *Juvenila und schriftstellerische Pläne: Übersetzungen, Gedichte* in Kap. II). Wie auch immer er darin eigene Erlebnisse eingearbeitet und zunächst sogar richtige Ortsnamen wie Wittow für die Halbinsel von Rügen erst später abwandelt: Es gehe ihm dennoch nicht um einen Schlüsselroman, betont Fallada an Kagelmacher am 17. Juni 1934, um damit auch die konzeptionelle Nähe der Figur Gäntschows zu diesem Jugendfreund, der sich im Vergleich mit ihm wirklich in der Landwirtschaft ausgekannt habe, zu relativieren (vgl. Koburger 2015, 434; genauer Lingnau 2008a).

Fallada beginnt *Wir hatten mal ein Kind*, in kürzester Zeit (23 Tage) niedergeschrieben, gleich im Anschluss an *Wer einmal aus dem Blechnapf frißt* – auch weil er ahnt, dass ihm der Gefängnisroman, an dem er, für ihn ungewöhnlich, lange saß (siehe den Beitrag 3.3 *Wer einmal aus dem Blechnapf frißt* in Kap. II), im Jahr 1934 unter den neuen Bedingungen des NS-Regimes Probleme bereiten wird. Rowohlt ist sogar bereit,

„die ganze Auflage [des *Blechnapf*] am 15. März liegen zu lassen und erst *Wir hatten mal ein Kind* herauszubringen" (so im Brief an Fallada, 26. Januar 1934, zit. nach Fallada 2008, 133). Als Ablieferungstermin war der 1. Oktober 1934 vorgesehen, Fallada schließt das Manuskript aber bereits am 26. Februar 1934 ab (vgl. Fallada 2008, 139). Töteberg und Buck bestreiten in ihrem Kommentar über den Briefwechsel mit Rowohlt, dass es „allein politische Befürchtungen" gewesen seien, die Fallada auf die Idee gebracht hätten, *Wir hatten mal ein Kind* vorzuziehen (Fallada 2008, 139). Da Anfang März 1934 bereits 16 000 Vorbestellungen für den Gefängnisroman vorliegen, entschließen sich Autor und Verleger dann doch für die ursprüngliche Reihenfolge. Der Absatz von *Wer einmal aus dem Blechnapf frißt* geht innerhalb des Jahres 1934 aber bereits deutlich zurück: von 23 000 Exemplaren im März 1934 auf 3 000 Ende 1934 (Walther 2017, 233). Erst am 10. Mai 1934 lässt Fallada „Schrifttum[ ] der N.S.D.A.P." kommen, um sich ein Bild zu machen: „[a]lso jedenfalls: Hitler: *Mein Kampf*, dann etwas von Goebbels, Göring, Röhm, Rosenberg usw. Sie werden schon wissen." (Fallada 2008, 156) Da ist der Roman bereits für den Vorabdruck, von Fallada im April 1934 um 50 % gekürzt, vorbereitet (vgl. Lingnau 2009b, 49).

Dieser Vorabdruck erfolgt von Juni bis September 1934 in der *Berliner Illustrirten Zeitung* (*BIZ*), die sich nach dem Zwangsverkauf des Ullstein-Konzerns zu diesem Zeitpunkt bereits im Besitz der Nationalsozialisten befindet (vgl. Lingnau 2009b, 50). Im Vergleich zur Buchfassung wird deutlich, dass insbesondere „Die Urgeschichte des Helden" („Erster Abschitt") stark gekürzt ist (zu den genauen Stückelungen des Vorabdrucks siehe die Bibliografie in vorliegendem Handbuch), so dass der Roman durch den Wegfall der schaurigen Geschichten in einer degenerierten Bauernfamilie (mit Inzest, Sodomie und von Ratten aufgefressenen Familienmitgliedern) entschärft erscheint. Der Vorabdruck wirkt insgesamt stärker auf Gäntschow bezogen und nimmt im Vergleich mit der Buchfassung überall Anstößiges zurück (vgl. Lingnau 2009b, 50f.). Er erscheint auch deshalb in der *BIZ*, weil Rowohlt davon wusste, dass die *Vossische Zeitung* zum 1. April oder 1. Mai 1934 eingestellt werden würde (wie er vertraulich an Fallada am 20. März 1934 mitteilt; vgl. Fallada 2008, 173). Rowohlt erwägt noch andere Publikationsorte: die *Kölnische Illustrierte Zeitung*, die *Münchner Illustrierte* und die *Frankfurter Zeitung*, die aber weniger Honorare zahlten, so dass dieser Grund den Ausschlag gibt (zu den Honoraren vgl. Koburger 2015, 434; Oels 2013, 50). Die *BIZ* war die auflagenstärkste Wochenzeitung der 1930er und 1940er Jahre (Oels 2013, 49), so dass Ledig an Fallada am 23. Juni 1934 schreiben kann: „Die Reklame in der *Berliner Illustrirten* ist schon toll groß aufgezogen. Überall hört man die Leute von dem Roman sprechen. Ich habe den Eindruck, als wenn die Kürzung gefiele." (Heinrich Maria Ledig an Fallada, 23. Juni 1934, zit. nach Fallada 2008, 159; vgl. auch Koburger 2015, 434) Das wird sich in den Besprechungen dann aber nicht bestätigen, denn die um 50 % gekürzte Fassung erscheint den Rezensenten wiederholt als zu sprunghaft: Für die eine Seite ist sie eine „Sünde" bei diesem „Riesengemälde", das die „Wandlung" Falladas, seine Abkehr von den Dialogen und der „Reportagemanier", zeige (Riemkasten 1935). Einer anderen Besprechung deutet gerade der Vergleich mit dem Vorabdruck auf den „Mangel an Komposition": Wenn es „möglich ist, von einem Romanwerk nur Teile zu veröffentlichen", kennzeichne das die „Art und Gestaltung dieses Buches", das „nicht eigentlich ein Bauernroman" sei. Die „Lücken" „mit wucherndem Beiwerk" in der Tradition Jean Pauls lassen vielmehr ein „üppiges Rankenwerk" entstehen (sch., k. 1934). Zur ‚Reklame' gehört

4.1 *Wir hatten mal ein Kind* (1934)

vorher auch die Homestory über den *Dichter auf dem Lande* in der *BIZ* am 31. Mai 1934 (Anonym 1934) mit Fotografien von Fallada in Carwitz, die ein gewisser Kurt Boecker vermutlich im Auftrag von Hitlers ‚Reichspressefotografen' Heinrich Hoffmann macht (Williams 2002, 211; Uzulis 2017, 214; vgl. dazu den „Foto-Nachweis: Presse-Illustrationen Hoffmann", zit. nach Fallada 2008, 141, 145).

Bis 14. Oktober 1934 sind 16 500 Exemplare verkauft, so dass eine neue Auflage gedruckt wird und bis 27. November – gegenläufig zum zurückgehenden Absatz von *Wer einmal aus dem Blechnapf frißt* – 20 000 Exemplare abgesetzt werden können (vgl. Koburger 2015, 437). Im *Börsenblatt* wird das Erscheinen des Romans in Amerika, Dänemark, England, Finnland, Holland, Italien, Norwegen, Polen, Schweden und Ungarn angekündigt (ebd., 437). Schnell erscheinen Übersetzungen: 1934 in Lettland, Niederlande, Norwegen, Schweden, Dänemark, 1935 in Ungarn und Großbritannien (wo es zum ‚Buch des Monats' gekürt wird, vgl. ebd., 442), 1936 schließlich in den USA (siehe die tabellarische Übersicht im Beitrag *5. Übersetzungen* in Kap. III). Rowohlt denkt daran, mit den meist positiven Zitaten der Auslandskritik eine Werbekampagne zu starten (vgl. Koburger 2015, 437/Anm. 220): „Fast einmütig" zustimmende Besprechungen in der englischsprachigen Welt stellt Williams (2002, 222) fest; dass der Roman in den USA mit „gemischten Gefühlen aufgenommen" worden sei, bemerkt hingegen Peter (2003, 117, vgl. 117–123). Lingnau (2010a, 45) betont, dass man auch im europäischen Ausland (Dänemark, Schweiz) in *Wir hatten mal ein Kind* überwiegend keinen ‚Blut-und-Boden'-Roman erkennt. Von einer Darstellung des „angry man" spricht Harold Strauss (1936) in *The New York Times Book Review* (1936), eine Rezension in *The Christian Science Monitor* meint, der Roman sei zwar „brutal", aber als ein „human document" anzusehen (S., M. W. 1936).

Vor der Publikation des Romans, noch im März 1934, reagiert Fallada auf die Befürchtung, dass sein Werk im neuen NS-Regime in Gefahr ist, indem er ein Blatt als „Vorankündigung zu Weihnachten 1934" in jedes Exemplar von *Wer einmal aus dem Blechnapf frißt* einlegen lässt: Er fingiert hier einen Brief an Rowohlt mit handschriftlich gedruckter Anrede („Mein lieber Vater Rowohlt") und Unterschrift („Ihr Hans Fallada"), datiert auf den 4. März (vgl. das Faksimile in Fallada 2008, 142f.; zu den Zusammenhängen vgl. Koburger 2015, 430–433, zu den strategisch wohlüberlegten typografischen Details ebd., 430). In erster Linie akzentuiert Fallada in dieser Einlage den poetologischen Neuansatz seines nächsten Romans:

> All meine Bücher, vom *Goedeschal* angefangen bis zum *Blechnapf* hin werden mir blaß und undeutlich vor diesem neuen Buch. Wie ich nach rund zwanzig Jahren städtischen Umhergetriebenseins wieder heimgefunden habe auf das Land, so, habe ich, glaube ich, heimgefunden zu meinen liebsten geistigen Vätern: Jean Paul und Wilhelm Raabe. Mir ist, als hätte ich meinen ersten Roman geschrieben, das Buch, das ich wirklich bin. (zit. nach Fallada 2008, 142)

Es folgen Ausführungen zum Bauerntum: Ohne „herzhafte Liebe zum Ländlichen [...] hätte ich kaum diese Welt auf die Beine stellen und mich so an ihr freuen können. Freilich, es ist ja doch kein ‚richtiger' Bauernroman geworden" (ebd.). Das Kriterium für die Wahrhaftigkeit der Darstellung sei ‚Schönheit': „Wenn dann aber Ihr altes Verlegerherz nicht schneller schlägt und Sie meine Christiane nicht lieben und meinen Hannes Gäntschow nicht abwechselnd wütend hassen und doch, doch, doch leiden mögen – dann, ja dann ist mein Buch eben doch nicht schön geworden, wie ich es jetzt hoffe und glaube." (ebd.) Fallada simuliert dazu sogar einen vermeintlichen Groll gegen den Verleger, der „den *Blechnapf*, bloß weil er ‚fertig gebunden' ist, früher herausbringen" wolle (ebd.).

Anders gesagt: Die Leserschaft solle sich nun vor allem auf „ein ganz anderes Buch" als das, was man von ihm zu „erwarten" habe, freuen, weil es „ein schöneres, ein reiferes, ein reicheres" Buch sei, „so recht aus meinem Eigenen geschrieben" (ebd., 143). Den Rückzug von aller aktuellen Welt betont die Ortsangabe zum Abschluss des Briefs: „Geschrieben, 4. März/Im Mäckelborgischen/In der Welteneinsamkeit/Auf der Bündnerei Nr. 17" (ebd.). Fallada zelebriert seine Rückkehr aufs Land (in Abwandlung von Tiecks ‚Waldeinsamkeit'), um durch Verweis auf das rein Dichterische die NS-Kritik mit ihm als einem Autor der ‚Systemzeit' zu versöhnen. Er glaubt, damit „weniger Anstoß bei den nationalsozialistischen Funktionären" zu erregen (Walther 2017, 228). Auch finanziell lohnt sich die Maßnahme, weil sie die Verhandlungen über den Vorabdruck mit der *BIZ* im Blick auf das erreichte hohe Honorar befördert. Rowohlt meint am 9. März 1934, mit diesem Coup eine „glänzende Lösung" gefunden zu haben (Fallada 2008, 139).

Er verkennt damit, dass sich der Autor mit dieser Betonung eines eigentlichen, ‚authentischen' Fallada und der damit implizierten Verharmlosung des *Blechnapf* einen Nachteil einhandelt. Die Selbstdarstellung liefert nämlich den Besprechungen sowohl in der linkskommunistischen Exil-Kritik wie in der völkisch-rassistischen NS-Kritik die Vorlage für ihre Verrisse: zwischen dem Vorwurf, Fallada sei zum Faschisten mutiert, auf der einen und dem Urteil auf der anderen Seite, seine Anpassung an das Regime sei nur scheinhaft, weil man es doch nicht mit einem überzeugten Nazi zu tun habe. Für beide Seiten wirkt der Brief „wie ein Kompromiss mit dem NS-Regime" (Koburger 2015, 432). Die in Prag herausgegebene Exilzeitschrift *Neue deutsche Blätter* druckt Falladas Einlegeblatt in der Rubrik *Ausschnitte, Anmerkungen, Glossen* daher einfach direkt unter dem Titel *Der Weg zu Blubo* nach (Weg zu Blubo 1934). Angefügt wird nur noch die Notiz: „Kein Witz, keine Satire kann die traurige Rolle deutscher Talente, die sich dem Faschismus ergeben haben, deutlicher zum Ausdruck bringen als ihre eigenen Erzeugnisse. Grauenhafter Absturz aus einem beginnenden Realismus in die verkitschte Sphäre eines Jungnickel. Da müssen sie landen, alle Wege führen zu Blubo." (ebd.) Die Exil-Kritik erkennt in der Wahl des Genres Bauernroman das Einschwenken in den ‚Faschismus' auch vor dem Hintergrund des anbiedernden Vorworts zu *Wer einmal aus dem Blechnapf frißt* (siehe den Beitrag 1.3 *Vorwort-Politik* in Kap. II).

Wie auch immer sich Fallada für das Landleben bereits vorher interessierte: Dass sie darin eine Variante seiner Anpassungsstrategien, eine Tarnung gegenüber dem NS erkennt, erscheint nachvollziehbar (siehe die Beiträge 1.4 *Anpassungsstrategien und indirekter Widerstand im Dritten Reich* und 2.7 *Zwischen Innerer Emigration und NS-Literatur: Falladas Poetik im literarischen Kontext des Dritten Reichs* in Kap. I). Kennzeichnend für die Produktionen Falladas in den 1930er Jahren ist aber auch die Mehrfachverwertung, indem er bereits publizierte Erzählungen wie *Blanka, eine geraubte Prinzessin* (1931, *Vossische Zeitung*) in den Roman integriert (siehe den Beitrag 4.9 *Erzählungen seit den 1930er Jahre* in Kap. II, hier den Abschnitt *Landleben und Landarbeit*). Lingnau (2008b, 45) kann darüber hinaus teils wörtliche Übernahmen aus Falladas Erzähltexten seit *Anton und Gerda* (begonnen 1921) an zahlreichen Beispielen der 1920er Jahre nachweisen. Erkennbar wird daran, dass

Falladas literarische Verarbeitung ländlichen Lebens und der Arbeit auf dem Land nicht als unmittelbare Reaktion auf den Nationalsozialismus zu bewerten ist: Im Bereich der publizierten Erzählungen stellt er ein bäurisch-dörfliches Milieu bereits in *Der Trauring* von 1925 dar (siehe den Beitrag 2.3 *Erzählungen der 1920er Jahre* in Kap. II).

Dennoch: Kurt Kersten (1934) rekurriert in seiner Rezension über den *Blechnapf* auf den öffentlichen Brief an Rowohlt, indem er Fallada das Recht abspricht, sich auf Jean Pauls Tyrannenkritik berufen zu dürfen (vgl. Koburger 2015, 432). Falladas eigentlicher Gewährsmann sei Kotzebue, d. h. eigentlich populäre Unterhaltungsliteratur (zit. bei Koburger 2015, 432). Die Beilage zeigt Wirkung auch bei Will Vesper, einem „Nazi-Dichter, der sich als Hauptredner bei der Bücherverbrennung hervorgetan hat" (Fallada 2008, 150), vorher *Kleiner Mann – was nun?* aber noch lobte und erst *Wer einmal auf dem Blechnapf frißt* verreißt. So deute der Brief an Rowohlt darauf hin, dass Fallada bei der Veröffentlichung seines Gefängnisromans durchaus ein „schlechtes Gewissen" hatte (so Töteberg in seinem Kommentar zu den Zusammenhängen, ebd., 151).

Zeitgenössische Rezeption

Vorstrukturiert werden die Linien der Kritik zu *Wir hatten mal ein Kind*, die auf eine vermeintliche politische Haltung Falladas abzielen, in den Besprechungen über *Bauern, Bonzen und Bomben*: Die linksorientierten Rezensionen unterstellen bereits hier, Fallada stehe dem Nationalsozialismus nahe, denn er schreibe aus Sicht des faschistischen Flügels in der Landvolk-Bewegung. In der kommunistischen Fallada-Rezeption, zu *Wir hatten mal ein Kind* u. a. im Moskauer „Zentralorgan der Internationalen Vereinigung Revolutionärer Schriftsteller" *Internationale Literatur*, wird der literarische Wert davon abhängig gemacht, welchen politischen Standpunkt der Autor in der Analyse der Klassenverhältnisse einnehme, die auch die Bauern betreffe. Man sieht hier zwar die Qualitäten des Erzählers Fallada als Menschenkenner; die sozio-ökonomischen Umstände würden aber gerade in *Wir hatten mal ein Kind* ausgeblendet, so dass die Darstellung einem oberflächlichen Detailnaturalismus verhaftet bleibe. Diese Linie – Fallada nehme einen falschen politischen Standpunkt ein, deshalb sei er Faschist – ist seit *Bauern, Bonzen und Bomben* vorgezeichnet (siehe den Beitrag 1. *Zeitgenössische Rezeption* in Kap. III).

Früh interessiert sich die Literaturkritik daher für die Haltung Falladas zum Dritten Reich, auch wenn nicht wenige Besprechungen (z. B. Hesse 1934) seine Humanität und die an der Wahrheit orientierte Darstellung des Alltags würdigen. Hellmuth Langenbucher, der zentrale hauptamtliche Vertreter der NS-Kritik, wittert in Fallada den Anpasser, der niemals ein überzeugter Anhänger des Nationalsozialismus sei, während Walter Julius Bloem, der ihn in seiner vielzitierten Besprechung *Wir hatten mal einen Fallada* erledigt (Bloem 1934), vorher noch glaubt, Fallada als ‚Dichter' für die NS-Sache gewinnen zu können: Er greift dabei sogar Langenbucher an, indem er sich zum Fürsprecher des *Blechnapf*-Romans erklärt (vgl. Koburger 2015, 427). Langenbucher dagegen hegt seinen Widerwillen gegen Fallada seit dem Durchbruchsroman (siehe den Beitrag 3.2 *Kleiner Mann – was nun?* in Kap. II). Nach seiner *Blechnapf*-Kritik bietet ihm *Wir hatten mal ein Kind* den willkommenen Anlass zu einer grundsätzlichen Auseinandersetzung mit dem Phänomen Fallada und dessen Erfolg, indem er sich die dem Nationalsozialismus nahestehende Würdigung von Karl Rauch vorknöpft, der wiederum vorher den *Blechnapf* verrissen hatte.

Langenbuchers Abrechnung, an verschiedenen Stellen nachgedruckt (siehe die Bibliografie in vorliegendem Handbuch), ist ein wesentlicher Grund dafür, dass der Roman, im ‚Für und Wider' innerhalb der NS-Kritik selbst, breit besprochen wird. Diese ist sich mit der kommunistischen Exil-Kritik darin einig, Fallada ‚erledigen' zu wollen. Positive Besprechungen halten sich dagegen primär bei literarischen Kriterien auf, indem sie, wie der Schweizer Wyß (1934), Tiefe und Reife der poetischen Gestaltung rühmen: So unumwunden konnte man im Reich aber nicht mehr loben (siehe den Beitrag 1. *Zeitgenössische Rezeption* in Kap. III). Entsprechend reserviert zeigt sich Peter Suhrkamp trotz Lob der Könnerschaft von Falladas Erzählen, dem aber der positive Bezug zum Stoff fehle: Der „Fehler" des Romans („der allerdings nicht mehr im Bereich der literarischen Kritik liegt") bestehe darin, dass er seinen Helden „allein zwischen der Unordnung seiner Dinge lasse", indem der Erzähler einfach „von ihm" gehe (Suhrkamp 1934, 752; zu Suhrkamps Position siehe den Beitrag 1. *Zeitgenössische Rezeption* in Kap. III).

So wird früh ein „lebhaftes Für und Wider der Kritik" (Karsten 1934) über Falladas Roman in den Besprechungen selbst festgehalten. Lingnau (2010a, 38) hat an die 80 Rezensionen gezählt (bei ihm auch Faksimiles einzelner Rezensionen); die Forschung hat diese Kritik bereits ansatzweise rekonstruiert, in ihrem primär referierenden Gestus dabei aber weniger herausgearbeitet, unter welchen literaturpolitischen Voraussetzungen die jeweiligen Urteile gefällt werden (vgl. Terwort 1992, 73–88; Bredohl 2005; Williams 2002, 221 ff.; Hübner 2008, 203 f.; Koburger 2015, 424–445; siehe zudem die Beiträge 1. *Zeitgenössische Rezeption* in Kap. III und 2.7 *Zwischen Innerer Emigration und NS-Literatur: Falladas Poetik im literarischen Kontext des Dritten Reichs* in Kap. I). Bemerkenswert sind eben auch die Kontroversen innerhalb der NS-Kritik: Die anonyme Rezension *Für und wider* in der Monatsschrift *Die Literatur* referiert die Auseinandersetzung Langenbuchers mit Karl Rauch; beide hätten nicht recht, so dass die Besprechung für eine dritte Sicht plädiert, die sie selbst aber nicht ausführt. Der andere Eindruck wird daher nur insinuiert, indem man betont, es sei „wägender und besonnener" mit Falladas Roman umzugehen: in einem Urteil, das „nicht gar so heutig [wie bei Langenbucher und Rauch] gedacht" ist, sondern das „Hoch und Nieder seines Erzählertums zu würdigen trachten sollte" – als „klare Sicht im Lande der Kunst" (Anonym 1935). Man merkt das Ausweichende und Lavierende, während Heinz Grothe seinen Befund, der Roman habe ein „heftiges Für und Wider" erfahren, in der *Deutschen Rundschau* kurzerhand dahingehend auflöst, dass *Wir hatten mal ein Kind* ein „völlig hoffnungsloses Buch" sei (Grothe 1935, 89).

Festzustellen sind insgesamt drei Positionen in der zeitgenössischen Kritik: zwei weltanschaulich begründete in der völkischen NS- und linken Exil-Kritik gegenüber Besprechungen, die an der Bewertung der literarischen Qualität orientiert sind. Die lobenden Urteile über dichterische Tiefe und Reife (gegenüber der reportagehaften Oberflächenregistratur in den Vorgängerromanen) erkennen trotz der unisono festgestellten Sprünge und Digressionen ein vollendetes Erzählwerk. Dem steht ein Urteil gegenüber, der Roman biete in der Krassheit seiner Darstellung bloß Kolportage: so im Rekurs auf Alverdes' Besprechung von *Wer einmal aus dem Blechnapf frißt* (Alverdes 1934) die Position von Wiechert (1934/35), der am Beispiel der Inzest-Episode mit den Ratten befindet, dass Fallada nur auf Wirkung bedacht sei. Diese chronologisch erste Geschichte handelt von einem namentlich nicht näher bestimmten Gäntschow-Vorfahren, der in seine Tochter verliebt ist, darüber aber erst nach ihrem Tod Klarheit gewinnt. Deshalb unterliegt er Obsessionen: Er trägt die Kleider der Verstorbenen und halluziniert, Befehle von ihr zu empfangen. Das Haus kommt durch seine Verwirrtheit herunter und wird von Ratten in Beschlag genommen, gegen die der alte Bauer nicht vorgeht, weil er in ihnen die Tochter zu spüren glaubt, so dass ihm die Berührung sogar gefällt. Am Ende lässt er sich, dem vermeintlichen Willen der Toten folgend, bei lebendigem Leibe von den Nagetieren auffressen (Fallada 1934, 12–19). Wegen grässlicher Szenen dieser Art sei der Roman, so Wiechert, trotz handwerklicher Könnerschaft nicht als „Dichtung", nicht als Kunst anzusehen (zit. nach Koburger 2015, 439).

Die beiden anderen Positionen ergeben sich aus den politisch resp. weltanschaulich begründeten Haltungen der völkischen NS- und der kommunistischen Exil-Kritik, die sich in wesentlichen Aspekten bemerkenswert einig sind.

NS-Kritik

Ebenso bemerkenswert ist dabei aber auch, dass selbst innerhalb der Kritik, die sich dem Nationalsozialismus verpflichtet, Uneinigkeit herrscht: Fallada habe in der Darstellung eines starken Mannes den Weg zu „Blut und Rasse gefunden", zur „Scholle und Bodenständigkeit", auch wenn die Verselbständigung der Episoden etwas ‚kraus' sei: „[A]lles ist da, Rasseempfinden, Blutsempfinden und Bodenständigkeit, und diese Dreiheit glänzt in gutem Licht." (Lerch 1934) Dagegen fällt Walter Julius Bloems Urteil vernichtend aus: „Das Nervengerüst in diesem stürzenden, bis in die Faser zersplitternden, zuchtlosen Falladabaum: der Mörder Bullenberger, von der Kompteß im Schloß verborgen – unwahr; die Kutschfahrt von hohen Felsen ins Meer – erfunden; [...] das Melodram' in der Geburtsklinik – abscheulich". (Bloem 1934) Kritisiert wird der krude Naturalismus, bei dem sich Langenbucher insbesondere an der Scheißhaus-Szene mit dem ausführlich geschilderten Gestank (komplementär zum Stinkteich) im ‚Ersten Abschnitt' (Fallada 1934, 52–54) aufhält, während die linke Kritik an solchen Elementen die dekadente Lust am Ekelhaften festhält, die den Faschisten Fallada offenbare. Theodor Jakobs, der zu den heftigsten Gegnern Falladas und anderer kritischer und jüdischer Autoren gehörte, kann im Roman daher nur ein übles Machwerk erkennen: „[V]erlottert und niederträchtig" sehe ein Held aus, der „nach Kognak und Stinkfisch riecht". Jakobs zitiert die Kritik des Romans in *Die Dame*, derzufolge Fallada „‚eine Erzählung im tiefen Sinn des Wortes: von Blut und Boden'" (vgl. F. J. 1934) geliefert habe; er könne dagegen nur Beispiele „viehischen Menschentums" und die „Schändung aller Frauen" erkennen. In der zur Drohkulisse der NS-Verrisse gehörenden persönlichen Anrede des Autors schreibt er: „Sie aber ziehen es [das Volk] in den Kot", so dass er die Behauptung in *Die Dame*, es handele sich um Blubo-Literatur, als „irreführend[ ]" verdammt. Der *Völkische Beobachter* kommt aus Anlass solcher „Machwerke" zum Schluss, dass es jetzt um eine „klare Entscheidung" für den Nationalsozialismus gehe: Die kritischen Maßstäbe dazu seien nicht „die der Gleichgeschalteten, von denen wir ganz genau wissen, wo sie sitzen, sondern jener andern, die schon *vor* dem 30. Januar 33 dabei waren" (tz. 1935).

Wie Langenbucher kritisiert auch diese Rezension Karl Rauch als den „begeisterten Lobredner" Falladas in seiner „üblichen liberalen Ahnungslosigkeit" (tz. 1935). Rauch war seit dem Jahrgang 1933 der neue, dem Nationalsozialismus nahe stehende

Herausgeber der von Willy Haas 1925 mit Hilfe Rowohlts gegründeten Zeitschrift *Die literarische Welt*. In seiner Besprechung, die als Brief an Hans Fallada den öffentlichen Brief Falladas an Rowohlt nachahmt, vergewissert sich der Rezensent zunächst am eigenen Verriss des *Blechnapf* seiner bisherigen „Voreingenommenheit" (Rauch 1934, 1), um trotz bestehender Einwände („Geschichten und Anekdötchen [...] erschienen mir allzu bewußt volkhaft und beschworen") und trotz seiner eigenen Vorurteile dann doch zu einem positiven Urteil zu gelangen. Die Geschichte von Gäntschows Bruder Alwert mit dem Kalb Blanka habe ihn endgültig überzeugt und Fallada „wahrhaft zum Dichter" gemacht; auch mit Christiane sei „das Höchste gelungen" (ebd.). Rauch zitiert dazu, ohne es zu kennzeichnen, Falladas eigene Rede von seinem ‚reifsten und schönsten Buch' im öffentlichen Brief an Rowohlt (ebd., 2). Der Roman greife in die „Urgründe des Ewig-Männlichen und Ewig-Weiblichen zurück und weist vorwärts ins Künftige": „Lieber Hans Fallada, es wird der Kritiker manchen geben, der mit den betonten Forderungen unserer Tage auch dieses Ihr Buch, das ich gerade seiner Unerbittlichkeiten wegen ein wahrhaftes Buch nenne und in mein Herz aufnehme, vermeinen wird, ablehnen zu müssen, weil – wie so oft gesagt wird – ‚es kein aufbauendes Buch'" sei: „Groß, Hans Fallada, ist die Gabe der Erzählkunst Ihres neuen Buches." (ebd.)

An dieses Urteil knüpft Langenbucher an, indem er grundsätzliche Klärungen „über das Wesen der nationalsozialistischen Literaturkritik" vornimmt: *Wir hatten mal ein Kind* „ist, wie die anderen Falladas, ein raffiniert gemachtes, aber kein gewachsenes, kein gewordenes Buch [...]. Es ist kein aufrichtiges Buch" (Langenbucher 1934a). Langenbucher kritisiert die „oft genug abstoßende Naturalistik der Zeichnung". Eine „rohe Anmaßung" sei es, wenn Fallada sich in die „geistige Nachbarschaft Jean Pauls und Wilhelm Raabes" rücke (ebd.). Hintergrund dieser Kritik an dieser Stelle ist, dass die nationalsozialistische Germanistik beide Autoren für ihre völkisch-rassistische Ideologie vereinnahmt. In der längeren Fassung erkennt Langenbucher in Fallada einen „Schriftsteller, der seine Einfälle nach Belieben drehen kann" (Langenbucher 1934b, 986), so dass gerade an ihm das „völlige Versagen des größten Teils der deutschen Literaturkritik" (ebd.) – mit erneutem Bezug auf Rauch (ebd., 988) – deutlich werde. Im „grob Naturalistische[n]" (ebd., 992) der Darstellung erkennt er „Ausgeburten einer zügellosen Phantasie". Richtige Literaturkritik versteht sich im Nationalsozialismus dagegen als ein „öffentliches Amt" für die Sache (ebd.). „Wenn wir Nationalsozialisten auf literarischem Gebiet kennzeichnen möchten, was wir nicht wollen, so nennen wir wohl als Prototyp Falladas Romane" (Stö. 1925). Dass das ‚Für und Wider' auch innerhalb der NS-Kritik dennoch weitergeht, zeigt die erneute Auseinandersetzung zwischen Langenbucher und Rauch über Fallada im Jahr 1935 (Rauch 1935; Langenbucher 1935). Einmal mehr wird hier deutlich, wie Langenbucher Fallada richtig einschätzt, während Rauch erneut laviert, um über die Kategorie des Tragischen den Roman dann doch irgendwie für den Nationalsozialismus zu retten.

Exil-Kritik

Auch der linken Exil-Kritik fällt der Roman, insoweit Fallada „vortrefflich die Leiden der Massen" schildern könne (Winkler 1935, 110), zu „düster und roh" aus, weil er „in seinem Bauernroman sehr fragwürdige Bauerntypen gezeichnet hat: erblich belastete, degenerierte Bauern, die sich behadern, schlecht machen, nicht im Klassenkampf, sondern als Typen mit traditionellem ‚Blut und Boden'. Um das deutsche Wesen ist es demnach nicht so wunderbar bestellt." (ebd., 111). Winkler zitiert verschiedene Rezensionen, auch der NS-Kritik, um den Autor zu warnen: „Also lieber Fallada, nimmt dich in acht. Das nächste Mal kanns schief gehen und du könntest selber studieren, wie man aus dem Blechnapf frißt. Die Faschisten drohen nicht lange, sie handeln schnell." (ebd., 112) Für Trude Richter offenbart der Roman den ‚gleichgeschalteten Fallada', auch wenn sie ihm anhand des Vergleichs mit Eugenie Marlitt attestiert, dass er sich „als *direkte* Propaganda für Hitlerdeutschland [...] nicht verwerten" lasse, weshalb die „Parteirezensenten" aus „Enttäuschung" und „schweren Herzens" „den bestrenommierten aller gleichgeschalteten Schriftsteller" aufgäben (Richter 1935, 104). Fallada zolle dem Faschismus gerade im Naturalismus der Darstellung gehörig Tribut, weil die gesellschaftlichen Umbrüche „keinerlei Wirkung auf die Menschen" ausübten (ebd.): „[D]er objektive gesellschaftliche Zusammenhang könnte nicht dichter verschleiert sein als in diesem ‚Bauernroman'" (ebd.), denn Fallada habe die Darstellung aus dem „Zusammenhang mit ihrer Klasse" gelöst. So „liegt schon die ausschließlich seelische Motivierung der Handlung im Sinne der faschistischen Aesthetik, so entsprechen die ausgeprägten Klasseninstinkte jener bäuerlichen ‚blonden Bestie' von Falladas Gnaden haargenau denen der heutigen Machthaber." (ebd., 105) „Dieser wirklichkeitsfeindliche, reaktionäre Grundzug des Romans kennzeichnet ihn seinem Wesen nach als faschistisch, obwohl die soziale Demagogie fehlt". Er führe den Leser „unmerklich ins Reich des Führerglaubens" (ebd.); noch mehr Anpassung könne man von einem Autor wie Fallada nicht verlangen (ebd., 106): Von ihm komme kein Widerstand.

Werner Türks Besprechung *Talent und Fascismus* in der *Neuen Weltbühne* (Prag) geht vom Vorwort zu *Wer einmal aus dem Blechnapft frißt* aus: „*Wir hatten mal ein Kind* zeigt den Autor auf dem künstlichen Boden ‚arteigener' Ideologie. Der Sprung vom ‚Asphalt' auf die ‚Scholle' ist vollzogen." (Türk 1935, 783) Es verstehe sich von selbst, dass der „Held ein Bauernsohn" ist (ebd.); das Buch sei nicht „frei von Scheusslichkeiten", es besitze einen „erstaunlichen Reichtum an menschlichen Entartungserscheinungen, an den Missbildungen des Lebens. Fallada riecht die Fäulnisgase einer verderbenden kapitalistischen Umwelt" (ebd., 784):

> So wird in Falladas neuem Werk alles schief, fad, öd, geschmacklos, hohl. Die künstlerisch so folgenschwere Furcht, zu gesellschaftlichen Tatsachen Stellung zu nehmen, zwingt den sonst so pedantischen Chronisten, einen ganzen und überaus wichtigen Lebensabschnitt seines Helden zu überspringen: Gäntschows Kriegsperiode. Fallada will dem Krieg kein Nein! entgegenschleudern. Aber bis zu einem Kriegsbekenntnis ist seine fascistische Mauserung noch nicht fortgeschritten. [...] Fallada will den Problemen der Zeit aus dem Wege gehen. [...] Es muss schwer sein, als Dichter dem totalen Anspruch völkischer Erneuerung zu genügen, wenn sich selbst ein so tüchtiges Assimilationstalent wie Fallada bei seiner Reise ins Zentrum der fascistischen Ideologie so grundsätzlich verfährt. (ebd., 784f.)

Auch hier fehlt dem Kritiker die richtige Haltung. Dinamow zufolge zeigt der Roman, wie der Faschismus begabte Dichter „mitten in den Sumpf hinein zu führen, zu stoßen vermag" (Dinamow 1935, 74): Nazi-Deutschland habe so ‚unwahrscheinliche' wie ‚ekelhafte' Szenen wie mit den Ratten oder dem Kalb Blanka „verdient" (ebd.). „Der

Ekel packt einen, wenn man diese pathologischen Zeilen eines vom Faschismus vergifteten Künstlers liest." (ebd., 75) Mit Blick auf die NS-Kritik erkennt Dinamow: „Dieser Mann hatte unabsichtlich zu viel Wahrheiten gezeigt", auch wenn er damit „untergegangen [ist], er hat pathologische, abscheuerregende Gestalten geschaffen" (ebd.).

Hans Koeser schließlich unterstellt – durchaus zutreffend – eine „Persiflage der amtlichen deutschen Bauernverherrlichung" (Koeser 1935, 239), indem Fallada eine „tolle Mischung von Abnormitäten und Scheußlichkeiten, von wiederbelebten Vorzeitsagen und Delirien, von Sodomie und Irrsinn" (ebd., 240) präsentiere. Obwohl er kein Anhänger der „amtlichen deutschen Lehre vom ‚Bauerntum als Urquell der nordischen Rasse'" (ebd.) sei, erkennt der Rezensent im Roman eine „sinnlose Konstruktion" aus Sicht des Nationalsozialismus: „So sind zum Beispiel die Kriegsjahre des Helden, die im faschistischen Roman sonst als Hohe Schule des männlichen Charakters gepriesen werden, hier völlig unerwähnt geblieben. Das ist nicht etwa Falladas Opposition gegen eine herrschende Anschauung, sondern seine Abneigung, den Helden seines Buches einen Menschen in der Gesellschaft sein zu lassen." (ebd., 241) Angelegt sei die Hauptfigur als „vorgefaßte Meinung des Autors" (ebd.), woher auch „das Gehetzte, Krause, an Kolportage Grenzende der Handlung" rühre (ebd., 242). Der Roman sei entsprechend „von nichtssagender Krassheit und unausgewogen in den sprachlichen Mitteln" (ebd.); er biete eben keine „Nachbarschaft des alten Naturalismus": Der dargestellte „‚Kehricht' ist nicht Protest, sondern fast ein Versuch jenen Protest zu dämpfen" (ebd.), und stelle so eine „Anpassung an den ‚rauhen Ton' des militanten Nationalsozialismus" dar (ebd., 243). Fallada sage zu Vielem, „was im Dritten Reich gepriesen wird: Ja. Bauerntum, Volkstum, Mannestum, Urkraft, Mythos sind im Grundriß des Romans enthalten, als wären sie aus den Schriften der nationalsozialistischen Theoretiker abgeschrieben" (ebd.):

> Das Buch Falladas ist ein zustimmender Beitrag zum Faschismus als politischer und kultureller Erscheinungsform, – aber ein Beitrag gegeben von einem Schriftsteller, der sich noch nicht völlig von der Literatur der demokratischen Periode gelöst hat. In Einzelheiten mit den Mitteln der vorfaschistischen Literatur arbeitend, in der Grundauffassung in der Richtung zum Faschismus sich bewegend. (ebd.)

An diese Verdikte knüpft schließlich Lukács' (1936) Auseinandersetzung mit Falladas Werk an, die eine misslungene Anpassung an den Faschismus kritisiert, wiewohl in der Darstellung des Pathologischen die faschistische Tendenz, ohne es zu wollen, ins Absurde geführt werde (vgl. genauer Lingnau 2009a, 47).

Die literarische Qualität beurteilende Besprechungen

Als „reifste Schöpfung Falladas" feiert man in der Schweiz den Roman, als die „Rückkehr" zu einer „mütterliche[n] Stimme, die eine Volkssage erzählt" (Wyß 1934, 486). *Wir hatten mal ein Kind* zeige „Schätze bäuerlichen Weistums", „die Menschen, Frau *und* Mann vollendet gestaltet"; Fallada führe sie dem Leser so vor, dass es scheint, „sie seien wirklich" (ebd.). Wyß kann im Roman daher das „neue bäuerliche Epos" rühmen (ebd., 487). Auch Ziese (1934) attestiert „große Vollendung" im rein literarischen Werturteil. *Die Weltwoche* befindet in diesem Rahmen, dass dem Roman ein „tragisches Gefühl" eigne; kennzeichnend sei zugleich der „pantagruelische Humor", so dass in dieser Epik, in ihrer „Lebensfülle aus der Chronik der Insel Rügen" und im „Heidenspuk" des Vaters, Lachen und Tragik „gemischt", „wider alle Regeln ausgefallen" sei (W., H. A. 1934). Die *Berliner Morgenpost* bemerkt im „Epos" „Anekdoten und Schnurren"; die „Sprünge" werden auf „Münchhausen und Till Eulenspiegel" zurückgeführt, die „Erzählungskunst" erfolge in einer „tragischen Katharsis, die allen Dreck und allen Wust hinwegsäubert: Ein großer Dichter hat zu Ende gesprochen." (ss. 1934)

Besprechungen, die künstlerische Gesichtspunkte zugrundelegen, schwanken insgesamt zwischen der Feststellung, Fallada habe eine vollendete Dichtung geschaffen, und der Kritik am „Ueberwuchern der ‚Fabel'", die „mitunter gekünstelt und abenteuerlich unwahr" ausfalle, obwohl darin ein „phantastisch lebensnahes Buch" begegne (T., E. 1934). Bei den Feststellungen, *Wir hatten mal ein Kind* sei eines „der stärksten und bezwingendsten aller Erzählungsbücher von heute" (Heinrich 1935), bleiben die Abartigkeiten in der Darstellung der bäurischen Welt in der Regel unerwähnt. Eine Rezension trägt die bemerkenswerte Überschrift *Ein Held wehrt sich gegen seinen Autor*, um zu markieren, dass Fallada jetzt ein „richtiges Männerbuch" geschrieben habe (Blanck 1934). Eine „Dichtung" mit viel „Weisheit und Schönheit", die „ganz von innen heraus" wirke, erkennt schließlich Karl Burkert. Er deutet damit wie sonst keine andere Besprechung die angemessene literarhistorische Einschätzung an: „[S]o derb und so zart" zugleich der Roman sei, „so mystisch, so hell, so treu im Kleinen, so wesenshart und umfassend im Ganzen" falle er aus:

> Wie macht er es nur, dieser magische Dichter? Daß alles so idealistisch wirkt, obschon alles so realistisch gesehen ist? Es ist fast unmöglich, dahinter zu kommen. Denn diese Dichtung wirkt ganz von innen heraus, wie es die Natur tut. Sie ist so geheimnisreich wie sie, so zwecklos, so unbekümmert, so sinnvoll und so ganz ohne Pathos. Sie ist durchaus zeitlos, diese Dichtung, obwohl sie mitten aus der Gegenwart emporquillt. Hinter der fast beklemmenden Fülle von Erscheinungen, welche sie uns vorgaukelt, steht unverrückbar und verändert das Wesen dieses Lebens und dieser Welt. Sie reicht mit ihren Wurzeln hinunter zum Urgrund aller Dinge. (Burkert 1934)

Einsichtig bemerkt Burkert damit die Zugehörigkeit Falladas zu einer nachexpressionistischen Konstellation, aus der Mitte der 1920er Jahre die Linie des Magischen Realismus hervorgeht: in Texten von Autoren, die aller opportunistischen Anbiederung an die NS-Ideologie zum Trotz ebenso Wert auf das genuin Literarische ohne propagandistische Wirkungsabsichten wie auf den ‚neusachlichen' Verismus in der Darstellung sozialer Verhältnisse legen, dabei zugleich das Geheimnisvolle einer ‚anderen' Wirklichkeit präsent halten (vgl. Frank/Scherer 2012/2016; zudem Schuster 2016, der Fallada in seiner Darstellung der *Vergessenen Moderne* jedoch nicht erwähnt).

Defizite der Forschung: Darstellungsinteresse und literarhistorischer Ort des Romans

Die Forschung hat an derartige Einsichten nicht angeknüpft, weil sie sich vornehmlich für die politisch-weltanschauliche Haltung Falladas interessiert, sich die Beurteilungskriterien also von der zeitgenössischen Rezeption vorgeben lässt. Den Vorwurf der ‚Faschisierung' seitens der Exil-Kritik bis zu Lukács rekonstruiert und problematisiert Zachau (1990). Wenn tatsächlich einmal die Ebene der Verfahrensweisen oder die literarhistorischen Bezüge berührt werden, dann fallen Befunde z. T. so haltlos aus wie der Vergleich mit Raabes *Stopfkuchen* bei Williams (2002, 214). Hier hätte man bei den Techniken der Perspektivierung eher an Raabes ernüchterte wie ‚verwilderte' Prosa der 1870er Jahre zu denken: etwa in *Meister Autor oder die Geschichten vom versunkenen Garten* (1874) oder *Zum Wilden Mann* (1874; vgl. Scherer 2017), zumal der Roman selbst darauf hinweist, wo Gäntschow in seinem zerknitterten Anzug „ziemlich nach ‚Wilder Mann'" ausschaut (Fallada 1934, 479).

Oft interessieren die vorgeblichen Anbiederungen an die Blut-und-Boden-Literatur im Rekurs auf Hamsun, weil der Falladas „Hauptliebe" gewesen sei (so Falladas Freundin Marianne Portisch, zit. nach Uzulis 2017, 228). Der Bauer wird bei Fallada indes in keiner Weise auf seiner ‚Scholle' verklärt, wie auch immer der Roman bäurisches Leben gegenüber anderen gesellschaftlichen Schichten und gegenüber dem städtischen Leben positiv bewertet (allerdings aus der vorherrschenden Mitsicht Gäntschows). Vielmehr werden in dieser Sphäre gerade Abseitigkeiten wie Inzest oder Sodomie angedeutet: Bei der Geschichte von Gäntschows Bruder Alwert mit dem ‚verzauberten' Kalb Blanka (vgl. Fallada 1934, 76–86, hier 78) betont man in der Regel, dass es sich um die ‚reine' Liebe eines Jungen zum Tier handle, weil er in ihm seine „Prinzessin" mit einer kronenförmigen Zeichnung auf der Stirn erkennt (ebd., 83). Die Familie schickt ihn aber genau wegen des Verdachts der „Schande" in einem Schiff „auf fremde Meere" (ebd., 85). Klar sind die Hintergründe nicht wirklich. Dass diese Implikation zu den Fantasmen Falladas gehört, zeigt das Gedicht *Abendspaziergang* aus dem geplanten Gedichtband *Gestalten und Bilder* (1917), das ein sodomitisches Szenarium ausgestaltet (siehe den Beitrag 2.1 *Juvenila und schriftstellerische Pläne: Übersetzungen, Gedichte* in Kap. II).

Auf keinen Fall ist Gäntschow ein ‚Held' im Sinn des heroisch-soldatischen Typs für die NS-Sache, wie dies z. B. an Hans Bluncks *Wolter von Plettenberg* (1938) zu bemerken wäre, einem Roman, der, durch und durch konventionell erzählt, seine pathetische Feier des heldenhaften Kampfes ohne jeden Rest an Elementen der literarischen Moderne betreibt. Zwar gibt es in *Wir hatten mal ein Kind* Charakterisierungen der Hauptfigur, die eine NS-Nähe anzudeuten scheinen: „Aber in ihm saß etwas, das härter war, als er selbst sein wollte, das nicht nachgab, und wenn man noch so sehr daran zerrte. […] Jetzt gab es keine Weichheit mehr. Die Jugend war vorbei. Härte, Eisen und Stahl" (Fallada 1934, 232). Erstens ist dies aber Figurenperspektive; zweitens macht der Erzähler zum Schluss gerade diese Härte und die mit ihr einhergehende „Menschenverachtung" (ebd., 499) für das Scheitern Gäntschows verantwortlich, weil beides lebensfeindlich ist:

> Er genießt seine Einsamkeit, er ist ein Schädling, er ist der Feind, er ist das Unsozialste, was sich nur denken läßt. Er schlägt allen ins Gesicht, und er ist noch stolz darauf, daß er allen ins Gesicht schlägt. […] Er verachtet Dummheit, er verachtet Schwachheit, er verachtet alle Gefühle, alle Frauen, alle Menschen überhaupt. Nur sich nicht. Nein, er verachtet sich auch (ein wenig). Er ist zweimal unterlegen, er ist zweimal schwach gewesen, so ist das. (ebd., 499)

Diese Selbstvergewisserung Gäntschows macht deutlich, dass seine Härte Reaktion auf die degenerierte Schwäche seiner Ahnen ist: „Er ist etwas Letztes, Widernatur, etwas Unfruchtbares, von elf Geschwistern der einzige, aber auch er lebt fast nicht mehr. Er war kein übler Junge gewesen, er hatte Anlagen, er war so uneben nicht, er

4.1 Wir hatten mal ein Kind (1934)

hatte Aus- und Einsichten, aber es hatte sich alles verbraucht" (ebd., 499). Als dieser „Letzte seiner Art" (Scherbaum 2015, 41–46) ist Gäntschow insofern eine Kontrafaktur auf die Lebensuntüchtigkeit des dekadenten letzten Sprösslings in Thomas Manns *Die Buddenbrooks* (1901). Im Unterschied zu Manns ‚Verfall einer Familie' scheitert Falladas ‚Held' genau daran, nicht degeneriert, sondern beharrlich hart und ‚eisig' bleiben zu wollen.

Den Roman durchzieht dazu eine Opposition von ‚Eis vs. Wasser' (vgl. Scherbaum 2015, 34–37), die in der mehrfach von Gäntschow später erinnerten Szene kulminiert, in der die Kinder Johannes und Christiane „Hand in Hand, die Augen glänzend von dem nie gesehenen Schauspiel" (Fallada 1934, 137), im „Rausch von Springen, Bewegung, Tanz" auf den Eisschollen ins offene Meer hinaus treiben (ebd., 139) – eine Reminiszenz auch an die Eislaufszene in Fontanes Ehebruchsroman *Unwiederbringlich* (1891). Fallada treibt hier ein Sprachspiel mit der zeitgenössischen Semantik von ‚Scholle', indem das emphatische Leben einer rauschhaften Vereinigung mit der Natur auf dem offenen Wasser erfahren wird: „Hand in Hand auf das Meer hinaus, in das Leben hinaus, weg von den Häusern, die zu starr in der Erde sitzen mit ihren Fundamenten, deren Dörfer wie angeklebte Hüte auf ihnen hocken ..." (ebd., 140) – „Nein, nichts mehr von einem Kind auf einer Scholle. Ein Stück Eis, ein Hauch Wind, ein Spritzer Salzwasser, hingegeben und angenommen, keine Christiane Freiin von Fidde mehr ..." (ebd., 143). Die anschließenden Referenzen auf Thomas Manns ‚Schnee'-Kapitel im *Zauberberg* (1924) sollen hier nur angedeutet werden, um zumindest benannt zu haben, wie stark Fallada bereits in *Wir hatten mal ein Kind* vor *Wolf unter Wölfen* auch auf prominente zeitgenössische wie auf Prosatexte des 19. Jahrhunderts anspielt: In der Eiswüste im Meer fantasiert Gäntschow sich in den warmen, geborgenen Ort „im Garten am Haus" mit Rosen hinein (ebd., 147); und bei seinem Fantasma, die Treppe zum ersten Stock absägen und verfeuern zu wollen (vgl. ebd., 497), ist zweifellos an Tiecks Novelle *Des Lebens Überfluß* (1838) gedacht, wo die Eisblumen im Fenster verzaubern.

Der wenig ausgeprägte Sinn der Forschung für die literarischen Verfahren, die intertextuellen Anspielungen und den literarhistorischen Ort des Romans wird als Mangel überall dort spürbar, wo sie sich an der Frage abarbeitet, inwieweit er als Bauernroman eine Anbiederung an die Nazis betreibt, obwohl sich seine Darstellung problemlos von völkischer NS-Literatur abgrenzen lässt. Allein erzähltechnisch hat *Wir hatten mal ein Kind* nichts mit einem rassistischen NS-Text zu tun, wenn er ausführlich Innensichten verschiedener Figuren (Gäntschows und Christianes) bis in den Bereich ihrer wahnhaften Vorstellungen hinein präsentiert. Der ‚Held' dieses Romans ist schon von daher ungeeignet, Identifikationsfigur für eine ideologische Position zu sein. Als negative Figur unterliegt er in seiner Sturheit und Menschenverachtung Vorstellungen, die bei seinen Ahnen, geprägt von Debilität, Wahnsinn und Sodomie, angelegt sind.

Dieser ‚Anti-Entwicklungsroman' (vgl. Arnöman 1998, 73, gegen Zachau 1990, 132) macht daher deutlich, dass sich die vermeintlichen Anpassungen an NS-Ideologeme tatsächlich als deren Persiflage erweisen, zumal Gäntschow keine seiner Bewährungen besteht. Das haben in der Forschung nur Zachau (1990) und Wilkes (1995) gesehen. Zachau bezieht das auch auf das „novellistische Erzählen", weil „das Buch [...] eher eine Sammlung von Geschichten als ein geschlossener Roman" sei (Zachau 1990, 133) und darin „eine eigene Art von Ahnen-Mythos" schaffe, „der den nazistischen Blubo-Mythos durch seine Negativität unterläuft" (ebd., 135): Nicht bloß einem „unbefangenen Beobachter scheint es, als ob Fallada die Nazis in ihrer eigenen Domäne verletzen wollte, im Bauernmilieu und in der Frage der Ehe und Familie." (ebd., 136) Fallada habe in Gäntschow eine „negative Gestalt" geschaffen, „die das faschistische Denken in dieser Zeit zeigt, d. h. unterschwellig politisch-subversiv angelegt ist" (ebd., 136f.): „Fallada persiflierte die Nazi-Ideologie gleichsam in Johannes Gäntschow, anscheinend ohne es zu wissen. Doch damit wurde die faschistische Ideologie noch besser bloßgestellt." (ebd. 137) Verworfen wird diese Deutung von Terwort – es gebe bei Fallada keine „besondere Form des verdeckten Widerstands" (Terwort 1992, 93) –, während Wilkes sie teilt: „Fallada even suggested at one point that Gäntschow's failures indirectly criticised the Blut und Boden myths." (Wilkes 1995, 177)

Diese Interpretation lässt sich am Verhalten Gäntschows belegen: Er verlässt seine ‚Scholle' und scheitert in der Fremde genauso wie nach seiner Rückkehr. Alle sozialen Schichten, die ihn umgeben, äußern sich kritisch über den „Wüterich" (Fallada 1934, 311) und ‚Querkopf' (Williams 2002, 216), so dass sich zum Schluss sogar Christiane aus „Angst" von ihm abwendet: „Auch ich habe Angst vor Ihnen. Jeder Mensch hat vor Ihnen Angst", meint ihr Ehemann Wendland, zu dem Christiane als letztem Anker zurückkehrt, ohne ihn wirklich zu lieben (Fallada 1934, 545f.). Zum NS-Helden taugt Gäntschow nicht zuletzt deshalb nicht, weil ihn zum Schluss ein „Schuldbewußtsein" (ebd., 523) überkommt, nicht lieben gekonnt zu haben – erzählt auch hier in Form der erst in der literarischen Moderne entwickelten erlebten inneren Rede:

Jawohl, jawohl, ein kräftiger Schlag, so konnte man es nennen. Ein recht kräftiger Schlag. Aber es lag eigentlich in seiner Linie. Verdammt noch mal, es war gerecht. Wenn Dummheit und Roheit straflos blieben, was würde aus dieser Welt, welche Welt? Es konnte kein Zweifel darüber bestehen, dass er dumm und roh gewesen war. Es hatte alles seine Ordnung. Es war genau richtig. (ebd., 544)

Der heterodiegetische Erzähler (bei dominanter Mitsicht) distanziert sich trotz seiner anfänglichen, oft ironisch gebrochenen Sympathie von seiner Figur, indem er sie zur Einsicht in die Richtigkeit ihrer „Strafe" (ebd., 539) zwingt und zum Schluss damit „allein" lässt (ebd., 546). Wie in der Kiste seines Großvaters Düllmann bleibt nichts zurück als „wertlose Unordnung und ein Kinderkleidchen, unbenutzt" (ebd., 546). Thöming deutet dieses Ende einer negativen Figur als „selbstkritisches, kathartisches Selbstporträt" Falladas (Thöming 1995, 202, zit. nach Williams 2002, 217).

Vielversprechender ist es, trotz der durch und durch pessimistischen Anthropologie, die sich an diesem negativen Exempel zeigt, die tröstende Perspektive durch Einsicht in das ‚richtige' Leben zu erkennen. Geht man von Falladas Weltanschauung aus, ist Maßgabe dafür ‚Anständigkeit' (siehe 2.6 *Fallada und die Kulturdiagnostik* in Kap. I) und sozialer Sinn in der und für die Gemeinschaft aller auf der Basis gelingender Paarbildung, deren notwendige altruistische Komponente aber erst das (hier versagte) ‚Kind' bestätigt. In letzter Konsequenz ist das trostlose Ende Gäntschows daher auch ein Kommentar zu den neusachlichen *Verhaltenslehren der Kälte* (Lethen 1994). Der Erzähler stimmt in sie nicht ein, wenn er den Erzählvorgang abbricht und sich damit auf die Seite des ‚richtigen' Lebens im Falschen stellt:

4.1 *Wir hatten mal ein Kind* (1934)

> Die zunehmend ablehnende Haltung gegenüber Gäntschows Verhalten, die sich bei einem Großteil der Rezipienten am Ende des Romans eingestellt haben dürfte, wird durch den Rückzug des Erzählers förmlich ‚von höchster Instanz' aus als die richtige gesetzt. Indem der Text also die moralischen Empfindungen seines Lesers verifiziert, bietet er ihm ganz deutlich eine Form von ‚Trost' an. (Scherbaum 2015, 119)

Neben der Erschließung lebensgeschichtlicher Hintergründe Falladas in der Gestaltung des Romans herrschen in der Forschung oft (ebenso biografisch orientierte) Motivstudien vor: zur Darstellung des Rauschs (Jürss 1985), zur Rolle des Kindes bzw. der Kindheit und der Familie (Arnöman 1998) und zum Politikverständnis Falladas in den ‚Proletarisierungsprozessen' (Brunner 1997). Von letzteren erzählt der Roman, als Gäntschow eine Lehre als Maschinenschlosser absolviert und ihm mitgeteilt wird, dass er nicht für „die Partei" tauge: „Du bist nämlich nicht nur ein Bauer, sondern du bist auch ein Aristokrat. Die Aristokraten, sagt der Sekretär, glauben immer nur an sich und denken immer nur an sich. Wir Arbeiter aber glauben an Freiheit, Gleichheit und Brüderlichkeit und denken an die andern." (Fallada 1934, 239)

Wenn sich die Forschung über Motivanalysen und die biografischen Zusammenhänge (vgl. in allen Details Lingnau 2008a/2008b/2009a/2009b/2010a/2010b) hinaus einmal für literarhistorische Kontexte interessiert, erkennt sie in Gäntschow einen ‚neusachlichen' Helden (Heinrich 2009), obwohl Fallada ihn als Parodie auf diesen Figurentypus anlegt. Damit werden auch die zahlreichen Mitsichten verschiedener Figuren im personalen Nachvollzug ihrer Träume, Halluzinationen oder Wahnvorstellungen so wenig richtig kontextualisiert wie die gespenstischen und ‚geheimnisvollen', die ‚dunkelernsten' Züge (Fallada 1934, 139) dieser Erzählung – und so verkannt, wie Fallada seit seiner Prosa der 1920er Jahre weniger der Neuen Sachlichkeit als dem nachexpressionistischen Magischen Realismus angehört (siehe die Beiträge 2.3 *Erzählungen der 1920er Jahre* und 1.5 *Fallada als populärer Autor der Synthetischen Moderne* in Kap. II). Lingnau vermerkt zwar das Nebeneinander von Sachlichkeit und Romantik (Lingnau 2009a, 43), kann aus Unkenntnis der zeitgenössisch virulenten Darstellungsformen, die von den 1920er Jahre bis in die 1950er Jahre hinein die deutschsprachige Romanprosa prägen, diesen Befund aber nicht richtig kontextualisieren. Das hat viel mit dem vorherrschenden Bild zu tun, in Fallada einen Autor der Neuen Sachlichkeit zu sehen (siehe dazu zahlreiche Titel in der Bibliografie, v. a. in Gansel/Liersch 2009). Das ist aber selbst für *Bauern, Bomben und Bonzen* und *Kleiner Mann – was nun?* nur für Teile der Darstellung und das auch nur in Ansätzen zutreffend. Denn schon Pinneberg erfährt das rauschhafte emphatische Leben in seinem Innern: als er sich beim Umherstreifen durch die Berliner Nacht, während Lämmchen im Krankenhaus entbindet, an die erste Begegnung in den „Dünen" im ‚Rauschen' der Ostsee erinnert (vgl. Fallada 2016, 273–276, dazu komplementär 107) – ein Szenarium, das ähnlich in *Wir hatten mal ein Kind* wiederkehrt, als Gäntschow die Wartezeit während der Schwangerschaft bis zur Geburt in Berliner Lokalen verbringt: „Ja, dieser Bauer aus Fiddichow war ein Bargast geworden" in „dieser Höllenstadt" Berlin (Fallada 1934, 520f., vgl. zudem 526).

Beobachtungen zum Geldprinzip und Wertverlust in der Inflation, von der bereits *Wir hatten mal ein Kind* als eine Längsschnittgeschichte gegenüber den bisherigen Querschnittgeschichten (siehe den Beitrag 2.6 *Fallada und die Kulturdiagnostik* in Kap. I) erzählt („Geld als Waffe, das lag ihm zu ferne"; Fallada 1934, 242), vermerken die Erfassung alltäglicher Lebensverhältnisse in der Weimarer Republik auch in diesem Roman (vgl. Heinrich 2016). *Wir hatten mal ein Kind* ist nicht nur in den Schlusspassagen eben auch ein Stadtroman, wie auch immer die Stadt als lebensfeindlicher Raum verurteilt wird (vgl. Fallada 1934, 248f.): Aus Animosität gegen sie bricht Gäntschow seine Ausbildung in der Maschinenbauschule in Stettin ab; er wendet sich damit zugleich vom Ingenieur als Leitbild der Neuen Sachlichkeit ab. Er hasst das „gleißende Strahlenbabel Berlin" (ebd., 434), wo er in den Museen (in denen er sich bemerkenswerterweise aufhält) weder mit den „Modernen" noch mit „den Griechen und Römern" etwas „anzufangen" weiß (ebd., 519f.). Aber auch die zivilisierte Landschaft erscheint im imaginierten Blick vom „Flieger" wie eine „Toteneinsamkeit" mit dem Haus am See (ebd., 442). Das aber sind, wie vieles in diesem Roman, mehr Sichtweisen der Figuren und weniger des nullfokalisierten Erzählers, obwohl der auch hier, typisch für Fallada, so nahe an sie heranrückt, dass er deren Perspektive einnimmt, selbst wenn sich zum Schluss wieder eine in Falladas Romanen so bislang nicht bekannte, distanzierende ‚Wir'-Erzählerstimme geltend macht.

Äußere Form und Inhalt

Wir hatten mal ein Kind ist weniger kleinteilig gegliedert als andere Romane Falladas von *Bauern, Bonzen und Bomben* bis zu *Jeder stirbt für sich allein*. Der Roman besteht aus sechs Teilen, die nach der „Urgeschichte des Helden" („Erster Abschnitt") die Stationen von Gäntschows Lebensgeschichte abschreiten: „Die Jugendgeschichte des Helden" („Zweiter Abschnitt") erzählt seine Kindheit als Sohn eines Alkoholikers auf der Ostsee-Insel und das Kinderglück mit der Tochter des Grafen Fidde, bis das von Kinderstreichen und Abenteuern erfüllte Idyll gestört wird, weil der Bauernsohn und die Grafentochter einen Mörder, der ihnen im Eisschollen-Abenteuer das Leben gerettet hatte, im Schloss verborgen halten. Als Bullenberger erschossen wird, nimmt der Graf Christiane fort, und Gäntschow verlässt die Insel. In „Wanderjahre des Helden" (der kürzeste „Dritte Abschnitt") geht Gäntschow in die Lehre als Maschinenschlosser in einem Eisenbahnausbesserungswerk in Greifswald, er studiert sodann Ingenieurswesen in Stettin, bricht aber auch das ab, weil er allem davonläuft. Er zieht in den Krieg (von dem nichts erzählt wird), kehrt als Oberleutnant zurück und wird Administrator auf einem Gut. Mit dieser neuen Tätigkeit beginnt die „Liebes- und Ehegeschichte des Helden" („Vierter Abschnitt"), die vom Verhältnis zur Dorfschullehrerin Elsie Schütt handelt, über die Gäntschow rücksichtslos verfügt. Bei einem seiner häufigen „Jähzornsanfälle" (Fallada 1934, 303) stürzt die Schwangere zu Boden und erleidet eine Fehlgeburt. Hier fällt entsprechend die Anspielung auf den Titel des Romans: „Er hatte mal ein Kind" (ebd., 339). Im nächsten Lebens- „Abschnitt" „Wiedersehen mit einer Freundin" kehrt Gäntschow auf den väterlichen Hof zurück; er trifft Christiane wieder, die einen „beherrschte[n], wohlerzogene[n] Hamburger Kaufmannssohn" (ebd., 398) geheiratet hat: Die unglückliche Ehe ist seit fünf Jahren kinderlos (ebd., 372f.), weil Wendland impotent ist (ebd., 397), so dass sie sich auch vor diesem Hintergrund auf Gäntschow einlässt. Der flieht mit ihr Hof und Frau, die ihrerseits den von ihr ruinierten Hof aufgibt. Nach seiner Rückkehr bringt Gäntschow das verwüstete Anwesen wieder in Ordnung und erwartet die Niederkunft seiner Geliebten. Davon erzählt der „Sechste Abschnitt": „Wir hatten mal ein Kind". Das Kind stirbt kurz nach der Geburt; ohne seinen Vater nach der

Entbindung noch einmal sehen zu wollen, kehrt Christiane zu ihrem Mann Wendland zurück.

Gegenüber Falladas bisherigen Vorlieben, seine Kapitel intern zu gliedern und die teils kurzen szenischen Einheiten wie in *Bauern, Bonzen und Bomben* und später in *Wolf unter Wölfen* durch *short cuts* zu verbinden, erfolgt die Perspektivierung in *Wir hatten mal ein Kind* innerhalb der Abschnitte ohne weitere Markierungen in gleitenden Übergängen. Stärker als in den bisherigen Romanen ergibt sich aus diesem Ineinander von Episoden und Sichtweisen ein homogener Erzählfluss. Neu ist die Rede vom ‚Helden‘, die sich in den Titeln der Kapitel viermal wiederholt: Heroisches im üblichen Begriffsgebrauch, wonach ein Held allen Widrigkeiten und Gefahren trotzt und sein Ziel erreicht (vgl. Reiling/Rhode 2011, 9f.), weist Gäntschow aber gerade nicht auf – es sei denn, man verbucht darunter seinen (vergeblichen) Kampf gegen die Dekadenz seiner Familie. Falladas Wortverwendung rekurriert insofern ironisch auf den Starrsinn einer Figur, die als negativer Außenseiter von den positiven ‚Sonderlingen‘ (Meyer 1943) im Realismus wie Raabes Stopfkuchen absticht. Pinneberg dagegen war in seiner Alltäglichkeit, in die der Leser sofort mitten hineingezogen wird, nicht als Held konzipiert: Pinneberg war „kein Held [...], er ist ein ganz durchschnittlicher junger Mann" (Fallada 2016, 280; siehe den Beitrag 3.2 *Kleiner Mann – was nun* in Kap. II). Vor diesem Hintergrund ist Gäntschow weder ein alltäglicher noch ein außergewöhnlicher, sondern ein sonderbarer Mensch.

Gemeinsamkeiten mit den bisherigen Romanen bestehen im kruden Verismus der Darstellung, auch von kreatürlichen Dingen wie dem Scheißen im Klo-Häuschen, wo man sich wegen des Gestanks nicht gerne lange aufhält, auch wenn sich der Erzähler damit dann doch über zwei Seiten hinweg aufhält: „Und so verlassen wir ihn. Viel zu lange haben wir hier schon geweilt" (Fallada 1934, 54, vgl. insgesamt 52–54). (Die erste Hauptfigur der Weltliteratur, der man beim Stuhlgang begegnen konnte, ist Leopold Bloom in *Ulysees* von James Joyce.) Die konkreten Lebensverhältnisse stellen sich in der als ‚rau‘ und ‚karg‘ konzipierten ‚Natur‘ einer Ostsee-Insel und ihres Klimas im Gegensatz zur ‚Stadt‘ dar (so auch bei Vicki Baum abschnittsweise in *Feme* von 1926), wie sie sich das Erzählen seit dem 19. Jahrhundert (Fritz Reuter) erarbeitet hat. Gelegentlich wird das auch dialektal charakterisiert (Nieder- und Plattdeutsch), obwohl Fallada diese naturalistischen Mittel insgesamt eher selten nutzt (vgl. etwa ebd., 213, zum Dialekt vgl. Lingnau 2009a, 44).

Als letzter Sohn von elf Geschwistern verweigert Johannes Gäntschow die Anpassung an genau diese determinierenden Faktoren, die das Leben der Bauern auf dieser Insel bestimmen, denn er will ungebunden und frei leben. Sozial geächtet, zieht er in die Städte, hält es aber dort auch nicht aus, weshalb er bis zum Schluss auf ganzer Linie versagt. Nach dem Tod seines zweiten Kindes bleibt er als letzter seines Geschlechts ohne Nachkommen seinem Schicksal überlassen. Er scheitert wie Pinneberg im und am Leben, nur nicht wie dieser an den sozialen Verhältnissen, sondern weil er sich nicht anpassen will. Der negative Held mit individueller und genetischer Disposition durch seine ‚Ahnen‘, die „noch an Hexen und Zauberei geglaubt" haben (Fallada 1934, 446), wird daher zum warnenden Exempel: So hart und menschenverachtend soll man nicht sein, denn es ist lebensfeindlich wie der Blut-und-Boden- und Schollen-Kult der Nationalsozialisten.

Zwar fällt *Wir hatten mal ein Kind* aufgrund der epischen Anlage weitaus weniger dokumentarisch in der Erfassung zeithistorischer Lebensverhältnisse aus wie die Vorgängerromane. Aber auch das kommt in dieser Chronik des frühen 20. Jahrhunderts vor, markiert durch genaue Angaben von Daten von Beginn an: Der Held ist wie Fallada 1893 geboren (ebd., 7), ein Grundbucheintrag datiert auf den 30. März 1847 (ebd., 21), Gäntschows Anstellung auf einem Rittergut erfolgt zum „1. Januar des Jahres 1919" (ebd., 278). Für 1919 werden die „Bündchen und Parteilinien" (ebd., 284) festgehalten, wenig später die „trostlose[n] Jahre" der „wahnsinnige[n] Inflation" „1921, 1922, 1923" (ebd., 319), so dass ein später aufgefundener Geldschein nur noch „Dreck" ist (ebd., 366). Wie in *Der eiserne Gustav* und *Ein Mann will nach oben* bleibt der Erste Weltkrieg ausgespart, worin man bereits ein Zugeständnis gegenüber der NS-Zensur sehen kann. Gegen Ende verlieren sich diese lange Zeit mitgeteilten präzisen Datierungen, der Roman wird dadurch zeitloser wie Thomas Manns *Zauberberg* (1924): Wie dort werden die anfänglich noch genau angegebenen Daten nicht mehr aufgeführt, so dass das Jahr, in dem das letzte Kapitel handelt, nur noch zu erschließen ist. Wenn es einmal beiläufig heißt, Gäntschow sei jetzt 33 Jahre alt (ebd., 484), dann befindet man sich im Jahr 1926, dem Jahr am „Rand der Zeit" (Gumbrecht 2001).

Erzählverfahren

Spezifisch modern ist der ‚Bauernroman' von Beginn an erzählt, indem er an verschiedenen Figuren intern fokalisiert, teils in Inneren Monologen, nachvollzieht, was sie denken, wie sie ihre Welt erfahren und wahrnehmen und was sie sich dabei einbilden oder zusammenfantasieren – dies auch in den digressiv eingelagerten Geschichten wie der vom Superintendenten Marder, die Gäntschow erzählt: „Schreckliche Worte gespensterten in ihm: [...] Er hatte Halluzinationen wie sein verstorbener Bruder" (Fallada 1934, 108–125, hier 123–124). Neben Gäntschow kommen auch Christiane derartige Innensichten zu (z. B. ebd., 205). *Wir hatten mal ein Kind* gestaltet damit einen personalen Perspektivismus aus, der, seit Tolstois *Anna Karenina* (1878) in der Weltliteratur etabliert, in der literarischen Moderne bei Dos Passos' *Manhattan Transfer* (1925), Vicki Baums *Menschen im Hotel* (1929; zur damit begründeten ‚group novel' vgl. Scherer 2012) oder in Faulkners *The Sound and the Fury* (1929) begegnet – wie auch immer bei Fallada noch die Perspektive der Hauptfigur dominiert.

Über die sechs ‚Abschnitte' hinweg zeichnet sich dabei eine unmerkliche, aber sukzessive Verschiebung der Darstellungsweisen vom Epischen (mit präsenter Erzählerstimme) hin zu jener ‚forcierten Prosa' (Klotz 1973) der späten 1920er Jahre ab, mit der gegenwendig dazu *Wolf unter Wölfen* einsetzt (vgl. Frank/Scherer 2012, 24). So wie die ‚Abschnitte' unterschiedlich lang ausfallen (die „Wanderjahre des Helden" bilden das kürzeste Kapitel), so variieren die Darbietungsweisen auch im ‚chronikalischen' Teil mit Gäntschows Lebensgeschichte: Gegen Ende des fünften Abschnitts („Wiedersehen mit einer Freundin") dominiert nach zwischenzeitlichen Forcierungen (Fallada 1934, 259f.) wieder ein ironisch erzählender Modus im Stil Thomas Manns, während der ganze letzte „Abschnitt" durchweg forcierter erzählt wirkt. Aber auch hier herrscht die Mitsicht mit Gäntschow, der nun mit sich hadert, vor, bis ihn der ‚Wir'-Erzähler im letzten Absatz aus seiner Verantwortung in die Einsamkeit entlässt.

Sind für den ersten und zweiten „Abschnitt" noch die digressiven Einlagerungen von „Geschichten" kennzeichnend, wendet sich der Roman in dieser Gesamtbewegung vom ‚gespenstischen' Realismus der „Urgeschichte" – „Dies sind alte Geschichten, von denen niemand mehr weiß, ob sie wahr oder erlogen sind, doch werden sie noch immer erzählt" (ebd., 12) – kontinuierlich der ernüchternden Gegenwärtigkeit in der Erfassung der je herrschenden Verhältnisse zu. Zuerst schildert der Erzähler das Anwesen von „Malte Gäntschow" und dokumentiert mit dem dort angebrachten Schild, das er sogleich zitiert, bereits das Abweisende dieser Familie: „Hier wohnt Malte Gäntschow/Kauft nichts – Verkauft nichts/und empfängt auch keine Besuche" (ebd., 7). In digressiven Verselbständigungen einzelner Geschichten (wie der von den Ratten) zieht er den Leser nur langsam, durchaus umständlich in die Familiengenealogie hinein, bis er sich in der ‚Wir'-Form erstmals als Erzählinstanz deutlich bemerkbar macht: „Nun, hierauf haben wir ja schon einige Zeit gewartet" (ebd., 41). Wiederholt abschweifend – „und nun muß wieder erst etwas anderes erzählt werden" (ebd., 49) – macht er dann immer häufiger, an einer Stelle sogar von Absatz zu Absatz, als dieser ‚Wir'-Erzähler auf sich aufmerksam (ebd., 52f.), um seinen Leser dann auch in das Klo-Häuschen mit allen Widrigkeiten mitzunehmen (ebd., 52–54). In einer direkten Leser-Anrede (wie man sie von E. T. A. Hoffmann her kennt) muss er einmal sogar nachtragen, was er bislang „vergessen" habe, dem Rezipienten vor Augen zu stellen, nämlich die verschiedenen Obstbäume vor dem Giebel des Wohnhauses: „du siehst sie von hier nicht" (ebd., 57).

Ist in der „Urgeschichte" viel von „magischen Silberkühen" (ebd., 32) und anderen ‚wunderbaren' Dingen (nach Maßgabe der romantischen Poetik des Wunderbaren) die Rede, wird der semantische Komplex des ‚Geheimnisvollen' und ‚Verzauberten' in der Lebensgeschichte Gäntschows seit jener Episode, als die Kinder auf der Scholle ins Meer treiben (ebd., 139ff.), leitmotivisch aufgerufen (vgl. ebd., 161, 204, 215, 227, 394). Die Formel ‚Verzauberung' bzw. ‚verzauberte Welt' taucht überall dort auf, wo Gäntschow an Christiane denkt: Als „seltsam verzauberte Wochen" erfahren die Kinder die Zeit, als sie ihren Retter Bullenberger im Schloss verstecken (ebd., 205). Nach der Wiederbegegnung und sexuellen Vereinigung mit Christiane erlebt Gäntschow sein Leben als „verzaubert" (ebd., 436): „Von diesem Augenblick an war alles entschieden. Die ganze Welt war anders geworden" (ebd., 426) – „Christiane ist herrlich", „seit sie ein Kind erwarten" (ebd., 445f.). „Immer tiefer dringt er in eine geheimnisvolle Welt ein" (ebd., 448), so dass ihm jetzt alles wie „eine verzauberte Welt" erscheint (ebd., 517, auch 521). Herausgerissen wird er aus ihr, als er Christiane während der Geburt sieht und glaubt, dass sie nun stirbt: „Aber er hatte alles begriffen. – Er hatte sie nie geliebt. Er hatte nie einen Menschen auf der Erde geliebt, er hatte immer nur sich geliebt – und nun war es zu spät. Nun starb sie!" (ebd., 538)

Ab dem ‚Zweiten Abschnitt' erfolgt das chronologische Erzählen tendenziell zeitdeckend, so dass nur die Zeitsprünge (z. B. der ausgesparte Weltkrieg) zeitraffend summiert werden. Je näher Gäntschows ‚Geschichte' an die Gegenwart heranrückt, desto stärker nähert sich auch das Erzählen gängigen literarischen Verfahren ‚um 1930' (einschließlich der Ironie Thomas Manns). Immer wenn die ‚verzauberte Welt' im Gedenken an Christiane leitmotivisch in Gäntschow aufkommt, begegnet häufig auch eine Metaphorik des Sands in der Erinnerung an die Dünen am Ostseestrand (ähnlich wie bei Pinneberg, wenn er sich an die erste Begegnung mit Lämmchen am Strand erinnert). Dieser Bildbereich mündet in den Traum von einer „Sandgrube", wo „etwas" liegt, „das für ihn bestimmt ist" (ebd., 445). „Er könnte da jetzt mit Christiane gehen, die er ein Leben lang geliebt hat, unter den uralten, knorrigen Föhren [...]. Nichts da, er geht nach seiner Sandgrube, von der er geträumt hat." (ebd., 448)

Insgesamt zeigt Fallada bereits vor *Wolf unter Wölfen*, dass er über verschiedene Darstellungstechniken der Synthetischen Moderne verfügt (siehe den Beitrag *1.5 Fallada als populärer Autor der Synthetischen Moderne* in Kap. II; vgl. Frank/ Scherer 2011) – stärker als im späteren Hauptwerk aber mit Rückgriffen auf Erzählverfahren der Goethezeit (Romantik, Jean Paul) und des Realismus (Raabe, Storm). Während sich in *Wolf unter Wölfen* die Darstellung von der forcierten Prosa zum ‚Wir'-Erzähler verschiebt, der schließlich Wolfgang Pagel und Petra Ledig final rettet, geht die Bewegung in *Wir hatten mal ein Kind* den umgekehrten Weg: vom digressiv erzählten, so humorvollen wie ironischen wie ‚gespenstischen' Realismus zur tendenziell ernüchterten Prosa der späten 1920er Jahre. Erst ganz zum Schluss macht noch einmal der ‚Wir'-Erzähler des ‚Ersten Abschnitts' auf sich aufmerksam, aber nur um einen ‚Helden' zu verlassen, der mit seiner Verweigerung, sich ans ‚wunderbare Leben' anzupassen, gescheitert ist. Lingnau hat diese Bewegung im Erzählverfahren bemerkt, erkennt in ihr aber nur eine Verschiebung vom „Boden- und Urtümelde[n]" hin zum neusachlichen Erzählen (Lingnau 2009a, 45f.). Dies ist insoweit unzutreffend, als man auch in der ernüchterten Gegenwart in den späten 1920er Jahren intern fokalisierten Fantasmen Gäntschows begegnet – dort etwa, wo er seine Lage mit der schwangeren Christiane in einem kolportagehaften Filmszenario ausfantasiert: „der verlassene Ehemann und der treulose Liebhaber – eine wunderhübsche Szene für einen Film" (Fallada 1934, 506). Vorher wurde bereits die Szene, als sich Wendland und Christiane verabschieden, so erzählt, als entstamme sie einer entsprechend rührenden Filmsequenz (ebd., 440f.).

Von einer Rückkehr zu Erzählkonventionen im Literatursystem des Realismus, die völkische NS-Texte wie die Prosa des Sozialistischen Realismus (im Sinne von Lukács) kennzeichnen, kann also verfahrenstechnisch keine Rede sein. Innerhalb der späteren Expressionismus- bzw. Realismusdebatte (die 1936 in der fallada-kritischen Moskauer Exilzeitschrift *Das Wort* geführt wird) würde Fallada damit eher der Position von Bertolt Brecht und Anna Seghers nahestehen, die in der literarischen Darstellung moderne Verfahrensweisen gewahrt wissen wollen. Zwar lässt sich die bloße Wahl des Genres Bauernroman im Rahmen von Falladas Darstellungen versuchter Anpassung als Anpassungsstrategie von Fallada selbst, hier an Vorgaben der NS-Ideologie, lesen. Doch muss man dann auch einräumen, dies mit der Wahl einer Figur getan zu haben, die jegliche Anpassung verweigert, sei äußerst ungeschickt. Mehr Auseinandersetzung mit als Propaganda für den Nationalsozialismus betreibt der Roman aber schon deshalb, weil er in der Vielfalt der Erzählverfahren zwischen Goethezeit, Realismus und Moderne genuin literarisch verfährt, d. h. auch polysem intertextuelle Resonanzen austrägt, während die primär ideologischen Überredungsabsichten in pathetischen NS-Romanen wie *Wolter von Plettenberg* tatsächlich als ‚Nicht-Literatur' zu bewerten sind (vgl. Schnell 1998, 119). Von Pathos ist in *Wir hatten mal ein Kind* wenig zu spüren (so auch Heinrich 2009), zumal sich die Darstellung zwischendurch auch immer wieder humoristisch äußert – und zwar in genau jener Variante Jean Pauls und Raabes, die den Humor zur zentralen Form der dichterischen Einbildungskraft (Preisendanz 1963) im Realismus machte (vgl. etwa Fallada 1934, 332ff., 335). Darüber hinaus exzelliert immer wieder der ironische Erzähler an verschiedenen Stellen: „Es ist nicht sein Boden, er ist auf vierteljährliche Kündigung angestellt, aber es ist doch sein Boden allein." (ebd., 325) Gerade in der Geschichte von der unglücklichen und kinderlosen Ehe Christianes und ihrer Trennung vom Hamburger Kaufmannssohn

Wendland tritt dieser ironische Erzähler ganz im Stil Thomas Manns in den Vordergrund (vgl. ebd., 400f.), so dass man geradezu von einem Pastiche auf diesen Autor an der Grenze zwischen Realismus und Literarischer Moderne sprechen kann. Der Erzähler Fallada will damit offenbar zeigen, wie er mit dem Nobelpreisträger von 1929 mithalten kann.

Selbstbezügliche Momente sind in diesem Erzählen von Beginn an bemerkbar, etwa dort, wo der ‚Wir'-Erzähler ausstellt, dass man es in seinen „Geschichten" mit Literatur zu tun hat: „Aber das steht auf einem späteren Blatt" (ebd., 68), lautet der letzte Satz des ‚Ersten Abschnitts', so dass in der mitgeteilten Materialität des Aufgeschriebenen wiederkehrt, was Fallada in *Die Kuh, der Schuh und dann du* noch 1929 experimentell durchzubuchstabieren versuchte (siehe den Beitrag 2.3 *Erzählungen der 1920er Jahre* in Kap. II). Ab dem ‚Zweiten Abschnitt' herrscht gegenüber den zahlreichen Digressionen bzw. Analepsen die chronologische Ordnung vor: Wenige Prolepsen bleiben andeutend (auf das Jahr 1925 in den Beobachtungen zum „Geld als Waffe"; ebd., 242). Im narrativen Modus fällt die Darstellung insgesamt weniger szenisch als in den Vorgängerromanen aus, auch weil die deutlich zurückgenommenen Dialoge in die Erzählung integriert sind. Es herrscht das singulative Erzählen vor: Perspektivische Brechungen begegnen vor allem in den unterschiedlichen Urteilen über Gäntschow, während die Routinen der Bauern iterativ erzählt werden. Repetitiv sind Erinnerungen an Jugendepisoden, hier insbesondere das Abenteuer auf der Eisscholle, weil Gäntschow leitmotivisch seiner gedenkt. Indirekte Reden verweisen auf den sprachlichen Akt der Gestaltung, obwohl der nullfokalisierte Erzähler auch in diesem Roman stets nahe an den Figuren und ihren Wahrnehmungen der Umwelt ist: Die internen Fokalisierungen sind sogar noch dominanter als in *Wer einmal aus dem Blechnapf frißt* ausgeprägt, wo Fallada erstmals die Innensicht einer bestimmten, in einem sozialen Milieu verorteten Figur entfaltet. In *Wir hatten mal ein Kind* werden sie nun aber auf mehrere Figuren verteilt.

Insgesamt fällt die Nullfokalisierung im ‚Überblick', d. h. im späteren Erzählen bis an die eigene Gegenwart mit andeutenden Vorausblicken (und gelegentlichen Rückblicken) über das Leben der Hauptfigur in einem Hin und Her zwischen Außensicht und Innensicht variabel aus. Der Ort des Erzählens ist extradiegetisch bei vereinzelten intradiegetischen Einlagen wie der Episode mit Marder oder anderen Erzählungen Gäntschows (für Christiane). Mit deutlichen Ironiesignalen stattet der heterodiegetische Erzähler seine Darstellung insbesondere bei den Ehegeschichten aus: Gäntschows mit Elsie Schütt (vgl. ebd., 329ff.) und Christianes mit Wendland. Auch das zeigt ihn, all seinen Mitsichten zum Trotz, als unbeteiligten Beobachter, bis er in größter Distanz seine Figur final zur Selbsteinsicht zwingt.

Leitnarrativ und erzählte Geschichten

Das Regelsystem, das die sujetlose Schicht des Romans organisiert, hat genauer bislang nur die Magister-Arbeit von Scherbaum (2015) an den topografischen, sozialen, ökonomischen, anthropologischen Verhältnissen und nicht zuletzt auch mit Blick auf die Geschlechterkonstellationen erschlossen. Sie weist den Figuren- und Handlungsreichtum des Romans als narrativ funktional aus, indem am Verhalten der Figuren die Abweichungen der Handlungsträger deutlich werden. Scherbaums Analyse kann zeigen, dass Fallada wie die meisten seiner Zeitgenossen eine Reihe von vorgängigen lebensideologischen Positionen in seinen Figuren verkörpert, die auch verschiedene Nazi-Fraktionen repräsentieren. Deutlich wird dabei die unterschiedliche Kombination und Bewertung dieser Positionen, wodurch Fallada die nazistische Blut-und-Boden-Ideologie in *Wir hatten mal ein Kind* im Kern pastichiert, ja in der naturalismusnahen Degeneration von mehreren Generationen der Bauernfamilie und in der Destruktion der Mutterrolle (die Mutter Gäntschows ruiniert als Witwe den Hof durch Verhältnisse mit jungen Knechten) sowie in den totgeborenen Kindern sich darüber nachgerade lustig macht.

Bauerntum und Schollenverhaftung geraten in diesem Text in schärfsten Gegensatz zum Leitgedanken des ‚emphatischen Lebens', von dem die Frühe Moderne in immer neuen Variationen erzählt hatte. Diese Konfliktlinie ist neu und gehört zu den genuinen Leistungen des Romans. Scherbaum kann nachweisen, wie die Erzählmuster Falladas das Lebenswegziel des Ausbruchs in ein ‚emphatisches Leben' der Frühen Moderne (vgl. Lindner 1994) zwar bewahren, mit Gäntschows verweigerter Anpassung aber eine Alternative dagegen stellen. Beide Modelle entsprechen in den 1930er Jahren explizit nicht den Werten und Leitfiguren der NS-Volksgemeinschaft.

Insgesamt ist *Wir hatten mal ein Kind* tatsächlich „kein trübes Buch" (Fallada an den amerikanischen Verlagsvertreter von Simon & Schuster, 21. September 1935, zit. nach Fallada 2008, 187), weil auch dieser Roman Trost durch die Einsicht in das ‚richtige' Leben vermittelt. Hierzu setzt Fallada neben dem ‚Wir'-Erzähler auch Motive rahmenbildend ein, indem die Rattenepisode im ‚Ersten Abschnitt' zum Schluss wiederkehrt, als Gäntschow sich über das tote Kind im Bett beugt und unvermittelt eine „uralte Frau, die da lag", sieht (Fallada 1934, 540):

> Er beugte sich über sie. Vielleicht dämmerte in dieser Stunde in seinem Hirn die uralte Geschichte des Ahns Gäntschow auf, der seine Tochter geliebt hatte, als sie tot war. Den fraßen dann die Ratten. Vielleicht erfaßte ihn in dieser Sekunde etwas von dem, was er verloren, wie reich sein Leben durch diese kleine Verstorbene gewesen wäre. Vielleicht erfaßte er seine bitterste, äußerste Armut ... (ebd., 541).

Der distanzierte Erzähler kann das jetzt offenbar nur noch spekulativ mutmaßen, bevor er zum Schluss festhält:

> Noch einmal hat er zu spät entdeckt, daß er lieben konnte, und muß sich nun in den eigenen Fesseln von den Ratten der Gewissensbisse auffressen lassen. Noch einmal ist er ins Leben gefahren auf der Suche nach der Silberkuh. Aber statt ihrer hat er eine Frau gefunden, und die Frau ist ihm gestorben. (ebd., 546)

Stellung in Falladas Werk

Blick man auf die literarischen Verfahren im Ganzen, die Fallada in *Wir hatten mal ein Kind* einsetzt, dann zeigt sich, dass auch dieser Roman mit allen Wassern modernen Darstellens gewaschen ist. Das Raffinement im dreifachen Rekurs wäre überhaupt noch genauer zu analysieren: auf Jean Paul und die Romantik Tiecks wie auf Raabe und Storm zum ersten, auf das Spiel mit zeitgenössischen Texten wie Thomas Manns *Buddenbrooks* (1901) und *Der Zauberberg* (1924) oder Faulkners *The Sound and the Fury* (1929) zum zweiten, auf die von Fallada selbst entwickelten Darstellungsverfahren seit *Bauern, Bonzen und Bomben* schließlich zum dritten – hier wiederum von den Montagetechniken und *short cuts* über die genuin moderne (nicht psychologische, sondern humanelementare) Erschließung von Innenverhältnissen in Varianten der internen Fokalisierung, die er von *Kleiner Mann – was nun?* bis *Wer einmal aus dem Blechnapf frißt* ausbaut (siehe den Beitrags 1.2 *Falladas Poetologie* in Kap. II). *Wir hatten mal ein Kind* markiert darin eine spezifische Stufe in der Anverwandlung verfügbarer Techniken der eigenen Zeit, hier mit deutlicher ausgeprägtem Traditionsverhalten auf die Literatur des 19. Jahrhunderts.

Mit dieser Ausdifferenzierung narrativer Verfahren nimmt der Roman darüber hinaus jene Stellung in Falladas Werk ein, an der sich die epische Vertiefung in einer Längsschnittgeschichte etabliert, die in *Wolf unter Wölfen* mit den Querschnittgeschichten der Vorgängerromane kombiniert wird. Der Roman bietet so eine weitere Erschließungsstufe in Falladas literarischer Prosa zwischen den filmnahen Montagen und *short cuts* in *Bauern, Bonzen und Bomben*, den Varianten einer nicht psychologisierenden ‚Verinnerung' des Erzählens in *Kleiner Mann – was nun?* und *Wer einmal aus dem Blechnapf frißt* bis hin zum breiten Figurenpanorama in *Wolf unter Wölfen*, wo sämtliche Darstellungstechniken integriert erscheinen.

Wir hatten mal ein Kind repräsentiert damit eine bestimmte Stufe in Falladas Romanwerk, an der die Ausdifferenzierung komplexer literarischer Verfahren im Zeichen eines ‚modernen Realismus' so vorangetrieben ist, wie er in den 1930er Jahren bei zahlreichen avancierten Autoren begegnet: etwa in Hermann Brochs ‚Bergroman' *Die Verzauberung*, bei Rudolf Borchardt, Elisabeth Langgässer, Friedo Lampe, Horst Lange u. v. a. mehr (vgl. Frank/Scherer 2006/2012/2016; Scherer 2007). Weitere Geschichten deutscher Familien schreibt Fallada dann mit *Der eiserne Gustav* und *Ein Mann will hinauf*.

Literatur

Alverdes 1934: Alverdes, Paul: Zu neuen Büchern. In: Das Innere Reich. Zeitschrift für Dichtung, Kunst und deutsches Leben 1 (1934), H. 3, S. 406–415.
Anonym 1934: [Anonym]: Ein Dichter auf dem Lande. Wie Hans Fallada lebt und arbeitet. In: Berliner Illustrirte Zeitung 43 (1934), Nr. 22, 31.5.1934, S. 773.
Anonym 1935: [Anonym]: Für und wider Fallada. In: Die Literatur. Monatsschrift für Literaturfreunde 37 (1934/35), H. 4 (Januar 1935), S. 182.
Arnöman 1998: Arnöman, Nils: „Ach Kinder ...". Zur Rolle des Kindes und der Familie im Werk Hans Falladas, phil. Diss. Stockholm 1998.
Berendsohn 1946: Berendsohn, Walter A.: Einleitung: Die Entwicklung der Literatur im Dritten Reich im Rahmen der Kriegsvorbereitung. In: Ders.: Die humanistische Front. Einführung in deutsche Emigranten-Literatur. Erster Teil. Von 1933 bis zum Kriegsausbruch 1939, Zürich 1946, S. 7–50.
Blanck 1934: Blanck, Karl: Ein Held wehrt sich gegen seinen Autor. In: Stuttgarter Neues Tagblatt. Südwestdeutsche Handels- und Wirtschafts-Zeitung 91 (1934), 16.10.1934, HFA N 397.
Bloem 1934: Bloem, Walter Julius: Wir hatten mal einen Fallada. In: Münchner Neueste Nachrichten 87 (1934), Nr. 290, 24.10.1934, Das deutsche Buch (Literarische Beilage), S. 11.
Bredohl 2005: Bredohl, Thomas: Verzerrte Provinz: Falladas *Wir hatten mal ein Kind* im Visier der Kritik. In: Die Provinz im Leben und Werk von Hans Fallada. Protokollband des Kolloquiums des Fallada-Forums vom 4. Dezember 2004 in der Akademie der Künste Berlin, Deutschland, hg. von T. B. und Jenny Williams, Schöneiche bei Berlin 2005, S. 80–95.

Brunner 1997: Brunner, Maria E.: Proletarisierungsprozesse und Politikverständnis in Hans Falladas Werk, Neuried 1997.

Burkert 1934: Burkert, Karl: Hans Fallada: *Wir hatten mal ein* Kind. In: Nation und Schrifttum. Kritischer Führer durch das Schaffen der Zeit (1934), Nr. 19, 10.10.1934, [S. 7].

Dinamow 1935: Dinamow, S.: Vom schlechten und vom guten Hass. In: Internationale Literatur. Zentralorgan der Internationalen Vereinigung Revolutionärer Schriftsteller 5 (1935), Nr. 12, S. 74–77.

Caspar 1988: Caspar, Günter: Fallada-Studien, Berlin (Ost)/Weimar 1988.

F., J. 1934: F., J.: Hans Fallada: *Wir hatten mal ein Kind*. In: Die Dame. [Illustrierte Mode-Zeitschrift] 61 (1934), H. 24, S. 39.

Fallada 1934: Fallada, Hans: Wir hatten mal ein Kind. Eine Geschichte und Geschichten, Berlin 1934.

Fallada 2008: Fallada, Hans: Ewig auf der Rutschbahn. Briefwechsel mit dem Rowohlt Verlag, hg. von Michael Töteberg und Sabine Buck, Reinbek bei Hamburg 2008.

Fallada 2016: Fallada, Hans: Kleiner Mann – was nun? Roman [ungekürzte Manuskriptfassung], ungekürzte Neuausgabe mit einem Nachwort von Carsten Gansel, Texterfassung Mike Porath und Nele Holdack, Berlin.

Frank/Scherer 2006: Frank, Gustav/Scherer, Stefan: Komplexer Realismus in der Synthetischen Moderne: Hermann Broch – Rudolf Borchardt. In: Realistisches Schreiben in der Weimarer Republik, hg. von Sabine Kyora und Stefan Neuhaus, Würzburg 2006, S. 111–122.

Frank/Scherer 2011: Frank, Gustav/Scherer, Stefan: „Lebenswirklichkeit" im „gespaltenen Bewußtsein". Hans Falladas *Wolf unter Wölfen* und die Erzählliteratur der 30er Jahre. In: Hans Fallada. Autor und Werk im Literatursystem der Moderne, hg. von Patricia Fritsch-Lange und Lutz Hagestedt, Berlin/Boston 2011, S. 23–37.

Frank/Scherer 2012: Frank, Gustav/Scherer, Stefan: Komplexer Realismus als nachexpressionistische Konstellation: Elisabeth Langgässers Romane (von 1936 und 1946). In: Realismus nach den europäischen Avantgarden, hg. von Claudia Öhlschläger, Lucia Perrone Capano und Vittoria Borsò, Bielefeld 2012, S. 13–39.

Frank/Scherer 2016: Frank, Gustav/Scherer, Stefan: Textur der Synthetischen Moderne (Döblin, Lampe, Fallada, Langgässer, Koeppen). In: Poetologien deutschsprachiger Literatur 1930–1960. Kontinuitäten jenseits des Politischen, hg. von Moritz Baßler, Hubert Roland und Jörg Schuster, Berlin/Boston 2016, S. 77–104.

Gansel/Liersch 2009: Gansel, Carsten/Liersch, Werner (Hg.): Hans Fallada und die literarische Moderne, Göttingen 2009.

Grothe 1935: Grothe, Heinz: Neue bäuerliche Dichtung. In: Deutsche Rundschau 62 (1935), H. 1 (Oktober 1935), S. 88–89.

Gumbrecht 2001: Gumbrecht, Hans Ulrich: 1926. Ein Jahr am Rand der Zeit. Übersetzt von Joachim Schulte, Franfurt a. M. 2001.

Häntzschel/Hummel/Zedler 2009: Häntzschel, Günter/Hummel, Adrian /Zedler, Jörg: Die fiktionale Buchkultur der 1950er Jahre – der Produktionsaspekt. In: Dies.: Deutschsprachige Buchkultur der 1950er Jahre. Fiktionale Literatur in Quellen, Analysen und Interpretationen. Mit einer Quellendatenbank auf CD-Rom, Wiesbaden 2009, S. 39–108.

Heinrich 1935: Heinrich, Georg: Bauernromane. Aus dem deutschen Osten. In: Germania. Zeitung für das deutsche Volk 65 (1935), Nr. 48, 16.2.1935, Dritte Beilage, [S. 3].

Heinrich 2009: Heinrich, Bernhard: Das reduzierte Pathos: Hans Falladas ‚neusachlicher' Held Johannes Gäntschow in *Wir hatten einmal* [sic] *ein Kind*. In: Hans Fallada und die literarische Moderne, hg. von Carsten Gansel und Werner Liersch, Göttingen 2009, S. 153–161.

Heinrich 2016: Heinrich, Bernhard: Der Verlust der Werte durch Wertverlust. Die Inflation in Falladas Werk. In: In: Hans-Fallada-Jahrbuch (2016), Nr. 7: Hans Fallada und die Literatur(en) zur Finanzwelt, S. 454–464

Hesse 1934: Hesse, Hermann: Hans Fallada. *Wir hatten mal ein Kind*. In: National-Zeitung. Organ für Handel und Industrie. Anzeigeblatt der Stadt Basel 92 (1934), 18.11.1934, HFA N 387.

Hübner 2008: Hübner, Anja Susan: „Erfolgsautor mit allem Drum und Dran". Der Fall Fallada oder Sollbruchstellen einer prekären Künstlerbiographie im ‚Dritten Reich'. In: Im Pausenraum des ‚Dritten Reiches'. Zur Populärkultur im nationalsozialistischen Deutschland, hg. von Carsten Würmann und Ansgar Warner, Bern u. a. 2008, S. 197–213.

Jakobs 1935: Jakobs, Theodor: Inventur. Verdorrte Schrift. In: Der Student in Mecklenburg-Lübeck (1935), Nr. 2, 5.2.1935, S. 2–3.

Jürss 1985: Jürss, Detlev: Rausch und Realitätsflucht. Eine Untersuchung zur Suchtthematik im Romanwerk Hans Falladas, Konstanz 1985.

Karsten 1934: Karsten, Otto 1934: Karsten, Otto: Der neue Fallada. In: Magdeburgische Zeitung (1934), Nr. 622, Morgen-Ausgabe, 8.12.1934, Literaturbeilage, Nr. 49, HFA N 393.

Kersten 1934: Kersten, Kurt: Kufalt und der Mann in „seinem Eigen". Hans Fallada *Wer einmal aus dem Blechnapf frißt*, Roman. In: Neue deutsche Blätter. Monatsschrift für Literatur und Kritik 2 (1934), Nr. 1, S. 56–58.

Klotz 1973: Klotz, Volker: Forcierte Prosa. Stilbeobachtungen in Bildern und Romanen der Neuen Sachlichkeit. In: Literatur und Literaturwissenschaft im Zeichen deutsch-französischer Begegnung. Festgabe für Josef Kunz, hg. von Rainer Schönhaar, Berlin 1973, S. 244–271.

Koburger 2015: Koburger, Sabine: Ein Autor und sein Verleger. Hans Fallada und Ernst Rowohlt in Verlags- und Zeithorizonten, München 2015.

Koeser 1935: Koeser, Hans [Pseudonym: Louis Kaufmann]: Hat doch keinen Zweck. Anmerkungen zu Hans Fallada: *Wir hatten mal ein Kind. Eine Geschichte und Geschichten*. In: Neue deutsche Blätter. Monatsschrift für Literatur und Kritik 2 (1935), Nr. 4, S. 239–243.

Labuhn 1998: Labuhn, Peter: Alfred Kubin. In: Salatgarten 8 (1998), H. 1, S. 16–19.

Langenbucher 1934a: Langenbucher, Hellmuth: *Wir hatten mal* … Grundsätzliche Betrachtungen zu einem neuen Buch. In: Völkischer Beobachter. Kampfblatt der national-sozialistischen Bewegung Großdeutschlands 47 (1934), Nr. 332, Berliner Ausgabe/Ausgabe A, 28.11.1934, S. 8.

Langenbucher 1934b: Langenbucher, Hellmuth: Hans Fallada. In: Deutsches Volkstum. Halbmonatsschrift für das deutsche Geistesleben 16 (1934), 1. Dezemberheft 1934, S. 986–993.

Langebucher 1935: Langenbucher, Hellmuth: Schlußwort. In: Deutsches Volkstum. Monatsschrift für das deutsche Geistesleben (1935), Februar-Heft, S. 157–159.

Lerch 1934: Lerch, Hanns: Vom zweisamen und einsamen Glück. Erling Tambs: *Hochzeitreise – aber wie!* – Hans Fallada: *Wir hatten mal ein Kind* – R. C. Muschler: *Liebelei und Liebe*. In: Dresdner Nachrichten (1934), Nr. 572, Morgen-Ausgabe, 6.12.1934, Literarische Umschau, [S. 1].

Lethen 1994: Lethen, Helmut: Verhaltenslehren der Kälte. Lebensversuche zwischen den Kriegen, Frankfurt a. M. 1994.

Lindner 1994: Lindner, Martin: Leben in der Krise. Zeitromane der neuen Sachlichkeit und die intellektuelle Mentalität der klassischen Moderne. Mit einer exemplarischen Analyse des Romanwerks von Arnolt Bronnen, Ernst Glaeser, Ernst von Salomon und Ernst Erich Noth, Stuttgart 1994.

Lingnau 2008a: Lingnau, Bert: *Wir hatten mal ein Kind* – verurteilt und vergessen? Eine Nachforschung zu Falladas Rügen-Roman. In: Salatgarten 17 (2008), H. 1, S. 39–43.

Lingnau 2008b: Lingnau, Bert: *Wir hatten mal ein Kind* – verurteilt und vergessen? Eine Nachforschung zu Falladas Rügen-Roman. In: Salatgarten 17 (2008), H. 2, S. 45–49.

Lingnau 2009a: Lingnau, Bert: Stil und scharfe Angriffe. Eine Nachforschung zu Falladas-Rügen-Roman. In: Salatgarten 18 (2009), H. 1, S. 43–49.

Lingnau 2009b: Lingnau, Bert: *Wir hatten mal ein Kind*. Der Vorabdruck und die Reaktionen von Falladas Familie. In: Salatgarten 18 (2009), H. 2, S. 48–54.

Lingnau 2010a: Lingnau, Bert: „Epischer Strom" oder „rohe Anmaßung". Die zeitgenössischen Rezensionen über *Wir hatten mal ein Kind*. In: Salatgarten 19 (2010), H. 1, S. 38–45.

Lingnau 2010b: Lingnau, Bert: „Grausam und doch gut". Zeitgenössische Leserreaktionen über *Wir hatten mal ein Kind*. In: Salatgarten 19 (2010), H. 2, S. 59–65.

Lukács 1936: Lukács, Georg: Literaturnyj kritik. Ezemesjacnyj zurnal literaturnoj teorii, kritiki i istorii literatury (1936), H. 5, S. 135–147; deutsch unter: Hans Fallada – Die Tragödie eines begabten Schriftstellers unter dem Faschismus. In: Sammlung. Jahrbuch für antifaschistische Literatur und Kunst 3 (1980), S. 59–71.

Meyer 1943: Meyer, Hermann: Der Typus des Sonderlings in der deutschen Literatur, Amsterdam/Paris 1943.

Müller-Waldeck/Ulrich 1997: Müller-Waldeck, Gunnar/Ulrich, Roland (Hg.): Hans Fallada. Sein Leben in Bildern und Briefen, Berlin 1997.

Peter 2003: Peter, Thomas: Hans Falladas Romane in den USA 1930–1990, phil. Diss. Umeå 2003.

Preisendanz 1963: Preisendanz, Wolfang: Humor als dichterische Einbildungskraft. Studien zur Erzählkunst des poetischen Realismus, München 1963.

Rauch 1934: Rauch, Karl: Die Tragödie des einsamen Mannes. Brief an Hans Fallada zu seinem neuen Buch. In: Das deutsche Wort. Die literarische Welt. Neue Folge 10 (1934), Nr. 45, 2.11.1934, S. 1 f.

Rauch 1935: Rauch, Karl: Zum Thema Hans Fallada und über den Begriff des Tragischen. Erwiderung. In: Deutsches Volkstum. Monatsschrift für das deutsche Geistesleben (1935), Februar-Heft, S. 155–157.

Reiling/Rhode 2011: Reiling, Jesko/Rhode, Carsten: Vorwort: Zur Ambivalenz des Heroischen im 19. Jahrhundert. In: Das 19. Jahrhundert und seine Helden. Literarische Figurationen des (Post-)Heroischen, hg. von J. R. und C. R., Bielefeld 2011, S. 7–13.

Richter 1935: Richter, Trude: Der gleichgeschaltete Fallada. Zu seinem neuesten Roman, In: Internationale Literatur. Zentralorgan der Internationalen Vereinigung Revolutionärer Schriftsteller 5 (1935) Nr. 4, S. 103–106.

Riemkasten 1935: Riemkasten, Felix: *Wir hatten mal ein Kind*. Typoskript [wohl zur Besprechung in: In: National-Zeitung. Organ der Nationalsozialistischen Deutschen Arbeiterpartei 3 (Groß-Essen) (1934), 3.11.1934], HFA N 396.

S., M. W. 1936: S., M. W.: On a German Moor. In: The Christian Science Monitor 28 (1936), Nr. 85, 6.3.1936, [S. 18].

sch., k. 1934: sch., k.: Der neue Fallada. *Wir hatten mal ein Kind*. In: Hamburger Fremdenblatt 106 (1934), Nr. 304, Abend-Ausgabe, 3.11.1934, Literarische Rundschau, S. 20.

Scherbaum 2015: Scherbaum, Lisa: Varianten der Lebensideologie in Hans Falladas Romanen der 1930er Jahre. Analysen von *Wir hatten mal ein Kind* (1934) und *Wolf unter Wölfen* (1937), Masterarbeit, LMU München 2015.

Scherer 2007: Scherer, Stefan: Vereinigung durch die Moderne hindurch. Borchardts ‚zeitgenössische' Prosa der 30er Jahre im Roman *Vereinigung durch den Feind hindurch*. In: Rudolf Borchardt, hg. von Gerhard Schuster in Zusammenarbeit mit dem Rudolf Borchardt Archiv, München 2007 (Text + Kritik Sonderband 2007), S. 209–218.

Scherer 2012: Scherer, Stefan: Globalisierung in der Zwischenkriegszeit. China im Weltstadtroman des Exils: Vicki Baums *Hotel Shanghai* (1939). In: China in der deutschen Literatur 1827–1985, hg. von Uwe Japp und Aihong Jiang, Frankfurt a. M. 2012, S. 125–141.

Scherer 2017: Scherer, Stefan: Verwilderter Realismus nach der Reichsgründung. Fremdheit als das ‚interne Andere' beim mittleren Raabe: *Zum wilden Mann* (1874). In: Wirklichkeit und Fremdheit in Erzähltexten des deutschen Realismus, hg. von Uwe Japp und Aihong Jiang, Frankfurt a. M./Bern u. a., 2017, S. 77–95.

Schnell 1998: Schnell, Ralf: ‚Nationalsozialistische Dichtung' – Versuch einer Strukturbestimmung. In: Ders.: Dichtung in finsteren Zeiten. Deutsche Literatur und Faschismus, Reinbek bei Hamburg 1998, S. 100–119.

Schuster 2016: Schuster, Jörg: Die vergessene Moderne. Deutsche Literatur 1930–1960, Stuttgart 2016.

ss 1934: ss.: Der neue Fallada. In: Berliner Montagspost (1934), Nr. 42, 2. Ausgabe, 22.10.1934, S. 10.

Strauss 1936: Strauss, Harold: Hans Fallada's Vigorous Story of an Angry Man's Progress. In: The New York Times Book Review (1936), Section 6, 8.3.1936, S. 7.

Stö. 1935: Stö.: Auch ein Bücher-‚markt'. In: Westfälische Landeszeitung Rote Erde. Amtliches Blatt der National-Sozialistischen Deutschen Arbeiter-Partei 48 (1935), Nr. 309, Ausgabe R, 10.11.1935, [S. 8].
Suhrkamp 1934: Suhrkamp, Peter: Der Erzähler Fallada. In: Die Neue Rundschau 45 (1934), H. 12 (Dezember 1934), S. 751–752.
T., E. 1934: T., E.: Falladas Dorfroman. In: Berliner Tageblatt und Handels-Zeitung 63 (1934), Nr. 486, 14.10.1934, [S. 2].
Thöming 1995: Thöming, Jürgen C.: Hans Fallada als verlorener Sohn Johannes Gäntschow. In: Hans Fallada. Beiträge zu Leben und Werk. Materialien der 1. Internationalen Hans-Fallada-Konferenz in Greifswald vom 10.6. bis 13.6.1993, hg. von Gunnar Müller-Waldeck und Roland Ulrich, Rostock 1995, S. 183–210.
Türk 1935: Türk, Werner: Talent und Fascismus. In: Die neue Weltbühne. Wochenschrift für Politik, Kunst, Wirtschaft 31 (1935), Nr. 25, 20.6.1935, S. 783–785.
Uzulis 2017: Uzulis, André: Hans Fallada. Biografie, Berlin 2017.
tz. 1935: tz.: Noch einmal: Fallada – und eine Forderung. In: Völkischer Beobachter. Kampfblatt der national-sozialistischen Bewegung Großdeutschlands 48 (1935), Nr. 39, Berliner Ausgabe. Ausgabe A, 8.2.1935, S. 8.
W., H. A. 1934: W., H. A.: Hans Fallada: *Wir hatten mal ein Kind*. In: Die Weltwoche 2 (1934), 28.12.1934, HFA N 399.
Walther 2017: Walther. Peter: Hans Fallada. Die Biographie, Berlin 2017.
Weg zu Blubo 1934: Der Weg zu Blubo [polemisch nachgedruckter Brief Falladas als Voranzeige für den Roman *Wir hatten mal ein Kind*]. In: Neue Deutsche Blätter. Monatsschrift für Literatur und Kritik 2 (1934), Nr. 1, S. 62.
Wiechert 1934/35: Wiechert, Ernst: Bemerkungen zu zwei Büchern. In: Das Innere Reich. Zeitschrift für Dichtung, Kunst und deutsches Leben 1 (1934/35), H. 12, S. 1557–1564.
Wilkes 1995: Wilkes, Geoffrey Thomas: Hans Fallada's Novels of the Weimar Republic. Social Problems and Personal Values, phil. Diss. Sydney 1995.
Williams 2002: Williams, Jenny: Mehr Leben als eins. Hans Fallada. Biographie. Aus dem Englischen von Hans-Christian Oeser, Berlin 2002. [Originalausgabe: More Lives than One. A Biography of Hans Fallada, London 1998.]
Winkler 1935: Winkler, W.: Fallada. In: Internationale Literatur. Zentralorgan der Internationalen Vereinigung Revolutionärer Schriftsteller (1935), Nr. 11, S. 110–112.
Wyß 1934: Wyß, Hans A.[lfred]: Weg und Dichtung. Ueber die Bücher Falladas. In: Schweizer nationale Hefte. Schweizer Monatsschrift 1 (1934), H. 9, S. 483–487.
Zachau 1990: Zachau, Reinhard K.: Beginn der ‚Faschisierung': *Wir hatten mal ein Kind*. In: Ders.: Hans Fallada als politischer Schriftsteller, New York/Bern/ Frankfurt a. M./Paris 1990, S. 129–141.
Ziese 1934: Ziese, Maxim: Von den Männern – ihren Dummheiten und Klugtaten. In: Deutsche Allgemeine Zeitung 73 (1934), Nr. 508, Ausgabe Groß-Berlin, 30.10.1934, [S. 2].

4.2 *Altes Herz geht auf die Reise* (1936)
Alice Hipp

Entstehung

Beginn und Ende der Arbeiten am Manuskript von *Altes Herz geht auf die Reise* lassen sich nicht eindeutig rekonstruieren. Hartmann verortet die Entstehungszeit „zwischen Ende November 1934 und Februar 1935" (Hartmann 1996, 228) und belegt sie durch einen Brief Falladas an Hörigs vom 28. November 1934 und seinen

Eintrag ins Geschäftstagebuch vom 20. Februar 1935. In diesem notiert Fallada, die Niederschrift von *Und wenn der letzte Schnee verbrennt* (Arbeitstitel des Romans) beendet zu haben. In Widerspruch dazu geht aus einem Brief an Rowohlt vom 6. März 1935 hervor, dass die Niederschrift Ende des Jahres 1934 abgeschlossen wurde (vgl. Fallada 2008, 178; siehe Zitat unten). Ohne Belege weisen Studnitz und Caspar die Entstehungszeit „bis Ende Januar 1935" (Studnitz 1996, 264) bzw. vom 16. November 1934 bis Mitte Mai 1935 (vgl. Caspar 1991a, 593; Caspar 1991b, 268) aus.

Falladas Kalkül für das Schreiben des Romans war es, sich aufgrund seiner prekären Lage im NS-Staat durch eine politisch unauffällige Publikation finanziell abzusichern (vgl. Williams 2002, 224). Mitte Oktober 1934 schreibt er an seine Schwester Elisabeth: „[I]ch habe viel gegrübelt und mir überlegt, wie man ein aktuelles Buch schreibt, ohne es aktuell zu machen" (an Elisabeth Hörig am 12. Oktober 1934, zit. nach Hartmann 1996, 228). Auch Rowohlt erklärt er im Brief vom 6. März 1935 die penible Überarbeitung des Romanmanuskripts mit dem Ziel, keinerlei Anstoß zu erregen und erneute schlechte Kritik zu vermeiden: „Zum zweiten arbeite ich ja nicht umsonst – was ich sonst nie getan habe – zweiundeinenhalben Monat nach der eigentlichen Niederschrift an dem Dings, um nicht jede Zeile und jedes Wort genau überlegt zu haben. Wenn er dann abgeliefert wird – Ende April –, ist er fertig und ich ändere nichts mehr daran." (zit. nach Fallada 2008, 178) Die Schwierigkeit, nach Maßgabe des genannten Kalküls zu schreiben, zeigt sich in einem weiteren Brief an Elisabeth vom 29. April 1935, in dem Fallada klagt, „nicht mehr […] recht erzählen zu können, […] ohne Gedanken an Publikum usw." (zit. nach Hartmann 1996, 234). Dass Fallada immer unzufriedener mit seiner Arbeit wird, verdeutlicht ein Brief an Hertha Preisach: „[I]ch werde unter dem Einfluß meines Romans immer doofer …, wenn der Roman wirklich so doof ist, wie er mir jetzt vorkommt, wird er todsicher ein Welterfolg. Aber leider wird er dafür wieder nicht doof genug sein." (Brief vom 2. März 1935, zit. nach Lange 1995, 32; auch in Studnitz 1996, 265) Die finanzielle und emotionale Anspannung tritt ebenso in dem immer hitziger geführten Briefwechsel mit seinem Verleger zutage. Das von Rowohlt angeregte Hinzuziehen Peter Suhrkamps zur Beurteilung des Manuskripts lehnt Fallada hauptsächlich aus persönlichen Gründen strikt ab (vgl. Fallada 2008, 178f., 182f.; Williams 2002, 190, 225f.). Ohnehin findet er, dass „dieser Roman – leider – so problemfrei und unanstößig [sei], daß eine Durchsicht aus solchen Gründen sich von vornherein erübrigt" (Brief an Rowohlt, 6. März 1935, zit. nach Fallada 2008, 178). Der sich nicht nur um die Beteiligung Suhrkamps, sondern auch aufgrund von Falladas Existenzängsten entwickelnde Streit mit Rowohlt gipfelt in einer persönlichen Konfrontation am 16. März 1935 und schließlich in der Einweisung Falladas in die Berliner Charité (vgl. Fallada 2008, 177–191). Am 17. Juni 1935 erfolgt die Wiederaufnahme der Arbeit am Romanmanuskript unter erheblichem finanziellem Druck (vgl. Williams 2002, 229; Caspar 1991a, 594). In der dritten Juniwoche erstellt Dora Preisach das Typoskript und überbringt es Rowohlt am letzten Junitag mit dem neuen und endgültigen Romantitel (vgl. Williams 2002, 229).

Falladas eigene Einschätzung des Romans wandelt sich stark während der Entstehung und Veröffentlichung. Sie reicht von „zweifelsohne besser erzählt, als jedes frühere Buch von mir" (Brief an Elisabeth, 29. April 1935, zit. nach Hartmann 1996, 234) über „Ausruhbuch" (Brief an seine Eltern, 8. Juli 1936, zit. nach Wilkes 2003,

194) zu „ich veraase mein Talent" (Brief an seine Eltern, 17. Dezember 1936, zit. nach ebd.).

Erzählte Geschichte – Erzählverfahren – Genres und Stil

Die 16jährige Rosemarie Thürke lebt mit ihren Pflegeeltern, Mali und Päule Schlieker, auf dem Hof ihrer verstorbenen Eltern. Da ihr Erbe von Schliekers heruntergewirtschaftet und sie von ihnen schlecht behandelt wird, sendet sie durch ihren Freund Philipp einen Hilferuf an ihren Taufpaten, den in Berlin zurückgezogen lebenden, pensionierten Professor Kittguß. Nach anfänglichem Zögern unterbricht dieser seine Studien des Johannes-Evangeliums und reist zu Rosemarie in das Dorf Unsadel. Dort lernt er das Landleben mit seinen Schattenseiten, Intrigen und Feindschaften, aber auch den Zusammenhalt der Kindergemeinschaft, die Rosemarie anführt, kennen. Gemeinsam und mit der Hilfe Dr. Kimmknirschs und der Staatsbeamten Gneis und Schulz gelingt es, Rosemaries Recht durchzusetzen und sie von der Vormundschaft der Schliekers zu befreien.

Der Handlungshergang wird in 24 Kapiteln weitestgehend chronologisch erzählt. Ausnahmen bilden zwei Analepsen (Kapitel 12 und 14) und gelegentliche Ellipsen (vgl. Fallada 1936a, 8) sowie Pausen (vgl. ebd., 154, 197), in denen das Geschehen zusammengefasst und kommentiert wird. Besondere Bedeutung kommt Kapitel 12 zu, in dem die intendierte Gesellschaftskritik ausgestaltet wird. Der in der Kapiteleinteilung gespiegelte ewige Kreislauf der Zeit, der Tagesrhythmus von 24 Stunden und der Höchststand der Sonne am Mittag, verweist symbolisch auf das ewige Gesetz, dass – wie im Roman dargestellt – das Gute über das Böse siegt – und damit zugleich auf die Bedeutung des 12. Kapitels, in dem die Darstellungsintention am deutlichsten sichtbar bzw. am stärksten erhellt wird. Die ähnlich wie in *Kleiner Mann – was nun?* zur inhaltlichen Orientierung des Lesers eingesetzten Eingangstexte zu den Kapiteln erinnern an die Textgliederung des Volksbuchs der Frühen Neuzeit und lehnen sich in ihrer einheitlichen Formulierung („Worin ...") an den Duktus z. B. von Hermann Botes *Eulenspiegel* an (zur gleichzeitigen Arbeit an 4.3 *Wizzel Kien* siehe den Beitrag in Kap. II).

Untypisch für Fallada handelt es sich bei *Altes Herz geht auf die Reise* um ein überwiegend nullfokalisiertes Erzählen, das die Handlung, zuweilen im *pluralis auctoris*, geduldig und versöhnlich vermittelt. Die Erzählstimme ist eine den Leser souverän lenkende und mitunter direkt ansprechende Instanz (vgl. ebd., 154), die sich jedoch auch punktuell zurücknimmt und zur internen Fokalisierung wechselt (vgl. ebd., 43 f., 197–201). Sie beleuchtet abwechselnd die Handlungsschauplätze und greift parallele Handlungssequenzen nacheinander, mitunter durch *short cuts* (vgl. ebd., 91 f.) auf, so dass der Leser im Geschehen stets orientiert bleibt.

Fallada setzt sowohl Elemente des Detektivromans als auch des Märchens ein und erzeugt dadurch einerseits Spannungsbögen, andererseits eine final auf ein gutes Ende hin motivierte Erzählstruktur. An den Detektivroman lehnen sich der lineare Handlungsaufbau, das analytische Erzählen sowie das Alternieren von Ver- und Enträtselung an: Ausgehend von dem Kittguß zu Beginn übermittelten Hilferuf Rosemaries (das Initialrätsel, vgl. ebd., 13) werden die Schuld- und Rechtsfragen, verzögert etwa durch Intrigen, schrittweise geklärt. Die Figurenhandlungen sind meist bestimmt durch das ständige gegenseitige Taxieren, Gerede und Verschweigen vor allem der ländlichen Erwachsenenfiguren. Sie müssen ihre kombinatorischen Fähigkeiten stets unter Beweis stellen und anhand von Indizien ihre nächsten Handlungen organisieren. So führt Päule seine Vermutung, dass sich Rosemarie bei der Bauernfamilie Gau versteckt, zunächst fehl und bringt ihm gebrochene Rippen ein (vgl. ebd., 115–119), bevor er durch eine Andeutung Gaus' auf die richtige Fährte, das Waldhaus, stößt (vgl. ebd., 183). Doch auch Kittguß und Kimmknirsch sehen sich immer wieder mit Rätseln konfrontiert, die es zu lösen gilt (vgl. ebd., 17, 151 f., 231 ff.). Die Spannung um das Gelingen der Pläne der Kinder wird insbesondere durch zeitraffendes Erzählen erzeugt (vgl. ebd., 110–114, 198 f.). Auch auf sprachlicher Ebene finden sich Anklänge an den Detektivroman (vgl. ebd., 65 f., 92–99), die sich mit der ansonsten an Metaphern und Symbolen reichen und in ihrem Vokabular an das Märchen erinnernden Sprache (vgl. ebd., 32 ff., 44, 68, 91, 242) durchmischen. Bereits der Romanbeginn schafft die Assoziation zum Märchen: „Es war einmal ein alter Professor, namens Gotthold Kittguß" (ebd., 7). Verstärkt wird diese durch die Gleichsetzung der Figuren mit Märchenwesen; etwa Rosemarie, die als „Märchenprinzessin" (ebd., 179) und „Kinderkönigin" (ebd., 226) bezeichnet wird, aber auch durch die „Märchenhexe[ ]" Mali (ebd., 113, vgl. auch ebd., 27) und den „Bosheitsteufel" (ebd., 100) Päule. Am Beispiel der Schliekers wird auch der Einsatz der für das Märchen typischen sprechenden Namen offensichtlich: Sie sind die Schleicher, hinterhältige Erbschleicher (siehe den Beitrag 1.4 *Falladas Namen* in Kap. II). Williams will im Namen Schlieker sogar eine Anspielung auf Kurt von Schleicher, Infanteriegeneral, Reichskanzler (1932–1933) und Wegbereiter des Faschismus, entdecken (Williams 2002, 230). Weiterhin erhalten Schliekers, wie auch andere Figuren, Tierattribute: Päules Aussehen und Handlungen werden wiederholt mit denen eines listigen Fuchses verglichen (vgl. Fallada 1936a, 31, 111, 132, 215); Malis Gesicht gleicht dem einer Elster (vgl. ebd., 136, 144, 215). Das Märchen als Genre klingt ferner im Happy End an: Die ‚Guten' siegen über die ‚Bösen', die ‚Prinzessin' findet ihren ‚Prinzen', und gemeinsam mit Kittguß und Philipp leben sie, Rosemarie und Kimmknirsch, in Harmonie auf Rosemaries Hof. In Isotopieketten wird ferner eine den ganzen Roman durchziehende Feuer- und Brand-Metaphorik aufgebaut, die auf die Katastrophe vorausdeutet und durch Anspielungen auf Bibelstellen zusätzliche Brisanz erhält: Die Offenbarung des Johannes, die Kittguß erforscht, spricht von der Apokalypse, von der Verbrennung des schlechten Alten als Weg zum Wiederaufbau des Guten auf dessen Asche. Und so geschieht es im Roman: Wahnsinnig geworden zündet Mali den Hof an, den Rosemarie mithilfe von Kittguß' Ersparnissen wieder aufbaut (ebd., 246–249).

Ebenfalls durchzieht den Roman eine Hell-/Dunkel-Metaphorik: So wird das finstere Arbeitszimmer, in dem Kittguß von Päule zurückgelassen wird, in dem Moment erhellt, als sich dieser zum Bleiben und Kämpfen für Rosemaries Recht entschließt (vgl. ebd., 30). Kittguß tritt in dem Moment aus dem dunklen Kohlenstall hervor, in dem Päule, der ihn dort eingesperrt hatte, ruft: „Ich will Licht ..." (ebd., 39), was zudem als Wunsch nach Erleuchtung bzw. Erlösung der schlechten Seele verstanden werden kann. Mit Helligkeit, Strahlen und Sauberkeit werden sowohl richtige Entscheidungen und Handlungen von Figuren als auch die Gestalt guter Figuren verbunden (vgl. Kimmknirschs Wohnung und Gestalt, ebd., 142 f., 173; zudem die Erleuchtung von Kittguß, ebd., 166 f.). Dagegen korrespondiert Dunkelheit meist entweder mit Hoffnungslosigkeit, wie z. B. derjenigen Rosemaries (vgl. ebd., 224, 245), oder mit Wut, Hass und Boshaftigkeit vor allem auf Seiten Päules (vgl. ebd., 131 f., 154). Der märchenhaft anmutende Titel zeigt den Fokus des Romans an: Nicht die Auseinandersetzung zwischen Rosemarie und den Schliekers steht im Zentrum, sondern Kittguß (das ‚alte Herz'), der sich aus seiner Einsiedelei ‚auf die Reise' und in „die tätige Auseinandersetzung um Recht und Unrecht" (Hartmann 1996, 228) begibt. Er steht dabei für Sanftmut, das Bekenntnis zur Wahrheit und den Glauben an eine höhere Gerechtigkeit: „Die List ist bei den Bösen, Rosemarie [...]. Bei uns aber muß die Wahrheit sein" (Fallada 1936a, 25). Trotz der Ernüchterung darüber, dass auch eine dörfliche Idylle nicht existiert („jeder ist jedes Feind", ebd., 84; hier werden auch Erfahrungen Falladas in Carwitz verarbeitet, vgl. Brief an seine Eltern, 5. Januar 1935, abgedruckt in Williams 2002, 224), glaubt er an das Gute im Menschen (vgl. Fallada 1936a, 32), indem er durchsetzt, dass der Kampf um Gerechtigkeit auf dem „hellen Weg" (ebd., 26) bestritten wird. Die zahlreichen intertextuellen Verweise auf Bibelstellen und Heiligenschriften (vgl. Offenbarung des Johannes, ebd., 7, 22, 43, 74; Matthäus 7,7 auf ebd., 13f.; 10. Psalm Davids, ebd., 43; Korintherbrief des Apostels Paulus, ebd., 73; ‚Der Sonnengesang' des Heiligen Franziskus, ebd., 166) referieren stets auf das Geschehen; sie deuten auf das göttliche Heilsversprechen und damit auf den guten Ausgang hin. Die Hoffnung, dass sich das Gute durchsetzen wird, der Trost im Glauben („Ein Geduldiger ist stark.", „ER hat viele Wege", ebd., 38, 207) und der dargestellte Sieg des Guten können als Plädoyer zum Durchhalten während der Tyrannei des NS-Regimes gelesen werden, insbesondere auch, weil die Handlungen der für Fallada so untypischen positiven Helden wie Kittguß und Kimmknirsch mit Erfolg belohnt werden. Sie tragen gemeinsam mit den weiteren positiven Figuren, Rosemarie und Philipp, den Sieg davon, obwohl sie Gesellschaftsgruppen angehören, die vom NS-Regime verfolgt und diskriminiert werden: kritisch denkende und religiöse Menschen sowie körperlich und geistig Eingeschränkte. Die Reue Schliekers am Ende des Romans („Das wollte ich nicht ...", ebd., 247) und seine Einsicht, „daß der Macht des Bösen ein Ziel gesetzt ist auf dieser Erde, daß am Ende die Werke des Bösen einander auffressen" (ebd., 250), nehmen Bezug auf die finale Handlungsstruktur des Märchens.

Allerdings geht der Roman durch die komplexere Gestaltung von Figuren und Handlung nicht in der Schwarz-Weiß-Zeichnung des Märchens auf, wie insbesondere das 12. Kapitel zeigt: Genau hier in der Mitte des Romans bricht Fallada mit der bisherigen Erzählweise und verdeutlicht sein Darstellungsinteresse durch naturalistisches Erzählen. In einer Rückblende werden „Jugend, Aufstieg und Mißgeschick der Schliekers" (ebd., 126) als Psychogramme dargestellt, die ihre desolate Lage und ihre boshaften Handlungen verständlich werden lassen. Päule und Mali sind auch Produkte der gesellschaftlichen und familiären Missstände, in denen sie aufwachsen mussten und die an ihrem Werdegang mit Schuld tragen: Er wird als uneheliches Kind von seinen Mitmenschen als „Bankert" und „Armenhäusler" (ebd., 128) beschimpft und lernt während einer Kindheit voller Gewalt, dass er sich mit Lüge und Betrug, aber auch List, Schläue, harter Arbeit und Fleiß durchsetzen und seine Ziele, Besitz und sozialen Aufstieg erreichen kann. Sie wird aufgrund ihrer Erkrankung, der Epilepsie, sowohl von ihrer Familie als auch von der Gesellschaft ausgegrenzt, bis Päule sie durch die Heirat „frei" (ebd., 129) macht. Die positive Figur des Amtsgerichtsrats Schulz erkennt die gesellschaftliche Verantwortung gegenüber „harte[n] lieblose[n] Menschen" wie Schliekers (ebd., 202), so dass als Lösung für ihn nicht infrage kommt, sie „schimpflich aus dem Dorf [zu] jagen" (ebd., 179). Falladas Gesellschaftskritik ist damit an exponierter Stelle mitten im Roman angesiedelt.

Dass der Roman nicht durchgängig unterhaltend und versöhnlich, sondern auch politisch lesbar ist, zeigt ferner die nähere Betrachtung der erzählten Zeit. Die Handlung um Professor Kittguß und Rosemarie Thürke spielt von Oktober 1912 (vgl. ebd., 10) bis Juni 1913 (vgl. ebd., 248). Dieser Umstand birgt zwei völlig divergente Lesarten in sich, die beide darauf fußen, dass die überwiegend positiv dargestellte Kindergeneration die Erwachsenengeneration der zeitgenössischen Gegenwart von 1935 darstellt. Die ns-kritische Lesart deutet die Kindergemeinschaft als eine heranwachsende, bessere Gesellschaft mit Prinzipien, Rechtsgefühl und Solidarität. Besonders der Wahlspruch der Kinder verdeutlicht ihren Zusammenhalt: „Ich für dich, du für mich, Unsadel blühe ewiglich" (ebd., 91). Dabei wird die Kindergemeinschaft jedoch nicht verklärt; auch in ihr gibt es Streit, Antipathien und Interessenkonflikte (zu Falladas Kritik an Kästners Kinderbüchern *Emil und die Detektive* (1930) und *Pünktchen und Anton* (1931) siehe den Beitrag 1.2 *Kontakte zu Autoren seiner Zeit (1920er bis 1940er Jahre)* in Kap. I). Im Dialog kann jedoch meist eine Lösung gefunden werden, so dass die Kinder im Konsens aktiv und entschlossen gegen Missstände vorgehen (vgl. vor allem Kapitel 8 *Es wird nächtlich beraten und der Belagerungszustand über Schliekers verhängt*, ebd., 82–91). Im Unterschied zu den Erwachsenen werden Kranke und Behinderte, dargestellt an der Figur des geistig zurückgebliebenen Philipp, nicht ausgegrenzt, sondern in die Gemeinschaft integriert. Indem sich das Gute durchsetzt, wird den Lesern Hoffnung, Trost und Zuversicht gespendet. Sowohl das Durchhalten im NS-Regime wird propagiert (vgl. ebd., 38) als auch das Mitläufer- und Duckmäusertum gezeigt (vgl. ebd., 42). Zusätzliches Gewicht erhält diese Lesart insofern, als die positiven und siegreichen Figuren des Romans den von den Nazis diskriminierten Gesellschaftsgruppen angehören (vgl. auch Wilkes 2003, 195).

Dem ist eine Lesart des Romans als ns-affin entgegengesetzt worden mit dem Argument, dass die sich durchsetzende Kindergeneration als die von der NS-Ideologie beschworene, bessere ‚Volksgemeinschaft' verstanden werden könne (vgl. Hartmann 1996, 233ff.). Auch diese Lesart stützt sich auf die historische Verortung der Romanhandlung in der autoritären, nationalistischen, antisemitischen und militaristischen Kaiserzeit um 1912/13, die strukturelle Ähnlichkeiten mit dem NS-Regime aufweist. Allerdings versteht diese die ‚Volksgemeinschaft' dann als Überwindung der Monarchie. Aber Hartmann will auch von den positiv dargestellten Figuren Schulz und Gneis ihre ‚autoritäre' Lesart befördert sehen, da durch sie „die Staatsmacht [...] Bündnispartner der Kinder" (Hartmann 1996, 233) würde.

Umarbeitung für den Vorabdruck

Wegen der seit 1931 engen wirtschaftlichen Verflechtungen des Rowohlt Verlages mit dem (seit Juni 1934 ‚arisierten') Ullstein Verlag und dessen Praxis der „Cross-Promotion von Presseerzeugnissen und Büchern" (Oels 2013, 49) soll die preisgünstige, auflagenstarke und zahlungskräftige *Berliner Illustrirte Zeitung* (BIZ) *Altes Herz geht auf die Reise* veröffentlichen. Das kann allerdings erst nach erheblichen inhaltlichen Anpassungen sowie Verzögerungen aufgrund von Auseinandersetzungen mit der Reichsschrifttumskammer im Herbst 1935 geschehen.

Als Bedingung für den Vorabdruck in der *BIZ* soll Fallada *Altes Herz geht auf die Reise* gemeinsam mit Dr. Palitzsch, einem Mitarbeiter der Zeitung, begutachten und

4.2 Altes Herz geht auf die Reise (1936)

gegebenenfalls überarbeiten (vgl. Williams 2002, 231f.). Von 5. August bis 2. September 1935 stellen beide eine Neufassung des Textes her (vgl. Falladas Geschäftstagebucheintrag vom 5. August, abgedruckt bei Hartmann 1996, 235). Entgegen Falladas Einschätzung beanstandet Palitzsch einiges am Roman, so dass etliche inhaltliche und sprachliche Änderungen vorgenommen werden. Davon berichtet Fallada Elisabeth am 2. August 1935:

> Weder Schliekers noch Gaus dürfen so böse sein, Frau Schlieker keine Epileptikerin […]. Es ist unmöglich, daß der Philipp solch ‚Psychopath' ist. Und noch viel unmöglicher, daß in Professor Kittguß die ernsten Bibelforscher verherrlicht werden […] Und dann müssen die Kinder viel aktiver sein und überhaupt muß jede Fortsetzung mindestens zur Hälfte reine Fröhlichkeit bringen. (zit. nach Hartmann 1996, 235)

Fallada ist aufgrund seiner Finanzlage zu den Zugeständnissen bereit: „[S]o kann ich mir die stolze Schulter nicht leisten, sondern muss ran an die Arbeit" (Brief an seine Eltern, 1. August 1935, zit. nach Williams 2002, 232). Schließlich findet Fallada den Roman „schrecklich umgearbeitet" (Brief an Dora Preisach, 31. November 1935, zit. nach Lange 1988, 4) und quittiert die Veränderungen mit „oh heiliger Kotz!" (Brief an Heinrich Maria Ledig, 3. September 1935, zit. nach Hartmann 1996, 236)

Die Umarbeitungen betreffen zahlreiche Stellen des Romans und dienen, wie der Brief an Elisabeth vom 2. August 1935 andeutet, der Glättung, Verharmlosung und Harmonisierung des Textes mit der NS-Ideologie. Ziel ist, die Figuren stärker nach dem „Menschenbild der Blut-und-Boden-Ideologie", d. h. „lebenskräftige Typen" zu gestalten (Hartmann 1996, 237). So wird Philipp im Vorabdruck zu einem großen, kräftigen und „dummpfiffigen" Jungen mit „herrlich weißen Zähnen" (Fallada 1936b, 217), der wie alle anderen Figuren überwiegend Hochdeutsch spricht. Die bäuerlichen Höfe und ländlichen Zustände werden durchweg beschönigt im Gegensatz zur Buchfassung, in der sich beispielsweise in der schmutzigen Wirtsstube von Gaus „Regimenter[ ] von Schaben" (Fallada 1936a, 40, vgl. auch 18) tummeln und die Landbevölkerung oft einfältig, roh und wenig tugendhaft ist (vgl. Buchfassung/Vorabdruck Fallada 1936a, 105/Fallada 1936b, 399, 118–124/443f., 169–172/550, 577f.). Besonders betroffen ist Kapitel 12, in dem die Herkunft und der bisherige Lebensweg der Schliekers dargestellt werden: Mali wird von jeder Schuld an den Geschehnissen freigesprochen; sie ist die ihrem Mann folgsame Frau, die sich auch nach der Katastrophe nicht von Päule löst (vgl. Fallada 1936b, 296, 732f.). Die Epilepsie Malis wird zwar benannt, aber die Darstellung des Anfalls gestrichen (vgl. Fallada 1936a, 134/Fallada 1936b, 482, 445). Päule wird zum Waisenkind, das von einem eigenen Hof träumt und sich diesen mit List und harter Arbeit erkämpft. Er wird im Vorabdruck nicht als „Bosheitsteufel" (Fallada 1936a, 100), sondern durchweg als „Eulenspiegel" (Fallada 1936b, 222, 397) bezeichnet, der „den Kopf voll böser Narrenspossen" (ebd., 446) habe, aber bei seinen Betrügereien meistens selbst reinfalle (vgl. ebd., 222). Dem Leser wird dadurch verdeutlicht, dass keine ernstzunehmende Gefahr von Päule ausgeht; das gute Ende somit schon früh vorweggenommen. Am Ende fristet er, bezeichnenderweise in Kummersdorf, ein Dasein als Fischhändler (vgl. ebd., 732). Im Zuge der Verharmlosung dieser Figur werden auch Szenen gestrichen oder umgeschrieben, in denen Päule besonders brutal auftritt:

Beispielsweise würgt er Rosemarie nicht (vgl. ebd., 216); er stellt zwar die Mardereisen auf, wickelt diese zum Schutz vor Knochenbrüchen jedoch in Rupfenstoff ein (Fallada 1936a, 136/Fallada 1936b, 482). Die gesellschaftlichen Missstände, die in der Buchfassung seine Entwicklung zum schlechten Menschen und Tyrannen verursachen (vgl. Fallada 1936a, 126–129), werden ebenso ausgespart wie die familiären Zwänge, die für Gaus Lebensfrust verantwortlich sind (vgl. ebd., 117f.). Schließlich wird Prof. Kittguß vom pensionierten „Lehrer für christlich-evangelische Religion" (ebd., 7) und Bibelforscher zum „Lehrer für Latein und Griechisch" (Fallada 1936b, 214); dabei werden sämtliche Bibelverweise, damit die durch sie implizierte Gesellschaftskritik, gestrichen. Die im Roman als Intrige Päules gegen ihn angedeutete Pädophilie des Professors wird im Vorabdruck nicht erwähnt (vgl. Fallada 1936a, 97f.). Der Wahlspruch der Kinder ist zu „Ich mit dir und du mit mir – Unsadel sei's Panier!" abgeändert. Zwar wird die Figur des Fellhändlers Lau im Vorabdruck zum „Felljude[n] Levi" (Fallada 1936b, 401) und damit zur einzigen jüdischen Figur, die kurze Szene dieser Randfigur wird aber nicht im Sinn der Nazi-Propaganda instrumentalisiert.

Die Anordnung der Handlungssequenzen folgt bis auf eine Ausnahme der des Buches: Im Vorabdruck schließt Kapitel 8 mit Kittguß' Traum von der ihn in seiner Kindheit tyrannisierenden Louise, der in der Buchausgabe in Kapitel 14 eingebunden ist. Den Romanbeginn arbeitet ein Mitarbeiter des Ullstein Verlags massiv um, was Fallada wie folgt kommentiert: „Ich habe heute früh mit Schaudern den Anfang des Alten Herzens in der B. I. überflogen, der Herr Dr. Reindl hat ja da einen Mist zusammengedichtet [...]." (Brief an Rowohlt, 13. Februar 1936, zit. nach Hartmann 1996, 236f.). Williams gibt an, dass Fallada auch eine „anstößige Einleitung" (Williams 2002, 241) akzeptiert, jedoch ist diese in der *BIZ* nicht nachweisbar. Möglicherweise meint sie diesen stark veränderten Romanbeginn Dr. Reindls.

Auseinandersetzung mit der Reichsschrifttumskammer

Gemäß der bestehenden Anzeigepflicht legt Fallada seinen neuen Roman am 2. September 1935 der Reichsschrifttumskammer (RSK) zur Genehmigung der Veröffentlichung im Ausland vor (vgl. Williams 2002, 233f.). Zehn Tage später lehnt die RSK den Antrag ab. Dieser Beschluss löst nicht nur bei Fallada Angst aus, bald als Autor verboten zu werden, sondern lässt auch die Emigration wieder nötig erscheinen (vgl. ebd; Hartmann 1996, 237). In Anbetracht der finanziell prekären Lebenssituation wiegt zudem schwer, dass sich dadurch sowohl der finanziell lukrative Vorabdruck des Romans als auch der günstige Erscheinungstermin der Buchausgabe zum Weihnachtgeschäft ins Ungewisse verzögern (vgl. Fallada an Rowohlt am 16. Juni 1936, zit. nach Fallada 2008, 208). Schließlich müssen die begonnenen Verhandlungen mit ausländischen Verlagen wie Simon & Schuster in den USA (vgl. Fallada 2008, 187), aber auch mit Verlagen in Dänemark, Ungarn und Norwegen (vgl. Hagemeyer 2000, 145f.) vorerst abgebrochen werden.

Fallada und Rowohlt legen Einspruch gegen den Entscheid der RSK ein (vgl. Williams 2002, 233f.), wobei Fallada davon ausgeht, dass „[d]ie Lektüre des ‚Alten Herzens' [...] diesen Entschluß ausgelöst" habe (Brief an Hörigs, 13. September 1935, zit. nach Hartmann 1996, 237). Einen Monat später vermutet er eher kammerinterne Machtkämpfe, zwischen die er geraten sei, als Ursache für den Beschluss:

4.2 Altes Herz geht auf die Reise (1936)

Meine ganz entschiedene Devise ist ‚Warten! Warten! Warten!', wir haben keine Ahnung (und werden es nie erfahren), welche Kämpfe sich z. Z. an dieser hohen Stelle abspielen und wie vielleicht grade ich als Streitaxt benutzt werde. Drängen wir, so riskieren wir nur, daß die Sache kurz über's Knie gebrochen wird, und dann höchstwahrscheinlich ungünstig für uns! (zit. nach Fallada 2008, 196 f.)

Da Ende September 1935 Hanns Johst den bisherigen Präsidenten der RSK, Hans Friedrich Blunck, ablöst, machen auch Caspar (vgl. 1991a, 282; 1988, 136 f.) und Studnitz (vgl. 1996, 277) diesen Führungswechsel als Grund für den RSK-Beschluss stark. Einige Monate später wird „das Verdikt als ‚unerwünschter Autor'" (Studnitz 1996, 278), wovon die Forschung bisher in diesem Zusammenhang spricht, aufgehoben. Die Angaben zum genauen Zeitpunkt schwanken jedoch und reichen von 4. Dezember (vgl. Williams 2002, 236), Anfang Dezember (vgl. Caspar 1991b, 282) und Ende Dezember (vgl. Studnitz 1996, 278) bis Anfang 1936 (vgl. die Anmerkung von Töteberg/Buck in Fallada 2008, 201).

Vorabdruck

In 14 Fortsetzungen erscheint die gekürzte und umgearbeitete Fassung 1936 von Mitte Februar (Nr. 7 vom 13. Februar) bis Mitte Mai (Nr. 20 vom 14. Mai). Unspezifisch, ohne Nennung von Autor und Romantitel, erfolgt die Ankündigung „Neuer Roman" auf dem Titel der Ausgabe vom 13. Februar unter einem ganzseitigen Foto, das Hitler bei der Eröffnung der Olympischen Winterspiele zeigt. Der Vorabdruck erscheint unter dem leicht veränderten Titel *Ein Herz geht auf die Reise. Roman von Hans Fallada*. Nach einer kurzen Einführung zum Dichter und dessen Weltruhm werden die „Gestalten des Romans" mit Namen und Funktion vorgestellt sowie der Hinweis „Der Roman spielt 1912" gegeben.

Durchweg bieten die Fortsetzungen zu Beginn eine kurze Zusammenfassung des bisherigen Geschehens. Die erste Folge ist durch zwei Zeichnungen von Ch. Girod illustriert; die zwischen dem Romantext der folgenden Nummern immer wieder zu findenden Zeichnungen, Fotografien und die Bilderreihen *Vater und Sohn* von e. o. Plauen beziehen sich jedoch nicht auf die Romanhandlung.

Für den Vorabdruck erhält Fallada 10 000 RM (vgl. Williams 2002, 231 f.), doch bemerkt er lakonisch: „Geld ist schön, aber was man dafür tun muss, gefällt mir nicht so ganz" (Brief an seine Frau Anna, 24. Januar 1936, zit. nach Fallada/Ditzen 2007, 327).

Buchausgabe

Für die Buchfassung ändert Fallada Ende Februar 1936 und parallel zum Vorabdruck „nicht nur stilistisch ziemlich viel", er hat auch „manche Stelle fortgenommen oder gemildert, die vielleicht doch ‚Anstoß' erregen könnte" (Fallada an Rowohlt am 20. Februar 1936, zit. nach Hartmann 1996, 238). Die Änderungen der *BIZ*-Fassung übernimmt er größtenteils nicht in die Romanfassung; er reagiert jedoch auf das Echo rechtsgerichteter Presseorgane (s. u.): Aufgrund der Kritik in der *Volksgesundheit* ändert er den Beruf von Dr. Kimmknirschs Vater vom Naturheilkundigen zum Arzt (vgl. Vorabdruck/Bruchfassung in Fallada 1936a/Fallada 1936b, 484/140) ab. Die Änderungen in Reaktion auf den Artikel im *Deutschen Handwerk* erläutert er Rowohlt am 17. April 1936:

> Alle sind heute sakrosankt, und wenn man einen minderwertigen Mitmenschen schildert, fühlen sich alle Mitmenschen getroffen. Für die Buchausgabe ist der Schaden leicht zu heilen (da er ja scheinbar geheilt werden muß), wir setzen statt des Wortes ‚Handwerksbursche' das Wort ‚Landstreicher'. Dann sind gar keine Satzverschiebungen nötig, denn beide Worte haben fast die gleiche Buchstabenzahl. (zit. nach Fallada 2008, 201)

In einem Nachwort führt Fallada die herangezogenen Quellen bei der Erarbeitung des Romans, insbesondere der Bibelstudien Kittguß', an, betont die Fiktionalität aller dargestellten Figuren und stellt eine Fortsetzung des Romans in Aussicht. Somit hat es dieselben Funktionen wie die Vorworte Falladas: Rechtfertigung und Abwehr, aber auch Bezeugen der Authentizität (siehe den Beitrag 1.3 *Vorwort-Politik* in Kap. II). Für die Gestaltung von Schutzumschlag und Einband wird der Grafiker und Gegner des NS-Regimes Heinz Kiwitz engagiert. Im August 1936 wird die Buchausgabe in einer Auflage von 8 000 Exemplaren veröffentlicht, der bei Rowohlt nur eine weitere mit 3 000 Exemplaren im selben Jahr folgt. Dieser für ein Werk Falladas sehr niedrige Absatz lässt sich nur bedingt auf die Pressehetze im Anschluss an den Vorabdruck zurückführen; ähnlich stark von der rechten Presse zerrissene Romane wie *Wer einmal aus dem Blechnapf frißt* (1934) und *Wir hatten mal ein Kind* (1934) erreichten in kurzer Zeit eine zwei- bis dreimal so hohe Auflage.

Forschung

Der Roman *Altes Herz geht auf die Reise* wird als Forschungsgegenstand bis heute kaum in den Blick genommen. Aufsätze und Monografien geben meist nur Auskunft über Entstehung, Veröffentlichung und Inhalt des Romans, bemühen sich aber nicht um eine genaue Analyse aufgrund der fast einstimmigen Einschätzung als „harmlose Unterhaltungsschmonzette[ ]" (Theilig/Töteberg 2008, 16; vgl. auch Bredohl 2000, 89; Caspar 1988, 133f.; Gessler 1976, 82; Kuhnke 2000, 45; Lemmer 1961, 115; Liersch 1993, 288ff.; Nienhaus 2003, 193; Studnitz 1996, 264f.; Zachau 1990, 143). Wilkes erkennt in dem „vernachlässigten Roman[ ]" *Altes Herz geht auf die Reise* „einen verschlüsselten und zeitweise einfallsreichen Angriff auf Nazideutschland" (Wilkes 2003, 200, 198). In diesem gelinge Fallada jedoch „nicht mehr[,] als die ideellen Werte zu wiederholen" (ebd., 198), die er „im fiktiven bzw. symbolischen Rahmen des vornazistischen Deutschlands artikuliert" habe und die der „unmenschlichen Gesellschaftsordnung längerfristig [nicht] gewachsen" seien (ebd., 199). Williams wertet Falladas Roman als Resultat einer Überlebensstrategie, die viele oppositionelle Autoren zur damaligen Zeit verfolgt hätten: das Ausweichen in den historischen Roman, ins Märchen oder zu Kindergeschichten, um so getarnt geistigen Widerstand leisten zu können (vgl. Williams 2002, 230f.). Falladas „Schwanken zwischen Widerstand und Anpassung" (Hartmann 1996, 227) könne exemplarisch an *Altes Herz geht auf die Reise* erörtert werden, wenn man sein Verhalten als „eine Form der Selbstzensur" wertet, die aber nicht „als Friedensschluß mit den braunen Machthabern" (ebd., 240) angesehen werden dürfe. Im Gegensatz zu Williams glaubt Hartmann jedoch nicht, dass Fallada den „Einsatz märchenhafter Mittel […] als Verschlüsselung" benutze, sondern dass diese vielmehr „Ausdruck seines Wunschdenkens angesichts der barbarischen Realität" seien, die ihm und „seinen Lesern eine Lebenshilfe" (ebd., 234) geboten hätten sowie ein „Harmoniebedürfnis" (ebd., 235) befriedigen sollten. Hartmann weist auf die Möglichkeit einer doppelten, nämlich einer ns-affinen und einer ns-kritischen Lesart, hin. Dabei betont sie, dass die ns-kritischen Aspekte „Gefahr laufen, als solche nicht mehr vom Leser erkannt zu werden" (ebd., 233). Lemmer meint, inhaltliche Parallelen zum *Märchen vom Stadtschreiber, der aufs Land flog* (vgl. Lemmer 1961, 31) und zu *Kleiner Mann – was nun?* (vgl. ebd., 51, 76) zu erkennen.

Aufnahme und Wirkung

Trotz der umfangreichen Anpassungen an die Vorgaben der *BIZ* sind die Rezensionen zum Vorabdruck, die hauptsächlich aus dem rechten Presselager stammen, durchweg negativ, teilweise hetzerisch. Der Reichsstand des deutschen Handwerks empört sich in seinem Amtsblatt am 27. März 1936 über die Nennung von „Handwerksburschen in einem Atem [...] mit Wilddieben und Holzfrevlern" (tr. 1936, 213). Größere Verbreitung findet der Artikel durch den Wiederabdruck in der *Preußischen Zeitung* und der *Mitteldeutschen Nationalzeitung* (vgl. Hartmann 1996, 238). In der Aprilausgabe der *Volksgesundheit*, einer Beilage des *Reichsärzteblatts*, erscheint eine vernichtende Kritik, die nicht nur Falladas neuen Roman, sondern auch ihn persönlich angreift. Dort heißt es, er würde sich in einem „hinterhältigen Versuch" die „Unverschämtheit" erlauben, „deutsche Ärzte [...] von der wahren, allein seligmachenden medizinischen Fakultät hämisch zu glossieren" und die Naturheilkunde, die „nach unserer nationalsozialistischen Meinung keine Daseinsberechtigung mehr in Deutschland hat", anzupreisen (r. 1936, 125). Weiter heißt es auch in Anspielung auf die behördlichen Bestimmungen der RSK:

> Wir sehen uns also gezwungen, Herrn Hans Fallada zu bescheinigen, *daß er immer noch in jenen Schuhen steckt, in denen er wandelte, als er seine Zuchthauspornographie schrieb und sich in einem System, das alles nur darauf ablegte, das deutsche Volk physisch und psychisch zugrundezurichten, seinen ‚Ruhm' erwarb.* [...] Wir verbitten es uns, daß Romanschreiber in ihren Machwerken Dinge an unsere Volksgenossen herantragen, die ihnen nur schaden können. Wir sind nicht gewillt, durch irgend jemand, dem wir noch großzügig erlauben, in Deutschland sich sein Brot zu verdienen, uns unser Aufbauwerk an der deutschen Nation stören zu lassen. Das mag sich auch Herr Fallada für die Zukunft merken. Aber auch diejenigen, die dazu da sind, die Arbeiten derartig belasteter Zeitgenossen, wie Herr Fallada einer ist, auf ihre Verwendbarkeit zu prüfen. Oder sollte Herrn Falladas ‚Ruhm' so groß sein, daß man nicht wagt, ihm gegenüber den Rotstift walten zu lassen. (r. 1936, 125; kursiv im Original gesperrt)

Fallada erhält die Kritik von Rowohlt am 26. April 1936. Am selben Tag antwortet er: „Ich weiß nicht, ob man das sehr ernst nehmen muß" (zit. nach Fallada 2008, 202). Jedoch zieht er in Erwägung, gegen die *Volksgesundheit* zu klagen: Änderungen dürften, so Fallada, nicht mehr nötig sein, zumal der Roman zuvor „von der Reichsschrifttumskammer sorgfältig gelesen und von der Redaktion der ‚Berl. Ill.' auf Herz und Nieren geprüft" wurde (an Rowohlt am 28. April 1936, zit. nach Fallada 2008, 202f.). Alles im Artikel sei „falsch, unrichtig" und wolle lediglich „verletzen, beleidigen, herunterreißen", so dass man in Erwägung ziehen könnte, sich an „irgendein Ehrengericht für Streitigkeiten zwischen Kritiker und Autor" (ebd.) zu wenden.

Wie schon beim Beschluss der RSK sieht sich Fallada als „so eine Art Freiwild" und „keinerlei Möglichkeit, noch irgend etwas zu schreiben"; er zieht in Erwägung, „Carwitz zu verkaufen" (an seine Eltern am 1. Mai 1936, zit. nach Williams 2002, 241) und zu emigrieren. Es folgt ein erneuter, mehrwöchiger Sanatoriumsaufenthalt, dessen Dauer unterschiedlich angeben wird: Williams (2001, 241) datiert ihn von 1. bis 18. Mai, Studnitz (1996, 281) vager „von April bis Ende Mai 1936".

Der Buchausgabe widmen sich rechte Zeitungen und Zeitschriften dann nicht mehr, so dass Rowohlt Fallada am 14. Januar 1937 berichten kann, „daß die Presse über ,Altes Herz' ausgezeichnet" und „daß seit Wochen und Wochen toi-toi-toi keinerlei Angriffe mehr erfolgt" seien (zit. nach Fallada 2008, 221). In der Literaturzeitschrift *Nation und Schrifttum* schreibt Karl Burkert im Augustheft 1936, Fallada würde „wundervoll das menschliche Treiben [...] in packenden Ausschnitten [...] lebendig und in spannender Weise" darstellen und damit die Sehnsucht des Lesers nach „guten, reichen Stunden" stillen (Burkert 1936a). In einer zweiten Rezension in derselben Zeitschrift spricht Burkert Fallada zu, „ein ganz überlegener Humorist, ein durchaus kühner, freier Geist" zu sein, der „Dichtung im höchsten Sinne" schaffe (Burkert 1936b). Am 5. September 1936 betont Felix Riemkasten wiederum in *Nation und Schrifttum* „die Schreibweise, die allerbester Falladas ist"; er geht dabei auch auf die Unterschiede zum „verstümmelt" (Riemkasten 1936) erschienenen Vorabdruck ein. Die Stuttgarter Zeitschrift *Weltstimmen* bezeichnet den Roman als „[h]alb Märchen, halb Wirklichkeit" (Wittko 1937, 479). Einzig Peter Steinbach betrachtet in der Oktoberausgabe der *Schlesischen Zeitung* 1937 die Situation Falladas differenzierter: „Erstaunlich, und dennoch, wenn man von der Festigung der politischen Verhältnisse ausgeht, die keine Reibungsflächen mehr zuläßt, nicht allzu erstaunlich ist, daß auch Fallada sich von der bewußten Zeitgebundenheit gelöst hat [...]." (zit. nach Hartmann, 1996, 239)

Diese Resonanz auf die Buchausgabe von *Altes Herz geht auf die Reise* findet Fallada zwar „ganz hübsch", wie er Rowohlt schreibt, jedoch könne sie ihn „nicht dazu bringen, dies mein schwächstes Buch mit freundlicherem Auge anzusehen" (Brief vom 17. Januar 1937, zit. nach Fallada 2008, 222). „[D]er Roman, den ich in dieser Zeit hätte schreiben mögen, ist es gewiß nicht", erkennt er schon früh (Brief an Elisabeth, 2. August 1935, zit. nach Hartmann 1996, 235).

Bereits 1936 erscheinen Übersetzungen in acht, schwerpunktmäßig skandinavischen und englischsprachigen Ländern, auf die im Laufe der nächsten Jahre weitere folgen (siehe Beitrag 5. *Übersetzungen* in Kap. III). Eine Verfilmung des Romans wird 1938 fertiggestellt, gelangt jedoch aufgrund der Ablehnung durch Goebbels und Hitler nicht zur Uraufführung (siehe Beitrag 2. *Verfilmungen* in Kap. III).

Literatur

Bernhardt 2003: Bernhardt, Rüdiger: Wirklichkeit und Traumwelt eines Chronisten. Zu Hans Falladas *Der Alpdruck*. In: Hans-Fallada-Jahrbuch (2003), Nr. 4, S. 9–42.
Bredohl 2000: Bredohl, Thomas: Bleiben oder Gehen? Hans Fallada und das Exil. In: Hans-Fallada-Jahrbuch (2000), Nr. 3, S. 82–92.
Burkert 1936a: Burkert, Karl: Hans Fallada: *Altes Herz geht auf die Reise*. In: Nation und Schrifttum. Kritischer Führer durch das Schaffen der Zeit (1936), Nr. 16, 29.8.1936.

Burkert 1936b: Burkert, Karl: Hans Fallada: *Altes Herz geht auf die Reise*. In: Nation und Schrifttum. Kritischer Führer durch das Schaffen der Zeit (1936), Nr. 20, 5.12.1936.
Caspar 1988: Caspar, Günter: Fallada-Studien, Berlin (Ost)/Weimar 1988.
Caspar 1991a: Caspar, Günter: Hans Fallada. Geschichtenerzähler. Nachwort. In: Hans Fallada: Güte Krüseliner Wiese rechts und 55 andere Geschichten, Berlin/Weimar 1991, S. 523–655.
Caspar 1991b: Caspar, Günter: Nachwort. In: Hans Fallada: Märchen vom Stadtschreiber, der aufs Land flog, Berlin 1991, S. 267–293.
Crepon 1998: Crepon, Tom: Kurzes Leben – langes Sterben. Hans Fallada in Mecklenburg, Rostock 1998.
Fallada 1936a: Fallada, Hans: Altes Herz geht auf die Reise. Roman, Berlin 1936.
Fallada 1936b: Fallada, Hans: Ein Herz geht auf die Reise. Roman von Hans Fallada [bearbeitete und gekürzte Fassung von *Altes Herz geht auf die Reise*]. In: Berliner Illustrirte Zeitung 45 (1936), Nr. 7, 13.2.1936, S. 214 bis Nr. 20, 14.5.1936, S. 733. [siehe genauer zur Stückelung die Bibliografie in vorliegendem Handbuch; unter http://fuldig.hs-fulda.de/viewer/image/PPN229390226_45/214/ kann der Jahrgang 45 der *BIZ* (1936) komplett eingesehen werden; Stand: 12.3.2016].
Fallada 2007: Fallada, Hans/Ditzen, Anna: Wenn du fort bist, ist alles nur halb. Briefe einer Ehe, hg. von Uli Ditzen, Berlin 2007.
Fallada 2008: Fallada, Hans: Ewig auf der Rutschbahn. Briefwechsel mit dem Rowohlt Verlag, hg. von Michael Töteberg und Sabine Buck, Reinbek bei Hamburg 2008.
Gessler 1976: Gessler, Alfred: Hans Fallada. Leben und Werk, 2. Aufl., Berlin (Ost) 1976.
Hagemeyer 2000: Hagemeyer, Friederike: Lille Mand – hvad nu? Die Werke Hans Falladas im dänischen Verlag Gyldendahl. In: Hans-Fallada-Jahrbuch (2000), Nr. 3, S. 139–153.
Hartmann 1996: Hartmann, Regina: Not der Zeit – Not der Kunst. Hans Falladas Roman *Altes Herz geht auf die Reise* im Fadenkreuz von Zensur und Selbstzensur. In: Zensur und Selbstzensur in der Literatur, hg. von Peter Brockmeier und Gerhard R. Kaiser, Würzburg 1996, S. 227–240.
Kuhnke 2000: Kuhnke, Manfred: Das Sprichwort: ‚Sage mir, mit wem du umgehst, und ich sage dir, wer du bist' – gilt es für Fallada? (Günther Caspar). In: Hans-Fallada-Jahrbuch (2000), Nr. 3, S. 29–48.
Lange 1995: Lange, Sabine: Im Mäckelnbörgischen, in der Welteneinsamkeit. Hans Fallada in Carwitz und Feldberg (1933–1945), hg. vom Literaturzentrum Neubrandenburg e. V., Neubrandenburg 1995.
Lemmer 1961: Lemmer, Theodor: Hans Fallada. Eine Monographie, Diss. Freiburg (Schweiz) 1961.
Liersch 1993: Liersch, Werner: Hans Fallada. Sein großes kleines Leben, Hildesheim 1993.
Nienhaus 2003: Nienhaus, Stefan: Was heißt und wie wird man ein ‚volkstümlicher Autor'? Überlegungen zur Unterhaltungsliteratur in der ersten Hälfte des 20. Jahrhunderts am Beispiel Hans Falladas. In: Hans-Fallada-Jahrbuch (2003), Nr. 4, S. 155–170.
Oels 2013: Oels, David: Rowohlts Rotationsroutine. Markterfolge und Modernisierung eines Buchverlags vom Ende der Weimarer Republik bis in die fünfziger Jahre, Essen 2013.
Peter 2003: Peter, Thomas: Hans Falladas Romane in den USA 1930–1990, Diss. Umeå 2003.
r. 1936: r.: Der Fall Fallada. In: Volksgesundheit. Fachliches Schulungsblatt der Deutschen Arbeitsfront 1 (1936) Nr. 4 (April 1936), S. 125.
Riemkasten 1936: Riemkasten, Felix: Hans Fallada: *Altes Herz geht auf die Reise*. In: Nation und Schrifttum. Kritischer Führer durch das Schaffen der Zeit (1936), Nr. 17, 5.9.1936, [S. 4].
Studnitz 1996: Studnitz, Cecila von: „Es war wie ein Rausch". Fallada und sein Leben, Düsseldorf 1996.
Theilig/Töteberg 1980: Theilig, Ulrike/Töteberg, Michael: Das Dilemma eines deutschen Schriftstellers. Hans Fallada und der Faschismus. In: Sammlung. Jahrbuch für antifaschistische Literatur und Kunst 3 (1980), S. 72–88.
tr. 1936: tr.: So geht's nicht! In: Deutsches Handwerk. Wochenschrift für Handwerkspolitik, Handwerkswirtschaft und Handwerkskultur 5 (1936), Nr. 13, 27.3.1936, S. 213.

Wilkes 2003: Wilkes, Geoffrey: Innere Emigration und innere Grenzen in *Altes Herz geht auf die Reise*. In: Hans-Fallada-Jahrbuch (2003), Nr. 4, S. 193–201.

Williams 2002: Williams, Jenny: Mehr Leben als eins. Hans Fallada. Biographie. Aus dem Englischen von Hans-Christian Oeser, Berlin 2002. [Originalausgabe: More Lives than One. A Biography of Hans Fallada, London 1998.]

Wittko 1937: Wittko, P.: Romane und Erzählungen. In: Weltstimmen. Weltbücher in Umrissen 11 (1937), H. 11 (November 1937), S. 477–480 [zu *Altes Herz geht auf die Reise*, S. 479].

Zachau 1990: Zachau, Reinhard K.: Hans Fallada als politischer Schriftsteller, New York/Bern/Frankfurt a. M./Paris 1990.

4.3 *Wizzel Kien. Der Narr von Schalkemaren* (1936/1995)
Sven Hanuschek

Falladas Projekt eines historischen Romans steht im Gesamtwerk allein da; doch ist dessen Protagonist wie bei den Unterhaltungsromanen als „harmlose zeit- und ortslose Gestalt[ ]" gesehen worden, „deren Glück es ist, klein zu bleiben, die Unglück heraufbeschwören, wenn sie mehr wollen" (Liersch 2009, 75). Gerade die Gattung des historischen Romans war jedoch typisch für die Innere Emigration: Williams erinnert an die historischen Romane von Bergengruen, Klepper und Reinhold Schneider (vgl. Williams 2011, 241).

Im Oktober 1935 hatte Fallada das Manuskript begonnen, der erste Band war am 17. April 1936 beendet. Im Nachlass sind Manuskript und Typoskript erhalten (HFA N 10), die Erstausgabe Günter Caspars, 1995 im Aufbau Verlag erschienen, folgt dem Typoskript mit dem Titel *Der Narr von Schalkemaren*. Es handelt sich um eine mittelalterliche Chronik, die Narren-Episoden in der Tradition Till Eulenspiegels mit einer Lebenslauf-Erzählung nach dem Vorbild von Grimmelshausens simplicianischen Schriften verschränkt. Fallada hatte drei Jahre an dem Projekt schreiben wollen, um den aktuellen Publikationsschwierigkeiten in der Diktatur auszuweichen: Das Buch hätte den „sicher nicht zu unterschätzenden Vorteil, daß ich für eine lange Zeit erst mal aus dem Buchhandel mit Neuerscheinungen raus wäre – vielleicht würde sich in dieser Zeit doch vieles ändern" (Brief an Rowohlt, 16. Juni 1936, zit. nach Fallada 2008, 209). Er wollte eine Hypothek aufnehmen, sparsam wirtschaften und ein Fixum von Rowohlt erhalten, um acht Bände bzw. vier Doppelbände zu schreiben: ein Werk von etwa 1 000 Seiten. Publiziert werden sollte erst nach Fertigstellung des Gesamtwerks, mit der Hoffnung, dass das Regime dann schon am Ende sein würde. Nachdem Rowohlt ihm nur 100 RM pro Monat bot, legte Fallada das Projekt beiseite (vgl. Williams 2011, 241–246). Verleger und Autor scheinen sich auch auf der Grundlage des ersten Bandes über die Qualität des Manuskripts gestritten zu haben. Rowohlt soll den Text für „zu derb" befunden haben, während Fallada erwartete, dass das Buch „mein bestes sein wird" (Fallada 2008, 211). Rowohlts Friedensangebot, wie sonst auch Band für Band herauszubringen, lehnte Fallada ab, denn um ein regelmäßiges Erscheinen zu garantieren, müsse die Hälfte des Buchs schon vorliegen (vgl. ebd., 213f.). Er stellte *Wizzel Kien* zurück, blieb verstimmt und stürzte sich zur Überraschung Rowohlts in das Projekt *Wolf unter Wölfen*, trotz aller Zweifel, die er an der Verkäuflichkeit des Buchs hatte. Fallada kam zwar gelegentlich auf den Plan zurück ("in letzter Zeit juckt es mich doch sehr, ihn weiter zu schreiben", 18. März 1944, zit. nach ebd., 365), es blieb aber beim Fragment.

Wizzel Kien erzählt in zwanzig Kapiteln den Beginn seines Lebenslaufs: Sein Vater sei „der Kienholzmann von Schalkemaren" gewesen, seine Mutter „eine liederliche Schlumpen" (Fallada [1936] 1995, 11), die sich mit dem volltrunkenen Kienmichel hat trauen lassen, um einen Vater für ihr Kind vorzeigen zu können. Wizzel wächst bei seiner Mutter im Dreck auf, kriegt die Krätze und einen Buckel, als er unbeaufsichtigt vom Tisch fällt. Der Vater gibt ihn bei der „alten Schmorbarten" (ebd., 19) in Obhut, nimmt ihn auch für einen Sommer mit in den Wald, wo die beiden zeitweilig in einer Mönchsklause leben, die seine Mutter, als Mönch verkleidet, usurpiert hatte. Den Dreijährigen gibt der abgebrannte Vater wieder in Pflegschaft; das nun kräftigere Kind muss sich in einer Kinder- und Jugendbande durchsetzen. Wizzel wird im Betteln ausgebildet und im Betrügen der Stadtverwalter und Bettelmeister unterwiesen, die ihre Anteile verlangen. Unter der Obhut eines Mädchens wird er ein erfolgreicher Bettelschelm, der gegen den Roßginster des Städtchens einen regelrechten Krieg führen kann, den ‚Wizzelschen Pissekrieg', in dem alle Fahrenden ausschließlich vor dessen Haus ihr Wasser lassen. Schließlich wird Wizzel gepackt, auf dem Dach des Markt-Notdurfthäuschens in einem Käfig ausgestellt und mit Unrat und Steinen beworfen. Wieder rettet ihn sein Vater, der ihn in den Wald bringt und dort neue, halbkriminelle Gesellschaft unter Köhlern und Holzknechten findet. Das Fragment endet damit, dass Wizzel mit den Holzknechten ins Städtchen fährt und dort, verfolgt von Häschern, einen Großbrand verursacht. Auf der Flucht muss er vom Dach in einen „schwarz gähnenden Essenschlund" springen (ebd., 124). Wie es mit ihm und der Welt weitergeht, bleibt offen.

Falladas Gründe, das Projekt abzubrechen, sind strittig: Rowohlts Argument, der Text sei zu derb und werde die NS-Zensur nicht passieren können, steht einer kritischen Einschätzung der literarischen Qualität gegenüber – der Verleger hätte erkannt, dass das Konzept nicht tragfähig war (vgl. Strässle 2002, 265, 279). Zweifellos ist *Wizzel Kien* mit anderen Werken Falladas nicht vergleichbar – weder in der historischen Situierung noch im Versuch, einen ‚historisierenden' Ton zu erzeugen, der eben nicht historisch ist, sondern höchst artifiziell. Caspar zitiert in seinem Nachwort aus Fallada-Briefen, der Roman spiele im „Mittelalter, Dreißigjähriger Krieg"; das „nächste Buch wird nun wohl ganz mystisches Mittelalter werden, eine Mischung von Rabelais und Grimmelshausen, […] mit süßer Sahne geschönt" (zit. nach Caspar 1995, 129). Angesichts dieser vagen Angaben spielt also, anders als im Geschichtsroman der Inneren Emigration, die historische Treue keine Rolle, allenfalls als Deckmantel für eine ungehemmte antibürgerliche und subversive Fabulierlust.

Wizzel Kien ist vor allem wegen der Nähe zur simplicianischen Literatur von der Forschung zur Frühen Neuzeit beachtet worden. Thomas Strässle hat nachgewiesen, dass der konsequent durchgehaltene sprachliche Gestus des Romanfragments tatsächlich Grimmelshausen geschuldet ist. Er rührt von der Vielzahl sprachlicher Archaismen und dem satirischen Ton ebenso her wie von den Derbheiten um den ‚Wizzelschen Pissekrieg', aber auch von den ‚simplicianischen' Kapitelüberschriften: „Wie es dem Wizzel bei der bauchigen Trude erging und wie eine Pferdekrippe sein bestes Lager ward" (Fallada [1936] 1995, 36). Zudem hat Strässle eine Fülle von Entsprechungen entdeckt: Simplicius wie Wizzel erhalten ihre Namen durch die Väter; dem lateinischen Namen Simplicius entspricht der heilige Vicelinus (oder Vizelin bzw.

Witzel). Vizelin ist der Schutzheilige der Stadt Neumünster und Gründer des dortigen Augustinerklosters (1127). Wizzel und Simplicius sind sprechende Namen, so ist bei ersterem selbstverständlich auch sein Witz mitgemeint; sein Umfeld erkennt keineswegs, dass es sich um einen Heiligennamen handelt. Beiden Figuren ist auch die „genuine Ungeborgenheit" gemein, die sich in ihrer ursprünglichen Namenlosigkeit zeigt; allerdings erzählt Grimmelshausens Figur im Rückblick und mit „konsequente[r] Ironie" ihr Leben, während die Erzählerposition in Falladas Fragment sich nicht eindeutig bestimmen lässt (Strässle 2002, 269). Beide Schelme ziehen charakteristische Krankheiten auf sich: Simplicius' Eskapaden in Paris werden „nachträglich an dessen Haut ablesbar" (ebd., 271), durch Vernachlässigung kriegt der kleine Wizzel die Krätze und seinen Buckel (Fallada [1936] 1995, 19, 11). Es gibt hier wie da Einsiedler- und Wald-Episoden, beide Protagonisten lernen die Kunst der *dissimulatio* und stellen „mitten im Handlungsfluss wiederholt Betrachtungen über ihr Schicksal" an, „aus der Perspektive dessen, der rückblickend erzählt" (Strässle 2002, 274) – auch wenn der Erzählerstandpunkt, die Distanz Wizzels zu den von ihm im Rückblick erzählten Begebenheiten, nicht genau auszumachen ist.

Bei allen Parallelen zu Grimmelshausens Schelmenroman bleibt doch der Untertitel unklar, denn ein ‚Narr' ist Wizzel Kien mindestens im ausgeführten ersten Teil des Fragments noch nicht. Strässle vermutet, dass er in der Fortsetzung eine Art Hofnarr bei dem mehrfach und noch funktionslos erwähnten „Herrn von Wetterplitz" hätte werden können (ebd., 277f.). Wizzel ist auch als „Eulenspiegelnarr" gesehen worden, in Abgrenzung zum bäuerlichen und zum Hof-Narren; es gibt Situationen, in denen er anderen überlegen ist, und vor allem ist deutlich, dass nicht nur sein Verhalten „falsch und unmoralisch" ist. Vielmehr wächst er in einer durch und durch unmoralischen Gesellschaft auf, von der gerade auch seine Eltern nicht ausgenommen sind (vgl. Montesinos Caperos 2000, 195–197). Noch die Verschränkung von Schelmen- und Narrenliteratur würde den Roman allerdings mit Grimmelshausens *Simplicius Simplicissimus* verbinden, der aus der spanischen Picaro-Tradition ebenso herzuleiten ist wie aus der frühneuzeitlichen Narrenliteratur (vgl. ebd., 195). Uneinigkeit besteht hinsichtlich der Frage, ob die Normbrüche der Figur Wizzel als „Akt des Widerstandes des Autors gegen die von den Nazis aufgestellten Normen und Gesetze" interpretiert werden können, oder ob es sich lediglich um eine „locker geschürzte" Erzählung handelt, also um episodische wie pikarische Literatur, die „keinerlei Anspielungen auf die Zeit [...] bzw. auf das Regime" enthalte (ebd., 198). In diese Auseinandersetzung ist bislang die Logik der sogenannten Sklavensprache in der Diktatur nicht einbezogen worden: Es geht nicht um direkte Entsprechungen zu politischen Abläufen im Deutschland der NS-Diktatur, sie wären die ästhetische Strategie in historischen Romanen des Exils (etwa Heinrich Manns *Henri Quatre*, 1935/38, oder Lion Feuchtwangers *Der falsche Nero*, 1936). Vielmehr mussten in Texten der Inneren Emigration uneigentliche Darstellungsformen gefunden werden, die unscharf genug sind, um nicht von den Zensoren bemerkt zu werden, und doch präzis genug, um andere Deutungen als die jeweils situative zuzulassen. Ohne Zweifel schildert Fallada ein heilloses Leben in einer heillosen und unmoralischen Zeit, in der ein Narr am Ende des Fragments einen veritablen Weltenbrand verursacht. Das hätte jeder Lesende der Zeit verstanden – insofern dürften sich Rowohlts Vorbehalte nicht ausschließlich gegen die Derbheit des Textes gerichtet haben.

Literatur

Caspar 1995: Caspar, Günter: Nachwort. In: Hans Fallada: Wizzel Kien. Der Narr von Schalkemaren, hg. von G. C., Berlin 1995, S. 127–134.
Fallada [1936] 1995: Fallada, Hans: Wizzel Kien. Der Narr von Schalkemaren. Roman, hg. von Günter Caspar, Berlin 1995.
Fallada 2008: Fallada, Hans: Ewig auf der Rutschbahn. Briefwechsel mit dem Rowohlt Verlag, hg. von Michael Töteberg und Sabine Buck, Reinbek bei Hamburg 2008.
Liersch 2009: Liersch, Werner: Kleiner Mann – was mit Dir tun? In: Hans Fallada und die literarische Moderne, hg. von Carsten Gansel und W. L., Göttingen 2009, S. 67–77.
Montesinos Caperos 2000: Montesinos Caperos, Manuel: *Wizzel Kien*. Zwischen Narrenliteratur und Schelmenroman. In: Hans-Fallada-Jahrbuch 3 (2000), S. 191–203.
Strässle 2002: Strässle, Thomas: „Wenn ich nur den Ton halte". Hans Falladas Versuch einer Imitation Grimmelshausens. In: Simpliciana 24 (2002), S. 265–282.
Williams 2011: Williams, Jenny: Mehr Leben als eins. Hans Fallada. Biographie. Aus dem Englischen von Hans-Christian Oeser. Erweiterte und aktualisierte Neuausgabe, Berlin 2011. [Originalausgabe: More Lives than One. A Biography of Hans Fallada, London 1998.]

4.4 *Wolf unter Wölfen* (1937)

Gustav Frank/Stefan Scherer

Entstehungsgeschichte

Schon der Beginn der Arbeiten am „Inflationsroman" (Brief an die Schwester Elisabeth, 3. August 1936, zit. nach Fallada 2008, 214) ist von Spannungen mit dem Verleger Ernst Rowohlt überschattet, die nicht zuletzt auf die zwiespältige Rezeption Falladas in dieser Phase des Dritten Reiches zurückzuführen sind (siehe die Beiträge 1.4 *Anpassungsstrategien und indirekter Widerstand im Dritten Reich* und 2.7 *Zwischen Innerer Emigration und NS-Literatur* in Kap. I; 4.1 *Wir hatten mal ein Kind* und 1.3 *Vorwort-Politik* in Kap. II; 1. *Zeitgenössische Rezeption* in Kap. III). Auch der Rowohlt Verlag ist nach seiner wirtschaftlichen Schieflage anfangs der 1930er Jahre mehrheitlich vom ehemaligen Verlagsimperium Ullstein abhängig, das als Firma in jüdischem Besitz wiederum gerade vollständig unter die Kontrolle des nationalsozialistischen Eher Verlages gebracht wird (vgl. Oels 2013, 37–96). Und Rowohlt selbst ist inzwischen angestellter Geschäftsführer und angewiesen auf die neuen Eigentümer. Er sähe Fallada, so mutmaßt dieser, deshalb in dieser Zeit gerne als Unterhaltungsschriftsteller, der in der „Berl. Ill." vorabgedruckt wird und dessen Manuskripte für eine weitere Auswertung der Filmrechte geeignet wären (Brief an die Schwester Elisabeth, 15. Juli 1936, zit. nach Fallada 2008, 211). Die *Berliner Illustrirte* (ebenfalls Ullstein) ist seit langem auflagenstärkste illustrierte Wochenzeitung und verkauft 1937 um eine Millionen Exemplare (vgl. Bendig 2014, 89). Am 24. Mai 1934 war dort der um 50% gekürzte Abdruck von Falladas Roman *Wir hatten mal ein Kind* ganz in Rowohlts Sinne mit einer Art Homestory unter dem Titel *Ein Dichter auf dem Lande* angekündigt worden (Anonym 1934).

Fallada selbst, der schon zuvor zu wissen meinte, dass „ich nicht persona grata bin" (Brief an Johannes Kagelmacher, 10. Dezember 1933, zit. nach Caspar 1988,

94), reagiert auf die offenbar unkalkulierbaren Folgen negativer Kritiken, die ihm dann besonders dieser Roman, aber auch bereits *Wer einmal aus dem Blechnapf frißt* eingetragen hatten (Hübner 2008, 202–204), jedoch ganz anders. Als er am 12. September 1935 dann auch noch von der Reichsschrifttumskammer als ‚unerwünschter Autor' eingestuft wird (Williams 2002, 233ff.), seine Bücher damit in Deutschland zwar nicht verboten, der Verkauf von Auslandsrechten (zurzeit seine Haupteinnahmequelle) aber untersagt war, entwickelt er massive Existenzängste. Fallada, der 1934 über ein enormes Jahreseinkommen von gut 100 000 Reichsmark verfügen konnte (Koburger 2015, 500), im Juni 1936 laut Honorarabrechnung aber nur noch 280 RM einnimmt (ebd., 505), ist erleichtert, als die RSK bereits zum Jahreswechsel 1935/36 ihre Einstufung wieder zurücknimmt. Er möchte dennoch sein großes, auf „4 Doppelbände[ ]" (Rowohlt an Fallada, 16. Juli 1936, zit. nach Fallada 2008, 212) angelegtes Buchprojekt *Wizzel Kien*, „das mein bestes sein wird" (Brief an die Schwester Elisabeth, 15. Juli 1936, zit. nach ebd., 211), vorantreiben. Einerseits will er damit seine künstlerischen Ambitionen untermauern, andererseits soll ein projektiertes Arbeiten von „etwa 2 1/2 Jahre[n]" (Fallada an Rowohlt, 16. Juni 1936, zit. nach ebd., 209) an diesem Text ihn aus der Schusslinie bringen und, so die Hoffnung, ausreichend Zeit für eine Entspannung der kulturpolitischen Situation vergehen lassen.

Aus dem Briefwechsel mit Rowohlt geht hervor, wie klar sich Fallada darüber ist, dass es seinen Kritikern nicht um Details der Werke, die sich verändern oder anpassen ließen, sondern viel grundsätzlicher um unerwünschte Personen und persönliche Animositäten von und zwischen Amtsträgern in Partei und Staat geht: „[E]s ist ja kompletter Unsinn, daß die eine oder andere Stelle meiner Bücher den Zorn usw. hervorgerufen hätte! […] Wenn da sachliche Gründe mitsprächen –! Aber daran ist ja gar kein Gedanke. […] Es geht gegen Sie und gegen mich – daran wird das unanstößigste Buch nichts ändern." (Brief an Ernst Rowohlt, 6. März 1935, zit. nach Koburger 2015, 496)

Charakteristisch für diese Phase ist die Kritik, die bereits am Abdruck von Falladas eigentlich harmlos gedachtem Roman *Altes Herz geht auf die Reise* in der *Berliner Illustrirten* von unberufener Seite erfolgt. Hatte sich schon das „Blatt des Reichsstandes des deutschen Handwerks" gegen eine bloße Nennung von Handwerksburschen im falschen Kontext verwahrt (Fallada an Rowohlt, 17. April 1936, zit. nach Fallada 2008, 201), legt das Organ *Volksgesundheit. Fachliches Schulungsblatt der Deutschen Arbeitsfront* nach: Fallada wird hier in genauer Kenntnis von *Wer einmal aus dem Blechnapf frißt* und *Wir hatten mal ein Kind* als typischer Vertreter der jetzt verdammten Asphaltliteratur in der ‚Systemzeit' der Weimarer Republik denunziert (r. 1936; als Beilage zum Brief Rowohlts an Fallada vom 26. April 1936 abgedruckt in Fallada 2008, 204–207). Nicht ganz zu Unrecht fürchtet Fallada den Einfluss der NS-Organisationen, denn im Artikel wird noch der „*Reichsnährstand* und dessen Organ, die ‚*NS-Landpost*'" (ebd., 205), zu Maßnahmen aufgerufen. Diese und ähnliche Besprechungen basieren auf der richtigen Einschätzung, dass Falladas dargestellte Welten und Figuren in allen, auch den weniger avancierten Romanen wie *Altes Herz geht auf die Reise*, nicht mit einem streng normativen, an einem ideologisch bestimmten Sollzustand ausgerichteten Weltbild kompatibel sind, das Abweichungen weder in der Realität noch in der Fiktion zu akzeptieren bereit ist. Kein Wunder, wenn Fallada nach diesen Erfahrungen mit Rowohlts Vorschüssen möglichst lang unbehelligt an einem historischen Schelmenroman schreiben möchte.

4.4 Wolf unter Wölfen (1937)

Fallada ist nach einer persönlichen Aussprache, die am 4. Juli 1936 in Carwitz stattfindet, zunächst verstimmt, weil Rowohlt zögert, um dann doch einen konkreten Veröffentlichungsplan vorzulegen, demzufolge Band um Band der geplanten acht Einzel- respektive vier Doppelbände zu je 8 bis 10 RM hätte erscheinen sollen. Fallada, der von Beginn an mit Versiegen seiner Inspiration gedroht hat, wenn er *Wizzel Kien* nicht ausschließlich und „Hälfte bis dreiviertel" vorantreiben könnte, wendet sich dann schon ab August 1936 „im Geheimen" einem neuen Projekt zu: So beginnt er am Inflationsroman zu arbeiten, von dem Rowohlt erst nach längerem Schweigen und zögerlicher Wiederannäherung am 15. April 1937 erfährt (Brief von Rowohlt an Fallada, zit. nach Fallada 2008, 227–229).

Auch in dieser Zeit spielen die aktuellen Lektüren, mit denen sein Nachfolger im Verlag, Heinrich Maria Ledig, Fallada vor allem aus dem eigenen Programm versorgt, eine nicht zu unterschätzende Rolle. Sie geben nicht nur Anlass zu brieflicher Auseinandersetzung mit Ledig und Rowohlt, sondern schulen Fallada auch darin, was internationaler Standard ist. 1926 hat Rowohlt dem Kurt Wolff Verlag Sinclair Lewis abgeworben, der nach dem S. Fischer-Autor Thomas Mann 1930 den Literaturnobelpreis bekommt und in seiner Preisrede aus Thomas Wolfe vorliest, der dann 1932 ins Verlagsprogramm aufgenommen wird; zusammen mit Hemingway (vgl. Ulrich 2000) und Faulkner (vgl. Müller 2005, 156 f.) geduldete Autoren. Aus der 1936er Produktion wird neben Faulkners *Pylon* (*Wendemarke*) – „ganz herrlich", die „unsentimentalste Liebesgeschichte von der Welt!" (Fallada an Rowohlt, 9. Januar 1937, zit. nach Fallada 2008, 220) – auch *Tod auf Borg* (*Mort à crédit*; vgl. Bitter 2007) von Céline – „dieses Urschwein" (Fallada an Rowohlt, 23. Januar 1937, zit. nach Fallada 2008, 224) – besprochen, der bei Julius Kittls Nachfolger erschienen war, Rowohlts Partner in Mährisch-Ostrau (vgl. Füssel 2012, 31). Beide Romane präsentieren extreme Figuren und Geschichten, sowohl die Viereckliebesgeschichte Faulkners, in deren Mittelpunkt wie schon bei Fallada ein Lokalreporter und Alkoholexzesse (in der Prohibitionszeit) stehen, als auch die sexuellen Eskapaden von Célines Pariser Armenarzt Ferdinand Bardamu, Held auch schon in *Voyage au bout de la nuit* (im Dezember 1938 auf der Liste des schädlichen und unerwünschten Schrifttums).

Erste Spuren des Projekts *Wolf unter Wölfen* datieren allerdings bereits vom Februar 1936, als Fallada bei Ledig Materialien zur Inflationszeit bestellt (vgl. Koburger 2015, 516): vor allem Cuno Horkenbachs Datensammlung *Das deutsche Reich von 1918 bis heute. Mit sachlicher Unterstützung der Reichsbehörden, von Parlamentariern und Journalisten, Parteien, Körperschaften und Verbänden* (1930). Der Berliner Autor, Verleger und Drucker Horkenbach, von Caspar als reaktionär bewertet (Caspar 1970, 650), hat bereits 1933 mit seiner Frau die Widerstandsgruppe Kreis Bethanien gegründet, die im Verlagsgebäude Berlin, Wilhelmstraße 130/132, auch Verfolgten Unterschlupf gewährt (Sandvoß 2014, 253 f.). An literarischen Auseinandersetzungen mit der Inflation im Allgemeinen, den Freikorpsumtrieben im Speziellen herrscht um 1925 und um 1930 kein Mangel (Kiesel 2017, 339–365, 365–407). Und in direkter Konkurrenz zu Falladas Roman gibt es von nationalsozialistischer Seite noch Darstellungsbedarf, den Edwin Erich Dwingers Romane *Die letzten Reiter* (1935; zum Baltikum) und dessen Fortsetzung *Auf halbem Wege* (1939; zum gescheiterten Lüttwitz-Kapp-Putsch und zum Ruhrkampf 1920) decken. Vor allem aber gibt es zu den Freikorps eine eigene journalistische Vorarbeit: Falladas Glosse *Stahlhelm-Nachtübung* bringt Rowohlts Lektor Franz Hessel wie zwei weitere Artikel 1925 bei Stefan

Großmann unter, Herausgeber von *Das Tage-Buch*, das Großmann 1920 mit Hilfe Ernst Rowohlts gegründet hatte. Zum publizistischen Kontext, in dem dieser Aufsatz erscheint, gehört wenige Hefte später Großmanns Rezension von Hitlers *Mein Kampf*, in der er dem „besoffenen Soldaten [...] diese Hysterie des armen Teufels, der immer noch irgendwie im Schützengraben liegt," attestiert (Großmann 1925, 1665). Kleinste Bausteine stammen aus Falladas Glosse, so dass sie ihm bis in die Anführungszeichen um das Wort „Schloß" eben doch „gleich im Gedächtnis gewesen sein" (dagegen Caspar 1970, 637) wird – etwa die Charakteristik der Baulichkeiten auf Gut Neulohe als typisch für den ostelbischen Adel: „[D]er sitzt in seinen ländlichen Katen, die, sind sie zweistöckig, stets ‚Schloß' heißen" (Fallada 1925, 1227; vgl. Fallada 1937, 144). Auch die Autoepisode des Rittmeisters von Prackwitz hat hier schon ihre Wurzeln: „Nur, sein Auto gab der Chef nicht"; denn es traf „sich so vorzüglich, daß gerade zu diesem Tage das Auto kaputt ging" (Fallada 1925, 1228). Das geht, so verwandelt und auf verschiedene Figuren verteilt, zwölf Jahre später in den Roman ein, dass man vermutet, Fallada könnte ganz ähnlich umwertend mit Motiven aus fremden Texten umgegangen sein: Das großbürgerliche Berliner Milieu um den erblindeten Vater und die blinde Tochter in Dahlem, deren Kenntnis er so andeutet, sie aber dadurch bewusst marginal belässt, steht ähnlich wenig beeindruckt in der Inflation wie Thomas Manns Professor Cornelius und dessen jüngste Tochter Lorchen aus *Unordnung und frühes Leid* (1925 in der *Neuen Rundschau*) in ihrer Münchner Villa.

Veröffentlichung

Kaum hat Fallada die Pläne zu *Wizzel Kien* beiseitegelegt, kommt er in eine äußerst produktive Phase: Obwohl er „mit zwei auf dem Lande spielenden Romanen Fiasko erlitt", „beginnt [er] am 27. Juli einen neuen Roman" (Caspar 1970, 634), der seine Erfahrungen als Privat-Beamter auf Landgütern zwischen 1913 und 1925 verarbeitet; parallel schreibt er für seine beiden Kinder elf *Geschichten aus der Murkelei* (siehe den Beitrag 4.10 *Kinderbücher und Märchen* in Kap. II). Ende November ist der erste Teil des Romanmanuskripts abgeschlossen, im Februar 1937 liegt ein Typoskript vor, von dem Rowohlt erst anlässlich der Trauerfeier für Falladas Vater Mitte April erfährt und das er euphorisch aufnimmt. Als gemeinsam das Erscheinen des Romans für den Herbst projektiert ist, setzt eine der falladatypischen rauschhaften Schreibphasen mit Schlafentzug und sagenhafter Produktivität ein. Der umfangreichere zweite Teil des Romans, im Druck dann 628 Seiten, entsteht von 8. Februar bis 11. Mai 1937 (ebd., 641).

Als Rowohlt mit Frau am 19. Juni 1937 bei Falladas in Carwitz eintrifft, um dort fern von den Berliner Unwägbarkeiten seinen 50. Geburtstag zu feiern, ist das Manuskript bereits von einer Sekretärin Rowohlts getippt, der Roman also ein Geburtstagsgeschenk. Am 23. Juni wird im Kalender vermerkt „‚W.u.W.' mit Rowohlt durchgearbeitet" (Fallada 2008, 237). Mit dem Lektorat wird der neue Lektor Friedo Lampe betraut und als Korrektor Franz Hessel gewonnen, der eigentlich nicht mehr beschäftigt werden darf und über den Umweg Fallada bezahlt wird: „Ich schicke Ihnen nun noch in dieser Woche ‚als Kostenbeitrag für das Korrekturlesen' per Postanweisung RM 200.–, und ich bitte Sie, diese von dort aus weiter an die Adresse unseres Freundes Franz, Berlin Hohenstaufenstraße 24, in *einem* Betrag zu schicken" (Rowohlt an Fallada, 1. Juli 1937, zit. nach Koburger 2015, 519). Als Hessel sich von

9. bis 18. Oktober in Carwitz aufhält, liegen bereits drei ermutigende Gutachten über den Roman vor: von Felix Riemkasten, Rowohlts Generalvertreter Karl Silomon und Ernst von Salomon. Gutachter wie Riemkasten (1937) und Hausautoren wie der Sachbuchautor Walther Kiaulehn (1937) werden später zu den Rezensenten des Buches gehören. Ein viertes Gutachten von Lampe, so kolportiert es Fallada, soll geschlossen haben: „Wenn der Verlag über diesem Buch platzt, so ist er über einer Sache geplatzt, die es wert ist" (vgl. Fallada 2008, 237; Koburger 2015, 522). Im Lektoratsprozess wird das Manuskript von 1400 (Fallada an Rowohlt, 13. Mai 1937, zit. nach Fallada 2008, 230) auf 1160 Seiten gestrafft, was der Kalkulation zugute kommt: In Leinen mit Schuber werden die zwei dennoch hochpreisigen Bände RM 12,50, kartoniert 10,50 kosten. Die Gruppe, die sich um das Manuskript versammelt, ist so illuster wie heterogen: Der Flaneur Hessel, der mit Walter Benjamin Proust übersetzt hat, der Freikorpskämpfer und Rathenau-Mitattentäter Salomon, dessen autobiografischen Romanerstling *Die Geächteten* (1930) wie seinen Roman zur Landvolkbewegung *Die Stadt* (1932) Rowohlt veröffentlicht hatte, und Rowohlt-Lektor Lampe, dessen Romanerstling *Am Rande der Nacht* 1933 von Rowohlt verlegt und wegen sexuell und rassisch anstößiger Passagen beschlagnahmt wurde.

Wolf unter Wölfen gehört neben *Wer einmal aus dem Blechnapf frißt* und *Jeder stirbt für sich allein* zu den wenigen Texten Falladas, die nicht in Zeitungen oder Zeitschriften vorabgedruckt werden. Schutzumschlag und Einband – in zeittypisch reduziert-prägnanter Farbigkeit, Typografie und Grafik, ein aggressiv stilisierter Wolfskopf mit gebleckten Zähnen, auf dem Schutzumschlag Autorname und Buchtitel dominant groß, in einer eigenen frakturenbetonenden Type (vgl. Fallada 2008, Bildteil o. S.) – stammen vom vielbeschäftigten und renommierten Typografen und Buchgestalter E. R. Weiß, dem die Nazis 1933 das Lehramt entzogen und den sie aktuell im Juli 1937 aus der Preußischen Akademie der Künste ausgeschlossen hatten; 19 seiner Werke wurden als ‚entartet' aus deutschen Museen entfernt.

Unter den nurmehr 20 Novitäten, die Rowohlt im Jahre 1937 präsentieren kann (1932 waren es noch 46) ragt Falladas zweibändiger Roman heraus, obwohl auch Günther Weißenborns *Die Furie* und Friedo Lampes *Septembergewitter* in diesem Jahr zu den belletristischen Neuheiten des Verlags gehören. Angekündigt wird der Roman am 31. August im *Börsenblatt des deutschen Buchhandels*, die Auslieferung beginnt Mitte September, Mitte Oktober ist mehr als die Hälfte der 10 000er Startauflage verkauft, trotz starker Konkurrenz des mit 1 000 Seiten ähnlich umfangreichen *Vom Winde verweht* von Margaret Mitchell (vgl. Koburger 2015, 524) bei Goverts in Hamburg für ebenfalls RM 12,50 (http://d-nb.info/575139501). Der Roman läuft zunächst sehr gut an, das 19. bis 25. Tausend wird noch vor Jahresende gedruckt, das 26. und 27. Tausend 1939, 1942 dann das 32. Tausend (Dünnebier 1993, 25). Rowohlts hochgespannte Erwartung vom April 1937 auf „40 bis 50 000 Exemplare" erfüllt sich aber nicht (nach Koburger 2015, 518); dennoch sprudeln die Einnahmen auch aus dem Verkauf von Filmrechten Ende des Jahres wieder, und nach guten ersten Kritiken ist die Gruppe um den Verlag optimistisch. Ledig lässt Fallada am 11. Dezember 1937 brieflich wissen, ein Buchhändler habe Plakate für 100 Litfasssäulen in seinem Bezirk bestellt, der Verlag diese Idee aufgegriffen und ein werbewirksames Plakat auch an die Buchhändler für ihre Auslagen verschickt (nach Koburger 2015, 526): Im Weihnachtsgeschäft 1937 ist Fallada jedenfalls unübersehbar wieder präsent.

Äußere Form

Verlag und Autor haben sich die Entscheidung über die Veröffentlichung in einem oder zwei Bänden nicht leicht gemacht. Insbesondere die Kalkulation bereitete zunächst Sorge; denn 8 RM pro Band „wäre natürlich eine Katastrophe" (Rowohlt an Fallada, 15. April 1937, zit. nach Fallada 2008, 228) gewesen. Am Ende erscheint der eine, von frühmorgens bis frühmorgens dargestellte Tag in der großen Stadt Berlin (26. auf 27. Juli 1923), mit dem der Roman einsetzt und sich damit Joyces *Ulysses* (dt. Basel 1927) annähert, als separater erster Band im Umfang von 528 Seiten. Eine ursprünglich als „Prolog" von „dreißig, vierzig Seiten" (Caspar 1970, 639) gedachte Exposition hatte sich Fallada unter der Hand verselbständigt und zu einem eigenen Darstellungsgegenstand ausgeweitet. Dieser inhaltlichen Prädisposition trägt die Aufteilung in Band/Teil 1 „Die Stadt und ihre Ruhelosen" und 2 „Das Land in Brand" Rechnung. Insgesamt handelt es sich wie bei *Bauern, Bonzen und Bomben* davor und bei *Jeder stirbt für sich allein* danach um einen Roman aus der Gruppe, die figurenreiche Darstellungen umfangreicher sozialer Teilbereiche der Gesellschaft geben und von *Wir hatten mal eine Kind* und der *Der eiserne Gustav* insofern abweichen, als ihre synchrone Komponente dabei die diachrone überwiegt.

Der Titel erlaubt eine weite denkgeschichtliche Anknüpfung an Thomas Hobbes' Gesellschaftstheorie in *Leviathan* (1651/68), mit dem der Autor auf den englischen Bürgerkrieg reagierte. Diesem Intertext und seiner pessimistischen Anthropologie folgend, würde der Romantitel Inflation, Ruhrkampf und Freikorpsumtriebe als Rückkehr in einen vorstaatlichen und außermoralischen Naturzustand des Bürgerkriegs deuten, in dem *bellum omnium contra omnes* herrscht und *homo homini lupus* ist. Wenn man für den Wolf dann Wolfgang Pagel einsetzt, er selbst tut das an einer Stelle (Fallada 1937, 965), dann weist dessen gelingende Biografie dagegen auf Auswege und eine optimistische Anthropologie.

Es bietet sich aber auch eine zeitgenössische Engführung mit Theodor Lessings Bericht über den spektakulären Prozess gegen den Serienmörder Haarmann an, der sich um inflationsbedingte Not und sexuelle Abweichung dreht. *Haarmann, die Geschichte eines Werwolfs* ist 1925 in der bekannten Reihe „Außenseiter der Gesellschaft" im Verlag Die Schmiede erschienen, zu der neben Döblin (*Die beiden Freundinnen und ihr Giftmord*) unter anderem auch der Rezensent von Falladas Roman Kurt Kersten (*Der Moskauer Prozeß gegen die Sozialrevolutionäre 1922. Revolution und Konterrevolution*) beigetragen hat.

Der Roman wendet die Bezeichnung Wolf im übertragenen Sinn auf mehrere Figuren an, zuallererst auf den Protagonisten im Konflikt mit seiner Mutter, wobei sich Erzähler- und Gedankenrede mischen: „„Oh …!' hat die Mutter gestöhnt, aber in ihm löst das nur eine tiefe Freude aus. Es ist hungrige Zeit, Wolfzeit. Die Söhne haben sich gegen die eigenen Eltern gekehrt, das hungrige Wolfsrudel fletscht gegeneinander die Zähne – wer stark ist, lebe! Aber wer schwach ist, der sterbe! Und er sterbe unter meinem Biß!" (ebd., 195) Damit kommen als neue Komponente, die die Prätexte nicht kennen, existentielle Konflikte in der bürgerlichen Kleinfamilie hinzu. Was die Generation anbelangt, gehören zur selben Kohorte auch der Freikorps-Leutnant Fritz und der Diener Räder, die neben den beiden Mördern des Försters Kniebusch, die Zuchthäusler und „reißende[n] Wölfe" (ebd., 1099) Liebschner und Bäumer, mit dem Begriff belegt werden. Der namenlose Leutnant identifiziert sich vor seinem Suizid selbst mit dem Romantitel, der hier zum zweiten und letzten Mal im Text auftritt (ebd., 958); der ebenfalls namenlose Dicke ordnet auch den Sexualstraftäter Räder in das Modell ein: „Das ist ein Scheusal, ein Wolf, der mordet, nicht um zu fressen, sondern um zu morden!" (ebd., 995)

Seinem Roman schickt Fallada eine „Warnung als Vorspruch", datiert auf Weihnachten 1936 und gezeichnet H. F., voraus, den weder die Caspar- noch die Aufbau- und die Rowohlt-Taschenbuchausgabe enthalten oder mitteilen. Die Editionen weisen ihm damit den Status einer unfreiwilligen oder bestenfalls taktischen, jedenfalls affirmativen Stellungnahme zu, die den ‚wahren' Fallada (unnötig) in Misskredit brächte. Die Warnung ist jedoch in mehrfacher Hinsicht ganz entscheidender Paratext des Romans. Sie stößt durch ihre geschickte, zweideutige Formulierung auch diejenigen Leser, die sie sich nicht schon selbst gestellt hätten, erst explizit auf die Frage, inwiefern solche massiven und gehäuften Probleme wie die von 1923 überhaupt schon vergangene sein können: „ein Buch von sündigen, sinnlichen, schwachen, irrenden, haltlosen Menschen, von Kindern einer zerfallenen, irren, kranken Zeit" – „ein Bild jener Zeit [...], die so nahe und doch so völlig überwunden ist". Und ein weiteres Mal wird auf dem Memento und zugleich der großen Unwahrscheinlichkeit des erzählten Happy End insistiert, denn es bleibt im Vagen, ob mit dem Geretteten nur der eine Pagel oder eben jeder einzelne Leser gemeint sei: „Aber vielleicht geziemt es dem Geretteten, überstandene Gefahr nicht ganz zu vergessen, sondern ihrer gedenkend sich doppelt der glückhaften Rettung zu freuen." (Fallada 1937, [7]) Explizit gibt sich die Warnung als Antizipation einer Form der Kritik zu erkennen, wie sie bereits an *Wir hatten mal ein Kind* geübt wurde, und als Hinweis darauf, dass dieser Kritik zum Trotz wieder anstößige, abweichende Inhalte zu erwarten sind – eine Erwartung, die der Roman umfassend einlöst.

Der erste Band/Teil gliedert sich in neun nummerierte und betitelte Kapitel, diese wiederum in acht bis elf Abschnitte. Diese im Fließtext nur durchnummerierten, im nachgestellten Inhaltsverzeichnis auch mit zusammenfassenden und leserorientierenden Überschriften versehenen Szenen, sind durch Wechsel des Textfokus auf eine andere Figur am anderen Ort getrennt. Mit dem Band-Titel „Die Stadt und ihre Ruhelosen" ist Berlin gemeint, wobei die Ruhelosigkeit auf den zum „geflügelten Wort" (Meyer 1909, 242) gewordenen Anschlagzettel referiert, mit dem der Gouverneur Graf Schulenburg den Berlinern die Niederlage Preußens bei Jena und Auerstätt 1806 verkündet: „Die erste Bürgerpflicht ist Ruhe". Damit stellt sich der Roman selbst in eine romangeschichtliche Traditionslinie, die ins 19. Jahrhundert und unmittelbar zu Willibald Alexis' fünfbändigem „Roman des Nebeneinander" (Gutzkow) *Ruhe ist die erste Bürgerpflicht* (Berlin 1852) zurückweist (vgl. Frank 1998, 273–311) – eine Traditionslinie vielbändiger Romane, die erstmals der Erfahrung von urbaner Anonymität, Hochstapelei, Kriminalität und Sadismus angemessene neue Erzählweisen entwickeln.

Die Verbindung zum ostelbischen Teil wird durch einzelne Abschnitte hergestellt, die schon mit dem zweiten des ersten Kapitels beginnen. Sie verschieben bei gewahrter Simultaneität den lokalen Fokus nach Rittergut Neulohe und Zuchthaus Meienburg und werfen Schlaglichter auf dort wichtige Figuren (den Rittmeister von Prakwitz-Neulohe, den Förster Kniebusch) und Themen (Erntekommandos aus den Gefangenen). Solche Sprünge aufs Land gibt es im ersten Kapitel zwei, im dritten einen, im vierten drei, im fünften zwei, im sechsten zweimal zwei. Das siebte beginnt bereits mit sechs Abschnitten in Neulohe, worauf nur noch drei in Berlin folgen; im achten

Kapitel sind die Verhältnisse wiederum umgekehrt: vier in Neulohe, darauf sieben in Berlin. Das neunte Kapitel weist drei Einsprengsel aus Neulohe und Meienburg auf.

Der zweite Band/Teil reimt plakativ „Das Land in Brand" und weist sieben betitelte und den ersten Teil fortsetzend nummerierte Kapitel auf; diese setzen sich wiederum aus acht bis zwölf nummerierten und (nur im Inhaltsverzeichnis) betitelten Abschnitten zusammen, wozu am Ende des 10. und 11. Kapitels außerhalb der bisherigen Ordnung die unnummerierten Abschnitte „Zeitungen, Zeitungen" und „Aber die Zeitungen" kommen. Nach den beiden Eröffnungskapiteln mit diesen Zeitungsexkursen ist in diesen ostelbischen Teil nur ein Abschnitt mit Berliner Fokus im zwölften Kapitel eingelegt („Minna findet Petra"), bevor der Text im 16. Kapitel mit dem titelgebenden „Wunder der Rentenmark" nach Berlin zurückkehrt. Der im zweiten Teil dargestellte Zeitraum knüpft mit dem Raumwechsel einiger zentraler Figuren der Berlin-Handlung unmittelbar an den 26. Juli an und umfasst in genauem Kontrast zu diesem einen Tag „fast ein Jahr" (Fallada 1937, 1137): Erwacht am Beginn Berlin „um sechs Uhr morgens", so schließt der Erzähler mit „Gute Nacht. Gute, gute Nacht!" (ebd., 11, 1156) Dabei erstreckt sich die Handlung zunächst noch konzentriert vom Juli bis zum Oktober, danach in loserer Folge bis ins Frühjahr 1924.

Die ebenfalls zweibändige Caspar-Ausgabe von 1970 übernimmt die beschriebenen Gliederungsebenen, in der einbändigen Aufbau-Taschenbuchausgabe (2013), die ihr zu folgen behauptet, fehlen Gliederungsebene und Titel der beiden Teile. In der Rowohlt-Taschenbuchausgabe (1994) fehlt die Ebene der Abschnittstitel im Inhaltsverzeichnis vollständig, im Text ist bloß die Nummerierung der Abschnitte erhalten. Daraus wird die Orientierungsfunktion der Titel besonders deutlich, weil sie zumeist zentrale Handlungsmomente benennen.

Quantitativ ist das Verhältnis Großstadt zu Land annähernd ausgeglichen. Qualitativ erweist sich die insgesamt zehn von 16 Kapiteln (1–9, 16) umfassende Darstellung der Stadt als feiner gegliedert, mit den Szenen wechseln Schauplätze und Personal häufiger, Figuren treten nur in Episoden auf. Insbesondere am Texteingang haben die wenige, ja nur eine halbe Seite langen Abschnitte die Form von *short cuts* ohne inneren Zusammenhang. Die Figuren, anonym oder kollektiv, werden zunächst extern fokalisiert nur beobachtet und protokolliert. Ein kohäsionsstiftendes Gegengewicht zu den schnelleren Schnitten ist neben der Konstanz und narrativen Verflechtung des Heldenkollektivs untereinander die erzähltechnisch hergestellte Nähe zu einer erstaunlich großen Zahl dieser Figuren, die häufig in der Mitsicht begleitet werden.

Erzählverfahren

Der Roman, der spektakulär mit einer Nacktszene seines jungen Protagonistenpaares beginnt, die zeitgenössische Konkurrenzmedien wie der Film nicht bieten könnten, versucht auch verfahrenstechnisch schon am Anfang die Aufmerksamkeit seiner Leser zu binden. Vorgeführt und kombiniert wird das gesamte Spektrum möglicher Erzählverfahren, mit denen simultan verschiedenste Aspekte der urbanen Lebenswelt präsentiert werden sollen, schon in den ersten *short cuts*. Am Anfang steht die externe Fokalisierung mit den dokumentarischen Zügen einer Reportage im Präsens: „Es ist Berlin, Georgenkirchstraße, dritter Hinterhof, vier Treppen, Juli 1923, der Dollar steht jetzt – um 6 Uhr morgens – vorläufig noch auf 414 Tausend Mark." (Fallada 1937, 11) Beobachtet werden „Leute" und Medien: „Eilig überflogen ihre Augen die

Zeitungen. Es hatte Teuerungskrawalle, Unruhen und Plünderungen in Gleiwitz und Breslau, in Frankfurt am Main und Neuruppin, in Eisleben und Dramburg gegeben, 6 Tote und 1 000 Verhaftete." (ebd., 12) Das spätere Protagonistenpaar ist hier noch anonym: „ein Mädchen und ein Mann" (ebd., 11). Im Land-Teil repräsentieren nur noch die beiden unnummerierten Zeitungsabschnitte diesen dokumentarischen Gestus, die dort fast die gesamte Last der Synchronisierung von Stadt und Land zu tragen haben.

Schon Abschnitt 5 dagegen beginnt traditionell. Die Erzählstimme stellt einen neuen Schauplatz vor – Rittergut Neulohe – und führt eine Figur ein – den alten Förster Kniebusch –, teilt dessen Gedanken mit und signalisiert ihren souveränen Überblick über die im Präteritum erzählte Geschichte, indem sie das Ende dieser Figur in einer Prolepse vorweg nimmt: „Er wird nicht in seinem Bette sterben." (ebd., 14) Doch schon in diesem Abschnitt wird auch einmal kurz in die später so häufige Mitsicht und die erlebte Gedankenrede gewechselt: „Der Mann am vordersten Wagen – natürlich der Bäumer – hat gestutzt." (ebd., 13)

Das Erzählen Falladas basiert auf einem „Konzept der Enge und der Nähe" (Prümm 2014, [54]). Dabei ist diese Nähe „an Radikalität nicht zu überbieten", sie „umfaßt alle nur denkbaren Schattierungen des Fühlens und des Denkens, der Wünsche und der Ängste, es ist ein unmittelbares Sprechen mit den Figuren" (ebd.). Anders als in dem von Prümm beschriebenen Durchbruchsroman *Kleiner Mann – was nun?* erstreckt Fallada dieses Verfahren in seinen figurenreichen Roman jedoch über den Kreis der Protagonisten weit hinaus. Neben den positiven präsentiert er auch die marginalen (Kniebusch) und zunehmend die schwachen und negativen Charaktere auf diese Weise. Ähnlich hat Peter Suhrkamp den „Erzähler Fallada" und seine Arbeitsweise schon 1934 beschrieben: als einen, „der dazwischen gekommen, mit hineingeraten und dabei in Gefahr gekommen ist. Aus solcher Nähe, so genau, so beklemmend unverkennbar sind seine Menschen und ihre Welten gesehen und gezeichnet." (Suhrkamp 1934, 751) Auch das Überwiegen des szenischen *showing*, die wörtliche Rede, der gelegentliche Wechsel ins Präsens trägt dazu erheblich bei.

Diese besondere Art von Empathie korrespondiert einer gesteigerten sozio-semiotischen Aufmerksamkeit, deren Relevanz nicht nur auf der Ebene der Erzählstimme, sondern auch durch eine Reihe von Figuren angezeigt wird: Der Roman gibt Einblick in Oberwachtmeister Gubalkes dienstliche und private Erwägungen angesichts der nackten, nur mit einem Herrenpaletot bekleideten Petra (Fallada 1937, 178ff.). Ein andermal werden Studmann und Pagel von Oberwachtmeister Marofke in der konzentrierten Aufmerksamkeit für die unmerklichen Zeichen und Anzeichen im menschlichen Verhalten, in Sprache und Gebärde, unterwiesen (ebd., 654, 767ff.). Diese Häufung und diese Einübung zeugen vom hohen Grad der Verunsicherung in den sozialen Beziehungen, die an den instabil gewordenen Grenzen zur Psychopathologie und zur Kriminalität veranschaulicht wird. Umso bedeutsamer ist die Grenze dieser Empathie, die den jenseits stehenden Figuren einen besonderen Status zuweist. Das ist vor allem der als schwer psychopathologischer Fall eingestufte Diener Räder: „einen Kerl wie den, den können Sie nicht einmal in Ihrem schlimmsten Traum träumen" (ebd., 995). Während die meisten anderen Figuren zwar als mehr oder weniger problematisch, im Modus der Mitsicht aber dennoch als verständliche Möglichkeiten des Menschlichen dargestellt werden, verweigert der Roman einer solchen Figur („Glauben Sie doch nicht, Pagel, daß das ein Mensch ist, daß der fühlt und denkt wie ein Mensch. – Das ist ein Scheusal, ein Wolf"; ebd. 995) am Ende sogar das Lebensrecht: Er spannt Räder („Dieses graue, fischige Vieh", ebd., 993) mit einem ebenso nicht-empathisch präsentierten, nicht nur außersozialen, sondern gleichsam auch in einer fantastischen Realität operierenden Vollstrecker, den namenlosen dicken Kriminalisten zusammen („Und wie die Gendarmen taten, als sei der Dicke eigentlich gar nicht da, nie mit ihm sprachen ..."; ebd., 987; „Ich bin nicht da." ebd., 991). Diese beiden Figuren, genauer: die absolute Grenze, die mit ihnen markiert wird, gehört zu den Möglichkeitsbedingungen des guten Ausgangs für Pagel, Petra und ihren Sohn. Sie trennt das mehr oder weniger Normale vom nicht mehr Normalen.

Erzählt wird chronologisch linear, in der Berlin-Handlung dabei häufig simultan zwischen mehreren Strängen (Figur und Ort) wechselnd. Vergangenheit wird selten episodisch in Erinnerungen eingeholt („Granaten-Pagel"; ebd., 350), dabei kaum weiter zurück als bis zum Kriegsende und den Freikorpskämpfen unmittelbar danach. Besonders herausgehoben ist deshalb der Abschnitt „Ehe und Einsamkeit der Frau Pagel" (ebd., 41–48).

Analepse: Kunstgeschichte als Familiengenealogie

Dieser Abschnitt holt als Erinnerung der Witwe die Lebensgeschichte des Gesandtschaftsattachés Edmund Pagel in den Roman. Diese umfasst die Zeit von etwa 1878 („vor fünfundvierzig Jahren", ebd., 41) bis unmittelbar vor der Geburt seines Sohnes 1900. In dieser Geschichte ist *in nuce* die Abrechnung des Romans mit der Frühen Moderne enthalten. Diese Abrechnung entwirft ein dreiphasiges Epochenmodell für Biografien und für Künste und verknüpft beide miteinander durch die Figur Pagels. Der repräsentiert eine extrem vitale und betont virile Männlichkeit, wird dann kurz nach der Eheschließung durch eine mysteriöse Lähmung plötzlich in seiner gesteigerten Vitalität beschränkt, wobei diese Lebenskraft nun vollständig in eine komplementäre Kunstproduktion fließt, mit der er der einsetzenden Moderne vorangeht. Nach 20 Jahren findet eine ebenso wunderbare Genesung und der unmittelbare Anschluss des 45Jährigen an die unterbrochene Jugend statt, dabei deren egozentrisches und normverletzendes Potential in rücksichtsloser Sexualität enthüllend. Der zu ‚neuem Leben wiedergeborene' Pagel (vgl. Rasch 1967) erweist sich als Ehebrecher, der bald einen gewaltsamen Tod in einer anrüchigen Straße findet. Pagel senior wird gleichsam unmittelbar nach seinem Tod durch die Geburt von Wolfgang in der dargestellten Welt ersetzt; an die Stelle der rücksichtslosen Virilität des Vaters tritt die regressive Kindlichkeit noch des erwachsenen Sohnes.

In der Folge ist eines der Erzählziele des Romans die Mann-Werdung Wolfgangs, der zuwenig ‚Mann' ist, während sein Vater es zuviel war. Ein erster Schritt dazu ist die Lösung aus der Mutter-Sohn-Diade. Die vollzieht sich nicht nur auf einer faktischen, sondern auch auf einer symbolischen Ebene, deren potentielle Psychologie der Roman aber nicht offen thematisiert. Dabei spielt das von Edmund Pagel gemalte Jugendbildnis der Mutter eine zentrale Rolle, wobei der Malakt an die Stelle der ehelichen Sexualität tritt. In Gestalt der „Jungen Frau am Fenster" schenkt sich die Mutter dann als gleichsam Jungvermählte ihrem Sohn. Indem Wolfgang dieses Bild aus der Wohnung der Mutter holt und einem Kunsthändler verkauft, löst er sich aus der Konstellation, in der er der Mutter den verlorenen Vater und das versäumte Eheleben ersetzt. An die Stelle des egozentrischen, vitalistischen Männlichkeits- und Biografiemodells im

4.4 Wolf unter Wölfen (1937)

fin de siècle setzt der Roman das moderat maskuline, auf Ehe und verantwortliche Vaterschaft ausgerichtete Modell der 1920er Jahre, während zwischen beiden die Generation der zwischen 1900 und 1920 Erwachsenen ausgespart wird.

Das mit den Biografien verknüpfte dreiphasige Modell der Kunstgeschichte erkennt nur die Produktion der Zeit- und Altersgenossen Edmund Pagels an, d. h. eine Kunst bis zum Impressionismus, Pointilismus und Postimpressionismus, während die Avantgarden, ihre Abstraktion und Collagen verworfen werden: „Sie klebten Fetzen Zeitungspapier in ihre Bilder und zerbrachen die Welt zu Dreiecken" (Fallada 1937, 239). Das Werk von Corot († 1875), van Gogh († 1890), Gaugin († 1903), Signac († 1935), Rousseau († 1910), Leistikow († 1908) zeigt keine „Experimente, keine tastenden Versuche", sondern ist „längst dem Experiment entrückt – Verständnis hatte es geprüft und der Liebe für wert befunden" (ebd.). So nimmt Wolfgang Pagel es am Kunsthändler, einem bürgerlichen Connaisseur alter Schule, wahr, der das Bild seines Vaters kauft, weil es in genau diese Reihe gehört. Und ebenso in Pagels Erinnerung, allerdings im entindividualisierenden ‚man', wird alles danach lokal distanziert und disqualifiziert:

> Drüben, zwei Häuserblocks weiter, an der Potsdamer Straße, verkauften sie im *Sturm* auch Bilder. Da hatte man manchmal lange mit Peter gestanden und diese Marc's, Kampendoncks, Klees, Noldes angesehen. Manchmal hatte man lachen müssen oder den Kopf schütteln oder schimpfen, denn vieles war einfach wichtigtuerische Frechheit – es waren die Zeiten des Kubismus, des Futurismus, des Expressionismus. (ebd.)

Auf diese zweite Phase der Moderne wird von 1923 aus bereits im Plusquamperfekt zurückgeblickt. Kunstproduktion aus der Zeit danach gibt es dagegen in der dargestellten Welt nicht mehr. Während für diese zweite Phase das zugehörige Biografiemuster fehlt – man kann nur extrapolieren, dass es noch extremer ist als das Edmund Pagels –, wäre es in der dritten Phase eine Kunstrichtung nach dem Expressionismus. Daraus kann man schließen, dass bildende Kunst vor allem in ihrer elitären Variante an Relevanz einbüßt. Während also emphatische Kunstproduktion innerhalb der dargestellten Welt ganz fehlt, liegt mit dem Roman selbst eine Nachfolgeproduktion vor, die eher einem neusachlichen Konzept von realistischer Dokumentar- und Gebrauchskunst folgt.

Das breite Spektrum der Erzählverfahren belegt einerseits die Virtuosität dieses Erzählens, andererseits begründet es eine Konkurrenz um die Deutung der dargestellten Welt. Diese führt zu einem labilen Gleichgewicht zwischen dokumentarischer Objektivität, auktorialer Kontrolle und Verselbständigung der Figurenebene, genau protokollierten Tatsachen und partikularem Geschehen ohne Sinn und Trost. Je mehr externe und mehr noch interne Fokalisierung überwiegen, und das ist im Roman eindeutig der Fall, wirkt der starke ‚Wir'-Erzähler am Schluss, der sich parallel mit dem „Wunder der Rentenmark" in Szene setzt, selber reichlich wunderbar. Dass viele politische Haltungen und moralische Urteile allein von Figuren getragen werden und in der Mitsicht verbleiben, ohne dass die Erzählinstanz eine abschließende Bewertung vornimmt (Lutz 2013, 63), hat auch die Rezipienten in Literaturkritik und Forschung dauerhaft verunsichert.

Leitnarrativ und erzählte Geschichten

Die ältere Forschung war sich einig, dass Falladas Roman hauptsächlich die Geschichte der Inflation abbildet. Anders als in *Bauern, Bonzen und Bomben* liefert die politische Geschichte hier allerdings nur noch den Stoff für eine Episode: über die Schwarze Reichswehr und den Küstriner Putsch des Majors Buchrucker (Kiesel 2017, 482 ff.), im Roman Ostade und Rückert. Die Inflation wird nicht als ein Problem der politischen Geschichte behandelt; und der Kampf gegen die französisch-belgische Besetzung des Ruhrgebiets, um Reparationen zu erzwingen, ragt nur in Zeitungsnachrichten in den Text. Im Kontext einer Darstellung der neuen Zwischenschichten in der kapitalistischen Massendemokratie fungiert sie stattdessen als besonders krisenhafte Ausprägung sozialer Rahmenbedingungen, die als Tatsache und als unveränderlich vorausgesetzt werden (vgl. Wilkes 2002, 63–87). Ex-Oberleutnant von Studmann, der „keine Wahl" (Fallada 1937, 82) hat und als Empfangschef eines Berliner Grandhotels buchstäblich nochmals die Treppe hinunterfällt (ebd., 225 ff.), repräsentiert diese neue Schicht im Roman, die sich der Macht des Geldes beugt (ebd., 85) und sich durch keine Partei repräsentiert sieht: „Wenn es für mich aber noch keine Ordnung gibt?" (ebd., 87)

So erscheint die Inflation nur als Zuspitzung der ohnedies akuten Normenkrise: Sie nivelliert alle Werte und reduziert sie auf einen Nullpunkt, ihren ökonomischen Tauschwert (vgl. Heinrich 2016, 460–464), und macht so eine Neubegründung der Normen und des sozialen Zusammenhalts erforderlich (vgl. Frank 2002). Diese Neubegründung innerhalb unveränderlicher Rahmenbedingungen macht das grundlegende Narrativ des Romans aus: Nach den auf eine elitäre Figur begrenzten Ausbrüchen im *fin de siècle* (Edmund Pagel) und den revolutionär-utopischen Aufbrüchen eines Kollektivs im Expressionismus erzählt die dargestellte Welt in den Jahren 1923/24 von der Anpassung. Dem Expressionismus selbst korrespondieren im Roman hingegen keine Figuren: Nur „regelloses, wildes, feiges Geknalle" (Fallada 1937, 23) ist dem Rittmeister von Prackwitz von „den unseligen Novembertagen des Jahres 1918" (ebd.) in Erinnerung, so dass eine Veränderbarkeit der sozio-politischen Rahmenbedingungen nun nicht mehr denkbar erscheint.

Die Zweiteilung des Romans, die eine Besonderheit im Œuvre Falladas ausmacht, bildet die beiden möglichen Varianten dieses Leitnarrativs der Anpassung ab: Während der erste Teil in Berlin noch die Verweigerung der Anpassung an Wolfgang Pagel abhandelt (wobei er dabei die Ausnahme bildet und prompt scheitert), führt der zweite Teil auf dem Land die versuchte Anpassung nunmehr auch von Pagel vor (wobei er wiederum die Ausnahme, diesmal die erfolgreiche darstellt). Das darf aber nicht darüber hinwegtäuschen, dass das Modell Anpassung grundsätzlich resignativ ist gegenüber zu hohen Ansprüchen an ein außergewöhnlich intensives, vom Alltag und seinen Sorgen freies und von allen Zwängen entbundenes Leben, so wie es Edmund Pagel vor und nach seiner Lähmung führt und wie es die Frühe Moderne propagiert hatte. Ein solches Leben wird jetzt als maßlos diskreditiert, vor allem weil es das im Roman favorisierte (Ehe-)Paar mit Kleinkind zerstört. So besteht der besondere Erfolg Pagels im Unterschied zu allen anderen Figuren, denen die Anpassung an die sozialen Tatsachen mehr schlecht als recht gelingt, darin, dass er eine solche Triade mit Petra begründen kann. Damit das glückt, muss Pagel seine infantile Regression überwinden und ein verantwortungsvoller ‚Mann' werden (Titzmann 2011, 177), darüber hinaus aber auch vor allem ein Vater.

Trotz aller Gemeinsamkeit in den Rahmenbedingungen macht das den Unterschied zwischen Stadt und Land aus: dass Pagel nur getrennt von Petra und nur dort diesen Prozess (der eine Schwangerschaft lang dauert) durchlaufen kann. Die Besonderheit des Landes – „Land ist heute das einzig Richtige" (Fallada 1937, 485) – besteht dabei in der spezifischen Form der Arbeit, die es ermöglicht. Zwar sind auch die landwirtschaftlichen Beamten Angehörige der Zwischenschichten und stehen als solche zwischen Landarbeitern, Dienstboten und Rittergutsbesitzern wie die Angestellten in der Stadt zwischen Arbeitern und Fabrikanten. Der Roman favorisiert aber die (neben der Büro- und Verwaltungstätigkeit) dabei nötige körperbetonte Handarbeit und überhaupt den primären Sektor der Urproduktion vor allem von Nahrungsmitteln: Auf Gut Neulohe geht es um Getreide, Kartoffeln und Rüben. In dem Zusammenhang darf nicht übersehen werden, dass in der Stadt Petra eine Bewährungsmöglichkeit in genau demselben Bereich findet: Denn auch sie kommt nicht als Ladenmädchen in einem Kaufhaus oder Stenotypistin in einem Büro unter, sondern vielmehr dort, wo Industrieproduktion wieder in ihre elementaren Rohstoffe und organisches Material zerlegt („Altpapier und altes Eisen und Knochen und Lumpen und Felle"; ebd., 449) und neuerlicher Weiterverarbeitung („Spinnereien und Fabriken", ebd., 450) zugeführt wird. Das Produktengeschäft der Mutter Krupaß, über das Petra „die Nase nicht zu ziehen" (ebd., 449) braucht, ist das urbane Äquivalent der Urproduktion, von dem der landwirtschaftliche Lehrling Fallada in Fritz Reuters *Ut mine Stromtid* (*Aus meiner Volontärszeit*, 1862) gelesen haben könnte: „[D]enn en ‚Produkten=Geschäft' rückt aewerall nich sihr nah Rosenöl." (Reuter 1865, 74)

Damit die Anpassung des Protagonistenpaares an die sozialen Rahmenbedingungen ein sorgenfreies und zufriedenes Leben ermöglicht, bedarf es einiger Vorkehrungen. Dazu zählen ihre Trennung, ihre Bewährung, das Kind und nicht zuletzt auch die Unterstützung während Pagels Ausbildung zum Psychiater durch die Bilderverkäufe der Witwe Pagel. Die Trennung des Paares gehorcht einer text- respektive familieneigenen Logik, derzufolge der Tod des Vaters (Edmund) die Voraussetzung für die Geburt des Sohnes (Wolfgang) darstellt. Das wird in der Kindergeneration durch eine Reinszenierung überwunden: Auf den metaphorischen Tod des alten, infantilen Wolfgang in Berlin folgt nach der Dauer einer Schwangerschaft seine männlichere Wiedergeburt auf dem Land, zugleich mit der Geburt seines Sohnes in Berlin. Wolfgang ist jetzt nicht mehr Petras ‚Kind', Vater und Sohn stehen nicht mehr wie in der Elterngeneration in einer Substitutionsbeziehung (die ohne Begründung nur gezeigt, deren ödipale Bedeutung etwa für die Psychologie der Kleinfamilie aber niemals deutlich gemacht wird). Dass Petra der Mutter Pagel einen Splitter aus dem Fleisch zieht und sie damit „unterkriegt" (ebd., 1141f.), lässt sich in diesem Zusammenhang ebenfalls (sexual-)symbolisch lesen.

Das Glück der Pagels tröstet darüber hinweg, dass eine Reihe von Figuren ebenfalls diese Anpassung erfolgreich versucht, in ihrer Mehrheit dabei aber auf die Gründung oder Bewahrung einer intakten Kleinfamilie verzichten muss. Aus dem Leitnarrativ ergeben sich somit Schwierigkeiten, für die der Roman Lösungen anbieten muss: Die Macht der sozialen Tatsachen darf nicht so groß sein, dass ihre zufälligen Umstände Biografien vollständig determinieren oder unerträglich verlaufen lassen. Anders gewendet: Der Versuch der Anpassung darf nicht zum Selbstverlust führen, Selbstbewahrung muss möglich sein. Diese Bedingung erfüllt der Roman, indem er einen unzerstörbaren Subjektkern postuliert, dessen Herkunft, Beschaffenheit, Sitz er nicht näher spezifiziert. Dem Rittmeister von Prackwitz wird dieser „Kern" abgesprochen, so dass er nichts hat, „das ihm Widerstandskraft gab, keinen Glauben, kein Ziel." Früher konnte die „Uniform" als äußerer Halt diesen inneren Mangel kompensieren (Fallada 1937, 825). Auf der letzten Seite wird dem Protagonistenpaar nochmals ausdrücklich diese Substanz attestiert: Wolfgang „entdeckte etwas in sich, das ihm Halt gab, etwas Unzerstörbares, einen Willen." Und Petras Glück ist keines, „das von äußeren Dingen abhängig ist, es ruht in ihr, wie der Kern in der Nuß." (ebd., 1156) Doch obwohl von Studmann sie auch zu haben scheint, schlägt sie ihm nicht zum Guten aus, denn sie verhindert das Glück in der Anpassung: „Er kann sich dem Leben nicht anpassen. Er trägt einen Maßstab in sich, er wollte, daß das Leben sich diesem Maßstab fügte. Das Leben tat es nicht, Herr von Studmann scheiterte. In großen und in kleinen Dingen. Er konnte keine Konzessionen machen." (ebd., 1155) Die Metapher, die der Roman dafür findet und die auch in Kästners *Fabian* (1931) und Hesses *Glasperlenspiel* (1943) gefunden wird, heißt: „Unkundig des Schwimmens!" (ebd.)

Der Macht der sozialen Tatsachen und der Kontingenz versucht der Roman auf zweierlei Weisen gerecht zu werden: Zum einen, indem er seinen Protagonisten beim Glücksspiel vorführt. Zum anderen durch die auffällige Vermehrung der Figuren gegenüber den Romanen, die um nur einen Protagonisten gruppiert sind. Diese Romane hatten bereits verschiedene Varianten entfaltet: von der verweigerten Anpassung und vollständigen Selbstbewahrung, die nicht glücklich macht (*Wir hatten mal ein Kind*), über die versuchte Anpassung, über deren Ausgang noch nicht entschieden ist (*Kleiner Mann – was nun?*), bis hin zur gescheiterten Anpassung gegenüber übermächtigen sozialen Determinanten (*Wer einmal aus dem Blechnapf frißt*).

Wo die Forschung die Vielzahl der Figuren beschäftigt hat, ist auf sie mit einer Auswahl und nachvollziehenden Charakterisierung reagiert worden (Caspar 1970, 654–667; Titzmann 2011). Diese Auseinandersetzungen sind immer selektiv geblieben, denn sie stellen vor allem das Protagonistenpaar Petra und Pagel in den Mittelpunkt, daneben noch das Ex-Offizierstrio aus den Konflikten ums Baltikum, Fahnenjunker Pagel, Oberleutnant von Studmann und Hauptmann von Prackwitz, während andere Figuren meist aus dem Fokus der Aufmerksamkeit geraten. Entgegen diesen Selektionskriterien bietet der Roman jedoch immer auch andere Merkmale zum Vergleich an: Etwa gehören die 23jährigen Pagel, Leutnant Fritz und Räder derselben Alterskohorte an, die sich zudem um Pagels Jugendfreund, den erfolgreichen Schieber Zecke ergänzen ließe.

Die Vielzahl der Figuren – mehr als 100, die der Roman in Szenen vorführt oder nur erwähnt – dient somit nicht bloß der Dokumentation von Lebenswelten in der Millionenstadt, denn auf dem Land wird ähnlich breit dargestellt. Mit ihr reagiert der Roman auf ein ganz bestimmtes Problem. Expliziert wird es anhand einer zufälligen Begegnung der Protagonistin Petra und ihrer unkalkulierbaren und unkontrollierbaren Folgen in Kapitel 5, Abschnitt „1. Oberwachtmeister Gubalke nimmt Petra fest". Es geht darin um die Strategien der Kontingenzbewältigung, die nicht nur die dargestellte Welt prägen, sondern auch auf der Ebene der Darstellung – wie selektiv, wie geordnet soll sie sein? – wiederkehren: „Betrachtet man den Fall näher, ist es wirklich erstaunlich, wie sehr die Welt für einen Mann, der auf Ordnung sieht, verstellt ist. Hundert Dinge, die ein weniger Gewissenhafter alltäglich tut, sind für ihn unmöglich." (Fallada 1937, 177) Nach ‚hundert Dingen' sitzt Petra Ledig am Ende des harmlosen Aufeinandertreffens im Gefängnis, und Gubalke ist eines fürchterlichen Todes gestorben. Obwohl er mit dem dokumentarischen Gestus des extern fokalisierten Aufzeichnens, was immer geschieht, einsetzt, montiert der Roman eben nicht zufällige und voneinander unabhängige Vorfälle aneinander. Er stellt vielmehr Zusammenhänge zwischen den Figuren her und sucht daher nach dem ‚größeren' Zusammenhang, der die dargestellte Welt tragen und Sinn stiften könnte. Kohäsion der dargestellten Welt und Kohärenz ihrer Darstellung hängen dabei aufs engste zusammen. Sie erweisen sich hier vor das Problem der massendemokratischen Pluralisierung von Verhaltensformen, Werten und Lebensweisen und die Frage gestellt, wie damit umzugehen sei. Die gleichförmigen Massen (ein gleichermaßen kommunistisches wie faschistisches Fantasma) sind dagegen nicht ihr Gegenstand.

Bislang ist meist nach der Repräsentativität dieser Figurenauswahl gefragt worden im Hinblick darauf, ob der „Ausschnitt aus der Wirklichkeit nicht zu eng, zu peripher gewählt" (Caspar 1970, 649) war. Insbesondere hat die Forschung das Fehlen der Industriearbeiterschaft Berlins moniert. Der Roman selbst ironisiert eine solche Erwartungshaltung und stößt den Leser auf seine gezielte Praxis des buchstäblichen Linksliegenlassens und rechts und links Vertauschens, allerdings auch hier im perspektivierten Modus der Mitsicht: „Dorf Altlohe kann Kniebusch gottlob links liegenlassen (bildlich gesprochen, von seinem Wege liegt es nämlich rechts), in Altlohe wohnt kein Mensch, der für solche geheime Militärsache in Frage kommt. In Altlohe wohnen lauter Gruben- und Industriearbeiter, also Spartakisten und Kommunisten, sprich Felddiebe, Holzdiebe, Wilderer, meint Herr Kniebusch." (Fallada 1937, 207)

Die hier angesprochenen Eigentumsdelikte, die der Roman durch die inflationsbedingte Not begründet sein lässt, spitzt der Text später auf die für ihn grundsätzliche Frage der Verhaltensregulierung in massendemokratischen Gesellschaften zu. Er modelliert sie nicht als Klassenkampf (Caspar 1970, 652), der bei Durchsetzung der Kommunisten zur Problemlösung führen würde, und er zeigt zugleich, dass dieses Problem bei den Rechten überhaupt nicht vorkommt. Der soziale Schwerpunkt des Romans liegt auf den neuen ‚Zwischenschichten' (siehe den Beitrag 2.6 *Fallada und die Kulturdiagnostik* in Kap. I), deren prekärer Status seit der Weimarer Republik verhandelt und erst in der frühen Bundesrepublik behoben wird – aber auch das nur vorübergehend, worin einer der Gründe für die Fallada-Renaissance nach 2010 zu sehen ist. Studmanns (Pfleger im Sanatorium) und Pagels (Psychiater) Karrieren weisen dazu einen der Wege, die später ins öffentlich alimentierte Gesundheitswesen führen.

Die hauptsächliche Zumutung der Modernisierung (vgl. Lutz 2013, 63 ff.), zu deren Modellierung im Roman die Vermehrung der Figuren aufgeboten wird, besteht in der Pluralisierung. Diese untergräbt überkommene Konventionen und starre Normierungen. Die Inflation zeigt dagegen bloß, dass es keine Gratifikationen mehr für das Festhalten an ihnen gibt: Es bringt kein symbolisches Kapital mehr ein, mit dem ökonomischer und sozialer Abstieg verhindert, Aufstieg ermöglicht werden würde. Das zeigt der Roman anhand des Eigentums, das eigentlich sogar gesetzlichen Schutz genießt: Gestohlen werden sogar die Türklinken auf dem Polizeipräsidium, das aber „grinst, es lacht. Selbst die Blauen lachen, jetzt fängt auch der Kommissar an zu schmunzeln", und die Bronze wird „beim Althändler" (Fallada 1937, 484f.) landen, im Produktengeschäft der Mutter Krupaß vielleicht, die gerade selber auf dem Alex sitzt, weil sie Diamantknöpfe zwischen ihren Leinenlumpen unterschlagen hat.

Den Zusammenhang veranschaulicht der Roman vor allem am Beispiel der Sexualmoral: „Ein Markt von Fleisch" (ebd., 96). Es dominieren die fließenden Übergänge, die Petra als durch die Not gerechtfertigte Gelegenheitsprostituierte in eine Reihe mit sich prostituierenden und drogensüchtigen Frauen stellen: neben den vielen Namenlosen „die rassige Ida vom Alex" (ebd., 49) im Zimmer neben Pagel und Petra, die Hühnerweihe, der Valutenvamp. Das ist eine Reihe, die nahtlos übergeht in die Reihe der Dienstmädchen, angefangen mit der promisken Sophie Kowalewski, Zofe bei der ähnlichen, „geschiedenen Gräfin Mutzbauer, ein geborenes Fräulein Fischmann" (ebd., 198), bis zur „schamlosen" (ebd., 69) Amanda Backs, und die ebenso nahtlos anschließt an die Reihe von Verstößen gegen die Sexualmoral bei den Männern: Ehebruch, Promiskuität und Prostituierte beim alten Pagel, Ehebruch und Promiskuität (und für die rechten Leser ‚Rassenschande') beim „Feldinspektor Meier, genannt Negermeier" (ebd., 67), homosexuelle Prostitution („am schlimmsten waren die Jungens [...] in ihren Matrosenanzügen mit der glatten, bloßen Brust"; ebd., 97), Transvestitismus (ebd.), Päderastie und Inzest, auf die der Roman bei Horst-Heinz von Teschow anspielt, damit den verborgenen Grund andeutend, warum er mit solchem Hass den Gatten seiner Tochter Eva, Prackwitz, verfolgt; und schließlich Räder, mit dem Sadismus und Hörigkeit ins Spiel kommen. Im Effekt führt diese Differenzierung dazu, „daß eine qualitative Weltordnung, die durch disjunkte, klar abgegrenzte Klassen charakterisiert ist, durch eine Weltordnung ersetzt wird, in der es keine klaren Grenzen, sondern nur quantitativ verschiedene Grade gibt" (Titzmann 2011, 184f.).

Damit ist allerdings nur die Problemlage bezeichnet, auf die der Roman reagiert und für die er sich an Lösungen oder zumindest Bewältigungsstrategien versucht. Eine davon kreist um das ‚Spiel', das ein Denkmodell dafür anbietet, wie das Glück unter den Menschen und das Geld in der Gesellschaft verteilt sein könnte. Insofern es bei der Mehrzahl der Spieler im Roman buchstäblich ums Überleben zu gehen scheint, hat zumindest für sie das Spiel Modellcharakter für die gesamte Existenz. Unter dieser Voraussetzung ist das Roulette geeignet, eine Ontologie zu veranschaulichen, die Rahmenbedingungen vorgibt, an denen der Mensch nichts verändern kann. Roulette steht im Gegensatz zu anderen Glücksspielen, bei denen der Spieler selbst aktiv involviert ist und als Einflussgröße durch eigene Entscheidungen in Frage kommt. Beim Roulette ist der Spieler auf den Einsatz reduziert, der Rest ist einer Maschine überantwortet. Das Ergebnis beim Roulette ist ein Zufallsereignis, es regiert also die Kontingenz, das blinde Glück, Fortuna, jedoch im Rahmen einer begrenzten und genau angebbaren Anzahl von Möglichkeiten. Beim Spiel auf Pari, das der „Pari-Panther" (Fallada 1937, 32) Pagel bevorzugt, ist das ‚Lebensrisiko' am geringsten; nur die 37. Zahl, die Null, verschiebt es geringfügig um 1/37 zugunsten der Bank. Der Pari-Spieler versucht, der Kontingenz so wenig wie möglich Raum zu geben; er ist also kein ‚Spieler' im emphatischen Sinn, der höchste Risiken geht, sprichwörtlich also alles aufs Spiel setzt, sondern so vorsichtig wie nur möglich. Viele Spieler versuchen wie Pagel, durch ein System oder durch magische Operationen die Kontingenz unter ihre intellektuelle oder physische Kontrolle zu bringen, wobei die magischen Einflussversuche die Wirkungslosigkeit nur am drastischsten ausstellen: Da die Spielrunden unabhängige Ereignisse darstellen, bleibt die Wahrscheinlichkeit unbeeinflussbar gleich und der Zufall am Werk. Weder kann also die Ordnung durch magische oder überhaupt durch menschliche Handlungen verändert werden, noch erweist sie sich in solchen magischen Momenten als transparent hin auf eine ‚höhere' Ordnung, einen Sinn. Obwohl Pagel also die unübersichtliche Situation von 37 möglichen Ereignissen durch das Pari-Spiel auf zwei respektive drei zu reduzieren versucht, hat er zurecht Angst vor dem Verlust, der in seinem Fall gleichbedeutend mit dem Scheitern seiner Existenz respektive seiner Heirat mit Petra ist. Pagels „Frage an das Schicksal" (ebd., 360) ist somit eine grundsätzliche, die nicht nur darauf zielt, wie das individuelle Leben einzurichten sei, sondern in welche Art Ordnungsvorstellung die Verteilung von Glück und Scheitern, Erfolg und Misserfolg eingebunden gedacht werden soll.

Als der illegale Spielklub auffliegt, zeigt sich, dass die Ontologie des Roulettes selbst durch eine neue, stärkere Rahmenbedingung außer Kraft gesetzt wird: den Eingriff der staatlichen Exekutive auf Grundlage der Rechtsordnung. Das Spiel als soziale Veranstaltung erweist sich am Ende als überlagert von einer großen Zahl selbst wieder voneinander unabhängiger Einflüsse – den ‚hundert Dingen' des Pedanten Gubalke. Dass die auch eine statistische Grundlage haben, scheint im Roman auch bereits auf, aber mehr *en passant*, also intuitiv eher als dass es auf konzeptioneller Ebene eingefangen würde. Statistische Grundlage, mit der eine Vielzahl ‚schwacher' Einflüsse auf ein Phänomen annähernd beschrieben werden kann, ist die Normalverteilung. Der zugehörige Begriff, der sich im Roman bereits besonders markiert findet, ist der „Durchschnitt": „Im Durchschnitt werden Hotels vom Durchschnitt besucht, und der Durchschnitt liest lieber Skandale in der Zeitung, als daß er sie miterlebt." (ebd., 226) Indem er den irren Skandalgast Baron von Bergen auf Zimmer 37 einlogiert, stellt der Roman den Zusammenhang zum Roulette her.

Der ideologische Komplex, der mit dem Scheitern von Pagels Spielmodell als dessen Alternative aufgerufen wird, ist also die ‚Normalität' des Durchschnitts (vgl. Link 1997). Sie kann mit der Gauß-Kurve abgebildet werden und macht den Grad der Abweichung von einem Mittelwert ablesbar. So kann etwa die Verteilung von Verhalten statistisch erfasst werden, Mehrheiten und Grade von Abweichung werden erkennbar. Schon der ‚kleine Mann' aus Falladas gleichnamigem Roman, dessen Verbreitung und Erfolg ihn als mehrheitsfähig erwiesen hat, war „kein Held [...], er ist ein ganz durchschnittlicher junger Mann" (Fallada 2016, 280). In *Wolf unter Wölfen* wird das Konzept der durchschnittlichen Existenz vertieft, damit das nicht-alltägliche ‚Leben' der Frühen Moderne (Edmund Pagel) zusehends vom Durchschnitt und der ‚Normalität' als leitender Ordnungsvorstellung abgelöst. Der auf das Schicksalsrad des Roulette und das Fallen der einen Kugel fixierte Blick wendet sich nun dem Fallen der vielen Kugeln und ihrer Häufung um die Mitte zu, ohne dass dem Roman und seinen Figuren solche Modelle wie das Galtonbrett und passende Begriffe schon zur Hand wären. Angesichts der Verbreitung ehedem unmoralischen Verhaltens und der bloß graduellen Unterschiede zwischen seinen verschiedenen Varianten kreisen die vielen Geschichten der Kontrastfiguren um die Frage, wie groß die Zone des Normalen ist und ob es nicht doch Grenzen gibt und wo sie dann liegen. Angesichts der Mehrheiten, die zur Abweichung vom Herkommen tendieren, kommt den Kapitalverbrechern (Bäumer und Liebschner) und den gefährlichen Psychopathen (Baron von Berg, Räder) die wichtige Rolle zu, erneute Grenzziehungen zu rechtfertigen. Sind die Grenzen des Normalen einmal gerechtfertigt, wird das Verhalten auf den Durchschnitt bezogen und als mehr oder weniger verbreitet bewertet. Und nur innerhalb dieser Grenzen ist dann kein Mensch ganz schlecht (vgl. Pautzke 2011).

Damit bereitet sich im Roman die Verabschiedung jenes älteren Leitnarrativs ‚Leben' vor, wobei die halben Anführungszeichen Falladas genaue Kenntnis des Konzeptcharakters verraten: „Man glaubt, daß man jeden Tag ein ‚neues Leben' anfangen kann [...]. Man weiß noch nichts von jener Kette, die man ein ganzes Leben hinter sich dreinschleppen wird" (Fallada 1937, 729), siniert Pagel einmal. Intensives Leben, wie es die Frühe Moderne anstrebte, war vor allem durch die Negation der bürgerlichen Werte bestimmt und nur durch den Ausbruch aus der Konvention und die Abweichung von Normen erreichbar. Der Zugang erfolgte über das Abenteuer und gegen den Alltag. Die Rückversicherung durch das Verhalten von Mehrheiten, durch den Alltag und den Durchschnitt überlagert dieses Auslaufen des Leitnarrativs, das in den 1950er Jahren dann endgültig irrelevant wird.

Wolf unter Wölfen ist ein Übergangsphänomen: Schon überwiegt eine Präferenz für den Alltag, dennoch können sich weder die Figuren noch die Erzählinstanz der Faszination des ‚Lebens', den Fantasien vom vitalen Ausbruch, der aber niemals mehr gelingt, entziehen. An vielen Stellen ist noch von ‚Leben' als einer ontologischen Entität die Rede, allerdings enttäuscht und resigniert, so dass es schließlich selber zur relationalen Größe herabsinkt. Es verliert seine privilegierte Position im ontologischen Rahmen, der die unveränderlichen Grundbedingungen der dargestellten Welt vorgibt, denn es wird reduziert zu einer selbst von anderen abhängigen Größe, etwa von der ‚Zeit' oder einer ‚Krankheit': „Es ist vielleicht nicht mehr das Leben in seiner alten Gewalt und Frische, zuviel wurde in den vergangenen Jahren zerstört, das Leben selbst wurde krank." (ebd., 781)

Diese ideologische Lücke wird von der Macht der sozio-historischen Tatsachen über das Individuum geschlossen. Als Alternative zeichnet sich bereits ein nicht-ontologisches Weltmodell ab, das auf einer Selbstregulation der Gesellschaft entlang der ‚Normalität' ohne externe Garanteninstanz beruht. Im Roman überwiegt längst die Anpassung an die jeweiligen sozialen Tatsachen, die als neue Rahmenbedingungen akzeptiert werden. Damit wird auch allen Modellen des Aufbruchs, also der kollektiven Veränderung der sozialen Verhältnisse, eine Absage erteilt. Weder kommunistische noch faschistische Modelle des kollektiven Umbruchs können unter dieser Voraussetzung attraktiv erscheinen: Vorgeführt wird davon nur die rechte Variante, der Freikorpsaufstand von Ostade, der jämmerlich scheitert.

Rezeption

Verglichen mit seinen erfolgreichen Romanen in der späten Weimarer Republik fällt die Resonanz auf *Wolf unter Wölfen* bei der Kritik weitaus geringer aus. Fast 800 nationalen und internationalen Besprechungen von *Kleiner Mann – was nun?* stehen knapp 80 gegenüber (Grisko 2002, 59). Das hat seinen Grund zum einen darin, dass jetzt die Pressverhältnisse unter der Kontrolle von Partei und Staat im Deutschen Reich weitgehend veränderte sind. Es greift die strengere Überwachung durch die „Schriftleiter" seit der „Gemeinsamen Anordnung der Präsidenten der Reichsschrifttumskammer und der Reichspressekammer zur Neugestaltung des Buchbesprechungswesens im Bereich der deutschen Presse" vom 5. Juni 1935. Zum anderen hat sich schon mit den Romanen seit 1934 eine eigenartig dreigeteilte Rezeptionshaltung eingespielt (siehe die Beiträge 4.1 *Wir hatten mal ein Kind* in Kap. II und 1. *Zeitgenössische Rezeption* in Kap. III): Mehr oder weniger harsche, in jedem Fall aber grundsätzliche Kritik erfährt Falladas Romanschaffen sowohl von parteiamtlicher Seite in Deutschland als auch von den Sozialisten im Exil. Beide identifizieren den Autor durch sein Werk als offenen oder impliziten Parteigänger der jeweils anderen Seite: Seine Bücher zeigten weder überzeugten noch überzeugenden Nationalsozialismus oder Marxismus. Den blinden

4.4 Wolf unter Wölfen (1937)

Fleck dieser Kritiken stellt die Ausblendung der genau spiegelverkehrten Argumentation bei der Gegenseite dar. Die dritte Gruppe ist heterogen gemischt, setzt sich aber aus nicht dominant ideologisch, sondern auch literarisch oder (wirkungs)ästhetisch argumentierenden Rezeptionszeugnissen, öffentlichen Bekundungen und Rezensionen zusammen. Hier wird der Roman als eigenständige Leistung gewürdigt, verschiedene Aspekte gerühmt, im Einzelnen durchaus aber Elemente moniert und Verbesserungswünsche an den Autor adressiert. Dieser Gruppe gehören auch Instanzen im NS-Staat an, in deren Kalkül die Zustimmung von Mehrheiten eine Rolle spielt und die einen mehrheitsfähigen Erfolgsschriftsteller auf ihrer Seite wissen wollen, weil sich schiere Propaganda als wenig erfolgreich erwiesen hat.

Für die Rezeption im Deutschen Reich entscheidend ist vor allem die Reaktion der Medien unter Kontrolle von Partei und Staat. Fallada zeigt sich schon im Vorfeld der Veröffentlichung besorgt, dass „Leserproben eher Schaden stiften können und ev. sogar zu vorzeitigen Denunziationen führen könnten." (Brief an Rowohlt, 28. Juni 1936, zit. nach Fallada 2008, 239) Die Rezeption läuft im Spätjahr 1937 jedoch einhellig zustimmend an. Schon am 2. November meldet Rowohlt, im Hotel in Leipzig „vom Portier und Liftboy bestürmt" (Brief an Fallada, zit. nach Fallada 2008, 242) worden zu sein wegen des neuen Fallada. Der im Januar 1937 zum Staatsschauspieler ernannte Mathias Wieman, „ein sehr netter Kerl und dazu ein Pg. [Parteigenosse] und besonderer Freund unseres Ministers [Goebbels]", so im selben Brief, rühmt den Roman enthusiastisch in einem Interview, das vom Reichssender Berlin am 5. November ausgestrahlt wird. „Nun kann Dir wohl niemand mehr an die Wimpern klimpern! Denn ich meine, wenn man im Rundfunk zur Woche des deutschen Buches offiziell besprochen wird und wenn gesagt wird, daß ein ‚Gott dem Dichter die Hand geführt hat', daß Dickens Dir über die Schulter sah – na, das hat einen Bart, aber hört sich immer wieder sehr gut an – und daß kein künftiger Geschichtsschreiber an diesem Buch wird vorbei können", so referiert Margarete Bechert das Interview in einem Brief an Fallada vom 18. November (zit. nach Koburger 2015, 524). Neben dieser vielleicht verkaufsförderlichsten Empfehlung dürfte von weitaus größerer Bedeutung die positive Aufnahme im *Völkischen Beobachter* gewesen sein, der parteieigenen und 1937 zugleich auflagenstärksten deutschen Tageszeitung. Dort schreibt Hermann Schramm am 20. November über den „freilich meist sumpfig schillernde[n]" „Inflationsroman", er sei ein „grundanständiges Buch, das neben seinem Temperament und seiner typisch ‚falladesken' Meisterschaft auch eine nicht zu unterschätzende zeitgeschichtliche Aufgabe erfüllt." (Schramm 1937, 6) ‚Anstand' ist aber nun eine Kategorie, die der Roman mit diesem Rezensenten teilt, sie aber konträr verwendet: Sie gehört zu Falladas Versuchen, eine neue flexible Moral zu etablieren (siehe den Beitrag 2.6 *Fallada und die Kulturdiagnostik* in Kap. I).

Dass auch die skeptischeren Kritiker im Denkmuster der statistischen Normalität argumentieren, zeigt die Besprechung in der Abend-Ausgabe des *Hamburger Fremdenblatts* vom 13. November, in der Sven von Müller wenigstens „einen normalen Menschen" dargestellt sehen möchte und dagegen das Überwiegen von „allzuviel Schmutz" moniert (Müller 1937, 20). Mit seiner Darstellung alltäglicher Schwierigkeiten in hoch krisenhaften Lebensverhältnissen bedient *Wolf unter Wölfen* offenkundig das Leserinteresse im ‚gespaltenen Bewusstsein' der späten 1930er Jahre (Schäfer 1981).

Hier reiht sich auch der Goebbels-Umkreis ein, der von dem Roman angetan ist: Der Propagandaminister goutiert ausweislich mehrerer Tagebucheinträge (14., 25.,

31. Januar 1938, 7. Februar 1938) bestimmte, aus dem Kontext von Boxkampf und Fackelzug erhellende Qualitäten von *Wolf unter Wölfen*: „Nachmittags gelesen: Fallada *Wolf unter Wölfen*. Ein tolles Buch. Aber der Junge kann was. Den erregenden Boxkampf Schmeling-Foord am Rundfunk gehört. Endet mit Punktsieg Schmelings. Man hatte mehr erwartet. Abends Fackelzug vor dem Führer an der Reichskanzlei." (Goebbels 1999, 1192 [31. Januar 1938]) Emil Jannings lässt Fallada am 1. Januar 1938 wissen, er habe dem Reichsminister Funk das Buch in Berchtesgaden geschenkt, der davon begeistert sei, und anschließend auf dem Berghof mit Hitler und Goebbels über ein von Fallada zu schreibendes Drehbuch (siehe den Beitrag 4.5 *Der eiserne Gustav* in Kap. II) gesprochen (Brief an Fallada, zit. nach Koburger 2015, 526f.). Und Rowohlt teilt mit, Veit Harlan habe ihm glaubhaft Goebbels, Begeisterung kolportiert (Brief an Fallada, 15. Januar 1938, zit. nach ebd., 527).

Demgegenüber schließen andere Organe von NS-Organisationen wohl direkt an das zweideutige Vorwort an. Im *Dietwart*, der offiziellen Zeitschrift des Reichsbundes für Leibesübungen, empfiehlt der anonyme Rezensent den Roman, weil er deutlich macht, „was wir der nationalsozialistischen Staatsführung zu danken haben" (Anonym 1938a, 607). Erst im Januar 1938 setzen die offiziösen Verrisse des Romans durch die Gruppe um Alfred Rosenberg mit der Zeitschrift *Bücherkunde der Reichsstelle zur Förderung des deutschen Schrifttums* (Anonym 1938b, 47–49) ein. Eben wegen der Ambivalenzen fällt die anonyme Kritik in der Rubrik *Die Rumpelkammer* vernichtend aus. „Vom ‚Amt für Schrifttumspflege' wurde Hans Fallada 1938 als ‚eine typische Erscheinung der Zersetzung der vergangenen Jahre' eingestuft, dessen Gesamtschaffen die verheerende Wirkung der Bücher einzelner Emigranten sogar noch übertraf." (Barbian 1995, 392) „Im ‚Gutachtenanzeiger' (Februar 1938), der Beilage zur ‚Bücherkunde', erschien der Roman in der Liste ‚Nicht zu fördernde Bücher', und damit war sein Schicksal so gut wie besiegelt" (Caspar 1970, 645).

Für die *Weltwoche* aus Zürich empfiehlt Ernst Glaeser, der mit seinem Roman *Jahrgang 1902* (1928) der Generation der Pagels ein Denkmal gesetzt hatte, zum Weihnachtsgeschäft 1937 das Werk in der Rubrik „Vorschläge für ein Buchgeschenk" (Koburger 2015, 525). Sonst bleiben aber die bekannten Namen aus. In seiner Rubrik „Neue Bücher" im *Prager Tagblatt* bespricht der ehemalige Ullstein-Lektor Max Krell, verantwortlich für die Publikation des Weltbestsellers *Im Westen nichts Neues* (1928) und Autor des bei Rowohlt 1930 erschienenen Romans *Orangen in Ronco*, die „Zeitenwende im Roman" (Krell undatiert). Wolfgang Weyrauch, der 1934 *Der Main. Eine Legende* mit Zeichnungen von Alfred Kubin bei Rowohlt publizieren konnte, meldet sich im *Berliner Tageblatt und Handels-Zeitung* schon am 10. Oktober zu Wort (Weyrauch 1937). Ein weiterer Getreuer, Felix Riemkasten, streut seine Besprechung zwischen 13. November und 11. Dezember in *Der Mittag. Illustrierte Tageszeitung für Sport, Verkehr, Politik, Kunst* sowie *Stuttgarter Neues Tagblatt*, *Darmstädter Tagblatt* und den *Westfälischen Neuesten Nachrichten* (Riemkasten 1937). Walther Kiaulehn wirbt im Ersten Dezemberheft der *Dame. Illustrierte Mode-Zeitschrift* (Kiaulehn 1937).

Bedeutendere Stimmen äußern sich nur nicht-öffentlich zu *Wolf unter Wölfen*. Carl Zuckmayer tut dies 1943/44 im Exil in New York in einem Geheimreport, den er im Auftrag von Emmy Rado, der Leiterin der Abteilung „Office of Strategic Services" des amerikanischen Geheimdienstes, angefertigt hat und in dem er Porträts von etwa 150 Kulturschaffenden zeichnet, die in Nazi-Deutschland zum Teil herausragende

4.4 Wolf unter Wölfen (1937)

Positionen bekleidet haben. In dem Fallada gewidmeten kurzen und ambivalenten Abschnitt kommt auch *Wolf unter Wölfen* zur Sprache:

> Er hat sogar recht mutig und anschaulich, wenn auch ohne wirkliche Erleuchtung, unter der Naziherrschaft in einem Inflationsroman ‚Schwarze Reichswehr' Aktivitäten geschildert ohne sich in Auffassung und Stil der Nazi-Schablone anzupassen. […] Auch falls er mehr und mehr zu Konzessionen gezwungen war, bleibt er ein – keineswegs grosser oder bedeutender – aber anständiger und oft übers Gewöhnliche hinaus begabter Schriftsteller. (Zuckmayer 2002, 106f.)

Weit darüber hinaus gehen die Erkundungen Hermann Brochs in einem langen Brief, den er schon Ende November 1937 aus Alt Aussee an Fallada schreibt, nachdem dieser ihm ein Widmungsexemplar übersandt hatte. Die Ausführlichkeit und Intensität von Brochs Lektüre steht im Zusammenhang seiner Kenntnis Falladas (Müller-Waldeck 2016, 67–76) und seiner eigenen Arbeit an einem Bergroman-Projekt, das auch den Titel *Verzauberung* trägt. Das Erzählprogramm der *Verzauberung* legt Broch dabei explizit als Anti-These zu seinen *Schlafwandlern* an (vgl. Frank/Scherer 2006). Es komme ihm jetzt darauf an, so in einem Brief an Carl Seelig vom 20. April 1936, „das positive Neue aufzuspüren" gegenüber dem „Krankhafte[n] und Verbrecherische[n]" (Broch 1978, 409). Violets Kennzeichnung als „Schlafwandlerin" (Fallada 1937, 732), über der durch den Diener Räder eine „Bezauberung liegt", der sie sich nicht entziehen kann, steht schon über diese Begriffe in Verbindung zu Brochs beiden großen Romanen. In Bezug darauf formuliert er seinen Eindruck im Brief an Fallada, „als quälten Sie sich furchtbar ab, um aus einer ungeheuren Bedrückung, Hilflosigkeit, Hoffnungslosigkeit herauszufinden, ohne daß es Ihnen gelänge." (zit. nach Caspar 1970, 668) Broch, der selbst das positive Neue sucht, kann sich dennoch vor allem mit dem Schluss von *Wolf unter Wölfen* nicht aussöhnen: „Gerade die exemplifizierende Wendung zum schlichten Leben und zu seiner Anständigkeit ist Anempfehlung von Resignation, ist Anempfehlung von Erkenntnisblindheit und ist damit ein falscher Optimismus, der wirkungslos bleiben muß, weil er sich – will ich scharf sein – in die Gartenlaube flüchtet" (zit. nach ebd.). Im Antwortschreiben führt Fallada an, dass er „selber nicht an einen Lebenssinn glaube", und räumt die Unabgeschlossenheit seines Schreibprojekts ein: „Meine Lösungen sind Verlegenheitslösungen, es könnte ebensogut anders kommen, nein, es wäre viel richtiger, wenn mein Pagel versackte." (ebd., 669)

Die einzige Besprechung aus dem sozialistischen Exil in *Das Wort. Literarische Monatsschrift*, die von Brecht, Feuchtwanger und Bredel herausgegeben in Moskau erschien (1936–39) und in der 1936 die für die Selbstverständigung über den sozialistischen Realismus so wichtige Expressionismusdebatte ausgetragen wurde, stammt von Kurt Kersten aus seiner Pariser Exilzeit. Unter dem Titel *Fallada unter den Wölfen* vermisst Kersten „die Ursachen und Urheber, die Förderer und Nutznießer, die wahrhaften Wölfe der Inflation" (Kersten 1938, 137) im Roman, der deshalb „ganz an der Oberfläche" (ebd.) bleibe, weil er auf der anderen Seite auch die „Aktivitäten der Arbeiterklasse im Jahre 1923 unterschlagen" (ebd., 136) habe. Diese Festlegung auf die politische Geschichte und den „Hauptgegensatz Monopolbourgeoisie-Proletariat" (Caspar 1970, 449) bestimmt noch die Auseinandersetzung der späteren Forschung vor allem in der DDR.

Forschung

Im Unterschied zu den Durchbruchsromanen am Ende der Weimarer Republik hat *Wolf unter Wölfen* nicht zuletzt wegen seiner Veröffentlichung während der NS-Diktatur wenig Aufmerksamkeit auf sich gezogen und keine monografische Auseinandersetzung erfahren. Die Forschung der DDR, die Fallada in der Nachfolge von Johannes R. Bechers Nachruf im *Aufbau* schätzte (Becher 1947), hätte gerne auf die Durchbruchsromane folgend eine weitere Annäherung an einen klassenbewussten Realismus nachgewiesen. Stattdessen hat sie sich darauf verlegen müssen, in der politischen Situation Gründe dafür zu finden, warum Fallada sich von dem einmal erreichten Standard seiner realistischen Zeichnung sozialer Verhältnisse wieder entfernen musste, wobei manche seiner Texte aber dennoch ein gewisses Niveau zu halten vermochten, während andere in eine marktgängige unkritische Unterhaltungsliteratur abgerutscht seien (Caspar 1970, 1988). *Wolf unter Wölfen* wird dabei zu den ersteren, den besseren Romanen Falladas aus dieser Zeit gezählt und kann auch deshalb 1964/65 als Vierteiler vom DEFA-Studio für Spielfilme (Potsdam-Babelsberg) im Auftrag des Deutschen Fernsehfunks (DFF) verfilmt werden. Am Ende der DDR kann Liersch dann bereits kritisch „Die Chance der Distanz" (1987) thematisieren.

Erst seit den 2000er Jahren wächst das Interesse an diesem Roman signifikant an, 2002 erscheint die erste Monografie (Lamp 2002). Das mag damit zusammenhängen, dass die Berührungsängste mit Literatur, die in Nazideutschland gedruckt wurde, zurückgehen und die Neugier darauf wächst, wie der Alltag unter der Diktatur aussah, in dem neben den stärker gleichgeschalteten Medien Film und Rundfunk auch die Literatur noch eine Rolle gespielt hat (Hübner 2008). Vom „politisch gelenkten und kontrollierten Buchmarkt der nationalsozialistischen Diktatur" geraten seitdem erstmals auch seine „geduldeten oder übersehenen Nischen" (Denkler 2006, 2) in den Blick. Ein Indiz für das veränderte Interesse ist 2009 die Neuauflage von Schäfers Buch *Das gespaltene Bewußtsein*, nachdem die Erstausgabe 1981 mit dem Untertitel *Deutsche Kultur und Lebenswirklichkeit 1933–1945* trotz nachfolgendem Taschenbuch 1984 fast wirkungslos geblieben war. Daran anschließend wird Fallada in der Erzählliteratur der 1930er Jahre (Frank/Scherer 2011) und im Literatursystem der Moderne verortet (Fritsch-Lange/Hagestedt 2011; Frank/Scherer 2016).

Schließt Brunner (1997, 124–130) die bis dahin dominante Auseinandersetzung mit den Unterschichten ab, so beginnt mit Delabar die Erschließung der gesamten Zwischenkriegszeit für „Fallgeschichten und Fragestellungen", die anhand der Weimarer Literatur und im besonderen der Neuen Sachlichkeit entwickelt worden waren (Delabar 1999, 12–15). Das hat die Forschung seitdem ermutigt, Fragestellungen zur (literarischen) Moderne und zur (gesellschaftlichen) Modernisierung auf die Zwischenkriegszeit und Fallada auszudehnen. Vor allem Prümm hat das zum Anlass genommen, seine frühe These von der „Repräsentation des Alltäglichen im Film, im Theater und im Roman um 1930" (Prümm 2014) verschiedentlich zu erhärten (Prümm 1995/2011/2013), insofern „vor allem die großen semidokumentarischen, durch die Neue Sachlichkeit geprägten Romane – von *Bauern, Bonzen und Bomben* (1931) bis zu *Wolf unter Wölfen* (1937) – das Medium der Literatur transzendieren und auf den Film ausgreifen, [so] dass sie intermedial operieren, Kinoeffekte in die Romanprosa übertragen, dass sie also einen Medientransfer vollziehen, der den Texten eine ganz eigene Färbung, eine spezifische Kontur und damit eine besondere Wirksamkeit verleiht." (Prümm 2011, 136f.)

Neben dem spezifisch literarischen Wirtschaftswissen, zu dem auch Falladas Roman entscheidend beiträgt (Frank 2002, 287–296), werden auch andere Aspekte wie die Diskussionen um die Sexualpathologie seit der Jahrhundertwende und die umfangreiche Ratgeberliteratur als relevanter und wohl auch für die Leser anschlussfähiger Kontext ermittelt (Hagestedt 2011). Wie dicht das von Fallada gewobene Netz der Verweisungen ist, machen linguistische Untersuchungen zu Namen von Personen, Orten und Markennamen deutlich (Diderich/Ewald 2009, Ewald/Hagestedt 2011).

Zachau überführt seine ältere Beobachtung zum „Selbstfindungsprozeß im Chaos" in *Wolf unter Wölfen* (Zachau 1990) in eine These zur Werkgeschichte. Ihm zufolge ließe sich von *Kleiner Mann – was nun?* über *Wolf unter Wölfen* zu *Jeder stirbt für sich allein* ein Prozess nachzeichnen, ein „shift from socially dependent characters [...] to independently acting individuals" (Zachau 2011, 206) im Inflationsroman, der sich schließlich vollendet, wenn die Figuren des Nachkriegsromans „become autonomous human beings" (ebd., 209). Diese These muss sich an Falladas schon zitierter gegenteiliger Briefstelle „es wäre viel richtiger, wenn mein Pagel versackte", aber mehr noch an Schönerts Rekonstruktion messen lassen, dass in Falladas Œuvre eine Tendenz zu „Lebensläufe[n] in absteigender Linie" (Schönert 2011) überwiege.

Zudem zeigt sich hier, dass die Forschung bislang für die Differenz zwischen den Romanen, die oft schon im Titel auf einzelne Protagonisten fokussieren, und solchen, die vielfigurige Welten darstellen, kaum systematische Erklärungen angeboten hat. Titzmann (2011, 184f.) ist hier der erste, der zur Erklärung des äußerst umfangreichen Figurenarsenals, ohne sie ausdrücklich zu erwähnen, auf Links Normalismusthesen (Link 1997) zurückgreift. Links „(nicht) normale Fahrt" wäre darüber hinaus für Prackwitz Autokauf und damit sowohl für den geplanten/gescheiterten Putsch als auch für die psychische Denormalisierung der Familienmitglieder fruchtbar zu machen: Nicht nur hat der psychopathische Diener ein Fluchtauto bereitgestellt, mit dem er seinen Häschern um den „Dicken" mit Violet von Prackwitz fast auf die Sekunde genau geplant entkommen kann („und plötzlich, fünfzig, vierzig Meter vor ihnen, wurde es hell [...] Ein Auto! Er hat ein Auto!"; Fallada 1937, 994) – die Familie selbst kommt so buchstäblich unter die/den Räder.

Die Frage, wie die ebenso komplexe wie eingängige und leserbindende Darstellung von den literarischen Verfahren, Falladas genuinen Texturen, ermöglicht wurde, ist von Zachau mit dem „mix of modern and conventional narratives that seem to hide their modernism within a traditional narrative" (Zachau 2011, 202) beantwortet worden. Falladas „counter-expressionist writing strategy" (ebd., 201) haben Frank und Scherer (2013/2016) als nachexpressionistische Verfahrensmodernität an ihre Überlegungen zur Synthetischen Moderne (siehe den Beitrag 1.5 *Fallada als populärer Autor der Synthetischen Moderne* in Kap. II) angeschlossen, die auch von Lutz (2013) als Teilhabe an einer „moderaten Moderne" beschrieben wird.

Literatur

Anonym 1934: [Anonym]: Ein Dichter auf dem Lande. Wie Hans Fallada lebt und arbeitet. In: Berliner Illustrirte Zeitung 43 (1934), Nr. 22, 31.5.1934, S. 773.

Anonym 1938a: [Anonym]: *Wolf unter Wölfen*. In: Der Dietwart. Amtliche Zeitschrift des Deutschen Reichsbundes für Leibesübungen zur Vertiefung der Dietarbeit 3 (1938), Nr.20, 20.1.1938, S. 607.

Anonym 1938b: [Anonym]: Wirrwarr einer zügellosen Phantasie. In: Bücherkunde. Organ des Amtes Schrifttumspflege bei dem Beauftragten des Führers für die gesamte geistige und weltanschauliche Erziehung der NSDAP. und der Reichsstelle zur Förderung des deutschen Schrifttums 5 (1938), H. 1, S. 47–49.

Barbian 1995: Barbian, Jan-Pieter: Literaturpolitik im ‚Dritten Reich'. Institutionen, Kompetenzen, Betätigungsfelder, München 1995.

Becher 1947: Becher, Johannes R.: Was nun? Zu Hans Falladas Tod. In: Aufbau. Kulturpolitische Monatsschrift 3 (1947), H. 2, S. 97–101.

Bendig 2014: Bendig, Volker: Die populärwissenschaftliche Zeitschrift Koralle im Ullstein und Deutschen Verlag 1925–1944, phil. Diss. LMU München 2014 (edoc: https://edoc.ub.uni-muenchen.de/20212/2/Bendig_Volker.pdf)

Bitter 2007: Bitter, Rudolf von: Ein wildes Produkt. Louis-Ferdinand Céline und sein Roman *Reise ans Ende der Nacht* im deutschsprachigen Raum. Eine Rezeptionsstudie, Bonn 2007.

Broch 1978: Broch, Hermann: Briefe 1 (1913–1938). In: Ders.: Kommentierte Werkausgabe, Bd. 13.1, hg. von Paul Michael Lützeler, Frankfurt a. M. 1978.

Brunner 1997: Brunner, Maria E.: Proletarisierungsprozesse und Politikverständnis in Hans Falladas Werk, Neuried 1997.

Caspar 1970: Caspar, Günter: Nachwort. In: Hans Fallada. Ausgewählte Werke in Einzelbänden, Bd. 5: Wolf unter Wölfen. Roman. Zweiter Teil. Das Land in Brand, Berlin (Ost)/Weimar 1970, S. 617–673.

Caspar 1988: Caspar, Günter: Das Land in Brand. In: Ders.: Fallada-Studien, Berlin (Ost)/Weimar 1988, S. 120–182.

Delabar 1999: Delabar, Walter: Was tun? Wie leben? Wer sein? System und Plan der praktischen Tätigkeit. Einige Fallgeschichten und Fragestellungen. In. Ders.: Was tun? Romane am Ende der Weimarer Republik, Opladen/Wiesbaden 1999, S. 7–27.

Denkler 2006: Denkler, Horst: Werkruinen, Lebenstrümmer. Literarische Spuren der „verlorenen Generation" des Dritten Reiches, Tübingen 2006.

Diderich/Ewald 2009: Diderich, Peter/Ewald, Petra: *Wolf unter Wölfen* als Bilderbuch. Zu sprachlichen Bildern im Werk Hans Falladas. In: Salatgarten 18 (2009), H. 1, S. 11–15 [1. Teil]; H. 2, S. 13–17 [2.].

Ewald/Hagestedt 2011: Ewald, Petra/Hagestedt, Lutz (Hg.): Namen- und Stadtlandschaften. Beiträge des Hans-Fallada-Symposiums Carwitz, München 2011.

Fallada 1925: Fallada, Hans: Stahlhelm-Nachtübung. In: Das Tage-Buch 6 (1925), H. 33, 15.8.1925, S. 1227–1229.

Fallada 1937: Fallada, Hans: Wolf unter Wölfen. Roman, 2 Bde, Bd. 1: Erster Teil. Die Stadt und ihre Ruhelosen. Bd. 2: Zweiter Teil. Das Land in Brand, Berlin 1937.

Fallada 1970: Fallada, Hans: Ausgewählte Werke in Einzelausgaben, 10 Bde., hg. von Günter Caspar, Berlin (Ost)/Weimar: Aufbau 1962–1987, Bd. 4: Wolf unter Wölfen. Roman, Erster Teil: Die Stadt und ihre Ruhelosen, hg. von G. C., Berlin (Ost)/Weimar: Aufbau 1970; Bd. 5: Wolf unter Wölfen. Roman: Das Land in Brand, Zweiter Teil, hg. von G. C., Berlin (Ost)/Weimar: Aufbau 1970.

Fallada 1994: Fallada, Hans: Wolf unter Wölfen. Roman, 231.-234. Tausend, Reinbek bei Hamburg 1994

Fallada 2008: Fallada, Hans: Ewig auf der Rutschbahn. Briefwechsel mit dem Rowohlt Verlag, hg. von Michael Töteberg und Sabine Buck, Reinbek bei Hamburg 2008.

Fallada 2013: Fallada, Hans: Wolf unter Wölfen. Roman, 2. Aufl. Berlin 2013. [Text nach: Ausgewählte Werke in Einzelausgaben, hg. von Günter Caspar, Bd. IV/V, 5. Aufl. Berlin (Ost)/Weimar 1985.]

Fallada 2016: Fallada, Hans: Kleiner Mann – was nun? Roman [ungekürzte Manuskriptfassung], ungekürzte Neuausgabe mit einem Nachwort von Carsten Gansel, Texterfassung Mike Porath und Nele Holdack, Berlin 2016.

Frank 1998: Frank, Gustav: Krise und Experiment. Komplexe Erzähltexte im literarischen Umbruch des 19. Jahrhunderts, Wiesbaden 1998.

Frank 2002: Frank, Gustav: „... und das moderne Epos des Lebens schreiben". Wirtschaftswissen bei Sternheim, Fallada, Borchardt und Fleißer. In: Literatur und Wissen(schaften) 1890–1935, hg. von Christine Maillard und Michael Titzmann, Stuttgart/Weimar 2002, S. 279–330.

Frank/Scherer 2006: Frank, Gustav/Scherer, Stefan: Komplexer Realismus in der Synthetischen Moderne: Hermann Broch – Rudolf Borchardt. In: Realistisches Schreiben in der Weimarer Republik, hg. von Sabine Kyora und Stefan Neuhaus, Würzburg 2006, S. 111–122.

Frank/Scherer 2011: Frank, Gustav/Scherer, Stefan: „Lebenswirklichkeit" im „gespaltenen Bewusstsein". Hans Falladas *Wolf unter Wölfen* und die Erzählliteratur der 30er Jahre. In: Hans Fallada. Autor und Werk im Literatursystem der Moderne, hg. von Patricia Fritsch-Lange und Lutz Hagestedt, Berlin/Boston 2011, S. 23–37.

Frank/Scherer 2016: Frank, Gustav/Scherer, Stefan: Textur der Synthetischen Moderne (1925–1955). (Döblin, Lampe, Fallada, Langgässer, Koeppen). In: Deutsche Literatur 1930–1960. Zur (Dis-)Kontinuität literarischer Verfahren, hg. von Moritz Baßler, Hubert Roland und Jörg Schuster, Berlin/Boston 2016, S. 77–104.

Fritsch-Lange/Hagestedt 2011: Fritsch-Lange, Patricia/Hagestedt, Lutz (Hg.): Hans Fallada. Autor und Werk im Literatursystem der Moderne, Berlin/Boston 2011.

Füssel 2012: Füssel, Stephan: Belletristische Verlage. In: Geschichte des deutschen Buchhandels im 19. und 20. Jahrhundert. Die Weimarer Republik 1918–1933, Bd. 2, Teil 2, im Auftrag der Historischen Kommission hg. von Ernst Fischer und Stephan Füssel, Berlin/Boston 2012, S. 1–90.

Goebbels 1999: Goebbels, Joseph: Tagebücher, hg. von Ralf Georg Reuth, München 1999.

Grisko 2002: Grisko, Michael: Hans Fallada. *Kleiner Mann – was nun?* [Erläuterungen und Dokumente], Stuttgart 2002.

Großmann 1925: Großmann, Stefan: Hitlers Memoiren. In: Das Tage-Buch 6 (1925), H. 45, 7.11.1925, S. 1664–1669.

Hagestedt 2011: Hagestedt, Lutz: „Was ein junger Mann vor und von der Ehe wissen muss". Zur frühmodernen Konzeption der Sexualpathologie in Hans Falladas Roman *Wolf unter Wölfen* (1937). In: Hans Fallada. Autor und Werk im Literatursystem der Moderne, hg. von Patricia Fritsch-Lange und L. H., Berlin/Boston 2011, S. 39–57.

Heinrich 2016: Heinrich, Bernhard: Der Verlust der Werte durch Wertverlust. Die Inflation in Falladas Werk. In: Hans-Fallada-Jahrbuch (2016), Nr. 7: Hans Fallada und die Literatur(en) zur Finanzwelt, S. 454–464

Hübner 2008: Hübner, Anja Susan: „Erfolgsautor mit allem Drum und Dran". Der Fall Fallada oder Sollbruchstellen einer prekären Künstlerbiographie im ‚Dritten Reich'. In: Im Pausenraum des ‚Dritten Reiches'. Zur Populärkultur im nationalsozialistischen Deutschland, hg. von Carsten Würmann und Ansgar Warner, Bern u. a. 2008, S. 197–213.

Kersten 1938: Kersten, Kurt: Fallada unter den Wölfen. In: Das Wort. Literarische Monatsschrift (1938), H. 2, S. 135–138.

Kiaulehn 1937: Kiaulehn, Walther: *Wolf unter Wölfen*. In: Die Dame. Illustrierte Mode-Zeitschrift 64 (1937), H. 25 (Erstes Dezemberheft 1937), S. 119.

Kiesel 2017: Kiesel, Helmuth: Geschichte der deutschsprachigen Literatur von 1918 bis 1933, München 2017.

Koburger 2015: Koburger, Sabine: Ein Autor und sein Verleger. Hans Fallada und Ernst Rowohlt in Verlags- und Zeithorizonten, München 2015

Krell undatiert: Krell, Max: Zeitwende im Roman. In: Prager Tagblatt, undatierter Zeitungsausschnitt, HFA N 442.

Lamp 2002: Lamp, Hannes: Fallada unter Wölfen. Schreiben im Dritten Reich. Die Geschichte des Inflationsromans *Wolf unter Wölfen*, Friedland 2002.

Liersch 1987: Liersch, Werner: Die Chance der Distanz. Hans Fallada: *Wolf unter Wölfen*. In: Erfahrung Nazideutschland. Romane in Deutschland 1933–1945. Analysen, hg. von Sigrid Bock und Manfred Hahn, Berlin (Ost)/Weimar 1987, S. 99–131, S. 478–479.

Link 1997: Link, Jürgen: Versuch über den Normalismus. Wie Normalität produziert wird, Opladen 1997.
Lutz 2013: Lutz, Daniel: Bewährung in der Krise. Hans Falladas *Wolf unter Wölfen* und die moderate Moderne während des „Dritten Reichs". In: Hans Fallada, hg. von Gustav Frank und Stefan Scherer, München 2013 (Text + Kritik 200), S. 61–71.
Meyer 1909: Meyers Großes Konversations-Lexikon, Bd. 17, Leipzig 1909.
Müller 1937: Müller, Sven von: Ein neuer Hans Fallada: *Wolf unter Wölfen*. In: Hamburger Fremdenblatt 109 (1937), Nr. 314, Abend-Ausgabe, 13.11.1937, Literarische Rundschau, S. 20.
Müller 2005: Müller, Ute: William Faulkner und die Deutsche Nachkriegsliteratur, Würzburg 2005, S. 156.
Müller-Waldeck 2016: Müller-Waldeck, Gunnar: Hermann Broch und Hans Fallada. In: Ders.: Hans Fallada – nach wie vor. Betrachtungen – Erinnerungen – Gespräche – biographische Splitter, Elmenhorst/Vorpommern, S. 67–76.
Oels 2013: Oels, David: Rowohlts Rotationsroutine. Markterfolge und Modernisierung eines Buchverlags vom Ende der Weimarer Republik bis in die fünfziger Jahre, Essen 2013.
Pautzke 2011: Pautzke, Antje: „Kein Mensch ist ganz schlecht, auch Sophie ist es nicht". Aspekte eines abweichenden Lebenslaufs in Hans Falladas *Wolf unter Wölfen*. In: Hans Fallada. Autor und Werk im Literatursystem der Moderne, hg. von Patricia Fritsch-Lange und Lutz Hagestedt, Berlin/Boston 2011, S. 115–122.
Prümm 1995: Prümm, Karl: Exzessive Nähe und Kinoblick. Alltagswahrnehmung in Hans Falladas Roman *Kleiner Mann – was nun?* In: Neue Sachlichkeit im Roman. Neue Interpretationen zum Roman der Weimarer Republik, hg. von Sabina Becker und Christoph Weiß, Stuttgart/Weimar 1995, S. 255–272.
Prümm 2011: Prümm, Karl: Gebanntes Schauen und protokolliertes Sehen. Kinokritik und Kinoprosa bei Hans Fallada. In: Hans Fallada. Autor und Werk im Literatursystem der Moderne, hg. von Patricia Fritsch-Lange und Lutz Hagestedt, Berlin/Boston 2011, S. 135–151.
Prümm 2013: Prümm, Karl: Selbstfindung im Vorraum des Romans. Hans Falladas Kulturpublizistik und Filmkritik für den *General-Anzeiger* in Neumünster (1928–1930). In: Hans Fallada, hg. von Gustav Frank und Stefan Scherer, München 2013 (Text + Kritik 200), S. 18–30.
Prümm 2014: Prümm, Karl: Die Oberfläche der Dinge. Repräsentation des Alltäglichen im Film, im Theater und im Roman um 1930 am Beispiel von Robert Siodmak, Ödön von Horváth und Hans Fallada. In: Germanica 14 (1994), S. 31–59 [online erschienen am: 20. Januar 2014, abgerufen am 1. Oktober 2016. URL: http://germanica.revues.org/2208; DOI: 10.4000/germanica.2208; erstmals erschienen: Die Oberfläche der Dinge. Repräsentation des Alltäglichen im Film, im Theater und im Roman um 1930 am Beispiel von Robert Siodmak, Ödön von Horváth und Hans Fallada. In: Les Fictions d'actualité dans les pays de langue allemande au XXe siècle. Die ästhetische Umsetzung des Zeitgeschehens im deutschsprachigen Raum im 20. Jahrhundert, Villeneuve d'Ascq Cédex 1994, S. 31–59].
r. 1936: r.: Der Fall Fallada. In: Volksgesundheit. Fachliches Schulungsblatt der Deutschen Arbeitsfront (1936), Nr. 4 (April 1936), S. 125.
Reuter 1865: Reuter, Fritz: Ut mine Stromtid, Wismar/Rostock/Ludwigslust 1865.
Rasch 1967: Rasch, Wolfdietrich: Aspekte der deutschen Literatur um 1900. In: Ders.: Zur deutschen Literatur seit der Jahrhundertwende, Stuttgart 1967, S. 1–48.
Riemkasten 1937: Riemkasten, Felix: Der neue Fallada. In: Stuttgarter Neues Tagblatt. Südwestdeutsche Handels- und Wirtschafts-Zeitung 94 (1937), 7.12.1937, HFA N 443.
Sandvoß 2014: Sandvoß, Hans-Rainer: „Es wird gebeten, die Gottesdienste zu überwachen…": Religionsgemeinschaften in Berlin zwischen Anpassung, Selbstbehauptung und Widerstand von 1933 bis 1945, Berlin 2014.
Schäfer 1981: Schäfer, Hans Dieter: Das gespaltene Bewußtsein. Deutsche Kultur und Lebenswirklichkeit 1933–1945, München/Wien 1981.

Schäfer 2009: Schäfer, Hans Dieter: Das gespaltene Bewusstsein. Vom Dritten Reich bis zu den langen Fünfziger Jahren, Göttingen 2009.

Schönert 2011: Schönert, Jörg: Krisen, Kriminalität und Katastrophen. Falladas Lebensläufe nach abfallender Linie. In: Hans Fallada. Autor und Werk im Literatursystem der Moderne, hg. von Patricia Fritsch-Lange und Lutz Hagestedt, Berlin/Boston 2011, S. 153–167.

Schramm 1937: Schramm, Hermann: *Wolf unter Wölfen*. Ein Inflationsroman von Hans Fallada. In: Völkischer Beobachter. Kampfblatt der national-sozialistischen Bewegung Großdeutschlands 50 (1937), Nr. 324, 20.11.1937, S. 6.

Suhrkamp 1934: Suhrkamp, Peter: Der Erzähler Fallada. In: Die Neue Rundschau 45 (1934), H. 12 (Dezember 1934), S. 751–752.

Titzmann 2011: Titzmann, Michael: Selbstfindung und Selbstverlust. Aspekte der textinternen Anthropologie in Hans Falladas *Wolf unter Wölfen* (1937). In: Hans Fallada. Autor und Werk im Literatursystem der Moderne, hg. von Patricia Fritsch-Lange und Lutz Hagestedt, Berlin/Boston 2011, S. 169–188.

Ulrich 2000: Ulrich, Roland: Fasziniert von Hemingway. Fallada zwischen Tradition und Moderne. In: Hans-Fallada-Jahrbuch (2000), Nr. 3, S. 220–228.

Weyrauch 1937: Weyrauch, Wolfgang: *Wolf unter Wölfen*. In: Berliner Tageblatt und Handels-Zeitung 66 (1937), Nr. 479, 10.10.1937, Literatur der Zeit, S. 19.

Wilkes 2002: Wilkes, Geoff: Hans Fallada's Crisis Novels 1931–1947, Bern/Berlin/Frankfurt a. M./Paris/Wien 2002.

Zachau 1990: Zachau, Reinhard K.: Selbstfindungsprozeß im Chaos: *Wolf unter Wölfen*. In: Ders.: Hans Fallada als politischer Schriftsteller, New York/Bern/Frankfurt a. M./Paris 1990, S. 143–158.

Zachau 2011: Zachau, Reinhard K.: Fallada's Modernist Characters in his Berlin Novels *Little Man, What Now?*, *Wolf Among Wolves* and *Every Man Dies Alone*. In: Hans Fallada. Autor und Werk im Literatursystem der Moderne, hg. von Patricia Fritsch-Lange und Lutz Hagestedt, Berlin/Boston 2011, S. 201–211.

Zuckmayer 2002: Zuckmayer, Carl: Geheimreport, hg. von Gunter Nickel und Johanna Schrön, Göttingen 2002.

4.5 *Der eiserne Gustav* (1938)
Silvia Woll

Entstehung: *Ein deutsches Schicksal – Ein Mann hält aus – Der eiserne Gustav*

Die Vorgeschichte des Romans *Der eiserne Gustav* und – daraus resultierend – die Geschichte seiner Druckfassungen ist reichlich verwickelt und bislang im Letzten nicht aufgearbeitet. Der Roman entsteht im Zuge einer Auftragsarbeit, die auf eine Idee des Schauspielers Emil Jannings zurückgegangen sein soll.

Fallada war seit 1934 mit der damals zweitgrößten deutschen Filmproduktion Tobis-Klangfilm in Kontakt. Im August 1936 bat er, wie meist in Geldsorgen, seinen Verleger Ernst Rowohlt, dem Star dieser Firma, Emil Jannings, ein Exemplar seines Romans *Altes Herz geht auf die Reise* zukommen zu lassen. Dabei sollte Rowohlt den nicht zuletzt als Professor Unrat aus dem *Blauen Engel* (1930) bekannten Schauspieler besonders auf die Figur des Professor Kittguß aufmerksam machen (vgl. Koburger 2015, 541 f.). Diese Idee wird jedoch nicht weiterverfolgt und der Roman anderweitig verfilmt (siehe den Beitrag 2. *Verfilmungen* in Kap. III).

1936/37 soll Fallada dann für die mittlerweile unbemerkt von der Öffentlichkeit in eine reichsmittelbare GmbH umgewandelte, als Tobis Filmkunst firmierende und kriselnde Firma (vgl. Distelmeyer 2003) die Vorlage für einen lukrativen Film liefern, der Jannings auf den Leib geschrieben ist. Grundlage dafür ist die Geschichte des Droschkenkutschers Gustav Hartmann, der medienwirksam 1928 mit seiner einspännigen Pferdekutsche von Berlin nach Paris und zurück gefahren war (vgl. Manthey 1963, 131; zur historischen Person Gustav Hartmann vgl. Conrad 1990; Williams 2002, 255). Nachdem sich Fallada und Jannings auf Vermittlung Rowohlts besprochen hatten, schließt der Verlag am 12. November 1937 einen Vertrag mit der Tobis (vgl. Koburger 2015, 542) und verpflichtet sich dazu, eine deutsche Familiengeschichte zu liefern, die in der Zeit von 1914 bis 1933 spielt (vgl. Williams 2002, 253). Fallada und sein Verleger sind guter Dinge, denn sie erwarten sich hohe Einnahmen (Koburger 2015, 542); bald nach Ablieferung des Manuskripts am 28. Februar 1938 erwirbt Fallada am 4. März denn auch einen „Ford-Achtzylinder[ ]" (Williams 2002, 256).

Gegenstand des Vertrages ist bemerkenswerterweise kein Treatment oder Drehbuch, sondern ein Roman, der zunächst den Arbeitstitel *Ein deutsches Schicksal* trägt (vgl. Fallada 2008, 245). In dieser abgelieferten Version des Manuskripts verstößt Fallada jedoch gegen die Vertragsvereinbarung, die Handlung mit der ‚Machtergreifung' der NSDAP 1933 enden zu lassen; er schließt stattdessen 1928 mit der Rückkehr des Droschkenkutschers nach Berlin (vgl. Menke 2000, 106). Bei der Besprechung des Manuskripts mit dem Direktor der Tobis, Karl Julius Fritzsche, wird die mangelnde Ausrichtung auf eine nationalsozialistische Gesinnung und das Fehlen von Juden beanstandet (ebd.). Auch müsse die Handlung bis zur ‚Machtergreifung' 1933 weitergeführt werden. Später will Fallada erfahren haben, dass nicht nur seine Auftraggeber, sondern insbesondere auch Propagandaminister Joseph Goebbels mit der vorliegenden Fassung nicht zufrieden gewesen seien (vgl. Koburger 2015, 548).

Die Erwartungshaltung Fritzsches und Jannings' an diese Literaturverfilmung gewinnt Kontur, wenn man sie vor dem Hintergrund des 1937 erfolgreichen Veit Harlan-Films *Der Herrscher* betrachtet. Produziert von Fritzsche, entstand dieser Film nach Motiven von Gerhart Hauptmanns Schauspiel *Vor Sonnenuntergang* (1932) unter der künstlerischen Oberleitung von Jannings. Das Drehbuch, unter maßgeblicher Beteiligung von Thea von Harbou, machte aus Hauptmanns Protagonisten, einem liberalen Verleger und Kunstsammler, den titelbestimmenden Herrscher über ein Stahlwerk, der das Führerprinzip verkörpert und die Ideologie der Volksgemeinschaft gegen seine nur am Erbe interessierten Kinder und deren Ehegatten durchsetzt. Wie später in Falladas Vorlage ist es auch hier der jüngste Sohn, der positiv gezeichnet wird; der auffälligste Unterschied besteht jedoch zur unvorteilhaften Zeichnung der Titelfigur bei Fallada. Für den mit dem Prädikat ‚Staatspolitisch und künstlerisch besonders wertvoll' ausgezeichneten Film erhielt Harlan den Nationalen Filmpreis 1936/37, Jannings auf dem Filmfestival von Venedig 1937 den Preis für den besten Darsteller.

Trotz starker Skrupel setzt sich Fallada an eine Neufassung mit dem Titel *Ein Mann hält aus*, in der er inhaltliche Zugeständnisse an die Ideologie der Nazis macht (vgl. Menke 2000, 106). Unterstützt von den Lektoren bei Rowohlt, darunter auch Friedo Lampe, fügt Fallada zwei Szenen am Ende des 7. Kapitels ein und ergänzt ein im Vergleich mit den anderen auffallend kurzes 9. Kapitel, von ihm als ‚Nazi-Schwanz' bezeichnet, am Ende des Romans; gemeint ist damit zunächst wohl ein Manuskript, das knapp 200 neu geschriebene Seiten umfasst (vgl. Studnitz 1996, 302). Fallada rechtfertigt dieses Vorgehen in seinem *Gefängnistagebuch* (1944):

> Ich liebe nicht die hohe Geste vor Tyrannenthronen, mich sinnlos, niemandem zum Nutzen, meinen Kindern zum Schaden abschlachten zu lassen, das liegt mir nicht; nach drei Minuten Überlegung nahm ich den Zusatz-Auftrag an. Was ich dann freilich mit mir zu Haus abzumachen hatte, das steht auf einem andern Blatt. Der Monat, durch den ich an diesem *n*. Schwanz [Nazi-Schwanz] schrieb, steht mit schwarzer Tinte umrandet in meinem Kalender, die Welt kotzte mich an, ich mich selbst aber noch mehr. (Fallada 2009, 170f.)

Obwohl die Neufassung Propagandaminister Goebbels überzeugen kann und dieser seine Unterstützung zusichert, kommt es nicht zu einer Umsetzung des Buchs, da der mit dem Propagandaminister konkurrierende Reichsleiter Alfred Rosenberg, „Beauftragter des Führers für die Überwachung der gesamten geistigen und weltanschaulichen Schulung und Erziehung der NSDAP", Falladas Arbeiten prinzipiell ablehnt (vgl. Menke 2000, 106f.; siehe dazu auch die Beiträge 1.4 *Anpassungsstrategien und indirekter Widerstand im Dritten Reich* und 2.7 *Zwischen Innerer Emigration und NS-Literatur: Falladas Poetik im literarischen Kontext des Dritten Reichs* in Kap. I). Obwohl die für den Kulturbetrieb exorbitante Summe von 800 000 Reichsmark bereits ausgegeben ist, kommt der Film niemals zustande (vgl. Koburger 2015, 555).

Fallada sieht die Möglichkeit, eine dritte Version des Manuskripts zu erarbeiten, aus der nun einige der systemkonformen Passagen wieder eliminiert sind, um wenigstens im Druck mehr von seinem ursprünglichen Konzept retten zu können. Um die Publikation zugleich nicht zu gefährden, soll die Rücknahme dieser Passagen jedoch nur in einem begrenzten Ausmaß geschehen (vgl. Menke 2000, 107). Auch auf Ernst Rowohlt scheinen einige Streichungen von Passagen im Manuskript zurückzugehen, die den Nationalsozialismus verherrlichen (vgl. Conrad 1990, 132).

Der Roman wird rechtzeitig zum Weihnachtsgeschäft am 28. November 1938 ausgeliefert, wobei bereits zwei Drittel der 15 000 Exemplare starken ersten Auflage vorbestellt sind (vgl. Koburger 2015, 550f.). Noch im Dezember erscheint der Roman im 16.-21. Tausend, der Tod Gustav Hartmanns am 23. Dezember dürfte den Absatz unerwartet noch angeschoben haben. Übersetzungen erscheinen 1940 bei Putnam in London und in Stockholm bei Bonnier. Danach erscheint der Roman nur noch in Versionen fremder Hand.

Trotz aller Bemühungen um eine Art unfreiwilliger Konformität wird der Roman nach seinem Erscheinen 1938 von der Kritik im Vergleich zur zeitgenössischen Rezeption von *Wolf unter Wölfen* weitgehend ignoriert. Andreas Conrad vermutet, dies geschehe auf Befehl von oben hin (vgl. Conrad 1990, 132). Cecilia von Studnitz verweist auf eine vernichtende Rezension auf Geheiß Rosenbergs (vgl. Studnitz 1997, 316). Teilweise darf der Roman von den Buchhändlern nicht mehr in die Schaufenster gestellt werden (vgl. Conrad 1990, 132). Von der Reichsstelle zur Förderung des deutschen Schrifttums wird *Der eiserne Gustav* als „destruktiv" bezeichnet, obwohl man einräumt, der Text sei gut geschrieben (vgl. Williams 2002, 266f.).

Textaufbau und Figuren

Der Roman, wie er 1938 erscheint, ist in neun betitelte Kapitel unterteilt, die jeweils aus 15 bis 19 Szenen bestehen; nur das 9. Kapitel mit dem durchaus zweideutigen

Titel „Dem Ende zu – zum Anfang hin" fällt mit seinen nur fünf Szenen heraus. Die Szenen selbst haben nur im nachgestellten Inhaltsverzeichnis Titel, die leserorientierend den Inhalt prägnant zusammenfassen; im Fließtext sind sie bloß durchnumeriert. Die erzählte Zeit reicht, wie von Fallada beabsichtigt, von 1914 bis 1928: Heinz Hackendahl, der Protagonist und jüngste Sohn des Titelhelden, ist am Beginn 13 und am Schluss 27 Jahre alt. Die 14 erzählten Jahre werden mit unterschiedlichem Erzählaufwand präsentiert. Dem ersten erzählten Tag, dem 29. Juni 1914, an dem das Attentat von Sarajewo verübt wurde, ist das ganze und insgesamt umfangreichste erste (damit expositorische) Kapitel gewidmet. Das 2. Kapitel stellt mehrere Wochen nach dem 31. Juli 1914 dar, das 3. Kapitel spielt 1916. „Das historische Ereignis bildet den Hintergrund und zeigt die Reaktionen der Romangestalten darauf." (Zachau 1990, 160) Nach dem 4. Kapitel, das vom Kriegsende seit November 1918 handelt, wird bis zur Droschkenfahrt kaum noch eine derart genaue Datierung gegeben, wodurch sich auch das Erzähltempo beschleunigt.

Das Figurenkollektiv des für seine Publikationszeit bemerkenswert polyperspektivischen Romans entstammt hauptsächlich der Familie Gustav Hackendahls (vgl. Brylla 2009, 204): Neben dem Familienoberhaupt, seinen fünf Kindern – sie sind zu Beginn der Handlung zwischen 13 und 24 Jahren alt – und seiner Ehefrau Auguste rücken im wesentlichen noch die Partner der Kinder in den Fokus. Gustav Hackendahl, bis 1894 Wachtmeister bei den Pasewalker Kürassieren, hängt der sich im Verlauf des Romans leitmotivisch wiederholende Beiname ‚eisern' vor allem deshalb an, weil er auch in der sich gesellschaftlich öffnenden und demokratisierenden Weimarer Republik unnachgiebig in den preußischen Denkmustern und Idealen der Wilhelminischen Zeit verhaftet bleibt und daher wie ein Unteroffizier seine Rekruten auch seine Kinder erzieht, während Auguste seine Strenge heimlich zu unterlaufen versucht. Er bildet insofern die Zentralfigur des Romans, als er immer wieder als bestimmende negative Bezugsgröße, dabei vor allem lebenslang prägend für das Denken und Handeln seiner Kinder dargestellt wird. Über den Ausbruch des Ersten Weltkriegs freut er sich, da er sich davon positive Auswirkungen auf die verweichlichte Friedensgeneration erhofft (vgl. Fallada 1938, 81f.). Seine Weigerung, von Pferdefuhrwerken auf Automobiltaxen umzustellen, führt ihn schließlich zu der Fahrt von Berlin nach Paris, die er alleine mit der Droschke unternimmt. Dieser historische Aufhänger des Romans nimmt von den insgesamt 738 Druckseiten allerdings nur die etwa 10% des 8. Kapitels ein (vgl. Fallada 1938, 637–711).

Die Kinder der Hackendahls durchlaufen in den 14 Jahren, die im Roman geschildert werden, sehr unterschiedliche Schicksale, immer wieder unter Verweis auf die harte Erziehung durch den Vater. Der älteste Sohn Otto, der zu Beginn der Handlung 24 Jahre alt ist, hat selbst einen Sohn („Gustäving" nach dem Großvater) aus einer Liebesbeziehung mit Gertrud Gudde, die er wegen ihrer Behinderung vor dem eisernen Vater verheimlicht. Mehr und mehr, vor allem nach Ottos Tod als alleinerziehende Mutter mit einem weiteren Sohn (Otto nach dem gefallenen Vater) erweist sie sich allerdings als eine der typischen starken Frauenfiguren Falladas, die auch für ihre Schwägerin Eva und vor allem für Heinz sorgt.

Die jüngere Tochter Eva, eine der Figuren Falladas, die das Schicksal in tiefe Abgründe zieht, begegnet früh dem Zuhälter und Kriminellen Eugen Bast, der sie durch einen kleinen Diebstahl an sich bindet und dem sie innerhalb kurzer Zeit völlig verfällt. Seinetwegen verlässt Eva ihr Elternhaus und verliert den Kontakt zur Familie;

mit ihm, der sie konstant demütigt, schlägt und zur Prostitution zwingt, lebt sie in einer sadomasochistischen Beziehung. Aus dieser kann sie sich auch dann nicht lösen, als sie Bast ins Gesicht geschossen hat, worauf dieser erblindet und grotesk entstellt ist.

Erich ist eine weitere, der strengen Erziehung des Vaters und den gesellschaftlich-politischen Umständen in moralischer Hinsicht erliegende Figur. Unter der Obhut des linken, homosexuellen Anwalts Dr. Meier wird er Sozialdemokrat und steigt zum Staatssekretär auf; später macht er sein Geld mit Schiebergeschäften.

Die „kühle, berechnende, liebeleere Sophie", älteste Tochter der Hackendahls, beginnt ihre Karriere als Rotkreuzschwester im Krieg und steigt zur Oberin, „Herrin der ständig sich vergrößernden Privatklinik" (ebd., 641) auf. Wie Fallada bei seinen Hauptfiguren überwiegend „Lebensläufe nach abfallender Linie" (Schönert 2011) zeichnet – dies aber nicht durchgängig, wie sich an Heinz zeigt –, so stellt er an Kontrastfiguren auch immer wieder sozial oder ökonomisch erfolgreiche Biografien dar, die problematisch erscheinen: so anhand von Erichs gewissenlosem und kriminellem Aufstieg, aber eben auch an Sophies asexueller Kälte. Beide verfehlen unterschiedliche Normen, die so als zentral ausgewiesen werden: Selbstbescheidung und Anständigkeit, was Eigentum und Eros anlangt, und Verpflichtung zur Teilhabe am Lebensstrom, was durch Partnerschaft und Kinder realisiert werden muss.

An diesen Normen orientiert sich das Leben der positiven Figur, Hackendahls jüngstem Sohn Heinz: Der ist zwar zunächst hoffnungsvoller Gymnasiast, um dann aber doch unakademisch in Falladas bevorzugten Lebenslauf als kleiner Angestellter mit Kleinfamilie einzumünden. Ihm obliegt es, die für die Anthropologie des Romans von Beginn an konstitutive Familienpsychopathologie unter Zuhilfenahme naturalistischer Attribute für den ältesten Bruder Otto zu explizieren: „Na ja, dekadent ... Du kennst das nicht? Weißt du, das ist so ... wenn 'ne Familie, ja, das ist schwer zu erklären ... Du weißt das mit Erich. Und dann das mit Eva. Sophie ist auch nicht, wie sie sein soll. [...] Wenn eben die Familie zerfällt, die ist doch der Grundpfeiler vom Staat." (Fallada 1938, 230 f.) Mittels der Aposiopese werden in dieser Passage zudem die Grenzen dieses Thematisierens ironisiert, die sowohl als die des Gymnasiasten wie die des Textes 1938 verstanden werden können. Mit seiner Familienkonstellation steht Der eiserne Gustav seinem Vorläufer als ‚Geschichte einer deutschen Familie', Falladas Roman Wir hatten mal ein Kind von 1934, nahe. Es ist offensichtlich, dass auch der „n. Schwanz" diese Geschichte einer Familie und ihres Niedergangs nicht im Sinne des Amtes Rosenberg hat ‚heilen' können.

Heinz ist das einzige Kind der Hackendahls, das den Kontakt zu seinem Elternhaus nicht abbricht, aber ebenso wenig im Gegenraum der Revolution, der Inflation und der Arbeitslosigkeit aufgeht, obwohl auch er als versuchbar durch erotische und materielle Glücksgüter vorgeführt wird. Er ist einer von Falladas typischen ‚Kleiner Mann'-Charakteren, der sich um Frau und Kind sorgen muss, weil er aus Rationalisierungsgründen seine Stellung bei der Bank verliert (vgl. Fallada 1938, 525–529). Wenn er am Ende durch den Leutnant von Ramin zu den Nazis statt eine neue, nicht nur für das materielle Überleben so wichtige Arbeit findet, dann erscheint das im Hinblick auf die absteigenden Lebensläufe und das Ideal vom tüchtigen ‚kleinen Mann' längst nicht als gutes Ende.

Stil und Darstellungsverfahren

In *Der eiserne Gustav* kommt dem extradiegetisch-heterodiegetischen Er-Erzähler eine besondere Rolle zu, da er „objektiv, präzis und ohne in die (Re- und Inter-)Aktionen der Helden einzugreifen, aus einer Beobachterposition die Protagonisten, vor allem mithilfe eines dialogischen Textkonstrukts, weniger ‚beschreibt', als sie zum Leben erweckt". Diese Rolle übernimmt der Erzähler ebenso „im Prozess der Annullierung von historischen Elementen" (Brylla 2009, 212), wenn er in den einzelnen Kapiteln die historischen Begebenheiten nur kurz anreißt, ohne sie weiter auszuführen. Fallada nutzt hier die politisch unverfängliche Figur des historischen eisernen Gustav, um ein geschichtliches Panorama der problematischen Fortdauer der Wilhelminischen Ära in der Weimarer Republik (und seit dem „*n*. Schwanz" auch noch im Dritten Reich) zu entwerfen. In narrativer Detailliertheit aus nächster Nähe betrachtet werden die gesellschaftlichen Verhältnisse und Alltagssorgen der ‚kleinen Leute', während die politischen Veränderungen dabei als Randbedingungen dargestellt werden, die sich ihrem Einfluss entziehen. Dies führt zu narrativen Ellipsen, die beispielsweise den Ersten Weltkrieg weitgehend aussparen (vgl. ebd., 205). Trotzdem funktioniert Falladas Roman auch als Geschichtskunde, wenn jedes Kapitel mit einem historischen Ereignis beginnt, das im weiteren Verlauf dann aber keine größere Rolle mehr spielt. So kann Fallada einerseits dem Anspruch der Nazis gerecht werden, eine Geschichte der Weimarer Republik zu schreiben, ohne sich andererseits zu tief in die Verfänglichkeit politischer Stoffe zu begeben. Zachau verweist auf die typische und historisch genaue Darstellung der Familie Hackendahl sowie der gesellschaftlichen Lage der „kleinen Leute", die „besonders im Gefolge der Inflation den Ereignissen völlig hilflos gegenüber [standen] und in ihrer Hilflosigkeit wesentlich mehr zum Verständnis dieser Zeit beitragen [können] als die ideologisch gefestigten Klassen der Großbourgeoisie und des Arbeitertums." (Zachau 1990, 161f.)

Dabei begegnen die für Fallada typischen Szenensprünge, die einerseits die Erzählgeschwindigkeit erhöhen, andererseits eine gewisse Rechtfertigung für die nur oberflächliche bzw. ganz ausgesparte Darstellung einzelner historischer Ereignisse ermöglichen (vgl. Brylla 2009, 206). Die Erzählweise ist fast ausschließlich chronologisch linear, die Ausnahme bilden wenige Analepsen (vgl. Fallada 1938, 280ff.) und Prolepsen: „Und er hatte recht. Er erfuhr die Wahrheit noch – sie belog ihn nicht" (ebd., 244). Hier wechselt die sonst überwiegend intern fokalisierte Erzählung in die Übersicht.

Vergleicht man *Der eiserne Gustav* mit Falladas vorhergehendem Roman *Wolf unter Wölfen*, so stellt man fest, dass avancierte und autorentypische Darstellungsverfahren zwar zurückgenommen, in den wesentlichen Grundzügen aber auch hier vorhanden sind. Spürbar wird der Tempuswechsel von Präsens und Präteritum. Er dient der Dramatisierung des Erzählens, die sich zudem den erzählerisch kaum vermittelten Dialogen verdankt: So wird das Gespräch zwischen Heinz und dem Beamten, der ihn der Schwarzarbeit bezichtigt, im Präsens wiedergegeben, weil Heinz sich Laufe des Gesprächs immer mehr aufregt; gegen Ende des Streits geht die Erzählung wieder ins Präteritum über und kurz darauf ist „seine Wut fast verraucht" (vgl. Fallada 1938, 610). Mit der meist intern fokalisierten Erzählweise ist ein regelrechtes Springen der Fokalisierung von einer Figur auf die andere verbunden, das dem Erzählstil Falladas seine einzigartige, wiedererkennbare und leserbindende Färbung verleiht. Auffällig ist, dass zwar die erlebte Figurenrede weiterhin Verwendung findet, wenn auch im Vergleich mit *Wolf unter Wölfen* deutlich seltener, Stilmittel wie der *stream of consciousness* allerdings nicht mehr anzutreffen sind.

Zu unterstreichen bleibt, dass sich in *Der eiserne Gustav* eine Rücknahme darstellerischer Mittel der literarischen Moderne beobachten lässt. Der Grund dafür ist zumeist in den repressiven politischen Umständen gesucht worden und in den Schwierigkeiten, die Fallada im NS-Regime bereits mit vorhergehenden Publikationen hatte. Das Wegfallen komplexer Verfahren einer literarischen Moderne, die durch die Avantgarden hindurchgegangen ist, mag aber auch damit zu tun haben, dass Fallada diesmal von Beginn an auf die Realisierung im Tonfilm hinschreibt. Diese Reduzierung der Mittel ist jedoch nicht gleichzusetzen mit einem Verlust an epischer Breite. Dafür steht das gesellschaftliche, vor allem auch kulturelle und mentalitäre Panorama, das Fallada vom Übergang aus dem Wilhelminismus in die Weimarer Republik zeichnet ebenso wie seine detaillierte sozialpsychologische Beschreibung der für ihn typischen ‚kleinen Leute' und deren Entwicklung in den im Roman dargestellten 14 Jahren. *Der eiserne Gustav* ist darüber hinaus noch immer auch ein Berlin-Roman, dessen Autor es versteht, das Porträt einer Großstadt und ihrer Bewohner zu entwerfen, in dem sich der Zeitgeist und das Lebensgefühl, durch naturalistische und neu-sachliche Verfahren authentifiziert, widerspiegeln sollen.

Zwei Bearbeitungen von fremder Hand

Der Roman ist als Schlüsseltext betrachtet worden, wenn es darum geht, die Verstrickungen eines Autors im Dritten Reich nachzuzeichnen und zu bewerten, der nicht emigrieren wollte. Überlagert ist diese Auseinandersetzung von der nicht wenig widersprüchlichen Aneignung Falladas in den beiden deutschen Staaten nach 1945, die im Zeichen je unterschiedlicher Fallada-Bilder erfolgte (Häntzschel/Hummel/Zedler 2009, 70f.). Nach dem Tod Falladas gibt es zwei Versuche, den Roman *Der eiserne Gustav* in seiner ursprünglichen, vom Autor zuerst intendierten Form (gemeint ist damit das verlorene erste Manuskript *Ein deutsches Schicksal*) zu rekonstruieren: 1958 durch Peter W. Tügel in der BRD und 1962 durch Günter Caspar in der DDR.

Die Prämisse beider Unternehmen war, dass es mit dem ersten Manuskript *Ein deutsches Schicksal* eine nicht von NS-Einflüssen kontaminierte Fassung gegeben haben müsse, auf die eine maximal von NS-Einflüssen verfälschte zweite Fassung *Ein Mann hält aus* gefolgt sei. Der Erstdruck *Der eiserne Gustav* von 1938 sei demgegenüber eine reduziert kontaminierte Fassung, woraus die beiden Bearbeiter Tügel und Caspar die Lizenz ableiten, diese dritte Fassung noch weiter, als es durch Fallada, die Rowohlt-Lektoren und Ernst Rowohlt geschehen sei, dem ersten Manuskript anzunähern. Nun ist bereits an der Prämisse insofern zu zweifeln, als auch in das erste Manuskript für die Tobis bereits Falladas Erfahrungen in der NS-Zeit mit eingeflossen sind. Diese Erfahrungen umfassen durchaus nicht nur die negativen Reaktionen auf seine früheren Romane, sondern umgekehrt auch die Zustimmung, die seine Texte erfahren haben und die sich im Interesse von Jannings und im Auftrag der Tobis ebenfalls spiegelt. Die Versuche, den ‚eigentlichen' und politisch und moralisch ‚besseren' Text wiederherzustellen, sind also immer durch eigene ideologische Interessen der Bearbeiter überformt. Da sich in Falladas Nachlass weder das handschriftliche Manuskript noch die Maschinenabschrift der ersten Fassung findet, kann diese ursprüngliche Fassung ohnedies nicht wiederhergestellt werden (vgl. Studnitz 1997, 306). Die Bearbeitungen haben also dazu geführt, dass es neben den verlorenen ersten beiden Fassungen für die Tobis und der von Fallada herrührenden Fassung des Erstdrucks von 1938 zwei postume Bearbeitungen von fremder Hand gibt. Im Buchhandel zugänglich und die öffentliche Wahrnehmung prägend ist die 1962 erstmals publizierte DDR-Bearbeitung von Günter Caspar.

Rekonstruktion durch Peter W. Tügel

Tügels Vorgehen besteht darin, den Nazi-Schluss zu streichen und insbesondere diejenigen Stellen zu entschärfen, die Sozialdemokraten und Kommunisten in einem schlechten Licht erscheinen lassen. Allerdings erfolgt dieser Eingriff in den Roman willkürlich und ohne Rückgriff auf Forschungsergebnisse, wie Studnitz belegen kann. Tügel schreibt nicht nur um, sondern verfasst auch selbst Passagen, die auf keiner Quelle von Fallada gründen. Ein Beispiel für diese Intervention ist die Figur des Dr. Meier, des Gönners von Erich Hackendahl, aus der in der Fassung Tügels zwei Charaktere werden: ein hinterhältiger Notar und ein harmloser Reichstagsabgeordneter (vgl. Studnitz 1997, 306). In der ZEIT wird der „Übereifer" moniert, „mit dem heikle oder vermeintlich heikle Passagen ausgemerzt wurden", und daher die Linie zwischen „Redigierung und Verfälschung" als überschritten betrachtet (Schonauer 1958, 6). Sich auf Schonauer beziehend, kritisiert auch Günter Caspar die Vorgehensweise Tügels, da dieser sie nicht begründe und die Trennlinie zwischen Redigieren und Verfälschen verwische (vgl. Caspar 1962a, 762f.).

Rekonstruktion durch Günter Caspar

1962 erscheint im Auftrag des Aufbau Verlags die Edition *Hans Fallada. Ausgewählte Werke in Einzelausgaben* auf der Basis eingehender Forschung, herausgegeben von Günter Caspar. Band 6 der Reihe präsentiert eine ‚entnazifizierte' Fassung von *Der eiserne Gustav*. Hervorzuheben sind an dieser Ausgabe das ausführliche Nachwort, in dem Caspar seine Vorgehensweise detailliert erläutert, zudem die angehängten Kapitel aus der Fassung der Erstausgabe, die dem Leser einen umfangreichen Einblick in das Zustandekommen sowohl der von Caspar verantworteten Ausgabe als auch in die Hintergründe der Entstehungsgeschichte des Romans ermöglichen sollen (vgl. Arnöman 1998, 19).

So beschreibt Caspar in diesem Nachwort, dass sich in Falladas Nachlass weder die Handschrift noch die Maschinenabschrift des ersten Manuskripts *Ein deutsches Schicksal* findet, jedoch die handschriftliche Fassung des Nazi-Schlusses. Im Fallada-Haus in Carwitz entdeckte er zudem „einige Verzeichnisse und Notizen". Erst aufgrund dieser Funde hält es Caspar für möglich, das erste Manuskript wiederherzustellen (vgl. Caspar 1962a, 762). Doch auch seine Ausgabe orientiert sich nicht an den Standards einer historisch-kritischen Edition, die alle relevanten Traditionsträger in einem Apparat genau zu dokumentieren und jeden Eingriff im Detail nachvollziehbar zu machen hätte. Insofern kann die Rekonstruktion von *Der eiserne Gustav* anhand der Ausführungen Günter Caspars bestenfalls als Vorarbeit gelten.

Caspar führt insbesondere drei Archivalien an: Er nennt ein „Oktavverzeichnis", welches das Inhaltsverzeichnis der Handschrift einschließlich Kapitelüberschriften,

Szenennummern, Szenentitel und Seitennumerierung umfasst; weiterhin das „Arbeitsverzeichnis", ebenfalls ein Inhaltsverzeichnis, das aber vor allem hinsichtlich der Szenentitel vom „Oktavverzeichnis" abweicht; schließlich die „neue Handschrift", die den neuen Schluss des Romans zum Inhalt hat (vgl. Caspar 1962b, 815f.). Der relevanteste Unterschied zwischen beiden Verzeichnissen besteht darin, dass das Oktavverzeichnis einige Szenen beinhaltet, die im Arbeitsverzeichnis nicht mehr vorkommen. Es lässt sich allerdings nicht mehr feststellen, ob Fallada die Streichungen der Szenen von sich aus vornahm oder erst auf Anraten des Verlags und seiner Lektoren. Für Caspar handelt es sich jedenfalls um „ziemlich geringfügige redaktionelle Eingriffe" Falladas (ebd., 817f.).

Durch den Vergleich der gefundenen Archivalien konnte Caspar herausarbeiten, dass „die Szenen 15 bis 17 des Siebenten, die den Heinz Hackendahl betreffenden wenigen Passagen des Achten Kapitels und das ganze Neunte Kapitel" den Nazi-Schluss ausmachen (Caspar 1962a, 763). Das Problem besteht nun für Caspar darin, diesen Schluss vom Ursprungstext zu trennen, zumal sich dieser nicht als schlicht angehängt herausstellt, sondern „als ein mit dem ursprünglichen Manuskript enger verwobener Schluß, der nicht bloß *abzuschneiden* war" (ebd., 764). Caspar findet nämlich Anhaltspunkte, „daß das Ursprungsmanuskript auch sonst noch im Sinne des Nazischlußes verändert worden sein mußte" (ebd., 765). Zu nennen ist hier beispielhaft der Konflikt zwischen Erich und Heinz, welcher in der Handschrift als ausufernd dargestellt ist und daher von Anfang an scharf angelegt sein musste (vgl. ebd., 765). Bei dem Versuch der Rekonstruktion des Originaltexts musste dies berücksichtigt werden; der Nazi-Schluss konnte nicht ohne Eingriffe in den vorhergehenden Text einfach entfernt werden. Caspars Vorgehensweise besteht dann darin, den Nazi-Schluss zu streichen, das 7. Kapitel wiederherzustellen (was jedoch nur bedingt möglich ist, da von der ursprünglichen Szene 15 an nur die Überschriften erhalten sind) und „solche politischen Entgleisungen [zu entfernen], die dem nazistischen ‚Geschichtsbild' entsprechen, wobei eben von der Handlungsführung der Handschrift ausgegangen und von ihr aus rückgeschlossen" wird (ebd., 765).

Die Streichungen Caspars umfassen dabei allerdings auch Stellen, die für das spezifische Geschichtsmodell von Falladas Roman charakteristisch sind, und zwar auch dort, wo es sich mit der NS-Version überschneidet. Fallada geht nämlich nicht deduktiv vor und illustriert dann seine vorgängige Vorstellung. Er leitet vielmehr die große Geschichte, die ‚gleichzeitig' miterzählt wird, von sozialpsychologischen, ja psychopathologischen Befindlichkeiten bei den ‚kleinen Leuten' ab. Am Ende der 8. Szene des von Caspar gar nicht inkriminierten 5. Kapitels findet sich eine signifikante Streichung (vgl. Fallada 1978, 301). Hier legt die Erzählinstanz durch Parallelisierung von Heinz Hackendahls erotischer Hörigkeit gegenüber der Französin Tinette – „Ein Sklave hat keinen Besitz. Seine Demütigung, seine Schmach – sie waren sein Besitz, seine Lust" – mit einer verbreiteten deutschen Mentalität den Schluss nahe, dass sich die harten Bedingungen beim Friedensschluss nach dem Ersten Weltkrieg diesem ‚Masochismus' verdanken:

> Zur selben Stunden gab es Leute in Berlin, Männer in den deutschen Landen, Männer, älter als er, erfahrener als er, die konnten nicht laut genug schreien: Deutschland trägt die Alleinschuld am Kriege! Deutschland hat den Krieg verloren! Der Besiegte muß sich unter das Joch des Siegers beugen, und dieses Joch muß schwer sein, denn unsere Schuld ist ungeheuer!

O nein, Heinz Hackendahl steht nicht allein mit seiner Schmach – er hat willige Gefährten, die Lust zu leiden ist eine weiterverbreitete Krankheit in diesen Tagen! (Fallada 1938, 360)

Sieht man Caspars Praxis hierbei etwa zusammen mit den nicht im Einzelnen nachgewiesenen Eingriffen in *Die Kuh, der Schuh, dann du* „zugunsten der Lesbarkeit" (Caspar 1993, 539), dann scheint eine Neuedition auch von *Der eiserne Gustav* nach historisch-kritischen Maßstäben dringend geboten, will man dem komplexen Entstehungs- und Umarbeitungsprozess gerecht werden.

Der Nazi-Schluss in der Fassung von 1938

Die qualitativ wie quantitativ am stärksten ins Gewicht fallende Abgrenzung zum ersten Manuskript Falladas, wie sie Günter Caspar zu rekonstruieren versucht, besteht im Anhängen des Nazi-Schlusses; weiterhin finden sich einige nachträglich eingestreute Zugeständnisse den Nationalsozialisten gegenüber. Der Nazi-Schluss besteht aus den zusätzlichen Szenen 15 („Ehe ohne Ehe"; Fallada 1938, 613–615), 16 („Panzerkreuzer und Schlägerei"; ebd., 615–627) und 17 („Kameradschaft und Glauben", ebd., 627–636) im 7. Kapitel. Darin beginnt Heinz, sich für die Nationalsozialisten zu begeistern – allerdings nicht aus politischer Überzeugung, sondern als Folge einer zufälligen Begegnung und weil er in den Reihen der Nazis als Kamerad aufgenommen wird (vgl. ebd., 632 f.). Zufällig begegnet Heinz, dem Leutnant von Ramin, der bereits in Kapitel 2, Szene 6 in den Roman eingeführt und dort von Otto Hackendahl aus dem Schützengraben gerettet wird. Der ursprünglichen Veranlagung seines Charakters nicht entsprechend und auch nicht weiter erklärt, ist der Leutnant von Ramin mittlerweile zum Nationalsozialisten geworden und überredet den anfangs skeptischen Heinz, ihn zu begleiten (vgl. ebd., 622–627). Heinz' Frau Irma, die „[z]uerst [...] völlig fassungslos" ist (ebd., 636), kann sich mit der Situation sehr schnell deshalb aussöhnen, weil sie wieder einen glücklichen Ehemann an ihrer Seite hat (vgl. ebd., 636).

Weiterhin besteht der Nazi-Schluss aus dem 9. Kapitel („Dem Ende zu – zum Anfang hin", ebd., 713–738), das in der Fassung von Caspar vollständig gestrichen ist. Dieses enthält fünf Szenen: „1. Mutter stirbt" (ebd., 715–720), „2. Verlorenes Rennen" (ebd., 720–722), „3. Die Jungen ziehen zu dem Alten" (ebd., 722–724), „4. Es geht gut und wird schlecht" (ebd., S. 724–733), „5. Ein Mann hilft dem Manne" (ebd., 733–738). In diesem Kapitel stirbt Auguste Hackendahl, woraufhin der eiserne Gustav zu vereinsamen beginnt und deshalb Heinz und Irma dazu bewegt, bei ihm einzuziehen. Die Situation erweist sich als angenehm für alle; auch der alte Hackendahl macht letztendlich seinen Frieden mit den Nationalsozialisten, als er Heinz und Leutnant von Ramin zu Hilfe eilt und mit einem von der Wand gerissenen Säbel „sechs, acht Gestalten" verjagt, die die beiden Nazis angreifen wollen (vgl. ebd., 737). So endet der Roman mit einem Entgegenkommen des eisernen Gustav, indem dieser in die Hand des Leutnants einschlägt: „Da nimmt der eiserne Gustav die dargereichte Hand, drückt sie und sagt: Also denn: mit euch!" (ebd., 738).

In der von Caspar sogenannten „neuen Handschrift" (vgl. Caspar 1962b, 815 f.) Falladas findet sich der unveröffentlichte Nazi-Schluss, der in das zweite Manuskript für die Tobis eingegangen sein dürfte, auf den Seiten 56 bis 192. In diesem schafft es der eiserne Gustav, seine Tochter Eva aus dem Abhängigkeitsverhältnis von Eugen

4.5 Der eiserne Gustav (1938)

Bast zu befreien und als Küchenhilfe unterzubringen. Zeitgleich mietet sich Erich bei Eugen Bast ein, betrügt ihn um gemeinsam gestohlene Papiere und bringt ihn schließlich um. Dies kostet Heinz jedoch seine geistige Gesundheit (vgl. ebd., 833).

Aufnahme

Die inhaltlichen Zugeständnisse, die Fallada der NS-Diktatur gegenüber in verschiedener Weise macht, haben ihm von Seiten der Literaturwissenschaft scharfe Kritik eingebracht. Georg Lukács hatte ihm schon 1936 vorgeworfen, seinen Frieden mit dem Faschismus machen zu wollen (vgl. Lukács 1980, 71), Caspar konstatiert, das Zugeständnis, den eisernen Gustav zu den Nazis übergehen zu lassen, habe Fallada nichts eingebracht (vgl. Caspar 1988, 183). Studnitz hält es für „noch schlimm genug", was 1938 schließlich, bereits ansatzweise von nazistischem Gedankengut bereinigt, als Roman erscheint (Studnitz 1997, 303).

Während dies für Studnitz also „ein Sündenfall und ein kaum nachvollziehbarer Kotau vor den Machthabern" (ebd., 302) bleibt, finden sich jedoch auch Stimmen, die sich dieser starken Kritik nicht anschließen, weil sie berücksichtigen, dass die repressiven Umstände, unter denen *Der eiserne Gustav* entsteht, eine neutralere Schreibweise nicht zulassen konnten. Lutz Hagestedt bringt gerade Falladas Kritikern Kritik entgegen und wirft ihnen vor, die Umstände der Zeit nicht zur Genüge zu berücksichtigen (vgl. Hagestedt 2011, 217). Ähnlich verteidigt Koburger den Autor, denn „seine Entscheidung kann nur beurteilt werden, wenn man die Komplexität der Ereignisse und die sich daraus ergebenden persönlichen Risiken heranzieht." (Koburger 2015, 550) Dennoch scheinen sich Kritiker wie Verteidiger Falladas mit seinen beiden ersten Editoren Tügel und Caspar darin einig zu sein, dass sowohl der Roman von der NS-Ideologie mehr oder weniger weitgehend bestimmt ist als auch *nolens volens* eine Hinwendung des Autors zum Nationalsozialismus dokumentiert.

Dabei wird eine dritte Möglichkeit außer Acht gelassen, nämlich dass es von vornherein Schnittklassen zwischen den Ansichten einiger NS-Vertreter auf der einen und Fallada, seinem Verleger und seinen Lektoren auf der anderen Seite gegeben hat (vgl. Oels 2013). Darüber hinaus war Fallada offenbar nur zu gut in der Lage, seinen Unwillen gegen ihm missliebige Interventionen in sein Schreiben im Roman selbst camoufliert einzuflechten. Mehr noch sind Analyse und Interpretation der Textsemantik, der erzählten Geschichten und vor allem der literarischen Anthropologie des Romans über diesen Versuchen, Fallada entweder für den Schuld- oder den Opferdiskurs zu vereinnahmen, zu sehr in den Hintergrund geraten. Jedenfalls untersucht auch dieser Roman, inwiefern neben der überwiegenden Mehrzahl seiner dargestellten Figuren auch „die Zeit krank" (Fallada 1938, 231) ist. Es ist dabei mitzudenken, dass diese im Weltkrieg jugendlichen, in der Weimarer Zeit jungen Figuren 1938 ja die maßgebliche Generation ausmachen.

Literatur

Arnöman 1998: Arnöman, Nils: „Ach Kinder ...". Zur Rolle des Kindes und der Familie im Werk Hans Falladas, phil. Diss. Stockholm 1998.

Brylla 2009: Brylla, Wolfgang: Das neusachliche Erzählen in Hans Falladas *Der Eiserne Gustav*. In: Studia Niemcoznawcze 41 (2009), S. 201–213.

Caspar 1962a: Caspar, Günter: Nachwort. In: Fallada, Hans: Der eiserne Gustav. Ausgewählte Werke in Einzelausgaben, Bd. 6, hg. von Günter Caspar, Berlin (Ost)/Weimar 1962, S. 755–813.
Caspar 1962b: Caspar, Günter: Zum Text. In: Fallada, Hans: Der eiserne Gustav. Ausgewählte Werke in Einzelausgaben, Bd. 6, hg. von Günter Caspar, Berlin (Ost)/Weimar 1962, S. 815–837.
Caspar 1988: Caspar, Günter: Zwischen Roman und Konfession. In: Ders.: Fallada-Studien, Berlin (Ost)/Weimar 1988, S. 183–283.
Caspar 1993: Caspar, Günter: Zu Falladas Frühwerk. In: Hans Fallada: Falladas Frühwerk in zwei Bänden, Bd. 2: Frühe Prosa. Erzählungen, hg. von G. C., Berlin (Ost)/Weimar 1993, S. 423–536.
Conrad 1990: Conrad, Andreas: Die Legende vom *Eisernen Gustav*. Hans Fallada und der berühmteste Berliner Droschkenkutscher. In: Ders.: Dichter, Diven und Skandale. Berliner Geschichten, Berlin 1990, S. 127–132.
Distelmeyer 2003: Distelmeyer, Jan (Hg.): Tonfilmfrieden/Tonfilmkrieg. Die Geschichte der Tobis vom Technik-Syndikat zum Staatskonzern, München 2003.
Fallada 1938: Fallada, Hans: Der eiserne Gustav, Berlin 1938.
Fallada 1958: Fallada, Hans: Der eiserne Gustav, hg. und bearbeitet von Peter W. Tügel, Hamburg 1958.
Fallada 1962: Fallada, Hans: Der eiserne Gustav. Ausgewählte Werke in Einzelausgaben, Bd. 6, hg. von Günter Caspar, Berlin (Ost)/Weimar 1962.
Fallada 1978: Fallada, Hans: Der eiserne Gustav, Reinbek bei Hamburg 1978. [Diese Ausgabe folgt der erstmals im Aufbau Verlag Berlin (Ost)/Weimar 1962 von Günter Caspar herausgegebenen Fassung des Romans].
Fallada 2008: Fallada, Hans: Ewig auf der Rutschbahn. Briefwechsel mit dem Rowohlt Verlag, hg. von Michael Töteberg und Sabine Buck, Reinbek bei Hamburg 2008.
Fallada 2009: Fallada, Hans: In meinem fremden Land. Gefängnistagebuch 1944, hg. von Jenny Williams und Sabine Lange, Berlin 2009.
Hagestedt 2011: Hagestedt, Lutz: „Sehr viel wahrer ist in Deutschland seither nicht geschrieben worden." Forschungs- und Tagungsbericht. In: Hans Fallada. Autor und Werk im Literatursystem der Moderne, hg. von Patricia Fritsch-Lange und Lutz Hagestedt, Berlin/Boston 2011, S. 215–232.
Häntzschel/Hummel/Zedler 2009: Häntzschel, Günter/Hummel, Adrian/Zedler, Jörg: Deutschsprachige Buchkultur der 1950er Jahre. Fiktionale Literatur in Quellen, Analysen und Interpretationen, Wiesbaden 2009.
Lukács 1980: Lukács, Georg: Hans Fallada – Die Tragödie eines begabten Schriftstellers unter dem Faschismus. In: Sammlung. Jahrbuch für antifaschistische Literatur und Kunst 3 (1980), S. 59–71.
Manthey 1963: Manthey, Jürgen: Hans Fallada in Selbstzeugnissen und Bilddokumenten, Reinbek bei Hamburg 1963.
Menke 2000: Menke, Silvia: Schreiben als Daseinsbewältigung. Die Bedeutung literarischer Produktivität für Hans Fallada und Gottfried Keller, Aachen 2000.
Nowak 1998: Nowak, Piotr: Nowak, Piotr: Das deutsche Selbstverständnis in der Zeit des Ersten Weltkrieges und der darauffolgenden Jahre anhand des Romans *Der eiserne Gustav*. In: Nationale Identität. Aspekte, Probleme und Kontroversen in der deutschsprachigen Literatur, hg. von Joanna Jabłkowska und Małgorzata Półrola, Łódź 1998, S. 164–172.
Oels 2013: Oels, David: Rowohlts Rotationsroutine. Markterfolge und Modernisierung eines Buchverlags vom Ende der Weimarer Republik bis in die fünfziger Jahre, Essen 2013.
Schönert 2011: Schönert, Jörg: Krisen, Kriminalität und Katastrophen. Falladas Lebensläufe nach abfallender Linie. In: Hans Fallada. Autor und Werk im Literatursystem der Moderne, hg. von Patricia Fritsch-Lange und Lutz Hagestedt, Berlin/Boston 2011, S. 153–167.
Schonauer 1958: Schonauer, Franz: Falladas retuschiertes Morgenrot. Man kennt den eisernen Gustav jetzt kaum wieder. In: Die Zeit. Wochenzeitung für Politik, Wirtschaft, Handel und Kultur 13 (1958), Nr. 26, 26.6.1958, S. 6.

Studnitz 1997: Studnitz, Cecilia von: „Es war wie ein Rausch". Fallada und sein Leben, Düsseldorf 1997.

Turner 2003: Turner, Henry Ashby: Hans Fallada for Historians. In: German studies review 26 (2003), Nr. 3, S. 477–492.

Williams 2002: Williams, Jenny: Mehr Leben als eins. Hans Fallada. Biographie. Aus dem Englischen von Hans-Christian Oeser, Berlin 2002. [Originalausgabe: More Lives than One. A Biography of Hans Fallada, London 1998.]

Zachau 1990: Zachau, Reinhard K.: Hans Fallada als politischer Schriftsteller, New York/Bern/Frankfurt a. M./Paris 1990.

4.6 *Kleiner Mann, Großer Mann – alles vertauscht* oder *Max Schreyvogels Last und Lust des Geldes* (1940)

Alice Hipp/Silvia Woll

Entstehung und Veröffentlichung

„Hier geht so alles seinen alten Trott. Es ist ein bisschen langweilig, rechten Trieb zum Arbeiten habe ich nicht. [...] *Kleiner Mann, grosser Mann* lockt noch nicht recht." (Fallada/Ditzen 2007, 356) Nach diesem Brief an seine Frau Anna am 1. Oktober 1937 nimmt Fallada die Arbeit am Roman *Kleiner Mann, Großer Mann – alles vertauscht* tatsächlich erst über ein Jahr später wieder auf. Wann genau die Idee und erste Arbeiten dazu entstanden sind, ist nicht eindeutig geklärt. So könnte ein Brief Falladas vom 13. Mai 1937 an Rowohlt auf einen erheblich früheren Entstehungsbeginn hinweisen:

> Ich habe im Drange der Geschäfte ganz vergessen, daß ich aus der *Kleinen Mann*-Fortsetzung ja noch einen Roman liegen habe, von dem ich schon drei Kapitel geschrieben habe. Sie sehen es ist ein akuter Fall von Füllfederdurchfall! (zit. nach Fallada 2008, 230)

Dass Fallada hier über *Kleiner Mann, Großer Mann* spricht, erscheint plausibel aufgrund der zeitlichen Nähe zum zitierten Brief an seine Frau, ferner aufgrund der thematischen Anklänge des Romans an *Kleiner Mann – was nun?* (1932). Die Arbeit am Manuskript setzt Fallada im Januar 1939 fort; bereits im März reist Frau Meisel als Schreibkraft zum Erstellen des Typoskripts nach Carwitz, wo das Diktat am 26. April abgeschlossen wird (vgl. Williams 2002, 267; Fallada 2008, 295). Entgegen den Erwartungen seines neuen Verlegers Kilpper wird das Manuskript jedoch nicht unverzüglich nach Berlin gesendet. Fallada hat verschiedene Bedenken, sein neues Buch freizugeben: Zunächst müsse „der Roman noch stark umgearbeitet werden", da es ihm wider seine Absicht nicht gelungen sei, „ein ‚heiteres' Buch [zu] schreiben" (Fallada an Kilpper am 16. April 1939, zit. nach Fallada 2008, 292). Darüber hinaus mahne ihn „die völlig ungerechte Beurteilung" (ebd.) seines zuvor erschienenen Romans *Der eiserne Gustav* (1938) zur Vorsicht, so dass er sich zunächst die Begutachtung des Manuskripts durch den Lektor Friedo Lampe erbittet. Zum ersten Mal zögert Fallada die Abgabe eines Manuskripts hinaus. Er lässt es „erst einmal etwas liegen" und macht „eine kleine Erholungsreise [...], um Abstand zu gewinnen"

(Fallada an Kilpper am 27. April 1939, zit. nach Fallada 2008, 295). Am 27. Mai geht das Manuskript schließlich bei der Deutschen-Verlags-Anstalt (DVA) ein (vgl. Williams 2002, 269) und wird von Kilpper und dem Verlagsmitarbeiter Ledig begeistert aufgenommen. Obwohl Fallada ausdrücklich vermerkt, das Manuskript sei ein nicht für den Druck freigegebenes Lektüreexemplar (vgl. Fallada 2008, 300), informiert Ledig ihn in seinem Antwortschreiben vom 6. Juni 1939 über Details zum Druck und verkündet, „daß das Buch auch wirklich im Frühherbst bei guter und sorgfältiger Vorpropaganda erscheinen kann" (ebd., 298). Daraufhin „kommt es zu einer erbitterten Auseinandersetzung" (ebd., 305). Fallada benennt weitere Gründe, warum er das Manuskript nicht freigibt: Einen erneuten Misserfolg, schlechte Presse und Hetze gegen ihn könne er sich „weder im Interesse [s]einer Arbeitslust, noch in Anbetracht [s]einer Finanzen" leisten (an Ledig am 8. Juni 1939, zit. nach Fallada 2008, 301). Als Richtschnur für die Veröffentlichung des Buches soll der Vorabdruck dienen:

> Ich schlage vor, daß Sie, falls Herr Dr. Kilpper einverstanden ist, erst einmal versuchen, einen Vorabdruck unterzubringen, während ich mich hier an die Umarbeitung mache. [...] Schlagen die Vorabdrucksversuche fehl, so zeigt das klar, daß der Wind noch immer aus der alten bösen Ecke weht, und dann ist Warten entschieden das Beste. Erzielen wir aber einen Vorabdruck – ich denke dabei natürlich nur an ein Ergebnis, das nach Art des Erscheinens und Höhe der Honorierung ins Gewicht fällt –, so haben wir ja noch immer völlig Zeit für Druck und Ausstattung. (zit. nach Fallada 2008, 301 f.)

Am 16. Juni 1939 schaltet sich Kilpper ein und bittet Fallada, „da oder dort noch kleine Retuschen vor[zu]nehmen [...], so daß beim Leser kein bitteres Gefühl auf der Zunge zurückbleibt" (ebd., 303). Abgesehen davon gibt es von Verlagsseite keine Bedenken.

Erstdruck in *Die Dame*

Im Juli 1939 werden erste Verhandlungen mit dem seit 1912 zum 1934 arisierten Ullstein-Konzern gehörenden Modemagazin *Die Dame. Illustrierte Mode-Zeitschrift* geführt (vgl. Williams 2002, 269), das 1935 Falladas Erzählung *Die verlorenen Grünfinken* gedruckt hatte (vgl. Caspar 1991, 595 f.). Die vierzehntägig erscheinende Zeitschrift ist international anerkannt und auflagenstark. Neben „Maulwurf-Journalismus" (Ferber 1980, 14) riskiert sie „Vorabdrucke von Romanciers, die nicht gern gesehen waren" (ebd.), und gilt dem Regime „als leicht verdächtig" (ebd.). Die Redaktion besteht auf einer Titeländerung zu *Himmel, wir erben ein Schloß. Ein heiterer Roman von Hans Fallada*, die vom Autor akzeptiert wird, und druckt den Roman, beginnend mit dem ersten Augustheft 1939 (Nr. 17), in zehn Fortsetzungen bis Jahresende (zweites Dezemberheft, Nr. 26). Überraschend und bemerkenswert ist die in einer Art Handschrift rot gedruckte Ankündigung „Neuer Roman von Fallada!" auf der Titelseite der ersten Augustnummer am oberen rechten Rand direkt neben der blau gesetzten Titelleiste „Die Dame. Heft 17/Preis 1 Mark", da das Cover der Zeitschrift gewöhnlich nur aus einem ganzseitigen Titelbild und dem Zeitschriftentitel besteht. Zusätzlich zur ersten Fortsetzung findet sich in Heft Nr. 17 als erster Beitrag eine „kleine Einführungsreportage" (Liersch 1993, 313 f.) mit dem Titel *Zu Besuch bei Hans Fallada. Dem Autor unseres neuen Romans „Himmel, wir erben ein Schloß"*.

Fallada wird hier in den insgesamt fünf Fotografien idyllisch verklärt im Kreis seiner Familie, beim Vorlesen oder in der Natur und am See in Carwitz gezeigt. Damit korrespondiert die Präsentation des Romans, der mit einer viertelseitigen Zeichnung von A. Schäfer-Ast eingeleitet wird. Sie zeigt ein in einem Boot dahintreibendes Paar vor dem Hintergrund eines Schlosses.

Buchausgabe

Die Buchausgabe erscheint im März 1940 unter dem auf Falladas Erfolgsroman anspielenden Titel *Kleiner Mann, Großer Mann – alles vertauscht oder Max Schreyvogels Last und Lust des Geldes. Ein heiterer Roman*. Von den 12 000 vorbestellten Exemplaren kann aufgrund der Bewilligungspflicht für Papier zunächst nur die Hälfte gedruckt werden (vgl. Williams 2002, 276). Drei weitere Auflagen, insgesamt 25 000 Exemplare, erscheinen bis Jahresende; zwei weitere mit jeweils 5 000 Exemplaren 1941 und 1942 (vgl. Dünnebier 1993, 28f.). Damit erreicht der Roman in den ersten Jahren nach seiner Veröffentlichung sogar einen etwas stärkeren Absatz als *Wer einmal aus dem Blechnapf frißt* (1934), *Wolf unter Wölfen* (1937) und *Der ungeliebte Mann* (1940). Nach einem Vorschlag Ledigs werden Schutzumschlag und Einband nicht wie sonst üblich von E. R. Weiß gestaltet (vgl. Fallada 2008, 299), sondern eben von jenem A. Schäfer-Ast, der bereits eine Zeichnung für die Publikation in der *Dame* beisteuerte (vgl. Fallada 1940, 4).

Vergleich der Fassungen

Erstdruck und Buchausgabe unterscheiden sich, neben der Anzahl an Kapiteln (Vorabdruck 41; Buchausgabe 70) und der Gestaltung der Eingangstexte zu den Kapiteln (Vorabdruck stichpunktartig; Buchausgabe ausformuliert), vor allem im Romanende. Der Erstdruck schließt mit der Aussicht auf das zukünftig erneut idyllische Leben in Glück und Harmonie, nachdem die Hindernisse, die das Erbe mit sich brachte, überwunden sind. In der Buchausgabe hingegen wendet sich der Protagonist und Ich-Erzähler noch einmal direkt an seine Nachkommenschaft, fasst das Geschehene sentenzartig zusammen und deutet ein seitdem erfolgreich verlaufenes Leben an, bevor er sich mit dem Gruß „Auf Wiedersehen!" verabschiedet, womit der Roman schließt. Die Erzählung in der Fassung der Buchausgabe verbleibt also in der rückblickenden Perspektive und lässt das hoffnungsvolle, aber noch offene Ende des Erstdrucks als Gewissheit eintreten, so dass eine geschlossene Form entsteht.

Forschung

Zu *Kleiner Mann, Großer Mann* gibt es bislang keine Einzelforschung. Einen ersten Ansatz, den Roman im Kontext von Falladas Gesamtwerk zu untersuchen, hat Delabar vorgelegt. Er zieht ihn heran, um seine These zu stützen, dass Fallada die Lebensgänge von „machtlose[n] Männern" entweder als „misslingende[ ] Aufstiegsgeschichten" oder als „Abstiegsgeschichten" darstelle (Delabar 2013, 52). Abgesehen davon finden sich lediglich in Forschungsbeiträgen zu Leben und Werk des Dichters Äußerungen – allemal biografisch argumentierende Wertungen – über den Roman.

Durchgängig wird er dabei knapp abgehandelt und zum trivialen Unterhaltungsroman abgewertet, den Fallada, durch das NS-Regime in prekärer Lage sich befindend, lediglich zum Gelderwerb geschrieben habe (vgl. Caspar 1988, 184; Gessler 1976, 127f.; Liersch 1993, 320f.; Studnitz 1996, 316ff.; Williams 2002, 217, 268). Auf biografische Bezüge in *Kleiner Mann, Großer Mann*, die unter anderem durch einen Vergleich mit Falladas autobiografisch geprägtem Roman *Heute bei uns zu Haus* (vgl. Fallada 1990, 7, 35, 38) deutlich werden, verweisen Williams und Gessler: auf die Schwierigkeiten, mit plötzlichem und völlig unerwartetem Reichtum umzugehen zum einen, auf den die Ehe bedrohenden Hang zum Alkoholismus und zum Fremdgehen, auf Steuerprobleme und das Misstrauen gegenüber Finanzberatern zum anderen (vgl. Williams 2002, 268; Gessler 1976, 127). Williams verweist ferner auf reale Vorbilder von topografischen Beschreibungen und Figurennamen (vgl. Williams 2002, 268).

Inhalt und Struktur

In beiden Fassungen von *Kleiner Mann, Großer Mann* erben der bei der Vira-Versicherungsgesellschaft angestellte Max Schreyvogel und seine Frau Karla, typische ‚kleine Leute' Falladas, von einem verstorbenen Onkel überraschend ein Schloss und sieben Millionen Reichsmark. Allerdings werden sie daraufhin mehr von Geld und Besitz beherrscht, als dass das Erbe ihr Leben erleichtert; insbesondere dem Mann steigen Reichtum, Macht und das Fehlen von Verpflichtungen schnell zu Kopf. Sein Verhalten nimmt hinsichtlich Frauen und Alkohol ausschweifende Züge an, was seine weitsichtige und lebenskluge Frau dazu veranlasst, ihn aus dem Schloss zu verbannen und nach und nach die Auflösung des Besitzes bis hin zur Zwangsversteigerung des gesamten Grundstücks zu erwirken. Max kommt schließlich zur Besinnung und bereut sein Verhalten. Das Glück ist wiederhergestellt, als das Paar wie vor der Erbschaft als Familie ‚kleiner Leute' zufrieden zusammenlebt.

Der Roman, der sich in zwei nahezu gleich große Teile gliedert („1. Teil: Des Geldes Last", „2. Teil: Des Geldes Lust"), ist als Brief angelegt, geschrieben aus der Sicht des sich erinnernden Max Schreyvogel und gerichtet an seine im Text nicht genannten Nachfahren. Diese Erzählsituation – der ganze Roman ist bestimmt durch die retrospektive Sicht des Ich-Erzählers – ist für Fallada bis dahin ungewöhnlich: Neben *Kleiner Mann, Großer Mann* ist nur noch *Der Trinker* (1944) als Roman zu nennen, in dem Fallada einen Ich-Erzählers einsetzt.

Literarische Verfahrensweisen

Im Vergleich zu den vorhergehenden Romanen Falladas erscheinen die avancierten darstellerischen Mittel modernen Erzählens auf den ersten Blick zurückgenommen, bedingt durch den Ich-Erzähler und damit eine Erzählform, die eigenwillige Doppelungen zwischen Involviertsein und Distanznahme aus einer Erzählperspektive ‚von hinten' im Blick auf das abgeschlossene Geschehen ermöglicht. Während die Erzählverfahren in Falladas Romanen bislang stets darauf abzielten, ganz nahe an den Figuren sowohl in ihren inneren Wahrnehmungen und Überlegungen als auch in der Darstellung ihres äußeren Verhaltens zu sein, erlaubt die Ich-Erzählung eine doppelte Perspektive: die unmittelbare Nachzeichnung einer fehlerhaften Verstrickung und gleichzeitig die Darstellung der abschließenden Heilung von diesem Fehlverhalten

4.6 Kleiner Mann, Großer Mann – alles vertauscht (1940)

aus der Sicht des Geheilten. Fallada nutzt diese Erzählweise, um ein zum Schluss überwundenes Fehlverhalten des Mannes gegenüber seiner einsichtigen Frau retrospektiv zu erzählen. Nicht stattfinden kann dagegen der Wechsel zwischen personalen Figurenperspektiven für die multiperspektivische Beleuchtung eines Geschehens; auch Verfahrensweisen wie die transponierte Figurenrede, der autonome innere Monolog oder der *stream of consciousness*, die Fallada besonders noch in *Wolf unter Wölfen* (1937) einsetzt, stehen einem Ich-Erzähler nicht zur Verfügung.

Auch in *Der Trinker* nutzt Fallada die Ich-Erzählung für den nachzeichnenden Bericht einer Verfallsgeschichte, hier aber mit tödlichem Ausgang, während sich in *Kleiner Mann, Großer Mann* in Übereinstimmung mit Komödienverfahren zum guten Schluss die Einsicht in die eigenen Fehler durchsetzt. Entsprechend sind in *Kleiner Mann, Großer Mann* auch keine literarischen Verfahren wie die Leitmotivik zu bemerken, die den nullfokalisierten heterodiegetischen Er-Erzähler voraussetzen, der künstlerische Mittel für bestimmte Darstellungszwecke nutzt, während ein Ich-Erzähler davon gerade absehen muss, will er den Eindruck eines authentischen Erfahrungsberichts geben.

Begünstigt werden durch das hier vorliegende Erzählen ‚von hinten' im Rückblick auf den gesamten Handlungsverlauf indes etliche Erzählerkommentare, die teilweise auch als Prolepsen zu deuten sind (vgl. Fallada 1940, 26, 56, 387). Kapitel 32 funktioniert dabei als durchaus selbstbezügliche Leseranrede, indem im Vorspanntext der Hinweis gegeben wird, dass „der eilige Leser" dieses „Kapitelchen" „ohne Schaden überschlagen" kann (ebd., 185). Unterbrechungen dieser Art stellen aber Ausnahmen zur ansonsten durchgängig chronologisch geordneten Erzählung dar. Gelegentlich kommen dabei auch Mitteilungen vor, die in Klammern gesetzt sind, so dass sie dem Leser den Eindruck vermitteln, der Ich-Erzähler wolle einzelne seiner Feststellungen durch solche Einschübe als weniger wichtig markieren und zurücknehmen (vgl. ebd., 109, 234, 323).

Stärker aufgebrochen wird das vergleichsweise konventionelle Erzählen durch den häufigen Wechsel vom Präteritum ins historische Präsens. Dieses Präsens dient meist der Spannungssteigerung und wird eingesetzt, wenn Passagen den Eindruck erwecken sollen, dass sie gerade in diesem Augenblick geschehen, um in dieser Unmittelbarkeit das Miterleben des Lesers zu intensivieren (vgl. ebd., 209–215, 313–320). Sprünge in der Verwendung dieser Tempusformen verweisen aber auch auf die charakterliche Sprunghaftigkeit des Ich-Erzählers Max Schreyvogel und seinen im Laufe des Romans immer ungeregelter werdenden Lebensstil. Je deutlicher die charakterlichen Veränderungen des Protagonisten zutage treten, verstärkt im zweiten Teil des Romans, desto häufiger kommt es zu einem Wechsel der Zeitformen. Insbesondere am Ende des ersten Teils wechselt der Ich-Erzähler ins Präsens in Sequenzen, die sich dem inneren Monolog annähern, indem er damalige Bewusstseinsvorgänge im inneren Räsonnement über Erlebnisse vergegenwärtigt (vgl. Kapitel 34, ebd., 199; Kapitel 45, ebd., 277f.; Kapitel 56, ebd., 329–333). Dieserart Überwältigungen durch vergangene Intensitäten bleiben jedoch eher punktuell, weil die Erzählung meist schnell wieder in den Erzählerbericht und die Mitteilung von Ereignissen zurückkehrt. Dennoch: Punktuell wird von diesem Ich-Erzähler auch das nunmehr vergangene und damit überwundene falsche Leben noch einmal intensiv erlebt, so dass das Präsens dieser Sequenzen von der entsprechend unmittelbaren Vergegenwärtigung von Ereignissen funktional zu unterscheiden ist.

Insofern erweisen sich die Erzählverfahren Falladas auch in diesem Roman als nicht ganz so konventionell, wie es das Urteil, es handle sich um einen bloßen Unterhaltungsroman, erscheinen lässt. Vielmehr nutzt Fallada auch hier die von *Wer einmal aus dem Blechnapf frißt* bis *Jeder stirbt für sich allein* von ihm entwickelte Technik, zwischen personal erzählten Innensichten und Darstellungen von äußerlich beobachtbarem Figurenverhalten in gleitenden Perspektiven zu wechseln. In *Kleiner Mann, Großer Mann* nutzt er diese Möglichkeit, ein vergangenes Innerlebnis des Ich-Erzählers so zu vergegenwärtigen, als ob er es aus der Distanz des Geläuterten noch einmal erlebte. Das ist für eine Ich-Erzählerkonstruktion bemerkenswert und innovativ, weil Fallada hier ein genuin modernes Erzählverfahren wie den inneren Monolog in eine durch die Autobiografie traditionell überlieferte Erwählweise integriert, die solche Verinnerung des Erzählens im Augenblick nicht kennt. Die Erzählverfahren sind insofern nicht distinkt eingesetzt, sondern der Roman verfügt über sie als Kontinuum von Möglichkeiten, wobei der Akzent eher auf der distanzierenden Retrospektive als auf der involvierenden und leserbindenden Mitsicht liegt.

Beim letzten Wechsel ins Präsens (vgl. Kapitel 69, ebd., 393f.) erzählt Schreyvogel von der Nachricht Karlas an ihn, dass das Schloss verkauft ist: „Das Schlimmste ist vorbei, das Gute beginnt neu ..." (ebd., 394). Ein Wechsel ins Präsens lässt sich vorwiegend an Textstellen beobachten, die entweder wie im obigen Beispiel für den Protagonisten von starker emotionaler Bedeutung sind oder in denen der Ich-Erzähler sich an rauschhafte Zustände wie das schnelle Autofahren erinnert. Er verdeutlicht die seinerzeitige Ruhelosigkeit, indem die Distanz zu den Lesern durch Annäherung an den dramatischen Modus aufgehoben wird: zur intensiven Darstellung einer Gefährdung, die aus der Sicht des Ich-Erzählers zwar überwunden ist, die er aber als eben diese Gefährdung im Erzählverhalten zur Warnung noch einmal aufleuchten lässt. Bereits in *Wolf unter Wölfen* (1937) dient der Tempuswechsel einer Darstellung der Schnelllebigkeit, die der Wertverfall des Geldes durch die Inflation verursacht, und der damit einhergehenden Unsicherheiten und Ängste der Figuren. Werden hier die Leser noch zukunftsoffen der bedrohlichen Lage ausgeliefert, dient die punktuelle Vergegenwärtigung solcher Verwirrung in *Kleiner Mann, Großer Mann* vor allem der Beglaubigung der tatsächlichen Gefährlichkeit einer nunmehr überwundenen Gefahr.

In *Kleiner Mann, Großer Mann* lassen sich gerade vor dem Hintergrund dieser Befunde Elemente feststellen, die den Roman in die Nähe der Komödie rücken: z. B. das gute Ende und das Bewusstsein für die Spielhaftigkeit der Erzählung. Letzteres ist gegeben durch den Erzähler, der schon früh über das gute Ende in Kenntnis setzt (vgl. Kapitel 2), so dass man die tragischen Momente nicht allzu ernst nehmen muss. Sowohl Max' Bemühungen, sich seinen Vorstellungen gemäß wie ein Millionär zu verhalten (z. B. Kaufrausch und Prahlen mit Großzügigkeit, vgl. ebd., 273f.), als auch die Intrigen der Diener und Angestellten gegen die Protagonisten (vgl. Kapitel 13 „Jedermann ist mein Feind"), schließlich die Überlegenheit und Schadenfreude der Leser, wenn Max sich durch Überheblichkeit und Besserwisserei immer wieder selbst zum Narren macht (vgl. Kapitel 40 „Max, der Schmoller, und Max, der Beifahrer"), erinnern an die Mechanismen der Satirischen Verlachkomödie. Doch es finden sich auch Elemente der Tragikomödie, die für die Rezipienten Möglichkeiten zur Identifikation (vor allem Karla betreffend), aber auch zur Distanzierung (vor allem gegenüber Max) bieten. Der Roman thematisiert Tugendprobleme wie Max' Hang zu Ausschweifungen aufgrund des Wegfalls eines strukturierten Lebens und seiner mangelnden Fähigkeit des verantwortungsvollen Umgangs mit Geld. Am Ende wird die gesellschaftliche Ordnung jedoch wiederhergestellt, indem die Protagonisten zum Ausgangszustand zurückkehren, belehrt darüber, dass ein Leben in Reichtum für sie nicht das Richtige ist.

Einordnung in das Gesamtwerk

Zwei typische Muster Falladas finden sich in *Kleiner Mann, Großer Mann*. Zum einen handelt es sich um die schon in der Titelgebung an Falladas neusachlichen Erfolgsroman *Kleiner Mann – was nun?* (1932) anklingende Darstellung der kleinen Leute mit ihren starken Frauen- und schwachen Männerfiguren: So wie Lämmchen Johannes Pinneberg rettet, ist es hier Karla, die Max vor dem Unglück bewahrt (vgl. Zachau 1990, 207f.); ähnlich ist dies bei Wolfgang Pagel und Petra Ledig in *Wolf unter Wölfen* der Fall. Zum anderen kehrt das Interesse an der Darstellung von Rauschzuständen in Max' Autofahrten und Alkoholkonsum wieder. Auf Max' übermütiges und selbstsicheres Verhalten während des Geschwindigkeits- und Alkoholrauschs folgen Reue und Scham im nüchternen Zustand. Vergleichbar verhält es sich so auch zu Beginn bei Erwin Sommer in *Der Trinker* (1944).

Die Falladas Romane kennzeichnende implizite Gesellschaftskritik wird damit in einer neuen Variante vorgetragen. *Kleiner Mann, Großer Mann* verhält sich dabei komplementär zu *Kleiner Mann – was nun?* Leiteten dort die übermächtigen äußeren Verhältnisse die soziale Deklassierung ein, gegen die das Paar mit seinem Eintreten für Menschlichkeit, Anständigkeit und Zuversicht angeht (obwohl es gelegentlich auch mit der sozialistischen und kommunistischen Kritik der bestehenden Gesellschaft durch Lämmchens Vater und Bruder liebäugelt), drehen sich hier die Voraussetzungen um. Jetzt wird den zufälligen äußeren Verhältnissen ein märchenhafter Aufstieg weit über die soziale Ausgangslage in die adelsähnliche Oberschicht mit Schloss und Dienern verdankt. Das gemeinsame Moment in beiden Darstellungen ist aber nach wie vor unverkennbar: Beide Varianten erweisen sich für den ‚kleinen Mann' als gleichermaßen unzuträglich. Der frühere Roman war insofern als ein impliziter politischer Appell lesbar, die Mittelschichten zu erhalten, gerade wo sie es selbst nicht mehr vermögen. Dagegen kann sein Nachfolger im Gewand des komödienhaften Unterhaltungsromans durch die Läuterung Max Schreyvogels die Selbstbescheidung dieser Schichten propagieren: Wie gezeigt wird, bekommt ihnen solcher Aufstieg nicht. Holt *Kleiner Mann – was nun?* die Leser bei ihren Ängsten ab, um in fast aussichtsloser Lage Trost zu spenden, so sein Nachfolger bei ihren unangemessenen Wunschträumen, die komödiantisch aufs Zuträgliche normalisiert werden.

Diesen resignativen Zug, intensives Leben und Erleben nur noch in pathologischen Zuständen darstellen zu können, teilt der Roman mit einer Vielzahl anderer Erzähltexte der 1930er Jahre, seien sie in Deutschland oder im Exil entstanden. Das gewählte leichte Genre entspricht der weit weniger existentiellen Bedrohung, die nun auch nicht mehr die ganze Schicht betrifft wie noch in *Kleiner Mann – was nun?* Das gewählte Verfahren des Ich-Erzählers isoliert zudem den Einzelnen. Repräsentativität erlangt er erst durch die Läuterung, die vor allem in dieserart Erzählung (und ihren Traditionsvorgaben im autobiografischen Erweckungserlebnis) plausibel werden kann. Die Buchausgabe verschärft diese Tendenz noch, wenn sie die Vorbildhaftigkeit dieser Selbstbescheidung durch die Rückblickserzählung bestätigen lässt.

Im historischen Kontext betrachtet, dokumentieren also die beiden Romane Falladas mit ähnlichem Titel eine Reaktion auf den Übergang von der Massenarbeitslosigkeit der späten Weimarer Republik zur relativen ökonomischen Stabilität am Vorabend des Zweiten Weltkrieges. Der beginnt im September 1939 (während der Fortsetzungsdruck des zweiten Romans noch läuft) und beendet die kurze Phase scheinbarer Konsolidierung im Dritten Reich. Den Erfolg des Romans behindert dieses Ereignis aus leicht nachvollziehbaren Gründen indes wiederum nicht.

Aufnahme und Wirkung

Der Roman erfährt sowohl während des Vorabdrucks als auch im Anschluss an die Buchpublikation kaum Beachtung von Seiten der Literaturkritik, was aufgrund der hohen Auflagenzahl beider Drucke erstaunt (vgl. Caspar 1988, 321). Mögliche Gründe sind, dass die politischen Lager ihn als unbedeutend eingeschätzt und daher ignoriert haben, aber auch, dass das fehlende Presseecho dem Kriegszustand des Landes geschuldet ist, in dem infolge von Papierknappheit und der vorrangigen Kriegsberichterstattung die anderen Presseressorts eingeschränkt werden (vgl. ebd.). Der schnelle Absatz der Buchauflagen bestätigt jedoch, dass der Roman Anklang bei den Lesern findet und, wie Ledig meint, den in der Bevölkerung durch den Kriegsbeginn ausgelösten „Hunger nach heiterer Literatur" stillt (Ledig an Fallada an Weihnachten 1938, zit. nach Williams 2002, 264). Durch den Verlag werden insbesondere die tragikomischen Elemente (vgl. Ledig an Fallada am 6. Juni 1939, zit. nach Fallada 2008, 297f.) und der „beschaulich resignierende[ ] Humor" (Kilpper an Fallada am 16. Juni 1939, zit. nach Fallada 2008, 304) hervorgehoben. *Kleiner Mann, Großer Mann* fügt sich damit uneingeschränkt in das Programm der DVA ein (vgl. Oels 2013, 91; Moldenhauer 2008).

Generaldirektor Kilpper bezeichnet den Roman dann auch im Hinblick auf die Verfilmbarkeit als „Volltreffer" (undatiert, zit. nach Caspar 1988, 319). Tatsächlich sichert sich die Terra-Film-Gesellschaft bereits während des Erstdrucks im August 1939 die Rechte an der Verfilmung, die ohne Beteiligung Falladas entsteht. Die Uraufführung des dann von der 1942 gegründeten Firma Prag-Film produzierten Films *Himmel, wir erben ein Schloß* findet am 16. April 1943 statt (siehe den Beitrag 2. *Verfilmungen* in Kap. III). Kurz nach seiner Publikation in Deutschland erscheint der Roman als Übersetzung in sieben weiteren Ländern (siehe den Beitrag 5. *Übersetzungen* in Kap. III).

Literatur

Dünnebier 1993: Hans Fallada 1893–1947. Eine Bibliographie, zusammengestellt und annotiert von Enno Dünnebier, hg. vom Literaturzentrum Neubrandenburg, Neubrandenburg 1993.
Caspar 1988: Caspar, Günter: Fallada-Studien, Berlin (Ost)/Weimar 1988.
Caspar 1991: Caspar, Günter: Hans Fallada. Geschichtenerzähler. Nachwort. In: Hans Fallada: Gute Krüseliner Wiese rechts und 55 andere Geschichten, Berlin/Weimar 1991, S. 523–655.
Delabar 2013: Delabar, Walter: In der Hölle. Männliche Modernisierungsverlierer in den Romanen Hans Falladas. In: Hans Fallada, hg. von Gustav Frank und Stefan Scherer, München 2013 (Text + Kritik 200), S. 51–60.
Fallada 1940: Fallada, Hans: Kleiner Mann, Großer Mann – alles vertauscht oder Max Schreyvogels Last und Lust des Geldes. Ein heiterer Roman, Stuttgart/Berlin 1940.

Fallada 2008: Fallada, Hans: Ewig auf der Rutschbahn. Briefwechsel mit dem Rowohlt Verlag, hg. von Michael Töteberg und Sabine Buck, Reinbek bei Hamburg 2008.
Fallada/Ditzen 2007: Fallada, Hans/Ditzen, Anna: Wenn du fort bist, ist alles nur halb. Briefe einer Ehe, hg. von Uli Ditzen, Berlin 2007.
Ferber 1980: Ferber, Christian: Die Dame. Ein deutsches Journal für den verwöhnten Geschmack 1912 bis 1943, Frankfurt a. M/Berlin 1980.
Gessler 1976: Gessler, Alfred: Hans Fallada. Leben und Werk, 2. Aufl., Berlin (Ost) 1976.
Liersch 1993: Liersch, Werner: Hans Fallada. Sein großes kleines Leben, Hildesheim 1993.
Moldenhauer 2008: Moldenhauer, Dirk: „Verboten, verboten …". Bücher verlegen in Nazi-Deutschland. In: 100 Jahre Rowohlt. Eine illustrierte Chronik, hg. von Hermann Gieselbusch, D. M., Uwe Naumann und Michael Töteberg, Reinbek bei Hamburg 2008, S. 104–113.
Oels 2013: Oels, David: Rowohlts Rotationsroutine. Markterfolge und Modernisierung eines Buchverlags vom Ende der Weimarer Republik bis in die fünfziger Jahre, Essen 2013.
Studnitz 1996: Studnitz, Cecilia von: „Es war wie ein Rausch". Fallada und sein Leben, Düsseldorf 1996.
Williams 2002: Williams, Jenny: Mehr Leben als eins. Hans Fallada. Biographie. Aus dem Englischen von Hans-Christian Oeser, Berlin 2002. [Originalausgabe: More Lives than One. A Biography of Hans Fallada, London 1998.]
Zachau 1990: Zachau, Reinhard K.: Hans Fallada als politischer Schriftsteller. New York/Bern/Frankfurt a. M./Paris 1990.

4.7 Ein Mann will hinauf. Die Frauen und der Träumer (1942/1953)
Thomas Wortmann

Entstehung und Veröffentlichung

Der Beginn der Arbeit am Roman fällt in den Herbst des Jahres 1941 und damit in eine Zeit, in der Fallada aus verschiedenen Gründen mit seiner Existenz als Schriftsteller im NS-Literaturbetrieb hadert: Manche seiner Texte erhalten von den Behörden keine Druckfreigabe, andere werden aus Gründen von Papierknappheit nicht gedruckt. Die Recherchen zu einem Roman über den Kutisker-Fall, einen Finanz- und Politikskandal, der Mitte der 1920er Jahre die Öffentlichkeit der Weimarer Republik beschäftigte, sind zwar weitgehend abgeschlossen, die Arbeit kommt aber nicht voran, weil Fallada weitere Repressionen fürchtet, sollte der Stoff ob seines politischen Gehaltes für problematisch befunden werden (siehe den Beitrag 4.8 *Der Kutisker-Roman* in Kap. II). Außerdem plagen den Schriftsteller finanzielle Probleme, Fallada ist – wie so oft – auf Vorschüsse angewiesen.

Als ihm in dieser Situation die österreichische Filmgesellschaft Wien-Film Mitte Oktober 1941 das Angebot für einen Berlin-Film vorlegt, sagt er zu. Das Projekt, das den Arbeitstitel *Die Eroberung von Berlin* trägt, ist von Anfang an als ein ‚Amphibientext' angelegt: Der Text soll die Grundlage eines Films bilden und gleichzeitig als Roman in der Deutschen Verlags-Anstalt erscheinen, bei der Falladas Arbeiten seit der Eingliederung des Rowohlt Verlags publiziert werden. Kurz nach der Anfrage beginnt Fallada mit der Schreibarbeit, den ersten Teil des Romans schließt er bereits Anfang Dezember 1941 ab. Ab Ende Dezember schreibt er an den restlichen Passagen, wenige Wochen später, am 23. Januar 1942, schließt er das fast 850 Seiten umfassende

Manuskript ab. Am 26. Februar gehen Abschriften an die Wien-Film und die Deutsche Verlags-Anstalt.

Im Juli 1942 schließt Fallada mit der *Berliner Illustrierten Zeitung* einen Vertrag über den Vorabdruck des Textes und kürzt den Roman dazu auf knapp 250 Seiten. Unter dem Titel *Die Frauen und der Träumer* erscheint diese Fassung zwischen Oktober 1942 und Februar 1943. Außerdem arbeitet Fallada Änderungswünsche der Filmgesellschaft ein und unterzieht auch die Buchausgabe einer Revision. Insgesamt dauert dieser Überarbeitungsprozess fast ein Jahr. Mitte Mai 1943 finalisiert Fallada die Buchfassung und versieht sie mit dem Titel *Ein Mann will hinauf*. Der weitere Verlauf des Krieges sorgt dafür, dass weder das Film- noch das Buchprojekt realisiert werden. Seine Erstpublikation erfährt der Text erst sechs Jahre nach Falladas Tod: Unter dem Titel *Ein Mann will hinauf* erscheint der Roman 1953 im Südverlag; mit einer Neuauflage im Rowohlt Verlag 1970 geht die Modifizierung des Titels zu *Ein Mann will nach oben* einher (vgl. ausführlich zur Entstehungsgeschichte Williams 2012, 288–304; Caspar 1988, 327–330).

Inhalt

Der Roman erzählt die Geschichte Karl Siebrechts, der 1909, nachdem er durch den Tod seines Vaters zur Vollwaise geworden ist, als Sechzehnjähriger aus seinem Dorf in der Uckermark nahezu mittellos in die Hauptstadt aufbricht, um dort Karriere zu machen. Der Roman folgt den verschlungenen Wegen, über die der Protagonist sich vom Handlanger, Gehilfen und Bauzeichner zum Inhaber eines Gepäcktransportunternehmens entwickelt. Berlin zu ‚erobern‘ ist das Mantra Siebrechts und das Leitmotiv des Romans. Und Siebrechts Weg nach ‚oben‘ ist tatsächlich ein Kampf. Er muss sich mit Gegnern auseinandersetzen, die sein Geschäft sabotieren, er wird bestohlen und in Verträgen übervorteilt. Wiederholt steht er vor dem Ruin, weil Partner sich zu Konkurrenten entwickeln oder sich die Welthändel gegen das Unternehmen stellen: Der Erste Weltkrieg bedeutet das Ende für das florierende Geschäft der motorisierten Gepäckbeförderung; die Inflation und die Weltwirtschaftskrise führen das nach dem Krieg neu aufgestellte Unternehmen wiederum an den Rand des Bankrotts. Nur mit Hilfe einflussreicher und finanzkräftiger Bekanntschaften kann Siebrecht sein Geschäft neu aufbauen.

Ähnlich turbulent präsentiert sich auch das Privatleben des Protagonisten: Im Zug nach Berlin trifft er auf das resolute Berliner Mädchen Rieke Busch, die den naiv-gutgläubigen Waisenjungen in ihre Familie aufnimmt. Rieke wird zur schwesterlichen Vertrauten, ähnlich eng ist Karls Freundschaft mit dem ehemaligen Matrosen Karl „Kalli" Flau, der zum Geschäftspartner wird. Dieses erfolgreiche Trio trennt der Erste Weltkrieg; sein finales Ende findet der Freundschaftsbund, als Karl, aus der Kriegsgefangenschaft zurückgekehrt, Rieke heiratet und damit Kalli Flaus eigene Hochzeitspläne mit Rieke durchkreuzt. Wie von Kalli vorausgesagt, scheitert die Ehe, denn Karl erkennt, dass er Rieke nicht liebt, er distanziert sich immer mehr von ihr und verlässt sie schließlich. Die emotional tief versehrte Rieke reicht die Scheidung ein, heiratet Kalli und verlässt mit ihm Berlin. Karl hingegen heiratet Hertha Eich, deren Vater im Berliner Verkehrswesen eine einflussreiche Figur ist. Von beiden protegiert und mit finanziellen Mitteln ausgestattet, kann er sein Unternehmen wieder aufbauen. Gefördert wird er dabei auch von seinem väterlichen Mentor Bodo von Senden, der den Waisenjungen fast von seinem ersten Tag in Berlin an begleitet, vor allem aber von der Unternehmerstochter Ilse Gollmer – es sind die Frauen, die Karls Traum von der Eroberung Berlins am Leben erhalten, insofern ist der Untertitel des Romans *Die Frauen und der Träumer* programmatisch zu verstehen. Die Handlung endet schließlich in den 1930er Jahren, der Epilog zeigt Siebrecht als erfolgreichen Entrepreneur in seiner Villa im Grunewald, der in den letzten Szenen des Romans noch zum Familienvater wird: Das kinderlose Ehepaar Karl und Hertha Siebrecht adoptiert den ältesten Sohn von Rieke und Kalli Flau. Siebrecht nimmt damit seinen eigenen Sohn in sein Haus auf, denn der Junge, sein Name „Karl" ist in diesem Sinne doppeldeutig, stammt nicht aus der Beziehung mit Kalli Flau, sondern aus Riekes erster Ehe mit Karl Siebrecht.

Aufbau und Struktur

Fallada plante ursprünglich, den Roman mit dem Jahr 1930 enden zu lassen – sowohl die Machtergreifung der Nationalsozialisten als auch der Krieg sollten ausgespart werden (vgl. Williams 2012, 290). Dies ist auf die Erfahrungen zurückzuführen, die Fallada bei der Entstehung seines Romans *Der eiserne Gustav* (1938) gemacht hatte (siehe den Beitrag 4.5 *Der eiserne Gustav* in Kap. II). Die finale Version von *Ein Mann will nach oben* gibt diese zeitliche Begrenzung durch den in den 1930er Jahren spielenden Epilog allerdings auf. Fallada folgt damit einem Wunsch der Filmgesellschaft (vgl. Wilkes 2009, 168), setzt jedoch erzähltechnisch auf eine Distanzierungsstrategie. Das Private verdrängt das Politische: „Der Roman [...] entfernt sich, je näher das Jahr 1933 rückt, um so weiter vom historischen Kontext. Während die Nationalsozialisten, die im Roman unerwähnt bleiben, ihre Gewaltherrschaft in Deutschland befestigen, verwickelt sich Siebrecht immer öfter in Frauengeschichten" (Williams 2012, 291).

Ein Mann will nach oben ist in 124 Kapitel gegliedert, die sich auf sechs Teile sowie ein Vorspiel, ein Zwischenspiel und ein Nachspiel verteilen. Während das Vorspiel („Die kleine Stadt"), die ersten drei Teile („Rieke Busch", „Kalli Flau", „Franz Wagenseil") und das Zwischenspiel („In der fremden Heimat") im ersten Buch mit dem Titel „Der Jüngling" zusammengefasst sind, finden sich im zweiten Buch, überschrieben mit „Der Mann", die Teile vier („Friederike Siebrecht"), fünf („Hertha Siebrecht") und sechs („Ilse Golmer"). Das Nachspiel („Der Sohn") ist als Epilog keinem Buch zugeordnet.

Der Aufbau zeigt die sorgsame Komposition des Romans. Die einzelnen Abschnitte nehmen immer wieder aufeinander Bezug. Um nur einige Beispiele zu nennen: Während der erste Teil des ersten Buches vom zufälligen Zusammentreffen von Rieke und Karl in der Bahn berichtet, erzählt der vierte Teil als erster Abschnitt des zweiten Buches von der Hochzeit der beiden. Sind die Teile zwei und drei des ersten Buches mit Kalli Flau und Franz Wagenseil den Geschäftspartnern Karl Siebrechts gewidmet, so sind die Teile fünf und sechs mit den Namen der *love interests* Hertha Siebrecht (geb. Eich) und Ilse Gollmer überschrieben, durch deren (finanzielle) Unterstützung Karl sein Geschäft wieder aufbauen kann. Während das Vorspiel mit dem Ende von Siebrechts Familie in der kleinen Stadt in der Uckermark einsetzt – der Roman wird mit der Beerdigung von Karls Vater eröffnet –, erzählt das Nachspiel vom Neubeginn einer Familie, den die Adoption Karls durch die bis dahin kinderlosen Eheleute Siebrecht darstellt: Über den in die Familie aufgenommenen Sohn wird die Genealogie Siebrecht fortgesetzt.

Rezeption und Adaption

Reaktionen auf die Erstpublikation in der *Berliner Illustrierten Zeitung* sind nicht belegt. Bei seiner Erstpublikation 1954 wird *Ein Mann will hinauf* wohlwollend rezipiert. In seiner Besprechung für die *ZEIT* etwa nennt der Literaturkritiker Paul Hühnerfeld Karl Siebrecht „eine der schönsten Figuren, die Fallada je erfand", und beklagt die Tatsache, dass der Autor von der Kritik – im Gegensatz zum Publikum – immer noch unterschätzt werde (Hühnerfeld 1954). Für Falladas Wertschätzung beim Publikum ist *Ein Mann will nach oben* tatsächlich ein (weiteres) Beispiel. Seit seiner Erstpublikation hat der Roman hohe Verkaufszahlen erreicht und wird bis heute neu aufgelegt. Besondere Popularität gewann der Roman durch eine dreizehnteilige Fernsehadaption, die 1978 unter der Regie von Herbert Ballmann für das ZDF realisiert wird. Die aufwendig gestaltete Verfilmung setzt auf eine opulente, historisch getreue Rekonstruktion der geschilderten Zeit, nimmt aber gegenüber der Romanhandlung einige Verschiebungen vor. So wird etwa dem Ersten Weltkrieg, der im Roman eine Leerstelle bildet, weil er im NS-Literaturbetrieb nicht thematisiert werden kann, in der Serie eine eigene Folge gewidmet (vgl. Scherer 2012, 120), außerdem wird die Anzahl der Figuren reduziert und die Handlung endet bereits im Jahr 1925, um nur einige Beispiele zu nennen. Die Adaption hatte bei den Zuschauern großen Erfolg, die Fernsehserie gilt heute als Klassiker des Genres. Im Zuge der Fallada-Renaissance seit 2000 hat auch *Ein Mann will nach oben* neue Aufmerksamkeit erfahren. Unter anderem wurde der Roman 2014 unter der Regie von Anselm Weber am Schauspielhaus Bochum auf die Theaterbühne gebracht (vgl. Schumacher 2016, 362 f.).

Interpretationsansätze

Ein Mann will nach oben hat in der Literaturwissenschaft kein großes Interesse gefunden. Es liegen nur wenige Aufsätze vor, eine grundlegende Interpretation des Romans ist bis heute Desiderat. Biografisch orientierte Forschungsbeiträge haben vor allem die Entstehungsgeschichte des Romans rekonstruiert und den Text im Œuvre Falladas verortet beziehungsweise mit anderen Schreibprojekten des Autors in Bezug gesetzt (vgl. Williams 2012). Verwiesen wurde beispielsweise darauf, dass der Roman inhaltlich dem wenige Jahre zuvor entstandenen *Eisernen Gustav* nahesteht, sowohl was die Figurenzeichnung, die Verhandlung ökonomischer Themen und nicht zuletzt das Setting Berlin angeht.

Von der Kritik wurde Falladas Roman als „Berliner Variante des amerikanischen Traums" beschrieben (Jähner 2007). Der ‚Amerikanische Traum' (und dessen Scheitern) beschäftigt die US-amerikanische Literatur der 1930er Jahre – unter anderem den von Fallada überaus geschätzten Ernest Hemingway. Falladas Roman schreibt sich aber ebenso konsequent in die deutsche Literaturgeschichte ein, bedient *Ein Mann will nach oben,* das zeigen schon die Überschriften der einzelnen ‚Bücher', das Genre des Entwicklungsromans, das die deutsche Literatur des langen 19. Jahrhunderts vielfach variiert hat. Falladas Roman knüpft also an eine lange Traditionslinie an – und auf den ersten Blick scheint es, als füge der Autor dieser Reihe von Texten eine Variante hinzu, die vor allem über ihre Schlusskonfiguration zur Harmlosigkeit tendiert. Wenn der Roman im Epilog Siebrecht als erfolgreichen Unternehmer zeigt, die Verwerfungen zwischen Karl, Rieke und Kalli kuriert und die kinderlose

Ehe zwischen Karl und Hertha durch den Adoptivsohn zur bürgerlichen Kernfamilie macht, ist das *happy ending* vollkommen. Gerade diese versöhnliche Schlussvolte ist Gegenstand der Kritik geworden; der Roman, so heißt es in der Forschung, ende mit einem aufgesetzt wirkenden, kolportagehaften Schluss, gleite gar in den Kitsch ab (vgl. Schumacher 2016, 369). Allerdings ist diese Schlusskonfiguration wohl auch den Entstehungsbedingungen des Textes geschuldet. In einem Brief an Kagelmacher beklagt Fallada im Juli 1941: „[V]or allem ist es mir praktisch genommen untersagt, zwielichtige Gestalten zu schildern. Nur das Gute, Brave, Anständige, aber daher kommen keine Probleme, die des Schilderns wert sind" (zit. nach Williams 2012, 288). Vor diesem Hintergrund wird die Modellierung der Hauptfigur als Reaktion auf die restriktive Politik des NS-Literaturbetriebs kenntlich.

Falladas Held erscheint als veritabler „kleinbürgerliche[r] Glückspilz" (Zachau 1990, 173). Immer dann, wenn sein Unternehmen in Probleme gerät, ergibt sich für Karl eine neue Möglichkeit, seinen Weg nach oben fortzusetzen. Da er sich selbst als prinzipienfester Geschäftsmann versteht, scheint sein Erfolg als Belohnung für sein Verhalten. Tatsächlich aber verkennt ein solcher Blick auf den Protagonisten die ambivalente Anlage der Figur. Zwar ist Siebrecht als Sympathieträger gezeichnet, der Roman verweist aber auch auf die Schattenseiten seines Charakters. Siebrecht zögert nicht, seine Geschäfte auf Kosten anderer zu machen. Die ‚Eroberung Berlins' ist wörtlich zu verstehen, denn mit Siebrechts Karriere gehen Verluste einher: Physische und psychische Gewalt spielen eine Rolle, nicht nur in den handgreiflichen Auseinandersetzungen, die Siebrecht in Berlin und auf seinen Schmuggelfahrten hat, sondern auch in den zwischenmenschlichen Beziehungen. Karl verletzt wiederholt diejenigen, die ihm nahe stehen. Seine Freunde Rieke und Kalli etwa fühlen sich missverstanden und zurückgesetzt. Geschäftliche Pläne hält er vor den beiden geheim, weil er ihnen nicht zutraut, seine Überlegungen nachzuvollziehen. Zwar rechtfertigt Siebrecht sein Verhalten damit, dass er sich (im Gegensatz zu Rieke und Kalli) nicht mit dem kleinen Glück zufrieden gibt, sondern über seinen Stand hinauswill. Die Versehrungen, die er seinen Freunden dabei zufügt, stellt der Text aber mindestens ebenso deutlich heraus. Vor allem die Ehe mit Rieke ist in diesem Zusammenhang zu nennen, in die er sich nach seiner Entlassung aus der Kriegsgefangenschaft stürzt, weil er seine Freundin – einer gängigen geschlechtlichen Semantisierung des Begriffes folgend – mit der ‚Heimat' gleichsetzt. Für Rieke ist die Hochzeit mit Karl das Ziel aller Wünsche, die Ehe erweist sich jedoch als psychische Tortur. Riekes körperlicher Zusammenbruch bei Karls Abschied setzt ihre seelische Verletzung eindrücklich in Szene. Ihr ‚Opfer' markiert der Text auch topografisch: Während Karl Siebrecht Berlin erobert, verlässt Rieke ihre Heimat und geht ins Exil. Sie findet zusammen mit Kalli ein kleinbürgerliches Glück auf dem Bauernhof der Tante, der wiederum nur als eine Schwundstufe des prächtigen Hofes erscheint, den Karl in Westfalen hätte erben können. Riekes Schicksal teilen auch die anderen Frauen: Gerti pflegt den bei einem Unfall schwer verletzten Karl, kann aber damit nicht verhindern, vom Rekonvaleszenten verlassen zu werden; einer Beziehung mit Ilse Golmer zieht Siebrecht die Firma und Familie verbindenden, geordneten Verhältnisse in der Ehe mit Herta vor. Die Kinderlosigkeit dieser Ehe kann als Hinweis darauf gelesen werden, dass auch diese Beziehung inzwischen zu dem geworden ist, was Hertha immer gefürchtet hat: eine Vernunftehe. Vor diesem Hintergrund übernimmt Riekes und Kallis Auftreten im Epilog die Funktion eines *deus ex machina*: Nur durch die überraschende Adoption kann Karl die Familiengründung gelingen und Siebrechts Genealogie ihre Fortführung finden.

Der geschäftliche Erfolg hat also eine tragische Kehrseite – und davon ist auch Karl selbst nicht ausgenommen: Auf Herthas finale Frage, was ihm von seinem Traum, Berlin zu erobern, geblieben sei, weiß er bezeichnenderweise keine Antwort. Am Ziel seiner Träume angelangt, stellt sich die erhoffte Befriedigung offensichtlich nicht ein. Und der Text destruiert die Agenda seines Protagonisten noch radikaler: Als Karls Adoptivsohn seinem Vater beim Anblick eines Flugzeuges erklärt, dass auch er einmal „da oben" fliegen wolle, um „ganz Berlin zu seinen Füßen zu haben" (Fallada 2012, 755), entwickelt Hertha einen veritablen Therapieplan:

> „Möglich", sagte Hertha kühl. „Aber wenn der Junge einen solchen Traum zu träumen anfängt, so stehe ich dir dafür, daß ich und seine Mutter und Kalli Flau und seine Lehrer, daß wir alle dafür sorgen werden, daß er in dieser Welt lebt und nicht in einem Traumland! Und ich hoffe, du wirst mitsorgen, Karl. Ich finde, dein Traum hat dich und andere ziemlich viel gekostet." (ebd., 755f.)

Der Sohn soll nicht in die Fußstapfen des Vaters treten, Hertha formuliert eine Absage an das Lebensprojekt Siebrechts, dem der neu gewonnene Sohn gerade nicht folgen soll. Bis in den letzten Absatz des Textes ist damit eine Genderkonfiguration fortgeschrieben, die den gesamten Roman organisiert: Denn Siebrecht ist keinesfalls der autonome Selfmademan, als der er sich selber sieht. Von Anfang an ist er auf die Hilfe von Frauen angewiesen, die ihn mit einem Startkapital ausstatten und vor seiner eigenen Naivität schützen, die für ihn Fürsprache einlegen, ihn zu den wichtigen Leuten bringen, die ihn aber vor allem mit ihrem Geld unterstützen müssen. Anders gesagt: Zum Geschäftsmann kann der Träumer nur werden, weil es Frauen gibt, die ihn protegieren. Auch deshalb zeigt er sich gegenüber von Sendens Heiratsplänen mit Maria Molina so skeptisch, setzt die Schauspielerin doch – genau wie Karl – in Liebesdingen *auch* auf den wirtschaftlichen Vorteil, sie konfrontiert ihn mit seinem eigenen ‚Geschäftsmodell' (vgl. Zachau 1990, 178).

Und hinter die Fortführung von Siebrechts Geschäft setzt gerade der als zu versöhnlich kritisierte Schluss ein Fragezeichen. Zwar lässt sich die kindliche Begeisterung des Sohnes für die über Berlin kreisenden Flugzeuge als Vorausschau auf eine Weiterentwicklung des Transportunternehmens deuten. Dazu muss man aber ausblenden, auf welches Ereignis die Protagonisten des Romans zusteuern, ist die deutsche Hauptstadt doch zur Entstehungszeit des Romans bereits das Ziel von Bombenangriffen (vgl. Wilkes 2009, 171). Ein weiterer Krieg steht vor der Tür – und der letzte Krieg bedeutete für das berufliche und private Leben des Protagonisten eine schmerzhafte Zäsur. In dieser Hinsicht ist Falladas Fortführung der Romanhandlung bis in die 1930er Jahre weniger ein Zeichen von Sentimentalität – im Gegenteil: Der Epilog versieht den Text mit einem ambivalenten Ende, es handelt sich um ein *happy ending* voller Verwerfungen, eine Schlusskonfiguration mithin, der durchaus ein zeitkritisches Moment eignet.

Literatur

Caspar 1988: Caspar, Günter: Fallada-Studien, Berlin (Ost)/Weimar 1988.
Fallada 2012: Fallada, Hans: Ein Mann will nach oben. Die Frauen und der Träumer, Berlin ⁴2012.

Hühnerfeld 1954: Hühnerfeld, Paul: Ballade von einem Mann, der hinauf will. Gedanken anläßlich eines ‚neuen' Fallada-Romans. In: Die Zeit. Wochenzeitung für Politik, Wirtschaft, Handel und Kultur 9 (1954), Nr. 8, 25.2.1954, S. 6.

Jähner 2007: Jähner, Harald: Ich träume glühend von Gepäck. Hans Falladas *Ein Mann will nach oben*. In: Berliner Zeitung, 17.11.2007.

Scherer 2012: Scherer, Stefan: Ein Mann will nach oben. In: Klassiker der Fernsehserie, hg. von Thomas Klein und Christian Hißnauer, Stuttgart 2012, S. 119–125.

Schumacher 2016: Schumacher, Heinz: ‚Eine Berliner Variante des amerikanischen Traums'. Liebe, Geld und Unternehmertum in Hans Falladas Roman *Ein Mann will nach oben*. In: Hans-Fallada-Jahrbuch (2016), Nr. 7: Hans Fallada und die Literatur(en) zur Finanzwelt, S. 362–385.

Wilkes 2009: Wilkes, Geoff: The Representation of Berlin in Hans Fallada's *Ein Mann will nach oben*. In: Topography and Literature. Berlin and Modernism, hg. von Reinhard K. Zachau, Göttingen 2009, S. 167–174.

Williams 2012: Williams, Jenny: Mehr Leben als eins. Hans Fallada. Biographie. Aus dem Englischen von Hans-Christian Oeser. Erweiterte und aktualisierte Neuausgabe, Berlin 2012. [Originalausgabe: More Lives than One. A Biography of Hans Fallada, London 1998.]

Zachau 1990: Zachau, Reinhard K.: Hans Fallada als politischer Schriftsteller, New York/Bern/Frankfurt a. M./Paris 1990, S. 143–158.

4.8 Der Kutisker-Roman (1941/1944)

Gustav Frank/Stefan Scherer

Den sog. Kutisker-Roman schreibt Fallada 1944 im Auftrag des Reichspropagandaministeriums, das von einem so renommierten wie populären Autor der ‚Systemzeit' (das ist die NS-Bezeichnung für die Weimarer Republik) einen antisemitischen Roman haben will. Nach Aktenstudien über den zusammengebrochenen Barmat-Konzern und den ebenfalls 1924 wegen Vermögensdelikten angeklagten Iwan Kutisker schlägt Fallada dazu den Stoff des Betrügers Kutisker vor, der in einem spektakulären Prozess Mitte der 1920er Jahre zu fünf Jahren Haft verurteilt wurde, aber 1927 starb, bevor das Berufungsurteil verkündet werden konnte. Als man im Propagandaministerium von Falladas Vorarbeiten aus dem Jahr 1941 erfährt, bekommt er 1943 offizielle Unterstützung, diesen Roman zu schreiben. Im *Gefängnistagebuch 1944*, in dem sich Fallada selbst im günstigen Licht und als gegen den NS eingestellt präsentiert, heißt es:

> Das P.P.M. selbst bestellte bei mir einen antisemitischen Roman, speziell zur Verbreitung im Ausland, und es winkte mit Papier, und es drohte mit dem Ausschluß, und nun schreibt der Autor F. einen antisemitischen Roman. Da das aber ein großes Thema ist, wird dieser Roman ca. 1 800 Druckseiten stark, und nun liege ich in einem Wettlauf mit diesem Kriege: wer wird wohl eher zu Ende gehen, der Roman oder der Krieg –? (Fallada 2009, 189)

Den Roman schreibt Fallada im Sommer, vor allem dann seit Oktober 1944. Wie die regelmäßigen Fortschrittsberichte an seine Frau signalisieren, geschieht das offenbar erneut in einem Schreibrausch, während Caspar meint, er verfasse ihn mit „halber Kraft" und „halbem Herzen" (Caspar 1987, 572; von Rausch spricht auch Studnitz 1997, 321 ff.). Auf jeden Fall aber erfährt man aus Briefen, dass der Roman am 30. November 1944 mit einem Umfang zwischen 1 500 und 1 800 Seiten (die Angaben Falladas dazu schwanken) abgeschlossen sei (alle Daten nach Walther 2017a, 359). Als Titel will Fallada in Bezug auf den Vornamen der Hauptfigur Benjamin Leib Lubiner „den ewigen Warnungsruf meiner Frau wählen: *Benjä! Benjä!*" (Brief an Franz Schneekluth, Verleger des Heyne Verlags, 21. April 1944, zit. nach Walther 2017a, 360). Vom Text selbst ist keine Zeile überliefert. Die Vermutungen der Biografen (Caspar 1987; Walther 2017a; Uzulis 2017) gehen dahin, dass Fallada das Typoskript vernichtet hat, um sich nach dem Krieg mit dieser Auftragsarbeit nicht zu kompromittieren. Alle bekannten Informationen über den Roman stammen aus brieflichen Erwähnungen, zusammengetragen von Caspar (1987) und vertieft bei Walther (2017a), der das Projekt neben Caspar am ausführlichsten abhandelt.

Entstehung, Inhalt und Aufbau

Die Deutsche Verlagsanstalt ermöglicht es Fallada 1941, drei Wochen lang Einsicht in die Akten der Kutisker-/Barmat-Prozesse aus den Jahren 1925–1927 im Reichsjustizministerium zu nehmen. Iwan Kutisker, aus kleinen russisch-polnischen Verhältnissen stammend, nimmt bei der Preußischen Seehandlung, der späteren Preußischen Staatsbank, einen Kredit in Höhe von mehr als 14 Millionen RM auf: als Lombard, d. h. gegen Pfand, indem er alte unbrauchbare Militärbestände aus einem Lager in Hanau verpfändet (Caspar 1987, 570). Seit 1919 war Kutisker mit dem Verkauf von deutschem Heeresmaterial beschäftigt. Dass er von der Preußischen Staatsbank ungedeckte Wechselkredite erhalten hatte, fliegt als Schwindel auf, einhergehend mit dem Verdacht der Bestechung führender SPD-Mitglieder wie der Beamtenbestechung. Der Fall war der bis dahin längste Strafprozess der deutschen Justizgeschichte. Kutisker wird 1926 zu fünf Jahren Gefängnis wegen Betrugs und Bestechung verurteilt. Der Prozess hatte in der Öffentlichkeit große Resonanz: Während die rechtsradikale Presse in ihm ein Beispiel für den Sumpf der Weimarer Republik erkennt, spießt die linke Presse daran die Missstände des Kapitalismus auf. Die ostjüdische Herkunft Kutiskers spielte in diesen Auseinandersetzungen keine besondere Rolle.

Nach seinem Aktenstudium hat Fallada vor, wie er am 22. Juli 1941 seiner Mutter mitteilt, die „Lebensgeschichte eines Börsenjobbers zu schreiben, natürlich ohne aufdringliche antisemitische Tendenz, etwa einen modernen Jud Süss." (zit. nach Walther 2017a, 302) Walther, der die Behandlung des Stoffs von Wilhelm Hauff über Lion Feuchtwanger bis Veit Harlans NS-Propaganda-Film aufruft, ist sich unschlüssig, ob Fallada damit antijüdische Klischees bestätigen oder diese (wie Feuchtwanger in *Jud Süß*) entlarven will (vgl. Walther 2017a, 303). Weil der Auftrag dazwischenkommt, ein Buch für einen Film zu schreiben (*Ein Mann will hinauf*), stellt Fallada den Stoff zurück. Da Rowohlt als eigenständiger Verlag am 1. November 1943 geschlossen wird, sieht er sich genötigt, Anfang 1944 einen neuen Generalvertrag mit dem Dresdner Verlag Wilhelm Heyne auszuhandeln: Wesentlicher Inhalt war der Kutisker-Roman (siehe den Beitrag 1.3 *Fallada und seine Verleger* in Kap. I). Den Verleger Franz Schneekluth interessiert gerade dieses Projekt, „da es staatlich geförderten Absatz verspricht" (Walther 2017a, 337), während sich Fallada skeptisch äußert:

4.8 Der Kutisker-Roman (1941/1944)

> Auf den Kustisker-Roman setze ich nicht die Hoffnungen, die Sie hegen. Ich kann ihn nie so schreiben, wie man ihn erwartet. Ich denke an eines der unvergeßlichen Gemälde wie den *Goriot* von Balzac, in dem nicht ein beschimpfendes Wort steht, in dem der Autor dem Leser allein die Beurteilung der ganz objektiv geschilderten Figur überläßt. Und grade das wird man mir verübeln. (Brief an Franz Schneekluth, 7. Februar 1944, zit. nach Caspar 1987, 566)

Laviert Fallada also einerseits, signalisiert er andererseits, zu welcherart Darstellung er überhaupt nur in der Lage sei. Nach Stalingrad und der Ausrufung des ‚totalen Kriegs' in Goebbels' Sportpalastrede am 18. Februar 1943 verstärkt sich das Interesse der Nazis an Propaganda. Am 29. Mai 1943 schreibt Goebbels in sein Tagebuch:

> Es sollen eine Reihe von antisemitischen Büchern geschrieben werden, und zwar von maßgebenden Schriftstellern, wenn sie auch nicht so vorbehaltlos zum Nationalsozialismus stehen wie etwa unsere Feld-, Wald- und Wiesendichter, die zwar in ihrer Gesinnung sehr tüchtig sind, aber nicht viel können. Ich denke hier an Fallada, Norbert Jacques und andere Schriftsteller, die in der Systemzeit eine große Rolle gespielt haben. (zit. nach Walther 2017a, 337)

Oberregierungsrat Erckmann im Reichspropagandaministerium erinnert sich an Falladas Interesse am Kutisker-Stoff und schreibt ihm am 8. Juni 1943 nach Carwitz:

> Im Lauf der letzten Wochen ist unsere gesamte propagandistische Arbeit wieder konsequent auf die alte gegen das Judentum gerichtete Linie eingeschwenkt. [...] Während die Presse- und Rundfunkarbeit ihre Wirkungen mehr durch den täglichen Bericht erzielt, soll das deutsche Schrifttum in gleicher Richtung mehr in die Tiefe wirken. Hierfür ist natürlich in erster Linie das erzählende Schrifttum geeignet, da es von vorneherein nicht im gleichen Maße wie Presse und Funk mit der Hypothek der Propaganda und der Zweckhaftigkeit behaftet ist. Es ist daher als ein besonderer Glücksfall anzusehen, daß Sie sich mit einem Stoff bereits befasst haben, der weitgehend gestattet, die jüdische Frage zur Darstellung zu bringen und der darüber hinaus außerordentliche schriftstellerische Möglichkeiten eröffnet. Hinzukommt, daß Ihr Werk von jeher im Auslande stärkste Beachtung erfahren hat und Ihr Name daher diesem Buch einen besonders günstigen Weg bereiten wird. (zit. nach Walther 2017a, 337f.)

„Ja, Mutti, da steht das Herz vor Staunen still, und es fängt an, mir vor der Götter Neide zu grauen", schreibt Fallada zu diesem Brief an seine Mutter am 27. Juni 1943: „Ich habe sehr vorsichtig geantwortet, vorläufig habe ich ja wirklich genug andere Verpflichtungen" (zit. nach Walther 2017a, 338). Nach der ersten, hinhaltenden Antwort an Erckmann präzisiert Fallada im Brief am 26. Juni 1943, dass der Barmat-Stoff schwierig in den Griff zu bekommen, weil in verschiedener Hinsicht zu „durcheinander" sei:

> das Buch würde zu unübersichtlich, das Material wäre nie zu erschöpfen, außerdem ist vieles nicht typisch jüdisch, sondern sehr stark Inflationserscheinung. [...] Ganz anders liegen die Dinge bei Kutisker. Kutisker ist die Verkörperung des Geld-Wahnsinnes, wie man ihn nur bei den Juden findet. Ihn interessiert nur das Geld an sich, nie das, was man sich dafür kaufen kann [...]. Er ist der ewige Jude in reinster Form. Sein Fall liegt verhältnismäßig einfach, er hat ausgebeutet und betrogen, er hat gelogen und geschachert, aber immer nur um des Geldes wegen. [...] Will man dieses Buch schreiben – und ich möchte es –, so muss man sich ziemlich eng an die Tatsachen halten. Meine Aufgabe wäre es, die Gestalt dieses kleinen häßlichen Juden und seiner Umwelt deutlich zu machen (wenn auch nicht verständlich, ein solcher Mensch ist nicht für uns zu verstehen). Die Tatsachen aber muß ich mit einiger Genauigkeit wiedergeben, es ist fast unmöglich, Ersatzhandlungen zu erfinden. (zit. nach Walther 2017a, 339)

Caspar betont, dieser Bezug auf die „Tatsachen" sei für Fallada ungewöhnlich (Caspar 1987, 570). Das leuchtet insofern ein, als er auch beim Vorwort zu *Jeder stirbt für sich allein* die Gestaltung eines Stoffs, der hier ja ebenfalls über einen Fall in den Akten verbürgt ist, als Produkt seiner Fantasie ausgibt (siehe den Beitrag 5.3 *Jeder stirbt für sich allein* in Kap. II). Für die Nazis ist die von Fallada skizzierte Behandlung aber genau richtig, weil der Stoff in der literarischen „Durchführung jeden penetranten Charakter einer bewußt hervortretenden Tendenz verliert", und zwar genau deshalb, weil die Darstellung „ausschließlich durch die Handlungselemente selbst wirkt, was auch durchaus in unserem Interesse liegt" (so die Antwort Erckmanns am 5. August 1943, zit. nach Walther 2017a, 339). Literatur erfüllt das propagandistische Interesse, so die Sicht des NS-Ideologen, besser als direkte Agitation durch Rundfunk und Film. (Diese Erfahrung machten die Nationalsozialisten bereits beim Thingspiel, das sie wegen der zu plakativen Propaganda Mitte der 1930er Jahre aufgaben.)

Fallada nutzt das Interesse des „Propami" (Brief an die Schwester Elisabeth, 25. Mai 1944, zit. nach Walther 2017a, 340) am Roman für eigene Zwecke: Es verschafft ihm Einkommen und Garantien für den Generalvertrag mit Heyne (vgl. Walther 2017a, 340). Sonst bleibt er zurückhaltend und arbeitet erst auf Nachfrage des „Promi" (Brief an Erwin Topf, 28. Januar 1945, zit. nach Walther 2017a, 360) seit April 1944 am Roman. Er soll drei Teile haben, wie Fallada in einem Aufriss vom 11. August 1943 für Erckmann ausführt: Der erste Teil gilt der Jugend des Helden (der im Roman Lubliner heißt); sie wird in ein polnisches Ghetto verlegt. Der Roman verfolgt von hier aus den „Weg als betrügerischer russischer Armeelieferant 1914/18 bis zu seiner Flucht vor den Bolschewisten nach Berlin" (zit. nach Caspar 1987, 570 f.).

> Der zweite Teil des Romans würde dann den märchenhaften Aufstieg dieses kleinen polnischen Juden in dem Inflations-Berlin schildern, vor allem seinen dauernden Betrug an der Preußischen Seehandlung, seine Vernichtung kleiner Existenzen durch Tageszinsen bis zu hundert Prozent und die abenteuerliche Geschichte des Hanauer Waffenlagers (ebd., 571).

Er soll mit der Verhaftung enden. Während der zweite Teil an Gegenstände anschließt, die Fallada in *Wolf unter Wölfen* und *Der eiserne Gustav* schon behandelt hat, sollte der dritte die Umstände eines Prozesses wie in *Bauern, Bonzen und Bomben* beleuchten:

> Der dritte Teil bringt den Kampf mit dem Staatsanwalt, den Ärzten und den Gerichten. Es ist vielleicht der tollste von allen dreien, denn dieser Hexensabbath von kleinsten Betrügereien, großen Schiebungen, Zeugenbeeinflussungen, Krankstellungen, wirklichen Krankheiten, Entlassungen, Verhaftungen ist so bezeichnend für die damalige Zeit, daß man sich einer solchen Wirkung einfach nicht entziehen kann. (ebd.)

In privaten Briefen äußert Fallada, er schreibe „unter einem gewissen Druck", habe mit dem Auftrag des Propagandaministeriums aber eben auch die Möglichkeit, „überhaupt etwas zu arbeiten" (Brief an die Schwester Elisabeth, 25. Mai 1944, zit. nach Walther 2017a, 340). Gegenüber Rowohlt deutet er am 13. Juni 1944 taktische Ziele an: „Ich schanze sehr fleißig an einem Roman, der nie zu Ende geschrieben werden wird, der aber für einen Vorschuß gut genug ist." (Fallada 2008, 368)

Fallada spielt also auf Zeit. Die Protektion des Propagandaministeriums bietet ihm Schutz, weil er sich „hinter dem Goebbels-Ministerium verschanzen" kann (Caspar

4.8 Der Kutisker-Roman (1941/1944)

1987, 565). Über seinen Verleger Schneekluth lässt er dort eine „Fleißprobe" einreichen (Walther 2017a, 341), weil er sich davon auch erhofft, „einige Papierbewilligungen auf meine bisherigen Bücher zu erhalten" (so im Brief an die Familie Hörig, 18. Juli 1944, zit. nach Caspar 1987, 572). Im Brief an die Sekretärin, die das Typoskript tippte, wegen Klagen Falladas über ihre Rechtschreib- und Fremdwortfehler im Jiddischen aber ihren Dienst verweigerte (zu diesem Fall Bakonyi siehe den Beitrag 2.8 *Fallada im Kontext der Nachkriegsliteratur* in Kap. I.; zudem Ulrich 2018), betont er:

> Sie glauben doch nicht, daß der Fallada, der's in der Ungnade nicht getan hat, jetzt, da die Sonne etwas heller scheint, einen billigen antisemitischen Roman im Stürmer-Stil schreiben wird? (Ganz abgesehen davon, dass ich das gar nicht könnte!). […] Ich kann Ihnen nur sagen, dass mein Roman nicht annähernd so pöbelhaft antisemitisch ausfallen wird, wie ein gewisser Jud Süss von einem gewissen Lion Feuchtwanger. (Brief an Else Marie Bakonyi, zit. nach Walther 2017a, 342)

Die Bemerkung über Feuchtwanger ist erklärungsbedürftig, weil sie entweder strategisch eingesetzt wird oder auf Falladas Unkenntnis des Romans von Feuchtwanger beruht, so dass er den Titel mit dem NS-Propaganda-Film von Veit Harlan verwechselt. Anders ist dieses Urteil nicht zu erklären, wo Feuchtwangers Romane doch eben durchaus Ähnlichkeiten mit denen Falladas aufweisen, was Machart, Erzähl- und Darstellungsverfahren angeht, selbst wenn Feuchtwanger nicht ‚falladesk' schreibt. (Über das Verhältnis Falladas zu Feuchtwanger ist nach dem gegenwärtigen Stand der Archiveinsicht nichts bekannt, so die freundliche Auskunft von Sabine Koburger.)

Insgesamt glaubt Fallada zwar nicht, dass der Roman je erscheinen wird; er legt aber Wert darauf, dass alles Faktische stimmt, wie er im Brief an die Familie Hörig am 18. August 1944 schreibt:

> Wenn ich auch nicht daran glaube, daß dieser Roman eines Tages veröffentlicht wird, so habe ich beim Schreiben doch immer alle Sorgfalt darauf aufgewendet, damit auch alles stimmt. Auch der rituell frömmste Jude soll mir nicht nachsagen können, dass irgendeine meiner Schilderungen unrichtig sei. Ich habe nicht Lust, mich evtl. vor der ganzen Welt zu blamieren. (zit. nach Walther 2017a, 343)

Bewundernd schreibt der Heyne-Lektor Hans Franke am 2. September 1944, Fallada sei es gelungen, einen „nicht antisemitischen antisemitischen Roman zu schreiben" (zit. nach Caspar 1987, 573). Diese schillernde Charakterisierung kommt Fallada gelegen. Er greift sie gerne auf und stützt damit seine Selbstdarstellung, tendenzfreie Literatur, abgeschildertes Leben nach Maßgabe seiner Leitvorstellung „Ich bin nur ein Schilderer" geliefert zu haben (Walther 2017b). So akzentuiert er mit dieser Formel die Schutzfunktion des Romans etwa im Brief an Erwin Topf (einen alten Bekannten, den er als Journalist und Autor eines Buchs bei Rowohlt kennt) vom 28. Januar 1945:

> Das Geheimnis, warum ich hier noch immer unbehelligt schalten und walten kann, erklärt sich dadurch, daß ich im Auftrage des Promi einen nicht antisemitischen antisemitischen Roman schreibe, nämlich über den Kutisker-Fall. Der ist freilich so umfangreich – ich schätze ihn auf tausendachthundert Seiten –, dass ich manchmal zweifelhaft bin, was eher endet: der Krieg oder der Roman. (zit. nach Caspar 1987, 575)

Nun ist der Roman, nach allem, was man aus den Briefzeugnissen weiß, aber bereits Ende November 1944 fertig, während Fallada noch am 28. Dezember 1944 bei Heyne den Abgabetermin 31. Dezember 1945 vorschlägt (vgl. Caspar 1987, 575f.). Das Kalkül auf ein baldiges Ende des Kriegs geht auf: Das Verlagshaus von Heyne in Dresden wird am 13. Februar 1945 durch einen Bombenangriff zerstört. Der Kustiker-Roman ist spätestens nach Kriegsende für Fallada erledigt. Keine Zeile davon konnte bislang aufgefunden werden.

Spekulation oder Extrapolation

Es ist zweifelhaft, dass Fallada einen ‚antisemitischen antisemitischen Roman' geschrieben hat, ja, dass er einen derartigen Roman überhaupt hätte schreiben können. Lässt es sich einschätzen, was er stattdessen geschrieben hat? Und was soll man sich unter einem ‚nicht antisemitischen antisemitischen Roman' überhaupt vorstellen? Um zu einer Einschätzung zu kommen, wollen wir nicht über Falladas Charakterschwäche spekulieren, sondern œuvre-immanent die Linie seiner Schreibverfahren extrapolieren, denn dazu kann man sich auf umfangreiches Material stützen. Zum Vergleich kann man auf die (Rezeptions-)Geschichte seines vermeintlichen Blut-und-Boden-Romans *Wir hatten mal ein Kind* und seiner vorgeblich harmlosen Unterhaltungsromane wie *Altes Herz geht auf die Reise* verweisen (siehe die Beiträge 4.1 und 4.2 dazu in Kap. II) sowie die Poetologie und die spezifisch ‚falladeske' Machart seiner Romane zugrunde legen, wie wir es hier tun wollen. Nirgendwo macht sich in diesen Romanen eine Meinung des Autors geltend, weil die Darstellung bei Sichtweisen von Figuren verbleibt, die sich und ihre Umwelt beobachten, taxieren und beurteilen und dabei mit sich und ihrer Umwelt zurandezukommen versuchen.

Alles, was man von seinem publizierten Romanwerk weiß, lässt darauf schließen, dass Fallada keinen propagandistischen Roman nach Maßgabe der völkisch-rassistischen NS-Ideologie im Sinn hatte. Es erscheint glaubhaft, wenn er in Briefen an seine Frau betont: „[I]mmer wieder habe ich auch mit Hemmungen zu kämpfen, die sich aus meinem Inneren entgegenstemmen" (zit. nach Caspar 1987, 563). Ein Mann wie Goebbels weiß das bei Fallada nun selbst, wie gesehen, gerade wegen seiner germanistischen Bildung nur zu genau. Sein philologisch geschulter Blick sieht die Grenzen und Fähigkeiten dieses Autors, den er bereits an *Wolf unter Wölfen* im Blick auf die literarische Qualität bewunderte (siehe den Beitrag 4.4 *Wolf unter Wölfen* in Kap. II). Er erkennt daran aber gerade auch das propagandistische Potential, das in Falladas stets breitenwirksamem Erzählen steckt. Aufgrund der Erfahrungen mit direkt und plump propagandistischen Projekten wie der Romanverfilmung *Hitlerjunge Quex. Ein Film vom Opfergeist der deutschen Jugend* (1933), die er schon früh durch subtilere ersetzt wünscht, weiß Goebbels, dass Literatur eine andere, durchaus effektivere propagandistische Wirkung als Funk und Film entfalten kann: eben weil sie sich im Inneren während der Lektüre einstellt. So ist sich Goebbels einerseits darüber im klaren, dass Fallada keine Propagandaromane schreiben wird. Er verspricht sich andererseits aber gerade wegen dessen Fähigkeit, unmittelbar anheimelnd für weite Kreise der Bevölkerung erzählen zu können, von ihm genau etwas im Sinne eines ‚nicht antisemitischen antisemitischen Romans'.

Genau das kann sich wiederum Fallada zunutze machen, indem er seinen Text mehrfach lesbar hält, wenn er einen interessanten Stoff aus der ‚Systemzeit' im spektakulären Betrügersoziogramm eines Juden aufgreift, aus dem die Nazis den gewünschten Antisemitismus ablesen konnten. Wie die Briefzeugnisse dokumentieren, wollte er

4.8 Der Kutisker-Roman (1941/1944)

sich mit dem Roman aber auf keinen Fall vor der Welt ‚blamieren', eben auch nicht, was jüdische Leser im Blick auf die Genauigkeit in der Schilderung von Tatsachen betrifft.

Zwar bleibt schwer einzuschätzen, wie weit Fallada in diesem Doppelspiel im Kutisker-Roman gegangen ist. Man wird aber begründet sagen können, dass es so etwas wie *Jeder stirbt für sich allein* gewesen sein wird, auch ein Roman nach Aktenlage, der ja ebenfalls eine Auftragsarbeit ist, aber genauso wenig als Propagandatext für Johannes R. Bechers Interessen im ‚Kulturbund' gelesen werden kann: Genau deshalb wurde er vom Aufbau-Lektor Wiegler nach vernichtenden Gutachten redigiert, u. a. weil die widerständigen Eheleute Quangel vor dem Fall ihres Sohns im Krieg überzeugte Nazis waren (siehe den Beitrag 5.3 *Jeder stirbt für sich allein* in Kap. II). Als „Menschensammler" (siehe den Beitrag 1.2 *Falladas Poetologie* in Kap. II) perspektiviert Fallada seine Figurendarstellung auf jeden Fall stets zwischen nullfokalisierter Distanz und personaler Nähe, so dass sich zum einen in der multiperspektivischen Darstellung Haltungen und Verhaltensweise seiner Figuren wechselseitig relativieren, ohne dass daraus eine ‚auktoriale' Haltung des Autors abzuleiten wäre. Zum anderen versetzen die elaborierten Erzählverfahren der Mitsicht Leser*innen immer auch unmittelbar in eine Reihe der schwachen und negativen Figuren, ganz sicher in den Protagonisten, so dass auch spürbar gemacht werden kann, wie Antisemitismus sich ‚von innen' anfühlt und wie er reaktiv Körper und Rede formt. Falladas Roman wird die soziale Tatsache des Antisemitismus nicht in Frage gestellt, sondern gezeigt haben, wie seine Figuren sich innerhalb dieser Rahmenbedingungen verhalten, sprechen und bewegen.

In seinen Ausführungen zum Kutisker-Roman zitiert Caspar eine Stelle aus dem *Gefängnistagebuch 1944*, in der Fallada beschreibt, wie er Verhaltensänderungen bei Juden nach den „Tage[n] des Umsturzes" beobachtet habe:

> Ich sah ein, daß die Juden es selbst sind, die diese Schranke zwischen sich und den anderen Völkern errichtet haben, die wir den Nazis nicht glauben wollten, daß die Juden selbst die Blutverschiedenheit fühlen und behaupten, über die wir stets gelächelt hatten. Ich bin über dieser Erkenntnis kein Antisemit geworden. Aber ich habe doch anders über die Juden denken gelernt. Ich bedaure es – aber ich kann es nicht ändern. Ja, es tut mir verdammt leid – aber ändern kann ich es nicht. (Fallada 2009, 89)

Fallada bemerke, so Caspar, an dieser Stelle nicht, wie er „eine rassistische Denkart angenommen" habe (Caspar 1987, 568). Zitiert werden diese Passagen auch von Ralf Schnell (in seinem Beitrag 1.4 *Anpassungsstrategien und indirekter Widerstand im Dritten Reich* in Kap. I), um daran Falladas ambivalentes Verhältnis zum Antisemitismus zu diskutieren.

Dabei ist aber auch an jener Stelle, in der Fallada Verhaltensweisen von Juden beobachtet, nicht die ideologische Disposition das Primäre, von dem aus der Autor deduktiv vorgehen würde und für die er dazu illustrative Beispiele zusammenträgt. Vielmehr beobachtet Fallada auch hier das Verhalten von Menschen in einer bestimmten Situation, eben nun unter den neuen Bedingungen nach der Machtübernahme der Nationalsozialisten. Greift er dabei zum biologistischen Vokabular („Blutverschiedenheit"), so verwendet er auch dies in der Mitsicht, im Modus von ‚Fühlen' und ‚Behaupten'. Fallada erschließt stets menschliches Verhalten in sozialen Situationen: „[W]enn ich mit Menschen zusammen war und Dinge erfuhr und Taten erlebte, so wurden sie immer Stoff für mich zu Büchern. [...] Ich weiß das nicht, ich nehme mir nichts vor. Aber plötzlich, während ich schreibe, taucht dies oder jenes Erlebnis in mir auf [...], und das, und das muss ich nun schildern, dass es jeder sieht." (Fallada 2018, 238; siehe den Beitrag 1.2 *Falladas Poetologie* in Kap. II)

Solchem Aufzeichnen sozialer Tatsachen nachgeordnet ist häufig Falladas Versuch, diese in eine stabile Ordnungsvorstellung einzufügen. Der Primat der Beobachtung und Schilderung führt Fallada zumeist zur Orientierung am Mehrheitsverhalten als einer grundsätzlich flexiblen Ordnungsvorstellung. Daneben steht aber immer auch das Bestreben, noch ein überzeugenderes ontologisches Modell zu finden. Das vitalistische Konzept des ‚Lebens' aus der Frühen Moderne, das er noch häufig anzuwenden versucht, überzeugt Fallada dabei immer weniger, ein essentialistisches Konzept von ‚Rasse' und ‚Volk' erwägt er indessen in seinen publizierten Romanen nie.

Dennoch erklärungsbedürftig bleibt das Faszinosum des Geldes als Zweck und nicht mehr als Mittel. Kutisker sei, so im sicherlich offiziösen Hinhaltebrief an Oberregierungsrat Erckmann vom 26. Juni 1943, „die Verkörperung des Geld-Wahnsinnes, wie man ihn nur bei den Juden findet. [...]. Er ist der ewige Jude in reinster Form." (zit. nach Walther 2017a, 339) Ob sein Briefpartner die spezifische Richtung und Tiefe dieses Interesses geteilt oder eben bei der Nennung des ewigen Juden sofort und ausschließlich an den hetzerischen Kompilationsfilm von Fritz Hippler (1940) gedacht hat, muss im Dunkeln bleiben. Fallada jedenfalls zielt auch hier wie in anderen Romanen auf den Extremfall, auf die Pathologie jenseits einer Grenze des Verständlichen, darauf, „die Gestalt dieses kleinen häßlichen Juden und seiner Umwelt deutlich zu machen (wenn auch nicht verständlich, ein solcher Mensch ist nicht für uns zu verstehen)" (ebd.). Dieses Interesse am Wahnsinn findet sich häufiger bei ihm, denn er legitimiert damit die breit ausgemalte Skala von moralischen Grauwerten als Zone des Normalen. Auch in vorangehenden Romanen gestaltet er bereits die Fixierung von Figuren auf das Geld, weil es eine Art Vexierbild oder Kippfigur bietet, als ob sich angestrengter Betrachtung plötzlich die Ordnung hinter der vollkommen zufällig erscheinenden Welt enthüllen könnte: Das Spiel am Roulettetisch und die Geldberge in den illegalen Spielclubs während der Inflation in *Wolf unter Wölfen* tragen für ‚schwache' Figuren wie den Rittmeister von Prackwitz und den desorientierten Pagel eine Hoffnung in sich, die von der Erzählstimme nicht geteilt wird.

Der Kutisker-Stoff findet also Falladas Interesse, weil er ihm erlaubt, wieder an Problemstellungen anzuknüpfen, die ihn bereits in anderen Romanen stark beschäftigt haben: Wenn er vom „Inflations-Berlin" spricht, vom Hanauer Waffenlager, dann variiert das Erfahrungen und Episoden aus *Wolf unter Wölfen*; wenn er Kutisker als „Verkörperung des Geld-Wahnsinnes" charakterisiert, den „nur das Geld an sich, nie das, was man sich dafür kaufen kann" (ebd.), interessiert, dann erinnert das an das „Geld als Waffe" während der Inflationszeit bereits in *Wir hatten mal ein Kind* (Fallada 1934, 242), ohne dass damit antijüdische Impulse ins Spiel kämen. Dasselbe gilt auch für einen Strang aus dem *Eisernen Gustav*: Erich Hackendahl wird mit Unterstützung seines väterlichen Freundes, eines homosexuellen Reichstagsabgeordneten der SPD, vom Börsenplatz Amsterdam aus illegale Insider-Devisengeschäfte mit der Mark betreiben:

> Brüssel war als Devisenbörse zweitrangig. In der Stadt Amsterdam aber begaben sich große Dinge, dort wurden ungeheure Schlachten um die Mark geschlagen. „Und die Mark, darin

waren wir uns ja einig, wird dein Hauptbetätigungsfeld sein. Was die Mark anlangt, könnte ich dir unter einem ganz einfachen Schlüssel, den wir noch verabreden werden, regelmäßig Weisungen zukommen lassen." (Fallada 1938, 501)

Falladas Dilemma enthüllt sich beim Kutisker-Roman daher darin, dass er schon weiß, wie die von ihm ‚bloß beobachtete' Hauptfigur in ihrem Verhalten antisemitische Stereotype erfüllt, so dass seine Darstellung als propagandistischer Roman lesbar ist.

Bislang ist gerade sein Kutisker-Projekt vornehmlich in dieser Perspektive, d. h. ideologiekritisch beurteilt worden. Für diesen Ansatz werden vor allem persönliche Motive als Begründung herangezogen, seine existenziellen Ängste etwa, nicht mehr publizieren und nichts mehr verdienen zu können. Um diese Argumentation zu stützen, müssten die Briefzeugnisse nach den jeweiligen Adressaten und nach der jeweiligen Bereitschaft Falladas gewichtet werden, taktisch zu sprechen. Wir wollen hier dagegen vorschlagen, Falladas Optionen nicht aus Mutmaßungen über seinen Charakter abzuleiten, sondern indem wir den Kutisker-Roman in eine Reihe mit den übrigen Werken stellen.

Aus seinen vorherigen Romanen lassen sich zwei Linien extrapolieren, die einen weitgehenden Umschwung in seiner bisherigen poetischen Praxis eher unwahrscheinlich erscheinen lassen. Die erste Linie ergibt sich aus Falladas Tendenz, eine normalistische Weltsicht einzunehmen, die sich an flexiblen Mehrheiten orientiert und daher nicht ideologisch vorgefasst sein kann; daher die Probleme der rechten wie der linken Kritik mit seinen Romanen. Die zweite Linie folgt seiner Poetologie: Falladas bevorzugte narrative Verfahren, die seine Attraktivität für breite Leserschichten begründen, vertragen sich nicht mit der direkten Propaganda für eine Ideologie. Die von einer starken Erzählinstanz gelenkte Geschichte, die den Figuren wenig Raum zu eigener Entfaltung und vor allem zur unmittelbaren Selbstdarstellung in dialogischen Szenen gewährt, entspricht nicht dem Stil und den Darstellungsformen, die für Fallada typisch sind (siehe den Beitrag 1.2 *Falladas Poetologie* in Kap. II). Falladas Erzählen kennzeichnen vielmehr oft polyperspektivische Mitsichten in einer Reihe gemischter Protagonisten, die grundsätzlich auch aus schwachen und negativen Charakteren bestehen.

In Kenntnis des Gesamtwerks wird man daher begründet sagen können, dass es sich beim Kutisker-Roman nicht um ein antisemitisches Machwerk gehandelt hat. Dieses Erzählen wird wohl in der Nähe von *Ein Mann will hinauf* oder *Der eiserne Gustav* gestaltet gewesen sein: wie noch dort mit Innensichten und Darstellungen zum Verhalten und Sprechen von Figuren, die sich in ausführlichen Dialogpassagen selbst kennzeichnen. Der Kutisker-Roman wird ebenso sehr das Alltagsporträt einer bestimmten Phase der ‚Systemzeit' gewesen sein, das an der Figur eines jüdischen Geldbetrügers NS-Interessen bedient, ohne dass der ganze Roman das in seiner Machart tut, wie *Jeder stirbt für sich allein* kein bloß propagandistischer Widerstandsroman ist. Er könne keine Tendenzromane schreiben, betont Fallada in den poetologischen Äußerungen während der Entstehungszeit dieses Romans (siehe den Beitrag 1.2 *Falladas Poetologie* in Kap. II).

Letzte Gewissheit wird man nicht haben können, was auch die Hinweise in Beiträgen in vorliegendem Handbuch dazu dokumentieren, die zu unterschiedlichen Urteilen gelangen. Während Ralf Schnell eine ambivalente Haltung Falladas zum Judentum erkennt, weist Jörg Schönert das Kutisker-Projekt geradezu als Eulenspiegelei aus, um an Papier für regimekritische oder andere Schreib-Projekte zu kommen. Unsere Einschätzung geht dahin, dass Fallada (wie seine Figuren) einerseits taktiert, um möglichst viel von den eigenen Interessen (materieller, aber ganz sicher auch ‚künstlerischer' Art) durchzusetzen. Andererseits wird seit seinem Gefängnisroman *Wer einmal aus dem Blechnapf frißt* deutlich, dass er für einen ‚wahren' Humanismus plädiert und nicht für Ausmerzung und Lager – und dass er damit die Nationalsozialisten in die Pflicht nehmen will, für dasselbe zu sein wie er, wenn er gegen dasselbe ist wie sie. Fallada wird auch da unterschätzt. Man muss ihn nicht als von der Krankheit getriebenen Anpasser denunzieren; und auch wenn er ängstlich ist, so operiert er doch gezielt mit seinen bescheidenen Möglichkeiten. Rassistisch hat dieser Autor nicht gedacht, weil er menschliches Verhalten grundsätzlich durch soziale Umstände bedingt sah, nicht durch biologische Merkmale, die auf eine Wesensart zurückzuführen wären.

Literatur

Caspar 1987: Caspar Günter: Nachwort. In: Hans Fallada: Ausgewählte Werke in Einzelausgaben, Bd. 7: Der Trinker. Der Alpdruck, hg. von G. C., Berlin (Ost)/Weimar 1987, S. 527–627 [zum Kustiker-Roman, S. 563–576].
Fallada 1934: Fallada, Hans: Wir hatten mal ein Kind. Eine Geschichte und Geschichten, Berlin 1934.
Fallada 1938: Fallada, Hans: Der eiserne Gustav. Roman, Berlin 1938.
Fallada 2009: Fallada, Hans: In meinem fremden Land. Gefängnistagebuch 1944, hg. von Jenny Williams und Sabine Lange, Berlin 2009.
Fallada 2018: Mein lieben jungen Freunde. In: Junge Liebe zwischen Trümmern. Erzählungen, hg. und mit einem Nachwort von Peter Walther, Berlin 2018, S. 204–249.
Studnitz 1997: Studnitz, Cecilia von: „Es war wie ein Rausch". Fallada und sein Leben, Düsseldorf 1997.
Ulrich 2018: Ulrich, Roland: Fallada zwischen Anpassen und Wiederstehen. Eine Herausforderung für Biographen. In: Salatgarten 27 (2018), H. 1, S. 34–38.
Walther 2017a: Walther, Peter: Hans Fallada. Die Biographie, Berlin 2017.
Walther 2017b: Walther, Peter: Ich bin nur ein Schilderer. Fallada im Spiegelkabinett von Literatur und Leben. Festvortrag zum 70. Todestag Hans Falladas. In: Salatgarten 26 (2017), H. 1, S. 7–11.

4.9 Erzählungen seit den 1930er Jahren
Nikolas Immer

Zwischen 1925 und 1946 veröffentlicht Hans Fallada mehr als 40 Erzählungen und Kurzgeschichten in Zeitungen und Zeitschriften. Fünf Jahre nach seinem Erstlingsroman *Der junge Goedeschal* (1920) erscheint zwar die tragische Erzählung *Der Trauring* in der Leipziger Zeitschrift *Die große Welt* (siehe den Beitrag 2.3 *Erzählungen der 1920er Jahre* in Kap. II), aber der Großteil von Falladas Kurzprosa entsteht erst zu Beginn der 1930er Jahre. Sein wachsender literarischer Erfolg, der mit der Publikation des Romans *Bauern, Bonzen und Bomben* (1931) einsetzt, verstärkt die Nachfrage nach dem Autor Fallada: „Rezensionen, Artikel und Kurzgeschichten stellten eine äußerst willkommene Einnahmequelle dar" (Williams 2002, 151). Er veröffentlicht seine Kurzprosa anfangs vorwiegend in Zeitungen und Zeitschriften des Berliner Ullstein Verlags wie der *Vossischen Zeitung*, der *Berliner Montagspost* und der *Grünen Post*, ist aber an keines dieser Organe gebunden (vgl. Kaufhold 2002, 43). Während die traditionsreiche *Vossische Zeitung* ein reiches und exklusives Spektrum an feuilletonistischen Inhalten bietet, liegt der Akzent der *Berliner Montagspost* eher auf unterhaltenden Themen (vgl. Schilling 2011, 196, 477). Gegen Mitte der 1930er Jahre publiziert Fallada seine Kurzprosa vermehrt in der Zeitschrift *Die Woche* und in der Nachkriegszeit fast ausschließlich in der *Täglichen Rundschau*, dem propagandistischen Organ der sowjetischen Besatzungszone.

Seinen Erzählungen erkennt Fallada allerdings keinen großen literarischen Wert zu: „Denn diese kleinen Arbeiten sind ja immer ein bißchen geschludert, auch meistens auf Bestellung und dann nicht sehr gerne geschrieben." (Fallada an Wilhelm und Elisabeth Ditzen, 8. Januar 1933, zit. nach Williams 2002, 179) In Anlehnung an diese Einschätzung sind die Erzählungen in der Forschung wiederholt als „Lückenbüßer" (Williams 2002, 152) bezeichnet worden, da Fallada sie im Grunde nur geschrieben habe, um seinen Lebensunterhalt zu sichern. Auch wenn Günter Caspar erhellende Einzelanalysen zu ihnen vorgelegt hat (Caspar 1985, 649–781), steht eine eingehende literaturwissenschaftliche Untersuchung von Falladas Kurzprosa seit den 1930er Jahren noch aus. Die bei Enno Dünnebier verzeichneten Erzählungen und Kurzgeschichten (Dünnebier 1993, 51–57) sind zum Großteil in der von Caspar besorgten Auswahlausgabe *Märchen und Geschichten* (1985) nachgedruckt worden, einzelne Texte der 1940er Jahre wie *Baberbeinchen-Mutti* oder *Pfingstgruß an Achim* wurden darin allerdings ausgespart.

Erzählerische Charakteristika

In seinem *Gefängnistagebuch* (1944) notiert Fallada: „Ich kann nur erfinden, wenn ich schildern, wenn ich in die Breite gehen darf." (Fallada 2009, 160) Eine solche Selbstaussage suggeriert, dass seine kleinen literarischen Prosaformen generell als wenig originell eingestuft werden müssten, da sie nicht genügend Raum für komplexe Schilderungen bieten. Tatsächlich ist jedoch festzustellen, dass die Erzählungen vielfach als Erprobungsfelder für Themen, Motive und Konstellationen dienen, die späterhin in den Romanen aufgegriffen und variiert werden. Falladas „Vorliebe für die Wiederverwertung von Kurzgeschichten" (Williams 2002, 214) betrifft dabei auch die Erzählungen der Nachkriegsjahre, in denen er mehrfach auf seine früheren Erzählungen rekurriert (Bredohl 2008, 24). Trotz der zumeist abwertenden Einschätzung seiner Kurzprosa lässt sich festhalten, dass Fallada „auch in der kleinen Form [...] seine Schreibweise, seinen Stil gefunden" (Caspar 1985, 693) hat. Seine Erzählungen sind vor allem durch charakteristische Figurendarstellungen, präzise Handlungsmotivationen und bisweilen durch humorvolle Erzählerkommentare gekennzeichnet.

Neben der Profilierung variantenreicher Figurenperspektiven wählt Fallada mehrfach die autodiegetische Erzählhaltung, um das Auftreten der pseudo-autobiografischen Figur ‚Hans Fallada' zu fingieren. Gleichzeitig nutzt er diese Erzählhaltung auch für narrative Experimente, wenn das Geschehen in *Das Wunder des Tollatsch* (1936) aus der weiblichen Perspektive der Protagonistin Mimi berichtet wird. In vielen Fällen sind den Erzählungen autobiografische Erfahrungen aus Falladas Arbeits- und Lebenswelt eingeschrieben und bekräftigen den realistischen Darstellungsgestus. Diese Literarisierung autobiografischer Erlebnisse zeigt sich exemplarisch in der Erzählung *Fünfzig Mark und ein fröhliches Weihnachtsfest* (1932), in der nicht nur die finanziell beschränkten Lebensverhältnisse nach seiner Heirat mit Anna Margarete Issel vergegenwärtigt werden, sondern auch seine Tätigkeit als Annoncenwerber und Lokalredakteur im *General-Anzeiger für Neumünster* zur Sprache kommt (Fallada an Elisabeth Ditzen, 8. November 1929, zit. nach Fallada 1983, 67f.). Da der Großteil von Falladas Kurzprosa zu Beginn der 1930er Jahre entsteht – 1931 sind es zwölf, 1932 sind es achtzehn Erzählungen –, werden die Texte dieser Periode im folgenden nach inhaltlichen Schwerpunkten gegliedert.

Erzählungen zwischen 1931 und 1936

Arbeitsleben und Inflationszeit

Ein zentrales Thema von Falladas Erzählungen bildet die Frage nach den persönlichen Auswirkungen der radikalen Geldentwertung während der Inflationszeit. Neben der Darstellung von ökonomischen Notsituationen legt Fallada den Akzent auf das individuelle Schicksal, an dem die gesamtgesellschaftliche Erfahrung des materiellen Wertverlusts entfaltet wird. Bereits in der ersten Erzählung aus dem Jahr 1931, die unter dem Titel *Bauernkäuze auf dem Finanzamt* in der *Berliner Montagspost* erscheint, werden Anekdoten über einen Gutsbesitzer und sein Verhältnis zu den Finanzbeamten sowie „eine Geschichte aus der Inflationszeit" (Fallada 1931a, 2) präsentiert. Im Gegensatz zu diesem vorwiegend heiteren Einstieg berichtet der autodiegetische Erzähler aber auch von einer existenzbedrohenden Versteigerung eines bäuerlichen Hofguts – eine Episode, die sich ähnlich auch in *Bauern, Bonzen und Bomben* (1931) findet. Dabei versucht er, Verständnis sowohl für die Lage des Bauern als auch für die des Finanzbeamten zu wecken: „Es ist nicht leicht, einen Hof zu verlieren, auf dem schon der Urahn gesessen hat, aber es ist auch nicht leicht, jemanden, der einem nichts getan hat, von solchem Hof zu vertreiben." (ebd.) Ohne im Weiteren näher auf eine der beiden Seiten einzugehen, bezieht der Erzähler angesichts der thematisierten Schuldfrage am Ende eine indifferente Position, indem er aus Fontanes Roman *Effi Briest* die Worte des alten Briest zitiert: „Ja, das ist ein weites Feld." (ebd.)

Weitaus differenzierter konturiert Fallada die Erfahrung der Erwerbslosigkeit in der Erzählung *Ich bekomme Arbeit*, die im November 1931 entsteht, jedoch erst im Dezember 1932 gedruckt wird und schließlich teilweise wörtlich in seinen Roman *Wer einmal aus dem Blechnapf frißt* (1934) eingeht (Caspar 1985, 698f.). In dem in sieben Abschnitte unterteilten Erzählbericht macht der Ich-Erzähler bereits im ersten Satz kenntlich, dass sich mit dem einsetzenden Herbst „die große Stadt mit Arbeitslosen" (Fallada 1985, 105) füllt. Das Vorhaben, gemeinsam mit dem befreundeten Willi den Winter in der Kleinstadt Altholm zu überstehen, erweist sich zunächst als aussichtsreich. Während Willi sofort eine Anstellung in einer Holzfabrik findet, die jedoch „nur mit ungelernten Leuten ohne Tarif arbeitete" (ebd., 106), muss der Erzähler nach einigen Rückschlägen gezwungenermaßen als Abonnentenwerber für die örtliche *Chronik* tätig werden. Der anfängliche Erfolg hält allerdings nur kurz an, da ihm bald bewusst wird, das Werbegeschäft nicht mit Überzeugung ausüben zu können. Neben der Darstellung der schwierigen Lebensumstände ist Fallada auch an der Schilderung der psychischen Belastungen gelegen, die aus den prekären Beschäftigungsverhältnissen resultieren. Indem er die Konfliktlage seines Protagonisten verschärft und ihn von der arbeitenden Bevölkerung als „Nichtstuer" (ebd., 113) diffamieren lässt, macht

Fallada in der Konsequenz auf dessen erheblich gesunkenes Selbstwertgefühl aufmerksam: „Manchmal hatte ich das Gefühl, als sammelten sich all diese Demütigungen in meiner Brust und ich würde nie mit ihnen fertig werden und eines Tages würden sie mich erdrücken." (ebd., 115) Nach dem Vorwurf, vermeintlich einen Betrug begangen zu haben, begibt sich der Erzähler erneut auf eine ungewisse Wanderschaft.

Wie sehr die Arbeitslosigkeit auch die familiären Lebensbedingungen prägt, veranschaulicht Fallada in der Erzählung *Fröhlichkeit und Traurigkeit* (1932), die als „Variante des Nachspiels aus *Kleiner Mann – was nun?* (1932)" (Caspar 1985, 702) angesehen werden kann. Die Erzählung setzt mit der reservierten Beschreibung einer Kleinfamilie ein, wobei die Einführung der Figuren aus narrativer Distanz erfolgt. Diese werden als ‚der Mann', ‚die Frau' und ‚das Kind' vorgestellt und zunächst nur in direkter Rede mit ihren Namen angesprochen. Anfangs erörtern die Ehepartner, welche finanziellen Einnahmen noch eingeplant werden können: Erwartet die Frau ihren Lohn für die Tätigkeit als Wäscherin, bezieht der Mann seine Unterstützung vom Arbeitsamt. Die Härte des kargen Alltagslebens gewinnt allerdings erst mit Perspektive auf das eineinhalbjährige Kleinkind deutliche Kontur. Denn um überhaupt „etwas gute Butter für den Jungen kaufen" (ebd., 151) zu können, müssen beide Ehepartner sorgfältig mit den erwarteten Geldbeträgen kalkulieren. Die Beschaffung des Geldes wiederum erfordert es, das Kleinkind mehrere Stunden in der bewohnten Laube allein zu lassen. Während Fallada einerseits die innige Beziehung zwischen dem Mann und seinem Sohn akzentuiert, betont er andererseits, wie der Mann an den entbehrungsreichen Lebensbedingungen zu scheitern droht. Auf die plötzliche Entscheidung, ein Café aufzusuchen, folgt die Begegnung mit einer Prostituierten, für die er nicht nur die gesamte Unterstützung hingibt, die er auf dem Arbeitsamt erhalten hat, sondern der er sogar einen Teil vom Lohn seiner Frau in Aussicht stellt. Überraschenderweise zeigt seine Frau Verständnis für die nächtliche Eskapade, die als Anzeichen dafür gelesen werden kann, dass er den Verlust seiner Anstellung noch längst nicht überwunden hat. Resümierend verweist der Mann auf die deprimierende Existenzlage seiner Kleinfamilie, ohne jedoch eine künftige Besserung zu erwarten: „Es ist, glaube ich, nur weil alles so hoffnungslos ist." (ebd., 158)

Auch in den Erzählungen *Der Pleitekomplex* (1931) und *Der Bettler, der Glück bringt* (1932) problematisiert Fallada die psychischen Folgen plötzlicher Arbeitslosigkeit, wobei er im zweiten Text die seelische Bewältigung der Verlusterfahrung mit dem Motiv des Aberglaubens konfrontiert (Loohuis 2010, 158–160). Demgegenüber geht es in *Der Pleitekomplex* um die Angestellte Annemarie Geier, die anfangs in einer Bekleidungs- und später in einer Futtermittelfirma arbeitet. Da beide Unternehmen Konkurs anmelden müssen, wird Annemarie zweimal nacheinander arbeitslos. Zusätzlich verspotten ihre Freunde sie als „Pleitegeierin", so dass sie sich eine Mitschuld am Niedergang der Firmen zu geben beginnt: „Sie ordnete ihre Erinnerungen unter zwei Rubriken: Ich bringe Unglück – ich bringe kein Unglück. Das Ergebnis war unsicher." (Fallada 1985, 122) Der anschließende Wechsel des Erzähltempus vom Präteritum zum Perfekt bewirkt eine Spannungssteigerung, mit der die Mitteilung unterstrichen wird, dass Annemarie ihre dritte Anstellung bei einer Firma für Gummiwaren gefunden hat. Als ihr der dortige Prokurist schließlich einen Brief diktiert, in dem die mangelnde Liquidität des Unternehmens mit wachsender Deutlichkeit zur Sprache kommt, unterbricht Fallada dessen Diktat, um kunstvoll Annemaries körperliche Reaktionen der Zustimmung oder Ablehnung einzuschalten. Der Abschluss der Erzählung ist als kurzer Gedankenstrom gestaltet, der in Form einer *self-fulfilling prophecy* Annemaries verändertes Selbstbild bestätigt: „Natürlich bringe ich Unglück. Wo ich hinkomm, da gibt's 'ne Pleite." (ebd., 123)

Landleben und Landarbeit

In einem beträchtlichen Teil seiner Erzählungen thematisiert Fallada das Landleben, indem er komische, merkwürdige oder schicksalsträchtige Begebenheiten aus dem Alltag der Landbevölkerung schildert. Darin zeigen sich enge Verflechtungen mit entsprechenden Darstellungen in seinem Roman *Wir hatten mal ein Kind* (1934), woraus auch Falladas Arbeitsweise der Mehrfachverwertung erhellt. Während in *Die offene Tür* (1932) vorgeführt wird, wie der Hofbesitzer Max Johannsen auf anmaßende Weise seine Ehefrau Lini von der Unsitte zu kurieren versucht, ständig die Türen offen stehen zu lassen – was als Episode in seinen Roman *Wir hatten mal ein Kind* (1934) eingeht –, wird in *Die Fliegenpriester* (1932) der übermäßige Geiz des Gastwirts Krüger lächerlich gemacht. Deutlich eigenwilliger ist *Blanka, eine geraubte Prinzessin* (1931) gestaltet, die vom vierzehnjährigen Bauernjungen Alwert handelt, der sich in das neugeborene Kalb Blanka verliebt, das er sogar zu einer Prinzessin verklärt. Um sie vor dem Verkauf zu bewahren, versteckt Alwert das Kalb im Wald; er wird aber ertappt, als er es im Winter auf den Hof zurückführt. Fallada konfrontiert die ungewöhnliche Zuneigung Alwerts mit dem Unverständnis der Erwachsenenwelt (Caspar 1985, 697), die ihn letztlich, um der öffentlichen Diskreditierung als Sodomit zu entgehen, „auf ein Schiff und [...] auf fremde Meere" (Fallada 1931c, 2) schickt. Auch diese Geschichte geht als Episode in den Roman *Wir hatten mal ein Kind* (1934) ein.

In der Erzählung *Gute Krüseliner Wiese rechts* (1934) dagegen, die nach der Übersiedlung nach Carwitz entsteht und die Fallada zu seinen besten Erzählungen rechnet (Williams 2002, 218), rückt die Relation von wirtschaftlicher Notwendigkeit und individueller Lebensentscheidung in den Vordergrund. Der autodiegetische Erzähler Jochen berichtet retrospektiv über den drohenden Verlust der ‚guten Krüseliner Wiese rechts', da die Bauernfamilie Finger beabsichtigt, das Pachtverhältnis aufzulösen, das sie mit seinem Vater geschlossen hat. Um den Hof der Eltern zu erhalten, bleibt Jochen nur die Möglichkeit, die ungeliebte Ella Finger zu heiraten, während er auf seine Jugendliebe Martha Kleinschmidt verzichten muss. Fallada demonstriert, wie aus den ökonomischen Zwängen letztlich eine moralische Verpflichtung für den Nachgeborenen erwächst: „Vater [...] hat sich furchtbar um den Hof geplagt. Er hat ihn richtig in die Höhe gebracht, aber wenn nun die gute Krüseliner Wiese rechts wegging, dann war alles umsonst gewesen." (Fallada 1985, 237) Obwohl sich Jochen für Ella entscheidet, versucht er weiterhin, Martha zu treffen, die sich allerdings auf keine Beziehung mit ihm einlassen will. Am Ende wird deutlich, dass sich der Erzähler durchaus mit seiner Situation arrangiert hat, indem er betont: „Mit meiner Ehe ist es gar nicht so schlimm geworden" (ebd., 242). Doch im Gegensatz zu dieser ausgestellten Zufriedenheit kritisiert Müller Schmidtke den Mangel an Selbstbestimmung, da Jochen nicht das Wagnis eingegangen sei, sich für das eigene Lebensglück zu entscheiden. In seiner Nachkriegserzählung *Die gute Wiese* (1946) problematisiert Fallada nochmals die existenziellen Konsequenzen, die sich aus dem Verlust eines Wiesengrundstücks für eine Bauernfamilie ergeben.

Die bisweilen stark autobiografische Prägung dieser Erzählungen wird einerseits daran sichtbar, dass Fallada auf seine beruflichen Erlebnisse aus seiner Zeit als Rendant auf verschiedenen Gütern in Mecklenburg-Vorpommern zurückgreift. So fließen beispielsweise die harten Arbeitserfahrungen, die er in Posterstein unter Gutsinspektor Schönekerl gesammelt hat (Williams 2002, 56, 60f.), in seine Erzählung *Zweikampf im Weizen* (1932) ein, die in einem Duell zwischen dem Gutsinspektor Schönekerl und dem Eleven Edmund Ranft mündet. Andererseits unterstreicht Fallada die autobiografische Dimension explizit, wenn er in anderen Erzählungen die literarische Figur ‚Hans Fallada' gleichsam als sein jüngeres *alter ego* auftreten lässt. Das ist beispielsweise in den Erzählungen *Wie Herr Tiedemann einem das Mausen abgewöhnte* (1931), die später unter dem Titel *Gänseeier im Gehirn* nachgedruckt wird (Caspar 1985, 694), *Gänsemord von Tütz* (1931) und *Essen und Fraß* (1945) der Fall. Den Gegenstand der ersten Erzählung bildet die „Dieberei" (Fallada 1985, 65) auf dem Hof von Hannes Tiedemann, den Fallada seinem Freund Johannes Kagelmacher nachgestaltet hat. Gegen den notorischen Dieb Albin Fleischer, der auf seinem Hof als „Stallschweizer" (ebd., 66) zu arbeiten beginnt, kann sich Tiedemann schließlich nur mit einer List behaupten. Im Verlauf eines inszenierten Verhörs gibt er vor, Fleischer mit einem „Riesenteleskop" (ebd., 71) im Gehirn lesen zu können, indes er Fallada dazu anhält, zur mystischen Untermalung Verse aus Edward Fitzgeralds Übersetzung von Omar Kahyyám *Rubaiyyat* vorzutragen (zu Falladas eigener Übersetzung dieses Zyklus 1917 siehe den Beitrag 2.1 *Juvenila und schriftstellerische Pläne: Übersetzungen, Gedichte* in Kap. II). Später rekurriert Fallada in seinem Roman *Wir hatten mal ein Kind* (1934) auch auf diese Handlungsfolge und perspektiviert sie auf dessen Hauptfigur Johannes Gäntschow. Der humorvolle und versöhnliche Duktus, der in der *Tiedemann*-Erzählung vorherrscht, kontrastiert allerdings mit der Beschreibung der harten Existenzbedingungen während der anhaltenden Lebensmittelknappheit, die in den Erzählungen *Eine schlimme Nacht* (1931) und *Gegen jeden Sinn und Verstand* (1932) entfaltet wird.

Familienglück und Gartenbau

Der Mitte Juni 1931 erfolgte Umzug nach Neuenhagen, der es Fallada ermöglicht, ein „Häuschen mit Garten fern dem Getümmel Berlins" (Williams 2002, 141) zu bewohnen, findet auch in seinen Erzählungen ein literarisches Echo. Trotz der Tatsache, dass *Kubsch und seine Parzelle* bereits am 1. Juni 1931 in der *Berliner Montagspost* gedruckt wird, kann der Handlungsort der Erzählung bereits „in Neuenhagen oder sonstwo unter ‚Laubenkolonisten' an[ge]siedel[t]" (Caspar 1985, 692) werden. Mit erzählerischer Autorität wird darin sogleich festgehalten: „Will ein Mensch in der Natur leben, so ist es das Erste und Wichtigste, daß er sie begrenzt, damit er sich wohl fühle." (Fallada 1985, 51) Dass jedoch eine solche Begrenzung allein nicht hinreicht, damit sich das angestrebte Wohlgefühl einstellt, verdeutlicht Fallada anhand erster Entfremdungstendenzen bei Kubsch und seiner Gattin Minnie: Während er Überstunden machen muss, beginnt sie sich „einsam" (ebd., 53) zu fühlen. Die bald einsetzende Kurzarbeit treibt zwar finanzielle Sorgen hervor, bringt aber die Ehepartner wieder näher zusammen, was Fallada mit dem Schlussbild bekräftigt: „Minnie nimmt seine Hand." (ebd., 54)

In *Frühling in Neuenhagen* (1932) steigert Fallada den Darstellungsstil zu einer passagenweise euphorischen Schilderung, um die Ergriffenheit eines Stadtmenschen angesichts der vielgestaltigen Naturschönheiten zum Ausdruck zu bringen. „Da ist der Mann, der Flüchtling, der entflohene Städter auf seiner Parzelle" (ebd., 163), heißt es über den namenlosen Protagonisten, der von seinem zweijährigen Sohn Uli bei der Gartenarbeit unterstützt wird. Resümierend hält der Erzähler fest: „Es ist ein Glück, daß es die Kinder und den Frühling gibt, ein wahres Glück, sie korrigieren die Geschichte, sie machen den Menschen sehend" (ebd., 165). Die literarische Vergegenwärtigung dieser Vater-Sohn-Beziehung führt Fallada in den Erzählungen *Kleine schwarze Hund, särr biese* (1932), *Die verlorenen Grünfinken* (1935) und *Häusliches Zwischenspiel* (1936) fort, die allesamt in den Sammelband *Hoppelpoppel – wo bist du?* (1936) aufgenommen werden (siehe den Beitrag 4.10 *Kinderbücher und Märchen* in Kap. II).

Auch zu Beginn der Erzählung *Mit Metermaß und Gießkanne* (1932) kommt dem Naturverhältnis des Protagonisten Franz Einenkel eine bedeutsame Rolle zu, der ein „Siedlungshäuschen auf Raten" (ebd., 172) in Grünheide erworben hat. Obwohl er als Vorsteher einer Konfektionsabteilung seinen Garten liebt, vermag er ihn kaum wahrzunehmen, da er anfangs nur darauf fixiert ist, die Katze der Nachbarin von seinem Grundstück zu vertreiben. Mithilfe des inneren Monologs entlarvt Fallada die Klagen Einenkels als kleinlich und selbstgerecht, veranschaulicht jedoch auch, dass sie teilweise aus seinem Zweifel resultieren, ob es gelingt, im Verlauf des Tages genügend Umsatz zu machen. Doch nach der Fürsorge für den schwächlichen Lehrling Krieblich scheint Einenkel am Ende des Tages wieder für die Wahrnehmung der Natur sensibilisiert: Er geht mit seiner Tochter Gerda in den Garten, während „ein leiser Wind […] in den Bäumen" (ebd., 184) weht.

Weihnachten und Festerlebnis

In der ersten Hälfte der 1930er Jahre gestaltet Fallada eine Reihe von Weihnachtserzählungen, die das Jahresfest in unterschiedlichen Perspektiven zur Geltung bringen. Während in *Christkind verkehrt* (1932) eine autobiografische Erinnerung an ein Weihnachtsfest mitgeteilt wird, bei dem die Geschenke der Kinder vertauscht wurden, vergegenwärtigt Fallada in *Fünfzig Mark und ein fröhliches Weihnachtsfest* anhand eines detaillierten Wunschzettels (ebd., 228 f.), wie genau die Ausgaben angesichts der akut begrenzten finanziellen Möglichkeiten des Ich-Erzählers und seiner Gattin Elisabeth (Itzenplitz) kalkuliert werden müssen. Diese Darstellungsform der Liste spielt auch im Roman *Kleiner Mann – was nun?* aus demselben Jahr eine prominente Rolle. In *Der gestohlene Weihnachtsbaum* (1936) wird die abenteuerliche Beschaffung eines Weihnachtsbaums aus dem Wald geschildert und mit mehreren ironischen Erzählerkommentaren versehen. Dagegen stellt das Weihnachtsfest in *Das Wunder des Tollatsch* (1936) nur den äußeren Anlass dar, um die Lehrerin Mimi einer Bewährungsprobe zu unterziehen, die am Ende als eine „Kinderungezogenheit" (Fallada 1936, 523) ihres Onkels und ihrer Tante entlarvt wird. Die schon 1931 publizierte Kindererzählung *Lüttenweihnachten* wird später in den Sammelband *Hoppelpoppel – wo bist du?* eingegliedert. Schließlich bildet *Weihnachten der Pechvögel* (1946) eine der letzten gedruckten Erzählungen Falladas, worin der Protagonist Peter Pech des vermeintlichen Diebstahls von Weihnachtsbäumen bezichtigt wird.

Erzählungen zwischen 1939 und 1945

Zu Falladas Erzählungen, die während des Zweiten Weltkriegs veröffentlicht werden, zählen in erster Linie *Süßmilch spricht* (1939) und *Das Abenteuer des Werner Quabs* (1941). Der zweite Prosatext entsteht bereits im November 1938 und wird von Fallada zunächst unter dem Titel *Der mutige Buchhändler* als Filmvorlage für den Schauspieler und Rezitator Mathias Wieman konzipiert (Dünnebier 1993, 41). Da Wieman die Vorlage nicht verwenden kann, erscheint die Erzählung in leicht gekürzter Fassung im Frühjahr 1939 in der *Kölnischen Zeitung* und zwei Jahre später als Buchausgabe. Die Abenteuergeschichte, die von dem jungen Buchhändler Werner Quabs handelt, der sich durch die mutige Tat hervorzutun versucht, einen entsprungenen Löwen einzufangen, wird jedoch schon von den Zeitgenossen als „harmlos und unoriginell" (Hummel/Häntzschel/Zedler 2009, 76) abgetan. Im Falle von *Süßmilch spricht* ist die Textproduktion sogar eindeutig politisch motiviert, da die Stuttgarter Gefolgschaft der NSDAP im Juli 1939 eine Abenteuergeschichte für die Hitlerjugend bei Fallada bestellt (Williams 2002, 270). In der mit Blick auf die Handlungsführung wenig überzeugenden Erzählung treten die Jungen Murr und Maxe in einen nahezu aussichtslosen Kampf gegen den Agitator Süßmilch, der auf der Grundlage vermeintlich sozialistischer Ideale die Holzwarenfabrik von Maxes Vater zu enteignen versucht. Nach dem Abdruck der Erzählung *Das versunkene Festgeschenk* (1939) in der Zeitschrift *Die Woche* werden 1942 einige weitere Erzählungen Falladas veröffentlicht (*Nur ein Fuder Stroh* u. a.), die aufgrund ihrer begrenzten literarischen Qualität wiederholt kritisiert worden sind (Crepon 1978, 257; Caspar 1985, 747). Fallada selbst muss bekennen, „früher übervoll von Geschichten gewesen" zu sein: „seit ich mich [...] aber in die Stille zurückgezogen habe, wird es leerer und leerer in mir – ich wiederhole mich zu oft" (Fallada an Gustav Kilpper, 29. März 1942, zit. nach Caspar 1985, 748).

Hervorzuheben bleibt aber, dass Fallada neben diesen literarischen Erzeugnissen auch die Erzählung *Zwei zarte Lämmchen, weiß wie Schnee* verfasst, die zwar schon im September 1940 entsteht, jedoch erst 1948 in Buchform gedruckt werden kann. Fallada scheint mit seiner Einschätzung, die Erzählung sei ihm „völlig mißlungen" (Caspar 1985, 742), allerdings spätere Beurteilungstendenzen vorgegeben zu haben, da der Prosatext wiederholt auf eine „rührselige Liebesgeschichte" oder „flache Novelle" reduziert worden ist (Loohuis 2010, 112 f.). Tatsächlich mutet die äußerst zögerliche Annäherung des Angestellten Gerhard Grote an das zunächst nur insgeheim geliebte Fräulein Rosa Täfelein durchaus eigenwillig an. Gleichwohl gelingt es Fallada, Verständnis für den schüchternen Protagonisten zu wecken, indem er dessen Befürchtungen und Hoffnungen detailreich ausstellt. Dabei setzt Fallada gezielt die Technik des Tempuswechsels ein, um durch den Einschub einer in der Gegenwartsform erzählten Passage das Erlebnis des ersten Kusses zu betonen (Fallada 1948, 59 f.). Die Erkrankung Rosas wird für Grote schließlich zum entscheidenden Impuls, um sich gegenüber ihrem starrsinnigen Vater zu behaupten und ein gesundes Selbstvertrauen zu entwickeln.

Erzählungen nach 1945

Die in der Nachkriegszeit publizierten Erzählungen dienen für Fallada vorrangig dem Zweck der eigenen Existenzsicherung. Es sind durchweg unpolitische und unverfängliche Prosatexte, in denen vielfach „Wiederaufnahmen und Wiederholungen" (Bredohl 2008, 264) früherer Themen und Motive zu beobachten sind. Beispielsweise wird in *Der Heimkehrer* (1946) nur der Handlungskern der Erzählung *Genesenden-Urlaub* (1942) rekapituliert, ohne die andeutungsweise thematisierte Kriegswirklichkeit in ihrer Drastik erfassen zu wollen. Demgegenüber werden in der Erzählung *Der Ententeich* (1946), die humoristisch gerahmt ist, immerhin vereinzelte Kriegsschäden veranschaulicht. Mit Blick auf eine Küche, die von einer Granate zerstört wurde, heißt es: „Na, in der Küche sah es nicht schön aus, sie hatten wohl ein Notdach gemacht, aber es regnete durch und die Möbel waren auch ziemlich ramponiert." (Fallada 1985, 635) Schließlich wagt Fallada mit den *Kalendergeschichten* (1946) noch ein spätes Formexperiment, indem er die ursprünglich von Johann Peter Hebel popularisierte Erzählgattung aufgreift. Die Geltung der mitgeteilten Begebenheiten wird durch die jeweils angefügten trivialen Lehrsätze allerdings erheblich relativiert.

Literatur

Bredohl 2008: Bredohl, Thomas: Hans Fallada und die ‚Kulturelle Erneuerung' im Nachkriegsdeutschland. In: Zeit vergessen, Zeit erinnern. Hans Fallada und das kulturelle Gedächtnis, hg. von Carsten Gansel und Werner Liesch, Göttingen 2008, S. 21–29.

Caspar 1985: Caspar, Günter: Hans Fallada, Geschichtenerzähler. In: Hans Fallada: Märchen und Geschichten, hg. von G. C, Berlin (Ost)/Weimar 1985, S. 649–781.

Crepon 1978: Crepon, Tom: Leben und Tode des Hans Fallada, Halle/Leipzig 1978.

Dünnebier 1993: Dünnebier, Enno: Hans Fallada 1893–1947. Eine Bibliographie, zusammengestellt und annotiert von E. D., hg. vom Literaturzentrum Neubrandenburg, Neubrandenburg 1993.

Fallada 1931a: Fallada, Hans: Bauernkäuze auf dem Finanzamt. In: Berliner Montagspost (1931), Nr. 17, 2. Ausgabe, 4.5.1931, Erstes Beiblatt, S. 4.

Fallada 1931b: Fallada, Hans: Kubsch und seine Parzelle. In: Berliner Montagspost (1931), Nr. 20, Drittes Beiblatt, 1.6.1931, S. 11.

Fallada 1931c: Fallada, Hans: Blanka, eine geraubte Prinzessin. In: Vossische Zeitung. Berlinische Zeitung von Staats- und gelehrten Sachen (1931), Nr. 444, Morgen-Ausgabe, 20.9.1931, Unterhaltungsblatt, Nr. 220, [S. 1–2].

Fallada 1936: Fallada, Hans: Das Wunder des Tollatsch. In: Simplicissimus 41 (1936), H. 40, 27.12.1936, S. 521–523.

Fallada 1948: Fallada, Hans: Zwei zarte Lämmchen – weiß wie Schnee, Berlin 1948.

Fallada 1983: Fallada, Hans: Briefe aus der Neumünsteraner Zeit. In: Hans Fallada. Werk und Wirkung, hg. von Rudolf Wolff, Bonn 1983, S. 64–92.

Fallada 1985: Fallada, Hans: Märchen und Geschichten, hg. von Günter Caspar, Berlin (Ost)/ Weimar 1985.

Fallada 2009: Fallada, Hans: In meinem fremden Land. Gefängnistagebuch 1944, hg. von Jenny Williams und Sabine Lange, Berlin 2009.

Hummel/Häntzschel/Zedler 2009: Hummel, Adrian/Häntzschel, Günter/Zedler, Jörg: Die fiktionale Buchkultur der 1950er Jahre – der Produktionsaspekt. In: Dies.: Deutschsprachige Buchkultur der 1950er Jahre. Fiktionale Literatur in Quellen, Analysen und Interpretationen, Wiesbaden 2009, S. 39–107.

Kaufbold 2002: Kaufhold, Enno: Die Berliner Illustrierte – Synonym des deutschen Bildjournalismus. In: Presse- und Verlagsgeschichte im Zeichen der Eule. 125 Jahre Ullstein, hg. vom Axel Springer Verlag. Projektleitung: Edda Fels. Konzept und Redaktion: Erik Lindner, Berlin 2002, S. 40–45.

Loohuis 2010: Loohuis, W[ilhelmus]: Fatalismus und Aberglaube in Falladas unbekannteren Schriften, Norderstedt 2010.

Schilling 2011: Schilling, Karsten: Das zerstörte Erbe. Berliner Zeitungen der Weimarer Republik im Portrait, Norderstedt 2011.

Williams 2002: Williams, Jenny: Mehr Leben als eins. Hans Fallada. Biographie. Aus dem Englischen von Hans-Christian Oeser, Berlin 2002. [Originalausgabe: More Lives than One. A Biography of Hans Fallada, London 1998.]

4.10 Kinderbücher und Märchen
Antonie Magen

Kinder und Kindheit

In fast allen von Falladas Romanen und Erzählungen spielen Kinder und die Schilderung von Kindheit eine bedeutende Rolle, ja, man geht nicht zu weit, nimmt man in Falladas Werk den Themen- und Motivkreis Kind als einen gemeinsamen Nenner an (Arnöman 1998, 8). Dabei sind die Variationen des Gegenstands vielfältig. Das Erstlingswerk *Der junge Goedeschal* (1920) ist ein Adoleszenzroman (Gansel 2008, 96), der von den Nöten der Pubertät sowie des Erwachsenwerdens erzählt (vgl. Arnöman 1998, 13). Eng damit hängen Vater-Sohn-Konflikte zusammen, die sich ebenfalls wie ein roter Faden durch die Personenkonstellationen der Romane ziehen (ebd., 183). Hinzu kommen unterschiedliche Kinderdarstellungen im engeren Sinn, die Fallada in verschiedenen Romanen entwirft. In *Jeder stirbt für sich allein* (Arnöman 1995, 155), *Kleiner Mann – was nun?*, *Bauern, Bonzen und Bomben*, *Wer einmal aus dem Blechnapf frißt*, *Wir hatten mal ein Kind* und *Wolf unter Wölfen* haben Kinder wichtige, meist positive Funktionen (Arnöman 1998, 8, 11): sei es, wie in Falladas letztem Roman, dass durch sie die Handlung überhaupt erst in Gang gesetzt wird, indem der Widerstand des Ehepaars Quangel (dessen historisches Vorbild kinderlos war) gegen das Naziregime durch den Tod des einzigen Sohnes initiiert wird (ebd., 172); sei es, dass wie in *Kleiner Mann – was nun?*, *Wir hatten mal ein Kind* und *Bauern, Bonzen und Bomben* das Kind in einer kinderfeindlichen Umwelt gezeigt (ebd., 61, 180) und seine Beschreibung zu einem Mittel der Sozialkritik wird (ebd., 178); sei es, dass das Kind als Erlöser des Protagonisten fungiert, indem es ihn aus seinen Nöten befreit, wie das in *Wir hatten mal ein Kind* und *Wer einmal aus dem Blechnapf frißt* geschieht (ebd.); oder sei es schließlich wie in *Wolf unter Wölfen*, dass dem Kind eine „katalytische Funktion als ,Wecker' im moralischen Sinn" zukommt (ebd., 179).

Damit ist das Kind bei Fallada in vielen Fällen Sinnstifter und Hoffnungsträger. Er stellt dar, wie die Welt durch Kinder anders gemacht, wie sie verbessert und „heilgemacht" (Hartmann 1997, 81) werden kann, weil er oftmals eine humanistische Gesellschaftsperspektive an Kinderfiguren bindet (ebd., 83). Nicht zuletzt aus diesem Grund sind Falladas Romanschlüsse häufig mit dem Erscheinen eines Kindes verbunden (Arnöman 1998, 183). Als repräsentatives Beispiel hierfür kann das Ende von *Altes Herz geht auf die Reise* gelten (Hartmann 1997, 80–81), wo es heißt: „Ich war ein alter, vertrockneter Mann, der nur an sich dachte. Aber dann habe ich die Kinder gesehen, nicht nur Rosemarie, alle Kinder [...] und nun ist alles anders geworden" (Fallada 1936a, 207). Dieser Text nimmt im Hinblick auf die Themenkreise Kind und Kindheit unter Falladas Romanen insofern eine Sonderstellung ein, als die meisten der Protagonisten Kinder sind und auch die zentrale Erwachsenenfigur, Professor Kittguß, kindliche Züge aufweist und zudem den Kindern unterlegen ist (Hartmann 1997, 77). Wie wichtig dieser Aspekt dem Autor war, geht aus einem Interview in der *Königsberger Allgemeinen Zeitung* vom 19. Januar 1935 hervor, in dem Fallada den Roman als eine „Geschichte von kleinen und großen Kindern" ankündigt (ebd., 75). In der Tat erinnert die Kindergesellschaft, die hier beschrieben wird, an die Konstellation des kurz zuvor erschienen Kinderromans *Emil und die Detektive* von Erich Kästner (ebd., 76), den Fallada 1931/32 in der Zeitschrift *Die Literatur* mit dem Artikel *Auskunft über den Mann Kästner* ausführlich würdigte (Fallada 1931/32, 367–371; Hartmann 1997, 75): In beiden Fällen sind die kindlichen Helden als Identifikationsfiguren angelegt, wenn auch bei Fallada, im Unterschied zu Kästner, in die Kindergruppe ein Erwachsener integriert wird. Damit erzählt Kästner von Kindern für Kinder, Fallada hingegen auf den ersten Blick von Kindern für Erwachsene (Hartmann 1997, 77).

Kindergeschichten?

Diese Verteilung erweist sich allerdings als zweifelhaft, wenn man Falladas Kästner-Interpretation weiter folgt. Bemerkenswerterweise diagnostiziert Fallada bei ihm nämlich eine Vorliebe für Typen, die sowohl in Kinder- als auch in Erwachsenengestalt auftreten können (Fallada 1932, 370). Zudem weist er auf den nicht eindeutig definierten Rezipientenkreis von Kästners Kinderromanen hin (ebd.). Dass diese Beobachtung nicht nur für Kästner gilt, sondern für Fallada selbst, zeigt der Umstand, dass auch Fallada als Kindergeschichten bezeichnete Texte geschrieben hat, die sich aber nicht ausschließlich an Kinder wenden. Insbesondere ihre Themen deuten darauf hin, dass sie sich auch an Erwachsene richten. So werden immer wieder Kinder und Familie als Gegenstand reflektiert (Fallada 1954, 13; Fallada [1936c], 15–30, 44–62), der nicht idealisiert, sondern auch in seiner Zerstörung und seinem Vernichtungspotential dargestellt wird (Fallada [1936c], 9–11, 20, 37); Falladas Kinderwelt ist nicht heil (Hartmann 1995, 181). Hinzu kommen Stoffe aus der zeitgenössischen Wirklichkeit, die einen sozialkritischen Impetus haben, wie beispielsweise die Auswirkungen der Inflation (Fallada [1936c], 31). Außerdem sind immer wieder poetische und pädagogische Reflexionen zu finden, die nicht ausschließlich nur für einen kindlichen Leserkreis gedacht sind, sondern die Texte zu „Geschichten für Eltern [machen], in denen es um Verantwortlichkeit, um Fürsorge und pädagogische Entwicklung […] geht" (Kuhnke 2003, 26). Auf diese Absicht weist eine Passage aus dem Vorwort hin, das Fallada der 2. Auflage der *Geschichten aus der Murkelei* vorangestellt hat: „Dort [in Berlin] wurden sie [die Geschichten] erst andern Kindern zum Lesen gegeben und auch großen Leuten, damit wir bestimmt wußten, es waren richtige Kindergeschichten" (Fallada 2011, 5).

Auch wenn Fallada einen Teil seiner Publikationen explizit als Kindergeschichten ausgewiesen hat, muss es sich dabei nicht zwangsläufig und ausschließlich auch um Geschichten für Kinder handeln. Kinder und das sie umgebende Sozialgefüge dienen vielmehr als Hintergrund, um an einer klar umrissenen Gruppe von Protagonisten die Realitäten zu brechen. Umgekehrt weisen manche von Falladas Erwachsenentexten Elemente von Kindergeschichten auf. Als Beispiel hierfür kann der Roman *Das Abenteuer des Werner Quabs* (1941) gelten, dessen Titel nicht nur auf das Genre Abenteuerroman verweist, sondern der auch in seiner Figurengestaltung und sprachlichen Ausführung für ein jugendliches Publikum geeignet ist.

Märchen

Einen nicht immer klar umrissenen Rezipientenkreis hat auch die Gattung Märchen, die ebenfalls zu den Konstanten in Falladas Schreiben gehört (Ulrich 1995, 43). Den uneindeutigen Adressatenkreis drückt geradezu paradigmatisch der Untertitel von *Pechvogel und Glückskind* aus: *Ein Märchen für Kinder und Liebende*. Die besondere Stellung der Märchen innerhalb des Gesamtwerks wird schon in der Wahl des Pseudonyms Hans Falladas deutlich, das sich aus zwei Märchenfiguren zusammensetzt: Der Vorname ist aus *Hans im Glück* entlehnt, der Nachname aus dem Märchen *Die Gänsemagd*, in dem das treue Pferd der Königstochter diesen Namen trägt (Manthey 1963, 31, 50).

Märchenhaftes wird in den einschlägigen Texten durch den Rückgriff auf entsprechende Formeln wie beispielsweise auf den klassischen Märchenanfang „Es war einmal" evoziert (Fallada [1936c], 3, 37; Fallada 2011, 77, 105; Fallada 1936a, 7). Immer wieder verwendet Fallada auch Figurentypen, wie sie im Märchen üblich sind (Ulrich 1995, 44). Anklänge an Märchen und Märchenhaftes finden sich bereits im Frühwerk, in dem einzelne Texte bewusst naive bzw. märchenhafte Titel tragen. Zu nennen sind hier vor allem *Die Kuh, der Schuh, dann du* und *Im Blinzeln der großen Katze* (vgl. Gansel 2008, 110). Selbst die neusachlichen Romane wie *Kleiner Mann – was nun?* verfügen über Märchenelemente wie schematische Figuren und vereinfachte Charakterkonstellationen (Ulrich 1995, 44). Und auch in anderen Romanen verwendet Fallada Märchenstrukturen, wenn es um aktuelles Zeitgeschehen geht (Ulrich 1995, 43). So trägt das Geschwisterpaar Tredup in *Bauern, Bonzen und Bomben* nicht umsonst die Namen Hans und Grete, was als bewusste Anspielung auf das Märchen der Brüder Grimm interpretiert werden kann (Arnöman 1998, 36).

Damit sind die Märchen, die Fallada erzählt, weniger Märchen im klassischen Sinn; der Autor bedient sich vielmehr der Märchensprache, um Reflexe auf die soziale und politische Situation ihrer Entstehungszeit zu werfen (Hartmann 1995, 180). Dieses Merkmal weisen sowohl die Märchen für Erwachsene als auch diejenigen auf, die ausdrücklich für Kinder geschrieben sind. In beiden Fällen entwirft Fallada keine heile Märchenwelt (ebd., 181), sondern durchbricht Märchenmuster, um reale Gefahren sichtbar zu machen (ebd.). Beispielhaft geschieht das etwa in der *Geschichte vom Unglückshuhn*, deren Ende nur scheinbar und oberflächlich einen märchenhaften Schluss, in Wirklichkeit aber einen Bruch mit Märchenschlüssen darstellt: Das Huhn bleibt unglücklich, die rückwirkende Sinnstiftung seines Schicksals wird ihm versagt (ebd., 180).

Die auffälligste Gemeinsamkeit zwischen den Märchen, die für Erwachsene geschrieben sind, und den Kindermärchen ist jedoch ihre Entstehungszeit. Sie gibt einen weiteren Hinweis darauf, dass Fallada selbst keine scharfe Trennung der Rezipientengruppen beabsichtigte. So trägt der Roman *Märchen vom Stadtschreiber, der aufs Land flog* die Märchenreminiszenz schon im Titel. Ursprünglich war er als „Geschichten für Kinder, Märchen, Dönekens, Erzählungen, alle um Getier und Gewächs und Acker herum" (Caspar 1985, 725) geplant, entwickelte sich dann aber zum Erwachsenenroman, der 1935 erschien. Zur selben Zeit trug sich Fallada mit dem Plan, den historischen Roman *Wizzel Kien* zu schreiben, einen Narren- und Schelmenroman (Caspar 1985, 726; Montesinos Caperos 2000, 194), dessen Hauptfigur einem Märchen von Wilhelm Hauff entnommen werden sollte (Montesinos Caperos 2000, 192–193). Beiden Texten gemeinsam ist, dass sie Kritik an der Gegenwart üben (Kuhnke 2003, 29). In eben dieser Zeit entstehen auch die beiden Sammlungen *Hoppelpoppel – wo bist du?* (1936) und *Geschichten aus der Murkelei* (1938), die die meisten von Falladas Kindermärchen und -geschichten enthalten und heute – neben dem Text *Fridolin, der freche Dachs* – von der Forschung als Kindergeschichten im engeren Sinn, nämlich als Geschichten *für* Kinder, behandelt werden. Lediglich der letztgenannte und umfangreichste Text, *Fridolin, der freche Dachs*, ist ein Nachzügler. Er wurde 1944 geschrieben und erst postum publiziert.

Die ‚eigentlichen' Kindergeschichten: *Hoppelpoppel*, *Murkelei* und *Fridolin*

Die Gruppe der von der Forschung als Geschichten für Kinder behandelten Texte setzt sich aus den beiden Bänden *Hoppelpoppel – wo bist du?* (1936) und *Geschichten aus der Murkelei* (1938) sowie *Fridolin, der freche Dachs* (1944) zusammen.

Bei den beiden erstgenannten Sammlungen handelt es sich um Zusammenstellungen kürzerer Texte. *Fridolin, der freche Dachs* (1944) überschreitet hingegen die Gattungsgrenzen der Kurzgeschichte. Damit zeigen auch diese Kindergeschichten, dass Fallada ein vielseitiger Erzähler ist, der das Spektrum von der kleinen Geschichte für Kinder im Vorschulalter (Hartmann 1995, 181) bis hin zum elaborierten Roman abdeckt (Ulrich 1995, 43) und damit eine Reihe von Prosagenres beherrscht: vom Märchen bis zur realistischen Geschichte, wobei im Einzelfall die Grenzen zwischen diesen beiden Bereichen nicht eindeutig gezogen werden können, sondern das eine in das andere übergeht (Hartmann 1995, 173), wenn magische und alltägliche Elemente vermischt werden (Penttinnen 1997, 89). Tiergeschichten hat Fallada ebenso geschrieben wie Abenteuererzählungen (Hernik 2008, 115, 123).

Von den sieben Geschichten aus dem Band *Hoppelpoppel – wo bist du?* wurden nur zwei Erzählungen, nämlich *Häusliches Zwischenspiel* sowie *Die verlorenen Grünfinken*, eigens für die Sammlung geschrieben (Caspar 1985, 721). Nachdem der Reclam Verlag 1934 Fallada um ein Manuskript gebeten hatte, erfüllte er diese Anfrage im darauffolgenden Jahr, indem er die in den Jahren 1931/32 entstandenen und in verschiedenen Journalen publizierten Kindergeschichten zusammenstellte und um die beiden genannten Erzählungen erweiterte, die jedoch wieder in *Die Woche* und *Die Dame* vorabgedruckt wurden (Caspar 1985, 721). In dieser Ausgabe waren *Die verlorenen Grünfinken* durch Bilder von Alfred Kubin illustriert (Caspar 1985, 721–722; Kuhnke 2003, 27). Der Reclam-Band wurde schließlich Ende Februar 1936 publiziert (Caspar 1985, 722), eine zweite, unveränderte Auflage 1943. Erst nach Erscheinen des Bandes wurde die Geschichte *Der gestohlene Weihnachtsbaum* fertiggestellt, die thematisch zu *Häusliches Zwischenspiel* und *Die verlorenen Grünfinken* gehört und am 23. Dezember 1936 in der Zeitschrift *Die Woche* veröffentlicht wurde (Fallada 1936b; Caspar 1985, 727–728; siehe den Beitrag 4.9 *Erzählungen seit den 1930er Jahren* in Kap. II). Die Einrichtung der Sammlung *Hoppelpoppel – wo bist du?* ist somit in erster Linie eine Brotarbeit für Reclam, die in einer wirtschaftlichen, politischen und psychischen Krisensituation entstand (Hartmann 1995, 172). Ihre Entstehungsgeschichte zeigt, dass die *Kindergeschichten*, wie sie im Untertitel genannt werden, auch in ihrem ursprünglichen publizistischen Zusammenhang nicht unbedingt ausschließlich für Kinder gedacht waren, die Sammlung in gewisser Weise also beliebig ist und durch weitere kurze Geschichten hätte erweitert werden können: Neben der Geschichte *Der gestohlene Weihnachtsbaum* wären vor allem noch die Texte *An der Schwale liegt ein Märchen* (1929), *Sieben Kinder spielen im Stadtpark* (1929) und das *Märchen vom Unkraut* (1936) in Frage gekommen.

Etwas anders verhält es sich mit der Entstehung der zwei Jahre später erschienenen Sammlung *Geschichten aus der Murkelei*. Sie vereinigt elf Geschichten, unter denen sich – im Gegensatz zu den ausschließlich realistischen Geschichten des *Hoppelpoppel*-Bands – auch Märchen befinden. Die Geschichten entstanden parallel zur Arbeit an *Wolf unter Wölfen*. Fünf von ihnen wurden im August 1936 geschrieben, drei im September, zwei im Oktober, die letzte schließlich Anfang November (Caspar 1985, 728–729). Nachdem die Arbeiten am ersten Teil von *Wolf unter Wölfen* Ende November 1936 beendet waren, tippte Fallada die *Murkelei*-Geschichten ab, legte das Typoskript aber für längere Zeit zur Seite. Erst Anfang Juni 1938 nahm er die Arbeit an diesen Geschichten wieder auf, redigierte sie und schickte sie zum Verlag. Im August las er Korrektur, Anfang November erschien der Band bei Rowohlt, illustriert von Melitta Patz (Caspar 1985, 730–731). Obwohl Fallada selbst die *Murkelei*-Sammlung als „[e]ines [meiner] für mein Gefühl [...] besten Bücher" hielt (zit. nach Müller-Waldeck/Ulrich 1997, 196), verkaufte sich der Band schlecht (Caspar 1985, 731), weshalb er eingestampft wurde (Müller-Waldeck/Ulrich 1997, 196; Hübner 2008, 143). 1947 erschien eine neue Auflage. Sie war die letzte, die Fallada selbst vorbereitete. Sie enthält Zeichnungen von Conrad Neubauer-Conny, das Vorwort ist leicht modifiziert.

Im Unterschied zu *Hoppelpoppel – wo bist du?* und den *Geschichten aus der Murkelei* ist der vergleichsweise späte Text *Fridolin, der freche Dachs* fast schon ein Roman. Er entstand 1944 zeitgleich mit *Der Trinker* in der psychiatrischen Landesanstalt Neustrelitz-Strelitz, in die Fallada nach einem Pistolenschuss auf seine Frau eingewiesen worden war. Die Geschichte war als Weihnachtsgeschenk für seine Tochter Mücke gedacht (Caspar 1985, 756–757). Nach seiner Entlassung tippte Fallada das Manuskript mit der Maschine ab, verfertigte Titelseite und Einband und erfand den „Grüne-Gurken-Verlag, Carwitz", in dem er das Buch erscheinen ließ (Caspar 1985, 758; Hernik 2008, 123). Tatsächlich publiziert wurde *Fridolin* erstmals 1955.

Alle drei Bände fanden kein breites Publikum, sind bis heute in der Forschung wenig beachtet (Hernik 2008, 113; Gansel 2008, 111) und haben nach Falladas Tod längere Zeit keine Neuauflagen erlebt. Wiederentdeckt wurden sie erst 1985 im Rahmen der von Günter Caspar herausgegebenen *Ausgewählten Werke in Einzelausgaben*. Außerhalb des deutschen Sprachraums waren sie vor allem in den ehemaligen Ostblockstaaten verbreitet. So wurden beispielsweise alle drei Kinderbücher zwischen 1956 und 1965 ins Ungarische übersetzt, die *Geschichten aus der Murkelei* 1959 ins Russische übertragen, 1965 folgte *Fridolin*. Nach 1989 wurden die *Geschichten aus der Murkelei* auf Italienisch, Chinesisch und Englisch publiziert. Auch vor 1945 war dieser Band derjenige, der im Ausland die weiteste Verbreitung fand, zwischen 1941 und 1942 erfolgte je eine Übersetzung ins Tschechische und Französische und war damit auf dem Buchmarkt besetzter Länder verfügbar, 1943 wurde eine Übersetzung ins Spanische vorgenommen (siehe dazu die Übersicht im Beitrag 5 *Übersetzungen* in Kap. III).

Die Entstehungszeit der Kindergeschichten und Märchen hat in der Forschung, von einigen Einzelbetrachtungen abgesehen, im Wesentlichen zu zwei größeren Problemstellungen geführt. Beide Forschungsansätze haben trotz ihrer inhaltlichen Divergenz eine Gemeinsamkeit: Sie zeigen wiederholt die Schwierigkeit, die Genregrenzen, wie sie bereits für die Definition des Rezipientenkreises festgestellt wurden, festzulegen. Die erste hat ihren Ursprung in der Frage, inwieweit sich Fallada in seinen Kindergeschichten mit dem nationalsozialistischen Regime auseinandergesetzt hat, und beschäftigt sich schließlich mit ihrem pädagogischen Inhalt. Die zweite setzt sich mit dem autobiografischen Gehalt der Texte auseinander.

Pädagogisches

Die Frage, ob Fallada durch die Kindergeschichten und Märchen Stellung zur nationalsozialistischen Diktatur genommen hat, wird innerhalb der Fallada-Philologie kontrovers diskutiert (Hartmann 1995, 175–176; Kuhnke 2003, 30–31). Während man auf der einen Seite (Manthey 1963, 116; Caspar 1985, 712, 724) Falladas Kindergeschichten als unpolitische Weltflucht interpretiert, betont die neuere Forschung eine politische Dimension gerade der Kindergeschichten: Die *Geschichte von der gebesserten Ratte* und die *Geschichte vom goldenen Taler* aus der *Murkelei*-Sammlung werden als Gleichnis auf die Gefahren des Nationalsozialismus verstanden (Kaminski 1990, 289; Hartmann 1995, 176); und auch andere Kindergeschichten werden als Fabeln gelesen, die Falladas Protest gegen die Nazis ausdrücken (Kuhnke 2003, 29).

Als Hauptargument für diese Lesart dient in erster Linie ihre pädagogische Botschaft, die die „schwierige Sache [...] der Erziehung der Kinder zu rechten Menschen" (Fallada [1936c], 55) vermitteln will. Als geradezu programmatisch sind in diesem Zusammenhang die Erzählungen *Häusliches Zwischenspiel* und *Die verlorenen Grünfinken* verstanden worden, insbesondere der Satz: „Man kann doch auch nicht alles laufen lassen, wie es läuft" (Fallada [1936c], 55; vgl. Hartmann 1995, 175), der im letztgenannten Text enthalten ist. Er gilt als Beweis dafür, dass Fallada in Zeiten des NS-Terrors mit seinen Kindergeschichten auf eine moralische Erziehung der jungen Generation, auf die Sensibilisierung ihres Gewissens setzte (Hartmann 1995, 175), „die Humanisierung des einzelnen und speziell der Kinder als Hoffnungsträger der Zukunft" verfolgte und damit „die Möglichkeit einer Gesellschaftsbesserung" beförderte (ebd.; vgl. auch Kuhnke 2003, 27). Auch die Vaterfigur, die in diesen Geschichten den „Wunsch [...] [hat]", den Sohn vor verkrüppelnder Beschädigung zu bewahren" (Hartmann 1995, 175), kann in diesem Sinne verstanden werden, ebenso der Umstand, dass den dargestellten Kindern hier wie in anderen Geschichten Autonomie zugestanden wird. Sie befinden sich in partnerschaftlicher Beziehung zu Erwachsenen (Hernik 2008, 121), genauer gesagt zu den Vaterfiguren, die im Gegensatz zu den Müttern und deren Position als Autoritätsfiguren (Hernik 2008, 121) oftmals Fehler aufweisen und „keine erwachsene Figur [sind], die eine Vorbildfunktion erfüllen" sollen (Hernik 2008, 122–123). Damit erweist sich Fallada als ein moderner Erzähler von Kindergeschichten, weil seine Texte den erwachsenen Erzähler und den kindlichen Leser auf eine Stufe stellen (Hernik 2008, 118; vgl. auch Kuhnke 2003, 27).

Mit dieser pädagogischen Strategie befindet sich Fallada nicht nur in unmittelbarer Nachbarschaft zu Erich Kästner (Hartmann 1995, 175), sondern auch zu einem anderen zeitgenössischen Schöpfer von Kindergeschichten (Kuhnke 2003, 26), der mit

Fallada bekannt war, gegen das NS-Regime protestierte und diesem schließlich zum Opfer fiel. Gemeint ist e. o. plauen, der seine *Vater und Sohn*-Geschichten zwischen 1934 und 1937 für Ullstein zeichnete (ebd., 19–20). Die Bildergeschichten waren in Buchform in Falladas Haushalt in Carwitz vorhanden (ebd., 21) und ähneln seinen eigenen Kindergeschichten nicht nur darin, dass beide Autoren auf eine „Bewährungspädagogik" verzichten (Hartmann 1995, 181), sondern auch in thematischer Hinsicht. So lassen sich beispielsweise Gemeinsamkeiten zwischen der *Hoppelpoppel*-Geschichte *Lüttenweihnachten* von Fallada und der Bildergeschichte *Liebe Gäste zum Feste* von e. o. plauen feststellen (Kuhnke 2003, 32–33).

Autobiografisches

Mit der Ähnlichkeit zu e. o. plauens *Vater und Sohn*-Geschichten, in denen Erich Ohser nicht zuletzt auch sich selbst und seinen Sohn Christian zeichnete (Kuhnke 2003, 21–23), ist die Frage nach dem autobiografischen Gehalt von Falladas Kindergeschichten angerissen. Viele von ihnen haben einen entsprechenden Hintergrund (Hartmann 1995, 172; Hernik 2008, 115, 119) und ergänzen damit die beiden Erinnerungsbücher *Damals bei uns daheim* (1941) und *Heute bei uns zu Haus* (1943), die in gewisser Weise ebenfalls Kinderbücher sind: Der erste Band erzählt von Falladas Berliner Kindheit bis zum Beginn der Pubertät (Gansel 2008, 95), der zweite von Falladas eigenen Kindern. Die Erinnerungsbücher „sind wie die ‚Geschichten aus der Murkelei', nur eben für Erwachsene" (Hübner 2008, 143). Auch der Briefwechsel zwischen Fallada und seinem Sohn Uli, den dieser 2005 aus dem Nachlass seines Vaters herausgegeben hat (Fallada/Ditzen 2005), bietet weitere einschlägige Anhaltspunkte für die Erzählungen.

Die autobiografischen Elemente der Kindergeschichten sind im Wesentlichen auf zwei Ebenen zu finden: Zum einen wurden die Geschichten für Falladas drei Kinder Uli (geb. 1930), Mücke (geb. 1933) und Achim (geb. 1940) geschrieben. So tragen die *Geschichten aus der Murkelei*, die sich auf den Kosename Murkel des ältesten Sohnes beziehen, den Arbeitstitel *Geschichten für Uli* (Caspar 1985, 728–729; Hartmann 1995, 172), und das Vorwort, das dieser Sammlung in der zweiten Auflage vorangestellt ist, richtet sich ausdrücklich an die drei Geschwister (Fallada 2011, 5). Auch *Fridolin, der freche Dachs* verfügt über ein Nachwort an die Tochter Mücke, das freilich ursprünglich nicht zur Veröffentlichung gedacht war. Zum anderen portraitiert Fallada seine Kinder in verschiedenen Geschichten literarisch (vgl. Hartmann 1995, 172): in den Erzählungen *Lieber Hoppelpoppel – wo bist Du?*, *Häusliches Zwischenspiel* und *Die verlorenen Grünfinken* der *Hoppelpoppel*-Sammlung seinen ältesten Sohn Uli, in der *Geschichte vom verkehrten Tag* und in der *Geschichte von der Murkelei* des zweiten Erzählbandes zudem seine Tochter Mücke. In dem späten Roman *Fridolin, der freche Dachs* gesellt sich noch der jüngste Sohn Achim zu den beiden älteren Geschwistern, der auch in der Zeitungsgeschichte *Pfingstgruß an Achim*, die 1946 in der *Täglichen Rundschau* erschien, eine Rolle erhält. In den *Hoppelpoppel*-Geschichten treten Vater und Sohn nicht unter ihrem richtigen Namen auf, sondern sie werden literarisch verfremdet. Eine deutlichere Anlehnung an die Realität findet in der *Geschichte von der Murkelei* statt, die in *Fridolin* abermals radikalisiert wird. Letzterer ist der einzige Text, in dem die ganze Familie Ditzen in unverschlüsselter Form auftritt. Das ist insofern bemerkenswert, als Fallada selbst in den Erinnerungsbüchern auf sein Pseudonym zurückgreift und es auf die Familie ausweitet. Der Grund hierfür dürfte freilich vor allem darin zu suchen sein, dass die Erzählungen zunächst nur für Mücke geschrieben wurden und nicht veröffentlicht werden sollten (Hernik 2008, 124). Darüber hinaus finden sich weitere Details aus Falladas Familienleben, beispielsweise der Einzug der Familie aus *Lieber Hoppelpoppel – wo bist du?* in ein neues Haus, das Ähnlichkeiten zu Falladas Wohnung in Berkenbrück hat (Caspar 1985, 712, Fallada [1936c], 5); in *Lieschens Sieg* ist die Großmutter eine „Landpastorenwitwe aus dem Hannoverschen" (Fallada [1936c], 8), was dem Stand und Herkommen von Falladas eigener Großmutter entspricht, die er in *Damals bei uns daheim* beschreibt (Fallada 1941, 173–202). In *Fridolin, der freche Dachs* schließlich wird der Familienalltag in Carwitz und das Leben auf dem kleinen Bauernhof detailliert gezeichnet. Beide Motivkreise sind auch in die Erzählungen *Häusliches Zwischenspiel*, *Die verlorenen Grünfinken* sowie in die *Geschichte vom getreuen Igel* (Fallada 2011, 57–75) eingegangen.

Poetologisches

Die Interpretation von Falladas Kindergeschichten würde aber zu kurz greifen, wenn sie sich nur auf die Auffindung autobiografischer Elemente beschränken würde. Bei allen einschlägigen Reminiszenzen hat Fallada doch gleichzeitig auch versucht, Autobiografisches unkenntlich zu machen. So werden die Erzählungen des *Hoppelpoppel*-Bandes bewusst nicht in der chronologischen Reihenfolge ihres Entstehens angeordnet, die eine Radikalisierung der autobiografischen Gestaltung der Geschichten sichtbar machen würde (Caspar 1985, 724). Im Gegenteil: Auch in den Kindergeschichten ist, ähnlich wie in dem Erinnerungsbuch *Damals bei uns Daheim*, das nicht umsonst den Untertitel *Erlebtes, Erfahrens und Erfundenes* trägt, das Erfundene von mindestens ebenso großer Bedeutung wie das Erlebte. Das gilt nicht nur für die Gattung der Märchen, sondern auch für die scheinbar realistischen Erzählungen – für sie vielleicht sogar noch mehr. Geradezu programmatisch ist in diesem Zusammenhang die Titelgeschichte des zweiten Erzählbandes, die allerdings in einer wichtigen Kleinigkeit vom Buchtitel abweicht: Sie heißt nicht mehr „aus der Murkelei", sondern „von der Murkelei" (Fallada 2011, 164) und vertauscht damit den geografischen Anklang mit einer abstrakteren Konnotation, die schon in den ersten Sätzen den obligatorischen Märchenanfang mit einem autobiografischen Bekenntnis verbindet: „Es war einmal ein Vater, der wünschte sich viele Kinder, am liebsten ein Dutzend […]. Weil ihm das aber nicht genug war, dachte er sich noch mehr Kinder aus, zu seinen zwei noch zwei, so dass er wenigstens ein drittel Dutzend voll hatte" (ebd., 192). Abermals wird die Bedeutung der Kinder thematisiert, die hier bewusst auch zum Produkt schriftstellerischer Fantasie werden. Bezeichnenderweise hat diese nichts mit dem klassischen Märchen zu tun. Im Gegenteil. Es wird ausdrücklich betont, dass die erdachten Gestalten nicht mit „Frau Holle und [dem] Aschenputtel aus dem Märchen" zu vergleichen seien (ebd., 195). Die Fantasiekinder erhalten in ihrer Eigenwertigkeit Realität, sie sind „wirklich da" (ebd.) und haben zunächst den Zweck, den realen Kindern im Alltag Gesellschaft zu leisten und sie vor Einsamkeit zu bewahren (ebd., 197, 199). Allerdings werden auch die ‚Nebenwirkungen' dieser durch Einbildungskraft erzeugten, so realitätsergreifenden wie hyperrealistischen Figuren beschrieben, die schließlich so allgegenwärtig erscheinen, dass die Mutter der Geschichte beginnt, sie zu schelten (ebd., 199). Vordergründig geschieht das vor allem deswegen, weil sie zunehmend als Ausrede für die Untaten der realen Kinder dienen. De facto ist aber die „schreckliche Murkelei" (ebd., 199, 201), wie die Mutterfigur das Spiel des Vaters mit Kindern und Fantasiekindern (das aber weit mehr als ein Spiel ist) nennt, der erste Schritt zu einer Realitätsvervielfältigung, die schließlich zu einem Realitätsverlust wird. Damit ist die „Murkelei" zu einem Begriff für ein Phänomen geworden, das Fallada auch an anderer Stelle seines Werkes beschrieben hat: am deutlichsten vielleicht in *Damals bei uns daheim* als einen Zustand, der ihm selbst widerfahrenen ist und sich schließlich ins Krankhafte steigerte (vgl. Fallada 1941, 123–124, 171).

Allein diese Beobachtung weist darauf hin, dass Fallada in den Kindergeschichten (was abermals untypisch für das Genre ist), seine eigene Tätigkeit und Konstitution als Schriftsteller in ihrer Gefährdung reflektiert. Es kann daher nicht verwundern, dass auch andere einschlägige Themen Eingang in die Geschichten gefunden haben, die nicht zuletzt Auskunft über die Absichten von Falladas Kindergeschichten geben. Schließlich wird aus ihnen sogar eine Art Kindergeschichten-Poetik entwickelt, die damit beginnt, dass in verschiedenen Texten der Akt der Namensgebung inszeniert wird: So steht die ‚Taufe' des Spielzeughundes auf den Namen „Hoppelpoppel" durch die Vaterfigur im Zentrum der Geschichte *Lieber Hoppelpoppel – wo bist Du?*, die durch den Sohn bestätigt wird, sobald dieser sprechen kann (Fallada [1936c], 3). In *Lieschens Sieg* erhält die Großmutter von den Kindern die Bezeichnung „Brummelchen" (ebd., 8). Aber auch im späten Text *Fridolin, der freche Dachs* kehrt dieses Motiv an verschiedenen Stellen wieder und kulminiert in der feierlichen Vergabe des Eigennamens Fridolin an den Dachs durch Mücke, die diesen bemerkenswerterweise nach einem literarischen Vorbild wählt (Fallada 1954, 112, 159).

Als ein Konzentrat dieser Poetik kann das Vorwort angesehen werden, das Fallada den *Geschichten aus der Murkelei* vorangestellt hat (Fallada 2011, 5). Aber auch der erste Text dieser Sammlung, der bezeichnenderweise die Überschrift *Geschichte von der kleinen Geschichte* trägt (ebd., 7–11), ist aufschlussreich. Als erstes Merkmal der Kindergeschichten wird immer wieder die mündliche Erzählsituation betont, die sich aus einem pädagogisch-praktischen Anlass ergibt und in der es für die Kinder um die Bewältigung von Alltagsaufgaben geht, die ihnen durch die Geschichten erleichtert werden sollen (ebd., 7). Diese Ausrichtung hat zur Folge, dass die Kindergeschichten zunächst keine feste Form haben, sondern über eine große Variationsbreite verfügen (ebd., 5). Es kommt daher nicht von ungefähr, dass auch das Geschichtenerzählen selbst in unterschiedlichen Geschichten thematisiert wird: In der *Geschichte von der Murklei* gehen Vater und Sohn allabendlich spazieren und erzählen sich, was der Tag gebracht hat (ebd., 193). Der Alte in *Pfingstfahrt in der Waschbalje* wird dafür geliebt, dass er „Geschichten von der Zauberkraft der Katzen" erzählen kann (Fallada [1936c], 40). Und in *Lieschens Sieg* schließlich erhält dieser Aspekt die entscheidende strukturelle Bedeutung: Die Kinder dieser Geschichte, die die Realität besser aus Märchen und Geschichten denn aus eigener Anschauung kennen (Fallada [1936c], 9–10), verlangen von ihrer Großmutter, dass sie ihnen Märchen und Sagen erzählen solle. Als diese sich als unfähig erweist, reagieren sie mit Bösartigkeit (ebd., 9). Erst nach ihrer Läuterung durch die elementare Wirklichkeitserfahrung der Geburt eines Kälbchens werden sie durch eine qualitativ andere Art von Geschichten belohnt, die „zu ihnen gekommen" und als „etwas Neues […] in ihr Leben" eingetreten waren (ebd., 15). Damit wird, dieses Mal im positiven Sinn, ohne dass negative Folgen aufgezeigt würden, das Ideal einer Verschränkung von Fiktion und Leben etabliert. Es wird ein eigener Geschichtentypus entworfen, der sich von den gewöhnlichen Geschichten und Märchen darin unterscheidet, dass er selbst Unmögliches wie etwa den Spaziergang zum Mond der Familie aus der *Geschichte vom verkehrten Tag* (Fallada 2011, 56) nicht nur möglich macht, sondern zunächst auch den Anschein des Realistischen erhält, indem er erst am Ende als Traum deklariert wird. Dadurch werden Falladas Kindergeschichten, neben allem pädagogischen Utilitarismus, der ihnen auch ausdrücklich als Zweck eingeschrieben ist (ebd., 11, 104), dahingehend legitimiert, dass sie im genuin Fantastischen verbleiben und ihren (kindlichen) Rezipienten eine realistische Fantastik anbieten, in der Realität und Fiktion letztlich zusammenfallen: Die Fiktion gleicht hier die Mängel der Realität, die sich im Vergleich mit Dichtung als „grenzenlose Enttäuschung" (Fallada [1936c], 10) erweist, aus, während die Realität wiederum die Fiktion, die sich als so vielfältig und komplex erweist, „daß es gar nicht zu erzählen ist" (Fallada 2011, 198), garantiert.

Literatur

Arnöman 1995: Arnöman, Nils: Die Funktion der Kinder in den Texten Hans Falladas. In: Hans Fallada. Beiträge zu Leben und Werk, hg. von Gunnar Müller-Waldeck und Roland Ulrich, Rostock 1995, S. 155–171.
Arnöman 1998: Arnöman, Nils: „Ach Kinder …" Zur Rolle des Kindes und der Familie im Werk Hans Falladas, phil. Diss. Stockholm 1998.
Caspar 1985: Caspar, Günter: Hans Fallada, Geschichtenerzähler. In: Hans Fallada: Ausgewählte Werke in Einzelausgaben, Bd. 9: Märchen und Geschichten, hg. von Günter Caspar, Berlin (Ost)/Weimar 1985, S. 649–781.
Fallada 1931/32: Fallada, Hans: Auskunft über den Mann Kästner. In: Die Literatur. Monatsschrift für Literaturfreunde 34 (1931/32), H. 7 (April 1932), S. 367–371.
Fallada 1936a: Fallada, Hans: Altes Herz geht auf die Reise. Roman, Berlin 1936.
Fallada 1936b: Fallada, Hans: Der gestohlene Weihnachtsbaum. In: Die Woche [Moderne Illustrierte Zeitschrift] 38 (1936), H. 52, 23.12.1936, S. 34, S. 39.
Fallada [1936c]: Fallada, Hans: Hoppelpoppel – wo bist du? Kindergeschichten. Mit einem Nachwort von Felix Riemkasten, Leipzig o. J. [1936].
Fallada 1946: Fallada, Hans: Pfingstgruß an Achim. In: Tägliche Rundschau. Zeitung für die deutsche Bevölkerung 2 (1946), Nr. 132, 9.6.1946, S. 4.
Fallada 1955: Fallada, Hans: Fridolin, der freche Dachs. Ein zwei- und vierbeinige Geschichte mit Zeichnungen von Eva und Hans Schweiss, Frankfurt a. M. 1955.
Fallada 1985: Fallada, Hans: Märchen und Geschichten, Ausgewählte Werke in Einzelausgaben, Bd. 9, hg. von Günter Caspar, Berlin (Ost)/Weimar 1985.
Fallada 1998: Fallada, Hans: Pechvogel und Glückskind. Ein Märchen für Kinder und Liebende, hg. von Gunnar Müller-Waldeck, Greifswald 1998.
Fallada 2005: Fallada, Hans/Ditzen, Uli: Mein Vater und sein Sohn. Briefwechsel, Berlin 2005.
Fallada 2011: Fallada, Hans: Geschichten aus der Murkelei. Mit Zeichnungen von Conrad Neubauer-Conny. 5. Aufl., Berlin 2011.
Gansel 2008: Gansel, Carsten: „Es war eine verdammte Zeit" – Moderne Adoleszenzkrisen als traumatische Erinnerung. Neue Überlegungen zu Hans Falladas Frühwerk *Der arme* [sic] *Goedeschal*. In: Zeit vergessen, Zeit erinnern. Hans Fallada und das kulturelle Gedächtnis, hg. von C. G. und Werner Liersch, Göttingen 2008, S. 95–111.
Gansel 2009: Gansel, Carsten: Zwischen Auflösung des Erzählens und ‚Präzisionsästhetik' – Hans Falladas Frühwerk *Die Kuh, der Schuh, dann du* und das moderne Erzählen. In: Hans Fallada und die literarische Moderne, hg. von C. G. und W. L., Göttingen 2009, S. 35–50.

Hartmann 1995: Hartmann, Regine: Hans Falladas Botschaften an seinen Sohn. In: Hans Fallada. Beiträge zu Leben und Werk. Materialien der 1. Internationalen Hans-Fallada-Konferenz in Greifswald vom 10.6. bis 13.6.1993, hg. von Gunnar Müller-Waldeck und Roland Ulrich, Rostock 1995, S. 172–182.

Hartmann 1997: Hartmann, Regina: „Die Wünsche unserer Kindheit auf dem Papier" – Fallada und Kästner im Vergleich. In: Hans-Fallada-Jahrbuch (1997), Nr. 2, S. 73–85.

Hernik 2008: Hernik, Monika: „Mit der Murkelei ist es schwierig ..." – Hans Fallada als moderner Erzähler für Kinder. In: Zeit vergessen, Zeit erinnern. Hans Fallada und das kulturelle Gedächtnis, hg. von Carsten Gansel und Werner Liersch, Göttingen 2008, S. 113–129.

Hübner 2008: Hübner, Anja Susan: „... als ein Gruß an die versunkenen Gärten der Kinderzeit" – die ‚Erinnerungsbücher' Hans Falladas. In: Zeit vergessen, Zeit erinnern. Hans Fallada und das kulturelle Gedächtnis, hg. von Carsten Gansel und Werner Liersch, Göttingen 2008, S. 131–143.

Kaminski 1990: Kaminski, Winfred: Exil und Innere Emigration. In: Geschichte der deutschen Kinder- und Jugendliteratur, hg. von Reiner Wild, Stuttgart 1990, S. 285–298.

Kuhnke 2003: Kuhnke, Manfred: Der traurige Clown und der Elefant auf dem Seil. Hans Fallada und e. o. plauen, hg. vom Literaturzentrum Neubrandenburg e. V., Neubrandenburg 2003, S. 86–91.

Manthey 1963: Manthey, Jürgen: Hans Fallada in Selbstzeugnissen und Bilddokumenten, Reinbek bei Hamburg 1963.

Montesinos 2000: Montesinos Caperos, Manuel: *Wizzel Kien*. Zwischen Narrenliteratur und Schelmenroman. In: Hans-Fallada-Jahrbuch (2000), Nr. 3, S. 191–203.

Müller-Waldeck/Ulrich 1997: Müller-Waldeck, Gunnar/Ulrich, Roland (Hg.): Hans Fallada. Sein Leben in Bildern und Briefen unter Mitarbeit von Uli Ditzen, Berlin 1997.

Penttinnen 1997: Penttinen, Satu: Nur das Mäuseken Wackelohr abenteuert auf Finnisch. Wäre es schon Zeit für eine neue finnische Märchenübersetzung? In: Hans-Fallada-Jahrbuch (1997), Nr. 2, S. 86–94.

Roland 1995: Roland, Ulrich: Märchen und Mythos bei Hans Fallada. In: Hans-Fallada-Jahrbuch (1995), Nr. 1, S. 43–51.

4.11 Unterhaltungsromane

Sven Hanuschek

Hans Falladas Unterhaltungsromane, ob in Zeitungen vorabgedruckt oder nicht, sind als Gegenstände literaturwissenschaftlicher Arbeiten nicht gerade angesehen – „harmlose Unterhaltungsschmonzetten" (Töteberg/Buck in Fallada 2008, 16) ist noch eine der freundlicheren Bezeichnungen. In den meisten Überblicksdarstellungen werden diese Texte mit ein paar Nebensätzen abgetan oder gar nicht erwähnt. Dennoch lohnt die Auseinandersetzung auch mit diesen Werken, hat der Schriftsteller doch in einigen von ihnen versucht, sich im Sinne der NS-Kulturpolitik zu verhalten, um nicht mehr unangenehm aufzufallen; in anderen Texten hat er dagegen Strategien der ‚inneren' Emigration entwickelt. Nur ‚harmlos' ist keiner dieser Romane: Auch hier gibt es Texte, die einige der Falladaschen Bestseller-Kriterien erfüllen, die „die melodramatisch rührende[n] Elemente und Spannung für den geschärften Blick auf Alltägliches" (Frank/Scherer 2013, 86) ebenso nutzen wie die inzwischen anerkannten Großromane *Kleiner Mann – was nun?*, *Wolf unter Wölfen* oder *Jeder stirbt für sich allein*. Jürgen Manthey gesteht Fallada zu, dass er nach seinem zweiten Beginn mit *Bauern, Bonzen und Bomben* „im Technischen souverän" gewesen sei. Er habe es in der Hand gehabt, „genau den gewünschten Wirklichkeits-Anklang hervorzubringen, die günstigste Personenbesetzung zu finden und dann über das Ganze ein raffiniert geknüpftes Spannungsnetz zu werfen, das die Teile zusammen und den Leser bei der Stange hielt". Was darüber hinaus ging und routinierte Arbeiten erst zu Kunst, zu etwas Unerwartetem und Unerwartbarem macht, soll nach Mantheys psychologisierender Biografie gewissermaßen im Arbeitsrausch geschehen sein, etwas für Fallada „vorher nicht Berechenbares" (Manthey 1963, 129). Auch für die Unterhaltungsromane müsste nach dem kreativen Überschuss gefragt werden: Inwiefern sind sie (keine) Schemaliteratur (siehe den Beitrag 2.5 *Schreiben in der/für die Populärkultur* in Kap. I)? Thematische und motivische Grunddispositionen des Œuvres dürften vom Autor kaum ‚ausgeknipst' werden können – etwa die „Zivilisationskrankheit Angst" der Protagonisten, die Norman Ächtler durchweg in den sozialkritischen Romanen festgestellt hat (Ächtler 2009, 134). Ein anderes Beispiel sind die häufigen Doppel-Konstellationen: Fallada stellt permanent seinen schwachen Figuren eine starke an die Seite (etwa Tredup vs. Stuff in *Bauern, Bonzen und Bomben*, oder Pinneberg vs. Heilbutt in *Kleiner Mann – was nun?*). Auch sie sind in der Unterhaltungsliteratur wiederzufinden.

Dies Herz, das dir gehört (1939/40, 1994)

Fallada hat seinem Verleger Heinrich Maria Ledig erläutert, wie es zu diesem Roman kam: Carl Froelich, der Präsident der Reichsfilmkammer, beauftragte Fallada Mitte September 1939 damit, ein Drehbuch zu einem Heimkehrerfilm anzufertigen, in dem ein „Auslandsdeutsche[r], der aus Amerika heimkehrt [...] durch ein Mädchen aus dem Volke (mit dem Namen Zarah Leander) zum neuen Deutschland bekehrt wird. Es soll aber in dem ganzen Film kein Wort über Politik geredet werden, die Menschen sollen National-Sozialisten sein, aber nicht davon sprechen." (Brief an Heinrich Maria Ledig, 27. September 1939, zit. nach Williams 2011, 276 f.) Froelich plante ein aktualisierendes Remake seines Stummfilms *Zuflucht* (1928), damals mit Henny Porten als Hauptdarstellerin. Hans Fallada unterbrach seine Arbeit an dem Roman *Der ungeliebte Mann* und schrieb den (im Druck) 300-Seiten-Text *Dies Herz, das dir gehört* in achtzehn Tagen (2. Oktober 1939–20. Oktober 1939, HFA N 13); kein Drehbuch, sondern einen stark dialoglastigen Roman mit einer Figurenliste zu Beginn, unterteilt in ein Vorspiel und drei Teile. Auf dessen Grundlage sollten Froelichs Mitarbeiter das Drehbuch schreiben. Es gelang Fallada, zu dem „Honorar in Höhe von 25 000 Reichsmark [...] weitere 5000 Reichsmark für die Überarbeitung des Drehbuchs im folgenden Februar auszuhandeln" (Williams 2011, 277). Froelich hatte einige Änderungswünsche, denen Fallada nachkam; unter Gegrummel schloss er das Manuskript am 15. Februar 1940 endgültig ab, weil er keine weitere Fassung erstellen wollte: „Sie werden nischt machen können, denn ich habe für diese Umarbeitung die schönsten handschriftlichen Weisungen, Fahrpläne und Szenarien von ihnen bekommen. Aber Film bleibt doch ein ewiger Kotz." (Fallada 2008, 308) Der Film wurde nie gedreht, Falladas Skript aber immerhin zum Zeitungs-Vorabdruck freigegeben (Fallada an Kilpper, 21. Juli 1940, in ebd., 316 f.). 1943 wurde Fallada mitgeteilt, die Produktionsfirma habe das Projekt aufgegeben, im Februar 1944 erhielt er die letzte Nachricht dazu: „Das Studio in Tempelhof sei ausgebombt worden, und man bitte um eines der hektographierten Exemplare von ‚Zuflucht'." (Caspar 1988, 326) Fallada, gerade

Insasse einer Kuranstalt, bot an, die Übersendung zu veranlassen. Damit ist aber die Filmgeschichte des Textes beendet; der Roman erschien erst 1994 im Aufbau Verlag.

Fallada erzählt die Berliner Liebesgeschichte von Johannes Wiebe und Johanna Lark. Im Vorspiel wird Wiebe gezeigt, der sich nicht gegen seinen älteren Bruder durchsetzen kann: Die väterliche Fabrik wird vorübergehend geschlossen, die Arbeiter, denen er hatte helfen wollen, stehen umsonst protestierend vor den Toren. Wiebe emigriert in die USA, wird dort selbst Arbeiter und scheitert am Fließband. Nachdem Deutschland angeblich wirtschaftlich wieder besser dasteht, kehrt er zurück. Er geht unangekündigt durchs Fabrikgelände in die Villa seiner Mutter und hört dort zufällig, wie sein betrunkener Bruder im Nebenzimmer über ihn herzieht. Wiebe verlässt daraufhin sein Elternhaus und irrt durch die Stadt. In der Zentralmarkthalle am Alexanderplatz begegnet er Johanna Lark und springt ihr bei der Arbeit am Stand zur Seite, obwohl er fieberkrank ist. „Hanne und Hannes" (Fallada 1939/40, 84) verlieben sich sofort ineinander. Er wird von ihrem Chef eingestellt, das junge Paar hilft sich gegenseitig in einer Diebstahls-Affäre. Hanne bringt ihn in ihrem Zimmer unter, sie lernen sich besser kennen, machen gemeinsam Wochenendausflüge ins Grüne etc. und beschließen, zusammen zu bleiben. Im letzten Teil des Romans rächt sich der Dieb, Hannes wird von einer fallenden Markthallen-Kiste getroffen und bewusstlos in eine Klinik eingeliefert. Johanna wacht an seinem Bett und verständigt schließlich doch seine Mutter, nachdem er tagelang im Koma bleibt. In ihrem Beisein wacht er auf. Der Roman endet mit einer rührenden Versöhnung von Mutter und Sohn, das glückliche Paar blickt in eine sonnige Zukunft – Hanne wird „Frau Fabrikbesitzer" werden, mit „56 Lieferautos und 43 Buchhalter[n]..." (ebd., 285).

Der Roman ist als „schwülstige Schnulze mit einem kitschigen Happy-End" (Caspar 1988, 325) angesehen worden. In einem Brief nennt Fallada das Projekt „Leander-Bockmist" (ebd.). So durchschaubar die Dramaturgie ist, sind dem Autor doch wieder überaus lebendige Alltagsszenen in der Markthalle gelungen, die Dialoglastigkeit – bei den Nebenfiguren auch im Berliner Dialekt – macht das Werk zu einer kurzweiligen Lektüre. Der Kitsch des Happyends ist gebrochen, indem Johanna fünf der frisch gelieferten (damals seltenen) Zitronen ins Krankenhaus mitbringt und einen veritablen Slapstick damit aufführt. Der letzte Liebes-Dialog (und der ganze Roman) endet:

„Gib mir deine Hand ..."
Die Zitronen rollen ein zweites Mal auf die Erde.
Mit einem seligen Lächeln sagt sie: „Ich habe dir Zitronen mitgebracht, Hannes!"
„So glücklich ..." antwortet er. (Fallada 1939/40, 288)

In diesem Roman, vor allem im Vorspiel, hat Fallada versucht, so regimekonform zu schreiben wie sonst wohl nur noch am Schluss des Romans *Der eiserne Gustav*: In *Dies Herz, das dir gehört* wird die Weimarer Republik der Inflationsjahre im Sinne des NS-Bildes von der ‚Systemzeit' beschrieben, „wo alle alle aussaugen, jeder nur an sich denkt"; die Fabrik, die der Protagonist hinter sich lässt, ist ein „verfaulte[r] Betrieb in diesem verkommenen Lande" (ebd., 20). In den USA-Episoden, denen der Falladasche Blick für den Alltag und auch die Lebendigkeit naturgemäß fehlen, sprechen die US-Kollegen ständig von den „verdammten Deutschen" (ebd., 38). Es finden sich auch rassistische Bemerkungen: „[D]ie arbeitssuchenden Weißen [...] haben alle Ursache, düster zu sein, denn sie wissen, dass man in diesem Musterbetrieb des Erdensterns lieber den hirnlosesten Neger beschäftigt als den klügsten Weißen" (ebd., 40f.). Die Schiffe nach Europa sind voller „Rückwanderer" nach Deutschland, „nach fünfzehn Jahren Erniedrigung ist es wieder ein Glück, ein Deutscher zu sein" (ebd., 51), und in Berlin seufzt der Protagonist, dass es doch gut sei, heimzukommen.

Stefan Knüppel hat herausgearbeitet, wie sehr Johannes Wiebe zum Propagandainstrument wird, wie sehr Falladas Roman die Lebenswirklichkeit NS-Deutschlands idealisiert (vgl. Knüppel 2009, 193). Besonders die Beschreibung der Arbeitswelt sei der Propaganda des Regimes verpflichtet: Die „propagierte Vollbeschäftigung und die Veränderungen im Arbeitsrecht" (ebd.) werden betont. Vor allem die Darstellung des kapitalistischen Unternehmers (des Bruders des Protagonisten) wird als problematisch gesehen, wird er doch als „eine Art Volksfeind" betrachtet, der während der NS-Episoden des Romans tatsächlich überwunden wird. Dabei sind die dargestellten sozialpolitischen Errungenschaften „vor allem Propagandabluffs der nationalsozialistischen Machthaber". Die NS-Arbeitspolitik war keineswegs sozial, der Begriff „Volksgemeinschaft" nur eine Fassade (ebd., 196). Gewerkschaften und Betriebsräte wurden verboten, stattdessen sollten die Arbeiter eine „Treuepflicht" und die „Betriebsführer" eine „Fürsorgepflicht" haben. Allerdings wurden die „Betriebsordnungen" ohne Mitsprache der Belegschaft erlassen, Regularien also, die „voll und ganz auf die Bedürfnisse des Fabrikbesitzers zugeschnitten werden" konnten: „Wenn also der Unternehmer [...] in *Dies Herz, das dir gehört* all die neuen ‚arbeiterfreundlichen Gesetze' bedauert, so wird dabei völlig außer Acht gelassen, dass in der außerliterarischen Wirklichkeit sehr schnell die Rechte der Arbeiter beschnitten werden." (ebd., 197) Dass Fallada selbst unwohl mit der NS-Ebene des Romans gewesen sein muss, zeigt seine Korrespondenz mit Heinrich Maria Ledig, in der beide hofften, im Film würde auf das Vorspiel verzichtet werden (vgl. Giesecke 2012, 291).

Der ungeliebte Mann (1940)

Während der Entstehungszeit von *Der ungeliebte Mann* bedauerte Fallada in einem Brief an seine Schwester, dass „alles ein Handwerk wird", dass er „nie wieder das empfinden kann, was ich bei B. B. B. und zum letzten Mal ganz stark bei *Wir hatten mal ein Kind* erlebte. Man bekommt Routine, und die verdirbt alles, wenigstens das meiste, wenn ich auch zugebe, dass es beim *Wolf* manche gute Stunde gab." (25. August 1939, zit. nach Williams 2011, 278) Mitte August 1939 hatte er das Projekt begonnen, wie er Heinrich Maria Ledig mitteilte, am 8. November 1939 war das Manuskript im ersten Durchgang abgeschlossen, die Überarbeitung zog sich noch bis Mitte März 1940 hin. Am 25. Mai 1940 schickte er das Typoskript nach Stuttgart (vgl. ebd., 274), der Rowohlt Verlag war unter dem Dach der DVA untergekommen. Gustav Kilpper, der Verlagsdirektor, reagierte „positiv", wenn auch erst nach sechs Wochen; der Roman werde „sicher seiner Problemstellung wegen, die jede Frau und jedes Mädchen von Haus aus interessiert, mit großem Interesse aufgenommen werden" (4. Juli 1940, zit. nach Fallada 2008, 314). Für den Druck korrigierte Fallada noch ein Weniges, vor allem konzentrierte er sich „auf die Ausmerzung von etwas anstößigen Stellen besonders in Sexualibus und auf Glättung von stilistischen Härten" (Fallada an Kilpper, 14. August 1940, in ebd., 316). Nach einem Vorabdruck in der *Wiener Illustrierten* erschien der Band noch 1940 im Rowohlt Verlag mit einem Schutzumschlag von Emil Rudolf Weiß (1875–1942), dem Typografen, Maler und Grafiker, dem 1933 die Lehrbefugnis entzogen worden war – im Impressum des Romans wird er weiterhin mit seinem Titel als „Professor E. R. Weiß" genannt.

Der ungeliebte Mann mischt eine Komödien- mit einer Krimi-Struktur und spielt in der Gegend von Falladas Wohnort Carwitz („Lenzen") und Feldberg („Berga"): Ein wohlhabender Blinder, Peter Siebenhaar, ein Mann um die 40, ist von seiner Frau verlassen worden. Umsorgt von drei jungen Frauen, seiner Sekretärin Ilse Voß, der Haushälterin Lola Bergfeld und deren junger Gehilfin Traute Kaiser, macht er sich an die letztere, erst 17jährige Traute heran. Obwohl sie Liebesbriefe von dem jungen Feldinspektor Siegfried Senden erhält, heiratet sie den Blinden, wenn auch nur aus Mitleid. Die Sekretärin Ilse Voß verlässt den Haushalt, um den Dorfwirt Fritz Bleesern zu heiraten, der als pedantischer Stockfisch beschrieben wird; freilich liegt „bezwingende Güte und Aufrichtigkeit in dem Blick dieser grauen Augen" (Fallada 1940, 66). Er liebt sie tatsächlich, was nicht auf Gegenseitigkeit beruht; die Ausgangssituation zeigt also (mit Senden) drei ‚ungeliebte Männer'. Ilse hatte zuvor noch einen früheren Liebhaber, den Bankangestellten Erich Mutzbach, zur Ehe zwingen wollen, ein rücksichtsloser, wie sich zeigen wird auch krimineller Schönling, der über seine Verhältnisse lebt und Ilse nur verspottet. Die Konflikte dieser Konstellation werden in einem kurzen Zwischenspiel angedeutet, in dem die beiden Paare noch verlobt sind. Der umfangreichste zweite Teil, der zwei Jahre nach den Hochzeiten spielt, führt diese Konflikte dann aus. Traute und Siebenhaar kommen nach einer knapp zweijährigen Welt- und Hochzeitsreise zurück, sie steht inzwischen ganz unter seinem Terrorregime und wird von ihm, mit Hilfe des übrigen Personals, wie eine Gefangene gehalten. Ilse und Fritz Bleesern haben inzwischen einen Sohn, das emotionale Verhältnis der beiden ist aber immer noch frostig. Mutzbach wird als Erpresser eines Pfarrers gezeigt; als ihm diese Einnahmequelle versiegt, versucht er, durch seine frühere Freundin Ilse an das Geld des Gastwirts heranzukommen. Er versteckt die geflohene Traute, Ilses beste Freundin, in seinem Untermiete-Zimmer und macht Andeutungen, er werde ihr etwas antun. Die Stränge werden kunstvoll miteinander verwoben: Durch komplexe, gleichzeitig ablaufende Intrigen scheitert der kriminelle Erpresser und bringt sich schließlich um. Ilse und Fritz gelingt eine glückliche Ehe (am Ende erwarten sie ein zweites Kind), Traute kommt mit dem Feldinspektor zusammen, und auch der Blinde wird erneut heiraten: Seine bislang übriggebliebene cholerische Haushälterin Lola wird nun ihn terrorisieren, nachdem er zuvor zwei Ehefrauen unglücklich gemacht hatte.

Fallada hat *Der ungeliebte Mann* als „Roman minderer Kraft" bezeichnet (Fallada an Friedrich Hermann Küthe, 30. September1940, zit. nach Williams 2011, 282). Nachvollziehbar ist das am ehesten in der Schwarzweiß-Zeichnung einiger Figuren, so sind bei Fritz Bleesern die Hinweise, wie ‚gut' er ist, von Anfang an allzu deutlich. Er ist als „das genaue Gegenteil des zeitgenössischen Nazi-Ideals" gesehen worden (Williams 2011, 282); und Mutzbach ist „das Böse, er ist so schlecht" (Fallada 1940, 279). Gerade diese Figur hat Fallada mit Kilpper diskutiert, er könne sie nicht mehr verändern – „jetzt ist er ein schlechter Mensch, ein schwacher Mensch hätte vieles nicht getan, z. B. die Erpressungsszenen, für die ihm aller Mut gefehlt hätte, die aber den raschen Ablauf der Handlung bedingen." (14. August1940, zit. nach Fallada 2008, 317)

Es gibt einige wenige zeitgeschichtliche Details, so ist Siebenhaar ein Kriegsblinder des Ersten Weltkriegs. Wäre er von Geburt an blind gewesen, hätte er in der NS-Diktatur nicht heiraten dürfen. „Nach dem Erscheinen des Romans verwahrte sich Hans Schmalfuß, Herausgeber der Zeitschrift *Der Kriegsblinde*, förmlich gegen die Schilderung eines Kriegsblinden in Gestalt des selbstsüchtigen und tyrannischen Peter Siebenhaar." Fallada schrieb ihm am 20. Februar 1942: „In Siebenhaar habe ich nichts weiter als einen jämmerlichen Mann geschildert, der ein Gebrechen dazu benutzen will, Mitleid und Liebe aus seiner Umwelt zu pressen." (zit. nach Williams 2011, 373) Seinem Anwalt gelang es schließlich, dass die Beschwerde zurückgezogen wurde. Eine gewisse Tiefe erhält die Figur dadurch, dass Fallada sie nach dem Aussehen von Alkoholsüchtigen modelliert hat, wie es sie in anderen seiner Romane gibt (Knüppel 2009, 126–129). Der Erste Weltkrieg muss auch als Erklärung dafür herhalten, dass das Vertrauen zwischen den Generationen gestört ist, alle jungen Menschen seien schließlich „in der Zeit von Inflation, von Arbeitslosigkeit und Elend aufgewachsen", „es gab nichts Festes, nichts, an das wir glauben konnten" – die Älteren erscheinen als die „Generation, die den großen Krieg verloren hat" (Fallada 1940, 305). Ebenso zeittypisch fällt die Beschreibung des Blinden-Haushalts am Ende des Romans aus: Das äußerlich gepflegte Landhaus sei innen „verrottet und verfault"; alles, „was in den Bereich dieses Hauses gerät, wird verdorben, fängt zu faulen an", und es sei nur gut, dass „auf dieser Welt Fäulnis sich noch immer selbst zersetzt" (ebd., 346).

Weit überraschender an diesem Text ist aber eine fast postmodern wirkende, metafiktionale Episode, die seiner komödiantischen Seite angehört: Siegfried Senden führt ein Gespräch mit einem ältlichen Kollegen, dem Landinspektor Peters, und erfährt, dass der nachts an einem Roman schreibt, sogar schon auf Seite 305 steht und fast fertig ist. Er habe zwar nicht viel erlebt, „ich habe doch mein ganzes Leben nur hinter den Leuten auf dem Felde gestanden. Aber dafür habe ich eine rege Phantasie, und alles, was ich nicht wirklich erlebt habe, das schreibe ich in meinem Roman ..." (ebd., 283). Natürlich handle der Roman von der Liebe, und auch von der brauche man als Autor nichts zu verstehen, die habe jeder Mensch in sich; und natürlich müsse das Paar sich am Ende kriegen, sonst könne man das Romanschreiben gleich sein lassen: „Es ist schon traurig genug, wenn im Leben zwei Liebende nicht zueinander kommen können, ein Roman aber soll doch erheben und erfreuen!" (Ebd., 284) Als Senden ihm, kaum verklausuliert, sein eigenes Unglück erzählt – also einen Strang des Romans *Der ungeliebte Mann* –, erklärt sein Kollege dem Ratsuchenden, so einen Roman wolle er nicht schreiben, in dem dürfe es „keine zweifelhaften Geschichten geben" (ebd., 286). Falladas Spott über den „schriftstellernden Beamten" (ebd., 287) führt die Erwartungen der Leser von Schema-Literatur vor, die er am Ende des Romans aber doch bereitwillig erfüllt; ein sehr komisches Intermezzo auf fünf von 350 Seiten.

Die Stunde eh' du schlafen gehst (1941, 1954)

Fallada schrieb den geradlinigen Unterhaltungsroman, der „ausschließlich als gewinnbringendes Geschäft geplant" war (Williams 2011, 287), auf Bestellung für die *Berliner Illustrirte* im Juni 1941. Deren Chefredakteur Erik Reger verlangte entgegen der Vorabsprachen, dass der Autor doch etwas ‚ernster' werden sollte, und nahm das Manuskript nicht an. „Im Grunde ist es sowohl nach Handlung wie nach Charakteren ein vollkommen idiotischer Roman", schrieb Fallada an Wanda Oster (15. Juni 1941, zit. nach ebd.); er wollte sich daher auf Änderungswünsche des Kollegen nicht mehr einlassen, „die Sache ist es wirklich nicht wert" (Fallada 2008, 340). Schließlich verhandelte er erfolgreich mit der *Münchner Illustrirten*, wo der Roman noch im selben Jahr gedruckt wurde; die erste Buchausgabe erschien postum 1954 im Goldmann Verlag.

Erzählt wird von dem bekannten Filmschauspieler Gerhard Babendererde, der von einer Neunzehnjährigen in einem ungünstigen Moment zuhause angegangen wird – sie möchte ihm vorsingen, er soll ihr eine Empfehlung geben. Tatsächlich lässt er sie im Treppenhaus den Schlager singen, den er allabendlich im Theater bringen muss – die erste Zeile entspricht dem Romantitel –, und schickt sie dann brüsk weg. Daraus entwickelt sich die erwartbare Liebesgeschichte; das Mädchen ist vor einen Bus gelaufen und hat ein paar Schürfwunden davongetragen, Babendererde wird von der Klinik angerufen. Er fährt die nunmehr Stumme in das Provinzstädtchen, wo sie lebt; zu seiner Überraschung verschwindet sie dort mit seinem Auto, so dass er erst ermitteln muss, dass sie auf einem Landgut in der Nähe lebt. Ihre Mutter stellt sich als ebenfalls bekannte, aber seit Jahren privatisierende Schauspielerin heraus; nach einigen recht zurückgenommenen Wirren kommt es, wie es kommen muss: Die junge Ilse van Reep und der Schauspieler finden sich und singen den Schlager gemeinsam.

Dem Erzählen von Liebesgeschichten war Fallada nie abgeneigt, schon in den frühen Filmkritiken, die er in Neumünster geschrieben hat, findet sich der Stoßseufzer: „So oft gesehen, so oft gehört – und der alte Zauber ist noch immer wach." (Fallada 1929, zit. nach Prümm 2011, 145) Auf diesem Feld sah er offenbar am ehesten die Möglichkeit, Unterhaltung zu produzieren, ohne sich ganz aufzugeben, mit unterschiedlichem Erfolg; beim vorliegenden Text scheint er skeptisch geblieben zu sein. Rowohlt gegenüber schreibt er scherzhaft:

> Und was die Hauptsache ist: es kommen überhaupt keine schlechten Menschen darin vor, alle sind im Grunde schrecklich gut und edel. Aber ich äppele. Trotzdem ich jetzt den Roman sogar schon viermal durchgearbeitet habe, um noch immer weiter zu kürzen – die *Berl. Illustr.* braucht jetzt wegen des verringerten Umfangs nur ganz kurze Romane –, es gefällt mir manches wirklich noch. Natürlich ist es kein Buch, das mir am Herzen liegt, aber als reine Kopfleistung finde ich ihn ganz gelungen. (28. Juni 1941, zit. nach Fallada 2008, 337)

Rowohlts Lektor Alfred Günther scheint etwas ratlos bei der Lektüre gewesen zu sein, das Buch sei „mit heiterem Übermut und aus der besten Laune" heraus geschrieben, er habe „einen ganz neuen Fallada" gefunden – ein „lustiges Intermezzo", „ein unbeschwertes, aus sommerlicher Laune entstandenes Zwischenspiel", bei dem er allerdings moniert, dass „namentlich die Breite des Romans zum Gehalt der Fabel in keinem glücklichen Verhältnis" stehe, weshalb man über viele Seiten hinweglese.

> Ich darf natürlich nicht vergessen, daß zum Beispiel die Bühnenszene ganz ausgezeichnet geglückt ist und daß auch ich mich dem Witz und dem komischen Unsinn vieler Szenen nicht entziehen kann. Aber Ihre Absicht war ja ohne Zweifel eine harmlos heitere Unterhaltungslektüre zu schaffen. (23. Juli 1941, zit. nach ebd., 338 f.)

Fallada war durch die kaum kaschierte Kritik „keine Spur belittet", vielmehr erklärte er die Einschränkungen, denen er unterworfen war:

> Eingeengt durch die bindende Raumvorschrift, so und so viel Fortsetzungen mit so und so viel Seitenumfang, der Kurs festgelegt durch die Weisung, daß der Held nie die Bühne verlassen dürfe, daß keine Nebenepisoden ablenken dürften, mit festgelegtem Milieu und Ort hat mein armer Pegasus nicht die geringste Möglichkeit gehabt, auch nur den kleinsten Seitensprung zu machen. So ist die Fabel eigentlich zu schwer für die Ausführung, denn an sich ist der Stoff, das Entstehen eines Komplexes, interessant und gäbe schon etwas her. Aber da man mit Psychiatrie nicht auffahren durfte, da die Lage nie wirklich ernst sein durfte, da unbedingt ein happy end da sein mußte, hatte ich keine Möglichkeit, meine eigene Freude an dem Thema zum Durchbruch kommen zu lassen. (26. Juli 1941, zit. nach ebd., 339f.)

Es gibt verschiedene Möglichkeiten, was Fallada mit dem psychiatriewürdigen Komplex gemeint haben kann: Der Protagonist ist schon über die Maßen narzisstisch, und Ilse scheint durch ihr Erlebnis mit ihrem Idol geradezu traumatisiert zu sein, sie kann ja stundenlang nicht mehr sprechen. Offenbar setzt sie ihre Stummheit wenigstens zunächst nicht bewusst ein. Der Roman bleibt aber stets heiter, auch durch einige komische Nebenfiguren, darunter eine Trinkerfigur, die bei aller Komik in die Reihe von Falladas Sucht-Porträts gehört (vgl. Knüppel 2009, 134). So vergleichbar der Text etwa mit Erich Kästners Unterhaltungsromanen während der Diktatur ist, besonders mit *Georg und die Zwischenfälle* bzw. *Der kleine Grenzverkehr* (1938), gibt es auch hier immerhin zwei kleine Irritationen: Das Landgut, auf dem die van Reeps leben, heißt ausgerechnet Fünfeichen, wie das Kriegsgefangenenlager in Neubrandenburg; zudem wird detailgetreu der aufsehenerregende Kriminalfall vom 1809 spurlos in Perleberg verschwundenen englischen Gesandten und Napoleonhasser Lord Bathurst eingefügt. Und es gibt auch wieder einen kleinen autofiktionalen Scherz, wenn es von Babendererdes Erfolgsstück heißt, es sei „eines jener schwankartigen Lustspiele, bei denen auch der unerfahrenste Theaterbesucher von der ersten Minute an weiß, daß das Liebespaar sich kriegen wird" (Fallada 1941, 20).

Der Jungherr von Strammin (1943, 1965)

Falladas umfangreichster und wohl auch gelungenster Unterhaltungsroman der 1940er Jahre ist der mitunter schwankhafte, von der Erzählerposition her interessante *Jungherr von Strammin*, dessen Editionsgeschichte den ideologischen Grabenkämpfen auch nach dem Ende des Kriegs geschuldet ist. Fallada schrieb den Text vom Januar 1943 bis zum 7. März 1943; seinem Verleger gegenüber erklärte er, er sei mit dem Buch zufrieden, „wenn es auch nur ein Unterhaltungsroman ist" (an Ledig, 26. März 1943, zit. nach Williams 2011, 302). Nach den gescheiterten Verhandlungen über den Vorabdruck von *Die Stunde, eh' du schlafen gehst* mit Erik Reger und der *Berliner Illustrirten* hatte Fallada sich erfolgreich an den Scherl Verlag gewendet, für den er nun auch *Der Jungherr von Strammin* kürzte. Sein Honorar betrug 15 000 RM (ebd., 303), die UFA sicherte sich die Filmrechte, wenn auch ohne den Film zu drehen (Töteberg 2013, 47). Zur Veröffentlichung bei Rowohlt kam es nicht mehr, weil der Verlag am 1. November 1943 geschlossen wurde. Nach dem Krieg wollten Rowohlt und Fallada wieder anknüpfen, gleichzeitig bemühte sich Johannes R. Becher für den Aufbau Verlag um den Autor. Rowohlt wollte keine „liegengebliebenen Schnulzen" wie den *Jungherrn* haben (Töteberg/Buck in Fallada 2008, 20). In schöner Offenheit schrieb er an Falladas mittlerweile geschiedene erste Frau Suse Ditzen, „es liegt mir nun nicht viel daran, die schwächeren, älteren Manuskripte zu bringen, wenn der Aufbau Verlag die kräftigeren Manuskripte und vor allen Dingen die neuen Manuskripte bringt" (21. August 1946, in ebd., 432). Auch der Aufbau Verlag druckte den Roman aber nicht, weil „,der Grundbesitz zu gut wegkomme' und das leicht den Verlag in Verdacht bringen könne, ,in Gegensatz zur Bodenreform' zu stehen" (Fallada an Ledig, 3. März 1946, in ebd., 403). Die erste Buchausgabe erschien daher 1965 im Ullstein Verlag unter dem Titel *Junger Herr – ganz groß* (mit eingedrucktem Copyright von 1952), die erste Ausgabe unter dem Originaltitel erst 1994 bei Aufbau. Vorausgegangen waren nach dem Vorabdruck in der *Woche* (4. August–17. November 1943) weitere Zeitungsabdrucke in der Berliner *Morgenpost* (20. November 1952–8. Februar 1953) und im *Hamburger Abendblatt* (25. Dezember 1955–27. Januar 1956), zudem noch Übersetzungen in schwedischer (1954), dänischer und norwegischer (1955) sowie niederländischer Sprache (1956; vgl. Manthey 1963, 134). Das Manuskript liegt ausnahmsweise nicht im Fallada-Nachlass, sondern im Deutschen Literaturarchiv in Marbach am Neckar.

Gundula Engelhard deutet den Roman im einzigen dafür grundlegenden Aufsatz als komödiantische Coming-of-Age-Geschichte, die die Tücken des Erwachsenwerdens beschreibt:

> Der 23jährige Ludwig (Lutz) von Strammin wird vom elterlichen Gut mit 400 Zentnern Weizen zum Hafen nach Stralsund geschickt. Unterwegs trifft er Rechtsanwalt Gumpel, den er nach Ückelitz zum verwahrlosten Gut von Verwandten begleitet. Dort begegnet er dem Großonkel und dessen Sohn Gregor von Lassenthin. Der Rechtsanwalt spricht im Auftrag von Gregors Frau vor. Onkel Gregor verleugnet seine Frau. Der alte Lassenthin wirft seinen Großneffen Lutz und den Rechtsanwalt hinaus. In Stralsund lernt Lutz von Strammin Catriona kennen, die sich Frau von Lassenthin nennt und aus Italien angereist ist. Ihr Mann Gregor lässt sie als Erpresserin von der Polizei verfolgen. Catriona ist mittellos und schwanger. Lutz betet die fremde Schönheit an, bringt sie nach Hiddensee, dann mit Hilfe des Stralsunder Lehrers, Professor Arland, zu Wasser, zu Fuß, mit Pferden und dem Zug quer über die Insel Rügen, dann von Saßnitz schließlich nach Ückelitz, wo sie von einem Sohn entbunden wird. Die junge Mutter und ihr Kind müssen vor dem Großonkel geheim gehalten werden. Inzwischen hatte Bessy, die Jugendfreundin von Lutz, den Weizenverkauf geregelt, das Geld, dessen sich Gregor bemächtigt hatte, dem alten von Lassenthin wieder abgenommen und sich zudem um die junge Mutter Catriona gekümmert. Gregor ist fluchtartig aufgebrochen. Der alte Lassenthin vertreibt sich mit Professor Arland die Zeit und duldet die Anwesenheit seines Großneffen Lutz, mit dem er Schießübungen veranstaltet. Er entdeckt den Enkelsohn und beauftragt Lutz, den Beweis für die Rechtsgültigkeit der Ehe zwischen Gregor und Catriona zu erlangen. Dafür wird Lutz vom Großonkel mit Geld und Pistole, von Rechtsanwalt Gumpel mit juristischen Kenntnissen und Unterlagen ausgerüstet. Lutz' Mutter sucht die Reise zu verhindern, indem sie die Ausrüstung des Sohnes im Familiensafe und dessen Schlüssel im Teich verschwinden lässt. Bessy organisiert einen Schmied, der den Safe öffnen kann. In Berlin spürt Lutz seinen Onkel Gregor auf. Sie fahren nach München und Paris, wo Gregor endlich den Trauschein in Gegenwart von Rechtsanwälten übergibt. Der katholische Trauschein ist erschwindelt und wertlos. Der Jungherr von Strammin fährt niedergeschlagen nach Berlin. Dorthin beordert er zu seiner Tröstung seine Kameradin Bessy, als Verlobte kehren sie nach Strammin heim. (Engelhard 2008, 147)

Die Handlung erstreckt sich über vier Wochen, der Ich-Erzähler berichtet auf den letzten Seiten, wie die Lebensläufe seitdem verlaufen sind. Die Fabel ist geografisch exakt situiert, noch das kleinste angegebene Dorf ,stimmt'. Auch die zeitgeschichtliche Situierung ist relativ genau zu bestimmen: Die Handlung findet „eine ganze Weile vor dem ersten Weltkrieg" (Fallada 1943, 44) im deutschen Kaiserreich statt; erzählt wird sie vom Jungherrn Lutz von Strammin selbst, der zum Zeitpunkt seiner Erzählung an die 40 Jahre alt ist. Die Begebenheiten, an die er sich erinnert, liegen mehr als fünfzehn Jahre (vgl. Engelhard 2008, 148) zurück. Engelhard hat nur zwei falsch datierte Details gefunden, die eher die Mikroebene betreffen (der Protagonist kann keine Aufführung von Wedekinds *Erdgeist* in München gesehen haben, und die Berliner Grüne Woche wurde erst in der Weimarer Republik kreiert, vgl. ebd., 149).

Der Jungherr von Strammin ist eine parzivaleske Geschichte, angereichert mit Intrigen, Reisen, „Prügeleien und Schießereien" (ebd., 148), amüsant, von Fontanescher Erzählironie und vor allem schnell getaktet. Trotz der Distanz von Erzählzeit und erzählter Zeit gibt es kaum emotionale Differenzen zwischen dem älteren Erzähler und seinen Erinnerungen. Die „chaotischen Situationen" und die „Vielzahl komischer Szenen" (ebd., 150) bleiben glaubwürdig, zumal auch die Nebenfiguren (vor allem Bessy) weit klüger und gewitzter sind als er selbst; daran ändern auch die seither vergangenen 15 Jahre nichts. Er bleibt ein wohlmeinender, aber beschränkter kaiserlicher Junker, der Klischees von sich gibt. Gerade die Deutschtümelei der Zeit wird in sanfter Ironie vorgeführt: Wenn der Professor die „deutschen Heiligtümer" anruft und den Rugard erwähnt, auf dem Ernst Moritz Arndt „so vieles für die deutsche Erhebung gedichtet hatte", fällt dem Erzähler nur dazu ein: „Wir erhoben uns nicht einmal von unseren Sitzen" (Fallada 1943, 163). Oder er rühmt den jungen von Lassenthin, das frisch geborene Baby der erzählten Zeit, der ein „kräftiger, mit beiden Füßen auf der Erde stehender Landherr geworden" sei, „ein richtiger Pommer, mit einer tiefen Leidenschaft für Pferd, Land und Hunde" (ebd., 384) – hier ist also von einem 15jährigen die Rede, es fehlt gerade noch die Ergänzung à la Flann O'Brien, dass der pommersche Landherr auf seinen beiden pommerschen Füßen stehe und auf seinem pommerschen Hintern sitze. Gewissermaßen liefert sie der Erzähler selber, indem er beteuert, er liebe seine Heimat Vorpommern „über alles", es sei nur leider „kein geheimnisvolles Land", sondern offenbar ein langweiliges, in das eine Kolportagehandlung einiges an Bewegung und Aufregung bringt: „Ich war jung, hier winkte ein Abenteuer, eine verlästerte Frau, ein schwächlicher Verführer, ein kauziger Alter, ich überlegte keine Minute [...]" (ebd., 30). Der etwas beschränkte Jungherr erfüllt zwar seine Erzähler-Rolle mit vielen Ausrufezeichen und ungebrochener Empathie, erkennt aber selbst nie, wie sehr er von den ihm überlegenen Nebenfiguren, zumal von Bessy, bestimmt wird. Vielmehr ist er am Ende der Überzeugung, er sei nun „ich selbst geworden, kein Produkt mehr der Umwelt" (ebd., 328).

1946 schrieb Fallada an Ernst Rowohlt: „Kompromisse hat jeder machen müssen, der von 1933 bis 1945 in Deutschland arbeiten wollte – es fing bei jedem damit an, daß er die Nazifahne raushängte und entscheidend ist m. E. nur, wie weit es mit diesen Kompromissen ging, ob einer innerlich sauber blieb." (20. März 1946, zit. nach Fallada 2008, 424) Wie er es selbst damit gehalten hat, lässt sich auch an der Reihe der Unterhaltungsromane ablesen: Es gibt (zum Scheitern verurteilte) Versuche, sich beim Regime angenehm zu machen (*Dies Herz, das dir gehört*, *Der ungeliebte Mann*), es gibt unterhaltsame Spiele, mit denen Fallada sich finanziell über Wasser hielt (*Die Stunde eh' du schlafen gehst*, *Der Jungherr von Strammin*), und es gibt Texte, die den Fluchtstrategien der Inneren Emigration entsprechen (*Wizzel Kien*). Die Kompromisse dieser Unterhaltungsromane gehen nicht über die ‚Knickse' hinaus, die Fallada andernorts in Romanschlüssen oder Vorbemerkungen gemacht hat. Es sollte auch nicht vergessen werden, dass für ihn das Schreiben überhaupt ein „Mittel der Selbstrettung" (Prümm 2013, 21) in Krisensituationen war; das Leben in der Diktatur war zweifellos eine solche auf Dauer gestellte Krisensituation. Sein Schreiben war buchstäblich überlebenswichtig, nicht nur materiell gesprochen. Über so etwas wie individuelle Schuld hätte er innerhalb der Diktatur nicht schreiben können. Was das Leben in der Diktatur und in der alltäglichen Angst bedeutete, konnte er erst in seinem letzten Roman *Jeder stirbt für sich allein* verarbeiten (vgl. Ächtler 2009, 151).

Literatur

Ächtler 2009: Ächtler, Norman: „Ein Geschlecht voller Angst" – Die Vorgangsfigur vom „Kleinen Mann im Kampf aller gegen alle" in Hans Falladas sozialkritischem Werk. In: Hans Fallada und die literarische Moderne, hg. von Carsten Gansel und Werner Liersch, Göttingen 2009, S. 129–151.

Caspar 1988: Caspar, Günter: Fallada-Studien, Berlin (Ost)/Weimar 1988.

Engelhard 2008: Engelhard, Gundula: Erzählen und Erinnern – Hans Falladas *Der Jungherr von Strammin*. In: Zeit vergessen, Zeit erinnern. Hans Fallada und das kulturelle Gedächtnis, hg. von Carsten Gansel und Werner Liersch, Göttingen 2008, S. 145–152.

Fallada 1929: Fallada, Hans: *Alt-Heidelberg*. Holsten-Palast. In: General-Anzeiger für Neumünster. Nachrichten- und Tageblatt für Schleswig-Holstein 39 (1929), Nr. 55, 6.3.1929, [S. 3].

Fallada 1939/40: Fallada, Hans: Dies Herz, das dir gehört (Zuflucht). Mit einem Nachwort von Almut Giesecke, Berlin 2012 [EA: Berlin: Aufbau 1994].

Fallada 1940: Fallada, Hans: Der ungeliebte Mann. Roman, Stuttgart/Berlin 1940.

Fallada 1941: Fallada, Hans: Die Stunde eh' du schlafen gehst. Roman, München 1981 [EA: Münchner Illustrirte, 1941; erste Buchausgabe: Die Stunde eh' du schlafen gehst. Roman einer Liebe, München: Goldmann 1954].

Fallada 1943: Fallada, Hans: Der Jungherr von Strammin. Roman. Übertragung aus dem handschriftlichen Manuskript und Texteinrichtung: Barbara Thun, Berlin 2010 [EA: Vorabdruck 1943 in der *Woche. Moderne illustrierte Zeitschrift* 1943; erste Buchausgabe in Schweden, Stockholm: Bonniers 1954; erste deutsche Buchausgabe unter dem Titel *Junger Herr – ganz groß*, Berlin/Frankfurt a. M./Wien: Ullstein 1965; erste deutsche Ausgabe unter dem Originaltitel: Berlin: Aufbau 1996].

Fallada 2008: Fallada, Hans: Ewig auf der Rutschbahn. Briefwechsel mit dem Rowohlt Verlag, hg. von Michael Töteberg und Sabine Buck, Reinbek bei Hamburg 2008.

Frank/Scherer 2013: Frank, Gustav/Scherer, Stefan: Mikrodramatik der unscheinbaren Dinge. Falladas soziologischer Blick als Bedingung für Weltbestseller. In: Hans Fallada, hg. von G. F. und St. Sch., München 2013 (Text + Kritik 200), S. 83–93.

Giesecke 2012: Giesecke, Almut: Nachwort. In: Hans Fallada: Dies Herz, das dir gehört. Roman, Berlin 2012, S. 289–300.

Knüppel 2009: Knüppel, Stefan: Falladas Gesichter. Literarische Physiognomien im Romanwerk Hans Falladas, phil. Diss. Rostock 2009.

Liersch 2009: Liersch, Werner: Kleiner Mann – was mit Dir tun? In: Hans Fallada und die literarische Moderne, hg. von Carsten Gansel und W. L., Göttingen 2009, S. 67–77.

Manthey 1963: Manthey, Jürgen: Hans Fallada in Selbstzeugnissen und Bilddokumenten, Reinbek bei Hamburg 1963.

Prümm 2011: Prümm, Karl: Gebanntes Schauen und protokolliertes Sehen. Kinokritik und Kinoprosa bei Hans Fallada. In: Hans Fallada. Autor und Werk im Literatursystem der Moderne, hg. von Patricia Fritsch-Lange und Lutz Hagestedt, Berlin/Boston 2011, S. 135–151.

Prümm 2013: Prümm, Karl: Selbstfindung im Vorraum des Romans. Hans Falladas Kulturpublizistik und Filmkritik für den *General-Anzeiger* in Neumünster (1928–1930). In: Hans Fallada, hg. von Gustav Frank und Stefan Scherer, München 2013 (Text + Kritik 200), S. 18–30.

Töteberg 2013: Töteberg, Michael: „Beim Film weiß man nie". Ein Autor scheitert an der Filmindustrie. In: Hans Fallada, hg. von Gustav Frank und Stefan Scherer, München 2013 (Text + Kritik), S. 40–50.

Williams 2011: Williams, Jenny: Mehr Leben als eins. Hans Fallada. Biographie. Aus dem Englischen von Hans-Christian Oeser. Erweiterte und aktualisierte Neuausgabe, Berlin 2011. [Originalausgabe: More Lives than One. A Biography of Hans Fallada, London 1998.]

5. Werke nach dem Zweiten Weltkrieg

5.1 *Der Trinker* (1944/1950)

Jörg Schönert

Entstehung

Dramatische und abenteuerliche Umstände prägen die Entstehungsgeschichte des 1950 im Rowohlt Verlag Reinbek und 1953 im Ostberliner Aufbau Verlag posthum veröffentlichten und seit 1959 als rororo 333 im Taschenbuch verbreiteten Manuskripts zu *Der Trinker*, das im September 1944 ausgearbeitet wurde. Falladas erste Ehe, zerrüttet durch seine Alkohol- und Drogenexzesse, war am 5. Juli 1944 geschieden worden. In einer nachfolgenden Auseinandersetzung schoss er im betrunkenen Zustand am 28. August mit einer Pistole auf seine Ehefrau (und verfehlte sie); zum 4. September wurde er zur Beobachtung und zum Alkoholentzug in die geschlossene psychiatrische Landesanstalt Neustrelitz-Strelitz eingewiesen, am 28. November dann zu einer Haftstrafe (unter Anrechnung der Beobachtungszeit) verurteilt und am 13. Dezember wieder entlassen (vgl. Williams 2002, 308–319). Psychiatrische Anstalten wurden während der NS-Herrschaft wie Gefängnisse betrieben (vgl. Schroeder 1953, 126). Fallada gelang es, für ein NS-konformes Publikationsprojekt (den sog. Kutisker-Roman) Schreibmaterialien zu erhalten; er nutzte sie insbesondere für die Niederschrift des *Trinker*-Romans und der regimekritischen Aufzeichnungen zu *In meinem fremden Land. Gefängnistagebuch 1944* (vgl. Fallada 2009). An einem Urlaubstag gelang es ihm, das Manuskript aus der Anstalt zu schmuggeln. Vom 6. bis zum 21. September hatte er *Der Trinker* in einem Zug ohne Korrekturen auf eng beschriebenen Blättern mit Winzigschrift in 64 Kleinkapiteln verfasst; das Konvolut fand sich unbearbeitet im Nachlass (vgl. Williams 2002, 312 f.). Für die Publikation wurden Versehen in der Zeitgestaltung des Erzählten nicht gebessert, so heißt es z. B. im erinnernden Erzählen des Protagonisten „gestern abend" (Fallada 1976, 8) anstelle von „am Abend zuvor"; der fiktionsinterne Zeitverweis „vor vierzehn Tagen" (Fallada 1976, 169) stimmt nicht mit der erzählten Chronologie überein. In der Rowohlt-Ausgabe sind die Daten der Niederschriften Falladas für die Abfolge der Textteile während seines Aufenthaltes in der Anstalt Neustrelitz-Strelitz in die Romanfiktion übernommen worden; Fallada hatte seine Ausarbeitungen zum *Trinker* in ein Heft (zusammen mit anderen Texten) eingetragen, das ihm für Aufzeichnungen zur Verfügung stand (vgl. Williams 2002, 311 ff.). Da der Roman posthum veröffentlicht wurde, haben die Herausgeber bei Rowohlt und Aufbau unterschiedliche Entscheidungen für die Edition des Manuskripts getroffen; in der Aufbau-Ausgabe wurde durch das Weglassen der Datierung der fiktionale Schreibakt von Sommer nicht mit Falladas faktischer Aufzeichnungssituation parallelisiert.

Der Problembereich des Romans (Alkoholmissbrauch und Sucht, damit verbundene Exzesse und Gewaltausübung, Entziehungskuren und Bestrafungen unter psychiatrischer und strafrechtlicher Zwangsanwendung) waren Fallada aus umfangreichen eigenen Erfahrungen wohlvertraut seit seiner Zwangseinweisung 1912/13 in die Heil- und Pflegeanstalt für Nerven- und Gemütskranke in Tannenfeld (Sachsen-Altenburg), die auch als Entziehungsanstalt für Alkohol- und Drogensüchtige geführt wurde, und der Haft im Gefängnis Greifswald (1924) sowie der Haft im Zentralgefängnis Neumünster (1926 bis 1928) (vgl. Krause 2012, 10–13; Knüppel 2011, 86 f.; Jürss 1995, Zimniak 2009; Ulrich 1995, Schönert 2011, 154). Als literarisches Muster für die Darstellung ‚abweichenden Verhaltens' könnte Dostojewskis *Der Spieler* (1866) gedient haben.

Rezeption

Weil *Der Trinker* zum Komplex der autobiografisch gesättigten Ausarbeitungen über Falladas Erfahrungen aus Gefängnishaft und Verwahrung in Heil- und Pflegeanstalten gehört, hat in der Literaturkritik und in literaturwissenschaftlichen Zugängen zum Roman zunächst das Interesse an Referenzen zur Lebensgeschichte des Autors dominiert, dazu geben Caspars *Fallada-Studien* (1988) hinreichend Aufschluss (vgl. 66–119, 183–212). Diese Perspektive ist zu Recht in der jüngeren Forschungsdiskussion ergänzt oder ersetzt worden durch das Interesse an der gesellschaftsgeschichtlichen Repräsentativität des Personals (insbesondere der Protagonisten) in Falladas Erzählprosa und an den (in fiktionalen Welten vollzogenen) Erkundungen des Autors zu zeittypischen Lebenssituationen und Lebenshaltungen. In der Literaturkritik finden sich allerdings schon frühzeitig auch interpretatorische Hinweise zu einer zeit- und gesellschaftstypischen Relevanz im Lebenslauf des Trinkers Erwin Sommer: Der ‚Mittelstandsmensch' bleibe in seinen Verirrungen ohne Hilfe seiner Umwelt, so dass er in seiner Lebenskrise als „typischer Fall der Ausweglosigkeit eines Menschen im Kapitalismus" erscheine (Schroeder 1953, 128 f.). Knüppel beschreibt für den Protagonisten in *Der Trinker* physiognomische Entstellungen als Zeichen für den körperlichen und seelischen Verfall in Konsequenz eines „beinahe mustergültigen Krisenberichts der literarischen Moderne" (Knüppel 2011, 88 f.). In diesem Sinne kennzeichnet auch Delabar ihn als einen Typus der „männlichen Modernisierungsverlierer": Es sind Figuren aus gut markierten sozialen Milieus, die „ihren Rollenverpflichtungen genügen" wollen und „aus einer Position der Schwäche heraus den Erfolg oder den Aufstieg suchen, dabei aber letztlich an beidem scheitern" (Delabar 2013, 51); mit der „fatalen und von Anfang an abfallenden Geschichte des Kaufmanns Erwin Sommer" kulminieren diese von Fallada entworfenen Männergeschichten in desaströsen Verhaltensweisen ihrer Protagonisten. „Alkohol als Stimulans, als Verblendungsmittel und Medium der Autoaggression zugleich" beschleunige Sommers „Abstiegsgeschichte" (ebd., 52), er vernichtet sich selbst im Alkohol, weil er das in seinem sozialen Milieu geltende Rollenprofil für den Mann nicht verwirklichen kann (ebd., 60).

Innerhalb dieses Spektrums wurden als ein mögliches Erzählmuster die „Lebensläufe nach abfallender Linie" beschrieben (Schönert 2011, 160–162, 165f.): Lebenskrisen werden von den Protagonisten nicht als Möglichkeit zu einer Neu-Orientierung und Existenzsicherung genutzt (vgl. im Unterschied dazu für Erzählprosa aus dem Zeitraum 1890–1930 Wünsch 1983; Lindner 1994), sondern führen sie in der Verkettung von eigenen Fehlentscheidungen und äußeren Bedrängnissen in die Katastrophe.

Erzählverfahren

Solche Zuordnungen von Falladas Erzählprosa zu Problemaufnahmen und Problemgestaltungen im Zusammenhang der ‚literarischen Moderne' (vgl. Gansel/Liersch 2009; Fritsch-Lange/Hagestedt 2011) sind auch im Hinblick auf das autodiegetische Erzählverfahren in *Der Trinker* zu prüfen (vgl. Zimniak 2009, 173f., 176, 179). Für den Fiktionszusammenhang des Romans wird ein Zeitraum vom 6. bis zum 21. September 1944 für die Aufzeichnungen des Erzähler-Ichs markiert. Für Erwin Sommer ist – erst im letzten Abschnitt der Erzählung vermittelt (vgl. Fallada 1976, 210) – die dauerhafte Unterbringung in der Heil- und Pflegeanstalt Strelitz verfügt worden. Dort entwirft er in erinnernder Rückschau – „gut erinnere ich mich" (Fallada 1976, 59) – seine ‚Abstiegsgeschichte' vom wohlsituierten kaufmännischen Unternehmer, dem „Inhaber eines Landesproduktengeschäftes" (Fallada 1976, 85), zum aggressionsbereiten Alkoholsüchtigen. Die Groß-Analepse seiner Erinnerungen umfasst in detaillierter Weise den Zeitraum vom Spätherbst eines nicht datierten Jahres bis zum Frühherbst des Folgejahres (abgeschlossen durch das Scheidungsbegehren seiner Ehefrau) sowie in zeitraffender Erzählung zusätzliche Jahre mit wenigen Hinweisen auf die neubegründete Familie seiner Frau mit Ehemann und zwei Kindern (Fallada 1976, 210f.; anders Zimniak 2009). Die Erinnerungen werden – abgesehen von einzelnen Prolepsen (vgl. etwa Fallada 1976, 84f., 136f.) – chronologisch ausgeführt und schließen mit einer Wunschvorstellung des Ich-Erzählers, der sich mit einer Tuberkulose-Infektion zu Tode bringen will. Die datierten Aufzeichnungen folgen dabei im Unterschied zu Falladas *Strafgefangener, Zelle 32. Tagebuch 22. Juni-2. September 1924* (Fallada 1998) nicht der Tagebuch-Form (siehe den Beitrag 1.6 *Die autobiografischen Schriften* in Kap. I). Obwohl die Erinnerungen als „Geschriebenes" herausgestellt werden (Fallada 1976, 151), ist das Erzählen in einer Gesprächsform (ohne Adressierung an ein Gegenüber) angelegt; es dominiert darin die Erlebnis- und Reflexionsperspektive des ‚erlebenden Ichs'. Die konkrete Situation des ‚erzählenden Ichs' wird zu Beginn des Romans über die Orts- und Datumsangabe hinaus nicht expliziert; die Möglichkeiten einer Wissens- und Wertungsdifferenz zwischen ‚erlebendem' und ‚erzählendem Ich' werden nur in wenigen Situationen genutzt (wie etwa ebd., 58, 95). Bestimmend ist das Vorgehen, die Handlungen, Erfahrungen, Gefühle und Gedanken des ‚erlebenden Ichs' in den sprachlichen Vergangenheitsformen zu erinnern oder im ‚historischen Präsens' zu vergegenwärtigen (wie etwa ebd., 18ff., 60f., 89ff.). Mit dieser Vernachlässigung des ‚erzählenden Ichs' folgt Fallada nicht den innovativen Tendenzen der ‚literarischen Moderne' seit dem Ausgang des 19. Jahrhunderts.

Anders nimmt sich dagegen seine Konzeption eines ‚moralisch unzuverlässigen Erzählers' (vgl. Kindt 2008) aus – in der Person von Erwin Sommer, der darstellen und erklären will, wie und warum er vom Alkohol abhängig wurde. Dabei verfällt er immer wieder Täuschungen über sich selbst, nährt larmoyant sein Selbstmitleid (vgl. etwa Fallada 1976, 60) mit Verweisen auf unglückliche Umstände und eine Umwelt, die den Suchtabhängigen nicht stützt, sondern weiter in den psychischen und physischen Verfall treibt, um ihn finanziell auszubeuten oder ihn als Objekt von Machtdemonstrationen zu nutzen. In dieser Konstruktion der Trinker-Figur durch den Autor des Romans soll Sommer nicht das Mitleid der Leser gewinnen, sondern zur kritischen Wahrnehmung vorgeführt werden. Erkenntnisziel ist dabei der Personentypus einer ‚kernlosen‘, dem Selbstverschulden ebenso wie äußeren Einwirkungen ausgesetzten Existenz ohne die Substanz einer Persönlichkeit – kurzum die Null, der Nebbich (vgl. Schönert 2011, 155f.), der vergebens auf Anerkennung und Zuneigung aus der Umwelt hofft.

Story

Erwin Sommers Rückschau setzt mit einer Lebenskrise ein. Der begüterte Geschäftsmann ist 40 Jahre alt geworden (Fallada 1976, 22); nach 14 Jahren der kinderlosen und ereignisarmen Gemeinschaft mit der auch beruflich tüchtigen Ehefrau Magda, die von der Haushaltsführung in der Villa einer Provinzstadt durch ein Dienstmädchen entlastet wird, kommt es zwischen den Ehepartnern immer wieder zum Streit: „Meine Geschäfte liefen nicht so, wie sie sollten, und mit den Menschen hatte ich auch mancherlei Mißgeschick" (ebd., 5). Sommer fühlt sich antriebslos, ja geradezu erschlafft (vgl. ebd., 21). Ein geschäftlicher Misserfolg wird zum Auslöser der Trunksucht – Alkohol verwandelt die Welt (vgl. ebd., 8): „meine Sorgen waren von mir abgefallen" (ebd., 15). Mit dem Trinken – so das Erzähler-Ich – änderten „sich alle Gewohnheiten meines Lebens, geheimnisvollen Einflüssen war ich ausgeliefert" (ebd., 15); Sommer fasst keinen Mut, sich dagegen zu wehren. Es beginnt ein Lebenslauf nach abfallender Linie: „Recht so! Immer tiefer hinab. Immer schneller hinein. Nun gibt es doch kein Halten mehr!" (ebd., 20). Dazu tragen weitere geschäftliche Fehlschläge, erste Erfahrungen mit den Auswirkungen der Trunksucht und Schuldgefühle gegenüber der Ehefrau bei; denn ‚wie ein Mann‘ sorgt Magda für den Erhalt ihrer selbst und das Gedeihen der Firma; Sommer ist seiner Ehefrau in konsequenter Geschäftspraxis unterlegen (vgl. Delabar 2013, 58). „Ich hatte, endgültig, meine Stellung und meinen Sinn im Leben verloren, und ich fühlte nicht die Kraft in mir, eine neue zu suchen oder gar um die verlorene zu kämpfen" (Fallada 1976, 21). Alkoholisiert richtet Sommer erotische Fantasien auf die junge Kellnerin eines Landgasthofes, auf Elinor, „la reine d'alcool" (ebd., 47), doch zum Vollzug des Sexualakts fehlt ihm der Mut: In einer grotesken Szene flieht er vom Bett der jungen Frau in die kühle Frühlingsnacht (vgl. ebd., 26f.). Des weiteren versteht sich Elinor darauf, ihn zum Narren zu halten und ihm Geld abzunehmen.

Für diese erste Phase seiner Trunksucht erinnert sich Sommer noch an Momente selbstkritischer Klarheit und Reue über sein Versagen. Er weiß dann um seine „kindischen Träume" (ebd., 58), dass alles gut und ihm Bewunderung zuteil wird, weil er Geld hat und Gutes tun kann. Das Verhalten zu seiner Frau wird allerdings zunehmend von Hassgefühlen bestimmt. Immer bereitwilliger füllt er die neue Lebensrolle des Suchtkranken aus; er gewöhnt sich an „dieses Leben zwischen Trunkenheit und Übelkeit" (ebd., 61), verlässt Haus und Ehefrau, die Welt von „Ordnung und Sauberkeit" (ebd., 60), und findet ein Zimmer im proletarischen Milieu des Vermieters Lobedanz (ebd., 52 ff.), von dem er systematisch ausgenommen und schließlich auch bestohlen wird (vgl. ebd., 73 ff.).

In der Nacht desselben Tages versucht Sommer, „komplett besoffen" (ebd., 78), im Verlangen nach Elinor in den Landgasthof einzudringen. Dass er dabei die Wirtin, die ihn zur Rede stellt, bedroht, wird ihm zum Verhängnis; er wird noch in der Nacht unter Mithilfe von Elinor verhaftet (ebd., 85 ff.) und in das Untersuchungsgefängnis seiner Heimatstadt eingeliefert. Zudem beschuldigt ihn der Staatsanwalt eines Mordversuchs an seiner Ehefrau (vgl. ebd., 92 und 108 f.); ihr hatte Sommer in einer handgreiflichen nächtlichen Auseinandersetzung damit gedroht, dass er nicht davor zurückschrecken würde, sie zu töten (vgl. ebd., 63 f.). Ein Gespräch mit dem für den Gefangenen verantwortlichen Wachtmeister Schulze nutzt Sommer zu einer Art Beichte (vgl. ebd., 96 f.), wobei der Wachtmeister gegenüber den Lesern die Rolle des kritischen Kommentators zu Sommers Selbstdarstellung übernimmt. Sein ausuferndes Selbstmitleid verhindert jedoch eine dauerhafte Veränderung seiner Lebenshaltung. Zwar wird er in der Zwangssituation der Haft vom Alkohol entwöhnt, doch ersetzt er die molluske Existenz des Trinkers durch die des Häftlings. Im Alltag von Gefängnisarbeit und den anderen Gefängnisroutinen gleitet „das Leben […] dahin, ich lebte in einem – täuschenden – Gefühl von Sicherheit und Regelmäßigkeit. Die Zeiten der Unordnung und Gefahren schienen vorbei, und es kam mir so leicht vor, dieses Leben auch draußen fortzusetzen, ein stilles, friedliches Leben, fast ohne Zukunft" (ebd., 106).

Wie in diesem Zitat mit der Wendung vom „täuschenden Gefühl" signalisiert, kann der trocken gelegte Alkoholiker seine Situation durchaus kritisch bedenken und ergeht sich in Selbstvorwürfen, doch zeigt er weder Antrieb noch Kraft, um wieder in das sog. bürgerliche Leben zurückkehren zu können. Körperlich entstellt sowie in Geruchsvermögen und Atmung behindert wird Sommer durch eine Attacke seines ehemaligen Vermieters Lobedanz, den er wegen seines Diebstahls angezeigt hatte und der ebenfalls in das Untersuchungsgefängnis eingeliefert wird (vgl. ebd., 115): Lobedanz beißt ihm „fast die halbe Nase" ab (ebd., 121). Dem körperlichen Makel folgt bald darauf die tiefgehende psychische Beschädigung von Sommers Selbstbewusstseins. Zur Beobachtung (und zum Aufrechterhalten des Alkoholentzugs) wird er in eine Heil- und Pflegeanstalt verlegt. Dort soll geklärt werden, ob für seinen Anschlag auf die Ehefrau § 51 anzuwenden wäre; fraglich ist, ob er wieder entlassen werden kann oder ‚weggesperrt' werden soll. Die psychiatrische Anstalt war früher ein Zuchthaus; sie wird wie eine Haftanstalt geführt (vgl. ebd., 125 f.). Sommer sieht sich „in diesem schrecklichen Haus" dem „letzten Ausschuß der Menschheit" zugeordnet (ebd., 138); ständig kommt es unter den Insassen zu Streit und Prügeleien. Alle haben eine kriminelle Vergangenheit, die Delikte reichen von Urkundenfälschung bis hin zum Mord; verminderte Zurechnungsfähigkeit macht sie zur „Gefahr für die Gemeinschaft" (ebd., 143).

Hier lebt Sommer in Ungewissheit und Angst (vgl. ebd., 124); die Anstalt erscheint ihm als „Hölle" (ebd., 131), Ort des Ekels (vgl. ebd., 166) und „Totenhaus" (ebd., 165). Obwohl er weiß, wie absurd es ist, „wenn man mit einundvierzig Jahren bei lebendigem Leibe schon tot und gestorben sein soll" (ebd., 124), kann er dieses Wissen nicht in Entscheidungen und Aktionen umsetzen: Ich bin „nur ein schwacher Mensch" (ebd., 153). Innerhalb kurzer Zeit ist Sommer auch in der Heil- und Pflegeanstalt für die Insassenrolle zugerichtet: „ich war eingereiht" (ebd., 184). Zur Selbstrechtfertigung seiner Verhaltensweise dient eine schematische Erklärung seiner Abstiegsgeschichte: „Ach, wir Armen alle! Bei uns allen fing es mit etwas Kleinem an [...]. Es fängt immer mit etwas Kleinem an, und dann verstrickt es uns, es wächst riesengroß auf über uns" (ebd., 164). Die daraus entstehenden Krisen und Katastrophen werden fatalistisch-duckmäuserisch hingenommen.

Doch gibt Sommer die Hoffnung auf seine Entlassung aus der Anstalt nicht auf; in Selbstüberschätzung verzichtet er auf juristischen Beistand und hegt Illusionen über den Bestand der Bindungen zwischen ihm und seiner Ehefrau (vgl. ebd., 192f.). Bei einem Besuch von Magda in der Anstalt (vgl. ebd., 199ff.) kommt es zum Eklat, zu einem „furchtbaren Wiedersehen" (ebd., 207): Magda hat einen neuen Lebens- und Geschäftspartner; die Scheidung ist eingeleitet. Erwin Sommer verliert die Selbstkontrolle, spuckt der Ehefrau ins Gesicht und beschimpft sie als „Ehebrecherin" (ebd., 207). Aus einem ihm zufällig zugänglichen Medikamentenschrank entwendet er eine Flasche mit 95-prozentigem Alkohol, mischt sich einen Trunk und kollabiert. Der erneute Alkoholmissbrauch bringt ihm die lebenslängliche Verwahrung in der Heil- und Pflegeanstalt. Die fast kontinuierlich abfallende Linie des Lebenslaufes seit Beginn der Trunksucht hat ihren Endpunkt erreicht; er wird entmündigt (vgl. ebd., 210). Innerhalb eines knappen Jahres hat sich die vermeintliche Sicherheit seiner bürgerlichen Existenz in ein Nichts aufgelöst.

Sommer gewöhnt sich widerspruchslos an die veränderte Situation: „Es ist mir alles gleichgültig geworden. [...] Ich bin ein alternder, abscheulich aussehender Bürstenmacher, mittlerer Arbeitsleistung, geisteskrank"; er sieht sich voller Selbstmitleid als „großer Dulder" und redet sich ein: „Ich habe eine behagliche Stellung" (ebd., 210). Zur Selbsttötung mit dem ihm zugänglichen Werkzeugmesser fehlt ihm der Mut (vgl. ebd., 210), doch bleibt der Todeswunsch erhalten. Mit dem Sputum von Tuberkulosekranken will sich Sommer für das Dahinsiechen infizieren; er träumt davon, auf dem Totenbett mit Alkohol sich einmal noch in den Rausch des Vergessens zu begeben, um sich theatralisch mit seinem Leiden zu versöhnen (vgl. ebd., 211).

Erweiterungen und Reduktionen

Die selbstverschuldete katastrophische Geschichte des Trinkers erhält eine zusätzliche gesellschaftskritische Dimension durch skizzenhafte oder ausführlichere Personen- und Lebensbilder von Mithäftlingen und Mitinsassen der psychiatrischen Anstalt, die von Sommer in seine Rückerinnerung einbezogen werden (ebd., 99ff.). Sie verweisen auf diejenigen, die aus der ‚Volksgemeinschaft' des NS-Staates ausgegrenzt sind und auf den drakonischen Umgang der staatlichen Institutionen mit solchen Menschengruppen, die in den sog. Heil- und Pflegeanstalten „dahinvegetieren" (ebd., 145), „in dem ganzen System mit dem Geiz, der Unterernährung und Unsauberkeit" (ebd., 149). Allerdings spart Fallada in seinem Roman die politischen Bedingungen und Implikationen dieser Vorgehensweisen aus. Diese zeitpolitische Dimension ist dagegen in den nahezu gleichzeitig entstandenen Aufzeichnungen *In meinem fremden Land. Gefängnistagebuch 1944* erhalten (vgl. Fallada 2009).

Obwohl in jüngster Zeit Falladas politisches Schriftsteller-Engagement herausgestellt wurde, war diese Sichtweise ohne Relevanz für die beiden Bühnen-Bearbeitungen des *Trinker*-Romans durch Bernd Ludwig und Oliver Hohlfeld. Ludwig erstellte seine Bühnenfassung für eine Inszenierung 1994 am Berliner Theater am Ufer (Regie: Ulrich

Simontowicz; Ludwig übernahm die Rolle des Erwin Sommer). Ludwigs Bearbeitung wurde auch für weitere Inszenierungen genutzt: 2006 am Theater Orlando Rastede (Regie: Mark Spitzauer), 2007 am Landestheater Altenburg (Regie: Uwe-Dag Berlin), 2012 für eine Koproduktion des Maxim Gorki Theaters Berlin mit dem Schauspiel Leipzig (Regie: Sebastian Hartmann). Vor allem Ludwigs Fassung ist auf die theatrale Repräsentation der ‚psychischen Höllenqualen' des Alkoholikers abgestellt; das Personal ist auf die Handlungsträger/innen um die Zentralfigur Erwin Sommer reduziert; die Parallelgeschichten von Kriminellen und Suchtkranken sind ausgeblendet. Hartmanns Inszenierung nutzte exzessiv die multimedialen theatralen Mittel und setzte für die Darstellung der Titelfigur zwei Schauspieler sowie einen Sänger ein; die lokale und überregionale Theaterkritik bewertete die Aufführung zwiespältig. Die Bühnenfassung von Hohlfeld wurde für die Inszenierung des Theaters Neubrandenburg/Neustrelitz im Jahr 2003 (Regie: Thomas Roth) erarbeitet; gespielt wurde in der ehemaligen JVA Neustrelitz, so dass die Fiktionswelt des Romans in einer quasi-authentischen Raumsituation repräsentiert werden konnte. Ein personenbezogenes Authentizitätssignal setzte 1995 der Regisseur Tom Toelle mit seinem Fernsehfilm *Der Trinker*; die Hauptrolle übernahm Harald Juhnke, dessen Alkoholexzesse in die Medienöffentlichkeit getragen worden waren.

(Dieser Beitrag wurde im Januar 2013 abgeschlossen und eingereicht.)

Literatur

Caspar 1988: Caspar, Günter: Fallada-Studien, Berlin (Ost)/Weimar 1988.
Delabar 2013: Delabar, Walter: In der Hölle. Männliche Modernisierungsverlierer in den Romanen Hans Falladas. In: Hans Fallada, hg. von Gustav Frank und Stefan Scherer, München 2013 (Text+Kritik 200), S. 51–60.
Fallada 1976: Fallada, Hans: Der Trinker. [1959] (rororo 333), 15. Aufl. Reinbek 1976.
Fallada 1998: Fallada, Hans: Strafgefangener, Zelle 32. Tagebuch 22. Juni-2. September 1924, hg. von Günter Caspar, Berlin 1998.
Fallada 2009: Fallada, Hans: In meinem fremden Land. Gefängnistagebuch 1944, hg. von Jenny Williams und Sabine Lange, Berlin 2009.
Fritsch-Lange/Hagestedt 2011: Fritsch-Lange, Patricia/Hagestedt, Lutz (Hg.): Hans Fallada. Autor und Werk im Literatursystem der Moderne, Berlin/Boston 2011.
Gansel/Liersch 2009: Gansel, Carsten/Liersch, Werner (Hg.): Hans Fallada und die literarische Moderne, Göttingen 2009.
Jürss 1995: Jürss, Detlev: In der Wüste des Daseins: Hans Falladas verführbare Helden. Anmerkung zur Suchtdarstellung in seinem Werk. In: Hans Fallada. Beiträge zu Leben und Werk. Materialien der 1. Internationalen Hans-Fallada-Konferenz in Greifswald vom 10.6. bis 13.6.1993, hg. von Gunnar Müller-Waldeck und Roland Ulrich, Rostock 1995, S. 141–154.
Kindt 2008: Kindt, Tom: Unzuverlässiges Erzählen und literarische Moderne. Eine Untersuchung der Romane von Ernst Weiß, Tübingen 2008.
Knüppel 2011: Knüppel, Stefan: Das ‚Gesicht' der Sucht. Ein Aspekt der literarischen Physiognomik Hans Falladas. In: Hans Fallada. Autor und Werk im Literatursystem der Moderne, hg. von Patricia Fritsch-Lange und Lutz Hagestedt, Berlin/Boston 2011, S. 83–96.
Krause 2012: Krause, Thomas: *Wer einmal aus dem Blechnapf frisst*. Hans Fallada und der Strafvollzug seiner Zeit. In: Auskunft. Zeitschrift für Bibliothek, Archiv und Information in Norddeutschland 32 (2012) H. 1, S. 9–21.
Lindner 1994: Lindner, Martin: Leben in der Krise. Zeitromane der neuen Sachlichkeit und die intellektuelle Mentalität der klassischen Moderne; mit einer exemplarischen Analyse des

Romanwerks von Arnolt Bronnen, Ernst Glaeser, Ernst von Salomon und Ernst Erich Noth, Stuttgart/Weimar 1994.
Schönert 2011: Schönert, Jörg: Krisen, Kriminalität und Katastrophen. Falladas Lebensläufe nach abfallender Linie. In: Hans Fallada. Autor und Werk im Literatursystem der Moderne, hg. von Patricia Fritsch-Lange und Lutz Hagestedt, Berlin/Boston 2011, S. 153–167.
Schroeder 1953: Schroeder, Max: Hans Fallada. Zum Erscheinen seines nachgelassenen Romans *Der Trinker*. In: Neue deutsche Literatur. Monatsschrift für schöne Literatur und Kritik 1 (1953), H. 12, S. 124–130.
Ulrich 1995: Ulrich, Roland: Gefängnis als ästhetischer Erfahrungsraum bei Fallada. In: Hans Fallada. Beiträge zu Leben und Werk. Materialien der 1. Internationalen Hans-Fallada-Konferenz in Greifswald vom 10.6 bis 13.6.1993, hg. von Gunnar Müller-Waldeck und R. U., Rostock 1995, S. 130–140.
Williams 2002: Williams, Jenny: Mehr Leben als eins. Hans Fallada Biographie. Aus dem Englischen von Hans-Christian Oeser, Berlin 2002. [Originalausgabe: More Lives than One. A Biography of Hans Fallada, London 1998.]
Wünsch 1983: Wünsch, Marianne: Das Modell der „Wiedergeburt" zu „neuem Leben" in erzählender Literatur 1890–1930. In: Klassik und Moderne. Die Weimarer Klassik als historisches Ereignis und Herausforderung im kulturgeschichtlichen Prozeß, hg. von Karl Richter und Jörg Schönert, Stuttgart 1983, S. 379–408.
Zimniak 2009: Zimniak, Pawel: Erzählte Sucht – Hans Falladas Psychogramm eines Trinkers. In: Hans Fallada und die literarische Moderne, hg. von Carsten Gansel und Werner Liersch, Göttingen 2009, S. 173–185.

5.2 Der Alpdruck (1947)

Thomas Wortmann

Der Alpdruck zählt zusammen mit *Jeder stirbt für sich allein* zu den beiden Nachkriegsromanen Hans Falladas. Beide Texte verfasst er im Laufe des Jahres 1946, trotz dieser zeitlichen Nähe könnten deren Entstehungsgeschichten unterschiedlicher nicht sein: Während Fallada die knapp siebenhundert Seiten seines Widerstandsromans in einem wahren Schreibrausch innerhalb von vier Wochen zu Papier brachte, zeichnet sich der nur halb so lange *Alpdruck* durch einen langwierigen Produktionsprozess aus. Immer wieder hadert der Autor mit seinem Text, die Schreibarbeit zieht sich schließlich – unterbrochen durch einen Rückfall in die Morphiumsucht und einen damit verbundenen Klinikaufenthalt – über knapp sieben Monate hin.

Entstehung

Mit der Arbeit am *Alpdruck* beginnt Fallada im Februar 1946, während er in den Kuranstalten Westend wegen seiner Morphiumsucht therapiert wird. Zunächst legt er ein für ihn typisches, hohes Arbeitspensum vor: Am Tag schreibe er um die sechs bis acht Seiten, so berichtet der Autor seinem Verleger Kurt Wilhelm Anfang März in einem Brief, schon zwei Wochen später teilt er in einem anderen Schreiben mit, dass bereits fast zweihundert Seiten des Manuskripts vorliegen (vgl. Caspar 1988, 265). Unterbrochen wird das Romanprojekt im April, als Fallada und seine zweite Frau einen Rückfall in die Morphiumsucht erleiden. Anfang Mai werden beide hospitalisiert, und erst nach seiner Entlassung gute vier Wochen später widmet sich Fallada erneut dem *Alpdruck*. Doch auch diesmal verläuft der Arbeitsprozess eher stockend: Der Autor hadert mit seinem Text und zieht das Verfassen finanziell lukrativerer Erzählungen für Zeitschriften immer öfter vor. Erst am 11. August 1946 berichtet Fallada in einem Brief an Ernst Rowohlt vom Abschluss des Textes. Weitere, wahrscheinlich vom Verlag geforderte Korrekturen werden im September in das Manuskript eingearbeitet. Ende Oktober schließlich – Fallada hatte in der Zwischenzeit in knapp vier Wochen *Jeder stirbt für sich allein* geschrieben – unterzeichnet er mit dem Aufbau Verlag den Vertrag zur Publikation des *Alpdrucks*. Im November korrigiert er die Fahnen, vom 10. bis zum 20. Dezember werden in der *Neuen Rundschau* Ausschnitte aus dem Roman publiziert, das Erscheinen des Bandes im Herbst 1947 erlebt Fallada nicht mehr (vgl. Caspar 1988, 265–269).

Inhalt und Struktur

Der Roman gliedert sich in zwei Teile mit insgesamt zwölf Kapiteln. Die Handlung des ersten Teils – mit dem Titel *Der Sturz* – setzt im April 1945 ein: In einer kleinen Stadt nahe Berlin stellt sich der Schriftsteller Dr. Doll zusammen mit seiner Familie, seiner wesentlich jüngeren Frau Alma, mit der er in zweiter Ehe verheiratet ist, zwei Kindern und einer alten Großmutter auf die Ankunft der Roten Armee ein. Im Gegensatz zum Großteil der Stadtbewohner erwartet Doll die Besatzer als „Erlöser" (Fallada 1947, 29), weil er als Schriftsteller unter den Nationalsozialisten Repressionen ausgesetzt war. Bereit, als ‚anständiger' Deutscher die Soldaten der Roten Armee zu begrüßen, muss er bei deren Ankunft erkennen, dass seine selbstbewusste Distanzierung von den Nachbarn naiv war:

> Mit Recht hatten ihn die Russen angesehen wie ein kleines, böses, verächtliches Tier, diesen Kerl mit seinen plumpen Anbiederungsversuchen, der glauben machen wollte, daß mit einem freundlichen Grinsen und einem kaum verstandenen russischen Wort all das auszulöschen war, was der Welt in den letzten zwölf Jahren von den Deutschen angetan war –! (ebd.)

Diese Reflexion über die (Kollektiv-)Schuld der Deutschen und die Verantwortung des Einzelnen bilden das Zentrum, um das der Text kreist: Die Frage nach dem Umgang mit dem Geschehenen prozessiert der *Alpdruck* bis hin zum Schlusswort.

Nach der Besatzung durch die Rote Armee werden Doll und seine Frau wie die anderen Bewohner der Stadt zur Zwangsarbeit verpflichtet, bis ein Zufall dazu führt, dass der Schriftsteller von der russischen Kommandantur zum Bürgermeister ernannt wird. In dieser Funktion muss er sich nicht nur um den Wiederaufbau des vom Krieg Zerstörten sorgen, sondern auch „die Nazis in harmlose Mitläufer und in tätige Verbrecher auf[ ]teilen" (ebd., 67). Die tägliche Konfrontation mit den eigensinnigen Delinquenten, die mangelnde Solidarität in der Bevölkerung und die tiefe Verwurzelung der nationalsozialistischen Ideologie zehrt an Dolls Gesundheit, bis er schließlich das Amt aufgeben muss.

Nach einem Krankenhausaufenthalt brechen Doll und seine Frau nach Berlin auf, um in ihrer dortigen Wohnung einen Neuanfang zu wagen. Nach einer Odyssee durch die zerstörte Hauptstadt müssen beide erkennen, dass die Lage hier nicht weniger kompliziert ist: Ihre Wohnung ist von anderen belegt, und auch die Versorgung mit

5.2 Der Alpdruck (1947)

dem Nötigsten erweist sich als problematisch. Mit der Situation überfordert, flüchten die Dolls in den Drogenkonsum: Von Morphium und Schlafmitteln berauscht, verbringen sie die Tage im Dämmerzustand, bis ihnen die finanziellen Mittel ausgehen und beide in Kliniken eingewiesen werden.

Der zweite Teil, überschrieben mit dem Titel *Die Gesundung*, setzt mit der selbständigen Entlassung Dolls aus der Pflegeanstalt ein. Seine Versuche, den Alltag im Nachkriegsberlin zu bewältigen, sind allerdings zum Scheitern verurteilt. Auch als Alma die Klinik verlässt, verbessert sich die Situation nicht, vielmehr steigert sich die finanzielle Not der beiden noch weiter. Verzweifelt wendet sich der Schriftsteller an seinen Verleger, um nach Arbeit zu fragen. Dieser verweist ihn an Granzow, einen Schriftstellerkollegen, der, aus dem russischen Exil zurückgekehrt, in der sowjetischen Besatzungszone den kulturellen Neuanfang gestalten soll. Dazu will er auch Doll gewinnen, dem er seine großzügige Hilfe anbietet. Unter anderem stellt er der Familie ein Haus in einem für die Führungsriege der sowjetischen Besatzungszone vorbehaltenen Viertel zur Verfügung. Das letzte Kapitel zeigt den Protagonisten erneut in einer Pflegeanstalt, kurz vor seiner Entlassung: Sowohl er als auch seine Frau waren wieder rückfällig geworden, in der Heilanstalt hat Doll – den mehrmaligen Aufforderungen Granzows folgend – mit einem Roman über das Dritte Reich begonnen. Die Arbeit an diesem ‚Auftragswerk' bereitet dem Schreibenden allerdings kein Vergnügen und geht entsprechend langsam voran. Die letzten Szenen zeigen den Schriftsteller auf dem Spaziergang von der Klinik hin zu seinem neuen Haus, bei dem gerade Alma mit der aus dem Landhaus geretteten Bibliothek eintrifft. Der Roman endet also versöhnlich, in seinem letzten Absatz steigert er sich gar zu einem pazifistischen Pamphlet: „[E]s ist wieder Friede – Friede! Begreife es im Innern, Mensch, du brauchst nicht mehr zu morden und zu töten. Waffen sind unnötig, es ist wirklich Friede!" (ebd., 236)

Rezeption, Kritik und Interpretationsansätze

Großer Erfolg war dem *Alpdruck* weder beim Publikum noch bei der Kritik beschieden. Die Erstauflage verkaufte sich nur schleppend, besprochen wurde der Text nur selten. Auch Fallada selbst zeigte sich unzufrieden mit seinem Roman. Schon kurz nach Fertigstellung bezeichnet er ihn als „albern[en]" Text und als „sehr mäßige[n], ja […] völlig mißlungene[n] Roman" (zit. nach Caspar 1988, 269). Die Forschung ist dem Autor in dieser Einschätzung gefolgt: Gemeinhin gilt Falladas vorletzter Roman als schwacher Text. Günter Caspar erarbeitet einen ganzen Katalog an handwerklichen Fehlern: So habe etwa die Konzentration auf das „verwickelte Innenleben" Dr. Dolls offensichtlich „zu viele Kräfte des Autors absorbiert" (ebd., 247), denn im Gegensatz zum Protagonisten gerate dessen Frau Alma geradezu klischeehaft und bliebe als Charakter oberflächlich. Neben der Figurenzeichnung erfährt auch die Handlungsführung Kritik, vor allem die Schlusskonstellation wird bemängelt: Fallada führe den Roman in eine Sackgasse, die plötzlich eingeführte Figur Granzows erscheine als *deus ex machina*. Danach steigere sich der Schluss zu einer „Apotheose" (ebd., 242). „[K]eines seiner vielen Happy-Ends", so resümiert Caspar, „wirkt so aufgesetzt wie dieses" (ebd., 245).

Die harsche Kritik an der Handlungsstruktur des Romans ist nachvollziehbar, im Falle des Schlusses verkennt Caspars Lektüre allerdings die Komplexität der Schließungsfigur, handelt es sich bei der bemängelten „Apotheose" doch bereits um das zweite Ende des Romans: Schon das vorletzte Kapitel des *Alpdrucks*, an dessen Ende Granzow den Dolls seine Unterstützung zusagt, liefert ein veritables *happy ending*, bei dem sich der Schriftsteller und seine Frau in einer Limousine, die Granzow ihnen gestellt hat, küssend in den Armen liegen. Die auf diese Weise verdoppelte Schlusskonfiguration lässt das Ende problematisch erscheinen: Wenn nach dem ersten *happy ending* der Rückfall in die Morphiumsucht folgte, was spricht dafür, dass der Start in ein neues Leben diesmal besser gelingen sollte? Dass die Schließungsfigur, die Fallada für den *Alpdruck* entwirft, ‚aufgesetzt' wirkt, lässt sich programmatisch verstehen, wird damit doch noch einmal die Ambivalenz des Schlusses betont – der Roman endet weit weniger versöhnlich, als es auf den ersten Blick erscheint (vgl. Resch, 2007, 83).

Interessiert hat der *Alpdruck* die Forschung vor allem – das hat der Text mit Falladas *Der Trinker* gemeinsam – als autobiografisches Schreibprojekt, in dem der Schreibende mit Doll als „repräsentative[m] Vertreter der nichtemigrierten deutschen Intellektuellen" (Ächtler 2013, 75) seine Position als Autor im Nachkriegsdeutschland verhandele: Kurz vor Aufnahme der Arbeit am *Alpdruck* sieht sich Fallada im Januar 1946 dem Vorwurf ausgesetzt, mit den Nationalsozialisten sympathisiert zu haben. Seine ehemalige Sekretärin Else Marie Bakonyi etwa zitiert in einem offenen Brief aus entsprechenden Schreiben, die Fallada ihr während des Krieges diktiert hatte und in denen der Autor vom zu erwartenden Endsieg spricht (vgl. Williams 2012, 339f.). Andere Zeitungen greifen den Vorwurf auf, Fallada selbst erklärt die Äußerungen in den Briefen als „Schutzmaßnahmen" (Caspar 1988, 264). Der *Alpdruck* ist vor dieser Folie als ein „Bekenntnisbuch" (Gessler 1976, 146) gelesen worden, als „Wunschbiografie" (Bernhardt 2003, 20), die der Exkulpation des Schreibenden diene. Tatsächlich sind Parallelen, die sich zwischen dem Roman, der den Arbeitstitel *Fallada sucht einen Weg* trug, und der Biografie seines Verfassers zeigen, stupend: Angefangen vom Beruf des Schriftstellers, den Dr. Doll und Fallada teilen, über das nach dem Ende des Zweiten Weltkrieges kurzzeitig ausgeübte Amt des Bürgermeisters und die zweite Ehe mit einer wesentlich jüngeren Frau bis hin zur Morphiumsucht (die sowohl Dr. Doll als auch Fallada – Johannes R. Becher weist in seinem Nachwort zum *Alpdruck* darauf hin – idiosynkratisch den „kleinen Tod" nennen). Diesen Konnex von Biografie und Text verhandelt schon das Vorwort, das Fallada dem Roman im August 1946 hinzugefügt hat. Reflektiert wird darin über den Wahrheitsstatus des Erzählten, thematisiert wird der Realitätsgehalt des *Alpdrucks*: Nichts von dem, was erzählt werde, sei „so geschehen, wie es hier berichtet ist" (Fallada 1947, 5). Der Verfasser habe auswählen und abwandeln müssen, auch in Bezug auf die Figuren: „[S]o, wie sie hier geschildert sind, lebt keine außerhalb des Buches. Wie die Geschehnisse den Gesetzen des Erzählens folgen mußten, so auch die Personen. Manche sind erfunden, andere sind aus mehreren zusammengesetzt" (ebd., 6). Mit diesem letzten Halbsatz nun macht Fallada den *Alpdruck* zum *roman à clef* – und entsprechend hat die Entschlüsselung der Figuren die Literaturwissenschaft beschäftigt (vgl. Bernhardt 2003, 28f.; Caspar 1988, 250f.). Neben Dr. Doll und seiner jungen Frau Alma, die als *stand-ins* für Fallada und seine zweite Frau Ursula Losch figurieren, ist der Arzt, der die Dolls nach ihrer Ankunft in Berlin mit Morphium versorgt und sich Doll gegenüber als Schriftstellerkollege zu erkennen gibt, mit Gottfried Benn gleichgesetzt worden. Johannes R. Becher, dessen Protegé Fallada war, gilt als Vorbild für Dolls Förderer Granzow.

Über die Konzentration auf einen Abgleich zwischen Falladas Biografie und der Romanhandlung sind die Implikationen, die mit dieser Inbezugsetzung verbunden sind, aus dem Blick geraten. Mit dem *Alpdruck* betreibt Fallada Werkpolitik, protokolliert der Text über die autobiografischen Inskriptionen doch die eigene, problematische Entstehungsgeschichte, um gleichzeitig – mittels der Aufforderung Granzows, Doll solle einen Roman über die Zeit des Nationalsozialismus schreiben – prospektiv auf *Jeder stirbt für sich allein* zu verweisen: auf jenen Text Falladas also, der dem *Alpdruck* unmittelbar folgen wird. In diesem Zusammenhang ist die Tatsache, dass der Autor sein *alter ego* Doll mit einem Doktortitel versieht, als Distanzierungsstrategie interpretiert worden (Caspar 1988, 271). Verstehen lässt sich das aber auch als Nobilitierung, weil Fallada seinen schriftstellernden Protagonisten so *nolens volens* auch zu einem *poeta doctus* macht. Nimmt man die autobiografischen Verweise des *Alpdrucks* ernst, so ist dieser erzählerische Kniff von Interesse, weil Fallada in der Figur des Dr. Doll seinen eigenen Status als Autor verhandelt, gilt er doch – Bechers wirkmächtiges Diktum „Fallada war als Dichter kein Denker" (Becher 1947, 230) findet sich ausgerechnet im Nachwort zum *Alpdruck* – weniger als ‚gelehrter' denn als populärer Schriftsteller, der nicht zuletzt aufgrund dieser Popularität noch heute in der Literaturwissenschaft als *poeta minor* kategorisiert wird (vgl. Hagestedt 2011, 215). Im Gegensatz dazu ist der *Alpdruck* ein Text, der die ‚Gelehrtheit' seines Verfassers durchaus ausstellt: So spielt etwa das neunte Kapitel über seinen Titel *Robinson* auf einen der Gründungstexte der europäischen Romantradition an, Daniel Defoes *Robinson Crusoe* aus dem Jahr 1719. Falladas *Alpdruck* modifiziert dabei die Vorgaben des wirkmächtigen Prätextes: Doll, den die Vorstellung einer Robinsonade als „Einschlaf-Phantasie" seit seinen „frühesten Knabentagen" begleitet (Fallada 1947, 154), leidet nicht, wie sein literarischer Vorgänger, unter der Einsamkeit, sondern beschreibt sie als Idealsituation, verfügt sie gar über sich selbst (vgl. Priwitzer 2008, 76 f.). Als Robinson *redivivus* „verabschiedet[ ]" er den Besuch anderer Menschen, baut seine Höhle zum Versteck aus und empfindet bei dem „Gedanken, [...] gerettet zu werden, Angst" (Fallada 1947, 154). Das hier in Anlehnung an Defoes Roman entwickelte Phantasma legt der Text – sich damit selbst interpretierend und das kulturtheoretische Wissen seines Verfassers präsentierend – nach psychoanalytischen Maßgaben als Regressionsfantasie aus: „Im Grunde aber – das wußte Doll seit der Lektüre Freudscher Schriften recht gut – bedeutete diese Felsenhöhle [...] nichts anderes als den Schoß der Mutter, in den sich der Bedrohte zurückwünschte." (Fallada 1947, 155)

Festzuhalten bleibt: In der autobiografischen Parallelisierung geht der Roman nicht auf. Und so ist auch die Entscheidung, den Arbeitstitel *Fallada sucht einen Weg* zu verwerfen, als programmatische Modifikation zu verstehen, denn sie rückt das Erzählte auf eine allgemeine Ebene. Das Fallada'sche Schreibprojekt erhält den Charakter einer Parabel (vgl. Luckscheiter 2008, 59f), denn der Alpdruck des Dr. Doll, den der Roman gleich auf den ersten Seiten einführt und auf den er immer wieder anspielt, ist der Albtraum aller Deutschen, ja aller Europäer:

> Nicht allein lag er in diesem Abgrund. Obwohl er nie einen Laut hörte und nichts [...] sah, wußte er doch: Mit ihm lag seine ganze Familie hier und das ganze deutsche Volk und überhaupt alle Völker Europas, alle ebenso hilf- und wehrlos wie er, alle von den gleichen Ängsten wie er gequält. (Fallada 1947, 18)

Der Roman, so erklärt Fallada im Vorwort, sei vor dieser Folie als konsolatorisches Projekt konzipiert worden, mit dem Ziel, neben „Depressionen" und der „Mutlosigkeit" auch die „Aufschwünge zu schildern" – dieser Plan allerdings sei gescheitert. Stattdessen habe sich der *Alpdruck* zu einem „wahrheitsgetreue[n] Bericht" und einer „Krankengeschichte" (ebd., 13) entwickelt. Ins Spiel gebracht wird zudem – damit auf einen Programmbegriff des französischen Naturalismus rekurrierend – das Konzept des *document humain*. Das Vorwort operiert also mit einem ganzen Bündel an Genrezuweisungen, mit denen der Roman gelesen werden kann. Explizit ist über diese Verweise auf genre- und literarhistorische Traditionslinien neben dem biografischen vor allem ein literarischer Bezugsrahmen für den Text etabliert.

Entsprechend ist es nur folgerichtig, dass zahlreiche der jüngeren Forschungsbeiträge den literarischen Status des *Alpdruck* anerkennen und den Text kulturwissenschaftlich orientierten Lektüren unterziehen: Rekonstruiert wurde etwa, wie Falladas Text als Nachkriegsroman Schuld- und Memoria-Diskurse verhandelt (vgl. Luckscheiter 2008; Priwitzer 2008), besprochen wurden die topografischen Ordnungen, die der *Alpdruck* entwirft, vor allem in Bezug auf den Gegensatz von städtischem und ländlichem Raum (vgl. Heinrich 2005). Vorgelegt wurden schließlich auch Arbeiten, die – mit dem Fokus auf Dolls Frau Alma – die Gender-Konfigurationen des Romans diskutieren (vgl. Szmorhun 2009a, 2009b).

Literatur

Ächtler 2013: Ächtler, Norman: „Ein gemäßigter Pessimist". Falladas gesellschaftskritische Texte der 1940er Jahre. In: Hans Fallada, hg. von Gustav Frank und Stefan Scherer, München 2013 (Text + Kritik), S. 72–82.
Becher 1947: Becher, Johannes R.: An Stelle eines Nachworts. In: Hans Fallada: Der Alpdruck, Berlin 1947, S. 237–240.
Bernhardt 2003: Bernhardt, Rüdiger: Wirklichkeit und Traumwelt eines Chronisten. Zu Hans Falladas *Der Alpdruck*. In: Hans-Fallada-Jahrbuch (2003), Nr. 4, S. 9–42.
Bredohl 2008: Bredohl, Thomas: Hans Fallada und die ‚Kulturelle Erneuerung' im Nachkriegsdeutschland. In: Zeit vergessen, Zeit erinnern. Hans Fallada und das kulturelle Gedächtnis, hg. von Carsten Gansel und Werner Liesch, Göttingen 2008, S. 21–29.
Caspar 1988: Caspar, Günter: Fallada-Studien, Berlin (Ost)/Weimar 1988, S. 232–283.
Fallada 1947: Fallada, Hans: Der Alpdruck, Berlin 1947
Gessler 1976: Gessler, Alfred: Hans Fallada. Leben und Werk, Berlin (Ost) 1976.
Hagestedt 2011: Hagestedt, Lutz: „Sehr viel wahrer ist in Deutschland seither nicht geschrieben worden". Forschungs- und Tagungsbericht. In: Hans Fallada. Autor und Werk im Literatursystem der Moderne, hg. von Patricia Fritsch-Lange und L. H., Berlin/Boston 2011, S. 215–232.
Heinrich 2005: Heinrich, Bernhard: Zur Rolle der Provinz in den Nachkriegsromanen Hans Falladas. In: Die Provinz im Leben und Werk von Hans Fallada. Protokollband des Kolloquiums des Fallada-Forums vom 4. Dezember 2004 in der Akademie der Künste Berlin, Deutschland, hg. von Thomas Bredohl und Jenny Williams, Schöneiche bei Berlin 2005, S. 96–107.
Luckscheiter 2008: Luckscheiter, Roman: Am Nullpunkt des Erinnerns. Falladas Roman *Der Alpdruck* als Pathologie der unmittelbaren Nachkriegszeit. In: Zeit vergessen, Zeit erinnern. Hans Fallada und das kulturelle Gedächtnis, hg. von Carsten Gansel und Werner Liesch, Göttingen 2008, S. 57–67.
Priwitzer 2008: Priwitzer, Jens: Totenstadt und Ruinenchaos. Berlin als Stadt- und Erinnerungslandschaft in Hans Falladas Roman *Der Alpdruck*. In: Zeit vergessen, Zeit erinnern.

Hans Fallada und das kulturelle Gedächtnis, hg. von Carsten Gansel und Werner Liesch, Göttingen 2008, S. 69–93.
Resch 2007: Resch, Stephan: Schreiben als Rauschersatz. Hans Fallada: *Der Alpdruck*. In: Ders.: Provoziertes Schreiben. Drogen in der deutschsprachigen Literatur seit 1945, Frankfurt a. M. 2007, S. 69–84.
Szmorhun 2009a: Szmorhun, Arletta: Hans Falladas *Alpdruck* im Raster der Geschlechtermatrix. In: Stuida Niemcoznawcze 41 (2009), S. 317–327.
Szmorhun 2009b: Szmorhun, Arletta: Selbsterfahrung und Fremdbestimmung – Zur Fluktuation weiblicher Identität in Hans Falladas *Alpruck*. In: Hans Fallada und die literarische Moderne, hg. von Carsten Gansel und Werner Liersch, Göttingen 2009, S. 163–172.
Williams 2012: Williams, Jenny: Mehr Leben als eins. Hans Fallada. Biographie. Aus dem Englischen von Hans-Christian Oeser. Erweiterte und aktualisierte Neuausgabe, Berlin 2012. [Originalausgabe: More Lives than One. A Biography of Hans Fallada, London 1998.]

5.3 Jeder stirbt für sich allein (1947)
Gustav Frank/Stefan Scherer

Noch einmal ein Weltbestseller

Mit der neuen englischen Übersetzung von *Jeder stirbt für sich allein* im Jahr 2009 erreicht ein Roman Weltgeltung, der ein anderes Bild von den Deutschen in der Nazi-Diktatur entwirft, als es zahllose geschichtliche Darstellungen zum Dritten Reich bislang getan hatten. Er basiert auf Gestapo-Akten, die bezeugen, wie der ‚kleine Mann' Otto Hampel Anfang der 1940er Jahre dem Führer den ‚Krieg' erklärt, indem er Postkarten mit Warnungen vor der Diktatur in Wohnhäusern auslegt. Indem er sich auf einen realen Fall beruft, beglaubigt Falladas Roman, dass es solche Anti-Nazi-Aufrufe im NS-Alltag gab. Selbst in Israel führte das Buch die Bestseller-Listen an und verändert damit auch dort die Sicht auf Deutschland während des Dritten Reichs (vgl. Dachs 2011). Die breite internationale und nationale Diskussion in den Feuilletons wie in der Forschung ist gut dokumentiert (siehe den Beitrag 7. *Fallada heute: Internationale Rezeption (Renaissance in Großbritannien, Israel und USA* in Kap. III; zudem Müller-Waldeck 2012; Plow 2013; Ächtler 2013; Frenzel 2016; http://www.complete-review.com/reviews/deutsch/fallada.htm). Sie zeigt nicht nur, dass ein Roman von 1947 auch heute einen Nerv treffen und das weltweite Bild der Deutschen sowie das Bild der Deutschen von sich selbst in der Phase des Nationalsozialismus verändern kann. Sie hat vielmehr auch damit zu tun, was ‚falladeskes' Erzählen ausmacht (siehe den Beitrag 1.2 *Falladas Poetologie* in Kap. II). Literatur erscheint wirkmächtiger als Geschichtsschreibung und *docuverse*, denn sie kann mit literarischen Mitteln in die Innensicht alltäglicher Lebensverhältnisse versetzen und darin verschiedene Perspektiven unterschiedlicher Figuren in je eigenen sozialen Lagen und weltanschaulichen Ansichten gegenüber einer Diktatur verständlich machen.

Der weltweite Erfolg, 2009 durch die englische Übersetzung *Alone in Berlin* ausgelöst (vgl. Plow 2012), ist daher nicht wirklich überraschend. Seit jeher gehört Fallada zu jenen Autoren, die genau wegen dieser Breitenwirkung von der Literaturwissenschaft, soweit sie am Höhenkamm orientiert bleibt, unterschätzt werden. Dass *Jeder stirbt für sich allein*, in kürzester Zeit unmittelbar vor Falladas Tod geschrieben, nicht bereits nach seinem Erscheinen 1947 zum Weltbestseller geworden ist, ist eher den politischen und ökonomischen Bedingungen der Nachkriegszeit geschuldet, die deutscher Literatur keine internationale Aufmerksamkeit zubilligen konnte. So versuchte der in London lebende, seit 1920 mit Fallada in Briefwechsel stehende österreichisch-jüdischen Schriftsteller und Übersetzer Carl Ehrenstein erfolglos, Putnam für eine Übersetzung des Romans zu gewinnen (siehe den Beitrag 1.2 *Kontakte zu Autoren seiner Zeit (1920er bis 1940er Jahre)* in Kap. I). „Wäre er Amerikaner gewesen, so wäre er vielleicht irgendwann zwischen 1925 und 1945 zum Nobelpreis vorgeschlagen, auf jeden Fall eine Weltberühmtheit geworden." (Hühnerfeld 1954; siehe den Beitrag 1. *Zeitgenössische Rezeption* in Kap. III)

Auch mit seinem letzten Roman schließt Fallada verfahrenstechnisch und textsemantisch noch einmal an jene Schreibweisen an, die seinen internationalen Welterfolg mit *Kleiner Mann – was nun?* begründeten. Die kontextuellen Beschränkungen, denen sein Erzählen seit *Wir hatten mal ein Kind* von 1934 im Dritten Reich unterlag, fallen nach 1945 weg. Keine Rücksichten auf politische Umstände müssen mehr genommen werden, so dass in einem erneuten Schreibrausch noch einmal ‚ein richtiger Fallada' (siehe den Beitrag 1.2 *Falladas Poetologie* in Kap. II) entsteht: „die erste vernünftige Arbeit wieder mal", so Fallada an seine Mutter am 29. Oktober 1946, die ihm „beim Schreiben trotz aller Schwierigkeiten und trotz des düsteren Stoffes (11 Tote!) immer Freude gemacht" habe (zit. nach Walther 2018, 286). Im Brief an Anna Ditzen vom 27. Oktober 1946 schreibt er, dass ihm „seit *Wolf unter Wölfen* wieder der erste richtige Fallada" gelungen sei (zit. nach Giesecke 2011, 692). Auch *Jeder stirbt für sich allein* ist nämlich eines jener „Bücher von Menschen, die heute leben und die uns, die wir heute leben, nahe und verwandt sind, Gefährten unseres eigenen Schicksals." (Fallada 2018a, 202)

Grundlage für diese Einschätzung ist die mit dem letzten Roman erlangte handwerkliche Könnerschaft,

> denn bei meiner Tätigkeit wie bei jeder andern Tätigkeit ist viel Handwerksmäßiges, also will sagen, dass ich heute mein Handwerk so weit beherrsche, dass ich auch einen fremden mir zugetragenen Stoff ganz zu meinem eigenen mache. Das war im Anfange nicht so. […] Heute weiß ich, dass ich einen Roman schreiben kann. Und ich weiß noch mehr, ich weiß, dass ich aus fast jedem Stoff meinen Roman machen kann, weil meine Art, die Dinge zu sehen und sie zu beschreiben, nun einmal festliegt. (Fallada 2018b, 240)

So kann Fallada nach dem Krieg, unbeeindruckt von politischer Zensur, noch einmal daran anknüpfen, was ihm in *Kleiner Mann – was nun?* erstmals gelang: einen Roman zu schreiben, der all das, was sein Erzählen an suggestiver Wucht ausmacht, einmal mehr so austrägt, dass man sich diesem Alltagsporträt des Dritten Reichs kaum entziehen kann, weil man atemlos dem Schicksal seiner Figuren folgen muss (zu den Techniken dieser Leserbindung siehe den Beitrag 1.2 *Falladas Poetologie* in Kap. II).

Stoff und Entstehung

In Varianten taucht der selbst schon suggestive Titel in Falladas Werk bereits vorher auf. „Jeder ist allein" (Fallada 1985, 18) heißt es in *Der Trauring* von 1925, „Jeder stirbt allein" in *Wir hatten mal ein Kind* von 1934 an einer Stelle, wo sich der Protagonist Johannes Gäntschow in einer lebensbedrohlichen Situation befindet: „und alle Quälerei im ganzen Leben war umsonst gewesen: jeder stirbt allein, und allein zu sterben ist bitter" (Fallada 1934, 417). Wie er zum Stoff aus den Gestapo-Akten gelangte, berichtet Fallada in seinem autobiografischen Text *Meine lieben jungen Freunde* (1946), der erstmals 1967 unter dem Titel *Wie ich Schriftsteller wurde* publiziert wird: Er habe Unterlagen von einem „Bekannten" (Fallada 2018b, 240) erhalten; der Name dieses Bekannten (Johannes R. Becher) fällt nicht. Die Anfrage, ob er einen Roman aus dem Stoff machen könne, beantwortet er zwar mit ja, auch wenn er „erst einmal daraus einen kurzen sachlichen Bericht für eine Zeitschrift" geschrieben habe (ebd., 241). Dabei sei ihm die „Schwierigkeit des Stoffes so recht klar" geworden: „Es war zu trocken, zu wenig. Kein bisschen Jugend, Licht, Hoffnung. […] illegale Tätigkeit –! Ungeschickt bis dorthinaus, die Karten von einer Primitivität des Inhalts, der nicht mehr zu überbieten war, und sie hatten auch nie irgendeine Wirkung getan." (ebd.) Er habe das Thema daher aus seinem Gedächtnis ‚verbannt': „Ich wollte nichts mit ihm zu tun haben, es war kein Stoff für mich." (ebd.) Fallada schreibt zwischenzeitlich den Roman *Der Alpdruck*, „der mir recht missglückte" (ebd., 241 f.), und plant einen optimistischen Roman unter dem Titel *Die Eroberung von Berlin* mit einem jungen Mann vom Land, der als Flüchtling in der Stadt zwischen Trümmern lebt und dort „ins Abrutschen" kommt, aber im Aufbau einer kleinen Existenz mit „ein bisschen Glück, ein wenig Optimismus" ein gutes Ende findet (ebd., 242). Eine Filmgesellschaft will von diesem „schönen optimistischen Roman" (ebd.) aber nichts wissen; er solle vielmehr den „andern düsteren Stoff bearbeiten, dieses aussichtslose Buch, ohne Jugend, ohne Hoffnung, ohne Liebe" (ebd.). Das Geld ködert ihn dann, diesen Roman doch anzugehen, wiewohl er auch so bemerkt habe, dass sein „Hirn […] in aller Stille, ohne dass sein Besitzer auch nur das Geringste davon wusste, an diesem Stoff weiter herumgekaut [hatte], es hatte ihn zerfasert, bereichert, umgestaltet, kurz, es hatte einen Stoff daraus gemacht, aus einem Nichts war in aller Stille ein Roman geworden, und ich hatte nichts davon gewusst!" (ebd. 244) Fallada stellt dabei aber auch fest, dass „dies kein Romänchen, sondern dass es ein ausgewachsener Roman werden würde" (ebd., 243). In 24 Tagen, bis zum 24. Oktober 1946, sind dann 600 Druckseiten geschrieben (ebd., 245): „Wieder einmal gerettet, wieder einmal ein Buch unter Dach und Fach! Und während ich viele Kinder, namentlich aus der letzten Nazizeit, nur mit ungünstigen Augen ansehe, habe ich nun bei diesem Roman, den ich durchaus nicht schreiben wollte, das Gefühl: er ist mir gelungen, endlich mal wieder was Richtiges geschafft!" (ebd.)

So die Version Falladas, während es sich in der Außenperspektive im Detail so verhält: Anfang Oktober 1945 begegnete Fallada Paul Wiegler, dem ehemaligen Cheflektor der Romanabteilung bei Ullstein, der jetzt für den Aufbau Verlag tätig war. Der Verlag wurde im Sommer 1945 im Auftrag des ‚Kulturbundes zur demokratischen Erneuerung Deutschlands' gegründet, den wiederum neben Wiegler u. a. Johannes R. Becher seit Juni 1945 als Massenorganisation der parteilosen Intelligenz ins Leben rief (siehe den Beitrag *2.5 Schreiben in der/für die Populärkultur* in Kap. I). In *Der Alpdruck*, wo Fallada diese Zusammenhänge, fiktional verfremdet, im elften Kapitel („Anfang mit Streit") erzählt, meint der Lektor Völger: „Sie sind doch der Mann, einen volkstümlichen Roman über die letzten Jahre zu schreiben" (Fallada 1979, 154).

Über die gemeinsame Arbeit im ‚Kulturbund' knüpft Wiegler dann auch die Verbindung Falladas zu Johannes R. Becher. Der hatte seit seiner Rückkehr aus dem Exil in Moskau im Juni 1945 versucht, Kontakt aufzunehmen (siehe den Beitrag 1.2 *Kontakte zu Autoren seiner Zeit (1920er bis 1940er Jahre)* und 2.8 *Fallada im Kontext der Nachkriegsliteratur* in Kap. I). Als Präsident des ‚Kulturbunds' verfügte er über eines der wichtigsten kulturpolitischen Ämter in der Sowjetischen Besatzungszone (SZB). Becher wollte eine neue, auf dem positiven deutschen Erbe basierende kulturelle Identität etablieren. Vermieden werden sollte die Aufspaltung in eine west- und eine ostdeutsche Literatur, indem er eine überparteiliche Literatur anstrebt, die sich der demokratischen Erziehung des gesamten deutschen Volkes durch Künstler verschreibt. Becher interessiert sich daher für Schriftsteller unterschiedlicher Generationen und literarischer Ausrichtung, die über bestimmte Qualitäten verfügen: Sie sollten in der Weimarer Republik auf dem literarischen Markt etabliert und in verschiedensten Leserkreisen populär sein: Er setzt auf ‚Volksverbundenheit' des Künstlers (Klausnitzer 1988, 1730), weil er sich davon demokratische Aufklärung verspricht. Zum anderen interessiert er sich für Autoren, die nach 1933 nicht emigriert, sondern in Deutschland geblieben waren. Im Unterschied zu den Exil-Autoren kannten sie die zu erziehende Bevölkerung. Wie auch immer Fallada nicht zur sog. Inneren Emigration gehörte und die Vorbehalte gegen den vermeintlichen Faschisten Fallada seitens der linken Exil-Kritik (siehe den Beitrag 4.1 *Wir hatten mal ein Kind* in Kap. II) groß waren: Becher ermöglichte damit auch Autoren, die in Deutschland geblieben waren, einen literarischen Neuanfang in Nachkriegsdeutschland. So konnte Fallada an seine eigenen Romane vor und während des Dritten Reichs anknüpfen, weil er zu jenen Autoren gehörte, die während der Weimarer Republik, des Nationalsozialismus und in der unmittelbaren Nachkriegszeit erfolgreich publizierten. Bei Becher kam hinzu, dass er Fallada für einen apolitischen Menschen hielt, der sich nicht auf den Faschismus eingelassen habe (siehe den Beitrag 2.8 *Fallada im Kontext der Nachkriegsliteratur* in Kap. I).

Fallada, der über diesen Kontakt froh war, teilte Bechers Bemühungen um eine demokratische Erneuerung der Kultur. Für den Aufbau Verlag glaubt er an eine gute Zukunft; im Brief an Rowohlt vom 12. Dezember 1945 schreibt er sogar, Becher würde Rowohlt am liebten dessen Leitung übertragen (vgl. Fallada 2008, 395). Der Kontakt ermöglichte es Fallada, in den Medien der Nachkriegszeit mitarbeiten zu können: u. a. in der *Täglichen Rundschau*, der in Ostberlin erscheinenden Zeitung der sowjetischen Besatzungsmacht, die gut bezahlte (vgl. ebd.). Im Oktober 1945 überlässt Becher ihm dann die Gestapo-Akten über den Fall Hampel und meint, er solle den Stoff eines Berliner Arbeiterehepaars literarisch bearbeiten, das 1940–1942 zum Widerstand gegen Hitler aufgerufen hatte, vom Volksgerichtshof wegen Zersetzung der Wehrkraft und Vorbereitung zum Hochverrat verurteilt und am 8. April 1943 in Plötzensee mit dem Fallball hingerichtet worden war. Fallada hat wahrscheinlich jedoch nur Teile der Akten in die Hand bekommen (vgl. Giesecke 2011, 690).

Nach der Lektüre schreibt er einen Aufsatz, der im November in der neu gegründeten Zeitschrift *Aufbau* unter dem Titel *Über den doch vorhandenen Widerstand der Deutschen gegen den Hitlerterror* erschien und mit der Ankündigung eines darüber „noch zu schreibenden Romans" schließt (Fallada 1945, 218). „Morden und den Mördern Zutreiberdienste leisten war 1940 schon etwas ganz Selbstverständliches im Hitlerdeutschland geworden, und leider [...] nicht nur für einen Beamten der

Gestapo", akzentuiert Fallada in diesem Text (ebd., 215). Den angekündigten Roman will er dann aber nicht so recht schreiben „wegen der völligen Trostlosigkeit des Stoffes: zwei ältere Leute, ein von vorneherein aussichtsloser Kampf, Verbitterung, Hass, Gemeinheit, kein Hochschwung", wie er im Brief vom 17. März 1946 den Aufbau-Verlagsleiter Kurt Wilhelm wissen lässt (zit. nach Giesecke 2011, 691). Am 18. Oktober 1945 schließt er dennoch einen Vertrag mit dem Verlag über einen Roman mit dem Arbeitstitel *Im Namen des deutschen Volkes! (Streng geheim)*, der 1946 als Vorabdruck in der *Neuen Berliner Illustrierten* hätte erscheinen sollen. Dieser Vorabdruck kommt nicht zustande. Der endgültige Titel des am 24. November 1946 eingereichten Typoskripts, der im Roman selbst in tröstender Perspektive des Pastors gegenüber Quangel in der Zelle (Kapitel 58) aufscheint, wird nachträglich hinzugefügt (vgl. Giesecke 2011, 691 f.): „,[...] aber jeder wird für sich allein sterben müssen. Aber darum sind wir doch nicht allein, Quangel, darum sterben wir doch nicht umsonst. Umsonst geschieht nichts in dieser Welt, und da wir gegen die rohe Gewalt für das Recht kämpfen, werden wir am Schluss doch die Sieger sein.'" (Fallada 2011, 567)

Fallada hört dann Ende 1946 davon, dass kritische Gutachten, vermutlich auf Betreiben der *Neuen Berliner Illustrierten* (vgl. Giesecke 2011, 695), eingegangen seien: „[B]erechtigte Ungenauigkeiten", also sachliche Fehler, müssten bei der Überarbeitung berichtigt werden, so der Verlagsleiter Kurt Wilhelm (zit. nach ebd., 693): Es fehle die Mittelschicht, es gebe nur schwarze und weiße Gestalten, die Familie Persicke sei völlig überzeichnet, es sei ein Fehler, dass in ihr keine anständige Person vorkäme, es gebe im Roman keine lebendigen Menschen, aber viele Zufälle und Unwahrscheinlichkeiten, die Realität in Deutschland sei ausgeblendet (vgl. ebd., 695). Das negativste Urteil kommt zu dem Schluss, in *Jeder stirbt für sich allein* einen „Zuhälterroman mit politischem Aufputz" zu sehen: „Damit will niemand in Deutschland etwas zu tun gehabt haben." (zit. nach ebd.) Wiegler redigiert daraufhin als Lektor den Text und greift neben den sachlichen Fehlern vor allem dort ein, wo es um politische Aspekte geht: weil Fallada das Ehepaar Quangel nicht als Vor- und Leitbilder konzipiert, sondern als Mitläufer, die das Regime solange befürworteten, bis ihr eigener Sohn im Krieg fällt.

Der Erstdruck erscheint in der von Wiegler redigierten Fassung nach Falladas Tod 1947 im Aufbau Verlag. Die ‚ungekürzte Neuausgabe' von 2011 macht die Überarbeitungen wieder rückgängig und präsentiert die von Fallada eingereichte Version. Der Roman verkaufte sich gut, weil Fallada auf Kontinuitäten seines bisherigen Erfolgsrezepts bauen konnte und bereits in *Der Alpdruck* auf neue „Welterfolge" mit seinen neuen Büchern spekuliert (Fallada 1979, 84): „Unterdes [...] wird er ein großes Buch schreiben, das seinen Namen auf einen Schlag wieder in aller Mund bringt." (ebd., 111) Bei Rowohlt wird *Jeder stirbt für sich allein* 1964 gedruckt, auch hier mit hohen Auflagenzahlen (z. B. 182.-185. Tausend Februar 1993), so dass der Roman auch vor der weltweiten Renaissance viel gelesen wird. Ausgelöst wird diese durch die englische Übersetzung *Alone in Berlin* 2009, die allerdings auf der von Wiegler redigierten Fassung basiert. Internationale Reaktionen auf die momentan nur auf Deutsch vorliegende, ungeschönte Urfassung stehen noch aus (so Ächtler 2013, 80).

Kürzungen im Erstdruck

Den Gutachten, die den Lektor Wiegler zu seinen Eingriffen veranlassten, passten vor allem Falladas Figuren nicht ins gewünschte Bild. Es gibt keine als weitreichend und erfolgreich dargestellten antifaschistischen Untergrundaktivitäten, weil auch hier die Figuren, wie immer in seinem Werk, als ambivalente Menschen dargestellt sind: Der ‚kleine Mann' Otto Quangel erklärt zwar dem „Führer" Adolf Hitler, seiner „Partei" und dem „ganze[n] ungeheure[n] Apparat mit all seiner Macht und seinem Glanz" persönlich den „Krieg" (Fallada 2011, 183). Als „Werkmeister in der großen Möbelfabrik" profitierte er aber nach „vier Jahren Arbeitslosigkeit" wie seine Frau vorher lange Zeit von Hitlers Wirtschaftswunderprogramm (ebd., 22). Fallada stellt seine Hauptfiguren gerade nicht als ‚gute Deutsche' dar. Anna und Otto Quangel verehren lange Zeit den Führer, der „den Karren aus dem Dreck gerissen hatte" (ebd.); sie glauben an seine Wirtschaftspolitik, von der sie selbst profitieren. Anna Quangel hat einen Posten in der NS-Frauenschaft, Otto Quangel in der Arbeitsfront. Anna, so heißt es dazu, hatte die Funktion übernommen, weil sie damit andere ‚kommandieren' kann: „Das machte ihr einfach Spaß, wenn sie da wieder so eine faule Nichtstuerin mit rotgelackten Fingernägeln aufgetrieben hatte, und sie konnte sie in eine Fabrik schicken" (ebd., 24). „Zu Anna Quangels Hauptaufgaben gehörte es in diesen Tagen, da der Zwangsarbeiter-Import noch nicht recht in Gang gekommen war, [...] unter ihren deutschen Volksgenossinnen solche zu ermitteln, die sich vor Arbeit in den Rüstungswerken drückten", also „Verräter[ ] am Führer und am eigenen Volk" zu erkennen und der Rüstungsindustrie zuzuführen (ebd., 165). Sie gehört damit zum System der Informanten, das vom NS-Regime perfektioniert wurde. Erst als der Sohn im Krieg fällt, werden die Quangels zu Regimegegnern.

Die bemängelten Passagen wurden auf Basis der eingeholten Gutachten von Wiegler entweder korrigiert (sachliche Fehler) oder gestrichen (vgl. Giesecke 2011, 695–697): so vor allem alle Hinweise auf Annas frühe Hitlerverehrung und ihren Posten in der NS-Frauenschaft, insbesondere das 17. Kapitel, in dem Anna schlagfertig und selbstbewusst ihren Ausschluss aus der NS-Frauenschaft provoziert: „Sie tat das alles bewusst, sie wollte die andere reizen" (Fallada 2011, 168). Auch verharmlosend wirkende Formulierungen wie „Ministerchen Goebbels" (ebd., 165) dürften ein Grund dafür gewesen sein, dass dieses 17. Kapitel in der Ausgabe von 1947 komplett fehlt. Falladas Porträt des Alltags im Nationalsozialismus aus der „Froschperspektive" (Ächtler 2013, 72) fällt in den literarischen Nahaufnahmen also insgesamt kritischer aus, als die gewünschte Widerstandsgeschichte glauben lässt (vgl. ebd., 73).

Weitere Redaktionen anonymisieren den Widerstand, dem Trudel Baumann angehört, wo „im Geheimen eine kommunistische Zelle im Betrieb" entsteht (ebd. 39), die dann aufgelöst wird (ebd., 118 ff.). Wiegler streicht das Adjektiv kommunistisch, „vermutlich wegen des unmenschlichen Urteils der Genossen über Trudel" (Giesecke 2011, 697). Gestrichen werden auch Passagen, in denen Eva Kluge als Parteimitglied bis zur Suspendierung vom Dienst beschrieben wird (Fallada 2011, 10, 56, 105–109). Auch Details wie den Namen Barkhausen änderte er in Borkhausen, ohne dass bekannt ist, warum dies geschah (Giesecke 2011, 697): vielleicht, weil der Denunziant und Spitzel damit wie ein Borkenkäfer wirken soll, der sich als Schädling ins Holz eingräbt. In der ungekürzten Ausgabe heißt die Figur wieder Barkhausen.

Erhalten bleibt der wie aufgeklebt wirkende, im feierlichen ‚Wir' des Erzählers formulierte hoffnungsvolle ‚Epilog' „Der Junge" im 73. Kapitel, der mit dem Bild des Korns endet, das gesät und nach Joh. 12,24 gute neue Frucht für die Zukunft trägt. An ihm zeigt sich einmal mehr das Problem, das Fallada mit der Gestaltung seiner Schlüsse hatte, die nicht organisch aus der vorangehenden Darstellung hervorgehen (siehe die Beiträge 4.4 *Wolf unter Wölfen* und 1.2 *Falladas Poetologie* in Kap. II).

Zeitgenössische Rezeption

Die zeitgenössische Rezeption, die umfassend Müller-Waldeck (2012) referiert, war geprägt vom beginnenden Kalten Krieg (dagegen Häntzschel/Hummel/Zedler 2009, 77, die „[i]dentische Rezeptionsmechanismen in Ost und West" mit humanistischer und antitotalitärer Stossrichtung ausmachen, auch wenn das „keineswegs auf absolut identische Rezeptionsinhalte" hindeute): Das Feuilleton der Westzonen empfindet die „Schwarz-Weiß-Technik" einer „offenbar nach ideologischem Maß gearbeiteten Erzählliteratur" als „peinlich" (Baur 1948). Beklagt wird die „reißerisch aufgemachte Hinrichtungsszene", die „zur Groteske" werde (Montijo 1948). Kritisiert wird das Buch als „Kolportage", weshalb es nicht als Roman qualifiziert sei (Coper 1948). Bezeichnend ist Konrad Schneiders Titel *Fabulierter Widerstand*, weil er das Problem der Dokumentation des realen Falls in einer literarischen Fiktion berührt (Schneider 1948). Daran knüpfen auch Rezensionen um 2011 an, indem sie dem Roman vorwerfen, er lüge über die Wirklichkeit hinweg, weil er sich nicht an die Quellen halte – als wenn es Aufgabe von Literatur wäre, wahrheitsgetreu im Hinblick auf das tatsächlich Geschehene zu sein (Winkler 2011). Fallada ging es um „‚die innere Wahrheit'" der Darstellung, wie er im Vorwort ausführt (Fallada 2011, 5), und nicht um faktengetreue Dokumentation des Falls aus den Gestapo-Akten. Neben den kritischen Stimmen gibt es indes auch positive Urteile aus dem Westen, allerdings nur in wenig aussagekräftigen Kurznotizen (vgl. Müller-Waldeck 2012, 550).

In der SBZ/DDR setzt sich die Position von Georg Lukács durch. Falladas breite Produktion erfülle die Erwartungen seit der Weimarer Republik im Kampf gegen Hitler nicht; er habe oft schlechte Bücher geschrieben, die nicht allein durch Rücksichten auf die Zensur bedingt seien. Dennoch bestimmt der Nachruf von Becher den Rahmen, in dem Fallada gesehen wurde: Sein episches Talent biete Trost, es fehlten ihm im Dritten Reich aber die richtigen politischen Überzeugungen; der letzte Roman sei sein „Vermächtnis" gewesen (zu Lukács und Becher siehe den Beitrag 1. *Zeitgenössische Rezeption* in Kap. III). Ingesamt herrschen in der SBZ positive Bewertungen vor (vgl. Müller-Waldeck 2012, 550). Der SED-Kulturfunktionär Heinz Rein kritisiert jedoch, Fallada stürze den Mitläufer-Teil tiefer, als er es verdient, während die „nazistische Seite" unangemessen dargestellt sei (Rein 1950, zit. nach Müller-Waldeck 2012, 550). So dominieren im Westen „eher Monenda der politisch-ästhetischen Art", im Osten „handfeste politisch-doktrinäre Einwände, die fest auf ‚marxistisch-leninistischem' Boden siedeln" (ebd. 551). Von Walter A. Berendsohn (siehe den Beitrag 4.1 *Wir hatten mal ein Kind* in Kap. II) ist überliefert, Fallada habe sich „nach seiner Entgleisung im Dritten Reich" „rehabilitiert" und „zurückgefunden zur gesellschaftskritischen Darstellung des Massenschicksals der Gegenwart." (zit. nach ebd., 552) Die Bibliografie zeitgenössischer Rezensionen in vorliegendem Handbuch dokumentiert, dass es vor allem viele russische Besprechungen zum Roman gibt.

Forschung

Die Forschung erkennt in *Jeder stirbt für sich allein* „das erste in Deutschland nach dem Kriege entstandene Werk über den antifaschistischen Widerstand." (Zachau 1990, 183) Lange Zeit beschäftigt sie sich auch bei diesem Roman mit thematisch-biografischen Aspekten (Kuhnke 1991/1995/1999/2001), mit den Figuren (Heinrich 2006/2007; Arnöman 1998) oder Themen wie den Proletarisierungsprozessen und dem Politikverständnis Falladas (Brunner 1997), schließlich mit der Darstellung des Widerstands (Schuhmacher 2016). Die Aufmerksamkeit auf die literarischen Verfahren verstärkt sich erst seit Ächtler (2009) dann auch im Rahmen der internationalen Fallada-Renaissance, die nun selbst zum Gegenstand umfassender Rekonstruktionen wird (Frenzel 2016), obwohl der Roman, wie Müller-Waldeck betont, auch vorher „immer gelesen" wurde (Müller-Waldeck 2012, 541). Auf die Erzählverfahren rekurriert neben Ächtler (2013) auch Hoven (2011), während es Kieser-Reinke (1979) in ihrer Monografie bei einer stark inhaltlich orientierten Rekonstruktion der Figurendarstellung belässt, um daran Techniken der Leserlenkung auch in einer empirischen Studie zu deren Wirkungen auszuführen. Bei diesem Buch handelt es sich um die einzige monografische Darstellung zum Roman, die sich aber kaum den literarischen Verfahren widmet. Zachau (2011, 207) erkennt in *Jeder stirbt für sich allein* „Fallada's most film-oriented text in which he was able to expand his concept of showing fictional characters in spaces that provoke action" und spricht daher von „Fallada's kaleidoscopic narrative" (ebd., 208).

Darstellungsinteresse und Aufbau

Die genuin literarische Gestaltung gegenüber dem realen Fall in den Gestapo-Akten betont das Vorwort, das Fallada dem Roman voranstellt, datiert auf den 26. Oktober 1946: Die Darstellung entspreche den Realien nur „in großen Zügen – ein Roman hat eigene Gesetze und kann nicht in allem der Wirklichkeit folgen" (Fallada 2011, 5). Der Autor habe die Quangels so geschildert, „wie sie ihm vor Augen standen. Sie sind also zwei Gestalten der Fantasie, wie auch alle anderen Figuren dieses Romans frei erfunden sind." (ebd.) Legitimiert sieht sich der „Verfasser" zu dieser Anverwandlung, weil er „,die innere Wahrheit' des Erzählten" erfassen wollte, „wenn auch manche Einzelheit den tatsächlichen Verhältnissen nicht ganz entspricht." (ebd.) Er verteidigt damit, ein „so düsteres Gemälde" entworfen zu haben, „aber mehr Helligkeit hätte Lüge bedeutet." (ebd.)

Jeder stirbt für sich allein erzählt auf Basis der Gestapo-Akten, die Fallada übrigens bereits in seinem „sachlichen Bericht" (Fallada 2018b, 241) *Über den doch vorhandenen Widerstand der Deutschen gegen den Hitlerterror* durchaus fiktional ausgestaltete, die Geschichte von Anna und Otto Quangel. Nachdem ihnen mitgeteilt wird, dass ihr Sohn im Krieg gefallen sei, legen sie Postkarten in Wohnhäusern aus, mit denen sie das Regime kritisieren (vgl. die Abbildung einer solchen Karte der Hampels bei Giesecke 2011, 682). „Die meisten Menschen laufen dem Erfolg nach. Ein Mann wie Otto Quangel, der mitten im Erfolg aus der Reihe tritt, ist eine Ausnahme." (Fallada 2011, 134) Um das Ehepaar „gruppiert" Fallada in „bewährter Manier" „ein Ensemble geläufiger Rollen: den Gestapospitzel, den Staatsanwalt, den Verteidiger, den mitempfindenden Kammergerichtsrat, den Nazikommissar Escherich, den Blutrichter

F(r)eisler, den Gefängnispfarrer, das Nazi-Ehepaar Persicke, den halbkriminellen HJ-Burschen Kuno-Dieter, dem die neue Ordnung nach 1945 betont die Chance eines neuen, ‚richtigen' Gesellschaftssegments einräumt." (Müller-Waldeck 2012, 544f.) Der zentrale gemeinsame Aspekt in dieser ‚group novel' (zu deren Tradition vgl. Scherer 2012) ist die Angst: vor der Verfolgung und Denunziation und schließlich vor der Verhaftung, die vor den Volksgerichtshof bis zur Hinrichtung führt, die der letzte Teil des Romans eindringlich darstellt (zu diesem Leitmotiv vgl. Ächtler 2009/2013). *Jeder ein Denunziant* betitelt Hoven (2011) seinen Beitrag, der in einer Kapitelüberschrift das zentrale Darstellungsinteresse dieses „Soziogramm[s] eines Terrorstaates" aufgreift: „Heute kämpft jeder für sich allein – und gegen alle" (Hoven 2011, 70). In *Der Alpdruck* hatte Fallada im vierten Kapitel „Die Herren Nazis" geschrieben: „Deutsche gegen Deutsche, jeder für sich allein, immer weiter gegen die ganze Welt und alle ankämpfend" (Fallada 1979, 62; vgl. auch Ächtler 2013, 77).

Wie sonst bei Fallada ist es neben der Angst vor der Diktatur aber auch die Angst um die eigene Existenz und die Angst davor, von anderen über den Tisch gezogen zu werden, die das Verhalten der Figuren bestimmt. So geht es auch in *Jeder stirbt für sich allein* um zwischenmenschliche Verhältnisse, jetzt in der Diktatur, in der jeder jeden taxiert, bespitzelt und verdächtigt, eine bestimmte Haltung zum NS einzunehmen. Gleich zu Beginn werden vier Parteien in einem Mietshaus präsentiert, an denen das gegenseitige Misstrauen sofort spürbar wird: Die Familie Persicke besteht aus Mitgliedern der NSDAP, die durch Hitlers Machtübernahme Parteiämter erlangt haben. Otto Quangel vermeidet den Kontakt,

> denn alle, die so standen, mußten sich bei der Partei in Beliebtheit halten, und das konnten sie nur, wenn sie was für die Partei taten. Etwas tun, das hieß aber, andere angeben [...]. Man konnte nicht vorsichtig genug sein in diesen Zeiten, wo jeder der Spion des anderen war, die Gestapo ihre Hand über alle hielt, das KZ Sachsenhausen immer größer wurde und das Fallbeil in der Plötze alle Tage Arbeit hatte. (Fallada 2011, 17)

Baldur Persicke ist sich daher seinerseits über Otto Quangel sicher: „[D]er sieht und hört alles und wird auch seine Stelle haben, wo er's hinmeldet. Wenn der mal meldet, die Persickes [...] sind nicht zuverlässig, [...] dann sind wir geliefert." (ebd., 20) Im Souterrain wohnt der Spitzel Emil Barkhausen, der mit solchen Diensten und Erpressungen seine Existenz fristet: „Die meisten Menschen haben heute Angst, eigentlich alle, weil sie alle irgendwo irgendwas Verbotenes tun und immer fürchten, jemand weiß davon. Man muss sie nur im richtigen Augenblick überrumpeln, dann hat man sie, und sie zahlen." (ebd., 28) Bei Otto Quangel hat Barkhausen allerdings das Gefühl: „[D]er lässt sich nicht bluffen" (ebd.), weshalb es ein anderes, „lohnenderes Geschäft" für ihn und seinen Kompagnon Enno Kluge gibt, nämlich die „olle Jüdin" Frau Rosenthal (ebd.), auch wenn er dann erwischt wird, als er mit Enno Kluge ihre Wohnung ausraubt. Die Persickes nutzen das und erbeuten das Geraubte, wobei sie wiederum von Quangel überrascht werden. Alle versuchen also, sich zu bereichern, ermöglicht durch das in staatlicher Kontrolle organisierte System der wechselseitigen Beobachtung und Überwachung. Davor ist selbst der Gestapo-Kommissar Escherich nicht gefeit. Bei seinen Ermittlungen über den Kartenschreiber Quangel bleibt er erfolglos, so dass er von seinem Dienstvorgesetzten, SS-Obergruppenführer Prall, fallen gelassen wird, der eben selbst Angst haben muss: „Ganz so sicher saßen auch diese Herren nicht im Sattel, nur schlecht verbargen sie unter ihrem Gebrüll die Angst, eines Tages gestürzt zu werden." (ebd., 428) Als der Kommissar nach einigen Tagen aus dem Bunker geholt wird, hat er „so gründlich Angst gelernt, daß er sie nicht wieder verlernen wird." (ebd., 470) Escherich löst zwar den Fall, bringt sich dann aber um, weil er Enno Kluge ermordet hatte, was wiederum als „,Selbstmord'" (ebd., 397) ausgegeben wird. In seiner Gewissensqual ist er zum Schluss „der einzige von Otto Quangel Bekehrte" (ebd., 506), vermerkt dazu ein ironischer Erzählerkommentar am Ende des dritten Teils.

Auch die Aktionen des Ehepaars Quangel erscheinen daher nicht allein in heroischem Licht. Das beginnt schon damit, dass der Tod des Sohns nur der Auslöser ihres Tuns ist, aber keine Erklärung dafür, warum sie das Regime plötzlich durchschauen; offenbar haben sie das auch vorher schon, ihrem Opportunismus aber die Oberhand gelassen. Erst als kinderloses Paar in der Großelterngeneration werden sie fähig, die Anpassung an die sozialen Tatsachen radikal zu verweigern, ja anonym an alle adressiert zum Aufstand gegen die Diktatur aufzurufen. Ihr Scheitern besteht dabei nicht nur darin, dass ihre Aktivitäten nach der Verhaftung vor dem Volksgerichtshof enden, der sie zum Tode verurteilt, ohne dass der Roman daraus eine positive Moral ableitet. Die Postkarten, die sie auslegen, verschärfen vielmehr sogar die prekäre Lage anderer Personen in ihrer Nähe: „,Was dieser Idiot sich wohl gedacht hat, als er dieses Dings schrieb und hier ins Treppenhaus legte! Andere Leute aufs Schafott bringen!'" erregt sich der Anwalt eines Betroffenen (ebd., 207). Eine andere Karte landet in einer Arztpraxis und bedroht dadurch den Inhaber und seine in der Dienstbotenkammer versteckt gehaltene jüdische Frau: „Aber vielleicht war es grade der Zweck dieser Karte, Angst und Schrecken zu erregen?" fürchtet der Arzt. „Vielleicht wurde diese Karte mit teuflischem Vorbedacht unter den Verdächtigen verteilt, um festzustellen, wie sich die verhielten?" (ebd., 237) Der grundsätzlich gewordene Argwohn vermutet also auch Testläufe der Nazis, so dass man die Postkarten gleich zu den Behörden bringt, um sich selbst nicht zu gefährden.

So erfährt man bei Fallada gerade von den prekären Seiten solcher Widerstandsaktionen. Damit wiederholt auch *Jeder stirbt für sich allein* Falladas Skepsis gegen alle revolutionären, ebenso elitären wie rücksichtslosen Aufbrüche seit dem Expressionismus. Zwar zeigt sein Roman, dass es Widerstand im Alltag bei ‚kleinen Leuten' gab – „Hauptsache: man widerstand" (ebd., 182; vgl. auch 501, wo Quangel betont, es immer getan haben zu müssen) –, die problematischen Folgen für andere ‚kleine Leute' in diesem Alltag werden aber eben nicht unterschlagen: „Der Mann hat die Karte nicht einmal zu Ende gelesen, er ist kaum über die erste Zeile hinausgekommen, da überwältigt ihn schon die Angst." (ebd., 475) Alle sind eine Gefahr für alle anderen. Widerstandsaktionen verpuffen, ja sie perfektionieren die staatliche Kontrolle, wenn jeder zum Spitzel des anderen wird (vgl. ebd., 165).

Wie schon die großen Panoramen seit *Bauern, Bonzen und Bomben* ist auch *Jeder stirbt für sich allein* kleinteilig in 73 Kapitel gegliedert, bei einer Gesamtanlage aus vier Teilen, deren Titel den Verlauf der Handlung mitteilen: „Erster Teil: Die Quangels", „Zweiter Teil: Die Gestapo", „Dritter Teil: Das Spiel steht gegen die Quangels", „Vierter Teil: Das Ende". Alle Kapitel tragen Überschriften, in denen Elemente der Handlung, verteilt auf unterschiedliche Figuren im Nebeneinander ihres Tuns angekündigt sind: „21. Kapitel: Ein halbes Jahr danach: Quangels"; „22. Kapitel: Ein halbes Jahr danach: Kommissar Escherich"; „23. Kapitel: Ein halbes Jahr danach:

Enno Kluge". Gelegentlich geschieht dies auch bereits in der Überschrift in Form einer kleinen Erzählung (mit Prädikat), die so ein Gespanntsein auf die Einlösung im Kapitel erweckt: „Die Post bringt schlimme Nachrichten" (1. Kapitel). Wie der im Präsens erzählte Romaneingang verstärkt dieses Tempus den Eindruck unmittelbarer Gegenwärtigkeit der erzählten Ereignisse, in die man sogleich involviert wird, auch wenn das Erzählen bereits im ersten Kapitel in das insgesamt vorherrschende Präteritum wechselt (vgl. Hoven 2011, 71 f.).

Bereits die Kapitelüberschriften signalisieren also das Nebeneinander in der Darstellung von Figurenperspektiven und erzeugen in ihrer gestaffelten Abfolge Spannung: weniger auf den Fortgang der Handlung als auf das Schicksal der Figuren, zumal man bereits durch das Vorwort weiß, dass sie nach dem Urteil des Volksgerichtshofs hingerichtet werden: „36. Kapitel: Die erste Warnung"; „38. Kapitel: Die zweite Warnung"; „39. Kapitel: Die dritte Warnung", bis im „49. Kapitel: Die Verhaftung Anna Quangels" mitgeteilt wird. Mit der kleinteiligen Gliederung knüpft Fallada an die Vorgängerromane (mit Ausnahme von *Wir hatten mal ein Kind*) an, auch wenn die gesamte Anlage nicht mehr ganz so szenisch-ausschnitthaft ausfällt wie in *Bauern, Bonzen und Bomben* oder noch einmal im Eingang von *Wolf unter Wölfen*, sondern eher an die Ausgestaltung in *Der eiserne Gustav* anschließt.

Die Handlung setzt nach dem Sieg Hitlers über Frankreich im Sommer 1940, also auf dem Höhepunkt der Macht des Dritten Reichs ein. Sie reicht von Dienstag, 25. Juni 1940, bis zum „Jahre des Unheils 1942" (ebd., 375), ganz zum Schluss dann, nach einer Ellipse, noch zu einem Tag im Frühsommer 1946 und damit an die Gegenwart der Niederschrift heran (ebd., 663). Zwar werden die Daten im Unterschied zu den Vorgängerromanen (wie *Der eiserne Gustav*) nicht genannt, sie sind aber genau zu ermitteln: „All die zuvor berichteten Ereignisse hatten sich an einem Dienstag zugetragen" (ebd., 87). Der *Völkische Beobachter*, den Eva Kluge an diesem Dienstag Persickes aushändigt (ebd., 9f.), berichtet von der Kapitulation Frankreichs (die am 22. Juni 1940 stattfindet). Vom Eingang der Nachricht vom Tode des Sohns „Ottochen" (ebd., 24) bis zur Ablage der ersten Karte durch Otto Quangel vergehen knapp zwei Wochen, die bis zum 19. Kapitel auf 198 Seiten erzählt werden. Die ersten neun Kapitel präsentieren am besagten Dienstag (25. Juni 1940) auf 87 Seiten verschiedene Perspektiven. Dem folgenden Mittwoch gelten die Kapitel 10 bis 12, erzählt auf 20 Seiten; die Kapitel 21 bis 23 handeln dann „Ein halbes Jahr danach", verteilt auf drei verschiedene Figuren. „Das Verhör" Enno Kluges durch Kommissar Escherich in Kapitel 24 nimmt 15 Seiten ein, die eintägige Hauptverhandlung in den Kapiteln 61 bis 66 wird auf 36 Seiten dargestellt, woraus erhellt, dass sich der Akzent zunehmend darauf verengt, bis zur detailliert erzählten Hinrichtung aus der Innenperspektive Otto Quangels.

Die erzählerische Ordnung folgt in der Regel der Chronologie bei nur wenigen Anachronien: Es gibt punktuelle Analepsen, so der Rückblick auf 1930 (ebd., 22), auf den Überfall Hitlers auf Russland am 22. Juni 1941 (ebd., 388) oder die Erinnerung Barkhausens an ein „beschissenes Jahr" (ebd., 442–445) oder die von Kuno-Dieter Barkhausen (ebd., 663f.). Bei den Prolepsen fällt Otto Quangels Vision (ebd., 37f.) und ein Erzählerkommentar in Klammern auf: „(Drei Jahre später sollte eine Sprengmine dieses Heim in Atome zerreiben, und der gepflegte alte Herr sollte im Keller sterben, langsam und qualvoll ...)." (ebd., 95)

Erzählverfahren

Wie in allen Romanen Falladas erfolgt auch hier das Erzählen nullfokalisiert mit einem extradiegetisch-heterodiegetischen Erzähler, der dominant Innenperspektiven bei nahezu allen Figuren verfolgt. Ironisch wirkende Stellungnahmen sind nur selten (z. B. ebd., 118). Wie virtuos Fallada dieses Erzählen, über das er seit den 1930er Jahren verfügt, jetzt handhabt, zeigt sich direkt im völlig unvermittelten Eingang, indem es die Briefträgerin Eva Kluge „langsam die Stufen im Treppenhaus Jablonskistraße 55" (ebd., 9) hochsteigen lässt. Diese Verlangsamung, so wird sogleich betont, ist nicht ihrer Müdigkeit geschuldet, „sondern weil einer jener Briefe in ihrer Tasche steckt, die abzugeben sie hasst" (ebd.): Einer weiteren Familie, eben den Quangels, wird in einem Feldpostbrief mitgeteilt werden, dass der Sohn gefallen ist. Bevor Eva Kluge an ihre Tür tritt, stellt sich in dieser erlebten Rede eine Spekulation über Anna Quangels Verhalten in diesem Mietshaus ein: „Die Frau lauert sicher schon auf sie, seit über zwei Wochen lauert sie der Bestellerin auf, ob denn kein Feldpostbrief für sie dabei sei." (ebd.) Sie hat offenbar, so der unausgesprochene Subtext, schon lange nichts mehr von ihrem Sohn im Krieg gehört, befürchtet daher das Schlimmste. Das weiß aber wiederum nur die Postbotin, die täglich das Mietshaus betritt. So schlägt der erste Absatz auch gleich das Hauptthema des Romans an: das Lauern in einem System der wechselseitigen Bespitzelung.

Neben dem „Feldpostbrief" muss Eva Kluge, die, „seit sie bei der Post arbeitet, auch Parteimitglied ist" (ebd.), an diesem Tag der Familie Persicke die neueste Ausgabe des *Völkischen Beobachters* überbringen – und sich gerade dabei einmal mehr selbst ermahnen, dass hier unbedingt mit „Heil Hitler" zu grüßen sei (ebd.). Es ist ihr offenbar nicht recht geläufig, anzeigend, dass sie aus Opportunismus Parteimitglied wurde. Überall muss sie „sich gut vorsehen, mit dem, was man sagt", so vergewissert sie sich sogleich im Inneren, auf keinen Fall aber darf sie sagen, „was sie wirklich denkt" (ebd.): dass „man Kinder nicht darum in die Welt gesetzt hat, dass sie totgeschossen werden" (ebd.). „Wat jibt's denn Neuet", meint der „Saufkopp" Persicke mit „Partei- und Hoheitsabzeichen" auf dem „Rockaufschlag" (ebd., 10), weshalb Eva Kluge sofort bemerkt, dass sie „ewig" „vergisst", es anzustecken (ebd.) – aber auch erst in jenem Augenblick, als sie es bei Persicke erblickt. In wenigen Strichen entwirft Fallada eine Momentaufnahme von den Bedenken einer Mitläuferin, die glaubt, nur mit der Parteizugehörigkeit ihre Anstellung nicht zu verlieren, was sich später ja auch bewahrheitet, als sie ihren Parteiaustritt erklären will und suspendiert wird (vgl. ebd., 109).

Der *Völkische Beobachter* berichtet an diesem ersten dargestellten Tag: „Frankreich kapituliert" (ebd., 10). Indem Eva Kluge die Zeitung direkt an die Haustür bringt, versteckt sich allein in der Gestaltung dieser Szene ein bestimmter Spott über die neue Nachricht zur Kriegslage selbst: Auch sie ist Kolportage. Mitgeteilt wird damit zugleich, dass die Handlung des Romans auf dem Höhepunkt der Macht Hitlers beginnt, so dass es von da an mit dem Regime, wie der Leser des Jahres 1947 weiß, bergab geht. Und genau an diesem Tag beginnt auch der „Lebenslauf nach abfallender Linie" (Schönert 2011) für eine weitere Partei in diesem Mietshaus: für die Quangels, die auf die Mitteilung vom gefallenen Sohn hin sofort in einen Ehestreit über ihre angebliche (Nicht-)Nazi-Anhängerschaft verfallen: „‚Ich und mein Führer?', murmelt er, ganz überwältigt von diesem Angriff [seiner Frau]. ‚Wieso denn plötzlich *mein* Führer? Ich bin doch gar nicht in der Partei, bloß in der Arbeitsfront, und da müssen alle rein. Und gewählt haben wir ihn immer alle beide, und einen Posten in der Frauenschaft hast du auch.'" (Fallada 2011, 15) Ohne jede Distanz, angezeigt durch das Präsens der Erzählung, verstrickt Fallada in eine Alltagszene im Dritten Reich. Über die Figur der Postbotin kann er ein erstes Panorama an Figuren in der Vielfalt ihrer Weltauffassungen bzw. weltanschaulichen Positionen entfalten. Hinzu kommen in diesem Mietshaus noch die alte Jüdin „Lore, die jetzt Sara genannt wird" (ebd., 100), Rosenthal und ein alter Kammergerichtsrat, „der blutige[ ] Fromm" (ebd., 96), der ihr beisteht.

Geprägt ist der ganze Roman von einem Wechsel aus Präsens und Präteritum zwischen narrativem und dramatischem Modus, der insgesamt durch direkte Figurenrede wie durch personale Passagen überwiegt: so auch in den Verhören in den Kapiteln 24 (Enno Kluge), 50 (Otto Quangel), 52 (Anna Quangel) oder in der Hauptverhandlung in Kapitel 62. Immer wieder wechselt das Erzählen in die erlebte Rede (z. B. Anna Quangel ebd., 148) oder in den Inneren Monolog eben auch bei negativ besetzten Figuren wie Barkhausen (ebd., 27f.), Baldur Persicke (ebd., 82f.) oder Kommissar Escherich. Gerade bei dieser Figur gewinnt man zunehmend Verständnis für ihre Sorgen und Nöte, zuletzt für ihre Gewissensqual. Einmal mehr begegnet damit ein multiperspektivisches personales Erzählens (vgl. Frank/Scherer 2013, 88), das Falladas Romane seit *Wir hatten mal ein Kind* ausdifferenziert haben (siehe den Beitrag 1.2 *Falladas Poetologie* in Kap. II). Auffällig ist der feierliche Schluss durch einen ‚Wir'-Erzähler, der auch in *Wir hatten mal eine Kind* und *Wolf unter Wölfen* die Schlussgestaltung organisiert, hier im Ausblick auf das Weiterleben nach Krieg und Diktatur mit dem Bild vom gesäten Korn eine zukunftsfrohe Aussicht gegenüber dem absolut trostlosen Ende der Quangels bietet. Im Verhältnis zur monströs, aus der Innensicht Otto Quangels erzählten Hinrichtung wirkt er gewaltsam aufgesetzt, um den Roman nicht völlig hoffnungslos erscheinen zu lassen – geschuldet der Nachkriegssituation mit der Hoffnung, die Diktatur im Zeichen des Guten überwunden zu haben.

Auch in *Jeder stirbt für sich allein* spielt Fallada von Beginn an seine Fähigkeit aus, das Leben der ‚kleinen Leute' in allen Facetten, auch der gemeinen Normalität in den alltäglichen Verstrickungen und dem widersprüchlichen Handeln im Spitzelsystem des Nationalsozialismus zu ‚schildern'. Wie auch immer es sich um eine Auftragsarbeit für den Kommunisten Johannes R. Becher handelt: Die Autonomie des Texts ist davon aufgrund der multiperspektivischen Mitsichten auch hier wie bereits bei den Nazi-Auftragsarbeiten nicht berührt (siehe den Beitrag 4.8 *Der Kustisker-Roman* in Kap. II). Fallada betont selbst in dieser Zeit, keine Tendenzromane schreiben zu können (siehe den Beitrag 1.2 *Falladas Poetologie* in Kap. II), so dass *Jeder stirbt für sich allein* im Kern keinen Widerstandsroman im Sinne der Ost-Propaganda in der SBZ bietet (vgl. dagegen Schumacher 2016).

In seinem breiten Panorama von Lebensentwürfen im Alltag des Dritten Reichs knüpft er an die Erzählverfahren von *Wolf unter Wölfen* an. Wie in all seinen Romanen ist Falladas Erzählen auch hier ganz nahe an den Figuren, indem es unmerklich in ihre Gedanken und Gefühle schlüpft, so dass der Leser unvermittelt an ihren Beobachtungen, Wahrnehmungen, Gefühlen und Kalkülen teilhat, ohne dass ein Aspekt oder eine der Figurenperspektiven besonders ausgezeichnet würde – selbst wenn im Zentrum das Schicksal des Ehepaars Quangel bis zur brutalen Hinrichtung nach dem Urteil des Volksgerichtshofs steht. Man folgt dieser Darstellung atemlos, weil die gleitenden Übergänge zwischen den Sichtweisen von Figuren mit unterschiedlichen Weltanschauungen und Haltungen den Leser fast schon gewaltsam verstricken.

In *Jeder stirbt für sich allein* ist Fallada in dieser Textur der Verstrickung im Unscheinbaren ein Meister der beiläufigen Mitteilung. An kleinsten Gesten wird der Zwang zur permanenten Taxierung der Umwelt im Spitzelsystem des Nationalsozialismus plausibel. Umstandslos lassen sich daran die alltäglichen Probleme um Ehe und Familie anschließen. Die rührende Melodramatik der Gestaltung ist im Vergleich zu *Kleiner Mann – was nun?* jedoch erkennbar zurückgenommen. Immer wenn Falladas Texte eine Vielzahl von Figuren vorführen, von *Bauern, Bonzen und Bomben* (1931) bis zu *Jeder stirbt für sich allein* (1947), dann veranschaulichen sie damit ein breites Spektrum von verschieden kombinierten Verhaltensoption, die nur graduell voneinander unterschieden sind, eine Schwarz-Weiß-Zeichnung aber nicht zulassen. In der multiplen internen Fokalisierung werden nicht nur die Protagonisten, sondern auch Nebenfiguren, ja erklärte Antagonisten in der Mitsicht empathisch und damit partiell sympathisch dargestellt. Passagen szenischer Darstellung, in denen sich die Figuren ohne Erzählereingriff ausschließlich selbst präsentieren, tragen ebenso zum Eindruck moralischer Indifferenz bei wie die erlebte Rede, in der die Unterscheidung zwischen Erzählstimme und Figurenrede oft unmöglich ist.

In gleitenden Übergängen zwischen den Perspektiven entsteht ein Panorama aus Figuren verschiedener Schichten, Wertehaltungen und Weltanschauungen, bei dem somit auch die Nazis (mit Ausnahmen aber wie z. B. Feisler) nicht moralisch abqualifiziert werden. Vom unmerklichen Hinein in ihre Beobachtungen und Überlegungen zum ebenso unmerklichen Heraus und Hinein in eine andere Figur erzählt der Roman von Menschen ‚wie du und ich': mit ihren Sorgen und Nöten, ihren Kalkülen, Interessen, Fiesheiten und schönen Seiten, so dass sie sich von den auf den ersten Blick moralisch höher gestellten Figuren wenig unterscheiden. Auch in *Jeder stirbt für sich allein* spielt Fallada seine Könnerschaft in der Vermittlung seiner Figuren über mehrere hundert Seiten ohne Anschlussfehler in der Gestaltung aus, denn auch hier kennt der ‚Menschensammler' seine Figuren in allen Fasern ihres Wesens. Das ist der Grund für das Bezwingende seines Panoramas über Lebensverhältnisse in der Endphase des Dritten Reichs.

Sein handwerkliches Können zeigt sich darüber hinaus darin, dass sich die gleitenden Übergänge zwischen den Figuren und ihren Perspektiven ganz unmerklich vollziehen. In *Jeder stirbt für sich allein* ist das so virtuos gehandhabt wie in keinem seiner Romane vorher. Im Unterschied zu *Wir hatten mal ein Kind* und *Wolf unter Wölfen* geschieht dies aber nicht mehr mit den dort noch bemerkbaren intertextuellen Ambitionen (siehe zu deren spezifischer Logik in diesen beiden Romanen den Beitrag 1.2 *Falladas Poetologie* in Kap. II). Die Kombination der literarischen Verfahren, die noch einmal in *Wolf unter Wölfen* exzellierte, interessiert Fallada in *Jeder stirbt für sich allein* offenkundig nicht mehr. Im Vergleich zu den literarisch ambitioniertesten Romanen, die er geschrieben hat, fällt *Jeder stirbt für sich allein* dahingehend homogen aus. Das Hinein und Heraus in einer Figurendarstellung, in der sich Figurenwahrnehmungen im gegenseitigen Taxieren wechselseitig bespiegeln können, ist indes noch feinnerviger gehandhabt, weil funktional verschränkt mit dem zentralen Thema des Romans: dem Panorama an Verhaltensweisen im Alltag, der im Unterschied zu den früheren Texten jetzt nochmals zugespitzt eine Diktatur ist, die gerade Weltkrieg führt. Darin besteht Falladas Radikalität, dass er auch in diesem Roman den Alltag sogar im und gegen den Ausnahmezustand behauptet. So geht auch diese im Vergleich zu *Wir hatten mal ein Kind* und *Wolf unter Wölfen* zurückgefahrene Variabilität der Verfahren auf die Logik des Stoffs zurück. Zugleich ist diese Zurücknahme aber auch nicht mehr Zensurbedingungen geschuldet wie noch in *Der eiserne Gustav* oder in *Ein Mann will hinauf*. Ob das auch in *Jeder stirbt für sich allein* etwas mit einer Orientierung an einer geplanten Verfilmung zu tun hat, von der Fallada in *Meine lieben Freunde spricht* (vgl. Fallada 2018b, 246), muss allerdings Spekulation bleiben. Verfahrenstechnische Nähen zu diesen beiden letzten großen Romanen, die er während des Nationalsozialismus geschrieben und publiziert hat, sind indes nicht zu verkennen.

Nachkriegsmodernität

Seit den 1930er Jahren verfügt Fallada über moderne Darstellungstechniken, die sich zum einen aus der je eigens perspektivierten Doppelung von nullfokalisiertem und personalem Erzählen von Mitsichten ergeben, die zum anderen in dieser Form ein Nebeneinander verschiedener Perspektiven durch moderne Montagetechniken präsentieren können. In den zeitgenössischen Trümmertexten Bölls oder in der sog. Kahlschlagliteratur begegnet dergleichen vor der Währungsreform nicht (vgl. Scherer 2010). Erst Wolfgang Koeppen wird in seiner Nachkriegstrilogie an den personalen Multiperspektivismus der literarischen Moderne, der auch bei ihm auf Faulkner und Dos Passos zurückgeht, wieder anknüpfen: zuerst im zersplitterten Panorama von *Tauben im Gras* von 1951 (vgl. Frank/Scherer 2016). Bei Fallada hingegen war diese Kontinuität nie unterbrochen. Genau das ermöglicht ihm, früher als andere Autoren, etwa der dafür dann gerühmte Koeppen, unmittelbar nach dem Krieg die literarische Moderne – bis 1937 schreibt er ohnedies auf Augenhöhe mit Céline und Faulkner – ohne Unterbrechung fortzusetzen.

Bei Fallada gibt es 1946 keine Rückbesinnung auf das Abendland wie bei Thomas Mann, Hesse und anderen Höhenkammautoren, die damit der Barbarei des Zivilisationsbruchs im Dritten Reich begegnen wollten. Und bis auf den aufgeklebt wirkenden Schluss gibt es damit auch kein ‚Transzendieren‘, in dem die einschlägige Literaturgeschichte von Barner die Signatur der späten 1940er Jahre im Zusammenspiel mit dem ‚Beschreiben‘ erkennt (vgl. Barner 1994, 35f.; Frank/Scherer 2016, 89f.).

Das in der Literaturgeschichte vorherrschende Bild dieser Zeit ist das von der Trümmerliteratur, die Böll 1952 und damit einigermaßen verspätet ausruft, wo es gerade in diesem Jahr erste Anschlüsse an die literarische Moderne zu bemerken gab: an Kafka und den daraus entwickelten personalen Perspektivismus bei Martin Walser (Scherer 2008), an das experimentelle Erzählen in Ilse Aichingers *Spiegelgeschichte* (1952) oder an den Surrealismus in der Kontinuität von Max Ernsts Collagenromanen um 1930 und des Magischen Realismus in Peter Weiss' *Der Schatten des Körpers des Kutschers* (1952/Erstdruck 1960). Stellt die Literaturgeschichte daher in dieser Zeit um 1952 einen ersten Einschnitt in der Nachkriegsliteratur fest, verkennt sie damit, dass es diese moderierte Modernität der literarischen Verfahren bereits 1947 eben bei Fallada gibt: weil er sie zeit seines Lebens nie preisgegeben hat. Während Keun der Anschluss an die Nachkriegsliteratur im Westen nicht mehr gelingt, weil ihre Texte anders als diejenigen Falladas funktionieren (vgl. Scherer 2009), wäre Fallada, wenn er hätte weiterschreiben können, gewiss zum Verfasser des ersten Gesellschaftsromans im Wirtschaftswunderland BRD geworden: vor Walsers *Ehen in Philippsburg* von 1957 (dazu Scherer 1998). Er hätte diesen Roman auf jeden Fall schreiben können, was die elaborierten Techniken angeht, die er in *Jeder stirbt für sich allein* in handwerklicher Könnerschaft perfektionierte. Und er hätte, wenn ihm ein längeres Leben vergönnt gewesen wäre, womöglich tatsächlich zu Lebzeiten noch einmal „Welterfolg" (Fallada 1979, 84) erlangt oder gar den Literaturnobelpreis erhalten, den ihm Hühnerfeld 1954 zuerkennen würde – und so bereits vor Grass 1959 den Anschluss der deutschen Literatur an die Weltliteratur herbeigeführt.

Literatur

Ächtler 2009: Ächtler, Norman: „Ein Geschlecht voller Angst" – Die Vorgangsfigur vom „Kleinen Mann im Kampf aller gegen alle" in Hans Falladas sozialkritischem Werk. In: Hans Fallada und die literarische Moderne, hg. von Carsten Gansel und Werner Liersch, Göttingen 2009, S. 129–151.

Ächtler 2013: Ächtler, Norman: „Ein gemäßigter Pessimist". Falladas gesellschaftskritische Texte der 1940er Jahre. In: Hans Fallada, hg. von Gustav Frank und Stefan Scherer, München 2013 (Text + Kritik 200), S. 72–82.

Arnöman 1998: Arnöman, Nils: „Ach Kinder …". Zur Rolle des Kindes und der Familie im Werk Hans Falladas, phil. Diss. Stockholm 1998.

Barner 1994: Barner, Wilfried (Hg.): Geschichte der deutschen Literatur von 1945 bis zur Gegenwart, München 1994.

Baur 1948: Baur, Joseph: Fallada, Hans: *Jeder stirbt für sich allein*. In: Welt und Wort. Literarische Monatsschrift 3 (1948), H. 5, S. 155.

Brunner 1997: Brunner, Maria E.: Proletarisierungsprozesse und Politikverständnis in Hans Falladas Werk, Neuried 1997.

Coper 1948: Coper, Helmut: *Jeder stirbt für sich* allein. In: Colloquium. Eine deutsche Studentenzeitschrift 2 (1948), H. 4, S. 29.

Dachs 2011: Dachs, Gisela: Berlin, Berlin! Israel ist fasziniert von Hans Fallada. In: Die Zeit. Wochenzeitung für Politik, Wirtschaft, Wissen und Kultur (2011), Nr. 14, 31.3.2011, S. 11.

Fallada 1934: Fallada, Hans: Wir hatten mal ein Kind. Eine Geschichte und Geschichten, Berlin 1934.

Fallada 1945: Fallada, Hans: Über den doch vorhandenen Widerstand der Deutschen gegen den Hitlerterror. In: Aufbau. Kulturpolitische Monatsschrift 1 (1945), H. 3, S. 211–218.

Fallada 1979: Fallada, Hans: Der Alpdruck. Roman, Reinbek bei Hamburg 1979.

Fallada 1985: Fallada, Hans: Der Trauring. In: Ders.: Ausgewählte Werke in Einzelausgaben, Bd. 9: Märchen und Geschichten, hg. von Günter Caspar, Berlin (Ost)/Weimar 1985, S. 7–21.

Fallada 2008: Fallada, Hans: Ewig auf der Rutschbahn. Briefwechsel mit dem Rowohlt Verlag, hg. von Michael Töteberg und Sabine Buck, Reinbek bei Hamburg 2008.

Fallada 2011: Fallada, Hans: Jeder stirbt für sich allein. Roman [1946, Originalfassung], ungekürzte Neuausgabe, hg. mit einem Nachwort von Almut Giesecke, Berlin 2011.

Fallada 2018a: Fallada, Hans: Ein Roman wird begonnen. Zwiegespräch zwischen dem Verfasser und seiner Frau. In: Junge Liebe zwischen Trümmern. Erzählungen, hg. und mit einem Nachwort von Peter Walther, Berlin 2018, S. 190–203.

Fallada 2018b: Fallada, Hans: Mein lieben jungen Freunde. In: Junge Liebe zwischen Trümmern. Erzählungen, hg. und mit einem Nachwort von Peter Walther, Berlin 2018, S. 204–249.

Frank/Scherer 2013: Frank, Gustav/Scherer, Stefan: Mikrodramatik der unscheinbaren Dinge. Falladas soziologischer Blick als Bedingung für Weltbestseller. In: Hans Fallada, hg. von G. F. und St. Sch., München 2013 (Text + Kritik 200), S. 83–93.

Frank/Scherer 2016: Frank, Gustav/Scherer, Stefan: Textur der Synthetischen Moderne (1925–1955). (Döblin, Lampe, Fallada, Langgässer, Koeppen). In: Deutsche Literatur 1930–1960. Zur (Dis-)Kontinuität literarischer Verfahren, hg. von Moritz Baßler, Hubert Roland und Jörg Schuster, Berlin/Boston 2016, S. 77–104.

Frenzel 2016: Frenzel, Marlene: *Jeder stirbt für sich allein* in Zahlen. Eine ökonomische Sicht auf die Entstehungs- und Erfolgsgeschichte von Falladas letztem Roman. In: Hans-Fallada-Jahrbuch (2016), Nr. 7: Hans Fallada und die Literatur(en) zur Finanzwelt, S. 438–453.

Giesecke 2011: Giesecke, Almut: Anhang. In: Hans Fallada: Jeder stirbt für sich allein. Roman, ungekürzte Neuausgabe, hg. von A. G., mit 12 Abbildungen, Berlin 2011, S. 669–701.

Häntzschel/Hummel/Zedler 2009: Häntzschel, Günter/Hummel, Adrian /Zedler, Jörg: Die fiktionale Buchkultur der 1950er Jahre – der Produktionsaspekt. In: Dies.: Deutschsprachige Buchkultur der 1950er Jahre. Fiktionale Literatur in Quellen, Analysen und Interpretationen. Mit einer Quellendatenbank auf CD-Rom, Wiesbaden 2009, S. 39–108.

Heinrich 2006: Heinrich, Bernhard: Frauen im Widerstand: Hans Falladas Roman *Jeder stirbt für sich allein* und Günter Weisenborns Drama *Die Illegalen*. In: Hans-Fallada-Jahrbuch (2006), Nr. 5, S. 123–132.

Heinrich 2007: Heinrich, Bernhard: Du bist doch bei mir, aber wir sterben allein. Studien zu Hans Falladas Frauenbild, Neubrandenburg 2007.

Hoven 2011: Hoven, Heribert: Jedermann ein Denunziant. Anmerkungen zur vergangenen und gegenwärtigen Aktualität von Hans Falladas Roman *Jeder stirbt für sich allein*. In: Hans Fallada. Autor und Werk im Literatursystem der Moderne, hg. von Patricia Fritsch-Lange und Lutz Hagestedt, Berlin/Boston 2011, S. 69–81.

Kieser-Reinke 1979: Kieser-Reinke, Angelika: Techniken der Leserlenkung bei Hans Fallada. Ein Beitrag zur Rezeptionsforschung mit einer empirischen Untersuchung des Romans *Jeder stirbt für sich allein* (1946), Bern/Frankfurt a. M./Las Vegas 1979.

Hühnerfeld 1954: Hühnerfeld, Paul: Ballade von einem Mann, der hinauf will. Gedanken anläßlich eines ‚neuen' Fallada-Romans. In: Die Zeit. Wochenzeitung für Politik, Wirtschaft, Handel und Kultur 9 (1954), Nr. 8, 25.2.1954, S. 6.

Klausnitzer 1988: Klausnitzer, Hans Peter: Berliner Konferenz „Johannes R. Becher und der Kulturbund – 1949 bis 1954". In: Weimarer Beiträge 34 (1988), S. 1728–1734.

Kuhnke 1991: Kuhnke, Manfred: ... daß ihr Tod nicht umsonst war! Authentisches und Erfundenes in Hans Falladas letztem Roman, hg. vom Literaturzentrum Neubrandenburg, Neubrandenburg 1991.

Kuhnke 1995: Kuhnke, Manfred: „... daß ihr Tod nicht umsonst war!". Beziehungen zwischen Realität und künstlerischer Fiktion, dargestellt am Entstehungsprozeß von Falladas letztem Roman *Jeder stirbt für sich allein*. In: Hans Fallada. Beiträge zu Leben und Werk. Materialien der 1. Internationalen Hans-Fallada-Konferenz in Greifswald vom 10.6 bis 13.6.1993, hg. von Gunnar Müller-Waldeck und Roland Ulrich, Rostock 1995, S. 285–297.

Kuhnke 1999: Kuhnke, Manfred: *Jeder stirbt für sich allein*. Unruhe um Falladas letzten Roman. In: Ders.: Verstrickt in die Zeiten. Anmerkungen zu den verwobenen Lebenslinien von Johannes R. Becher und Hans Fallada, Neubrandenburg 1999, S. 117–127.

Kuhnke 2001: Kuhnke, Manfred: Falladas letzter Roman. Die wahre Geschichte, Friedland 2001.

Montijo 1948: Montijo, E.: Realismus im Roman. In: Der Tagesspiegel 4 (1948), Nr. 123, 30.5.1948, [S. 8].

Müller-Waldeck 2012: Müller-Waldeck, Gunnar: Nach wie vor: Hans Fallada. Beobachtungen um *Jeder stirbt für sich allein*. In: Weimarer Beiträge. Zeitschrift für Literaturwissenschaft, Ästhetik und Kulturwissenschaften 58 (2012), H. 4, S. 540–557.

Plow 2012: Plow, Geoffrey: Acts of Faith, Faith in Action: What *Alone in Berlin* and the 2011 ‚Ungekürzte Neuausgabe' of *Jeder stirbt für sich allein* tell us about Hans Fallada"s View of Anti-Nazi Resistance. In: German Life and Letters 65 (2012), S. 263–280.

Rein 1950: Rein, Heinz: Die neue Literatur. Versuch eines ersten Querschnitts, Berlin (Ost) 1950, S. 217–226.

Scherer 1998: Scherer, Stefan: Literarische Modernisierung in der Restauration. Martin Walsers *Ehen in Philippsburg.* In: Zwischen Kontinuität und Rekonstruktion. Kulturtransfer zwischen Deutschland und Italien nach 1945, hg. von Hansgeorg Schmidt-Bergmann, Tübingen 1998, S. 115–134.

Scherer 2008: Scherer, Stefan: Durchsetzung einer Form. Wie Martin Walser den Literaturbetrieb erobert. In: Martin Walser. Lebens- und Romanwelten, hg. von Jan Badewien und Hansgeorg Schmidt-Bergmann, Karlsruhe 2008, S. 37–67.

Scherer 2009: Scherer, Stefan: ‚Vor' und ‚nach der Währungsreform': *Ferdinand, der Mann mit dem freundlichen Herzen* (1950). In: Irmgard Keun, hg. von St. Sch., München 2009 (Text+Kritik 183), S. 65–76.

Scherer 2010: Scherer, Stefan: Die Währungsreform der Literatur – Literatur der Währungsreform. Irmgard Keun, Heinrich Böll, Wolfgang Koeppen, Gert Ledig. In: „Wacht auf, denn eure Träume sind schlecht!". Literatur in den Anfangsjahren der Bundesrepublik Deutschland, hg. von Jan Badewien und Hansgeorg Schmidt-Bergmann, Karlsruhe 2010, S. 50–82.

Scherer 2012: Scherer, Stefan: Globalisierung in der Zwischenkriegszeit. China im Weltstadtroman des Exils: Vicki Baums *Hotel Shanghai* (1939). In: China in der deutschen Literatur 1827–1985, hg. von Uwe Japp und Aihong Jiang, Frankfurt a. M. 2012, S. 125–141.

Schneider 1948: Schneider, Konrad: Fabulierter Widerstand. In: Der Kurier. Die Berliner Abendzeitung 4 (1948), Nr. 74, 31.3.1948, S. 3.

Schönert 2011: Schönert, Jörg: Krisen, Kriminalität und Katastrophen. Falladas Lebensläufe nach abfallender Linie. In: Hans Fallada. Autor und Werk im Literatursystem der Moderne, hg. von Patricia Fritsch-Lange und Lutz Hagestedt, Berlin/Boston 2011, S. 153–167.

Schuhmacher 2016: Schumacher, Miriam: „Denn was man gesät hat, soll man auch ernten". Ausblicke (ausgehend von Hans Falladas *Jeder stirbt für sich allein*). In: Erzählen vom Widerstand als Erzählen von Gemeinschaft. Literarische Repräsentationen des Widerstands gegen den Nationalsozialismus in (West-)Deutschland (1945–1989), Göttingen 2016, S. 331–350.

Walther 2018: Walther, Peter: Im Spiegelkabinett von Literatur und Leben. Falladas unbekannte Erzählungen und Selbstauskünfte. In: Hans Fallada: Junge Liebe zwischen Trümmern. Erzählungen, hg. und mit einem Nachwort von P. W., Berlin 2018, S. 253–294.

Winkler 2011: Winkler, Willi: Der gute Deutsche. Mehr als sechzig Jahre nach der Erstausgabe wird ein Roman von Hans Fallada zum weltweiten Bestseller. Es ist die Geschichte eines Berliner Ehepaars, das Widerstand leistete. Wäre sie doch nur ganz wahr. In: Süddeutsche Zeitung. Münchner Neueste Nachrichten aus Politik, Kultur, Wirtschaft und Sport 67 (2011), Nr. 164, 19.7.2011, S. 3.

Zachau 1990: Zachau, Reinhard K.: Hans Fallada als politischer Schriftsteller, New York/Bern/Frankfurt a. M./Paris 1990.

Zachau 2011: Zachau, Reinhard K.: Fallada's Modernist Characters in his Berlin Novels *Little Man, What Now?*, *Wolf Among Wolves* and *Every Man Dies Alone*. In: Hans Fallada. Autor und Werk im Literatursystem der Moderne, hg. von Patricia Fritsch-Lange und Lutz Hagestedt, Berlin/Boston 2011, S. 201–211.

III. Wirkung

1. Zeitgenössische Rezeption
Hans-Edwin Friedrich

Vor der Machtergreifung

Falladas erste Bücher *Der junge Goedeschal* und *Anton und Gerda* blieben so gründlich ohne Resonanz, dass *Bauern, Bonzen und Bomben* als vielversprechender Debütroman begrüßt werden konnte. Er galt als Beispiel der aktuell die Literatur dominierenden „Sachlichkeit" (Kenter 1930, 585). In späteren Rezensionen wurde die Übernahme von Mitteln des Tonfilms (Schnitt- und Dialogtechnik) als Ausweis für Falladas Modernität gewertet (Kenter 1933).

Zwei Phänomene werden an *Bauern, Bonzen und Bomben* herausgestellt, die zu Topoi der Fallada-Rezeption werden sollten: seine Schreibweise und der politische Standpunkt des Buches und damit auch seines Autors. Fallada schreibe lebenswahr, lebendig, ‚echt'; das Buch sei Erlebnis, nicht Literatur, sondern Wirklichkeit (Melnik 1931, 225 ff.). „Unter den jüngeren Schriftstellern, die das heutige deutsche Leben nicht irgendwie umdeutend und idealisierend, sondern realistisch schildern, steht Hans Fallada ganz obenan." (Hesse 1932, 534) Schon früh wird Fallada als Nachfolger Balzacs gefeiert (Wyß 1933). Negativ formuliert: „[D]er brave, gute, alte Naturalismus, das Dichterische ist schwach, aber der Verfasser prätendiert auch gar nicht, ein großes Dichtwerk gegeben zu haben" (Wrobel 1931, 497). Strittig war unter den Rezensenten, ob man Fallada als Schriftsteller (Wrobel 1931) bzw. Literaten ab- oder als Dichter (Weiß 1931; Melnik 1931) aufwerten solle. Tucholsky monierte, zur Dichtung fehle das Modellhafte.

Bauern, Bonzen und Bomben behandelte ein brisantes tagesaktuelles Thema, daher wurde der politischen Aussage große Aufmerksamkeit gewidmet. Einerseits sprach man dem Roman eine hohe zeitdiagnostische Kompetenz zu. Tucholsky lobte ihn als beste Kleinstadtschilderung der letzten Jahre: „Ich empfehle diesen Roman jedem, der über Deutschland Bescheid wissen will. [...] Hier ist Deutschland – hier ist es." (Wrobel 1931, 500) Er warnte den Autor jedoch angesichts des aufgeheizten politischen Klimas: „Wenn sie dich kriegen, Hans Fallada, wenn sie dich kriegen: sieh dich vor, daß du nicht hangest!" (ebd., 501). Zuckmayer sah Falladas Werk von „der Wärme der wahren, der unverlogenen, der einzig schöpferischen Liebe zum irdischen Wesen" (Zuckmayer 1932) geprägt. Dieser überparteiliche Standpunkt der Humanität war den Parteikritikern ein Dorn im Auge. Zu Recht vermutete Hesse, dass sie Fallada aus ihrer politischen Perspektive beurteilen und ablehnen würden (Hesse 1932). Fallada galt als pessimistischer Dichter (Melnik 1931; Weiß 1931).

Die politisch linksstehenden Rezensenten behaupteten, Fallada stehe „den nationalsozialistischen Kreisen nah" (Neukrantz 1931), er schreibe vom faschistischen Flügel des Landvolkes aus (Fischer 1931; Wittvogel 1932). K. A. Wittvogel formulierte die für die marxistische Fallada-Rezeption insgesamt geltende Einschätzung: Der künstlerische Wert hängt vom politischen Standpunkt ab, d. h. vom Einblick in den Klassencharakter der Bauern und Bürger. Fallada sei als Erzähler und Menschendarsteller überdurchschnittlich begabt, aber er gestalte nicht aus der wirklichen Fülle des Lebens. Trotz seinem ehrlichen Willen zur Objektivität sei daher das Wesentliche verzeichnet (Neukrantz 1931). Er habe nur einen „billigen Scheinrealismus" (Wittvogel 1932, 31) geliefert bzw. liefern können. Brentano lobte Fallada als außergewöhnlich guten Erzähler, dessen Roman angenehm und nützlich zu lesen sei. Allerdings habe er keine Ahnung von der Klassengesellschaft (Brentano 1933). Das Urteil über Falladas Bücher blieb vom politischen Standpunkt abhängig. Ins Ästhetische gewendet lautete es, ihnen fehle die integrierende, wahre Perspektive, so dass sie in Detailschilderungen und Episoden zerfallen. Auch die positiven marxistischen Stimmen zu Fallada teilen diesen grundlegenden Befund, der sich schließlich zum Klischee von Falladas Grenzen als Dichter verfestigt.

Der Roman *Kleiner Mann – was nun?* war ein Welterfolg. Er wurde ins Englische übersetzt in hoher Auflage gestartet (Wyß 1933; [Anzeige] 1935). Mit diesem Roman etablierte sich Fallada als Dichter des Kleinbürgertums, der den ‚kleinen Mann', den Angestellten, lebenswahr darzustellen vermochte. Das galt als unästhetisches Thema, das Fallada in die Literatur einführte (Heilborn 1932/33; Schirokauer 1932).

Niederschrift und Veröffentlichung von *Wer einmal aus dem Blechnapf frißt* fielen in den Wechsel von der Weimarer Republik zum Dritten Reich. Im vieldiskutierten Vorwort wurde die politische Unsicherheit greifbar (siehe die Beiträge 1.3 *Vorwort-Politik* in Kap. II; 1.4 *Anpassungsstrategien und indirekter Widerstand im Dritten Reich* in Kap. I; 2.7 *Zwischen Innerer Emigration und NS-Literatur: Falladas Poetik im literarischen Kontext des Dritten Reichs* in Kap. 1). Falladas Haltung zum neuen Staat stand im Vordergrund des Interesses. Noch ganz im Horizont der bisherigen Rezeption feierte Hesse Fallada als einen der wenigen Autoren mit sozialer Funktion, als einen von Liebe zum Menschen und zur Wahrheit erfüllten sachlichen Schilderer des Alltags (Hesse 1934). Ein humanes Buch wie dieses sei unter den neuen Machthabern nur mehr möglich, wenn man einen Kotau vor ihnen mache (Mann 1934). Die Stimmen aus dem Exil werteten das Vorwort in diesem Sinn. Kenter deutete den Roman als Darstellung des inneren Zustands des deutschen Menschen zwischen Weimar und Drittem Reich, der bereits als politische Lösung auf die „Scholle" hinsteuere (Kenter 1933, 471); Jacobs ordnete ihn einer vergangenen Epoche des „humanen Strafvollzugs" zu (Jacobs 1934). Einhellig wird festgehalten, der Roman sei noch ganz im Geiste der Weimarer Republik geschrieben. Albert Ehrenstein konstatierte aus dem Exil den Widerspruch zwischen der neutralen Darstellung und dem politischen Schutzmäntelchen des Vorworts als *captatio benevolentiae* dem Zensor gegenüber, denn der Roman sei eine lebenswahre Anklage gegen den Strafvollzug (Ehrenstein 1934).

Die nationalsozialistische Kritik lehnte Fallada durchwegs ab. Vesper fertigte den Roman in scharfen Invektiven als peinlich, schlecht, gewissenlos, roh, sentimental, aasig ab (Vesper 1934). Hellmuth Langenbucher ergriff die Gelegenheit, die lobenden Stimmen der Kritik als Symptom für das Weiterwirken der geistigen Obstruktion der Systemzeit zu entlarven. Aus nationalsozialistischer Sicht sei das Buch Makulatur; nicht Dichtung, sondern Artistik, ohne Idee. Aus der „Retorte Falladascher Schreibtechnik" kämen Sentimentalität und Schweinerei. Die Figuren seien keine Gestalten, ohne Zwang und Wesen, agierten als reine Spielsteine in einer vorgetäuschten Wirklichkeit (Langenbucher 1934).

Wir hatten mal ein Kind (1934)

Thomas Mann hatte vermerkt, dass Fallada als nächstes Buch einen Blut- und Bodenroman vorlegen wolle (Mann 1934). Mit *Wir hatten mal ein Kind* wollte Fallada neues literarisches Terrain erschließen. Der Roman wurde Anlass für eine grundsätzliche Abrechnung. Es war das letzte bis 1945 publizierte Buch, das breit diskutiert wurde. Spätere Publikationen wurden nur noch sporadisch gewürdigt: Der ‚Fall Fallada' schien geklärt. Sowohl die kommunistische Exilpresse wie die nationalsozialistische Kritik waren sich interessanterweise in ihrer radikalen Verurteilung einig. Fallada saß zwischen allen Stühlen. Sein Erfolg beim Publikum jedoch war ungebrochen (Rink 1938).

Nur wenige lobende Stimmen sind zu verzeichnen. Der Schweizer Hans Wyß sah in dem Buch Falladas reifste Schöpfung. Er habe zu seinen Wurzeln gefunden. Der Roman zeige eine Meisterschaft der Schicksalserfassung und gehöre zum Besten der deutschen Dichtung (Wyß 1934). So unumwunden konnte man im Reich nicht loben. Die reservierte Würdigung von Peter Suhrkamp liest sich wie ein Eiertanz. Er lobt Falladas erzählerische Virtuosität, versichert aber angesichts der zeittypischen Normen, dass dieser Autor selbst kein Virtuose sei. Der Roman stehe seinem Stoff nicht affirmierend gegenüber. Suhrkamp begründet das mit der episodischen Anlage, „jede Episode rundet sich zu einer […] Geschichte", allerdings werde „ein historischer Fluß […] fortwährend unterbrochen". Fallada habe sich von seinem Stoff distanziert, er „weiß genug von den natürlichen Gesetzen und Ordnungen des Lebens, […] aber der Erzähler Fallada […] meint offenbar, daß die Erde für die selbständigen Geister auf einem anderen Stern [und offenbar nicht im Reich, H.-E. F.] liegt: er hat in seinem Buch jedenfalls die Aussicht darauf verdunkelt." (Suhrkamp 1934, 752). Dieses Beispiel für Sklavensprache erklärt das Buch so zum dissidenten Roman, was angesichts der scharfen Ablehnung durch die nationalsozialistische Literaturkritik durchaus nicht unplausibel scheint.

Falladas bleibenden Erfolg nimmt Langenbucher ein weiteres Mal zum Anlass einer grundsätzlichen Auseinandersetzung. Die offenbar verbreitete Annahme, *Bauern, Bonzen und Bomben* sei aus völkischer Sicht geschrieben, weist er zurück: Fallada habe keine innere Haltung, sondern sei ein Konjunkturschriftsteller, der seine Überzeugungen je nach Erfolgsaussicht wechsele, kein Dichter, sondern ein Literat, „der lächelnd zusieht, wie sein Volk sich mit seinem Schicksal herumschlägt, und der aus diesem Kampf ein paar Pikanterien aufpickt." (Langenbucher 1934, 986) Sie negativ wertend bestätigt Langenbucher Suhrkamps Beobachtung, *Wir hatten mal ein Kind* sei eine Abfolge von Einfällen, die „im Wesentlichen auseinanderfällt": „Das Buch ist ohne Tiefe in der Deutung des Lebens und ohne Höhe in seiner Erfüllung; es ist ohne Glauben, ohne Hoffnung und ohne Zukunft; es ist nur Niedergang […] *Was soll dies Buch in unserer Zeit?*" (ebd., 992). Insbesondere die drastischen Inhalte werden als Ausweis des Kranken, des Schmutzes und der Lüge bewertet. Fallada habe sich „von eigener Hand" „abgesägt" (Bloem 1934), sei unfähig zu „klarer, gesunder Gestaltung", wie der Rezensent des *Völkischen Beobachters* klarstellt: „Der Unsere ist er nie gewesen!" (D., M. 1934).

Die gleichen Schwächen, natürlich anders bewertet, moniert die marxistische Kritik, die sich sehr intensiv mit dem Volksschriftsteller Fallada auseinandersetzt. Angesichts des neuen Romans wird die bisher gehegte Hoffnung begraben, der Autor werde mittels seiner Sujets zu den richtigen Einsichten geführt werden, und nunmehr eine teleologische Entwicklung zum Faschisten gesehen. Hans Koeser geht davon aus, dass sich Fallada mit seinem Protagonisten identifiziere. Der Roman biete „eine tolle Mischung von Abnormitäten und Scheußlichkeiten, von wiederbelebten Vorzeitsagen und Delirien, von Sodomie und Irrsinn, die das Gesetz, unter dem der Held handelt, glaubhaft machen soll." (Koeser 1934, 240) Ein solches Buch vermittelt „keine Einsicht in die Gesetze modernen Lebens" (ebd., 242). Es sei ein zustimmender Beitrag zum Faschismus von einem Schriftsteller, der sich noch nicht vollends von seinen demokratischen Wurzeln gelöst habe. „Hans Fallada war mit einem seiner Bücher auf dem Weg zur kämpferischen Wahrheit. Der Weg war lang, und der Mann ging ihn ziemlich einsam unter seinesgleichen. Er war stehen geblieben, und schließlich ist er umgekehrt." (ebd., 243) In diesem Rahmen bewegt sich die marxistische Rezeption des Romans mit wenigen Variationen: Fallada verschleiere den objektiven gesellschaftlichen Zusammenhang, präsentiere isolierte Figuren ohne Klassenzusammenhang. Aus seinem Buch spreche das Untergangsbewusstsein der bürgerlichen Klasse (Richter 1935, 105f.). Türk begreift die ‚Scheußlichkeiten' des Buches als Zeichen, dass Fallada „die Fäulnisgase einer verderbenden kapitalistischen Umwelt" (Türk 1935, 784) rieche, aber den Problemen der Zeit aus dem Wege gehen wolle. Richter und Türk registrieren die ablehnende Haltung der nationalsozialistischen Literaturkritik und weisen auf kritisches Potential hin, das einem „Assimilationstalent" (ebd., 785) wie Fallada unterlaufe. Winkler sieht Fallada am Scheideweg: Er habe in seinem Roman der Barbarei des Faschismus zum Durchbruch verholfen, dennoch aber die Forderungen der Faschisten nicht erfüllt, denn er male düster und roh, realistisch und daher nicht verlogen (vgl. Winkler 1935).

Den Abschluss der Diskussion markieren Beiträge von Dinamow und Lukács. Dinamow geht scharf mit Fallada ins Gericht. Der habe seine Vergangenheit vergessen, sei vom Faschismus in den Sumpf geführt worden. „Der Ekel packt einen, wenn man diese pathologischen Zeilen eines vom Faschismus vergifteten Künstlers liest." Die Angriffe des *Völkischen Beobachters* belegten aber, dass Fallada „unabsichtlich zuviel Wahrheiten gezeigt" habe (Dinamow 1935, 75). Lukács hingegen ordnet Fallada neben Salomon, Dwinger und Jünger einer entwurzelten Autorengruppe zwischen Kleinbürgertum und Arbeiterbewegung zu. Zwischen der weltanschaulichen Verworrenheit des Autors und seiner Qualität als Künstler bestehe ein Gegensatz, der die Tragödie des Schriftstellers ausmache. Auch wenn der Roman die Faschisierung Falladas belege, zeige er dennoch keine begeisterte Zustimmung, sondern trostlosen Fatalismus. Als Schriftstellertypus entspricht Fallada dem Modell Balzacs: Seine realistische Ästhetik führe notwendig und wider Willen zur Entlarvung der faschistischen Weltanschauung (Lukács 1936).

Die weiteren Bücher Falladas werden nur mehr sporadisch rezensiert; an der Einschätzung ändert sich nichts mehr. *Wolf unter Wölfen*, so Kersten, sei nur scheinbar eine Rückkehr zu seinem Ausgangspunkt, denn die Art der Darstellung sei eine Reverenz vor Hitler, der Realismus nur Tünche. Es gehe weiter abwärts mit ihm, auch wenn noch gelegentlich etwas von seinem Können und seinem Wirklichkeitssinn aufblitze (Kersten 1938). Auch *Der eiserne Gustav* kann nicht überzeugen, das Bekenntnis zum Nationalsozialismus am Schluss wird als aufgesetztes Lippenbekenntnis gewertet (Kriener 1939).

Da der Verkaufserfolg der Romane nicht abreißt, wiederholt spät noch einmal Eberhard Ter-Nedden das bekannte Verdikt über Fallada; er adelt ihn mit der Beobachtung, dass die Schilderung der ‚Systemzeit' im *Eisernen Gustav* die wahren Verursacher des Bösen – die Juden – mit Stillschweigen übergehe.

> Die Bücher sind also, ganz abgesehen davon, daß sie uns weithin in die Sphäre übelster und gemeinster Sexualität führen, im höchsten Grade gefährlich, weil sie zahllose Leser in einer Anschauung des Menschen und seiner Geschichte festhalten, die der Nationalsozialismus gerade in harten Kämpfen überwunden hat. (Ter-Nedden 1941, 331)

In den USA bleibt Fallada erfolgreich. Harry Slochower beurteilt ihn als „uncoordinated writer" (Slochower 1942/43; vgl. Berendsohn 1946, 39) einer verdeckten Schreibweise: In *Wolf unter Wölfen* gebe es keine Juden, der Putsch spiele auf den Hitler-Putsch von 1923 an. Fallada gestalte Antihelden, die dem Heldenideal des Nationalsozialismus widersprechen.

Die Nachkriegsrezeption

In der Bundesrepublik wurde Fallada nach wie vor gelesen, aber bis in die 1960er Jahre nur sporadisch gewürdigt. Sein Werk wurde der Kulturpolitik der DDR überlassen. Als Rückkehr zu alter Größe wurde *Der Trinker* gefeiert (Schumann 1952), der den Alkohol als Gleichnis für das Dämonische behandle (Borch 1951). Bächler deutete den Roman als autobiografische Abrechnung, als Höhepunkt eines qualitativ schwankenden Werks (Bächler 1951). Ernst Regler bewertete *Jeder stirbt für sich allein* als literarische Rehabilitierung dieses volkstümlichen Autors (Regler 1953). Paul Hühnerfeld setzte sich für Fallada ein, der von Literaten und Schriftstellern unterschätzt und als „eine Art Berliner Volksschriftsteller mit Herz und Schnauze" abgetan werde. Die Gründe dafür sah er in der Bindung seiner Fiktionen an die Weimarer Republik, deren Ablehnung durch die Deutschen auch seine Romane treffe. In der deutschen Literatur sei er ein Solitär, weil sein Stil und seine Poetik eher zur amerikanischen Literatur passen. „Wäre er Amerikaner gewesen, so wäre er vielleicht irgendwann zwischen 1925 und 1945 zum Nobelpreis vorgeschlagen, auf jeden Fall eine Weltberühmtheit geworden." (Hühnerfeld 1954, 6)

In der SBZ/DDR setzt sich die Position von Georg Lukács durch, die in *Deutsche Literatur im Zeitalter des Imperialismus* pointiert wird:

> Er war in der Vor-Hitler-Zeit […] eine der größten Hoffnungen der deutschen Literatur. Es wäre mehr als ungerecht, wollte man Fallada vorwerfen, er habe vor dem Hitlerismus kapituliert oder seine Schriftstellerehre preisgegeben. Aber seine quantitativ sehr ausgiebige Produktion in der Hitler-Zeit hat keine der Erwartungen, die er vorher erweckte, erfüllt. Nicht nur deshalb, weil er manches sehr schlechte Buch geschrieben hat, sondern weil er auch dort, wo er offenbar alle Kräfte zusammennahm (*Wolf unter Wölfen*), eine ihm früher fremde Tendenz zum Ausweichen vor den letzten Konsequenzen, ja mitunter sogar eine Neigung zur Verniedlichung ernster Probleme zeigt. […] Dies geht nicht ausschließlich auf Kosten des politischen Drucks, der Rücksichten auf Zensur etc. (Lukács 1945, 61 f.)

In einem Interview wurde Fallada 1945 als Schöpfer des Typus des ‚kleinen Mannes', als unverblümter Gesellschaftsschilderer, der von den Nazis verfolgt wurde, wieder eingeführt. Johannes R. Becher, so erläuterte Fallada, habe ihn aus „Hoffnungslosigkeit und Depression" herausgerissen und zeigte ihm „*Aufgaben [...], die es wahrhaft wert sind, alle Kraft anzuspannen* für die geistige und seelische Wiederaufrichtung des deutschen Menschen" (Gulitz 1945).

Lange konnte er allerdings beim Aufbau nicht mehr mithelfen. Nachrufe auf Fallada finden sich fast ausschließlich in der Presse der SBZ. Sie betonen, dass Fallada typisch für eine bürgerliche Generation ohne Halt und Standpunkt sei, dessen Werk sich nicht habe gleichschalten lassen und der daher in ein Traumreich sich zurückgezogen, resigniert und kapituliert habe (Wendt 1947; Motylewa 1948; Rein 1948). Johannes R. Bechers Nachruf bestimmte den Rahmen, in dem Fallada künftig zu sehen war. Er habe als großes episches Talent seinen Lesern „Trost gespendet", in seinen Büchern eine „balzacsche Galerie" entworfen und die „Diskrepanz zwischen Kunst und Unterhaltung" (Becher 1947, 97) überwunden. Falladas Verhalten im Dritten Reich war das eines Menschen, dem die richtigen politischen Überzeugungen fehlten, der daher schwachen, aber immerhin guten Willens war. „Er verkörperte und stellte dar, in seinen Seelenkrisen, einen deutschen Zustand, den als einen historischen Zustand zu betrachten und ihn einzuschränken freilich nicht in seiner Macht lag." (ebd., 100) Falladas letzter Roman *Jeder stirbt für sich allein* war sein „Vermächtnis" (ebd., 101; vgl. dagegen kritisch Noll 1951).

Damit war der Boden für die Neuausgabe seiner Bücher in der DDR bereitet, wobei intensiv diskutiert wurde, welcher Teil auszuwählen sei, denn der Nachdruck des Gesamtwerks kam nicht in Frage. Waltraud Schiller eröffnete eine kontrovers geführte Diskussion, indem sie „die Frage nach dem Wert der Romane Falladas für unsere Bibliotheksarbeit" (Schiller 1953, 893) aufwarf. Anlass dafür war die Publikation des Romans *Der Trinker* aus dem Nachlass, dessen Anschaffung sie mit Berufung auf einen Tagebucheintrag Johannes R. Bechers als „schädliches und widerwärtiges Buch" (Becher 1951, 645) ablehnte. Die Debatte kreiste im Wesentlichen um die Frage einer Rechtfertigung der düsteren Thematik des Romans. Die Verteidiger sahen den Alkoholismus der Hauptfigur in den Lebensumständen im weiter vor sich hin ‚faulenden' Kapitalismus begründet (Schroeder 1953, 128; Andrießen 1954; Brandt 1954; Schwachhofer 1954), während die Gegner es als Buch des Menschenhasses bedenklich fanden (Joho 1954).

Angesichts dieser Diskussionslage stand Günter Caspar während der Erarbeitung der Werkausgabe vor der Frage, welcher Teil des Werkes dieses „großen Romanciers unter unseren kritischen Realisten" (Caspar 1958; vgl. Caspar 1963) zu erhalten sei. Ein besonderes Problem warf *Der eiserne Gustav* auf, dessen um die Konzessionen an den Nationalsozialismus bereinigte Erstfassung er aus dem Nachlass rekonstruierte (vgl. Caspar 1962; vgl. zur von Peter Tügel 1958 „von nationalsozialistischen Kohlen entschlackt[en]" Fassung Emigholz 1958; Schonauer 1958; siehe zu den Textfassungen auch den Beitrag 4.5 *Der eiserne Gustav* in Kap. II).

Literatur

Andrießen 1954: Andrießen, Carl: Warum betrinkt sich Herr Sommer? In: Die Weltbühne. Wochenschrift für Politik, Kunst, Wirtschaft. Neue Folge 9 (1954), Nr. 3, 20.1.1954, S. 83–85.

Antkowiak 1954: Antkowiak, Alfred: Ist Falladas *Trinker* unnötig? In: Sonntag. Wochenzeitung für Kultur, Politik und Unterhaltung 9 (1954), Nr. 20, 16.5.1954, S. 6.

[Anzeige] 1935: Deutsche Bücher im Ausland. In: Bremer Nachrichten, 10.9.1935.

1. Zeitgenössische Rezeption

Bächler 1951: Bächler, Wolfgang: Kleiner Autor, großer Autor, – alles vertauscht. Hans Fallada: *Der Trinker*. In: Frankfurter Hefte. Zeitschrift für Kultur und Politik 6 (1951), H. 8 (August 1951), S. 597–598.

Becher 1947: Becher, Johannes R.: Becher, Johannes R.: Was nun? Zu Hans Falladas Tod. In: Aufbau. Kulturpolitische Monatsschrift 3 (1947), H. 2, S. 97–101

Becher 1951: Becher, Johannes R.: Auf andere Art so große Hoffnung. Tagebuch 1950, Berlin 1951.

Becher 1952: Becher, Lilly: Ein Kronzeuge des ‚kleinen Mannes'. *Kleinen Mannes*. Ein Beitrag zum 5. Todestag des Dichters Hans Fallada. In: Neues Deutschland. Organ des Zentralkomitees der Sozialistischen Einheitspartei Deutschlands 7 (1952), Nr. 30, 5.2.1952, S. 4.

Berendsohn 1946: Berendsohn, Walter A.: Die humanistische Front. Einführung in die deutsche Emigranten-Literatur. Erster Teil. Von 1933 bis zum Kriegsausbruch 1939, Zürich 1946.

Bloem 1934, Bloem, Walter Julius: Wir hatten mal einen Fallada. In: Münchner Neueste Nachrichten 87 (1934), Nr. 290, 24.10.1934, Das deutsche Buch (Literarische Beilage), S. 11.

Borch 1951: Borch, H. von: Pandämonium des Alkohols. In: Das ganze Deutschland. Freie Wochenzeitung ‚Deutsche Kommentare' 3 (1951), Nr. 14, 31.3.1951, S. 7.

Brandt 1954: Brandt, Sabine: *Der Trinker* – ein Protest gegen die Unmenschlichkeit. In: Sonntag. Wochenzeitung für Kultur, Politik und Unterhaltung 8 (1954), Nr. 18, 2.5.1954, S. 6.

Brentano 1933: Brentano B[ernhard von]: *Kleiner Mann – was nun?* Ein Roman über Angestellte. In: Die Rote Fahne. Zentralorgan der Kommunistischen Partei Deutschlands 16 (1933), Nr. 19, 22.1.1933, 3. Beilage, Feuilleton, [S. 1].

Caspar 1958: Caspar, Günter: Hans Falladas Größe und Grenze. Zu seinem 65. Geburtstag am 21. Juli. In: Sonntag. Wochenzeitung für Kultur, Politik und Unterhaltung 13 (1958), Nr. 29, 20.7.1958, S. 7.

Caspar 1962: Caspar, Günter: Rekonstruktion eines Romans. In: Neue Texte 2. Almanach für deutsche Literatur. Herbst 1962, Berlin (Ost) 1962, S. 353–375.

Caspar 1963: Caspar, Günter: Poet des kleinen Mannes. Am 21. Juli wäre Hans Fallada 70 Jahre alt geworden. Sonntag-Gespräch mit Günter Caspar. In: Sonntag. Wochenzeitung für Kulturpolitik, Kunst und Wissenschaft (1963), Nr. 30, 28.7.1963, S. 13.

D., M. 1934: D., M.: ‚Heimgefunden'. Hans Fallada: *Wir hatten mal ein Kind*. In: Völkischer Beobachter. Kampfblatt der national-sozialistischen Bewegung Großdeutschlands 47 (1934), Nr. 322, Süddeutsche Ausgabe. Ausgabe A, 18.11.1934, Beilage. Deutsches Schrifttum, [S. 1].

Dinamow 1935: Dinamow, S.: Vom schlechten und vom guten Hass. In: Internationale Literatur. Zentralorgan der Internationalen Vereinigung Revolutionärer Schriftsteller 5 (1935), Nr. 12, S. 74–77.

Ehrenstein 1934: Ehrenstein, Albert: *Wer einmal aus dem Blechnapf frißt*. Zu Hans Falladas neuem Roman. In: Internationale Literatur. Zentralorgan der Vereinigung Revolutionärer Schriftsteller 4 (1934), Nr. 3, S. 102–103.

Emigholz 1958: Emigholz, Erich: Die Wandlungen des *Eisernen Gustav*. Zum 65. Geburtstag von Hans Fallada. In: Bremer Nachrichten. Weser-Zeitung 216 (1958), Nr. 167, 22.7.1958, S. 10.

Fischer 1931: Fischer, H.: *Bauern, Bonzen und Bomben*. In: Die Rote Fahne. Zentralorgan der Kommunistischen Partei Deutschlands 14 (1931), Nr. 136, 7.6.1931, Literatur-Rundschau, [S. 1].

Goeres 1950: Goeres, Heinrich: Fallada und seine Grenzen. Zur Neuherausgabe von *Wolf unter Wölfen*. In: Neue Welt. Halbmonatsschrift 5 (1950), H. 24 (112), S. 135–137.

Gulitz 1945: Gulitz, H.: „Vor allem die Jugend retten!" Gespräch mit dem Dichter Hans Fallada. In: Tägliche Rundschau. Zeitung für die deutsche Bevölkerung 1 (1945), Nr. 141, 25.10.1945, S. 4.

Heilborn 1932/33: Heilborn, Ernst: Roman der Powreteh. In: Die Literatur. Monatsschrift für Literaturfreunde 35 (1932/33), H. 1 (Oktober 1932), S. 20–21.

Heinrichs 1947: Heinrichs, Charlotte: Wirklichkeit und Wirksamkeit des Dichters Hans Fallada. In: Berliner Hefte für geistiges Leben 2 (1947), H. 4, S. 243–350.

Hesse 1932: Hesse, Hermann: Hans Fallada – *Kleiner Mann, was nun?* In: Ders.: Gesammelte Werke, Bd. 12: Schriften zur Literatur 2. Eine Literaturgeschichte in Rezensionen und Aufsätzen, ausgewählt und zusammengestellt von Volker Michels, Frankfurt a. M. 1970, S. 534.

Hesse 1934: Hesse, Hermann: *Wer einmal aus dem Blechnapf frißt* [1934]. In: Ders.: Gesammelte Werke, Bd. 12: Schriften zur Literatur 2. Eine Literaturgeschichte in Rezensionen und Aufsätzen, ausgewählt und zusammengestellt von Volker Michels, Frankfurt a. M. 1970, S. 535–538

Hühnerfeld 1954: Paul Hühnerfeld: Ballade von einem Mann, der hinauf will. Gedanken anläßlich eines ‚neuen' Fallada-Romans. In: Die Zeit. Wochenzeitung für Politik, Wirtschaft, Handel und Kultur 9 (1954), Nr. 8, 25.2.1954, S. 6.

Jacobs 1934: J.[acobs], M.[onty]: Kleiner Mann im Gefängnis. Hans Fallada: *Wer einmal aus dem Blechnapf frißt.* In: Vossische Zeitung. Berlinische Zeitung von Staats- und gelehrten Sachen (1934), Nr. 66, 18.3.1934, Literarische Umschau, Nr. 66, [S. 1].

Joho 1954: Joho, Wolfgang: Falladas *Trinker* und die Humanität. In: Sonntag. Wochenzeitung für Kultur, Politik und Unterhaltung 8 (1954), Nr. 18, 2.5.1954, S. 6.

Kenter 1930/31: Kenter, Heinz Dietrich: *Bauern, Bonzen und Bomben.* In: Die Literatur. Monatschrift für Literaturfreunde 33 (1930/31), H. 10 (Juli 1931), S. 585–586.

Kenter 1933/34: Kenter, Heinz Dietrich: *Wer einmal aus dem Blechnapf frißt.* In: Die Literatur. Monatsschrift für Literaturfreunde 36 (1933/34), H. 8 (Mai 1934), S. 471–472.

Kersten 1934/35: Kersten, Kurt: Kufalt und der Mann in „seinem Eigen". Hans Fallada *Wer einmal aus dem Blechnapf frißt,* Roman. In: Neue deutsche Blätter. Monatschrift für Literatur und Kritik 2 (1934), Nr. 1, S. 56–58.

Kersten 1938: Kersten, Kurt: Fallada unter den Wölfen. In: Das Wort. Literarische Monatsschrift (1938), H. 2, S. 135–138.

Koeser 1934/35: Koeser, Hans: Hat doch keinen Zweck. Anmerkungen zu Hans Fallada: *Wir hatten mal ein Kind. Eine Geschichte und Geschichten.* In: Neue deutsche Blätter. Monatschrift für Literatur und Kritik 2 (1935), Nr. 4, S. 239–243.

Kriener 1939: Kriener, Adolf: Dirnen, Zuhälter und Spelunken. Zu Falladas ‚eisernem' Gustav. In: Bücherkunde. Organ des Amtes Schrifttumspflege bei dem Beauftragten des Führers für die gesamte geistige und weltanschauliche Erziehung der NSDAP. und der Reichsstelle zur Förderung des deutschen Schrifttums 6 (1939), H. 3 (März 1939), S. 136–139.

Langenbucher 1934a: Langenbucher, Hellmuth: Falladas *Blechnapf* – und die deutsche Literaturkritik. In: Berliner Börsenzeitung. Tageszeitung für nationale Politik, Wirtschaft, Kultur 79 (1934), Nr. 267, Morgenausgabe, 10.6.1934, Literaturblatt, Nr. 23, [S. 1–2].

Langenbucher 1934b: Langenbucher, Hellmuth Langenbucher: Hans Fallada. In: Deutsches Volkstum. Halbmonatsschrift für das deutsche Geistesleben 16 (1934), 1. Dezemberheft 1934, S. 986–993.

Lukács 1936: Lukács, Georg: Hans Fallada – Die Tragödie eines begabten Schriftstellers unter dem Faschismus. In: Literaturnyj kritik. Ezemesjacnyj zurnal literatunoj teorii, kritiki *i* istorii literatury (1936), H. 5, S. 135–147.

Lukács 1945: Georg Lukács: Deutsche Literatur im Zeitalter des Imperialismus. Eine Übersicht ihrer Hauptströmungen, Berlin 1945.

Mann 1934: Mann, Thomas: Leiden an Deutschland. Tagebuchblätter aus den Jahren 1933 und 1934. In: Ders.: Gesammelte Werke, Bd. 12: Reden und Aufsätze 4, Frankfurt a M. 1974, S. 684–766, hier S. 729–730.

Manthey 1963: Manthey, Jürgen: Hans Fallada oder die unbewältigte Krise. In: Frankfurter Hefte. Zeitschrift für Kultur und Politik 18 (1963), H. 3, S. 193–198.

Melnik 1931: Melnik, Josef: Zwei deutsche Dichter der deutschen Wirklichkeit. In: Neue Revue 11 (1931), H. 3/4, S. 225–228.

Motylewa 1948: Motylewa, Tamara: Das Schicksal eines deutschen Schriftstellers. In: Sowjetliteratur. Monatsschrift (1948), H. 9, S. 137–146.

Neukrantz 1931: Neukrantz, Klaus: Der soziale Roman der Gegenwart. In: Arbeiter-Sender. Illustrierte Funkwochenschrift 4 (1931), Nr. 28, 9.7.1931, S. 10.

Noll 1951: Noll, Dieter Noll: Unter Wölfen. In: Aufbau. Kulturpolitische Monatsschrift 7 (1951), H. 4, S. 369–371.

Regler 1953: Regler, Ernst: Der Dichter des kleinen Mannes. Am 21. Juli wäre Hans Fallada sechzig Jahre alt geworden. In: Berliner Zeitung 9 (1953), Nr. 168, 23.7.1953, [S. 3].

Rein 1948: Rein, Heinz: Die große Literatur des kleinen Mannes. Der Fall Fallada. In: Einheit. Theoretische Zeitschrift des wissenschaftlichen Sozialismus 3 (1948), H. 8, S. 711–716.

Rein 1950: Rein, Heinz: Die neue Literatur: Versuch eines ersten Querschnitts. Berlin (Ost) 1950.

Richter 1935: Richter, Trude: Der gleichgeschaltete Fallada. Zu seinem neuesten Roman. In: Internationale Literatur. Zentralorgan der Internationalen Vereinigung Revolutionärer Schriftsteller 5 (1935) Nr. 4, S. 103–106.

Rink 1938/39: Rink, Hermann: Kurzer Blick auf das Schaffen Hans Falladas. In: Hanseatische Hochschulzeitung 20 (1938/39), H. 10, S. 16–17.

Römer 1957: Römer, Ruth: Dichter des kleinbürgerlichen Verfalls. Vor zehn Jahren starb Hans Fallada. In: Neue deutsche Literatur. Monatsschrift für schöne Literatur und Kritik 5 (1957), H. 2, S. 120–131.

Schiller 1953: Schiller, Waltraud: Hans Fallada. In: Der Bibliothekar. Monatsschrift für das Bibliothekswesen 7 (1953), H. 12, S. 886–894.

Schirokauer 1932: Schirokauer, Arno: *Kleiner Mann – was nun?* In: Kulturwille. Monatsblätter für Kultur der Arbeiterschaft (1932), H. 9 (September 1932), S. 152.

Schonauer 1958: Schonauer, Franz: Falladas retuschiertes Morgenrot. Man kennt den eisernen Gustav jetzt kaum wieder. In: Die Zeit. Wochenzeitung für Politik, Wirtschaft, Handel und Kultur 13 (1958), Nr. 26, 26.6.1958, S. 6.

Schroeder 1953: Schroeder, Max: Hans Fallada. Zum Erscheinen seines nachgelassenen Romans *Der Trinker*. In: Neue deutsche Literatur. Monatsschrift für schöne Literatur und Kritik 1 (1953), H. 12, S. 124–130.

Schumann 1952: Schumann, Werner: *Kleiner Mann – was nun?* In: Metall. Zeitung der IG Metall für die Bundesrepublik Deutschland (1952), Nr. 14, 9.7.1952, S. 5.

Schwachhofer 1954: Schwachhofer, René: Der Untergang des Kleinbürgers. Zu Hans Falladas Roman *Der Trinker*. In: Heute und morgen 8 (1954), H. 5, S. 254–255.

Schwachhofer 1956: Schwachhofer, René: Hans Falladas Roman *Wolf unter Wölfen*. In: Die Nation. Zeitschrift für Theorie und Praxis nationaler Politik 6 (1956), H. 9, S. 656–661.

Slochower 1942/43: Slochower, Harry: Hauptmann and Fallada: Uncoordinated Writers of Nazi Germany. In: Accent. A Quarterly of New Literature 3 (1942), Nr. 1, S. 18–25.

Suhrkamp 1934: Suhrkamp, Peter: Der Erzähler Fallada. In: Neue Rundschau 45 (1934), H. 2, S. 751–752.

Ter-Nedden 1941: Ter-Nedden, Eberhard: Ein Wort über Fallada. In: Bücherkunde. Organ des Amtes Schrifttumspflege bei dem Beauftragten des Führers für die gesamte geistige und weltanschauliche Erziehung der NSDAP und der Reichsstelle zur Förderung des deutschen Schrifttums 8 (1941), H. 11 (November 1941), S. 326–331.

Thöming 1975: Thöming, Jürgen C.: Hans Fallada. Seismograph gesellschaftlicher Krisen. In: Zeitkritische Romane des 20. Jahrhunderts. Die Gesellschaft in der Kritik der deutschen Literatur, hg. von Hans Wagener, Stuttgart 1975, S. 97–123.

Türk 1935: Türk, Werner: Talent und Fascismus. In: Die neue Weltbühne. Wochenschrift für Politik, Kunst, Wirtschaft 31 (1935), Nr. 25, 20.6.1935, S. 783–785.

Vesper 1935: Vesper, Will: Fallada, Hans: *Wer einmal aus dem Blechnapf frißt*. Roman. In: Die Neue Literatur 35 (1934), H. 7 (Juli 1934), S. 444.

Weiß 1931: Weiß, Ernst: *Bauern, Bonzen und Bomben*. Zu dem Roman von Hans Falladas. In: Berliner Börsen-Courier. Tageszeitung für alle Gebiete 63 (1931), Nr. 151, Express-Morgen-Ausgabe, 31.3.1931, 1. Beilage, S. 5.

Wendt 1947: Wendt, Herbert: Auf schwankendem Grunde. Hans Fallada – Schicksal zwischen den Generationen, In: Sonntag. Eine Wochenzeitung für Kulturpolitik, Kunst und Unterhaltung 2 (1947), Nr. 7, 16.2.1947, S. 2.

Winkler 1935: Winkler, W.: Fallada. In: Internationale Literatur. Zentralorgan der Internationalen Vereinigung Revolutionärer Schriftsteller (1935), Nr. 11, S. 110–112.

Wittfogel 1932: Wittvogel, Karl Augst: Bauern, Bonzen, Faschisten – die Geheimnisse von Neumünster. In: Die Linkskurve 4 (1932), Nr. 2 (Februar 1932), S. 28–32.

Wrobel 1931: Wrobel, Ignaz [Kurt Tucholsky]: *Bauern, Bonzen und Bomben*. In: Die Weltbühne. Wochenschrift für Politik, Kunst, Wirtschaft 27 (1931), Nr. 14, 7.4.1931, S. 496–501.

Wyß 1933: Wyß, H.[ans] A.[lfred]: Neue Aspekte der deutschen Literatur. Welterfolg Fallada. In: Neue Zürcher Zeitung und schweizerisches Handelsblatt 154 (1933), Nr. 687, 16.4.1933, Literarische Beilage, Nr. 691, [S. 1–2].

Wyß 1934/35: Wyß, Hans A.: Weg und Dichtung. Ueber die Bücher Falladas. In: Schweizer nationale Hefte. Schweizer Monatsschrift 1 (1934), H. 9, S. 483–487.

Zuckmayer 1932: Zuckmayer, Carl: Ein Buch. In: Vossische Zeitung. Berlinische Zeitung von Staats- und gelehrten Sachen (1932), Nr. 430, Abend-Ausgabe, 7.9.1932, Unterhaltungsblatt, Nr. 249, [S. 9].

2. Verfilmungen
Tina Grahl

Hans Fallada gehört zu den meistverfilmten deutschsprachigen Autoren (Haupt 1995, 2). Mehr als ein Drittel seiner Romane wurde zur Vorlage für Filmfassungen (ebd.), einige Werke wie *Kleiner Mann – was nun?* und *Der Trinker* sogar mehrfach, während andere wie *Wir hatten mal ein Kind* bisher unverfilmt blieben. Neben zeitgenössischen Verfilmungen werden Falladas Texte insbesondere in den 1960er und 1970er Jahren adaptiert: häufig auch für Mehrteiler im Fernsehen. Mit drei deutschsprachigen und weiteren internationalen Fassungen ist *Jeder stirbt für sich allein* der meistverfilmte Roman Falladas.

Mit Ausnahme der Adaption von *Der Trinker* (BRD 1967) orientieren sich alle Verfilmungen an den literarischen Vorlagen: Die Handlungsverläufe der Romane werden übernommen, Änderungen finden sich in der Regel nur in Details, die häufig der Kürzung der Romanhandlung auf die Filmlänge geschuldet sind. Zwar übertragen einige Verfilmungen wie *Wer einmal aus dem Blechnapf frißt* (BRD 1962), *Der Trinker* (BRD 1967) und *Der Trinker* (D 1995) die Handlung in die eigene Zeit und zeigen dabei, wie aktualisierbar Falladas Romane sind; der überwiegende Teil der Filme orientiert sich aber an der historischen Zeit der Romanvorlage. Sind Falladas Romane u. a. wegen der präzisen Darstellung des Zeitgeistes der Weimarer Republik oder der alltäglichen Lebensverhältnisse im Dritten Reich populär, trifft dies auch auf die Verfilmungen zu. So lobt die Kritik immer wieder die Authentizität von Milieu und Umständen der dargestellten Epoche.

Der internationalen Wiederentdeckung Falladas in den 2010er Jahren folgt eine Verfilmung des Romans *Jeder stirbt für sich allein* unter dem Titel *Alone in Berlin* (D/F/GB 2016). Bereits in den 1930er und 1940er Jahren entstehen im Ausland Verfilmungen wie *Little Man, What Now* (USA 1934). Ebenso lassen sich durch alle Jahrzehnte Verfilmungen wie *Tutto da rifare pover'uomo* (Italien 1960, nach der Vorlage

Kleiner Mann, großer Mann – alles vertauscht) oder der Mehrteiler *I ve smrti sami* (Tschechien 2004, nach der Vorlage *Jeder stirbt für sich allein*) nachweisen, die meist (ähnlich wie in Deutschland) als Mehrteiler oder Serien für das Fernsehen produziert werden. Nicht zuletzt werden deutsche Produktionen wie *Wolf unter Wölfen* (1964) von Sendeanstalten im Ausland ausgestrahlt (Haupt 1995, 4).

Filme von 1933 bis 1948

Hans Fallada ist in den Jahren zwischen 1933 und 1946 an verschiedenen Filmprojekten beteiligt. Er arbeitet sowohl an Verfilmungen seiner eigenen Werke wie *Kleiner Mann – was nun?* (D 1933) mit als auch an Drehbüchern wie für die Ufa-Produktion *Donogoo Tanka. Die geheimnisvolle Stadt* (1936 – nach einem Theaterstück von Jules Romains, unter der Regie von Reinhold Schünzel), oder für den (nie produzierten) Heimkehrerfilm *Dies Herz, das dir gehört* mit Zarah Leander (Williams 2011, 236, 277). Viele Romane Falladas wie *Der eiserne Gustav*, *Dies Herz, das dir gehört*; *Das Abenteuer des Werner Quabs* und *Ein Mann will nach oben* entstehen überhaupt erst aufgrund von Filmprojekten. Einige Projekte wie *Das Abenteuer des Werner Quabs* (als Filmvorlage für den Schauspieler Mathias Wieman) werden allerdings nie abgeschlossen bzw. als Film umgesetzt (Caspar 1985, 735f.). Hans Fallada äußert sich in Interviews und Selbstdarstellungen (Filmwelt 1942, 308f.) durchweg positiv zur Arbeit am Film. Im Privaten, d. h. in Korrespondenzen und im Tagebuch steht er der Arbeit für die Filmindustrie jedoch kritisch gegenüber (vgl. Töteberg 2013/2017a). Fallada sieht die Arbeit für den Film und den Verkauf der Lizenzen aber sehr wohl als willkommene zusätzliche Einkommensquelle, dies insbesondere in den Kriegsjahren, in denen es für ihn immer schwieriger wird, Bücher und Artikel zu publizieren. Eine ausführliche Darstellung der Filmprojekte zu Falladas Lebzeiten liefert Günter Caspar im Anhang des Bandes *Märchen und Geschichten* der Werkausgabe (vgl. Caspar 1985).

Kleiner Mann – was nun? (D 1933)

Regie: Fritz Wendhausen
Drehbuch: Fritz Wendhausen, Herbert Selpin
Produktion: Robert-Neppach-Filmproduktion
Kamera: Ewald Daub
Musik/Ton: Harald Böhmelt, Hans Grimm
Schauspieler: Hermann Thimig, Hertha Thiele, Ida Wüst u. a.
Uraufführung: 3. August 1933
Länge: 90 Minuten

Noch vor der Buch-Veröffentlichung des Romans *Kleiner Mann – was nun?* arbeitet Hans Fallada im Sommer 1932 an einer Filmskizze, die in vier Fassungen unter dem Titel *Kopf hoch!* im Nachlass erhalten ist (Williams 2011, 173–180; vgl. das Faksimile bei Töteberg 2017b, 21; vgl. zudem zwei Texte Falladas zu diesem Film Fallada 2017a/b). Dieser Titel kehrt dann in der Filmmusik im Titelschlager *Kleiner Mann, was nun?* der Comedian Harmonists wieder: „Nur Kopf hoch! Kleiner Mann, was nun?/Wenn's morgen anders ist, was tun?" Im Juli 1932 schließt Fallada mit der Robert-Neppach-Film AG einen Vertrag (vgl. Fallada 2017c). Sein Drehbuch wird durch den Regisseur Fritz Wendhausen überarbeitet. Die Filmgesellschaft Europa-Verleih erwirbt die Rechte und verpflichtet renommierte Künstler: Berthold Viertel übernimmt die Regie, Adolf Esseck wird als Produktionsleiter eingesetzt und Caspar Neher wird mit dem Entwurf des Bühnenbildes beauftragt. Für die Musik wird Kurt Weill engagiert, die Comedian Harmonists steuern die Songs *Kleiner Mann, was nun?* und *Was Dein roter Mund im Frühling sagt* bei (Kuhnke 1997, 19), die auch auf Schellackplatten der Gramophone Company mit dem Aufdruck „Aus dem Tonfilm *Kleiner Mann, was nun*" verbreitet werden (vgl. die Abbildungen und das Faksimile der Partitur bei Töteberg 2017b). Viertel und Weill flüchten ins Exil, so dass der Drehbuchautor Fritz Wendhausen die Regie übernimmt; die musikalische Leitung wird Harald Böhmelt übertragen, später werden sämtliche Szenen der Comedian Harmonists auf Intervention der Filmprüfstelle (7. Juli 1933) entfernt (Williams 2011, 185; Hobsch 2010, 282). Hans Fallada zieht sich vor Beendigung des Filmes aus dem Projekt zurück und verbietet der Filmgesellschaft, seinen Namen als Drehbuchautor zu nennen (Williams 2011, 192). Stattdessen findet sich im Abspann nur die Erwähnung „Nach einem Roman von Hans Fallada".

Kleiner Mann – was nun? (D 1933) wird nach dem Krieg durch die Alliierte Militärregierung zur Aufführung verboten. Seitdem gilt der Film als verschollen (Bundesarchiv 2007). Im Bundesarchiv sowie im Hans-Fallada-Archiv befindet sich jedoch eine Kopie des dreiminütigen Trailers. Dieser Trailer zeigt vierzehn Szenen: Gesangsszene des Kellners im Lokal (I), Kleinholz trinkt am Morgen Alkohol (II), Pinneberg und Lämmchen betreten das Lokal und werden von Pinnebergs Kollegen beobachtet (III), Lämmchen kocht Erbsensuppe (IV), Lämmchen an der Frisierkommode (V), Mutter Pinnebergs Feier wird durch die Polizei beendet (VI), Kollegen zeigen Pinneberg die Zeitungsanzeige seiner Mutter (VII), Jachmann tröstet Lämmchen am Kaffeetisch, und Pinneberg erzählt Jachmann von seiner Entlassung (VIII), Pinneberg und Lämmchen im Restaurant (IX), Heilbutt im Gespräch mit Vorgesetzten (X), Vorgesetzte nehmen Kündigung gegenüber Heilbutt zurück (XI), Pinneberg auf dem Polizeipräsidium (XII), der Spiegel der Frisierkommode zerbricht (XIII), Heilbutt, Lämmchen und Pinneberg feiern Weihnachten (XIV). Die für den Trailer ausgewählten Szenen betonen die Liebesgeschichte und den Revuecharakter des Films. Die zeitgenössische Presse (z. B. der *Berliner Börsen Courier* vom 4. August 1933) kritisiert, dass alle Szenen des Films auf das Happy End ausgerichtet seien (vgl. Grisko 2002, 98). Als positiv werden sowohl die Darstellung des Milieus (die im Trailer allerdings nicht zu erkennen ist) als auch die schauspielerischen Leistungen (v. a. der Nebenfiguren wie Theo Lingen als Verkäufer, Viktor de Kowa als Heilbutt, Jacob Tiedtke als Kleinholz) benannt. Erich Paulus moniert in der Zeitschrift *Aufruf. Streitschrift für Menschenrechte* die Veränderungen gegenüber der Romanvorlage: „Aus dem Schicksal des kleinen Mannes wurde im Film irgend ein Begebnis aus dem kleinen Anzeiger eines Boulevardblattes". Der Film leiste sich einen „völligen Verzicht auf die soziale Exposition des Romans", so dass soziale Verhältnisse entschärft, die Kritik an der „Ausbeuterei" im jüdischen Warenhaus zugleich aber verschärft werde: „Das ist wohl nationalsozialistische ‚Dialektik'" (Paulus 2017, 34). Die Premiere am 3. August 1933 im Berliner Capitol war offenbar ein Publikumserfolg. Weitere neue Materialien – die erste Seite der Zensurkarte, Filmplakate und Anzeigen in der Tagespresse und in der Hauszeitung der Union-Theater Lichtspiele in Leipzig, schließlich einzelne *stills* aus dem Film – sind bei Töteberg (2017a) einsehbar.

Little Man, What Now (USA 1934)

Regie: Frank Borzage
Drehbuch: William Anthony McGuire
Produktion: Universal Pictures
Kamera: Norbert Brodine
Musik/Ton: Arthur Kay
Schauspieler: Margaret Sullavan, Douglass Montgomery, Catherine Doucet u. a.
Uraufführung: 31. Mai 1934
Länge: 95 Minuten

Bereits ein Jahr nach der deutschen Verfilmung des Bestsellers produziert die Universal Pictures unter Leitung von Carl Laemmle Jr. einen Film nach der Vorlage *Kleiner Mann – was nun?* für den US-amerikanischen Markt. Er ist damit der einzige internationale Film, der zu Falladas Lebzeiten produziert wird. *Little Man, What Now* (USA 1934) ist mit Margaret Sullavan und Douglass Montgomery in den Hauptrollen prominent besetzt, hatte am 31. Mai 1934 in New York Uraufführung und startete am 4. Juni 1934 landesweit in den Kinos (Zachau 2000, 249f.; vgl. im einzelnen Töteberg 2017c). Der Film galt lange als verschollen, mittlerweile ist er auf DVD erhältlich. Vor allem die Figurendarstellung unterscheidet sich von der deutschen Verfilmung und der Romanvorlage. Die Darstellung von Milieu und Gesellschaft wird zugunsten des Privaten zurückgenommen. Politische Anspielungen werden gekürzt, auch weil die politischen Zusammenhänge und Mentalitäten (Klassenbewusstsein und die Differenz zwischen Arbeiter und Angestellten, die politischen Haltungen der Kollegen Pinnebergs, die Gruppierungen innerhalb der Linken, gezeigt an Familie Mörschel) für das amerikanische Publikum nicht verständlich gewesen wären (Zachau 2000, 249, 251). Eine Konsequenz der Verschiebung hin zum Privaten ist die Fokussierung auf die Hauptfiguren, die durch die Filmstruktur verstärkt wird, indem die fünf Teile des Films jeweils mit einer Figur verbunden sind (ebd., 251). Eine weitere Folge ist die starke Konzentration der Szenen auf ein Happy End: „Die Probleme werden nicht ausgeklammert, doch der Film suggeriert, dass eine einfache Lösung auf der Hand liegt" (ebd., 251). So wird beispielsweise die Schwangerschaft direkt ins Positive, fast schon Idyllische gewendet, während die Romanvorlage Momente des Zweifelns zeigt. Aufgrund dieser Modifikationen verändern sich auch die Charaktere. Wird Pinneberg im Roman zuweilen naiv und passiv dargestellt, erhält er im Film auch irrationale und aggressive Züge (ebd., 252). Darüber hinaus ist sein Charakter im Film durch die vernachlässigte Darstellung seiner Sozialisation und seines Schichtenbewusstseins eindimensional gestaltet.

Der Film erweitert die Romanhandlung um komische Elemente wie die ständige Suche der Mutter Pinneberg nach ihrem Dackel oder in einem Dialog zwischen Pinneberg und Heilbutt am Ende des Filmes: „You'll meet my baby. [...] He's like you, he's a nudist". Trotz der inhaltlichen Änderungen bleibt die Sprache der Dialoge oft nah an Falladas Roman, z. T. können wörtliche Übersetzungen nachgewiesen werden. Bildaufbau und die Komposition einzelner Szenen (Pinneberg, Jachmann und Lämmchen vor der Frisierkommode; Heilbutts Ansprache an den Chef zur Lohnerhöhung; Pinneberg und Lämmchen warten im Restaurant auf Jachmanns Wiederkehr) werden – wie der Vergleich mit dem Trailer von *Kleiner Mann – was nun?* (D 1933) zeigt –

der deutschen Verfilmung entlehnt. Im Unterschied zur deutschen Verfilmung nutzt *Little Man, What Now* eine fünfteilige, am Drama orientierte Struktur, Innen- und Studio- statt Außenaufnahmen (vgl. Töteberg 2017c, 40; hier auch die seinem Beitrag angefügten *stills* und Aufnahmen von den Dreharbeiten) sowie „schnelle Schnitte und kurze Szenenfolgen" (Zachau 2000, 250).

Altes Herz geht auf die Reise (D 1938)
Regie: Carl Junghans
Drehbuch: Carl Junghans (erste Fassung), Felix Lützkendorf (Überarbeitung)
Produktion: Ufa, Georg Witt-Film GmbH
Kamera: Herbert Körner
Musik/Ton: Werner Egk, Carl-Erich Kroschke
Schauspieler: Eugen Klöpfer, Helga Marold, Gerhard Bienert u. a.
Uraufführung: 1947 (USA), 15. November 1974 (BRD)
Länge: 85 Minuten

Im August 1936 unterschreibt Fallada einen Vertrag mit der Ufa für *Altes Herz geht auf die Reise* und im Sommer 1938 beginnen die Dreharbeiten, die größtenteils in Falladas Wohnort Carwitz und Umgebung sowie in Neustrelitz und Berlin stattfinden. Regie führt Carl Junghans, nach dessen Drehbuch die Ufa und die Georg-Witt-Film GmbH unter Leitung von Ernst Martin produzieren. An der Entstehung des Kinofilms arbeiten Günther Grau (Aufnahmeleitung), Herbert Körner (Kamera), Ludwig Reiber und Wilhelm Depenau (Bauten) sowie der 1936 mit einer olympischen Goldmedaille in der Kategorie ‚Orchestermusik' ausgezeichnete Komponist Werner Egk, Franz R. Friedl und Carl-Erich Kroschke (Musik und Ton) mit. Als Darsteller werden prominente Schauspieler des NS-Kulturbetriebes verpflichtet. Als Beispiel sei Eugen Klöpfer genannt, der als Sympathisant der Nationalsozialisten Ämter in der Reichsfilmkammer und im Ufa-Verwaltungsrat innehat und 1934 zum Staatsschauspieler sowie zum Intendanten der Berliner Volksbühne ernannt wird. Er spielt Rollen in NS-Propagandafilmen wie *Jud Süß* und wird 1944 von Adolf Hitler in die sogenannte Gottbegnadeten-Liste aufgenommen.

Zur ersten zeitlichen Verzögerung zwischen Verhandlung und Filmdreh kommt es, nachdem Carl Junghans' erster Drehbuchentwurf abgelehnt wurde und mit Unterstützung von Felix Lützkendorf überarbeitet werden musste. Als Grund für die Ablehnung der ersten Fassung ist die Darstellung des zum Teil ärmlichen bäuerlichen Lebens zu vermuten, die nicht mit der nationalsozialistischen Blut-und-Boden-Ideologie konform ging (Hagemann 1982, 27). Trotzdem inszeniert Carl Junghans diese abgelehnte erste Fassung. Der Film wird bei der Vorführung für Adolf Hitler im Dezember 1938 abgelehnt und erhält Aufführungsverbot. Zwar wird der erste Teil gut angenommen, der zweite Teil aber stößt mit der Darstellung eines epileptischen Anfalls auf Widerspruch (Caspar 1985, 735). Das straffreie Ende des Romans wird im Film zwar abgeändert, erscheint aber noch zu mild. *Altes Herz geht auf die Reise* gehört damit zu den wenigen Filmen der NS-Zeit, die vor der Aufführung verboten werden. Aufgrund der starken Vorkontrollen gibt es nur wenige Filme, die erst nach ihrer Fertigstellung gesperrt wurden. Da der Film bereits vor und nach seinem Verbot durch um- und herausgeschnittene Szenen stark verändert wird (um ihn eventuell doch noch auf den

Markt zu bringen), die Überarbeitungen schließlich abgebrochen werden, ist er heute nur in einer stark veränderten Fassung überliefert. Handlung und auch Figurendialoge sind dennoch getreu der literarischen Vorlage wiederzuerkennen. Änderungen wie die Zusammenführung der Figur des Bauern Tamm mit der Figur des Bauern Gau oder die Einführung des Fremden (der sich später als der junge Arzt herausstellt) fallen kaum ins Gewicht. Größte Änderung ist die Umarbeitung des Motivs der Epilepsie von Mali Schliecker in eine Schwangerschaft, die weitere Änderungen nach sich zieht. Die eigentlichen Gründe für das Verbot können daher nur vermutet werden: erstens die Darstellung des bäuerlichen Milieus in einem kritischen Realismus, der auch Armut und Habgier zeigt; zweitens die karikaturistische Darstellung von Funktionsträgern und drittens das ständige Hinterfragen des staatlichen Gewalt- und Justizmonopols. Bereits um den Roman hatte es jedoch eine Auseinandersetzung mit der Reichsschrifttumskammer gegeben, und die Rezeption in verschiedenen parteiamtlichen Presseorganen war vernichtend ausgefallen (siehe den Beitrag 4.2 *Altes Herz geht auf die Reise* in Kap. II). Heute (und im Vergleich mit der DDR-Verfilmung von 1987) erscheint gerade die Darstellung des bäuerlichen Milieus und die Ausarbeitung der Figurensprache (v. a. der Dialekte) als besonders gelungen. Der Film wird erstmals 1947 in Los Angeles gezeigt. Deutsche Premiere hat er am 15. November 1974 in Düsseldorf, am 30. April 1978 wird er erstmals im Fernsehen auf Bayern 3 ausgestrahlt.

Himmel, wir erben ein Schloss (D 1943)

Regie: Peter Paul Brauer
Drehbuch: Otto Ernst Hesse, Peter Paul Brauer
Produktion: Prag-Film AG
Kamera: Wenzel Hanusch
Musik/Ton: Hans Ebert
Schauspieler: Anny Ondra, Hans Brausewetter, Carla Rust u. a.
Uraufführung: 16. April 1943
Länge: 95 Minuten

Im Dezember 1939 unterbreitet die Terra Film Gesellschaft, die Ende August bereits eine Option genommen hat, Fallada ein Angebot zur Verfilmung von *Kleiner Mann, großer Mann – alles vertauscht*. Fallada stimmt zu, lehnt aber jegliche Mitarbeit ab. Der Film wird letztendlich nicht von der Terra-Film, sondern von der neu gegründeten Prag-Film produziert und hat nach drei Jahren Produktionszeit unter Leitung von Ludwig Carlsen am 16. April 1943 in München Premiere. Es ist die einzige Verfilmung eines Fallada Romans, die nicht unter dem Buchtitel des Romans erscheint, sondern unter dem Titel *Himmel, wir erben ein Schloss*, den die Illustrierte *Die Dame* für den Vorabdruck wählte. Die bereits im Roman angelegte Idylle wird – mittels der musikalischen Bearbeitung und einer konventionellen Kameraführung – zum heiteren Familienfilm ausgebaut. Das Presseecho ist enorm – insbesondere wenn man bedenkt, dass durch den Kriegsausbruch viele Zeitungen eingestellt sind. Vor allem Illustrierte und Magazine wie die *Filmwelt* drucken mehrseitige Berichte mit großformatigen Fotos (Filmwelt 1942, 308 f.).

Der Film ist im Bundesarchiv und als Kopie im HFA erhalten. In der Forschung wurde die Verfilmung (ebenso wie die Romanvorlage *Kleiner Mann, großer Mann –*

alles vertauscht) als bloßer Unterhaltungsstoff abgewertet. Tatsächlich nutzt der Film – gerade im Vergleich mit *Kleiner Mann – was nun?* (D 1933) – eine eher konventionelle Filmsprache (insbesondere in der *mise en scène* und Kameraführung). Der Film entspricht damit dem zeitgenössischen Publikumsinteresse und fügt sich in die NS-Kulturpolitik.

Verfilmungen in der BRD

Während die Filme in der NS-Zeit durchweg für das Kino produziert werden, sind die Verfilmungen der Nachkriegszeit bis auf die Adaption *Jeder stirbt für sich allein* (BRD 1975) durchweg Fernsehproduktionen. In der BRD entstehen sieben Filme und in der DDR fünf Filme, die auf Texten Falladas beruhen.

Vom Fernsehen der BRD werden Falladas Romane häufig als Mehrteiler umgesetzt. Ein breites Interesse daran wird sowohl durch die prominente Stellung im Programm an Fest- und Feiertagen als auch durch ein breites Presseecho vor und nach der Ausstrahlung deutlich. Interessanterweise verlegen gleich zwei Adaptionen – *Wer einmal aus dem Blechnapf frißt* (BRD 1962) und *Der Trinker* (BRD 1967) – die Handlung in die eigene Zeit und zeigen damit, wie aktualisierbar die Texte Falladas sind. Neben den Spielfilmen werden auch aufgezeichnete Theateraufführungen wie die Revue *Kleiner Mann – was nun?* (BRD 1973) von Peter Zadek und Tankred Dorst im Programm präsentiert (siehe den Beitrag 4. *Fallada auf der Bühne* in Kap. III).

Jeder stirbt für sich allein (BRD 1962)
Regie: Falk Harnack
Drehbuch: Robert A. Stemmel
Produktion: SFB
Kamera: Heinz Pehlke
Musik/Ton: Peter Sandloff
Schauspieler: Alfred Schieske, Edith Schultze-Westrum, Hugo Schrader u. a.
Erstausstrahlung: 19. Juli 1962
Länge: 106 Minuten

Der Aufbau von *Jeder stirbt für sich allein* (BRD 1962) orientiert sich an einer geschlossenen Dramaturgie mit Exposition, Wendepunkt und Höhepunkt. Ausführlich widmet sich der Film der Escherich-Handlung, die, wie Bernhard Heinrich nachweist, als gleichwertig parallel zur Quangel-Handlung geführt wird, wobei „der Konflikt – abweichend von der Romanvorlage – als personalisierter Widerstreit zwischen zwei Parteien inszeniert" erscheint und so maßgeblich zur Spannung des Films beiträgt (Heinrich 2008, 184f.). Der Schwerpunkt des Films liegt in der Darstellung der verschiedenen Moralvorstellungen der Figuren, die als Opfer (Anna und Otto Quangel), Täter (Escherich) und Mitläufer (Borkhausen, Kluge) kategorisiert werden. Die Darstellung kippt dabei ab und an ins Symbolische. So demonstriert Harnack „anhand einer Figur wie Escherich, wie Menschen in diktatorischen Systemen zu Handlangern von Mördern werden, ohne selbst das Gefühl zu haben, moralisch verkommene Menschen zu sein" (ebd., 187). Zugleich wird die Figur Otto Quangels im Film zeitweise zum Helden überhöht. Dies wird von der zeitgenössischen Kritik durchaus positiv bewertet, die den Film als Hommage an den innerdeutschen Widerstand einordnet. Er wird entsprechend am 19. Juli 1962 – also einen Tag vor dem 18. Jahrestag des Stauffenberg-Attentates – ausgestrahlt.

Wer einmal aus dem Blechnapf frißt (BRD 1962)

Regie: Fritz Umgelter
Drehbuch: Reinhart Müller-Freienfels
Produktion: WDR
Kamera: Kurt Grigoleit
Musik/Ton: Peter Thomas
Schauspieler: Klaus Kammer, Peter Ehrlich, Sigurd Fitzek u. a.
Erstausstrahlung: 8. Mai 1962, 9. Mai 1962, 10. Mai 1962
Länge: 90 Minuten (Teil 1), 90 Minuten (Teil 2), 75 Minuten (Teil 3)

Die drei spielfilmlangen Teile von *Wer einmal aus dem Blechnapf frißt* (BRD 1962) werden an aufeinanderfolgenden Tagen im Mai 1962 in der ARD ausgestrahlt. Der Romanstoff wird in die frühen 1960er Jahre verlegt, worunter – so die Filmkritik – die Darstellung von Milieu und Figuren leide. Die Mehrheit der Kritiker verkennt allerdings die filmischen Mittel, die dezent eingesetzt werden, um die innere Verfasstheit der Figur Willi Kufalt adäquat darzustellen. So werden die Überforderungen des Entlassenen in der Freiheit durch Überblendungen markiert, die häufigen inneren Zweifel werden dem Zuschauer mittels langer Kameraeinstellungen und Nahaufnahmen von Kufalts Gesicht verdeutlicht. Insbesondere gelingt es dem Film so auch, die notwendigen Kürzungen umzusetzen, ohne dass Handlung und Atmosphäre darunter leiden. Auffällig ist, dass v. a. Szenen gekürzt und abgeändert werden, die kirchliche Amtsträger und Institutionen zeigen, so dass deren negative Darstellung abgeschwächt wird. Positiv bemerkt die zeitgenössische Kritik die Dialog-Regie sowie die Besetzung der Rollen. Viele Details aus dem Roman – beispielsweise das Sternenmuster des Zellenfußbodens – werden übernommen. Der titelgebende Blechnapf, der im Roman nur als Phrase eingeführt wird, ist im Film zum zentralen Motiv ausgebaut.

Der Trinker (BRD 1967)

Regie: Dietrich Haugk
Drehbuch: Oliver Storz
Produktion: Südfunk Stuttgart
Kamera: Jan Kališ
Musik/Ton: Peter Thomas
Schauspieler: Siegfried Lowitz, Hannelore Elsner, Inge Langen u. a.
Erstausstrahlung: 31. Oktober 1967
Länge: 100 Minuten

Die Verfilmung *Der Trinker* aus dem Jahr 1967 übernimmt nur wenige Handlungselemente und Motive des Romans (z. B. die Figur der Kellnerin, den Einbruch in das eigene Zuhause, Misstrauen und Aggression gegenüber der Ehefrau, die Einweisung in die Anstalt) und variiert selbst diese stark. In einigen Szenen wird die literarische

Vorlage fast ins Unkenntliche verändert, so dass der Film als die freieste Bearbeitung einer Romanvorlage von Hans Fallada gelten kann. Die Handlung wird in die 1960er Jahre verlegt und liefert – auch weil die Figur des Trinkers im Vergleich zum Roman weniger im Mittelpunkt steht – ein Bild des Umgangs mit Alkohol und Alkoholkranken in der bundesrepublikanischen Gesellschaft der 1960er Jahre. Während der Roman durch die Darstellung des psychischen Leidens mittels Innensichten des Trinkers besticht, verschiebt der Film den Fokus auf das physische Leiden und die Reaktionen des Umfeldes auf das Trinken. Einzig das Gespräch am See in einem Nebeneinander von Szenen spiegelt das Innere der Eheleute wider und formuliert Gründe für das Trinken. Nur in dieser Szene wird die Motivation des Trinkers deutlich, auch weil der Film die Figur direkt als Trinker einführt und somit auf eine Initiation, wie sie der Roman bietet, verzichtet. Sowohl in der zeitgenössischen Filmkritik – obwohl Siegfried Lowitz eine Goldene Kamera erhält – als auch in der Forschung wurde die Verfilmung bisher vernachlässigt.

Bauern, Bonzen und Bomben (BRD 1973)
Regie: Egon Monk
Drehbuch: Egon Monk
Produktion: NDR
Kamera: Hans Sommerfeld, Ulf Deutsch, Heinz Baumann u. a.
Musik/Ton: Alexander Goehr, Werner Stumpf, Hans Ebel
Schauspieler: Arno Assmann, Siegfried Wischnewski, Ernst Jacobi u. a.
Erstausstrahlung: 23. April 1973, 24. April 1973, 29. April 1973, 3. Mai 1973, 8. Mai 1973
Länge: 5 Teile mit jeweils etwa 95 Minuten

Der Brecht-Schüler Egon Monk verfilmt den Roman *Bauern, Bonzen und Bomben* als Fernsehspiel in fünf Teilen nach dem Konzept der mit ihm in Verbindung stehenden sog. Hamburgischen Dramaturgie. Deren Merkmale wie sachlich-nüchterne und wirklichkeitsnahe Darstellung, aktive Einbeziehung des Zuschauers (beispielsweise durch frontales Anspielen) sowie dessen Anregung zur Kritik, darüber hinaus filmische Mittel wie die Reduzierung der Kulisse betonen die neusachlichen Elemente des Romans. Monks Arbeit wird in der Presse breit und überaus positiv besprochen.

Die Adaption orientiert sich – mit Ausnahme des Handlungsortes, der an die historischen Schauplätze nach Schleswig-Holstein verlegt wird und einiger satirischer Weiterentwicklungen – nah an der Vorlage und übernimmt sogar Dialoge wörtlich. Monk nutzt den Chronisten-Erzähler des Romans und damit einhergehend auch die unparteiische Schilderung der Handlung. Realitätseffekte werden durch Dialekt sowie durch die stetige Verortung der Handlung erzeugt. Monk ergänzt jedoch auch Dialoge und ganze Szenen (z. B. die Verlagssekretärin im Tanzlokal oder den Rücktritt des Bürgermeisters), um Zeitumstände und Zusammenhänge zu vermitteln.

Der Film nutzt überwiegend lange Szenen, lange Einstellungen und seltene Schnitte sowie ruhige Kamerafahrten. Dadurch wirkt er – insbesondere für heutige Sehgewohnheiten – langsam, nüchtern und handlungsarm. Darüber hinaus weist der Film viele halbnahe und amerikanische Einstellungen auf, die eine Ästhetik des Kammerspiels erzeugen und den Chronisten-Stil unterstützen (vgl. Gast 2009, 203). Eine ausführliche Analyse der filmischen Mittel liefert Wolfgang Gast, der u. a. festhält: „Monk gelingt es, die literarische Vorlage medienspezifisch in den Fernsehfilm zu transformieren […]" (ebd., 203). Egon Monk erhält für *Bauern, Bonzen und Bomben* den Fernsehfilmpreis der Deutschen Akademie der Darstellenden Künste.

Jeder stirbt für sich allein (BRD 1975)
Regie: Alfred Vohrer
Drehbuch: Anton Czerwik, Miodrag Cubelic
Produktion: Lisa Film GmbH, Constantin GmbH, Terra Filmkunst GmbH
Kamera: Heinz Hölscher
Musik/Ton: Gerhard Heinz, Ronny Würden
Schauspieler: Hildegard Knef, Carl Raddatz, Brigitte Mira u. a.
Uraufführung: 21. Januar 1976
Länge: 105 Minuten

Die Verfilmung des Romans *Jeder stirbt für sich allein* wird als einzige Adaption der Nachkriegszeit für das Kino produziert und am 21. Januar 1976 uraufgeführt. Hildegard Knef erhält für ihre Rolle als Anna Quangel die Goldene Filmpreisrolle als beste Schauspielerin beim Karlovy Vary International Film Festival (Karlsbad, Tschechoslowakei). Ihr ist auch das breite Medienecho zu verdanken, wobei die Kritik dem Film kein einhelliges Lob zollt. Bemängelt werden durchweg die hohe Sentimentalität und Verkitschung des Stoffes, und auch in der Forschung wurde – trotz der Nähe zur literarischen Vorlage – die „Emotionalisierung des Geschehens und der Handlungsmotivation" nachgewiesen (Ächtler 2013, 22f.). Dies betrifft alle Elemente des Filmes und zeigt sich u. a. in der Zentrierung und Reduzierung der Handlung auf die Figur Anna Quangel, im Einsatz filmischer Mittel wie des Zeitlupeneffekts beim Tod Otto Quangels und beim Tod Karls, in dem über die bloße Stimmungserzeugung hinaus wenig dramaturgischen Einsatz der Filmmusik sowie in nicht-funktionalen Szenen wie dem Bombenangriff auf Berlin. Darüber hinaus kritisiert wird das im Film erzeugte Bild der NS-Zeit, das lediglich als Kulisse wirke und Nazis als Karikaturen erscheinen lasse (siehe u. a. Karasek 1976, 106; Blumenberg 1976, 40; Blum 1976, 11). Die Emotionalisierung der Romanvorlage sowie das veränderte Bild der NS-Zeit führt Ächtler auf eine durch den zeitlichen Abstand bedingte andere Bewertung und Perspektive zurück: So findet sich zwischen 1975 und 1985 eine Reihe von Unterhaltungsfilmen, die den Nationalsozialismus thematisieren (Ächtler 2013, 29). In dieser Orientierung hebt der Film den Widerstand der kleinen Leute gegen den NS durchweg positiv und heroisch hervor, während Falladas Roman ein durchaus ambivalentes (und damit authentischeres) Bild sowie Zweifel zeige (ebd., 29). Kritisiert wird im Vergleich mit der literarischen Vorlage auch die Umsetzung der Dialoge und Figurenzeichnung. Hildegard Knef, so die Kritik mehrheitlich, gelinge keine authentische Darstellung als Arbeiterehefrau, vielmehr verharre sie in immer gleichen Posen. Da Anna Quangel im Mittelpunkt des Films steht, werden andere Figuren wie Otto Quangel oder Emil Borkhausen sowie die Nebenhandlungen vernachlässigt. Durch die Reduktion der Handlung um Kommissar Escherich verliert die Story zudem ihr kriminalistisches Element und damit an Spannung. Aufgrund der starken Verkürzung und Zentrierung auf die Figur der Anna Quangel und die häufigen Rückblenden (Erinnerungen an den Sohn und der Tod des Sohnes) bleibe die Motivation zum Kartenschreiben einseitig auf den Tod des Sohnes ausgerichtet, während sie im Roman in eine Motivation zum Widerstand im Allgemeinen münde. Interessant ist, dass die Verfilmung einen Amtsträger zum Widerständler umfunktioniert, indem nicht der Kammergerichtsrat a. D. Fromm die Giftkapsel übergibt, sondern Schröder, der Assistent Escherichs.

Ein Mann will nach oben (BRD 1978)
Regie: Herbert Ballmann
Drehbuch: Karl Wittlinger
Produktion: ZDF, ORG, SRG
Kamera: Ingo Hamer, Horst Chlupka
Musik/Ton: Erich Ferstl, Lothar Mankewitz, Gerhard Birkholz
Schauspieler: Mathieu Carrière, Ursela Monn, Rainer Hunold u. a.
Erstausstrahlung: 26. März 1978, 2. April 1978, 9. April 1978, 16. April 1978, 23. April 1978, 30. April 1978, 7. Mai 1978, 14. Mai 1978, 21. Mai 1978, 4. Juni 1978, 11. Juni 1978, 18. Juni 1978
Länge: 13 Teile mit jeweils etwa 60 Minuten

Der Roman *Ein Mann will nach oben* entsteht 1941/42 als Auftragsarbeit für die Wien-Film GmbH unter dem Titel *Die Eroberung von Berlin*. Die Produktion kommt jedoch nicht zustande, u. a. weil im zerstörten Berlin keine Dreharbeiten mehr möglich sind. Die 13-teilige Serie aus dem Jahr 1978 lief vom 26. März bis 18. Juni 1978 über drei Monate lang jeden Sonntag zur Hauptsendezeit und „war ein Höhepunkt des Fernsehjahres 1978" (Reufsteck/Niggemeier 2005, 758). Die einzelnen Folgen erlangten Einschaltquoten von 10–25% (Scherer 2012, 122). Mit Produktionskosten von 10 Millionen DM war *Ein Mann will nach oben* die bis dahin teuerste und aufwendigste Literaturverfilmung eines deutschen Fernsehsenders.
Anhand der Jahre 1909, 1914, 1919, 1923 und 1925 präsentiert die Serie ein Bild der Großstadt Berlin und ihrer Bewohner vom Kaiserreich und Weltkrieg über die Jahre der Inflation bis in die Goldenen Zwanziger Jahre. Während der Roman die Jahre des Krieges bewusst auslässt, zeigt die Verfilmung den 1. Weltkrieg in Folge 10. Der Vorspann jeder Episode vermittelt anhand von Originalaufnahmen historische und politische Höhepunkte des jeweiligen Zeitraums, während die Folgen selbst darauf verzichten, das Politische darzustellen. Der historischen Anspruch der Serie stellt ein Novum dar, denn es deutet sich hier die Abkehr von der Sozialserie Mitte der 1970er Jahre an (Scherer 2012, 121). Während der Roman die Handlung bis ins Jahr 1931 führt, endet die Verfilmung im Jahr 1925.
Die Serie betont die unterhaltenden Aspekte des Romans, indem sie v. a. Elemente der Familienserie nutzt: „Ihre Sozial- und Gesellschaftskritik […] moderiert die Verfilmung durch Berliner Lokalkolorit und Humor in komischen Genre-Szenen […]. (Scherer 2012, 120) Die Kritik ist gespalten: Während die *Neue Zürcher Zeitung* und die *Süddeutsche Zeitung* die Verfilmung v. a. für Kulisse und Milieudarstellung loben, sind genau dies die Punkte der Kritik in der *Frankfurter Rundschau* und der *Frankfurter Allgemeine Zeitung*. *Die Welt* führt die Kritik an der Serie mit einer Kritik an

der Qualität des Textes Falladas zusammen. Eine fernsehgeschichtliche Einordnung liefert Scherer (2012).

Der eiserne Gustav (BRD 1979)
Regie: Wolfgang Staudte
Drehbuch: Herbert Asmodi
Produktion: SWF Südwestfunk Baden-Baden, SRG, Taurus-Film GmbH
Kamera: Immo Rentz
Musik/Ton: Friedrich Scholz
Schauspieler: Gustav Knuth, Eva Brumby, Volker Lechtenbrink u. a.
Erstausstrahlung: 27. August 1979, 3. September 1979, 10. September 1979, 17. September 1979, 24. September 1979, 1. Oktober 1979, 8. Oktober 1979
Länge: 7 Teile mit jeweils etwa 60 Minuten

Der Roman *Der eiserne Gustav* entsteht als Auftragsarbeit: Fallada unterzeichnet am 12. November 1937 einen Vertrag mit der Tobis-Klang-Film-Gesellschaft für ein Drehbuch über den Droschkenkutscher Gustav Hartmann, angelegt als deutsche Familiengeschichte, die in der Zeit von 1914 bis 1933 spielen soll (Williams 2011, 256; ausführlich zur Entstehungsgeschichte Caspar 1977, Caspar 1985 und der Beitrag 4.5 *Der eiserne Gustav* in Kap. II). Die erste Fassung des Drehbuches wird abgelehnt, u. a. da die nationalistische Gesinnung fehle und die Handlung im Jahr 1928 ende, während vertraglich vereinbart war, dass bis 1933 erzählt werde. Nach Überarbeitungen kann das Drehbuch die Auftraggeber – insbesondere Propagandaminister Joseph Goebbels – überzeugen. Es kommt jedoch nicht zur Verfilmung, da Alfred Rosenberg Einwände gegen das Projekt erhebt (Williams 2011, 264).

Die Verfilmung aus dem Jahr 1979 ist als Serie in sieben Teilen angelegt, die vom 27. August 1979 bis zum 8. Oktober 1979 wöchentlich am Montag in der ARD zur Hauptsendezeit um 20:15 Uhr lief. Der Film setzt Szenen und Dialoge des Romans detailgenau um. Diese Nähe zum Roman wurde in der Presse gelobt. So ist die Figur Heinz, auch Bubi genannt, im Roman als auch in der Verfilmung eine für Fallada typische Figur des ‚Kleinen Mannes'. Neben der Umbenennung des Sohnes Otto in Wilhelm gibt es einzig bei Eva größere Änderungen. Ihr Abstieg in die Prostitution wird im Roman durch das Unterkommen bei der Schwägerin Tuddi und die Arbeit in der Munitionsfabrik unterbrochen. Im Film werden diese Szenen ausgespart, so dass ihr Niedergang stetig und damit auch ohne Aussicht auf einen Ausweg erzählt wird.

Über Kulisse, Musik, Schrift und zahlreiche Details gelingt es dem Film, die historisch-politische Stimmung des Romans wiederzugeben. Die individuellen Schicksale der Figuren werden konsequent in den politischen Verlauf eingebettet und mit diesem engeführt. Der Film zeigt, orientiert an der Fassung des Romans von 1938, auch die Szenen, in denen Nationalsozialisten dargestellt werden. So nimmt Leutnant von Ramin Heinz auf eine Versammlung der Nationalsozialisten mit, wo dieser Erich erkennt.

Die Serie wurde von der Presse lobend aufgenommen. Die Verfilmung wird in den Besprechungen immer wieder auch in eine Reihe mit zeitgleichen Literaturverfilmungen gestellt, welche die 1920er Jahre als zeithistorischen Hintergrund haben (z. B. Fassbinders *Berlin Alexanderplatz* und Geißendörfers *Theodor Chindler*).

Die Verfilmungen *Der eiserne Gustav* (BRD 1958) mit Heinz Rühmann und *Eisenjustavs dollste Fuhre* (DDR 1965) gelten nicht als Fallada-Verfilmungen, auch wenn die Ausgabe des Romans *Der eiserne Gustav* im Ullstein Verlag auf diese Filme verweist. Sie behandeln zwar die Person des Gustav Hartmann, berufen sich jedoch nicht auf die Romanvorlage Falladas, sondern auf die historischen Dokumente (Haupt 1995, 5).

Verfilmungen in der DDR

Hans Fallada gehört in der DDR zu den meist verfilmten Autoren epischer Vorlagen (Beutelschmidt/Wrage 2004, 177). Die Fallada-Verfilmungen erfüllen Programmschwerpunkte des DDR-Fernsehens: Sie sind Literaturverfilmungen, meist als Mehrteiler konzipiert; und mit *Der goldene Taler* findet sich auch eine Märchenverfilmung. Alle Filme wurden für die Ausstrahlung im Deutschen Fernsehfunk DFF produziert. Unter den Verfilmungen für das DDR-Fernsehen sticht die Trilogie von Klaus Jörn und Hans-Joachim Kasprzik hervor. Die drei Verfilmungen – *Wolf unter Wölfen* (1964), *Kleiner Mann – was nun?* (1967) und *Jeder stirbt für sich allein* (1970) – sind durch eine gemeinsame Filmsprache verbunden, die in der Kritik immer wieder als eigener Fallada-Stil beschrieben wird (Kroneberg 1978, 4). Eine weitere Verfilmung nach dem Roman *Wer einmal aus dem Blechnapf frißt* wird von den Behörden jedoch abgelehnt (Liersch/Ächtler 2009, 211).

Wolf unter Wölfen (DDR 1964)

Regie: Hans-Joachim Kasprzik
Drehbuch: Hans-Joachim Kasprzik, Klaus Jörn
Produktion: DFF
Kamera: Otto Hanisch
Musik/Ton: Günter Hauk
Schauspieler: Armin Mueller-Stahl, Annekathrin Bürger, Wolfgang Langhoff u. a.
Erstausstrahlung: 14. März 1965, 16. März 1965, 18. März 1965, 21. März 1965
Länge: 110 Minuten (Teil 1), 90 Minuten (Teil 2), 85 Minuten (Teil 3), 130 Minuten (Teil 4)

Wolf unter Wölfen (DDR 1964) wurde im März 1965 im DDR-Fernsehen DFF ausgestrahlt. Der Film in vier Teilen (Teil 1: Die Stadt und ihre Ruhelosen, Teil 2: Schwüle über dem Land, Teil 3: Es kommen des Teufels Husaren, Teil 4: Ende und Anfang) ist durch eine klare Struktur gekennzeichnet, so dass die Romanhandlung mit ihren zahlreichen Nebenhandlungen trotz enormer Kürzungen verständlich bleibt. „Durch die konsequente Absetzung des ersten Teils, der in Berlin spielt, von den übrigen Teilen, deren Handlungsort Neulohe ist, werden beispielsweise Unterschiede zwischen den Verhältnissen in der Stadt und auf dem Land bewußt gemacht. Zentrum der Inflation ist Berlin. Ihre Auswirkungen zeigen sich aber gerade auf dem Lande noch lange Zeit, zum Beispiel in der moralischen Haltung der Menschen." (Schönfeld 1977, 192)

Wolf unter Wölfen (DDR 1964) zeichnet sich durch eine Kommentarebene aus. Dieser Kommentar nutzt einen sachlich-journalistischen Ton, der an den Stil Falladas angelehnt ist und teilweise auch wortwörtliche Passagen aus dem Roman verwendet. Er ist – verbunden mit Filmaufnahmen aus den 1920er Jahren – von der Handlung getrennt und fungiert so als Zwischenszene, die Stimmung und Atmosphäre der 1920er Jahre vermittelt. Der Kommentar, der in *Wolf unter Wölfen* (DDR 1964) eingeführt wird und die Trilogie bis *Jeder stirbt für sich allein* (DDR 1970) prägt, trägt maßgeblich zur Strukturierung der Filmhandlung bei. Der Kommentar steht in dieser Verfilmung – im Unterschied zu *Jeder stirbt für sich allein* (DDR 1970) – jedoch noch unverbunden der Handlung gegenüber. Damit wirkt er – im Vergleich mit den beiden späteren Verfilmungen von Hans-Joachim Kasprzik und Klaus Jörn – deutlich distanzierter zu Handlung und Figuren.

Überzeugend ist die Besetzung der Haupt- und Nebenfiguren: Armin Mueller-Stahl spielt die ganze Breite der Figur Wolfgang Pagels aus, aber auch Agnes Kraus als Vermieterin Frau Thumann und Marianne Wünscher als Ida beeindrucken durch ihre Dialekt- und Milieudarstellung. Diese durchaus romantreue Figurenzeichnung erweitert der Film um Details, die im Roman nicht vorkommen, wie die Monologe der Petra Ledig, um das Innere verschiedener Figuren adäquat umzusetzen. Im Gesamten präsentiert die Verfilmung eine für die 1960er Jahre durchaus innovative, teils experimentelle Kameraführung, die jedoch zurückhaltend eingesetzt wird.

Die herausragende Stellung dieser Verfilmung zeigt sich auch daran, dass sie im März 1968 als erster in der DDR produzierter Film im Fernsehen der BRD gezeigt wird und die westdeutsche Kritik sich durchweg positiv äußert. In den Besprechungen der BRD-Presse, so etwa durch Georg Krieger im *Rheinischen Merkur*, werden die Werktreue und die unideologische Bearbeitung des Romans positiv hervorgehoben (Krieger 1968, 13).

Kleiner Mann – was nun? (DDR 1967)

Regie: Hans-Joachim Kasprzik
Drehbuch: Hans-Joachim Kasprzik, Klaus Jörn
Produktion: DFF
Kamera: Lothar Gerber
Musik/Ton: Günter Hauk
Schauspieler: Arno Wyzniewski, Jutta Hoffmann, Wolf Kaiser u. a.
Erstausstrahlung: 16. Dezember 1967, 17. Dezember 1967
Länge: 90 Minuten (Teil 1), 125 Minuten (Teil 2)

Der Zweiteiler *Kleiner Mann – was nun?* (DDR 1967) wurde im Dezember 1967 im DFF ausgestrahlt und zählt zu den Höhepunkten des Fernsehjahres (Nössing 1967, 3; Stern 1967, zit. nach Grisko 2002, 108). *Kleiner Mann – was nun?* (DDR 1967) übernimmt als zweiter Teil der von Hans-Joachim Kasprzik und Klaus Jörn produzierten Fallada-Trilogie die Filmsprache, insbesondere den Einsatz des Kommentars der vorangegangenen Verfilmung *Wolf unter Wölfen* (DDR 1964), setzt nun aber verstärkt die subjektive Kamera ein.

Die Presse der BRD lobt den Film, unterstellt aber eine Politisierung des Stoffes, da u. a. der Kommentar eine politische Tendenz vorgäbe, die im Roman nicht angelegt sei. Tatsächlich soll die Montage von Kommentar und Filmmaterial die fehlenden oder unzureichend oder zu allgemein beschriebenen Hintergründe in Falladas Darstellung ergänzen (Schönfeld 1977, 193). Für den Kommentar wurden Falladas Texte verwendet und durch zeitgenössische Begriffe ergänzt (ebd., 195). Der Kommentar ist – wenn auch im Vergleich zu *Wolf unter Wölfen* (DDR 1964) sparsamer eingesetzt – häufigster Kritikpunkt. Wolfgang Gast kritisiert den Erzähler als allwissend und penetrant kommentierend, weil er die private Geschichte als politisches Lehrstück inszeniert (Gast 2008, 164f.). Handlungsstruktur und die Entwicklung der Figuren erscheinen somit ständig determiniert.

Die Struktur des Films orientiert sich am linearen Handlungsverlauf der literarischen Vorlage analog zur Kapiteleinteilung des Romans. Parallelmontagen werden kaum eingesetzt. Der Film verzichtet auf einige Szenen wie die Episode bei Dr. Sesam oder die Darstellung der (politischen) Streitigkeiten in der Familie Mörschel und damit auf die Differenzierung der Linken, die ein wichtiges zeitgeschichtliches Detail im Roman darstellt (Grisko 2000, 237). Der ursprüngliche Schluss, der Pinneberg und Lämmchen zusammenführt und damit die Hoffnung in der kleinen Familie betont, wurde ohne Wissen Klaus Jörns gekürzt (Liersch/Ächtler 2009, 209f.). Im Vergleich von Roman und Film weist Grisko nach, dass die Kürzungen die nicht eindeutige politische Haltung sowie die nicht eindeutige Schuldzuweisung im Roman vernachlässigen (Grisko 2000, 238ff.). Dadurch muss der Verfilmung eine Ideologisierung unterstellt werden. Die Betonung liegt auf gefühlsstarken Stellen, die mittels Nah- und Großaufnahmen umgesetzt werden; das Private der Figuren wird immer wieder in das Gesamtgesellschaftliche überführt.

Jeder stirbt für sich allein (DDR 1970)
Regie: Hans-Joachim Kasprzik
Drehbuch: Hans-Joachim Kasprzik, Klaus Jörn
Produktion: DFF
Kamera: Lothar Gerber
Musik/Ton: Günter Hauk
Schauspieler: Elsa Grube-Deister, Erwin Geschonnek, Wolfgang Kieling u. a.
Erstausstrahlung: 12. September 1970, 16. September 1970, 20. September 1970
Länge: 150 Minuten (Teil 1), 100 Minuten (Teil 2), 65 Minuten (Teil 3)

Jeder stirbt für sich allein (DDR 1970) als dritter Teil der Fallada-Trilogie verknüpft das private Handeln der Quangels durch den aus den beiden vorherigen Filmen bekannten Kommentar mit Ereignissen des Zweiten Weltkrieges. Das private Schicksal wird so mit einem größeren historischen Zusammenhang enggeführt und politisiert. Dieses Detail wird in der Kritik immer wieder aufgegriffen und z. T. auch negativ bewertet, da der Kommentar zeitweise ideologisch gefärbte Phrasen nutzt. Zwar wurde der Kommentar im Vergleich mit der Romanvorlage bereits in *Wolf unter Wölfen* (DDR 1964) und stärker noch in *Kleiner Mann – was nun?* (DDR 1967) sowohl inhaltlich als auch mit zeitgenössischem Vokabular ergänzt, er fällt in diesen beiden Filmen aber noch eindeutiger aus. Während er in *Wolf unter Wölfen* (DDR 1964) und *Kleiner Mann – was nun?* (DDR 1967) noch als Aktualisierung gewertet werden kann, ist der Kommentar in *Jeder stirbt für sich allein* (DDR 1970) – vermutlich durch das Thema des deutschen Widerstandes, v. a. aber durch die Mitarbeit der Berater, wie sie Klaus Jörn beschreibt (siehe Liersch/Ächtler 2009, 209) – ideologisch geprägt.

Darüber hinaus nutzt der Film eine klare Filmsprache, die alle Elemente funktional einsetzt. Um die bisher entworfene Filmästhetik beizubehalten, lehnt Klaus Jörn es ab, den Film in Farbe zu produzieren (ebd., 211). *Jeder stirbt für sich allein* ist als Dreiteiler angelegt und nutzt diese Länge nicht nur, um die Handlung des Romans ausführlich zu entfalten, sondern auch dazu, die Figuren genauer zu charakterisieren. Gerade im Vergleich mit der späteren BRD-Verfilmung von 1975 fällt auf, dass der Film viel Zeit für die Darstellung der Hauptfiguren Otto und Anna Quangel und ihre Gespräche aufwendet, mit denen die Figuren maßgeblich charakterisiert und ihre Bewusstseinsentwicklung gezeigt wird. Über die filmischen Mittel der halbnahen und nahen Kameraeinstellung werden Motive und der Prozess der Entscheidungsfindung, aber auch die Ängste und Zweifel der Figuren Anna und Otto Quangel sowie der Nebenfiguren wie Enno Kluge deutlich gemacht.

Die Geschichte vom goldenen Taler (DDR 1985)

Regie: Bodo Fürneisen
Drehbuch: Bodo Fürneisen, Eberhard Borkmann
Produktion: Fernsehen der DDR
Kamera: Eberhard Borkmann
Musik/Ton: Michael Heubach, Günter Witt
Schauspieler: Dirx Brennemann, Reiner Heise, Antje Straßburger u. a.
Erstausstrahlung: 9. Februar 1985
Länge: 83 Minuten

Trotz der breiten Rezeption der Kinderbücher Falladas werden sie kaum verfilmt. Einziges größeres Projekt bleibt die DDR-Verfilmung *Der goldene Taler*. Daneben finden sich Filme wie *Ruhe zum Donnerwetter, Vater arbeitet* (DDR 1986), welcher Teile aus den *Geschichten aus der Murkelei* aufgreift und mit biografischen Daten zum Leben Rudolf Ditzens und dem Familienleben in Carwitz ergänzt. Weitere Produktionen des DDR-Fernsehens sind der Puppentrickfilm *Mäuseken Wackelohr* (DDR 1990) sowie zwei abgefilmte Lesungen Rolf Ludwigs aus dem Deutschen Theater Berlin aus den Jahren 1987 und 1989.

In der *Geschichte vom goldenen Taler* werden die Märchenelemente hervorgehoben. Innerhalb der DEFA-Märchen ist diese Verfilmung ein Rückgriff auf die Tradition der Studioproduktion und der Tricktechnik (Grisko 2001, 60). Über die Tricktechnik gelingt es Regisseur Bodo Fürneisen, den goldenen Taler zum Leitmotiv auszubauen (ebd., 59f.). Auch inhaltlich setzt die Verfilmung neue Akzente (ebd., 58ff.): Während in der literarischen Vorlage der Fleiß als Voraussetzung für das Glück gilt, entwickelt Bodo Fürneisen die Liebesgeschichte weiter und stellt sie in den Mittelpunkt des Films. So wird aus Geldgeiz Gefühlsgeiz. Des Weiteren wird der Verlust des Talers als neuer Schluss in den Film eingeführt. Die Weitererzählung der Geschichte durch den Film ist dabei an Falladas Stil angelehnt, so dass inhaltliche oder stilistische Brüche ausbleiben. Den Film kennzeichnet jedoch durch die parabolische Erzählweise ein hoher Abstraktionsgrad.

Altes Herz geht auf die Reise (DDR 1987)

Regie: Hans Knötzsch
Drehbuch: Hans Knötzsch
Produktion: Fernsehen der DDR
Kamera: Horst Hardt
Musik/Ton: Karl-Ernst Sasse
Schauspieler: Horst Schulze, Horst Rehberg, Renate Geißler u. a.
Erstausstrahlung: 23. August 1987
Länge: 75 Minuten

Altes Herz geht auf die Reise (DDR 1987) schließt nicht an die vorangegangene Fallada-Trilogie von Jörn und Kasprzik an und findet weder beim Publikum noch in der Kritik Zustimmung. Zum einen gelingt es nicht, die Stimmung des Buches, die zwischen Märchenton und Kriminalerzählung fluktuiert, aufzugreifen. Vielmehr verfällt der Film in eine Idylle, die durch die Kürzung um das kriminalistische Element und mittels der musikalischen Bearbeitung verstärkt wird. Der Film verliert so maßgeblich an Spannung. Zum anderen wird die schauspielerische Leistung der detaillierten und differenzierten Figurenzeichnung des Romans nicht gerecht: Der Figur Päule Schliecker fehlt das Grobe und Gewalttätige und Professor Kittguß das Zerstreute. Damit einhergehend wird auch der Verzicht auf die dialektale Sprachfärbung bemängelt. Hinzu kommt, dass die Figuren durchweg kostümiert wirken, so dass das im Roman angelegte Milieu im Film nicht abgebildet wird.

Filme nach der Wiedervereinigung

Seit den 1990er Jahren scheint das Interesse für Fallada-Verfilmungen nachzulassen. Zwar findet sich mit *Der Trinker* (D 1995) ein anspruchsvoller und in der Kritik gelobter Versuch, der jedoch keine weiteren Verfilmungen von Texten Falladas anstößt. Erst mit der internationalen Renaissance Falladas kommt es auch zu einer neuen Verfilmung von *Jeder stirbt für sich allein* unter dem englischen Original-Titel *Alone in Berlin*.

Der Trinker (D und Ö 1995)

Regie: Tom Toelle
Drehbuch: Ulrich Plenzdorf
Produktion: WDR, ORF
Kamera: Achim Poulheim
Musik/Ton: Jürgen Knieper, Christian Moldt, Helmut Röttgen
Schauspieler: Harald Juhnke, Jutta Wachowiak, Deborah Kaufmann u. a.
Erstausstrahlung: 6. Dezember 1995
Länge: 99 Minuten

Der Film *Der Trinker* zeigt einen Mann in der Krise, ausgelöst durch den Untergang eines politischen und wirtschaftlichen Systems. Der Trinker scheitert an der Wiedervereinigung, weil er sich im neuen kapitalistischen Wirtschaftssystem nicht zurecht findet. Der Film verlegt die Krise – mit wenigen visuellen Hinweisen (Plattenbau, vietnamesische Gastarbeiterin Else etc.), aber ohne konkrete Benennung – in die Zeit der Wende und zeigt so, wie aktualisierbar Falladas Roman ist. Der Film beweist zudem den Mut, die ambivalente Charakterzeichnung des Trinkers zu übernehmen, er zeigt die Aggression gegenüber der Ehefrau Magda (wenn auch schwächer als im Roman), die Verfolgungsphantasien und Selbsttäuschungen und dann wieder einen bemitleidenswerten Gescheiterten, der sich gegenüber seiner Frau schämt. Während das Trinken im Roman psychologisch feiner motiviert ist, zeigt der Film einen schnellen Einstieg in die Sucht. Der Film arbeitet dennoch nah an der literarischen Vorlage und übernimmt Orte, Namen und den Handlungsverlauf mit großer Genauigkeit. Kleine Änderungen sind meist der Aktualisierung und der Kürzung auf Spielfilmlänge geschuldet.

Die einzige größere Änderung ist die Reduzierung der abstoßenden Gefängnis- und Heilanstaltsszenen auf eine kurze positive Episode im Film. Hier findet Sommer in der Heilanstalt Zuflucht, spielt Theater und entwickelt sich zum Guten. Auch das veränderte offene Ende lässt sich in diese Richtung interpretieren: Sommer scheut die Entlassung, weil er sich in der Heilanstalt beschützt fühlt – ein Motiv, das aus *Wer einmal aus dem Blechnapf frißt* bekannt ist. Ein Selbstmord durch die Selbstinfektion mit Tuberkulose wäre nicht zeitgemäß; stattdessen entgeht Erwin Sommer seiner bevorstehenden Entlassung durch den Diebstahl von Krankenhausalkohol, mit dem er sich betrinkt und infolgedessen zusammenbricht. Eine weitere dezente Änderung gegenüber der Romanvorlage ist das Motiv des Schreibens in der Heilanstalt. Sommer schreibt in der Heilanstalt ein Buch, das für den Zuschauer nicht lesbar ist. Hier findet sich ein biografischer Verweis auf Fallada und seine Arbeit am Roman *Der Trinker* während seiner Haftzeit 1944 (Williams 2011, 317f.). Der ständige innere Kampf und das Sich-selbst-Belügen sind im Film, der die Ich-Perspektive des Romans nur bedingt darstellen kann, zurückgenommen. Die Verfilmung verzichtet auf größere filmische Experimente: Kleine Zeichen und Vorwegnahmen (beispielsweise durch den Ton beim Schlagen der Uhren), spielerische Elemente wie die Doppelrolle Deborah Kaufmanns als Kellnerin Elinor und als Krankenschwester werden sparsam eingesetzt. Der Film zeigt mit Elinor und Magda Sommer starke Frauenfiguren und ist damit nah an der Figurendarstellung der Romane Falladas. Dies ist auffällig, weil andere Verfilmungen diese Stärke der Frauen, wie sie in den Romanen angelegt ist, zurücknehmen, und Lämmchen (z. B. *Kleiner Mann – was nun?*, DDR 1967) oder Petra Ledig (z. B. *Wolf unter Wölfen*, DDR 1964) in den Verfilmungen naiv und handlungsscheu dargestellt werden.

Alone in Berlin (D, F, GB 2016)

Regie: Vincent Perez
Drehbuch: Vincent Perez, Achim von Borries, Bettine von Borries
Produktion: X Filme Creative Pool
Kamera: Christophe Beaucarne
Musik/Ton: Alexandre Desplat, Roland Winke
Schauspieler: Emma Thompson, Brendan Gleeson, Daniel Brühl u. a.
Uraufführung: 15. Februar 2016
Länge: 103 Minuten

Alone in Berlin (D, F, GB 2016) schließt mit einiger Verspätung an die internationale Fallada-Renaissance (siehe den Beitrag 7. *Fallada heute: Internationale Rezeption (Renaissance in Großbritannien, Israel und USA)* in Kap. III) an und stellt eine weitere Umsetzung für das Kino dar. Die spannende Handlung des Buches sowie die prominente Besetzung mit Emma Thompson, Brendan Gleeson und Daniel Brühl sorgten lange vor Drehbeginn für breites Interesse an der Verfilmung. Der Film bleibt jedoch hinter den Erwartungen zurück, die Kritiken fallen entsprechend überwiegend negativ aus. Die häufigsten Kritikpunkte sind die schauspielerische Leistung und die Umsetzung des Stoffes. Die Regie „bedient […] vorhersehbar alle Mechanismen des Betroffenheitskinos" (Zander 2016), so dass die Handlung ihre Spannung einbüßt.

Forschung

In der Forschung zu den Verfilmungen der Romane Hans Falladas dominieren Einzeldarstellungen, die meist in einem größeren Kontext wie beispielsweise DEFA-Märchen, Literaturverfilmungen in der DDR oder verbotene Filme im Dritten Reich besprochen werden. Ausnahmen bilden Günter Caspars Serie *Eine unglückliche Liebe? Fallada und der Film (1931–1943)*, die in fünf Teilen in der Zeitschrift *Film und Fernsehen* 1987 erschienen ist (Caspar 1987a-e), sowie Hans Haupts *Filmographie* für die HFG (Haupt 1995). Filmanalytische Schwerpunkte in der Betrachtung sind vereinzelt – verstärkt in neuerer Zeit – zu finden (u. a. Gast 2008; Gast 2009; Grisko 2000; Grisko 2001; Heinrich 2008; Scherer 2012; Ächtler 2013).

Einen Nebenaspekt im Kontext der Verfilmungen verfolgen die Arbeiten von Jenny Williams und Karl Prümm, die betonen, dass der dialogische Erzählstil – von Prümm als Kinoprosa bezeichnet – eine Tendenz zum filmischen Schreiben bzw. zum kinematografischen Erzählen und damit ein Adaptionspotenzial für die filmische Umsetzung der Prosa Falladas aufweisen (Williams 2009; Prümm 1994/1995/2011).

Literatur

Ächtler 2013: Ächtler, Norman: Die Knef spielt Fallada. *Jeder stirbt für sich allein* – Kleinbürgerlicher Widerstand im ‚Dritten Reich' und seine Inszenierung in Film und Roman. In: Der Deutschunterricht 69 (2013), H. 3, S. 18–31.
Beutelschmidt/Wrage 2004: Beutelschmidt, Thomas/Wrage, Henning: „Das Buch zum Film – der Film zum Buch". Annäherungen an den literarischen Kanon im DDR-Fernsehen, Leipzig 2004.
Blum 1976: Blum, Heiko R.: Ein Schicksalsdrama. Alfred Vohrers Film *Jeder stirbt für sich allein* nach dem gleichnamigen Roman Hans Falladas. In: Deutsche Volkszeitung, 12.2.1976, S. 11.
Blumenberg 1976: Blumenberg, Hans C.: Die Passion der späten Hilde. In: Die Zeit, 23.1.1976, S. 40.
Bundesarchiv 2007: Das Bundesarchiv: Deutsche Tonfilme 1929–1945. Überlieferungsverluste im Bundesarchiv. Stand Oktober 2007, http://www.bundesarchiv.de/imperia/md/content/abteilungen/abtfa/lost_films_tonfilme.pdf. [Stand: 26.1.2013].
Caspar 1977: Caspar, Günter: Nachwort. In: Hans Fallada: Ausgewählte Werke in Einzelausgaben, Bd. 6: *Der eiserne* Gustav. Roman, hg. von G. C., Berlin (Ost)/Weimar 1963, S. 755–813.
Caspar 1985: Caspar, Günter: Hans Fallada, Geschichtenerzähler. In: Hans Fallada. Märchen und Geschichten. Ausgewählte Werke in Einzelausgaben, Bd. IX, hg. von Günter Caspar, Berlin (Ost)/Weimar 1985, S. 649–785.

2. Verfilmungen

Caspar 1987a: Caspar, Günter: Eine unglückliche Liebe? Fallada und der Film (1931–1943) I. In: Film und Fernsehen 15 (1987), H. 3, S. 16–22.
Caspar 1987b: Caspar, Günter: Eine unglückliche Liebe? Fallada und der Film (1931–1943) II. In: Film und Fernsehen 15 (1987), H. 4, S. 22–35.
Caspar 1987c: Caspar, Günter: Eine unglückliche Liebe? Fallada und der Film (1931–1943) III. In: Film und Fernsehen 15 (1987), H. 5, S. 30–35.
Caspar 1987d: Caspar, Günter: Eine unglückliche Liebe? Fallada und der Film (1931–1943) IV. In: Film und Fernsehen 15 (1987), H. 7, S. 28–32.
Caspar 1987e: Caspar, Günter: Eine unglückliche Liebe? Fallada und der Film (1931–1943) V. In: Film und Fernsehen 15 (1987), H. 8, S. 38–40.
Filmwelt 1942: ohne Autor: Himmel, wir erben ein Schloß. In: Filmwelt. Das Film- und Foto-Magazin (1942), Nr. 39/40, 28.10.1942, S. 308–309.
Fallada 2017a: Fallada, Hans: Der Roman wird zum Film. In: Salatgarten 26 (2017), H. 2, S. 14. [Erstdruck: Film-Kurier. Theater, Kunst, Varieté, Funk 14 (1932), Nr. 230, 29.9.1932, [S. 2].]
Fallada 2017b: Fallada, Hans: Exposé für den Film *Kleiner Mann – was nun?* In: Salatgarten 26 (2017), H. 2, S. 15–19.
Fallada 2017c: Fallada, Hans: Einschreiben. An die Robert Neppach Film A.G. In: Salatgarten 26 (2017), H. 2, S. 31.
Gast 2008: Gast, Wolfgang: Film als Gedächtnis – Die DDR-Interpretation von Falladas *Kleiner Mann – was nun?* 1967. In: Zeit vergessen, Zeit erinnern. Hans Fallada und das kulturelle Gedächtnis, hg. von Carsten Gansel und Werner Liersch, Göttingen 2008, S. 161–180.
Gast 2009: Gast, Wolfgang: Die Transformation von Literatur der Neuen Sachlichkeit in das Fernsehspiel – Egon Monks dokudramatische Adaption von Hans Falladas Roman *Bauern, Bonzen und Bomben* 1973. In: Hans Fallada und die literarische Moderne, hg. von Carsten Gansel und Werner Liersch, Göttingen 2009, S. 187–204.
Grisko 2000: Grisko, Michael: „Es gibt keinen Frieden zwischen Arm und Reich". Hans Falladas *Kleiner Mann – was nun?* im DDR-Fernsehen. Der kleine Mann – multimedial. In: Hans-Fallada-Jahrbuch (2000), Nr. 3, S. 229–246.
Grisko 2001: Grisko, Michael: „Wer mit Gefühl spart, bleibt bis zuletzt bettelarm." Bemerkungen zu Hans Falladas Märchen *Der goldene Taler* und der Verfilmung durch das Fernsehen der DDR im Jahr 1985. In: Salatgarten 10 (2001), H. 2, S. 57–61.
Grisko 2002: Grisko, Michael: Hans Fallada. *Kleiner Mann – was nun?* [Erläuterungen und Dokumente], Stuttgart 2002.
Hagemann 1982: Hagemann, Peter A.: Altes Herz geht auf die Reise. In: Verbotene deutsche Filme 1933–1945, hg. von Kraft Wetzel und Peter A. Hagemann, Berlin ²1982, S. 56–58.
Haupt 1995: Haupt, Hans: Filmographie. Jahresgabe der Hans-Fallada-Gesellschaft 1995.
Heinrich 2008: Heinrich, Bernhard: Ästhetik des Widerstands – Falk Harnacks Film *Jeder stirbt für sich allein*. In: Zeit vergessen, Zeit erinnern. Hans Fallada und das kulturelle Gedächtnis, hg. von Carsten Gansel und Werner Liersch, Göttingen 2008, S. 181–188.
Hobsch 2010: Hobsch, Manfred: Kleiner Mann – was nun? In: Filme im ‚Dritten Reich'. Alle deutschen Spielfilme von 1933 bis 1945, Bd. 3, hg. von Manfred Hobsch, Berlin 2010, S. 281–282.
Karasek 1968: Karasek, Hellmuth: Die Wiederkehr der Knef. In: Der Spiegel 30 (1976), Nr. 4, S. 106.
Krieger 1968: Krieger, Georg: Kein Wolf im Schafspelz. Die erste ‚DDR'-Produktion im Fernsehen der Bundesrepublik. In: Rheinischer Merkur, 15.3.1968, S. 13.
Kroneberg 1978: Kroneberg, Eckart: Fallada. In: Der Tagesspiegel, 22.5.1978, S. 4.
Kuhnke 1977: Kuhnke, Manfred: Die Filmmusik zu *Kleiner Mann – was nun?*. In: Salatgarten 7 (1997), H. 1, S. 19.
Liersch/Ächtler 2009: Ächtler, Norman/Liersch, Werner: ‚Autoren genossen doch eine gewisse Achtung' – Ein Gespräch mit Klaus Jörn über die Fallada-Verfilmungen des DDR-Fernsehens. In: Hans Fallada und die literarische Moderne, hg. von Carsten Gansel und Werner Liersch, Göttingen 2009, S. 207–213.

Nössing 1967: Nössing, Ingeborg: Pinnebergs suchten das Glück. *Kleiner Mann – was nun?* – Glanzvoller Fernsehhöhepunkt am Jahresende. In: Der Morgen, 18.12.1967, S. 3.

Paulus 2017: Paulus, Erich: Fallada, was nun? Eine Filmkritik von 1933. In: Salatgarten 26 (2017), H. 2, S. 34. [Erstdruck in: Aufruf. Streitschrift für Menschenrechte 4 (1933), Nr. 3.]

Prümm 1994: Prümm, Karl: Die Oberfläche der Dinge. Repräsentation des Alltäglichen im Film, im Theater und im Roman um 1930 am Beispiel von Robert Siodmak, Ödön von Horváth und Hans Fallada. In: Les Fictions d'actualité dans les pays de langue allemande au XXe siècle. Die ästhetische Umsetzung des Zeitgeschehens im deutschsprachigen Raum im 20. Jahrhundert, Villeneuve d'Ascq Cédex 1994, S. 31–59.

Prümm 1995: Prümm, Karl: Exzessive Nähe und Kinoblick. Alltagswahrnehmung in Hans Falladas Roman *Kleiner Mann – was nun?*. In: Neue Sachlichkeit im Roman. Neue Interpretationen zum Roman der Weimarer Republik, hg. von Sabina Becker und Christoph Weiss, Stuttgart 1995, S. 255–272.

Prümm 2011: Prümm, Karl: Gebanntes Schauen und protokolliertes Sehen. Kinokritik und Kinoprosa bei Hans Fallada. In: Hans Fallada. Autor und Werk im Literatursystem der Moderne, hg. von Patricia Fritsch-Lange und Lutz Hagestedt, Berlin/Boston 2011, S. 135–151.

Reufsteck/Niggemeier 2005: Reufsteck, Michael/Niggemeier, Stefan: Das Fernsehlexikon, München 2005.

Scherer 2012: Scherer, Stefan: Ein Mann will nach oben. In: Klassiker der Fernsehserie, hg. von Thomas Klein und Christian Hißnauer, Stuttgart 2012, S. 119–125.

Schönfeldt 1977: Schönfeldt, Beate: Die Verfilmungen von Romanen Falladas. In: Filmwissenschaftliche Beiträge 18 (1977) H. 2, S. 189–197.

Stern 1967: Stern, Katja: Die Odyssee des Johannes Pinneberg. Falladas Roman Kleiner Mann, was nun? auf dem Bildschirm. In: Neues Deutschland, 18.12. 1967, o. S.

Töteberg 2013: Töteberg, Michael: „Beim Film weiß man nie". Ein Autor scheitert an der Filmindustrie. In: Hans Fallada, hg. von Gustav Frank und Stefan Scherer, München 2013 (Text + Kritik 200), H. 200, S. 40–50.

Töteberg 2017a: Töteberg, Michael: Chronik eines Desasters. 1932/33: *Kleiner Mann – was nun?* soll verfilmt werden. In: Salatgarten 26 (2017), H. 2, S. 20–26.

Töteberg 2017b: Töteberg, Michael: Rausgeschnitten: Die Comedian Harmonists. In: Salatgarten 26 (2017), H. 2, S. 32f.

Töteberg 2017c: Töteberg, Michael: Carl Laemmle presents: *Little Man, What Now?* 1934: Ein deutscher Bestseller wird zum amerikanischen Hollywood-Film. In: Salatgarten 26 (2017), H. 2, S. 36–40.

Williams 2009: Williams, Jenny: „Was steht bitte zu Diensten, meine Herrschaften?" Dialogische Erzähltechnik als neusachliche Darstellungsweise am Beispiel einer Szene im Kaufhaus Mandel. In: Hans Fallada und die literarische Moderne, hg. von Carsten Gansel und Werner Liersch, Göttingen 2009, S. 79–90.

Williams 2011: Williams, Jenny: Mehr Leben als eins. Hans Fallada. Biographie. Aus dem Englischen von Hans-Christian Oeser. Erweiterte und aktualisierte Neuausgabe, Berlin 2011. [Originalausgabe: More Lives than One. A Biography of Hans Fallada, London 1998.]

Zachau 2000: Zachau, Reinhard K.: Lämmchen als Vamp. Der Hollywood-Film *Little Man – What Now?* In: Hans-Fallada-Jahrbuch (2000), Nr. 3, S. 247–263.

Zander 2016: Zander, Peter: Jeder gähnt für sich allein: *Alone in Berlin*. In: Berliner Morgenpost, 15.2.2016, https://www.morgenpost.de/kultur/berlinale/article207047931/Jeder-gaehnt-fuer-sich-allein-Alone-in-Berlin.html [Stand 9.11.2017].

3. Hörspiele und Lesungen
Katja Götz

Falladas Werke wurden bereits seit der ersten Blütezeit des Hörspiels (1929–1932) kontinuierlich für Hörspielbearbeitungen adaptiert. Insbesondere in der Nachkriegszeit dienten sie häufig sowohl für westdeutsche als auch für DDR-Produktionen als literarische Vorlage. Infolge der ‚zweiten Renaissance', die Falladas Werk seit 2010 erlebt, wurden zahlreiche Lesungen und Hörspielbearbeitungen als Hörbuch auf den Markt gebracht. Es darf mit weiteren Neuerscheinungen gerechnet werden.

Bei den Hörspielen, die im Deutschen Rundfunkarchiv erfasst sind, handelt es sich ausnahmslos um Adaptionen der literarischen Werke Falladas, die erst nach seinem Tod produziert wurden. Viele seiner Romane sind aufgrund der einfachen, sachlichen Sprache und des dialogischen Aufbaus für das Medium Rundfunk und die Gattung Hörspiel geradezu prädestiniert; auch deshalb dienten sie häufig als Vorlage für Hörspielbearbeitungen. Über die Produktionen vor 1945 ist nach derzeitigem Forschungsstand nur wenig bekannt. Hörspiele wurden in der Entstehungszeit der Romane noch häufig live gespielt, ohne dass vorproduzierte Sprachaufzeichnungen verwendet oder Sendungen aufgezeichnet wurden. Daher stellen Tondokumente aus dieser Zeit eine Ausnahme dar (vgl. Würffel 1978). Ein Tonträger des Hörspiels *Der Klatsch*, das Fallada zusammen mit Heinz Dietrich Kenter 1932 geschrieben hat, existiert nicht. Lediglich das Skript ist im Hans-Fallada-Archiv erhalten (siehe den Beitrag 3.4 *Drama, Hörspiel und Drehbuch* in Kap. II). Die Hörspielbearbeitung seines Romans *Kleiner Mann – was nun?* aus dem Jahr 1932 gilt als verschollen. Es gibt keine Hinweise auf Hörspiele bzw. Hörspieladaptionen der Werke Falladas während der NS-Zeit.

Weimarer Republik

Die frühe Phase der Literatur im Hörfunk der Weimarer Republik war von einer großen Vielfalt an Formen geprägt. Das Hörspiel entstand dabei auch im Rahmen von Lesungen, Gesprächen und Sendespielen, also Theaterinszenierungen für das Radio. Auf der Suche nach genuin ‚funkischen' Formen wurden im Hörspiel sowohl die technisch-institutionellen Möglichkeiten des neuen Mediums erprobt als auch an der spezifischen Ausrichtung literarischer Formen auf die neue Produktions- und Rezeptionssituation vor dem Mikrofon ebenso wie vor dem Lautsprecher bzw. am Kopfhörer gearbeitet. Das Spektrum reichte von Monolog-Hörspielen (z. B. Hermann Kessers *Schwester Henriette*) über Montage- und Reportageexperimente (Ruttmann, Wolf) bis hin zu gesellschaftskritischen Stücken (Brecht, Benjamin, Döblin) (vgl. Würffel 1978).

Wie viele andere Autoren wurde auch Fallada nach seinem Durchbruch auf die neuen Möglichkeiten aufmerksam, die der Rundfunk bot: Er verfasste 1932 zusammen mit Heinz Dietrich Kenter das Hörspiel *Der Klatsch. Ein Hörspiel in 9 Szenen*, das zunächst als Drama konzipiert und später zum Hörspiel umgearbeitet wurde. Deshalb ist die Nähe zum Drama noch deutlich spürbar. Es handelt es sich um eine Komödie, bestehend aus neun Szenen, die stark an einer akustischen Abbild-Ästhetik orientiert sind. Jede Szene wird durch einen Hintergrundton eingeleitet, welcher die räumliche Umgebung charakterisiert (z. B. 1. Szene: Schreibmaschinentippen,

5. Szene: Telefonläuten). Die Handlung spielt an drei Schauplätzen: in der Redaktion einer Zeitung, in einem Mehrparteienhaus und auf der Polizeiwache.

Der Redaktions-Volontär Matz bekommt von seinem Vorgesetzten (Redakteur Kaliebe) nie eine Reportage zugeteilt, weil er Daten häufig durcheinander bringt. Als Kaliebe von einem Informanten einen Hinweis erhält, dem er aus zeitlichen Gründen selbst nicht nachgehen kann, bekommt Matz die lang ersehnte Chance, seine Qualitäten als Redakteur unter Beweis zu stellen. Er erhält den Auftrag, sich unauffällig in der Friesenackerstraße 87 nach dem Generaldirektor Wulle zu erkundigen, der in kriminelle Geschäfte mit Devisen verwickelt sein soll. Matz verliert jedoch den Zettel, auf dem er sich die Daten notiert hatte, und kommt versehentlich in die Friesenackerstraße 78. Dort befragt er das Dienstpersonal nach dem ‚Generaldirektor' und nach Auffälligkeiten zu dessen Verhalten. Die Portiers-Eheleute Fromm und das Dienstmädchen Bertha sind überzeugt, Matz sei von der Polizei. Während der Portier Fromm zunächst misstrauisch ist, gibt Bertha ihm bereitwillig Auskunft über ihren Nachbarn, Direktor Weygand. Mit dieser Verwechselung setzt Matz einen unkontrollierten Kreislauf von ‚Klatsch' in Gang, den die Nachbarn und das Dienstpersonal über den unschuldigen Herrn Weygand und übereinander verbreiten. Schließlich ist Weygands eigene Ehefrau nicht sicher, ob dieser nicht doch in kriminelle Machenschaften verwickelt sei, und überzeugt ihn, vorübergehend zu vereisen. Matz, der seinen Fehler immer noch nicht bemerkt hat, ist indessen überzeugt, einem Kapitalverbrechen auf der Spur zu sein, gerät jedoch zunehmend in Bedrängnis, als der Portier Fromm ihn auffordert, Direktor Weygand endlich festzunehmen. Als das Dienstpersonal des Hauses auf Weygands Dienstmädchen Gisela trifft, das einen Reisekoffer zu seiner Herrschaft trägt, spitzt sich die Lage zu, so dass alle einstimmig beschließen, die Angelegenheit bei der Polizei zu klären. Die Situation wird auf der Polizeiwache zunehmend absurder, da Matz aus Angst vor Kaliebe nicht eingestehen will, dass er bei der Zeitung arbeitet. Die beiden Polizeibeamten halten Matz für einen Kriminellen, der sich nach Direktor Weygand erkundigt habe, um einen Einbruch zu begehen. Die Szene löst sich schließlich auf, als Kaliebe auf der Polizeiwache erscheint und alle Missverständnisse aufklärt. Matz erhält eine Standpauke und muss sich bei allen Beteiligten entschuldigen. Für die Bewohner der Friesenackerstraße 78 und deren Dienstpersonal hat die Verwechslung schwerwiegende Folgen, denn durch den ‚Klatsch', der sich im Laufe der Befragungen verbreitet hat, kommen zugleich Wahrheiten über alle Beteiligten zutage, die vermutlich vor dem Richter enden werden.

Die Rezension in der Tageszeitung *Tempo* (Ullstein Verlag, Berlin) bewertet das Hörspiel durchweg positiv: „Es braucht nur ein Dichter zu kommen und sich des Mikrophons zu bemächtigen, dann überträgt es gehorsam und willig, was Sehende und Hörende von ihm fordern. [...] Es ist nicht der Stoff [...], es ist die ganz ungetüftelte, lebensnahe Darstellung, die dieses Hörspiel auszeichnet (die auch in Falladas Roman so zwingend wird)" [gemeint ist *Kleiner Mann – was nun?*] (kap. 1932). Aus Falladas Brief an Peter Zingler geht dagegen hervor, dass er das Hörspiel eher als einen Misserfolg wertet. Auf die Anfrage, sich an der Hörspielfassung seines Romans *Kleiner Mann – was nun?* zu beteiligen, schreibt Fallada entsprechend, er habe „[...] an der Blamage mit dem Hörspiel *Klatsch* im Frankfurter Rundfunk die Nase voll" (Fallada 1932).

Diese ‚Blamage' war vermutlich Falladas Grund, keine weiteren Hörspiele mehr schreiben zu wollen, so dass er sich auch nicht mehr an der Hörspielfassung seines Romans *Kleiner Mann – was nun?* (1932) beteiligte. Die Bearbeitung dieses Hörspiels erfolgte durch die Arbeitsschule für Hörspieler. Dabei handelt es sich um eine Neueinrichtung der Berliner Funkstunde innerhalb des Programms der literarischen Sendespiele, die ins Leben gerufen wurde, um für erwerbslose Schauspieler und Schriftsteller ein Arbeitsfeld zu schaffen (vgl. H. 1932). Klaus Herrmann übernahm die Bearbeitung, Gerd Fricke führte Regie. Fallada lehnte es zwar ab, daran mitzuarbeiten (vgl. Fallada 1932), stimmte aber der Verwertung seines Romans aus finanziellen Gründen zu: Es wurde ein Honorar von 1000 Mark erwartet, an dem Fallada mit 50% beteiligt werden sollte (vgl. Zingler 1932). Mit der fertigen Fassung schien er dann aber doch zufrieden gewesen zu sein:

> Ich fand das Hörspiel sehr gut, ich war allerdings bei der Generalprobe dabei, und das ‚Lämmchen' schien mir geradezu eine Entdeckung. Unbedingt will ich sie Neppach für den Film denken [sic]. Wenn Sie einen Maßstab haben wollten, wie es auf uns Hörer im Abhörraum wirkte: nicht nur ich, sondern sogar Bronnen weinte ganz offen und hantierte krampfhaft mit seinem Monokel. (Brief an Ernst Rowohlt, 26. November 1932, zit. nach Müller-Waldeck/Ulrich 2012, 123)

Die Kritiken seitens der Presse fielen hingegen ambivalent aus. Während das *Berliner Tageblatt* die gelungene Übertragung der epischen Bandbreite des Romans und die schauspielerische Leistung von Hella Weiß in der Rolle des Lämmchens lobt (L. Bd. 1932), wird Hermanns Hörspielbearbeitung vom nationalsozialistisch orientierten Feuilletonredakteur Alfred Mühr (*Deutsche Zeitung*) verrissen:

> Wir haben nichts gegen Hans Falladas Roman *Kleiner Mann – was nun?* – wir setzen uns jedoch gegen den Bearbeiter Klaus Herrmann und seinen Hörfilm zur Wehr. [...] Das ist nicht nur Widerhall, sondern geradezu ein kulturpolitischer Vorstoß der Linken im Programm der Berliner Funkstunde. [...] Am rollenden Band des Alltags lässt Herrmann nicht Zeitgenossen unseres Schicksals, sondern geschminkte Menschen, Larven und Spukgestalten vom widerlichen Kostümfest des Lebens auftreten, so wie es in Kolportage-Filmen aufgenommen wird. Er vergröbert den Stoff. Wo es sich bei Fallada um den geistigen Raum handelt, um die epische Gestaltung und Atmosphäre des Romans, da gibt Herrmann versteckte politische Bemerkungen. [...] Wo bleibt die Stimme des kleinen Angestellten, die wir in diesem Hörspiel vernehmen wollten? (Mühr 1932)

Nachkriegszeit

Für die Zeit von 1945 bis 1989 wird die Entwicklung des Hörspiels in der DDR und in Westdeutschland in der Regel getrennt untersucht. In beiden Ländern kommt ihm, insbesondere in den 1950er Jahren, sowohl im Hörprogramm als auch hinsichtlich der Resonanz der Hörer besondere Relevanz zu.

> Theater und Kinos waren zum großen Teil zerstört, der Wiederaufbau war oft langwierig, und die Produktionen kosteten ein Vielfaches dessen, was im Rundfunk für vergleichbare Sendungen aufgewendet werden mußte. Dem kulturellen Nachholbedarf und neuerwachten Bildungshunger des Publikums entsprachen die leichte Verfügbarkeit des Mediums und die Möglichkeit der relativ billigen Produktion. (Würffel 1978, 75)

Die Werke Falladas wurden seit 1945 sowohl in der DDR als auch in Westdeutschland kontinuierlich für Hörspiele adaptiert, daneben gab es im Radio zahlreiche Lesungen seiner Werke. Die nachfolgenden Tabellen 1 und 2 bieten eine Übersicht der 1945 bis 1989 gesendeten Lesungen (Wiederholungssendungen sind nicht aufgeführt).

Tab. 1: Lesungen im Rundfunk der BRD 1945–1989 (Quelle: Deutsches Rundfunkarchiv)

Titel	Erstausstrahlung	Sender	Sprecher
Weihnacht. Damals bei uns daheim. Eine Erzählung aus dem alten Berlin (aus: *Damals bei uns daheim*)	1955	RIAS Berlin	Willy Rose
Die Geschichte vom treuen Igel	1960	Bayerischer Rundfunk	Hans Cossy
Eine Geschichte aus der Murkelei	1962	RIAS Berlin	Otto Reimer
Der tödliche Rausch (autobiografische Erzählung, unveröffentlichtes Manuskript aus dem Nachlass des Autors)	1965	Hessischer Rundfunk	Michael Degen
Hundert Mark und ein fröhliches Weihnachtsfest	1967	RIAS Berlin	Günter Pfitzmann
Wolf unter Wölfen – aus dem Roman von Hans Fallada	1968	Norddeutscher Rundfunk	N.N.
Die verlorenen Grünfinken	1968	RIAS Berlin	Joachim Nottke
Gigi und Lumpi	1973	Rundfunk Berlin-Brandenburg	Helmut Ahner
Die Geschichte vom Unglückshuhn. Erzählung von Hans Fallada	1977	Norddeutscher Rundfunk	Friedrich W. Bauschulte
Der eiserne Gustav	1977	Deutschlandfunk	Olaf Quaiser
Gustl Weishappel liest Geschichten – Hans Fallada	1979	Bayerischer Rundfunk	Gustl Weishappel

3. Hörspiele und Lesungen

Titel	Erstausstrahlung	Sender	Sprecher
Die Geschichte vom Unglückshuhn	1979	Rundfunk Berlin-Brandenburg	Friedrich W. Bauschulte
Das Unglückshuhn	1981	RIAS Berlin	Mogens von Gadow
Hoppelpoppel und der verkehrte Tag	1982	RIAS Berlin	Gunter Berger
Wir lesen vor. Bürogeschichten: Kommissar Escherich bearbeitet die Sache Klabautermann (aus: *Jeder stirbt für sich allein*)	1985	Westdeutscher Rundfunk	Bernt Hahn
Damals bei uns daheim Reihentitel: *Erste Liebe. Lesungen aus Autobiographien. Etwas ganz Spezielles*	1987	Südwest Rundfunk	N.N.

Tab. 2: Lesungen im Rundfunk der DDR 1945–1989 (Quelle: Deutsches Rundfunkarchiv)

Titel	Erstausstrahlung	Sprecher
Kleiner Mann – was nun?	1972	Herbert Köfer
Wer einmal aus dem Blechnapf frißt	1983	Ulrich Thein
Jeder stirbt für sich allein	1987	Axel Haase
Fröhlichkeit und Traurigkeit	1989	Heide Kipp

Westdeutsches Hörspiel

Das westdeutsche Hörspiel schloss nach einer kurzen Feature-Phase an das Monolog- bzw. Stimmenhörspiel der Weimarer Republik an und etablierte sich als eigenständige Kunstform. Für die zweite Blütezeit der Gattung in den 1950er und 1960er Jahren erschienen nach der Hörspielfassung von Wolfgang Borcherts *Draußen vor der Tür* (1947) vor allem die Hörspiele Günter Eichs maßgebend, die auch nach der umstrittenen Sendung des Hörspiels *Träume* (1951) überwiegend existenzielle Probleme thematisieren (vgl. Würffel 2000).

Das Hörspiel *Menschen seid wach! Ein Hörspiel zum Gedenktag der Opfer des Faschismus,* das 1948 unter der Regie von Oskar Nitschke für den Süddeutschen Rundfunk produziert wurde, hatte sowohl Falladas Roman *Jeder stirbt für sich allein* als auch die *Reportage unter dem Strang geschrieben* von Julius Fučík zur Vorlage. Die Hauptrollen wurden von Michael Konstantinow, Egon Clauder und Charlotte Kunze gesprochen. Das Hörspiel weicht, sowohl was Handlung als auch Sprache anbelangt, deutlich von der Romanvorlage ab. Mit dem Einsatz des inneren Monologs zur Darstellung von Seelenzuständen, der Thematisierung der Schuldfrage und der symbolischen Funktion von Tönen weist es bereits wichtige Elemente der Form auf, die dann nach der Ausstrahlung von Eichs *Träume* als Vorbild gelten sollte. Die Handlung spielt fast ausschließlich im Gefängnis. Das Hörspiel beginnt mit einer pathetischen Musikeinlage, der die Ansprache eines Ich-Erzählers (Redakteur) zum Widerstand gegen das Nazi-Regime folgt. Er thematisiert darin die Schuldfrage des deutschen Volkes und kündigt die Erzählung seiner eigenen Widerstandgeschichte an. Der Ich-Erzähler wird während der gesamten Handlung nicht namentlich angesprochen und in einer späteren Vernehmung lediglich als ‚Redakteur' bezeichnet. Die fehlenden bzw. typenhaften Namen der Protagonisten deuten darauf hin, dass ihr Schicksal als exemplarisch für eine ganze Generation gewertet werden darf; dies wird im einleitenden Satz des Ich-Erzählers „Ich war nur einer unter vielen" (Nitschke 1948, 0:24) nochmals deutlich. In der Hörspielbearbeitung werden technische Mittel wie Schnitt und Blende eingesetzt, die es ermöglichen, sich zwischen den zeitlichen Ebenen zu bewegen. Die zunächst nüchtern wirkende Erzählung scheint durch eine immer hektischer werdende Stimmlage auch dem Zeitpunkt des Geschehens immer näher zu rücken und leitet schließlich die dramatische Handlung ein. In der ersten Szene wird das Treffen des Redakteurs (Vorbild: Julius Fučík) mit anderen Anhängern des Widerstandes von der Gestapo gesprengt; alle Beteiligten werden festgenommen. Das Gespräch, kurz bevor die Gestapo eintrifft, wird von einem bedrohlichen „Ticken" (ebd., 04:31–05:15) im Hintergrund begleitet, welches die herannahende Gefahr ankündigt. Anschließend wird die Folter nach seiner Festnahme vom Redakteur im inneren Monolog reflektiert; dabei scheint es, als ob sich Vergangenheit und Gegenwart erneut vermischten. Seine Stimmlage wird immer hektischer, gequälter und kurzatmiger; währenddessen werden im Hintergrund Fragen der Gestapo eingeblendet. Nach seinem Zusammenbruch erwacht der Redakteur in seiner Gefängniszelle und trifft auf ‚den Vater' (Vorbild: Otto Quangel), der ebenfalls nicht namentlich angesprochen, sondern im Gefängnis von allen lediglich Vater genannt wird. Dieser reicht seinem neuen Zellengenossen ein Glas Wasser und erzählt, um ihn zu beruhigen, von seiner Vergangenheit. Im Unterschied zur Romanvorlage thematisiert er dabei das Leben mit Anna und seinem Sohn, bevor dieser im Krieg fiel, bevor also das Ehepaar damit beginnt, Karten mit der Warnung vor Hitler zu schreiben. Dabei wird die Schuldfrage erneut aufgegriffen, denn sein Sohn ahnte bereits vor Beginn des Krieges die Zukunft voraus. Seine Warnung: „Wir werden einmal bezahlen müssen, wir haben zu lange in den Tag hinein gelebt, wir hätten uns um den Frieden kümmern müssen" (ebd., 13:48–13:57) begreift der Vater erst, nachdem er die Nachricht vom Tod seines Sohnes erhält. Die Handlung des Romans (wie das Ehepaar anfängt, Karten zu schreiben, und schließlich gefasst wird) kommt in der Erzählung des Vaters nur beiläufig zur Sprache. Seine Frau Anna wird unterdessen unter der Folter vernommen. Das Gespräch, das der Redakteur und der Vater in ihrer Zelle über den Widerstand führen, wird unterbrochen, weil der Vater zu seiner Verhandlung abgeholt wird. Die darauffolgende Verhandlungsszene orientiert sich stark an der Romanvorlage; es gibt nur wenige Abweichungen, z. B. die Tatsache, dass Anna an der Verhandlung nicht teilnimmt. Die dramatische Handlung endet damit, dass der Redakteur seinem neuen Zellengenossen, nach dessen Vernehmung ein Glas hinhält, wie es der Vater zuvor bei ihm getan hatte. Anschließend erzählt er, dass dieser inzwischen gehängt worden sei. Bevor er aus der Zelle abgeholt wird, macht er dem neuen Häftling Mut für den letzten Gang. Damit schließt sich nicht nur der Kreislauf der Gewalt der SS, sondern auch der gegenseitigen humanitären Unterstützung der Widerstandskämpfer. Die Rahmenhandlung wird durch die Erinnerung des Redakteurs an seine Gefährten im Gefängnis geschlossen und endet mit der Aufforderung, die Verbrechen der Nationalsozialisten nicht zu vergessen.

Falladas Roman *Jeder stirbt für sich allein* diente 1951 noch einmal als Vorlage für ein Hörspiel mit dem Titel *Die Quangels*, das von Georg Andrew Schaaffs bearbeitet wurde. Oskar Nitschke führte für den Süddeutschen Rundfunk erneut Regie. Die Hauptrollen wurden von Kurt Condé, Mila Kopp und Kurt Haars gesprochen. Dieses Hörspiel ist stärker an der Romanvorlage orientiert. Es besteht jedoch ausschließlich aus dialogischen Handlungssequenzen im dramatischen Modus. Auf die Vermittlung durch einen extradiegetisch-heterodiegetischen Erzähler wie im Roman wird in der Hörspielfassung verzichtet. Die Handlung beschränkt sich auf die Widerstandsgeschichte der Quangels. Die Nebenhandlungen werden größtenteils gestrichen. Trudel spielt als Verlobte des gefallenen Sohnes, der im Hörspiel Karl heißt, zwar eine Rolle, ihre politischen Verstrickungen werden jedoch nur angedeutet. Die Fahndung nach den Quangels durch Kommissar Escherich wird hinsichtlich der Brutalität der Romanvorlage deutlich gedämpfter wiedergegeben. Escherich wird nicht von der SS verprügelt, in den Kerker geworfen und durch Kommissar Zott ersetzt, sondern lediglich angehalten, den Fall möglichst schnell zu lösen, was ihm schließlich auch gelingt. Das Hörspiel endet mit der Festnahme des Ehepaares, die gesamte Handlung im Gefängnis wird ausgespart. Ähnlich wie das Hörspiel *Menschen seid wach!* schließt es mit dem Gedenken an den Widerstand gegen das Nazi-Regime im letzten Satz, den Otto an Escherich richtet: „Aber es wird einmal eine Zeit nach uns sein und die soll nicht vergessen, dass da Menschen waren, die sich gegen den Terror erhoben haben und dabei ihr Leben ließen" (Schaaffs/Nitschke 1951, 56:38–47:01). In Schaaffs' Bearbeitung wird der Hintergrundton vorwiegend intradiegetisch zur Charakterisierung der räumlichen Umgebung und zur Vergegenwärtigung der politischen Situation eingesetzt. Bevor Otto seiner Frau von seinen Plänen erzählt, tönt aus dem Radio das Wehrmachtslied *Auf der Heide blüht ein kleines Blümelein* (ebd., 8:33–9:15). Extradiegetische Hintergrundtöne kündigen häufig unheilvolle Ereignisse an wie z. B. die Glocken, welche die Festnahme des Ehepaares ‚einläuten' (ebd., 33:00–33:24). Ein weiteres Beispiel stellt die Szene dar, in der Otto von dem Erfolg phantasiert, den das Ehepaar mit ihren Karten erzielen könnte. Während er immer wieder euphorisch über die Karten spricht, ist im Hintergrund ein verfremdeter Ton zu hören, der an das Rattern eines Zuges erinnert (vgl. ebd., 16:11–16:14). Dieser extradiegetische Ton symbolisiert den Transport zu den Konzentrationslagern und deutet bereits auf das Scheitern der Quangels voraus. Die Brutalität, die im Hörspieltext ausgespart wird, bleibt so auf der akustischen Ebene uneigentlich vertreten.

Das Hörspiel *Wer einmal aus dem Blechnapf frißt* wurde 1952 von Paul Hühnerfeld für den Südwestfunk bearbeitet. Die Regie führte Gerd Beermann. Die Rolle von

Willi Kufalt wurde mit Hans Quest besetzt, der bereits den Protagonisten Beckmann in Borcherts *Draußen vor der Tür* sprach. Die Hörspielfassung besteht ausschließlich aus dialogischen Sequenzen im dramatischen Modus. Szenenübergänge werden überwiegend durch Abklingen der Gespräche mittels akustischer Blende signalisiert. Auf extradiegetische Musikeinlagen zwischen den Szenen wird gänzlich verzichtet. Intradiegetischer Hintergrundton hat eine raumgestaltende Funktion z. B. in der 1. Szene: Trillerpfeife bei der Aufforderung der Gefangenen zum Duschen (Hühnerfeld/Beermann 1952, 00:16). Die Handlung orientiert sich zwar an der Romanvorlage, wird jedoch auf das Wesentliche beschränkt. Das Hauptaugenmerk liegt auf dem Scheitern Willi Kufalts an der Rückkehr in die bürgerliche Gesellschaft nach Verbüßung seiner Haftstrafe. Die Zeit im Gefängnis vor seiner Entlassung wird bei der Gesamtlänge von 78:19 Minuten auf 5:00 Minuten komprimiert, sie spielt somit eine untergeordnete Rolle. Im Vergleich zur Romanvorlage betont Hühnerfelds Bearbeitung wesentlich stärker die Opferrolle Kufalts. Der Hörer nimmt ihn weniger als Kriminellen wahr, da seine Straftaten – z. B. das Vergehen, aufgrund dessen er seine Strafe absitzen muss – nicht thematisiert werden.

Die Bearbeitung des Romans *Der Trinker* zum gleichnamigen Hörspiel für den Süddeutschen Rundfunk erfolgte 1957 durch Wolfgang Nied, die Regie führte Ludwig Cremer. Die Hauptrollen sprachen Erwin Linder und Giesela von Collande. Entsprechend der literarischen Vorlage liegt der Schwerpunkt auf dem epischen Teil. Dialogische Sequenzen haben einen deutlich geringeren Umfang, sie werden lediglich zur Unterstützung der Erzählung eingeblendet. Die Handlung orientiert sich am Roman, im Zentrum steht der zunehmende gesellschaftliche Abstieg des ehemals erfolgreichen Kaufmanns Erwin Sommer infolge seiner Alkoholabhängigkeit. Die Handlung wird vom Ich-Erzähler Erwin Sommer wiedergegeben; diese wird durch das Einblenden von Dialogen und Handlungssequenzen ergänzt. Intradiegetische Hintergrundtöne und -geräusche machen die räumliche Umgebung und Handlungsabläufe akustisch wahrnehmbar, z. B. das Klirren des Silberbestecks bei Erwins Einbruch in sein Haus (Nied/Cremer 1957, 28:16–28:20). Während die rasch zunehmende Abhängigkeit vom Alkohol ins Zentrum rückt, werden die folgenden Passagen der Romanvorlage im Hörspiel stärker gekürzt. Die Zeit bei Lobedanz sowie die Aufenthalte im Gefängnis und in der Pflegeanstalt werden im Gegensatz zur schonungslosen, detailgetreuen Darstellung des Romans wesentlich gedämpfter dargestellt. Brutale Szenen wie die erneute Begegnung mit Lobedanz im Gefängnis und die daraus resultierende körperliche Entstellung Erwins durch Lobedanz' Biss in dessen Nase, sind von der Darstellung insgesamt ausgenommen. Die Rollen mehrerer Insassen der Heil- und Pflegeanstalt wie etwa Lexer, Schmeidler und Herbst, die in hohem Maße zur Grausamkeit und zum trostlosen Dasein in dieser Einrichtung beitragen, wurden ebenfalls aus der Handlung des Hörspiels gestrichen.

DDR-Hörspiel

Von der Rundfunkanstalt der DDR wurden vorwiegend die Kindergeschichten Falladas für Hörspielproduktionen adaptiert. Sie wurden, was die Handlung anbelangt, zum Teil sehr frei interpretiert. Teilweise wurden Themen und Motive seiner Werke zu Kinderhörspielen umgearbeitet. Der folgenden Tabelle 3 lässt sich eine Übersicht der DDR-Hörspielproduktionen entnehmen.

3. Hörspiele und Lesungen

Tab. 3: Hörspieladaptionen der Werke Falladas im Rundfunk der DDR (Quelle: Deutsches Rundfunkarchiv)

Titel	Erstausstrahlung	Bearbeitung	Sprecher u. a.	Regie
Das verliebte Hexlein. Hörspiel nach dem Kinderbuch ‚Geschichten aus der Murkelei' von Hans Fallada (lit. Vorlage: *Geschichte vom Unglückshuhn*)	1979	Karl Heinz Schröter	Friedhelm Eberle, Wolfgang Jakob, Gesine Creuzburg, Hans-Jürgen Silbermann	Dieter Bellmann
Wie die Großmutter die Anna-Barbara nach goldenen Bohnen ausschickte (lit. Vorlage: *Geschichte vom Goldenen Taler*)	1980	Gisela Pankratz	Katrin Klein, Peter Reusse, Klaus-Peter Plessow	Fritz Göhler
Die Geschichte vom Mäuseken Wackelohr. Hörspiel nach dem gleichnamigen Märchen von Hans Fallada	1980	Peter Brasch	Petra Kelling, Hans Oldenbürger, Käthe Reichel	Sieglinde Amoulong
Der Pechvogel. Hörspiel nach Motiven und Texten von Hans Fallada (lit. Vorlage: *Damals bei uns daheim*)	1984	Helga Schütz	Thomas Mahlke, Wilfried Ortmann, Christine Gloger, Jan Goslicki	Manfred Täubert
Jeder stirbt für sich allein	1987	Ralph Knebel	Gunter Schoß, Günter Naumann, Gudrun Ritter	Werner Grunow
Blanka, eine geraubte Prinzessin (lit. Vorlage: *Wir hatten mal ein Kind*)	1989	Mario Göpfert	Kristof-Mathias Lau, Renate Pick, Rainer Büttner, Gerhard Murche	Manfred Täubert

Titel	Erstaus-strahlung	Bearbei-tung	Sprecher u. a.	Regie
Geschichten aus der Murkelei. Hörspiel nach dem gleichnamigen Buch von Hans Fallada – *Geschichte vom Unglückshuhn (1)* – *Die gebesserte Ratte (2)* – *Geschichte vom unheimlichen Besuch (3)*	1989	Maritta Hübner	Rolf Ludwig, Honza Taffelt, Sebastian Schönstein, Helga Labudda, Martin Seifert	Angelika Perl

Jeder stirbt für sich allein wurde 1987 unter der Regie von Werner Grunow produziert und in drei Teilen ausgestrahlt. Die Bearbeitung erfolgte durch Ralph Knebel, in den Hauptrollen sprachen Gunter Schoß, Günter Naumann und Gudrun Ritter. Das Hörspiel folgt einer realistischen Abbild-Ästhetik, Hintergrundton wird vorwiegend intradiegetisch zur Charakterisierung der räumlichen Umgebung eingesetzt, z. B. in der ersten Szene: Eva Kluge steigt die Treppe hoch; Schritte im Treppenhaus (Knebel/Grunow 1987, 00:01–00:16). Szenen werden durch extradiegetische Musikeinlagen getrennt. Im Gegensatz zu den beiden westdeutschen Bearbeitungen ist die DDR-Produktion nah an die Romanvorlage angelehnt. Die extradiegetisch-heterodiegetische Erzählstimme folgt zu einem großen Teil wörtlich dem Roman. Die Dialoge der Figuren orientieren sich ebenfalls über längere Passagen an der literarischen Vorlage. Im Zentrum des Hörspiels steht der Handlungsstrang um das Ehepaar Quangel, das nach dem Tod seines Sohnes damit beginnt, Warnungen vor dem Hitler-Regime auf Postkarten zu schreiben und zu verteilen. Während die Verfolgung des Ehepaares durch Kommissar Escherich und damit die Brutalität des SS-Apparates in den Vordergrund gerückt wird, sind die Handlungsstränge um Enno und Eva Kluge sowie die jüdische Nachbarin Rosenthal, Kammergerichtsrat Fromm und Trudel stärker gekürzt. Die Geschichte des Emil Barkhausen ist vollständig ausgespart. Abweichend von der Romanvorlage fehlt in der Hörspielhandlung der optimistische Ausblick, in dem Eva Kluge Barkhausens lebensklugen Sohn Kuno in eine Art neue Familie mit dem Lehrer Kienschäper aufnimmt. Das Hörspiel endet bereits mit dem getrennten Tod des Ehepaares im Gefängnis.

Hörspiele und Hörbücher nach der Wiedervereinigung

Im Laufe der 1980er Jahre hat sich die Situation des Hörspiels verändert. Seit 1987 tritt das Hörbuch als neues Medium in Erscheinung. Hörspielproduktionen entstehen inzwischen häufig in Zusammenarbeit von Rundfunk und Hörspielverlagen. Seitdem ist „zwischen den zwei Medien Hörbuch und Rundfunk zu unterscheiden, in denen die akustischen Gattungen Lesung und Hörspiel auftreten können" (Rühr 2010, 69),

3. Hörspiele und Lesungen

so dass im Radio Hörspiel und Lesung ebenso präsentiert werden können wie auch im Hörbuch.

Seither wurden zahlreiche Lesungen der Werke Falladas sowohl im Rundfunk gesendet wie auch als Hörbuch veröffentlicht. Nachfolgende Tabelle 4 gibt einen Überblick über die 1990 bis 2012 im Rundfunk gesendeten Lesungen (Wiederholungssendungen sind nicht aufgeführt).

Tab. 4: Lesungen der Werke Falladas im deutschen Rundfunk 1990–2012 (Quelle: Deutsches Rundfunkarchiv)

Titel	Erstausstrahlung	Sender	Sprecher
Die Geschichte vom getreuen Igel. Erzählung von Hans Fallada	1995	Norddeutscher Rundfunk	Gerd Wameling
Die Geschichte vom unheimlichen Besuch. Erzählung von Hans Fallada	1995	Norddeutscher Rundfunk	Helmut Krauss
Die Geschichte vom goldenen Taler	1995	Norddeutscher Rundfunk	Uwe Friedrichsen
Gute Krüseliner Wiese rechts – Geschichten	1995	Süddeutscher Rundfunk	Joachim Jung, Helmut Woestmann
Kleiner Mann – was nun?	1995	Deutschlandradio	Hermann Treusch
Christkind verkehrt	1997	Deutschlandradio	Klaus Jaspen
Heute bei uns zu Hause	1999	Hessischer Rundfunk	Jürgen Thorwald
Wer einmal aus dem Blechnapf frißt	1999	Deutschlandradio	Jörg Gudzuhn
Geschichten aus der Murkelei	2000	Bayerischer Rundfunk	Joachim Höppner
Der Trinker	2000	Deutschlandradio	Götz Schulte
Der Trinker	2001	Deutschlandradio	Hans Peter Hallwachs
Der eiserne Gustav	2002	Südwestrundfunk	Dieter Mann
Damals bei uns daheim	2003	Rundfunk Berlin-Brandenburg	Hannes Hellmann

Titel	Erstausstrahlung	Sender	Sprecher
Gigi und Lumpi	2006	Hessischer Rundfunk	Matthias Ponnier
Kleiner Mann – was nun?	2008	Bayerischer Rundfunk	Jutta Hoffmann
Heute bei uns zu Hause	2010	Bayerischer Rundfunk	Jürgen Jung
Jeder stirbt für sich allein	2011	Rundfunk Berlin-Brandenburg	Ulrich Noethen
Ein Mann will nach oben	2012	Hessischer Rundfunk	Ulrich Noethen

Insbesondere seit 2010 wird Fallada im Zuge der ‚Zweiten Renaissance' (siehe den Beitrag 7. *Fallada heute: Internationale Renaissance seit 2009/10* in Kap. III) große Aufmerksamkeit seitens der Audiobranche zuteil. Neben neuen Hörspielproduktionen erschien 2011 die DDR-Hörspielbearbeitung des Romans *Jeder stirbt für sich allein* (1987) im Audio Verlag. 2015 brachte Osterwold Audio die beiden westdeutschen Produktionen aus den 1950er Jahren, *Die Quangels* (1951) und *Wer einmal aus dem Blechnapf frißt* (1952), als Hörbuch heraus. Die folgenden Tabellen 5 und 6 verzeichnen die als Hörbuch erschienen Lesungen und Hörspiele.

Tab. 5: Als Hörbuch erschienene Lesungen der Werke Hans Falladas (Quelle: Katalog der Deutschen Nationalbibliothek), g = gekürzte Lesung, u = ungekürzte Lesung

Titel	Verlag	Sprecher	Erscheinungsjahr
Kleiner Mann – was nun? [u]	Patmos	Walter Plathe	1993
Geschichten aus der Murkelei [g]	Patmos	Rolf Ludwig	1997
Der eiserne Gustav [g]	Patmos	Dieter Mann	2001/2006
Kleiner Mann – was nun? [g]	Der Audio Verlag	Jutta Hoffmann	2006/2009
Geschichten aus der Murkelei [g]	Der Audio Verlag	Dieter Mann	2008
Der Trinker [u]	Apollon Verlag	Christian Melchert	2010

3. Hörspiele und Lesungen

Titel	Verlag	Sprecher	Erscheinungsjahr
Jeder stirbt für sich allein [g]	Osterwold Audio + rbb	Ulrich Noethen	2011
Christkind verkehrt [u]	Osterwold Audio	Ulrich Noethen, Anna Thalbach	2012
Ein Mann will nach oben [g]	Osterwold Audio + rbb	Ulrich Noethen	2012
Der Bettler, der Glück bringt [u]	Osterwold Audio	Ulrich Noethen, Anna Thalbach	2013
Der Alpdruck [g]	Osterwold Audio	Ulrich Noethen	2014
Der eiserne Gustav [g]	Steinbach Sprechende Bücher	Dieter Mann	2015

Tab. 6: Als Hörbuch erschienene Hörspielbearbeitungen der Werke Hans Falladas (Quelle: Katalog der Deutschen Nationalbibliothek)

Titel	Verlag	Sprecher u. a.	Erscheinungsjahr
Mäuseken Wackelohr	Der Audio Verlag	Helga Labudda	2000
Kleiner Mann – was nun?	Der Audio Verlag	Laura Maire, Nico Holonics, Wolfgang Pregler, Matthias Brandt	2010
Jeder stirbt für sich allein	Der Audio Verlag	Gunter Schoß, Gudrun Ritter, Günter Naumann	2011

Titel	Verlag	Sprecher u. a.	Erscheinungsjahr
Bauern, Bonzen und Bomben	Osterwold Audio	Otto Sander, Dieter Mann, Uwe Friedrichsen	2012
Wer einmal aus dem Blechnapf frißt, Die Quangels	Osterwold Audio	*Wer einmal aus dem Blechnapf frißt:* Hans Quest, Paul Dättel, Kurt Haars *Die Quangels:* Kurt Condé, Mila Kopp, Kurt Haars	2015
Kleiner Mann – was nun?	Osterwold Audio	Laura Maire, Nico Holonics, Wolfgang Pregler, Matthias Brandt	2016

Das vom Norddeutschen Rundfunk produzierte Hörspiel *Kleiner Mann – was nun?* erschien 2010 im Audio Verlag und 2016 bei Osterwold Audio als Hörbuch. Irene Schuck übernahm die Bearbeitung und führte Regie. Die Hauptrollen sprachen Laura Maire und Nico Holonics. Es ist sowohl sprachlich als auch in der Handlungsführung nah an den Roman angelehnt. Erzählt wird sie entsprechend der Romanvorlage von einem extradiegetisch-heterodiegetischen Erzähler, unterstützt durch dialogische Handlungssequenzen im dramatischen Modus. Kapiteltitel, welche auf die nachfolgende Handlung Bezug nehmen, entsprechen häufig der Romanvorlage. Intradiegetischer Hintergrundton dient der Charakterisierung der räumlichen Umgebung, extradiegetische Musikeinlagen dienen der Unterstützung der Stimmung. Zusätzlich kommen auf der extradiegetischen Ebene Montagen von zeitgenössischen Nachrichtentexten und Musikstücken zum Einsatz, welche die historische Atmosphäre der Wirtschaftskrise der 1930er Jahre akustisch vergegenwärtigen.

Die Hörspielfassung von *Bauern, Bonzen und Bomben* wurde 1996 vom Mitteldeutschen Rundfunk produziert und erschien 2012 bei Osterwold Audio; die Bearbeitung erfolgte durch Gerhard Rentzsch, Regie führte Jürgen Dluzniewski. Mit Sprechern wie Otto Sander (Erzähler), Dieter Mann, Uwe Friedrichsen, Hellmut Lange und Jörg Schüttauf werden die Hauptrollen überwiegend von bekannten Theater-, Film- und Fernsehschauspielern gesprochen. Da sich die aufwändige Hörspielbearbeitung stark am Roman orientiert, fallen gelegentliche romanfremde Passagen umso mehr auf. Im Vergleich zu den bisher besprochenen Hörspielen sind die Kürzungen dieser Produktion bei einer Dauer von 345 Minuten sowie der Mitwirkung von über

60 Sprechern geringfügig. Das Hörspiel konzentriert sich auf eine detailgetreue Übertragung des weitgefächerten Sozial- und Figurenpanoramas. Dabei wird auch die Dialektbindung der Figuren, die im Roman eine wichtige Rolle für die Milieudarstellung spielt, konsequent umgesetzt. Szenenwechsel werden durch extradiegetische Musikeinlagen vorgenommen, die aber durch intradiegetische Elemente wie den Zirkus Monte motiviert sind. Intradiegetischer Hintergrundton dient der Erzeugung einer authentisch anmutenden akustischen Kulisse.

Falladas Werke dienen bereits seit den 1930er als literarische Verlage für Hörspielbearbeitungen. Die meisten Produktionen orientieren sich erkennbar am literarischen Ausgangsmaterial. Am häufigsten wurde sein Roman *Jeder stirbt für sich allein* (1947) für Hörspielbearbeitungen adaptiert. In den beiden westdeutschen Produktionen aus der Nachkriegszeit, *Menschen seid wach! Ein Hörspiel zum Gedenktag der Opfer des Faschismus* (1948) und *Die Quangels* (1951), haben extradiegetische Töne, entsprechend der Ausrichtung des Hörspiels zu dieser Zeit, eine symbolische Verweisfunktion. In der DDR-Produktion *Jeder stirbt für sich allein* (1987) sowie in den meisten weiteren Hörspielbearbeitungen nehmen intradiegetische Hintergrundlaute eine raumgestaltende Funktion ein. Extradiegetische Musikeinlagen sind häufig durch intradiegetische Elemente motiviert und dienen der Unterstützung der Stimmung.

Literatur

Fallada 1932: Hans Fallada an Peter Zingler, 14. Juli 1932, HFA N 238.
Fallada/Kenter 1932: Fallada, Hans/Kenter, Heinz Dietrich: Der Klatsch. Ein Hörspiel in neun Szenen. Unverkäufliches Manuskript, Berlin-Charlottenburg: Programmdienst für den deutschen Rundfunk GmbH. o. J. [1932], 85 S., HFA S 383.
Hühnerfeld/Beermann 1953: Hühnerfeld, Paul/Beermann, Gerd: Wer einmal aus dem Blechnapf frißt, SWR 1953 (Südwestrundfunk Media Services).
II. 1932: H.: Arbeitsschule für Hörspieler. Ein begrüßenswerter Versuch der Funkstunde. In: Berliner Lokalanzeiger, 24.11.1932 (Morgenausgabe), HFA N 360.
kap. 1932: kap.: Ein Hörspiel vom *Klatsch*. Neun Szenen von Hans Fallada und H. D. Kenter. In: Tempo (Berlin), 3. 5.1932, HFA N 360.
Knebel/Grunow 2011: Knebel, Ralph/Grunow, Werner: Jeder stirbt für sich allein, Audio Verlag 2011.
L. Bd. 1932: L. Bd.: Im Rundfunk: *Kleiner Mann, was nun?*. In: Berliner Tageblatt, 25. 11.1932 (Morgen-Ausgabe), HFA N 360.
lz 1932: lz: Arbeitsschule für Hörspiele? Schöne Worte. In: Vorwärts (Berlin), 24.11.1932 (Abendausgabe), HFA N 360.
Müller-Waldeck/Ulrich 2012: Müller-Waldeck, Gunnar/Ulrich, Roland (Hg.): Hans Fallada. Sein Leben in Bildern und Briefen unter Mitarbeit von Uli Ditzen, Berlin 2012.
Mühr 1932: Mühr, Alfred: Nun meine Herren – was jetzt? Beginn der „Arbeiterschule für Hörspieler". In: Deutsche Zeitung (Berlin), 24.11.1932 (Abendausgabe), HFA N 360.
Nied/Cremer 1957: Nied, Wolfgang/Cremer, Ludwig: Der Trinker, SDR 1957 (Südwestrundfunk Media Services).
Nitschke 1948: Nitschke, Oskar: Menschen seid wach! Ein Hörspiel zum Gedenken der Opfer des Faschismus, SDR 1948 (Südwestrundfunk Media Services).
r. 1932: r.: Rundfunk: Kleiner Mann – was nun? In: Vossische Zeitung (Berlin), 24.11.1932 (Abendausgabe), HFA N 360.
Rentzsch/Dluzniewski 2012: Rentzsch, Gerhard/Dluzniewski, Jürgen: Bauern, Bonzen und Bomben, Osterwold Audio 2012.

Rühr 2010: Rühr, Sandra: Geschichte und Materialität des Hörbuchs. In: Das Hörbuch. Medium – Geschichte – Formen, Konstanz 2010, S. 59–137.
Ruh 1932: Ruh.: Kleiner Mann – was nun? Als Hörspiel im Berliner Sender. In: Börsen Zeitung (Berlin), 24.11.1932 (Abendausgabe), HFA N 360.
Schaaffs/Nitschke 1951: Schaaffs, Georg Andrew/Nitschke, Oskar: Die Quangels, SDR 1951 (Südwestrundfunk Media Services).
Schuck 2010: Schuck, Irene: Kleiner Mann – was nun? Der Audio Verlag 2010.
v. d. D. 1932: v. d. D.: Kleiner Mann, was nun? In: Tempo (Berlin), 23.11.1932 (Morgenausgabe), HFA N 360.
W. N. 1932: W. N.: *Kleiner Mann – was nun?* als Hörspiel. In: B. Z. am Mittag (Berlin), 24. 11.1932, HFA N 360.
Walter 1932: Walter, Fritz: Das Hörspiel vom *Kleinen Mann*. In: Berliner Börsen Kurier, 24. 11.1932 (Abendausgabe), HFA N 360.
Würffel 1978: Würffel, Bodo Stefan: Das Deutsche Hörspiel, Stuttgart 1978.
Würffel 2000: Würffel, Bodo Stefan: Hörspiel. In: Reallexikon der deutschen Literaturwissenschaft, Bd. 2: H-O, gemeinsam mit Harald Fricke, Klaus Grubmüller und Jan-Dirk Müller hg. von Klaus Weimar, Berlin/New York 2000, S. 77–81.
Zingler 1932: Peter Zingler an Hans Fallada, 13. Juli 1932, HFA N 238.

4. Fallada auf der Bühne
Evelin Kessel

Neben der 1932 veröffentlichten, aber nicht aufgeführten Bühnenfassung des Romans *Bauern, Bonzen und Bomben*, die Fallada zusammen mit Heinz Dietrich Kenter verfasst hatte, existieren zahlreiche Bühnenbearbeitungen der Romane und Geschichten. Noch zu Lebzeiten Falladas wird in Dänemark der Fünfakter *Lille mand, hvad nu?* des Lustspieldichters Jens Locher aufgeführt, der auf der Grundlage des Romans *Kleiner Mann – was nun?* 1934 entstanden ist, aber erfolglos bleibt (vgl. Grisko 2002, 102). Nach der neuen internationalen Aufmerksamkeit für den Autor Fallada seit 2009 und dem erstmaligen Erscheinen der ungekürzten deutschen Fassung des Romans *Jeder stirbt für sich allein* im Jahr 2011 steigt auch die Zahl der Aufführungen bearbeiteter Fallada-Texte in Deutschland. Dieser Beitrag gibt den Stand 2013 wieder. Eine dezidierte Forschung zu den Dramatisierungen der Romane Falladas gibt es bislang nicht.

Kleiner Mann – was nun? auf der Bühne

Am häufigsten finden Bearbeitungen von *Kleiner Mann – was nun?* den Weg auf deutsche Theaterbühnen. Dies ist in der Anlage des Textes begründet, dessen Handlung sich – anders als bei anderen Romanen Falladas – auf die Geschichte um die Protagonisten Pinneberg und Lämmchen konzentriert und daher kammerspielartige Inszenierungen möglich macht. Es überwiegen Aufführungen auf der Grundlage der Fassung von Tankred Dorst (1972); diese wird nach der Uraufführung unter der Regie von Peter Zadek im Bochumer Schauspielhaus (22. September 1972) unter anderem in Neustrelitz (R: Hans Werner Venske, Landestheater Neustrelitz, UA: 21. Juli 1993), Bamberg (R: Gerhard Fehn, Theater der Stadt Bamberg, UA: 26. Mai 2007) sowie auf der Landesbühne Hannover (R: Udo Schürmer, Landesbühne Hannover, UA:

30. Oktober 2004) und im Staatstheater Kassel (R: Philipp Kochheim, Staatstheater Kassel, UA: 20. Juni 2010) aufgeführt.

In einer freien Bearbeitung von Johanna Schall und Esther Slevogt (R: Johanna Schall, Leipziger Schauspiel, UA: 22. Januar 1999) findet die Handlung in der Medienwelt des 20. Jahrhunderts statt. Die Aufführung ist hier im Stil einer Game-Show inszeniert, an der die Pinnebergs teilnehmen (Funke 1999). Franz Schlüter gibt den Moderator; eine Band namens *Die Falladas* sorgt für die musikalische Untermalung, wobei neben gängigen Schlagern und deutschen Rock- und Poptiteln auch eigens für das Stück komponierte Musik von André Herzberg eingesetzt wird (Steffen 1999). Schall und Slevogt zitieren in ihrer Bühnenfassung unter anderem aus Stücken von Heiner Müller und aus Sachtexten, die sich auf die Inhalte des Romans beziehen (vgl. Schall/Slevogt 1999, 1).

Darüber hinaus gibt es Bühnenfassungen von Gil Mehmert und Volker Bürger sowie von Wolf Bunge und Christian Marten-Molnár, die häufig aufgeführt werden. Die Pinnebergs in der Inszenierung des belgischen Regisseurs Luk Perceval (Münchner Kammerspiele, UA: 25. April 2009) wechseln im Stück zwischen szenischem Spiel und Bericht in der dritten Person. Dadurch stellt sich eine Distanz zur Romanvorlage ein, an der sich Perceval ansonsten detailgetreu orientiert, auch indem er ihrer Gliederung bei wenigen Auslassungen folgt (vgl. Perceval 2013). Auf der Bühnenrückwand läuft ein „zeitlupenartig verlangsamte[r] Szenenstrom" aus dem Dokumentarfilm *Berlin. Die Sinfonie der Großstadt* (R: Walter Ruttmann, 1927) in Endlosschleife, der Schwarzweißaufnahmen der Großstadtlandschaft Berlins mit ihren Fabriken, ihrem Verkehr sowie ihren Menschen zeigt und damit die „Masse Mensch" verbildlicht (Leibold 2010, 26). Neben den visuellen Effekten durch Filmprojektionen ist das Stück mit zeittypischer Musik der 1920er Jahre untermalt (Noack 2009, 43). Weitere Inszenierungen entstehen unter der Regie von Peter Kastenmüller (Maxim Gorki Theater Berlin, UA: 14. Dezember 2006), Thomas Oliver Niehaus (Theater Aachen, UA: 20. März 2010) und Michael Thalheimer (Städtische Bühnen Frankfurt am Main, UA: 12. Januar 2013).

Dramatisierungen weiterer Romane

Luk Perceval adaptiert mit *Jeder stirbt für sich allein* am Thalia Theater Hamburg einen zweiten Fallada-Roman (UA: 13. Oktober 2012). Auch hierbei orientiert er sich an der Gliederung des Romans durch Szenentitel, die (mit einzelnen Auslassungen) den Kapitelüberschriften entsprechen (vgl. Perceval/Bellingen 2013). Peter Zadek und Gottfried Greiffenhagen arbeiten *Jeder stirbt für sich allein* zu einer Revue um. Die Bühnenfassung von Jens Groß wird in Berlin unter der Regie von Jorinde Dröse aufgeführt (Maxim Gorki Theater Berlin, UA: 5. September 2011). Uwe Jens Jensen (Theater Kiel, UA: 10. Dezember 1995), Marie Bues (Schleswig-Holsteinisches Landestheater Schleswig, UA: 15. September 2012) und Tom Kühnel (Niedersächsische Staatstheater Hannover, UA: 12. Februar 2011) führen bei ihren jeweiligen Fassungen von *Bauern, Bonzen und Bomben* auch selbst Regie. *Wer einmal aus dem Blechnapf frißt* kommt 2003 (R: Michael Baumgarten, Theater Vorpommern Greifswald, UA: 25. Januar 2003) und 2009 (R: Daniel Wahl, Deutsches Schauspielhaus Hamburg, UA: 18. April 2009) auf die Bühne. *Der Trinker* wird in der Fassung von Oliver Hohlfeld (R: Thomas Roth, Landestheater Mecklenburg Neustrelitz, UA: 29. Mai

2003) und in der Fassung von Bernd Ludwig in den Jahren 2006 (R: Mark Spitzauer, Theater Orlando Rastede, UA: 15. November 2006) und 2007 (R: Uwe-Dag Berlin, Theater & Philharmonie Thüringen, Landestheater Altenburg Altenburg, UA: 7. Februar 2007) gespielt, außerdem in der Inszenierung von Sebastian Hartmann am Maxim Gorki Theater Berlin (UA: 4. Februar 2012) (siehe genauer den Beitrag 5.1 *Der Trinker* in Kap. II). Von *Der eiserne Gustav* existieren Fassungen von Barbara Wendland (R: Tilman Gersch, Hessisches Staatstheater Wiesbaden, UA: 21. Januar 2012) und Peter Lund (R: Martin Woelffer, Theater am Kurfürstendamm Berlin, UA: 11. November 2012). Der Roman *Wolf unter Wölfen* gelangt in einer Bearbeitung von John von Düffel unter der Regie von Roger Vontobel am Deutschen Theater Berlin am 19. April 2013 zur Uraufführung. Im Bereich des Kinder- und Jugendtheaters gibt es Inszenierungen der *Geschichten aus der Murkelei* unter anderem in Stendal (UA: 16. August 2009), Dessau (UA: 28. November 2010) und Halle (UA: 5. Oktober 2011). Zum Teil wurden einzelne Geschichten als eigene Stücke adaptiert (*Geschichten vom Unglückshuhn*, R: Eva Kaufmann, Anhaltisches Theater Dessau, UA: 28. Februar 2010; *Der unheimliche Besuch*, R: Peter Müller/Liora Hilb, Theaterhaus Frankfurt, UA: 10. Februar 2012).

Peter Zadeks Fallada-Bearbeitungen als Revue

Die 1970er Jahre als ‚Jahrzehnt der Regisseure' sind wie die 1980er Jahre geprägt von einer neuen dramaturgischen Qualität mit hohen Ansprüchen an die Inszenierungsarbeit; dem geht ein spezifischer Trend einher, die Produktionen von den Vorlagen zu lösen. Der Dramaturg wirkt nun als Autor, so dass die Werktreue als Orientierungsbegriff entfällt (Brauneck 2007, 303). Der ebenso gefeierte wie umstrittene Regisseur Peter Zadek bringt in diesem Zeitraum zwei Fallada-Romanadaptionen auf die Bühne. Dabei hat auch er nicht die Absicht, die Stücke getreu der Textvorlage zu inszenieren, sondern er verbindet dies mit dem Anspruch, ein neues Kunstwerk zu schaffen (vgl. Zadek 1969, 77).

Zadek, dessen Karriere in Großbritannien beginnt, proklamiert Zeit seines Lebens die Eigengesetzlichkeit der Kunst, weil diese an ästhetischem Wert verliere, sobald sie die Realität unverfälscht abbilden wolle. Gleichzeitig polemisiert er gegen abstrahierende Stücke, die auf das Allgemeine und Modellhafte abzielen, ebenso wie gegen eine Politisierung des Theaters, wie sie beispielsweise Peter Stein betreibt (Canaris 1979, 29 ff.). Brauneck bringt Zadeks Arbeit auf die Formel, dass dieser Regisseur in seinem „Menschentheater" der Psychologie der Figuren nachgehe und die Ergebnisse in realistische Bilder fasse (Brauneck 2007, 276). Das individualistische Theater des „anarchischen Romantiker[s]" Zadek (Canaris 1979, 44) vermeidet formale Geschlossenheit und politische Parteinahme im Zeichen der modernen Revue, die seit dem Epischen Theater Brechts auf den Bühnen der Weimarer Republik eine besondere Rolle zu spielen beginnt. Zadek durchkreuzt mit seinen Stücken die Sehgewohnheiten des Publikums, indem er dessen Erwartungen auf die Lösung eines Problems oder auf die Strukturierung der Welt in einer Inszenierung bewusst nicht erfüllt. Seine Stücke der 1960er und 1970er Jahre waren durch den intendierten Orientierungsverlust und ihren Hang zu obszönen Darstellungen oftmals Skandale (Lange 1989, 9 f.).

Mit der Uraufführung der Bühnenbearbeitung von Falladas Roman *Kleiner Mann – was nun?* feiert das Schauspielhaus Bochum am 22. September 1972 seine

Neueröffnung unter dem neuen Intendanten Peter Zadek. Das Bochumer Theater schlägt mit der Ära Zadek den Weg in Richtung der „Erprobung eines neuen Konzepts von ‚Volkstheater'" ein (Brauneck 2007, 322). Die Reformen sind auf Zadeks „Vorstellung einer populären Theaterkultur" (ebd.) gegründet, die frei von Ideologie sowie unterhaltsam und entspannt sein sollte. Diese Auffassung folgt einer pragmatischen englischen Theaterpraxis, die Unterhaltung, das *entertainment* des Publikums, stärker in den Mittelpunkt rückt als im deutschen Theater, das sich der Bildung und Aufklärung verschreibt und Boulevard und Hochkultur bis dahin streng getrennt gehalten hatte (vgl. ebd., 271). Zadeks neues Volkstheater will also neue Rezipientenkreise durch Unterhaltung und Zerstreuung erschließen, dazu aber auf die Mittel des etablierten bundesdeutschen Theaters sowie auf Inhalte zurückgreifen, die mit gleichermaßen individuellen wie gesellschaftlichen Lebensumständen in Verbindung zu bringen sind. Zu den neuen Stücken dieser Orientierung gehören „Stoff- oder Romanadaptionen, deren Geschichten unterhaltsam, aber in ihrem realistischen, zumeist bitteren Kern genau erzählt auf die Bühne gebracht wurden" (ebd., 324). Publikumsbedürfnisse werden nun zum entscheidenden Faktor bei der Produktion der Stücke erklärt. Anreize schaffte das Bochumer Theater durch günstige Eintrittspreise, neue Werbemaßnahmen und Rahmenprogramme, aber auch durch Einladungen von Opel- und Krupp-Arbeitern zu Voraufführungen. Auf die Bedürfnisse dieser Zielgruppe reagierte das Theater dadurch, dass es beispielsweise den Vorstellungsbeginn vorverlegte (Canaris 1979, 113 ff.).

Als weitere Reformmaßnahme versammelt Zadek Mitarbeiter wie den Autor Tankred Dorst und den Dramaturgen Gottfried Greiffenhagen um sich. Die Bühnenfassung zu *Kleiner Mann – was nun?* stammt als Auftragsarbeit von Dorst, für den das Theater „eine Art Experiment" darstellt, indem er die Mittel der Bühne nutzt, um die Zuschauer anzuhalten, ihre „Wertsetzungen, [...] gesellschaftlichen Normen" sowie ihre „Moral in Frage zu stellen." Zu diesem Zweck soll der Mensch „mit dem, was ihn bewegt, was ihn ängstigt, was er schafft und was ihn begrenzt, auf der Bühne sichtbar" werden (Dorst 1981, 45).

Zadek will die Form der Revue wieder auf deutschen Bühnen etablieren und schafft dabei „ein Mischprodukt, das irgendwo zwischen einem Musical, einem normalen Stück und einer klassischen Revue steht" (Zadek/Kornitzer 1990, 229). Die Revue *Jeder stirbt für sich allein* in der Fassung von Zadek und Greiffenhagen wird am 10. Januar 1981 zur Wiedereröffnung des Berliner Schiller-Theaters uraufgeführt und bildet gleichzeitig den Einstand für den neuen Berliner Intendanten Boy Gobert.

Charakteristisch für die Revue, eine Bühnendarbietung mit Ursprüngen in Frankreich, sind Tanznummern, Musikeinlagen und Spielszenen vor üppigen Kulissen. Eingeleitet werden diese Elemente in der Regel durch einen Conférencier, der das Geschehen innerhalb des Stückes kommentiert (vgl. Vogel 2003, 278). Zadeks Fallada-Dramatisierungen sind der politischen bzw. zeitgeschichtlichen Revue zuzuordnen, wie sie nach dem Ersten Weltkrieg durch Erwin Piscator entsteht (zur Terminologie vgl. Vogel 2003, 280). Die Revue *Kleiner Mann – was nun?* spielt zur Zeit der Weimarer Republik, die geprägt ist von Inflation, Wirtschaftskrise, Arbeitslosigkeit und dem langsamen Aufkommen des Nationalsozialismus. In *Jeder stirbt für sich allein* wird der Nationalsozialismus in seiner Pervertiertheit dargestellt, gegenüber dem Roman ergänzt durch die problematische Stellung deutscher Schriftsteller zwischen Mitläufertum, Innerer Emigration und Leben im Exil. Diese „revueartigen Projekte", zu denen neben *Jeder stirbt für sich allein* unter anderem auch *Andy* (Deutsches Schauspielhaus in Hamburg, UA: 6. März 1986) und *Der Blaue Engel* (Theater des Westens Berlin, UA: 28. Mai 1992) gehören, überschreiten „die herkömmliche Grenze des Theaters und seine Ästhetik", indem sie Elemente aus der Trivial- und Pop-Kultur einsetzen und damit in die Nähe von Musical, Kino und Fernsehen rücken (Brauneck 2007, 325).

Tankred Dorst/Peter Zadek: *Kleiner Mann – was nun?* (UA 1972)

Kleiner Mann – was nun? ist Zadeks erste Romanadaption und die erste Produktion, die das Bochumer Konzept eines neuen Volkstheaters vorstellt. Konzipiert als „unterhaltsames Spielarrangement" (Brauneck 2007, 323) lockt sie in 45 Aufführungen etwa 37 500 Besucher in das Bochumer Schauspielhaus (ebd., 324). Im Milieu der Kleinbürger angesiedelt, soll das Stück ein „bewusstes Identifikationsangebot" (Schwab 1987, 432) für ein breites Publikum bieten, eingespannt in den Kontrast der Revue-Szenen zwischen ihrer „Hysterie" bzw. dem „Wahnsinn dieser hochgeschraubten Berliner Situation" und der „Ärmlichkeit" der Lebens- und Liebesgeschichte der Pinnebergs (Zadek 2006, 85). Die gemeinsame Geschichte der Protagonisten Lämmchen (Hannelore Hoger) und Pinneberg (Heinrich Giskes) hält dabei die Episoden zusammen (vgl. Kässens/Gronius 1987, 182). Zadek spricht von einer offenen Dramaturgie, die durch das Einmontieren von Kabarett- und Tanzeinlagen in die auf der Grundlage des Romans erzählten Teile entstehe (vgl. Zadek 2006, 85). Ein besonderes Anliegen Zadeks ist es dabei, während der Inszenierung „den epischen Rhythmus des Romans zu erhalten" (Zadek 2006, 87). Zu diesem Zweck nutzt er neben Dorsts Adaption bei den Proben auch den Roman selbst. Der norwegische Choreograf Tutte Lemkow engagiert für die Showszenen Showgirls aus Schweden; die musikalische Leitung liegt bei Peer Raben, dem musikalischen Leiter des Bochumer Schauspielhauses, sowie bei Erwin Bootz, von 1928 bis 1938 Pianist bei den Berliner Comedian Harmonists.

Die Revue nimmt auf zweifache Weise Bezug auf die 1920er Jahre. Zum einen stellt sie die soziale Krise der Weimarer Republik sowie die Anfänge des Nationalsozialismus dar, indem sie diese Übergangszeit am Beispiel der Einzelschicksale aus Falladas Roman auf der Bühne wiederaufleben lässt. Zum anderen zeichnet sie die Romanhandlung in Form einer politischen Revue nach, die in den 1920er Jahren entsteht (vgl. Zadek 2006, 80). Die Revue-Szenen illustrieren das Berliner Leben der 1920er Jahre. So stellt die 22. Szene eine Berlin-Revue dar (vgl. Dorst/Zadek 1972, 30f.), Szene 49 trägt den Titel *Was braucht der Berliner, um glücklich zu sein?* (vgl. Dorst/Zadek 1972, 77f.) – beide Szenen sind im städtischen Dialekt gehalten, den Rosel Zech an die Künstlerin Claire Waldoff anlehnt, die sich selbst zu Lebzeiten als ‚Volkssängerin' bezeichnet. Im Laufe des Stücks verwandelt sich Zech beispielsweise als Conférencier in männlichem Kostüm zu Hans Albers oder in weibliche Showgrößen wie Marlene Dietrich. Darin liegt ein deutlicher Unterschied zum Roman, in dem Personen der Zeitgeschichte keine Rolle spielen. Auch die Inflation wird in Revue-Szenen gestaltet (Szene 9: *Der Teufel kocht die Inflation*, vgl. Dorst/Zadek 1972, 10). Eine gewisse Kontinuität entsteht durch die Revue *Kleiner Mann – was nun?* vom Beginn, die in der Mitte sowie am Ende fortgesetzt wird (Szenen 3, 20 und 55). Die Szene *Kleiner Mann*, die am Ende des Stücks das eigentliche Ende einleitet, nachdem Pinneberg vom Schutzpolizisten gestoßen wird, bildet somit den Rahmen. Tatsächlich verklärt sich „die verzweifelte Lebenssituation des jungen Paares […] zur Apotheose", wie Dorst es im Nachsatz formuliert, indem das Paar, „das alte Glück, [...] die alte Liebe" „höher und höher, von der befleckten Erde zu den Sternen" empor gleitet (Dorst/Zadek 1972, 88).

Gedruckt erscheint der Text 1972 im Suhrkamp Verlag, aufgenommen dann in der Werkausgabe von Dorst ebenfalls bei Suhrkamp. Die Fassung der Uraufführung ist zudem abgedruckt in *Theater heute*, Heft 11, November 1972. Der Westdeutsche Rundfunk strahlt die Fernsehaufzeichnung der Bochumer Aufführung am 29. Dezember 1973 aus; sie ist als DVD (Pidax-Film) im Handel erhältlich.

Peter Zadek/Gottfried Greiffenhagen: *Jeder stirbt für sich allein* (UA 1981)

Die Figur des Hans Fallada als Conférencier (Hilmar Thate), der berichtend in das Geschehen eingreift und weite Teile aus dem Roman und seiner eigenen Biografie erzählt, bildet den Rahmen für drei verschiedene Handlungen, die die Revue *Jeder stirbt für sich allein* tragen: das Schicksal des Ehepaars Quangel, die Kriminalgeschichte um die Suche nach dem Postkartenschreiber sowie ein Zeitbild der Kriegsjahre in Berlin in Form von Revue-Szenen und Momentaufnahmen (vgl. Michaelis 1981, 36). Bei der Inszenierung der Revue-Teile wurde Zadek vom französischen Theaterregisseur Jérôme Savary unterstützt.

Das Stück ist nicht chronologisch angelegt, sondern beginnt mit dem Postkartenfund in der Anwaltskanzlei Toll. Anfangs der darauffolgenden Szene, die in der Wohnung von Otto Quangel (Bernhard Minetti) und seiner Frau Anna (Angelica Domröse) spielt, thematisiert der Erzähler Fallada diesen Bruch in der Chronologie. Er führt damit in die Spielhandlung und gleichzeitig in die Rahmenhandlung ein, indem er seinen eigenen biografischen Hintergrund vorstellt:

FALLADA Entschuldigung, es ist eine kleine Panne passiert. Die Szene kommt ja erst viel später. [...] Es ist übrigens eine wahre Geschichte, die ich Ihnen heute Abend erzählen werde. [...] Ach, ich hab' mich ja noch gar nicht vorgestellt! Guten Abend. Ditzen. – Sie kennen mich vielleicht eher als Hans Fallada. Als ich anfing zu schreiben, nannte ich mich so. [...] Mit dem Auftritt der Briefträgerin Eva Briese fängt die Geschichte an, die ich Ihnen heute Abend erzählen will. (Zadek/Greiffenhagen 2011, 4)

Darüber hinaus geben einzelne Szenen den Inhalt des Romans nahezu wörtlich wieder (vgl. Zadek/Greiffenhagen 2011, 33/72f.). Neben Anspielungen auf Falladas Opportunismus wird auch dessen Stellung zwischen den Autoren des Exils und der Inneren Emigration thematisiert:

FALLADA Natürlich hätte ich dem Nationalsozialismus widerstehen müssen [...]. Natürlich hätte ich emigrieren sollen wie meine berühmten Kollegen. Aber ich war zu feige. Dafür konnte ich dann aber auch später nach dem Krieg den Roman *Jeder stirbt für sich allein* schreiben. Und das ganz ohne Zigaretten, Morphium, Cognac, Kokain. – (Zadek/Greiffenhagen 2011, 40)

Dieser Stil einer kritisch-spöttischen Haltung gegenüber der realen Person Fallada bei alltäglicher Ausdrucksweise prägt zu einem großen Teil die weiteren Fallada-Szenen, die von Hartmut Lange verfasst sind. Kritiker interpretierten die Revue als

Darstellung eines Opportunisten im Dritten Reich am Beispiel Falladas (vgl. Spiegel 1981, 175; Michaelis 1981, 36). Michaelis hält aber die Form der Revue für ungeeignet, weil das behandelte Thema Reflexion nötig mache. So herrsche ein „schreiendes Mißverständnis [...] zwischen der stillen, rührenden Fabel von Falladas letztem Roman *Jeder stirbt für sich allein* und der Zurichtung für die Bühne" (Michaelis 1981, 36), wobei Michaelis Zadek unterstellt, eben dieses „schreiende Mißverhältnis [sic]" (ebd.) aufzeigen zu wollen. Andere Kritiken halten das Stück für apolitisch (Spiegel 1981, 174).

Literatur

Brauneck 2007: Brauneck, Manfred: Die Welt als Bühne. Geschichte des europäischen Theaters, Bd. 5, Stuttgart/Weimar 2007.
Canaris 1979: Canaris, Volker: Peter Zadek, der Theatermann und Filmemacher, München/Wien 1979.
Dorst 1981: Dorst, Tankred: Die Bühne ist der absolute Ort. In: Ders.: Große Schmährede an der Stadtmauer, Stuttgart 1981, S. 45–52.
Dorst/Zadek 1972: Dorst, Tankred/Zadek, Peter: Kleiner Mann, was nun? Eine Revue nach dem Roman von Hans Fallada, Textbuch, Berlin 1972.
Funke 1999: Funke, Christoph: Lämmchen und die Prinzen. Falladas *Kleiner Mann – was nun?* im Schauspiel Leipzig. In: Leipziger Volkszeitung, 26.1.1999, zit. nach Salatgarten 8 (1999), H. 1, S. 51.
Grisko 2002: Grisko, Michael: Hans Fallada. *Kleiner Mann – was nun?* [Erläuterungen und Dokumente], Stuttgart 2002.
Hensel 2004: Hensel, Georg: Laudatio auf Peter Zadek. In: Peter Zadek: My way. Eine Autobiographie, 1926–1969, Köln 2004, S. 544–553.
Kässens/Gronius 1987: Kässens, Wend/Gronius, Jörg W.: Theatermacher. Gespräche mit Luc Bondy, Jürgen Flimm, Hansgünther Heyme, Hans Neuenfels, Peter Palitzsch, Claus Peymann, Frank-Patrick Steckel, George Tabori, Peter Zadek, Frankfurt a. M. 1987.
Lange 1989: Lange, Mechthild: Peter Zadek, Frankfurt a. M. 1989.
Leibold 2010: Leibold, Christoph: Die Masse Mensch als Rührstück. In: Theater der Zeit (2010), H. 5, S. 26 f.
Michaelis 1981: Michaelis, Rolf: Zadeks „Fallada-Revue" in Berlin. In: Die Zeit (1981), Nr. 4, 16.1.1981, S. 36.
Noack 2009: Noack, Bernd: Schnapsdrossel und Turteltauben. In: Theater heute (2009), H. 6, S. 49.
Perceval 2013: Perceval, Luk: Kleiner Mann – was nun? Textbuch, Berlin 2013.
Perceval/Bellingen 2013: Perceval, Luk/Bellingen, Christina: Jeder stirbt für sich allein, Textbuch, Berlin 2013.
Schall/Slevogt 1999: Schall, Johanna/Slevogt, Esther: Kleiner Mann, was nun? Freie Bearbeitung für die Bühne, Textbuch, Berlin 2006.
Schwab 1987: Schwab, Hans-Rüdiger: Vexierbilder des Ich oder „… das ist die normale Geschichte der Menschheit". Zu Tankred Dorsts ‚Politischen Stücken' 1968–1977. In: Tankred Dorst: Politische Stücke. Werkausgabe, Bd. 4, Frankfurt a. M. 1987, S. 417–430.
Schwarz 1989: Schwarz, Elisabeth: Die Lust, anstößig zu sein. Elisabeth Schwarz über Peter Zadek. In: Theater heute (1989), H. 1, S. 8 f.
Spiegel 1981: Frühling für Hitler und Lili Marleen. In: Der Spiegel 35 (1981), Nr. 4, S. 168–176.
Steffen 1999: Steffen, Ursula: Vorbild Gameshow. In: Handelsblatt, 29./30.1.2000, zit. nach Salatgarten 9 (2000), H. 1, S. 35.
Vogel 2003: Vogel, Benedikt: Revue. In: Reallexikon der deutschen Literaturwissenschaft. Neubearbeitung des Reallexikons der deutschen Literaturgeschichte, gemeinsam mit Georg

Braungart, Harald Fricke, Klaus Grubmüller, Friedrich Vollhardt und Klaus Weimar hg. von Jan-Dirk Müller, Bd. 3: P-Z, Berlin/New York 2003, S. 278–281.
Zadek 1969: Zadek, Peter: Freiheit auf der Bühne. In: Theater als Ärgernis?, hg. von Friedrich Kienecker, Manfred Züfle und Peter Zadek, München 1969, S. 67–78.
Zadek 2006: Zadek, Peter: Die heißen Jahre. 1970–1980, Köln 2006.
Zadek/Greiffenhagen 2011: Zadek, Peter/Greiffenhagen, Gottfried: Jeder stirbt für sich allein, Dramatisierung von Peter Zadek und Gottfried Greiffenhagen, Texte der Fallada-Szenen von Hartmut Lange, Textbuch, Berlin 2011.
Zadek/Kornitzer 1990: Zadek, Peter/Kornitzer, Laszlo: Das wilde Ufer. Ein Theaterbuch, Köln 1990.

5. Übersetzungen

Tina Grahl/Eva Rosenzweig

Die Werke Hans Falladas, insbesondere die Romane zwischen 1932 und 1947 sowie das posthume Werk, werden in Europa umfassend übersetzt und rezipiert. Davon ausgenommen sind nur *Der junge Goedeschal* sowie *Anton und Gerda* aus dem expressionistischen Frühwerk. Auch außerhalb Europas finden sich Übersetzungen der Werke Falladas.

Generell können diese Publikationen und deren Rezeption in zwei Phasen eingeteilt werden: Die erste Phase umfasst zeitnahe Übersetzungen der Romane in den 1930er und 1940er Jahren in Europa und den USA, zum Teil mit Neuauflagen in den ausgehenden 1960er Jahren bis Mitte der 1980er Jahre. Initialtext dieser ersten Phase ist der Roman *Kleiner Mann – was nun?* In der zweiten Phase ab den 2000er Jahren finden sich zahlreiche Neuübersetzungen sowie eine Reihe von Erstübersetzungen in Europa, den USA und in Israel. Die Mehrheit dieser Neu- und Erstübersetzungen wurde durch die britische Übersetzung von *Jeder stirbt für sich allein* (*Alone in Berlin* 2009) angestoßen. Neben Klassikern wie *Kleiner Mann – was nun?* wird in dieser zweiten Phase vor allem das posthume Werk, insbesondere *In meinem fremden Land: Gefängnistagebuch 1944* wahrgenommen. Die Rezeption in den Ländern der ehemaligen Sowjetunion und des ehemaligen Jugoslawiens setzt frühestens zu Beginn der 1950er Jahre, zum Teil erst Ende der 1970er Jahre ein. Initialtext ist hier *Jeder stirbt für sich allein*.

Teilweise werden die umfangreichen Romane Falladas in den Translationen gekürzt. Die zeitgenössischen Übersetzungen werden überwiegend in kleineren, auf die Klassiker der internationalen Moderne spezialisierten Verlagen herausgegeben. In diesen erscheinen sie zusätzlich in Reihen für moderne internationale Erzählliteratur. Dagegen werden die neueren Übersetzungen der 2000er Jahre vornehmlich durch marktführende Verlage publiziert. In fast allen europäischen Ländern liegen die Werke Falladas zudem als Buchklubausgaben vor.

Auffällig ist, dass unabhängig von dieser Phaseneinteilung immer wieder Kinderbücher – vor allem *Geschichten aus der Murkelei* und *Fridolin, der freche Dachs* – sowie Anthologien und Auswahlausgaben mit Erzählungen Falladas aufgelegt werden, weil sie als Anleitung zum Erwerb der deutschen Sprache dienen. Dabei steht die Vermittlung von Alltagssprache mit Hilfe der Dialoge im Vordergrund (vgl. Liefländer-Leskinen 2011).

Das Datenmaterial für diesen Beitrag wurde über die Reihe G der deutschen Nationalbibliografie (Fremdsprachige Germanica und Übersetzungen deutschsprachiger Werke) sowie über die jeweiligen Nationalbibliotheken der Länder und die Datenbank WorldCat.org recherchiert. Eine weitere Quelle stellt die Sammlung Kobert im Hans-Fallada-Archiv dar. Die Daten zum Titel der Übersetzung, der literarischen Vorlage, zum Jahr der Erst- und Neuauflagen, zu den Auflagenhöhen und zu den ÜbersetzerInnen und Verlagen wurden anschließend tabellarisch erfasst. Auf Grundlage dieser Daten ist ein quantitativer und qualitativer Vergleich der Länder untereinander möglich, so dass Aussagen zu den Übersetzungsschwerpunkten oder den Rezeptionsphasen in den Ländern getroffen werden können. Darüber hinaus ist eine Einordnung von Falladas Werk in die nationalen Buchmärkte möglich.

Übersetzungen in Westeuropa und den USA

Zentren der europäischen Fallada-Rezeption bilden Skandinavien, Frankreich, Spanien, die Niederlande, die Tschechische Republik und Großbritannien. In der Türkei, in Portugal und in Griechenland werden zwar auch vereinzelt Titel veröffentlicht, die Rezeption ist hier jedoch schwächer ausgeprägt.

In Skandinavien hat Fallada eine breite Leserschaft. Dies bezeugen zeitnahe Übersetzungen (zum Teil im Jahr der deutschen Erstausgabe) fast des vollständigen Werkes seit *Kleiner Mann – was nun?* Sie erfolgen von 1933 bis zum Nachlasswerk in den 1950er Jahren durch Stammübersetzer wie Sonja Heise und Clara Hammerich in Dänemark sowie Knut Stubbendorf in Schweden. Während die Werke Falladas in Dänemark und Schweden nur teilweise in Stammverlagen publiziert werden, konzentrieren sich die zeitgenössischen Fallada-Veröffentlichungen in Norwegen auf den Aschehoug Verlag. In der zweiten Rezeptionsphase übernimmt Dinamo die Edition in Norwegen. Auch die ständigen Neueditionen in hohen Auflagen sowie zahlreiche Buchklubausgaben sind Beleg für eine breite und andauernde Fallada-Rezeption in den skandinavischen Ländern. In Finnland gehören Falladas Werke zu den meist angeschafften Übersetzungen aus dem Deutschen in Bibliotheken (vgl. Hartekainen 1997). Nicht übersetzt werden das Frühwerk und Romane wie *Der Alpdruck* oder *Die Stunde, eh' du schlafen gehst*, die auch in Deutschland weniger Beachtung finden. Erstaunlich ist, dass die Kinderbücher in Skandinavien (mit zwei Ausnahmen) nicht publiziert werden – möglicherweise, da Skandinavien eine eigene ausgeprägte Kinderbuchtradition hat. Den Höhepunkt der Rezeption in Skandinavien bilden die Übersetzungen der 1930er bis 1950er Jahre; bis heute jedoch gibt es in allen Jahrzehnten Neuauflagen der Romane. Während sich das Interesse an Fallada in fast allen europäischen Ländern in den 1980er Jahren verringert, ist gerade in Finnland eine Wiederentdeckung seiner Romane und damit ein neuer Höhepunkt der Rezeption zu beobachten (vgl. Hartekainen 1997). In den 2010er Jahren schließen sich an die internationale Renaissance weitere Neuauflagen von *Jeder stirbt für sich allein* in Skandinavien an. Dabei übernehmen die dänischen, schwedischen (jeweils 2012) und finnischen (2013, 2015) Übersetzungen den ‚Berlin'-Titel der französischen bzw. britischen Ausgabe. 2014 erscheint in Schweden ebenfalls eine Neuauflage von *Kleiner Mann – was nun?*, welche noch im selben Jahr durch eine Hörspielfassung des Romans ergänzt wird.

In Frankreich werden die Werke Falladas zeitverzögert, vor allem von den 1940er bis in die 1960er Jahre, in marktführenden Verlagen wie Gallimard und Denoël publiziert. Das Korpus beschränkt sich dabei auf die auch in Deutschland populären Romane wie *Kleiner Mann – was nun?* (*Et puis après?*) und *Wolf unter Wölfen* (*Loup parmis les loupes*) sowie das Nachlasswerk, d. h. posthum veröffentlichte Titel wie *Der Trinker* und *Der Alpdruck*. Die Rezeption bricht Ende der 1960er Jahre ab und setzt erst mit *Jeder stirbt für sich allein* (*Seul dans Berlin*) im Jahr 2002, einer Neuauflage der Übersetzung von 1967, wieder ein. Die französische Ausgabe nutzt folglich erstmalig den ‚Berlin'-Titel. Es ist somit Frankreich, welches als erstes Land das Werk Falladas wiederentdeckt und die internationale Renaissance anstößt, und nicht, wie häufig in der internationalen Presse dargestellt, Großbritannien. In der Folge werden in Frankreich weitere Romane wie *Kleiner Mann – was nun?* (*Quoi de neuf, petit homme?* 2007 und 2009) und *Der Trinker* (*Le Buveur* 2010 und 2012) neu übersetzt und auf den Markt gebracht.

In den Niederlanden erscheint 1932 mit *Wat nu, kleine man?* die erste Übersetzung eines Fallada-Werkes. Auch an weiteren Romanen wie *Wer einmal aus dem Blechnapf frißt* (*Wie eens uit het schaftje eet …* 1934) ist zu sehen, dass die Übersetzungen in den Niederlanden zeitnah, zum Teil im Jahr der deutschen Erstausgaben erscheinen. Das übersetzte Korpus ist dabei sehr umfangreich. Während *Wolf unter Wölfen* nie übersetzt wird, haben insbesondere die Romane *Der Trinker* und *Jeder stirbt für sich allein* mit mehrfachen Neuauflagen durch alle Jahrzehnte hindurch großen Erfolg beim Publikum. Trotz unveränderter Übersetzung erscheint *Jeder stirbt für sich allein* in unterschiedlichen Titelvarianten von *Ieder sterft in eenzaamheit* (1949, 1976) über *De Führer heeft mijn zoon vermoord* (1965) zu *Alleen in Berlijn* (ab 2010).

In Spanien fand und findet eine umfassende Rezeption der Werke Falladas statt, die bereits 1933 mit der Übersetzung von *Kleiner Mann – was nun?* (*Pequeño hombre, ¿y ahora qué?*) beginnt. Zeitnah und in regelmäßigen Neuauflagen erscheinen ebenfalls die Romane *Der eiserne Gustav* (*Gustavo el férreo* 1944, 1947, 1956, 1967, 1970), *Wir hatten mal ein Kind* (*Una vez tuvimos un hijo* 1944, 1951, 1961) und *Junger Herr – ganz groß*, der Zeitungsvorabdruck von *Der Jungherr von Strammin* (*Un hidalgo de Pomerania* 1952, 1970, 1971, 1975). Bemerkenswert ist, dass es nach der Übersetzung von *Kleiner Mann – was nun?* 1933 erst im Franco-Regime zu neuen Veröffentlichungen kommt und somit *Wolf unter Wölfen* (*Lobo entre lobos*) erst 1949 erscheint. Die Kinderbücher Falladas werden im Vergleich zu anderen europäischen Ländern nur selten übersetzt. Die Wiederentdeckung Falladas durch die spanische Leserschaft in den 2000er Jahren beginnt mit der Neuübersetzung von *Kleiner Mann – was nun?* (*Pequeño hombre, ¿y ahora qué?* 2009), worauf Neuauflagen und weitere Neuübersetzungen (z. B. zu *Jeder stirbt für sich allein*, *Der Trinker* und *Ein Mann will nach oben*) folgen. Die hier aufgeführten Translationen in die kastilische Sprache werden durch katalanische Übersetzungen und spezielle Übertragungen für den hispano-amerikanischen Raum (d. h. Kuba, Chile, etc.) ergänzt. Als Gründe für den Erfolg der Romane Falladas in Spanien können deren Nähe zur spanischen Erzähltradition (avanciertes Erzählen, Familienepen, etc.), aber auch die literarische Verarbeitung von Krisen- und Diktaturerfahrungen angenommen werden (Grahl/Rosenzweig 2014). Neben den Einzelwerken erscheinen Textanthologien sowie Buchklubausgaben.

Die Rezeption in Großbritannien und den USA ist aneinander gekoppelt. Ebenso sind die Buchmärkte Kanadas, englischsprachiger Länder Afrikas und Asiens (vgl. Hutchinson 2012) angeschlossen. Auch Australien rezipiert die britischen und US-amerikanischen Übersetzungen mit leichter Verzögerung, bis dann seit 2013 einzelne Werke im australischen Independent-Verlag Scribe herauskommen: *Kleiner Mann – was nun?* sowie *Wolf unter Wölfen* (beide 2013) und *Der Alpdruck* (2016). Auf dem britischen und US-amerikanischen Buchmarkt erscheinen die Werke Falladas zeitnah in Übersetzung. Spätestens mit *Der eiserne Gustav* (*Iron Gustav* 1940) endet dieser Rezeptionsstrang und setzt – bis auf vereinzelte Neuauflagen – erst 2009 mit der Übersetzung von *Jeder stirbt für sich allein* wieder ein. Obwohl die Rezeption in den skandinavischen Ländern, in Frankreich, Spanien, den Niederlanden und der Tschechischen Republik quantitativ höher ist und *Jeder stirbt für sich allein* in Frankreich bereits 2002 erscheint, wird die englischsprachige Übersetzung im Rahmen der Wiederentdeckung Falladas in den Medien stärker beachtet. Im Vergleich zu dem wörtlich übertragenen Titel *Every man dies alone* (USA 2009) funktioniert der britische Titel *Alone in Berlin* (Großbritannien 2009) – der die französische Titelvariante *Seul dans Berlin* von 1967 übernimmt – auf dem Buchmarkt besser, da er Urbanität suggeriert (siehe auch Wieland Freund im Interview mit Jenny Williams 2011). Dies zeigt sich in der internationalen Verbreitung ebendieser Titelvariation unter anderem in Israel (בברלין לבד, *Levad be-Berlin* 2010), den Niederlanden (*Alleen in Berlijn* 2010, 2011, 2012), Rumänien (*Singur în Berlin* 2011, 2012), Spanien (*Solo en Berlín* 2011) und Skandinavien (dän.: *Alene i Berlin* 2012, schwed.: *Ensam i Berlin* 2012, finn.: *Yksin Berliinissä* 2013). Auch in den USA setzt sich schließlich *Alone in Berlin* bereits 2009 als Titel durch.

In Italien finden sich zeitnahe (vornehmlich durch Bruno Revel bearbeitete) Übersetzungen vieler auch in Deutschland populärer Romane Falladas, die durch alle Jahrzehnte hindurch neu aufgelegt werden. Somit trifft die Phaseneinteilung der Rezeption auf Italien nicht zu, da die Werke hier durchgängig publiziert und rezipiert werden. In Italien liegen zudem Übersetzungen der frühen Romane *Der junge Goedeschal* (*Il giovane Goedeschal* 1936) und *Bauern, Bonzen und Bomben* (*Contadini, bonzi e bombe* 1956) vor. Das Interesse des italienischen Buchmarktes am Frühwerk Falladas lässt sich mit der ausgeprägten Tradition der Avantgarden begründen, in welche sich der expressionistische Roman *Der junge Goedeschal* einfügt.

Übersetzungen in den Staaten des Warschauer Paktes und Osteuropas

Da es in der Sowjetunion und den Staaten des Warschauer Paktes keinen an den Prinzipien von Angebot und Nachfrage orientierten Buchmarkt gab, können die statistischen Zahlen nicht in derselben Art und Weise wie in den westeuropäischen Ländern bewertet werden. So sind das Jahr der Publikation, die Auflagenhöhe und der jeweilige Verlag in einem gesteuerten Buchmarkt Faktoren, die nur bedingt über eine Lesernachfrage und die Rezeption Auskunft geben. Dies gilt ebenso für die Länder des ehemaligen Jugoslawiens (Bosnien und Herzegowina, Kroatien, Mazedonien, Montenegro, Serbien, Slowenien), in denen das Interesse durch vereinzelte Publikationen in den Landessprachen, mit einem leichten Anstieg in den 1950er und 1970er Jahren und einer Renaissance ab 2011 in Kroatien und Slowenien, sichtbar wird.

5. Übersetzungen

In den Staaten des Warschauer Paktes finden sich oft nur einzelne Titel in Übersetzung. Am Beginn steht dabei meist *Jeder stirbt für sich allein* (zwischen 1952 und 1976), worauf in den 1980er und 1990er Jahren weitere Titel folgen. Dies spiegelt die in anderen europäischen Ländern gängige Phaseneinteilung der Rezeption nicht wider. *Jeder stirbt für sich allein* ist dabei im Kontext einer gesellschaftlichen Diskussion in den Staaten der Sowjetunion über die NS-Zeit zu betrachten, in der die strikte Opfer-Täter-Schematisierung durch ambivalente Perspektiven mittels Romanen über den deutschen Widerstand und Kollaborateure abgelöst wird. Die internationale Wiederentdeckung Falladas seit den 2010er Jahren regt auch in osteuropäischen Ländern wie Albanien vereinzelte Neuübersetzungen an.

Innerhalb der Staaten des Warschauer Paktes nimmt Russland eine Sonderstellung ein. Die Rezeption beginnt dort 1934 mit der Erstübersetzung von *Kleiner Mann – was nun?* (*Что Же Дальше?*) (vgl. Labuhn 1997), der vorerst keine weiteren Übersetzungen folgen. Erst 1948 setzt das Interesse wieder ein und löst einen Höhepunkt der Fallada-Rezeption aus, der bis in die 1960er Jahre andauert. Angestoßen durch die Übersetzung von *Jeder stirbt für sich allein* im Jahre 1948 erscheinen in den folgenden Jahren weitere Werke wie *Wolf unter Wölfen* (1957), *Damals bei uns daheim* (1957), *Fridolin, der freche Dachs* (1965) und *Der eiserne Gustav* (1969). Seit den 1950er Jahren sind kontinuierliche Neuauflagen und verschiedene Neuübersetzungen von Werken Falladas zu beobachten. Die Wiederentdeckung Falladas in den 2000er Jahren spiegelt sich auf dem russischen Buchmarkt kaum wider. Lediglich *Fridolin, der freche Dachs* (2003), *Damals bei uns daheim* (2005) und eine Neuauflage von *Jeder stirbt für sich allein* (2008) werden publiziert.

Ausnahmen innerhalb der Fallada-Rezeption in den späteren Warschauer-Pakt-Staaten bilden die Tschechische Republik, Ungarn und Polen, die u. a. auf der Vorgeschichte vor 1945 beruhen. Im Tschechischen erscheint das Werk Falladas zeitnah, bis die Rezeption 1941 mit der Übersetzung von *Der eiserne Gustav* (*Železný Gustav*) abrupt endet (Pytlík 2012), da das tschechische Publikum in diesem Roman eine Anpassung an das NS-Regime sieht. Einzig in der Tschechoslowakei kann der Abbruch des Interesses damit eindeutig politisch begründet werden. Einhergehend mit der Liberalisierung der Tschechoslowakei erfährt die Rezeption Falladas 1954 einen Aufschwung, kann aber erst in den 1970er Jahren an die alten Höhepunkte der 1930er und 1940er anschließen. In den 1980er Jahren bricht die Fallada-Rezeption ab. Obwohl bereits 1997 *Der Trinker* zum 50. Todestag Falladas herausgegeben wird, setzt eine nennenswerte Nachfrage in der Tschechischen Republik erst 2010 (ebenfalls mit *Der Trinker*) wieder ein. Generell kann die Verbreitung und das Interesse an Falladas Werk im europäischen Vergleich als hoch bewertet werden, denn durch alle Jahrzehnte hindurch kommt es vereinzelt zu Neuauflagen.

In Ungarn erscheinen die Übersetzungen zeitnah, zum Teil im Jahr der deutschen Erstausgabe. Die Rezeption setzt jedoch nach der Herausgabe von *Der ungeliebte Mann* im Jahr 1941 aus; dennoch ist *Kleiner Mann – was nun?* (*Mi lesz veled, emberke?*) in allen Jahrzehnten mit Neuauflagen vertreten. Eine Besonderheit in Ungarn ist die breite Rezeption der Kinderbücher, die immer wieder neue Auflagen erleben.

In der polnischen Rezeption findet eine Konzentration auf das Werk zwischen 1932 und 1947 statt. So erscheint die Übersetzung von *Kleiner Mann – was nun?* (*I cóż dalej, szary człowieku?*) bereits 1934, ebenfalls in den 1930er Jahren werden die Romane *Wer einmal aus dem Blechnapf frißt* (1936 und 1938), *Wir hatten mal ein Kind* (1937) und *Altes Herz geht auf die Reise* (1938) erstübersetzt. Nach einer Pause kommt es in den 1950er und 1960er Jahren zu weiteren Veröffentlichungen. 1950 wird die erste polnische Übersetzung des Romans *Jeder stirbt für sich allein* (*Każdy umiera w samotności*) veröffentlicht. Neben der Erstübersetzung von *Der Trinker* (*Pijak* 1957) und von *Der eiserne Gustav* (*Żelazny Gustaw* 1967) erscheinen in dieser Zeit vornehmlich Neuauflagen bereits übersetzter Werke wie *Wer einmal aus dem Blechnapf frißt* (1958) und *Jeder stirbt für sich allein* (1956). Vor den 2000er Jahren ist im Anschluss an diese Phase lediglich *Jeder stirbt für sich allein* (1989) in einer Neuausgabe erschienen. Seit 2011 schließt sich der polnische Buchmarkt der internationalen Renaissance der Werke Falladas an, und es kommt zu Erst- und Neuübersetzungen von *In meinem fremden Land. Gefängnistagebuch 1944* (2011), *Jeder stirbt für sich allein* (2011), *Der Trinker* (2012), *Kleiner Mann – was nun?* (2013) sowie *Ein Mann will nach oben* (2015).

Internationale Übersetzungen in Asien und dem Nahen Osten

Eine Besonderheit der internationalen Rezeption bilden Asien und der Nahe Osten. Im asiatischen Raum findet eine Konzentration auf Kinderbücher und Bücher zum Erlernen der deutschen Sprache statt. In China, Südkorea und Japan werden zusätzlich Einzeltitel herausgegeben, beispielsweise *Der eiserne Gustav* (グスターフ一家, *Gusutāfu ikka* Japan 1947). Die Titel der chinesischen Übersetzungen (z. B. 穆尔克国的故事, in Pinyin: *mù ěr kè guó de gù shì* 2002) zeigen eine lautmalerische Annäherung an den deutschen Originaltitel (*Geschichten aus der Murkelei*).

Im Nahen Osten liegen die Schwerpunkte der Rezeption in Israel und im Iran. Während es in Israel vor 2010 nur zwei Titel in Übersetzungen gab, wird durch die hebräische Übersetzung von *Jeder stirbt für sich allein* (בברלין לבד, *Levad be-Berlin* 2010) eine Auseinandersetzung mit Fallada angestoßen. Diese schlägt sich in Neuübersetzungen und Neuauflagen weiterer Werke Falladas wie *Der Trinker* (השתיין, ha-Shatyan 2014) nieder. Auch im Iran ist der Roman *Jeder stirbt für sich allein* der Initialtext der Rezeption, der bereits 1979 erscheint.

Forschung und Quellen

Die Forschung zu den Übersetzungen der Romane Falladas und deren Position auf den jeweiligen nationalen Buchmärkten beschränkt sich auf punktuelle Äußerungen in Abschlussarbeiten und Qualifikationsschriften. Somit kommt vereinzelten Rezensionen der Werke in der nationalen Presse hier eine besondere Bedeutung als Quellen zu. In den 1930er und 1940er Jahren erscheinen – insbesondere in Skandinavien, Mitteleuropa und den USA – zahlreiche und zum Teil sehr ausführliche Rezensionen. Seit dem Ende der ersten Übersetzungsphase finden sich dagegen nur wenige Beiträge zu Neuauflagen und Neuübersetzungen. Erst die englischsprachige Übersetzung des Romans *Jeder stirbt für sich allein* löst in den 2010er Jahren eine Wiederentdeckung durch das Feuilleton aus. Seit den 1990er Jahren werden im *Salatgarten* nationale wie internationale Veröffentlichungen zu Fallada besprochen, wobei zumeist exotische Fundstücke präsentiert werden. Sowohl die Beiträge im *Salatgarten* als auch die Rezensionen in der internationalen Presse besprechen die Übersetzungen der Werke jedoch selten im Kontext des nationalen Buchmarktes und geben daher kaum Aufschluss über die eigentliche Stellung der Werke Falladas.

Fazit

Das Werk Hans Falladas wurde und wird weltweit übersetzt und gelesen, wobei der Schwerpunkt deutlich im europäischen Raum, in den USA und den Ländern der ehemaligen Sowjetunion und des Warschauer Paktes liegt. Fast immer ist *Kleiner Mann – was nun?* der Initialtext der Rezeption, welche in Westeuropa und den USA in der Regel in zwei Phasen verläuft. In der ehemaligen Sowjetunion und im ehemaligen Jugoslawien ist zusätzlich *Jeder stirbt für sich allein* Ausgangspunkt einer Wiederentdeckung Falladas und neuer Übersetzungen seit den 1950er Jahren.

Die spezifische Position Falladas in den jeweiligen nationalen Buchmärkten ist dabei von vielen unterschiedlichen Faktoren – wie den literarischen Traditionen eines Landes, den Leseinteressen und auch immer wieder vom kulturellen und politischen Verhältnis zu Deutschland bzw. zur deutschen Literatur – abhängig. Das Beispiel Spanien zeigt dieses Zusammenspiel der einzelnen Faktoren eindrücklich (Grahl/Rosenzweig 2014): Die Wiederentdeckung Falladas in Spanien mit *Kleiner Mann – was nun? (¿Y ahora qué?)* im Jahr 2009 (d. h. noch vor der großen internationalen Renaissance) und die Neuübersetzung und Neuherausgabe von Romanen wie *Der Trinker* (*El bebedor* 2012), *Wolf unter Wölfen* (*Lobo entre lobos* 2012) und *Ein Mann will nach oben* (*L'home que volia arribar lluny* 2013, katalanisch) sind mit den Auswirkungen der internationalen Finanzkrise seit 2008 und dem daraus resultierenden Interesse des spanischen Lesepublikums an der Thematisierung von Krisenzeiten und -erfahrungen zu begründen. Zugleich zeigt sich in der spanischen Literatur die Tendenz, den individuellen Umgang mit der Krise darzustellen. In diesen Rahmen fügen sich Romane wie *Kleiner Mann – was nun?* und *Wolf unter Wölfen* ein. Dass die Darstellung von Krisenerfahrungen jedoch nicht allein ausschlaggebend ist, zeigt der Vergleich mit anderen südeuropäischen Ländern wie Portugal und Griechenland, die ebenfalls von der Finanzkrise betroffen waren, in denen Falladas Romane allerdings nur schwach rezipiert werden. Es ist also zu vermuten, dass es weitere Faktoren gibt, die den Erfolg Falladas in Spanien begründen. Zu nennen ist dabei beispielsweise die Aufarbeitung und die damit verbundene gesellschaftliche Auseinandersetzung mit der spanischen Diktatur unter Franco seit 2005. Dies begünstigt Publikationen zu Themen wie dem Widerstand und dem Umgang mit Oppositionellen unter der Diktatur und kann (neben der internationalen Renaissance) maßgeblich für den Erfolg von *Jeder stirbt für sich allein* (*Solo en Berlín* 2011) und *In meinem fremden Land. Gefängnistagebuch 1944* (*En mi país desconocido: Diario de la cárcel, 1944*) im Jahr 2012 genannt werden. Zugleich fügen sich die Romane Falladas mit ihrem breiten epischen Erzählen und der avancierten Erzählweise, aber auch durch ihre Beziehbarkeit auf die Genres Familienepos, historischer Roman und Sozialroman in die spanische Erzähltradition ein (vgl. Grahl/Rosenzweig 2014).

Zu den gesellschaftlichen und literarhistorischen Faktoren kommen weitere hinzu wie Verlagsstrategien und Verlegerinteressen sowie mediale Aufmerksamkeiten in Presse, Rundfunk und Schauspiel bzw. Fernsehen. Die Breite der zeitgenössischen Rezeption in Europa wird beispielhaft in der Analyse des Werkes Falladas im dänischen Literatur- und Kulturbetrieb deutlich. Allein bis 1934 verkauft der dänische

Gyldendal Verlag in elf Auflagen 46 000 Exemplare von *Kleiner Mann – was nun?* Parallel ist Fallada auch in anderen Medien präsent: So wird 1933 eine Übersetzung der deutschen Hörspielfassung von *Kleiner Mann – was nun?* im dänischen Rundfunk gesendet; ebenfalls 1933 wird die deutsche Verfilmung in den Kopenhagener Kinos gezeigt. 1934 wird eine Bühnenfassung am Kopenhagener Folketeatret inszeniert und zugleich erscheint *Kleiner Mann – was nun?* von April 1934 an als Fortsetzungsroman in sieben Zeitungen (vgl. Hagemeyer, 140 f.). Diese Medienpräsenz ist kein Einzelfall, denn in fast allen europäischen Staaten wird der Bucherfolg von *Kleiner Mann – was nun?* auch in anderen Medien aufgegriffen. In einigen Ländern – insbesondere in Skandinavien – führt dies dazu, dass sich *Kleiner Mann – was nun?* zum geflügelten Wort entwickelt. Dass auch die zeitnahe Publikation weiterer Werke im Anschluss an die Übersetzung und den Erfolg dieses Romans als marktstrategisches Kalkül der Verleger zu betrachten ist, unterstreichen die Werbetexte, die häufig Bezug auf den vorangegangen Bestseller nehmen. Auch bei der Renaissance Falladas in den 2010er Jahren greift diese Praxis. So stößt die Edition von *Jeder stirbt für sich allein* in fast allen Ländern weitere Übersetzungen der Werke Falladas an, die wiederum mit der Formel „From the author of Alone in Berlin" oder „Por el autor de Solo en Berlín" auf den Erfolgstitel verweisen.

Literatur

Dorsch/Teckentrup 1981: Dorsch, Petra F./Teckentrup, Konrad H. (Hg.): Buch und Lesen International. Berichte und Analysen zum Buchmarkt und zur Buchmarkt-Forschung, Gütersloh 1981.
Dronova 2002: Dronova, Olga: Fallada in Russland. In: Salatgarten 12 (2003), H. 2, S. 28 f.
Fritsch 1989: Fritsch, Patricia: Hans Falladas Roman *Kleiner Mann – was nun?* in der zeitgenössischen Rezeption, Magisterarbeit, FU Berlin 1989.
Freund 2011: Freund, Wieland: Was liebt England an Hans Fallada? Interview mit Jenny Williams. In: Die Welt, 19.2.2011.
Grahl/Rosenzweig 2014: Grahl, Tina/Rosenzweig, Eva: Fallada in Spanien. Hans Falladas Werke in spanischer Übersetzung und seine Position auf dem spanischsprachigen Buchmarkt 1933–2013. In: Salatgarten 23 (2014), H. 2, S. 54–57.
Hagemeyer 2000: Hagemeyer, Friederike: Lille Mand – hvad nu? Die Werke Hans Falladas im dänischen Verlag Gyldendal. In: Hans-Fallada-Jahrbuch (2000), Nr. 3, S. 139–153.
Hartekainen 1997: Hartekainen, Susanne: Hans Fallada in Finnland. In: Hans-Fallada-Jahrbuch (1997), Nr. 2, S. 95–103.
Hutchinson 2012: Hutchinson, Ben: Book review: A Small Circus, by Hans Fallada. Hans Fallada's 1931 novel *A Small Circus* reveals a country ripe for Nazism. In: Taipei Times, 6.3.2012, S. 16.
James 1997: James, Dorothy: „Grundanständige Bücher"? Fragen zur Resonanz von Falladas Romanen in den 30er Jahren. In: Hans-Fallada-Jahrbuch (1997), Nr. 2, S. 32–42.
Jürss 1997: Jürss, Detlev: Zur Fallada-Rezeption in Ungarn. In: Hans-Fallada-Jahrbuch (1997), Nr. 2, S. 104–115.
Klockars 1995: Klockars, Britta : Ein Willkommen für Fallada in Schweden. In: Hans-Fallada-Jahrbuch (1995), Nr. 1, S. 118–119.
Kobert 2003: Kobert, Gerhard: *Goedeschal* auf Italienisch. In: Salatgarten 12 (2003), H. 2, S. 42.
Labuhn 1997: Labuhn, Peter: Aspekte der russischen Erstausgabe von Kleiner Mann – was nun? In: Hans-Fallada-Jahrbuch (1997), Nr. 2, S. 64–72.
Lehmann 2001: Lehmann, Günther: Fallada in russischen Schulbüchern. In: Salatgarten 10 (2001), H. 2, S. 44–46.

Liefländer-Leskinen 2011: Liefländer-Leskinen, Luise: Funktionen von Modalpartikeln in fiktionalen Dialogen von Hans Fallada und den Übersetzungen ins Finnische. In: Sprache – Literatur – Literatursprache. Linguistische Beiträge, hg. von Anne Betten und Jürgen Schiewe, Berlin 2011, S. 263–268.

Müller-Waldeck 1995: Müller-Waldeck, Gunnar: Auf der Suche nach Fallada. Ein Gang durch finnische Antiquariate. In: Hans-Fallada-Jahrbuch (1995), Nr. 1, S. 120–123.

Müller-Waldeck 2012: Müller-Waldeck, Gunnar: Fallada in Schweden. In: Hans-Fallada-Jahrbuch (2012), Nr. 6, S. 114–123.

ohne Autor: Hans Fallada – Umschlagtext der Buchklubausgabe ‚Schwalbe' (Svalan) Schweden, von 1949. In: Hans-Fallada-Jahrbuch (1995), Nr. 1, S. 116–117.

Österling 1995: Österling, Anders: Vorwort für die schwedische Übersetzung von: *Kleiner Mann – was nun?* (Übersetzung Britta Klockars). In: Hans-Fallada-Jahrbuch (1995), Nr. 1, S. 114–115.

Penttinnen 1997: Penttinnen, Satu: Nur das Mäuseken Wackelohr abenteuert auf Finnisch. Wäre es schon Zeit für eine neue finnische Märchenübersetzung? In: Hans-Fallada-Jahrbuch (1997), Nr. 2, S. 86–94.

Peter 1995: Peter, Thomas: Falladas Werke in der amerikanischen Presse. Germanistische Forschung zum literarischen Text. 6. Internationale Arbeitstagung vom 30.9 bis zum 1.10.1994 Vöra – Finnland. In: Hans-Fallada-Jahrbuch (1995), Nr. 1, S. 95–106.

Peter 2003: Peter, Thomas: Hans Falladas Romane in den USA 1930–1933, phil. Diss. Umeå 2003.

Pytlík 2006: Pytlík, Petr: Hans Fallada in tschechischen Kritiken, Magisterarbeit, Masarykova Univerzita Brno 2006.

Pytlík 2012: Pytlík, Petr: Hans Fallada in tschechischen Kritiken – Rezeption 1918–1945. In: Hans-Fallada-Jahrbuch (2012), Nr. 6, S. 124–134.

Warncke 2011: Warncke, Claus-Dieter: Fallada auf Chinesisch. In: Salatgarten 20 (2011), H. 2, S. 71.

Wilkes 2009: Wilkes, Geoff: Fallada in Englisch. In: Salatgarten 18 (2009), H. 1, S. 50f.

Anhang: Tabelle zu den nationalen Erstübersetzungen

	AL	AM	AU	BG	BY	CA	CN	CZ	DK	EE	ES	FI	FR	GB
Der junge Goedeschal														
Bauern, Bonzen und Bomben				1987				1934					1942	2012
Kleiner Mann – was nun?	1982		1936	1984		1934		1933	1933		1933	1933	1933	1933
Wer einmal aus dem Blechnapf frißt								1934	1934		1934	1934	1934	
Wir hatten mal ein Kind								1938	1934		1944	1934	1941	1935
Das Märchen vom Stadtschreiber, der aufs Land flog								1941					1937	
Altes Herz geht auf die Reise								1938	1936		1943	1936	1941	1936
Wolf unter Wölfen		2013						1938	1939		1949		1939	1938
Der eiserne Gustav								1941	1941	1988	1944		1943	1940
Kleiner Mann, großer Mann								1941	1940			1942	1960	
Der ungeliebte Mann								1942			1944		1951	
Die Stunde eh' Du schlafen gehst														
Jeder stirbt für sich allein	1969			1952		2005		1954	2012	1959	2011	1949	1967	2009
Der Alpdruck			2016										1947	
Zwei zarte Lämmchen weiß wie Schnee													1943	
Der Trinker		2013						1958	1952	1988	1950	1953	1952	1952
Ein Mann will nach oben								1978			2013			
Junger Herr, ganz groß bzw. Der Jungherr von Strammin								1955			1952		1967	

5. Übersetzungen

	AL	AM	AU	BG	BY	CA	CN	CZ	DK	EE	ES	FI	FR	GB
In meinem fremden Land. Gefängnistagebuch 1944									2013		2012			2015
Sachlicher Bericht über das Glück, ein Morphinist zu sein														2011
Damals bei uns daheim			1981		1981				1995	1944				
Heute bei uns zu Haus									1942	1954				
Werkausgaben und Einzeltexte in Anthologien											1958 1961 2008		2007 2008	2014
DaF-Texte							1964	2002						1987 2012
Hoppelpoppel – wo bist du?														2015
Fridolin, der freche Dachs								1978						1959
Geschichten aus der Murkelei							2002	1941		1959	1943	1978		1942

Legende:
AL   Albanien
AM   Armenien
AU   Australien
BG   Bulgarien
BY   Belarus
CA   Kanada
CN   China
CZ   Tschechische Republik
DK   Dänemark
EE   Estland
ES   Spanien und spanischsprachige Länder
FI   Finnland
FR   Frankreich
GB   Großbritannien

	GE	GR	HR	HU	IL	IR	IS	IT	JP	KR	LT	LV	MD	NL
Der junge Goedeschal								1936						
Bauern, Bonzen und Bomben				1934				1956						
Kleiner Mann – was nun?	1972		1939	1932	1987		1934	1933			1960	1936	1973	1932
Wer einmal aus dem Blechnapf frißt			1957	1934	1992			1935						1934
Wir hatten mal ein Kind				1935				1937				1934		1934
Das Märchen vom Stadtschreiber, der aufs Land flog				1936					1982					
Altes Herz geht auf die Reise				1936				1938	1942			1936		1936
Wolf unter Wölfen				1938								1962		
Der eiserne Gustav								1947				1990		
Kleiner Mann, großer Mann			1958	1940				1940						1940
Der ungeliebte Mann				1941				1942						1942
Die Stunde eh' Du schlafen gehst														1956
Jeder stirbt für sich allein	1968	2008	2011	1961	2010	2011		1949		2013	1976	1958		1949
Der Alpdruck				1954				1950				1994		
Zwei zarte Lämmchen weiß wie Schnee														1968
Der Trinker		2012				2014		1952				1993	1987	1952
Ein Mann will nach oben								1957						1956
Junger Herr, ganz groß bzw. Der Jungherr von Strammin														1956
In meinem fremden Land					2012	201x		2012						2009
Sachlicher Bericht						201x								

5. Übersetzungen 555

	GE	GR	HR	HU	IL	IR	IS	IT	JP	KR	LT	LV	MD	NL
Damals bei uns daheim				194x							1988	1979		
Heute bei uns zu Haus														
Werkausgaben und Einzeltexte in Anthologien							1935 1940		1931					
DaF-Texte				1959										
Hoppelpoppel – wo bist du?				1965										
Fridolin, der freche Dachs				1962			1956			20xx	1979			1957
Geschichten aus der Murkelei				1956			1996	1979			1964			

Legende:
GE   Georgien
GR   Griechenland
HR   Kroatien
HU   Ungarn
IL   Israel
IR   Iran
IS   Island
IT   Italien
JP   Japan
KR   Südkorea
LT   Litauen
LV   Lettland
MD   Moldawien
NL   Niederlande
x   keine genauere Datumsangabe zu ermitteln

	NO	PL	PT	RO	RS	RU	SE	SK	SL	TR	US	XK
Der junge Goedeschal												
Bauern, Bonzen und Bomben						1984	1942				2015	
Kleiner Mann – was nun?	1933	1934	2011	1965		1934	1933		1972	1942	1933	
Wer einmal aus dem Blechnapf frißt	1934	1958				1934			1964		1934	
Wir hatten mal ein Kind	1934	1937					1935				1936	
Das Märchen vom Stadtschreiber, der aufs Land flog	1936						1943				1938	
Altes Herz geht auf die Reise	1936						1936				1936	
Wolf unter Wölfen	1938	1938					1939		1957		2015	1938
Der eiserne Gustav	1940	1967				1969						
Kleiner Mann, großer Mann			1943	1993	1958		1940			1971		
Der ungeliebte Mann	1941						1941					
Die Stunde eh' Du schlafen gehst							1958					
Jeder stirbt für sich allein	1954	1950		1951	1950	1948	1948		1960		2011	2009
Der Alpdruck	1948											
Zwei zarte Lämmchen weiß wie Schnee												
Der Trinker	1953	1957					1952		1971	1971	1952	2013
Ein Mann will nach oben	1956	2015					1956					
Junger Herr, ganz groß bzw. Der Jungherr von Strammin	1955						1954					
In meinem fremden Land. Gefängnistagebuch 1944		2011									2015	
Sachlicher Bericht über das Glück, ein Morphinist zu sein												
Damals bei uns daheim	1943					1957	1942					
Heute bei uns zu Haus							1945					
Werkausgaben und Einzeltexte in Anthologien						1959 1990					2014	
DaF-Texte										1999	1958	
Hoppelpoppel – wo bist du?												
Fridolin, der freche Dachs						1965	1959		1975		1959	
Geschichten aus der Murkelei						1959		1980	1957			

Legende:
NO Norwegen
PL Polen
PT Portugal
RO Rumänien
RS Serbien

RU Russland
SE Schweden
SK Slowakei
SL Slowenien
TR Türkei

US Vereinigte Staaten von Amerika
XK Kosovo

6. Forschungsgeschichte
Geoff Wilkes

Biografien und biografische Schriften

Die erste, von Jürgen Manthey veröffentlichte Biografie zu Hans Fallada behandelt Leben und Werk von einem psychologischen Standpunkt aus. Manthey betrachtet den Schriftsteller als eine gespaltene Persönlichkeit, die von dem Wunsch bewegt wurde, „schreibend, erzählend in einer ausgegliceneren und in sich geschlossenen Welt zu sein" (Manthey 1963, 70f.). Er vermutet, dass Falladas literarische Schöpfung „die Mischung aus kritischem Ressentiment und gesundungssüchtiger Nostalgie, typisch für das Bewusstsein der (klein)bürgerlichen Zwischenschichten, ziemlich genau traf" (ebd., 166). Mit dem Anfang der von Günter Caspar betreuten und mit ausführlichen Nachworten versehenen Werkausgabe und den ersten Schritten zur Einrichtung des Hans-Fallada-Archivs bekamen die Biografen Zugang zu einem Nachlass, der noch immer nicht vollständig erschlossen und bearbeitet worden ist. Trotz durchgängiger Einbeziehung dieses Materials ist Tom Crepons Biografie für Forschungszwecke ungeeignet, da das Buch – wie der Verfasser im Vorwort erklärt – „keine wissenschaftliche Monographie" sei, sondern eher „ein Lebensbericht, in dem das Authentische überwiegt" (Crepon 1978, 5). Die erste wissenschaftliche Lebensdarstellung, die sich auf umfangreiche biografische Unterlagen bezog, schrieb Werner Liersch. Er hebt die „bürgerliche Deklassierung" hervor, die der Schriftsteller schon in Jugendjahren erfahren habe und die seine Romane präge, bis mit *Jeder stirbt für sich allein* der „kleine Mann Fallada […] den kleinen Mann [Quangel] über seine Schwächen hinwegkommen" lasse (Liersch 1993, 6, 387). Für Cecilia von Studnitz war Falladas ausgeprägtes Suchtverhalten die Quelle seiner Kreativität: Er habe „einen Platz in der Literatur [erobert], der weit über das Mittelmaß herausragt", und „[e]s muss offen bleiben, ob er dies ohne sein Suchtpotenzial geschafft hätte" (Studnitz 1997, 132). Jenny Williams sieht in Falladas charakterlicher „Schwachheit […] die Quelle seiner künstlerischen Inspiration" und weist auf die Anständigkeit als ein zentrales – wenn auch „recht verschwommene[s] und individualistische[s]" – Konzept in seinem Denken und Schaffen hin (Williams 2002, 346, 232). Die von Peter Walther und André Uzulis veröffentlichten, im Stil manchmal journalistischen Biografien beleuchten einige Aspekte von Falladas Leben noch detaillierter mithilfe von Dokumenten aus dem Nachlass, die den früheren Biografen nicht zugänglich waren. Deutlich wird das prekäre Verhalten des Menschen Fallada in der Spätphase des Nationalsozialismus im Zusammenhang mit dem sog. Kutisker-Roman (siehe den Beitrag 4.8 *Der Kutistker-Roman* in Kap. II).

Neben den umfassenden Studien gibt es eine Reihe von Veröffentlichungen, die sich mit Teilaspekten von Falladas Lebenslauf beschäftigen. Anhand von Falladas Briefen an Anne Marie Seyerlen schließt von Studnitz – wie sie zu Recht sagt – eine bedeutende biografische Lücke, indem sie „Auskunft über Hans Falladas erste Berliner Jahre und die damit verbundene Schaffensperiode, vor allem die seines ersten Romans *Der junge Goedeschal*" gibt (Studnitz 2007, 6). Williams' und Sabine Langes Veröffentlichung von Falladas 1944 geschriebenem Gefängnistagebuch beleuchtet sein Verhalten in Nazi-Deutschland, das den Herausgeberinnen zufolge für „die Bitterkeit und die Widersprüche jener Künstler" typisch sei, „die meinten, keine andere Wahl zu haben, als in Deutschland ‚auszuharren' und ihr Möglichstes zu tun, um das große deutsche ‚Kulturvolk' gegen die primitive Gewalt des völkischen Nationalismus und Rassismus zu verteidigen" (Fallada 2009, 276–77). An dieser Stelle ist auch Manfred Kuhnkes Untersuchung des historischen Hintergrundes zu *Jeder stirbt für sich allein* zu erwähnen, die den für die Deutung des Romans wichtigen Schluss nahe legt, dass Fallada Gerichtsakten, die von dem moralischen Zusammenbruch des Ehepaars Hampel zeugten, „nicht in die Hand bekommen hat" (Kuhnke 2001, 39). Klaus-Jürgen Neumärker untersucht Falladas wiederholte Aufenthalte in Gefängnissen, psychiatrischen Kliniken und Sanatorien in einer umfangreichen „Chronik des Leidens" (Neumärker 2014).

Die erste vollständige Bibliografie der Primärtexte Falladas von Enno Dünnebier erschien 1993 (Dünnebier 1993; siehe jetzt die *Fallada-Bibliografie* in vorliegendem Handbuch).

Monografien und Dissertationen

Im Nachruf auf seinen Schriftstellerkollegen stellte Johannes R. Becher fest, „Fallada war als Dichter kein Denker", weil er einerseits die Stimmungen der „kleinen Leute [...] wahrheitsgetreu reflektierte", andererseits eben nur widergespiegelt habe, „wo er sich hätte entgegensetzen und Widerstand hätte leisten müssen" (Becher 1947, 124). Hiermit gab Becher den Ton für die ersten Fallada-Monografien an, die in der DDR erschienen. So zitieren Günter Caspars *Fallada-Studien* (die sich hauptsächlich aus Nachworten zu Romanausgaben zusammensetzen, die Caspar zwischen 1962 und 1987 veröffentlichte) einen bekannten Brief an Hermann Broch, in dem Fallada sich als „nur ein Schilderer" und kein „Besserer" oder „Erzieher" bezeichnete, um das Urteil zu bekräftigen: „Ein hervorragender Schilderer zu sein ist Falladas großes Talent. Nur ein Schilderer zu sein ist seine Grenze" (Caspar 1988, 158). In Alfred Gesslers Studie ist die realsozialistische Literaturkritik dann ganz offensichtlich, wenn etwa bemängelt wird, dass Fallada im Roman *Wolf unter Wölfen* „mit seiner Neigung für die einzelnen Romanfiguren großzügig" umgehe, da „die politische Gesinnung [...] für ihn nicht immer Kriterium für Anstand und Charakter" sei (Gessler 1972, 103).

Viele der außerhalb Deutschlands verfassten Monografien und Dissertationen legen ihren Schwerpunkt auf die Individualpsychologie von Falladas Protagonisten, die oft als Ausdruck der Persönlichkeit des Schriftstellers dargestellt wird. Für Theodor Lemmer ist der von Fallada immer wieder geschilderte ‚kleine Mann', „der mit dem Zeitgeschehen konfrontiert" werde, ein „hilfloser und unsicherer Mensch," dessen Schwierigkeiten auf „die psychologischen Probleme, die Komplexe" zurückzuführen seien, „an denen Fallada krankt und die aus den Pubertätsjahren stammen" (Lemmer

1961, 43). Laut R. L. Tinsley vertritt der ‚kleine Mann' den Menschen schlechthin: „What Fallada emphasizes is not that the ‚kleiner Mann' has to accept the world and its course as he finds it, but that he must discover the direction for his actions within his own self" (Tinsley 1965, 56). H. J. Schueler argumentiert in ähnlicher Weise, Fallada interessiere sich vor allem für „the plight of the individual human being as such", was zur Folge habe, „that his writings of social criticism are [...] never merely social" (Schueler 1970, 37). Als Ursache für das Scheitern von Falladas Hauptfiguren in „an unsettled world" fügt R. J. Reardon zu deren „innate weakness" auch „a mis-educative experience or upbringing which is responsible, at least in part, for each one's difficulties in coming to terms with the world" hinzu, wobei entweder „[the] home upbringing, school, the world of prison [or] army life" jeweils als Quelle des späteren Unheils zu verstehen sei (Reardon 1971, 22, 39). D. W. Crow konstatiert, die Protagonisten in sukzessiven Romanen integrieren sich immer besser ins soziale Gefüge, ein Entwicklungsgang, der „the author's own psychological development [...] toward greater social integration and emotional stability" widerspiegele (Crow 1971, 19). Die engste Verbindung zwischen Falladas Individualpsychologie und seinen Figuren zieht Detlef Jürss' These, nach der „der Schilderung körperlicher und seelischer Abhängigkeit von Suchtmitteln innerhalb des Gesamtwerkes herausragende Bedeutung zukommt", weil „der fortwährende Kampf gegen die Drogenabhängigkeit ein entscheidender Anstoß für Falladas literarisches Werk gewesen ist" (Jürss 1985, 26, 240).

Die Verfasser der darauf folgenden Monografien und Dissertationen waren weniger geneigt, Falladas Schaffen als Ausdruck seiner persönlichen Komplexe oder Darstellung des allgemein Menschlichen zu deuten. Michelle Le Bars' Studie über *Bauern, Bonzen und Bomben* stuft den Schriftsteller als unbeteiligten Beobachter ein: „Son but est surtout de restituer, grâce à ses qualités extraordinaires d'observateur et de narrateur, l'atmosphère d'une petite ville de province agitée par de graves troubles" (Le Bars 1986, 5). Reinhard K. Zachau sieht in zwei Romanen aus der NS-Zeit, nämlich dem bekannten *Eisernen Gustav* und dem eher selten besprochenen *Ein Mann will hinauf*, eine bewusste Hinwendung zum Regime: Mit Gustav Hackendahls Schlusswort „Also denn, mit euch!" geselle sich Fallada zu der „Masse der deutschen Kleinbürger und Bürger, die sich ebenso in dieser Zeit der nationalsozialistischen Größe um 1938 zur Partei bekannten", und mit dem Freikorpsmann Dumala zeige er „die Nazi-Version von der chaotischen Weimarer Republik, für die diese Art von politischer Selbsthilfe durch extremistische Gruppen als einzige mögliche Lösung und Überwindung der verhassten Demokratie, der ‚Systemzeit', angesehen wurde" (Zachau 1990, 169, 177). Geoff Wilkes räumt dem Schriftsteller eine andere Art intellektueller Flexibilität ein, wenn er argumentiert, dass Fallada über Jahre hinweg die „personal values" (wie etwa die ‚Anständigkeit'), zu denen seine materiell bedrängten Protagonisten Zuflucht nehmen, im Zusammenhang der gesellschaftlichen Umwälzungen zwischen der Weltwirtschaftskrise und der ersten Nachkriegszeit überprüft und revidiert habe (Wilkes 2002, 13). Und Bernhard Heinrich findet – anhand von Emma Pinneberg und Anna Quangel, die „auf der Grundlage eigener Überzeugungen" handeln – einen dynamischen „moderne[n] Aspekt im Frauenbild Falladas, der bisher kaum Beachtung gefunden hat" (Heinrich 2007, 18).

Buchkapitel und Zeitschriftenartikel

Viele der frühen kürzeren literaturwissenschaftlichen Beiträge zu Fallada erschienen in der DDR und hielten sich an die von Bechers Nachruf vorgegebene Linie. Dementsprechend hält Heinz Rein den Schriftsteller für „den Prototyp des kleinen Mannes [...] sowohl in seiner persönlichen Haltung wie in seinem literarischen Werke" (Rein 1983, 94), und Tamara Motylewa sieht in Fallada den sicheren Schilderer vom „Alltagsleben des deutschen Kleinbürgertums, des städtischen Mittelstandes", der sich „im Grunde selbst nicht über das geistige Niveau seiner Helden" erhoben habe (Motylewa 1983, 102). I. M. Lange bezeichnet Fallada als „typischen Vertreter des ‚kleinen Mannes', den er berühmt machen sollte: [...] des durch Krieg und Inflation moralisch und materiell entwurzelten bürgerlichen Mittelstandes ohne eigentliches Klassenbewusstsein" (Neugebauer/Lange/Geerdts 1962, 78), während der spätere Biograf Liersch Bechers „Fallada war als Dichter kein Denker" in einer anderen Variante wiedergibt: Fallada „war als Erzähler kein Analytiker" (Liersch 1965, 172).

Die kürzeren Beiträge der 1970er, 1980er und frühen 1990er Jahre beschäftigten sich fast ausschließlich mit den Romanen *Kleiner Mann – was nun?* und *Bauern, Bonzen und Bomben*. Für Helmut Lethen ist Pinnebergs Rückzug vor Verarmung und Deklassierung in sein Familienleben angesichts der sozioökonomischen Tatsachen illusionär, denn sein „Fortexistieren nach endgültiger Proletarisierung ist der Kampf gegen die Wahrheit im Ausspruch des Rationalisierungsexperten Spannfuß: ‚Die Firma ermöglicht erst Ihr Privatleben, Herr!'" (Lethen 1970, 160) Bernd Hüppauf kommt unter Berufung auf Ernst Bloch zu dem Schluss, dass „[e]in ‚ungleichzeitiger Widerspruch'" Pinnebergs „Bild der Familie als eines intakten, gegen gesellschaftliche Konflikte abgedichteten Innenraumes" auszeichne (Hüppauf 1976, 226). Livia Z. Wittmann sieht das Illusionäre in der Darstellung Emma Pinnebergs „als Trost spendende mütterliche Natur"; diese sei „eine männliche Projektion, die nie der Wirklichkeitserfahrung von Frauen entsprochen hat" (Wittmann 1982, 75). Christa Jordan bemängelt nicht nur, dass Pinnebergs Angestelltenexistenz zwar „phänomenologisch erfaßt, aber nicht in einem kausalen gesellschaftlichen Kontext analysiert" werde, sondern sie fügt auch die interessante Bemerkung hinzu, dass „[d]ie konventionelle literarische Form, triviale inhaltliche Aspekte und der fatalistische Grundtenor, der das Leben als Schicksal erfahren läßt, [...] einen aufklärerischen Impuls" im Roman behindern (Jordan 1988, 172).

Einige Interpretationen der gegen Ende der Weimarer Republik veröffentlichten Romane stellen Verbindungen zwischen den Haltungen der Hauptfiguren und den Ideologemen des Nationalsozialismus her. So analysiert Claus-Dieter Krohn anhand der beiden Romane „kleinbürgerliche Mentalitäten [...], deren Bewusstseinsdisposition das bevorzugte Agitationsfeld des Faschismus wurde" (Krohn 1975, 507). Laut Hanno Möbius gebe Falladas Werk „Aufschluss über die Disposition der Mittelschichten zum Faschismus; Falladas Verhalten, das Arrangement nach 1933, ist sicher für einen Großteil seiner Leser repräsentativ" (Möbius 1978, 85). Erhard Schütz erklärt Pinnebergs Festhalten am Familienleben gar zu einem „Rückzug in [eine] Höhle der psychischen Steinzeit", mit dem „Falladas Roman so recht zum Roman des ‚kleinen Mannes' [wird] – der sich klein macht und einen Führer ermächtigt" (Schütz 1986, 177). Durch eine vergleichende Analyse relevanter historischer Ereignisse und des Romangeschehens selber stellt Ellis Shookman in *Bauern, Bonzen und Bomben* eine persönliche, opportunistische Parteinahme des Schriftstellers für die schleswig-holsteinische ‚Landvolkbewegung' fest: Fallada zeichne ein verharmlosendes Bild der oft stark antirepublikanischen und antisemitischen Bauern, weil er zu deren „literary spokesman" avancieren wolle (Shookman 1990, 473). Diesen Schluss bestreiten u. a. Thomas M. Bredohl: „Shookman's picture contrasts problematically with evidence contained in Fallada's correspondence and personal papers" (Bredohl 1992, 525); ähnlich auch Zachau: „Die Zweifel an Falladas Objektivität und letztlich seiner persönlichen Ehrlichkeit [können] im Text selbst ausgeräumt werden" (Zachau 1995, 91).

Der individualpsychologische Ansatz, der etwa den Dissertationen von Lemmer, Crow und Jürss zu Grunde lag, wurde auch in einigen der kürzeren Beiträge verfolgt. Der oben zitierte Aufsatz von Möbius hebt die „für den schwachen Helden der Fallada'schen Romane" entscheidende „Bindung an die psychisch starke, mütterliche Frau" hervor, betont „den sich lang hinziehenden Pubertätskonflikt" des Schriftstellers und vermutet, dass dieser in den schwachen Männern und starken Heldinnen „seine eigene, nicht befriedigend gelöste Mutterbindung problematisiert" (Möbius 1978, 101). Johannes G. Pankau sieht im Roman *Bauern, Bonzen und Bomben* „die literarische Verarbeitung und Sublimierung der Erfahrungen von Machtlosigkeit und Misserfolg", die der deklassierte Fallada bis zu seinem Wiedereinstieg in die Literatur (eben mit diesem Roman) durchgemacht habe: Die drei Hauptfiguren Tredup, Stuff und Gareis seien wie der Schriftsteller „im Kern Außenseiter, unfähig zu einer im sozialen Sinne produktiven und kommunikablen Praxis", wobei aber Fallada im Tod Tredups „auf der Ebene literarischer Repräsentation auch das alte, an die Vergangenheit gefesselte Ich" sterben lasse (Pankau 1986, 154, 160). Klaus Thoenelt misst einem Kindheitserlebnis des Schriftstellers („mit den Eltern in den Ferien, sieht er sich selbst gleichzeitig zu Hause am Fenster stehen und weiß nicht, welcher Hans Fallada der wirkliche – oder der eigentliche – ist") für dessen „ganzes vielbändiges Romanwerk" eine zentrale Bedeutung bei, da „sein stereotyper Held, der ‚kleine Mann', [...] im Gegensatz zu seinem Autor das zweite Ich, den Doppelgänger, auf die Außenwelt projiziert und so die Zwangsvorstellung des Autors als Zwangssituation erleidet" (Thoenelt 1987, 301).

Künftige Forschung

Mehrere interessante Richtungen für die zukünftige Forschung zu Leben und Werk Falladas werden in den neueren Veröffentlichungen deutlich. In biografischer Hinsicht ist die wichtigste Aufgabe wohl, wie Carsten Gansel und Werner Liersch bemerken (2009, 8), die weitere Bearbeitung des sehr umfangreichen Briefnachlasses des Schriftstellers. Es gibt zwar systematische, wenn auch unvollständige Ausgaben der Briefe Falladas und seines Sohnes Ulrich (Fallada/Ditzen 2004), seiner Frau Anna (Fallada/Ditzen 2007), des Rowohlt Verlages (Fallada 2008; siehe auch Koburger 2015) und – wie oben erwähnt – seiner Briefe an Anne Marie Seyerlen, aber die ebenso wichtigen Briefe an und von seinen Eltern, seinen Schwestern Elisabeth und Margarete, seinem Freund Johannes Kagelmacher und vielen anderen sind zum größten Teil noch immer nur in den Archiven zu lesen (siehe den Beitrag *1.5 Falladas Briefwechsel* in Kap. I). Teile davon wurden indes durch die beiden neuen Biografien (Uzulis 2017; Walther 2017) publik gemacht.

Die bisherige textbezogene Forschung behandelt Falladas Werke überwiegend im Zusammenhang mit seiner Biografie, seiner Individualpsychologie und seinen bewussten oder unbewussten politischen Stellungnahmen. Vor diesem Hintergrund ist der Meinung Zachaus zuzustimmen, der schon 2000 „die vernachlässigte Ästhetik des Autors Fallada" zur Priorität für die Textanalyse erklärte (Zachau 2000, 172). Unter den neueren Arbeiten mit ästhetischen Schwerpunkten ist Fiona Suttons Interpretation des Romans *Bauern, Bonzen und Bomben* zu erwähnen, die sich z. T. mit dem Begriff der Neuen Sachlichkeit auseinander setzt. Obwohl Fallada manchmal etwas vage den „writers of the *Neue Sachlichkeit*" zugewiesen wird (Bergholz 1956, 20), führt Suttons' Analyse der Reporter, Fotografen und Augenzeugen im Roman – also der Typen, die im neusachlichen Diskurs als objektive Beobachter gefeiert wurden – zu dem Schluss, Fallada „heightens the readers' awareness of the problematic nature of claims to be [...] ‚sachlich'. The models advocated for *Neue Sachlichkeit* authors are deliberately manipulated in the novel in order to conceal fictionalization, financial interests or particular biases" (Sutton 2001, 216). Laut Karl Prümm sind viele der Romane von *Bauern, Bonzen und Bomben* bis zu *Wolf unter Wölfen* auch im Kontext der Neuen Sachlichkeit zu lesen, und zwar in dem spezifischen (und Suttons Interpretation nicht unbedingt entgegengesetzten) Sinne, dass diese Werke „das Medium der Literatur transzendieren und auf den Film ausgreifen, [...] dass sie also einen Medientransfer vollziehen, der den Texten [...] eine besondere Wirksamkeit verleiht" (Prümm 2011, 136f.). Für einen filmorientierten Forschungsansatz spreche auch, dass Fallada „ohne Zweifel der am konsequentesten filmisierte Autor der deutschen Literaturgeschichte" sei, denn „nahezu das Gesamtwerk liegt auch in filmischen, oft mehrteiligen Versionen vor" (ebd., 138). In ihrem Aufsatz zu *Wolf unter Wölfen* erweitern Gustav Frank und Stefan Scherer den ästhetischen Bezugsrahmen um mehrere Elemente – u. a. „die panoramatischen Totalitätsprojekte von Broch, Musil, Döblin" und anderen, die „Literatur der Neuen Frau" und „die avancierte internationale Literatur" (Joyce, Dos Passos, Faulkner) –, um Falladas Roman schließlich ihrem Konzept der Synthetischen Moderne zuzuordnen (Frank/Scherer 2011, 26, 28, 31–32).

Auf ein weiteres Arbeitsgebiet für die zukünftige Forschung deutet die Tatsache hin, dass die vorhandenen Textinterpretationen sich auf eine Handvoll der Romane konzentrieren – vornehmlich auf *Bauern, Bonzen und Bomben*, *Kleiner Mann – was nun?*, *Wer einmal aus dem Blechnapf frisst*, *Wolf unter Wölfen* und *Jeder stirbt für sich allein*, aber auch auf *Der eiserne Gustav* und *Der Trinker*. Williams meint zwar, dass Falladas Œuvre nicht nur aus „Meisterwerken der Erzähltechnik", sondern auch aus „Arbeiten ohne großen (oder jeden) literarischen Wert" bestehe (Williams 2002, 14). Dem ist aber hinzuzufügen, dass bei einigen Werken eine differenzierende Interpretation noch aussteht. So legt Gansel den Grundstein zu einer intensiveren Analyse des Erstlingsromans *Der junge Goedeschal* mit den Feststellungen, dass Fallada erstens im Gegensatz zu Zeitgenossen wie Hesse und Musil den „mit der Adoleszenz drängend werdende[n] Komplex von Sexualität [...] durchgängig zum expliziten Gesprächsgegenstand auf der Ebene der Geschichte" mache, dass er zweitens mit dem Mädchen Ilse den „Entwurf einer emanzipierten, gleichermaßen sensiblen und aktiven jungen Frau" zeichne, und dass er sich drittens als moderner Erzähler erweise, „der erzählerische Mittel nicht nur erprobt, sondern mit einiger Wahrscheinlichkeit bereits gezielt einsetzt" (Gansel 2008, 107, 109–10). Williams bietet eine ähnliche Interpretation des zweiten Romans *Anton und Gerda*, wenn sie in Gerda „die erste in einer langen Reihe willensstarker, selbständiger Frauengestalten" in Falladas Romanen sieht und auch insgesamt einen bedeutenden Fortschritt in seinem schriftstellerischen Können identifiziert: Er „entwickelt ausgefeiltere Techniken für Dialogführung und Beschreibung und setzt die ihm eigene scharfe Beobachtung menschlichen Lebens in eine literarische Form um" (Williams 2002, 89, 91). Und ein paar Beiträge zu den Büchern in als unpolitisch geltenden Gattungen, die Fallada während der NS-Zeit veröffentlichte, weisen auf die Möglichkeit hin, dass diese Texte subversive Elemente beinhalten bzw. die Grenzen von Falladas literarischer Subversion aufweisen, oder dass die Texte sein Schaffen in anderer Hinsicht beleuchten. So konstatiert Regina Hartmann einen Widerspruch in dem märchenähnlichen, vor 1914 spielenden Roman *Altes Herz geht auf die Reise*, der einerseits „nichts Geringeres […] als die Alternative zwischen einem Sich-heraushalten-Wollen und dem Stellung beziehenden Widerstand" thematisiere, andererseits die „humanistische Gesellschaftsperspektive […] auf die Gegenwart des NS-Regimes projiziert, und wer wollte, konnte herauslesen, dass diese Veränderung des Gesellschaftszustandes nun in der ‚Volksgemeinschaft' der Deutschen von 1935 verwirklicht ist" (Hartmann 1997, 77, 83). Für Williams schließlich zeugt Falladas „need to escape the unbearable conditions of his present existence by taking refuge in the golden days of youth in *Damals bei uns daheim* or in the dream world of *Heute bei uns zu Haus*" von einer weltfremden Selbsttäuschung, die auch seine Romane immer mehr beeinflusste: „[T]his trait of unfounded optimism […] is exhibited not only by the narrator of the memoirs but to an increasing extent by Fallada's ‚little men' culminating in […] the figure of Erwin Sommer" (Williams 1984, 34). Die für Fallada zentrale Figur des ‚kleinen Mannes' sei also auch im Zusammenhang der beiden eher vernachlässigten autobiografischen Werke zu verstehen.

Literatur

Becher 1947: Becher, Johannes R.: Was nun? Zu Hans Falladas Tod. In: Aufbau. Kulturpolitische Monatsschrift 3 (1947), H. 2, S. 97–101.
Bergholz 1956: Bergholz, Harry: Hans Fallada's Breakthrough. In: The German Quarterly 29 (1956), H. 1, S.19–24.
Bredohl 1992: Bredohl, Thomas M.: Some Thoughts on the Political Opinions of Hans Fallada. A Response to Ellis Shookman. In: German Studies Review 15 (1992), Nr. 3, S. 525–545.
Caspar 1988: Caspar, Günter: Fallada-Studien, Berlin (Ost)/Weimar 1988.
Crepon 1978: Crepon, Tom: Leben und Tode des Hans Fallada, Halle/Leipzig 1978.
Crow 1971: Crow, Douglas Wiley: Fallada. The Individual vs. Authority, phil. Diss. Louisiana State University 1971.
Dünnebier 1993: Dünnebier, Enno: Hans Fallada 1893–1947. Eine Bibliographie, zusammengestellt und annotiert von E. D., hg. vom Literaturzentrum Neubrandenburg, Neubrandenburg 1993.
Fallada 2008: Fallada, Hans: Ewig auf der Rutschbahn. Briefwechsel mit dem Rowohlt Verlag, hg. von Michael Töteberg und Sabine Buck, Reinbek bei Hamburg 2008.
Fallada 2009: Fallada, Hans: In meinem fremden Land. Gefängnistagebuch 1944, hg. von Jenny Williams und Sabine Lange, Berlin 2009.
Fallada/Ditzen 2007: Fallada, Hans/Ditzen, Anna: Wenn du fort bist, ist alles nur halb. Briefe einer Ehe, hg. von Uli Ditzen, Berlin 2007.
Fallada/Ditzen 2004: Fallada, Hans/Ditzen, Uli: Mein Vater und sein Sohn. Briefwechsel, hg. von Uli Ditzen, Berlin 2004.
Frank/Scherer 2011: Frank, Gustav/Scherer, Stefan: „Lebenswirklichkeit" im „gespaltenen Bewusstsein." Hans Falladas *Wolf unter Wölfen* und die Erzählliteratur der 30er Jahre. In: Hans Fallada. Autor und Werk im Literatursystem der Moderne, hg. von Patricia Fritsch-Lange und Lutz Hagestedt, Berlin/Boston 2011, S. 23–37.

Gansel 2008: Gansel, Carsten: „Es war eine verdammte Zeit" – Moderne Adoleszenzkrisen als traumatische Erinnerung. Neue Überlegungen zu Hans Falladas Frühwerk *Der arme* [sic] *Goedeschal*. In: Zeit vergessen, Zeit erinnern. Hans Fallada und das kulturelle Gedächtnis, hg. von C. G. und Werner Liersch, Göttingen 2008, S. 95–111.

Gansel/Liersch 2009: Gansel, Carsten/Liersch, Werner: Hans Fallada und die literarische Moderne – Vorbemerkungen. In: Hans Fallada und die literarische Moderne, hg. von C. G. und W. L., Göttingen 2009, S. 7–11.

Gessler 1972: Gessler, Alfred: Hans Fallada. Sein Leben und Werk, Berlin (Ost) 1972.

Hartmann 1997: Hartmann, Regina: „Die Wünsche unserer Kindheit auf dem Papier" – Fallada und Kästner im Vergleich. In: Hans-Fallada-Jahrbuch (1997), Nr. 2, S. 73–85.

Heinrich 2007: Heinrich, Bernhard: Du bist doch bei mir, aber wir sterben allein. Studien zu Hans Falladas Frauenbild, Neubrandenburg 2007.

Hüppauf 1976: Hüppauf, Bernd: Hans Fallada, *Kleiner Mann – was nun?* In: Der deutsche Roman im 20. Jahrhundert. Analysen und Materialien zur Theorie und Soziologie des Romans, 2 Bde., Bd. 1, hg. von Manfred Brauneck, Bamberg 1976, S. 209–239.

Jordan 1988: Jordan, Christa: Zwischen Zerstreuung und Berauschung. Die Angestellten in der Erzählprosa am Ende der Weimarer Republik, Frankfurt a. M. 1988.

Jürss 1985: Jürss, Detlev: Rausch und Realitätsflucht. Eine Untersuchung zur Suchtthematik im Romanwerk Hans Falladas, Konstanz 1985.

Koburger 2015: Koburger, Sabine: Ein Autor und sein Verleger. Hans Fallada und Ernst Rowohlt in Verlags- und Zeithorizonten, München 2015.

Krohn 1975: Krohn, Claus-Dieter: Hans Fallada und die Weimarer Republik. Zur ‚Disposition' kleinbürgerlicher Mentalitäten vor 1933. In: Literaturwissenschaft und Geschichtsphilosophie. Festschrift für Wilhelm Emrich, hg. von Helmut Arntzen, Bernd Balzer, Karl Pestalozzi und Rainer Wagner, Berlin/New York 1975, S. 507–522.

Kuhnke 2001: Kuhnke, Manfred: Falladas letzter Roman. Die wahre Geschichte, erweiterte Neuausgabe Friedland 2001 [¹1991].

Le Bars 1986 : Le Bars, Michelle: Le mouvement paysan dans le Schleswig-Holstein 1928–1932, Bern/Frankfurt a. M./New York 1986.

Lemmer 1961: Lemmer, Theodor: Hans Fallada. Eine Monographie, phil. Diss. Freiburg (Schweiz) 1961.

Lethen 1970: Lethen, Helmut: Neue Sachlichkeit 1928–1932. Studien zur Literatur des ‚Weißen Sozialismus', Stuttgart 1970.

Liersch 1965: Liersch, Werner: Die dritte Dimension. In: Neue deutsche Literatur. Monatsschrift für schöne Literatur und Kritik 13 (1965), H. 7, S. 167–172.

Liersch 1993: Liersch, Werner: Hans Fallada. Sein großes kleines Leben, erweiterte Neuausgabe Hildesheim 1993 [¹1981].

Manthey 1963: Manthey, Jürgen: Hans Fallada in Selbstzeugnissen und Bilddokumenten, Reinbek bei Hamburg 1963.

Möbius 1978: Möbius, Hanno: Der Sozialcharakter des Kleinbürgers in den Romanen Falladas. In: Stereotyp und Vorurteil in der Literatur. Untersuchungen zu Autoren des 20. Jahrhunderts, hg. von James Elliott, Jürgen Pelzer und Carol Poore, Göttingen 1978, S. 84–110.

Motylewa 1983: Motylewa, Tamara: Das Schicksal eines deutschen Schriftstellers. In: Hans Fallada. Werk und Wirkung, hg. von Rudolf Wolff, Bonn 1983, S. 102–116 [Erstdruck 1948].

Neugebauer/Lange/Geerdts 1962: Neugebauer, Heinz/Lange, I. M./Geerdts, Hans-Jürgen: Leonhard Frank. Hans Fallada. Überarbeiteter Nachdruck, Berlin (Ost) 1962 [¹1955].

Neumärker 2014: Neumärker, Klaus-Jürgen: Der ‚andere' Fallada. Eine Chronik des Leidens, Berlin 2014.

Pankau 1986: Pankau, Johannes G.: *Bauern, Bonzen und Bomben* als Roman der Macht. Zum Zusammenhang von Schreibdisposition und Charakterisierungstechnik bei Hans Fallada. In: Seminar 22 (1986), H. 1, S. 144–164.

Prümm 2011: Prümm, Karl: Gebanntes Schauen und protokolliertes Sehen. Kinokritik und Kinoprosa bei Hans Fallada. In: Hans Fallada. Autor und Werk im Literatursystem der Moderne, hg. von Patricia Fritsch-Lange und Lutz Hagestedt, Berlin/Boston 2011, S. 135–151.

Reardon 1971: Reardon, Roy John: A critical assessment of the works of Hans Fallada, with special reference to the theme of education and experience, phil. Diss. London 1971.

Rein 1983: Rein, Heinz: Die große Literatur des kleinen Mannes. Der Fall Fallada. In: Hans Fallada. Werk und Wirkung, hg. von Rudolf Wolff, Bonn 1983, S. 94–101 [Erstdruck 1948].

Schueler 1970: Schueler, Heinz Jürgen: Hans Fallada. Humanist and Social Critic, Den Haag/Paris/Mouton 1970.

Schütz 1986: Schütz, Erhard: Romane der Weimarer Republik, München 1986.

Shookman 1990: Shookman, Ellis: Making History in Hans Fallada's *Bauern, Bonzen und Bomben*. Schleswig-Holstein, Nazism, and the ‚Landvolkbewegung'. In: German Studies Review 13 (1990), Nr. 3, S. 461–480.

Studnitz 1997: Studnitz, Cecilia von: „Es war wie ein Rausch". Fallada und sein Leben, Düsseldorf 1997.

Studnitz 2007: Studnitz, Cecilia von: Ich bin nicht der, den Du liebst. Die frühen Jahre des Hans Fallada in Berlin, Neubrandenburg 2007.

Sutton 2001: Sutton [=Littlejohn], Fiona: Models of modernity. Readings of selected novels of the late Weimar Republic, phil. Diss. Nottingham 2001. URL: http://eprints.nottingham.ac.uk/12255/1/246931.pdf [Stand 3. April 2017].

Thoenelt 1987: Thoenelt, Klaus: Innere Emigration: Fiktion oder Wirklichkeit? Literarische Tradition und Nationalismus in den Werken Ernst Wiecherts, Hans Carossas und Hans Falladas (1933–1945). In: Leid der Worte. Panorama des literarischen Nationalsozialismus, hg. von Jörg Thunecke, Bonn 1987, S. 300–320.

Tinsley 1965: Tinsley, Royal Lilburn: Hans Fallada's Concept of the Nature of the *Little Man*, the Focal Point of his Narrative Work, phil. Diss. Tulane University/New Orleans 1965.

Uzulis 2017: Uzulis, André: Hans Fallada. Biografie, Berlin 2017.

Walther 2017: Walther, Peter: Hans Fallada. Die Biographie, Berlin 2017.

Wilkes 2002: Wilkes, Geoff: Hans Fallada's Crisis Novels 1931–1947, Bern 2002.

Williams 1984: Williams, Jenny: Hans Fallada's Memoirs: Fact or Fiction? In: New German Studies 12 (1984), Nr. 1, S. 21–35.

Williams 2002: Williams, Jenny: Mehr Leben als eins. Hans Fallada. Biographie. Aus dem Englischen von Hans-Christian Oeser, Berlin 2002. [Originalausgabe: More Lives than One. A Biography of Hans Fallada, London 1998.]

Wittmann 1982: Wittmann, Livia Z.: Der Stein des Anstoßes. Zu einem Problemkomplex in berühmten und gerühmten Romanen der Neuen Sachlichkeit. In: Jahrbuch für Internationale Germanistik 14 (1982), H. 2, S. 56–78.

Zachau 1990: Zachau, Reinhard K.: Hans Fallada als politischer Schriftsteller, New York/Bern/Frankfurt a. M./Paris 1990.

Zachau 1995: Zachau, Reinhard K.: Neue Angriffe auf *Bauern, Bonzen und Bomben* aus den USA. In: Hans-Fallada-Jahrbuch (1995), Nr. 1, S. 79–94.

Zachau 2000: Zachau, Reinhard K.: Hans Fallada. Eine kritische Untersuchung zur Rezeption seines Werkes in den Jahren 1930–1997, Stuttgart 2000.

7. Fallada heute: Internationale Rezeption (Renaissance in Großbritannien, Israel und USA)
Thomas Wortmann

Wiederentdeckung

Über sechzig Jahre nach seinem Tod fand Hans Fallada in den Feuilletonspalten der großen deutschsprachigen Tageszeitungen erneute Beachtung (vgl. exemplarisch Bisky 2011; Diez 2011; Thomas 2010). Nachrichtenwert hatte der überraschende, um fast sechzig Jahre verspätete internationale Erfolg seines letzten Romans *Jeder stirbt für sich allein*. Nachdem die Geschichte um den Widerstand des Berliner Ehepaars Quangel erstmalig ins Englische übersetzt worden war, entwickelte sich der Band ab 2009 in Großbritannien und den USA zum Bestseller und avancierte schließlich – übersetzt ins Hebräische – auch in Israel zu einem Verkaufsschlager.

Ihren Anfang nahm diese Fallada-Renaissance allerdings knapp zehn Jahre zuvor, als 2002 im Pariser Verlag Denoël eine Neuauflage von *Jeder stirbt für sich allein* unter dem Titel *Seul dans Berlin* erschien und sich über 200 000 Mal verkaufte. In der Folge wurden auch andere Verleger auf den Text aufmerksam: Der amerikanische Verlag Melville House sicherte sich vom Aufbau Verlag die Rechte am Roman für den englischsprachigen Markt und kam damit dem renommierten britischen Verlagshaus Penguin Books zuvor, das im Gegenzug für seine prominente Klassikerreihe die Taschenbuchlizenz für die englische Ausgabe von Melville erwarb (vgl. Hellmuth 2011). Der Lyriker Michael Hofmann übersetzte den Text ins Englische, nachdem sich 1947, als der Roman wenige Monate nach Falladas Tod bei Aufbau erschienen war, kein englischsprachiger Verleger gefunden hatte, der *Jeder stirbt für sich allein* drucken und damit der deutschen Literatur Aufmerksamkeit schenken wollte. Gute sechs Jahrzehnte später fand der Roman dann doch noch seinen Weg auf den internationalen Markt und stürmte – in den USA unter dem Titel *Every Man Dies Alone*, in Großbritannien, orientiert an der französischen Ausgabe, als *Alone in Berlin* – die Bestseller-Listen: Innerhalb von zwei Jahren verkaufte sich der Band in Großbritannien über 300 000 Mal, in den USA wurden innerhalb von zwei Jahren über 200 000 Exemplare verkauft (vgl. für eine Übersicht zu den Auflagenzahlen von *Jeder stirbt für sich allein*: Frenzel 2016).

Aufnahme in der internationalen Literaturkritik

Diesem Erfolg beim Publikum ging die geradezu euphorische Aufnahme in der internationalen Literaturkritik voraus: In den Vereinigten Staaten feierte etwa die *New York Times* den Roman als die literarische Sensation des Jahres und lobte neben der literarischen Qualität von Falladas Text die als kongenial verstandene Übersetzung Hofmanns (vgl. Schillinger 2009). Seiner Leserschaft legte das amerikanische Feuilleton *Jeder stirbt für sich allein* nicht zuletzt aber wegen seiner ungewöhnlichen Entstehungs- und Publikationsgeschichte ans Herz. Der Blick auf das internationale Presseecho zeigt: Als mindestens ebenso interessant wie die Geschichte, die der Roman erzählt, gilt den Besprechungen die ‚story' des Textes und seines Autors. Präsentiert wurde Fallada als Verfasser des Weltbestsellers *Kleiner Mann – was nun?* (den der amerikanische Verlag zeitgleich mit *Jeder stirbt für sich allein* erneut auf den Markt brachte), um vor dieser Folie den Autor mit dem Label des ‚forgotten writer' zu versehen. Einige Rezensionen ziehen Parallelen zur – ebenfalls über sechzig Jahres verspäteten – euphorischen Rezeption von Irene Némirovskys Roman *Suite française* im Jahr 2004 (Buchan 2004). In den Fokus der Besprechungen rückte weiterhin die skandalösfaszinierende Biografie des Autors, die teilweise der Zusammenfassung des Romans prominent vorangestellt wurde (vgl. Schillinger 2009). Der englischsprachigen Leserschaft wurde Fallada als *enfant terrible* der deutschen Literaturszene der 1930er Jahre vorgestellt: Rekapituliert wurde der als Duell getarnte Versuch des Doppelsuizids mit Hanns Dietrich von Necker und der Mordversuch an seiner Frau; berichtet wird von Falladas Alkohol- und Drogensucht sowie den damit verbundenen, zahlreichen Aufenthalten in Kur- und Therapieanstalten. Vor dieser Krankengeschichte wird Falladas letzter Roman als Vermächtnis und als eine Art ‚Schwanengesang' verstanden, den sich der Autor kurz vor seinem Tod abgerungen habe.

Waren in Großbritannien und in den Vereinigten Staaten die Reaktionen des Feuilletons durchgängig euphorisch, so sorgte die Publikation des bereits als ‚Bestseller' etikettierten Textes in Israel 2010 für eine Debatte über den Blick auf den Nationalsozialismus und das aktuelle Verhältnis Israels zu Deutschland. Vor allem der israelische Historiker Tom Segev hat *Jeder stirbt für sich allein* kritisiert und die vom Goethe-Institut geförderte Übersetzung als Versuch bezeichnet, über Falladas Roman und dessen Fokus auf den deutschen Widerstand das Geschichtsbild in Israel zu beeinflussen. Segev problematisiert die Zielsetzung der Quangels und bezieht das im Roman Erzählte auf Falladas Position als Autor der Inneren Emigration: „Books that contain revelations about rebellions must be read with caution: Only a few Germans opposed the Nazis, and the majority of them did not do so because the Nazis persecuted the Jews, but because they believed they were about to be defeated in the war. This is the essence of *Alone in Berlin* – and also the story of Fallada himself." (Segev 2010) Wie auch immer man zu diesem Vorwurf – gerade auch im Hinblick auf Falladas Verhalten während des Nationalsozialismus (vgl. Plow 2012; siehe die Beiträge 1.4 *Anpassungsstrategien und indirekter Widerstand im Dritten Reich* in Kap. I und 2.7 *Zwischen Innerer Emigration und NS-Literatur: Falladas Poetik im literarischen Kontext des Dritten Reichs* in Kap. I) – steht: Dem Erfolg des Romans hat diese Kritik keinen Abbruch getan. Auch in Israel hielt sich *Jeder stirbt für sich allein* von 2011 bis 2012 monatelang auf der Bestsellerliste und verkaufte sich insgesamt über 100 000 Mal – ein in der Relation zur Größe des israelischen Buchmarktes immenser Erfolg, den der Philosoph Yossi Yonah vor allem auf zwei Faktoren zurückführt: Zum einen bediene Falladas Roman das Interesse an einer Darstellung des Nationalsozialismus, die sich von gängigen Schwarz-Weiß-Zeichnungen entferne (vgl. auch Zimmermann 2013), zum anderen biete der Roman israelischen Leserinnen und Lesern, die der Politik ihres Landes kritisch gegenüberstehen, Identifikationspotential: „Natürlich werden sie sehr zu Recht jeden Vergleich zwischen der israelischen Gesellschaft und Nazi-Deutschland zurückweisen. Dennoch ist der Roman für sie Ausdruck einer bis heute gültigen Warnung vor greifbaren Gefahren für Demokratien im Allgemeinen und insbesondere für die israelische Demokratie. Sie werden argumentieren, dass die von israelischen Politikern zynisch geschürte Belagerungsmentalität den fruchtbaren Boden schafft für undemokratische Regungen." (Yonah 2011)

Gründe des Erfolgs

Yonahs Argumente lassen sich auch auf andere Buchmärkte übertragen. Waren es vor allem politische Gründe, die dem Roman kurz nach dem Zweiten Weltkrieg den Weg auf den internationalen Markt verwehrt hatten, so ist die verspätete Hausse von *Jeder stirbt für sich allein* auch damit zu erklären, dass der Text nach der Jahrtausendwende auf ein Publikum trifft, dessen Blick auf den Nationalsozialismus differenzierter ist – und das sich entsprechend offen für den Stoff zeigt, um den Falladas Text kreist. Zwar kann das Thema des Nationalsozialismus im anglophonen Raum, besonders auf dem US-amerikanischen Markt, stets auf ein breites Publikum zählen – neben Falladas *Jeder stirbt für sich allein* kann Bernhard Schlinks knapp zehn Jahre zuvor erschienener Roman *Der Vorleser* (1995, engl. *The Reader* 1997) als weiterer internationaler Bestseller in diesem Zusammenhang genannt werden –, die Thematisierung von Alltagsgeschichte im Dritten Reich, wie *Jeder stirbt für sich allein* sie bietet, ist für ein internationales Publikum aber ebenso ein neue Variation des Sujets wie die Beschäftigung mit dem deutschen Widerstand gegen die Naziherrschaft im Allgemeinen. Dass die Geschichte der Quangels auf einer ‚wahren Begebenheit' beruht, verstärkt diesen Effekt noch einmal. In polemischer Zuspitzung führte Georg Diez im *Spiegel* den Erfolg von Falladas Roman auf eine „Sehnsucht nach dem guten Deutschen" zurück, der nun, nachdem es „so lange sexy war, den bösen Deutschen zu sehen", für ein internationales Publikum attraktiv geworden sei (Diez 2011, 144).

Dieses gewandelte Geschichtsbild aber lässt sich auch in anderer Hinsicht in Bezug zum Erfolg des Textes setzen, versteht man das Setting des Romans als Genremarkierung, liest man *Jeder stirbt für sich allein* also als einen Berlin-Roman. Der sechzig Jahre alte Text partizipiert darüber am rezenten Hype um die deutsche Hauptstadt als internationale Szenestadt, die vor allem bei jüngeren Generationen große Popularität genießt (vgl. Yonah 2011). Insofern ist die Tatsache, dass sowohl die britische als auch die französische und die hebräische Ausgabe von *Jeder stirbt für sich allein* den Titel dahingehend abwandeln, dass sie mit Berlin den Ort der Handlung in den Titel rücken und teilweise zusätzlich noch das Brandenburger Tor als ikonisch aufgeladene topografische Markierung auf den Umschlag setzen und die Innenseiten des Bandes mit einem Berliner Stadtplan versehen (so der Fall bei den Ausgaben in Großbritannien und Israel), als geschickte, marketingstrategische Entscheidung der jeweiligen Verlagshäuser zu verstehen.

Ohne Zweifel sind diese Kontexte für die internationale Fallada-Renaissance seit der Jahrtausendwende von Bedeutung, hinreichend sind sie als Erklärung für den Erfolg des Romans aber nicht. Sinnvoller scheint es, den Grund für diesen Erfolg in der spezifischen Faktur zu sehen, die *Jeder stirbt für sich allein* auszeichnet – der Roman schließt an narrative Strategien an, wie Fallada sie in seinen Texten *Kleiner Mann – was nun?* oder *Wolf unter Wölfen* bereits erfolgreich erprobt hatte (siehe den Beitrag 1.2 *Falladas Poetologie* in Kap. II). Die immense Popularität dieser Romane hat den Blick auf deren Ästhetik immer wieder verstellt, stehen populäre Texte in der Literaturwissenschaft doch gemeinhin unter Trivialitätsverdacht (siehe den Beitrag zum 2.5 *Schreiben in der/für die Populärkultur* in Kap. I). Damit aber wird die spezifische Qualität der Romane verkannt. Falladas Texte bedienen jenen Bereich, der gemeinhin mit dem Begriff der *middlebrow culture* gefasst wird. Seine Romane sind auf den Publikumserfolg angelegt, sie sind – das verbindet sie mit anderen deutschen Weltbestsellern der Zeit wie etwa Vicki Baums *Menschen im Hotel* – bewusst massenwirksam geschrieben, ohne dabei hinter den Stand der Literatur ihrer Zeit zurückzufallen (vgl. Frank/Scherer 2013). Im Gegenteil: Die Gegenwartsbezogenheit der Stoffe korrespondiert mit einer konsequenten Bezugnahme auf ästhetische Verfahren, wie sie die zeitgenössische Literatur und der zeitgenössische Film entwickelt und bei einem breiten Publikum durchgesetzt haben. Dazu zählt im Falle von *Jeder stirbt für sich alleine* beispielsweise die filmische Darstellungsweisen aufgreifende, souveräne Kombination von panoramatischem und episodischem Erzählen ebenso wie die auf Nähe zum geschilderten Milieu setzende, nur selten kommentierende Erzählhaltung, die beispielsweise durch die direkte Wiedergabe von Gedanken auf einen Effekt von Unmittelbarkeit zielt. Wirkmächtigster Effekt dieses Erzählens ist jene narrative Strategie Falladas, die jüngst mit dem Begriff der ‚Mikrodramatik der unscheinbaren Dinge' gefasst worden ist (Frank/Scherer 2013). Gemeint ist damit der Fokus auf die kleinen, unauffälligen Angelegenheiten und Handlungen des Alltags, in denen sich soziale Probleme wie etwa wirtschaftliche Abhängigkeiten und ökonomische Problemlagen für die Leserinnen und Leser (emotional) eindrucksvoll kristallisieren. In dieser Hinwendung zu sozialen Fragestellungen, in der eingängigen, ja fesselnden Erzählhaltung und im Anschluss an Darstellungsverfahren anderer Medien wie etwa des Films erweisen sich Falladas Romane zum einen als paradigmatische Texte der Synthetischen Moderne (1925–1955); zum anderen liegt genau darin auch ihr Erfolgspotential, das ganz offensichtlich nicht an den Entstehungszeitraum der Texte gebunden ist, wie gerade *Jeder stirbt für sich allein* belegt. Im Gegenteil, Falladas soziologische Inblicknahme sozio-ökonomischer Probleme der ‚Kleinen Leute' in Kategorien wie Prekarisierung, Abstieg, Kriminalität, Sucht und ‚Anständigkeit' ist auch nach der Jahrtausendwende aktuell: „Es ist […] kein Zufall, dass die weltweite Resonanz Falladas seit der englischen Übersetzung 2009 von Ländern wie Großbritannien, den USA und Israel ausging, die genau von derartigen Erfahrungen des sozialen Abstiegs betroffen sind" (Scherer/Frank 2013, 88).

Erneuerte Popularität in Deutschland

Der Erfolg von *Jeder stirbt für sich allein* in Frankreich, Großbritannien, den Vereinigten Staaten und Israel machte den Text auch für andere internationale Verlagshäuser interessant – mittlerweile liegen Übersetzungen in mehr als dreißig Sprachen vor (siehe den Beitrag 5. *Übersetzungen* in Kap. III). Gleichzeitig sorgte der Erfolg von *Jeder stirbt für sich allein* dafür, dass auch andere Texte Falladas (etwa *Kleiner Mann – was nun?*, *Der Trinker* und *Wolf unter Wölfen*) im Ausland neu aufgelegt wurden oder gar (wie im Falle der ebenfalls von Hofmann ins Englische übertragenen Erzählungen *Sachlicher Bericht über das Glück, ein Morphinist zu sein* und *Drei Jahre kein Mensch*) zum ersten Mal eine Übersetzung erfuhren. Dass die Auflagenzahlen schließlich in die Hunderttausende stiegen, ist vor allem auf die spezifische Dynamik des Phänomens ‚Bestseller' zurückzuführen, also auf jenen „sich selbst verstärkende[n] Effekt von Verkauf, öffentlicher Wahrnehmung und weiterem Verkauf", mit dem ein solch erfolgreicher Band schließlich den öffentlichen Diskurs beherrscht, um damit wieder weitere Käufer anzuziehen (Oels 2005, 48). Diese Dynamik aber ist in Zeiten der Globalisierung nicht mehr auf einen nationalen Buchmarkt beschränkt: In den Ländern, in denen der Roman nach dem Erfolg in Großbritannien und den USA erstmals veröffentlicht oder auch neu aufgelegt wurde, besprach die Presse Falladas Roman bereits als Bestseller, so dass dem Band eine hohe mediale Aufmerksamkeit sicher sein konnte.

Interessanterweise zählt zu diesen Märkten in gewisser Hinsicht auch Deutschland. Zwar hatte der Roman hier, das zeigen die in die Hunderttausende gehenden Auflagenzahlen bis zur Jahrtausendwende eindrücklich, schon immer ein Publikum gefunden. Mit der Publikation der ungekürzten Neuausgabe von *Jeder stirbt für sich allein* aber, zu der sich der Aufbau Verlag im Zug des internationalen Erfolgs des Textes entschied, entwickelte sich der Roman auch auf dem deutschsprachigen Markt zum Verkaufsschlager und sorgte so für eine Reihe von Neuauflagen anderer Texte Falladas, darunter 2016 die „ungekürzte Neuausgabe" seines ersten Erfolgsromans (siehe den Beitrag 3.2 *Kleiner Mann – was nun?* in Kap. II). Das erneuerte Interesse an Fallada dokumentiert sich aber nicht nur in den Verkaufszahlen seiner Bücher: Seit 2011 erschienen drei neue oder überarbeitete Fallada-Biografien (Williams 2012, Uzulis 2017, Walther 2017), außerdem erfreuen sich die Romane großer Beliebtheit auf der Theaterbühne. Die von Luk Perceval am Thalia Theater Hamburg realisierte Adaption des Romans wurde gar als eine der besten Inszenierungen des Jahres zum Theatertreffen 2013 eingeladen (siehe den Beitrag 4. *Fallada auf der Bühne* in Kap. III); und auch das Kino hat den *forgotten writer* wiederentdeckt: Unter der Regie von Vincent Perez feierte eine Verfilmung des Romans 2016 Premiere.

Literatur

Bisky 2011: Bisky, Jens: „Mutter! Der Führer wird auch Deine Söhne ermorden". In: Süddeutsche Zeitung, 12.3.2011.
Buchan 2009: Buchan, James: The path of least resistance. In: The Guardian, 7.3.2009.
Diez 2011: Diez, Georg: Buch aus dem Nichts. In: Der Spiegel 16 (2011), S. 144f.
Frank/Scherer 2013: Frank, Gustav/Scherer, Stefan: Mikrodramatik der unscheinbaren Dinge. Falladas soziologischer Blick als Bedingung für Weltbestseller. In: Hans Fallada, hg. von G. F. und St. Sch., München 2013 (Text + Kritik 200), S. 83–93.
Frenzel 2016: Frenzel, Marlene: *Jeder stirbt für sich allein* in Zahlen. Eine ökonomische Sicht auf die Entstehungs- und Erfolgsgeschichte von Falladas letztem Roman. In: Hans-Fallada-Jahrbuch (2016), Nr. 7: Hans Fallada und die Literatur(en) zur Finanzwelt, S. 438–453.
Hellmuth 2011: Hellmuth, Iris: „Ich wusste, das ist die ganz große Literatur." Interview mit Dennis Johnson. In: Hamburger Abendblatt, 14.1.2011.
Oels 2002: Oels, David: Besteller, in: Das BuchMarktBuch. Der Literaturbetrieb in Grundbegriffen, hg. von Erhard Schütz, Reinbek bei Hamburg 2002, S. 47–53.
Plow 2012: Plow, Geoffrey: Plow, Geoffrey: Acts of Faith, Faith in Action: What *Alone in Berlin* and the 2011 ‚Ungekürzte Neuausgabe' of *Jeder stirbt für sich allein* tell us about Hans Fallada's View of Anti-Nazi Resistance. In: German Life and Letters 65 (2012), S. 263–280.
Schillinger 2009: Schillinger, Liesl: Postcards from the Edge, in: The New York Times, 1.3.2009.
Segev 2010: Segev, Tom: The Making of History. Of images and truths. In: Haaretz, 23.7.2010.
Thomas 2010: Thomas, Gina: Eine Viertelmillion Blicke in die Vergangenheit. In: Frankfurter Allgemeine Zeitung, 6.8.2010.
Uzulis 2017: Uzulis, André: Hans Fallada: Biografie, Berlin 2017.
Walther 2017: Walther, Peter: Hans Fallada. Die Biographie, Berlin 2017.
Williams 2012: Williams 2012: Williams 2012: Williams, Jenny: Mehr Leben als eins. Hans Fallada. Biographie. Aus dem Englischen von Hans-Christian Oeser. Erweiterte und aktua-

lisierte Neuausgabe, Berlin 2012. [Originalausgabe: More Lives than One. A Biography of Hans Fallada, London 1998.]

Yonah 2011: Yonah, Yossi: Mit Fallada nach Europa. In: Der Freitag, 21.6.2011.

Zimmermann 2013: Zimmermann, Moshe: Facelift – Das Image der Deutschen in Israel seit der Wiedervereinigung. In: Deutsche(s) in Palästina und Israel. Tel Aviver Jahrbuch für deutsche Geschichte (2013), S. 288–304.

IV. Zeittafel

Kristina Kapitel

1893 Rudolf Wilhelm Ditzen wird am 21. Juli in Greifswald an der Ostsee geboren. Er ist das dritte von vier Kindern des preußischen Landrichters Wilhelm Ditzen und seiner Frau Elisabeth Ditzen (geb. Lorenz).

1896 Im Dezember wird sein Bruder Ulrich geboren.

1899 Anfang des Jahres wird der Vater zum Kammergerichtsrat befördert und an das Kammergericht Berlin (oberster Gerichtshof Preußens) versetzt. Die Familie zieht nach Berlin um.

1901 Rudolf Ditzen wird eingeschult in das Prinz-Heinrich-Gymnasium in Berlin-Schöneberg, das hauptsächlich von den Söhnen des Offiziers- und Beamtenstandes besucht wird. Hier nimmt er eine Außenseiterrolle ein.

1903 Die Familie verbringt in den Sommerferien fünf Wochen in Neuglobsow (Mecklenburgische Seenplatte). Der Vater wird vom Zivilsenat in den Strafsenat versetzt. Rudolf beginnt, sich in Literatur zu flüchten: liest u. a. Flaubert, Zola, Dumas, Stevenson, Dickens und Dostojewski.

1906 Die Eltern veranlassen einen Schulwechsel Rudolfs auf das weniger elitäre Bismarck-Gymnasium in Berlin-Wilmersdorf. Im Oktober wird Wilhelm Ditzen als einziger preußischer Richter zum Mitglied der Strafgesetzbuchkommission ernannt.

1908 Ende des Jahres erhält der Vater eine Berufung an den obersten deutschen Gerichtshof, das Leipziger Reichsgericht und hat damit sein Lebensziel erreicht.

1909 Die Familie zieht nach Leipzig um. Am 17. April, einen Tag vor der Aufnahmeprüfung auf das Königin-Carola-Gymnasium, erleidet Rudolf einen schweren Fahrradunfall. Er kann die Schule erst ab August besuchen.

1910 Rudolf Ditzen ist aktives Mitglied der Literarischen Gesellschaft. Er begeistert sich für Oscar Wilde, nennt sich sogar nach dessen Romanfigur Lord Henry (Harry) Wotton ‚Harry' Ditzen. Es entsteht sein frühestes erhaltenes literarisches Zeugnis: das Gedicht *Dank der Schönheit*, welches sich an seine *Gedanken über den Glauben* anschließt. Im Anschluss an eine fünfwöchige Wandervogelfahrt nach Holland erkrankt Rudolf an Typhus, womit eine einschneidende psychische Veränderung einhergeht: Er äußert erstmals Selbstmordgedanken.

1911 In Rudolfs Klasse gibt es bereits drei Selbstmordfälle, die im Kontext der Suizidwelle stehen, von welcher Deutschland in den Jahren vor dem ersten Weltkrieg erfasst ist. Rudolfs Selbsttötungsabsichten konkretisieren sich, als er als Schreiber anonymer obszöner Briefe an ein Mädchen aus der Nachbarschaft entlarvt wird. Es folgen Depressionen und eine belastete Beziehung zu den Eltern. Rudolf wird bei Verwandten in Mariensee bei Hannover untergebracht, danach von April bis Juni im Sanatorium in Bad Berka bei Jena. Ab 15. Juli wohnt Rudolf in Rudolstadt unter der Obhut des Generalsuperintendenten Dr. Braune, später bei dem ehemaligen Oberst von Busse. Er engagiert sich im Literaturklub seiner dortigen Schule, dem Fürstlichen Gymnasium, bleibt jedoch ohne Anerkennung. Sein Gesundheitszustand ist schlecht, infolge von übermäßigem Rauchen und Trinken. Am 17. Oktober begeht Rudolf zusammen mit seinem Freund und Mitschüler Hanns Dietrich von Necker einen Doppelselbstmordversuch, inszeniert als ‚Duell', bei welchem der Mitschüler getötet wird. Rudolf überlebt schwer verletzt. Es folgen Haftbefehl wegen Mordes und eine psychiatrische Untersuchung in Jena.

1912 Im Januar wird die Anklage unter Zubilligung des §51 StGB (Unzurechnungsfähigkeit) fallengelassen. Rudolf wird in die geschlossene Nervenheilanstalt Tannenfeld bei Nöbdenitz in Sachsen eingewiesen. Seine Tante Adelaide Ditzen nimmt sich seiner Erziehung und literarischen Förderung an: Neben weiteren lyrischen Arbeiten entstehen erste literarische Übersetzungen. Rudolf begeistert sich für Romain Rolland, bietet diesem die Übertragung seiner Bücher an, das Projekt kommt jedoch nicht zustande.

1913 Nach seiner Entlassung aus Tannenfeld am 15. September nimmt Rudolf Ditzen seine erste Stelle als Landwirtschaftslehrling auf dem sächsischen Rittergut Burg Posterstein an.

1914 Im Januar bietet Rudolf dem Xenien-Verlag Leipzig einen Roman an – ohne Erfolg. Im September gelingt ihm die Aufnahme als Kriegsfreiwilliger beim Militär in Leipzig. Als untauglich eingestuft für jede Art von Militärdienst wird er nach elftägigem Dienst wieder entlassen und kehrt zurück nach Posterstein.

1915 Rudolf Ditzen schließt seine Lehre ab und erhält im Herbst eine Stelle als zweiter Inspektor und Rechnungsführer auf dem Gut Heydebreck bei Plathe in Hinterpommern. Aufgrund des Arbeitspensums kommt seine literarische Tätigkeit sehr kurz und er leidet gesundheitlich.

1916 Am ersten März tritt er eine Bürostelle als Assistent der Landwirtschaftskammer von Stettin (Pommern) an, wo er u. a. Johannes Kagelmacher kennenlernt. Im November zieht Ditzen nach Berlin und nimmt eine Anstellung als wissenschaftlicher Mitarbeiter bei der Kartoffelbaugesellschaft m. b. H. Berlin an.

1917 Ditzen gibt seine Verlobung bekannt (vermutlich mit der Buchhalterin Hedwig Jagusch), die er kurze Zeit später wieder löst. Er bemüht sich, einen Verlag zu finden für seine Gedichtsammlung *Gestalten und Bilder* sowie für einige Übersetzungsarbeiten. Mitte des Jahres begegnet er Anne Marie Seyerlen, Ehefrau des Schriftstellers Egmont Seyerlen, unter deren Einfluss er seine beiden Jugendromane schreibt.

1918 Der Vater wird pensioniert. Ditzen scheidet aus der Kartoffelbaugesellschaft aus, um ein vom Vater finanziertes schriftstellerisches ‚Probejahr' durchzuführen. Im August fällt der jüngere Bruder Ulrich in Frankreich. Die erste Hälfte seines ‚Probejahres' steht unter dem Einfluss der Novemberrevolution, dem Verlust des Bruders und seiner Drogensucht (Morphiummissbrauch).

1919 Im April schließt Ditzen seinen ersten Roman *Der junge Goedeschal* ab. Er lässt ‚Hans Fallada' als Pseudonym und Künstlernamen amtlich eintragen. Im Mai findet die erste persönliche Begegnung mit Ernst Rowohlt statt. Als Maßnahme gegen seine Drogensucht begibt sich Fallada im Juli zu seinem Freund Kagelmacher nach Draumburg, wenige Wochen später nach Tannenfeld und im September zwecks einer Entziehungskur in die Heilanstalt Carolsfeld in Brehna bei Halle.

1920 *Der junge Goedeschal* erscheint im Januar unter dem Pseudonym ‚Hans Fallada' bei Rowohlt. Fallada verlässt Carolsfeld im Juni und wohnt bei Kagelmacher in Draumburg, lässt sich jedoch im Herbst erneut nach Carolsfeld einweisen. Ab November arbeitet er auf dem Rittergut Merzdorf bei Deutsch-Krone in Westpreußen.

1921 Fallada zieht nach Rügen, wo Kagelmacher inzwischen ein Gehöft in Gudderitz bei Altenkirchen besitzt. Im Februar legt er Rowohlt das Manuskript von *Die Kuh, der Schuh, dann du vor*, welches jedoch zu seinen Lebzeiten nicht mehr veröffentlicht wird. Er schreibt an *Anton und Gerda*. Im Sommer nimmt er eine Stelle auf dem Gut Vorder Bollhagen bei Doberan in Mecklenburg an.

1922 Bis Juni hält er sich erneut bei Kagelmacher auf und begibt sich dann in eine Anstellung auf dem Gut Neuschönfeld bei Bunzlau in Niederschlesien, wo er u. a. Zeuge der Aktivitäten der Schwarzen Reichswehr wird. Fallada beendet in Neuschönfeld seinen zweiten Roman. Im Oktober wird er festgenommen wegen Schwarzmarktgeschäften mit Getreide zur Finanzierung seiner Sucht und verliert seine Stelle.

1923 Fallada arbeitet an dem Roman *Ria. Ein kleiner Roman*. Das Manuskript galt lange Zeit als verschollen; es handelt sich vermutlich um die Erzählung *Länge der Leidenschaft*. Er verbringt einige Monate bei den Eltern in Leipzig und erhält dann eine Stelle als Rechnungsführer auf dem Rittergut Radach bei Drossen in der Neumark. Im Juli wird er in Bunzlau zu sechs Monaten Gefängnis ohne Bewährung verurteilt, erhält allerdings Haftaufschub bis ins folgende Jahr. Ab November arbeitet er als Korrespondent und Buchhalter in der Getreide- und Düngemittelgroßhandlung Georg Kipferling in Drossen. Die Erfahrungen aus dieser Zeit fließen später in *Kleiner Mann – was nun?* ein. Im Dezember erscheint *Anton und Gerda*.

1924 Fallada verlässt Kipferlings Geschäft am 15. April und verbringt einige Zeit bei den Eltern, bevor er am 20. Juni seine Haftstrafe im Gerichtsgefängnis Greifswald antritt. Er führt dort vom 22. Juni bis 2. September Tagebuch: Der Gefängnisbericht *Strafgefangener, Zelle 32* entsteht. Parallel schreibt er an dem Manuskript von *Mörder, Liebe und die Einsamkeit* (Arbeitstitel), welches unter dem Titel *Im Blinzeln der Großen Katze* erst posthum veröffentlicht wird. Im November wird Fallada aus der Haft entlassen und begibt sich wieder nach Gudderitz zu Kagelmacher. Ab Ende des Jahres wendet er sich der publizistischen Tätigkeit zu.

1925 Am 3. Januar erscheint Falladas erster Artikel *Stimme aus den Gefängnissen* in *Das Tage-Buch*. Hinzu kommen weitere publizistische sowie literarische Arbeiten in Zeitschriften. Nach einem kurzen Aufenthalt in Leipzig zieht Fallada in den Kreis Neustettin in Pommern, um dort als Rechnungsführer der Gutsverwaltung Lübgust zu arbeiten. Nachdem Rowohlt *Im Blinzeln der Großen Katze* nicht drucken will, knüpft Fallada neue Verbindungen zum Späth-Verlag bzw. dessen Cheflektor Heinz Stroh. Anfang Juli nimmt Fallada eine neue Stelle als Rechnungsführer einer Gutsverwaltung in Neuhaus bei Lütjenburg an, wo er sich zur Finanzierung seiner Sucht erneut der Unterschlagung und des Scheckbetrugs schuldig macht. Nachdem er sich der Polizei gestellt und ein umfassendes Geständnis abgelegt hat, kommt er für die nächsten sechs Monate in Untersuchungshaft.

1926 Am 26. März wird Fallada zu zweieinhalb Jahren Gefängnis verurteilt, auf welche die bereits abgesessenen sechs Monate der Untersuchungshaft angerechnet werden. Er verbüßt seine Haftstrafe im Zentralgefängnis Neumünster bei Kiel.

1928 Am 10. Mai 1928 wird Fallada entlassen und zieht nach Hamburg. Den Sommer über hält er sich mit Adressenschreiben und anderen Schreibarbeiten über Wasser. Er tritt der SPD bei und dem Guttemplerorden (Abstinenzbewegung). Im Herbst lernt er seine spätere Frau Anna Margareta Issel (Suse) kennen. Da er in Hamburg keine Anstellung bekommt, kehrt er wieder nach Neumünster zurück. Dort erhält Fallada beim *General-Anzeiger für Neumünster* zunächst eine Teilzeitstelle als Annoncenschreiber. Im Dezember verlobt er sich mit Anna Issel.

1929 Fallada schreibt lokale Kultur- und Vortragskritiken sowie Filmkritiken für den *General-Anzeiger für Neumünster* und wird ab 1. März offizielles Mitglied der Redaktion. Zeitgleich übernimmt er die Leitung des Wirtschafts- und Verkehrsvereins Neumünster sowie die Redaktion von dessen Vereinsblatt, der *Schleswig-Holsteinischen Verkehrszeitung*. Über das Jahr verteilt erscheinen mehr als 50 Zeitungsartikel im *General-Anzeiger*. Am 5. April heiraten Anna und Rudolf Ditzen und verbringen eine viertägige Hochzeitsreise in Berlin. Am 18. August kommt es zu einer zufälligen Begegnung mit Ernst Rowohlt während eines Sonntagsausflugs nach Westerland (Sylt), welche später hauptsächlich zu Werbezwecken mythologisiert wird. Ab Sommer 1929 wird Fallada als Berichterstatter des in Neumünster verhandelten ‚Landvolkprozesses' eingesetzt; im Herbst kann er zu diesem Thema drei Artikel im Berliner *Tage-Buch* und einen in der *Weltbühne* unterbringen. Kurz nach Weihnachten ziehen die Ditzens nach Berlin, wo Fallada eine Stelle als Leiter der Rezensionsabteilung bei Rowohlt in Aussicht hat.

1930 Am 16. Januar tritt Fallada seine neue Stelle bei Rowohlt an, welche ihm Kontakte mit verschiedenen Schriftstellern, u. a. Musil und Tucholsky, eröffnet. Er schreibt an *Bauern, Bonzen und Bomben* (Arbeitstitel: *Ein kleiner Zirkus namens Belli*). Am 1. März tritt Fallada in der Hoffnung auf materielle Unterstützung dem Schutzverband Deutscher Schriftsteller bei. Am 14. März wird sein Sohn Ulrich geboren. Aus Kostengründen erfolgt bereits am 12. Juni ein weiterer Umzug nach Neuenhagen am östlichen Rand von Berlin. Fallada stellt über den Sommer das Manuskript von *Bauern, Bonzen und Bomben* fertig und kürzt den Text für einen Vorabdruck in der *Kölnischen Illustrierten*, welcher ab November in Fortsetzungen erscheint.

1931 Fallada arbeitet an der Dramatisierung von *Bauern, Bonzen und Bomben*. Der Roman selbst erscheint im März und wird sein erster größerer Erfolg. Zwischen Mai und Dezember veröffentlicht er zwölf Erzählungen in verschiedenen Zeitungen und Zeitschriften. Im Juni schreibt er bereits an *Kleiner Mann – was nun?* unter dem Arbeitstitel *Pinneberg und sein Murkel*. Fallada gibt seine Stelle bei Rowohlt auf und ist ab 18. Oktober ausschließlich als freier Schriftsteller tätig. Neben der Arbeit an *Kleiner Mann – was nun?* geht er in dieser Zeit vermehrt publizistischen Tätigkeiten nach, um seinen Lebensunterhalt zu sichern.

1932 Am 11. Februar schickt Fallada das abgeschlossene Manuskript von *Kleiner Mann – was nun?* (zu diesem Zeitpunkt noch unter dem Titel *Kleiner Mann*) an Rowohlt. Von April bis Juni wird der Roman in der *Vossischen Zeitung* in täglichen Fortsetzungen vorabgedruckt. Fallada wendet sich direkt nach Abschluss des Romans dem Hörspiel *Der Klatsch* zu, welches am 2. Mai im Südwestdeutschen Rundfunk ausgestrahlt wird. Ferner publiziert er in diesem Jahr 18 weitere Erzählungen in verschiedenen regionalen und überregionalen Tageszeitungen und Magazinen. Am 18. Juni erscheint *Kleiner Mann – was nun?* Er saniert damit sich selbst finanziell sowie den stark angeschlagenen Rowohlt-Verlag, der wenige Monate zuvor bereits zur Fusion mit Teilhabern gezwungen ist. Zur gleichen Zeit arbeitet Fallada an dem Drehbuch zur Verfilmung des Romans. Im Spätsommer schreibt er an *Wer einmal aus dem Blechnapf frißt* (Arbeitstitel: *Kippe oder Lampen*). Die Ditzens ziehen am 15. November in ein Landhaus in Berkenbrück/Spree mit Dienstmädchen, Zentralheizung und Telefonanschluss und pachten das dazugehörige Grundstück.

1933 Am 23. Januar beginnen in Berlin die Dreharbeiten zur Verfilmung von *Kleiner Mann – was nun?*, denen sich Fallada schon nach kurzer Zeit entzieht. Im März erscheint die englische Übersetzung von *Kleiner Mann – was nun?* Die Familie Ditzen erwirbt im April das Haus und Anwesen in Berkenbrück. Am 12. April erfolgt Falladas Verhaftung durch die SA und eine elftägige Haft in Fürstenwalde wegen Denunziation durch den früheren Besitzer des Hauses in Berkenbrück. Im Mai erleidet Fallada einen Nervenzusammenbruch. Es folgt ein Aufenthalt in einer Privatklinik in Waldsieversdorf zusammen mit seiner Frau und seinem Sohn. Ende Mai ist das Haus in Berkenbrück wieder verkauft. Die Familie wohnt übergangsweise in einer Pension in Berlin. Am 18. Juli wird die Tochter Lore geboren. Eine Zwillingsschwester stirbt wenige Stunden nach der Geburt. Im August erwerben die Ditzens das Anwesen in Carwitz bei Feldberg (Mecklenburg), welches Falladas Wohnort bis 1944 bleibt. Die Verfilmung von *Kleiner Mann – was nun?* hat im selben Monat Premiere – ohne Fallada, da dieser seinen Namen als Drehbuchautor wegen zu starker Veränderung des Manuskripts zurückgezogen hat. Der internationale Erfolg von *Kleiner Mann – was nun?* kurbelt auch den Absatz von *Bauern, Bonzen und Bomben* an. Im Oktober schreibt Fallada an seinem Roman *Wer einmal aus dem Blechnapf frißt* und beendet ihn am 9. November. Unmittelbar im Anschluss daran verfasst Fallada den Roman *Wir hatten mal ein Kind*. Im Dezember widmet er sich geringen Veränderungen an *Kleiner Mann – was nun?*, um Konflikte mit den Nationalsozialisten zu vermeiden.

1934 *Wer einmal aus dem Blechnapf frißt* erscheint am 12. März; mit einem Vorwort, das Schwierigkeiten mit den Nationalsozialisten abwenden soll. *Wir hatten mal ein Kind* wird ab Juni stark gekürzt in der *Berliner Illustrirten* vorabgedruckt und erscheint am 11. Oktober in der Buchfassung. Die Kritik der NS-Presse fällt negativ aus. Im November empfiehlt das Ministerium für Volksaufklärung und Propaganda die Entfernung von *Kleiner Mann – was nun?* aus den öffentlichen Büchereien. Fallada beginnt, für Reclam Kindergeschichten zu schreiben.

1935 Fallada schreibt an *Altes Herz geht auf die Reise* (Arbeitstitel: *Und wenn der letzte Schnee verbrennt*). Im März kommt er für zwei Wochen in ein Krankenhaus in München wegen Depressionen, die auch nach seiner Entlassung anhalten. Im Mai erfolgt ein erneuter Krankenhausaufenthalt in Berlin. Den Sommer verbringt Fallada in Carwitz, an *Altes Herz geht auf die Reise* schreibend. Nachdem Fallada Anfang September seinen fertiggestellten Roman *Altes Herz geht auf die Reise* der Reichsschrifttumskammer vorgelegt hat, wird er zum ‚unerwünschten Autor' erklärt, was bedeutet, dass er seinen Roman lediglich im Inland publizieren darf. Ende September vollendet er seine Sammlung an Kindergeschichten für Reclam und schreibt im Oktober den Roman *Märchen vom*

IV. Zeittafel   577

Stadtschreiber, der aufs Land flog. Schlechte Buchbesprechungen und die Lage in NS-Deutschland lösen erneut Depressionen aus: Fallada hält sich ab dem 22. November im Sanatorium in Berlin auf. Am 4. Dezember wird sein Status des ‚unerwünschten Autors' wieder aufgehoben und am 10. Dezember erscheint das *Märchen vom Stadtschreiber, der aufs Land flog*.

1936 Anfang Februar kehrt Fallada nach Carwitz zurück. Die erste Episode von *Altes Herz geht auf die Reise* erscheint (unter dem Titel *Ein Herz geht auf die Reise*) Mitte Februar in der *Berliner Illustrirten*. Ende des Monats nimmt Fallada die Arbeit an seinem Schelmenroman *Wizzel Kien. Der Narr von Schalkemaren* auf, der unvollendet bleibt. Im Februar kommt seine Reclam-Sammlung *Hoppelpoppel – wo bist du?* in die Buchhandlungen. Im April gerät Fallada mit einer vernichtenden Rezension von *Altes Herz geht auf die Reise* in der NS-Presse erneut unter politischen Druck: Die Ditzens beschließen zu emigrieren und inserieren ihr Haus in Carwitz. Die ersten beiden Maiwochen verbringt Fallada wegen eines depressiven Rückfalls im Krankenhaus. Am 1. Juli reicht er die Übersetzung von Clarence Days *Life with father* (dt. Titel *Unser Herr Vater*) ein. In den Sommermonaten entsteht der Roman *Wolf unter Wölfen*, den Fallada zunächst ohne Absicht auf baldige Veröffentlichung schreibt. Daneben arbeitet er an weiteren Kindergeschichten. Ende 1936 ist das Land der Familie Ditzen verpachtet und die landwirtschaftliche Ausstattung verkauft.

1937 Anfang April lässt das Reichserziehungsministerium *Hoppelpoppel – wo bist du?* aus den Schulbüchereien entfernen. Am 14. April stirbt Falladas Vater. Fallada gewinnt Rowohlt für *Wolf unter Wölfen* und verwirft seine Emigrationspläne. Mitte Mai vollendet Fallada den Roman, der Mitte September erscheint. *Wolf unter Wölfen* erzielt großen Verkaufserfolg und zunächst nur positive Kritik (auch in der NS-Presse). Im November arbeitet Fallada an dem Roman *Der eiserne Gustav*, einer Auftragsarbeit der Tobis-Klang-Film-Gesellschaft für eine geplante Verfilmung. Am 20. Dezember unterzeichnet er einen Filmvertrag für *Altes Herz geht auf die Reise*.

1938 Ende Januar beendet Fallada seine Arbeit an *Der eiserne Gustav*. Von Mai bis Juni hält er sich zusammen mit seiner Frau in Bad Mergentheim auf, wo Anna eine Kur macht. Dort überarbeitet er die erste Fassung des *Eisernen Gustav* und schreibt an den *Geschichten aus der Murkelei*, einer Sammlung von Erzählungen für Kinder. Am 1. Juli wird Rowohlt aus der Reichsschrifttumskammer ausgeschlossen und erhält Publikationsverbot. Fallada schließt am 25. Juli die Übersetzung eines weiteren Romans von Clarence Day ab: *Life with mother* (dt. Titel: *Unsere Frau Mama*). In Carwitz laufen die Dreharbeiten zu der Verfilmung von *Altes Herz geht auf die Reise*. Ende Juli tritt die Tobis-Klang-Film-Gesellschaft an ihn heran mit der Aufforderung, die Handlung des *Eisernen Gustav* bis zum vereinbarten Jahr 1933 fortzuführen und ins Dritte Reich münden zu lassen; diesen neuen Schluss verfasst Fallada daraufhin im August. Rowohlt wird im Oktober der Deutschen Verlags-Anstalt einverleibt. Infolge von internen Rivalitäten der NS-Kulturbehörden wird das Filmprojekt *Der eiserne Gustav* fallengelassen. Im November schließt Fallada einen Vertrag über eine Neuausgabe von *Bauern, Bonzen und Bomben* mit dem Vier-Falken-Verlag ab, welche ein Vorwort enthält, das ebenfalls als Anpassung an den Nationalsozialismus gilt. Im November erscheinen die Übersetzung *Unsere Frau Mama* sowie die Erzählsammlung *Geschichten aus der Murkelei*.

1939 Anfang des Jahres schreibt Fallada an dem Unterhaltungsroman *Kleiner Mann, Großer Mann – alles vertauscht oder Max Schreyvogels Last und Lust des Geldes*, welcher von August bis Dezember unter dem Titel *Himmel, wir erben ein Schloß* in der Modezeitschrift *Die Dame* vorabgedruckt wird. Im August entsteht die Erzählung *Süßmilch spricht. Ein Abenteuer von Murr und Maxe*, eine Auftragsarbeit für die Stuttgarter Gefolgschaft der NSDAP als Lektüre für die Hitlerjugend. Ende August beginnt Fallada den Roman *Der ungeliebte Mann*. Im Auftrag der Reichsfilmkammer verfasst er im September das Drehbuch zu einem ‚Heimkehrerfilm' mit dem späteren Titel *Dies Herz, das dir gehört*. Ende des Jahres verstirbt Falladas Tante Adelaide Ditzen.

1940 Am 15. Februar schließt Fallada *Dies Herz, das dir gehört* ab und unterzeichnet Anfang März einen Vertrag über die Verfilmung seines Romans *Kleiner Mann, großer Mann – alles vertauscht*, welcher im April erscheint – wegen des Papiermangels in einer Auflage von 6000 Exemplaren. Mitte März bringt Fallada seinen Roman *Der ungeliebte Mann* zum Abschluss, der jedoch wegen der Papierknappheit zunächst nicht erscheinen kann. Am 3. April wird sein drittes Kind Achim geboren. Im Juli verbringt Fallada drei Wochen im Berliner Sanatorium. *Der ungeliebte Mann* wird ab Herbst in der *Wiener Illustrierten* vorabgedruckt. Wegen starker Depressionen muss sich Fallada am 15. Oktober erneut in das Sanatorium aufnehmen lassen, wo er sich bis Ende Dezember aufhält.

1941 Bis März ist Fallada krank und pausiert mit dem Schreiben. Im April verfasst er den Unterhaltungsroman *Zwei zarte Lämmchen, weiß wie Schnee* und beginnt mit der Niederschrift seiner Jugenderinnerungen, welche unter dem Titel *Damals bei uns daheim* publiziert werden sollen. Im Juni schreibt er an dem Fortsetzungsroman *Die Stunde eh' du schlafen gehst*, der ursprünglich für die *Berliner Illustrirte* gedacht war. Im September verbringt Fallada drei Wochen in Berlin mit Vorbereitungen für ein Romanprojekt über den Kutisker/Barmat-Stoff. Der Roman behandelt einen Betrugsfall in den 1920er Jahren, in den die jüdischen Finanziers Kutisker und Barmat verwickelt gewesen sind. *Die Stunde eh' du schlafen gehst* erscheint ab Ende September in der *Münchner Illustrierten Presse*. Die Illustrationen seines *Märchens vom Stadtschreiber, der aufs Land flog* werden als entartete Kunst eingestuft und die restlichen Exemplare daher eingestampft. Anfang Oktober erhält Fallada den Auftrag, für die Wien-Film GmbH den Roman zu einem repräsentativen Berlin-Film zu schreiben: Bis Anfang Dezember kann er bereits den ersten Teil von *Ein Mann will hinauf* (Arbeitstitel: *Die Eroberung von Berlin*) abschließen.

1942 Am 23. Januar schließt Fallada den Roman *Ein Mann will hinauf* ab. Im Februar gerät er ins Visier der NS-Behörden wegen seines Drogen- bzw. Medikamentenkonsums und im März erneut wegen unerlaubten Brennholzbesitzes. Anfang März wird *Damals bei uns daheim*, gedruckt bereits 1941, ausgeliefert und hat Erfolg. Von April bis Mitte Mai schreibt Fallada am zweiten Band seiner Lebenserinnerungen *Heute bei uns zu Haus*. Im Sommer entsteht eine gekürzte Fassung von *Ein Mann will hinauf* für den Fortsetzungsabdruck (unter dem Titel: *Die Frauen und der Träumer*) in der *Berliner Illustrirten* ab Ende Oktober. Die Filmvorlage für Wien-Film muss er in diesem Jahr viermal ändern. Am 5. Oktober wird Fallada erneut wegen des Verdachts auf Drogenmissbrauch von der NS-Polizei vernommen, am 7. Dezember folgt ein weiteres Verhör.

1943 Ende Januar wird Fallada mit schweren Depressionen in die Kuranstalt Westend in Berlin-Charlottenburg eingeliefert. Am 13. Februar kehrt er zurück nach Carwitz und beginnt seine Arbeit an dem Roman *Der Jungherr von Strammin*, den er am 7. März zum Abschluss bringt und der ab August in *Die Woche* abgedruckt wird. Ende Februar lassen die Behörden den Verdacht gegen ihn fallen. Nachdem Fallada die Buchfassung von *Ein Mann will nach oben* abgeschlossen hat, begibt er sich Mitte Mai als Sonderführer des Reichsarbeitsdienstes für sechs Wochen auf Reisen über Paris nach Bordeaux bis nach Spanien. Im Juni tritt das Propaganda-Ministerium an Fallada heran, einen antisemitischen Roman über den recherchierten Kutisker/Barmat-Stoff zu schreiben, worauf Fallada mit der Bitte um Aufschub reagiert. Fallada verbringt im August einige Wochen in Niemes im ‚Sudetengau', wo er der Ausbildung von Rekruten beiwohnt. Im September reist er nach Frankreich. Nach seiner Rückkehr Anfang Oktober erhält Fallada schlechte Nachrichten: Die Papierbewilligung für *Ein Mann will nach oben* steht weiterhin aus, zum Jahresende soll der Rowohlt-Verlag geschlossen werden. In der Zeit vom 19. November bis 10. Dezember wird Fallada ein weiteres Mal in der Berliner Klinik behandelt.

1944 Ende Januar bis Ende März verbringt Fallada wegen anhaltender Depressionen in der Klinik und auf Genesungsurlaub in Eisfeld (Thüringen). Anfang Mai reichen Fallada und Anna Ditzen die Scheidung ein und werden am 5. Juli geschieden. Am 18. Juli hat Fallada den ersten Teil des Kutisker-Romans abgeschlossen (Manuskript ist verschollen).

IV. Zeittafel

Im Sommer beginnt er eine Beziehung mit der 22-jährigen Witwe Ursula (Ulla) Losch. Wegen versuchten Totschlags an seiner Frau Anna unter starkem Alkoholeinfluss wird Fallada im September in die geschlossene Landesanstalt Neustrelitz-Strelitz zwangseingewiesen. Dort entsteht bis zum 7. Oktober das ‚Trinker-Manuskript', das neben Erzählungen den Roman *Der Trinker* enthält. Am 28. November wird er zu einer dreieinhalbmonatigen Haftstrafe verurteilt; unter Anrechnung der Beobachtungszeit kann er am 13. Dezember nach Carwitz zurückkehren. Ende Dezember verlobt er sich mit Ulla Losch.

1945 Mitte Januar zieht Fallada nach Feldberg zu Ulla Losch. Sie heiraten am 1. Februar. Wegen Herzbeschwerden verbringt Fallada Mitte April zehn Tage im Krankenhaus. Am 28. April kapituliert Feldberg. Die sowjetische Besatzung ernennt Fallada zum Bürgermeister. Am 14. August lassen sich Fallada und seine zweite Frau aufgrund ihrer gemeinsamen Morphiumsucht und eines damit verbundenen Selbstmordversuchs Ullas in das Krankenhaus Neustrelitz einweisen. Nach ihrer Entlassung halten sie sich illegal in Berlin auf und wohnen in Ullas zerbombter Wohnung. Im Herbst nimmt Fallada Kontakt zu Schriftstellerkollegen auf und kommt in der zweiten Oktoberwoche mit Johannes R. Becher zusammen, der ihn materiell und schriftstellerisch unterstützt. Von Becher erhält Fallada die Gestapo-Akte des Arbeiterehepaars Hampel. Am 18. Oktober schließt Fallada mit dem Aufbau-Verlag einen Vertrag über einen Roman zu diesem Stoff ab, der in der *Neuen Berliner Illustrierten* vorabgedruckt werden soll; im November erscheint in der Zeitschrift *Aufbau* Falladas Aufsatz *Über den doch vorhandenen Widerstand der Deutschen gegen den Hitlerterror*. Weitere Publikationen von Aufsätzen und Erzählungen folgen. Mitte des Monats zieht Fallada mit seiner zweiten Frau in ein Haus im noblen Berlin-Pankow. In Begleitung von Becher hält Fallada am 8. Dezember im Schweriner Staatstheater eine politische Rede zum Nürnberger Prozess. Am 31. Dezember erscheint ein Artikel im *Neuen Hannoverschen Kurier*, der Fallada als politisch belastet denunziert.

1946 Ende Januar bis Mitte März lässt sich Fallada in der Klinik wegen Medikamentenabhängigkeit behandeln und beginnt seinen Roman *Der Alpdruck* (Arbeitstitel: *Fallada sucht einen Weg*). Mitte Februar erscheint in der *Münchener Neuen Zeitung* ein weiterer polemischer Artikel gegen Fallada, der ihn bezüglich seines Romans *Wolf unter Wölfen* als dem Nationalsozialismus zugewandt attackiert. Eine Neuauflage von *Wer einmal aus dem Blechnapf frißt* erscheint Mitte März und findet schnellen Absatz. Zeitgleich lassen die Sowjetbehörden *Bauern, Bonzen und Bomben* aus den öffentlichen Bibliotheken entfernen wegen der darin enthaltenen Kritik an der Sozialdemokratie. Fallada und Ulla Ditzen werden im Mai erneut wegen ihrer Morphiumsucht in eine Krankenstation eingewiesen. Im Juni erscheinen mehrere publizistische Arbeiten. Fallada wird Ende Juli aus der Klinik entlassen und schließt am 11. August *Der Alpdruck* ab, welcher in Ausschnitten vor Weihnachten in der *Täglichen Rundschau* erscheint. Bis Ende Oktober schreibt er seinen letzten Roman *Jeder stirbt für sich allein*. Anfang Dezember müssen sich Fallada und Ulla Ditzen in die Berliner Charité einliefern lassen.

1947 Im Januar wird das Ehepaar in ein Hilfskrankenhaus in Berlin-Niederschönhausen verlegt. Fallada stirbt dort am 5. Februar an Herzversagen im Alter von 53 Jahren. Am 28. Februar wird sein Leichnam im Krematorium Berlin-Wedding eingeäschert und zunächst auf dem Städtischen Friedhof Pankow III beigesetzt. Auf Wunsch von Anna Ditzen erfolgt im Sommer eine Überführung von Falladas Grab auf den Dorffriedhof Carwitz. Die Romane *Der Alpdruck* (mit einem Vorwort von Becher zu Falladas Tod) und *Jeder stirbt für sich allein* erscheinen im Aufbau-Verlag.

V. Fallada-Bibliografie

Hannes Gürgen/Alice Hipp/Kristina Kapitel

Abkürzungsverzeichnis:

I	Inhalt
A	Anmerkungen
Q	Quellenangaben
HFA	Hans Fallada Archiv (Carwitz)

Mit * gekennzeichnete Beiträge konnten nicht oder nicht vollständig autopsiert werden (Stand Juli 2018).

1. Quellen

1.1 Werke

1.1.1 Romane

1.1.1.1 Erstausgaben

Der junge Goedeschal. Ein Pubertätsroman, Berlin: Rowohlt 1920.
Anton und Gerda. Ein Roman, Berlin: Rowohlt 1923.
Bauern, Bonzen und Bomben. Roman, Berlin: Rowohlt 1931.
Kleiner Mann – was nun? Roman, Berlin: Rowohlt 1932.
Wer einmal aus dem Blechnapf frißt. Roman, Berlin: Rowohlt 1934.
    I enthält das umstrittene Vorwort, datiert „30. Januar 1934", welches in der Ausgabe von 1946 (Aufbau Verlag) von Fallada durch einen neues Vorwort, datiert „1. Dezember 1945", ersetzt wird.
Wir hatten mal ein Kind. Eine Geschichte und Geschichten, Berlin: Rowohlt 1934.
Märchen vom Stadtschreiber, der aufs Land flog, Berlin: Rowohlt 1935.
    I enthält eine *Vorrede des verlegenen Verfassers* zu Textgenese und Vorbildern
Altes Herz geht auf die Reise. Roman, Berlin: Rowohlt 1936.
Wolf unter Wölfen. Roman, 2 Bde, Bd. 1: Erster Teil. Die Stadt und ihre Ruhelosen. Bd. 2: Zweiter Teil. Das Land in Brand, Berlin: Rowohlt 1937.
    I enthält das Vorwort *Warnung als Vorspruch*, welches nicht in die Nachkriegsausgaben übernommen wird.
Der eiserne Gustav. Roman, Berlin: Rowohlt 1938.
Kleiner Mann, Großer Mann – alles vertauscht oder Max Schreyvogels Last und Lust des Geldes. Ein heiterer Roman, Stuttgart/Berlin: Rowohlt 1940.
Der ungcliebte Mann. Roman, Stuttgart/Berlin: Rowohlt 1940.
Der Alpdruck [1946], Berlin: Aufbau 1947.
    I enthält den Beitrag *Johannes R. Becher zu Hans Falladas Tod. An Stelle eines Nachwortes.*
    A posthum erschienen; von Fallada autorisierte Fassung.
Jeder stirbt für sich allein [1946], Berlin: Aufbau 1947.
    I enthält ein *Vorwort des Verfassers* (26. Oktober 1946) zum Quellenmaterial (Akten der Gestapo), zur Fiktionalität des Erzählten und zum Widerstand in den Jahren 1940–1942.
    A ohne Falladas Kenntnis von Paul Wiegler redigiert.

Zwei zarte Lämmchen – weiß wie Schnee [1941]. Roman, Berlin: Richter 1948.
Der Trinker [1944, überarbeitete Fassung]. Roman, Hamburg: Rowohlt 1950.
Ein Mann will hinauf. Die Frauen und der Träumer [1942], München/Konstanz: Südverlag 1953.
Die Stunde eh' du schlafen gehst. Roman einer Liebe [1941], München: Goldmann 1954.
Junger Herr – ganz groß [1943 erstmals unter *Der Jungherr von Strammin*]. Roman, Berlin/Frankfurt a. M./Wien: Ullstein 1965.
Der Trinker. Roman [1944, Originalfassung]. In: Ausgewählte Werke in Einzelausgaben, Bd. 7: Der Trinker. Der Alpdruck, hg. von Günter Caspar, mit einem Nachwort des Herausgebers, Berlin (Ost)/Weimar: Aufbau 1987, S. 5–287.
Im Blinzeln der Großen Katze. Ein Roman [1924]. In: Falladas Frühwerk in zwei Bänden, Bd. 2: Frühe Prosa. Die Erzählungen, hg. von Günter Caspar, Berlin/Weimar: Aufbau 1993, S. 283–420.
Wizzel Kien. Der Narr von Schalkemaren [1936, Fragment], hg. von Günter Caspar, Berlin: Aufbau 1995.
Der Jungherr von Strammin [1943, ungekürzte Originalfassung nach dem handschriftlichen Manuskript]. Roman, Berlin: Aufbau 1996.
Jeder stirbt für sich allein. Roman [1946, Originalfassung], ungekürzte Neuausgabe, hg. mit einem Nachwort von Almut Giesecke, Berlin: Aufbau 2011.
Kleiner Mann – was nun? Roman [ungekürzte Manuskriptfassung], ungekürzte Neuausgabe mit einem Nachwort von Carsten Gansel, Texterfassung Mike Porath und Nele Holdack, mit 6 Abb., Berlin: Aufbau 2016.

1.1.1.2 Drucke in Zeitungen und Zeitschriften

Bauern, Bonzen und Bomben. Der Roman deutscher Bauernnot 1930. In: Kölnische Illustrierte Zeitung 5 (1930), Nr. 46, 15.11.1930, S. 1385 bis 6 (1931), Nr. 12, 21.3.1931, S. 339.
  I Nr. 46, 15.11.1930, S. 1385–1386, S. 1388–1389 (Erstes Buch: Die Bauern, Erstes Kapitel: Eine Pfändung auf dem Lande, I.; II.; III.; IV.; Zweites Kapitel: Jagd nach einem Photo, I.; II.; III.);
  Nr. 47, 22.11.1930, S. 1424, S. 1426–1429 (1. Fortsetzung: [Zweites Kapitel: III.]; IV.; V.; Drittes Kapitel: Die erste Bombe, I.; II.);
  Nr. 48, 29.11.1930, S. 1457–1458, S. 1460–1461 (2. Fortsetzung: [Drittes Kapitel:] III.; IV.; Viertes Kapitel: Ein Gewitter zieht sich zusammen, I.; II.; III.; IV.);
  Nr. 49, 6.12.1930, S. 1488, S. 1490, S. 1492–1494 (3. Fortsetzung: [Viertes Kapitel: IV.]; V.; VI.; VII.; VIII.; IX.);
  Nr. 50, 13.12.1930, S. 1525–1526, S. 1528, S. 1530 (4. Fortsetzung: [Viertes Kapitel:] X.; XI.; Fünftes Kapitel: Der Blitz ist in der Wolke, I.; II.; III.; IV.; V.; VI.; VII.);
  Nr. 51, 20.12.1930, S. 1564, S. 1566–1568, S. 1570 (5. Fortsetzung: [Fünftes Kapitel: VII.]; VIII.; X.; XI.; Sechstes Kapitel: Das Gewitter bricht los, I.; II.; III.; IV.);
  Nr. 52, 27.12.1930, S. 1597–1598, S. 1600–1601 (6. Fortsetzung: [Sechstes Kapitel: IV.]; V.; VI.; VII.; Siebentes Kapitel: Die Regierung greift durch, I.; II.; III.);
  Nr. 1, 3.1.1931, S. 8, S. 10–12 (7. Fortsetzung: [Siebentes Kapitel: III.]; IV.; V.; VI.; VII.; VIII.);
  Nr. 2, 10.1.1931, S. 31–32, S. 34 (8. Fortsetzung: [Siebentes Kapitel: VIII.]; Zweites Buch: Die Städter, Erstes Kapitel: Die Erfindung des Boykotts, I.; II.; III.; IV.; Zweites Kapitel: Der Boykott wird Wirklichkeit, I.);
  Nr. 3, 17.1.1931, S. 57–58, S. 60–63 (9. Fortsetzung: [Zweites Kapitel: I.]; II.; III.; Drittes Kapitel: Die Versöhnungskommission arbeitet, I.; II.; III.; IV.; V.);
  Nr. 4, 24.1.1931, S. 88, S. 90–92 (10. Fortsetzung: [Drittes Kapitel: V.]; VI.; VII.; Viertes Kapitel: Die Städter kämpfen – aber gegeneinander, I.; II.; III.; IV.);
  Nr. 5, 31.1.1931, S. 112, S. 114–117 (11. Fortsetzung: [Viertes Kapitel:] V.; VI.; VII.; VIII.; IX.);

1. Quellen

Nr. 6, 7.2.1931, S. 140, S. 142–145 (12. Fortsetzung: Fünftes Kapitel: Es kracht zum zweiten Male, I.; II.; III.; IV.);
Nr. 7, 14.2.1931, S. 169–170, S. 172, S. 174–175 (13. Fortsetzung: [Fünftes Kapitel:] V.; VI.; VII.; VIII.; Sechstes Kapitel: Gareis der Sieger, I.; II.);
Nr. 8, 21.2.1931, S. 209–210, S. 212–213 (14. Fortsetzung: [Sechstes Kapitel: II.]; III.; IV.; V.; VI.; Drittes Buch: Der Gerichtstag, Erstes Kapitel: Redakteur Stuff verändert sich, I.);
Nr. 9, 28.2.1931, S. 236, S. 238–243 (15. Fortsetzung: [Erstes Kapitel:] II.; III.; IV.; Zweites Kapitel: Drei Tage Glück, I.; II.; III.; IV.; Drittes Kapitel: Tredups Ende, I.; II.; III.; IV.; V.; VI.);
Nr. 10, 1.3.1931, S. 264, S. 266–271 (16. Fortsetzung: [Drittes Kapitel:] VII.; VIII.; IX.; Viertes Kapitel: Gareis in der Schlinge, I.; II.; III.; IV.; V.; VII. [sic]);
Nr. 11, 14.3.1931, S. 311–312 (17. Fortsetzung: [Viertes Kapitel: VII.]; VIII.; Fünftes Kapitel: Zeugen und Sachverständige, I.; II.; III.);
Nr. 12, 21.3.1931, S. 336–337, S. 339 (Schluß: [Fünftes Kapitel: III.]; IV.; Sechstes Kapitel: Das Urteil, I.; II.; III.).

Kleiner Mann – was nun? Roman von Hans Fallada. In: Vossische Zeitung. Berlinische Zeitung von Staats- und gelehrten Sachen (1932), Nr. 190, Abend-Ausgabe, 20.4.1932, Unterhaltungsblatt, Nr. 110, [S. 2] bis Nr. 278, Abend-Ausgabe, 10.6.1932, Unterhaltungsblatt, Nr. 160, [S. 3].
I Nr. 190, Abend-Ausgabe, 20.4.1932, Unterhaltungsblatt, Nr. 110, [S. 2–3] (Vorspiel: Die Sorglosen, I.);
Nr. 192, Abend-Ausgabe, 21.4.1932, Unterhaltungsblatt, Nr. 111, [S. 2–3] (1. Fortsetzung: II.; III.);
Nr. 194, Abend-Ausgabe, 22.4.1932, Unterhaltungsblatt, Nr. 112, [S. 2–3] (2. Fortsetzung: [III.]; Kap. I./1: Die kleine Stadt);
Nr. 196, Abend-Ausgabe, 23.4.1932, Unterhaltungsblatt, Nr. 113, [S. 2–3] (3. Fortsetzung: [Kap. I./1]; Kap. I./2);
Nr. 197, Morgen-Ausgabe, 24.4.1932, Unterhaltungsblatt, Nr. 114, [S. 2–3] (4. Fortsetzung: [Kap. I./2]; Kap. I./3);
Nr. 198, Abend-Ausgabe, 25.4.1932, Unterhaltungsblatt, Nr. 115, [S. 2–3] (5. Fortsetzung: [Kap. I./3]; Kap. I./4);
Nr. 200, Abend-Ausgabe, 26.4.1932, Unterhaltungsblatt, Nr. 116, [S. 2–3] (6. Fortsetzung: [Kap. I./4]);
Nr. 202, Abend-Ausgabe, 27.4.1932, Unterhaltungsblatt, Nr. 117, [S. 2–3] (7. Fortsetzung: Kap. I./5; Kap. I./6);
Nr. 204, Abend-Ausgabe, 28.4.1932, Unterhaltungsblatt, Nr. 118, [S. 2–3] (8. Fortsetzung: [Kap. I./6]; Kap. I./7);
Nr. 206, Abend-Ausgabe, 29.4.1932, Unterhaltungsblatt, Nr. 119, [S. 2–3] (9. Fortsetzung: [Kap. I./7]; Kap. I./8);
Nr. 208, Morgen-Ausgabe, 30.4.1932, Unterhaltungsblatt, Nr. 120, [S. 2–3] (10. Fortsetzung: [Kap. I./8]);
Nr. 209, Abend-Ausgabe, 1.5.1932, Unterhaltungsblatt, Nr. 121, [S. 2–3] (11. Fortsetzung: Kap. I./9);
Nr. 210, Abend-Ausgabe, 2.5.1932, Unterhaltungsblatt, Nr. 122, [S. 2–3] (12. Fortsetzung: [Kap. I./9]; Kap. I./10);
Nr. 212, Abend-Ausgabe, 3.5.1932, Unterhaltungsblatt, Nr. 123, [S. 2–3] (13. Fortsetzung: [Kap. I./10]; Kap. I./11);
Nr. 214, Abend-Ausgabe, 4.5.1932, Unterhaltungsblatt, Nr. 124, [S. 2–3] (14. Fortsetzung: [Kap. I./11]; Kap. I./12);
Nr. 215/216, Morgen-Ausgabe, 5.5.1932, Unterhaltungsblatt, Nr. 125, [S. 2–3] (15. Fortsetzung: [Kap. I./12]; Kap. II./12: Berlin [richtig Kap. II./13]);
Nr. 218, Abend-Ausgabe, 6.5.1932, Unterhaltungsblatt, Nr. 126, [S. 2–3] (16. Fortsetzung: [Kap. II./12 [richtig 13]]; Kap. II./13 [richtig 14]);

Nr. 220, Abend-Ausgabe, 7.5.1932, Unterhaltungsblatt, Nr. 127, [S. 2–3] (17. Fortsetzung: [Kap. II./13 [richtig 14]]; Kap. II./14 [richtig 15]);
Nr. 221, Morgen-Ausgabe, 8.5.1932, Unterhaltungsblatt, Nr. 128, [S. 2–3] (18. Fortsetzung: [Kap. II./14 [richtig 15]]; Kap. II./15 [richtig 16]);
Nr. 222, Abend-Ausgabe, 9.5.1932, Unterhaltungsblatt, Nr. 129, [S. 2–3] (19. Fortsetzung: [Kap. II./15 [richtig 16]]);
Nr. 224, Abend-Ausgabe, 10.5.1932, Unterhaltungsblatt, Nr. 130, [S. 2–3] (20. Fortsetzung: Kap. II./17; Kap. II./18];
Nr. 226, Abend-Ausgabe, 11.5.1932, Unterhaltungsblatt, Nr. 131, [S. 2–3] (21. Fortsetzung: [Kap. II./18]);
Nr. 228, Abend-Ausgabe, 12.5.1932, Unterhaltungsblatt, Nr. 132, [S. 2–3] (22. Fortsetzung: Kap. II./18 [richtig Kap. II./19]);
Nr. 230, Abend-Ausgabe, 13.5.1932, Unterhaltungsblatt, Nr. 133, [S. 2–3] (23. Fortsetzung: [Kap. II./18 [richtig 19]]);
Nr. 232, Abend-Ausgabe, 14.5.1932, Unterhaltungsblatt, Nr. 134, [S. 2–3] (24. Fortsetzung: [Kap. II./18 [richtig 19]]; Kap. II./19 [richtig 20]);
Nr. 233/234, Morgen-Ausgabe, 15.5.1932, Unterhaltungsblatt, Nr. 135, [S. 2–3] (25. Fortsetzung: [Kap. II./20 [richtig 21]]);
Nr. 236, Abend-Ausgabe, 17.5.1932, Unterhaltungsblatt, Nr. 136, [S. 2–3] (26. Fortsetzung: [Kap. II./21 [richtig 22]]);
Nr. 238, Abend-Ausgabe, 18.5.1932, Unterhaltungsblatt, Nr. 137, [S. 2–3] (27. Fortsetzung: [Kap. II./21 [richtig 22]]; Kap. II./22 [richtig 23]);
Nr. 240, Abend-Ausgabe, 19.5.1932, Unterhaltungsblatt, Nr. 138, [S. 2–3] (28. Fortsetzung: [Kap. II./22 [richtig 23]]; Kap. II./23 [richtig 24]);
Nr. 242, Abend-Ausgabe, 20.5.1932, Unterhaltungsblatt, Nr. 139, [S. 2–3] (29. Fortsetzung: Kap. II./23 [richtig Kap. II./25]);
Nr. 244, Abend-Ausgabe, 21.5.1932, Unterhaltungsblatt, Nr. 140, [S. 2–3] (30. Fortsetzung: [Kap. II./23 [richtig 25]]; Kap. II./24 [richtig 26]);
Nr. 245, Morgen-Ausgabe, 22.5.1932, Unterhaltungsblatt, Nr. 141, [S. 2–3] (31. Fortsetzung: [Kap. II./24 [richtig 26]]; Kap. II./25 [richtig 27]);
Nr. 246, Abend-Ausgabe, 23.5.1932, Unterhaltungsblatt, Nr. 142, [S. 2–3] (32. Fortsetzung: [Kap. II./25 [richtig 27]]; Kap. II./26 [richtig 28]);
Nr. 248, Abend-Ausgabe, 24.5.1932, Unterhaltungsblatt, Nr. 143, [S. 2–3] (33. Fortsetzung: [Kap. II./26 [richtig 28]]; Kap. II./27 [richtig 29]);
Nr. 250, Abend-Ausgabe, 25.5.1932, Unterhaltungsblatt, Nr. 144, [S. 2–3] (34. Fortsetzung: [Kap. II./27 [richtig 29]]; Kap. II./28 [richtig 30]);
Nr. 252, Abend-Ausgabe, 26.5.1932, Unterhaltungsblatt, Nr. 145, [S. 2–3] (35. Fortsetzung: [Kap. II./28 [richtig 30]]; Kap. II./29 [richtig 31]);
Nr. 254, Abend-Ausgabe, 27.5.1932, Unterhaltungsblatt, Nr. 146, [S. 2–3] (36. Fortsetzung: [Kap. II./29 [richtig 31]]; Kap. II./30 [richtig 32]);
Nr. 256, Abend-Ausgabe, 28.5.1932, Unterhaltungsblatt, Nr. 147, [S. 2–3] (37. Fortsetzung: [Kap. II./30 [richtig 32]]; Kap. II./31 [richtig 33]);
Nr. 257, Morgen-Ausgabe, 29.5.1932, Unterhaltungsblatt, Nr. 148, [S. 2–3] (38. Fortsetzung: [Kap. II./31 [richtig 33]]);
Nr. 258, Abend-Ausgabe, 30.5.1932, Unterhaltungsblatt, Nr. 149, [S. 2–3] (39. Fortsetzung: Kap. II./32 [richtig 34]; Kap. II./33 [richtig 35]);
Nr. 260, Abend-Ausgabe, 31.5.1932, Unterhaltungsblatt, Nr. 150, [S. 2–3] (40. Fortsetzung: [Kap. II./33 [richtig 35]]; Kap. II./34 [richtig 36]);
Nr. 262, Abend-Ausgabe, 1.6.1932, Unterhaltungsblatt, Nr. 151, [S. 2–3] (41. Fortsetzung: [Kap. II./34 [richtig 36]]);
Nr. 264, Abend-Ausgabe, 2.6.1932, Unterhaltungsblatt, Nr. 152, [S. 2–3] (42. Fortsetzung: [Kap. II./34 [richtig 36]]);
Nr. 266, Abend-Ausgabe, 3.6.1932, Unterhaltungsblatt, Nr. 153, [S. 2–3] (43. Fortsetzung: [Kap. II./34 [richtig 36]]);

1. Quellen

Nr. 268, Abend-Ausgabe, 4.6.1932, Unterhaltungsblatt, Nr. 154, [S. 2–3] (44. Fortsetzung: [Kap. II./34 [richtig 36]]; Kap. II./37);
Nr. 269, Morgen-Ausgabe, 5.6.1932, Unterhaltungsblatt, Nr. 155, [S. 2–3] (45. Fortsetzung: [Kap. II./37]; Kap. II./38);
Nr. 270, Abend-Ausgabe, 6.6.1932, Unterhaltungsblatt, Nr. 156, [S. 2–3] (46. Fortsetzung: [Kap. II./38]; Kap. II./39);
Nr. 272, Abend-Ausgabe, 7.6.1932, Unterhaltungsblatt, Nr. 157, [S. 2–3] (47. Fortsetzung: [Kap. II./39]);
Nr. 274, Abend-Ausgabe, 8.6.1932, Unterhaltungsblatt, Nr. 158, [S. 2–3] (48. Fortsetzung: [Kap. II./39]; Kap. II./40);
Nr. 276, Abend-Ausgabe, 9.6.1932, Unterhaltungsblatt, Nr. 159, [S. 2–3] (49. Fortsetzung: [Kap. II./40]; Kap. II./41);
Nr. 278, Abend-Ausgabe, 10.6.1932, Unterhaltungsblatt, Nr. 160, [S. 2–3] (50. Fortsetzung und Schluß: [Kap. II./41]; Kap. II./42).

Wir hatten mal ein Kind. Roman von Hans Fallada [gekürzte Fassung]. In: Berliner Illustrirte Zeitung 43 (1934), Nr. 24, 17.6.1934, S. 838 bis Nr. 39, 27.9.1934, S. 1394.
I Nr. 24, 17.6.1934, S. 838–849 (Die Urgeschichte des Helden; Die Jugendgeschichte des Helden);
Nr. 25, 24.6.1934, S. 877–882 (1. Fortsetzung: [Die Jugendgeschichte des Helden]);
Nr. 26, 30.6.1934, S. 911–916 (2. Fortsetzung: [Die Jugendgeschichte des Helden]);
Nr. 27, 8.7.1934, S. 955–960 (3. Fortsetzung: [Die Jugendgeschichte des Helden]);
Nr. 28, 15.7.1934, S. 998–1003 (4. Fortsetzung: [Die Jugendgeschichte des Helden]; Liebes- und Ehegeschichten des Helden);
Nr. 29, 22.7.1934, S. 1031–1038 (5. Fortsetzung: [Liebes- und Ehegeschichten des Helden]);
Nr. 30, 29.7.1934, S. 1074–1078 (6. Fortsetzung: [Liebes- und Ehegeschichten des Helden]; Wiedersehen mit einer Freundin);
Nr. 31, 5.8.1934, S. 1104–1108 (7. Fortsetzung: [Wiedersehen mit einer Freundin]);
Nr. 32, 12.8.1934, [S. 22–26] (8. Fortsetzung: [Wiedersehen mit einer Freundin]);
Nr. 33, 19.8.1934, S. 1188–1192 (9. Fortsetzung: [Wiedersehen mit einer Freundin]);
Nr. 34, 23.8.1934, S. 1224–1230 (10. Fortsetzung: [Wiedersehen mit einer Freundin]; Fünfter Abschnitt);
Nr. 35, 30.8.1934, S. 1259–1262 (11. Fortsetzung: [Fünfter Abschnitt]);
Nr. 36, 6.9.1934, S. 1296–1300 (12. Fortsetzung: [Fünfter Abschnitt]);
Nr. 37, 13.9.1934, S. 1328–1332 (13. Fortsetzung: [Fünfter Abschnitt]);
Nr. 38, 20.9.1934, S. 1360–1363 (14. Fortsetzung: [Fünfter Abschnitt]);
Nr. 39, 27.9.1934, S. 1390–1394 (15. Fortsetzung und Schluß: [Fünfter Abschnitt]).

Ein Herz geht auf die Reise. Roman von Hans Fallada [bearbeitete und gekürzte Fassung von *Altes Herz geht auf die Reise*]. In: Berliner Illustrirte Zeitung 45 (1936), Nr. 7, 13.2.1936, S. 214 bis Nr. 20, 14.5.1936, S. 733.
I Nr. 7, 13.2.1936, S. 214–218, S. 220, S. 222–223 (1. Kapitel: Worin Professor Gotthold Kittguß von einem seltsamen Boten besucht und nach Unsadel gerufen wird; 2. Kapitel: Worin Professor Kittguß einen dicken Bauern am Baum hängen und ein Mädchen am Zaun weinen sieht; 3. Kapitel: Worin Professor Kittguß einen Besuch macht, der im Kohlenstall endet);
Nr. 8, 20.2.1936, S. 258–264 (1. Fortsetzung: [3. Kapitel]; 4. Kapitel: Worin Professor Kittguß der einen Macht entrinnt, doch in eine noch dunklere gerät; 5. Kapitel: Worin Professor Kittguß mit Gendarmerie nach Unsadel fährt);
Nr. 9, 27.2.1936, S. 291–292, S. 294, S. 296 (2. Fortsetzung: [5. Kapitel]; 6. Kapitel: Worin alles anders kommt und Professor Kittguß ein heimlicher Flüchtling wird);
Nr. 10, 5.3.1936, S. 327–328, S. 330, S. 332–333 (3. Fortsetzung: [6. Kapitel]; 7. Kapitel: Worin Rosemarie Thürke einen vollkommen ungesetzlichen Hausstand begründet);
Nr. 11, 12.3.1936, S. 363–364, S. 366, S. 368–369 (4. Fortsetzung: [7. Kapitel]; 8. Kapitel: Worin nächtlich beraten und der Belagerungszustand über Schliekers verhängt wird; 9. Kapitel: Worin ein Angeklagter zum Ankläger wird und Päule Schlieker einen Fang tut);

Nr. 12, 19.3.1936, [S. 398], [S. 400–404] (5. Fortsetzung: [9. Kapitel]; 10. Kapitel: Worin Rosemarie viel Geld bekommt und Otsche für sein Leben läuft);
Nr. 13, 26.3.1936, S. 440–446 (6. Fortsetzung: [10. Kapitel]; 11. Kapitel: Worin Gau beweist, daß er rauh, aber Schlieker, daß er mehr ist als ein Betrüger; 12. Kapitel: Worin Päule Schlieker mit dem Zornteufel kämpft und eine Falle stellt);
Nr. 14, 1.4.1936, S. 480–486 (7. Fortsetzung: [12. Kapitel]; 13. Kapitel: Worin Dr. Georg Kimmknirsch Patienten bekommt und in eine Verschwörung gerät);
Nr. 15, 8.4.1936, S. 539–543 (8. Fortsetzung: [13. Kapitel]; 14. Kapitel: Worin viele suchen, aber die Falschen finden die Falschen; 15. Kapitel: Worin Professor Kittguß sein Patenkind suchen geht und was ihm dabei widerfährt);
Nr. 16, 16.4.1936, S. 577–581, S. 585–586 (9. Fortsetzung: [15. Kapitel]; 16. Kapitel: Worin Rosemarie nicht wie Amtsgerichtsrat Schulz will, aber Doktor Kimmknirsch hilft; 17. Kapitel: Worin ein entlaufenes Kind heimkehrt, aber es bleibt nicht);
Nr. 17, 23.4.1936, S. 610–617 (10. Fortsetzung: [17. Kapitel]; 18. Kapitel: Worin Professor Kittguß und Rosemarie, ein jedes für sich, entlaufen);
Nr. 18, 29.4.1936, S. 649–651, S. 656, S. 658–660 (11. Fortsetzung: 19. Kapitel: Worin Professor Kittguß in Geldsachen ohne Geld nach Berlin verreißt; 20. Kapitel: Worin Rosemarie alle ihre Freunde verliert);
Nr. 19, 7.5.1936, S. 685–693, S. 696 (12. Fortsetzung: [20. Kapitel]; 21. Kapitel: Worin nichts klappt, und Doktor Kimmknirsch mit Trinken anfängt; 22. Kapitel: Worin Professor Kittguß die Frau Müller ängstet. Der Horizont wird rot; 23. Kapitel: Worin Rosemarie Thürke ihren Kampf allein kämpft);
Nr. 20, 14.5.1936, S. 730–733 (13. Fortsetzung und Schluß: [23. Kapitel]; 24. Nach- und Schluß-Kapitel: Worin gegessen, getrunken und getanzt wird; aber zwei stehn für sich).

Himmel, wir erben ein Schloß! Ein heiterer Roman von Hans Fallada [bearbeitete und gekürzte Fassung von *Kleiner Mann, großer Mann – alles vertauscht*]. In: Die Dame [Illustrierte Mode-Zeitschrift] 66 (1939), H. 17, Zweites Augustheft 1939, S. 31 bis H. 26, Zweites Dezemberheft, S. 35.

I H. 17, Zweites Augustheft 1939, S. 31–37 (I.: Drei Zylinderhüte fallen mit der Tür ins Haus. Von Eduarda wird buchstäblich Akt genommen. Aufstieg auf einen steilen Berg; II.: Ein Sack Zwiebeln und eine Kiste Zitronen – Karla und der Apostel Paulus schließen Feindschaft – Eine Haselnuß für dreiunddreißigtausend Mark; III.: Streit um eine Patentlösung – Erbschaftsphantasien – Schwere Träume in der Familie Schreyvogel; IV.: Eine Predigt vor halbwegs tauben Ohren – Das Schulschwänzen – Ahnungslose Hühner mit guten Vorsätzen; V.: Die Nachbarschaft macht sich bekannt – Flucht eines Millionärs – Sekt und Bratkartoffeln – Das zweite ‚o' in ‚porto'; VI.: Kahnfahrt mit kleinen Hindernissen – Zuckertorte, Kerzen und Trauerkranz – Kinder, Kinder, fangt es bloß nicht falsch an!; VII.: Ein Brief um sechs Uhr früh – Bei Regen kann man nicht ins Wasser gehen – Der Vetter Friedrich Karl schlich schon zu lange auf Socken);
H. 18, Drittes Augustheft, S. 31–37 (1. Fortsetzung: [VII.]; VIII.: Gefangen in Hutaps Palasthotel – Geldsorgen eines Millionärs – Jedermann ist mein Feind; IX.: Abendgesellschaft mit Tränen – Das Hagelmikroskop – Zwei Koffer und der allerletzte Freund; X.: Freunde vergehen, Verwandte bestehen – Großreinemachen für Tante Fränzchen – Karla tauft die Tante um, aber die Tante gewinnt eine Schlacht; XI.: Was schenken wir zu Weihnachten? – Ein Mann wünscht Böses und schafft das Gute – Schnupfenfieber ist kein Hindernis – Und dann klopft es, aber nicht an der Tür, sondern am Fenster!);
H. 19, Erstes Septemberheft, S. 33–38 (2. Fortsetzung: [XI.]; XII.: Der Zauberer auf dem Dach – Von den ‚Ja-Also'- und den ‚Ja-Aber-Menschen' – Unter Larven die einzig fühlende Brust; XIII.: Wir haben eine [sic] schlechtes Gewissen, aber die anderen nicht minder – August Böök schreibt eine ‚Wucht' ins Notizbuch – Komisch ist es, wenn man es ansieht, aber traurig, wenn man es erlebt; XIII. [sic]: Der Zug darf nicht fahren, bis der Brief im Kasten ist – Mückchen meldet Schnee – Weihnachtswald und Schweineschlachten – Von der Dorfschmiede zur Weltbetrachtung; XIV.: Hasenweihnachten nebst Millionärsgeschenken – Stimmung mit Matrosenliedern, aber ich kann auch herzlos sein; XV.: Wir wandern

1. Quellen

inkognito – Im Hintergrund das Schloß – Ueberraschte Gesichter – Karla reißt mich am Haar);

H. 20, Zweites Septemberheft, S. 25–28 (3. Fortsetzung: [XV.]; XVI.: Die Landkarte mit dem Weihnachtsbaum – Wir schlagen den Feind in die Flucht, aber er greift wieder an – Das unbarmherzige Gesetz des Geldes; XVII.: Fräulein Leonore läßt besonders danken – Wer mag Herrn Kalübbe nicht?; XVIII.: Es ist so Sitte auf dem Lande);

H. 21, Erstes Oktoberheft, S. 21–24 (4. Fortsetzung: [XVIII.]; XIX.: Silvester auf Gaugarten – Ich suche meine Frau – Strabow läßt sich nicht wegschicken; XX.: Ich will nichts wissen, aber ich weiß es doch – Angst vor Karla – Ich bin von meiner Klugheit begeistert);

H. 22, Zweites Oktoberheft, S. 29–33 (5. Fortsetzung: XXI.: Karl Strabow ist zu verständnisvoll – Frau Kalübbe reißt aus – Karla droht, mich beim Wort zu nehmen; XXII.: Karla hat die Achtung der Menschen, aber ich habe Karlas Liebe – Gruß an Isi – Wissen Sie, was eine Mundköchin ist? – Der Blitz kann nicht einschlagen, aber Gnade Ihnen Gott, Herr Schreyvogel!; XXIII.: Auch ich muß durchaus mein Duell mit Kalübbe haben – Onkel Eduard dreht sich wahrscheinlich lachend im Grabe um – Wer ist nun der begossene Pudel?; XXIV.: Der Chefin ist es schon recht, Chef!);

H. 23, Erstes Novemberheft, S. 27–30 (6. Fortsetzung: [XXIV.]; XXV.: Ein Zeigefinger spielt Schicksal; XXVI.: Sehe ich Onkel Eduard ähnlich oder nicht? – Eine Hand zieht von innen die Schranktür zu; XXVII.: Ein Tag voll Glück und Unglück – Rumpelstilzchen wird zum Satan – Hoppla, wem gehören die Pferde?; XXVIII.: Hutaps Palasthotel geschlagen – Undank ist der Welt Lohn, aber ich schmettere einfach die Tür zu – Traum im Hochwald – Ein Mädchen lacht);

H. 24, Zweites Novemberheft, S. 25–28 (7. Fortsetzung: XXIX.: Damals die Chrysanthemen – Der „Satan" springt, und August Böök macht Entdeckungen – Wie oft muß ich mich in einer Stunde ärgern?; XXX.: Allein mit Karla – Das Leben ist ein wenig öde – Steigen Sie aus, Chef! – Auch mit Handschuhen erlebt man seine blauen Wunder; XXXI.: Das erste Stelldichein – August Böök ist überall – Eine Wette, aus der fast eine Entführung geworden wäre, und ein Brillantring, für den ich fast einen Kuß bekommen hätte; XXXII.: Auch dem Justizrat Mehltau gefällt der Blick ins Grüne – Ich danke ab, wozu zwei Zeugen nötig sind – Der Starke ist am mächtigsten allein; XXXIII.: Zwölf Stunden sind siebenhundertzwanzig Minuten – Karla wird geheimnisvoll – Am Ende besitze ich nichts mehr außer Geduld, in die ich mich schicken muß);

H. 25, Erstes Dezemberheft, S. 35–38 (8. Fortsetzung: [XXXIII.]; XXXIV.: Ein Brief, der mich kalt läßt, weil ich gerade Unkraut jäte – Ich rufe die Hebamme und finde die Kantorsleute wieder – Hanne meldet die glückliche Geburt eines Jungen; XXXV.: Ich kann die junge Mutter nur besuchen, aber Karla kann sie beschenken – Kalübbe und sein Heerbann am Jüngsten Tag – Karla weiß, was sie will; XXXVI.: Weltbetrachtung von der obersten Leitersprosse – Ich muß hinuntersteigen, aber ich bleibe trotzdem oben – Ein Geprellter nimmt Rache, indem er die Türen zuschmettert; XXXVII.: Die Blätter fallen, und Herr Fiete will einen Wechsel präsentieren – Briefe nach Langleide – Große Erwartungen, und am Ende steht etwas Unerwartetes);

H. 26, Zweites Dezemberheft, S. 32–35 (9. Fortsetzung und Schluß: [XXXVII.]; XXXVIII.: Wenn zwei alte Freunde sich wiedersehen – Für Millionäre verboten – Ohne Karla geht es nicht; XXXIX.: Eine Sache, über die auch mit Paulus nicht zu reden ist – Glück in der Kantorstube – Keiner hat solche Ueberraschungen wie August Böök; XL.: Ich sehe, wie alles kommen wird, und dabei bin ich mit Blindheit geschlagen – Reichtum, der sich zählen läßt – Warum ich mich zuletzt noch platt auf die Erde setze; XLI.: Kalübbe weiß auch jetzt noch mehr als ich, aber zum Trost finde ich das zweite ‚o' in ‚porto' – Wir überlegen, was zu tun ist, und beschließen, glücklich zu werden – Damit wäre denn das gar nicht dicke Ende da).

Der ungeliebte Mann. Roman von Hans Fallada [gekürzte Fassung]. In: Wiener Illustrierte 59 (1940), Nr. 39, 25.9.1940, S. 8 bis 60 (1941), Nr. 4, 22.1.1941, S. 16.

I Nr. 39, 25.9.1940, S. 8–12 (Erster Teil: Die jungen Mädchen; Das Haus schläft und ein Mann geht vorbei; Er schweigt und sie reden; Das Mädchen kommt, der Mann geht; Es wird geschwiegen – vom Zorn und von der Liebe; Der Chef singt und Ilse entschließt sich);

Nr. 40, 2.10.1940, S. 8–12 (1. Fortsetzung: [Der Chef singt und Ilse entschließt sich]; Herr Siebenhaar hat eine Freundin; Fern tönt Vaters Okarina; Küß mich nicht wie ein Fisch!);
Nr. 41, 9.10.1940, S. 9–10, S. 12–14 (2. Fortsetzung: [Küß mich nicht wie ein Fisch!]; Ein Blinder sucht Augen);
Nr. 42, 16.10.1940, S. 8–12 (3. Fortsetzung: [Ein Blinder sucht Augen]; Zwei graue Augen werden entdeckt; Fritz erklärt sich und Ilse küßt);
Nr. 43, 23.10.1940, S. 8–12 (4. Fortsetzung: Eine Mutter meint nein, sagt aber ja; Hier wird Skat gespielt!);
Nr. 44, 30.10.1940, S. 8–12 (5. Fortsetzung: [Hier wird Skat gespielt!]; Wir werden noch glücklich...!; Zwischenspiel: Die Verlobten; Zwei Freundinnen sehen sich wieder);
Nr. 45, 6.11.1940, S. 10, S. 12, S. 14–15 (6. Fortsetzung: [Zwei Freundinnen sehen sich wieder]; „Faß den Lumpen, Bella...!"; Dies muß ein Ende haben...!; Der Bräutigam singt wieder);
Nr. 46, 13.11.1940, S. 8–11 (7. Fortsetzung: [Der Bräutigam singt wieder]; Ich geh' ihr nicht entgegen; Senden findet einen Leidensgefährten im Wasser; Zweiter Teil: Die jungen Frauen; „Dir ist wohl anders...!");
Nr. 47, 20.11.1940, S. 10, S. 12, S. 14–15 (8. Fortsetzung: [„Dir ist wohl anders...!"]; Ich kann ihn nicht bezahlen!; Ilse erklärt den Krieg; Ein Bundesgenosse wird geworben);
Nr. 48, 27.11.1940, S. 10, S. 12, S. 14–16 (9. Fortsetzung: [Ein Bundesgenosse wird geworben]; Er kann sich selbst nicht helfen!; Was sind Sie doch für ein Schuft!; Traute macht Schwierigkeiten);
Nr. 49, 4.12.1940, S. 10, S. 12, S. 14–16 (10. Fortsetzung: [Traute macht Schwierigkeiten]; So kann man doch nicht leben!; Zum Wachen bereit...);
Nr. 50, 11.12.1940, S. 10, S. 12, S. 14 (11. Fortsetzung: [Zum Wachen bereit...]; Alle Männer rühmen ihre Frau...!);
Nr. 51, 18.12.1940, S. 10, S. 12, S. 14–16 (12. Fortsetzung: [Alle Männer rühmen ihre Frau...!]; Fritz drängt sich vor; Wäre ich bloß nicht so dumm!; Wie meinst du das mit Herrn Siebenhaar?; Ich will nie wieder zu ihm; Ein blinder Mann sucht vergebens);
Nr. 52, 25.12.1940, S. 10, S. 12, S. 14, S. 16 (13. Fortsetzung: [Ein blinder Mann sucht vergebens]; Erich wird zum Retter...; Die leise Stimme ist hartnäckig; Beinahe brach das Eis...!; Hättest du ihn doch betrogen...!; Herr Siebenhaar droht und fleht);
Nr. 1, 1.1.1941, S. 8, S. 10–11 (14. Fortsetzung: [Herr Siebenhaar droht und fleht]; Ilse verspricht...; Und Fritz will nicht halten; Senden holt sich Rat);
Nr. 2, 8.1.1941, S. 8, S. 10, S. 12 (15. Fortsetzung: Fritz darf nicht gehen...!; Umsonst wird Sekt getrunken; Ein Wort zu viel gesagt; Ziesicke wird aus dem Schlaf geläutet; Zwei finden sich endlich; Es geht um Geld);
Nr. 3, 15.1.1941, S. 8, S. 10, S. 12–13 (16. Fortsetzung: [Es geht um Geld]; Ein Wagen fällt; Was Liebe ist...; Nachspiel: Die Verdammten und sie Seligen; Das Haus schläft – und verfault);
Nr. 4, 22.1.1941, S. 15–16 (17. Fortsetzung und Schluß: [Das Haus schläft – und verfault]; Es hat sich alles verändert; Wenn du damals...).

Die Stunde eh' du schlafen gehst. Der Roman einer Liebe. In: Münchner Illustrierte Presse 18 (1941), Nr. 39, 25.9.1941, S. 1002 bis Nr. 50, 11.12.1941, S. 1190.

I Nr. 39, 25.9.1941, S. 1002, S. 1004, S. 1006–1008 (Der Schauspieler und das Mädchen aus der Fremde; Der Anruf und das Ei; Die Stumme);
Nr. 40, 2.10.1941, S. 1026–1030 (1. Fortsetzung: [Die Stumme]; Fahndung nach einem Star); Nr. 41, 9.10.1941, S. 1040–1044, S. 1046 (2. Fortsetzung: [Fahndung nach einem Star]; Der Mädchenräuber);
Nr. 42, 16.10.1941, S. 1058–1059, S. 1061–1062 ([3. Fortsetzung: Der Mädchenräuber]; Man weiß nicht, was noch werden mag; Schluß mit Pips?);
Nr. 43, 23.10.1941, S. 1074–1075, S. 1077–1078 (4. Fortsetzung: [Schluß mit Pips?]; Die Erleuchtung);
Nr. 44, 30.10.1941, S. 1090–1091, S. 1093–1094 ([5. Fortsetzung: Die Erleuchtung]; Der Narr besinnt sich; Ein Empfang bei Frau Reep);

1. Quellen

Nr. 45, 6.11.1941, S. 1104–1107 ([6. Fortsetzung: Ein Empfang bei Frau Reep]; Pips kommt zu seiner Pipfen; Ferien-Langeweile; Liebe geht auf sachten Sohlen);
Nr. 46, 13.11.1941, S. 1122–1123, S. 1125–1126 ([7. Fortsetzung: Liebe geht auf sachten Sohlen]; Die Stumme wird beredt);
Nr. 47, 20.11.1941, S. 1138–1340, S. 1142 ([8. Fortsetzung: Die Stumme wird beredt]; Der Onkel und die Schafzucht; Wieder zu Besuch bei Frau Reep);
Nr. 48, 27.11.1941, S. 1154–1155, S. 1158 ([9. Fortsetzung: Wieder zu Besuch bei Frau Reep]; Das Pferderennen; Zwischen zwei Filmen);
Nr. 49, 4.12.1941, S. 1170–1171, S. 1173–1174 ([10. Fortsetzung: Zwischen zwei Filmen]; Er kann nicht schweigen; Gesang zu zwein – allein!);
Nr. 50, 11.12.1941, S. 1187, S. 1190 ([11. Fortsetzung und Schluss: Gesang zu zwein – allein!]; In alle Himmel hinauf).

Zwei zarte Lämmchen, weiß wie Schnee. Acht Idyllen [gekürzte Fassung]. In: Der Türmer. Deutsche Monatshefte 44 (1941/42), H. 5 (Februar 1942), S. 329 bis H. 9 (Mai 1942), S. 589.
I H. 5 (Februar 1942), S. 329–338 (Die einseitige Verlobung; Die Krabben);
H. 6 (März 1942), S. 392–398 (1. Fortsetzung: Das Fußball-Konfekt; Der Kuß);
H. 7 (April 1942), S. 456–457 (2. Fortsetzung: [Der Kuß]);
H. 8 (Mai 1942), S. 499–506 (3. Fortsetzung: [Der Kuß]; Gardinenringe);
H. 9 (Mai 1942), S. 581–589 (4. Fortsetzung u. Schluß: Der kleine Grote wird ein Mann; Die erzwungene Heirat).

Die Frauen und der Träumer. Roman von Hans Fallada [bearbeitete Fassung von *Ein Mann will hinauf*]. In: Berliner Illustrierte Zeitung 51 (1942), Nr. 42, 22.10.1942, S. 570 bis 52 (1943), Nr. 8, 25.2.1943, S. 94.
I Nr. 42, 22.10.1942, S. 570–572 ([Erster Teil: I.]; II.; III.);
Nr. 43, 29.10.1942, S. 584–586 ([III.]; IV.);
Nr. 44, 5.11.1942, S. 596–598 ([IV.]; V.; VI.);
Nr. 45, 12.11.1942, S. 608–610 ([VI.]; VII.);
Nr. 46, 19.11.1942, S. 620–622 ([VII.]; VIII.; IX.);
Nr. 47, 26.11.1942, S. 632–634 ([IX.]; X.);
Nr. 48, 3.12.1942, S. 642–644 ([X.]; Zweiter Teil: XI.; XII.; XIII.);
Nr. 49, 10.12.1942, S. 655–656 ([XIII.]; XIV.);
Nr. 50, 17.12.1942, S. 666–669 (XV.; XVI.; Dritter Teil: XVII.);
Nr. 51, 24.12.1942, S. 680–682 ([XVII.]; XVIII.; XIX.; XX.);
Nr. 52, 31.12.1942, S. 692–694 ([XX.]; XXI.; XXII.; XXIII.);
Nr. 1, 7.1.1943, S. 8–10 ([XXIII.]; XXIV.; XXV.);
Nr. 2, 14.1.1943, S. 20–22 ([XXV.]; XXVI.; XXVII.);
Nr. 3, 21.1.1943, S. 32–34 ([XXVII.]; XXIX.; XXX.);
Nr. 4, 28.1.1943, S. 44–46 ([XXX.]; XXXI.);
Nr. 5, 4.2.1943, S. 56–58 ([XXXI.]; XXXII.; XXXIII.);
Nr. 6, 11.2.1943, S. 68–70 ([XXXIII.]; XXXIV.; Vierter Teil: XXXV.);
Nr. 7, 18.2.1943, S. 80–82 ([XXXV.]; XXXVI.);
Nr. 8, 25.2.1943, S. 92–94 ([XXXVI.]; XXXVII.; XXXVIII.).

Der Jungherr von Strammin. Roman von Hans Fallada [gekürzte Fassung]. In: Die Woche [Moderne Illustrierte Zeitschrift] 45 (1943), H. 31, 4.8.1943, S. 15 bis H. 46, 17.11.1943, S. 24.
I H. 31, 4.8.1943, S. 15–18 (Erstes Kapitel: Ich fahre mit 400 Zentnern Weizen nach Stralsund und komme ohne ein Pfund dort an);
H. 32, 11.8.1943, S. 15–18 (1. Fortsetzung: [Erstes Kapitel]; Zweites Kapitel: Ich verliebe mich in die schöne Unbekannte und gerate in neue Schwierigkeiten);
H. 33, 18.8.1943, S. 15–18 (2. Fortsetzung: [Zweites Kapitel]; Drittes Kapitel: Ich erfahre Catrionas Geschichte und setze sie auf einer Insel aus);
H. 34, 25.8.1943, S. 15–18 (3. Fortsetzung: [Drittes Kapitel]; Viertes Kapitel: Ich komme zu Geld, verliere Bessy und habe Streit mit Onkel Gregor);

H. 35, 1.9.1943, S. 15–18 (4. Fortsetzung: [Viertes Kapitel]; Fünftes Kapitel: Ich wohne einem Kampf bei, soll festgenommen werden und gewinne einen Bundesgenossen);
H. 36, 8.9.1943, S. 15–18 (5. Fortsetzung: [Fünftes Kapitel]; Sechstes Kapitel: Ich segle mit dem Professor nach Hiddensee und werde von ihm aus dem Sattel geworfen);
H. 37, 15.9.1943, S. 15–18 (6. Fortsetzung: [Sechstes Kapitel]; Siebentes Kapitel: Ich trenne mich von Catriona, treffe Bessy und gerate in die Hände des Rauhbolds);
H. 38, 22.9.1943, S. 15–18 (7. Fortsetzung: [Siebentes Kapitel]; Achtes Kapitel: Ich werde Schlossherr auf Ückelitz und mache einen Gefangenen. Neue Überraschungen);
H. 39, 29.9.1943, S. 15–18 (8. Fortsetzung: [Achtes Kapitel]; Neuntes Kapitel: Ich verzanke mich mit Mama, erschrecke über den Rauhbold und bringe Catrione nach Ückelitz);
H. 40, 6.10.1943, S. 15–18 (9. Fortsetzung: [Neuntes Kapitel]; Zehntes Kapitel: Ich verbringe eine schlimme Nacht, erwache aber recht angenehm);
H. 41, 13.10.1943, S. 15–18 (10. Fortsetzung: [Zehntes Kapitel]; Elftes Kapitel: Ich richte mich häuslich auf Ückelitz ein, werde gequält und getröstet. Ein Blitz aus heiterem Himmel);
H. 42, 20.10.1943, S. 15–18 (11. Fortsetzung: [Elftes Kapitel]; Zwölftes Kapitel: Ich kämpfe gegen Brandau, erhalte einen wichtigen Auftrag und werde durch Mama überlistet);
H. 43, 27.10.1943, S. 15–18 (12. Fortsetzung: [Zwölftes Kapitel]; Dreizehntes Kapitel: Ich kühle mich ab, Bessy hilft, und ich gehe auf meine Reise ins Ungewisse);
H. 44, 3.11.1943, S. 15–18 (13. Fortsetzung: [Dreizehntes Kapitel]; Vierzehntes Kapitel: Ich reise mit Gregor und werde bestohlen. Mein Glück und meine schreckliche Niederlage);
H. 45, 10.11.1943, S. 15–18 (14. Fortsetzung: [Vierzehntes Kapitel]; Fünfzehntes und letztes Kapitel: Es kommt alles zu einem Ende – und geht vorüber, wie es sich gehört);
H. 46, 17.11.1943, S. 24 (15. Fortsetzung und Schluss: [Fünfzehntes und letztes Kapitel]).

Der Alpdruck [Ausschnitte aus dem Roman]. In: Tägliche Rundschau. Zeitung für die deutsche Bevölkerung 2 (1946), Nr. 288, 10.12.1946, S. 4 bis Nr. 297, 20.12.1946, S. 4.
I Nr. 288, 10.12.1946, S. 4;
Nr. 289, 11.12.1946, S. 4 (1. Fortsetzung);
Nr. 290, 12.12.1946, S. 4 (2. Fortsetzung);
Nr. 291, 13.12.1946, S. 4 (3. Fortsetzung);
Nr. 292, 14.12.1946, S. 4 (4. Fortsetzung);
Nr. 293, 15.12.1946, S. 4 (5. Fortsetzung);
Nr. 294, 17.12.1946, S. 4 (6. Fortsetzung);
Nr. 295, 18.12.1946, S. 4 (7. Fortsetzung);
Nr. 296, 19.12.1946, S. 4 (8. Fortsetzung);
Nr. 297, 20.12.1946, S. 4 (9. Fortsetzung und Schluß).

1.1.2 Erzählungen

1.1.2.1 Erstausgaben und Sammlungen

Hans Fallada: Verzweiflung [Kapitel *Verzweiflung* aus *Der junge Goedeschal*]. In: Die Einsamen. Kindheitsnovellen von Hans Fallada, Adolf Hatzfeld, Hermann Hesse, Robert Musil, Stefan Zweig, Ossip Dymow u. Fjodor Ssologub, hg. von Heinz Stroh, Berlin: Spaeth o. J. [1921/22].

Hoppelpoppel – wo bist du? Kindergeschichten von Hans Fallada. Mit einem Nachwort von Felix Riemkasten, Leipzig: Reclam o. J. [1936].
I Lieber Hoppelpoppel – wo bist du?, S. 3–8; Lieschens Sieg, S. 8–15; Häusliches Zwischenspiel, S. 15–30; Gigi und Lumpi, S. 30–37; Pfingstfahrt in der Waschbalje, S. 37–44; Die verlorenen Grünfinken, S. 44–62; Lüttenweihnachten, S. 63–70.

Geschichten aus der Murkelei. Mit Bildern von Melitta Patz, Berlin: Rowohlt 1938.
I Lieber Uli und liebe kleine Mücke [Vorwort], [S. 5–6]; Geschichte von der kleinen Geschichte, S. 9–13; Geschichte vom Mäusecken Wackelohr, S. 15–27; Geschichte vom Unglückshuhn, S. 29–46; Geschichte vom verkehrten Tag, S. 47–54; Geschichte vom

1. Quellen

getreuen Igel, S. 55–71; Geschichte vom Nuschelpeter, S. 73–83; Geschichte vom Brüderchen, S. 85–97; Geschichte vom goldenen Taler, S. 99–131; Geschichte vom unheimlichen Besuch, S. 133–152; Geschichte von der gebesserten Ratte, S. 153–177; Geschichte von der Murkelei, S. 179–188.

Süßmilch spricht. Ein Abenteuer von Murr und Maxe, Aalen: Stierlin 1939.

Das Abenteuer des Werner Quabs, Leipzig: J. Bohn & Sohn 1941.

Fridolin, der freche Dachs [1944, bearbeitete Fassung]. Eine zwei- und vierbeinige Geschichte mit Zeichnungen von Eva und Hans Schweiss, Frankfurt a. M.: Scheffler 1955.

I Nachwort an Mücke, S. 226.

A Originalfassung in: Ausgewählte Werke in Einzelausgaben, Bd. 9: Märchen und Geschichten, hg. von Günter Caspar, Berlin (Ost)/Weimar 1985, S. 457–482.

Gesammelte Erzählungen, Reinbek bei Hamburg: Rowohlt 1967.

I Das versunkene Festgeschenk, S. 7–22; 100 Mark und ein fröhliches Weihnachtsfest, S. 23–43; Blanka, eine geraubte Prinzessin, S. 44–53; Ein Mensch auf der Flucht, S. 54–68; Schmuggler und Gendarm [Auszug aus *Wir hatten mal ein Kind*], S. 69–98; Länge der Leidenschaft [bearbeitete Fassung], S. 99–114; Pfingstfahrt in der Waschbalje, S. 115–120; Lieschens Sieg, S. 121–126; Zwei zarte Lämmchen, weiß wie Schnee, S. 127–215; Häusliches Zwischenspiel, S. 216–228; Die verlorenen Grünfinken, S. 229–244; Lieber Hoppelpoppel – wo bist du?, S. 245–249; Gigi und Lumpi, S. 250–255; Ein Zweikampf im Weizen, S. 256–264; Gänseeier im Gehirn, S. 265–270; Lüttenweihnachten, S. 271–277; Wie ich Schriftsteller wurde, S. 278–319.

Ausgewählte Werke in Einzelausgaben, Bd. 9: Märchen und Geschichten, hg. von Günter Caspar, Berlin (Ost)/Weimar: Aufbau 1985.

I Der Trauring, S. 7–21; Länge der Leidenschaft [Manuskript-Fassung], S. 22–37; Gauner-Geschichten (Mein Freund, der Ganove, Besuch bei Tändel-Maxe, Liebe Lotte Zielesch), S. 38–46; Bauernkäuze auf dem Finanzamt, S. 47–50; Kubsch und seine Parzelle, S. 51–54; Mutter lebt von ihrer Rente, S. 55–57; Einbrecher träumt von der Zelle, S. 58–60; Warum trägst du eine Nickeluhr, S. 61–64; Wie Herr Tiedemann einem das Mausen abgewöhnte, S. 65–72; Der Gänsemord von Tütz, S. 73–80; Ein Mensch auf der Flucht, S. 81–94; Blanka, eine geraubte Prinzessin, S. 95–104; Ich bekomme Arbeit, S. 105–118; Der Pleitekomplex, S. 119–123; Eine schlimme Nacht, S. 124–133; Die offene Tür, S. 134–139; Das Groß-Stankmal. Bericht aus einer deutschen Kleinstadt von 1931, S. 140–150; Fröhlichkeit und Traurigkeit, S. 151–158; Gegen jeden Sinn und Verstand. Eine merkwürdige Begebenheit, S. 159–161; Frühling in Neuenhagen, S. 162–165; Die Fliegenpriester, S. 166–171; Mit Metermaß und Gießkanne. Aus dem Leben des Abteilungschefs Franz Einenkel, S. 172–185; Der Bettler, der Glück bringt, S. 186–192; Wie vor dreißig Jahren, S. 193–196; Die geistesgegenwärtige Großmutter, S. 197–198; Zweikampf im Weizen, S. 199–206; Schuller im Glück, S. 207–211; Fünfzig Mark und ein fröhliches Weihnachtsfest, S. 212–231; Christkind verkehrt, S. 232–233; Gute Krüseliner Wiese rechts, S. 234–243; Der gestohlene Weihnachtsbaum, S. 244–250; Das Wunder des Tollatsch, S. 251–260; Hoppelpoppel – wo bist du? Kindergeschichten: Lieber Hoppelpoppel – wo bist du?, S. 263–267; Lieschens Sieg, S. 268–273; Häusliches Zwischenspiel, S. 274–285; Gigi und Lumpi, S. 286–291; Pfingstfahrt in der Waschbalje, S. 292–297; Die verlorenen Grünfinken, S. 298–212; Lüttenweihnachten, S. 313–318; Geschichten aus der Murkelei: Geschichte von der kleinen Geschichte, S. 322–325; Geschichte vom Mäusecken Wackelohr, S. 326–235; Geschichte vom Unglückshuhn, S. 336–349; Geschichte vom verkehrten Tag, S. 350–355; Geschichte vom getreuen Igel, S. 356–368; Geschichte vom Nuschelpeter, S. 369–377; Geschichte vom Brüderchen, S. 378–387; Geschichte vom goldenen Taler, S. 388–412; Geschichte vom unheimlichen Besuch, S. 413–427; Geschichte von der gebesserten Ratte, S. 428–447; Geschichte von der Murkelei, S. 448–455; Fridolin, der freche Dachs. Eine zwei- und vierbeinige Geschichte [Typoskript-Fassung 1944], S. 458–581; Essen und Fraß, S. 585–591; Die gute Wiese, S. 592–603; Kalendergeschichten: 1. Der arme Neapolitaner, S. 604; 2. Der bestohlene Arzt, S. 605–606; 3. Der Streit um das Feuerwerk, S. 607–608; 4. Um achtzig Mark, S. 608–611; 5. Der gestohlene Schimmel, S. 611–612; 6. Die drei Saufbrüder, S. 613–615; 7. Der weise Schäfer, S. 615–617; 8. Die Leiter im Kirschbaum,

S. 617–618; 9. Die bunte Papageienfeder, S. 618–621; Der Heimkehrer, S. 622–631; Der Ententeich, S. 632–639; Alte Feuerstätten, S. 640–648.

Weihnachtsgeschichten, zusammengestellt von Günter Caspar, Berlin (Ost)/Weimar: Aufbau 1990.
I Lüttenweihnachten, S. 5–11; Christkind verkehrt, S. 12–13; Fünfzig Mark und ein fröhliches Weihnachtsfest, S. 14–34; Lieber Hoppelpoppel – wo bist du?, S. 35–39; Der gestohlene Weihnachtsbaum, S. 40–46; Das Wunder des Tollatsch, S. 47–56; Baberbeinchen-Mutti [Erstdruck], S. 57–64; Weihnachten der Pechvögel, S. 65–76; Weihnachtsfriede [Auszug aus *Kleiner Mann, großer Mann*], S. 77–117; Familienbräuche [Auszug aus *Damals bei uns daheim, Heute bei uns zu Haus*], S. 118–137.

Die Kuh, der Schuh, dann du. Eine Novelle [1920–1929]. In: Falladas Frühwerk in zwei Bänden, Bd. 2: Frühe Prosa. Die Erzählungen, hg. von Günter Caspar, Berlin/Weimar: Aufbau 1993, S. 7–111.

Die große Liebe. Eine Erzählung [1925]. In: Falladas Frühwerk in zwei Bänden, Bd. 2: Frühe Prosa. Die Erzählungen, hg. von Günter Caspar, Berlin/Weimar: Aufbau 1993, S. 115–174.

Der Apparat der Liebe. Eine Erzählung [1925]. In: Falladas Frühwerk in zwei Bänden, Bd. 2: Frühe Prosa. Die Erzählungen, hg. von Günter Caspar, Berlin/Weimar: Aufbau 1993, S. 177–280.

Pechvogel und Glückskind. Ein Märchen für Kinder und Liebende, hg. von Gunnar Müller-Waldeck, Greifwald: Steinbecker Verlag Ulrich Rose 1998.

Drei Jahre kein Mensch. Erlebtes. Erfahrenes. Erfundenes. Geschichten aus dem Nachlaß 1929–1944, hg. von Günter Caspar mit einer Studie *Marginalien zu Falladas Nachlaß*, Berlin: Aufbau 1997.
I Sachlicher Bericht über das Glück, ein Morphinist zu sein, S. 5–24; Drei Jahre kein Mensch, S. 25–53; Unterprima Totleben, S. 54–78; Der kleine Jü-Jü und der große Jü-Jü, S. 79–92; Die Geschichte von der großen und von der kleinen Mücke, S. 93–95; Der Kindernarr, S. 96–108; Swenda, ein Traumtorso oder Meine Sorgen, S. 109–113; Ich suche den Vater, S. 114–134; Zu den Texten, S. 137–152; Marginalien zu Falladas Nachlaß, S. 153–190.

Junge Liebe zwischen Trümmern. Erzählungen, hg. und mit einem Nachwort von Peter Walther, Berlin: Aufbau 2018.
I Junge Liebe [Erstdruck], S. 9–13; Aufzeichnungen des jungen Rudolf Ditzen nach dem Scheinduell mit seinem Schulfreund [Erstdruck], S. 14–18; Pogg, der Feigling [Erstdruck], S. 19–30; Der Strafentlassene, S. 31–34; Die Verkäuferin auf der Kippe, S. 35–38; Der blutende Biber [Erstdruck], S. 39–44; Schwierig oder leicht –? [Erstdruck], S. 47–49; Warnung vor Büchern [Erstdruck], S. 50–52; Vom Kuhberg nach Carwitz. Vom Feuerherd zum Elektroherd, S. 53–55; Märchen vom Unkraut, S. 56–76; Gesine Lüders oder Eine kommt – eine geht [Erstdruck], S. 77–83; Vom Entbehrlichen und vom Unentbehrlichen, S. 87–95; Das EK Eins [Erstdruck], S. 96–107; Genesenden-Urlaub, S. 108–114; Der Maler, S. 115–123; Oma überdauert den Krieg, S. 127–134; Junge Liebe zwischen Trümmern [Erstdruck], S. 135–140; Der Pott in der U-Bahn, S. 141–143; Pfingstgruß an Achim, S. 144–148; Die schlimme Tochter [Erstdruck], S. 149–150; Jeder fege vor seiner Frau, S. 151–154; Unser täglich Brot, S. 155–163; Ich, der verlorene Findling [Erstdruck], S. 164–171; Die Bucklige [Erstdruck], S. 172–180; Meine Ahnen [Erstdruck], S. 183–189; Ein Roman wird begonnen. Zwiegespräch zwischen dem Verfasser und seiner Frau [Erstdruck], S. 190–203; Meine lieben jungen Freunde [Erstveröffentlichung unter dem Titel *Wie ich Schriftsteller wurde*], S. 204–249.

1.1.2.2 Drucke in Zeitungen und Zeitschriften

*Der Trauring. In: Die Große Welt 2 (1925), H. 17 (August 1925), S. 113–119.
Q HFA S 553.
A auch in: Ausgewählte Werke in Einzelausgaben, Bd. 9: Märchen und Geschichten, hg. von Günter Caspar, Berlin (Ost)/Weimar 1985, S. 7–21.

Ich übe mich im Dialog. Von Hans Fallada. Illustriert von Beatrice Braun-Fock. In: Das Leben. Die Große Welt. Der Die Das 3 (1926), Nr. 9 (Februar 1926), S. 929–930.

*Rache einer Hamburgerin. In: Hamburger 8 Uhr Abendblatt 8 (1928), 16.9.1928.
Q HFA N 145.

Großstadttypen. 1. Die Verkäuferin auf der Kippe. 2. Der Strafentlassene. In: Hamburger Echo. Hamburg Altonaer Volksblatt 54 (1928), Nr. 349, 17.12.1928, Erste Beilage, [S. 1–2].
A auch in: Junge Liebe zwischen Trümmern. Erzählungen, hg. und mit einem Nachwort von Peter Walther, Berlin 2018, S. 31–38.

An der Schwale liegt ein Märchen... In: General-Anzeiger für Neumünster. Nachrichten- und Tageblatt für Schleswig-Holstein 39 (1929), Nr. 153, 3.7.1929, [S. 3].
A mit Kürzel –en gekennzeichnet.

Sieben Kinder spielen im Stadtpark. In: General-Anzeiger für Neumünster. Nachrichten- und Tageblatt für Schleswig-Holstein 39 (1929), Nr. 155, 5.7.1929, [S. 5].
A mit Kürzel –en gekennzeichnet.

Pädagogik. In: Kieler Neueste Nachrichten. Das Hauptblatt Schleswig-Holsteins 35 (1929), Nr. 216, 15.9.1929, 8. Blatt, [S. 1].
A mit R. D. gekennzeichnet.

*Eine vom Mädchenklub. In: Hamburger 8 Uhr Abendblatt 9 (1929), 17.10.1929.
Q HFA N 145.

*Geistesgegenwart. In: Kieler Neueste Nachrichten. Das Hauptblatt Schleswig-Holsteins 36 (1930), Nr. 4, 30.1.1930.
Q HFA N 145.
A auch in: Volksbote. Wochenzeitung für Freiheit und Recht im ungeteilten Europa 19 (1967), Nr. 6, 11.2.1967, S. 9.

Bauernkäuze auf dem Finanzamt. In: Berliner Montagspost (1931), Nr. 17, 2. Ausgabe, 4.5.1931, Erstes Beiblatt, S. 4.
A auch in: Ausgewählte Werke in Einzelausgaben, Bd. 9: Märchen und Geschichten, hg. von Günter Caspar, Berlin (Ost)/Weimar 1985, S. 47–50.

Kubsch und seine Parzelle. In: Berliner Montagspost (1931), Nr. 20, Drittes Beiblatt, 1.6.1931, S. 11.
A auch in: Ausgewählte Werke in Einzelausgaben, Bd. 9: Märchen und Geschichten, hg. von Günter Caspar, Berlin (Ost)/Weimar 1985, S. 51–54.

Mutter lebt von ihrer Rente. In: Berliner Montagspost (1931), Nr. 24, 29.6.1931, Erstes Beiblatt, S. 6.
A auch in: Ausgewählte Werke in Einzelausgaben, Bd. 9: Märchen und Geschichten, hg. von Günter Caspar, Berlin (Ost)/Weimar 1985, S. 55–57.

Einbrecher träumt von der Zelle. In: Berliner Montagspost (1931), Nr. 26, 2. Ausgabe, 13.7.1931, Erstes Beiblatt, S. 6.
A auch in: Ausgewählte Werke in Einzelausgaben, Bd. 9: Märchen und Geschichten, hg. von Günter Caspar, Berlin (Ost)/Weimar 1985, S. 58–60;
auch unter: Sein größter Feind ist er selbst. Porträt eines Asozialen. In: Der Kurier. Die Berliner Abendzeitung 13 (1957), Nr. 29, 4.2.1957, S. 3; Einbrecher nur aus Neigung. In: Braunschweiger Zeitung 19 (1964), Nr. 250, 6.11.1964, S. 4.

Wie Herr Tiedemann einem das Mausen abgewöhnte. In: Die Woche [Moderne Illustrierte Zeitschrift] 33 (1931), H. 31, 1.8.1931, S. 4–6.
A auch in: Ausgewählte Werke in Einzelausgaben, Bd. 9: Märchen und Geschichten, hg. von Günter Caspar, Berlin (Ost)/Weimar 1985, S. 65–72;
auch unter: Gänseeier im Gehirn. In: Gesammelte Erzählungen, Reinbek bei Hamburg 1967, S. 265–270; Albin und die Eier. In: Esso-Magazin 3 (1951), Nr. 4, S. 20–21.

Warum trägst du eine Nickeluhr? In: Berliner Montagspost (1931), Nr. 30, 3. Ausgabe, 10.8.1931, Erstes Beiblatt, S. 5–6.
A auch in: Ausgewählte Werke in Einzelausgaben, Bd. 9: Märchen und Geschichten, hg. von Günter Caspar, Berlin (Ost)/Weimar 1985, S. 61–64.

Der Gänsemord von Tütz. In: Die Grüne Post. Sonntag-Zeitung für Stadt und Land 5 (1931), Nr. 35, 30.8.1931, S. 18.
   A auch in: Ausgewählte Werke in Einzelausgaben, Bd. 9: Märchen und Geschichten, hg. von Günter Caspar, Berlin (Ost)/Weimar 1985, S. 73–80.
Ein Mensch auf der Flucht. Eine Erzählung von Hans Fallada. Mit Zeichnungen von Godal. In: Uhu 7 (1931), H. 12 (September 1931), S. 43–51.
   A auch in: Gesammelte Erzählungen, Reinbek bei Hamburg 1967, S. 54–68; Ausgewählte Werke in Einzelausgaben, Bd. 9: Märchen und Geschichten, hg. von Günter Caspar, Berlin (Ost)/Weimar 1985, S. 81–94.
Blanka, eine geraubte Prinzessin. In: Vossische Zeitung. Berlinische Zeitung von Staats- und gelehrten Sachen (1931), Nr. 444, Morgen-Ausgabe, 20.9.1931, Unterhaltungsblatt, Nr. 220, [S. 1–2].
   A auch in: Gesammelte Erzählungen, Reinbek bei Hamburg 1967, S. 44–53; Ausgewählte Werke in Einzelausgaben, Bd. 9: Märchen und Geschichten, hg. von Günter Caspar, Berlin (Ost)/Weimar 1985, S. 95–104.
Der Pleitekomplex. Novelle von Hans Fallada. In: Tempo 4 (1931), Nr. 288, 10.12.1931, S. 7–8.
   A auch in: Ausgewählte Werke in Einzelausgaben, Bd. 9: Märchen und Geschichten, hg. von Günter Caspar, Berlin (Ost)/Weimar 1985, S. 119–123.
Eine schlimme Nacht. In: Münchner Illustrierte Presse 8 (1931), Nr. 51, 20.12.1931, S. 1616–1618.
   A auch in: Ausgewählte Werke in Einzelausgaben, Bd. 9: Märchen und Geschichten, hg. von Günter Caspar, Berlin (Ost)/Weimar 1985, S. 124–133.
Lütten-Weihnachten. In: Der Tag [Moderne Illustrierte Zeitung] 31 (1931), Nr. 308, 25.12.1931, Unterhaltungs-Rundschau, [S. 3–4].
   A auch in: Hoppelpoppel – wo bist du? Kindergeschichten von Hans Fallada, Leipzig o. J. [1936], S. 63–70; Gesammelte Erzählungen, Reinbek bei Hamburg 1967, S. 271–277; Ausgewählte Werke in Einzelausgaben, Bd. 9: Märchen und Geschichten, hg. von Günter Caspar, Berlin (Ost)/Weimar 1985, S. 313–318;
   auch unter: Ein Mann, zwei Jungen und ein Mädel. Von Hans Fallada. In: Schlesische Zeitung (1934), Nr. 639, Vollausgabe Morgenblatt, 22.12.1934, Unterhaltungsbeilage, [S. 1–2]; *Das verbotene Fest. In: Berliner Morgenpost, Weihnachtsbeilage, HFA S 1452; HFA S 1330.
Die offene Tür. In: Die Grüne Post. Sonntag-Zeitung für Stadt und Land 6 (1932), Nr. 1, 3.1.1932, S. 16.
   A auch in: Ausgewählte Werke in Einzelausgaben, Bd. 9: Märchen und Geschichten, hg. von Günter Caspar, Berlin (Ost)/Weimar 1985, S. 134–139; Thüringer Allgemeine Zeitung. Erfurter Allgemeiner Anzeiger 84 (1933), Nr. 1, 1.1.1933, S. 3.
Das Groß-Stankmal. Bericht aus einer deutschen Kleinstadt von 1931. In: Der Querschnitt 12 (1932), H. 2 (Februar 1932), S. 117–123.
   A auch in: Ausgewählte Werke in Einzelausgaben, Bd. 9: Märchen und Geschichten, hg. von Günter Caspar, Berlin (Ost)/Weimar 1985, S. 140–150.
Fröhlichkeit und Traurigkeit. In: Frankfurter Zeitung und Handelsblatt 76 (1932), Nr. 85/86, Abendblatt. Erstes Morgenblatt, 2.2.1932, S. 1–2.
   A auch in: Ausgewählte Werke in Einzelausgaben, Bd. 9: Märchen und Geschichten, hg. von Günter Caspar, Berlin (Ost)/Weimar 1985, S. 151–158.
Gegen jeden Sinn und Verstand. Eine merkwürdige Begebenheit. In: Uhu 8 (1932), H. 8 (Mai 1932), S. 39–40.
   A auch in: Ausgewählte Werke in Einzelausgaben, Bd. 9: Märchen und Geschichten, hg. von Günter Caspar, Berlin (Ost)/Weimar 1985, S. 159–161.
Frühling in Neuenhagen. In: Frankfurter Zeitung und Handelsblatt 76 (1932), Nr. 342, Zweites Morgenblatt, 8.5.1932, Für die Frau. Blätter der Frankfurter Zeitung für Mode und Gesellschaft, Nr. 8, [S. 1].

1. Quellen

A auch in: Ausgewählte Werke in Einzelausgaben, Bd. 9: Märchen und Geschichten, hg. von Günter Caspar, Berlin (Ost)/Weimar 1985, S. 162–165.

Malte in der Waschbalje. In: Der Tag [Moderne Illustrierte Zeitung] 32 (1932), Nr. 117, 15.05.1932, Unterhaltungs-Rundschau, [S. 3–4].

A auch in: Ausgewählte Werke in Einzelausgaben, Bd. 9: Märchen und Geschichten, hg. von Günter Caspar, Berlin (Ost)/Weimar 1985, S. 292–297;

auch unter: Pfingstfahrt in der Waschbalje. In: Badische Presse und Handels-Zeitung 51 (1935), Nr. 132, Pfingst-Ausgabe, 8./9.6.1935, [S. 5].

Der Bettler, der Glück bringt. In: Berliner Montagspost (1932), Nr. 22, 2. Ausgabe, 13.6.1932, Erstes Beiblatt, S. 4.

A auch in: Berliner Montagspost (1932), Nr. 22, 13.6.1932, Erstes Beiblatt, S. 6; Thüringer Allgemeine Zeitung. Erfurter Allgemeiner Anzeiger 84 (1933), Nr. 19, 22.1.1933, S. 3; Ausgewählte Werke in Einzelausgaben, Bd. 9: Märchen und Geschichten, hg. von Günter Caspar, Berlin (Ost)/Weimar 1985, S. 186–192;

auch unter: *Herr Möcke wartet. In: Bunte Woche (1933), Nr. 16, 16.4.1933.

Die Fliegenpriester. In: Vossische Zeitung. Berlinische Zeitung von Staats- und gelehrten Sachen (1932), Nr. 286, Abend-Ausgabe, 15.6.1932, Unterhaltungsblatt, Nr. 165, [S. 1–2].

A auch in: Ausgewählte Werke in Einzelausgaben, Bd. 9: Märchen und Geschichten, hg. von Günter Caspar, Berlin (Ost)/Weimar 1985, S. 166–171.

Mit Metermaß und Gießkanne. Aus dem Leben des Abteilungschefs Franz Einenkel. In: Uhu 8 (1931/32), H. 10 (Juli 1932), S. 25–27, S. 30–34.

A auch in: Ausgewählte Werke in Einzelausgaben, Bd. 9: Märchen und Geschichten, hg. von Günter Caspar, Berlin (Ost)/Weimar 1985, S. 172–185;

auch unter: *Ein Tag wie der andere. In: Westfalen-Blatt. Unabhängige Tageszeitung für den Großraum Bielefeld 19 (1964), Nr. 224, 26.9.1964.

Lieschens Sieg. In: Das Illustrierte Blatt. Frankfurter Illustrierte 20 (1932), Nr. 29, 28.7.1932, S. 725.

A auch in: Hoppelpoppel – wo bist du? Kindergeschichten von Hans Fallada, Leipzig o. J. [1936], S. 8–15; Gesammelte Erzählungen, Reinbek bei Hamburg 1967, S. 121–126; Ausgewählte Werke in Einzelausgaben, Bd. 9: Märchen und Geschichten, hg. von Günter Caspar, Berlin (Ost)/Weimar 1985, S. 268–273.

Die geistesgegenwärtige Großmutter. In: B. Z. am Mittag 56 (1932), Nr. 199, 20.8.1932, Erstes Beiblatt, S. 3.

A auch in: Ausgewählte Werke in Einzelausgaben, Bd. 9: Märchen und Geschichten, hg. von Günter Caspar, Berlin (Ost)/Weimar 1985, S. 197–198.

Zweikampf im Weizen. In: Vossische Zeitung. Berlinische Zeitung von Staats- und gelehrten Sachen (1932), Nr. 485, Morgen-Ausgabe, 9.10.1932, Unterhaltungsblatt, Nr. 281, [S. 1–2].

A auch in: Gesammelte Erzählungen, Reinbek bei Hamburg 1967, S. 256–264; Ausgewählte Werke in Einzelausgaben, Bd. 9: Märchen und Geschichten, hg. von Günter Caspar, Berlin (Ost)/Weimar 1985, S. 199–206.

Schuller im Glück. In: B. Z. am Mittag 56 (1932), Nr. 243, 11.10.1932, Erstes Beiblatt, S. 3–4.

A auch in: Oesterreichische Arbeiter-Zeitung. Zentralorgan der christlichen Arbeiter- und Angestellten-Bewegung 42 (1937), Nr. 11, 13.03.1937, S. 7; Ausgewählte Werke in Einzelausgaben, Bd. 9: Märchen und Geschichten, hg. von Günter Caspar, Berlin (Ost)/Weimar 1985, S. 207–211.

Wie vor dreißig Jahren. In: Die Grüne Post. Sonntag-Zeitung für Stadt und Land 6 (1932), Nr. 48, 27.11.1932, S. 18.

A auch in: Ausgewählte Werke in Einzelausgaben, Bd. 9: Märchen und Geschichten, hg. von Günter Caspar, Berlin (Ost)/Weimar 1985, S. 193–196.

Ich bekomme Arbeit. In: Die Tat. Unabhängige Monatsschrift zur Gestaltung neuer Wirklichkeit 24 (1932/33), H. 9 (Dezember 1932), S. 778–786.

A auch in: Ausgewählte Werke in Einzelausgaben, Bd. 9: Märchen und Geschichten, hg. von Günter Caspar, Berlin (Ost)/Weimar 1985, S. 105–118.

50 Mk und ein fröhliches Weihnachtsfest. Eine Weihnachtsgeschichte von Hans Fallada. In: Uhu 9 (1932/33), H. 3 (Dezember 1932), S. 29–34, S. 36–38, S. 104–106.
A auch in: Heimat. Die deutsche Landschaft in Erzählungen deutscher Dichter, Berlin 1934, S. 49–65; Ausgewählte Werke in Einzelausgaben, Bd. 9: Märchen und Geschichten, hg. von Günter Caspar, Berlin (Ost)/Weimar 1985, S. 212–231;
auch unter: *So war's Weihnachten. In: [Unbezeichneter Zeitungsausschnitt], S. 16–17. HFA S 589; Hundert Mark und ein fröhliches Fest. Wenn man mit Groschen rechnet, die gar nicht da sind und doch glücklich wird. In: Nürnberger Nachrichten 17 (1961), Nr. 298, 23.-26.12.1961, Weihnachtsausgabe, S. 9–10; 100 Mark und ein fröhliches Weihnachtsfest. In: Gesammelte Erzählungen, Reinbek bei Hamburg 1967, S. 23–43.

Christkind verkehrt. In: Die Grüne Post. Sonntag-Zeitung für Stadt und Land 6 (1932), Nr. 52, 25.12.1932, S. 4.
A auch in: Ausgewählte Werke in Einzelausgaben, Bd. 9: Märchen und Geschichten, hg. von Günter Caspar, Berlin (Ost)/Weimar 1985, S. 232–233;
auch unter: Vertauschte Weihnachtsfreuden. In: Norddeutsche Zeitung. Tageszeitung der liberal-demokratischen Partei Deutschlands 9 (1954), Nr. 287, 11./12.12.1954, Norddeutscher Leuchtturm, Wochenendbeilage, Nr. 96, [S. 3].

Kleine schwarze Hund, särr biese. In: Vossische Zeitung. Berlinische Zeitung von Staats- und gelehrten Sachen (1932), Nr. 617/618, Morgen-Ausgabe, 25.12.1932, Unterhaltungsblatt, Nr. 358, [S. 1–2].
A auch in: Badische Presse und Handels-Zeitung 49 (1933), Nr. 515, 4.11.1933, Abend-Ausgabe, S. 3; Gesammelte Erzählungen, Reinbek bei Hamburg 1967, S. 245–249;
auch unter: Lieber Hoppelpoppel – wo bist du? In: Hoppelpoppel – wo bist du? Kindergeschichten von Hans Fallada, Leipzig o. J. [1936], S. 3–8.

Gigi und Lumpi. In: Deutsche Allgemeine Zeitung 73 (1934), Nr. 174, Ausgabe Groß-Berlin, 15.4.1934, Unterhaltungsblatt, [S. 1].
A auch in: Hoppelpoppel – wo bist du? Kindergeschichten von Hans Fallada, Leipzig o. J. [1936], S. 30–37; Gesammelte Erzählungen, Reinbek bei Hamburg 1967, S. 250–255; Ausgewählte Werke in Einzelausgaben, Bd. 9: Märchen und Geschichten, hg. von Günter Caspar, Berlin (Ost)/Weimar 1985, S. 286–291.

Gute Krüseliner Wiese rechts. Novelle von Hans Fallada. In: Berliner Morgenpost (1934), Nr. 257, 27.10.1934, Unterhaltungs-Blatt, [S. 2–4].
A auch in: Ausgewählte Werke in Einzelausgaben, Bd. 9: Märchen und Geschichten, hg. von Günter Caspar, Berlin (Ost)/Weimar 1985, S. 234–243;
auch unter: Martha. Novelle von Hans Fallada. In: Neue Freie Presse (1934), Nr. 25 247, Morgenblatt, 25.12.1934, S. 29–30.

Die verlorenen Grünfinken. Erzählung von Hans Fallada. Zeichnungen von Alfred Kubin. In: Die Dame [Illustrierte Mode-Zeitschrift] 62 (1935), H. 25 (Dezember 1935), S. 36–38, S. 92–97.
A auch in: Hoppelpoppel – wo bist du? Kindergeschichten von Hans Fallada, Leipzig o. J. [1936], S. 44–63; Gesammelte Erzählungen, Reinbek bei Hamburg 1967, S. 229–244; Ausgewählte Werke in Einzelausgaben, Bd. 9: Märchen und Geschichten, hg. von Günter Caspar, Berlin (Ost)/Weimar 1985, S. 298–312.

Häusliches Zwischenspiel. In: Die Woche [Moderne Illustrierte Zeitschrift] 38 (1936), H. 2, 08.1.1936, S. 33–35.
A auch in: Hoppelpoppel – wo bist du? Kindergeschichten von Hans Fallada, Leipzig o. J. [1936], S. 15–30; Gesammelte Erzählungen, Reinbek bei Hamburg 1967, S. 216–227; Ausgewählte Werke in Einzelausgaben, Bd. 9: Märchen und Geschichten, hg. von Günter Caspar, Berlin (Ost)/Weimar 1985, S. 274–285.

Märchen vom Unkraut. In: Bibliothek der Unterhaltung und des Wissens 60 (1936), Bd. 5, S. 87–112.
A auch in: Junge Liebe zwischen Trümmern. Erzählungen, hg. und mit einem Nachwort von Peter Walther, Berlin 2018, S. 56–76.

Der gestohlene Weihnachtsbaum. In: Die Woche [Moderne Illustrierte Zeitschrift] 38 (1936), H. 52, 23.12.1936, S. 34, S. 39.
  A auch in: Ausgewählte Werke in Einzelausgaben, Bd. 9: Märchen und Geschichten, hg. von Günter Caspar, Berlin (Ost)/Weimar 1985, S. 244–250;
  auch unter: Der Tannenbaum. In: Spandauer Volksblatt und Spandauer Zeitung. Havelländische Zeitung 22 (1967), Nr. 6559, 24.12.1967, Weihnachten (Beilage), [S. 1–2].
Das Wunder des Tollatsch. In: Simplicissimus 41 (1936), H. 40, 27.12.1936, S. 521–523.
  A auch in: Ausgewählte Werke in Einzelausgaben, Bd. 9: Märchen und Geschichten, hg. von Günter Caspar, Berlin (Ost)/Weimar 1985, S. 251–260.
Geheimnis der Mitternacht. In: Berliner Volks-Zeitung 85 (1937), Nr. 608, Morgen-Ausgabe, 25.12.1937, Zweites Beiblatt, [S. 2].
Der mutige Buchhändler. Eine Erzählung von Hans Fallada [leicht gekürzte Fassung von *Das Abenteuer des Werner Quabs*]. In: Kölnische Zeitung. Mit Wirtschafts- und Handelsblatt (1939), Nr. 104, 26.2.1939, S. 2 bis Nr. 118, 6.3.1939, S. 2.
  I Nr. 104, 26.2.1939, S. 2; Nr. 105, 27.2.1939, S. 4; Nr. 107, 28.2.1939, S. 3; Nr. 109, 1.3.1939, S. 2; Nr. 111, 2.3.1939, S. 2; Nr. 113, 3.3.1939, S. 2; Nr. 115, 4.3.1939, S. 2; Nr. 117, 5.3.1939, [S. 26]; Nr. 118, 6.3.1939, S. 2.
Das versunkene Festgeschenk. Novelle von Hans Fallada. In: Die Woche [Moderne Illustrierte Zeitschrift] 41 (1939), H. 51, 20.12.1939, S. 13–14, S. 22–23.
  A auch in: Gesammelte Erzählungen, Reinbek bei Hamburg 1967, S. 7–22.
Nur ein Fuder Stroh. Novelle von Hans Fallada. In: Die Woche [Moderne Illustrierte Zeitschrift] 44 (1942), H. 20, 20.5.1942, S. 12–13.
  A auch unter: Nur ein Wagen voll Stroh. In: Hamburger Abendblatt. Größte deutsche Tageszeitung 10 (1957), Nr. 42, 19.2.1957, S. 9; Nur Stroh. In: Volksstimme. Zentralorgan der Kommunistischen Partei Österreichs (1967), Nr. 5, 6.1.1967, [S. 7]; Nur eine Fuhre von Stroh. In: Salzburger Nachrichten. Freie Tageszeitung für die Österreichischen Bundesländer 28 (1972), Nr. 197, 26.8.1972, S. 38.
Das Ende vom Lied. In: Der Silberspiegel 8 (1942), Juni-Heft, S. 232–233.
Genesenden-Urlaub. In: Der Silberspiegel 8 (1942), Juni-Heft, S. 233, S. 255–256.
Der Maler. In: Simplicissimus 47 (1942), H. 29, 15.7.1942, S. 455–456.
  A auch in: Junge Liebe zwischen Trümmern. Erzählungen, hg. und mit einem Nachwort von Peter Walther, Berlin 2018, S. 115–123;
  auch unter: Ein Wanderer ist unterwegs in der Nacht. Begegnungen mit dem verrückten Maler. In: Breslauer Neueste Nachrichten. Die große Abendzeitung (1942), Nr. 197, 19.7.1942, Schlesisches Familienblatt, [S. 1].
Oma überdauert den Krieg. In: Tägliche Rundschau. Zeitung für die deutsche Bevölkerung 1 (1945), Nr. 181, 12.12.1945, S. 3.
  A auch in: Junge Liebe zwischen Trümmern. Erzählungen, hg. und mit einem Nachwort von Peter Walther, Berlin 2018, S. 127–134.
Essen und Fraß. In: Nacht-Express. Die Berliner Abendzeitung 1 (1945), Nr. 15, 23.12.1945, [S. 3].
  A auch in: Ausgewählte Werke in Einzelausgaben, Bd. 9: Märchen und Geschichten, hg. von Günter Caspar, Berlin (Ost)/Weimar 1985, S. 585–591.
Baberbeinchen Mutti. Eine Erzählung von Hans Fallada. In: Tägliche Rundschau. Zeitung für die deutsche Bevölkerung 1 (1945), Nr. 192/193, 24./25.12.1945, S. 4.
  A auch in: Weihnachtsgeschichten, zusammengestellt von Günter Caspar, Berlin (Ost)/Weimar 1990, S. 57–64.
Der kleine Jü-Jü. Eine Geschichte von Kindern [überarbeitete Fassung von *Der kleine Jü-Jü und der große Jü-Jü. Eine Kindergeschichte*]. In: Tägliche Rundschau. Zeitung für die deutsche Bevölkerung 2 (1946), Nr. 1, 1.1.1946, S. 9.
  A auch in: Drei Jahre kein Mensch. Erlebtes. Erfahrenes. Erfundenes. Geschichten aus dem Nachlaß 1929–1944, hg. von Günter Caspar mit einer Studie *Marginalien zu Falladas Nachlaß*, Berlin 1997, S. 79–92.

Der Pott in der U-Bahn. In: Tägliche Rundschau. Zeitung für die deutsche Bevölkerung 2 (1946), Nr. 26, 1.2.1946, S. 3.
 A auch in: Junge Liebe zwischen Trümmern. Erzählungen, hg. und mit einem Nachwort von Peter Walther, Berlin 2018, S. 141–143.
Pfingstgruß an Achim. In: Tägliche Rundschau. Zeitung für die deutsche Bevölkerung 2 (1946), Nr. 132, 9.6.1946, S. 4.
 A auch in: Junge Liebe zwischen Trümmern. Erzählungen, hg. und mit einem Nachwort von Peter Walther, Berlin 2018, S. 144–148.
Die gute Wiese. In: Tägliche Rundschau. Zeitung für die deutsche Bevölkerung 2 (1946), Nr. 137, 16.6.1946, S. 3.
 A auch in: Ausgewählte Werke in Einzelausgaben, Bd. 9: Märchen und Geschichten, hg. von Günter Caspar, Berlin (Ost)/Weimar 1985, S. 592–603.
Kalendergeschichten: 1. Der arme Neapolitaner; 2. Der bestohlene Arzt; 3. Der Streit um das Feuerwerk. In: Tägliche Rundschau. Zeitung für die deutsche Bevölkerung 2 (1946), Nr. 146, 27.6.1946, S. 3.
 A auch in: Ausgewählte Werke in Einzelausgaben, Bd. 9: Märchen und Geschichten, hg. von Günter Caspar, Berlin (Ost)/Weimar 1985, S. 604–608.
Kalendergeschichten: 4. Um achtzig Mark; 5. Der gestohlene Schimmel. In: Tägliche Rundschau. Zeitung für die deutsche Bevölkerung 2 (1946), Nr. 149, 30.6.1946, S. 3.
 A auch in: Ausgewählte Werke in Einzelausgaben, Bd. 9: Märchen und Geschichten, hg. von Günter Caspar, Berlin (Ost)/Weimar 1985, S. 608–612.
Der Heimkehrer. In: Tägliche Rundschau. Zeitung für die deutsche Bevölkerung 2 (1946), Nr. 161, 14.7.1946, S. 4.
 A auch in: Ausgewählte Werke in Einzelausgaben, Bd. 9: Märchen und Geschichten, hg. von Günter Caspar, Berlin (Ost)/Weimar 1985, S. 622–631.
Kalendergeschichten: 6. Die drei Saufbrüder; 7. Der weise Schäfer; 8. Die Leiter im Kirschbaum; 9. Die bunte Papageienfeder. In: Tägliche Rundschau. Zeitung für die deutsche Bevölkerung 2 (1946), Nr. 173, 28.7.1946, S. 5.
 A auch in: Ausgewählte Werke in Einzelausgaben, Bd. 9: Märchen und Geschichten, hg. von Günter Caspar, Berlin (Ost)/Weimar 1985, S. 613–621.
Der Ententeich. In: Tägliche Rundschau. Zeitung für die deutsche Bevölkerung 2 (1946), Nr. 201, 30.8.1946, S. 6.
 A auch in: Ausgewählte Werke in Einzelausgaben, Bd. 9: Märchen und Geschichten, hg. von Günter Caspar, Berlin (Ost)/Weimar 1985, S. 632–639.
Alte Feuerstätten. In: Tägliche Rundschau. Zeitung für die deutsche Bevölkerung 2 (1946), Nr. 258, 3.11.1946, S. 5.
Weihnachten der Pechvögel. In: Tägliche Rundschau. Zeitung für die deutsche Bevölkerung 2 (1946), Nr. 301, 25.12.1946, S. 7.
 A auch in: Weihnachtsgeschichten, zusammengestellt von Günter Caspar, Berlin (Ost)/Weimar 1990, S. 65–76.
Unser täglich Brot. In: Illustrierte Rundschau. Halbmonatliche Illustrierte Zeitschrift 2 (1947), Nr. 3 (Februar 1947), S. 23–24.
 A auch in: Junge Liebe zwischen Trümmern. Erzählungen, hg. und mit einem Nachwort von Peter Walther, Berlin 2018, S. 155–163.
Jeder fege vor seiner Frau. In: Mein Gast. Ein Magazin der guten Laune. Blätter für gepflegte Gastlichkeit (1951), H. 2, S. 4.
 A auch in: Jeder fege vor seiner Frau. Kurzgeschichte von Hans Fallada. In: Spandauer Volksblatt 21 (1966), Nr. 6 225, 20.11.1966, S. 26; Junge Liebe zwischen Trümmern. Erzählungen, hg. und mit einem Nachwort von Peter Walther, Berlin 2018, S. 151–154.
*Länge der Leidenschaft [bearbeitete Fassung]. In: [Unbezeichneter Zeitungsausschnitt]. 8 Fortsetzungen (1953).
 Q HFA N 2102.

A auch in: Gesammelte Erzählungen, Reinbek bei Hamburg 1967, S. 99–114; Ausgewählte Werke in Einzelausgaben, Bd. 9: Märchen und Geschichten, hg. von Günter Caspar, Berlin (Ost)/Weimar 1985, S. 22–37 [Manuskript-Fassung].

Der tödliche Rausch. Das letzte Manuskript des Dichters Hans Fallada [gekürzte Fassung von *Sachlicher Bericht über das Glück, ein Morphinist zu sein*]. In: Neue Illustrierte. Aktuelle politische Bilderzeitung 10 (1955), Nr. 47, 19.11.1955, S. 20–25.

A von Fallada überarbeitete Fassung in: Rauschgiftesser erzählen. Eine Dokumentation von Edward Reavis, Frankfurt a. M. 1967; ursprüngliche Fassung unter dem Titel *Sachlicher Bericht über das Glück, ein Morphinist zu sein* in: Drei Jahre kein Mensch. Erlebtes. Erfahrenes. Erfundenes. Geschichten aus dem Nachlaß 1929–1944, hg. von Günter Caspar, Berlin 1997, S. 5–24.

Vom Entbehrlichen und vom Unentbehrlichen [1941]. In: Salatgarten 17 (2008), H. 2, S. 30–33.

A auch in: Junge Liebe zwischen Trümmern. Erzählungen, hg. und mit einem Nachwort von Peter Walther, Berlin 2018, S. 87–95.

1.1.2.3 Unveröffentlichte Erzählungen (bzw. bisher ohne Druckbeleg)

In den Klauen des Mörders. Original-Novelle von Bogumil von Hofrichter [o. J.].
    Q Typoskript (8 Seiten), HFA N 96.
Graf Fidde und die Fiddichower (2.3.1931–1.12.1945).
    Q Handschrift (49 Seiten), HFA N 8; HFA S 855.
Klaus und Klas oder Großer Bruder (27.6.1938).
    Q Handschrift (3 Seiten), HFA N 42.
    A enthält nur das Vorspiel.
Eine Königskrone geht auf Reisen. Die Krone von Bosambo (23.9.1942).
    Q Handschrift (13 Seiten), HFA N 36.
Das Todeshaus formt einen Dichter (3.6.1946).
    Q Typoskript (23 Seiten), HFA N 24.
Deine Frau (Die Frau, die dein eigen ist). Eine Film-Idee (16./17.7.1946).
    Q Handschrift und Typoskript (10 Seiten), zwei Fassungen, HFA N 25.
Auch eine Kriegsgeschichte.
    Q Typoskript (2 Seiten), Archiv Akademie der Künste Berlin, Signatur 137/8.
Bei uns, in der Kleinstadt.
    Q Typoskript (2 Seiten), Archiv Akademie der Künste Berlin, Signatur 137/6.
Der Flapper. Idee zu einem dreiaktigen Lustspiel von Rudolf Kurtz [ca. 1946].
    Q Handschrift (3 Seiten) und Typoskript (2 Seiten), HFA N 28.
Geschlagene Pferde, gehetzte Menschen.
    Q Typoskript (1 Seite), HFA N 38.
Ich rate Preisrätsel.
    Q Typoskript (2 Seiten), Archiv Akademie der Künste Berlin, Signatur 137/14.
Otsches Fluchtbericht.
    Q Typoskript (5 Seiten), HFA N 47.
S A S.
    Q Typoskript (1 Seite), HFA N 50.
    A Kurzbiographie von Alfred Schmidt.
Snapshots von Sievekingplatze. Die große Wasserfrage.
    Q Typoskript (1 Seite), HFA N 32.
Wer kann da Richter sein?
    Q Handschrift (4 Seiten), HFA N 55.

1.1.3 Lyrik

1.1.3.1 Veröffentlichte Lyrik

An Jagusch. In: Werner Liersch: Hans Fallada [‚Leseblatt' DINA 3, mit verschiedenen Gedichten aus dem Zyklus *Gestalten und Bilder* [1917]], hg. vom Literaturzentrum Neubrandenburg, Neubrandenburg 1992.
Q HFA S 297.

Dulder. In: Werner Liersch: Hans Fallada [‚Leseblatt' DINA 3, mit verschiedenen Gedichten aus dem Zyklus *Gestalten und Bilder* [1917]], hg. vom Literaturzentrum Neubrandenburg, Neubrandenburg 1992.
Q HFA S 297.
A auch in: Tannenfeld. In: Stint. Zeitschrift für Literatur Bremen 7 (1993), Nr. 14, S. 68.

Erster Dichter. In: Werner Liersch: Hans Fallada [‚Leseblatt' DINA 3, mit verschiedenen Gedichten aus dem Zyklus *Gestalten und Bilder* [1917]], hg. vom Literaturzentrum Neubrandenburg, Neubrandenburg 1992.
Q HFA S 297.
A auch in: Tannenfeld. In: Stint. Zeitschrift für Literatur Bremen 7 (1993), Nr. 14, S. 67–68.

Fremdheit. In: Werner Liersch: Hans Fallada [‚Leseblatt' DINA 3, mit verschiedenen Gedichten aus dem Zyklus *Gestalten und Bilder* [1917]], hg. vom Literaturzentrum Neubrandenburg, Neubrandenburg 1992.
Q HFA S 297.

Pulverdampf über dem Erschossenen. In: Werner Liersch: Hans Fallada [‚Leseblatt' DINA 3, mit verschiedenen Gedichten aus dem Zyklus *Gestalten und Bilder* [1917]], hg. vom Literaturzentrum Neubrandenburg, Neubrandenburg 1992.
Q HFA S 297.

Sträfling. In: Werner Liersch: Hans Fallada [‚Leseblatt' DINA 3, mit verschiedenen Gedichten aus dem Zyklus *Gestalten und Bilder* [1917]], hg. vom Literaturzentrum Neubrandenburg, Neubrandenburg 1992.
Q HFA S 297.
A auch in: Tannenfeld. In: Stint. Zeitschrift für Literatur Bremen 7 (1993), Nr. 14, S. 69.

Stummes Herz. In: Werner Liersch: Hans Fallada [‚Leseblatt' DINA 3, mit verschiedenen Gedichten aus dem Zyklus *Gestalten und Bilder* [1917]], hg. vom Literaturzentrum Neubrandenburg, Neubrandenburg 1992.
Q HFA S 297.

Tannenfeld [1912/13]. In: Werner Liersch: Hans Fallada [‚Leseblatt' DINA 3, mit verschiedenen Gedichten aus dem Zyklus *Gestalten und Bilder* [1917]], hg. vom Literaturzentrum Neubrandenburg, Neubrandenburg 1992.
Q HFA S 297.
A auch in: Tannenfeld. In: Stint. Zeitschrift für Literatur Bremen 7 (1993), Nr. 14, S. 71; Hans Fallada. Sein Leben in Bildern und Briefen, hg. von Gunnar Müller-Waldeck und Roland Ulrich unter Mitarbeit von Uli Ditzen, Berlin 2012, S. 47.

Zueignung. In: Werner Liersch: Hans Fallada [‚Leseblatt' DINA 3, mit verschiedenen Gedichten aus dem Zyklus *Gestalten und Bilder* [1917]], hg. vom Literaturzentrum Neubrandenburg, Neubrandenburg 1992.
Q HFA S 297.

Tannenfeld. In: Stint. Zeitschrift für Literatur Bremen 7 (1993), Nr. 14, S. 67–71.
I Erster Dichter, S. 67–68; Dulder, S. 68; Sträfling, S. 69; Enttäuschung (Erstdruck), S. 70; Tannenfeld [1912/13], S. 71.
A aus dem Zyklus *Gestalten und Bilder* [1917], HFA S 297.

Verse zur Feier der 1500. Sitzung der Loge Vicelinus am 18.11.1928. In: Neues von daheim und zu Haus. Erinnerungen an Hans Fallada. Gespräche – Betrachtungen – Dokumente,

hg. von Gunnar Müller-Waldeck und Roland Ulrich, im Auftrag des Hans-Fallada-Vereins Greifswald e. V., Frankfurt a. M./Berlin 1993, S. 57–59.
Befreiung. In: Werner Liersch: Hans Fallada. Sein großes kleines Leben. Biographie, erweiterte Neuausgabe Reinbek bei Hamburg 1997, S. 110.
  A aus dem Zyklus *Gestalten und Bilder* [1917], HFA S 297.
Nach dem Erguß. In: Werner Liersch: Hans Fallada. Sein großes kleines Leben. Biographie, erweiterte Neuausgabe Reinbek bei Hamburg 1997, S. 109.
  A aus dem Zyklus *Gestalten und Bilder* [1917], HFA S 297.
(Sind wir nicht zur Trauer hier geboren? [1911]). In: Werner Liersch: Hans Fallada. Sein großes kleines Leben. Biographie, erweiterte Neuausgabe Reinbek bei Hamburg 1997, S. 39.
  Q HFA S 58/1 [Rudolstädter Gerichtsakte].
  A auch in: Peter Walther: Hans Fallada. Die Biographie, Berlin 2017, S. 60.
(Er war sich fremd, es wuchs in ihm ein Baum.) In: Jenny Williams: Mehr Leben als eins. Hans Fallada. Biographie. Aus dem Englischen von Hans Christian Oeser, Berlin 2002, S. 51.
  A Drei Strophen des Gedichts *Erster Dichter* aus dem Zyklus *Gestalten und Bilder* [1917], HFA S 297.
Gesang zu zweien. In: Nacht-Express. Die Illustrierte Berliner Abendzeitung 4 (1948), Nr. 300, 24.12.1948, [S. 5].
  A aus dem Zyklus *Gestalten und Bilder* [1917], HFA S 297; auch in: Salatgarten 9 (2000), H. 1, S. 24.
Trennung. In: Nacht-Express. Die Illustrierte Berliner Abendzeitung 4 (1948), Nr. 300, 24.12.1948, [S. 5].
  A aus dem Zyklus *Gestalten und Bilder* [1917], HFA S 297; auch in: Salatgarten 9 (2000), H. 1, S. 24.
(Als er dem Tier der Atmung Luft versperrte …) [3 Strophen des Gedichts *Der kleine Kreis I* aus dem Zyklus *Gestalten und Bilder*]. In: Peter Walther: Hans Fallada. Die Biographie, Berlin 2017, S. 39.

1.1.3.2 Unveröffentlichte Lyrik (bzw. bisher ohne Druckbeleg)

Die Verse des Omar Khayyam. Aus dem Englischen des Fitzgerald ins Deutsche übertragen von Rudolf Ditzen [o. J.].
  Q Typoskript (17 Seiten), HFA S 297.
Dank der Schönheit. Widmung an W. Burlage [ca. 1910]. In: Gedanken über den Glauben. I/1 Willi Burlage gewidmet von R. Ditzen, [S. 10].
  Q Handschrift (10 Seiten), Thüringisches Stadtarchiv Rudolstadt, Nr. 751, Bl. 231; HFA S 58.
Minnedienst. Ein Epos vom Lieben und vom Liebeln von Rudolf Ditzen [1910].
  Q Handschrift (11 Seiten) und Typoskript (11 Seiten), HFA S 1805.
  I (Seltsam scheint die Idee, des Hexameters fliessende Verse…), [S. 3–9]; Das Lied der Liebe, [S. 9–11].
Gestalten und Bilder. Verse von Rudolf Ditzen [1917].
  Q Typoskript (103 Seiten), HFA S 297.
  I Zueignung, S. 3; Dirne, S. 4–5; Mordzimmer, S. 6; Pulverdampf über den Erschossenen, S. 7–8; Das perverse junge Fräulein, S. 9; Überturz von Einsamkeit, S. 10–11; Der Sträfling, S. 12; More carnivora, S. 13–15; Heimritt, S. 16–17; Erster Dichter, S. 18–19; Dulder, S. 20; Wesensfremdheit, S. 21; Der kleine Kreis, S. 22–25; Trennung, S. 26; Stummes Herz, [S. 27]; Der Befleckte, S. 28; Eifersucht, S. 29; Bedenkung, S. 30; Fremdheit, S. 31; Pionierstrasse, S. 32; Sinnlos sinniges Getänzel, S. 33; Tier – Mensch, S. 34–35; Befreiung, S. 36–37; Tannenfeld, S. 38; Erwachen, S. 39–40; Suche, S. 41–42; Der Unbefriedigte, S. 43; Nähe, S. 44; Sehnsüchte, S. 45; An Jagusch, S. 46; An W.B., S. 47; Kolonnadenstrasse, S. 48; Erinnerung, S. 49–50; Nacht, S. 51–52; Mutter und Dirne, [S. 53]; Gesang zu zweien, S. 54–55; Die Irre, S. 56–57; Mädchen, S. 58; Kern, S. 59; Rätselhaft, S. 60–61; Büro,

S. 62–63; Haute volée, S. 64; Das Glas, S. 65; Körperlicher Ekel, S. 66; Mein Leib – Mein Geist, S. 67; Nach dem Erguß, S. 68; Dämmerungs-Gespenster, S. 69–70; Abendspaziergang, S. 71–72; Hübscher Morgen, S. 73–74; Taumel im Bordell, S. 75–76; Dem Gehenkten, S. 77; Leichenrede, S. 78–79; Kein Rat, S. 80; Bruder, S. 81; Enttäuschung, S. 82; Mitternacht, S. 83; Lachen, S. 84; Junges Mädchen (Auf eine Statuette von Frau F.), S. 85; Tagziel, S. 86–87; Wanderung, S. 88–89; Bezwungene Natur, S. 90; Pater nolens, S. 91; Loslösung, S. 92; Rote Reime, S. 93–94; Menschuntergang, S. 95–96; Letzte Stufe, S. 97; Gewitterschwüle Wanderung, S. 98–99; Befriedigter Ehemann, S. 100; Stimmungskrampf, S. 101; Gespräch mit mir, S. 102–103.
Zum 5. XI. 1928 [‚Einjähriges Hochzeitsgedicht' für Oscar].
Q Typoskript (8 Seiten), HFA N 121.
Die Uhr. Zum 13. XII. 1928 an Vizemama Louisa Issel.
Q Typoskript (2 Seiten), HFA S 2238.
A Gelegenheitsgedicht im Briefwechselkonvolut (Briefe an Frercksen, Blöcker, Louise Issel, 1928–1951).

1.1.4 Dramatik, Hörspiele und Drehbücher

1.1.4.1 Veröffentlichte Dramen, Hörspiele und Drehbücher

Bauern, Bonzen und Bomben (Die schwarze Fahne). Schauspiel in 5 Akten von Hans Fallada und Heinz Dietrich Kenter, Freiburg i. Br.: Max Reichard o. J. [1932].
Q HFA S 288.
Der Klatsch. Ein Hörspiel in neun Szenen von Hans Fallada und Heinz Dietrich Kenter. Unverkäufliches Manuskript, Berlin-Charlottenburg: Programmdienst für den deutschen Rundfunk G.m.b.H. o. J. [1932].
Q HFA S 383.
Dies Herz, das dir gehört (Zuflucht) [1939/40], Berlin: Aufbau 1994.

1.1.4.2 Unveröffentlichte Dramen und Drehbücher

Das Kräutlein Wahrheit. Lustspiel in einem Acte von Rudolf Ditzen. Seinen lieben Eltern zum Weihnachtsfeste 1910 zugeeignet von Rudolf Ditzen.
Q Typoskript (26 Seiten), HFA N 122.
Exposé für den Film *Kleiner Mann – was nun?* In: Salatgarten 26 (2017), H. 2, S. 15–19.
Q Typoskript (65 Seiten), HFA N 123.
A Auszug aus HFA-Typoskript: (Kleiner Mann – was nun?) Kopf hoch! [Film-Treatment, 6.5.1932–10.6.1932].
Einige Ideen zu einem Film über das Schicksal des deutschen Bauern. In: Salatgarten 26 (2017), H. 2, S. 9–10.
Q Typoskript (2 Seiten), HFA S 438.
A im HFA unter dem Titel: Einige Ideen zu einem Film über das Schicksal des deutschen Bauern. 1920 bis 1934 [An Werner Schallehn, 11.9.1934].

1.1.5 Sonstiges

Gedanken über den Glauben. I/l Willi Burlage gewidmet von R. Ditzen.
Q Handschrift (10 Seiten), Thüringisches Stadtarchiv Rudolstadt, Nr. 751, Bl. 231; HFA S 58.
Deutschland in der heutigen franzoesischen Litteratur [1912].
Q Typoskript (2 Seiten), HFA S 298; HFA S 935.

1.2 Autobiografisches

1.2.1 Autobiografische Texte

1.2.1.1 Bucherstdrucke

Damals bei uns daheim. Erlebtes, Erfahrenes und Erfundenes, Berlin/Stuttgart: Rowohlt 1941.
Heute bei uns zu Haus. Ein anderes Buch. Erfahrenes und Erfundenes, Berlin/Stuttgart: Rowohlt 1943.
Wie ich Schriftsteller wurde. In: Gesammelte Erzählungen, Reinbek bei Hamburg: Rowohlt 1967, S. 278–319.
  A auch unter: Meine lieben jungen Freunde. In: Junge Liebe zwischen Trümmern. Erzählungen, hg. und mit einem Nachwort von Peter Walther, Berlin 2018, S. 204–249.
Von mir über mich [1940]. In: Sabine Lange: Im Mäckelnbörgischen, in der Welteneinsamkeit. Hans Fallada in Carwitz und Feldberg (1933–1945), hg. vom Literaturzentrum Neubrandenburg e. V. 1995, S. 17–21.
Drei Jahre kein Mensch. In: Hans Fallada: Drei Jahre kein Mensch. Erlebtes. Erfahrenes. Erfundenes. Geschichten aus dem Nachlaß 1929–1944, hg. von Günter Caspar mit einer Studie *Marginalien zu Falladas Nachlaß*, Berlin: Aufbau 1997, S. 25–53.
Der Lebenslauf von Rudolf Ditzen [1911]. In: „Wenn Ihr überhaupt nur ahntet, was ich für einen Lebenshunger habe!". Hans Fallada in Thüringen. Ausstellungskatalog, hg. von Daniel Börner, Weimar/Jena 2010, S. 17–67.
  I Rudolf Ditzen, Lebenslauf, S. 21–55; Anmerkungen, S. 17, S. 56–67; [Faksimile der Handschrift von Seite 2 und 3 des Lebenslaufs], S. 18–19.
Aufzeichnungen des jungen Rudolf Ditzen nach dem Scheinduell mit seinem Schulfreund [1911/12]. In: Junge Liebe zwischen Trümmern. Erzählungen, hg. und mit einem Nachwort von Peter Walther, Berlin 2018, S. 14–18.
Meine Ahnen [1945]. In: Junge Liebe zwischen Trümmern. Erzählungen, hg. und mit einem Nachwort von Peter Walther, Berlin 2018, S. 183–189.
Ein Roman wird begonnen. Zwiegespräch zwischen dem Verfasser und seiner Frau [1946]. In: Junge Liebe zwischen Trümmern. Erzählungen, hg. und mit einem Nachwort von Peter Walther, Berlin 2018, S. 190–203.

1.2.1.2 Drucke in Zeitungen und Zeitschriften

Lebensabriß Hans Falladas. Von ihm selbst beschrieben. In: Das Kleine Blatt 7 (1933), Nr. 94, 5.4.1933, S. 14.
  A auch unter: Hans Fallada über Hans Fallada [Rowohlt-Werbeprospekt], HFA S 1667.
Kannten Sie schon…? [bearbeitete und gekürzte Fassung von *Lebensabriß Hans Falladas*]. In: Das Illustrierte Blatt. Frankfurter Illustrierte 21 (1933), Nr. 35, 7.9.1933, S. 859.
Vom Kälbchen zum Murkel. Lebensabriß von Hans Fallada. In: Der Querschnitt 13 (1933), H. 9 (Dezember 1933), S. 586–588.
*Vom Kuhberg nach Carwitz. Vom Feuerherd zum Elektroherd. In: Der Strom (1934), Juli/August 1934.
  A auch in: Junge Liebe zwischen Trümmern. Erzählungen, hg. und mit einem Nachwort von Peter Walther, Berlin 2018, S. 53–55.
Zwei Pseudonyme über sich selbst. In: Berliner Tageblatt und Handels-Zeitung 63 (1934), Nr. 438, Ausgabe A, 16.9.1934, 4. Beiblatt, Geistiges Leben. Kunst, Wissenschaft, Kritik, [S. 2].
Etwas von meiner Jugendliebsten. In: Berliner Montagspost (1934), Nr. 45, 2. Ausgabe, 5.11.1934, Erstes Beiblatt, S. 4.

A auch unter: Meine große Jugendliebe. In: Kölnische Rundschau 18 (1963), Nr. 131, Stadt-Ausgabe, 8.6.1963, [S. 19].

Damals bei uns daheim. Jugenderinnerungen von Hans Fallada [gekürzte Fassung von *Damals bei uns daheim. Erlebtes, Erfahrenes und Erfundenes*]. In: Die Dame [Illustrierte Mode-Zeitschrift] 68/69 (1941/42), H. 19 (Erstes Septemberheft 1941), S. 27 bis H. 1 (Januarheft 1942), S. 34.

I H. 19 (Erstes Septemberheft 1941), S. 27–31 (Der Baumkuchen; Der Familientäuscher und die blauen Löffel; Die Trinkgelder; Unter Sammlern; Auf Entdeckungen in Berlin);

H. 20 (Zweites Septemberheft), S. 28–31 (1. Fortsetzung: [Auf Entdeckungen in Berlin]; Wer da anklopft, dem wird aufgetan; Zwei Flüchtlinge; Der Richter; Zurückgelassen; Elternbildnis);

H. 21 (Erstes Oktoberheft), S. 27–30 (2. Fortsetzung: [Elternbildnis]; Eine grüne Kuh auf brauner Weide; Der Lockenraub; Familienreise in die Ferien; Der zweite Hans Fallada; Stettiner Bahnhof; Es müssen sieben sein);

H. 22 (Zweites Oktoberheft), S. 27–30 (3. Fortsetzung: [Es müssen sieben sein]; Vater ist gebissen; Bovistl; Auf dem Land; Wieder daheim);

H. 23 (Erstes Novemberheft), S. 31–34 (4. Fortsetzung: [Wieder daheim]; Ein Frauenleben; Großmutters Geistesgegenwart; Es riecht nach Leberwurst; Großmutters „Damen"; Das süße Kleid von Aimée; Großmutter knickst im Reichsgericht; Musik, die Trösterin);

H. 24 (Zweites Novemberheft), S. 31 (5. Fortsetzung: [Musik, die Trösterin]; Onkel Pfeifer; Wandervogel; Mittagskonzert in Appingedam; Salz und Zucker heben einander auf...; So macht man es bei uns zu Hause);

H. 25 (Dezemberheft), S. 29–33 (6. Fortsetzung: Vorweihnachtsfreuden; Man wird ja verrückt vor lauter Warten; Nun fängt die Bescherung an; Die vertauschte Wolfsschlucht; Geben ist seliger denn Nehmen; Tante Wieke und die Berge; Onkel Cyriak; Tante Gustchens Monogramm; Lebensgewohnheiten einer alten Dame; Mit dem Kopf in der Klemme);

H. 1 (Januarheft 1942), S. 34 (7. Fortsetzung und Schluß: Hören Sie, Dings!).

Heute bei uns zu Hause. Erlebtes, Erdachtes von Hans Fallada [gekürzte Fassung von *Heute bei uns zu Haus. Ein anderes Buch. Erfahrenes und Erfundenes*]. In: Der Silberspiegel 8/9 (1942/43), Oktoberheft, S. 401 bis Februarheft, S. 73.

I Oktoberheft, S. 401–406 [Mit dem Heiraten fängt es an];
Novemberheft, S. 439–444 [Ich weiß ein Haus am Wasser; Unser Erstgeborener];
Dezemberheft, S. 477–481 [Honig im Garten, Honig des Lebens];
Januarheft, S. 23–28 [Wer langsam fährt, kommt auch zum Ziel];
Februarheft, S. 66–73 [Ruhe, jetzt wird gearbeitet].

Osterfest 1933 mit der SA. In: Tägliche Rundschau. Zeitung für die deutsche Bevölkerung 1 (1945), Nr. 170, 28.11.1945, S. 3 bis Nr. 175, 4.12.1945, S. 4.

I Nr. 170, 28.11.1945, S. 3–4;
Nr. 171, 29.11.1945, S. 3 (1. Fortsetzung);
Nr. 172, 30.11.1945, S. 3 (2. Fortsetzung;
Nr. 173, 1.12.1945, S. 3 (3. Fortsetzung);
Nr. 174, 2.12.1945, S. 3 (4. Fortsetzung);
Nr. 175, 4.12.1945, S. 3–4 (5. Fortsetzung und Schluß).

Bücher schreiben war mein Beruf. In: Frankfurter Allgemeine. Zeitung für Deutschland 4 (1952), Nr. 32, D-Ausgabe, 7.2.1952, S. 4.

A Auszug aus: Wie ich Schriftsteller wurde. In: Gesammelte Erzählungen, Reinbek bei Hamburg: Rowohlt 1967, S. 278–319.

1.2.1.3 Unveröffentlichte autobiografische Schriften (bzw. bisher ohne Druckbeleg)

Der unerwünschte Autor. Meine Erlebnisse während zwölf Jahren Naziterror [1944].
    Q Typoskript (138 Seiten), HFA N 62.

Der Dichter über sich [Werbeprospekt Hans Fallada. Rowohlt Verlag Stuttgart, S. 1–2].

Q HFA S 1077.

1.2.2 Briefe und Tagebücher

1.2.2.1 Veröffentlichte Briefe und Tagebücher

[Briefe in der Akte des Jenaer Universitätsarchives [1911–1912]]. In: „Wenn Ihr überhaupt nur ahntet, was ich für einen Lebenshunger habe!". Hans Fallada in Thüringen. Ausstellungskatalog, hg. von Daniel Börner, Weimar/Jena 2010, S. 69–101.
    I Briefe, S. 69–93 [u. a. Briefe an Ada Ditzen [ohne Datum]; an Prof. Binswanger [7.2.1912]; an Dr. Schönhals [18.2.1912]]; Anmerkungen, S. 94–101.
Full, Jean: Hans Fallada et Romain Rolland. Trois lettres inédites de Fallada (1912). In: Recherches Germaniques. Revue annuelle 3 (1973), S. 223–234.
Studnitz, Cecilia von: Ich bin nicht der, den Du liebst. Die frühen Jahre des Hans Fallada in Berlin, Neubrandenburg 2007.
    A Briefwechsels Falladas mit Anne Marie Seyerlen 1917–1934.
Ewig auf der Rutschbahn. Briefwechsel mit dem Rowohlt Verlag, hg. von Michael Töteberg und Sabine Buck, Reinbek bei Hamburg 2008.
Strafgefangener, Zelle 32. Tagebuch 22. Juni-2. September 1924, hg. von Günter Caspar, Berlin 1998.
    Q Manuskript HFA N 59.
Wenn du fort bist, ist alles nur halb. Briefe einer Ehe, hg. von Uli Ditzen, Berlin 2007.
    A Briefe von 1928–1946.
Ohne Euch wäre ich aufgesessen. Geschwisterbriefe, Berlin 2018.
    A Briefe von 1928–1946.
Briefe aus der Neumünsteraner Zeit. In: Hans Fallada. Werk und Wirkung, hg. von Rudolf Wolff, Bonn 1983, S. 64–92.
Becker, Erika: „Und man soll seinem Stern vertrauen". Bisher unbekannte Briefe [1928–1929] Hans Falladas an das Carwitzer Archiv übergeben. In: Salatgarten 12 (2003), H. 2, S. 47–55; Salatgarten 13 (2004), H. 1, S. 22–26.
Crepon, Tom/Dwars, Marianne: An der Schwale liegt (k)ein Märchen. Hans Fallada in Neumünster, Neumünster 1993, S. 107–164.
    A Briefe aus den Jahren 1928–1929.
Lange, Sabine: Gespräche und Briefe. In: Hans-Fallada-Jahrbuch (1995), Nr. 1, S. 130–137.
    A Briefe an Dora Koch [Falladas Sekretärin] aus dem Jahr 1932.
[Briefwechsel mit Dora Isbrandt 1932–1934]. In: Manfred Kuhnke: Wir saßen alle an einem Tisch. Sekretärin und Krankenschwester, Pflichtjahrmädchen und Haustöchter erzählen von Hans Fallada, hg. vom Literaturzentrum Neubrandenburg e. V., Neubrandenburg 2001, S. 19–27.
Einschreiben. An die Robert Neppach Film A.G. In: Salatgarten 26 (2017), H. 2, S. 31.
    A Brief an Robert Neppach vom 3.5.1933.
Der Weg zu Blubo. In: Neue Deutsche Blätter. Monatsschrift für Literatur und Kritik 2 (1934), Nr. 1, S. 62.
    A gedruckter Brief Falladas als Voranzeige für Roman *Wir hatten mal ein Kind* vom 4.3.1934, eingelegt in die Erstausgabe von *Wer einmal aus dem Blechnapf frißt*.
Mein Vater und sein Sohn. Briefwechsel, hg. von Uli Ditzen. Mit Anmerkungen von Hartmut Schönfuß, Berlin 2004.
    A Briefwechsel mit Sohn Uli Ditzen 1940–1946.
Lange, Sabine: Oder haben Sie etwas gegen Mahlendorf? Hans Fallada und der *Silberspiegel* (II). „Kürzungen und Umarbeitungen". In: Salatgarten 8 (1999), H. 1, S. 13–14.
    A Briefwechsel Falladas mit dem Scherl Verlag; im Zshg. mit dem Vorabdruck zu *Heute bei uns zu Haus* [1.8.1942–8.10.1942].

„Lieber Herr Ohser, lieber Fallada, lieber Plauen". Briefe zwischen Carwitz und Berlin. Der vollständige Briefwechsel. In: Manfred Kuhnke: Der traurige Clown und der Elefant auf dem Seil. Hans Fallada und e. o. plauen, hg. vom Literaturzentrum Neubrandenburg e. V., Neubrandenburg 2003, S. 86–91.
    A vollständiger Briefwechsel zwischen Fallada und Erich Ohser [8.1.1943–26.7.1943].
Brieflein an Mücke. In: Krachkultur (2014), Nr. 16, S. 68–72.
    A Brief vom 21.9.1944.
[Briefwechsel mit Sophie Zickermann 1944]. In: Manfred Kuhnke: Wir saßen alle an einem Tisch. Sekretärin und Krankenschwester, Pflichtjahrmädchen und Haustöchter erzählen von Hans Fallada, hg. vom Literaturzentrum Neubrandenburg e. V., Neubrandenburg 2001, S. 70–72.
In meinem fremden Land. Gefängnistagebuch 1944, hg. von Jenny Williams und Sabine Lange, Berlin 2009.
    I Sendbrief aus dem Totenhaus. Nachwort, S. 271–286; zu dieser Ausgabe, S. 287–290; Chronik, S. 291–292; Anmerkungen, S. 293–324.
[Briefe aus den Jahren 1945/46]. In: Sabine Lange: „... wir haben nicht nur das Chaos, sondern wir stehen an einem Beginn...". Hans Fallada 1945–1947, hg. vom Literaturzentrum Neubrandenburg, Neubrandenburg 1988, S. 23–44.
    A Briefe an Familienangehörige, Schriftstellerkollegen und Verleger.
[Brief an Kurt Wilhelm vom 17.3.1946]. In: Das Haus in der Französischen Straße. Vierzig Jahre Aufbau-Verlag. Ein Almanach, Berlin (Ost)/Weimar 1985, S. 80–82.
[Briefwechsel mit Kurt Wilhelm 1946/47]. In: Allein mit Lebensmittelkarten ist es nicht auszuhalten... . Autoren und Verlegerbriefe 1945–1949, hg. von Elmar Faber und Carsten Wurm, Berlin 1991, S. 71–84.
Müller-Waldeck, Gunnar: Neues zu Romain Rolland, Hans Fallada und Ada Ditzen. In: Etudes Germaniques 53 (1998) H. 4, S. 719–732.
    A auch in: Hans-Fallada-Jahrbuch (2000), Nr. 3, S. 49–63 [im Anhang: Zwei Briefe Falladas an Rolland sowie fünf Briefe von Rolland an Fallada, welche hier erstveröffentlicht sind: S. 57–63].

1.2.2.2 Unveröffentlichte Briefe und Tagebücher (bzw. bisher ohne Druckbeleg)

[Briefwechsel mit diversen Verlagen, 1912–1918].
    Q HFA S 960–965.
[Briefwechsel mit diversen Verlagen und Zeitschriften, 1912–1925 (inklusive zahlreicher Aktenvermerke Hans Falladas)].
    Q HFA S 89.
[Verschiedene Briefe Rudolf Ditzens, 1913–1919].
    Q HFA S 59.
[Briefwechsel mit Margarete und Fritz Bechert, 1916, 1924–1927].
    Q HFA S 938–942.
[Briefwechsel mit Elisabeth und Wilhelm Ditzen, 1918–1919].
    Q HFA S 936.
[Briefwechsel mit dem Ernst Rowohlt Verlag, 1919].
    Q HFA S 966.
[Briefwechsel mit dem Ernst Rowohlt Verlag, 1920].
    Q HFA S 967.
[Briefwechsel mit Paul Mayer (Verlagsbriefwechsel), 1920].
    Q HFA S 967; N 244.
[Briefwechsel mit dem Ernst Rowohlt Verlag 1921].
    Q HFA S 968.
[Briefwechsel mit dem Ernst Rowohlt Verlag, 1922].
    Q HFA S 969.

1. Quellen

[Briefwechsel mit der Ernst Rowohlt KGaA, 1923].
  Q HFA S 970.
[Briefwechsel mit Franz Hessel (Verlagsbriefwechsel), 1923].
  Q HFA S 970.
[Briefwechsel mit Stefan Großmann (Verlagsbriefwechsel), 1923–1925].
  Q HFA S 970–972.
[Briefwechsel mit der Ernst Rowohlt KGaA, 1924].
  Q HFA S 971.
[Briefwechsel mit der Ernst Rowohlt KGaA, 1925].
  Q HFA S 972.
[Briefwechsel mit Heinz Stroh (Verlagsbriefwechsel), 1925].
  Q HFA S 972.
[Briefwechsel mit der Ernst Rowohlt KGaA, 1925].
  Q HFA S 973.
[Briefwechsel mit Magda und Oscar Ebers, 1928/29].
  Q HFA S 1798.
[Briefwechsel mit Anna Ditzen, 1928–1944].
  Q HFA S 342–353.
[Briefwechsel mit Margarete (Schwester) und Fritz Bechert, 1928–1944].
  Q HFA N 198–213; HFA S 943–958.
[Briefwechsel mit Elisabeth (Schwester) und Heinz Hörig, 1928–1945].
  Q HFA N 182–197.
[Briefwechsel mit Wilhelm und Elisabeth Ditzen (Eltern), 1928–1946 (ab 1937 Hans Fallada mit seiner Mutter)].
  Q HFA N 166–181.
[Briefwechsel mit Johannes Kagelmacher, 1928–1946].
  Q HFA N 215–232.
[Briefwechsel mit dem Rowohlt Verlag und Ernst Rowohlt (privat), 1928–1946].
  Q HFA N 234–252.
[Briefwechsel mit diversen Briefpartnern und Institutionen (A-Z), 1931–1945].
  Q HFA N 253–271.
[Brief an Siegfried Kracauer – Neuenhagen bei Berlin vom 31.12.1931].
  Q DLA Marbach, Signatur A: Kracauer 72.2247/1.
[Briefwechsel mit Axel Eggebrecht, 1932].
  Q HFA N 294.
[Briefwechsel mit Peter Martin Lampel, 1932].
  Q HFA N 300.
[Leserbriefwechsel zu *Kleiner Mann – was nun?*, 1932/33].
  Q HFA N 291–309.
[Briefwechsel mit Hermann Hesse, 1932–1934].
  Q Schweizerisches Literaturarchiv Bern, Hesse-Nachlass, Ms. L 83; HFA N 297.
[Briefwechsel mit Walter von Hollander, 1932–1938].
  Q HFA N 260.
[Briefwechsel mit Dora Isbrandt, 1932–1934].
  Q HFA S 698.
[Brief an Siegfried Kracauer – Neuenhagen bei Berlin vom 5.6.1932].
  Q DLA Marbach, Signatur A: Kracauer 72.2247/2.
[Brief an Fränze Vordtriede – Neuenhagen bei Berlin vom 3.11.1932].
  Q DLA Marbach, Signatur A: Vordtriede 86.3231.
[Briefwechsel mit Dora-Herta Stein-Preisach, 1933–1946].
  Q HFA S 287.
[Briefwechsel mit Friedrich Hermann Küthe, 1933–1946].
  Q HFA S 608.

[Brief an Will Vesper – Berkenbrück/Spree vom 31.3.1933].
  Q HFA S 389; DLA Marbach, A: Vesper 76.2083/1.
[Briefwechsel mit Adelaide Ditzen, 1934, 1936].
  Q HFA S 937.
[Briefwechsel mit Walter A. Berendsohn, 8.12.1934–17.12.1934].
  Q Deutsche Nationalbibliothek. Signatur EB 54b/7 I, 517–517a–e.
[Brief an Will Vesper – Carwitz vom 4.07.1934].
  Q HFA S 389; DLA Marbach, A: Vesper 76.2083/2.
[Brief an Will Vesper – Carwitz vom 15.7.1934].
  Q HFA S 389; DLA Marbach, A: Vesper 76.2083/3.
[Briefwechsel mit Hermann Broch, 1934–1937].
  Q HFA N 254.
[Geschäftstagebuch ‚1935–1937].
  Q HFA S 1192–1194.
[Briefwechsel mit Walter Liebscher, 1935–1946].
  Q HFA S 830.
[Briefwechsel mit Werner Hütter, 1936–1946].
  Q HFA S 699.
[Brief an Ernst Tollert – Carwitz vom 11.2.1936].
  Q DLA Marbach, A: Jünger/Autographensammlung HS.1994.0009.
[Brief an Heinz Dietrich Kenter, September 1937].
  Q Theaterwissenschaftliche Sammlung/Institut für Medienkultur und Theater, Universität zu Köln. Signatur: Au 14 833.
[Briefwechsel mit Friedrich Eisenlohr, 1937–1945].
  Q HFA N 257.
[Geschäftstagebuch, 1938–1943/44].
  Q HFA S 1195–1200.
[Briefwechsel mit Erich Ebermayer, 1939].
  Q HFA N 257.
[Brief an Oberpfarrer [Karl] Kohl – Carwitz vom 7.7.1939].
  Q DLA Marbach. Signatur A: Kohl/Fallada 71.6469.
[Briefwechsel mit Wilhelm Kahlert, 1942].
  Q HFA S 88.
[Briefwechsel mit Ettighoffer, 1942–1944].
  Q HFA N 257.
[Briefwechsel mit der Deutschen Verlags-Anstalt GmbH Stuttgart, 1943].
  Q HFA N 249.
[Briefwechsel mit diversen Familienmitgliedern, 1945/46].
  Q HFA N 214.
[Briefwechsel mit diversen Briefpartnern und Institutionen (A-Z), 1945/46].
  Q HFA N 272–290.
[Briefwechsel mit Ernst Rowohlt, Anna Ditzen, Lore und Uli Ditzen, Elisabeth Ditzen, 1945/46].
  Q HFA S 74.
[Briefwechsel mit Paul Collrep, 1945/46].
  Q HFA S 697.
[Briefwechsel mit Felix Riemkasten, 1945/46].
  Q HFA N 286.
[Brief an Otto Hartmann – Berlin – Niederschönhausen vom 3.3.1945].
  Q Heinrich-Heine-Institut: HHI.94.5036.539.
[Brief an Otto Hartmann – Berlin – Niederschönhausen vom 6.12.1945].
  Q Heinrich-Heine-Institut: HHI.94.5036.538.
[Briefwechsel mit Johannes R. Becher/Kulturbund, 20.10.1945–22.7.1946].
  Q HFA N 233.
[Briefwechsel mit der Täglichen Rundschau, 1946/47].

Q HFA S 72.
[Briefwechsel mit Johannes R. Becher, 1946–1948 (u. a. Testament von Hans Fallada)].
  Q Stiftung Archiv der Akademie der Künste. Johannes R. Becher-Korrespondenz. Signatur: 14633–146659.
[Brief an Franz Nowack – Berlin – Niederschönhausen vom 25.11.1946].
  Q Zentral- und Landesbibliothek Berlin. Signatur EH 3620.

1.3 Zeitungsartikel und Rezensionen

1.3.1 Beiträge in verschiedenen Zeitungen und Zeitschriften

Stimme aus den Gefängnissen. In: Das Tage-Buch 6 (1925), H. 1, 3.1.1925, S. 9–15.
  A auch in: Altonaer Neueste Nachrichten 14 (1925), Nr. 9, 12.1.1925, 1. Beilage, [S. 1].
Tscheka-Impressionen. In: Das Tage-Buch 6 (1925), H. 15, 11.4.1925, S. 522–526.
Stahlhelm-Nachtübung. In: Das Tage-Buch 6 (1925), H. 33, 15.8.1925, S. 1227–1229.
  A auch unter: Stahlhelm-Gemüs, HFA N 51.
Was liest man eigentlich in Hinterpommern? In: Die Literarische Welt 1 (1925), Nr. 1, 9.10.1925, S. 4–5.
  A auch in: Auch ein Kritiker kann nicht gerecht sein. Aufsätze zur zeitgenössischen Literatur, hg. von Michael Töteberg, Reinbek bei Hamburg 2018, S. [1–3].
*Vorweihnachtliche Betrachtungen. In: Schleswig-Holsteinische Verkehrs-Zeitung 2 (1928), 1.12.1928.
  Q HFA N 145.
  A ohne Kürzel.
Muß das sein – ? In: Schleswig-Holsteinische Verkehrs-Zeitung 2 (1928), Nr. 12, 20.12.1928, S. 3.
  A ohne Kürzel.
*Rückschau des Kritikers. In: Schleswig-Holsteinische Verkehrs-Zeitung 3 (1929), April 1929.
  Q HFA N 145; HFA S 2105.
  A ohne Kürzel.
Die schwarze Bauernfahne. In: Das Tage-Buch 10 (1929), H. 32, 10.8.1929, S. 1311–1315.
Bauern-Krieg wider Neumünster. In: Das Tage-Buch 10 (1929), H. 37, 14.9.1929, S. 1516–1519.
Landvolkprozeß. In: Das Tage-Buch 10 (1929), H. 47, 23.11.1929, S. 2007–2008.
Landvolkprozeß. In: Die Weltbühne. Wochenschrift für Politik, Kunst, Wirtschaft 25 (1929), Nr. 49, 3.12.1929, S. 832–835.
Bilder oder Brot? Neue Antworten auf unsere Fragen (Ja und Nein). In: Tempo 4 (1931), Nr. 154, 6.7.1931, S. 5.
„…daß wir über der Kompliziertheit des heutigen Lebens den Boden der Wirklichkeit verlieren könnten…" (Was mir in dieser Zeit als Wichtigstes am Herzen liegt. Eine Artikelreihe über die Nöte unserer Zeit). In: Uhu 8 (1931/32), H. 5 (Februar 1932), S. 10–11.
  A auch in: Uhu. Das Magazin der 20er Jahre, zusammengestellt und hg. von Christian Ferber. Nachdruck der Erstveröffentlichungen aus den Original-Uhu-Bänden von 1924–1933, Berlin 1979, S. 348–349.
Pommersche Bauern – vor allem Rügener Bauern. Bericht von Hans Fallada. In: Magdeburgische Zeitung (1932), Nr. 303, Tägliche Unterhaltungsbeilage, 5.6.1932, S. 13.
Der Roman wird zum Film. In: Film-Kurier. Theater, Kunst, Varieté, Funk 14 (1932), Nr. 230, 29.9.1932, [S. 2].
  A auch in: Salatgarten 26 (2017), H. 2, S. 14.
Hat Riemkasten recht – ? Ein offener Brief von Hans Fallada. In: Der Tag [Moderne Illustrierte Zeitung] 34 (1934), Nr. 91, 17.4.1934, Die Unterhaltung, [S. 2].

Himmel, wir erben ein Schloß. In: Filmwelt. Das Film- und Foto-Magazin (1942), Nr. 39/40, 28.10.1942, S. 308–309.
  A zur Verfilmung von *Kleiner Mann, großer Mann – alles vertauscht.*
Hans Fallada schreibt an den Kulturbund zur demokratischen Erneuerung Deutschlands [12.10.1945]. In: Deutsche Volkszeitung. Zentralorgan der Kommunistischen Partei Deutschlands 1 (1945), Nr. 110, 18.10.1945, S. 2.
Über den doch vorhandenen Widerstand der Deutschen gegen den Hitlerterror. In: Aufbau. Kulturpolitische Monatsschrift 1 (1945), H. 3, S. 211–218.
  A auch in: Sabine Lange: „... wir haben nicht nur das Chaos, sondern wir stehen an einem Beginn...". Hans Fallada 1945–1947, hg. vom Literaturzentrum Neubrandenburg, Neubrandenburg 1988, S. 45–56.
Ein Beschwerdefall im Gefängnis [1929, Erstdruck nach dem Manuskript]. In: Ausgewählte Werke in Einzelausgaben, Bd. 3: Wer einmal aus dem Blechnapf frißt. Roman, hg. von Günter Caspar, Berlin (Ost)/Weimar 1967, S. 596–599.
Noch einmal: Osterfest 1933 mit der SA. In: Sabine Lange: „... wir haben nicht nur das Chaos, sondern wir stehen an einem Beginn...". Hans Fallada 1945–1947, hg. vom Literaturzentrum Neubrandenburg, Neubrandenburg 1988, S. 67–69.

1.3.2 Beiträge im General-Anzeiger für Neumünster (1928–1930)

1.3.2.1 Filmkritiken

Kaczmarek. Holsten-Palast. In: General-Anzeiger für Neumünster. Nachrichten- und Tageblatt für Schleswig-Holstein 39 (1929), Nr. 10, 12.1.1929, [S. 4].
  A ohne Kürzel.
Kreuz und quer durchs Mittelmeer. In: General-Anzeiger für Neumünster. Nachrichten- und Tagblatt für Schleswig-Holstein 39 (1929), Nr. 11, 14.1.1929, [S. 3].
  A ohne Kürzel.
Alt-Heidelberg. Holsten-Palast. In: General-Anzeiger für Neumünster. Nachrichten- und Tageblatt für Schleswig-Holstein 39 (1929), Nr. 55, 6.3.1929, [S. 3].
  A ohne Kürzel.
Ausflug nach Amerika mit der Hapag. In: General-Anzeiger für Neumünster. Nachrichten- und Tageblatt für Schleswig-Holstein 39 (1929), Nr. 59, 11.3.1929, [S. 3].
  A ohne Kürzel.
Der weiße Harem – Ballet. Holsten-Palast. In: General-Anzeiger für Neumünster. Nachrichten- und Tageblatt für Schleswig-Holstein 39 (1929), Nr. 67, 20.3.1929, [S. 3].
  A ohne Kürzel.
Die Nacht ohne Hoffnung. Hansa-Theater. In: General-Anzeiger für Neumünster. Nachrichten- und Tageblatt für Schleswig-Holstein 39 (1929), Nr. 67, 20.3.1929, [S. 3].
  A ohne Kürzel.
Die Mitternachtstaxe. Hansa-Theater. In: General-Anzeiger für Neumünster. Nachrichten- und Tageblatt für Schleswig-Holstein 39 (1929), Nr. 92, 20.4.1929, [S. 3].
  A ohne Kürzel.
*Nachtgestalten. In: General-Anzeiger für Neumünster. Nachrichten- und Tageblatt für Schleswig-Holstein 39 (1929), Nr. 165, 17.7.1929, [S. 3].
  A ohne Kürzel.
*Die Siebzehnjährigen. In: General-Anzeiger für Neumünster. Nachrichten- und Tageblatt für Schleswig-Holstein 39 (1929), Nr. 165, 17.7.1929, [S. 3].
  A ohne Kürzel.

1.3.2.2 Theater- und Vortragskritiken

Bunter Abend im Tivoli. In: General-Anzeiger für Neumünster. Nachrichten- und Tageblatt für Schleswig-Holstein 38 (1928), Nr. 275, 23.11.1928, [S. 3].
A ohne Kürzel.

*Der Tod auf Neumünsters Straßen. In: General-Anzeiger für Neumünster. Nachrichten- und Tageblatt für Schleswig-Holstein [Januar 1929].
Q HFA S 2105.
A ohne Kürzel.

Klavierabend Vera Schapira. Konzert des Musikvereins Neumünster. In: General-Anzeiger für Neumünster. Nachrichten- und Tageblatt für Schleswig-Holstein 39 (1929), Nr. 4, 5.1.1929, [S. 3].
A mit Kürzel –en gekennzeichnet.

*(Die Holstenschule vereinigte am Sonnabend mittag ihre Schüler...). In: General-Anzeiger für Neumünster. Nachrichten- und Tageblatt für Schleswig-Holstein 39 (1929), Nr. 5, 6.1.1929.
Q HFA N 145.
A mit Kürzel –en gekennzeichnet.

Wittorf. In: General-Anzeiger für Neumünster. Nachrichten- und Tageblatt für Schleswig-Holstein 39 (1929), Nr. 9, 11.1.1929, [S. 3].
A ohne Kürzel.

Bismarck und Weimar. Vortrag von Prof. Dr. Jellinek-Kiel. In: General-Anzeiger für Neumünster. Nachrichten- und Tageblatt für Schleswig-Holstein 39 (1929), Nr. 15, 18.1.1929, [S. 3].
A mit Kürzel –en gekennzeichnet.

Festaufführung der Holstenschule. Zur Feier des Tages der Gründung des Deutschen Reiches. In: General-Anzeiger für Neumünster. Nachrichten- und Tageblatt für Schleswig-Holstein 39 (1929), Nr. 16, 19.1.1929, [S. 3].
A mit Kürzel –en gekennzeichnet.

*Hans Langmaack-Abend. Dithmarscher Verein. In: General-Anzeiger für Neumünster. Nachrichten- und Tageblatt für Schleswig-Holstein 39 (1929), Nr. 19, 23.1.1929, [S. 3].
Q HFA N 145.
A mit Kürzel –en gekennzeichnet.

Für und wider die Todesstrafe? Von Rechtsanwalt Dr. Schmidt – Neumünster. In: General-Anzeiger für Neumünster. Nachrichten- und Tageblatt für Schleswig-Holstein 39 (1929), Nr. 21, 25.1.1929, [S. 3].
A mit Kürzel –en gekennzeichnet.

Die Bedeutung der Blutgruppen für die Rechtspflege. Dr. med. Böhmer – Kiel. In: General-Anzeiger für Neumünster. Nachrichten- und Tageblatt für Schleswig-Holstein 39 (1929), Nr. 27, 1.2.1929, [S. 3].
A mit Kürzel –en gekennzeichnet.

Kirchenkonzert. Professor Alfred Sittard – Hamburg. In: General-Anzeiger für Neumünster. Nachrichten- und Tageblatt für Schleswig-Holstein 39 (1929), Nr. 28, 2.2.1929, [S. 4].
A mit Kürzel –en gekennzeichnet.

Deutsche Kommunalpolitik in amerikanischem Lichte. Treiben die deutschen Städte Luxus? Von Syndikus Dr. Berthold – Berlin. In: General-Anzeiger für Neumünster. Nachrichten- und Tageblatt für Schleswig-Holstein 39 (1929), Nr. 32, 7.2.1929, [S. 3].
A mit Kürzel –en gekennzeichnet.

Französische Kulturpropaganda und deutsche Zerrissenheit. Ministerialrat Dr. Gertrud Bäumer spricht über *Internationale Kulturpolitik*. In: General-Anzeiger für Neumünster. Nachrichten- und Tageblatt für Schleswig-Holstein 39 (1929), Nr. 33, 8.2.1929, [S. 3].
A mit Kürzel –en gekennzeichnet.

U.S.A. heute Herr der Welt – und morgen – ? Syndikus Dr. Hammerschlag – Bremen spricht über Gegenwartsprobleme der Weltwirtschaft. In: General-Anzeiger für Neumünster. Nachrichten- und Tageblatt für Schleswig-Holstein 39 (1929), Nr. 34, 9.2.1929, [S. 3].

A mit Kürzel –en gekennzeichnet.
Der Wirtschafts- und Verkehrsverein e. V. Neumünster. In: General-Anzeiger für Neumünster. Nachrichten- und Tageblatt für Schleswig-Holstein 39 (1929), Nr. 43, 20.2.1929, [S. 3].
A ohne Kürzel.
Arbeiterseele. Vortragsabend von Dr. Erich Drach – Berlin. In: General-Anzeiger für Neumünster. Nachrichten- und Tageblatt für Schleswig-Holstein 39 (1929), Nr. 45, 22.2.1929, [S. 3].
A mit Kürzel en. gekennzeichnet (ohne Bindestrich, mit Punkt).
Backstein-Baukunst. Architekt Höger – Hamburg. In: General-Anzeiger für Neumünster. Nachrichten- und Tageblatt für Schleswig-Holstein 39 (1929), Nr. 51, 1.3.1929, [S. 3].
A mit Kürzel –en gekennzeichnet.
Rudolf Watzke singt. Konzert des Vereins der Musikfreunde. In: General-Anzeiger für Neumünster. Nachrichten- und Tageblatt für Schleswig-Holstein 39 (1929), Nr. 54, 5.3.1929, [S. 3].
A mit Kürzel –en gekennzeichnet.
Geburtenrückgang – Geburtenbeschränkung. Gehen wir einer Entartung entgegen? Vortrag von Professor Dr. Grotjahn – Berlin. In: General-Anzeiger für Neumünster. Nachrichten- und Tageblatt für Schleswig-Holstein 39 (1929), Nr. 57, 8.3.1929, [S. 3].
A mit Kürzel –en gekennzeichnet.
Per Hallström: *Das Stumme*. Vorgetragen von Else Johannsen – Nürnberg. In: General-Anzeiger für Neumünster. Nachrichten- und Tageblatt für Schleswig-Holstein 39 (1929), Nr. 63, 15.3.1929, [S. 3].
A ohne Kürzel.
Schülerzeichnungen. Ausstellung in der Holstenschule. In: General-Anzeiger für Neumünster. Nachrichten- und Tageblatt für Schleswig-Holstein 39 (1929), Nr. 65, 18.3.1929, [S. 3].
A mit Kürzel –en gekennzeichnet.
Briefbücher. Rektor Paulsen – Tungendorf. In: General-Anzeiger für Neumünster. Nachrichten- und Tageblatt für Schleswig-Holstein 39 (1929), Nr. 69, 22.3.1929, [S. 3].
A mit Kürzel –en gekennzeichnet; auch in: In: Salatgarten 25 (2016) H. 1, S. 23.
Klavier- und Liederabend im Tivoli. Konzert des Musikvereins Neumünster. In. General-Anzeiger für Neumünster. Nachrichten- und Tageblatt für Schleswig-Holstein 39 (1929), Nr. 92, 20.4.1929, [S. 3].
A ohne Kürzel.
*Im Auto zur Brandstätte. In: General-Anzeiger für Neumünster. Nachrichten- und Tageblatt für Schleswig-Holstein 39 (1929), Nr. 100, 30.4.1929, [S. 3].
Q HFA N 145.
A ohne Kürzel.
Bernhard Frank: Karl und Anna. Sondergastspiel der Kieler. In: General-Anzeiger für Neumünster. Nachrichten- und Tageblatt für Schleswig-Holstein 39 (1929), Nr. 107, 8.5.1929, [S. 3].
A mit Kürzel –en gekennzeichnet.
Abendmusik in der Anscharkirche. Paula und Robert Kleinecke singen. In: General-Anzeiger für Neumünster. Nachrichten- und Tageblatt für Schleswig-Holstein 39 (1929), Nr. 154, 4.7.1929, [S. 3].
A mit Kürzel –en gekennzeichnet.
Endlich Große Ferien! In: General-Anzeiger für Neumünster. Nachrichten- und Tageblatt für Schleswig-Holstein 39 (1929), Nr. 155, 5.7.1929, [S. 3].
A mit Kürzel –en gekennzeichnet.
Bericht der Holstenschule Neumünster. In: General-Anzeiger für Neumünster. Nachrichten- und Tageblatt für Schleswig-Holstein 39 (1929), Nr. 155, 5.7.1929, [S. 3].
A ohne Kürzel.
Gen Ostland woll'n wir reiten! Abstimmungsfeier der heimattreuen Ost- und Westpreußen im Tivoli. In: General-Anzeiger für Neumünster. Nachrichten- und Tageblatt für Schleswig-Holstein 39 (1929), Nr. 157, 8.7.1929, [S. 3].
A mit Kürzel –en gekennzeichnet.

1. Quellen

Spiel und Arbeit. Erfolge von Neumünsteraner Jungen in der Schweiz. In: General-Anzeiger für Neumünster. Nachrichten- und Tageblatt für Schleswig-Holstein 39 (1929), Nr. 171, 24.7.1929, [S. 3].
A mit Kürzel –en gekennzeichnet.

O Sylter Strand! O Dünenland! Sonderfahrt mit der Reichsbahn nach Sylt. In: General-Anzeiger für Neumünster. Nachrichten- und Tageblatt für Schleswig-Holstein 39 (1929), Nr. 195, 21.8.1925 [richtig 1929], [S. 5].
A mit Kürzel –en gekennzeichnet.

Der verlorene falsche Taler. Sind die Neumünsteraner findig? In: General-Anzeiger für Neumünster. Nachrichten- und Tageblatt für Schleswig-Holstein 39 (1929), Nr. 202, 29.8.1929, [S. 3].
A ohne Kürzel.

Lotte Leonard. Liederabend im Tivoli. Am Flügel: Fritz Lehmann – Berlin. In: General-Anzeiger für Neumünster. Nachrichten- und Tageblatt für Schleswig-Holstein 39 (1929), Nr. 231, 2.10.1929, [S. 3].
A ohne Kürzel.

Stadttheater Neumünster. Lessing: Nathan der Weise. In: General-Anzeiger für Neumünster. Nachrichten- und Tageblatt für Schleswig-Holstein 39 (1929), Nr. 256, 31.10.1929, [S. 3].
A mit Kürzel –en gekennzeichnet.

Anderthalb Stunden Erdgeschichte. Vortrag im Ortsverband. In: General-Anzeiger für Neumünster. Nachrichten- und Tageblatt für Schleswig-Holstein 39 (1929), Nr. 263, 8.11.1929, [S. 4].
A mit Kürzel –en gekennzeichnet.

Liederabend von Rudolf Watzke. Am Flügel: Dr. Friedrich Müller. In: General-Anzeiger für Neumünster. Nachrichten- und Tageblatt für Schleswig-Holstein 39 (1929), Nr. 264, 9.11.1929, [S. 4].
A mit Kürzel –en gekennzeichnet.

Die Berufsethik des Arbeitnehmers. Vortrag im Ortsverband. In: General-Anzeiger für Neumünster. Nachrichten- und Tageblatt für Schleswig-Holstein 39 (1929), Nr. 269, 15.11.1929, [S. 3].
A mit Kürzel –en gekennzeichnet.

Berufsethik des Unternehmers. Dritter Vortrag im Ortsverband. In: General-Anzeiger für Neumünster. Nachrichten- und Tageblatt für Schleswig-Holstein 39 (1929), Nr. 274, 22.11.1929, [S. 3].
A ohne Kürzel.

Mein Tierparadies. Vierter Vortrag im Ortsverband. In: General-Anzeiger für Neumünster. Nachrichten- und Tageblatt für Schleswig-Holstein 39 (1929), Nr. 280, 29.11.1929, [S. 3].
A mit Kürzel –en gekennzeichnet.

Für das Bürgerstift. Glänzender Verlauf des Festes. Schönes Ergebnis. In: General-Anzeiger für Neumünster. Nachrichten- und Tageblatt für Schleswig-Holstein 39 (1929), Nr. 284, 4.12.1929, [S. 3].
A ohne Kürzel.

Das große Erlebnis. Professor Dettmann spricht von seiner Zeppelinfahrt. In: General-Anzeiger für Neumünster. Nachrichten- und Tageblatt für Schleswig-Holstein 39 (1929), Nr. 286, 6.12.1929, [S. 5].
A ohne Kürzel.

Weihnachts-Konzert. An der Orgel: Edmund Zöllner. Valerie Brohm-Voß, Hamburg, Sopran. Chor des Vereins der Musikfreunde. Streichorchester. In: General-Anzeiger für Neumünster. Nachrichten- und Tageblatt für Schleswig-Holstein 39 (1929), Nr. 296, 18.12.1929, [S. 3].
A ohne Kürzel.

Stadttheater Neumünster. R. C. Sheriff: Die andere Seite. In: General-Anzeiger für Neumünster. Nachrichten- und Tageblatt für Schleswig-Holstein 40 (1930), Nr. 7, 9.01.1930, [S. 3].
A mit Kürzel –en gekennzeichnet.

1.3.3 Literaturkritiken

1.3.3.1 Veröffentlichte Literaturkritiken

Der Weg zurück. Remarques neues Werk. In: Tempo 4 (1931), Nr. 100, 30.4.1931, S. 5.
  A auch in: Auch ein Kritiker kann nicht gerecht sein. Aufsätze zur zeitgenössischen Literatur, hg. von Michael Töteberg, Reinbek bei Hamburg 2018, S. [77–78].
Ernest Hemingway oder Woran liegt es? In: Die Literatur. Monatsschrift für Literaturfreunde 33 (1930/31), H. 12 (September 1931), S. 672–674.
  A Besprechung des Erzählbands *Männer* und der Romane *Fiesta* und *In einem anderen Land* von Ernest Hemingway; auch in: Auch ein Kritiker kann nicht gerecht sein. Aufsätze zur zeitgenössischen Literatur, hg. von Michael Töteberg, Reinbek bei Hamburg 2018, S. [4–7].
Ein Naturalist und etwas mehr! In: Ludwig Kunz (Hg.): Gerhart Hauptmann und das junge Deutschland, Breslau (Priebatsch) 1932, S. 29–30.
  A Würdigung des Gesamtwerks Gerhard Hauptmanns; auch in: Auch ein Kritiker kann nicht gerecht sein. Aufsätze zur zeitgenössischen Literatur, hg. von Michael Töteberg, Reinbek bei Hamburg 2018, S. [31].
Lampel, der Jäger. In: Die Literatur. Monatsschrift für Literaturfreunde 34 (1931/32), H. 4 (Januar 1932), S. 187–190.
  A Besprechung des Bühnenwerks Peter Martin Lampels; auch in: Auch ein Kritiker kann nicht gerecht sein. Aufsätze zur zeitgenössischen Literatur, hg. von Michael Töteberg, Reinbek bei Hamburg 2018, S. [8–13].
Nippernaht und die Jahreszeiten. Von August Gailit. In: Die Literatur. Monatsschrift für Literaturfreunde 34 (1931/32), H. 4 (Januar 1932), S. 236.
  A auch in: Auch ein Kritiker kann nicht gerecht sein. Aufsätze zur zeitgenössischen Literatur, hg. von Michael Töteberg, Reinbek bei Hamburg 2018, S. [50–51].
Fünf Frauen schreiben. In: Die Literatur. Monatsschrift für Literaturfreunde 34 (1931/32), H. 5 (Februar 1932), S. 249–250.
  A Besprechung der Romane *Gefährliche Jahre* von Rose Macaulay, *Gilgi, eine von uns* von Irmgard Keun, *Eine Frau macht sich frei* von Karin Michaelis, *Töchter ein halb Dutzend* von Cecily Sidgwick und *Jugend zwischen den Zeiten* von Horst Herta van Delden; auch in: Salatgarten 25 (2016) H. 1, S. 33; Auch ein Kritiker kann nicht gerecht sein. Aufsätze zur zeitgenössischen Literatur, hg. von Michael Töteberg, Reinbek bei Hamburg 2018, S. [14–17].
Barbaren. Roman. Von Günter Weisenborn. In: Die Literatur. Monatsschrift für Literaturfreunde 34 (1931/32), H. 6 (März 1932), S. 343.
  A auch in: Auch ein Kritiker kann nicht gerecht sein. Aufsätze zur zeitgenössischen Literatur, hg. von Michael Töteberg, Reinbek bei Hamburg 2018, S. [90–91].
Zerbrecht die Krücken! In: Die Literatur. Monatsschrift für Literaturfreunde 34 (1931/32), H. 7 (April 1932), S. 364.
  A Besprechung des Romans *Zerbrecht die Krücken* von Hans Würtz; auch in: Auch ein Kritiker kann nicht gerecht sein. Aufsätze zur zeitgenössischen Literatur, hg. von Michael Töteberg, Reinbek bei Hamburg 2018, S. [94–95].
Auskunft über den Mann Kästner. In: Die Literatur. Monatsschrift für Literaturfreunde 34 (1931/32), H. 7 (April 1932), S. 367–371.
  A Besprechung der Lyrik-Bände *Herz auf Taille*, *Lärm im Spiegel* und *Ein Mann gibt Auskunft*, der Kinderbücher *Emil und die Detektive*, *Pünktchen und Anton*, *Artur mit dem langen Arm* und *Das verhexte Telefon* sowie des Romans *Fabian. Die Geschichte eines Moralisten* von Erich Kästners; auch in: Auch ein Kritiker kann nicht gerecht sein. Aufsätze zur zeitgenössischen Literatur, hg. von Michael Töteberg, Reinbek bei Hamburg 2018, S. [18–25].
Die Affenhochzeit. In: B. Z. am Mittag. Berliner Zeitung 56 (1932), Nr. 137, 9.6.1932, S. 5–6.

1. Quellen

A Besprechung des Romans von Carl Zuckmayer; auch in: Auch ein Kritiker kann nicht gerecht sein. Aufsätze zur zeitgenössischen Literatur, hg. von Michael Töteberg, Reinbek bei Hamburg 2018, S. [96–97].

O. A. Palitzsch: *Die Marie*. In: Der Querschnitt 12 (1932), H. 7 (Juli 1932), S. 529.
A auch in: Auch ein Kritiker kann nicht gerecht sein. Aufsätze zur zeitgenössischen Literatur, hg. von Michael Töteberg, Reinbek bei Hamburg 2018, S. [75–76].

Die seltsame Welt der Annetraut Ohnzeit. Roman einer Entfaltung. Von Reinhold Braun. In: Die Literatur. Monatsschrift für Literaturfreunde 34 (1931/32), H. 10 (Juli 1932), S. 577.
A auch in: Auch ein Kritiker kann nicht gerecht sein. Aufsätze zur zeitgenössischen Literatur, hg. von Michael Töteberg, Reinbek bei Hamburg 2018, S. [43].

Mädchenkind. Die Psyche der Minderjährigen. Roman. Von Ottl Kaczmarek. In: Die Literatur. Monatsschrift für Literaturfreunde 34 (1931/32), H. 10 (Juli 1932), S. 577.
A auch in: Auch ein Kritiker kann nicht gerecht sein. Aufsätze zur zeitgenössischen Literatur, hg. von Michael Töteberg, Reinbek bei Hamburg 2018, S. [63].

Schäfer, Georg: *Straßen führen auf und ab*. In: Vossische Zeitung. Berlinische Zeitung von Staats- und gelehrten Sachen (1932), Nr. 317, Morgen-Ausgabe, 3.7.1932, Literarische Umschau, Nr. 27, [S. 1].
A auch in: Auch ein Kritiker kann nicht gerecht sein. Aufsätze zur zeitgenössischen Literatur, hg. von Michael Töteberg, Reinbek bei Hamburg 2018, S. [79–80].

Matadore der Politik. Von O. B. Server. In: Die Literatur. Monatsschrift für Literaturfreunde 34 (1931/32), H. 11 (August 1932), S. 649.
A auch in: Auch ein Kritiker kann nicht gerecht sein. Aufsätze zur zeitgenössischen Literatur, hg. von Michael Töteberg, Reinbek bei Hamburg 2018, S. [84–85].

Madelon Sieben. Ein Roman aus dem Rheinland. Von Lotte Braun. In: Die Literatur. Monatsschrift für Literaturfreunde 34 (1931/32), H. 12 (September 1932), S. 699.
A auch in: Auch ein Kritiker kann nicht gerecht sein. Aufsätze zur zeitgenössischen Literatur, hg. von Michael Töteberg, Reinbek bei Hamburg 2018, S. [41–42].

Frau von *Frauen*. In: Die Literatur. Monatsschrift für Literaturfreunde 34 (1931/32), H. 12 (September 1932), S. 712–713.
A Besprechung des Romans *Frauen* von Else Kienle; auch in: Auch ein Kritiker kann nicht gerecht sein. Aufsätze zur zeitgenössischen Literatur, hg. von Michael Töteberg, Reinbek bei Hamburg 2018, S. [64–66].

Walter von Hollander, *Schattenfänger*. Roman einer Familie. In: Der Querschnitt 12 (1932), H. 10 (Oktober 1932), S. 763.
A auch in: Auch ein Kritiker kann nicht gerecht sein. Aufsätze zur zeitgenössischen Literatur, hg. von Michael Töteberg, Reinbek bei Hamburg 2018, S. [59–60].

Gespräch zwischen Ihr und Ihm über Ernest Hemingway: *In unserer Zeit*. In: Die Literatur. Monatsschrift für Literaturfreunde 35 (1932/33), H. 1 (Oktober 1932), S. 21–24.
A auch in: Auch ein Kritiker kann nicht gerecht sein. Aufsätze zur zeitgenössischen Literatur, hg. von Michael Töteberg, Reinbek bei Hamburg 2018, S. [26–30].

Familie Deutsch. Ein Alltags-Roman von heute. In: Vossische Zeitung. Berlinische Zeitung von Staats- und gelehrten Sachen (1932), Nr. 509, Morgen-Ausgabe, 23.10.1932, Literarische Umschau, Nr. 43, [S. 1].
A Besprechung des Romans *Was wird aus deinen Kindern, Pitt? Geschichte der Familie Deutsch* von Claire Bergmann; auch in: Auch ein Kritiker kann nicht gerecht sein. Aufsätze zur zeitgenössischen Literatur, hg. von Michael Töteberg, Reinbek bei Hamburg 2018, S. [36–38];

Ein Stück Himmel. Karel Čapek: *Das Jahr des Gärtners*. In: Vossische Zeitung. Berlinische Zeitung von Staats- und gelehrten Sachen (1932), Nr. 569, Morgen-Ausgabe, 27.11.1932, Literarische Umschau, Nr. 48, [S. 1].
A auch in: Auch ein Kritiker kann nicht gerecht sein. Aufsätze zur zeitgenössischen Literatur, hg. von Michael Töteberg, Reinbek bei Hamburg 2018, S. [45–46];
auch unter: Ein Stücklein Himmel. Typoskript (2 Seiten), HFA N 84.

Noch nicht. – Aufzeichnungen des Christian Heinrich Steel. Von Heinrich Hauser. In: Die Literatur. Monatsschrift für Literaturfreunde 35 (1932/33), H. 3 (Dezember 1932), S. 160–161.
A auch in: Salatgarten 25 (2016), H. 1, S. 30–31; Auch ein Kritiker kann nicht gerecht sein. Aufsätze zur zeitgenössischen Literatur, hg. von Michael Töteberg, Reinbek bei Hamburg 2018, S. [55–56].
Falkenflug. Von Sinclair Lewis. In: Die Literatur. Monatsschrift für Literaturfreunde 35 (1932/33), H. 3 (Dezember 1932), S. 169.
A auch in: Auch ein Kritiker kann nicht gerecht sein. Aufsätze zur zeitgenössischen Literatur, hg. von Michael Töteberg, Reinbek bei Hamburg 2018, S. [69–70].
(Mit Erschütterung habe ich ‚Hemingways' neuen Kurzgeschichtenband *In unserer Zeit* (Rowohlt) gelesen…). In: Das Tage-Buch 13 (1932), Nr. 49, 3.12.1932, S. 1909.
Wetter im Osten. Von Heinrich Hauser. In: Die Literatur. Monatsschrift für Literaturfreunde 35 (1932/33), H. 5 (Februar 1933), S. 301.
A auch in: Auch ein Kritiker kann nicht gerecht sein. Aufsätze zur zeitgenössischen Literatur, hg. von Michael Töteberg, Reinbek bei Hamburg 2018, S. [57–58].
Martin Andersen Nexø: *Seenovellen* [1931]. In: Auch ein Kritiker kann nicht gerecht sein. Aufsätze zur zeitgenössischen Literatur, hg. von Michael Töteberg, Reinbek bei Hamburg 2018, S. [39–40].
A E-book.
Q Typoskript (1 Seite), HFA N 107.
Aldous Huxley: *Zwei oder drei Grazien* [1931]. In: Auch ein Kritiker kann nicht gerecht sein. Aufsätze zur zeitgenössischen Literatur, hg. von Michael Töteberg, Reinbek bei Hamburg 2018, S. [61–62].
A E-book.
Q Typoskript (2 Seiten), HFA N 98.
André Maurois: *Die Fabrik* [1931]. In: Auch ein Kritiker kann nicht gerecht sein. Aufsätze zur zeitgenössischen Literatur, hg. von Michael Töteberg, Reinbek bei Hamburg 2018, S. [71].
A E-book.
Q Typoskript (1 Seite), HFA N 105.
Georg Schwarz: *Kohlenpott* [1931]. In: Auch ein Kritiker kann nicht gerecht sein. Aufsätze zur zeitgenössischen Literatur, hg. von Michael Töteberg, Reinbek bei Hamburg 2018, S. [81–83].
A E-book.
Q Typoskript (2 Seiten), HFA N 113.
Franz Spunda: *Minos oder die Geburt Europas* [1931]. In: Auch ein Kritiker kann nicht gerecht sein. Aufsätze zur zeitgenössischen Literatur, hg. von Michael Töteberg, Reinbek bei Hamburg 2018, S. [86–87].
A E-book.
Q Typoskript (1 Seite), HFA N 115.
Hermann Stehr: *Meister Cajetan. Novelle* [1931]. In: Auch ein Kritiker kann nicht gerecht sein. Aufsätze zur zeitgenössischen Literatur, hg. von Michael Töteberg, Reinbek bei Hamburg 2018, S. [88–89].
A E-book.
Q Typoskript (2 Seiten), HFA N 116.
Ludwig Winder: *Dr. Muff* [1931]. In: Auch ein Kritiker kann nicht gerecht sein. Aufsätze zur zeitgenössischen Literatur, hg. von Michael Töteberg, Reinbek bei Hamburg 2018, S. [92–93].
A E-book.
Q Typoskript (Ein Roman von der Würde des Menschen), (2 Seiten), HFA N 118.
Hanns Heinz Ewers: *Reiter in deutscher Nacht* [1932]. In: Auch ein Kritiker kann nicht gerecht sein. Aufsätze zur zeitgenössischen Literatur, hg. von Michael Töteberg, Reinbek bei Hamburg 2018, S. [47–49].
A E-book.

Q Typoskript (2 Seiten), HFA N 85.
Alfred Neumann: *Narrenspiegel* [1932]. In: Auch ein Kritiker kann nicht gerecht sein. Aufsätze zur zeitgenössischen Literatur, hg. von Michael Töteberg, Reinbek bei Hamburg 2018, S. [72–74].
A E-book.
Q Typoskript (Narren so und so), (2 Seiten), HFA N 106.
E. G. Kolbenheyer: *Reps, die Persönlichkeit* [1932]. In: Auch ein Kritiker kann nicht gerecht sein. Aufsätze zur zeitgenössischen Literatur, hg. von Michael Töteberg, Reinbek bei Hamburg 2018, S. [67].
A E-book; Besprechung des Romans von Erwin Guido Kolbenheyer
Q Typoskript (1 Seite), HFA N 101.
Paula Busch: *Wasserminna* [1933]. In: Auch ein Kritiker kann nicht gerecht sein. Aufsätze zur zeitgenössischen Literatur, hg. von Michael Töteberg, Reinbek bei Hamburg 2018, S. [44].
A E-book.
Q Typoskript (Ich habe eben das Buch...), (1 Seite), HFA N 83.
Grete Garzarolli: *Filmkomparsin Maria Weidmann* [1933]. In: Auch ein Kritiker kann nicht gerecht sein. Aufsätze zur zeitgenössischen Literatur, hg. von Michael Töteberg, Reinbek bei Hamburg 2018, S. [52].
A E-book.
Q Typoskript (1 Seite), HFA N 89.
Ricardo Guiraldes: *Don Segundo Sombra* [1934]. In: Auch ein Kritiker kann nicht gerecht sein. Aufsätze zur zeitgenössischen Literatur, hg. von Michael Töteberg, Reinbek bei Hamburg 2018, S. [53–54].
A E-book; Vorwort zur Ausgabe des Romans von Guiraldes von 1934.
Q Typoskript (Es gibt Bücher, die sind in der ganzen Welt zu Haus...), (2 Seiten), HFA N 90.
Arnold Krieger: *Das Blut der Lysa Góra* [1935]. In: Auch ein Kritiker kann nicht gerecht sein. Aufsätze zur zeitgenössischen Literatur, hg. von Michael Töteberg, Reinbek bei Hamburg 2018, S. [68].
A E-book.
Q Typoskript (1 Seite), HFA N 102.
Johannes R. Becher: *Abschied*. In: Auch ein Kritiker kann nicht gerecht sein. Aufsätze zur zeitgenössischen Literatur, hg. von Michael Töteberg, Reinbek bei Hamburg 2018, S. [32–35].
A E-book; zu Bechers Roman von 1940, 1946 von Fallada für den Rundfunk verfasst; Verweise auf Zitate aus dem Roman, die in die Sendung aufgenommen werden sollten, sind hier getilgt.
Q Typoskript (6 Seiten), HFA N 80.

1.3.3.2 Unveröffentlichte Literaturkritiken (bzw. bisher ohne Druckbeleg)

Jan Bargenhusen: *Die grüne Front* [1930].
Q Typoskript (1 Seite), HFA N 78.
Will Erich Peuckert: *Acker* [ca. 1931].
Q Typoskript (1 Seite), HFA N 109.
Walter Poenicke: *Trauben am Haus. Trauben im Garten* [1932].
Q Typoskript (1 Seite), HFA N 110.
Karl Foerster: *Garten als Zauberschlüssel* [1934].
Q Typoskript (1 Seite), HFA N 86.

1.4 Vorworte, Reden und Interviews

1.4.1 Veröffentlichte Vorworte, Reden und Interviews

Hans Fallada: Zu *Kleiner Mann – was nun?* [1932]. In: JUNI. Magazin für Literatur und Politik (2017), H. 53/54, S. 89–93.
  A Fallada zur Entstehung des Romans.
Wegner, Li: Besuch bei Hans Fallada. In: Altonaer Nachrichten. Altonaer Neueste Nachrichten 81 (1933), Nr. 190, 14.8.1933, [S. 5].
Kiwitz, Heinz: Enaks Geschichten. Erzählung in Holzschnitten. Mit einem Vorwort von Hans Fallada, Berlin: Rowohlt 1936, [S. 7–8].
Gulitz: „Vor allem die Jugend retten!" Gespräch mit dem Dichter Hans Fallada. In: Tägliche Rundschau. Zeitung für die deutsche Bevölkerung 1 (1945), Nr. 141, 25.10.1945, S. 4.
„Im Jahre 1932 ..." [Rundfunkrede, 1945]. In: Sabine Lange: „... wir haben nicht nur das Chaos, sondern wir stehen an einem Beginn...". Hans Fallada 1945–1947, hg. vom Literaturzentrum Neubrandenburg (Bezirksdruckerei *Erich Weinert*), Neubrandenburg 1988, S. 64–66.
Meine Damen und Herren! [Rede zum Nürnberger Prozeß in Schwerin, 8.12.1945]. In: Sabine Lange: „... wir haben nicht nur das Chaos, sondern wir stehen an einem Beginn...". Hans Fallada 1945–1947, hg. vom Literaturzentrum Neubrandenburg (Bezirksdruckerei *Erich Weinert*), Neubrandenburg 1988, S. 57–63.

1.4.2 Unveröffentlichte Vorworte, Reden und Interviews (bzw. bisher ohne Druckbeleg)

(Liebe Ordensgeschwister, Mitte September hielten in Hamburg die Naturforscher eine Tagung ab...) [Rede auf einer Sitzung der Loge Vicelinius Nr. 167 zu Antialkoholismus, Abstinenz, Pro-Prohibition, in Deutschland und Rolle der Guttempler, 1928].
  Q Typoskript (12 Seiten), HFA N 70.
(Liebe Ordnungsgeschwister, in Ihrer letzten Sitzung ist wieder einmal eifrig über die Prohibition gesprochen worden...) [Rede auf einer Sitzung der Loge Vicelinus Nr. 167 über Rolle und Wirksamkeit des Prohibitionsgesetzes in den USA, 1928].
  Q Unvollständiges Typoskript (2 Seiten), HFA N 71.
Festbericht zur 1500. Sitzung der Loge Vicelinus Nr. 167 am 18.11.1928. [Rede auf einer Sitzung der Loge Vicelinus Nr. 167 über Rolle und Wirksamkeit des Prohibitionsgesetzes der USA].
  Q Typoskript (12 Seiten), HFA N 72.
(Natürlich bin ich sehr glücklich...) [Rede als Antwort auf Leserreaktionen zu *Kleiner Mann – was nun?* und über die Verfilmung desselben, 1932].
  Q Typoskript (2 Seiten), HFA N 6.
(Als mein Buch *Bauern, Bonzen und Bomben* fertig war...), [Rede über *Kleiner Mann – was nun?* für die Hörfunksendung *Funkstunde*, 23.11.1932].
  Q Typoskript (1 Seite), HFA N 6.
Ja! – Aber... Nein, doch lieber nicht. [Vortrag zum Thema ‚Gratis-Brot für alle', 1945/46].
  Q Typoskript (3 Seiten), HFA N 75.
Lesung aus Hans Fallada's unveröffentlichtem Roman: *Wizzel Kien, der Narr vom Schalkemaren* [22.1.1946].
  Q Typoskript (19 Seiten), HFA N 76.

1.5 Übersetzungen

Day, Clarence: Unser Herr Vater, Berlin: Rowohlt o. J. [1936].
▲ Titel der amerikanischen Ausgabe: *Life with father*;
Vorabdruck: Mein Herr Vater. Aus einer amerikanischen Familie. Von Clarence Day. Berechtigte Uebertragung von Hans Fallada. In: Deutsche Allgemeine Zeitung 75 (1936), Nr. 444, Ausgabe Groß-Berlin, 22.9.1936, Beiblatt, [S. 1] bis Nr. 478, 11.10.1936, 1. Beiblatt, [S. 1].
Nr. 444, Ausgabe Groß-Berlin, 22.9.1936, Beiblatt, [S. 1] (Vater feiert mit mir Feste);
Nr. 446, 23.9.1936, Beiblatt, [S. 1] (1. Fortsetzung: [Vater feiert mit mir Feste]; Vater zu Pferde);
Nr. 448, 24.9.1936, Beiblatt, [S. 1] (2. Fortsetzung: [Vater zu Pferde]; Vater trägt Schmerzen wie ein Mann);
Nr. 450, 25.9.1936, Beiblatt, [S. 1] (3. Fortsetzung: [Vater trägt Schmerzen wie ein Mann]; Vater trampelt);
Nr. 452, 26.9.1936, Beiblatt, [S. 1] (4. Fortsetzung: Das edelste Instrument);
Nr. 454, 27.9.1936, Beiblatt, [S. 1] (5. Fortsetzung: [Das edelste Instrument]);
Nr. 456, 29.9.1936, Beiblatt, [S. 1] (6. Fortsetzung: [Das edelste Instrument]; Der Sinn für Zahlen);
Nr. 458, 30.9.1936, Beiblatt, [S. 1] (7. Fortsetzung: [Der Sinn für Zahlen]; Schwierigkeiten mit dem Aegypterlande);
Nr. 460, 1.10.1936, Unterhaltungsblatt, [S. 1] (8. Fortsetzung: [Schwierigkeiten mit dem Aegypterlande]);
Nr. 462, 2.10.1936, 2. Beiblatt, [S. 1] (9. Fortsetzung: [Schwierigkeiten mit dem Aegypterlande]; Mutter gibt einen Musikabend);
Nr. 464, 3.10.1936, 2. Beiblatt, [S. 1] (10. Fortsetzung: [Mutter gibt einen Musikabend]; Vater näht einen Knopf an);
Nr. 466, 4.10.1936, 1. Beiblatt, [S. 1] (11. Fortsetzung: [Vater näht einen Knopf an]; Vater und seine andern Ichs);
Nr. 468, 6.10.1936, Beiblatt, [S. 1] (12. Fortsetzung: [Vater und seine andern Ichs]; Logierbesuch im Hause);
Nr. 470, 7.10.1936, Beiblatt, [S. 1] (13. Fortsetzung: [Logierbesuch im Hause]);
Nr. 472, 8.10.1936, Beiblatt, [S. 1] (14. Fortsetzung: Vaters Lieblingsteppich);
Nr. 474, 9.10.1936, Beiblatt, [S. 1] (15. Fortsetzung: [Vaters Lieblingsteppich]; Vater und der französische Hof);
Nr. 476, 10.10.1936, Beiblatt, [S. 1] (16. Fortsetzung: [Vater und der französische Hof]; Vaters Plan auszureißen);
Nr. 478, 11.10.1936, 1. Beiblatt, [S. 1] (Schluß: [Vaters Plan auszureißen]).
Day, Clarence: Unsere Frau Mama, Berlin: Rowohlt o. J. [1938].
▲ Titel der amerikanischen Ausgabe: *Life with mother*.

1.6 Werkausgaben

Ausgewählte Werke in Einzelausgaben, 10 Bde., hg. von Günter Caspar, Berlin (Ost)/Weimar: Aufbau 1962–1987.
I Bd. 1: Bauern, Bonzen und Bomben. Roman, hg. von G. C., Berlin (Ost)/Weimar: Aufbau 1964 [Nachwort, S. 619–676; zum Text, S. 677].
Bd. 2: Kleiner Mann – was nun? Roman, hg. von G. C., Berlin (Ost)/Weimar: Aufbau 1962 [Nachwort, S. 359–394; zum Text, S. 395–400].
Bd. 3: Wer einmal aus dem Blechnapf frißt. Roman, hg. von G. C., Berlin (Ost)/Weimar: Aufbau 1967. [[Tagebuch 1924], S. 547–585; Stimme aus den Gefängnissen, S. 586–595;

Ein Beschwerdefall im Gefängnis [1929, Erstdruck nach dem Manuskript], S. 596–599; Nachwort, S. 601–663; zum Text, S. 665].
Bd. 4: Wolf unter Wölfen. Roman, Erster Teil: Die Stadt und ihre Ruhelosen, hg. von G. C., Berlin (Ost)/Weimar: Aufbau 1970.
Bd. 5: Wolf unter Wölfen. Roman: Das Land in Brand, Zweiter Teil, hg. von G. C., Berlin (Ost)/Weimar: Aufbau 1970. [Nachwort, S. 617–672; zum Text, S. 675].
Bd. 6: Der eiserne Gustav. Roman, hg. von G. C., Berlin (Ost)/Weimar: Aufbau 1962 [Nachwort, S. 755–813; Zum Text, S. 815–837].
Bd. 7: Der Trinker. Der Alpdruck, hg. von G. C., Berlin (Ost)/Weimar: Aufbau 1987 [Nachwort, S. 527–627; zu *Der Trinker*, S. 532–556; Die Domjücher Erinnerungen, S. 556–562; zum *Kutisker*-Roman, S. 563–576; zu *Der Alpdruck*, S. 576–620; zur zeitgenössischen Rezeption, S. 620–627; zum Text, S. 629–633].
Bd. 8: Jeder stirbt für sich allein. Roman, hg. von G. C., Berlin (Ost)/Weimar: Aufbau 1981.
Bd. 9: Märchen und Geschichten, hg. von G. C., Berlin (Ost)/Weimar: Aufbau 1985 [Hans Fallada. Geschichtenerzähler, S. 649–781; Zur Auswahl. Zum Text, S. 782–785].
Bd. 10: Damals bei uns daheim. Erlebtes, Erfahrenes und Erfundenes. Heute bei uns zu Haus. Ein anderes Buch. Erfahrenes und Erfundenes, hg. von G. C., Berlin (Ost)/Weimar: Aufbau 1982.

2. Bearbeitungen

2.1 Fremdbearbeitungen unter Falladas Mitwirken

2.1.1 Theater

Bauern, Bonzen und Bomben. (Die schwarze Fahne), Schauspiel in 5 Akten von Hans Fallada und Heinz Dietrich Kenter, Freiburg i. Br.: Max Reichard o. J. [1932].
Q HFA S 288.

2.1.2 Film

Kleiner Mann – was nun? (1933), Kinofilm, s/w, Deutschland; Regie: Fritz Wendhausen; Drehbuch: Herbert Selpin und Fritz Wendhausen; Produktion: R. N.-Filmproduktion GmbH, Robert Neppach (Berlin) unter Leitung von Adolf Essek; Uraufführung: 3.8.1933, 100min.

2.2 Fremdbearbeitungen ohne Falladas Mitwirken

2.2.1 Theater

Hammel, Claus: *Wer einmal aus dem Blechnapf frißt*. Fragment nach Fallada. In: Theater der Zeit 20 (1965), H. 14, Neue sozialistische Dramatik, H. 26, S. 1–12.
Müller, Helmut: Der Fall Klabautermann. Schauspiel frei nach *Jeder stirbt für sich allein* von Hans Fallada. In: Theater der Zeit (1966), H. 21, Neue sozialistische Dramatik, H. 36, S. 1–13.
A auch in: Ders.: Der Fall Klabautermann. Schauspiel frei nach *Jeder stirbt für sich allein*, Berlin 1966.

Fallada, Hans/Dorst, Tankred: *Kleiner Mann – was nun?* Eine Revue von Tankred Dorst und Peter Zadek, Frankfurt a. M. 1972.

2.2.2 Film und Fernsehen

Kleiner Mann – was nun? (1933), Kinofilm, s/w, Deutschland; Regie: Fritz Wendhausen; Drehbuch: Herbert Selpin und Fritz Wendhausen; Produktion: R. N.-Filmproduktion GmbH, Robert Neppach (Berlin) unter Leitung von Adolf Essek; Uraufführung: 3.8.1933, 100min.

Little Man, What Now? (1934), Spielfilm, s/w, USA; Regie: Frank Borzage; Drehbuch: William Anthony McGuire; Produktion: Universal Pictures; Uraufführung: 1.5.1934, 98min.

Kleiner Mann – ganz groß (1938), Spielfilm, s/w, Deutschland; Regie: Robert A. Stemmle; Drehbuch: Robert A. Stemmle, Hans Reimann und Hans Fritz Beckmann; Produktion: Universum-Film AG (UFA) Berlin unter der Leitung von Erich von Neusser; Uraufführung: 18.5.1938, Tauentzien-Palast Berlin, 85min.

Altes Herz geht auf die Reise (1938), Spielfilm, s/w, Deutschland; Regie: Carl Junghans; Drehbuch: Carl Junghans und Felix Lützkendorf; Produktion: Georg Witt-Film GmbH (Berlin); Uraufführung: 1947 in Los Angeles (USA); Deutsche Erstaufführung: 15.11.1974 Filmforum Düsseldorf, 92min.

Der eiserne Gustav (1958), Spielfilm, s/w, BRD; Regie: Georg Hurdalek; Drehbuch: Georg Hurdalek; Produktion: Kurt Ulrich Film GmbH (Berlin) unter der Leitung von Kurt Ulrich;
TV-Erstsendung: 15.11.1969, ZDF, 101min.
A auch unter: Leipzig: Kinowelt Home Entertainment 2003.

Himmel, Wir erben ein Schloß [*Kleiner Mann, großer Mann – alles vertauscht*] (1942/43), Spielfilm, s/w, BRD/Tschechien; Regie: Peter Paul Brauer; Drehbuch: Otto Ernst Hesse, Eberhard Keindorff und Günter Neumann; Produktion: Prag-Film AG (Prag); Uraufführung: 16.4.1943, 95min.

Tutto da rifare pover'uomo [*Kleiner Mann – was nun?*] (1960), TV-Mehrteiler [5 Teile], s/w, Italien; Regie: Eros Macchi; Drehbuch: Amos Bottazzi und Marcello Ciorciolini; Produktion: Rai – Radiotelevisione Italiana; TV-Erstsendung: Vom 25.12.1960 bis 22.1.1961, Primat TV Italia, 300min.

Jeder stirbt für sich allein (1962), TV-Spielfilm, s/w, BRD; Regie: Falk Harnack, Drehbuch: Robert A. Stemmle und Falk Harnack, Produktion: Sender Freies Berlin (SFB) unter Leitung von Kurt Kramer; TV-Erstsendung: 19.7.1962, ARD, 100min.

Wer einmal aus dem Blechnapf frißt (1962), TV-Mehrteiler [3 Teile], s/w, BRD; Regie: Fritz Umgelter; Drehbuch: Reinhart Müller-Freienfels; Produktion: Westdeutscher Rundfunk (WDR) unter der Leitung von Herbert Junghanns; TV-Erstsendung: 8.5.1962–10.5.1962, ARD, 243min.
A auch unter: Hamburg: Studio Hamburg 2013.

Wolf unter Wölfen (1965), TV-Mehrteiler [1. Teil: Die Stadt und ihre Ruhelosen; 2. Teil: Schwüle über dem Land; 3. Teil: Es kommen des Teufels Husaren; 4. Teil: Ende und Anfang], s/w, DDR; Regie: Hans-Joachim Kasprzik; Drehbuch: Klaus Jörn und Hans-Joachim Kasprzik; Produktion: DEFA-Studio für Spielfilme (Potsdam-Babelsberg) im Auftrag des Deutschen Fernsehfunks (DFF) unter der Leitung von Bernhard Gelbe; TV-Erstsendung (DDR): 14.3.1965, DFF [1. Teil]; 16.3.1965, DFF [2. Teil]; 18.3.1965, DFF [3. Teil]; 21.3.1965, DFF [4. Teil]; TV-Erstsendung (BRD): 6.3.1968, ZDF [1. Teil]; 8.3.1968, ZDF [2. Teil]; 10.3.1968, ZDF [3. Teil]; 11.3.1968, ZDF [4. Teil]; 383min.

Kleiner Mann – was nun? (1967), TV-Spielfilm, s/w, DDR; Regie: Hans-Joachim Kasprzik; Drehbuch: Klaus Jörn und Hans-Joachim Kasprzik; Produktion: DEFA-Studio für Spielfilme im Auftrag des Deutschen Fernsehfunks (DFF) unter der Leitung von Bernhard Gelbe; Uraufführung in zwei Teilen: 16.12.1967, DFF [1. Teil]; 17.12.1967, DFF [2. Teil]; 220min.

Der Trinker (1967), TV-Spielfilm, s/w, BRD; Regie: Dietrich Haugk; Drehbuch: Oliver Storz; Produktion: Bavaria Atelier GmbH (München-Geiselgasteig) im Auftrag des Süddeutschen Rundfunk (SDR); TV-Erstsendung: 31.10.1967, ARD, 100min.

Jeder stirbt für sich allein (1970), TV-Mehrteiler, s/w, DDR; Regie: Hans-Joachim Kasprzik; Drehbuch: Hans-Joachim Kasprzik und Klaus Jörn; Produktion: DEFA-Studio für Spielfilme im Auftrag des Deutschen Fernsehfunks (DFF) unter der Leitung von Adolf Fischer; Uraufführung in drei Teilen: 12.9.1970, DFF [1. Teil, 167min]; 16.9.1970, DFF [2. Teil, 87min]; 20.9.1970, DFF [3. Teil, 72min].

Bauern, Bonzen und Bomben (1973), TV-Mehrteiler [1. Teil: Alle gegen Alle; 2. Teil: Der Gerichtstag; 3. Teil: Die Bauern; 4. Teil: Die Demonstration; 5. Teil: Die Städter], Farbe, BRD Deutschland; Regie: Egon Monk; Drehbuch: Egon Monk; Produktion: Studio Hamburg Filmproduktion GmbH im Auftrag des Norddeutschen Rundfunks (NDR); TV-Erstsendung: 23.4.1973, ARD, 450min.

Δ auch unter: Hamburg: Studio Hamburg 2007.

Kleiner Mann – was nun? (1973), TV-Film, BRD, Regie: Peter Zadek, Drehbuch: Tankred Dorst, Produktion: im Auftrag des Westdeutschen Rundfunks (WDR), Erstsendung: 29.12.1973, ARD, 133min.

Δ auch unter: Riegelsberg: Pidax film media Ltd. 2013.

Jeder stirbt für sich allein (1976), Spielfilm, Farbe, BRD; Regie: Alfred Vohrer; Drehbuch: Miodrag Cubelic und Anton Cerwik; Produktion: Lisa Film GmbH (München), Erste Fimproduktionsgesellschaft Constantin GmbH (München), Terra-Filmkunst GmbH (Berlin) sowie Produzent Karl Spiehs; Uraufführung: 21.1.1976, Berlin, Filmbühne Wien, 106min.

Die Geschichte vom goldenen Taler (1985), TV-Spielfilm, Farbe, DDR; Regie: Bodo Fürneisen; Drehbuch: Bodo Fürneisen und Eberhard Borkmann; Produktion: DEFA-Studio für Spielfilme (Potsdam-Babelsberg) unter der Leitung von Heinz Herrmann; TV-Erstsendung (DDR): 9.2.1985, DFF 1; TV-Erstsendung (BRD): 9.12.1990, RTL Plus, 83min.

Δ auch unter: Berlin: Icestorm Entertainement 2010.

Der eiserne Gustav (1979), TV-Film, Farbe, BRD; Regie: Wolfgang Staudte; Drehbuch: Herbert Asmodi; Produktion: Südwestfunk (SWF – Baden Baden) unter der Leitung von Heinz Recht; TV-Erstsendung: 27.8.1979, ARD, 55min.

Ein Mann will nach oben (1978), TV-Mehrteiler, Farbe, BRD/Österreich/Schweiz [1. Teil: Letzte Runde; 2. Teil: Dunkle Geschäfte; 3. Teil: Fehlschläge; 4. Teil: Die tödlichen Jahre; 5. Teil: Siegreich woll'n wir...; 6. Teil: Kanalljenvögel; 7. Teil: Der Durchbruch; 8. Teil: Schinder.; 9. Teil: Der Zweikampf; 10. Teil: Haifische; 11. Teil: Jetzt werden wir reich; 12. Teil: Vater Busch; 13. Teil: Der Start]; Farbe und s/w, BRD/Österreich/Schweiz; Regie: Herbert Ballmann; Drehbuch: Karl Wittlinger; Produktion: Charnier-Film Berlin sowie Zweites Deutsches Fernsehen (ZDF), Österreichischer Rundfunk (ORF) und Schweizerische Radio- und Fernsehgesellschaft (SRG) unter der Leitung von Lilo Pleimes; TV-Erstsendung in 13 Teilen wöchentlich vom: 26.3.1978 bis 18.6.1978, ZDF, 780min.

Δ auch unter: Münster: Turbine Medien 2007.

Altes Herz geht auf die Reise (1987), TV-Spielfilm, Farbe, DDR; Regie: Hans Knötzsch; Produktion: DEFA-Studio für Spielfilme (Potsdam-Babelsberg); TV-Erstsendung: 23.8.1987, DDR-TV, 76min.

Der Trinker (1995), TV-Spielfilm, Farbe, Deutschland; Regie: Tom Toelle; Drehbuch: Ulrich Plenzdorf; Produktion: Artus-Film Produktionsgesellschaft mbH (München) im Auftrag des Westdeutschen Rundfunks (WDR) und des Österreichischen Rundfunks (ORF) unter der Leitung von Hans-Dieter Tafelski; TV-Erstsendung: 6.12.1995, ARD, 99min.

Jeder stirbt für sich allein (2016), Spielfilm, Deutschland/Großbritannien/Frankreich; Regie: Vincent Perez; Drehbuch: Achim von Borries und Vincent Perez; Produktion: X Filme Creative Pool GmbH (Berlin), Master Movies (FR), Film Wave (GB); Uraufführung: 15.02.2016, Berlin, IFF-Wettbewerb; Kinostart: 11.8.2016, 103min.

2.2.3 Lesungen

Selbstanzeige. Hans Fallada spricht über sein Buch *Kleiner Mann – was nun?* (1933), Lesung, Deutschland; Erstsendung: 23.1.1933, Sender Frankfurt a. M., 15min.

Hüttenweihnachten [sic]. Erzählung von Hans Fallada (1936), Lesung, Deutschland; Sprecher: Hilde Wenzel-Hessenland; Erstsendung: 18.12.1936, Sender Königsberg, 15min.

*Meine Ahnen. Hans Fallada liest (Dezember 1945), Lesung, Deutschland; Berliner Rundfunk.
   A auch in: Junge Liebe zwischen Trümmern. Erzählungen, hg. und mit einem Nachwort von Peter Walther, Berlin 2018, S. 183–189.

*Ein Roman wird begonnen. Zwiegespräch zwischen dem Verfasser und seiner Frau (1946), Lesung, Deutschland; Regie: Peter Huchel; Erstsendung: 9.1.1946, Literaturstunde, Berliner Rundfunk.
   A auch in: Junge Liebe zwischen Trümmern. Erzählungen, hg. und mit einem Nachwort von Peter Walther, Berlin 2018, S. 190–203.

Weihnacht – damals bei uns daheim von Hans Fallada (1955), Lesung, BRD; Sprecher: Willi Rose; Erstsendung: RIAS Berlin.

Die Geschichte vom getreuen Igel (1960), Lesung, BRD; Sprecher: Hans Cossy; Erstsendung: Bayrischer Rundfunk.

Eine Geschichte aus der Murkelei (anläßlich des 15. Todestag von Hans Fallada) (1962), Lesung, BRD; Sprecher: Otto Reimer; Erstsendung: RIAS Berlin.

Der tödliche Rausch (autobiographische Erzählung, unveröffentlichtes Manuskript aus dem Nachlass des Dichters) (1965), Lesung, BRD; Sprecher: Michael Degen; Erstsendung: Hessischer Rundfunk.

Hundert Mark und ein fröhliches Weihnachtsfest (1967), Lesung, BRD; Sprecher: Günter Pfitzmann; Erstsendung: RIAS Berlin.

Die verlorenen Grünfinken (1968), Lesung, BRD; Sprecher: Joachim Nottke; Erstsendung: RIAS Berlin.

*Wolf unter Wölfen (aus dem Roman von Hans Fallada) (1968), Lesung, BRD; Erstsendung: Norddeutscher Rundfunk.

*Kleiner Mann – was nun? (1972), Lesung, DDR; Sprecher: Herbert Köfer.

Gigi und Lumpi (1973), Lesung, BRD; Sprecher: Helmut Achner; Erstsendung: Rundfunk Berlin-Brandenburg.

Der eiserne Gustav (1977), Lesung, BRD; Sprecher: Olaf Ouaiser; Erstsendung: Deutschlandradio.

Die Geschichte vom Unglückshuhn (1977), Lesung, BRD; Sprecher: Friedrich W. Bauschulte; Erstsendung: Norddeutscher Rundfunk.

Die Geschichte vom Unglückshuhn (1979), Lesung, BRD; Sprecher: Friedrich W. Bauschultke; Erstsendung: Rundfunk Berlin-Brandenburg.

Gustl Weishappel liest Geschichten Hans Falladas (1979), Lesung, BRD; Sprecher: Gustl Weishappel; Erstsendung: Bayerischer Rundfunk.

Das Unglückshuhn (1981), Lesung, BRD; Sprecher: Mogens von Gadow; Erstsendung: RIAS Berlin.

Hoppelpoppel und der verkehrte Tag (1982), Lesung, BRD; Sprecher: Günter Berger; Erstsendung: RIAS Berlin.

Wer einmal aus dem Blechnapf frißt (1983), Lesung, DDR; Sprecher: Ulrich Thein.

Kommissar Escherich bearbeitet die Sache Klabautermann [*Jeder stirbt für sich allein*] (1985), Lesung, BRD; Sprecher: Bernt Hahn; Erstsendung: WDR.

*Damals bei uns daheim (1987), Lesung, BRD (Reihentitel: Erste Liebe. Lesungen aus Autobiographien. Etwas ganz Spezielles); Erstsendung: SWR.

*Jeder stirbt für sich allein (1987), Lesung, DDR; Sprecher: Axel Haase.

Fröhlichkeit und Traurigkeit (1989), Lesung, DDR; Regie: Heide Schwochow; Sprecher: Heide Kipp, Erstsendung: 20.01.1989, Radio DDR II, 15min.

100 Mark und ein fröhliches Weihnachtsfest (1992), Lesung, Deutschland; Sprecher: Harry Schmidt; Produktion: Hirsch Textkassetten, 40min.

Kleiner Mann – was nun? Ungekürzte Ausgabe. (1993), Lesung, Deutschland; Sprecher: Walter Plathe; Produktion: Deutsche Grammophon (Universal Music), 660min.

Geschichten aus der Murkelei (1997), Lesung, Deutschland; Sprecher: Rolf Ludwig; Produktion: Patmos (Reihe: Klassiker der Kinderliteratur), 65min.

A enthält: Falladas Briefe an seine Kinder; *Geschichte vom verkehrten Tag*; *Geschichte vom Mäusecken Wackelohr*; *Geschichte vom unheimlichen Besuch.*

Geschichten aus der Murkelei (2008), Lesung, Deutschland; Sprecher: Dieter Mann; Produktion: Der Audio Verlag (DAV), 160min.

Kleiner Mann – was nun? (2006/2009), Lesung, Deutschland; Regie: Matthias Thalheim; Sprecher: Jutta Hoffmann; Produktion: Mitteldeutscher Rundfunk/Der Audio Verlag (DAV), 315min.

Jeder stirbt für sich allein (2011), Lesung, Deutschland; Sprecher: Ulrich Noethen; Produktion: OSTERWOLDaudio Hamburg, 563min.

Christkind verkehrt (2012), Lesung, Deutschland; Sprecher: Ulrich Noethen, Anna Thalbach; Produktion: OSTERWOLDaudio Hamburg, 135min.

Ein Mann will nach oben (2012), Lesung, Deutschland; Sprecher: Ulrich Noethen; Produktion: OSTERWOLDaudio Hamburg, 596min.

Der Bettler, der Glück bringt (2013), Lesung, Deutschland; Sprecher: Ulrich Noethen, Anna Thalbach; Produktion: OSTERWOLDaudio Hamburg, 149min.

Der Alpdruck (2014), Lesung, Deutschland; Sprecher: Ulrich Noethen; Produktion: OSTERWOLDaudio Hamburg, 363min.

2.2.4 Hörspiele

Der Klatsch (1932), Hörspiel, Deutschland; Bearbeitung: Hans Fallada und Heinz Dietrich Kenter; Produktion: Südwestdeutscher Rundfunk; Erstsendung: 2.5.1932, 80min.

Kleiner Mann – was nun? (1932), Hörspiel, Deutschland; Regie: Gerd Fricke/Arnolt Bronnen; Bearbeitung: Klaus Hermann; Erstsendung: 23.11.1932, Funk-Stunde (Berlin), 90min.

Menschen, seid wach! Ein Hörspiel zum Gedenktag der Opfer des Faschismus [Bearbeitung von *Jeder stirbt für sich allein*; nach der Broschüre *Reportage unter dem Strang geschrieben von* Julius Fučik] (1948), Hörspiel, Deutschland; Regie: Oskar Nitschke; Sprecher: Michael Konstantinow, Fred Goebel u. a.; Produktion: Radio Stuttgart; Erstsendung: 12.9.1948, 47min.

Die Quangels [*Jeder stirbt für sich allein*] (1951), Hörspiel, BRD; Regie: Oskar Nitschke; Bearbeitung: George Andrew Schaafs; Sprecher: Curt Condé, Mila Kopp u. a.; Produktion: Süddeutscher Rundfunk; Erstsendung: 18.7.1951, 48min.

A auch unter: *Wer einmal aus dem Blechnapf frißt/Die Quangels*, Produktion: OSTERWOLDaudio Hamburg 2015, 126min.

Wer einmal aus dem Blechnapf frißt (1952), Hörspiel, BRD; Regie: Gerd Beermann; Bearbeitung: Paul Hühnerfeld; Sprecher: Hans Quest, Paul Dättel u. a.; Produktion: Südwestfunk; Erstsendung: 20.10.1952, 78min.

A auch unter: *Wer einmal aus dem Blechnapf frißt/Die Quangels*; Produktion: OSTERWOLDaudio Hamburg 2015, 126min.

Der Trinker (1955), Hörspiel, BRD; Regie: Ludwig Cremer; Bearbeitung: Wolfgang Nied; Sprecher: Horst Eisel, Erwin Linder u. a.; Produktion: Radio Bremen; Erstsendung: 13.4.1955, 62min.

Geschichte vom getreuen Igel (1957), Kinderhörspiel, DDR; Produktion: Rundfunk der DDR; Erstsendung: 29.10.1957, 26min.

Das verliebte Hexlein [*Das Unglückshuhn* aus *Geschichten aus der Murkelei*] (1978), Kinderhörspiel, DDR; Regie: Dieter Bellmann; Dramaturgie: Nina Korn; Bearbeitung: Karl Heinz Schröter; Sprecher: Friedhelm Eberle, Wolfgang Jakob u. a.; Produktion: Rundfunk der DDR; Erstsendung: 2.2.1979, 44min.

2. Bearbeitungen

Die Geschichte vom Mäuseken Wackelohr. Hörspiel nach dem gleichnamigen Märchen von Hans Fallada (1980), Kinderhörspiel, DDR; Regie: Sieglinde Amoulong; Dramaturgie: Helga Pfaff; Bearbeitung: Peter Brasch; Sprecher: Petra Kelling, Hans Oldenbürger u. a.; Produktion: Rundfunk der DDR; Erstsendung: 25.5.1980, 18min.

Wie die Großmutter die Anna-Barbara nach goldenen Bohnen ausschickte [*Das Märchen vom goldenen Taler*] (1980), Kinderhörspiel, DDR; Regie: Fritz Göhler; Dramaturgie: Irmelin Diezel; Bearbeitung: Gisela Pankratz; Sprecher: Katrin Klein, Peter Reusse u. a.; Produktion: Rundfunk der DDR; Erstsendung: 15.11.1980, 44min.

Der Pechvogel [*Damals bei uns daheim*] Hörspiel nach Motiven und Texten von Hans Fallada (1983), Hörspiel, DDR; Regie: Manfred Täubert; Dramaturgie: Ulla Seher; Bearbeitung: Helga Schütz; Sprecher: Thomas Mahlke, Wilfried Ortmann u. a.; Produktion: Rundfunk der DDR; Erstsendung: 15.7.1984, 42min.

Der verkehrte Tag (1985), Kinderhörspiel, BRD; Regie: Dieter Moebes; Bearbeitung: Michael Klaus; Sprecher: Klaus Nägelen, Monica Bielenstein u. a.; Produktion: Sender Freies Berlin; Erstsendung: 2.2.1986, 26min.

Jeder stirbt für sich allein (1986), Hörspiel, DDR [Insgesamt 3 Teile: 1. Teil: Aufbruch in die Kälte; 2. Teil: Treibjagd; 3. Teil: Die Moral der Standhaften); Regie: Werner Grunow; Dramaturgie: Peter Goslicki; Bearbeitung: Ralph Knebel; Sprecher: Gunter Schoß, Günter Naumann u. a.; Produktion: Rundfunk der DDR; Erstsendung: 5.3.1987 [1. Teil, 45min]; 9.3.1987 [2. Teil, 47min]; 12.3.1987 [3. Teil, 47min].
A auch unter: *Jeder stirbt für sich allein*, Produktion: Der Audio Verlag (DAV) 2011, 138min.

Geschichten aus der Murkelei (1988), Kinderhörspiel, DDR [Insgesamt 3 Teile: 1. Teil: Geschichte vom Unglückshuhn; 2. Teil: Die gebesserte Ratte; 3. Teil: Geschichte vom unheimlichen Besuch]; Regie: Angelika Perl; Dramaturgie: Nina Korn; Bearbeitung: Maritta Hübner; Sprecher: Rolf Ludwig, Honza Taffelt u. a.; Produktion: Rundfunk der DDR; Erstsendung: 19.2.1989 [1. Teil, 29min]; 26.2.1989 [2. Teil, 27min]; 5.3.1989 [3. Teil, 29min].

Blanka, eine geraubte Prinzessin [*Wir hatten mal ein Kind*] (1989), Kinderhörspiel, DDR; Regie: Manfred Täubert; Dramaturgie: Christina Schurmann; Bearbeitung: Mario Göpfert; Sprecher: Kristof-Mathias Lau, Renate Pick u. a.; Produktion: Rundfunk der DDR; Erstsendung: 14.5.1989, 41min.

Bauern, Bonzen und Bomben (1997), Hörspiel, Deutschland [Insgesamt 15 Folgen: 1. Folge: Der brennende Ochse von Gramzow; 2. Folge: Ein Foto für tausend Mark; 3. Folge: Bombenleger am Werk; 4. Folge: Montag voll Blut; 5. Folge: Schadensbegrenzung gefragt; 6. Folge: Boykott!; 7. Folge: Die Versöhnungskommission; 8. Folge: Den Sündenbock schlachten; 9. Folge: Die Stunde der Strategen; 10. Folge: Verbrannte Finger; 11. Folge: Ein Sieger auf Zeit; 12. Folge: Der Prozeß; 13. Folge: Max Tredups Ende; 14. Folge: Ein Bürgermeister in der Schlinge; 15. Folge: Der Winter kommt]; Regie: Jürgen Dluzniewski; Bearbeitung: Gerhard Rentzsch; Sprecher: Otto Sander, Dieter Mann u. a.; Produktion: Mitteldeutscher Rundfunk; Erstsendung: 3.2.1997 [1. Folge, 23min]; 4.2.1997 [2. Folge, 24min]; 5.2.1997 [3. Folge, 22min]; 6.2.1997 [4. Folge, 24min]; 7.2.1997 [5. Folge, 24min]; 10.2.1997 [6. Folge, 24min]; 11.2.1997 [7. Folge, 24min]; 12.2.1997 [8. Folge, 23min]; 13.2.1997 [9. Folge, 24min]; 14.2.1997 [10. Folge, 21min]; 17.2.1997 [11. Folge, 24min]; 18.2.1997 [12. Folge, 23min]; 19.2.1997 [13. Folge, 24min]; 20.2.1997 [14. Folge, 24min]; 21.2.1997 [15. Folge, 21min].
A auch unter: OSTERWOLDaudio Hamburg 2012, 345min.

Mäuseken Wackelohr. Kinderhörspiel. Die Geschichte von der gebesserten Ratte (2000), Kinderhörspiel, Deutschland; Bearbeitung: Peter Brasch; Sprecher: Helga Labudda u. a.; Produktion: Der Audio Verlag (DAV), 45min.

Damals bei uns daheim (2003), Hörspiel, Deutschland [Insgesamt 10 Teile: 1. Teil: Der Angelhaken; 2. Teil: Lateinunterricht; 3. Teil: Briefmarken; 4. Teil: Beim Friseur; 5. Teil: Familienfahrt; 6. Teil: Baumkuchen; 7. Teil: Trinkgeld; 8. Teil: Im Reichsgericht; 9. Teil: Im Scheunenviertel; 10. Teil: Weihnachten]; Regie: Steffen Kopetzky; Bearbeitung: Steffen Kopetzky; Sprecher: Hannes Hellmann u. a.; Produktion: Rundfunk Berlin-Brandenburg; Erstsendung: 1–5. Teil: 1.12.2003–5.12.2003; 6.-10. Teil: 8.12.2003–12.12.2003, RBB, 50min.

Kleiner Mann – was nun? (2010), Hörspiel, Deutschland; Sprecher: Laura Marie, Matthias Brandt u. a.; Produktion: Der Audio Verlag (DAV), 74min.

Kleiner Mann – was nun? (2010), Hörspiel, Deutschland; Regie: Irene Schuck; Bearbeitung: Irene Schuck; Sprecher: Hedi Kriegeskotte, Wolfgang Pregler u. a.; Produktion: Norddeutscher Rundfunk; Erstsendung: 2.5.2010, 74min.
  A auch unter: OSTERWOLDaudio Hamburg 2016, 75min.

Kleiner Mann – was nun? Ungekürztes Hörbuch (2016), Lesung, Deutschland; Sprecher: Frank Arnold; Produktion: Audible GmbH, 981min.

2.2.5 Sonstiges

Hans Fallada: *Der Trinker*, gezeichnet und erzählt von Jakob Hinrichs, Berlin 2015.
  A Graphic Novel; Bearbeitung von *Der Trinker* als Bildergeschichte, in die auch Biografisches mit einfließt.

3. Zeitgenössische Rezensionen von Falladas Werken alphabetisch

3.1 *Der Alpdruck*

Lüd.: Chronik der deutschen Apathie. Hans Fallada: *Der Alpdruck*. In: Berliner Zeitung 3 (1947), Nr. 296, 20.12.1947, [S. 3].

Rein, Heinz: Die neue Literatur. Versuch eines ersten Querschnitts, Berlin (Ost) 1950, S. 326–333.

Schultze, Friedrich: *Der Alpdruck*. In: Der Aufbau. Kulturpolitische Monatsschrift 4 (1948), H. 6, S. 532–533.

Weiskopf, F. C.: Hans Fallada. *Jeder stirbt für sich allein. – Der Alpdruck*. In: Books Abroad. An International Literary Quarterly 22 (1948), Nr. 4, S. 413.

*Wyneken, Hans: Der kleine Mann nach dem Kriege. In: Der Tagesspiegel [o. J.].
  Q HFA S 2123.

3.2 *Altes Herz geht auf die Reise*

[Anonym]: Herr Fallada ist nicht im Bilde. In: Mitteldeutsche National-Zeitung 7 (1936), H. 100, Ausgabe Halle, 10.4.1936, S. 2.

[Anonym]: *Altes Herz geht auf die Reise*. Hans Falladas neuer Roman. In: Neues Wiener Journal 44 (1936), Nr. 15 383, 16.9.1936, S. 6–7.

[Anonym]: Neue Romane. In: Der Gral. Katholische Monatsschrift für Dichtung und Leben 31 (1936), H. 1 (Oktober 1936), S. 28–32 [zu *Altes Herz geht auf die Reise*, S. 31–32].

*[Anonym]: Like a Fairy Tale. In: Morning Post (1936), 16.10.1936, S. 18.
  Q HFA N 424.

[Anonym]: Hans Fallada: *Altes Herz geht auf die Reise*. In: Kladderadatsch 89 (1936), Nr. 43, 25.10.1936, [S. 683].

[Anonym]: Hans Fallada: Altes Herz geht auf die Reise. In: Badische Presse und Handels-Zeitung 52 (1936), Nr. 280, 13.11.1936, Unterhaltungsblatt, S. 4.

*[Anonym]: German Author Reveals Striking New Technique. In: The Citizen 63 (1937), 29.11.1937.
  Q HFA N 406.

Brighouse, Harold: Satire and Sentiment. In: The Manchester Guardian (1936), Nr. 28 111, Morning Express, 20.10.1936, S. 7.

*Burkert, Karl: Hans Fallada: *Altes Herz geht auf die Reise*. In: Nation und Schrifttum. Kritischer Führer durch das Schaffen der Zeit (1936), Nr. 16, 29.8.1936.

*Burkert, Karl: Hans Fallada: *Altes Herz geht auf die Reise*. In: Nation und Schrifttum. Kritischer Führer durch das Schaffen der Zeit (1936), Nr. 20, 5.12.1936.

Burra, Peter: Fiction. In: The Spectator (1936), Nr. 5 653, 30.10.1936, S. 772.

*Gan, Peter: Ueber Humor und Sentimentalität. Ein neuer Roman von Fallada. In: Berliner Tageblatt und Handels-Zeitung 65 (1936).
Q HFA N 418.

Günther, Joachim: *Altes Herz geht auf die Reise*. In: Deutsche Allgemeine Zeitung 75 (1936), Nr. 446, Ausgabe Groß-Berlin, 23.9.1936, Literarische Rundschau, [S. 1–2].

Heine, Gerhard: *Altes Herz geht auf die Reise*. In: Die Christliche Welt. Protestantische Halbmonatsschrift 50 (1936), Nr. 24, 19.12.1936, S. 1149.

Meyer, Heinrich: *Altes Herz geht auf die Reise*. In: Monatshefte für Deutschen Unterricht. Official Organ of the German Section of the Modern Language 31 (1939), Nr. 4, 4.4.1939, S. 199.

*Nevins, Allan: Hans Fallada in New Vein. *An Old Heart Goes A-Journeying*. In: St. Louis Post-Dispatch 88 (1936), 22.11.1936, S. 82.

r.: Der Fall Fallada. In: Volksgesundheit. Fachliches Schulungsblatt der Deutschen Arbeitsfront 1 (1936), Nr. 4 (April 1936), S. 125.

Riemkasten, Felix: Hans Fallada: *Altes Herz geht auf die Reise*. In: Nation und Schrifttum. Kritischer Führer durch das Schaffen der Zeit (1936), Nr. 17, 5.9.1936, [S. 4].

Scheffler, Herbert: *Altes Herz geht auf die Reise*. In: Die Literatur. Monatsschrift für Literaturfreunde 29 (1936/1937), H. 3 (Dezember 1936), S. 178.

Skipp, Henry J.: Fallada, Hans, *Altes Herz geht auf die Reise*. In: The Modern Language Journal 24 (1939), Nr. 3, 3.12.1939, S. 236–237.

*Steinbach, Peter: Hans Fallada: *Altes Herz geht auf die Reise*. In: Schlesische Zeitung 196 (1937), Oktober 1937.
Q HFA N 418.

Strauss, Harold: Hans Fallada's Modern Fairy Tale and Some Other Recent Fiction. In: The New York Times Book Review (1936), Section 7, 8.11.1936, S. 6.

*Sutton, Eric: Lektoren Gutachten zu *Altes Herz geht auf die Reise* (1935), 14.11.1935.
Q HFA N 424.

tr.: So geht's nicht! In: Deutsches Handwerk. Wochenschrift für Handwerkspolitik, Handwerkswirtschaft und Handwerkskultur 5 (1936), Nr. 13, 27.3.1936, S. 213.

Wertheimer, Paul: Der neue Fallada. In: Neue Freie Presse (1936), Nr. 25.865, Morgenblatt, 13.9.1936, S. 28–29.

Wittko, P.: Romane und Erzählungen. In: Weltstimmen. Weltbücher in Umrissen 11 (1937), H. 11 (November 1937), S. 477–480 [zu *Altes Herz geht auf die Reise*, S. 479].

3.3 *Anton und Gerda*

Euringer, Richard: Fallada, Hans: *Anton und Gerda*. In: Die Schöne Literatur 25 (1924), Nr. 10, 23.10.1924, S. 382.

K.: Hans Fallada: *Anton und Gerda*. In: Das Tage-Buch 5 (1924), H. 15, 12.4.1924, S. 501.

K.[üthe], F.[riedrich] H.[ermann]: Großer Mann – was nun? Ein neues Werk Falladas erscheint. In: Velberter Zeitung. Reviges-Hardenberger Volkszeitung. Neue Heiligenhauser Zeitung 53 (1934), Nr. 74, 15.3.1934, [S. 9].
A auch unter: *Hans Fallada und seine Werke. In: Elberfelder N.S.D.A.P.-Presse (März 1934), HFA N 313.

Steiniger, Alfons: *Anton und Gerda.* In: Die Weltbühne. Wochenschrift für Politik, Kunst, Wirtschaft 10 (1924), Nr. 28, 10.7.1924, S. 77–78.
Stroh, Heinz: *Anton und Gerda.* Roman von Hans Fallada. In: Berliner Börsen-Zeitung 69 (1924), Nr. 191, Morgenausgabe, 24.4.1924, 1. Beilage, S. 6.
St.[roh], H.[einz]: Falladas literarische Frühzeit. Liebe B. Z. am Mittag! In: B. Z. am Mittag. Berliner Zeitung 56 (1932), Nr. 154, 29.6.1932, [S. 6].
*v. E: *Anton und Gerda, Der junge Goedeschal*, zwei Romane von Hans Fallada, Ernst Rowohlt Verlag, Berlin. In: Allensteiner Zeitung. Die führende Tageszeitung Mittel- und Südostpreußens 90 (1931), 11.2.1931, Kritische Bücherschau. Schöne Literatur.
Q HFA, S 409.

3.4 *Bauern, Bonzen und Bomben*

[Anonym]: Hans Fallada, *Bauern, Bonzen und Bomben.* In: Bayerische Funkwoche. Bayerischer Funkkurier 5 (1931), Nr. 20, 16.05.1931, [S. 3].
*[Anonym]: Politische Reportage aus Norddeutschland. In: Jungnationale Stimmen 6 (1931), H. 8 (August 1931).
Q HFA N 326.
*[Anonym]: *Bauern, Bonzen, Bomben* [sic]. Ein Buch aus der Zeit. In: Stolp und Umgebung. General-Anzeiger. Tageszeitung für Stolp und Ostpommern 5 (1931), Nr. 190.
HFA N 333.
[Anonym]: *Bauern, Bonzen, Bomben!* [sic]. In: Nürnberg-Fürther Morgenpresse (1931), Nr. 86, 14.4.1931, S. 4.
*[Anonym]: Hans Fallada: *Bauern, Bonzen und Bomben.* In: Bergedorfer Zeitung 49 (1931), 24.4.1931.
Q HFA N 318.
*[Anonym]: *Bauern, Bonzen, Bomben* [sic]. Ein Roman von Hans Fallada. In: Niederdeutsche Zeitung. Nationales Tageblatt für Nordwestdeutschland und Nachbargebiete (1931), 29.4.1931.
Q HFA N 324.
*[Anonym]: *Bauern, Bonzen und Bomben*, Roman von Hans Fallada. In: Sudetendeutscher Landbund (1931), 6.5.1931.
Q HFA N 317.
*[Anonym]: Bücher der Zeit. *Bauern, Bonzen und Bomben.* In: Das Landvolk. Lewwer duad üs Slaav! Überparteiliche, unabhängige Tageszeitung für das Deutsche Volk in Land und Stadt 3 (1931), 19.5.1931.
Q HFA N 325.
[Anonym]: Hans Fallada: *Bauern, Bonzen und Bomben.* In: Sport im Bild. Das Blatt der guten Gesellschaft 37 (1931), Nr. 13, 30.6.1931, S. 740.
[Anonym]: *Bauern, Bonzen, Bomben* [sic]. In: Schulfront 3 (1931), H. 6/7 (Juni/Juli 1931), S. 61–62.
[Anonym]: *Bauern. Bonzen und Bomben* von Hans Fallada. In: Alarm [Berlin] 3 (1931), Nr. 13, 5.7.1931, [S. 8].
[Anonym]: Hans Fallada: *Bauern, Bonzen und Bomben.* In: Basler Nachrichten und Finanz- und Handelsblatt 88 (1932), Nr. 186, 9./10.7.1932, Literaturblatt, Nr. 28, [S. 1].
[Anonym]: *Bauern, Bonzen und Bomben.* Ein Zeitroman zu den Bombenleger-Affären. In: Der Jungdeutsche. Tageszeitung für Volkskraft und Ständefrieden 12 (1931), Nr. 161, 14.7.1931, Der Kampf um den deutschen Volksstaat, [S. 1].
*[Anonym]: *Bauern Bonzen, Bomben* [sic]. Ein Buch aus der Zeit. In: Kösliner Neueste Nachrichten. Tageszeitung für den Regierungsbezirk Köslin und die Grenzmark 5 (1931), 15.8.1931, [S. 1–2].
Q HFA N 326.

*[Anonym?]: *Bauern, Bonzen und Bomben*. In: Neue Berner Zeitung. Offizielles Organ der Bauern-, Gewerbe- und Bürgerpartei (1931), 20.8.1931.
Q HFA N 318.

[Anonym]: *Bauern, Bonzen und Bomben*. In: Der Grundstein. Wochenblatt des deutschen Baugewerksbundes 44 (1931), Nr. 35, 29.8.1931, S. 280.

[Anonym]: *Bauern, Bonzen und Bomben*, von Hans Fallada. In: Der Angriff. Das deutsche Abendblatt in Berlin 5 (1931), Nr. 172, 3.9.1931, 2. Beilage, [S. 1].

[Anonym]: Hans Fallada. *Bauern, Bonzen und Bomben*. In: La République. Neueste Strassburger Morgenzeitung 41 (1932), Nr. 102, 12.4.1932, S. 2.

[Anonym]: Gesellschaftskritiker der Nachkriegszeit. Hans Fallada. In: B. Z. am Mittag. Berliner Zeitung 56 (1932), Nr. 285, 29.11.1932, Erstes Beiblatt, [S. 3–4].

*[Anonym]: *Bauern, Bonzen und Bomben*. In: Mindener Zeitung 70 (1934), 29.9.1934.
Q HFA N 328.

a.: *Bauern, Bonzen und Bomben*. In: Pädagogische Zeitschrift [Graz] 65 (1932), Nr. 5, 10.3.1932, S. 56–57.

Alverdes, Paul: Neue deutsche Romane. In: Die Neue Rundschau 42 (1931), H. 8 (August 1931), S. 261–273 [zu *Bauern, Bonzen und Bomben*, S. 268–269].

Alwens, Ludwig: Zeitliteratur? In: Hofer Anzeiger. Generalanzeiger für Oberfranken 130 (1931), Nr. 143, 29.5.1931, S. 4.

B.: *Bauern, Bonzen und Bomben*. In: Volksstimme. Tageszeitung der Sozialdemokratischen Partei im Regierungsbezirk Magdeburg 42 (1931), Nr. 89, 17.4.1931, Die Rast, [S. 1].

B., H. G.: Die Provinz stellt sich vor. H. Fallada: *Bauern, Bonzen und Bomben*. In: Berlin am Morgen 3 (1931), Nr. 283, 4.12.1931, S. 8.

B., L.: Hans Fallada: *Bauern, Bonzen und Bomben*. In: Fränkischer Kurier. Nürnberg-Fürther Neueste Nachrichten 99 (1931), Nr. 106, Allgemeine Ausgabe, 17.4.1931, S. 22.

Bachmann, Jürgen: Deutsche Bauern, deutsche Not. Ein Zeitroman. In: Berliner Lokal-Anzeiger. Organ für die Reichshauptstadt 49 (1931), Nr. 207, 3.5.1931, 4. Beiblatt, [S. 2].

Bachter, B. O.: Neue Bücher. In: Kyffhäuser. Zeitschrift für das deutsche Haus 55 (1931), Nr. 17, 26.4.1931, S. 284.

Bergholz, Harry: Hans Fallada's Breakthrough. In: The German Quarterly 29 (1956), H. 1, S. 19–24.

[Blank, Herbert]: Literatur und Zeit. In: Die Deutsche Revolution. Kampforgan der Revolutionären Nationalsozialisten 6 (1931), Nr. 13, 29.3.1931, [S. 4].

Blanck, Karl: Zeitbilder im Roman. In: Leipziger Neueste Nachrichten und Handels-Zeitung (1931), Nr. 186, 5.7.1931, Literarische Rundschau, S. 20.

Böttiger, Th.[eodor]: *Bauern, Bonzen und Bomben*. In: Deutsche Allgemeine Zeitung 70 (1931), Nr. 167, Ausgabe Groß-Berlin, 15.4.1931, Unterhaltungsblatt, [S. 1].

Brenner, Hans Georg: Bemerkungen zum Kleinstadtroman. In: Der Scheinwerfer. Blätter der städtischen Bühnen Essen 4 (1931), H. 16 (Mai 1931), S. 20–22.

Castague, Helmut: Zur Neuausgabe eines Romans von Fallada. In: General-Anzeiger der Stadt Frankfurt am Main 63 (1939), Nr. 90, 13.4.1939, S. 11.

D.: Zeitgeschichte. In: Nationale Erziehung. Monatsschrift für Eltern und Erzieher 12 (1931), H. 9, 15.9.1931, S. 261–262.

D., A.: Hans Fallada: *Bauern, Bonzen und Bomben*. In: Betriebsräte-Zeitschrift. Bildungsorgan für die Funktionäre des Deutschen Metallarbeiter-Verbandes 12 (1931), Nr. 21, 7.11.1931, S. 504.

D., R.: Unsere Meinung. In: 8 Uhr-Abendblatt. National-Zeitung 84 (1931), Nr. 68, 21.3.1931, 3. Beiblatt, [S. 2].

Demmig, Ch.: Hans Fallada: *Bauern, Bonzen und Bomben*. In: Der Gral. Monatsschrift für Dichtung und Leben 27 (1932), H. 3 (Dezember 1932), S. 227.

E., A. L.: Hans Fallada: *Bauern, Bonzen und Bomben*. In: Die Woche [Moderne Illustrierte Zeitschrift] 33 (1931), H. 33, 15.8.1931, S. 11.

*E., F. C.: Hans Fallada: *Bauern, Bonzen und* Bomben. In: National-Zeitung. Organ für Handel und Industrie. Anzeigeblatt der Stadt Basel 89 (1931), 3.5.1931.
Q HFA N 318.

E., U.: *Bauern, Bonzen und Bomben.* In: General-Anzeiger für Dortmund und das gesamte rheinisch-westfälische Industriegebiet 44 (1931), Nr. 105, 17.4.1931, Literaturblatt, [S. 1].

ed.: *Bauern, Bonzen und Bomben.* In: Das Reichsbanner. Zeitung des Reichsbanners Schwarz-Rot-Gold. Bund Deutscher Kriegsteilnehmer und Republikaner E. V. 8 (1931), Nr. 17, 25.4.1931, S. 132.

Eggebrecht, Axel: Hans Fallada: *Bauern, Bonzen und Bomben.* In: Die Literarische Welt 7 (1931), Nr. 25, 19.6.1931, S. 6.

Ehrenstein, Albert: *Bauern, Bonzen und Bomben.* In: Das Tage-Buch 12 (1931), H. 16, 18.4.1931, S. 635–636.

Ehrke, Hans: Hans Fallada: *Bauern, Bonzen und Bomben.* In: Die Heimat. Monatsschrift des Vereins zur Pflege der Natur- u. Landeskunde in Schleswig-Holstein und Hamburg 42 (1932), H. 1 (Januar 1932), S. 24.

F.: Hans Fallada, *Bauern, Bonzen und Bomben.* In: Deutsche Hochschule. Zeitschrift des Burschenbunds-Convents 20 (1931), H. 8 (August 1931), S. 113.

F., C.: *Bauern, Bonzen und Bomben.* In: Volksstimme. Organ für das arbeitende Volk des deutschen Reichstagswahlbezirk Chemnitz-Erzgebirge 41 (1931), Nr. 193, 20.8.1931, 1. Beilage, [S. 3].

Fischer, H.: *Bauern, Bonzen und Bomben.* In: Die Rote Fahne. Zentralorgan der Kommunistischen Partei Deutschlands 14 (1931), Nr. 136, 7.6.1931, Literatur-Rundschau, [S. 1].

Frank, Rudolf: *Bauern, Bonzen und Bomben.* In: Chronik der Menschheit (1931), Nr. 61, 30.5.1931, S. 207–208.

G., A.: *Bauern, Bonzen, Bomben* [sic]. In: Schleswig-Holsteinische Landeszeitung. Rendsburger Tageblatt 124 (1931), Nr. 70, 24.3.1931, [S. 2–3].

G., A.: *Bauern, Bonzen und Bomben* von Hans Fallada. In: Tribüne. Organ der Sozialdemokratie für Thüringen und den Regierungsbezirk Erfurt 44 (1932), Nr. 85, 12.4.1932, [S. 5].

G., E.: *Bauern, Bonzen und Bomben.* In: Deutsche Akademiker-Zeitung. Akademische Wochenschrift für das gesamte deutsche Hochschulwesen und die Wissenschaft in der Politik 23 (1931), Nr. 30/31, 1.11.1931, S. 8.

*G., H.: *Bauern, Bonzen und Bomben.* Der Roman einer kleinen Stadt. In: Welt am Abend (Berlin) 9 (1931), Nr. 118, 23.5.1931.
Q HFA N 318.

G., H. v.: *Bauern, Bonzen und Bomben!* [sic]. In: Die Welt am Montag. Unabhängige Zeitung für Politik und Kultur 37 (1931), Nr. 24, 15.6.1931, [S. 4].

Ginter, E.: *Bauern, Bonzen und Bomben.* In: Augsburger Postzeitung (1931), Nr. 103, 6.5.1931, Literarische Beilage, Nr. 18, S. 72.

*Gzldr.: Bücher der Zeit. *Bauern, Bonzen und Bomben.* In: Das Landvolk (1931), 19.5.1931.
Q HFA N 327.

H., A.: *Bauern, Bonzen und Bomben.* In: Stettiner Abendpost. Ostsee-Zeitung. Stettiner Neueste Nachrichten (1931), Nr. 119, 23./24.5.1931, S. 11.

*H., C.: Roman-Reportagen. *Bauern, Bonzen und Bomben.* In: Berliner Börsen-Zeitung 76 (1931), Nr. 221, Abendausgabe, 14.5.1931.
Q HFA N 318.

H., C.: Ein Roman. In: Prager Presse 11 (1931), Nr. 227, 23.8.1931, S. 3.

Hahn, Gerhard: Was wird gelesen? Hans Fallada: *Bauern, Bonzen und Bomben.* In: Schlesische Zeitung 190 (1931), Nr. 221, Vollausgabe Morgenblatt, 2.5.1931, [S. 2].

Heller, Fritz: Aus dem agrarischen Hinterland. In: Leipziger Volkszeitung. Organ für die Interessen des gesamten werktätigen Volkes 38 (1931), Nr. 121, 28.5.1931, Feuilleton, [S. 1].

Hesse, Hermann: Notizen über Bücher. Hans Fallada. *Bauern, Bonzen und Bomben.* In: Der Bücherwurm. Monatsschrift für Bücherfreunde 16 (1931), H. 9, Ausgabe A, S. 261.
A auch in: Sämtliche Werke, Bd. 19: Die Welt im Buch IV. Rezensionen und Aufsätze aus den Jahren 1926–1934, hg. von Volker Michels, Frankfurt a. M. 2003, S. 237–241.

hs.: Hans Fallada: *Bauern, Bonzen und Bomben*. In: Volkswacht. Essener-Arbeiter Zeitung. Allgemeiner Beobachter. Sozialdemokratisches Organ für Groß-Essen 25 (1931), Nr. 184, 10.8.1931, Drittes Blatt, [S. 1].

Hübner, Horst: *Bauern, Bonzen und Bomben*. In: Niederdeutscher Beobachter. Das Blatt des Reichsstatthalters und gauamtliche Zeitung der NSDAP. Zeitung des Staatsministeriums, der Landräte und Kommunalbehörden 16 (1940), Nr. 2, 3.1.1940, S. 3.

Jacob, Berthold: *Bauern, Bonzen und Bomben*. Ein Bericht über den Roman Hans Falladas. In: General-Anzeiger für Dortmund und das gesamte rheinisch-westfälische Industriegebiet 44 (1931), Nr. 122, 4.5.1931, 2. Blatt, [S. 1].

Jacob-Margella, G.: *Bauern, Bonzen und Bomben*. In: Abwehr-Blätter 42 (1932), Nr. 10 (Dezember 1932), S. 244–245.

Jaeger, Hans: Tönnies, Georg Ove, *Die Auflehnung der Nordmark-Bauern*. – Karsthans, *Die Bauern marschieren*. – Fallada, Hans, *Bauern, Bonzen und Bomben*. In: Zeitschrift für Sozialforschung 1 (1932), Doppelheft 1/2, S. 190–191 [zu *Bauern, Bonzen und Bomben*, S. 191].

*K.: *Bauern, Bonzen und Bomben*. Ein politischer Gegenwartsroman von Hans Fallada. In: Allgemeine Zeitung (Chemnitz) 34 (1931), 3.5.1931.
Q HFA N 319.

K., E.: Es steht zur Debatte: *Bauern, Bonzen und Bomben*. In: 8 Uhr-Abendblatt. National-Zeitung 84 (1931), Nr. 68, 21.3.1931, 3. Beiblatt, [S. 2].

*k i.: *Bauern, Bonzen und Bomben*. In: Arbeiterpolitik. Kommunistische Tageszeitung 3 (1931), 14.4.1931.
Q HFA N 318.

K., O.: Hans Fallada: *Bauern, Bonzen und Bomben*. In: Der Deutschen-Spiegel. Politische Wochenschrift 8 (1931), H. 39, 25.9.1931, S. 1474–1475.

K., v.: *Bauern, Bonzen und Bomben*. In: Hamburger Nachrichten 140 (1931), Nr. 165, Morgen-Ausgabe (Ausgabe A), 10.4.1931, Zweite Beilage, [S. 1].

Kaergel, Hans Christoph: Bücher der Zeit. Hans Fallada: *Bauern, Bonzen und Bomben* – Erik Reger: *Union der festen Hand* – Hans Hutten: *Der Arzt der Welt*. In: Dresdner Nachrichten 76 (1931), Nr. 327, 15.7.1931, Literarische Umschau, [S. 1].

Kantorowicz, Hermann: *Bauern, Bonzen und Bomben*. In: Der Fortschritt. Norddeutsche Zeitung der Radikaldemokratischen Partei 1 (1931), Nr. 11, 21.3.1931, [S. 1–2].

Keller, R.: Fallada, Hans: *Bauern, Bonzen, Bomben* [sic]. In: Bücherei und Bildungspflege. Zeitschrift für die gesamten außerschulmäßigen Bildungsmittel 11 (1931), H. 6, S. 453–454.

Kenter, Heinz Dietrich: *Bauern, Bonzen und Bomben*. In: Die Literatur. Monatschrift für Literaturfreunde 33 (1930/31), H. 10 (Juli 1931), S. 585–586.

Kiaulehn, Walther: *Bauern, Bonzen und Bomben*. In: B. Z. am Mittag 55 (1931), Nr. 80, 7.4.1931, [S. 3].

Kläber, Kurt: Wir brauchen Bauernromane. In: Die Linkskurve 3 (1931), H. 11 (November 1931), S. 20–22 [zu *Bauern, Bonzen und Bomben*, S. 21–22].

Kracauer, Siegfried: Politik in der Kleinstadt. In: Frankfurter Zeitung und Handelsblatt 76 (1931), Nr. 947, Zweites Morgenblatt, 20.12.1931, Literaturblatt, Nr. 51, S. 8.
A auch in: Ders.: Werke, Bd. 5.3: Essays, Feuilletons, Rezensionen. 1928–1931, hg. von Inka Mülder-Bach, Berlin 2011, S. 742–745.

L.: Hans Fallada: *Bauern, Bonzen und Bomben*. In: Hamburgischer Correspondent und Hamburgische Börsen-Halle 201 (1931), Nr. 177, Morgen-Ausgabe, 17.3.1931, S. 7.

L., F.: *Bauern, Bonzen und Bomben*. Ein Roman aus dem heutigen Deutschland. In: Neues Wiener Journal 39 (1931), Nr. 13 514, 7.7.1931, S. 8.

Leonard, Ernst: *Bauern, Bonzen und Bomben*. In: Deutsche Republik 5 (1931), H. 31, S. 975–978.

*Liepmann, Heinz: Hans Fallada: *Bauern, Bonzen und Bomben*. In: Sächsisches Volksblatt. Organ der Sozialdemokratischen Partei im Regierungsbezirk Zwickau 40 (1931), Nr. 107, 9.5.1931.
Q HFA N 337.

Lobbes, Hermann: *Bauern, Bonzen und Bomben*. In: Hamburger Fremdenblatt 103 (1931), Nr. 155, Abend-Ausgabe, 6.6.1931, Literarische Rundschau, S. 36.

Lothar, Ernst: Einer, der sich durchsetzen wird. In: Neue Freie Presse (1931), Nr. 24 031, Morgenblatt, 9.8.1931, S. 1–3.

M., P.: Roman der deutschen Kleinstadt von heute. In: Monatsblätter des Deutschen Buch-Clubs 4 (1931), Mai 1931, S. 13.

Mach., Dom.: Hans Fallada: *Bauern, Bonzen und Bomben*. In: Freie Welt. Eine Halbmonatsschrift für deutsche Kultur 12 (1932), Nr. 285, 27.5.1932, S. 318–319.

Mann, Thomas: Die besten Bücher des Jahres. Eine Umfrage. In: Das Tage-Buch 12 (1931) H. 49, 5.12.1931, S. 1897.

Marcu, Valeriu: *Bauern, Bonzen und Bomben*. Ein politischer Roman Hans Falladas. In: Münchner Neueste Nachrichten. Handels- und Industrie-Zeitung, Alpine und Sport-Zeitung, Theater- und Kunst-Chronik 84 (1931), Nr. 271, 6.10.1931, S. 15.

Marwede, F. C.: Hans Fallada: *Bauern, Bonzen und Bomben*. In: Kösliner Zeitung. Allgemeines pommersches Volksblatt 107 (1931), Nr. 168, 21.7.1931, [S. 1].

Melnik, Josef: Zwei Dichter der deutschen Wirklichkeit. In: Neue Revue 2 (1931), H. 3/4, S. 225–228.

Merleker, Hartmuth: Ein Roman von der Schwarzen Fahne. In: Tempo 4 (1931), Nr. 75, 30.3.1931, [S. 10].

*Meyer, Gotthart: *Bauern, Bonzen und Bomben*. In: Berliner Lokal-Anzeiger. Organ für die Reichshauptstadt 57 (1939), Nr. 273, 15.11.1939.
Q HFA N 318.

Misch, Carl: Historische Zeit-Reportage. Die norddeutsche Bauernrevolte im Roman. In: Vossische Zeitung. Berlinische Zeitung von Staats- und gelehrten Sachen (1931), Nr. 252, Morgen-Ausgabe, 31.5.1931, Literarische Umschau, Nr. 22, [S. 1].

N., A.: Hans Fallada: *Bauern, Bonzen und Bomben*. In: Bildungsarbeit. Blätter für sozialistisches Bildungswesen 18 (1931), H. 5/6 (Mai/Juni 1931), Die Arbeiterbücherei, S. 53.

Neukrantz, Klaus: Der soziale Roman der Gegenwart. In: Arbeiter-Sender. Illustrierte Funkwochenschrift 4 (1931), Nr. 28, 9.7.1931, S. 10.

*Nordische Rundfunk AG Hamburg, 18.7.1931.
Q HFA N 324.
A Skript zu der Sendung über die Romane *Bauern, Bonzen und Bomben* sowie *Prinzen, Prälaten und Sansculotten* von Clara Viebig.

nust: Hans Fallada: *Bauern, Bonzen und Bomben*. In: Der Aufstieg [Das deutsche Wochenblatt in Estland] 1 (1932), Nr. 34, 6.11.1932, Beilage, [S. 1].

*nz.: Hans Fallada: *Bauern, Bonzen u. Bomben*. [sic] In: Schleswig-Holsteinische Schulzeitung. Mitteilungsblatt des Nationalsozialistischen Lehrerbundes Gau Schleswig-Holstein 79 (1931), Mai 1931.
Q HFA N 326.

*P., W.: Revolte der Bauern. Hans Fallada: *Bauern, Bonzen und Bomben*. In: Stadt-Anzeiger für Köln und Umgebung (1931), 19.5.1931.
Q HFA N 326.

*r.: *Bauern, Bonzen und Bomben*. In: Breslauer Zeitung (1931), 9.6.1931.
Q HFA N 318.

*r.: Hans Fallada: *Bauern, Bonzen und Bomben*. In: Hamburger 8 Uhr Abendblatt 11 (1931), 16.4.1931.
Q HFA N 324.

R., A.: Hans Fallada: *Bauern, Bonzen und Bomben*. In: Niedersachsen. Norddeutsche Monatshefte für Heimat und Volkstum. Organ des Niedersächsischen Ausschusses für Heimatschutz 36 (1931), Mai 1931, S. 238.

Reitmann, Erwin: Hans Fallada: *Bauern, Bonzen und Bomben*. In: Deutsche Arbeits-Korrespondenz 7 (1939), Nr. 135, 14.6.1939, S. 7.

Riemkasten, Felix: *Bauern, Bonzen und Bomben*. In: Der Tag [Moderne Illustrierte Zeitung] 31 (1931), Nr. 108, Unterhaltungs-Rundschau, 6.5.1931, [S. 2].

Ro: *Bauern, Bonzen und Bomben.* Neumünster und sein Bauernkrawall im Roman. In: Schleswig-Holsteinische Volks-Zeitung. Organ für das arbeitende Volk 39 (1931), Nr. 105, 7.5.1931, Kunst, Wissen, Leben. Blätter zur Unterhaltung und Belehrung, [S. 1].

Robbe, Uwe Lars: Hans Fallada: *Bauern, Bonzen und Bomben.* In: Wiener Neueste Nachrichten 10 (1934), Nr. 3034, 11.3.1934, Unterhaltungsblatt, S. 22.

S.: Fallada, Hans: *Bauern, Bonzen und Bomben.* In: Westdeutsche Woche. Anzeiger für alle kulturellen Veranstaltungen 8 (1931), H. 1, 4.10.1931, S. 8.

S., A.: Hans Fallada: *Bauern, Bonzen und Bomben.* In: Sudetendeutsche Tages-Zeitung 10 (1932), Nr. 103, 1.5.1932, Literarische Beilage, S. 12.

*S., F.: *Bauern, Bonzen und Bomben.* In: Pommersche Tagespost [Stettin] 21 (1931), 19.4.1931.
Q HFA N 333.

*S-r.: *Bauern, Bonzen und Bomben.* In: Bremer Nachrichten. Weser-Zeitung (1931), 5.4.1931.
Q HFA N 318.

*S., W.: *Bauern, Bonzen und Bomben.* Ein Zeitroman von Hans Fallada. In: Deutsche Tageszeitung 38 (1931), Abend-Ausgabe, 26.3.1931.
Q HFA N 318.

S.[chramm], W.[ilhelm] v.[on]: *Bauern, Bonzen und Bomben.* Ein Roman des gärenden Deutschlands. In: Münchner Neueste Nachrichten. Handels- und Industrie-Zeitung, Alpine und Sport-Zeitung, Theater- und Kunst-Chronik 84 (1931), Nr. 117, 1.5.1931, S. 2.

*Schauwecker, Franz: Hans Fallada: *Bauern, Bonzen und Bomben.* In: Der Kampf [Berlin], April 1931.
Q HFA N 318.
A auch unter: *Bauern, Bonzen und Bomben.* Anmerkungen zu einem Zeitroman. In: Saarbrücker Zeitung 171 (1931), Nr. 173, 28.6.1931, Die Gegenwart, [S. 1]; *Bauern, Bonzen und Bomben.* Anmerkungen zu einem Zeitroman. In: Der Mittag. Illustrierte Tageszeitung für Sport, Verkehr, Politik, Kunst 12 (1931), Nr. 217, 16.9.1931, Das geistige Leben, [S. 1].

Scherret, Felix: Hans Fallada: *Bauern, Bonzen und Bomben.* In: Vorwärts. Berliner Volksblatt. Zentralorgan der Sozialdemokratischen Partei Deutschlands 48 (1931), Nr. 163, Abendausgabe, 8.4.1931, Der Abend, [S. 2].

Schneider, Herbert: Fallada, Hans: *Bauern, Bonzen und Bomben.* In: Die Bücherwelt. Zeitschrift des Borromäusvereins 29 (1932), H. 4 (Juli/August 1932), S. 308.

Schr., G.: Fallada, Hans. *Bauern, Bonzen und Bomben.* Der Ring. Konservative Wochenschrift 4 (1931), H. 27, 4.7.1931, S. 505.

Schramm, Wolf: Politische Romane. In: Magdeburgische Zeitung (1931), Nr. 290, 1. Ausgabe, 31.5.1931, Literatur-Beilage, [S. 1].

Schulz, Kurd: Der Roman des Bauern. In: Die Tat. Unabhängige Monatsschrift zur Gestaltung neuer Wirklichkeit 24 (1932/33), H. 12 (März 1933), S. 1075–1081 [zu *Bauern, Bonzen und Bomben*, S. 1080].

*sf.: Hans Fallada. *Bauern, Bonzen und Bomben.* In: Westfälische Neueste Nachrichten mit Bielefelder General-Anzeiger und Handelsblatt 32 (1931).
Q HFA N 381.

smk.: Ein früherer Roman von Hans Fallada. *Bauern, Bonzen und Bomben.* In: Das Kleine Blatt 7 (1933), Nr. 53, 22.2.1933, S. 12.

Sternbach, Hermann: Hans Fallada: *Bauern, Bonzen und Bomben.* In: Ostdeutsche Monatshefte. Blätter des Deutschen Heimatbundes Danzig 13 (1932), H. 5 (August 1932), S. 316.

*Strauss, J.: *Bauern, Bonzen, Bomben* [sic]. In: Ostdeutsche Morgenpost. Amtliches Organ der NSDAP und aller Behörden 13 (1931), 24.5.1931.
Q HFA N 318.

Strecker, Karl: Romane. In: Velhagen & Klasings Monatshefte 46 (1931), H. 11 (Juli 1931), S. 558–560 [zu *Bauern, Bonzen und Bomben*, S. 558–559].

*Streek.: Bauern, Bonzen, Bomben [sic]. In Zeitung für Ostpommern. Parteiamtliche Zeitung der NSDAP 5 (1931), 2.5.1931.
Q HFA N 333.

Suhrkamp, Peter: Mittelalterliche Nachkriegs-Provinz. Hans Fallada: *Bauern, Bonzen und Bomben*. In: Uhu 8 (1932), H. 4 (Januar 1932), S. 102.

*svb. [Hans Schwarz von Berk]: Unser neuer Roman. In: Pommersche Tagespost [Stettin] 21 (1931), 31.5.1931.
Q HFA N 333.

T.[opf], E.[rwin]: Ein Verteidiger schreibt. In: Berliner Tageblatt und Handels-Zeitung 60 (1931), Nr. 272, Morgen-Ausgabe, 12.6.1931, 1. Beiblatt, [S. 3].

Topf, Erwin: Roman aus dem unbekannten Deutschland. In: Berliner Tageblatt und Handels-Zeitung 60 (1931), Nr. 180, Morgen-Ausgabe, 17.4.1931, 1. Beiblatt, [S. 7].

Tränckner: Hans Fallada, *Bauern, Bonzen und Bomben*. In: Hefte für Büchereiwesen 15 (1931/32), S. 291–292.

Traub, D.: Von Schriften und Büchern. In: Eiserne Blätter. Wochenschrift für deutsche Politik und Kultur 13 (1931), Nr. 42, 18.10.1931, S. 662–669 [zu *Bauern, Bonzen und* Bomben, S. 665].

u: *Bauern, Bonzen und Bomben*. In: Neue Badische Landes-Zeitung. Mannheimer Zeitung. Mannheimer Anzeiger und Handelsblatt 76 (1931), Nr. 201, Abend-Ausgabe, 21.4.1931, S. 2.

*u: Hans Fallada: *Bauern, Bonzen und Bomben*. In: Prager Abendblatt 65 (1931), 4.4.1931.
Q HFA N 331.

U., E.: Hans Fallada: *Bauern, Bonzen und Bomben*. In: Literarische Monatshefte. Eine Zeitschrift junger Menschen 2 (1931), Nr. 6, S. 20.

Unger, Wolfgang: Hans Fallada. *Bauern, Bonzen und Bomben*. In: Weltstimmen. Weltbücher in Umrissen (1931), H. 9 (September 1931), S. 410–413.

W., H.: Hans Fallada: *Bauern, Bomben, Bonzen* [sic]. In: Kattowitzer Zeitung. Allgemeine Tageszeitung für Politik und Wirtschaft. Oberschlesisches Handelsblatt 63 (1931), Nr. 83, 11./12.4.1931, Literarische Rundschau, [S. 1].

*W., K.: *Bauern, Bonzen und Bomben*. In: Barmer Zeitung und Handels-Zeitung. Wuppertaler Zeitung 98 (1931), 24.4.1931.
Q HFA N 318.

W., V.: Fallada und Fleisser. In: Der Querschnitt 12 (1932), H. 2 (Februar 1932), S. 155.

Wbg., G.: *Bauern – Bonzen – Bomben* [sic]. In: Hamburger Echo. Hamburg-Altonaer Volksblatt 57 (1931), Nr. 190, 13.7.1931, [S. 3].

Wehe, Walter: Der Ruf der Erde. Zwei Neuauflagen und eine Neuerscheinung. In: Berliner Börsen-Zeitung. Tageszeitung für Politik und Wirtschaft, für Wehrfragen, Kultur und Unterhaltung 85 (1939), Nr. 377, Morgenausgabe, 18.8.1939, Literaturblatt, Nr. 33, S. 8.

Weiß, Ernst: *Bauern, Bonzen und Bomben*. Zu dem Roman von Hans Fallada. In: Berliner Börsen-Courier. Tageszeitung für alle Gebiete 63 (1931), Nr. 151, Express-Morgen-Ausgabe, 31.3.1931, 1. Beilage, S. 5.
A auch in: Ders.: Gesammelte Werke, Bd. 16: Die Kunst des Erzählens. Essays, Aufsätze, Schriften zur Literatur, hg. von Peter Engel und Volker Michels, Frankfurt a. M. 1982, S. 387–389.

Wierz: Hans Fallada: *Bauern, Bonzen, Bomben* [sic]. In: Kölnische Zeitung (1932), Nr. 144, Erste Sonntags-Ausgabe, 13.3.1932, Die Literatur, Nr. 11, [S. 1].

Wittfogel, Karl August: Bauern, Bonzen, Faschisten – die Geheimnisse von Neumünster. In: Die Linkskurve 4 (1932), Nr. 2 (Februar 1932), S. 28–32.

Wittmaack, Adolph: Fallada, Hans: *Bauern, Bonzen und Bomben*. In: Die Neue Literatur 32 (1931), H. 8 (August 1931), S. 374.

Wittner, Victor: Auskunft über Bücher. Gesellschaftssatiren. In: Die Dame [Illustrierte Mode-Zeitschrift] 59 (1931), H. 1 (Erstes Oktoberheft 1931), Die Losen Blätter (Beilage), S. 16.

Wrobel, Ignaz [Pseudonym: Kurt Tucholsky]: *Bauern, Bonzen und Bomben*. In: Die Weltbühne. Wochenschrift für Politik, Kunst, Wirtschaft 27 (1931), Nr. 14, 7.4.1931, S. 496–501.
A auch in: Kurt Tucholsky: Gesammelte Werke, Bd. 3: 1929–1932, hg. von Mary Gerold-Tucholsky und Fritz J. Raddatz, Reinbek bei Hamburg 1961, S. 820–826.

Wyß, Hans A.[lfred]: Hans Fallada. Der Aufstand der schwarzen Fahne. In: Schweizer Monatshefte. Zeitschrift für Politik, Wirtschaft, Kultur 13 (1933), H. 4/5 (Juli/August 1933), S. 205–208.

Z.: *Bauern, Bonzen und Bomben*. In: Rostocker Zeitung. Mecklenburger Warte 221 (1931), Nr. 15, 12.4.1931, Deutscher Sonntag, [S. 3–4].

3.5 *Damals bei uns daheim*

*[Anonym]: Hans Fallada: *Damals bei uns daheim*. In: Europäische Akademische Correspondenz (1942), 26.5.1942.
Q HFA N 485.

Backhaus, Wilhelm: Hans Fallada. In: Münchner Nachrichten. Wirtschaftsblatt, Alpine und Sport-Zeitung, Theater- und Kunst-Chronik 95 (1942), Nr. 131, 11.5.1942, S. 4.

Casper: Jugenderinnerungen von Hans Fallada. In: Strassburger Neueste Nachrichten. Amtliche Tageszeitung der NSDAP. Regierungsanzeiger für das Elsass (1943), Nr. 341, 10.12.1943, S. 3.

Felchner, Kuno: Gärten der Kindheit. Hans Fallada: *Damals bei uns daheim. Erlebtes, Erfahrenes und Erfundenes*. In: Europäische Literatur 1 (1942), H. 1, S. 26.

*Gantzer, Hildegard: *Damals bei uns zu daheim*. Eine Selbstbiographie von Hans Fallada. In: Deutsche Zeitung für Norwegen [undatierter Zeitungsausschnitt HFA].
Q HFA N 485.

Golitschek, Josef von: Der neue Fallada. In: Der Neue Tag. Tageszeitung für Böhmen und Mähren 4 (1942), Nr. 128, 10.5.1942, Sonntagsbeilage, S. 3.

*Nell, Hedwig: Selbstbildnis eines Schriftstellers. In: Hannoverscher Anzeiger 50 (1942), 21.4.1942.
Q HFA S 2120.

Reck-Malleczewen, Friedrich: *Damals bei uns daheim*. In: Deutsche Allgemeine Zeitung 81 (1942), Nr. 175, Berliner Ausgabe, 12.4.1942, Literarische Rundschau, [S. 1].

3.6 Day, Clarence: *Unser Herr Vater* [Übersetzung]

er.: *Unser Herr Vater*. Von Clarence Day. Deutsch von Hans Fallada. In: Hamburger Nachrichten 145 (1936), Nr. 321, Ausgabe C, 18.11.1936, S. 7.

Heine, Gerhard: *Unser Herr Vater*. Von Clarence Day. Übersetzt von Hans Fallada. In: Die Christliche Welt. Protestantische Halbmonatsschrift 50 (1936), Nr. 24, 19.12.1936, S. 1147.

Kockjoy, Wolfgang: Eine wirklich nette Bescherung. In: Der Bazar. Erste Damen- und Modezeitung 82 (1936), H. 25 (1. Dezemberheft), S. 21–23 [zu *Unser Herr Vater*, S. 21].

Schnellhardt, Herbert: Clarence Day: *Unser Herr Vater*. In: Badische Presse und Handels-Zeitung. General-Anzeiger für Südwestdeutschland 53 (1937), Nr. 106, 18.4.1937, Sonntagspost. Beilage der Badischen Presse für Kultur und Unterhaltung, [S. 4].

Weiß-Rüthel: Clarence Day: *Unser Herr Vater*. Deutsch von Hans Fallada. In: Jugend. Münchner Illustrierte Wochenschrift für Kunst und Leben 41 (1936), Nr. 48, S. 765.

3.7 Day, Clarence: *Unsere Frau Mama* [Übersetzung]

Küster, Otto: Fröhliches Lächeln. In: Hamburger Nachrichten 147 (1938), Nr. 346, Ausgabe C, 15.12.1938, Dritte Beilage, [S. 1].

3.8 *Der eiserne Gustav*

[Anonym]: *Der eiserne Gustav*. In: Wiener Zeitung 235 (1938), Nr. 342, 12.12.1938, S. 7.
[Anonym]: *Der eiserne Gustav*. In: Chemnitzer Tageszeitung. Das Blatt der Schaffenden aller Stände. Amtliche Zeitung der NSDAP (1938), Nr. 299, 23.12.1938, S. 12.
[Anonym]: *Der eiserne Gustav*. In: Neues Wiener Journal 46 (1938), Nr. 16202, Sonntagsausgabe, 25.12.1938, S. 31.
*[Anonym]: Der „eiserne" Fallada. In: Der Buchhändler im neuen Reich 4 (1939), H. 7/8 (Juli/August 1939).
 Q HFA N 451.
*bw.: Hans Fallada: *Der Eiserne Gustav*. In: Der Bund. Unabhängige liberale Tageszeitung [Bern] (1940), Nr. 405, 29.08.1940.
 Q HFA N 451.
*Decker, Georg: Der neue Fallada: *Der eiserne Gustav*. In: Nordbayerische Zeitung. Nürnberger Lokalanzeiger. Nürnberger Stadt-Zeitung (1938), 20.12.1938.
 Q HFA N 461.
Eschenburg, Harald: Berliner Type als Romanfigur. In: Der Mittag. Illustrierte Tageszeitung für Politik, Verkehr, Sport, Kunst 19 (1938), Nr. 292, 14.12.1938, Das geistige Leben, [S. 1].
 A auch unter: Hans Fallada, *Der eiserne Gustav*. In: Der Bücherwurm. Monatsschrift für Bücherfreunde 24 (1939), H. 6 (Februar 1939), S. 158.
F., W.: Ein neuer Fallada. Hans Fallada: *Der Eiserne Gustav*. In: Danziger Neueste Nachrichten 46 (1939), Nr. 15, 18.1.1939, 1. Beilage, S. 8.
Fanderl, Wilhelm: Bunter Weihnachts-Büchertisch. Hans Fallada: *Der eiserne Gustav*. In: Das 12 Uhr-Blatt. Neue Berliner Zeitung 20 (1938), Nr. 301, 17.12.1938, 2. Beilage, [S. 4].
Fischer, Kurt: Talent auf Abwegen. Falladas neuer Roman *Der eiserne Gustav*. In: Niedersächsische Tageszeitung. Hannover 9 (1939), Nr. 7, Stadtausgabe, 9.1.1939, S. 2.
Franke, Hans: Das Sorgenkind Hans Fallada. Realismus als Mittel zum ‚höheren Leben' in der Dichtung. In: NSZ-Rheinfront. Saarbrücken 10 (1939), Nr. 12, 14.1.1939, [S. 13].
H., J.: Querschnitt durch böse Zeiten. *Der eiserne Gustav*, ein neues Buch von Fallada. In: Offenbacher Zeitung 166 (1938), Nr. 303, 28.12.1938, S. 2.
*Helfrich, Karl: *Der eiserne Gustav*. Ein neuer Roman von Hans Fallada. In: General-Anzeiger der Stadt Frankfurt am Main 63 (1938), Nr. 304, 29.12.1938.
 Q HFA N 455.
Hesse, Otto Ernst: *Der eiserne Gustav*. Hans Falladas neuer Roman. In: B. Z. am Mittag. Berliner Zeitung 63 (1939), Nr. 22, 26.1.1939, S. 6.
Hübschmann, Werner: *Der eiserne Gustav*. In: Chemnitzer Neueste Nachrichten 50 (1938), Nr. 298, 22.12.1938, [S. 4].
*Jacobi, Heinrich: *Der eiserne Gustav*. Roman eines Berliner Droschkenkutschers von H. Fallada. In: Eisleber Zeitung (1938), 10.12.1938.
 Q HFA N 454.
K., H. H.: *Der Eiserne Gustav*. In: Kölnische Volkszeitung und Handelsblatt 79 (1938), Nr. 356, 29.12.1938, Welt und Wissen, S. 4.
Kark, Werner: *Der eiserne Gustav*. Hans Falladas neuester Roman einer deutschen Familie. In: Hamburger Tageblatt 11 (1939), Nr. 21, 21.1.1939, [S. 14].
*Kindt, Hermann: Falladas *Eiserner Gustav*. In: Braunschweiger Neueste Nachrichten 42 (1938), Nr. 289, 10./11.12.1938.
 Q HFA N 451.
*Koch, Walter: Hans Fallada: *Der eiserne Gustav*. In: Württemberger Zeitung. Stuttgarter Nachrichten und Handelsblatt 32 (1938), 23.12.1938.
 Q HFA N 464.
Korn, Karl: Moira und Schuld. Ein Bericht über neue Romane. In: Die Neue Rundschau 49 (1938), H. 12 (Dezember 1938), S. 603–616 [zu *Der eiserne Gustav*, S. 611–614].
*Krawutschke, Franz: Ein neuer Fallada. In: Wormser Zeitung 163 (1938), 20.12.1938.
 Q HFA N 465.

Kriener, Adolf: Dirnen, Zuhälter und Spelunken. Zu Falladas ‚eisernem' Gustav. In: Bücherkunde. Organ des Amtes Schrifttumspflege bei dem Beauftragten des Führers für die gesamte geistige und weltanschauliche Erziehung der NSDAP. und der Reichsstelle zur Förderung des deutschen Schrifttums 6 (1939), H. 3 (März 1939), S. 136–139.

Krüger, Alfred: Bücher-Rundschau. *Der eiserne Gustav*. In: Berliner Morgen-Zeitung 50 (1938), Nr. 352, 21.12.1938, Unterhaltungsbeilage, [S. 2].

Liske, Wilhelm: Im Mittelpunkt: ein Droschkenkutscher. Hans Fallada: *Der eiserne Gustav*. In: Leipziger Tageszeitung. Das Blatt aller Schaffenden der Stirn und der Faust. Amtliche Zeitung der NSDAP (1938), Nr. 344, Ausgabe A, 11.12.1938, S. 39.

M., F.: Das gute Buch. *Der eiserne Gustav*. In: Nordische Rundschau. Parteiamtliche Tageszeitung. Amtsblatt der Städte Kiel und Neumünster und der Deutschen Arbeitsfront 7 (1939), Nr. 18, 21./22.1.1939, Unterhaltung und Kultur, [S. 2].

Maier, Hansgeorg: Berlin vor manchem Jahr. Hans Falladas neuer Roman: *Der eiserne Gustav*. In: Kasseler Neueste Nachrichten 28 (1938), Nr. 287, 8.12.1938, S. 5.

A auch in: Magdeburger General-Anzeiger 62 (1938), Nr. 291, 10.12.1938, [S. 2]; Rheinisch-Westfälische Zeitung 201 (1938), Nr. 636, Samstag-Morgen-Ausgabe, 17.12.1938, Literarische Umschau, S. 12;

auch unter: Hans-Georg Maier: Hans Fallada: *Der eiserne Gustav*. In: Neue Leipziger Zeitung (1938), Nr. 345, 11.12.1938, S. 18–19.

Maier, Hansgeorg: Urwüchsiges Berlinertum. Hans Fallada: *Der Eiserne Gustav*. In: Rheinisch-Westfälische Zeitung 201 (1938), Nr. 636, Samstag-Morgen-Ausgabe, 17.12.1938, S. 12.

Malthaner, J.: Hans Fallada. *Der eiserne Gustav*. In: Books Abroad. An International Literary Quarterly 13 (1939), Nr. 3, S. 325.

Mauch, Kurt: Der neue Fallada. In: Dresdner Nachrichten (1939), Nr. 6, Morgen-Ausgabe, 4.1.1939, Literarische Umschau, [S. 1].

Merten, Hans: Vom Eisernen Gustav bis zu Greta Garbo. Ein neues Buch von Friedrich Bischoff – Wilhelm Buschs Jubiläums-Ausgabe – Wilfrid Bade schreibt die Geschichte der Autos. In: Berliner Morgenpost (1938), Nr. 296, 11.12.1938, 6. Beilage, [S. 2].

Niehaus, Paul: Der Roman vom *eisernen Gustav*. In: Braunschweiger Tageszeitung. Braunschweiger Staatszeitung 8 (1939), Nr. 306, Stadtausgabe, 31.12.1938/1.1.1939, Unterhaltungs-Beilage, S. 3.

Pauck, Heinz: Nachkrieg und Revolution. Ein Zeitabschnitt, wie im Roman lebendig. In: Berliner Volks-Zeitung 86 (1938), Nr. 605, Morgen-Ausgabe, 23.12.1938, Unterhaltungsbeilage, [S. 2].

Petersen, Eduard: *Der eiserne Gustav*, Roman von Hans Fallada. In: Kurhessische Landeszeitung. Hessische Volkswacht 10 (1939), Nr. 24, 28./29.1.1939, 7. Blatt, S. 23.

*Schadewaldt, Hans: Hans Fallada: *Der eiserne Gustav*. In: Ostdeutsche Morgenpost. Amtliches Organ der NSDAP und aller Behörden 21 (1939), 15.1.1939.
Q HFA N 451.

Schnabel, Walter: *Der eiserne Gustav*. Ein neues Buch von Hans Fallada. In: Germania. Zeitung für das deutsche Volk 68 (1938), Nr. 354, 23.12.1938, Kultur und Wissen, [S. 2].

Thyriot, Hans: Hans Fallada: *Der eiserne Gustav*. In: Gießener Anzeiger. General-Anzeiger für Oberhessen 188 (1938), Nr. 298, 21.12.1938, Zweites Blatt, [S. 2].

Toense, Hans M.: *Der eiserne Gustav*. In: Hamburger Nachrichten 148 (1939), Nr. 36, Ausgabe C, 5.2.1939, S. 7.

*V.[ictor], W.[alther]: *Der eiserne Gustav*. Von Hans Fallada. In: Luzerner Neueste Nachrichten und Zentralschweizerisches Handelsblatt 43 (1939), Nr. 30, Literatur und Kunst.
Q HFA N 459.

Weill, Alphons: *Der eiserne Gustav*. In: Allgemeine Zeitung. Chemnitz 42 (1939), Nr. 18, 21./22.1.1939, S. 20.

3.9 Geschichten aus der Murkelei

[Anonym]: Geschichten aus dem Kinderland. In: Neueste Zeitung. Illustrierte Tageszeitung mit Sonntagspost 8 (1938), Nr. 284, 5.12.1938, [S. 9].

[Anonym]: Romane und Erzählungen. In: Schlesische Volkszeitung 70 (1938), Nr. 341, 11.12.1938, Unterhaltung und Wissen (Sonntagsbeilage), Nr. 50, [S. 6].

[Anonym]: Bücher aus der Zeit. In: Leipziger Neueste Nachrichten und Handels-Zeitung (1938), Nr. 353, Montags-Ausgabe, Nr. 51, 19.12.1938, S. 8.

Baer, L.: Hans Fallada *Geschichten aus der Murkelei*. In: Fränkischer Kurier. Nürnberg-Fürther Neueste Nachrichten 105 (1938), Nr. 350, Allgemeine Ausgabe, 20.12.1938, Literaturblatt, S. 4.

Bergholz, Harry: Hans Fallada. *Geschichten aus der Murkelei*. In: Books Abroad. An International Literary Quarterly 22 (1948), Nr. 4, S. 412–413.

Böhme, Fritz: Neue echte Märchen. In: Deutsche Allgemeine Zeitung 77 (1938), Nr. 591, Ausgabe Groß-Berlin, 18.12.1938, Das Unterhaltungsblatt, [S. 3].

clh.: Bücher für die Jugend. In: Westfälische Zeitung. Bielefelder Tageblatt 128 (1938), Nr. 299, 22.12.1938, Welt und Wissen, [S. 1].

Evers, Ehrhard: Ein neuer Fallada. In: Mitteldeutschland. Saale-Zeitung 72 (1938), Nr. 289, 10.12.1938, Schrifttum der Zeit, [S. 2].

Günther, J.: Hans Fallada: *Geschichten aus der Murkelei*. In: Die Neue Linie 10 (1939), H. 6 (Februar 1939), S. 11.

*Hase, Heinrich: *Geschichten aus der Murkelei*. Ein Kinderbuch von Hans *Fallada*. In: Hamburger Nachrichten 147 (1938), Nr. 336, Ausgabe C, 5.12.1938.
Q HFA N 474.

*haw.: Falladas Märchenbuch. In: Der Bund. Unabhängige liberale Tageszeitung [Bern] (1938), 8.12.1938.
Q HFA N 468.

hth.: Kinderbücher. Hans Fallada: *Geschichten aus der Murkelei*. In: Gießener Anzeiger. General-Anzeiger für Oberhessen (1938), Nr. 292, 14.12.1938, Zweites Blatt, [S. 2].

*Jacobi, Heinrich: Bilder-Bücher. In: Eisleber Zeitung. Heimatliche Tageszeitung für Stadtkreis Eisleben, Mansfelder See- und Gebirgskreis und die benachbarten Kreise 64 (1938), 29.11.1938.
Q HFA N 471.

*Kankl, Er. Fr.: Hans Fallada. In: Hannoverscher Anzeiger 46 (1938), 10.12.1938.
Q HFA N 474.

Knöller, Fritz: *Geschichten aus der Murkelei*. Von Hans Fallada. In: Die Literatur. Monatsschrift für Literaturfreunde 41 (1938/39), H. 6 (März 1939), S. 371.

Maier, Hansgeorg: Hans Fallada erzählt für Kinder. In: Stuttgarter Neues Tageblatt. Südwestdeutsche Handels- und Wirtschafts-Zeitung 95 (1938), Nr. 590, Abendausgabe, 17./18.12.1938, Literarische Umschau, [S. 1].
A auch in: Kasseler Neueste Nachrichten. Kasseler Abendzeitung. Hessische Abendzeitung 28 (1938), Nr. 298, 21.12.1938, 2. Beilage, S. 3.

Mauch, Kurt: Der neue Fallada. In: Dresdner Nachrichten (1939), Nr. 6, Morgen-Ausgabe, 4.1.1939, Literarische Umschau, [S. 1].

Müller, Wulf Dieter: „Märchen für meine Kinder". In: Münchener Zeitung 47 (1938), Nr. 351/352, 17./18.12.1938, S. 32.

Niehaus, Paul: Noch ein paar Jungen-Bücher. In: Braunschweiger Tageszeitung. Braunschweiger Staatszeitung 8 (1938), Nr. 295, 17./18.12.1938, Neues Schrifttum, S. 4.

R., U.: Reiseabenteuer und Erzählungen für Buben und Mädel. Neuerscheinungen von Jugendbüchern. In: Stuttgarter NS-Kurier. Tageszeitung für Politik, Wirtschaft, Kultur. Amtsblatt für Stadt und Kreis Stuttgart 8 (1938), Nr. 566, Abendausgabe, 3./4.12.1938, Die deutsche Frau, [S. 1].

*Reitmann, Erwin: Hans Fallada: *Geschichten aus der Murkelei*. In: Deutsche Arbeiter-Kampfzeitung (Berlin) (1939), 1.2.1939.

Q HFA N 468.
Ritter, Ingeborg: Aus der Murkelei... In: Mitteldeutsche National-Zeitung 9 (1938), Nr. 341, Ausgabe Halle, 10.12.1938, [S. 20].
*Schönfeld: Kleines Märchenbuch. In: Lüdenscheider General-Anzeiger (1938), 15.12.1938.
Q HFA N 476.
Schumann, Werner: Fallada als Märchenerzähler. In: Hannoversches Tageblatt 88 (1939), Nr. 57, 26.2.1939, Kunst und Schrifttum, [S. 1].
Steinhauer, Walter: Für Sieben- bis Zwölfjährige. Noch ein paar Kinderbücher. In: B. Z. am Mittag 62 (1938), Nr. 304, 21.12.1938, Erstes Beiblatt, [S. 11].
Zerna, Herta: Dichter schreiben Kinderbücher. In: Berliner Volks-Zeitung 86 (1938), Nr. 565, Morgen-Ausgabe, 30.11.1938, Unterhaltungsbeilage, [S. 2].

3.10 *Heute bei uns zu Haus*

Berger, Elfriede: Erlebtes im engen Kreis. In: Stuttgarter NS-Kurier. Gauorgan der NSDAP. Stuttgarter Neues Tagblatt 13 (1943), Nr. 222, 15.8.1943, S. 2.
Dietrich, Günther: Hans Fallada. In: Deutsche Zeitung in Kroatien 3 (1943), Nr. 168, 22.7.1943, S. 4.
Eisenlohr, Friedrich: Aus der Werkstatt. In: Die Woche [Moderne Illustrierte Zeitschrift] 45 (1943), H. 32, 11.8.1943, S. 22.
Koegel, Martin: Hans Fallada: *Heute bei uns zu Haus*. In: Braunschweiger Landeszeitung 62 (1943), Nr. 222, Nachmittag-Ausgabe, 22.9.1943, S. 2.
N., H.: Das Schicksal als Pointe. In: Frankfurter Zeitung und Handelsblatt 88 (1943), Nr. 439, Abendblatt, Erstes Morgenblatt, 29.8.1943, S. 3.
Prilipp [sic], Beda: Wir begrüßen in Buchform. In: Berliner Lokal-Anzeiger. Organ für die Reichshauptstadt 61 (1943), Nr. 221, Morgenausgabe, 15.9.1943, Beiblatt, [S. 1].
*Sabelmann, Richard: Ein Schriftsteller entdeckte das Land. In: Schleswig-Holsteinische Tageszeitung Itzehoe (1943), Nr. 172, 26.7.1943.
Q HFA N 485.
*Trouwborst, Rolf: *Heute bei uns zu Haus*. Erfahrenes und Erfundenes von Fallada. In: Rheinische Landeszeitung. Volksparole. Wuppertaler Zeitung 24 (1943), Ausgabe W, 18.8.1943.
Q HFA N 485.
Zenz, Reinhold: Hans Fallada: *Heute bei uns zu Haus*. In: Völkischer Beobachter. Kampfblatt der nationalsozialistischen Bewegung Großdeutschlands 56 (1943), Nr. 215, Süddeutsche Ausgabe, 3.8.1943, S. 4.
Ziruß, Charlotte: Hans Fallada. *Heute bei uns zu Haus*. In: Deutsche Wochenschau. Das Blatt für vielseitiges Wissen und anregende Unterhaltung 20 (1943), Nr. 31, 4.8.1943, S. 18.

3.11 *Hoppelpoppel – wo bist du?*

[Anonym]: *Hoppelpoppel – wo bist du?* In: Vorarlberger Tagblatt 19 (1936), Nr. 94, 23.4.1936, S. 3.
Gayda, Franz Alfons: Hans Fallada: *Hoppelpoppel – wo bist du?* In: Nation und Schrifttum. Kritischer Führer durch das Schaffen der Zeit (1936), Nr. 7, 5.4.1936, [S. 5].
Habiger, Walter: Neue Reclam-Bändchen. In: Neue Freie Presse (1938), Nr. 26 636 S, Sonntagsausgabe, 6.11.1938, Literaturblatt, S. 36.
Vowles, Guy R.: Hans Fallada. *Hoppelpoppel*. In: Books Abroad. An International Literary Quarterly 11 (1937), Nr. 3, S. 342.

3.12 Der junge Goedeschal

*[Anonym]: Hans Fallada. *Der junge Goedeschal*. Ein Pubertätsroman. In: Deutsches Leserblatt (1920), 8.5.1920.
Q HFA S 934.

[Anonym]: *Der junge Goedeschal*. In: Wiener Montags-Presse 39 (1920), Nr. 2 004, 9.8.1920, S. 8.

B., F.: Neue Bücher. In: Freiheit. Berliner Organ der Unabhängigen Sozialdemokratie Deutschlands 3 (1920), Nr. 112, Abend-Ausgabe, 8.4.1920, [S. 2].

*[Anonym]: Unsere Weihnachtsbücher. Börsenblatt des Deutschen Buchhandels 90 (1923), Nr. 282, S. 8260–8261.

F., R.: Starke Bücher – und andere. In: Leipziger Volkszeitung. Organ für die Interessen des gesamten werktätigen Volkes 27 (1920), Nr. 154, 7.8.1920, Feuilleton, [S. 1].

Feuchtwanger, Martin: Ein expressionistischer Pubertätsroman. In: Saale-Zeitung 54 (1920), Nr. 165, Morgen-Ausgabe, 9.4.1920, S. 2.

G., H.: Hans Fallada: *Der junge Goedeschal*. In: 8 Uhr-Abendblatt. National-Zeitung 73 (1920), Nr. 54, 3.3.1920, [S. 6].

Graetzer, Franz: Entwickelungen. Neue Romane. In: Das Literarische Echo. Halbmonatsschrift für Literaturfreunde 22 (1920), H. 15, 1.5.1920, S. 916–922 [zu *Der junge Goedeschal*, S. 918].
Q HFA S 934.

Hauschner, Auguste: Zwei Jünglingsbücher. Ludwig Winder, *Kasai*. Roman. Hans Fallada. *Der junge Goedeschal*. Ein Pubertätsroman. Beide im Verlag Ernst Rowohlt, Berlin. In: Berliner Tageblatt und Handels-Zeitung 50 (1921), Nr. 73, 13.2.1921, 4. Beiblatt, Literarische Rundschau, [S. 1].

*L., K.: Hans Fallada: *Der junge Goedeschal*. In: Ostpommersche Zeitung (1920), 3.12.1920.
Q HFA S 934.

K.[üthe], F.[iedrich] H.[ermann]: Großer Mann – was nun? Ein neues Werk Falladas erscheint. In: Velberter Zeitung 53 (1934), Nr. 74, 15.3.1934, [S. 9].
A auch unter: *Hans Fallada und seine Werke. In: Elberfelder N.S.D.A.P.-Presse (März 1934). HFA N 313.

Krell, Max: Über neue erzählende Prosa. In: Die Neue Rundschau 31 (1920), H. 10 (Oktober 1920), S. 1190–1199 [zu *Der junge Goedeschal*, S. 1194–1195].

kw.: Ein Buch von erwachenden Sinnen. In: Kieler Zeitung (1920), Nr. 261, Morgenblatt, 6.6.1920, [S. 11].

*Mayer, Paul: Der junge Goedeschal. In: Börsenblatt für den Deutschen Buchhandel 86 (1919), Nr. 241, S. 11294.

Roller, Hugo: Neue Romanliteratur. In: Karlsruher Zeitung. Badischer Staatsanzeiger 163 (1920), Nr. 204, 7.9.1920, [S. 2–3].

S., O.: Hans Fallada: *Der junge Goedeschal*. In: 8 Uhr-Abendblatt. National-Zeitung 73 (1920), Nr. 54, 3.3.1920, Beiblatt, [S. 2].

St.[roh], H.[einz]: Falladas literarische Frühzeit. Liebe B. Z. am Mittag! In: B. Z. am Mittag. Berliner Zeitung 56 (1932), Nr. 154, 29.6.1932, [S. 6].

*v. E.: *Anton und Gerda*, *Der junge Goedeschal*, zwei Romane von Hans Fallada, Ernst Rowohlt Verlag, Berlin. In: Allensteiner Zeitung. Die führende Tageszeitung Mittel- und Südostpreußens 90 (1931), 11.2.1931, Kritische Bücherschau. Schöne Literatur.
Q HFA, S 409.

3.13 Jeder stirbt für sich allein

Baur, Joseph: Fallada, Hans: *Jeder stirbt für sich allein*. In: Welt und Wort. Literarische Monatsschrift 3 (1948), H. 5, S. 155.

Coper, Helmut: *Jeder stirbt für sich* allein. In: Colloquium. Eine deutsche Studentenzeitschrift 2 (1948), H. 4, S. 29.

*Ditlow, A.: Der antifaschistische Roman eines deutschen Schriftstellers. In: Kaliningradskaja Prawda (1948), 12.12.1948.

*Fradkin, Ilja: Der Kampf geht weiter. In: Novyj Mir 24 (1948), Nr. 8.

*Knipowitsch, E.: *Jeder stirbt für sich allein*. In: Ogonjok (1948), Nr. 50.

Montijo, E.: Realismus im Roman. In: Der Tagesspiegel 4 (1948), Nr. 123, 30.5.1948, [S. 8].

*Motyljowa, Tamara: Vorwort. In: Hans Fallada: *Jeder stirbt für sich allein*, Moskau 1948.

*Ozana, Anna: Hans Fallada: *Jeder stirbt für sich allein*. In: Neue Zeit. Tageszeitung der christlich-demokratischen Union Deutschlands 4 (1948), Nr. 123, 30.5.1948.
Q HFA S 2125.

Rein, Heinz: Die neue Literatur. Versuch eines ersten Querschnitts, Berlin (Ost) 1950, S. 217–226.

*Rosanowa, S.: Der Kampf um eine klassische deutsche Literatur. In: Oktjabr. Nezavisinyj literaturno-chudozestvennyj i publicisticeskij ezemesjacny j zumal Rossii (1952), H. 8, S. 156–171.

Schneider, Konrad: Fabulierter Widerstand. In: Der Kurier. Die Berliner Abendzeitung 4 (1948), Nr. 74, 31.3.1948, S. 3.

Weiskopf, F. C.: Hans Fallada. *Jeder stirbt für sich allein*. – *Der Alpdruck*. In: Books Abroad. An International Literary Quarterly 22 (1948), Nr. 4, S. 413.

Willmann, Heinz: Der Fall Klabautermann. In: Die Weltbühne. Wochenschrift für Politik, Kunst, Wirtschaft. Neue Folge 24 (1969), Nr. 42, 21.10.1969, S. 1324–1326.

3.14 *Kleiner Mann, großer Mann – alles vertauscht oder Max Schreyvogels Last und Lust des Geldes*

Frauchiger, Fritz: Hans Fallada. *Kleiner Mann, grosser Mann – alles vertauscht; oder Max Schreyvogels Last und Lust des Geldes*. In: Books Abroad. An International Literary Quarterly 15 (1941), Nr. 3, S. 318.

Scheffler, Herbert: *Kleiner Mann, großer Mann – alles vertauscht oder Max Schreyvogels Last und Lust des Geldes*. Ein heiterer Roman von Hans Fallada. In: Die Literatur. Monatsschrift für Literaturfreunde 42 (1939/40), H. 9 (Juni 1940), S. 379.

Toense, Hans M.: Neuerscheinungen auf dem Büchermarkt. Ein neuer Fallada. In: Hamburger Nachrichten 53 (1940), Nr. 209, 6.9.1940, [S. 4].

3.15 *Kleiner Mann – was nun?*

[Anonym]: Hans Fallada: *Kleiner Mann, was nun?* In: Berliner Volks-Zeitung 80 (1932), Nr. 336, Morgen-Ausgabe, 17.7.1932, Drittes Beiblatt, [S. 2].

[Anonym]: Romane. In: Der Deutsche Volkswirt. Zeitschrift für Politik und Wirtschaft 6 (1932), Nr. 53, 30.9.1932, Literatur-Beilage, Nr. 4, S. 11–12 [zu *Kleiner Mann – was nun?*, S. 12].

[Anonym]: Hans Fallada: *Kleiner Mann – was nun?* In: Fränkischer Kurier. Nürnberg-Fürther Neueste Nachrichten 99 (1932), Nr. 273, Allgemeine Ausgabe, 2.10.1932, S. 10.

[Anonym]: Gesellschaftskritiker der Nachkriegszeit. Hans Fallada. In: B. Z. am Mittag Berliner Zeitung 56 (1932), Nr. 285, 29.11.1932, Erstes Beiblatt, [S. 3–4].

[Anonym]: Hans Fallada: *Kleiner Mann, was nun?* Roman. *Wer einmal aus dem Blechnapf frißt*. Roman. In: Die Deutsche Frau. Österreichische Illustrierte Monatsschrift (1934), September 1934, S. 214–215.

Alverdes, Paul: Die Bücherlinie. Weihnachten 1932. In: Die Neue Linie 4 (1932), H. 4 (Dezember 1932), S. 51.

Asch, Käte: Murkel, kleiner Mann... In: Vossische Zeitung. Berlinische Zeitung von Staats- und gelehrten Sachen (1932), Nr. 281, Morgen-Ausgabe, 12.6.1932, Literarische Umschau, Nr. 24, [S. 2].

B.: Unser neuer Roman. *Kleiner Mann – was nun?* In: Volkswacht. Organ der Sozialdemokratie für das östliche Westfalen und der lippischen Freistaaten 43 (1932), Nr. 200, 26.8.1932, S. 9.

B., H. A.: Roman des kleinen Angestellten. In: Sonntag Morgen. Die deutsche Wochenzeitung 1 (1932), 17.7.1932, S. 13.

ba.: *Kleiner Mann, was nun?* In: Königsberger Allgemeine Zeitung 58 (1932), Nr. 573, Morgen-Expreß-Ausgabe A, 7.12.1932, Der Büchertisch, [S. 1].

Bab, Julius: Erzählungen vom Volk. In: Die Hilfe. Wochenschrift für Politik, Literatur und Kunst 38 (1932), Nr. 39, 24.9.1932, S. 930–934 [zu *Kleiner Mann – was nun?*, S. 933–934].

Bachmann, Heinrich: Der Arbeitslose. Ein neues Romanmotiv. In: Germania. Zeitung für das deutsche Volk 62 (1932), Nr. 286, 14.10.1932, [S. 5].

Bachmann, H.[einrich]: Der Roman vom kleinen Mann. In: Kölnische Volkszeitung und Handelsblatt. Allgemeiner Anzeiger für Rheinland-Westfalen 73 (1932), Nr. 308, 8.11.1932, Literarische Blätter, [S. 1].

Bauer, Ludwig: Die besten Bücher des Jahres. Eine Umfrage. In: Das Tage-Buch 13 (1932), H. 49, 3.12.1932, S. 1909.

Bermeitinger, Karl: Hans Fallada: *Kleiner Mann, was nun?* In: Frankfurter Zeitung und Handelsblatt 77 (1932), Nr. 681, Zweites Morgenblatt, 11.9.1932, Literaturblatt 65, Nr. 37, S. 5.

Blanck, Karl: Hans Fallada – der Dichter der kleinen Welt. In: Illustrirte Zeitung [Leipzig] (1933), Nr. 4592, 16.3.1933, S. 346, S. 348.

Böttiger, Theodor: *Kleiner Mann, was nun?* Ein Arbeitslosenroman. In: Deutsche Allgemeine Zeitung 71 (1932), Nr. 359, Ausgabe Groß-Berlin, 3.8.1932, Unterhaltungsblatt, [S. 1–2].

b-r.: Das Bild unserer Zeit. *Kleiner Mann – was nun?* In: Meißner Tageblatt (1932), Nr. 238, 10.10.1932, S. 2.

Brentano, B.[ernhard von]: *Kleiner Mann, was nun?* Ein Roman über Angestellte. In: Die Rote Fahne. Zentralorgan der Kommunistischen Partei Deutschlands 16 (1933), Nr. 19, 22.1.1933, 3. Beilage, Feuilleton, [S. 1].

Breuer, Robert: Sprechsaal der Jugendbeilage. Bücher, die am stärksten wirkten. (Hans Fallada). In: Neue Freie Presse (1932), Nr. 24.373, Morgenblatt, 21.7.1932, Jugendbeilage, S. 10.

*bst.: *Kleiner Mann – was nun?* In: Allensteiner Zeitung. Die führende Tageszeitung Mittel- und Südostpreußens 91 (1932), 12.11.1932.
Q HFA N 338.

cz.: *Kleiner Mann, was nun?* In: Schlesische Volkszeitung 64 (1932), Nr. A 316, 10.7.1932, Literarische Umschau, [S. 1].

D., F.: Literarische Weihnachtsrundschau. In: Westermanns Monatshefte 77 (1932), H. 916 (Dezember 1932), S. 395–400 [zu *Kleiner Mann – was nun?*, S. 398].

*Dörr, Karl: Der moderne Zeitroman. *Kleiner Mann – was nun?* Das Schicksal des kleinen Angestellten Pinneberg. So ist das Leben. In: Freie Presse. Zeitung der Sozialdemokratischen Partei für das Bergische Land (1932), 10.9.1932.
Q HFA N 357.

*drn.: Falladas neuer Roman. In: Nordhäuser Zeitung und General-Anzeiger 85 (1932), Nr. 201, 27.8.1932.
Q HFA N 350.

E., K.: Hans Fallada: *Kleiner Mann – was nun?* In: Berliner Morgenpost (1932), Nr. 183, Ausgabe B, 31.7.1932, 9. Beilage, Bücherseite, [S. 1].

*Ecke: *Kleiner Mann – was nun?* In: Volksstimme. Tageszeitung der Sozialdemokratischen Partei im Regierungsbezirk Magdeburg 43 (1932), 10.8.1932.
Q HFA N 349.

Eisenlohr, [Friedrich]: Hans Fallada: *Kleiner Mann – was nun?* In: Die Woche [Moderne Illustrierte Zeitschrift] 34 (1932), H. 33, 13.8.1932, [S. 2].

F., G.: Hans Fallada: *Kleiner Mann – was nun?* In: Der Querschnitt 12 (1932), H. 9 (September 1932), S. 682.

Foerster, Georg: Kunstseidene Romane und ein Gegenstück. In: Der Tag [Moderne Illustrierte Zeitung] 32 (1932), Nr. 296, 10.12.1932, Unterhaltungs-Rundschau, [S. 2].

G.: Neue Romane. In: Tremonia 57 (1932), Nr. 334, 2.12.1932, [S. 10].

G., K.: Hans Fallada: *Kleiner Mann – was nun?* In: Ulmer Tagblatt. Ulmer General-Anzeiger. Der Landbote. Handelszeitung für das württembergische und bayerische Oberland 181 (1932), Nr. 236, 8.10.1932, S. 6.

G., T.: Hans Fallada: *Kleiner Mann, was nun?* In: Kattowitzer Zeitung. Allgemeine Tageszeitung für Politik und Wirtschaft. Oberschlesisches Handelsblatt 64 (1932), Nr. 173, 31.7.1932, Literarische Rundschau, [S. 1].

*Gannett, Lewis: Books and Things. In: New York Herald Tribune 9 (1933), 1.6.1933.
Q HFA N 361.

*Garduhn, Margarete: Unter der Leselampe. Hans Fallada: *Kleiner Mann – was nun?* In: Pommersche Tagespost 22 (1932), 11.8.1932.
Q HFA N 354.

Gehrke, M.[artha] M.[aria]: Romanze vom Stehkragenproleten. In: Die Weltbühne. Wochenschrift für Politik, Kunst, Wirtschaft 28 (1932), Nr. 48, 29.11.1932, S. 793–795.

Greene, Graham: Fiction. In: The Spectator (1933), Nr. 5469, 21.4.1933, S. 579.

*Gtk., W.: Hans Fallada: *Kleiner Mann – was nun?* In: Hamburger Tageblatt. Zeitung der Nationalsozialistischen Deutschen Arbeiterpartei 4 (1932), 12.10.1932, S. 4.
Q HFA N 345.

Günther, Herbert: Hans Fallada. *Kleiner Mann – was nun?* In: Weltstimmen. Weltbücher in Umrissen 6 (1932), H. 9 (September 1932), S. 366–369.

Guillemin, Bernard: Die Entzweiung der Literatur. In: Der Querschnitt 13 (1933), H. 3 (März 1933), S. 222–224.

Hausmann, Manfred: Die besten Bücher des Jahres. Eine Umfrage. In: Das Tage-Buch 13 (1932), H. 49, 3.12.1932, S. 1910.

Heilborn, Ernst: Roman der Powreteh. In: Die Literatur. Monatsschrift für Literaturfreunde 35 (1932/33), H. 1 (Oktober 1932), S. 20–21.

Hertz, Hanna: Hans Fallada: *Kleiner Mann – was nun?* In: Afa-Bundeszeitung. Gewerkschaftliche Monatsschrift für Funktionäre und Betriebsvertretungen der Angestellten 14 (1932), H. 10, 1.10.1932, S. 121.

Hesse, Hermann: Hans Fallada. *Kleiner Mann was nun?* In: Der Bücherwurm. Monatsschrift für Bücherfreunde 17 (1932), H. 8/9 (September 1932), S. 163.
A auch in: Das Bücherboot (1932), Sechste Ausfahrt (Juli 1932), [S. 3]; Ders.: Gesammelte Werke, Bd. 12: Schriften zur Literatur 2. Eine Literaturgeschichte in Rezensionen und Aufsätzen, ausgewählt und zusammengestellt von Volker Michels, Frankfurt a. M. 1970, S. 535; Ders.: Sämtliche Werke, Bd. 19: Die Welt im Buch IV. Rezensionen und Aufsätze aus den Jahren 1926–1934, hg. von Volker Michels, Frankfurt a. M. 2003, S. 305–306.

*Hesse, Hermann: *Kleiner Mann, was nun?* In: National-Zeitung. Organ für Handel und Industrie. Anzeigeblatt der Stadt Basel 90 (1932), 17.7.1932.
Q HFA N 339.
A auch in: Hesse, Hermann: *Kleiner Mann, was nun?* In: Ders.: Gesammelte Werke, Bd. 12: Schriften zur Literatur 2. Eine Literaturgeschichte in Rezensionen und Aufsätzen und zusammengestellt von Volker Michels, Frankfurt a. M. 1970, S. 534.

Hessel, Franz: Sommerlektüre. Ratschläge über neue Bücher. In: Der Montag Morgen 10 (1932), Nr. 26, Ausgabe B, 27.6.1932, S. 7.

Ho., A.: *Kleiner Mann – was nun?* Zu Hans Falladas neuen Roman. In: Thüringer Allgemeine Zeitung. Erfurter Allgemeiner Anzeiger 83 (1932), Nr. 175, 24.7.1932, S. 4.

Hochdorf, Max: Dichtkunst. In: Sozialistische Monatshefte 38 (1932), H. 8, 29.7.1932, S. 721–724 [zu *Kleiner Mann – was nun?*, S. 722].

Horch, Franz: Ein deutsches Volksbuch 1932. In: Neue Freie Presse (1932), Nr. 24.452, Morgenblatt, 9.10.1932, Literaturblatt, S. 30.

Hoppenheit, Roman: Literarische Monatsschau. In: Der deutsche Buchhandlungsgehilfe 31 (1932), Nr. 11 (November 1932), S. 330–334 [zu *Kleiner Mann – was nun?*, S. 332–333].

Ihering, Herbert: Zu einem Saisonerfolg. *Kleiner Mann, was nun?* in vielerlei Gestalt. In: Berliner Börsen-Courier. Tageszeitung für alle Gebiete 65 (1932), Nr. 549, Express-Morgen-Ausgabe, 24.11.1932, 1. Beilage, S. 5.

J., Peter Lippert S.: Kunst, die man liest. Lobpreisung des geschriebenen Buches. In: Vossische Zeitung. Berlinische Zeitung von Staats- und gelehrten Sachen (1933), Nr. 481, Morgen-Ausgabe, 3.10.1933, Unterhaltungsblatt, Nr. 278, [S. 2–3].

Johst, Hanns: Romane und Novellen. In: Velhagen & Klasings Monatshefte 47 (1932), H. 1 (September 1932), S. 92–94 [zu *Kleiner Mann – was nun?*, S. 92–93].

*Kers, F.: *Kleiner Mann – was nun?* In: Linksfront [Prag] (1933), Nr. 7.
Q HFA N 352.

*kf.: Hans Fallada: *Kleiner Mann, was nun?* In: Prager Presse 12 (1932), Nr. 248, 11.9.1932, Welt am Sonntag.
Q HFA N 352.

L.: Hans Fallada *Kleiner Mann – was nun?* In: Saarbrücker Zeitung 172 (1932), Nr. 236, 29.8.1932, Die Gegenwart (Beilage), [S. 1].

L., F.: Der Roman vom kleinen Mann. Ein neues Buch von Hans Fallada. In: Neues Wiener Journal 40 (1932), Nr. 13 874, 6.7.1932, S. 7.

*L., F.: Unser neuer Roman. In: Volksstimme. Organ für die Interessen des Volkes (Mannheim) (1932), 13.12.1932.
Q HFA N 349.

L., Gg.: *Kleiner Mann was nun?* In: Chronik der Menschheit (1932), Nr. 110, 8.7.1932, S. 569–570.

Langenbucher, Helmuth: Bücher vom Hunger nach Arbeit und Brot. Naturalismus mit Goldleiste. In: Berliner Börsen-Zeitung. Tageszeitung für nationale Politik, Wirtschaft, Kultur 78 (1933), Nr. 25, Morgenausgabe, 15.1.1933, Literaturblatt, Nr. 3, [S. 2].

Lehnau [Walther Kiaulehn]: Der kleine Mann liest. In: B. Z. am Mittag 56 (1932), Nr. 153, 28.6.1932, [S. 6].

Leonard, Ernst: Roman des kleinen Einkommens. In: Deutsche Republik 6 (1932), H. 41, 9.7.1932, S. 1306–1308.

Lippert S. J., Peter: Kunst, die man liest. Lobpreisung des geschriebenen Buches. In: Vossische Zeitung. Berlinische Zeitung von Staats- und gelehrten Sachen (1933), Nr. 481, Morgen-Ausgabe, 3.10.1933, Unterhaltungsblatt, Nr. 278, [S. 2–3].

Lobbes, Hermann: Hans Falladas neuer Roman: *Kleiner Mann - was nun?* In: Hamburger Fremdenblatt 104 (1932), Nr. 273, Reichs-Ausgabe, 1.10.1932, Literarische Rundschau, S. 21.

*M.: *Kleiner Mann – was nun?* In: Schwäbische Tagwacht. Organ der Sozialdemokraten Württembergs 52 (1932), 7.9.1932.
Q HFA N 354.

M., E.: Hans Fallada: *Kleiner Mann – was nun?* In: Die Literarische Welt 8 (1932), Nr. 31, 29.7.1932, S. 5.

Maass, Joachim: Ein Neben- und Erfolgswerk. In: Hamburger Fremdenblatt 105 (1933), Nr. 235, Abend-Ausgabe, 26.8.1933, Literarische Rundschau, S. 22.

Marsh, Fred T.: A Little Family Faces the World. The Gallantry and Despair of a Small Clerk's Household in Turbulent Modern Germany Poignantly Told in Fallada's Novel. In: The New York Times Book Review (1933), Section 5, 4.6.1933, S. 6.

Mostar, Hermann: Das neue Buch. Hans Fallada: *Kleiner Mann – was nun?* In: Vorwärts. Berliner Volksblatt. Zentralorgan der Sozialdemokratischen Partei Deutschlands 49 (1932), Nr. 386, Abendausgabe, 17.8.1932, Der Abend, [S. 4].

Mü.: Hans Fallada: *Kleiner Mann – was nun?* In: Hamburgischer Correspondent und Hamburgische Börsen-Halle 202 (1932), Nr. 455, Morgen-Ausgabe (Ausgabe B), 28.9.1932, S. 6.

N.: Hans Fallada, *Kleiner Mann – was nun?* In: Bremer Aerzteblatt. Halbmonatliche Mitteilungen für die Aerzte des bremischen Staatsgebietes und seiner Umgebung. Organ der ärztlichen Standesvertretung 13 (1932), Nr. 19, 1.10.1932, S. 186.

N., A. [Malthauer, Alfred]: Ein Arbeitsloser über einen Zeitroman. In: Tempo 5 (1932), Nr. 142, 20.6.1932, S. 6.

Neumann, S.: Volkslied 1932. Bemerkungen zu einem Roman. In: Nürnberger Zeitung (1932), Nr. 161, 12.7.1932, S. 2.

*Ostwald, F.: Romanfiguren, die gelebt haben! In: Koblenzer General-Anzeiger. Koblenzer Zeitung 54 (1934), Nr. 170, 27.7.1934.
Q HFA N 347.

ns.: *Kleiner Mann, was nun?* In: Stadt-Anzeiger für Köln und Umgebung (1932), Nr. 359, Morgen-Ausgabe, 17.7.1932, Elftes Blatt, [S. 1].

P.-L., E.: Der Roman vom kleinen Angestellten. In: Schweizerisches Kaufmännisches Zentralblatt 37 (1933), Nr. 36, 8.9.1933, S. 281–282.

P., K.: Das neue Buch. Hans Fallada: *Kleiner Mann – was nun?* In: 8 Uhr-Abendblatt. National-Zeitung 85 (1932), Nr. 207, 3.9.1932, 1. Beiblatt, [S. 2].

Plaut, Richard: Die Angestellten. Werner Türk: *Konfektion.* Hans Fallada: *Kleiner Mann – was nun?* In: Wirtschaftskorrespondenz für Polen (1932), 27.7.1932.
Q HFA N 347.

r.: *Kleiner Mann – was nun?* In: Sozialdemokrat. Zentralorgan der Deutschen Sozialdemokratischen Arbeiterpartei in der Tschechoslowakischen Republik 12 (1932), Nr. 179, 30.7.1932, S. 6.

R., B.: Das Bild unserer Zeit. *Kleiner Mann – was nun?* In: Meißner Tageblatt (1932), Nr. 238, 10.10.1932, [S. 2].

R., Charlotte: Was ich lesen würde... *Kleiner Mann, was nun?* In: Frauenwelt. Eine Halbmonatsschrift 9 (1932), H. 16, 16.8.1932, S. 373.

R., F.: Hans Fallada: *Kleiner Mann – was nun?* In Bildungsarbeit. Blätter für sozialistisches Bildungswesen 19 (1932), H. 10 (Oktober 1932), S. 205.

R-r.: *Kleiner Mann – was nun?* In: Deutsche Tageszeitung 39 (1932), Nr. 291, 18.10.1932, 1. Beiblatt, Literarischer Umschau, [S. 1].

Rauch, Karl: Ein Roman des kleinen Mannes. In: Der Vorstoss. Wochenschrift für die deutsche Zukunft 2 (1932), H. 33, 14.8.1932, S. 1317–1319.
A auch unter: *Hans Fallada, *Kleiner Mann – was nun?* In: Eckart. Blätter für evangelische Geisteskultur 8 (1932). HFA N 339.

Reimann, Hans: Erdichtete Frauen. In: Deutsches Volkstum. Monatsschrift für das deutsche Geistesleben (1933), Februarheft, S. 160–162 [zu *Kleiner Mann – was nun?*, S. 161–162].

Reuter, Gabriele: Hans Fallada's Novel of Lost Men. In: The New York Times Book Review, (1934), Section 5, 29.4.1934, S. 8.

Rilla, Paul: Lektüre. In: Breslauer Neueste Nachrichten. Breslauer General-Anzeiger 45 (1932), Nr. 192, 2. Ausgabe, 15.7.1932, S. 2.

Rothenfelder, Willy: *Kleiner Mann, was nun?* In: Wirtschaft und Wissen. Monatsschrift des Zentralverbandes der Angestellten 8 (1932), H. 12, 15.12.1932, S. 185–186.

Rosenfeld, Fritz: Neuentdeckte Wirklichkeit. Hans Fallada: *Kleiner Mann – was nun?* In: Arbeiter-Zeitung. Zentralorgan der Sozialdemokratie Deutschösterreichs 45 (1932), Nr. 220, 9.8.1932, S. 7.
A auch in: Salzburger Wacht. Organ für das gesamte werktätige Volk im Lande Salzburg 34 (1932), Nr. 186, 13.8.1932, S. 7.

Ross, Mary: A Rare and Simple Story of Everyday People. Out of the World's Difficulties Fallada Has Made Something Beautiful. In: New York Herald Tribune 9 (1933), Nr. 39, 4.6.1933, S. 1.

Ruben, Erika: Daseinsgläubige Zeitdichtung. Zu Hans Falladas Roman vom Leben des kleinen Mannes. In: Der Mittag. Illustrierte Tageszeitung für Sport, Verkehr, Politik, Kunst 12 (1932), Nr. 198, 24.8.1932, Das geistige Leben, [S. 1].

Ruppel, K. H.: Der Mensch im Roman 1932. In: Die Neue Rundschau 43 (1932), H. 10 (Oktober 1931), S. 545–553 [zu *Kleiner Mann – was nun?*, S. 548–550].

S., L. v.: Hans Fallada: *Kleiner Mann – was nun?* In: Europäische Revue 8 (1932), H. 12 (Dezember 1932), S. 821–822.

*sch.: Von lesenswerten Büchern. Hans Fallada: *Kleiner Mann – was nun?* In: Prager Abendblatt 66 (1932).
Q HFA N 352.

Sch., Th.: *Kleiner Mann, was nun...?* In: Dresdner Neueste Nachrichten. Unabhängige Tageszeitung mit Handels- und Industrie-Zeitung 40 (1932), Nr. 213, 10.9.1932, Literarische Rundschau, [S. 1].

Schaidnal, W.: *Kleiner Mann, was nun?* Von Ernst [sic] Fallada. In: Arbeiterwohlfahrt 8 (1933), H. 9, 1.5.1933, S. 284–286.

Scher, Peter: Hans Fallada: *Kleiner Mann – was nun?* In: Simplicissimus 37 (1932), Nr. 28, 9.10.1932, S. 330.

Schi.: Fallada, Hans. *Kleiner Mann, was nun?* In: Soziale Arbeit 9 (1932), Nr. 37, Ausgabe A, 8.10.1932, S. 292.

Schirokauer, Arno: Das neue Lied vom braven Mann. In: Neue Leipziger Zeitung (1932), Nr. 162, 10.6.1932, S. 12.
A Auch unter: *Kleiner Mann* [veränderte Fassung]. In: Das Tage-Buch 13 (1932), H. 25, 18.6.1932, S. 959–960; Hans Fallada: *Kleiner Mann – was nun?* In: Monatsblätter des Deutschen Buch-Clubs 5 (1932), Juni 1932, S. 3–4; *Kleiner Mann – was nun?* In: Kulturwille. Monatsblätter für Kultur der Arbeiterschaft (1932), H. 9 (September 1932), S. 152.

Schmid, Hans Rud: Erzählende Literatur. *Kleiner Mann – was nun* von Hans Fallada. In: Neue Zürcher Zeitung und schweizerisches Handelsblatt 153 (1932), Nr. 1 446, Morgenausgabe, 4.8.1932, [S. 1].

Schramm, Wolf: Lebendiges Europa. Romane der positiven Lebensgestaltung. *Kleiner Mann – was nun?* In: Magdeburgische Zeitung (1932), Nr. 492, 2. Ausgabe, 10.9.1932, Literatur (Beilage), [S. 1].

Schröder, Karl: Hans Fallada: *Kleiner Mann – was nun?* In: Bücherwarte. Zeitschrift für sozialistische Buchkritik. Organ der Zentralstelle für das Arbeiterbücherwesen (1932), H. 7 (Juli 1932), S. 98.

*Schwarz, Georg: Ein Dichter und die kleinen Angestellten. In: General-Anzeiger für Dortmund und das gesamte rheinisch-westfälische Industriegebiet 45 (1932), 5.9.1932.
Q HFA N 341.

*Schwarz, Karl: Das deutsche Literaturschaffen der Gegenwart im Urteil der angelsächsischen Meinung. In: Völkischer Beobachter. Kampfblatt der national-sozialistischen Bewegung Deutschlands 46 (1933), Nr. 334, Berliner Ausgabe, 30.11.1933.
Q HFA N 339.

smk.: Von alten und neuen Büchern. In dieser verrückten Welt. In: Das Kleine Blatt 6 (1932), Nr. 248, 7.9.1932, S. 12.

*ss.: *Kleiner Mann, was nun?* In: Ostdeutsche Morgenpost. Amtliches Organ der NSDAP und aller Behörden 14 (1932), 14.9.1932.
Q HFA N 339.

Steckelberg, Mathilde: Hans Fallada. *Kleiner Mann was nun?* In: Books Abroad. An International Literary Quarterly 7 (1933), Nr. 1, S. 73.

*T.[opf], E.[rwin]: Der kleine Mann. In: Berliner Tageblatt und Handels-Zeitung 61 (1932), Abend-Ausgabe, 5.6.1932.
Q HFA N 339.

U., A.: Hans Fallada: *Kleiner Mann – was nun?* In: Volksstimme. Organ für das arbeitende Volk des 30. deutschen Reichstagswahlbezirks Chemnitz-Erzgebirge 42 (1932), Nr. 277, 26.11.1932, 2. Beilage, [S. 2].

Vesper, Will: *Kleiner Mann – was nun?* In: Die Neue Literatur 34 (1933), H. 4 (April 1933), S. 209–210.

A gekürzte Fassung unter: *Aus dem Alltag von heute. In: Deutsche Frauen-Zeitung (1932/33), H. 27. HFA N 348.
W.: Hans Fallada, *Kleiner Mann – was nun?* In: Volksfreund. Tagblatt der Deutschen Sozialdemokratie (1932).
Q HFA N 352.
W., F.: *Bauern, Bonzen und Bomben.* In: Schleswig-Holsteinischer Bauernbund. Wochenschrift des Schleswig-Holsteinischen Land- und Bauernbundes 3 (1931), Nr. 37, 13.9.1931, S. 6.
W., L.: Fallada: *Kleiner Mann – was nun?* In: Deutsche Zeitung Bohemia 105 (1932), Nr. 203, 28.8.1932, Sonntagsblatt. Mit Literaturblatt, S. 15.
Wyß, H.[ans] A.[lfred]: Neue Aspekte der deutschen Literatur. Welterfolg Fallada. In: Neue Zürcher Zeitung und schweizerisches Handelsblatt 154 (1933), Nr. 687, 16.4.1933, Literarische Beilage, Nr. 691, [S. 1–2].
A auch unter: Wyk [sic], H. A.: Persons and Personages. In: The Living Age 344 (1933), S. 328–332.
Z., X. Y.: Zwischen Nazis und Kommunisten. Roman eines Kleinen Mannes in Deutschland. In: Pester Lloyd 79 (1932), Nr. 168, Morgenblatt, 28.7.1932, S. 1–3.
Zuckmayer, Carl: Ein Buch. In: Vossische Zeitung. Berlinische Zeitung von Staats- und gelehrten Sachen (1932), Nr. 430, Abend-Ausgabe, 7.9.1932, Unterhaltungsblatt, Nr. 249, [S. 9].
A auch in: Ders.: Ein Buch. In: Blätter der Carl-Zuckmayer-Gesellschaft 5 (1979), H. 3, 1.8.1979, S. 204–205.

3.16 *Ein Mann will hinauf. Die Frauen und der Träumer*

Frey, John R.: Hans Fallada. *Ein Mann will hinauf.* In: Books Abroad. An International Literary Quarterly 29 (1955), Nr. 1, S. 47.
Hühnerfeld, Paul: Ballade von einem Mann, der hinauf will. Gedanken anläßlich eines ‚neuen' Fallada-Romans. In: Die Zeit. Wochenzeitung für Politik, Wirtschaft, Handel und Kultur 9 (1954), Nr. 8, 25.2.1954, S. 6.
K.: Das Umschlagbuch. Hans Fallada: *Ein Mann will hinauf.* In: Die Gegenwart. Eine Halbmonatsschrift 9 (1954), Nr. 199, 16.1.1954, S. 54.
K.: Fräulein Palude, woher hat er das? In: Die Gegenwart. Eine Halbmonatsschrift 9 (1954), Nr. 201, 13.2.1954, S. 116–117.

3.17 *Märchen vom Stadtschreiber, der aufs Land flog*

[Anonym]: Drei Bücher für den Weihnachtstisch. *Simon Bolivar*, der neue Fallada und *Lebendiges Wasser.* In: Das 12 Uhr-Blatt. Neue Berliner Zeitung 17 (1935), Nr. 299, 21.12.1935, 2. Beilage, [S. 4].
*[Anonym]: Hans Fallada: *Märchen vom Stadtschreiber, der auf das* [sic] *Land flog.* In: Hannoverscher Anzeiger 44 (1936), 5.1.1936.
Q HFA N 406.
[Anonym]: *Märchen vom Stadtschreiber, der aufs Land flog.* In: Berliner Morgen-Zeitung 48 (1936), Nr. 8, 8.1.1936, [S. 9].
*[Anonym]: Fallada schrieb Märchen. Und kleine Erzählungen von Musil. In: Berliner Montagspost (1936), Nr. 27, 31.1.1936.
Q HFA N 401.
*[Anonym]: Hans Fallada *Märchen vom Stadtschreiber, der aufs Land flog.* In: Landeskulturkammer Buchberatungsstelle (Danzig), Februar 1936.
Q HFA N 403.

[Anonym]: Hans Fallada – ein Dichter der deutschen Kleinstadt. (Einige Bemerkungen zu seinem *Märchen vom Stadtschreiber, der aufs Land flog*). In: Mitteldeutsche Eisenbahner-Zeitung. Amtliches Mitteilungsblatt des Bezirksverbandes der Eisenbahnvereine im Reichsbahndirektionsbezirk Halle-Saale e. V. 12 (1936), Nr. 3, 1.3.1936, S. 7.

[Anonym]: Hans Fallada: *Märchen vom Stadtschreiber, der aufs Land flog*. In: Die Gartenlaube (1936), H. 14 (1. Aprilheft), 1.4.1936, S. 4.

[Anonym]: Hans Fallada: *Märchen vom Stadtschreiber, der aufs Land flog*. In: Basler Nachrichten mit Finanz- und Handelsblatt 92 (1936), Nr. 160, 13./14.6.1936, Literaturblatt, Nr. 24, [S. 1].

*[Anonym]: City Clerk Into Country Sparrow. *Sparrow Farm*. By Hans Fallada. In: Birmingham Post (1939), 23.11.1939.
Q HFA N 401.

B.: *Märchen vom Stadtschreiber, der aufs Land flog*. Ein neues Buch von Fallada. In: Chemnitzer Tageblatt und Anzeiger. Chemnitzer Morgenzeitung 89 (1936), Nr. 40, 9.2.1936, 1. Beilage, S. 8.

B., W.: Fallada, Hans: *Märchen vom Stadtschreiber, der aufs Land flog*. In: Kölnische Volkszeitung und Handelsblatt 76 (1936), Nr. 40, 9.2.1936, Literarische Blätter, [S. 1].

Blanck, K.: Märchen in unserer Welt. In : Illustrirte Zeitung [Leipzig] (1936), 16.4.1936, S. 520.

Bloch, Robert N.: Hans Fallada. Märchen vom Stadtschreiber, der aufs Land flog. In: Werkführer durch die utopisch-phantastische Literatur, hg. von Franz Rottensteiner und Michael Koseler, Meitingen 1993, S. 1–3.

Burkert, Karl: Hans Fallada: *Märchen vom Stadtschreiber, der aufs Land flog*. In: Nation und Schrifttum. Kritischer Führer durch das Schaffen der Zeit (1936), Nr. 5, 5.3.1936, [S. 5]. A auch in: National-Zeitung. Organ der Nationalsozialistischen Deutschen Arbeiterpartei 7 (1936), Nr. 81, Ausgabe A (Groß-Essen), 22.3.1936, Der deutsche Büchermarkt, [S. 1]; auch unter: B.[urkert], K.[arl]: Ein Märchen von Fallada. *Vom Stadtschreiber, der aufs Land flog*. In: Hannoverscher Kurier. Zeitung für Norddeutschland 88 (1936), Nr. 127, Morgen-Blatt, 15.3.1936, Für die Frau, Nr. 126/27, [S. 6]; Fallada, jetzt erfreulich. In: Hamburger Tageblatt. Die Tageszeitung der NSDAP und der Deutschen Arbeitsfront Gau Hamburg 8 (1936), Nr. 87, Ausgabe A, 28.3.1936, [S. 19].

Church, Richard: Hans Fallada's little clerk who became a sparrow. In: John O' London's Weekly and The Outline 38 (1937), Nr. 969, 5.11.1937, S. 242.

Fuchs-Hartmann, W.: Im Geiste E. T. A. Hoffmanns. In: Rheinische Landeszeitung. Volksparole. Düsseldorfer Stadtanzeiger 7 (1936), Nr. 11, 12.1.1936, [S. 6].

G.: Hans Fallada, *Märchen vom Stadtschreiber, der aufs Land flog*. In: Elsass-Lothringer Zeitung 8 (1936), Nr. 160, 10.7.1936, Beiblatt, S. 4.

Gan, Peter: *Märchen vom Stadtschreiber*. In: Berliner Tageblatt und Handels-Zeitung 64 (1935), Nr. 604, 22.12.1935, 5. Beiblatt, Literatur der Zeit, [S. 1].

Göpfert, Herbert Georg: Ein entzauberter Zauberer. In: Berliner Börsen-Zeitung. Tageszeitung für nationale Politik, Wirtschaft, Kultur (1936), Nr. 219, Morgenausgabe, 10.5.1936, S. 16.

Günther, Hans: Wahre Geschichte vom Schriftsteller, der die Wirklichkeit hinter sich liess. In: Internationale Literatur. Zentralorgan der Internationalen Vereinigung Revolutionärer Schriftsteller 6 (1936), H. 6, S. 144–146.

*Häußler, Emanuel: Hans Fallada: *Märchen vom Stadtschreiber, der aufs Land flog*. In: Neues Wiener Tagblatt. Demokratisches Organ 70 (1936), Nr. 39, 9.2.1936.
Q HFA N 416.

Haylen, Leslie: Hans Fallada Writes a Whimsical Fairy Tale. Charm of *Sparrow Farm*. In: The Australian Women's Weekly 5 (1938), Nr. 32, 15.1.1938, S. 26.

Hollander, Walther von: Hans Fallada: *Märchen vom Stadtschreiber, der aufs Land flog*. In: Das Deutsche Wort 13 (1936), H. 9, 5.5.1936, S. 497.

*ing.: Modernes Märchen. In: Der Bund. Unabhängige liberale Tageszeitung [Bern] (1936), 7.5.1936.
Q HFA N 401.

ka.: Hans Fallada: *Märchen vom Stadtschreiber, der aufs Land flog*. In: Kattowitzer Zeitung. Allgemeine Tageszeitung für Politik und Wirtschaft 68 (1936), Nr. 91, 18./19.4.1936, Literarische Umschau, [S. 1].

Karsten, Otto: Ein Märchen von Fallada. In: Frankfurter Zeitung und Handelsblatt 69 (1936), Nr. 3, 19.1.1936, S. 22.
A auch in: Magdeburgische Zeitung (1936), Nr. 84, 15./16.2.1936, Literatur (Beilage), Nr. 7, [S. 2].

Kind, Margot: Auf. E. Th. [sic] Hoffmanns Spuren. Hans Fallada: *Märchen vom Stadtschreiber, der aufs Land flog*. In: Dresdner Nachrichten (1936), Nr. 329, Morgen-Ausgabe, 15.7.1936, Literarische Umschau, [S. 1].

Kü.: *Märchen vom Stadtschreiber, der aufs Land flog*. In: Hamburger Nachrichten 145 (1936), Nr. 47, Ausgabe C, 16.2.1936, S. 7.

L., H.: „O Fallada, der du hangest...". Hans Fallada: *Märchen vom Stadtschreiber, der aufs Land flog*. In: Der Reichsbote. Deutsche Wochenzeitung für Christentum und Volkstum (1936), 19.1.1936.
Q HFA N 401.

*l., k.: *Märchen vom Stadtschreiber*. In: Königsberger Tageblatt (1936), 3.5.1936.
Q HFA N 408.

Lange, Carl Albert: Don Quichote und noch ein Sonderling. In: Hamburger Anzeiger 50 (1937), Nr. 169, 23.7.1937, [S. 2].

*Lewis, Day C.: A Modern Fairy Tale. In: Daily Telegraph and Morning Post (1939), 29.10.1939.
Q HFA N 409.

Lienert, Hans: Hans Fallada. *Märchen vom Stadtschreiber, der aufs Land flog*. In: Klingsor. Siebenbürgische Zeitschrift 13 (1936), H. 6, 27.6.1936, S. 238–239.

M.: Fallada, Hans: *Märchen vom Stadtschreiber, der aufs Land flog*. In: Der Gral. Katholische Monatsschrift für Dichtung und Leben 30 (1935), H. 12 (September 1936), S. 573.

*M., H. C.: Ein Märchen von Fallada. In: Neue Leipziger Zeitung. Leipziger Tageblatt (1936), 16.2.1936.
Q HFA N 409.

P., O.: Der fortgeflogene Fallada. In: Der Mittag. Illustrierte Tageszeitung für Sport, Verkehr, Politik, Kunst 17 (1936), Nr. 18, 22.1.1936, Das geistige Leben, [S. 1].

R., K.: Weitere Neuerscheinungen. In: Der Bücherwurm. Zweimonatsschrift für Bücherfreunde 21 (1935/36), H. 4 (März 1936), S. 143–144 [zu *Märchen vom Stadtschreiber, der aufs Land flog*, S. 144].

Sch.: Fallada Hans – *Märchen vom Stadtschreiber, der aufs Land flog*. In: Expreß-Informationen für Bücherfreunde, Bibliotheken und Buchhändler 7 (1936), Nr. 2, 18.1.1936, S. 2.

Scheffler, Herbert: *Märchen vom Stadtschreiber, der aufs Land flog*. Von Hans Fallada. In: Die Literatur. Monatsschrift für Literaturfreunde 38 (1935/36), H. 7 (April 1936), S. 332–333.

St., P.: Hans Fallada: *Märchen vom Stadtschreiber, der aufs Land flog*. In: Breslauer Neueste Nachrichten. Die große Zeitung des deutschen Ostens 48 (1935), Nr. 351, 2. Ausgabe, 22.12.1935, Buch und Leser (Literaturblatt), [S. 1].

St., P.: Hans Fallada: *Märchen vom Stadtschreiber, der aufs Land flog*. In: Schlesische Zeitung 195 (1936), Nr. 218, Vollausgabe Morgenblatt, 30.4.1936, Zweiter Bogen, [S. 2].

V.: Fallada schreibt ein Märchen. In: Kasseler Neueste Nachrichten. Kasseler Abendzeitung. Hessische Abendzeitung 26 (1936), Nr. 27, 2.2.1936, Musik, Theater Literatur (Beilage), [S. 1].

Winkler, Eugen Gottlob: Erzählende Literatur. In: Hochland. Katholische Monatsschrift für alle Gebiete des Wissens, der Literatur und Kunst 33 (1935/36), H. 9 (Juni 1936), S. 262–273 [zu *Märchen vom Stadtschreiber, der vom Land flog*, S. 268–269].

3.18 Der Trinker

Andrießen, Carl: Warum betrinkt sich Herr Sommer? In: Die Weltbühne. Wochenschrift für Politik, Kunst, Wirtschaft. Neue Folge 9 (1954), Nr. 3, 20.1.1954, S. 83–85.

[Anonym]: Hans Fallada: *Der Trinker*. In: Freiburger Studentenzeitung 2 (1952), Nr. 3, S. 8.

[Anonym]: Zur Herausgabe von Falladas Roman *Der Trinker*. In: Sonntag. Wochenzeitung für Kultur, Politik und Unterhaltung 8 (1954), Nr. 12, 21.3.1954, S. 5.

Antkowiak, Alfred: Ist Falladas *Trinker* unnötig? In: Sonntag. Wochenzeitung für Kultur, Politik und Unterhaltung 9 (1954), Nr. 20, 16.5.1954, S. 6.

Bächler, Wolfgang: Kleiner Autor, großer Autor, – alles vertauscht. Hans Fallada: *Der Trinker*. In: Frankfurter Hefte. Zeitschrift für Kultur und Politik 6 (1951), H. 8 (August 1951), S. 597–598.
A auch unter: Hans Falladas nachgelassenes Meisterwerk. Des *Trinkers* Delirium und Höllensturz. In: Die Neue Zeitung. Die amerikanische Zeitung in Deutschland 7 (1951), Nr. 29, 3.2.1951, Literaturblatt, S. 15.

Borch, H. von: Pandämonium des Alkohols. In: Das ganze Deutschland. Freie Wochenzeitung ‚Deutsche Kommentare' 3 (1951), Nr. 14, 31.3.1951, S. 7.

Brandt, Sabine: *Der Trinker* – ein Protest gegen die Unmenschlichkeit. In: Sonntag. Wochenzeitung für Kultur, Politik und Unterhaltung 8 (1954), Nr. 18, 2.5.1954, S. 6.

egl.: Hans Fallada: *Der Trinker*. In: Mannheimer Morgen. Unabhängige Zeitung Badens und der Pfalz 6 (1951), Nr. 51, 1.3.1951, S. 8.

Fischer, Gerhard: Alpdruck des Selbsterlebten. In: Neue Zeit. Tageszeitung der christlich-demokratischen Union Deutschlands 10 (1954), Nr. 209, Berliner Ausgabe, 7.9.1954, Literarische Auslese, [S. 1].

Frenzel, Christian Otto: Im Rausch der Verzweiflung. In: Die Zeit. Wochenzeitung für Politik, Wirtschaft, Handel und Kultur 6 (1951), Nr. 13, 29.3.1951, S. 12.

G., A.: Ein Erzähler. Hans Fallada: *Der Trinker*. In: Die Gegenwart. Eine Halbmonatsschrift 6 (1951), Nr. 126, 1.3.1951, S. 22.

G., E. W.: Rausch und Verwüstung. Zu Hans Falladas letztem Buch *Der Trinker*. In: Stuttgarter Zeitung 7 (1951), Nr. 81, 9.4.1951, S. 4.

H., R. T.: Hans Fallada. *Der Trinker*. In: Books Abroad. An International Literary Quarterly 25 (1951), Nr. 3, S. 241–242.

Joho, Wolfgang: Falladas *Trinker* und die Humanität. In: Sonntag. Wochenzeitung für Kultur, Politik und Unterhaltung 8 (1954), Nr. 18, 2.5.1954, S. 6.

MR.: Psychologische Abgründe. Hans Fallada: *Der Trinker*. In: Frankfurter Allgemeine. Zeitung für Deutschland 3 (1951), Nr. 29, D-Ausgabe; 3.2.1951, Literaturblatt, S. 9.

P., T.: Fallada, Hans, *Der Trinker*. In: Der freie Mensch. Wochenzeitung für freisoziale Ordnung 5 (1951), Nr. 43, 26.10.1951, S. 3.

-r. [Caspar, Günter]: Hans Fallada: *Der Trinker*. In: Aufbau. Kulturpolitische Monatsschrift 10 (1954), H. 3 (März 1954), S. 285–286.

rjh: Hans Fallada: *Der Trinker*. In: Die Weltwoche. Unabhängige Schweizerische Umschau 19 (1951), Nr. 911, 27.4.1951, S. 5.

*Reich-Ranicki, Marcel: Hans Fallada und sein Roman *Der Trinker*. In: Trybuna Ludu (1957), 15.12.1957.
A auch in: Salatgarten 14 (2005), H. 1, S. 44–46.

Reimann, Hans: Über Hans Fallada, *Der Trinker*. In: Literazzia. Ein Streifzug durchs Dickicht der Bücher, Bd. 1, München 1952, S. 46.

*Richter, F. K.: Das neue deutsche Buch. Hans Fallada: *Der Trinker*. In: Sonntagspost (1951), 18.3.1951.

Ruhl, Heinrich: Zur Problematik des *Trinkers*. In: Der Bibliothekar. Zeitschrift für das Bibliothekswesen 8 (1954), H. 3, S. 79–80.

Schroeder, Max: Hans Fallada. Zum Erscheinen seines nachgelassenen Romans *Der Trinker*. In: Neue Deutsche Literatur. Monatsschrift für schöne Literatur und Kritik 1 (1953), H. 12, S. 124–130.

A auch unter: Nachwort. In: Hans Fallada: Der Trinker. Roman, Berlin 1953, S. 301–307; Von hier und heute aus. Kritische Publizistik, Berlin 1957, S. 73–80.

Schwachhofer, René: Der Untergang des Kleinbürgers. Zu Hans Falladas Roman *Der Trinker*. In: Heute und Morgen (1954), H. 4, S. 254–255.

Wink, Änne: Hans Fallada: *Der Trinker*. In: Börsenblatt für den deutschen Buchhandel. Zeitschrift für die Verbreitung des fortschrittlichen Buches, für Literaturkritik und Bibliographie 121 (1954), H. 22, S. 484–485.

3.19 *Der ungeliebte Mann*

Baser, Friedrich: Hans Falladas neuer Roman. In: Straßburger Neueste Nachrichten. Amtliche Tageszeitung und Regierungsanzeiger für das deutsche Elsass (1941), Nr. 4, 4./5.1.1941, Literatur-Blatt, S. 17.

Lampe, Jorg: Fallada: *Der ungeliebte Mann*. In: Neues Wiener Tagblatt 75 (1941), Nr. 27, 27.1.1941, S. 6.

Meininger, Herbert: Der neue Fallada. In: Der Führer. Das Hauptorgan der NSDAP Gau Baden. Der Badische Staatsanzeiger 15 (1941), Nr. 14, 15.1.1941, S. 5.

Scheffler, Herbert: *Der ungeliebte Mann*. In: Die Literatur. Monatsschrift für Literaturfreunde 43 (1940/41), H. 4 (Januar 1941), S. 192–193.

Ter-Nedden, Eberhard: Ein Wort über Fallada. In: Bücherkunde. Organ des Amtes Schrifttumspflege bei dem Beauftragten des Führers für die gesamte geistige und weltanschauliche Erziehung der NSDAP und der Reichsstelle zur Förderung des deutschen Schrifttums 8 (1941), H. 11 (November 1941), S. 326–331.

3.20 *Wer einmal aus dem Blechnapf frißt*

[Anonym]: Hans Fallada: *Wer einmal aus dem Blechnapf frißt...* In: Tremonia. Mit Lüner Volksblatt und Castrop-Rauxeler Volkszeitung 59 (1934), Nr. 73, Ausgabe A und B, 18.3.1934, [S. 34].

[Anonym]: Der neue Fallada. In: Prager Presse 14 (1934), Nr. 98, 11.4.1934, S. 6.

*[Anonym]: Hans Fallada: *Wer einmal aus dem Blechnapf frißt*. In: Neues Mannheimer Volksblatt 47 (1934), 19.4.1934.
Q HFA N 376.

[Anonym]: *Wer einmal aus dem Blechnapf frißt*. In: Die Frau 41 (1934), H. 10 (Juli 1934), S. 637.

[Anonym]: Hans Fallada: *Kleiner Mann, was nun?* Roman. *Wer einmal aus dem Blechnapf frißt*. Roman. In: Die Deutsche Frau. Österreichische Illustrierte Monatsschrift (1934), September 1934, S. 214–215.

*[Anonym]: Für und Wider um den Strafvollzug. Hans Fallada: *Wer einmal aus dem Blechnapf frißt*. In: Dresdner Anzeiger 205 (1934), Nr. 261, 21.9.1934.
Q HFA N 368.

*[Anonym]: Hans Fallada, *Wer einmal aus dem Blechnapf frißt*. In: Allensteiner Zeitung. Die führende Tageszeitung Mittel- und Südostpreußens 93 (1934), 17.10.1934.
Q HFA N 365.

*[Anonym]: Book All Europe is Reading. In: Daily Mail [London] (1934), 1.11.1934.
Q HFA N 385.

[Anonym]: *Wer einmal aus dem Blechnapf frißt.. .* Aus den Bamberger Gerichtssälen. In: Bamberger Volksblatt 61 (1934), Nr. 280, 6.12.1934, S. 4.

[Anonym]: Herr Fallada's New Book. *Who Once Eats out of the Tin Bowl* by Hans Fallada. In: Gloucester Journal (1934), 8.12.1934, S. 23.

[Anonym]: Hans Fallada, *Wer einmal aus dem Blechnapf frißt*. In: Abendpost [Chicago] 47 (1935), Nr. 77, 1.4.1935, S. 4.

Agk.: Hans Fallada und Alfred Karrasch. *Wer einmal aus dem Blechnapf frißt...* In: Gute Laune [Berlin] (1934).
Q HFA N 366.

Alverdes, Paul: Zu neuen Büchern. In: Das Innere Reich. Zeitschrift für Dichtung, Kunst und deutsches Leben 1 (1934), H. 3, S. 406–415 [zu *Wer einmal aus dem Blechnapf frißt*, S. 412–415].

b.: *Wer einmal aus dem Blechnapf frisst...* Ein Rowohlt-Buch von Hans Fallada. In: Elsässisches Literatur-Blatt 5 (1934), Nr. 6, 1.6.1934, [S. 8].

B., H.: Der neue Fallada. *Wer einmal aus dem Blechnapf frißt*. In: Neue Leipziger Zeitung (1934), Nr. 89, 31.3.1934, S. 2.

B., J.: Der neue Fallada. In: Mecklenburgische Zeitung. Schwerin 177 (1934), Nr. 131, 9.6.1934, 2. Beiblatt, S. 4.

B., L.: Der neue Fallada. *Wer einmal aus dem Blechnapf frißt*. In: Fränkischer Kurier. Nürnberg-Fürther Neueste Nachrichten 101 (1934), Nr. 109, Allgemeine Ausgabe, 21.4.1934, Literaturblatt, S. 6.

*ba.: Neuer Roman von Fallada. In: Königsberger Allgemeine Zeitung 59 (1934), 5.4.1934.
Q HFA N 374.

Bab, Julius: Zwei deutsche Romane. In: Die Hilfe. Zeitschrift für Politik, Wirtschaft und geistige Bewegung 40 (1934), Nr. 11, 2.7.1934, S. 260–264 [zu *Wer einmal aus dem Blechnapf frißt*, S. 260–262].

Blanck, Karl: Die Entgleisten. In: Illustrirte Zeitung [Leipzig] (1934), Nr. 4.649, 19.4.1934, S. 481.

Bloem, Walter Julius: Der neue Fallada. *Wer einmal aus dem Blechnapf frißt*. In: Deutsche Zukunft. Wochenzeitung für Politik, Wirtschaft und Kultur 2 (1934), Nr. 13, 1.4.1934, S. 18.
A auch in: Hamburger Nachrichten 143 (1934), Nr. 186, Morgen-Ausgabe (Ausgabe A), 22.4.1934, S. 10.

Böttiger, Th.[eodor]: *Wer einmal aus dem Blechnapf frißt*. In: Der Angriff. Das deutsche Abendblatt in Berlin 8 (1934), Nr. 64, 16.3.1934, 3. Beilage, [S. 2].

*Brank, Peter: Der Weg ins ‚Freie'. Hans Fallada: *Wer einmal aus dem Blechnapf frisst*. In: Wirtschaftskorrespondenz für Polen. Organ der Wirtschaftlichen Vereinigung Polnisch-Schlesien 12 (1935), 26.1.1935.
Q HFA N 374.

*Braumüller, Wolf: Hans Fallada: *Wer einmal aus dem Blechnapf frißt*. In: Magdeburger General-Anzeiger. Magdeburger Tageblatt 54 (1934), 14.6.1934.
Q HFA N 376.
A auch in: Jugend. Münchner Illustrierte Wochenschrift für Kunst und Leben 39 (1934), Nr. 26, 19.6.1934, S. 415.

D.: Neuer Roman von Hans Fallada. *Wer einmal aus dem Blechnapf frißt*. In: Frankfurter Volksblatt. Zentralorgan der N.S.D.A.P. für den Gau Hessen-Nassau (1934), Nr. 96, 8.4.1934, Neues Schrifttum, [S. 1].

*Danszkh, Ed. P.: Der neue Fallada. In: Neues Wiener Abendblatt 68 (1934), 30.3.1934.
Q HFA N 383.

dm.: Hans Fallada: *Wer einmal aus dem Blechnapf frißt*. In: Düsseldorfer Lokal-Zeitung und Handelszeitung 29 (1934), Nr. 15, 14.4.1934, Beilage. Kunst und Unterhaltung, [S. 3].

Durian, Wolf: Kufalt – auch ein Mensch. In: Berliner Lokal-Anzeiger. Zentral-Organ für die Reichshauptstadt 52 (1934), Nr. 208, Morgenausgabe, 4.5.1934, 3. Beiblatt, Unterhaltungs-Beilage, [S. 4].

Ehrenstein, Albert: *Wer einmal aus dem Blechnapf frißt*. Zu Hans Falladas neuem Roman. In: Internationale Literatur. Zentralorgan der Internationalen Vereinigung Revolutionärer Schriftsteller 4 (1934), Nr. 3, S. 102–103.

A auch in: Berner Tagwacht. Offizielles Publikationsorgan der Sozialdemokratischen Partei der Schweiz 42 (1934), Nr. 77, 4.4.1934, Beilage, [S. 4]; Ders.: Werke, Bd. 5: Aufsätze und Essays, hg. von Hanni Mittelmann, Göttingen 2004, S. 420–422.

Endres, Fritz: Neue Bücher. In: Deutsche Zeitschrift. Monatshefte für eine deutsche Volkskultur 47 (München), H. 9 (Juni 1934), S. 590–591.

F., J.: Kleiner Mann im Dunkeln. Hans Falladas neuer Roman. In: Hannoversches Tageblatt 83 (1934), Nr. 165, 17.6.1934, 1. Beilage, S. 6.

G., W.: *Wer einmal aus dem Blechnapf frißt*. Zu dem neuen Roman von Hans Fallada. In: Deutsche Allgemeine Zeitung 73 (1934), Nr. 154, Ausgabe Groß-Berlin, 4.4.1934, Literarische Rundschau, [S. 1].

*Gardner, Arthur L.: *Who once Eats out of the Tin Bowl*. In: The Penal Reformer [London] (1935), Januar 1935, S. 10–11.

Grigat, Walter: *Wer einmal aus dem Blechnapf frisst*. Der neue Roman von Hans Fallada. In: Stuttgarter Neues Tagblatt. Südwestdeutsche Handels- und Wirtschafts-Zeitung 91 (1934), Nr. 140, 24./25.03.1934, Literarische Umschau, [S. 1].

Grothe, Heinz: Neue bäuerliche Dichtung. In: Deutsche Rundschau 62 (1935), H. 1 (Oktober 1935), S. 88–89.

Günther, Herbert: Milieu von gestern. Hans Fallada: *Wer einmal aus dem Blechnapf frißt*. In: Der Mittag. Illustrierte Tageszeitung für Sport, Verkehr, Politik, Kunst 15 (1934), Nr. 123, 30.5.1934, Das geistige Leben, [S. 1].

Havemann, Hans: Das Gegenstück zu Pinneberg. In: Westfälische Neueste Nachrichten mit Bielefelder General-Anzeiger und Handelsblatt 34 (1934), Nr. 97, 26.4.1934, Literarische Beilage, [S. 1].

Heiseler, Bernt von: Schöne Literatur. In: Süddeutsche Monatshefte 31 (1934), H. 7 (April 1934), S. 448–450 [zu *Wer einmal aus dem Blechnapf frißt*, S. 450].

A auch unter: Romane der Zeit. In: Münchner Neueste Nachrichten. Handels- und Industrie-Zeitung, Alpine und Sport-Zeitung, Theater- und Kunst-Chronik 87 (1934), Nr. 101, 15.4.1934, Das deutsche Buch. Literarische Beilage, [S. 1].

Hubele, Otto: *Wer einmal aus dem Blechnapf frißt*. In: Die Christliche Welt. Protestantische Halbmonatsschrift für Gebildete aller Stände 48 (1934), Nr. 15, 4.8.1934, S. 714.

*Hesse, Hermann: Der neue Fallada. In: National-Zeitung. Organ für Handel und Industrie. Anzeigeblatt der Stadt Basel 92 (1934), 1.4.1934.
Q HFA N 366.

A auch unter: *Wer einmal aus dem Blechnapf frißt*. In: Ders.: Gesammelte Werke, Bd. 12: Schriften zur Literatur 2. Eine Literaturgeschichte in Rezensionen und Aufsätzen, ausgewählt und zusammengestellt von Volker Michels, Frankfurt a. M. 1970, S. 535–538; Sämtliche Werke, Bd. 19: Die Welt im Buch IV. Rezensionen und Aufsätze aus den Jahren 1926–1934, hg. von Volker Michels, Frankfurt a. M. 2003, S. 454–456.

J.[acobs], M.[onty]: Kleiner Mann im Gefängnis. Hans Fallada: *Wer einmal aus dem Blechnapf frißt*. In: Vossische Zeitung. Berlinische Zeitung von Staats- und gelehrten Sachen (1934), Nr. 66, 18.3.1934, Literarische Umschau, Nr. 66, [S. 1].

*Jenssen, Chr.: Der neue Fallada. In: Sonntag Morgen. Die deutsche Wochenzeitung 3 (1934), 15.4.1934.
Q HFA N 374.

K.[üthe], F.[iedrich] H.[ermann]: Großer Mann – was nun? Ein neues Werk Falladas erscheint. In: Velberter Zeitung 53 (1934), Nr. 74, 15.3.1934, [S. 9].

A auch unter: *Hans Fallada und seine Werke. In: Elberfelder N.S.D.A.P.-Presse (März 1934). HFA N 313.

*K., T.: Hans Fallada: *Wer einmal aus dem Blechnapf frisst*. In: Der Bund. Unabhängige liberale Tageszeitung [Bern] (1934), 12.4.1934.
Q HFA N 366.

Kenter, Heinz Dietrich: *Wer einmal aus dem Blechnapf frißt*. In: Die Literatur. Monatsschrift für Literaturfreunde 36 (1933/34), H. 8 (Mai 1934), S. 471–472.

Kersten, Kurt: Kufalt und der Mann in „seinem Eigen". Hans Fallada *Wer einmal aus dem Blechnapf frißt*, Roman. In: Neue Deutsche Blätter. Monatschrift für Literatur und Kritik 2 (1934), Nr. 1, S. 56–58.

Korrodi, Eduard: Hans Falladas neuer Roman. In: Neue Zürcher Zeitung und schweizerisches Handelsblatt 155 (1934), Nr. 437, 13.3.1934, [S. 1].

*Krauß, R.: Hans Fallada: *Wer einmal aus dem Blechnapf frißt*. In: Württemberger Zeitung. Stuttgarter Nachrichten und Handelsblatt 28 (1934), 24.4.1934.
Q HFA N 381.

*Kube, Horst: *Wer einmal aus dem Blechnapf frißt*. In: Der Märkische Adler. Amtliches Organ der Ostmark der Nationalsozialistischen Arbeiterpartei 9 (1934), Nr. 13, 1.4.1934.
Q HFA N 366.

L.: Ein Blechnapf, der uns alle angeht. Zum neuen Fallada. In: Berliner Bär. Wochenprogramm und Heimat-Zeitschrift 2 (1934), Nr. 11, 6.4.1934, S. 259.

L., F.: Neuer Roman Hans Falladas. *Wer einmal aus dem Blechnapf frißt* ... In: Neues Wiener Journal 42 (1934), Nr. 14 486, 21.3.1934, S. 7–8.

Langenbucher, Hellmuth: Falladas *Blechnapf* – und die deutsche Literaturkritik. In: Berliner Börsenzeitung. Tageszeitung für nationale Politik, Wirtschaft, Kultur 79 (1934), Nr. 267, Morgenausgabe, 10.6.1934, Literaturblatt, Nr. 23, [S. 1–2].
A auch in: Stuttgarter NS-Kurier. Südwestdeutsche Tageszeitung für Politik, Wirtschaft, Kultur. Amtsblatt für Stadt und Amtsoberamt Stuttgart 4 (1934), Nr. 265, Abend-Ausgabe, 11.6.1934, Deutsches Schrifttum, [S. 1]; Völkischer Beobachter. Kampfblatt der nationalsozialistischen Bewegung Großdeutschlands 47 (1934), Nr. 165, Münchener Ausgabe, 14.6.1934, Beiblatt. Kulturpolitik und Unterhaltung, [S. 1]; Der deutsche Buchhandlungsgehilfe. Zeitschrift der Angestellten in Buchhandel und Verlag 2 (1934), Nr. 7 (Juli 1934), S. 211–212;
auch unter: *Wer einmal aus dem Blechnapf frißt*. Hans Fallada. In: Bücherkunde der Reichsstelle zur Förderung des deutschen Schrifttums 1 (1934), Nr. 1–4 (Juli 1934), S. 10–11.

Lazenby, Candler: Hans Fallada. *Wer einmal aus dem Blechnapf frisst*. In: Books Abroad. An International Literary Quarterly 9 (1935), Nr. 3, S. 287.

Lehnau, [Walther Kiaulehn]: *Wer einmal aus dem Blechnapf frißt*. Der neue Fallada. In: B. Z. am Mittag 58 (1934), Nr. 68, 20.3.1934, Erstes Beiblatt, [S. 2–3].

M.: Der neue Fallada. *Wer einmal aus dem Blechnapf frißt*. In: Danziger Neueste Nachrichten 41 (1934), Nr. 119, 25.5.1934, S. 10.

M., E.: Das Schicksal des Strafentlassenen Willi Kufalt. Zu einem neuen Buch Hans Falladas. In: Rhein-Mainische Volkszeitung 64 (1934), Nr. 160, Reichs-Ausgabe, 13.7.1934, [S. 2].

*Moor, Emmy: Hans Fallada: *Wer einmal aus dem Blechnapf frißt*. In: Das Volk. Offizielles Publikationsorgan der Sozialdemokratischen Partei der Schweiz und des Kantons Solothurn 30 (1934), August 1934.
Q HFA N 378.

Morgenroth, F.: *Wer einmal aus dem Blechnapf frißt*. Hans Falladas neuer Roman. In: Kreuz-Zeitung 86 (1934), Nr. 71, Reichs-Ausgabe, 24.3.1934, Literaturblatt, S. 14.

Muckermann, Friedrich: Entwicklungsromane. In: Der Gral. Monatsschrift für Dichtung und Leben 28 (1934), H. 7 (Mai 1934), S. 384–386 [zu *Wer einmal aus dem Blechnapf frißt*, S. 385].

Müller, Erich: Die Kehrseite der bürgerlichen Welt. Ein notwendiges Wort zu den drei Büchern von Hans Fallada. In: Deutsches Wollen. Wochenzeitung für Preussentum und Sozialismus (1934), Nr. 99, 1.5.1934, S. 10.

Münzer, Kurt: Der neue Fallada. In: Neue Freie Presse (1934), Nr. 24 975 S, Morgenblatt 25.3.1934, Beilage, S. 29.

*N.: Hans Fallada: *Wer einmal aus dem Blechnapf frißt*. In: Mannheimer Tageblatt 68 (1934), 11.4.1934.
Q HFA N 376.

N.[obbe, Uwe Lars]: Ganovenroman. In: Wiener Neueste Nachrichten 10 (1934), Nr. 3 289, 12.8.1934, Unterhaltungsblatt, S. 19–20.

Naso, Eckart von: Romane und Novellen. In: Velhagen & Klasings Monatshefte 48 (1934), H. 12 (August 1934), S. 654–657 [zu *Wer einmal aus dem Blechnapf frißt*, S. 656–657].

*OTZ.: Bücher im Fenster. In: Berliner Montagspost (1934), 16.4.1934.
Q HFA N 366.

Payr, Bernhard: Verbrecherdarstellung im Roman. Fallada: *Wer einmal aus dem Blechnapf frißt*. Heinz Otto: *Rotmord*. In: Niedersächsische Tageszeitung. Die größte Zeitung in Norddeutschland 4 (1934), Nr. 108, 9./10.5.1934, [S. 26].
A auch unter: Verbrecherdarstellung im Roman. Grundsätzliches zu den neuen Romanen von Hans Fallada und Heinz Otto. In: Volksparole. Gladbach-Rheydter Zeitung 5 (1934), Nr. 127, 9.5.1934, Am Webstuhl der Zeit. Geistiges Leben und Schaffen im Völkischen Staat, [S. 1]; *Sinnlose und sinnvolle Verbrecherdarstellung im Roman. In: Bremer Zeitung. Das amtliche Organ des Senats der Freien Hansestadt Bremen (1934), Nr. 129, 10.5.1934. HFA N 366.

pek.: *Wer einmal aus dem Blechnapf frisst*. Ein neues Buch von Hans Fallada. In: Berliner Volks-Zeitung 82 (1934), Nr. 167, Morgen-Ausgabe, 10.4.1934, BVZ-Büchertisch, [S. 1].

Rauch, Karl: Hans Fallada, *Wer einmal aus dem Blechnapf frißt*... In: Die Literarische Welt (1934), Nr. 14, 30.3.1934, Beiblatt. Das lebendige Buch, S. 1–2.

*Rauch, Karl: Hans Fallada *Wer einmal aus dem Blechnapf frißt*. In: Leipziger Neueste Nachrichten und Handels-Zeitung (1934), 12.8.1934.
Q HFA N 375.

Reck-Malleczewen, Fritz: Hans Fallada: *Wer einmal aus dem Blechnapf frißt*. In: Die Woche [Moderne Illustrierte Zeitschrift] 36 (1934), H. 30, 28.7.1934, [S. 2].

Riemkasten, Felix: Hat Fallada recht? – Eine notwendige Erwiderung. In: Der Tag [Moderne Illustrierte Zeitung] 34 (1934), Nr. 71, 24.3.1934, [S. 11].

*Riemkasten, Felix: ...und ein Schlusswort von Felix Riemkasten. In: Der Tag [Moderne Illustrierte Zeitung] 34 (1934), Nr. 91, [S. 10].

R.[usack], W.[erner]: Aus dem *Blechnapf*. In: NS-Volksblatt für Westfalen. Amtliches Organ der N.S.D.A.P. 2 (1934), Nr. 73, Ausgabe A, 27.3.1934, [S. 1–2].

S.[alomon], E.[rnst] v.[on]: Der Dichter des Unentrinnbaren. Bemerkungen zu dem neuen Roman von Hans Fallada: *Wer einmal aus dem Blechnapf frißt*... In: Saarbrücker Zeitung. Organ der Deutschen Front 174 (1934), Nr. 92, 8.4.1934, Die Gegenwart, [S. 1].
A auch in: *Nordhäuser Zeitung und General-Anzeiger 87 (1934), 14.4.1934. HFA N 377.

s., h.: *Wer einmal aus dem Blechnapf frißt*. In: Dresdner Neueste Nachrichten mit Handels- und Industrie-Zeitung 42 (1934), Nr. 146, 27.6.1934, Literarische Rundschau, [S. 1].

Sarnetzki, D. H.: Hans Falladas neuer Roman. In: Kölnische Zeitung mit Handelsblatt (1934), Nr. 215, Ausgabe C, 29.4.1934, Die Literatur, Nr. 17, [S. 1].

Schauwecker, Franz: Hans Fallada: *Wer einmal aus dem Blechnapf frißt*. In: Nation und Schrifttum. Kritischer Führer durch das Schaffen der Zeit (1934), H. 5/6, 5.-20.3.1934, [S. 3].
A. auch unter: Das neue Fallada-Buch. In: Deutsche Zeitung 39 (1934), Nr. 77a, Morgenausgabe, 1.4.1934, Deutscher Bücherwart, [S. 1]; Gute Erzählung. Hans Fallada: *Wer einmal aus dem Blechnapf frißt*. In: Der Führer. Das badische Kampfblatt für nationalsozialistische Politik und deutsche Kultur 8 (1934), Nr. 95, Ausgabe A, 8.4.1934, Unser Leben im Buch, [S. 1]; Vorbestraft. Zu Hans Falladas Roman: *Wer einmal aus dem Blechnapf frißt*. In: Kasseler Neueste Nachrichten 24 (1934), Nr. 81, 7./8.4.1934, Volk und Staat. Beilage der KNN für Zeitfragen und politische Literatur, [S. 1].

*Sch.[ulz, Gerhard]: Der neue Fallada. *Wer einmal aus dem Blechnapf frißt*... In: Prager Abendblatt 68 (1934), Nr. 88.
Q HFA N 379.

Sidow, Max: Hans Fallada: *Wer einmal aus dem Blechnapf frißt*. In: Information. Monatsblätter des Deutschen Buch-Clubs Hamburg 7 (1934), Mai/Juni 1934, S. 44–45.

*Sturmann, Manfred: Hans Falladas neuer Roman. In: Kölnische Zeitung mit Handelsblatt (1934), 22.4.1934.
Q HFA N 374.
A auch in: Bayerische Israelitische Gemeindezeitung. Nachrichtenblatt des Israelitischen Kultusgemeinden in München, Augsburg, Bamberg und des Verbandes Bayerischer Israelitischer Gemeinden 10 (1934), Nr. 9, 1.5.1934, S. 185.

T.[opf], E.[rwin]: Hans Falladas neuer Roman. *Wer einmal aus dem Blechnapf frisst*. In: Berliner Tageblatt und Handels-Zeitung 63 (1934), Nr. 130, Abend-Ausgabe, 17.3.1934, 1. Beiblatt, Kunst und Unterhaltung, [S. 1].

T., M.: Fallada: *Wer einmal aus dem Blechnapf frißt*. In: Soziale Arbeit. Zentralorgan für Wohlfahrtspflege und Sozialpolitik 11 (1934), Nr. 19, 2.6.1934, [S. 80].

*Th., G.: Der große Schlager. Kritische Betrachtungen zu zwei Bucherfolgen. In: Hamburger Fremdenblatt 106 (1934), Morgen-Ausgabe, 21.4.1934.
Q HFA N 372.

Thomas, W.: Roman und Wirklichkeit. Neue Bücher von Fallada, Weidlich, Else Ernst. In: Westfälische Landeszeitung Rote Erde. Amtliches Organ der National-Sozialistischen Deutschen Arbeiter-Partei 47 (1934), Nr. 135, 19.5.1934, Buch und Nation, Literatur-Beilage, [S. 1].

Vesper, Will: Fallada, Hans: *Wer einmal aus dem Blechnapf frißt*. In: Die Neue Literatur 35 (1934), H. 7 (Juli 1934), S. 444.

W-i.: Falladas Justizroman. *Wer einmal aus dem Blechnapf frißt*. In: Thüringer Allgemeine Zeitung. Erfurter Allgemeiner Anzeiger 85 (1934), Nr. 280, 25.11.1934, S. 4.

W., L.: Der neue Fallada. *Wer einmal aus dem Blechnapf frißt*. In: Deutsche Zeitung Bohemia 107 (1934), Nr. 82, 8.4.1934, Sonntagsbeilage, S. 15.

Wilhelm, C.: Hans Fallada, *Wer einmal aus dem Blechnapf frisst*. In: Berner Schulblatt. L'Ecole Bernoise 67 (1935), Nr. 45, 9.2.1935, Beilage, S. 24.

y: Hans Fallada: *Wer einmal aus dem Blechnapf frißt*. In: Gießener Anzeiger. General-Anzeiger für Oberhessen 184 (1934), Nr. 90, 18.4.1934, Zweites Blatt, [S. 3].

z., k.: Ein neues Buch von Hans Fallada. In: Frankfurter Zeitung und Handelsblatt 78 (1934), Nr. 153, Abendblatt. Erstes Morgenblatt, Nr. 153, 25.3.1934, Literaturblatt, Nr. 12, S. 2.

Zerkaulen, Heinrich: Dichtung der Zeit. In: Dresdner Nachrichten 78 (1934), Nr. 149, 29.3.1934, Literarische Umschau, [S. 1].

Zoff, Otto: Bücher. Für den Sommer. *Wer einmal aus dem Blechnapf frißt*. In: Die Dame [Illustrierte Mode-Zeitschrift] 61 (1934), H. 11 (Zweites Maiheft 1934), S. 28.

3.21 *Wir hatten mal ein Kind*

[Anonym]: *Wir hatten mal ein Kind*. In: Innsbrucker Nachrichten. Mit der reichsbebilderten Monatsschrift ‚Bergland' 81 (1934), Nr. 259, 10.11.1934, S. 18.

[Anonym]: Neue Romane. In: Der Gral. Monatsschrift für Dichtung und Leben 29 (1934), H. 3 (Dezember 1934), S. 127–131 [zu *Wir hatten mal ein Kind*, S. 127–128].

[Anonym]: Für und wider Fallada. In: Die Literatur. Monatsschrift für Literaturfreunde 37 (1934/35), H. 4 (Januar 1935), S. 182.

[Anonym]: *Wir hatten mal ein Kind*. In: Niederdeutsche Welt. Monatsschrift für das niederdeutsche Kulturgebiet 10 (1935), H. 3 (März 1935), S. 104.

[Anonym]: *Wir hatten mal ein Kind*. Eine Geschichte und Geschichten von Hans Fallada. In: Bremer Nachrichten mit Weser-Zeitung 193 (1935), Nr. 83, Sechstes Blatt, 24.3.1935, [S. 2].

[Anonym]: Fallada Scores Again. *Once We Had a Child*. In: St. Louis Post-Dispatch 88 (1936), 22.3.1936, S. 66.

*B., H.: Der neue Fallada. *Wir hatten mal ein Kind*. In: Neue Leipziger Zeitung (1934), 6.12.1934.
Q HFA N 392.

3. Zeitgenössische Rezensionen von Falladas Werken alphabetisch 657

*Blanck, Karl: Ein Held wehrt sich gegen seinen Autor. In: Stuttgarter Neues Tagblatt. Südwestdeutsche Handels- und Wirtschafts-Zeitung 91 (1934), 16.10.1934.
Q HFA N 397.
Bloem, Walter Julius: Wir hatten mal einen Fallada. In: Münchner Neueste Nachrichten. Handels- und Industrie-Zeitung, Alpine und Sport-Zeitung, Theater- und Kunst-Chronik 87 (1934), Nr. 290, 24.10.1934, Das deutsche Buch (Literarische Beilage), S. 11.
*Buchhändler-Börsenblatt-Inserat. Rezensionen zu dem Roman *Wir hatten mal ein Kind*.
Q HFA N 387.
Burkert, Karl: Hans Fallada: *Wir hatten mal ein* Kind. In: Nation und Schrifttum. Kritischer Führer durch das Schaffen der Zeit (1934), Nr. 19, 10.10.1934, [S. 7].
A auch gekürzt in: *Rheinische Landeszeitung. Volksparole (Solingen) (1934), 31.10.1934.
HFA N 397.
Carnot: Romane. Hans Fallada: *Wir hatten mal ein Kind*. In: Magdeburger General-Anzeiger 58 (1934), Nr. 300, 22.12.1934, [S. 3].
*ch.: *Wir hatten mal ein Kind*. In: Bremer Nachrichten. Bremer neueste Nachrichten für Nordwestdeutschland (1935), 24.3.1935.
Q HFA N 387.
D., M.: ‚Heimgefunden'. Hans Fallada: *Wir hatten mal ein Kind*. In: Völkischer Beobachter. Kampfblatt der national-sozialistischen Bewegung Großdeutschlands 47 (1934), Nr. 322, Süddeutsche Ausgabe. Ausgabe A, 18.11.1934, Beilage. Deutsches Schrifttum, [S. 1].
Dinamow, S.: Vom schlechten und vom guten Hass. In: Internationale Literatur. Zentralorgan der Internationalen Vereinigung Revolutionärer Schriftsteller 5 (1935), Nr. 12, S. 74–77.
*Durian, Wolf: *Wir hatten mal ein Kind*. Das neue Buch von Fallada. In: Deutsche Zeitung 39 (1934), Dezember 1934.
Q HFA N 387.
F., J.: Hans Fallada: *Wir hatten mal ein Kind*, Roman. In: Die Dame [Illustrierte Mode-Zeitschrift] 61 (1934), H. 24, S. 39.
Frerking, Johann: *Wir hatten mal ein Kind*. Hans Falladas neuer Roman. In: Hannoversches Tageblatt 83 (1934), Nr. 352, 21.12.1934, 1. Beilage, S. 6.
Heinrich, Georg: Bauernromane. Aus dem deutschen Osten. In: Germania. Zeitung für das deutsche Volk 65 (1935), Nr. 48, 16.2.1935, Dritte Beilage, [S. 3].
*Hesse, Hermann: Hans Fallada. *Wir hatten mal ein Kind*. In: National-Zeitung. Organ für Handel und Industrie. Anzeigeblatt der Stadt Basel 92 (1934), 18.11.1934.
Q HFA N 387.
A auch in: Sämtliche Werke, Bd. 19: Die Welt im Buch IV. Rezensionen und Aufsätze aus den Jahren 1926–1934, hg. von Volker Michels, Frankfurt a. M. 2003, S. 521–522.
*Hynds, Reed: Fallada's Usual Vigor in New Narrative. In: The St. Louis Star-Times (1936), 13.3.1936, S. 6.
Jakobs, Theodor: Inventur. Verdorrte Schrift. In: Der Student in Mecklenburg-Lübeck (1935), Nr. 2, 5.2.1935, S. 2–3 [zu *Wir hatten mal ein Kind*, S. 3].
K.: Hans Fallada: *Wir hatten mal ein* Kind. In: 8 Uhr-Abendblatt. National-Zeitung 87 (1934), Nr. 275, 23.11.1934, 1. Beiblatt, [S. 4].
*Karsten, Otto: Der neue Fallada. In: Magdeburgische Zeitung (1934), Nr. 622, Morgen-Ausgabe, 8.12.1934, Literaturbeilage, Nr. 49.
Q HFA N 393.
Koeser, Hans: Hat doch keinen Zweck. Anmerkungen zu Hans Fallada: *Wir hatten mal ein Kind. Eine Geschichte und Geschichten*. In: Neue Deutsche Blätter. Monatschrift für Literatur und Kritik 2 (1935), Nr. 4, S. 239–243.
Langenbucher, Hellmuth: Hans Fallada. In: Bücherkunde der Reichsstelle zur Förderung des deutschen Schrifttums (1934), Nr. 8–10, S. 153–156.
A auch in: Deutsches Volkstum. Halbmonatsschrift für das deutsche Geistesleben 16 (1934), 1. Dezemberheft 1934, S. 986–993.
Langenbucher, Hellmuth: *Wir hatten mal...* Grundsätzliche Betrachtungen zu einem neuen Buch. In: Stuttgarter NS-Kurier. Südwestdeutsche Tageszeitung für Politik, Wirtschaft,

Kultur. Amtsblatt für Stadt und Amtsoberamt Stuttgart 4 (1934), Nr. 521, Abend-Ausgabe, 7.11.1934, [S. 8].
A auch in: Berliner Börsen-Zeitung. Tageszeitung für nationale Politik, Wirtschaft, Kultur 80 (1934), Nr. 531, Morgenausgabe, 11.11.1934, Literaturblatt, Nr. 45, [S. 1]; Völkischer Beobachter. Kampfblatt der national-sozialistischen Bewegung Großdeutschlands 47 (1934), Nr. 332, Berliner Ausgabe. Ausgabe A, 28.11.1934, S. 8.
Langenbucher, Hellmuth: Schlußwort. In: Deutsches Volkstum. Monatsschrift für das deutsche Geistesleben (1935), Februar-Heft, S. 157–159.
A Erwiderung auf Karl Rauchs Beitrag ‚Zum Thema Hans Fallada und über den Begriff des Tragischen' im selben Heft.
Lazenby, Candler: Hans Fallada. *Wir hatten mal ein Kind.* In: Books Abroad. An International Literary Quarterly 9 (1935), Nr. 3, S. 321.
Lerch, Hanns: Vom zweisamen und einsamen Glück. Erling Tambs: *Hochzeitreise – aber wie!* – Hans Fallada: *Wir hatten mal ein Kind* – R. C. Muschler: *Liebelei und Liebe.* In: Dresdner Nachrichten (1934), Nr. 572, Morgen-Ausgabe, 6.12.1934, Literarische Umschau, [S. 1].
Lienert, Hans: Hans Fallada: *Wir hatten mal ein Kind.* In: Klingsor. Siebenbürgische Zeitschrift 12 (1935), H. 8, S. 335–336.
Lübbert-Griese, Käthe: Der ewige Soldat und die Frauen. Antwort auf eine Romanbesprechung. In: Deutsche Allgemeine Zeitung 73 (1934), Nr. 529, Ausgabe Groß-Berlin, 11.11.1934, Frau und Welt, [S. 1].
Morgenroth, F.: *Wir hatten mal ein Kind.* In: Kreuz-Zeitung 86 (1934), Nr. 289, Reichs-Ausgabe, 11.12.1934, Literaturblatt, S. 5.
Nock, Samuel: Heritage of Madness. *Once We Had a Child.* In: The Saturday Review of Literature 13 (1936), Nr. 20, 14.3.1936, S. 10.
Pfitzner: Hans Fallada, *Wir hatten mal ein Kind.* In: Wiener Bücherbriefe 1 (1935), Nr. 5, S. 6–7.
Rauch, Karl: Die Tragödie des einsamen Mannes. Brief an Hans Fallada zu seinem neuen Buch. In: Das Deutsche Wort. Die Literarische Welt. Neue Folge 10 (1934), Nr. 45, 2.11.1934, S. 1–2.
Rauch, Karl: Hans Fallada, *Wir hatten mal ein Kind.* In: Das Deutsche Wort. Die Literarische Welt. Neue Folge 10 (1934), Nr. 49, 30.11.1934, S. 28.
Rauch, Karl: Zum Thema Hans Fallada und über den Begriff des Tragischen. Erwiderung. In: Deutsches Volkstum. Monatsschrift für das deutsche Geistesleben (1935), Februar-Heft, S. 155–157.
Richter, Trude: Der gleichgeschaltete Fallada. Zu seinem neuesten Roman. In: Internationale Literatur. Zentralorgan der Internationalen Vereinigung Revolutionärer Schriftsteller 5 (1935) Nr. 4, S. 103–106.
*Riemkasten, Felix: *Wir hatten mal ein Kind.* In: [Typoskript] Rostock (1935). Q HFA N 396.
S., M. W.: On a German Moor. In: The Christian Science Monitor 28 (1936), Nr. 85, 6.3.1936, [S. 18].
sch., k.: Der neue Fallada. *Wir hatten mal ein Kind.* In: Hamburger Fremdenblatt 106 (1934), Nr. 304, Abend-Ausgabe, 3.11.1934, Literarische Rundschau, S. 20.
ss.: Der neue Fallada. In: Berliner Montagspost (1934), Nr. 42, 2. Ausgabe, 22.10.1934, S. 10.
Stö.: Auch ein Bücher-‚markt'. In: Westfälische Landeszeitung Rote Erde. Amtliches Blatt der National-Sozialistischen Deutschen Arbeiter-Partei 48 (1935), Nr. 309, Ausgabe R, 10.11.1935, [S. 8].
Strauss, Harold: Hans Fallada's Vigorous Story of an Angry Man's Progress. In: The New York Times Book Review (1936), Section 6, 8.3.1936, S. 7.
Suhrkamp, Peter: Der Erzähler Fallada. In: Die Neue Rundschau 45 (1934), H. 12 (Dezember 1934), S. 751–752.
T., E.: Falladas Dorfroman. In: Berliner Tageblatt und Handels-Zeitung 63 (1934), Nr. 486, 14.10.1934, [S. 2].

A auch in: Salatgarten 19 (2010), H. 1, S. 39.

Türk, Werner: Talent und Fascismus. In: Die neue Weltbühne. Wochenschrift für Politik, Kunst, Wirtschaft 31 (1935), Nr. 25, 20.6.1935, S. 783–785.

tz.: Noch einmal: Fallada – und eine Forderung. In: Völkischer Beobachter. Kampfblatt der national-sozialistischen Bewegung Großdeutschlands 48 (1935), Nr. 39, Berliner Ausgabe. Ausgabe A, 8.2.1935, S. 8.

*W., H. A.: Hans Fallada: *Wir hatten mal ein Kind*. In: Die Weltwoche 2 (1934), 28.12.1934. Q HFA N 399.

Wiechert, Ernst: Bemerkungen zu zwei Büchern. In: Das Innere Reich. Zeitschrift für Dichtung, Kunst und deutsches Leben 1 (1934/35), H. 12, S. 1557–1564.

Winkler, W.: Fallada. In: Internationale Literatur. Zentralorgan der Internationalen Vereinigung Revolutionärer Schriftsteller 5 (1935), Nr. 11, S. 110–112.

Wyß, Hans A.[lfred]: Weg und Dichtung. Ueber die Bücher Falladas. In: Schweizer nationale Hefte. Schweizer Monatsschrift 1 (1934), H. 9, S. 483–487.

Ziese, Maxim: Von den Männern – ihren Dummheiten und Klugtaten. In: Deutsche Allgemeine Zeitung 73 (1934), Nr. 508, Ausgabe Groß-Berlin, 30.10.1934, [S. 2].

3.22 *Wolf unter Wölfen*

[Anonym]: Kurzer Blick in neue Bücher. Falladas Abrechnung mit der Inflation – Wilfried Bades *Gloria*. Zwei Mädchengestalten – Hollanders *Oktober* – Der neue Lernet-Holenia. In: Berliner Morgenpost (1937), Nr. 263, 3.11.1937, Zweite Beilage, [S. 2].

[Anonym]: Wirrwarr einer zügellosen Phantasie. In: Bücherkunde. Organ des Amtes Schrifttumspflege bei dem Beauftragten des Führers für die gesamte geistige und weltanschauliche Erziehung der NSDAP. und der Reichsstelle zur Förderung des deutschen Schrifttums 5 (1938), H. 1 (Januar 1938), S. 47–49.

[Anonym]: *Wolf unter Wölfen*. In: Der Dietwart. Amtliche Zeitschrift des Deutschen Reichsbundes für Leibesübungen zur Vertiefung der Dietarbeit 3 (1938), Nr. 20, 20.1.1938, S. 607.

[Anonym]: Outstanding German Novels. Tales of Post-War Demoralization. *Wolf unter Wölfen*. In: The Times Literary Supplement 37 (1938), Nr. 1 883, 5.3.1938, S. 154.

Bergemann, Wolfgang: War so die Inflation? In: Westfälisches Volksblatt 39 (1938), Nr. 128, Ausgabe A, 3.6.1938, Schrifttum der Zeit, [S. 1].

Blanck, Karl: Irrlauf der Zeit. Hans Fallada. Wolf unter Wölfen. In: Weltstimmen. Weltbücher in Umrissen 11 (1937) H. 12 (Dezember 1937), S. 529–534.

Burkert, Karl: Hans Fallada: *Wolf unter Wölfen*. In: Nürnberger Zeitung. Korrespondent von und für Deutschland. Fürther Tagblatt und Anzeiger für Nürnberg (1937), Nr. 271, 20./21.11.1937, Sonntags-NZ, Nr. 47, [S. 3].

Church, Richard: Hans Fallada writes of Germany in the depression. In: John O' London's Weekly 40 (1938), Nr. 1 020, 28.10.1938, S. 187.

Decker, G.: Der neue Hans Fallada. *Wolf unter Wölfen*. In: Nordbayerische Zeitung. Fürther Zeitung. Fürther Volkszeitung (1937), Nr. 276, 26.11.1937, Die Lese. Für Literatur, Kunst und Wissenschaft, [S. 1].

Eckert, Erhardt: Hans Fallada: *Wolf unter Wölfen*. In: Deutsche Arbeits-Korrespondenz 5 (1937), Nr. 292, 22.12.1937, S. 6.

A auch in: Volksgesundheit. Fachliches Schulungsblatt der deutschen Arbeitsfront 3 (1938), Nr. 1 (Januar 1938), S. 22.

Eisenlohr, Friedr.[ich]: Der Roman der Inflationszeit. In: Die Woche [Moderne Illustrierte Zeitschrift] 40 (1938), H. 2, 12.1.1938, [S. 2].

Eschenburg, Harald: Fallada, Hans: *Wolf unter Wölfen*. In: Das Deutsche Wort. Die Große Übersicht. Der Literarischen Welt. Neue Folge 13 (1937), H. 6 (November/Dezember 1937), S. 353–355.

Evers, Ehrhard: H. F.: *Wolf unter Wölfen*. In: Mitteldeutschland. Saale-Zeitung 72 (1938), Nr. 194, 20.8.1938, Schrifttum der Zeit, [S. 1].

F., W.: *Wolf unter Wölfen*. Hans Fallada großer Inflationsroman. In: Danziger Neueste Nachrichten 44 (1937), Nr. 283, 4./5.12.1937, S. 12.

Förster, Georg: Menschen im Absturz und Aufstieg. Romane gestalten Lebensschicksale. In: Berliner Lokal-Anzeiger. Organ für die Reichshauptstadt 55 (1937), Nr. 286, Morgenausgabe, 30.11.1937, 4. Beiblatt, Unterhaltungs-Beilage, [S. 4].

Funder, Charlotte Tronier: Hans Fallada: *Wolf unter Wölfen*. In: Deutsche Wochenschau. Das Blatt der kritischen Betrachtung, des Wissens und der Unterhaltung 15 (1938), Nr. 29, 20.7.1938, S. 28.

Gibson, Wilfrid: Novels Long and Short. *Wolf Among Wolves*. In: The Manchester Guardian (1938), Nr. 28732, City Edition, 21.10.1938, S. 7.

Grothe, Heinz: Ein Mann geht durch die Inflation. Zu Hans Falladas Roman *Wolf unter Wölfen*. In: National-Zeitung. Organ der Nationalsozialistischen Deutschen Arbeiterpartei 9 (1938), Nr. 106, Ausgabe A (Groß-Essen), 20.4.1938, S. 7.

Günther, Joachim: Erzählung und Roman II. In: Europäische Revue 14 (1938), H. 1 (Januar 1938), S. 76–82 [zu *Wolf unter Wölfen*, S. 79–80].

Günther, Joachim: Der neue Fallada. Ein Querschnitt durch die Inflationszeit. In: Deutsche Allgemeine Zeitung 76 (1937), Nr. 526, 10.11.1937, Literarische Rundschau, [S. 1].

Hardt, M.: Hans Fallada: *Wolf unter Wölfen*. In: Deutsches Wollen. Zeitschrift der Auslands-Organisation der NSDAP 1 (1939), Nr. 4, 1.4.1939, S. 50.

Hesse, Otto Ernst: Ein seelisch-aufwühlendes, erschütterndes Buch. Die Inflationsjahre im Roman. Hans Fallada-Neuerscheinung: *Wolf unter Wölfen*. In: B. Z. am Mittag. Berliner Zeitung 61 (1937), Nr. 263, 3.11.1937, S. 6.

*Hesse, Otto Ernst: Zwei Inflations-Romane. Rudolf Fischer und Hans Fallada. In: Berliner Montagspost (1937), 22.11.1937.

*Jacobi, Heinrich: *Wolf unter Wölfen*. Ein Roman der Hochinflation von Hans Fallada. In: Eisleber Zeitung. Amtliches Organ des Oberbürgermeisters der Stadt Eisleben und des Landrates des Mansfelder Seekreises 63 (1937), 28.10.1937.
Q HFA N 434.

*Kaper, Eitel: *Wolf unter Wölfen*. Roman von Hans Fallada. In: Ostfriesische Tageszeitung. Verkündungsblatt der NSDAP. Amtsblatt aller Behörden Ostfrieslands (1938), 18.11.1938.
Q HFA N 430.

Kark, Werner: Zeitgeschichte des ‚kleinen Mannes'. Fallada – Dichter, Träumer und Chronist. Ein Deutscher legt das Wahrbild der Passion von 1918–1933 im Zeitroman nieder. In: Hamburger Tageblatt. Zeitung der Nationalsozialistischen Deutschen Arbeiterpartei und der DAF, Gau Hamburg 10 (1938), Nr. 247, 10.9.38, [S. 21].

Kazin, Alfred: Berlin's Dark Days of Inflation. Hans Fallada's New Novel Is a Deeply Moving Picture of a Desperate and Coldly Comfortless. In: The New York Times Book Review (1938), Section 6, 13.11.1938, S. 5.

Kersten, Kurt: Fallada unter den Wölfen. In: Das Wort. Literarische Monatsschrift (1938), H. 2, S. 135–138.

Kiaulehn, Walther: *Wolf unter Wölfen*. In: Die Dame [Illustrierte Mode-Zeitschrift] 64 (1937), H. 25 (Erstes Dezemberheft 1937), S. 119.

*Koch, Ewald: Bücher unserer Zeit. In: Der Prignitzer. General-Anzeiger für die Prignitz und Altmark 46 (1938), Nr. 100, 30.4.1938.
Q HFA N 447.

*Krawutschke, Franz: Neues vom Büchertisch. Hans Fallada: *Wolf unter Wölfen*. In: Wormser Zeitung 162 (1937), 11.11.1937.
Q HFA N 447.

*Krell, Max: Zeitwende im Roman. In: Prager Tagblatt [undatiert].
Q HFA N 442.

Krentz, Rudolf Jeremias: Ein Roman der Inflationszeit. In: Neue Freie Presse (1937), Nr. 26307 S, Morgenblatt, 5.12.1937, Beilage, S. 36.

Kuerten, Wolf: Hans Fallada: *Wolf unter Wölfen*. In: Der Vertrieb. Amtliches Organ der Hauptfachgruppe Vertrieb in der Reichspressekammer 3 (1938), Nr. 4, 22.1.1938, [S. 41].

L.[autenbach], O.[tto]: *Wolf unter Wölfen*. In: Schule der Freiheit. Unabhängige Zeitschrift für organische Gestaltung von Kultur, Gesellschaft und Wirtschaft 5 (1937/38), H. 8, 24.10.1937, S. 233–234.

Maier, Hansgeorg: Falladas Inflationsroman. Hans Fallada: *Wolf unter Wölfen*. In: Hannoversches Tageblatt 86 (1937), Nr. 280, 10.10.1937, Kunst und Schrifttum, S. 18.

Manggold, Walter: Teufelstanz. In: Deutsche Zukunft. Wochenzeitung für Politik, Wirtschaft und Kultur 6 (1938), Nr. 7, 13.2.1938, S. 10–11.

Mauch, Curt: Der neue Fallada. In: Dresdner Nachrichten (1937), Nr. 588, Morgen-Ausgabe, 15.12.1937, Literarische Umschau, [S. 1].

*Meyer-Haenel, Horst: Vergangenheit und Gegenwart. In: Bremer Zeitung. Parteiamtliche Tageszeitung der Nationalsozialisten Bremens 8 (1938), Nr. 116, 29.4.1938.
Q HFA N 431.

Morgan, Bayard Q.: Hans Fallada. *Wolf unter Wölfen*. In: Books Abroad. An International Literary Quarterly 12 (1938), Nr. 3, S. 314–315.

Müller, Sven von: Ein neuer Hans Fallada: *Wolf unter Wölfen*. In: Hamburger Fremdenblatt 109 (1937), Nr. 314, Abend-Ausgabe, 13.11.1937, Literarische Rundschau, S. 20.

Naso, Eckart von: Der Fall Fallada. In: Velhagen & Klasings Monatshefte 52 (1937/38), H. 4 (Dezember 1937), S. 371–372.

Niehaus, Paul: *Wolf unter Wölfen*. In: Braunschweiger Tageszeitung. Braunschweigische Staatszeitung 7 (1937), Nr. 289, Stadtausgabe, 11./12.12.1937, S. 4.

Opel, Bernd: Hans Fallada: *Wolf unter Wölfen*. In: Aschaffenburger Zeitung. Nationalsozialistische Tageszeitung. Kampfblatt der NSDAP für den Untermain 169 (1938), Nr. 18, 22.1.1938, S. 3.

Pauck, Heinz: Ein Spuk, der Wirklichkeit war. Menschen im Wirbel einer verrückten Zeit. In: Berliner Volks-Zeitung 85 (1937), Nr. 521, Morgen-Ausgabe, 4.11.1937, Zweites Beiblatt, [S. 1].

Rahs, Hanns D.: Um Heimat, Liebe, Menschenglück. Hans Fallada: *Wolf unter Wölfen*. In: Das 12 Uhr-Blatt. Neue Berliner Zeitung 19 (1937), Nr. 296, 11.12.1937, 2. Beilage, [S. 2].

*Riemkasten, Felix: Der neue Fallada. In: Stuttgarter Neues Tagblatt. Südwestdeutsche Handels- und Wirtschafts-Zeitung 94 (1937), 7.12.1937.
Q HFA N 443.
A auch in: Darmstädter Tagblatt. Hessische Neueste Nachrichten 199 (1937), Nr. 338, 11.12.1937, Literatur und Kunst, [S. 1];
auch unter: Der jüngste Fallada. In: Der Mittag. Illustrierte Tageszeitung für Sport, Verkehr, Politik, Kunst 18 (1937), Nr. 266, 13./14.11.1937, [S. 6]; *Wolf unter Wölfen*. Zu Hans Falladas zweibändigem Roman aus der Inflationszeit. In: Westfälische Neueste Nachrichten. Vereinigt mit NS-Volksblatt. Bielefelder Stadtanzeiger 37 (1937), Nr. 287, Ausgabe A, 8.12.1937, Buch und Dichter der Zeit, [S. 1].

*Rosenberg, A. v.: Hans Fallada: *Wolf unter Wölfen*, Roman aus der Inflationszeit. In: Gartenlaube (1937), Dezember 1937.
Q HFA N 431.

S., N.: Hans Fallada. *Wolf unter Wölfen*. In: Basler Nachrichten mit Finanz- und Handelsblatt 94 (1938), Nr. 104, 16./17.4.1938, Literaturblatt, Nr. 15, [S. 1].

Saller, Martin: Neue Romane und Erzählungen. In: Neue Augsburger Zeitung. Augsburger Generalanzeiger. Das große schwäbische Heimatblatt (1938), Nr. 235, 8.10.1938, [S. 6].

Scharping: *Wolf unter Wölfen*. In: Jede Woche ein Roman! Die Zeitschrift mit einem abgeschlossenen Roman! (1938), Nr. 256, 7.12.1938, S. 44.

Scheffler, Herbert: *Wolf unter Wölfen*. In: Die Literatur. Monatsschrift für Literaturfreunde 40 (1937/38), H. 6 (März 1938), S. 367–368.

Scheuermann, Wilhelm: *Wolf unter Wölfen*. In: Land und Frau. Wochenschrift für Geflügelhaltung, Gartenbau und Hauswirtschaft 21 (1937), Nr. 48, 27.11.1937, S. 573.

*Schimming, Wolfgang: Hans Fallada: *Wolf unter Wölfen*. In: Neue Funk-Stunde [Berlin], 1939.
   Q HFA N 431.
Schmidt: Fallada: *Wolf unter Wölfen*. Das Epos einer versunkenen Zeit. In: Der Westen. Berlinische Tageszeitung 38 (1938), Nr. 64, 6.3.1938, 3. Beilage, [S. 2].
Schramm, Hermann: *Wolf unter Wölfen*. Ein Inflationsroman von Hans Fallada. In: Völkischer Beobachter. Kampfblatt der national-sozialistischen Bewegung Großdeutschlands 50 (1937), Nr. 324, 20.11.1937, S. 6.
Schubert, Fritz: *Wolf unter Wölfen*. Falladas neuer Roman. In: 8 Uhr-Blatt. Die große Illustrierte Abendzeitung Süddeutschlands 20 (1938), Nr. 178, Ausgabe S, 3.7.1938, S. 6.
Schücking, J. L.: War es wirklich so? Betrachtungen zu einem Inflationsroman. In: Westfälische Zeitung. Bielefelder Tageblatt 127 (1937), Nr. 276, Ausgabe A, 24.11.1937, Stimme der Dichtung. Führer durch das literarische Schaffen der Zeit, [S. 1].
*Strenger, H.: Roman der Inflation. In: Württemberger Zeitung. Stuttgarter Nachrichten und Handelsblatt 31 (1937), 22.12.1937.
   Q HFA N 444.
Stresau, Hermann: Das dicke Buch. In: Die Neue Rundschau 49 (1938), H. 2 (Februar 1938), S. 194–203 [zu *Wolf unter Wölfen*, S. 196–197].
*Schulz, Gerhard: Großer Zeitroman. In: Prager Abendblatt 71 (1937), Nr. 225 [Undatierter Zeitungsausschnitt].
   Q HFA N 442.
Schwachhofer, René: Hans Falladas Roman *Wolf unter Wölfen*. In: Die Nation. Zeitschrift für Theorie und Praxis nationaler Politik 6 (1956), H. 9, S. 656–661.
Swinnerton, Frank: More and More About Life. In: The Observer 147 (1938), Nr. 7691, 23.10.1938, S. 6.
*Thielmann, Hans: Hans Fallada: *Wolf unter Wölfen*. In: Ostdeutsche Morgenpost. Amtliches Organ der NSDAP und aller Behörden 19 (1937), 5.12.1937.
   Q HFA N 431.
Thyriot, Hans: *Wolf unter Wölfen*, ein Inflationsroman. In: Gießener Anzeiger. General-Anzeiger für Oberhessen 188 (1938), Nr. 206, 3./4.9.1938, Zweites Blatt, [S. 3].
Toense, Hans M.: *Wolf unter Wölfen*. In: Hamburger Nachrichten 146 (1937), Nr. 299, 29.10.1937, S. 7.
Traversi, D. A.: Bad Old Days in Germany. In: The Tablet. A Weekly Newspaper and Review 172 (1938), Nr. 5138, 29.10.1938, S. 564.
Unger, H.: *Wolf unter Wölfen*. In: Ärzteblatt für Berlin. Nachrichtenblatt der Kassenärztlichen Vereinigung Deutschlands, Landesstelle Berlin, und der Ärztekammer für Berlin 42 (1937), Nr. 45, 6.11.1937, S. 535.
Vogel, Johannes: Preußischer Adel um 1900. In: Nation im Aufbau 6 (1938), Nr. 3/4, 20.2.1938, S. 24–31 [zu *Wolf unter Wölfen*, S. 29–31].
Wallace, Doreen: Variety in a Batch of New Novels. In: Sunday Times (1938), Nr. 6029, 30.10.1938, S. 9.
Weyrauch, Wolfgang: *Wolf unter Wölfen*. In: Berliner Tageblatt und Handels-Zeitung 66 (1937), Nr. 479, 10.10.1937, Literatur der Zeit, S. 19.
*Wiemann, Matthias: [Interview zur Woche des Buches]. In: ‚Echo des Abends', Reichssender Berlin, 5.11.1937.
   Q HFA N 431.
*Wilhelmi, Gerhard: Roman der Inflation. In: Thüringer Allgemeine Zeitung. Erfurter Allgemeine Anzeiger 89 (1934), Nr. 79, 3.4.1938.
   Q HFA N 434.
Wollnik, Josef: Ein neuer Fallada. Querschnitt durch die Inflationszeit. In: Germania. Zeitung für das deutsche Volk 67 (1937), Nr. 340, 8.12.1937, Von neuen Büchern (Beilage), [S. 3].
*Ziesel, Kurt: Der eiserne Fallada. In: Rundpost. Deutsches Gemeinschaftsblatt 13 (1939), Nr. 17, 29.4.1939.
   Q HFA N 447.

4. Forschungsliteratur

4.1 Bibliografien und Forschungsübersichten

Farin, Klaus: Bibliographie und Auflagen. In: Ders.: Hans Fallada. „Welche sind, die haben kein Glück", München 1993, S. 130–138.

Dünnebier, Enno: Hans Fallada 1893–1947. Eine Bibliographie, zusammengestellt und annotiert von E. D., hg. vom Literaturzentrum Neubrandenburg, Neubrandenburg 1993.

Hagestedt, Lutz: Auswahl-Bibliographie zu Hans Fallada. In: Namen- und Stadtlandschaften. Beiträge des Hans-Fallada-Symposiums Carwitz, hg. von Petra Ewald und L. H., München 2011, S. 235–278.

Hagestedt, Lutz: Hans Fallada. Auswahl-Bibliographie der Briefe und der Sekundärliteratur. In: Hans Fallada. Autor und Werk im Literatursystem der Moderne, hg. von Patricia Fritsch-Lange und L. H., Berlin/Boston 2011, S. 233–263.

Lange, Sabine/Kuhnke, Manfred (Hg.): Dokumentation, Neubrandenburg 1991.

Literaturzentrum Neubrandenburg (Redaktion: Heide Hampel) (Hg.): Hans Fallada und seine Erben, Neubrandenburg 1983, S. 53–55.

Lipiński, Cezary: Große Kontroversen um den kleinen Mann: Überlegungen zur gegenwärtigen Lage der Hans-Fallada-Forschung aus Anlass des Erscheinens des Bandes *Zeit vergessen, Zeit erinnern. Hans Fallada und das kulturelle Gedächtnis*. In: Edwarda Białka, Eugeniusza Tomiczka i Leszka Żylińskiego (Hg.): Teksty ofiarowane Profesorowi Hubertowi Orłowskiemu, Wrocław 2008, S. 399–413.

Loohuis, W. J. M.: Hans Fallada in der Literaturkritik. Ein Forschungsbericht, Bad Honnef/Zürich 1979.

Loohuis, W. J. M.: Bibliographie. In: Ders.: Hans Fallada in der Literaturkritik. Ein Forschungsbericht, Bad Honnef/Zürich 1979, S. 102–113.

Wolff, Rudolf: Bibliographie der Primär- und Sekundärliteratur. In: Hans Fallada. Werk und Wirkung, hg. von R. W., Bonn 1983, S. 142–159.

Zachau, Reinhard K.: Bibliographie. In: Ders.: Hans Fallada als politischer Schriftsteller, New York/Bern/Frankfurt a. M./Paris 1990, S. 223–247.

Zachau, Reinhard K.: Koordinaten einer Fallada-Analyse heute. In: Ders.: Hans Fallada als politischer Schriftsteller, New York/Bern/Frankfurt a. M./Paris 1990, S. 1–49.

Zachau, Reinhard K.: Ein kurzer Blick auf die Fallada-Forschung. In: Hans Fallada. Beiträge zu Leben und Werk. Materialien der 1. Internationalen Hans-Fallada-Konferenz in Greifswald vom 10.6 bis 13.6.1993, hg. von Gunnar Müller-Waldeck und Roland Ulrich, Rostock 1995, S. 26–44.

Zachau, Reinhard K.: Hans Fallada 1893–1947. Bibliographie zur Sekundärliteratur, zusammengestellt und kommentiert von R. K. Z., hg. vom Literaturzentrum Neubrandenburg e. V., 1998.

4.2 Biografisches und Allgemeines

[Anonym]: Ein Dichter auf dem Lande. Wie Hans Fallada lebt und arbeitet. In: Berliner Illustrirte Zeitung 43 (1934), Nr. 22, 31.5.1934, S. 773.

*[Anonym]: Vom Stübchen zur Scholle. Ein Dichter kehrt heim. – Hans Falladas Weg in die Welt seines Schaffens. In: Blatt der Hausfrau. Illustrierter Monatsschrift für Haushalt, Mode und Unterhaltung 21 (1935), H. 21.
Q HFA S 134.

[Anonym]: Fallada und der Kulturbund. In: Die Neue Zeitung. Eine amerikanische Zeitung für die deutsche Bevölkerung 1 (1945), Nr. 6, 4.11.1945, Feuilleton und Kunst-Beilage, [S. 3].

[Anonym]: Deutsche Schriftsteller – demokratisch. In: Wiener Kurier. Herausgegeben von den amerikanischen Streitkräften für die Wiener Bevölkerung 1 (1945), Nr. 88, 7.12.1945, S. 4.

[Anonym]: Hans Fallada, 53, German Novelist. Author of Best-Seller, *Little Man, What Now?* Is Dead – Had Finished New Book. In: The New York Times 96 (1947), Nr. 32 521, 7.2.1947, S. 23.

[Anonym]: Er nannte sich Hans Fallada. Der Chronist des Kleinen Mannes starb. In: Der Spiegel (1947), Nr. 6, 8.2.1947, S. 18.

[Anonym]: Auf und Ab eines Deutschen. Zum Tode des Schriftstellers Hans Fallada am 5. Februar 1947. In: Telegraf 2 (1947), Nr. 31, 9.2.1947, S. 5.

[Anonym]: Hans Fallada. *Little Man, What Now?* In: The Times [London] (1947), Nr. 50 682, Late London Edition, 11.2.1947, S. 7.

[Anonym]: Ein Chronist des Alltags. Heute wäre Hans Fallada 75 Jahre alt geworden. In: Berliner Zeitung 24 (1968), Nr. 199, 21.7.1968, S. 6.

[Anonym]: *Jeder stirbt für sich allein.* Wer war Rudolf Ditzen alias Hans Fallada? In: Zeit-Magazin (1981), Nr. 4, 16.1.1981, S. 15, S. 18, S. 22–24.

[Anonym]: Fallada in Schweden. In: Salatgarten 16 (2007), H. 2, S. 33–37.

Antosch, Georg: Der Chronist des kleinen Mannes. Hans Fallada zum Gedenken an seinem 70. Geburtstag. In: Neue Zeit. Zentralorgan der christlich-demokratischen Union Deutschlands 19 (1963), Nr. 167, S. 4.

Armbruster, Jan/Freyberger, Harald J.: Der Schriftsteller Rudolf Ditzen [Hans Fallada] (1893–1947) als Morphinist in der Provinzial-Heilanstalt Stralsund 1921. In: Fortschritte der Neurologie – Psychiatrie 80 (2012), H. 11, S. 644–649.

Artz, Joachim: Die Familie Ditzen und Losch – Zusammenhänge. In: Salatgarten 22 (2013), H. 2, S. 39–41.

Bakonjé, Else Marie: Offener Brief an Hans Fallada. „Zwei Seelen wohnen, ach, in meiner Brust" – ? Wie wir aus Berlin erfahren, nimmt Hans Fallada an der Arbeit des Kulturbundes zur demokratischen Erneuerung Deutschlands regen Anteil. In: Neuer Hannoverscher Kurier (1945), Nr. 57, 31.12.1945, S. 5.

Bauer, Arnold: Ein umstrittener Schriftsteller. Zum Tode von Hans Fallada. In: Sie. Die Wochenzeitung für Frauenrecht und Menschenrecht 2 (1947), Nr. 7, 16.2.1947, S. 9.

Becher, Johannes R.: Was nun? Zu Hans Falladas Tod. In: Aufbau. Kulturpolitische Monatsschrift 3 (1947), H. 2, S. 97–101.
A auch in: Kritik in der Zeit. Literaturkritik der DDR 1945–1975, Bd. 1: 1945–1965, hg. von Klaus Jarmatz, Christel Berger und Renate Drenkow, Halle/Leipzig 1978, S. 57–62; auch unter: Über Hans Fallada, Berlin (Ost) 1965.

Becher, Johannes R.: Nachruf auf den Dichter. In: Leonhard Frank. Hans Fallada. Hilfsmaterial für den Literaturunterricht an den Ober- und Fachschulen, hg. vom Kollektiv für Literaturgeschichte im volkseigenen Verlag Volk und Wissen (Redaktion: Kurt Böttcher und Paul Günter Krohn), Berlin (Ost) 1955, S. 87–90.

Becher, Lilly: Ein Kronzeuge des ‚kleinen Mannes'. Ein Beitrag zum 5. Todestag des Dichters Hans Fallada. In: Neues Deutschland. Organ des Zentralkomitees der Sozialistischen Einheitspartei Deutschlands 7 (1952), Nr. 30, 5.2.1952, S. 4.

Behr, Wolfgang: Ein Märchen und ein Pseudonym. Hans Fallada und seine Beziehung zu Annemarie Steiner. In: Salatgarten 15 (2006), H. 1, S. 21-26.

Bellin, Klaus: Fallada im neuen Licht. Werner Liersch: *Hans Fallada. Sein großes kleines Leben.* In: Neue Deutsche Literatur. Monatsschrift für Literatur und Kritik 30 (1982), H. 5, S. 150–154.

Bernhard, Hans J.: Ein bedeutender Erzähler. Hans Fallada zum 10. Todestag. In: Berliner Zeitung 13 (1957), Nr. 30, 5.2.1957, [S. 3].

Bessel, Richard: Who was the degenerate psychopath? In: The Times Literary Supplement (1998), Nr. 4 983, 2.10.1998, S. 9.

Biskupek, Matthias: Der Stolz auf die Ungeliebten von einst – Hans Fallada in der Provinzresidenz Rudolstadt und andere Merkwürdigkeiten. In: Die Provinz im Leben und Werk von Hans Fallada. Vorträge und Lesungen, Protokollband des Kolloquiums des Fallada-Forums vom 4. Dezember 2004 in der Akademie der Künste Berlin, hg. von Thomas Bredohl und Jenny Williams, o. O. 2005, S. 124–128.

Blanck, Kerstin: Wirklichkeit und Fiktion in Fallada-Biographien. Am Beispiel der Darstellung von Anna und Ulla bei Manthey, Crepon, Liersch, Studnitz und Williams. In: Hans-Fallada-Jahrbuch (2000), Nr. 3, S. 119–138.

Bolt: Fallada erinnert sich. Bemerkungen zu einem Come back. In: Berliner Zeitung 1 (1945), Nr. 177, 8.12.1945, [S. 3].

Bonness, Wilhelm: Hans Falladas Celler Verwandtschaft. Zum 10. Todestag, Celle 1957.

Borchardt, Karl-Heinz: Wilhelm Ditzen (1852–1937). Zu den Greifswalder Jahren. In: Hans Fallada. Beiträge zu Leben und Werk. Materialien der 1. Internationalen Hans-Fallada-Konferenz in Greifswald vom 10.6. bis 13.6.1993, hg. von Gunnar Müller-Waldeck und Roland Ulrich, Rostock 1995, S. 211–226.

Börner, Daniel (Hg.): „Wenn Ihr überhaupt nur ahntet, was ich für einen Lebenshunger habe!". Hans Fallada in Thüringen. Ausstellungskatalog, Weimar/Jena 2010.

Borgstede, Michael: Das Rätsel der verschwundenen Fallada-Briefe. In: Die Welt (2011), Nr. 52, 3.3.2011, S. 23.

*Bosse, Hannes: Vor 58 Jahren starb der Dichter Hans Fallada. Zwei Patronen reichten nicht zum Todesschuss. In: Sonntag (2005), 6.2.2005.
A auch in: Salatgarten 14 (2005), H. 1, S. 55.

Bredohl, Thomas M.: Some Thoughts on the Political Opinions of Hans Fallada. A Response to Ellis Shookman. In: German Studies Review 15 (1992), Nr. 3, S. 525–545.

Bredohl, Thomas: Bleiben oder Gehen? Hans Fallada und das Exil. In: Hans-Fallada-Jahrbuch (2000), Nr. 3, S. 82–92.

Buder, Horst: Des kleinen Mannes Frage in bewegter Zeit. Vor 65 Jahren wurde der Schriftsteller Hans Fallada geboren. In: Neue Zeit. Tageszeitung der christlich-demokratischen Union Deutschlands 14 (1958), Nr. 167, Berliner Ausgabe, 22.7.1958, S. 4.

Buder, Horst: Großes Thema: der ‚kleine Mann'. Vor 75 Jahren wurde der Schriftsteller Hans Fallada geboren. In: Neue Zeit. Zentralorgan der christlich-demokratischen Union Deutschlands 24 (1968), Nr. 171, Berliner Ausgabe, 21.7.1968, S. 4.

Büscher, Lutz [Regie]: Pseudonym Hans Fallada (1980/81), TV-Spielfilm, BRD; TV-Erstsendung: 23.2.1981, ZDF, 85min.

Caspar, Günter: Hans Falladas Größe und Grenze. Zu seinem 65. Geburtstag am 21. Juli. In: Sonntag. Wochenzeitung für Kultur, Politik und Unterhaltung 13 (1958), Nr. 29, 20.7.1958, S. 7.

Caspar, Günter: Poet des kleinen Mannes. Am 21. Juli wäre Hans Fallada 70 Jahre alt geworden. Sonntag-Gespräch mit Günter Caspar. In: Sonntag. Wochenzeitung für Kulturpolitik, Kunst und Wissenschaft (1963), Nr. 30, 28.7.1963, S. 13.

Caspar, Günter: Ein Abend mit Fallada. In: Die Weltbühne. Wochenschrift für Politik, Kunst, Wirtschaft. Neue Folge 27 (1972), Nr. 6, 8.2.1972, S. 173–174.

Caspar, Günter: Hans Fallada, Geschichtenerzähler. In: Hans Fallada: Märchen und Geschichten, hg. von G. C., Berlin (Ost)/Weimar 1985, S. 649–781.
A auch in: Hans Fallada: Gute Krüseliner Wiese rechts und 55 andere Geschichten, Berlin/Weimar 1991, S. 523–655.

Caspar, Günter: Fallada-Studien, Berlin (Ost)/Weimar 1988.

Caysa, Volker: Das Sein am guten Ort. Über die Bedingungen der Möglichkeit der inneren Emigration als Lebensform. Fallada in Carwitz. In: Hans-Fallada-Jahrbuch (2006), Nr. 5, S. 57–67.

Charpentier, Carl-Johan: Falladas polnische Jahre. Eine Bilderreise der besonderen Art. In: Salatgarten 27 (2018), H. 1, S. 39–44.

Crepon, Tom: Leben und Tode des Hans Fallada, Halle/Leipzig 1978.
A auch unter: Leben und Tode des Hans Fallada. Eine Biographie, Frankfurt a. M./Wien 1981.

Crepon, Tom: Hans Fallada und seine Erben. In: Hans Fallada und seine Erben, hg. vom Literaturzentrum Neubrandenburg (Redaktion: Heide Hampel), Neubrandenburg 1983, S. 4–24.

Crepon, Tom: Literarisches Schaffen in äußerer Isolation. In: Hans Fallada. Werk und Wirkung, hg. von Rudolf Wolff, Bonn 1983, S. 18–41.
Crepon, Tom/Dwars, Marianne: An der Schwale liegt (k)ein Märchen. Hans Fallada in Neumünster, Neumünster 1993.
Crepon, Tom: Kurzes Leben – langes Sterben. Hans Fallada in Mecklenburg, Rostock 1998.
Dettmann, Lutz: Der Journalist Rudolf Ditzen. Ein rasender Reporter an Schauplätzen in Neumünster. In: Salatgarten 25 (2016), H. 1, S. 20–22.
Dettmann, Lutz: Felix Riemkasten – Freund oder nur Wegbegleiter Falladas? In: Salatgarten 27 (2018), H. 1, S. 31–34.
Diecks, Thomas: Der Pechvogel. Hans Fallada und sein Leben. In: Neue Zürcher Zeitung 219 (1998), Nr. 61, 14.3.1998, S. 50.
*Dinamow, S.: Une rencontre de Hans Fallada et Jean Guéhenno. In: La Littérature Internationale (1935), Nr. 8, S. 95 ff.
Ditzen, Achim: Mein Vater. „Morphium, Schreiben – und kein Maß". In: Focus (2012), Nr. 48, 26.11.2012, S. 170.
A auch unter: „Morphium, Schreiben – und kein Maß". In: Salatgarten 22 (2013) H. 1, S. 9.
Ditzen, Anna: Ich glaube, ich kann mich nicht erinnern. In: Ulrike Edschmid: Diesseits des Schreibtischs. Lebensgeschichten von Frauen schreibender Männer. Mit einem Vorwort von Barbara Hahn, Frankfurt a. M. 1990, S. 41–64.
Ditzen, Elisabeth: Erinnerungen an das Jahr 1945, niedergeschrieben in Carwitz bei Feldberg/Mecklenburg. In: Neues von daheim und zu Haus. Erinnerungen an Hans Fallada; Gespräche – Betrachtungen – Dokumente, hg. von Gunnar Müller-Waldeck und Roland Ulrich, im Auftrag des Hans-Fallada-Vereins Greifswald e. V., Frankfurt a. M./Berlin 1993, S. 135–145.
Ditzen, Uli: Geleitwort. In: Hans-Fallada-Jahrbuch (1995), Nr. 1, S. 9.
Ditzen, Uli: Ein Bild meines Vaters. In: Hans Fallada. Sein Leben in Bildern und Briefen, hg. von Gunnar Müller-Waldeck und Ulrich Roland unter Mitarbeit von Uli Ditzen, Berlin 1997, S. 6–9.
Ditzen, Uli: Mein Vater Hans Fallada. In: Neues Deutschland. Sozialistische Tageszeitung 59 (2004), Nr. 2, 3./4.1.2004, S. 18.
A auch in: Salatgarten 13 (2004), H. 1, S. 34.
Elgers, Paul: Eine Gymnasiastentragödie. Hans Fallada in Rudolstadt. In: Palmbaum. Literarisches Journal aus Thüringen 1 (1993), H. 2, S. 41–48.
F.-A.: Der Dichter der kleinen Leute. Zum 5. Todestag Hans Falladas. In: Neckar-Echo. Tageszeitung des württembergischen Unterlandes 29 (1952), Nr. 32, 8.2.1952, S. 4.
Farin, Klaus: Hans Fallada. „Welche sind, die haben kein Glück", München 1993.
Fauser, Jörg: Hans Fallada. Recherchen über ein deutsches Leben. In: Lui. Deutsche Ausgabe (1981), Nr. 1, 1.1.1981, S. 85–91.
A auch in: Ders.: Blues für Blondinen. Essays zur populären Kultur, Frankfurt a. M./Berlin/Wien 1984, S. 75–90.
Franke-Heilbronn, Hans: Der Großstadtroman. Versuch zur Abgrenzung eines dichterischen Themas. In: Bücherkunde. Organ des Amtes Schrifttumspflege bei dem Beauftragten des Führers für die Überwachung der gesamten geistigen und weltanschaulichen Schulung und Erziehung der NSDAP 8 (1941), H. 5 (Mai 1941), S. 135–141 [zu Hans Fallada, S. 141].
Fritsch, Patricia: „Schreiben Sie mir bald und bitte keine Karte". Hans Falladas Briefe an Dora Hertha Preisach. In: Hans-Fallada-Jahrbuch (1997), Nr. 2, S. 126–143.
Gabler, Wolfgang: Erlebnisräume als Ordnungsräume der Erfahrung. Zum Anteil Hans Falladas an der literarischen Moderne des 20. Jahrhunderts (Konferenz v. 18.-19.7.2002 in Carwitz). In: Zeitschrift für Germanistik. Neue Folge 13 (2003), H. 2, S. 391–392.
Gansel, Carsten/Liersch, Werner: Hans Fallada und das kulturelle Gedächtnis – Vorbemerkungen. In: Zeit vergessen, Zeit erinnern. Hans Fallada und das kulturelle Gedächtnis, hg. von C. G. und W. L., Göttingen 2008, S. 7–11.

Genazino, Wilhelm: Der Alltag denkt nicht. Bemerkungen über den heimlichen Bestsellerautor Fallada. In: Zeit und Bild. Frankfurter Rundschau am Wochenende 33 (1977), Nr. 18, 7.5.1977, S. 3.
A auch in: Salatgarten 13 (2004), H. 2, S. 38–40.
Genazino, Wilhelm: Die Drohung im Handgemenge. Hans Falladas mangelnder Sicherheitsabstand gegenüber der Wirklichkeit. In: Neue Zürcher Zeitung 225 (2004), Nr. 128, 5.6.2004, S. 69.
Gessler, Alfred: Hans Fallada. Sein Leben und Werk, Berlin (Ost) 1972.
Giesecke, Almut: Anhang [Glossar, Biographische Daten, Abbildungen auch aus den Prozessakten, Nachwort, Zu dieser Ausgabe, Bildnachweis]. In: Hans Fallada: Jeder stirbt für sich allein. Roman, ungekürzte Neuausgabe, hg. von A. G., Berlin 2011, S. 669–701.
Gräf, Rohland [Regie]: Fallada – Letztes Kapitel (1987/88), Spielfilm, DDR; Drehbuch: Helga Schütz; Produktion: DEFA-Studio für Spielfilme (Potsdam-Babelsberg); Produktionsleitung: Herbert Ehler; Uraufführung: 11.5.1988, Karl-Marx-Stadt, Luxor-Palast, DDR 1987/1988, 101min.
Grahl, Tina/Rosenzweig, Eva: Fallada in Spanien. In: Salatgarten 23 (2014), H. 2, S. 54–57.
Grass, Günter: Rede zum Hans-Fallada-Preis. In: „Es gibt eine Echtheit, die sich sofort überträgt": 25 Jahre Hans-Fallada-Preis der Stadt Neumünster, hg. von Werner Liersch und Martin Sadek, Norderstedt 2008, S. 129–132.
Grieser, Dietmar: Lavendel von Lämmchen. In: ...ich würde es wieder so leben. Zum 100. Geburtstag von Anna Ditzen am 12. März 2001, hg. von Manfred Kuhnke, Neubrandenburg 2001, S. 57–64.
Grumbach Detlef/Töteberg, Michael: Hans Fallada in Carwitz. Die zweite Beerdigung (1993), TV-Film, BRD; TV-Erstsendung, 18.7.1993, NDR, 55min.
H., C.: Ein Herz für die Enterbten. Vor 15 Jahren starb der Schriftsteller Hans Fallada. In: Neue Zeit. Zentralorgan der christlich-demokratischen Union Deutschlands 18 (1962), Nr. 30, 4.2.1962, S. 4.
Hammer, Franz: Lebendige Gegenwart. Hans Fallada zum 50. Geburtstag. In: Deutsche Zeitung in Norwegen 4 (1943), Nr. 166, 21.7.1943, S. 2.
Hampel, Heide: Von Nachgelassenem und Aufgehobenem. In: Hans Fallada und seine Erben, hg. vom Literaturzentrum Neubrandenburg (Redaktion: Heide Hampel), Neubrandenburg 1983, S. 25–45.
Hampel, Heide/Becker, Erika/Ditzen, Achim (Hg.): Hans Fallada und die liebe Verwandtschaft, Friedland 2013.
Hannusch, Heidrun: Der nahe ferne Vater. Achim Ditzen, Sohn Hans Falladas und seit 1958 in Dresden, erzählt von einer ambivalenten Beziehung. In: Dresdner Neueste Nachrichten 21 (2011), Nr. 272, 23.11.2011, S. 12.
Hans-Fallada-Verein Greifswald e. V. und der Hansestadt Greifswald (Hg.): [1893–1993] Fallada. Leben und Werk. Ehrung zum 100. Geburtstag, Greifswald 1993.
Hartmann, Rolf: Sein Herz schlug für die kleinen Leute. Vor sechzig Jahren wurde Hans Fallada geboren. In: Neue Zeit. Tageszeitung der christlich-demokratischen Union Deutschlands 9 (1953), Nr. 167, Berliner Ausgabe, 21.7.1953, S. 4.
Haupt, Doris/Fritsch, Patricia (Hg.): „Es ist das Werk, es ist die Person und es ist mehr". Eine Chronik seit 1983 in Berichten, Dokumenten und Bildern, Feldberg 2001.
Hellmann, Birgit: „[...] ich bin auch da stets Einspänner, Sonderling gewesen". Zum frühesten Lebenslauf Hans Falladas aus dem Jahr 1911. In: Salatgarten 18 (2009), H. 1, S. 29–30.
A auch in: Hans-Fallada-Jahrbuch (2012), Nr. 6, S. 20–23.
Helmberger, Bernd: Biograph des deutschen Kleinbürgers. Dem Schriftsteller Hans Fallada zum Gedenken an seinem 75. Geburtstag. In: Neue Zeit. Zentralorgan der christlich-demokratischen Union Deutschlands 28 (1972), Nr. 32, Berliner Ausgabe, 6.2.1972, S. 4.
Helmberger, Bernd: Dichter des Volkes. Zum Gedenken an Hans Fallada. In: Neue Zeit. Zentralorgan der christlich-demokratischen Union Deutschlands 33 (1977), Nr. 32, Berliner Ausgabe, 7.2.1977, S. 4.

*Hermsdorf, Klaus: Größe des kleinen Mannes. Zum 10. Todestag des Schriftstellers Hans Fallada. In: Vorwärts. Die Zeitung der deutschen Sozialdemokratie (1957), Nr. 5, 4.2.1957.

Hilscher, Eberhard: Er blieb der Zeit auf den Fersen. Zum 15. Todestag von Hans Fallada am 5. Februar. In: Neues Deutschland. Organ des Zentralkomitees der Sozialistischen Einheitspartei Deutschlands 17 (1962), Nr. 34, 3.2.1962, S. 8.

Hinck, Walter: Blick und Gehör für seine Zeit. Der Chronist der Weimarer Republik: Vor hundert Jahren wurde Hans Fallada geboren. In: Frankfurter Allgemeine. Zeitung für Deutschland (1993), Nr. 166, 21.7.1993, Feuilleton, S. 23.

Höpcke, Klaus: „Weil ich der bin, der ich wurde". Zum 80. Geburtstag von Hans Fallada. In: Sonntag. Unabhängige Wochenzeitung für Kunst und modernes Leben 27 (1973), Nr. 31, 5.8.1973, S. 7.

Hofmann, A.: Hans Fallada gestorben. In: Tägliche Rundschau. Zeitung für Politik, Wirtschaft und Kultur 3 (1947), Nr. 32, 7.2.1947, S. 4.

Hoof, Erwin: Ein Haus für Fallada. In: Neues von daheim und zu Haus. Erinnerungen an Hans Fallada. Gespräche – Betrachtungen – Dokumente, hg. von Gunnar Müller-Waldeck und Roland Ulrich, im Auftrag des Hans-Fallada-Vereins Greifswald e. V., Frankfurt a. M./Berlin 1993, S. 187–191.

Hübner, Anja Susan: „Erfolgsautor mit allem Drum und Dran". Der Fall Fallada oder Sollbruchstellen einer prekären Künstlerbiographie im ‚Dritten Reich'. In: Im Pausenraum des ‚Dritten Reiches'. Zur Populärkultur im nationalsozialistischen Deutschland, hg. von Carsten Würmann und Ansgar Warner, Bern u. a. 2008, S. 197–213.
△ Faksimile: *Der unerwünschte Autor. Meine Erlebnisse während zwölf Jahren Naziterror*, S. 209–213.

Hübner, Anja Susan: „...als ein Gruß an die versunkenen Gärten der Kinderzeit" – die ‚Erinnerungsbücher' Hans Falladas. In: Zeit vergessen, Zeit erinnern. Hans Fallada und das kulturelle Gedächtnis, hg. von Carsten Gansel und Werner Liersch, Göttingen 2008, S. 131–143.

Hüetlin, Thomas: Jeder fixt für sich allein. Hans Fallada war Junkie, Alkoholiker und einer der besten Schriftsteller Deutschlands vor dem Zweiten Weltkrieg. Eine neue Biografie erzählt die Geschichte des hochbegabten Selbstzerstörers. In: Der Spiegel (2017), Nr. 3, 14.1.2017, S. 116–120.

Hürzeler, Rolf: Der Autor und die Nazis. Hans Fallada gehörte zu den schillerndsten Schriftstellern Deutschlands. Eine neue Biographie belegt nun: Er kollaborierte zeitweilig mit den Nationalsozialisten. In: Die Weltwoche 85 (2017), Nr. 9, 1.3.2017, S. 61.

Hütter, Werner: Besuch bei Hans Fallada. Erinnerungen. In: Hans-Fallada-Jahrbuch (1995), Nr. 1, S. 147–154.

Isbrandt, Dora: Uli hat zu mir Tante Huschbahn gesagt. In: Manfred Kuhnke: Wir saßen alle an einem Tisch. Sekretärin und Krankenschwester, Pflichtjahrmädchen und Haustöchter erzählen von Hans Fallada, hg. vom Literaturzentrum Neubrandenburg e. V., Neubrandenburg 2001, S. 11–34.

Jeglin, Rainer: Neumünster – Waldheim: Hans Falladas Karl-May-Lektüre. In: Salatgarten 13 (2004), H. 1, S. 53–63.

Kapitel, Kristina: Chronik Hans Fallada. In: Hans Fallada, hg. von Gustav Frank und Stefan Scherer, München 2013 (Text + Kritik 200), S. 103–106.

Klockars, Britta: Ein Willkommen für Fallada in Schweden. In: Hans-Fallada-Jahrbuch (1995), Nr. 1, S. 118–119.

Knüppel, Stefan: Von Gesichtern und Konstitutionen – Hans Fallada als Dissertationsthema. In: Salatgarten 13 (2004), H. 2, S. 46–47.
△ erweiterte Fassung unter: Der Problemhorizont Physiognomik. In: Hans-Fallada-Jahrbuch (2012), Nr. 6, S. 135–143.

Knüppel, Stefan: „Auch ein Kritiker kann nicht gerecht sein". Hans Fallada als Publizist und Literaturkritiker. In: Hans Fallada, hg. von Gustav Frank und Stefan Scherer, München 2013 (Text + Kritik 200), S. 31–39.

4. Forschungsliteratur

Koburger, Sabine: 1925 – ein vielversprechendes Jahr für Hans Fallada. Falladas Essays und Erzählungen finden Beachtung. In: Salatgarten 24 (2015), H. 2, S. 35–37.

Koburger, Sabine: „Aber am Ende dieser Zeilen noch einen Gruß an Benita!" Der Literaturkritiker Fallada 1931 bis 1933. In: Salatgarten 25 (2016), H. 1, S. 24–26.

Koburger, Sabine: Hans Fallada als Literaturkritiker. In: JUNI. Magazin für Literatur und Politik (2016), H. 51/52, S. 121–131.

Koburger, Sabine: Junger Mann auf Irrwegen. Mit Falladas Romanfiguren durch Vorpommern, Elmenhorst/Vorpommern 2017.

Köhler, Willi: Sein Erbe liebt bei uns in guten Händen. Heute vor dreißig Jahren starb Hans Fallada. In: Neues Deutschland. Organ des Zentralkomitees der Sozialistischen Einheitspartei Deutschlands 32 (1977), Nr. 31, A- und B-Ausgabe, 5.2.1977, S. 4.

Kopelke, Wolfdietrich: Hans Fallada (1893–1947). In: Kulturelles Erbe. Lebensbilder aus vier Jahrhunderten. Bildende Kunst – Musik – Literatur, Bd. 3, hg. von der Stiftung Mitteldeutscher Kulturrat, Bonn 1988, S. 123–125.

Krell, Max: Der berühmte „kleine Mann". In: Das alles gab es einmal, Frankfurt a. M. 1961, S. 188–192.

Kroneberg, Eckart: Fallada. In: Der Tagesspiegel 34 (1978), 22.5.1978, S. 4.

Kuhnke, Manfred: Fallada-Gedenkstätte in Carwitz. In: Deutschunterricht 43 (1990), H. 7/8, S. 390–391.

Kuhnke, Manfred: Szene im Hörsaal. Eine Episode an Falladas Lebensende. In: Neue Deutsche Literatur. Monatsschrift für schöne Literatur und Kritik 39 (1991), H. 12, S. 167–172.

Kuhnke, Manfred: Gespräch mit Lilo. In: Hans-Fallada-Jahrbuch (1995), Nr. 1, S. 138–146.

Kuhnke, Manfred: Besuch bei Fallada. Sonntag, der 27. Mai 1934 – ein besonderer Tag im sonderbaren Leben des Hans Fallada, hg. vom Literaturzentrum Neubrandenburg e. V., Neubrandenburg 1996.

Kuhnke, Manfred: Fallada in Pankow, hg. von Panke Museum/Chronik Pankow, Berlin 1997.

Kuhnke, Manfred: Gespräch mit Frau Dora Koch, geb. Isbrandt. In: Hans-Fallada-Jahrbuch (1997), Nr. 2, S. 56–62.

Kuhnke, Manfred: „Wenn Sie aber wüssten, in welchem Durcheinander und welchen Sorgen wir in der letzten Zeit gelebt haben...". Zu einem Briefwechsel. In: Hans-Fallada-Jahrbuch (1997), Nr. 2, S. 43–55.

Kuhnke, Manfred: Das Sprichwort: „Sage mir, mit wem du umgehst, und ich sage dir, wer du bist" – gilt es für Fallada? (Günter Caspar). In: Hans-Fallada-Jahrbuch (2000), Nr. 3, S. 29–48.

Kuhnke, Manfred (Hg.): ...ich würde es wieder so leben. Zum 100. Geburtstag von Anna Ditzen am 12. März 2001, Neubrandenburg 2001.

Kuhnke, Manfred: Wir saßen alle an einem Tisch. Sekretärin und Krankenschwester, Pflichtjahrmädchen und Haustöchter erzählen von Hans Fallada, hg. vom Literaturzentrum Neubrandenburg e. V., Neubrandenburg 2001.

Kuhnke, Manfred: Das früheste literarische Zeugnis Hans Falladas. Ein Höhepunkt der 12. Hans-Fallada-Tage im Juli 2002 war gewiss die Übergabe eines der frühesten literarischen Zeugnisse Hans Falladas an das Carwitzer Archiv. Die hier folgenden Beiträge wollen dieses Ereignis dokumentieren und einige Zusammenhänge verdeutlichen. In: Salatgarten 11 (2002), H. 2, S. 36–39.
△ auch in: Hans-Fallada-Jahrbuch (2012), Nr. 6, S. 14–19.

Kuhnke, Manfred: Das Hans-Fallada-Haus in Carwitz. Ein Museumsführer, hg. von der Hans-Fallada-Gesellschaft e. V., Carwitz 2004, Neubrandenburg 2004.
△ aktualisierte und erweiterte Neuauflage: Knüppel, Stefan/K. M.: Das Hans-Fallada-Haus in Carwitz. Ein Museumsführer, hg. von der Hans-Fallada-Gesellschaft e. V., Carwitz 2010, Friedland/Mecklenburg 2010.

Kuhnke, Manfred: Väterchen Rowohlt, Freund Franz, die unselige Miss Dodd. Hans Falladas Besucher in Carwitz, Neubrandenburg 2005.

Kuhnke, Manfred: Verwandte, Bekannte und Freunde in Carwitz. In: Ders.: Väterchen Rowohlt, Freund Franz, die unselige Miss Dodd. Hans Falladas Besucher in Carwitz, Neubrandenburg 2005, S. 24–59.

Kuhnke, Manfred: Feldberg am Tage des Sieges. Der 9. Mai 1945 – ein besonderer Tag im Leben des Hans Fallada. In: Salatgarten 15 (2006), H. 1, S. 30–32.
A auch in: Hans-Fallada-Jahrbuch (2012), Nr. 6, S. 66–70.

Kuhnke, Manfred: In Carwitz keine Langeweile. Zehn Jahre als Museumsleiter im Hans-Fallada-Haus 1995–2004, Friedland/Mecklenburg 2006.

Kuhnke, Manfred: Fallada in Neuenhagen. Vortrag vom Rathausfest in Neuenhagen zur Einweihung der Fallada-Plastik am 9. Juni 2012. In: Salatgarten 21 (2012), H. 2, S. 56–60.

Kümmell, Renate: Die Handschriften Hans Falladas. In: Hans-Fallada-Jahrbuch (2000), Nr. 3, S. 164–180.

*Küthe, Friedrich-Hermann: Hans Fallada 40 Jahre alt. In: Die Zeitschrift der Leihbücherei. Offizielles und alleiniges Organ des Reichsverbandes deutscher Leihbüchereien E. V. 2 (1933), 25.7.1933.
Q HFA N 313.

Lamp, Hannes: Der Alp meines Lebens. Hans Fallada in Hamburg und Schleswig-Holstein, Hamburg 2007.

Lange, I. M.: Hans Fallada. Der Dichter des „kleinen Mannes". In: Leonhard Frank. Hans Fallada. Hilfsmaterial für den Literaturunterricht an den Ober- und Fachschulen, hg. vom Kollektiv für Literaturgeschichte im volkseigenen Verlag Volk und Wissen (Redaktion: Kurt Böttcher und Paul Günter Krohn), Berlin (Ost) 1955, S. 81–86.

Lange, Sabine: Das Hans-Fallada-Archiv in Feldberg. In: Zeitschrift für Germanistik 9 (1988), H. 4, S. 504–506.
A auch in: Dies.: Das Hans-Fallada-Archiv in Feldberg. In: Hans-Fallada-Jahrbuch (1995), Nr. 1, S. 161–165.

Lange, Sabine: Schlagkräftig. In: Die Weltbühne. Wochenschrift für Politik, Kunst, Wirtschaft 86 (1991), Nr. 35, 20.8.1991, S. 1086–1087.

Lange, Sabine: Gespräche und Briefe. In: Hans-Fallada-Jahrbuch (1995), Nr. 1, S. 130–137.

Lange, Sabine: Im Mäckelnbörgischen, in der Welteneinsamkeit. Hans Fallada in Carwitz und Feldberg (1933–1945), hg. vom Literaturzentrum Neubrandenburg e. V., Neubrandenburg 1995.

Lange, Sabine: ‚… wir haben nicht nur das Chaos, sondern wir stehen an einem Beginn…'. Hans Fallada. 1945–1947, hg. vom Literaturzentrum Neubrandenburg, Neubrandenburg 2000, S. 5–21.

Lange, Sabine (Hg.): Der Schmortopf ist ganz überflüssig. Geschichten und Rezepte, hg. von S. L., Berlin 2001.

Lange, Sabine: Und dieser See an meiner Tür. Mit Hans Fallada durch die Feldberger Landschaft, Friedland 2002.

Lange, Sabine: Zwischen Ausschluss und Vereinnahmung – Hans Fallada und das kollektive Gedächtnis in der DDR. In: Gedächtnis und Literatur in den ‚geschlossenen Gesellschaften' des Real-Sozialismus zwischen 1945 und 1989, hg. von Carsten Gansel, Göttingen 2007, S. 207–224.

Lange, Sabine: Zur Geschichte des Fallada-Nachlasses. Überlieferung – Substanz – Perspektiven. In: Zeit vergessen, Zeit erinnern. Hans Fallada und das kulturelle Gedächtnis, hg. von Carsten Gansel und Werner Liersch, Göttingen 2008, S. 197–203.

Latzko, Bettina: Auf Falladas Spuren in Hinterpommern. In: [1893–1993] Fallada. Leben und Werk. Ehrung zum 100. Geburtstag, Greifswald 1993, hg. vom Hans-Fallada-Verein Greifswald e. V. und der Hansestadt Greifswald, Greifswald 1993, S. 16–22.

Le Bars, Michelle: Le mouvement paysan dans le Schleswig-Holstein 1928–1932, Bern/Frankfurt a. M./New York 1986.

Lemke, Sebastian (Hg.): Rudolf Ditzen – Hans Fallada – Lebenslauf eines Rudolstädter Gymnasiasten, Rudolstadt/Berlin 2010.

Lemke, Sebastian: Rudolf Ditzen – Hans Fallada – Über die Gleichzeitigkeit von Begabung und seelischer Störung. In: Rudolf Ditzen – Hans Fallada – Lebenslauf eines Rudolstädter Gymnasiasten, hg. von S. L., Rudolstadt/Berlin 2010, S. 38–50.

Liersch, Werner: Zwischen Orientierung und Flucht. Zum 75. Geburtstag Hans Falladas. In: Neues Deutschland. Organ des Zentralkomitees der Sozialistischen Einheitspartei Deutschlands 23 (1968), Nr. 200, Berliner Ausgabe, 21.7.1968, S. 4.

Liersch, Werner: Namenswechsel. In: Neue Deutsche Literatur. Monatsschrift für schöne Literatur und Kritik 26 (1978) H. 7, S. 159–162.

Liersch, Werner: Gefährte Fallada. In: Neue Deutsche Literatur. Monatsschrift für schöne Literatur und Kritik 29 (1981), H. 5, S. 87–111.

Liersch, Werner: Anzeige einer Möglichkeit – Bekanntmachung eines Verlustes. In: Neue Deutsche Literatur. Monatsschrift für schöne Literatur und Kritik 30 (1982), H. 12, S. 116–128.
  A erweiterte Fassung in: Wolff, Rudolf (Hg.): Hans Fallada. Werk und Wirkung, Bonn 1983, S. 125–140.

Liersch, Werner: Er blieb unbeirrbar in seiner Liebe zu den ‚kleinen Leuten'. Vor 90 Jahren wurde der Schriftsteller Hans Fallada geboren. In: Neues Deutschland. Organ des Zentralkomitees der Sozialistischen Einheitspartei Deutschlands 38 (1983), Nr. 170, B-Ausgabe, 21.7.1983, S. 4.

Liersch, Werner: Hans Fallada – Damals bei uns zu Haus. Orte seines Lebens, Berlin 1994.

Liersch, Werner: Hans Fallada. Sein großes kleines Leben. Biographie, Berlin (Ost) 1981.
  A erweiterte Neuausgaben unter: Ders.: Hans Fallada. Sein großes kleines Leben, Hildesheim 1993; Ders.: Hans Fallada. Sein großes kleines Leben, Reinbek bei Hamburg 1997.

Liersch, Werner: Die verlorene Bibliothek des Hans Fallada. „Bücher haben ihre Schicksale", heißt ein geflügeltes Wort, das auf den Römer Terentinus Maurus zurückgeht. Wie viel mehr die Bibliotheken, in denen sie stehen. In: Salatgarten 11 (2002), H. 2, S. 51–54.
  A auch in: Neues Deutschland. Sozialistische Tageszeitung 57 (2002), Nr. 167, 20./21.7.2002, S. 20.

Liersch, Werner: Fallada. Der Büchersammler. Der Literaturkritiker. Der Photographierte. Der Missbrauchte, Schöneiche bei Berlin 2005.

Liersch, Werner/Sadek, Martin (Hg.): „Es gibt eine Echtheit, die sich sofort überträgt": 25 Jahre Hans-Fallada-Preis der Stadt Neumünster, Norderstedt 2008.

Liersch, Werner: Zwischen Ausharren und Flucht. Hans Fallada und die Emigranten. In: Zeit vergessen, Zeit erinnern. Hans Fallada und das kulturelle Gedächtnis, hg. von Carsten Gansel und W. L., Göttingen 2008, S. 9–20.

Loohuis, W. J. M.: „Hans Fallada – Seine Leser und Kritiker". In: „Es ist das Werk, es ist die Person und es ist mehr". Eine Chronik seit 1983 in Berichten, Dokumenten und Bildern, hg. von Doris Haupt und Patricia Fritsch, Feldberg 2001, S. 116–119.

Lüd.: Hans Fallada gestorben. In: Berliner Zeitung 3 (1947), Nr. 32, 7.2.1947, [S. 3].

Lukács, Georg: Hans Fallada – Die Tragödie eines begabten Schriftstellers unter dem Faschismus. In: Literaturnyj kritik. Ezemesjacnyj zurnal literatornoj teorii, kritiki i istorii literatury (1936), H. 5, S. 135–147.
  A auch in: Sammlung. Jahrbuch für antifaschistische Literatur und Kunst 3 (1980), S. 59–71.

Lukács, Georg: Deutsche Literatur während des Imperialismus. Eine Übersicht ihrer Hauptströmungen, Berlin 1945 [zu Hans Fallada, S. 61–62].

M.: Hans Fallada gestorben. Berlin 7. Februar. In: Die Welt. Überparteiliche Zeitung für die britische Zone 2 (1947), Nr. 17, 8.2.1947, S. 5.

Mann, Klaus: Discipline for German Writers. In: The Nation [New York] 143 (1936), Nr. 26, 26.12.1936, S. 764.

Mann, Thomas: Leiden an Deutschland. Tagebuchblätter aus den Jahren 1933 und 1934. In: Ders.: Gesammelte Werke, Bd. 12: Reden und Aufsätze, Frankfurt a. M. 1974, S. 684–766 [zu Hans Fallada, S. 729–730].

Manthey, Jürgen: Hans Fallada in Selbstzeugnissen und Bilddokumenten, Reinbek bei Hamburg 1963.
Manthey, Jürgen: Hans Fallada oder die unbewältigte Krise. In: Frankfurter Hefte. Zeitschrift für Kultur und Politik 18 (1963), H. 3, S. 193–198.
A auch in: Hans Fallada. Werk und Wirkung, hg. von Rudolf Wolff, Bonn 1983, S. 117–124.
Marek, Kurt W.: Fallada und die „Menschliche Komödie". In: Benjamin. Zeitschrift für junge Menschen 1 (1947), H. 3, 9.3.1947, S. 23.
Markwart, Walter: Das requirierte Büfett. Zahnarzt Walter Markwart erinnert sich. In: Neues von daheim und zu Haus. Erinnerungen an Hans Fallada. Gespräche – Betrachtungen – Dokumente, hg. von Gunnar Müller-Waldeck und Roland Ulrich, im Auftrag des Hans-Fallada-Vereins Greifswald e. V., Frankfurt a. M./Berlin 1993, S. 178–179.
Montesinos Caperos, Manuel: Hans Fallada, Madrid 2008.
Motylewa, T.[amara]: Das Schicksal eines deutschen Schriftstellers. In: Sowjetliteratur. Monatsschrift (1948), H. 9, S. 137–146.
A auch in: Hans Fallada. Werk und Wirkung, hg. von Rudolf Wolff, Bonn 1983, S. 102–116.
Müller-Waldeck, Gunnar: Das besetzte Geburtshaus. Gespräch mit Greifswalder Studenten im Fallada-Haus (Katharina Kühne, Hagen Kühne, Inka Wolfermann, Antje Brecht). In: Neues von daheim und zu Haus. Erinnerungen an Hans Fallada. Gespräche – Betrachtungen – Dokumente, hg. von G. M.-W. und Roland Ulrich, im Auftrag des Hans-Fallada-Vereins Greifswald e. V., Frankfurt a. M./Berlin 1993, S. 204–216.
Müller-Waldeck, Gunnar: Der Feldberger Nachkriegsbürgermeister R. D. im Jahr 1945. Dichtung und Wahrheit. In: Neues von daheim und zu Haus. Erinnerungen an Hans Fallada. Gespräche – Betrachtungen – Dokumente, hg. von G. M.-W. und Roland Ulrich, im Auftrag des Hans-Fallada-Vereins Greifswald e. V., Frankfurt a. M./Berlin 1993, S. 161–172.
Müller-Waldeck, Gunnar: Das Mädchen mit dem Henkelmann. Gespräch mit Lisa Zippel. In: Neues von daheim und zu Haus. Erinnerungen an Hans Fallada. Gespräche – Betrachtungen – Dokumente, hg. von G. M.-W. und Roland Ulrich, im Auftrag des Hans-Fallada-Vereins Greifswald e. V., Frankfurt a. M./Berlin 1993, S. 41–49.
Müller-Waldeck, Gunnar: „…dem teuren Schimmelpferd, das da hanget, legte ich noch ein ‚L' dazu – und der Fallada war da …". Denkanstöße durch ein Pseudonym. In: Neues von daheim und zu Haus. Erinnerungen an Hans Fallada. Gespräche – Betrachtungen – Dokumente, hg. von G. M.-W. und Roland Ulrich im Auftrag des Hans-Fallada-Vereins Greifswald e. V., Frankfurt a. M./Berlin 1993, S. 13–23.
Müller-Waldeck, Gunnar: Der Schatten des Vaters. Gespräch mit Achim und Rosemarie Ditzen. In: Neues von daheim und zu Haus. Erinnerungen an Hans Fallada. Gespräche – Betrachtungen – Dokumente, hg. von G. M.-W. und Roland Ulrich, im Auftrag des Hans-Fallada-Vereins Greifswald e. V., Frankfurt a. M./Berlin 1993, S. 194–203.
Müller-Waldeck, Gunnar: Der Sohn des Landrichters. In: [1893–1993] Fallada. Leben und Werk. Ehrung zum 100. Geburtstag, Greifswald 1993, hg. vom Hans-Fallada-Verein Greifswald e. V. und der Hansestadt Greifswald, Greifswald 1993, S. 8–11.
Müller-Waldeck, Gunnar: Eine Greifswalder Einladung nach Carwitz. In: [1893–1993] Fallada. Leben und Werk. Ehrung zum 100. Geburtstag, Greifswald 1993, hg. vom Hans-Fallada-Verein Greifswald e. V. und der Hansestadt Greifswald, Greifswald 1993, S. 33–35.
Müller-Waldeck, Gunnar: Ein Märchen? Neumünster-Impressionen. In: Neues von daheim und zu Haus. Erinnerungen an Hans Fallada. Gespräche – Betrachtungen – Dokumente, hg. von G. M.-W. und Roland Ulrich, im Auftrag des Hans-Fallada-Vereins Greifswald e. V., Frankfurt a. M./Berlin 1993, S. 37–40.
Müller-Waldeck, Gunnar: „Natürlich hatte ich auch Heimweh". Gespräch mit Ulrich Ditzen. In: Neues von daheim und zu Haus. Erinnerungen an Hans Fallada; Gespräche – Betrachtungen – Dokumente, hg. von G. M.-W. und Roland Ulrich, im Auftrag des Hans-Fallada-Vereins Greifswald e. V., Frankfurt a. M./Berlin 1993, S. 121–134.
Müller-Waldeck, Gunnar: „Problematisch!" – Eine Anekdote. In: Neues von daheim und zu Haus. Erinnerungen an Hans Fallada. Gespräche – Betrachtungen – Dokumente, hg. von G.

M.-W. und Roland Ulrich, im Auftrag des Hans-Fallada-Vereins Greifswald e. V., Frankfurt a. M./Berlin 1993, S. 180–181.

Müller-Waldeck, Gunnar: „So was wie ein Spinner". Gespräch mit Heinrich Kardel. In: Neues von daheim und zu Haus. Erinnerungen an Hans Fallada; Gespräche – Betrachtungen – Dokumente, hg. von G. M.-W. und Roland Ulrich, im Auftrag des Hans-Fallada-Vereins Greifswald e. V., Frankfurt a. M./Berlin 1993, S. 146–160.

Müller-Waldeck, Gunnar: Urlaubsfreuden. Rudolf Ditzen in Graal und anderswo. In: [1893–1993] Fallada. Leben und Werk. Ehrung zum 100. Geburtstag, Greifswald 1993, hg. vom Hans-Fallada-Verein Greifswald e. V. und der Hansestadt Greifswald, Greifswald 1993, S. 12–15.

Müller-Waldeck, Gunnar: Fragen um Hans Fallada (Hauptreferat). In: Hans Fallada. Beiträge zu Leben und Werk. Materialien der 1. Internationalen Hans-Fallada-Konferenz in Greifswald vom 10.6 bis 13.6.1993, hg. von G. M.-W. und Roland Ulrich, Rostock 1995, S. 9–25.

Müller-Waldeck, Gunnar: Zwischen Sudetengau und Frankreich. Fallada und der Reichsarbeitsdienst (RAD). Gespräch mit Johann Kurjat. In: Hans-Fallada-Jahrbuch (1997), Nr. 2, S. 162–167.

Müller-Waldeck, Gunnar: „Er war ein Ermunterer". Gespräch mit Annemarie Steiner. In: Hans-Fallada-Jahrbuch (2000), Nr. 3, S. 64–81.

Müller-Waldeck, Gunnar: Fallada in Schweden. In: Salatgarten 16 (2007), H. 2, S. 33–37. A auch in: Hans-Fallada-Jahrbuch (2012), Nr. 6, S. 114–123.

Müller-Waldeck, Gunnar: Hans Fallada – nach wie vor. Betrachtungen – Erinnerungen – Gespräche – biographische Splitter, Elmenhorst/Vorpommern 2016.

Müller-Waldeck, Gunnar/Ulrich, Roland (Hg.): Neues von daheim und zu Haus. Erinnerungen an Hans Fallada. Gespräche – Betrachtungen – Dokumente, hg. im Auftrag des Hans-Fallada-Vereins Greifswald e. V., Frankfurt a. M./Berlin 1993.

Müller-Waldeck, Gunnar/Ulrich, Roland (Hg.): Hans Fallada. Sein Leben in Bildern und Briefen unter Mitarbeit von Uli Ditzen, Berlin 1997.

Neumärker, Klaus-Jürgen: Der ‚andere' Fallada. Eine Chronik des Leidens, Berlin 2014.

Neumärker, Klaus-Jürgen: Hans Fallada und der Neoanalytiker Dr. Harald Schultz-Hencke. In: Nervenheilkunde 35 (2016), H. 9, S. 611–616.

Neumärker, Klaus-Jürgen: Der andere Fallada. Ergänzungen und Korrekturen zur Chronik des Leidens der Jahre 1945–1947. In: Salatgarten 25 (2016), H. 2, S. 50–58.

Neumärker, Klaus-Jürgen/Seibt, Klaus: Dr. jur. Friedrich August Bechert (1884–1961), Rechtsanwalt und Notar. Ein Beitrag zum Familienbild im Hause des Hans Fallada. In: Salatgarten 27 (2018), H. 1, S. 13–20.

Nimz, Ulrike: Zwischen den Zeilen. Hans Fallada als Literaturkritiker. In: Namen- und Stadtlandschaften. Beiträge des Hans-Fallada-Symposiums Carwitz, hg. von Petra Ewald und Lutz Hagestedt, München 2011, S. 91–136.

o.: Fallada und die Kleinbürger. In: Sonntag. Wochenzeitung für Kultur, Politik und Unterhaltung 5 (1950), Nr. 50, 10.12.1950, S. 5.

Oeser, Hans-Christian: Der Übersetzer – Spezialist oder Generalist? In: Hans-Fallada-Jahrbuch (2000), Nr. 3, S. 154–163.

Orlob, Stefan/Armbruster, Jan: Pathographie von Rudolf Ditzen (1893–1947). In: Schriftenreihe der Deutschen Gesellschaft für Geschichte der Nervenheilkunde, Bd. 19, hg. von Axel Karenberg und Ekkehardt Kumbier, Würzburg 2013, S. 479–509.

Ortner, Rainer/Wiechmann, Erika: Hans Fallada und seine Einbeziehung in den Literaturunterricht der Allgemeinbildung. In: Hans-Fallada-Jahrbuch (2000), Nr. 3, S. 264–278.

P., O. A.: Besuch bei Hans Fallada [–] dem Autor unseres neuen Romans *Himmel, wir erben ein Schloß*. In: Die Dame [Illustrierte Mode-Zeitschrift] 66 (1939), H. 17, [S. 4].

*Pavlova, N. S.: Hans Fallada. In: N.S.P., Tipologija nemeckogo romana 1982, S. 175–205.

Piltz, G.eorg: Epiker der kleinen Leute. Am 5. Februar vor 5 Jahren starb der Dichter Hans Fallada. In: Berliner Zeitung 8 (1952), Nr. 30, 5.2.1952, [S. 3].

Porath, Mike: Lebensprobe mit Couchpatient. Aspekte biographischer Topik in der Fallada-Rezeption. In: Namen- und Stadtlandschaften. Beiträge des Hans-Fallada-Symposiums Carwitz, hg. von Petra Ewald und Lutz Hagestedt, München 2011, S. 207–233.

Rathaus, Grejnem: Hans Fallada und seine ‚deutsche Tragödie'. (Zum 80. Geburtstag des Dichters). In: Sowjetliteratur. Monatsschrift (1973), H. 7, S. 183–187.

Regler, Ernst: Der Dichter des kleinen Mannes. Am 21. Juli wäre Hans Fallada sechzig Jahre alt geworden. In: Berliner Zeitung 9 (1953), Nr. 168, 23.7.1953, [S. 3].

*Reich-Ranicki, Marcel: Hans Fallada. In: Ziemia I Morze. Tygodnik spoeczno-kulturalny (1957), 23.2.1957, S. 4.
A auch in: Salatgarten 14 (2005), H. 1, S. 41–43.

*Rink, Hermann: Kurzer Blick auf das Schaffen Hans Falladas. In: Hanseatische Hochschulzeitung 20 (1938/39), H. 10, S. 16–17.

Robinson, Benjamin: Hans Fallada Fixes at Zero Hour: A Bad Example for Rethinking the Postwar Canon. In: German studies review 27 (2004), Nr. 1, S. 63–82.

Rödel, Wolfgang [Regie]: Hans Falladas Jahre in Carwitz. Mit Hilmar Thate, Jutta Wachowiak u. v. a., Ostdeutscher Rundfunk Brandenburg 2000, 56min.

Rudeck, Günter: Falladas Sucht und seine Mitgliedschaft im Guttempler-Orden. Eine ganz persönliche Sicht. In: Salatgarten 25 (2016), H. 2, S. 35–37.

Rühle, Günther: Der Epiker des Kleinbürgertums. Verlangt wird das Authentische: Zur Wiederentdeckung des Schriftstellers Hans Fallada. In: Frankfurter Allgemeine. Zeitung für Deutschland (1981), Nr. 61, 13.3.1981, Feuilleton, S. 25.

Scheible, Hartmut: Vom Trost der Literatur: Falladas Aufzeichnungen im Gefängnis. In: Hans-Fallada-Jahrbuch (2006), Nr. 5, S. 222–249.

Schläpfer-Wochner, Johannes Matthias: Schweizer Spuren bei Hans Fallada und Fallada-Spuren in der Schweiz. Eine Dokumentation. In: Salatgarten 22 (2013), H. 2, S. 33–37; Salatgarten 23 (2014), H. 1, S. 25–31.

*Schmitter, Elke: Der Appendix von Rudolf Ditzen: Hans Fallada, vor 100 Jahren geboren. Ein Schriftsteller mancher Verbiegung, der uns heute fehlt. In: Gegenwart (1993), H. 19, S. 38–39.

Schueler, Heinz Jürgen: Hans Fallada. Humanist and Social Critic, Den Haag/Paris/Mouton 1970.

Shookman, Ellis: Figuring out Hans Fallada: A Reply to Thomas Bredohl. In: German Studies Review 17 (1994), Nr. 1, S. 79–81.

Sternburg, Wilhelm von: „Ich zerschlage mir alles in wenigen Stunden". Peter Walther erzählt auf dem Stand der Dinge vom Doppelleben des Schriftstellers Hans Fallada. In: Frankfurter Rundschau. Unabhängige Tageszeitung 73 (2017), Nr. 225, 27.9.2017, S. 32.

Studnitz, Cecilia von: „Es war wie ein Rausch". Fallada und sein Leben, Düsseldorf 1997.

Studnitz, Cecilia von: „Wenig Geld und bittere Wirklichkeit. Hans Fallada in Briefen zwischen Kaiserreich und Republik. In: Hans-Fallada-Jahrbuch (2016), Nr. 7: Hans Fallada und die Literatur(en) zur Finanzwelt, S. 277–290.

Theilig, Ulrike/Töteberg, Michael: Das Dilemma eines deutschen Schriftstellers. Hans Fallada und der Faschismus. In: Sammlung. Jahrbuch für antifaschistische Literatur und Kunst 3 (1980), S. 72–88.

Töteberg, Michael: Kleiner Mann, großer Schatz. Weltweit wird der deutsche Autor Hans Fallada wiederentdeckt – nun fand ein Hamburger Lektor vergessene Originale aus den 20er-Jahren. In: Hamburger Abendblatt (2011), Nr. 93, 20.4.2011, S. 21.

Töteberg, Michael: „Beim Film weiß man nie". Ein Autor scheitert an der Filmindustrie. In: Hans Fallada, hg. von Gustav Frank und Stefan Scherer, München 2013 (Text + Kritik 200), S. 40–50.

Töteberg, Michael: Ticketacke oder Genie und Wahn. Aus einem unveröffentlichten Briefwechsel Hans Falladas. In: Salatgarten 25 (2016), H. 1, S. 14–16.

Tremper, Jürgen: „Das waren lange Jahre schwerster Verzweiflung". In: Nordkurier. Unabhängige Tageszeitung für Mecklenburg-Vorpommern (2012), Nr. 31, 6.2.2012, S. 26.
A auch in: Salatgarten 21 (2012), H. 1, S. 47–49.

Ueding, Gert: Anwalt der Absteiger: Hans Fallada würde heute 100. In: Die Welt. Unabhängige Tageszeitung für Deutschland (1993), Nr. 167, 21.7.1993, S. 10.

Ulrich, Roland: Antialkoholiker, Annoncenwerber, Lokalreporter – ein Existenzkampf in der Provinz. In: Neues von daheim und zu Haus. Erinnerungen an Hans Fallada. Gespräche – Betrachtungen – Dokumente, hg. von Gunnar Müller-Waldeck und R. U., im Auftrag des Hans-Fallada-Vereins Greifswald e. V., Frankfurt a. M./Berlin 1993, S. 51–56.

Ulrich, Roland: „Das hätten meine Eltern nie erlaubt". Gespräch mit Lieschen Behn. In: Neues von daheim und zu Haus. Erinnerungen an Hans Fallada. Gespräche – Betrachtungen – Dokumente, hg. von Gunnar Müller-Waldeck und R. U., im Auftrag des Hans-Fallada-Vereins Greifswald e. V., Frankfurt a. M./Berlin 1993, S. 65–71.

Ulrich, Roland: „Der hat in einer Woche sechs Schwestern rausgeschmissen!" Gespräch mit Sophie Baumgarten. In: Neues von daheim und zu Haus. Erinnerungen an Hans Fallada. Gespräche – Betrachtungen – Dokumente, hg. von Gunnar Müller-Waldeck und R. U. im Auftrag des Hans-Fallada-Vereins Greifswald e. V., Frankfurt a. M./Berlin 1993, S. 77–94.

Ulrich, Roland: Die Freundin von Mücke. Gespräch mit Susi Hennig. In: Neues von daheim und zu Haus. Erinnerungen an Hans Fallada. Gespräche – Betrachtungen – Dokumente, hg. von Gunnar Müller-Waldeck und R. U., im Auftrag des Hans-Fallada-Vereins Greifswald e. V., Frankfurt a. M./Berlin 1993, S. 101–104.

Ulrich, Roland: Die Tochter eines Seifenfabrikanten. Jutta Kulessa erinnert sich. In: Neues von daheim und zu Haus. Erinnerungen an Hans Fallada. Gespräche – Betrachtungen – Dokumente, hg. von Gunnar Müller-Waldeck und R. U., im Auftrag des Hans-Fallada-Vereins Greifswald e. V., Frankfurt a. M./Berlin 1993, S. 182–186.

Ulrich, Roland: Ein Badeurlaub auf Usedom. In: Neues von daheim und zu Haus. Erinnerungen an Hans Fallada. Gespräche – Betrachtungen – Dokumente, hg. von Gunnar Müller-Waldeck und R. U., im Auftrag des Hans-Fallada-Vereins Greifswald e. V., Frankfurt a. M./Berlin 1993, S. 60–64.

Ulrich, Roland: Kindermädchen und Gänsehirtin. Gespräch mit Ursula Bartels. In: Neues von daheim und zu Haus. Erinnerungen an Hans Fallada. Gespräche – Betrachtungen – Dokumente, hg. von Gunnar Müller-Waldeck und R. U., im Auftrag des Hans-Fallada-Vereins Greifswald e. V., Frankfurt a. M./Berlin 1993, S. 96–100.

Ulrich, Roland: Johannes Kagelmacher: Spökenkieker, Sonderling und verläßlicher Freund. In: [1893–1993] Fallada. Leben und Werk. Ehrung zum 100. Geburtstag, Greifswald 1993, hg. vom Hans-Fallada-Verein Greifswald e. V. und der Hansestadt Greifswald, Greifswald 1993, S. 23–28.

Ulrich, Roland: Strafgefangener Ditzen, Zelle 32. In: Neues von daheim und zu Haus. Erinnerungen an Hans Fallada. Gespräche – Betrachtungen – Dokumente, hg. von Gunnar Müller-Waldeck und R. U., im Auftrag des Hans-Fallada-Vereins Greifswald e. V., Frankfurt a. M./Berlin 1993, S. 24–31.

Ulrich, Roland: Fallada zwischen Anpassen und Widerstehen. Eine Herausforderung für Biographen. In: Salatgarten 27 (2018), H. 1, S. 34–38.

Uzulis, André: Hans Fallada. Biografie, Berlin 2017.

Vanderbeke, Birgit: Nachwort. In: Hans Fallada: Der Bettler, der Glück bringt. Die schönsten Geschichten, Berlin 2012, S. 325–333.

W., V.: Zum Tode Hans Falladas. In: National-Zeitung. Organ für Handel und Industrie-Anzeigeblatt der Stadt Basel 105 (1947), Nr. 67, 10.2.1947, S. 2.

Wagner, Frank: Die kleinen Leute. Zu Hans Falladas 20. Todestag. In: Neues Deutschland. Organ des Zentralkomitees der Sozialistischen Einheitspartei Deutschlands 22 (1967), Nr. 36, 5.2.1967, S. 8.

Wais, Grigori: Am Morgen nach dem Kriege. Über den kulturellen Neuaufbau in Berlin. In: Sinn und Form. Beiträge zur Literatur 25 (1973), H. 6, S. 1202–1235 [zu Hans Fallada, S. 1217–1235].

Walther, Peter: Ich bin nur ein Schilderer. Fallada im Spiegelkabinett von Literatur und Leben. Festvortrag zum 70. Todestag Hans Falladas. In: Salatgarten 26 (2017), H. 1, S. 7–11.

Walther, Peter: Hans Fallada. Die Biographie, Berlin 2017.

Weber, Hermann: Juristensöhne als Dichter. Hans Fallada, Johannes R. Becher und Georg Heym. Der Konflikt mit der Welt ihrer Väter in ihrem Leben und ihrem Werk, Berlin 2009.

Weiß, Grigori: Wie Hans Fallada Bürgermeister wurde. In: Die Weltbühne. Wochenschrift für Politik, Kunst, Wirtschaft. Neue Folge 27 (1972), Nr. 31, 1.8.1972, S. 971–974.

Weiß, Grigori: Wovon Hans Fallada träumte. In: Die Weltbühne. Wochenschrift für Politik, Kunst, Wirtschaft. Neue Folge 27 (1972), Nr. 33, 15.8.1972, S. 1041–1043.

Weinert, Christoph [Regie]: Fallada. Im Rausch des Schreibens (2016), TV-Spielfilm; Produktion: NDR 2016; TV-Erstausstrahlung: 23.11.2016, Arte, 55min.

Wendt, Herbert: Auf schwankendem Grunde. Hans Fallada – Schicksal zwischen den Generationen. In: Sonntag. Eine Wochenzeitung für Kulturpolitik, Kunst und Unterhaltung 2 (1947), Nr. 7, 16.2.1947, S. 2.

Wendt, Claus: Letzte (Un-)Ruhe für H. F. In: Hans Fallada und seine Erben, hg. vom Literaturzentrum Neubrandenburg (Redaktion von Heide Hampel), Neubrandenburg 1983, S. 46–49.

Williams, Jenny: „Ich bin alles, nur kein Lämmchen". In: …ich würde es wieder so leben. Zum 100. Geburtstag von Anna Ditzen am 12. März 2001, hg. von Manfred Kuhnke, Neubrandenburg 2001, S. 77–81.

Williams, Jenny: More Lives than One. A Biography of Hans Fallada, London 1998.
A auf Deutsch unter: Mehr Leben als eins. Hans Fallada. Biographie. Aus dem Englischen von Hans-Christian Oeser, Berlin 2002.

Williams, Jenny: Das Übersetzen als Überlebensstrategie in der Provinz. In: Die Provinz im Leben und Werk von Hans Fallada. Protokollband des Kolloquiums des Fallada-Forums vom 4. Dezember 2004 in der Akademie der Künste Berlin, Deutschland, hg. von Thomas Bredohl und J. W., Schöneiche bei Berlin 2005, S. 26–40.

Williams, Jenny: Berlin in the Early Life and Work of Hans Fallada. In: Berlin's Culturescape in the Twentieth Century, hg. von Thomas Bredohl und Michael Zimmermann, Regina 2008, S. 53–75.

Williams, Jenny: Was bleibt von Hans Fallada übrig im Gedächtnis unserer Zeit? Eine Analyse des Fallada-Bildes in der *Süddeutschen Zeitung*. In: Zeit vergessen, Zeit erinnern. Hans Fallada und das kulturelle Gedächtnis, hg. von Carsten Gansel und Werner Liersch, Göttingen 2008, S. 153–160.

Williams, Jenny/Lange, Sabine: Sendbrief auf dem Totenhaus. Nachwort. In: Hans Fallada: In meinem fremden Land. Gefängnistagebuch 1944, hg. von J. W. und S. L., Berlin 2009, S. 271–286.

*Wolf, Christa: Hans Fallada. Dichter der kleinen Leute, Leipzig 1953.

Wolff, Rudolf (Hg.): Hans Fallada. Werk und Wirkung, Bonn 1983.

Wolff, Rudolf: Hans Fallada. Psychogramm eines Volksschriftstellers. In: Hans Fallada. Werk und Wirkung, hg. von R. W., Bonn 1983, S. 8–16.

Wolff, Simon Christian: Durch Schriftstellern den Lebensunterhalt erwerben. Hans Falladas Genese einer Existenz als Schriftsteller. In: Hans-Fallada-Jahrbuch (2016), Nr. 7: Hans Fallada und die Literatur(en) zur Finanzwelt, S. 291–306.

Wurm, Carsten: Der Lektor im Sozialismus. Zum Tod von Günter Caspar. In: Hans-Fallada-Jahrbuch (2000), Nr. 3, S. 9–16.

*Zachau, Reinhard K.: Hans Fallada, ein politischer Mitläufer? Anmerkungen zu einem Chronisten der Weimarer-Zeit. In: Selected Proceedings of the Thirty-Fourth Mountain Interstate Conference, East Tennessee State University 1986, S. 115–122.

Zachau, Reinhard K.: Hans Fallada als politischer Schriftsteller, New York/Bern/Frankfurt a. M./Paris 1990.

Zachau, Reinhard K.: Hans Fallada. Eine kritische Untersuchung zur Rezeption seines Werks in den Jahren 1930–1997, Stuttgart 2000.

Zachau, Reinhard: Der politisierte Autor. Schwerpunkte der Fallada-Rezeption in Westdeutschland. In: Zeit vergessen, Zeit erinnern. Hans Fallada und das kulturelle Gedächtnis, hg. von Carsten Gansel und Werner Liersch, Göttingen 2008, S. 189–196.

Zachau, Reinhard: Die Rezeption von Falladas Werk: vom Feuilleton zur Literaturwissenschaft. In: Hans Fallada, hg. von Gustav Frank und Stefan Scherer, München 2013 (Text + Kritik 200), S. 94–102.

Zickermann, Sophie: Im Dorf war ich bald bekannt wie'n bunter Hund. In: Manfred Kuhnke: Wir saßen alle an einem Tisch. Sekretärin und Krankenschwester, Pflichtjahrmädchen und Haustöchter erzählen von Hans Fallada, hg. vom Literaturzentrum Neubrandenburg e. V., Neubrandenburg 2001, S. 57–75.

Zuckmayer, Carl: Hans Fallada. In: Ders.: Geheimreport, hg. von Gunther Nickel und Johanna Schrön, Göttingen 2002, S. 105–108.

4.3 Beziehungen im Literaturbetrieb

Börner, Daniel: Kein Aufbau ohne Fallada! Anmerkungen zu 70 Jahren Aufbau Verlag in Berlin. In: Salatgarten 24 (2015), H. 2, S. 49–51.

Bredohl, Thomas: Hans Fallada und die ‚Kulturelle Erneuerung' im Nachkriegsdeutschland. In: Zeit vergessen, Zeit erinnern. Hans Fallada und das kulturelle Gedächtnis, hg. von Carsten Gansel und Werner Liersch, Göttingen 2008, S. 21–29.

Caspar, Günter: Becher und Fallada. In: Die Weltbühne. Wochenschrift für Politik, Kunst, Wirtschaft. Neue Folge 23 (1968), Nr. 29, 16.7.1968, S. 917–920.
A auch unter: Becher und Fallada. Aus Anlass von Hans Falladas fünfundsiebzigstem Geburtstag. In: Ders.: Im Umgang. Zwölf Autoren-Konterfeis und eine Paraphrase, Berlin (Ost)/Weimar 1984, S. 70–75.

Caspar, Günter: Appendix: Fallada und der Aufbau-Verlag. In: Ders.: Fallada-Studien, Berlin (Ost)/Weimar 1988, S. 334–341.

Crepon, Tom: Dokumente einer Freundschaft – Johannes R. Becher und Hans Fallada. In: Zum Verhältnis von Geist und Macht im Werk Johannes R. Bechers. Ergebnisse einer wissenschaftlichen Konferenz vom 24. bis 26. November 1981 in Berlin veranstaltet von Akademie der Wissenschaften der DDR, Akademie der Künste der DDR, Kulturbund der DDR – Präsidium und Zentraler Arbeitskreis Johannes R. Becher, Redaktion von Simone Barck u. a., Berlin (Ost) 1983, S. 130–133.

Grimm, Reinhold: Fallada in Ankara 1979: Begegnungen mit (und zwischen) Brecht und den Türken. In: Ders.: Versuche zur europäischen Literatur, Bern/Berlin/Frankfurt a. M./New York/Paris/Wien 1994, S. 233–254.

Häntzschel, Günter/Hummel, Adrian /Zedler, Jörg: Die fiktionale Buchkultur der 1950er Jahre – der Produktionsaspekt. In: Dies.: Deutschsprachige Buchkultur der 1950er Jahre. Fiktionale Literatur in Quellen, Analysen und Interpretationen. Mit einer Quellendatenbank auf CD-Rom, Wiesbaden 2009, S. 39–108 [zu Hans Fallada, S. 68–91].

Koburger, Sabine: Ein Autor und sein Verleger. Hans Fallada und Ernst Rowohlt in Verlags- und Zeithorizonten, München 2015.

Koburger, Sabine: „Pinke zur Verfügung" – Hans Fallada und Ernst Rowohlt im Jahr 1931. Eine Beziehung im Spannungsfeld zwischen schriftstellerischem Erfolg und geschäftlichem Zusammenbruch. In: Hans-Fallada-Jahrbuch (2016), Nr. 7: Hans Fallada und die Literatur(en) zur Finanzwelt, S. 386–409.

Kuhnke, Manfred: Zu Falladas 100. Geburtstag – eine Überschau. In: Deutschunterricht 46 (1993), H. 9, S. 441–442.

Kuhnke, Manfred: Verstrickt in die Zeiten. Anmerkungen zu den verwobenen Lebenslinien von Johannes R. Becher und Hans Fallada, Neubrandenburg 1999.

Kuhnke, Manfred: Der traurige Clown und der Elefant auf dem Seil. Hans Fallada und e. o. plauen, hg. vom Literaturzentrum Neubrandenburg e. V., Neubrandenburg 2003.

Kuhnke, Manfred: Ernst Rowohlt und Hans Fallada. In: Ders.: Väterchen Rowohlt, Freund Franz, die unselige Miss Dodd. Hans Falladas Besucher in Carwitz, Neubrandenburg 2005, S. 95–133.
Kuhnke, Manfred: Fotografen, Schauspieler, Schreibkräfte. In: Ders.: Väterchen Rowohlt, Freund Franz, die unselige Miss Dodd. Hans Falladas Besucher in Carwitz, Neubrandenburg 2005, S. 72–94.
Kuhnke, Manfred: Über Freund Franz [Hessel]. Ein Nachtrag zu einem Vortrag. In: Salatgarten 16 (2007), H. 1, S. 30–35.
Lamp, Hannes: Benn hilft Fallada. Die Begegnung der Schriftsteller im zerbombten Berlin 1945. In: Hans-Fallada-Jahrbuch (1995), Nr. 1, S. 124–129.
Lang, Elke: Petitesse zu Hans Fallada und Ernst Rowohlt. In: Marginalien. Zeitschrift für Buchkunst und Bibliophilie (2002), H. 165, S. 79–83.
Liersch, Werner: Zwischen Ausharren und Flucht. Hans Fallada und die Emigranten. In: Zeit vergessen, Zeit erinnern. Hans Fallada und das kulturelle Gedächtnis, hg. von Carsten Gansel und W. L., Göttingen 2008, S. 9–20.
Moldenhauer, Dirk: „Ich will nie einen anderen Verleger als Sie". Eine lebenslange Beziehung: Hans Fallada und Ernst Rowohlt. In: 100 Jahre Rowohlt. Eine illustrierte Chronik, hg. von Hermann Gieselbusch, Dirk Moldenhauer, Uwe Naumann und Michael Töteberg, Reinbek bei Hamburg 2008, S. 95–103.
Müller-Waldeck, Gunnar: Hermann Broch und Hans Fallada. In: Hans-Fallada-Jahrbuch (1995), Nr. 1, S. 31–42.
Müller-Waldeck, Gunnar: Neues zu Romain Rolland, Hans Fallada und Ada Ditzen. In: Etudes Germaniques 53 (1998), H. 4, S. 719–732.
△ auch in: Hans-Fallada-Jahrbuch (2000), Nr. 3, S. 49–63.
Oels, David: Rowohlts Rotationsroutine. Markterfolge und Modernisierung eines Buchverlags vom Ende der Weimarer Republik bis in die fünfziger Jahre, Essen 2013.
Ortner, Rainer: Hans Fallada – was nun? Eine kleine Chronik und ein zweiter Anfang. In: Deutschunterricht 45 (1992), H. 1, S. 48–50.
Sandberg, Hans-Joachim: Stimmen fern und nah. Fallada und Rowohlt, Tucholsky, Hamsun, Thomas Mann. In: Hans-Fallada-Jahrbuch (2000), Nr. 3, S. 94–118.
△ Kommentierte Briefwechsel und Briefe von Hans Fallada, Walter Hasenclever, Thomas Mann, Robert Musil, Ernst Rowohlt, Kurt Tucholsky, Jakob Wassermann, Peter Zingler.
Töteberg, Michael: „Ich will nie einen anderen Verleger als Sie". Hans Fallada und Ernst Rowohlt: ein unerwünschter Autor und sein unangepasster Verleger. In: Hans-Fallada-Jahrbuch (2006), Nr. 5, S. 191–205.
Vogel, Marion: Neuer Anfang in der Bündnispolitik. Bechers Bemühungen um Hans Fallada. In: Zwischen politischer Vormundschaft und künstlerischer Selbstbestimmung. Protokoll einer wissenschaftlichen Arbeitstagung vom 23. bis 24. Mai 1989 in Berlin, veranstaltet vom Institut für Literaturgeschichte der Akademie der Künste zu Berlin, hg. von Irmfried Hiebel, Hartmut Kahn und Alfred Klein, Berlin (Ost) 1989, S. 45–48.
Vogel 1990: Vogel, Marion: Bechers Bemühungen um Hans Fallada. In: Weimarer Beiträge 36 (1990), H. 4, S. 674–680.
Williams, Jenny: Ernst von Salomon und Rudolf Ditzen/Hans Fallada. Parallelen und Wege. In: Hans-Fallada-Jahrbuch (2000), Nr. 3, S. 17–28.
Wurm, Carsten: Fallada und der frühe Aufbau-Verlag. In: Salatgarten 8 (1998), H. 1, S. 30–33.

4.4 Vergleichende Untersuchungen mit Werken anderer Autoren

Améry, Jean: Zeitbetrachtungen, unpolitische und politische. Über Hans Falladas *Kleiner Mann – was nun* und Lion Feuchtwangers *Erfolg*. In: Frankfurter Rundschau. Unabhängige Tageszeitung 37 (1981), Nr. 2, Deutschland-Ausgabe, 3.1.1981, Feuilleton, S. 3.

A auch in: Ders.: Bücher aus der Jugend unseres Jahrhunderts, Stuttgart 1981, S. 80–94.

Berendsohn, Walter A.: Einleitung: Die Entwicklung der Literatur im Dritten Reich im Rahmen der Kriegsvorbereitung. In: Ders.: Die humanistische Front. Einführung in deutsche Emigranten-Literatur. Erster Teil. Von 1933 bis zum Kriegsausbruch 1939, Zürich 1946, S. 7–50 [zu Hans Fallada, S. 34, S. 36–37, S. 39].

Börner, Daniel: Vom *Kleinen Mann* bis *Blutsbrüder*. Arbeitslosenromane der frühen 1930er Jahre – ein Querschnitt. In: Hans-Fallada-Jahrbuch (2016), Nr. 7: Hans Fallada und die Literatur(en) zur Finanzwelt, S. 328–339.

Burns, Barbara: ‚Vorbestraft': Differing Perspectives on Reintegration and Recidivism in Narratives by Storm and Fallada. In: Neophilologus 86 (2002), H. 3, S. 437–453.

Dahl, Peter: Neurose und Dichtung. Gemeinsam war den Zwangsschreibern Karl May und Hans Fallada das Schreiben als Lebensbewältigung und Droge zugleich. In: Literatur konkret (1981/82), H. 6, S. 70–73.

Dandjinou, Hugues Gérard: Modernistische Erzähltechniken im Roman der Weimarer Republik. Studien zur Ästhetik des neusachlichen Romans, Aachen 2007 [zu *Kleiner Mann – was nun?*, S. 72–125].

Deese, Teut Augustin: Neue Sachlichkeit zwischen Satire und Sentimentalität, phil. Diss. Los Angeles 2006 [zu *Kleiner Mann – was nun?*, S. 137–150].

Delabar, Walter: Was tun? Wie leben? Wer sein? System und Plan der praktischen Tätigkeit. Einige Fallgeschichten und Fragestellungen. In: Ders.: Was tun? Romane am Ende der Weimarer Republik, Opladen/Wiesbaden 1999, S. 7–27.

*Ehlers, Torsten: „Trotz seiner mehr als fragwürdigen Rolle freigesprochen". Eine literarische Morphologie der Landvolkbewegung – am Beispiel Bronnen, Fallada, Salomon, Uhse illustriert, Rostock 2011.

Eissfeldt, Kurt H.: Fatalismus und Hoffnung. Untersuchungen zum Menschen- und Gesellschaftsbild im massenhaft verbreiteten politischen Zeitroman am Beispiel der Romane *Bauern, Bonzen und Bomben* von Hans Fallada und *Alle Menschen werden Brüder* von Johannes Mario Simmel, Frankfurt a. M. 1988.

Frank, Gustav: „...und das moderne Epos des Lebens schreiben". Wirtschaftswissen bei Sternheim, Fallada, Borchardt und Fleißer. In: Literatur und Wissen(schaften) 1890–1935, hg. von Christine Maillard und Michael Titzmann, Stuttgart/Weimar 2002, S. 279–330.

Frank, Gustav/Scherer, Stefan: „Lebenswirklichkeit" im „gespaltenen Bewusstsein". Hans Falladas *Wolf unter Wölfen* und die Erzählliteratur der 30er Jahre. In: Hans Fallada. Autor und Werk im Literatursystem der Moderne, hg. von Patricia Fritsch-Lange und Lutz Hagestedt, Berlin/Boston 2011, S. 23–37.

Frank, Gustav/Scherer, Stefan: Textur der Synthetischen Moderne (1925–1955). (Döblin, Lampe, Fallada, Langgässer, Koeppen). In: Deutsche Literatur 1930–1960. Zur (Dis-)Kontinuität literarischer Verfahren, hg. von Moritz Baßler, Hubert Roland und Jörg Schuster, Berlin/Boston 2016, S. 77–104.

Gall, Edzard: Thomas Schwarz – der Johannes Pinneberg unserer Tage? Über den neuen Roman von Georg M. Oswald, *Alles was zählt* und seine Parallelen zu *Kleiner Mann, was nun?* In: Salatgarten 14 (2005), H. 1, S. 39–40.

Götz, David: Ökonomisches Sprechen. Effiziente Kommunikation durch ökonomische Tropen (Lessing und Fallada). In: Hans-Fallada-Jahrbuch (2016), Nr. 7: Hans Fallada und die Literatur(en) zur Finanzwelt, S. 45–65.

Gruber, Helmut: The German Writer as Social Critic 1927 to 1933. In: Studi Germanici 7 (1969), Nr. 2–3, S. 258–286 [zu Hans Fallada, S. 265, S. 283–284].

Gürgen, Hannes: „Der Gefängnismief ist überall der gleiche". Hans Falladas *Wer einmal aus dem Blechnapf frißt* und Ernst von Salomons *Die Geächteten*. In: Salatgarten 26 (2017), H. 1, S. 38–41.

Guillemin, Bernard: Die Entzweiung der Literatur. In: Der Querschnitt 13 (1933), H. 3 (März 1933), S. 222–224.

Hahn, Michael: Scheinblüte, Krisenzeit, Nationalsozialismus. Die Weimarer Republik im Spiegel später Zeitromane (1928–1932/3), Bern 1995 [zu Hans Fallada, S. 140–145].

Hartmann, Regina: Der Weg in den Ausweg. Erich Kästners und Hans Falladas Wunschtraum vom Sieg über die „Macht des Bösen". In: Geist und Macht. Schriftsteller und Staat im Mitteleuropa des „kurzen Jahrhunderts" 1914–1991, hg. von Marek Zybura unter Mitwirkung von Kazimiez Wóycicki, Dresden 2002, S. 241–253.

Hartmann, Regina: „Die Wünsche unserer Kindheit auf dem Papier" – Fallada und Kästner im Vergleich. In: Hans-Fallada-Jahrbuch (1997), Nr. 2, S. 73–85.

Heinrich, Bernhard: Frauen im Widerstand: Hans Falladas Roman *Jeder stirbt für sich allein* und Günter Weisenborns Drama *Die Illegalen*. In: Hans-Fallada-Jahrbuch (2006), Nr. 5, S. 123–132.

Hüppauf, Bernd: Hans Fallada. *Kleiner Mann – was nun?* In: Der deutsche Roman im 20. Jahrhundert. Analysen und Materialien zur Theorie und Soziologie des Romans, Bd. 1, hg. von Manfred Brauneck, Bamberg 1976, S. 209–239.

Ignasiak, Detlef: Vom Umgang mit einem vermeintlichen Genre-Begriff: Kalendergeschichten bei Oskar Maria Graf, Hans Fallada und Bertolt Brecht. In: Das zwanzigste Jahrhundert im Dialog mit dem Erbe, hg. von Ernst Schmutzer, Jena 1990, S. 173–181.

*Kaufmann, Lia Solomonovna [id est Lili Kaufmann]: Die Werke der antifaschistischen Schriftsteller im nationalsozialistischen Deutschland. Problematik, Moskau 1985.

Klatt, Gudrun: Vom Umgang mit der Moderne. Ästhetische Konzepte der dreißiger Jahre. Lifschitz, Lukács, Lunatscharski, Bloch, Benjamin, Berlin 1995 [zu Hans Fallada, S. 71–93].

Knortz, Heike/Laudenberg, Beate: „Durchrauschen des Papiergeldes" und „Rauschen der Papiergeldpressen". Zur Darstellung der Inflation bei Goethe und Fallada. In: Hans-Fallada-Jahrbuch (2016), Nr. 7: Hans Fallada und die Literatur(en) zur Finanzwelt, S. 66–94.

Kreutzahler, Birgit: Das Bild des Verbrechers in Romanen der Weimarer Republik. Eine Untersuchung vor dem Hintergrund anderer gesellschaftlicher Verbrecherbilder und gesellschaftlicher Grundzüge der Weimarer Republik, Frankfurt a. M. 1987 [zu *Wer einmal aus dem Blechnapf frißt*, S. 290–303].

Künzel, Christine: Literarische Inflationen. Falladas *Wolf unter Wölfen* im Kontext der literarischen Darstellung der Hyperinflation von 1923. In: Hans-Fallada-Jahrbuch (2016), Nr. 7: Hans Fallada und die Literatur(en) zur Finanzwelt, S. 340–361.

Lahl, Kristina: Die finanzielle und soziale Armut der Angestellten. Figurationen der Erwerbsarmut zwischen Proletariat und Bürgertum bei Hermann Ungar, Martin Kessel und Hans Fallada. In: Revista de Estudos Alemães (2013), Nr. 4, S. 41–56.

Liersch, Werner: Die Chance der Distanz. Hans Fallada: *Wolf unter Wölfen*. In: Erfahrung Nazideutschland. Romane in Deutschland 1933–1945. Analysen, hg. von Sigrid Bock und Manfred Hahn, Berlin (Ost)/Weimar 1987, S. 99–131, S. 478–479.

Matijevich, Elke: The *Zeitroman* of the Late Weimar Republic, New York 1995 [zu *Kleiner Mann – was nun?*, S. 37–61].

Mayer, Dieter: Hans Fallada: *Kleiner Mann – was nun?* In: Jürgen-Wolfgang Goette/Dieter Mayer/Christl Stumpf: „Kleine Leute". Ideologiekritische Analysen zu Nestroy, Weerth und Fallada, hg. von Christa Bürger und Klaus Hildebrandt, Frankfurt a. M. 1979, S. 80–116.

Melnik, Josef: Zwei Dichter der deutschen Wirklichkeit. In: Neue Revue 11 (1931), H. 3/4, S. 225–228.

Menke, Silvia: Schreiben als Daseinsbewältigung. Die Bedeutung literarischer Produktivität für Hans Fallada und Gottfried Keller, Aachen 2000 [zu Hans Fallada, S. 42–139].

Mix, York-Gothart: Selbstmord der Jugend. Hans Falladas *Der junge Goedeschal*, J. R. Bechers *Abschied*, H. Hesses *Unterm Rad* und der Erziehungsalltag im Kaiserreich. In: Germanisch-Romanische Monatsschrift 44 (1994), H. 1, S. 63–76.

△ auch unter: Pubertätsnarzißmus, Suizid und literarische Pathographie. In: Ders.: Die Schulen der Nation. Bildungskritik in der Literatur der Moderne, Stuttgart/Weimar 1995, S. 166–183.

Mix, York-Gothart: Pubertäre Irritation und literarische Examination. F. Wedekind, R. Musil, E. Seyerlen, H. Fallada und die Selbstentfremdungserfahrung des Jugendlichen. In: Ders.: Die Schulen der Nation. Bildungskritik in der Literatur der Moderne, Stuttgart/Weimar 1995, S. 130–145.
A auch in: Text & Kontext. Zeitschrift für Germanistische Literaturforschung in Skandinavien 19 (1995), H. 2, S. 261–274.
Möhrmann, Renate: Biberkopf, was nun? Großstadtmisere im Berliner Roman der präfaschistischen Ära. Dargestellt an Alfred Döblins *Berlin Alexanderplatz* und Hans Falladas *Kleiner Mann – was nun?* In: Diskussion Deutsch 9 (1978), S. 133–151.
Müller-Waldeck, Gunnar: Hermann Broch und Hans Fallada. In: Ders.: Hans Fallada – nach wie vor. Betrachtungen – Erinnerungen – Gespräche – biographische Splitter, Elmenhorst/Vorpommern 2016, S. 67–76.
Nell, Werner: Zwischen Sozialreportage und Sozialkolportage – Hans Fallada und Siegfried Kracauer. In: Hans Fallada und die literarische Moderne, hg. von Carsten Gansel und Werner Liersch, Göttingen 2009, S. 13–33.
Paetel, Karl O.[tto]: Oppositionelle Literatur in Deutschland. In: The German Quarterly 17 (1944), Nr. 4, S. 255–262 [zu Hans Fallada, S. 259].
Polt-Heinzl, Evelyne: Besichtigung der Provinz in der Krise – hoch im Norden und tief im Süden. Hans Falladas *Bauern, Bonzen und Bomben* und Martina Wieds *Rauch über Sanct Florian*. In: Hans-Fallada-Jahrbuch (2016), Nr. 7: Hans Fallada und die Literatur(en) zur Finanzwelt, S. 129–148.
Preisinger, Alexander: Monetäre und literarische Sachlichkeit. Zur narrativen Logik des Geldes in Romanen der neuen Sachlichkeit. In: Jahrbuch zur Kultur und Literatur der Weimarer Republik (2009/10), S. 203–223.
Priwitzer, Jens: Sehnsucht nach Heldentum – Aviatik, Transzendenz und die Krise des Individuums um 1930. In: Hans Fallada und die literarische Moderne, hg. von Carsten Gansel und Werner Liersch, Göttingen 2009, S. 101–128.
Prümm, Karl: Die Oberfläche der Dinge. Repräsentation des Alltäglichen im Film, im Theater und im Roman um 1930 am Beispiel von Robert Siodmak, Ödön von Horváth und Hans Fallada. In: Les Fictions d'actualité dans les pays de langue allemande au XXe siècle. Die ästhetische Umsetzung des Zeitgeschehens im deutschsprachigen Raum im 20. Jahrhundert, Villeneuve d'Ascq Cédex 1994, S. 31–59 [zu *Kleiner Mann – was nun?*, S. 54–58].
Pytlik, Petr: Hans Fallada in tschechischen Kritiken. Die Rezeption 1918–1945. In: Salatgarten 19 (2010), H. 2, S. 36–38.
A auch in: Hans-Fallada-Jahrbuch (2012), Nr. 6, S. 124–134.
Robinson, Benjamin: Hans Fallada Fixes at Zero Hour: A Bad Example for Rethinking the Postwar Canon. In: German studies review 27 (2004), Nr. 1, S. 63–82.
Sadek, Martin: Die Landvolkbewegung im Spiegel der Bücher von Hans Fallada, Walter Luetgebrune, Ernst von Salomon und Bodo Uhse. In: Recht und Juristen im Spiegel von Literatur und Kunst. Tagung im Nordkolleg Rendsburg vom 6. bis 8. September 2013, Berlin 2014, S. 75–88.
Scheele, Karl Werner: Aspekte der ‚Neuen Sachlichkeit' in ausgewählten Romanen von H. Fallada, E. Kästner, I. Keun, E. Reger und G. Tergit, phil. Diss. Middlebury, Vermont 1993.
Schmidt-Ott, Anja C.: Young Love – Negotiations of the Self and Society in Selected German Novels of the 1930s. (Hans Fallada, Aloys Schenzinger, Maria Leitner, Irmgard Keun, Marie Luise Kaschnitz, Anna Gmeyner and Ödön von Horváth), Frankfurt a. M. u. a. 2002.
Schonfeld, Ernest: Retail Organization and Political Capital: Fallada's *Kleiner Mann – was nun?* and Brecht's *Dreigroschenroman*. In: Konsum und Imagination. Tales of Commence and Imagination. Das Warenhaus und die Moderne in Film und Literatur. Department Stores and Modernity in Film and Literature, hg. von Godela Weiss-Sussex und Ulrike Zitzlsperger, Frankfurt a. M. 2015, S. 145–161.
Schütz, Erhard: „Lämmchen" [zu Frauenfiguren in Angestelltenromanen; hier *Kleiner Mann – was nun?*]. In: Ders.: Romane der Weimarer Republik, München 1986, S. 172–177.

Schütz, Erhard: ‚Schwein' [E. Kästner: *Fabian*; H. Fallada: *Bauern, Bonzen und Bomben*]. In: Ders.: Romane der Weimarer Republik, München 1986, S. 151–154.
Sill, Oliver: Der große Schrecken. Hans Fallada: *Kleiner Mann – was nun?* (1932). Irmgard Keun: *Das kunstseidene Mädchen* (1932). Erich Kästner: *Fabian* (1931). In: Ders.: Sitte – Sex – Skandal. Die Liebe in der Literatur seit Goethe, Bielefeld 2009, S. 79–103.
Simon, Horst: Zeitgeschichtsdarstellung im Roman um 1930, phil. Diss. Jena 1971.
Slochower, Harry: Hauptmann and Fallada: Uncoordinated Writers of Nazi Germany. In: Accent. A Quarterly of New Literature 3 (1942), Nr. 1, S. 18–25.
Smail, Deborah: White-collar Workers, Mass Culture and ‚Neue Sachlichkeit' in Weimar Berlin. A Reading of Hans Fallada's *Kleiner Mann – was nun?*, Erich Kästner's *Fabian* and Irmgard Keun's *Das kunstseidene Mädchen*, Weimar/Berlin/Bern 1999.
Steinbach, Dietrich: Hans Fallada: *Kleiner Mann – was nun?* In: Deutsche Romane von Grimmelshausen bis Walser. Interpretationen für den Literaturunterricht, Bd. 1: Von Goethe bis C. F. Meyer, Königstein i. Ts. 1982, S. 251–268.
Subiotto, A. V.: *Kleiner Mann – Was nun?* and *Love on the Dole*. Two Novels of the Depression. In: Weimar Germany. Writers and politics, hg. von A. F. Bance, Edinburgh 1982, S. 77–90.
Thöming, Jürgen C.: Soziale Romane in der Endphase der Weimarer Republik. In: Die deutsche Literatur in der Weimarer Republik, hg. von Wolfgang Rothe, Stuttgart 1974, S. 212–236.
Thoenelt, Klaus: Innere Emigration: Fiktion oder Wirklichkeit? Literarische Tradition und Nationalismus in den Werken Ernst Wiecherts, Hans Carossas und Hans Falladas (1933–1945). In: Leid der Worte. Panorama des literarischen Nationalsozialismus, hg. von Jörg Thunecke, Bonn 1987, S. 300–320.
Ulrich, Roland: Fasziniert von Hemingway. Fallada zwischen Tradition und Moderne. In: Hans-Fallada-Jahrbuch (2000), Nr. 3, S. 220–228
Wilhelm Westecker: Sammeln! Wo stehen die geistigen Fronten? III. Die Politik verirrt sich in die Literatur. In: Berliner Börsen-Zeitung. Tageszeitung für nationale Politik, Wirtschaft, Kultur (1933), Nr. 31, Morgenausgabe, 19.1.1933, S. 2–3.
Wittmann, Livia Z.: Der Stein des Anstoßes. Zu einem Problemkomplex in berühmten und gerühmten Romanen der Neuen Sachlichkeit. In: Jahrbuch für Internationale Germanistik 14 (1982), H. 2, S. 56–78.
Wünsch, Marianne: ‚Der Kleinbürger' in der erzählenden Literatur um 1930. In: Hans Fallada. Autor und Werk im Literatursystem der Moderne, hg. von Patricia Fritsch-Lange und Lutz Hagestedt, Berlin/Boston 2011, S. 189–200.
Zachau, Reinhard K.: Wohnräume in *A Farewell to Arms* und *Kleiner Mann – was nun?* In: Hans-Fallada-Jahrbuch (2003), Nr. 4, S. 57–66.

4.5 Allgemeine Darstellungen zu Falladas Werk

Ächtler, Norman/Liersch, Werner: ‚Autoren genossen doch eine gewisse Achtung' – Ein Gespräch mit Klaus Jörn über die Fallada-Verfilmungen des DDR-Fernsehens. In: Hans Fallada und die literarische Moderne, hg. von Carsten Gansel und Werner Liersch, Göttingen 2009, S. 207–213.
Ächtler, Norman: „Ein gemäßigter Pessimist". Falladas gesellschaftskritische Texte der 1940er Jahre. In: Hans Fallada, hg. von Gustav Frank und Stefan Scherer, München 2013 (Text + Kritik 200), S. 72–82.
Börner, Daniel: „Ich fing mit Unlust diese Lebensbeschreibung an [...]" – Der Jenaer Lebenslauf als Autobiographie und Beitrag zur Fallada-Forschung. In: „Wenn Ihr überhaupt nur ahntet, was ich für einen Lebenshunger habe!" Hans Fallada in Thüringen. Ausstellungskatalog, hg. von D. B., Weimar/Jena 2010, S. 11–16.

4. Forschungsliteratur

Böttcher, Kurt/Krohn, Paul Günter [Redaktion]: Leonhard Frank. Hans Fallada. Hilfsmaterial für den Literaturunterricht an den Ober- und Fachschulen, hg. vom Kollektiv für Literaturgeschichte im volkseigenen Verlag Volk und Wissen, Berlin (Ost) 1955, S. 81–119.

*Bredohl, Thomas M.: The writer Hans Fallada as a Social and Political Critic in the Weimar Republic and the Third Reich, Halifax 1988.

Brion, Marcel: La fantaisie et le réalisme de ‚Hans Fallada'. In: Les nouvelles littéraires. Artistiques et scientifiques (1937), Nr. 792, 18.12.1937, S. 8.

Brunner, Maria E.: Schreiben im Dritten Reich: Hans Fallada. In: Hans-Fallada-Jahrbuch (2006), Nr. 5, S. 164–190.

Caspar, Günter: Hans Fallada, Geschichtenerzähler. In: Hans Fallada: Märchen und Geschichten, hg. von G. C., Berlin (Ost)/Weimar 1985, S. 649–781.
A auch in: Hans Fallada: Gute Krüseliner Wiese rechts und 55 andere Geschichten, Berlin/Weimar 1991, S. 523–655.

Caspar, Günter: Fallada-Studien, Berlin (Ost)/Weimar 1988.

Caspar, Günter: Fallada und der Film. In: Ders.: Fallada-Studien, Berlin (Ost)/Weimar 1988, S. 284–333.

Caspar, Günter: Kuh-Schuh-du. Frühe Erzählungen aus Falladas Nachlaß. In: Neue Deutsche Literatur. Monatsschrift für schöne Literatur und Kritik 41 (1993), H. 5, S. 126–136.
A auch in: Ders.: Zu Falladas Frühwerk. In: Hans Fallada: Falladas Frühwerk in zwei Bänden, Bd. 2: Frühe Prosa. Die Erzählungen, Berlin/Weimar 1993, S. 423–536.

Caspar, Günter: Marginalien zu Falladas Nachlaß. In: Hans Fallada: Drei Jahre kein Mensch. Erlebtes. Erfahrenes. Erfundenes. Geschichten aus dem Nachlaß 1929–1944, hg. von G. C., Berlin 1997, S. 153–190.

Crepon, Tom: Literarisches Schaffen in äußerer Isolation. In: Hans Fallada. Beiträge zu Leben und Werk. Materialien der 1. Internationalen Hans-Fallada-Konferenz in Greifswald vom 10.6 bis 13.6.1993, hg. von Gunnar Müller-Waldeck und Roland Ulrich, Rostock 1995, S. 117–129.

Delabar, Walter: „Er weiß zu sehen, er übersieht nichts". Hans Fallada rezensiert Heinrich Hauser (1901–1955). In: Salatgarten 25 (2016), H. 1, S. 27–30.

Ewald, Petra/Hagestedt, Lutz: Unterwegs zu Fallada. Vorwort der Herausgeber. In: Namen- und Stadtlandschaften. Beiträge des Hans-Fallada-Symposiums Carwitz, hg. von P. E. und L. H., München 2011, S. V-VIII.

Farin, Klaus: Hans Fallada. „Welche sind, die haben kein Glück", München 1993.

Fritsch, Patricia: Der Roman *Kleiner Mann, was nun?* im Spiegel der deutschen Presse im Jahr seiner Ersterscheinung. In: Hans Fallada. Beiträge zu Leben und Werk. Materialien der 1. Internationalen Hans-Fallada-Konferenz in Greifswald vom 10.6 bis 13.6.1993, hg. von Gunnar Müller-Waldeck und Roland Ulrich, Rostock 1995, S. 249–272.

Gansel, Carsten/Liersch, Werner: Hans Fallada und das kulturelle Gedächtnis – Vorbemerkungen. In: Zeit vergessen, Zeit erinnern. Hans Fallada und das kulturelle Gedächtnis, hg. von C. G. und W. L., Göttingen 2008, S. 7–8.

Gansel, Carsten/Liersch, Werner: Hans Fallada und die literarische Moderne – Vorbemerkungen. In: Hans Fallada und die literarische Moderne, hg. von C. G. und W. L., Göttingen 2009, S. 7–11.

George, Marion: Falladas frühe Prosa. In: Hans-Fallada-Jahrbuch (2003), Nr. 4, S. 172–192.

Hagemeyer, Friederike: Lille Mand – hvad nu? Die Werke Hans Falladas im dänischen Verlag Gyldendahl. In: Hans-Fallada-Jahrbuch (2000), Nr. 3, S. 139–153.

Hagestedt, Lutz: „Sehr viel wahrer ist in Deutschland seither nicht geschrieben worden". Forschungs- und Tagungsbericht. In: Hans Fallada. Autor und Werk im Literatursystem der Moderne, hg. von Patricia Fritsch-Lange und L. H., Berlin/Boston 2011, S. 215–232.

Hartekainen, Susanna: Hans Fallada in Finnland. In: Hans-Fallada-Jahrbuch (1997), Nr. 2, S. 95–103.

Heinrichs, Charlotte: Wirklichkeit und Wirksamkeit des Dichters Hans Fallada. In: Berliner Hefte für geistiges Leben 2 (1947), H. 4, S. 243–250.

Hermsdorf, Klaus: Hans Fallada und die Neue Sachlichkeit. In: Hans-Fallada-Jahrbuch (1997), Nr. 2, S. 9–18.
Hummel, Adrian: „Ein klein bisschen gerechter könnte es gerne zugehen." Deutschsprachige Fallada-Rezeption in den 1950er Jahren. In: Hans-Fallada-Jahrbuch (2003), Nr. 4, S. 125–154.
James, Dorothy: „Grundanständige Bücher"? Fragen zur Resonanz von Falladas Romanen in den 30er Jahren. In: Hans-Fallada-Jahrbuch (1997), Nr. 2, S. 32–42.
Jürss, Detlev: Zur Fallada-Rezeption in Ungarn. In: Hans-Fallada-Jahrbuch (1997), Nr. 2, S. 104–115.
Kaufmann, Lia S.: Zur Rezeption Hans Falladas in Rußland. In: Das Wort. Germanistisches Jahrbuch 1995, Moskau 1995, S. 179–182.
*Kaufmann, Lili: Vom *Kleinen Mann* zum Otto Quangel. In: Wsjesim (1963), H. 7.
Lange, I. M.: Die abfallende Linie in Falladas Werk während der faschistischen Ära. In: Leonhard Frank. Hans Fallada. Hilfsmaterial für den Literaturunterricht an den Ober- und Fachschulen, hg. vom Kollektiv für Literaturgeschichte im volkseigenen Verlag Volk und Wissen (Redaktion: Kurt Böttcher und Paul Günter Krohn), Berlin (Ost) 1955, S. 109–112.
Lemmer, Theodor: Hans Fallada. Eine Monographie, phil. Diss. Freiburg (Schweiz) 1961.
Liersch, Werner: Hans Falladas Gedichte. In: „Es ist das Werk, es ist die Person und es ist mehr". Eine Chronik seit 1983 in Berichten, Dokumenten und Bildern, hg. von Doris Haupt und Patricia Fritsch, Feldberg 2001, S. 120–126.
Liersch, Werner: Vergebliche Sehnsucht. Fallada und das Urbane. In: Die Provinz im Leben und Werk von Hans Fallada. Protokollband des Kolloquiums des Fallada-Forums vom 4. Dezember 2004 in der Akademie der Künste Berlin, Deutschland, hg. von Thomas Bredohl und Jenny Williams, Schöneiche bei Berlin 2005, S. 10–25.
Mayer, Hans: Verleihung des Hans-Fallada-Preises an Erich Loest. Laudatio von Prof. Dr. Hans Mayer – 19. Juni 1981. In: „Es gibt eine Echtheit, die sich sofort überträgt": 25 Jahre Hans-Fallada-Preis der Stadt Neumünster, hg. von Werner Liersch und Martin Sadek, Norderstedt 2008, S. 36–46.
Montesinos Caperos, Manuel I.: Autobiografia y creacion literaria en la obra de Hans Fallada. In: Studia Zamorensia Philologica 8 (1987), S. 189–204.
Motylewa, T.[amara]: Das Schicksal eines deutschen Schriftstellers. In: Sowjetliteratur. Monatsschrift (1948), H. 9, S. 137–146.
 A auch in: Hans Fallada. Werk und Wirkung, hg. von Rudolf Wolff, Bonn 1983, S. 102–116.
Müller-Waldeck, Gunnar: Auf der Suche nach Fallada – Ein Gang durch finnische Antiquariate. In: Hans-Fallada-Jahrbuch (1995), Nr. 1, S. 120–123.
Müller-Waldeck, Gunnar: Fallada in der Nazizeit. In: Hans-Fallada-Jahrbuch (1997), Nr. 2, S. 19–31.
Nienhaus, Stefan: Was heißt und wie wird man ein ‚volkstümlicher Autor'? Überlegungen zur Unterhaltungsliteratur in der ersten Hälfte des 20. Jahrhunderts am Beispiel Hans Falladas. In: Hans-Fallada-Jahrbuch (2003), Nr. 4, S. 155–170.
Peter, Thomas: Fallada im Spannungsfeld zwischen Unterhaltungsliteratur und Belletristik. Betrachtungen anhand seiner sieben Malheurgeschichten. In: Hans Fallada. Beiträge zu Leben und Werk. Materialien der 1. Internationalen Hans-Fallada-Konferenz in Greifswald vom 10.6 bis 13.6.1993, hg. von Gunnar Müller-Waldeck und Roland Ulrich, Rostock 1995, S. 227–248.
Peter, Thomas: Falladas Werke in der amerikanischen Presse. Germanistische Forschung zum literarischen Text. 6. Internationale Arbeitstagung vom 30.9 bis zum 1.10.1994 Vöra – Finnland. In: Hans-Fallada-Jahrbuch (1995), Nr. 1, S. 95–106.
Peter, Thomas: Hans Falladas Romane in den USA 1930–1990, phil. Diss. Umeå 2003.
*Petsch, Philip Robert: Das Problem der Arbeitslosigkeit im deutschen Roman der Nachkriegszeit, phil. Diss. Stanford 1939.
Pfeiffer, Herbert: Hans Fallada gestorben. In: Der Tagesspiegel 3 (1947), Nr. 32, 7.2.1947, S. 4.

4. Forschungsliteratur

Rein, Heinz: Die große Literatur des kleinen Mannes. Der Fall Fallada. In: Einheit. Theoretische Zeitschrift des wissenschaftlichen Sozialismus 3 (1948), H. 8, S. 711–716.
A auch in: Hans Fallada. Werk und Wirkung, hg. von Rudolf Wolff, Bonn 1983, S. 94–101.
Römer, Ruth: Dichter des kleinbürgerlichen Verfalls. Vor zehn Jahren starb Hans Fallada. In: Neue Deutsche Literatur. Monatsschrift für schöne Literatur und Kritik 5 (1957), H. 2, S. 120–131.
Satschewski, Eugen: Ist Hans Fallada ein Unterhaltungsautor? In: Hans-Fallada-Jahrbuch (1997), Nr. 2, S. 144–151.
Schiller, Waltraut: Hans Fallada. In: Der Bibliothekar. Monatsschrift für das Bibliothekswesen 7 (1953), H. 12, S. 886–894.
Schroeder, Max: Hans Fallada. In: Börsenblatt für den deutschen Buchhandel. Zeitschrift für die Verbreitung des fortschrittlichen Buches, für Literaturkritik und Bibliographie 121 (1954), H. 22, S. 486–487.
Sutton [=Littlejohn], Fiona: Models of Modernity. Readings of Selected Novels of the Late Weimar Republic, phil. Diss. Nottingham 2001.
A URL: http://eprints.nottingham.ac.uk/12255/1/246931.pdf.
Terwort, Gerhard: Hans Fallada im ‚Dritten Reich'. Dargestellt an exemplarisch ausgewählten Romanen, Frankfurt a. M. u. a. 1992.
Thöming, Jürgen C.: Hans Fallada. Seismograph gesellschaftlicher Krisen. In: Zeitkritische Romane des 20. Jahrhunderts. Die Gesellschaft in der Kritik der deutschen Literatur, hg. von Hans Wagener, Stuttgart 1975, S. 97–123.
Thoenelt, Klaus: Innere Emigration: Fiktion oder Wirklichkeit? Literarische Tradition und Nationalismus in den Werken Ernst Wiecherts, Hans Carossas und Hans Falladas (1933–1945). In: Leid der Worte. Panorama des literarischen Nationalsozialismus, hg. von Jörg Thunecke, Bonn 1987, S. 300–320.
Töteberg, Michael: Nachwort. In: Hans Fallada: Auch ein Kritiker kann nicht gerecht sein. Aufsätze zur zeitgenössischen Literatur, hg. und mit einem Nachwort von M. T., Reinbek bei Hamburg 2018.
A E-book.
Turner, Henry Ashby: Fallada for Historians. In: German studies review 26 (2003), Nr. 3, S. 477–492.
Vaydat, Pierre: Hans Fallada – ein volkstümlicher Schriftsteller. In: La littérature populaire dans les pays germaniques. Colloque franco-autrichien des 12–13 décembre 1997 organisé par Le Centre de recherches sur les Pays de langues germaniques au XXe siècle avec le concours de L'institut autrichien de Paris, hg. von Eva Philippoff, Villeneuve d'Ascq 1999, S. 199–208.
Vaydat, Pierre: Le thème de l'ivrognerie dans l'oeuvre romanesque de Hans Fallada (1893–1947). In: L'ivresse dans tous ses états en littérature, hg. von Hélène Barrière und Nathalie Peyrebonne, Arras 2004, S. 19–33.
Walther, Peter: Im Spiegelkabinett von Literatur und Leben. Falladas unbekannte Erzählungen und Selbstauskünfte. In: Hans Fallada: Junge Liebe zwischen Trümmern. Erzählungen, hg. und mit einem Nachwort von P. W., Berlin 2018, S. 253–294.
Wilkes, Geoffrey Thomas: Hans Fallada's Novels of the Weimar Republic. Social Problems and Personal Values, phil. Diss. Sydney 1995.
Wilkes, Geoff: Hans Fallada's Crisis Novels 1931–1947, Bern/Berlin/Frankfurt a. M./Paris/Wien 2002.
Williams, Jenny: Hans Fallada's Literary Breakthrough: *Bauern, Bonzen und Bomben* and *Kleiner Mann – was nun?* In: German Novelists of the Weimar Republic. Intersections of Literature and Politics, hg. von Karl Leydecker, New York 2006, S. 253–268.
Williams, Jenny: Berlin in the Early Life and Work of Hans Fallada. In: Berlin's Culturescape in the Twentieth Century, hg. von Thomas Bredohl und Michael Zimmermann, Regina 2008, S. 53–75.

*Wokatsch, Jürgen: The Short Stories of Hans Fallada. A View of Life, phil. Diss. University of North Carolina 1972.
Zachau, Reinhard K.: Hans Fallada als politischer Schriftsteller, New York/Bern/Frankfurt a. M./Paris 1990.
*Zillmann, T.: Die Romane Hans Falladas. In: Litaraturny Sowremennik (1936), H. 7, S. 1936.

4.6 Sammelbände

Bredohl, Thomas/Williams, Jenny (Hg.): Die Provinz im Leben und Werk von Hans Fallada. Protokollband des Kolloquiums des Fallada-Forums vom 4. Dezember 2004 in der Akademie der Künste Berlin, Deutschland, Schöneiche bei Berlin 2005.
Ewald, Petra/Hagestedt, Lutz (Hg.): Namen- und Stadtlandschaften. Beiträge des Hans-Fallada-Symposiums Carwitz, München 2011.
Frank, Gustav/Scherer, Stefan (Hg.): Hans Fallada, München 2013 (Text + Kritik 200).
Fritsch-Lange, Patricia/Hagestedt, Lutz (Hg.): Hans Fallada. Autor und Werk im Literatursystem der Moderne, Berlin/Boston 2011.
Gansel, Carsten/Liersch, Werner (Hg.): Zeit vergessen, Zeit erinnern. Hans Fallada und das kulturelle Gedächtnis, Göttingen 2008.
Gansel, Carsten/Liersch, Werner (Hg.): Hans Fallada und die literarische Moderne, Göttingen 2009.
Müller-Waldeck, Gunnar/Ulrich, Roland (Hg.): Hans Fallada. Beiträge zu Leben und Werk. Materialien der 1. Internationalen Hans-Fallada-Konferenz in Greifswald vom 10.6. bis 13.6.1993, Rostock 1995.

4.7 Untersuchungen von Falladas Werk unter spezifischen Fragestellungen

Ächtler, Norman: „Ein Geschlecht voller Angst" – Die Vorgangsfigur vom „Kleinen Mann im Kampf aller gegen alle" in Hans Falladas sozialkritischem Werk. In: Hans Fallada und die literarische Moderne, hg. von Carsten Gansel und Werner Liersch, Göttingen 2009, S. 129–151.
Althöfer, Peter-Karsten: ‚Rausch über alle Räusche' – Die Beziehung zwischen literarischer Arbeit und Suchtmittelabhängigkeit im Werk des Schriftstellers Hans Fallada, dargestellt an seinem Roman *Der Alpdruck*, Bielefeld 1992.
Arnöman, Nils: Die Funktion der Kinder in den Texten Hans Falladas. In: Hans Fallada. Beiträge zu Leben und Werk. Materialien der 1. Internationalen Hans-Fallada-Konferenz in Greifswald vom 10.6. bis 13.6.1993, hg. von Gunnar Müller-Waldeck und Roland Ulrich, Rostock 1995, S. 155–171.
Arnöman, Nils: „Ach Kinder...". Zur Rolle des Kindes und der Familie im Werk Hans Falladas, phil. Diss. Stockholm 1998.
Bähr, Sarah-Sophie/Behrens, Antje/Krüger, Carolin: „Es gibt solche Namen, die ein Schicksal zu sein scheinen." Offizielle Figurennamen des Schauplatzes Berlin. In: Namen- und Stadtlandschaften. Beiträge des Hans-Fallada-Symposiums Carwitz, hg. von Petra Ewald und Lutz Hagestedt, München 2011, S. 43–59.
*Bauer, Heidrun: Zur Funktion der Gespräche in den Romanen Hans Falladas, Wien 1972.
Bendig, Anja: Zwischen gesellschaftskritischer Perspektive und fehlender Programmatik. Zur politischen Bedeutung von Falladas Werk. In: Namen- und Stadtlandschaften. Beiträge des

Hans-Fallada-Symposiums Carwitz, hg. von Petra Ewald und Lutz Hagestedt, München 2011, S. 137–175.
*Bernard, Francoise: Das Berliner Volk in den Romanen Hans Falladas, Paris 1962.
Bogner, Ralf Georg: Literarisierung von Literalität. Zur literalen Welt der zweiten Ordnung in ausgewählten Romanen Hans Falladas. In: Hans Fallada. Autor und Werk im Literatursystem der Moderne, hg. von Patricia Fritsch-Lange und Lutz Hagestedt, Berlin/Boston 2011, S. 1–12.
Brüggert, Maria/Sund, Simone: „Du sollst nicht Mandchen sagen!". Zur Ausdrucks- und Appelfunktion literarischer Namen. In: Namen- und Stadtlandschaften. Beiträge des Hans-Fallada-Symposiums Carwitz, hg. von Petra Ewald und Lutz Hagestedt, München 2011, S. 79–89.
Brunner, Maria E.: Proletarisierungsprozesse und Politikverständnis in Hans Falladas Werk, Neuried 1997.
*Caspar, Günter: Eine unglückliche Liebe? Fallada und der Film (1931–1943). In: Film und Fernsehen. Die deutsche Filmzeitschrift der Region Berlin (Ost)-Brandenburg 15 (1987), H. 3, S. 17–22.
A Fortsetzungen in: H. 4, S. 22–35; H. 5, S. 30–35; H. 7, 28–32; H. 8, S. 38–40.
*Crow, Douglas Wiley: Fallada. The Individual vs. Authority, phil. Diss. Louisiana State University 1971.
Delabar, Walter: In der Hölle. Männliche Modernisierungsverlierer in den Romanen Hans Falladas. In: Hans Fallada, hg. von Gustav Frank und Stefan Scherer, München 2013 (Text + Kritik 200), S. 51–60.
*Desbarats, Jean: Die deutsche Gesellschaft in den Romanen Hans Falladas, Toulouse 1955.
*Diderich, Peter: Sprachliche Bilder und ihre Leistungen in Werken Hans Falladas, Rostock 2010.
Frank, Gustav/Scherer, Stefan: Mikrodramatik der unscheinbaren Dinge. Falladas soziologischer Blick als Bedingung für Weltbestseller. In: Hans Fallada, hg. von G. F. und St. Sch., München 2013 (Text + Kritik 200), S. 83–93.
*Frotscher, Hans Jürgen: Die Darstellung der gesellschaftlichen Wirklichkeit in den Romanen Falladas und die politisch-ideologische Situierung des Autors und seiner Figuren, Bochum 1977.
Gansel, Carsten: Vor dem Durchbruch. Vom nachexpressionistischen Roman *Der junge Goedeschal* (1920) zur avantgardistischen Novelle *Die Kuh, der Schuh, dann du* (1929). In: Hans Fallada, hg. von Gustav Frank und Stefan Scherer, München 2013 (Text + Kritik 200), S. 7–17.
Grisko, Michael: „Wir sind freie Menschen..." – die Freikörperkultur und der kleine Mann Pinneberg. In: Salatgarten 9 (2000), H. 1, S. 19–23.
A auch in: Hans-Fallada-Jahrbuch (2012), Nr. 6, S. 71–78.
Gürgen, Hannes: Kontinuität der Moderne. Filmisches Schreiben in den Romanen der 1930er Jahre, Masterarbeit, Karlsruhe (KIT) 2014 [zu Hans Fallada, S. 66–85].
Haddad-Voelker, Maren: Chancen und Grenzen biographischer Forschung. Hans Falladas Leben und Werk in Monographien von Jürgen Manthey, Werner Liersch und Tom Crepon. In: Namen- und Stadtlandschaften. Beiträge des Hans-Fallada-Symposiums Carwitz, hg. von Petra Ewald und Lutz Hagestedt, München 2011, S. 177–206.
Hagestedt, Lutz: Zentrum und Peripherie. Provinz und Krise im Leben und Werk von Hans Fallada. In: Salatgarten 15 (2006), H. 1, S. 51–54.
Hartmann, Regine: Hans Falladas Botschaften an seinen Sohn. In: Hans Fallada. Beiträge zu Leben und Werk. Materialien der 1. Internationalen Hans-Fallada-Konferenz in Greifswald vom 10.6. bis 13.6.1993, hg. von Gunnar Müller-Waldeck und Roland Ulrich, Rostock 1995, S. 172–182.
Heinrich, Bernhard: Zur veränderten Frauenrolle im Werk Falladas vor dem Hintergrund der Weimarer Republik. In: Hans-Fallada-Jahrbuch (2003), Nr. 4, S. 87–98.
Heinrich, Bernhard: Zur Rolle der Provinz in den Nachkriegsromanen Hans Falladas. In: Die Provinz im Leben und Werk von Hans Fallada. Protokollband des Kolloquiums des Fallada-

Forums vom 4. Dezember 2004 in der Akademie der Künste Berlin, Deutschland, hg. von Thomas Bredohl und Jenny Williams, Schöneiche bei Berlin 2005, S. 96–107.

Heinrich, Bernhard: Du bist doch bei mir, aber wir sterben allein. Studien zu Hans Falladas Frauenbild, Neubrandenburg 2007.

Heinrich, Bernhard: Anstand. Hans Falladas moralischer Imperativ. In: Hans Fallada. Autor und Werk im Literatursystem der Moderne, hg. von Patricia Fritsch-Lange und Lutz Hagestedt, Berlin/Boston 2011, S. 59–67.

Heinrich, Bernhard: Der Verlust der Werte durch Wertverlust. Die Inflation in Falladas Werk. In: Hans-Fallada-Jahrbuch (2016), Nr. 7: Hans Fallada und die Literatur(en) zur Finanzwelt, S. 454–464.

Hernik, Monika: „Mit der Murkelei ist es schwierig…" – Hans Fallada als moderner Erzähler für Kinder. In: Zeit vergessen, Zeit erinnern. Hans Fallada und das kulturelle Gedächtnis, hg. von Carsten Gansel und Werner Liersch, Göttingen 2008, S. 113–129.

Hernik, Monika: ‚Nüchterne Sachlichkeit' als Prinzip. Zu ausgewählten Nachlasstexten von Hans Fallada. In: Hans Fallada und die literarische Moderne, hg. von Carsten Gansel und Werner Liersch, Göttingen 2009, S. 51–66.

*Hrynczuk, Jan: Obraz społeczénstwa Republiki Weimarskiej w powiesciach Hansa Fallady. In: Zeszyty nankowe uniwersytetu Lódzkiego. Nauki humanistycznospoleczne, Seria 1, Lódz 1971, S. 35ff.

Jürss, Detlev: In der Wüste des Daseins: Hans Falladas verführbare Helden. Anmerkungen zur Suchtdarstellung in seinem Werk. In: Hans Fallada. Beiträge zu Leben und Werk. Materialien der 1. Internationalen Hans-Fallada-Konferenz in Greifswald vom 10.6. bis 13.6.1993, hg. von Gunnar Müller-Waldeck und Roland Ulrich, Rostock 1995, S. 141–154.

Jürss, Detlev: Rausch und Realitätsflucht. Eine Untersuchung zur Suchtthematik im Romanwerk Hans Falladas, Konstanz 1985.

Kapitel, Kristina: Hans Falladas journalistisches Schreiben im Verhältnis zu seinem literarischen Werk um 1930, Masterarbeit, Karlsruhe (KIT) 2017.

*Kaufmann, Lili: Moralische Probleme in den sozialen Romanen Hans Falladas. In: Utschonye Sametki (1963), H. 22.

*Kaufmann, Lia Solomonovna [id est Lili Kaufmann]: Soziale Romane von Hans Fallada. Moskai: MGPI, Moskau1964.

*Kaufmann, Lili: Suche nach einem Weg. Die sozialen Romane Hans Falladas. In: Nekotorye Woprossy Filiologii, Tambow 1968.

Keyserlingk, Hugo von: Liebe, Leben, Alkohol. Suchtkrankheiten im Spiegel deutscher Literatur. Mit den Lebenswegen der Dichter Reuter, Grabbe, Fallada, Lengerich 2004.

Knüppel, Stefan: Falladas Gesichter. Literarische Physiognomien im Romanwerk Hans Falladas, phil. Diss. Rostock 2008.

Knüppel, Stefan: Das ‚Gesicht' der Sucht. Ein Aspekt der literarischen Physiognomik Hans Falladas. In: Hans Fallada. Autor und Werk im Literatursystem der Moderne, hg. von Patricia Fritsch-Lange und Lutz Hagestedt, Berlin/Boston 2011, S. 83–96.

Kuhnke, Manfred: Eine kleine Oase fast unbekümmerter Menschlichkeit. Die Bildergeschichten um Vater und Sohn von e. o. plauen – Hans Falladas Vatergeschichten. In: Hans-Fallada-Jahrbuch (2003), Nr. 4, S. 202–215.

A auch unter *Eine kleine Oase fast unbekümmerter Menschlichkeit. Die Bildgeschichten um „Vater und Sohn" von e. o. plauen. Hans Falladas Vatergeschichten.* In: Ders.: Der traurige Clown und der Elefant auf dem Seil. Hans Fallada und e. o. plauen, hg. vom Literaturzentrum Neubrandenburg e. V., Neubrandenburg 2003, S. 19–33.

Kuhnke, Manfred: Falladas Ashelmkalender – Auskunft über Jahr und Tag. In: Ders.: Väterchen Rowohlt, Freund Franz, die unselige Miss Dodd. Hans Falladas Besucher in Carwitz, Neubrandenburg 2005, S. 8–23.

Krohn, Claus-Dieter: Hans Fallada und die Weimarer Republik. ‚Zur Disposition' kleinbürgerlicher Mentalitäten vor 1933. In: Literaturwissenschaft und Geschichtsphilosophie. Festschrift für Wilhelm Emrich, hg. von Helmut Arntzen, Bernd Balzer, Karl Pestalozzi und Rainer Wagner, Berlin/New York 1975, S. 507–522.

Lange, I. M.: Das Zukunftsträchtige in Falladas Werk. In: Leonhard Frank. Hans Fallada. Hilfsmaterial für den Literaturunterricht an den Ober- und Fachschulen, hg. vom Kollektiv für Literaturgeschichte im volkseigenen Verlag Volk und Wissen (Redaktion: Kurt Böttcher und Paul Günter Krohn), Berlin (Ost) 1955, S. 117–118.

Lange, Ulrich: Robinson im Gefängnis. Zur Phänomenologie totaler Institutionen in den Romanen Hans Falladas. In: Zeitschrift für Strafvollzug und Straffälligenhilfe 43 (1994), H. 2, S. 95–104.
A auch in: Hans-Fallada-Jahrbuch (1995), Nr. 1, S. 10–30.

*Le Bars, Michelle: Deutschland nach dem Ersten Weltkrieg in den Romanen von Hans Fallada, Paris 1975.

Le Bars, Michelle: Die Landvolkbewegung in Schleswig-Holstein: Geschichte und Literatur. In: Hans Fallada. Beiträge zu Leben und Werk. Materialien der 1. Internationalen Hans-Fallada-Konferenz in Greifswald vom 10.6 bis 13.6.1993, hg. von Gunnar Müller-Waldeck und Roland Ulrich, Rostock 1995, S. 67–99.

Liefländer-Leskinen, Luise: Funktionen von Modalpartikeln in fiktionalen Dialogen von Hans Fallada und den Übersetzungen ins Finnische. In: Sprache – Literatur – Literatursprache. Linguistische Beiträge, hg. von Anne Betten und Jürgen Schiewe, Berlin 2001, S. 263–268.

Loohuis, W.: Fatalismus und Aberglaube in Falladas unbekannteren Schriften, Norderstedt 2010.

Möbius, Hanno: Der Sozialcharakter des Kleinbürgers in den Romanen Falladas. In: Stereotyp und Vorurteil in der Literatur. Untersuchungen zu Autoren des 20. Jahrhunderts, hg. von James Elliott, Jürgen Pelzer und Carol Poore, Göttingen 1978, S. 84–110.

*Montesinos Caperos, Manuel Ignacio: La República de Weimar en la Narrativa de Hans Fallada, Salamanca 1987.

Montesinos Caperos, Manuel: El erotismo en la obra temprana de Hans Fallada. In: Amor y erotismo en la literatura, hg. von Caja Duero, Salamanca 1999, S. 605–612.

Müller-Waldeck, Gunnar: Unter dem Zugriff der Macht: In: [1893–1993] Fallada. Leben und Werk. Ehrung zum 100. Geburtstag, Greifswald 1993, hg. vom Hans-Fallada-Verein Greifswald e. V. und der Hansestadt Greifswald, Greifswald 1993, S. 39–41.

Müller-Waldeck, Gunnar/Ulrich, Roland: Nachwort. Der Erzähler als Briefschreiber. In: Hans Fallada. Sein Leben in Bildern und Briefen, hg. von G. M.-W. und R. U. unter Mitarbeit von Uli Ditzen, Berlin 1997, S. 263–268.

Oberembt, Gerd: „Weiterwandern durch die Nacht...". Von den Krisen des Erzählers Hans Fallada und deren Spiegelung in den Romanen aus der Zeit seiner ‚inneren Emigration'. In: Die Horen. Zeitschrift für Literatur, Kunst und Kritik 48 (2003), H. 212, S. 93–121.

Prümm, Karl: Gebanntes Schauen und protokolliertes Sehen. Kinokritik und Kinoprosa bei Hans Fallada. In: Hans Fallada. Autor und Werk im Literatursystem der Moderne, hg. von Patricia Fritsch-Lange und Lutz Hagestedt, Berlin/Boston 2011, S. 135–151.

Prümm, Karl: Selbstfindung im Vorraum des Romans. Hans Falladas Kulturpublizistik und Filmkritik für den *General-Anzeiger* in Neumünster (1928–1930). In: Hans Fallada, hg. von Gustav Frank und Stefan Scherer, München 2013 (Text + Kritik 200), S. 18–30.

Reardon, Roy John: A critical assessment of the works of Hans Fallada, with special reference to the theme of education and experience, phil. Diss. London 1971.

Resch, Stephan: Schreiben als Rauschersatz. Drogen bei Hans Fallada. In: Salatgarten 27 (2018), H. 1, S. 45–49.

Rudolph, Andrea: Weltanschauungsalternativen in der Weimarer Zeit. Zum Habitus konservativer Figuren im Erzählwerk Hans Falladas. In: Hans-Fallada-Jahrbuch (2006), Nr. 5, S. 32–56.

Schönert, Jörg: Krisen, Kriminalität und Katastrophen. Falladas Lebensläufe nach abfallender Linie. In: Hans Fallada. Autor und Werk im Literatursystem der Moderne, hg. von Patricia Fritsch-Lange und Lutz Hagestedt, Berlin/Boston 2011, S. 153–167.

Slochower, Harry: Hauptmann and Fallada: Uncoordinated Writers of Nazi Germany. In: Accent. A Quarterly of New Literature 3 (1942), Nr. 1, S. 18–25.
*Tinsley, Royal Lilburn: Hans Fallada's Concept of the Nature of the ‚Little Man', the Focal Point of his Narrative Work, phil. Diss. Tulane University/New Orleans 1965.
Töteberg, Michael: „… und zwar in großer Auflage". Die Erfindung des Taschenbuchs oder: Wie Fallada in der BRD zum Bestsellerautor wurde. In: Hans-Fallada-Jahrbuch (2016), Nr. 7: Hans Fallada und die Literatur(en) zur Finanzwelt, S. 410–437.
Türk, Werner: Literatur als Spiegel der Inflationszeit. In: Hans-Fallada-Jahrbuch (1995), Nr. 1, S. 107–113.
Ulrich, Roland: Gefängnis als ästhetischer Erfahrungsraum bei Fallada. In: Hans Fallada. Beiträge zu Leben und Werk. Materialien der 1. Internationalen Hans-Fallada-Konferenz in Greifswald vom 10.6 bis 13.6.1993, hg. von Gunnar Müller-Waldeck und R. U., Rostock 1995, S. 130–140.
Ulrich, Roland: Märchen und Mythos bei Hans Fallada. In: Hans-Fallada-Jahrbuch (1995), Nr. 1, S. 43–51.
Ulrich, Roland: Zwischen Neuromantik und Neuer Sachlichkeit. Zum Motiv des Geldes im Werk Hans Falladas. In: Hans-Fallada-Jahrbuch (1997), Nr. 2, S. 116–125.
Vaydat, Pierre: L'échec du personnage réparateur dans deux romans de Hans Fallada. In: La crise des relations interpersonnelles dans la littérature de langue allemande du XXe siècle 22 (1998), S. 33–51.
Williams, Jennifer: Hans Fallada in englischer Übersetzung: Zu Problemen der literarischen Übertragung. In: „Es ist das Werk, es ist die Person und es ist mehr". Eine Chronik seit 1983 in Berichten, Dokumenten und Bildern, hg. von Doris Haupt und Patricia Fritsch, Feldberg 2001, S. 106–115.
Zachau, Reinhard K.: Schreiben unter dem Faschismus: Fallada als politischer Schriftsteller. In: Ders.: Hans Fallada als politischer Schriftsteller, New York/Bern/Frankfurt a. M./Paris 1990, S. 197–216.

4.8 Werke alphabetisch

4.8.1 *Der Alpdruck*

Ächtler, Norman: „Ein gemäßigter Pessimist". Falladas gesellschaftskritische Texte der 1940er Jahre. In: Hans Fallada, hg. von Gustav Frank und Stefan Scherer, München 2013 (Text + Kritik 200), S. 72–82 [zu *Der Alpdruck*, S. 75–77].
Althöfer, Peter-Karsten: ‚Rausch über alle Räusche' – Die Beziehung zwischen literarischer Arbeit und Suchtmittelabhängigkeit im Werk des Schriftstellers Hans Fallada, dargestellt an seinem Roman *Der Alpdruck*, Bielefeld 1992.
Bernhardt, Rüdiger: Wirklichkeit und Traumwelt eines Chronisten. Zu Hans Falladas *Der Alpdruck*. In: Hans-Fallada-Jahrbuch (2003), Nr. 4, S. 9–42.
Bielefeld, Claus-Ulrich: Was ist eigentlich passiert? „Kein Kunstwerk – verzeiht!": Hans Falladas später autobiografischer Roman *Der Alpdruck* beschreibt die Irrwege eines Süchtigen in den letzten Kriegstagen. In: Die Welt (2014), Nr. 154, 5.7.2014, S. 6.
△ auch in: Salatgarten 23 (2014), H. 2, S. 38–39; Die Literarische Welt. Ein Journal für das literarische Geschehen (2014), Nr. 27, 5.7.2015, S. 6.
Caspar, Günter: Nachwort. In: Hans Fallada: Ausgewählte Werke in Einzelausgaben, Bd. 7: Der Trinker. Der Alpdruck, hg. von G. C., Berlin (Ost)/Weimar 1987, S. 527–627 [zu *Der Alpdruck*, S. 576–627; zum Text, S. 629–633].
Caspar, Günter: Zwischen Roman und Konfession. In: Ders.: Fallada-Studien, Berlin (Ost)/Weimar 1988, S. 183–283 [zu *Der Alpdruck*, S. 232–278].

Heinrich, Bernhard: Zur Rolle der Provinz in den Nachkriegsromanen Hans Falladas. In: Die Provinz im Leben und Werk von Hans Fallada. Protokollband des Kolloquiums des Fallada-Forums vom 4. Dezember 2004 in der Akademie der Künste Berlin, Deutschland, hg. von Thomas Bredohl und Jenny Williams, Schöneiche bei Berlin 2005, S. 96–107 [zu *Der Alpdruck*, S. 99–104].

Hofmann, Michael: Rudolf is not well. The final, fraught years of Hans Fallada. In: The Times Literary Supplement (2016), Nr. 5923, 7.10.2016, S. 23.

Holdack, Nele/Strien, René: *Der Alpdruck* – ein vergessenes Fallada-Buch? In: Salatgarten 23 (2014), H. 2, S. 35–37.

Jürss, Detlev: Rausch und Realitätsflucht. Eine Untersuchung zur Suchtthematik im Romanwerk Hans Falladas, Konstanz 1985 [zu *Der Alpdruck*, S. 191–201].

Lehmkuhl, Tobias: Die Stille nach dem Schock. Hans Falladas vorletzter Roman *Der Alpdruck* ist ein bewegendes Zeugnis eigenen Erlebens. In: Süddeutsche Zeitung. Münchner Neueste Nachrichten aus Politik, Kultur, Wirtschaft und Sport 70 (2014), Nr. 185, 13.8.2014, S. 11.

Liersch, Werner: *Der Alpdruck* von Hans Fallada – ein ‚document humain'. ‚Der durchschnittliche Deutsche'. In: Neues Deutschland. Sozialistische Tageszeitung 50 (1995), Nr. 114, A-Ausgabe, 17.5.1995, S. 9.

Luckscheiter, Roman: Am Nullpunkt des Erinnerns. Falladas Roman *Der Alpdruck* als Pathologie der unmittelbaren Nachkriegszeit. In: Zeit vergessen, Zeit erinnern. Hans Fallada und das kulturelle Gedächtnis, hg. von Carsten Gansel und Werner Liersch, Göttingen 2008, S. 57–67.

Menke, Silvia: Schreiben als Daseinsbewältigung. Die Bedeutung literarischer Produktivität für Hans Fallada und Gottfried Keller, Aachen 2000 [zu *Der Alpdruck*, S. 128–131].

Priwitzer, Jens: Totenstadt und Ruinenchaos. Berlin als Stadt- und Erinnerungslandschaft in Hans Falladas Roman *Der Alpdruck*. In: Zeit vergessen, Zeit erinnern. Hans Fallada und das kulturelle Gedächtnis, hg. von Carsten Gansel und Werner Liersch, Göttingen 2008, S. 69–93.

Resch, Stephan: Schreiben als Rauschersatz. Hans Fallada: *Der Alpdruck*. In: Ders.: Provoziertes Schreiben. Drogen in der deutschsprachigen Literatur seit 1945, Frankfurt a. M. 2007, S. 69–84.

Robinson, Benjamin: Hans Fallada fixes at Zero Hour: A bad Example for Rethinking the Postwar Canon. In: German studies review 27 (2004), Nr. 1, S. 63–82.

Szmorhun, Arletta: Hans Falladas *Alpdruck* im Raster der Geschlechtermatrix. In: Studia Niemcoznawcze 41 (2009), S. 317–327.

Szmorhun, Arletta: Selbsterfahrung und Fremdbestimmung – Zur Fluktuation weiblicher Identität in Hans Falladas *Alpdruck*. In: Hans Fallada und die literarische Moderne, hg. von Carsten Gansel und Werner Liersch, Göttingen 2009, S. 163–172.

Theilig, Ulrike/Töteberg, Michael: Die Trümmer der Städte und die „Trümmer der Seele". Hans Falladas *Alpdruck* und Johannes R. Bechers ermutigende Vorschläge. In: Die Tat. Antifaschistische Wochenzeitung 31 (1980), Nr. 3, 18.1.1980, S. 11.

Wilkes, Geoff: Hans Fallada's Crisis Novels 1931–1947, Bern/Berlin/Frankfurt a. M./Paris/Wien 2002 [zu *Der Alpdruck*, S. 89–111].

4.8.2 Altes Herz geht auf die Reise

Caspar, Günter: Fallada und der Film. In: Ders.: Fallada-Studien, Berlin (Ost)/Weimar 1988, S. 284–333 [zu *Altes Herz geht auf die Reise*, S. 307–315].

Caspar, Günter: Das Land in Brand. In: Ders.: Fallada-Studien, Berlin (Ost)/Weimar 1988, S. 120–182 [zu *Altes Herz geht auf die Reise*, S. 133–137].

Hartmann, Regina: Not der Zeit – Not der Kunst. Hans Falladas Roman *Altes Herz geht auf die Reise* im Fadenkreuz von Zensur und Selbstzensur. In: Zensur und Selbstzensur in der Literatur, hg. von Peter Brockmeier und Gerhard R. Kaiser, Würzburg 1996, S. 227–240.

Hartmann, Regina: „Die Wünsche unserer Kindheit auf dem Papier" – Fallada und Kästner im Vergleich. In: Hans-Fallada-Jahrbuch (1997), Nr. 2, S. 73–85.

Hartmann, Regina: Der Weg in den Ausweg. Erich Kästners und Hans Falladas Wunschtraum vom Sieg über die „Macht des Bösen". In: Geist und Macht. Schriftsteller und Staat im Mitteleuropa des „kurzen Jahrhunderts" 1914–1991, hg. von Marek Zybura unter Mitwirkung von Kazimiez Wóycicki, Dresden 2002, S. 241–253.

Wilkes, Geoffrey: Innere Emigration und innere Grenzen in *Altes Herz geht auf die Reise*. In: Hans-Fallada-Jahrbuch (2003), Nr. 4, S. 193–201.

4.8.3 *Anton und Gerda*

Caspar, Günter: Zu Falladas Frühwerk. In: Hans Fallada: Falladas Frühwerk in zwei Bänden, Bd. 2: Frühe Prosa. Die Erzählungen, hg. von G. C., Berlin/Weimar 1993, S. 423–536 [zu *Anton und Gerda*, S. 488–492].

Jürss, Detlev: Rausch und Realitätsflucht. Eine Untersuchung zur Suchtthematik im Romanwerk Hans Falladas, Konstanz 1985 [zu *Anton und Gerda*, S. 131–142].

Koburger, Sabine/Armbruster, Jan: Fallada als Patient der Provinzialheilanstalt Stralsund. Stoff für seinen Roman *Anton und Gerda*? In: Salatgarten 24 (2015), H. 1, S. 21–27.

Koburger, Sabine: Hans Fallada: *Anton und Gerda*. Ein Roman im Dornröschenschlaf. In: Salatgarten 25 (2016), H. 2, S. 33–35.

Montesinos Caperos, Manuel: El erotismo en la obra temprana de Hans Fallada. In: Amor y erotismo en la literatura, hg. von Caja Duero, Salamanca 1999, S. 605–612.

Thöming, Jürgen C.: Hans Fallada. Seismograph gesellschaftlicher Krisen. In: Zeitkritische Romane des 20. Jahrhunderts. Die Gesellschaft in der Kritik der deutschen Literatur, hg. von Hans Wagener, Stuttgart 1975, S. 97–123 [zu *Anton und Gerda*, S. 109–112].

Vollmer, Hartmut: Die Liebe in den Romanen der zwanziger Jahre. In: Liebes(ver)lust. Existenzsuche und Beziehungen von Männern und Frauen in deutschsprachigen Romanen der zwanziger Jahre. Erzählte Krisen – Krisen des Erzählens, Oldenburg 1998, S. 366–573 [zu *Anton und Gerda*, S. 370–373].

4.8.4 *Der Apparat der Liebe*

George, Marion: Falladas frühe Prosa. In: Hans-Fallada-Jahrbuch (2003), Nr. 4, S. 172–192.

Caspar, Günter: Kuh-Schuh-du. Frühe Erzählungen aus Falladas Nachlaß. In: Neue Deutsche Literatur. Monatsschrift für schöne Literatur und Kritik 41 (1993), H. 5, S. 126–136.

Caspar, Günter: Zu Falladas Frühwerk. In: Hans Fallada: Falladas Frühwerk in zwei Bänden, Bd. 2: Frühe Prosa. Die Erzählungen, hg. von G. C., Berlin/Weimar 1993, S. 423–536 [zu *Der Apparat der Liebe*, S. 523–525].

Kapitel, Kristina: Hans Falladas journalistisches Schreiben im Verhältnis zu seinem literarischen Werk um 1930, Masterarbeit, Karlsruhe (KIT) 2017 [zu *Der Apparat der Liebe*, S. 10–11].

Scherer, Stefan: Psychomechanik des Lebens. Der noch zu entdeckende Erzähler Fallada um 1925: *Der Apparat der Liebe* (1925). In: Salatgarten 24 (2015), H. 2, S. 38–41.

4.8.5 Aufzeichnungen des jungen Rudolf Ditzen nach dem Scheinduell mit seinem Schulfreund

Walther, Peter: Im Spiegelkabinett von Literatur und Leben. Falladas unbekannte Erzählungen und Selbstauskünfte. In: Hans Fallada: Junge Liebe zwischen Trümmern. Erzählungen, hg. und mit einem Nachwort von P. W., Berlin 2018, S. 253–294 [zu *Aufzeichnungen des jungen Rudolf Ditzen nach dem Scheinduell mit seinem Schulfreund*, S. 258–259].

4.8.6 Bauern, Bonzen und Bomben

Ächtler, Norman: „Ein Geschlecht voller Angst" – Die Vorgangsfigur vom „Kleinen Mann im Kampf aller gegen alle" in Hans Falladas sozialkritischem Werk. In: Hans Fallada und die literarische Moderne, hg. von Carsten Gansel und Werner Liersch, Göttingen 2009, S. 129–151 [zu *Bauern, Bonzen und Bomben*, S. 136–139].

Arnöman, Nils: „Ach Kinder...". Zur Rolle des Kindes und der Familie im Werk Hans Falladas, phil. Diss. Stockholm 1998 [zu *Bauern, Bonzen und Bomben*, S. 30–40].

Caspar, Günter: Nachwort. In: Hans Fallada: Ausgewählte Werke in Einzelbänden, Bd. 1: Bauern, Bonzen und Bomben. Roman, Berlin (Ost)/Weimar 1964, S. 619–676.

Caspar, Günter: Ein kleiner Zirkus namens Monte. In: Ders.: Fallada-Studien, Berlin (Ost)/Weimar 1988, S. 5–65.

Crepon, Tom/Dwars, Marianne: „Who ist who" in *Bauern, Bonzen und Bomben*? In: Dies.: An der Schwale liegt (k)ein Märchen. Hans Fallada in Neumünster, Neumünster 1993, S. 92–106.

Dietz, Antje: Historische, biographische und soziologische Voraussetzungen zum Verständnis von Hans Falladas Roman *Bauern, Bonzen und Bomben*, Magisterarbeit, Norderstedt 2005.

*Ehlers, Torsten: „Trotz seiner mehr als fragwürdigen Rolle freigesprochen". Eine literarische Morphologie der Landvolkbewegung – am Beispiel Bronnen, Fallada, Salomon, Uhse illustriert, Rostock 2011.

Eissfeldt, Kurt H.: Fatalismus und Hoffnung. Untersuchungen zum Menschen- und Gesellschaftsbild im massenhaft verbreiteten politischen Zeitroman am Beispiel der Romane *Bauern, Bonzen und Bomben* von Hans Fallada und *Alle Menschen werden Brüder* von Johannes Mario Simmel, Frankfurt a. M. 1988.

Foster, Frances Clare: The Press of the Weimar Republic and its Representation in German Literature, phil. Diss. Bristol 1996 [zu *Bauern, Bonzen und Bomben*, S. 90–129].

Gast, Wolfgang: Die Transformation von Literatur der Neuen Sachlichkeit in das Fernsehspiel – Egon Monks dokudramatische Adaption von Hans Falladas Roman *Bauern, Bonzen und Bomben* 1973. In: Hans Fallada und die literarische Moderne, hg. von Carsten Gansel und Werner Liersch, Göttingen 2009, S. 187–204.

Gruber, Helmut: The German Writer as Social Critic 1927 to 1933. In: Studi Germanici 7 (1969), Nr. 2–3, S. 258–286 [zu *Bauern, Bonzen und Bomben*, S. 265].

Gürgen, Hannes: Camera-eye, short cuts und Montage. Filmisches Schreiben in Hans Falladas Roman *Bauern, Bonzen und Bomben*. In: Salatgarten 26 (2017), H. 2, S. 4–8.

Hahn, Michael: Scheinblüte, Krisenzeit, Nationalsozialismus. Die Weimarer Republik im Spiegel später Zeitromane (1928–1932/3), Bern 1995, S. 140–145.

Hilscher, Eberhard: Ein knalliger Titel. In: Neues Deutschland. Sozialistische Tageszeitung 20 (1965), Nr. 40, 10.2.1965, S. 12.

Jürss, Detlev: Rausch und Realitätsflucht. Eine Untersuchung zur Suchtthematik im Romanwerk Hans Falladas, Konstanz 1985 [zu *Bauern, Bonzen und Bomben*, S. 147–150].

Kapitel, Kristina: Hans Falladas journalistisches Schreiben im Verhältnis zu seinem literarischen Werk um 1930, Masterarbeit, Karlsruhe (KIT) 2017 [zu *Bauern, Bonzen und Bomben*, S. 15–17, S. 33–34, S. 44–48, S. 57–60].

Kerker, Armin: „Too Much Monkey Business" – oder wie man aus einem faschistischen Roman ein „demokratisches Lehrstück" macht. In: Ders.: Aus den Köpfen an die Tafel. München 1976, S. 55–71 [zu *Bauern, Bonzen und Bomben*, S. 61–71].

Klausing, Helmut: Hans Fallada. – Milieuschriftsteller unserer Zeit –. In: Ein Sechstel der Erde. Zeitschrift für Kultur, Wissenschaft und Wirtschaft 3 (1954), H. 4, S. 142–145.

Krohn, Claus-Dieter: Hans Fallada und die Weimarer Republik. ‚Zur Disposition' kleinbürgerlicher Mentalitäten vor 1933. In: Literaturwissenschaft und Geschichtsphilosophie. Festschrift für Wilhelm Emrich, hg. von Helmut Arntzen, Bernd Balzer, Karl Pestalozzi und Rainer Wagner, Berlin/New York 1975, S. 507–522 [zu *Bauern, Bonzen und Bomben*, S. 509–516].

Lange, I. M.: *Bauern, Bonzen und Bomben*. In: Leonhard Frank. Hans Fallada. Hilfsmaterial für den Literaturunterricht an den Ober- und Fachschulen, hg. vom Kollektiv für Literaturgeschichte im volkseigenen Verlag Volk und Wissen (Redaktion: Kurt Böttcher und Paul Günter Krohn), Berlin (Ost) 1955, S. 91–93.

Le Bars, Michelle: Le mouvement paysan dans le Schleswig-Holstein 1928–1932, Bern/Frankfurt a. M./New York 1986 [zu *Bauern, Bonzen und Bomben*, S. 140–179].

Liersch, Werner: Die dritte Dimension. In: Neue Deutsche Literatur. Monatsschrift für schöne Literatur und Kritik 13 (1965), H. 7, S. 167–172.

Littlejohn, Fiona: „Sachliche Berichterstattung"? Zur Problematisierung neusachlicher Ästhetik in Hans Falladas *Bauern, Bonzen und Bomben*. In: Hans-Fallada-Jahrbuch (2000), Nr. 3, S. 204–219.

Menke, Silvia: Schreiben als Daseinsbewältigung. Die Bedeutung literarischer Produktivität für Hans Fallada und Gottfried Keller, Aachen 2000 [zu *Bauern, Bonzen und Bomben*, S. 89–91].

Möbius, Hanno: Der Sozialcharakter des Kleinbürgers in den Romanen Falladas. In: Stereotyp und Vorurteil in der Literatur. Untersuchungen zu Autoren des 20. Jahrhunderts, hg. von James Elliott, Jürgen Pelzer und Carol Poore, Göttingen 1978, S. 84–110 [zu *Bauern, Bonzen und Bomben*, S. 94–98].

Möller, Horst: ‚Wolfszeit'. Die Weimarer Republik im Spiegel von Hans Falladas Roman *Bauern, Bonzen und Bomben* (1931). In: Epos Zeitgeschichte. Romane des 20. Jahrhunderts in zeithistorischer Sicht. 10 Essays für den 100. Band, hg. von Johannes Hürter und Jürgen Zarusky, München 2010, S. 37–54.

Pankau, Johannes G.: *Bauern, Bonzen und Bomben* als Roman der Macht: Zum Zusammenhang von Schreibdisposition und Charakterisierungstechnik bei Hans Fallada. In: Seminar 22 (1986), H. 1, S. 144–164.

Pfanner, Helmut F.: Die ‚Provinzliteratur' der zwanziger Jahre. In: Die deutsche Literatur in der Weimarer Republik, hg. von Wolfgang Rothe, Stuttgart 1974, S. 237–254 [zu *Bauern, Bonzen und Bomben*, S. 241–243].

Polt-Heinzl, Evelyne: Besichtigung der Provinz in der Krise – hoch im Norden und tief im Süden. Hans Falladas *Bauern, Bonzen und Bomben* und Martina Wieds *Rauch über Sanct Florian*. In: Hans-Fallada-Jahrbuch (2016), Nr. 7: Hans Fallada und die Literatur(en) zur Finanzwelt, S. 129–148.

Sadek, Martin: *Bauern, Bonzen und Bomben*. Realität und Roman. In: Hans Fallada. Werk und Wirkung, hg. von Rudolf Wolff, Bonn 1983, S. 43–62.
△ auch in: Hans Fallada. Beiträge zu Leben und Werk. Materialien der 1. Internationalen Hans-Fallada-Konferenz in Greifswald vom 10.6. bis 13.6.1993, hg. von Gunnar Müller-Waldeck und Roland Ulrich, Rostock 1995, S. 100–116.

Sadek, Martin: Die Landvolkbewegung im Spiegel der Bücher von Hans Fallada, Walter Luetgebrune, Ernst von Salomon und Bodo Uhse. In: Recht und Juristen im Spiegel von Literatur und Kunst. Tagung im Nordkolleg Rendsburg vom 6. bis 8. September 2013, Berlin 2014, S. 75–88 [zu *Bauern, Bonzen und Bomben*, S. 75–83].

Sadek, Martin: Fallada und die Landvolkbewegung. Auszüge aus einem Vortrag. In: Salatgarten 24 (2015), H. 1, S. 58–62.

Schmidt-Henkel, Gerhard: Hans Falladas Roman *Bauern, Bonzen und Bomben*. Zum Genretypus und zum Erzählmodell. In: Hans Fallada. Beiträge zu Leben und Werk. Materialien der 1. Internationalen Hans-Fallada-Konferenz in Greifswald vom 10.6 bis 13.6.1993, hg. von Gunnar Müller-Waldeck und Roland Ulrich, Rostock 1995, S 45–66.

Schneider, Rolf: Klatsch, Kabale und Korruption. Rolf Schneider über Hans Falladas *Bauern, Bonzen und Bomben*. In: Frankfurter Allgemeine. Zeitung für Deutschland (1983), Nr. 208, 8.9.1983, S. 25.
△ auch in: Romane von gestern – heute gelesen, Bd. 2: 1918–1933, hg. von Marcel Reich-Ranicki, Frankfurt a. M. 1989, S. 277–284.

Schütz, Erhard: ‚Schwein' [E. Kästner: *Fabian*; H. Fallada: *Bauern, Bonzen und Bomben*]. In: Romane der Weimarer Republik, München 1986, S. 151–154.

Shookman, Ellis: Making history in Hans Fallada's *Bauern, Bonzen und Bomben*. Schleswig-Holstein, Nazism, and the ‚Landvolkbewegung'. In: German Studies Review 13 (1990), Nr. 3, S. 461–480.
Simon, Horst: Zeitgeschichtsdarstellung im Roman um 1930, phil. Diss. Jena 1971 [zu *Bauern, Bonzen und Bomben*, S. 113–140].
Töteberg, Michael: Nachwort. Ein kleiner Zirkus namens Belli. In: Hans Fallada: *Bauern, Bonzen und Bomben*. Roman, Reinbek bei Hamburg 2018, S. 701–710.
Turner, Henry Ashby: Fallada for Historians. In: German studies review 26 (2003), Nr. 3, S. 477–492 [zu *Bauern, Bonzen und Bomben*, S. 484–487].
Vaydat, Pierre: L'échec du personnage réparateur dans deux romans de Hans Fallada. In: La crise des relations interpersonnelles dans la littérature de langue allemande du XXe siècle 22 (1998), S. 33–51.
Wilkes, Geoff: The title of Hans Fallada's *Bauern, Bonzen und Bomben*. In: AUMLA. Journal of the Australasian Universities Language and Literature Association (1997), Nr. 88, S. 97–99.
Wilkes, Geoff: Hans Fallada's Crisis Novels 1931–1947, Bern/Berlin/Frankfurt a. M./Paris/Wien 2002 [zu *Bauern, Bonzen und Bomben*, S. 15–37, S. 139–150].
Williams, Jenny: Hans Fallada's Literary Breakthrough: *Bauern, Bonzen und Bomben* and *Kleiner Mann – was nun?* In: German Novelists of the Weimar Republic. Intersections of Literature and Politics, hg. von Karl Leydecker, New York 2006, S. 253–268.
Yager, Jane: Journalist training. In: The Times Literary Supplement (2012), Nr. 5 684, 9.3.2012, S. 21.
Zachau, Reinhard K.: Ein Beispiel der ‚Neuen Sachlichkeit': *Bauern, Bonzen und Bomben*. In: Ders.: Hans Fallada als politischer Schriftsteller, New York/Bern/Frankfurt a. M./Paris 1990, S. 51–77.
Zachau, Reinhard K.: Neue Angriffe auf *Bauern, Bonzen und Bomben* aus den USA. In: Hans-Fallada-Jahrbuch (1995), Nr. 1, S. 79–94.
Zachau, Reinhard K.: „Armer Tredup, es war nie viel los mit dir": Zu Erzählstrategien der Neuen Sachlichkeit in *Bauern, Bonzen und Bomben*. In: Die Provinz im Leben und Werk von Hans Fallada. Protokollband des Kolloquiums des Fallada-Forums vom 4. Dezember 2004 in der Akademie der Künste Berlin, Deutschland, hg. von Thomas Bredohl und Jenny Williams, Schöneiche bei Berlin 2005, S. 41–63.
Zachau, Reinhard: Elemente der Neuen Sachlichkeit in Hans Falladas *Bauern, Bonzen und Bomben*. In: Hans Fallada und die literarische Moderne, hg. von Carsten Gansel und Werner Liersch, Göttingen 2009, S. 91–99.

4.8.7 Der Bettler, der Glück bringt

Brylla, Wolfgang: Im Wirrwarr der Wirtschaftskrise. Narrative Konstruktionen des Missstandes in Hans Falladas Angestellten- und Arbeitslosengeschichten. In: Hans-Fallada-Jahrbuch (2016), Nr. 7: Hans Fallada und die Literatur(en) zur Finanzwelt, S. 307–327 [zu *Der Bettler, der Glück bringt*, S. 323–325].

4.8.8 Der blutende Biber

Walther, Peter: Im Spiegelkabinett von Literatur und Leben. Falladas unbekannte Erzählungen und Selbstauskünfte. In: Hans Fallada: Junge Liebe zwischen Trümmern. Erzählungen, hg. und mit einem Nachwort von P. W., Berlin 2018, S. 253–294 [zu *Der blutende Biber*, S. 263–264].

4.8.9 Die Bucklige

Walther, Peter: Im Spiegelkabinett von Literatur und Leben. Falladas unbekannte Erzählungen und Selbstauskünfte. In: Hans Fallada: Junge Liebe zwischen Trümmern. Erzählungen, hg. und mit einem Nachwort von P. W., Berlin 2018, S. 253–294 [zu *Die Bucklige*, S. 285].

4.8.10 Christkind verkehrt

Röhl, Anja: *Christkind verkehrt*. Weihnachtsgeschichten. Weihnachten aus Falladas Sicht. In: Salatgarten 24 (2015), H. 2, S. 57–59.

4.8.11 Damals bei uns daheim

Hübner, Anja Susan: „…als ein Gruß an die versunkenen Gärten der Kinderzeit" – die ‚Erinnerungsbücher' Hans Falladas. In: Zeit vergessen, Zeit erinnern. Hans Fallada und das kulturelle Gedächtnis, hg. von Carsten Gansel und Werner Liersch, Göttingen 2008, S. 131–143.

Kellner, Alfred: Der Lebensroman des Hans Fallada. In: Der Tagesspiegel. Unabhängige Berliner Morgenzeitung 14 (1958), Nr. 3795, 2.3.1958, Literaturblatt, S. 31.

Williams, J[enny]: Hans Fallada's Memoirs: Fact or Fiction? In: New German Studies 12 (1984), Nr. 1, S. 21–35.

Ziersch, Roland: Wege und Holzwege. In: Süddeutsche Zeitung. Münchner Neueste Nachrichten aus Politik, Kultur, Wirtschaft und Sport, Nr. 184, 2./3.08.1958, SZ am Wochenende, [S. 6].

4.8.12 Dies Herz, das dir gehört

Bellin, Klaus: Peinlich, peinlich… Ein unbekannter Fallada-Roman wurde entdeckt. In: Neues Deutschland. Sozialistische Tageszeitung 49 (1994), Nr. 296, 20.12.1994, S. 11.

Dederke, Karlheinz: Triviallada. Zu Recht vergessen: ein Roman Hans Falladas aus dem Jahre 1939. In: Der Tagesspiegel 50 (1994), Nr. 15077, 30.10.1994, S. 5.

Demetz, Peter: Jetzt Frau Fabrikantin. Filmreif fürs Reich: Die Gelenkigkeit des Hans Fallada. In: Frankfurter Allgemeine. Zeitung für Deutschland (1995), Nr. 7, 9.1.1995, S. 22.

Giesecke, Almut: Nachwort. In: Fallada, Hans: Dies Herz, das dir gehört (Zuflucht), 2. Aufl., Berlin 2013, S. 289–298.

Hartl, Edwin: Ein Fallada. Der noch nie gedruckt wurde. Ein Roman, der einem geplanten NS-Film als Vorlage dienen sollte, dem Autor für diesen Zweck aber viel zu ehrlich geriet, erweist sich als echter Fallada und als trotz glücklichen Endes durchaus lesenswertes Werk. In: Die Furche. Die österreichische Wochenzeitung 51 (1995), Nr. 7, 16.2.1995, S. 23.

Schmitz-Burckhardt, Barbara: Das „Lämmchen" Hanne. Hans Falladas Nazifilm-Schmonzette *Dies Herz, das dir gehört*. In: Frankfurter Rundschau. Unabhängige Tageszeitung 51 (1995), Nr. 6, 7.1.1995, S. 6.

Urbach, Tilman: Landkind und Fabrikantensohn. Ein wiederentdeckter Roman von Hans Fallada. In: Neue Zürcher Zeitung 216 (1995), Nr. 222, 25.9.1995, S. 17.

4.8.13 Drei Jahre kein Mensch

Caspar, Günter: Zu den Texten. In: Hans Fallada: Sachlicher Bericht über das Glück, ein Morphinist zu sein. Geschichten, Berlin 2011, S. 143–158 [zu *Drei Jahre kein Mensch*, S. 146–150].

Hernik, Monika: ‚Nüchterne Sachlichkeit' als Prinzip. Zu ausgewählten Nachlasstexten von Hans Fallada. In: Hans Fallada und die literarische Moderne, hg. von Carsten Gansel und Werner Liersch, Göttingen 2009, S. 51–66 [zu *Drei Jahre kein Mensch*, S. 58–63].

4.8.14 *Der eiserne Gustav*

Brunner, Maria E.: Proletarisierungsprozesse und Politikverständnis in Hans Falladas Werk, Neuried 1997 [zu *Der eiserne Gustav*, S. 131–163].
Brylla, Wolfgang: Das neusachliche Erzählen in Hans Falladas *Der Eiserne Gustav*. In: Studia Niemcoznawcze 41 (2009) S. 201–213.
Caspar, Günter: Rekonstruktion eines Romans. In: Neue Texte 2. Almanach für deutsche Literatur. Herbst 1962, Berlin (Ost) 1962, S. 353–375.
Caspar, Günter: Nachwort. In: Hans Fallada: Ausgewählte Werke in Einzelausgaben, Bd. 6: Der eiserne Gustav. Roman, hg. von G. C., Berlin (Ost)/Weimar 1963, S. 755–813.
Caspar, Günter: Zum Text. In: Hans Fallada: Ausgewählte Werke in Einzelausgaben, Bd. 6: Der eiserne Gustav. Roman, hg. von G. C., Berlin (Ost)/Weimar 1963, S. 815–837.
Caspar, Günter: Fallada und der Film. In: Ders.: Fallada-Studien, Berlin (Ost)/Weimar 1988, S. 284–333 [zu *Der eiserne Gustav*, S. 297–306].
Conrad, Andreas: Die Legende vom *Eisernen Gustav*. Hans Fallada und der berühmteste Berliner Droschkenkutscher. In: Ders.: Dichter, Diven und Skandale. Berliner Geschichten, Berlin 1990, S. 127–132.
Emigholz, Erich: Die Wandlungen des *Eisernen Gustav*. Zum 65. Geburtstag von Hans Fallada. In: Bremer Nachrichten. Weser-Zeitung 216 (1958), Nr. 167, 22.7.1958, S. 10.
Funke, Christoph: Fallada und der Droschkenkutscher. Zum Versuch der Rekonstruktion des Romans *Der eiserne* Gustav. In: Der Morgen. Zentralorgan der liberal-demokratischen Partei Deutschlands (1963), Nr. 168, Beilage zum Sonntag, [S. 4].
Joho, Wolfgang: Fallada – Größe und Grenzen einer Begabung. In: Neue Deutsche Literatur. Monatsschrift für schöne Literatur und Kritik 11 (1963), H. 7, S. 152–155.
Jürss, Detlev: Rausch und Realitätsflucht. Eine Untersuchung zur Suchtthematik im Romanwerk Hans Falladas, Konstanz 1985 [zu *Der eiserne Gustav*, S. 170–173].
K., H. K.: Hans Fallada *Der eiserne Gustav*. In: Der werbende Buch- und Zeitschriftenhandel 66 (1958), H. 12 (Dezember 1958), S. 441.
*Kaufmann, Lili: Die sozialen Romane Hans Falladas. *Der Eiserne Gustav*. In: Filologitschenskije Nauki (1964), H. 2.
Kuhnke, Manfred: Falladas später Triumph. In: Salatgarten 23 (2014), H. 2, S. 42–44.
Levy, Paul: Goebbels's Reluctant Novelist. Every so often you come across a book so finely wrought that you have no doubt about its status as a literary classic. *Iron Gustav* is one. In: The Wall Street Journal (2014), 14.9.2014.
A auf Deutsch unter: Goebbels widerspenstiger Romancier. In: Salatgarten 23 (2014), H. 2, S. 40–41.
Menke, Silvia: Schreiben als Daseinsbewältigung. Die Bedeutung literarischer Produktivität für Hans Fallada und Gottfried Keller, Aachen 2000 [zu *Der eiserne Gustav*, S. 104–108].
Müller-Waldeck, Gunnar: Die Geschichte des legendären Droschkenkutschers Gustav Hartmann, Berlin 2008 [zu *Der eiserne Gustav*, S. 189–200].
Müller-Waldeck, Gunnar: *Der eiserne Gustav*. Von Hartmann zu Hackendahl oder: Das ist unser Vater nicht! In: Ders.: Hans Fallada – nach wie vor. Betrachtungen – Erinnerungen – Gespräche – biographische Splitter, Elmenhorst/Vorpommern 2016, S. 108–118.
Nowak, Piotr: Das deutsche Selbstverständnis in der Zeit des Ersten Weltkrieges und der darauffolgenden Jahre anhand des Romans *Der eiserne Gustav*. In: Nationale Identität. Aspekte, Probleme und Kontroversen in der deutschsprachigen Literatur, hg. von Joanna Jabłkowska und Małgorzata Półrola, Łódź 1998, S. 164–172.
Schmidt, Marianne: Hans Fallada und der *eiserne Gustav*. Zum 70. Geburtstag des großen Erzählers. In: Neues Deutschland. Organ des Zentralkomitees der Sozialistischen Einheits-

partei Deutschlands 18 (1963), Nr. 196, 20.7.1963, Die gebildete Nation (Beilage), Nr. 29, S. 2.

Schonauer, Franz: Falladas retuschiertes Morgenrot. Man kennt den eisernen Gustav kaum mehr wieder. In: Die Zeit. Wochenzeitung für Politik, Wirtschaft, Handel und Kultur 13 (1958), Nr. 26, 26.6.1958, S. 6.

*Thadea, Thomas: Zeitgemälde und soziales Märchen. Hans Fallada und sein Roman *Der eiserne Gustav*. In: Nationalzeitung. Das Blatt der National-Demokratischen Partei Deutschlands 16 (1963), Nr. 167, 20.7.1963.

Turner, Henry Ashby: Fallada for Historians. In: German studies review 26 (2003), Nr. 3, S. 477–492 [zu *Der eiserne Gustav*, S. 480–481].

Zachau, Reinhard K.: Die Familie als Modell für Deutschland: *Der Eiserne Gustav*. In: Ders.: Hans Fallada als politischer Schriftsteller, New York/Bern/Frankfurt a. M./Paris 1990, S. 159–172.

4.8.15 *Das EK Eins*

Walther, Peter: Im Spiegelkabinett von Literatur und Leben. Falladas unbekannte Erzählungen und Selbstauskünfte. In: Hans Fallada: Junge Liebe zwischen Trümmern. Erzählungen, hg. und mit einem Nachwort von P. W., Berlin 2018, S. 253–294 [zu *Das EK Eins*, S. 274–275].

4.8.16 *Fridolin, der freche Dachs*

Hernik, Monika: „Mit der Murkelei ist es schwierig..." – Hans Fallada als moderner Erzähler für Kinder. In: Zeit vergessen, Zeit erinnern. Hans Fallada und das kulturelle Gedächtnis, hg. von Carsten Gansel und Werner Liersch, Göttingen 2008, S. 113–129 [zu *Fridolin, der freche Dachs*, S. 124–129].

Maly, Karl Anton: Hans Fallada: *Fridolin, der freche Dachs*. In: Neue Volksbildung. Buch und Bücherei. Neue Folge 7 (1956), H. 8 (August 1956), S. 323.

Z., M. v.: Postumer Fallada. In: Die Zeit. Wochenzeitung für Politik, Wirtschaft, Handel und Kultur 9 (1954), Nr. 46, 18.11.1954, [S. 9].

4.8.17 *Fröhlichkeit und Traurigkeit*

Brylla, Wolfgang: Im Wirrwarr der Wirtschaftskrise. Narrative Konstruktionen des Missstandes in Hans Falladas Angestellten- und Arbeitslosengeschichten. In: Hans-Fallada-Jahrbuch (2016), Nr. 7: Hans Fallada und die Literatur(en) zur Finanzwelt, S. 307–327 [zu *Fröhlichkeit und Traurigkeit*, S. 316–320].

4.8.18 *Gauner-Geschichten*

Nell, Werner: Zwischen Sozialreportage und Sozialkolportage – Hans Fallada und Siegfried Krakauer. In: Hans Fallada und die literarische Moderne, hg. von Carsten Gansel und Werner Liersch, Göttingen 2009, S. 13–33 [zu *Gauner-Geschichten*, S. 27–28].

4.8.19 *In meinem fremden Land. Gefängnistagebuch 1944*

Bellin, Klaus: „Dumme Ahnungslosigkeit". Hans Fallada sitzt 1944 im Gefängnis und führt heimlich Tagebuch. In: Neues Deutschland. Sozialistische Tageszeitung 64 (2009), Nr. 173, 28.7.2009, S. 9.
A auch in: Salatgarten 19 (2010), H. 1, S. 59.

Eggebrecht, Harald: Ich habe das Leben wie alle gelebt. *In meinem fremden Land*: Hans Falladas verstörendes *Gefängnistagebuch* aus dem Jahr 1944. In: Süddeutsche Zeitung. Münchner Neueste Nachrichten aus Politik, Kultur, Wirtschaft und Sport 65 (2009), Nr. 196, 27.8.2009, S. 14.
A auch in: Salatgarten 19 (2010), H. 1, S. 54.
Festenberg, Nikolaus von: So leicht zu verführen. Nach mehr als 60 Jahren ist jetzt ein Tagebuch entziffert und publiziert worden, das der Schriftsteller Hans Fallada 1944 heimlich in der Haft schrieb. In: Der Spiegel (2009), Nr. 22, 25.5.2009, S. 146–147.
Heise, Ulf: Drohen, immer nur drohen. Sensationeller Fund: Hans Falladas *Gefängnistagebuch* aus dem Jahre 1944. In: Märkische Allgemeine. Zeitung für das Land Brandenburg (2009), 4.7.2009, Kultur, S. 1.
Hillgruber, Katrin: Hasardeur unter Volksgenossen. Hans Falladas *Gefängnistagebuch* aus dem Jahr 1944. In: Badische Zeitung 64 (2009), Nr. 187, 15.8.2009, S. 4.
A auch unter: Tiefe menschliche Spontaneität. Hans Falladas *Gefängnistagebuch* des Jahres 1944 sprüht vor Witz und Katastrophen. In: Frankfurter Rundschau. Unabhängige Tageszeitung 65 (2009), Nr. 285, 8.12.2009, S. 17.
Hinck, Walter: Freiheitstraum im Luftschutzraum. Unsicherer Kantonist: Hans Falladas *Gefängnistagebuch* des Jahres 1944. In: Frankfurter Allgemeine. Zeitung für Deutschland (2009), Nr. 275, 26.11.2009, S. 30.
Koch, Manfred: Unter Mördern und Sittenstrolchen. Im *Gefängnistagebuch* rechnet Hans Fallada mit dem Nationalsozialismus ab. In: NZZ am Sonntag 8 (2009), Nr. 22, 31.5.2009, S. 24.
*Kreitling, Holger: Nackt vor dem Leser. Das *Gefängnistagebuch* war für Hans Fallada ein rettender Anker – Doch es verrät zu viel über ihn. In: Hamburger Abendblatt 62 (2009), 27.5.2009.
A auch in: Salatgarten 18 (2009), H. 2, S. 40.
Liersch, Werner: Warum ist er geblieben? Aufzeichnungen aus einer Anstalt: Die „Erinnerungen 1944" des Schriftstellers Hans Fallada. In: Frankfurter Allgemeine Sonntagszeitung (2009), Nr. 27, 5.7.2009, S. 24.
A auch in: Salatgarten 18 (2009), H. 2, S. 41.
*Mommert, Wilfried: Manische Schreibwut. Hans Fallada: *Gefängnistagebuch* von 1944. In: Fuldaer Zeitung (2009), Nr. 91, 20.4.2009.
A auch in: Salatgarten 18 (2009), H. 2, S. 39.
Müller-Waldeck, Gunnar: Hans Falladas Abrechnung mit dem NS-System. Im Gefängnis verfasste der Autor eine Klartextbilanz der Nazizeit, die zum Erstaunlichsten gehört, was in Deutschland zwischen 1933 und 1945 geschrieben wurde. In: Ostsee-Zeitung. Die Unabhängige für Mecklenburg-Vorpommern. Rostocker Zeitung 58 (2010), Nr. 7, 9./10.1.2010, Wochenendjournal, S. 4.
A auch in: Salatgarten 19 (2010), H. 1, S. 55.
Müller-Waldeck, Gunnar: Hans Fallada: *In meinem fremden Land. Gefängnistagebuch 1944*. In: Ders.: Hans Fallada – nach wie vor. Betrachtungen – Erinnerungen – Gespräche – biographische Splitter, Elmenhorst/Vorpommern 2016, S. 135–137.
Penzel, Matthias: „Ob ich morgen wohl weiterschreibe? Ich bin wahnsinnig, wenn ich es tue!" Diese manischen Aufzeichnungen sind auch Betrachtungen aus einem inneren Exil, in dem das, was nicht gesagt oder geschrieben werden darf, herausbricht wie ein Beben. Matthias Penzel über Hans Falladas intensives Gefängnistagebuch *In meinem fremden Land*. In: Salatgarten 18 (2009), H. 2, S. 37–40.
Robertson, Ritchie: Hans Fallada. *A Stranger in My Own Country. The 1944 Prison Diary*. In: The Times literary Supplement (2015), Nr. 5859, 17.7.2015, S. 27.
Scheer, Udo: Der Fall Fallada. Fast wäre das *Gefängnistagebuch 1944* nicht wieder erschienen. Alte DDR-Seilschaften wollten die Neuedition verhindern. In: Rheinischer Merkur. Wochenzeitung für Politik, Wirtschaft, Kultur, Christ und Welt (2009), Nr. 23, 4.6.2009, S. 21.
Ulrich, Roland: Rudolf Ditzen hinter südschwedischen Gardinen. In Falladas *Gefängnistagebuch* geblättert. In: [1893–1993] Fallada. Leben und Werk. Ehrung zum 100. Geburtstag,

Greifswald 1993, hg. vom Hans-Fallada-Verein Greifswald e. V. und der Hansestadt Greifswald, Greifswald 1993, S. 29–32.

upj.: Kleiner Mann im grossen Reich. In: Neue Zürcher Zeitung 230 (2009), Nr. 102, 5.5.2009, S. 25.

Williams, Jenny/Lange, Sabine: Sendbrief auf dem Totenhaus. Nachwort. In: Hans Fallada: In meinem fremden Land. Gefängnistagebuch 1944, hg. von J. W. und S. L., Berlin 2009, S. 271–286.

4.8.20 *Genesenden-Urlaub*

Walther, Peter: Im Spiegelkabinett von Literatur und Leben. Falladas unbekannte Erzählungen und Selbstauskünfte. In: Hans Fallada: Junge Liebe zwischen Trümmern. Erzählungen, hg. und mit einem Nachwort von P. W., Berlin 2018, S. 253–294 [zu *Genesenden-Urlaub*, S. 275–276].

4.8.21 *Geschichte vom goldenen Taler*

Grisko, Michael: „Wer mit Gefühl spart, bleibt bis zuletzt bettelarm." Bemerkungen zu Hans Falladas Märchen *Der goldene Taler* und der Verfilmung durch das Fernsehen der DDR im Jahr 1985. In: Salatgarten 10 (2001), H. 2, S. 57–61.

Hernik, Monika: „Mit der Murkelei ist es schwierig..." – Hans Fallada als moderner Erzähler für Kinder. In: Zeit vergessen, Zeit erinnern. Hans Fallada und das kulturelle Gedächtnis, hg. von Carsten Gansel und Werner Liersch, Göttingen 2008, S. 113–129 [zu *Geschichte vom goldenen Taler*, S. 116–118].

4.8.22 *Geschichte vom Mäusecken Wackelohr*

Hagestedt, Lutz: Figuren der Fabel. Falladas *Geschichte vom Mäusecken Wackelohr* als politische Allegorie. In: Salatgarten 24 (2015), H. 2, S. 32–34.

Hartmann, Regine: Hans Falladas Botschaften an seinen Sohn. In: Hans Fallada. Beiträge zu Leben und Werk. Materialien der 1. Internationalen Hans-Fallada-Konferenz in Greifswald vom 10.6. bis 13.6.1993, hg. von Gunnar Müller-Waldeck und Roland Ulrich, Rostock 1995, S. 172–182.

Kunkel, Karina: Hans Fallada: *Die Geschichte vom Mäusecken Wackelohr*. In: Salatgarten 25 (2016), H. 1, S. 41.

4.8.23 *Geschichte vom verkehrten Tag*

Röhl, Anja: *Der verkehrte Tag*. Eine Geschichte mit Hintersinn? In: Salatgarten 24 (2015), H. 1, S. 31–34.

4.8.24 *Die Geschichte von der großen und von der kleinen Mücke*

Caspar, Günter: Zu den Texten. In: Hans Fallada: Sachlicher Bericht über das Glück, ein Morphinist zu sein. Geschichten, Berlin 2011, S. 143–158 [zu *Die Geschichte von der großen und von der kleinen Mücke*, S. 155].

4.8.25 Geschichten aus der Murkelei

Baudach, Katharina: Mit Fäusten geliebt. Falladas fürchterliche *Geschichten aus der Murkelei*. In: Frankfurter Allgemeine. Zeitung für Deutschland (1979), Nr. 185/32 D, 11.8.1979, Bilder und Zeiten, [S. 4].

Hartmann, Regine: Hans Falladas Botschaften an seinen Sohn. In: Hans Fallada. Beiträge zu Leben und Werk. Materialien der 1. Internationalen Hans-Fallada-Konferenz in Greifswald vom 10.6. bis 13.6.1993, hg. von Gunnar Müller-Waldeck und Roland Ulrich, Rostock 1995, S. 172–182.

Hernik, Monika: „Mit der Murkelei ist es schwierig..." – Hans Fallada als moderner Erzähler für Kinder. In: Zeit vergessen, Zeit erinnern. Hans Fallada und das kulturelle Gedächtnis, hg. von Carsten Gansel und Werner Liersch, Göttingen 2008, S. 113–129.

Penttinnen, Satu: Nur das Mäuseken Wackelohr abenteuert auf Finnisch. Wäre es schon Zeit für eine neue finnische Märchenübersetzung? In: Hans-Fallada-Jahrbuch (1997), Nr. 2, S. 86–94.

Schnurre, Wolfdietrich: Die Schnurre. In: Die Zeit. Wochenzeitung für Politik, Wirtschaft, Handel und Kultur 34 (1979), Nr. 28, 6.7.1979, S. 38.

Wrobel, Dieter: Vergessene Texte der Moderne wiedergelesen. Hans Fallada: *Geschichten aus der Murkelei*. In: Literatur im Unterricht. Texte der Gegenwartsliteratur für die Schule 11 (2010), H. 3, S. 219–235 [zu *Geschichten aus der Murkelei*, S. 228–235].

Z., M. v.: Postumer Fallada. In: Die Zeit. Wochenzeitung für Politik, Wirtschaft, Handel und Kultur 9 (1954), Nr. 46, 18.11.1954, [S. 9].

4.8.26 Gesine Lüders oder Eine kommt – eine geht

Walther, Peter: Im Spiegelkabinett von Literatur und Leben. Falladas unbekannte Erzählungen und Selbstauskünfte. In: Hans Fallada: Junge Liebe zwischen Trümmern. Erzählungen, hg. und mit einem Nachwort von P. W., Berlin 2018, S. 253–294 [zu *Gesine Lüders oder Eine kommt – eine geht*, S. 272].

4.8.27 Der gestohlene Weihnachtsbaum

Röhl, Anja: *Christkind verkehrt*. Weihnachtsgeschichten. Weihnachten aus Falladas Sicht. In: Salatgarten 24 (2015), H. 2, S. 57–59.

4.8.28 Die große Liebe

George, Marion: Falladas frühe Prosa. In: Hans Fallada Jahrbuch (2003), Nr. 4, S. 172–192 [zu *Die große Liebe*, S. 179–182].

4.8.29 Häusliches Zwischenspiel

Hartmann, Regine: Hans Falladas Botschaften an seinen Sohn. In: Hans Fallada. Beiträge zu Leben und Werk. Materialien der 1. Internationalen Hans-Fallada-Konferenz in Greifswald vom 10.6. bis 13.6.1993, hg. von Gunnar Müller-Waldeck und Roland Ulrich, Rostock 1995, S. 172–182.

Hernik, Monika: „Mit der Murkelei ist es schwierig..." – Hans Fallada als moderner Erzähler für Kinder. In: Zeit vergessen, Zeit erinnern. Hans Fallada und das kulturelle Gedächtnis, hg. von Carsten Gansel und Werner Liersch, Göttingen 2008, S. 113–129 [zu *Häusliches Zwischenspiel*, S. 120–123].

Kuhnke, Manfred: *Eine kleine Oase fast unbekümmerter Menschlichkeit*. Die Bildgeschichten um „*Vater und Sohn*" von e. o. plauen. Hans Falladas Vatergeschichten. In: Ders.: Der traurige Clown und der Elefant auf dem Seil. Hans Fallada und e. o. plauen, hg. vom Literaturzentrum Neubrandenburg e. V., Neubrandenburg 2003, S. 19–33.

4.8.30 *Heute bei uns zu Haus*

Hanke, U.: Unterhaltsame Schnurren aus der heilen Welt. Hans Falladas Erinnerungen *Heute bei uns zu Haus* im Aufbau-Verlag veröffentlicht. In: Der Morgen. Deutsche Allgemeine Zeitung (1991), Nr. 20 B, 24.1.1991, S. 23.

Hübner, Anja Susan: „...als ein Gruß an die versunkenen Gärten der Kinderzeit" – die ‚Erinnerungsbücher' Hans Falladas. In: Zeit vergessen, Zeit erinnern. Hans Fallada und das kulturelle Gedächtnis, hg. von Carsten Gansel und Werner Liersch, Göttingen 2008, S. 131–143.

Kuhnke, Manfred: „Ich hoffe, alles ist nach Wunsch gegangen und die Zeichnung gefällt ihnen". Schwierigkeiten mit dem Bucheinband von *Heute bei uns zu Haus*. In: Ders.: Der traurige Clown und der Elefant auf dem Seil. Hans Fallada und e. o. plauen, hg. vom Literaturzentrum Neubrandenburg e. V., Neubrandenburg 2003, S. 43–55.

Lange, Sabine: Hans Fallada und der *Silberspiegel* (I). In: Salatgarten 7 (1998), H. 2, S. 30. A Fortsetzung unter: Oder haben Sie etwas gegen Mahlendorf? Hans Fallada und der *Silberspiegel* (II). „Kürzungen und Umarbeitungen". In: Salatgarten 8 (1999), H. 1, S. 13–14.

Williams, J.: Hans Fallada's memoirs: Fact or fiction? In: New German Studies 12 (1984), Nr. 1, S. 21–35.

4.8.31 *Hoppelpoppel – wo bist du?*

Hartmann, Regine: Hans Falladas Botschaften an seinen Sohn. In: Hans Fallada. Beiträge zu Leben und Werk. Materialien der 1. Internationalen Hans-Fallada-Konferenz in Greifswald vom 10.6. bis 13.6.1993, hg. von Gunnar Müller-Waldeck und Roland Ulrich, Rostock 1995, S. 172–182.

Hernik, Monika: „Mit der Murkelei ist es schwierig..." – Hans Fallada als moderner Erzähler für Kinder. In: Zeit vergessen, Zeit erinnern. Hans Fallada und das kulturelle Gedächtnis, hg. von Carsten Gansel und Werner Liersch, Göttingen 2008, S. 113–129.

Kuhnke, Manfred: „Eine kleine Oase fast unbekümmerter Menschlichkeit". Die Bildgeschichten um *Vater und Sohn* von e. o. plauen. Hans Falladas Vatergeschichten. In: Ders.: Der traurige Clown und der Elefant auf dem Seil. Hans Fallada und e. o. plauen, hg. vom Literaturzentrum Neubrandenburg e. V., Neubrandenburg 2003, S. 19–33.

Riemkasten, Felix: Nachwort. In: Hans Fallada: Hoppelpoppel – wo bist du? Kindergeschichten von Hans Fallada, Leipzig o. J. [1936], S. 71–74.

4.8.32 *Ich bekomme Arbeit*

Brylla, Wolfgang: Im Wirrwarr der Wirtschaftskrise. Narrative Konstruktionen des Missstandes in Hans Falladas Angestellten- und Arbeitslosengeschichten. In: Hans-Fallada-Jahrbuch (2016), Nr. 7: Hans Fallada und die Literatur(en) zur Finanzwelt, S. 307–327 [zu *Ich bekomme Arbeit*, S. 309–313].

Nell, Werner: Zwischen Sozialreportage und Sozialkolportage – Hans Fallada und Siegfried Kracauer. In: Hans Fallada und die literarische Moderne, hg. von Carsten Gansel und Werner Liersch, Göttingen 2009, S. 13–33 [zu *Ich bekomme Arbeit*, S. 29–30].

4.8.33 *Ich, der verlorene Findling*

Walther, Peter: Im Spiegelkabinett von Literatur und Leben. Falladas unbekannte Erzählungen und Selbstauskünfte. In: Hans Fallada: Junge Liebe zwischen Trümmern. Erzählungen, hg.

und mit einem Nachwort von P. W., Berlin 2018, S. 253–294 [zu *Ich, der verlorene Findling*, S. 287].

4.8.34 *Ich suche den Vater*

Caspar, Günter: Zu den Texten. In: Hans Fallada: Sachlicher Bericht über das Glück, ein Morphinist zu sein. Geschichten, Berlin 2011, S. 143–158 [zu *Ich suche den Vater*, S. 157–158].

Hernik, Monika: ‚Nüchterne Sachlichkeit' als Prinzip. Zu ausgewählten Nachlasstexten von Hans Fallada. In: Hans Fallada und die literarische Moderne, hg. von Carsten Gansel und Werner Liersch, Göttingen 2009, S. 51–66 [zu *Ich suche den Vater*, S. 63–66].

4.8.35 *Im Blinzeln der großen Katze*

Caspar, Günter: Zu Falladas Frühwerk. In: Hans Fallada: Falladas Frühwerk in zwei Bänden, Bd. 2: Frühe Prosa. Die Erzählungen, hg. von G. C., Berlin/Weimar 1993, S. 423–536 [zu *Im Blinzeln der großen Katze*, S. 525–529].

George, Marion: Falladas frühe Prosa. In: Hans-Fallada-Jahrbuch (2003), Nr. 4, S. 172–192.

Mergenthaler, Volker: „Unkontrollierbare Geschichten", die Bedingungen ihrer Hervorbringung und ihr epochengeschichtlicher Ort. Hans Falladas Gefängnistext *Im Blinzeln der Großen Katze*. In: Hans Fallada. Autor und Werk im Literatursystem der Moderne, hg. von Patricia Fritsch-Lange und Lutz Hagestedt, Berlin/Boston 2011, S. 97–113.

4.8.36 *Jeder fege vor seiner Frau*

Walther, Peter: Im Spiegelkabinett von Literatur und Leben. Falladas unbekannte Erzählungen und Selbstauskünfte. In: Hans Fallada: Junge Liebe zwischen Trümmern. Erzählungen, hg. und mit einem Nachwort von P. W., Berlin 2018, S. 253–294 [zu *Jeder fege vor seiner Frau*, S. 284].

4.8.37 *Jeder stirbt für sich allein*

Ächtler, Norman: „Ein Geschlecht voller Angst" – Die Vorgangsfigur vom „Kleinen Mann im Kampf aller gegen alle" in Hans Falladas sozialkritischem Werk. In: Hans Fallada und die literarische Moderne, hg. von Carsten Gansel und Werner Liersch, Göttingen 2009, S. 129–151 [zu *Jeder stirbt für sich allein*, S. 146–151].

Ächtler, Norman: „Ein gemäßigter Pessimist". Falladas gesellschaftskritische Texte der 1940er Jahre. In: Hans Fallada, hg. von Gustav Frank und Stefan Scherer, München 2013 (Text + Kritik 200), S. 72–82 [zu *Jeder stirbt für sich allein*, S. 77–80].

Arnöman, Nils: „Ach Kinder...". Zur Rolle des Kindes und der Familie im Werk Hans Falladas, phil. Diss. Stockholm 1998 [zu *Jeder stirbt für sich allein*, S. 119–173].

Barsanti, M. Jesús: Aspectos autobiográficos en la obra de Hans Fallada *Jeder stirbt für sich allein*. In: Babel A.F.I.A.L. (2002), Nr. 11, S. 5–18.

Bebber, Werner van: Die stillen Helden von Wedding. In England und Amerika ist Hans Falladas Roman *Jeder stirbt für sich allein* seit einigen Monaten ungeheuer populär. Die Berliner Romanhelden leisteten Widerstand gegen die Nazis. Die Spuren des Ehepaars sind jetzt noch zu finden. In: Der Tagesspiegel 67 (2011), Nr. 20 937, 4.4.2011, S. 13.

Bisky, Jens: „Mutter! Der Führer wird auch deine Söhne ermorden!". Hans Falladas Erfolgsroman *Jeder stirbt für sich allein* aus dem Jahr 1947 liegt jetzt erstmals in der ungekürzten Fassung vor. In: Süddeutsche Zeitung, Münchner Neueste Nachrichten aus Politik, Kultur, Wirtschaft und Sport 67 (2011), Nr. 59, 12./13.3.2011, S. 17.

Borchardt, Karl-Heinz: Ein Jahr danach und der Blick zurück. Überlegungen zu Hans Falladas *Jeder stirbt für sich allein*. In: Hans-Fallada-Jahrbuch (1997), Nr. 2, S. 152–161.

Brunner, Maria E.: Proletarisierungsprozesse und Politikverständnis in Hans Falladas Werk, Neuried 1997 [zu *Jeder stirbt für sich allein*, S. 173–188].

Dachs, Gisela: Berlin, Berlin! Israel ist fasziniert von Hans Fallada. In: Die Zeit. Wochenzeitung für Politik, Wirtschaft, Wissen und Kultur (2011), Nr. 14, 31.3.2011, S. 11.

Diez, Georg: Buch aus dem Nichts. Schon 1947 erschien Hans Falladas Widerstandsroman *Jeder stirbt für sich allein*. Jetzt wird das Buch weltweit zum Bestseller, auch weil es überraschende Helden hat: gute Deutsche. In: Der Spiegel (2011), Nr. 16, 18.4.2011, S. 144–145.

*Eger, Christian: Damals bei uns daheim. Hans Fallada. Ulrich Ditzen spricht über die Weihnachtsfeste mit seinem Schriftstellervater und die Neuausgabe des Romans *Jeder stirbt für sich allein*, die das Buch-Comeback des Jahres war. In: Mitteldeutsche Zeitung (2011), 24.12.2011.
  A auch in: Salatgarten 21 (2012), H. 1, S. 68.

*Ehlers, Annike: Die Figurennamen und ihre Botschaft in Hans Falladas *Jeder stirbt für sich allein*, Rostock 2007.

Frenzel, Marlene: *Jeder stirbt für sich allein* in Zahlen. Eine ökonomische Sicht auf die Entstehungs- und Erfolgsgeschichte von Falladas letztem Roman. In: Hans-Fallada-Jahrbuch (2016), Nr. 7: Hans Fallada und die Literatur(en) zur Finanzwelt, S. 438–453.

Freuler, Regula: Mitmachen, schweigen oder dagegenhalten? Über sechzig Jahre nach Hans Falladas Tod wird eines seiner Bücher zum internationalen Bestseller und erscheint nun erstmals in ungekürzter Fassung. In: NZZ am Sonntag 10 (2011), Nr. 9, 27.2.2011, Bücher am Sonntag, S. 10.

Freund, Wieland: Do you know Hans Fallada? In: Die Welt (2010), Nr. 118, 25.5.2010, S. 23.

Fricker, Christophe: Der einsame Aufstand. Hans Falladas internationale Renaissance: *Jeder stirbt für sich allein* in der Originalfassung. In: Der Tagesspiegel 67 (2011), Nr. 20 907, 5.3.2011, S. 26.

Furst, Alan: ‚Undesirable author', extraordinary novelist. Hans Fallada, an outspoken opponent of the Nazis, was put into an insane asylum for his troubles, but kept on writing. In: The Globe and Mail. Canada's National Newspaper (2009), 7.3.2009, S. 10.

Geerdts, Hans-Jürgen: *Jeder stirbt für sich allein*. In: Leonhard Frank. Hans Fallada. Hilfsmaterial für den Literaturunterricht an den Ober- und Fachschulen, hg. vom Kollektiv für Literaturgeschichte im volkseigenen Verlag Volk und Wissen (Redaktion: Kurt Böttcher und Paul Günter Krohn), Berlin (Ost) 1955, S. 112–117.

Giesecke, Almut: Anhang. In: Hans Fallada: Jeder stirbt für sich allein. Roman, ungekürzte Neuausgabe, hg. von A. G., mit 12 Abbildungen, Berlin 2011, S. 669–701.
  A Glossar, Biographische Daten, Abbildungen [auch aus den Prozessakten], Nachwort, Zu dieser Ausgabe, Bildnachweis.

Giesecke, Almut: Das Nachwort. Zu der neuen Ausgabe von *Jeder stirbt für sich allein*. In: Salatgarten 20 (2011), H. 1, S. 47–50.

Goldschmidt, Georges-Arthur: Le corps de la peinture. In: La Quinzaine Littéraire (2002), Nr. 838, S. 10.

Groschupf, Johannes: Allein in Berlin. Sie kämpften gegen Hitler, bewaffnet nur mit Postkarten. Über das Ehepaar Hampel schrieb Hans Fallada einen Roman, der nun die Welt erobert. Was ist Wahrheit, was ist Dichtung? In: Der Tagesspiegel 67 (2011), Nr. 20 943, 10.4.2011, S. 5.

Heinrich, Bernhard: Zur Rolle der Provinz in den Nachkriegsromanen Hans Falladas. In: Die Provinz im Leben und Werk von Hans Fallada. Protokollband des Kolloquiums des Fallada-Forums vom 4. Dezember 2004 in der Akademie der Künste Berlin, Deutschland, hg. von Thomas Bredohl und Jenny Williams, Schöneiche bei Berlin 2005, S. 96–107 [zu *Jeder stirbt für sich allein*, S. 105–106].

Heinrich, Bernhard: Frauen im Widerstand: Hans Falladas Roman *Jeder stirbt für sich allein* und Günter Weisenborns Drama *Die Illegalen*. In: Hans-Fallada-Jahrbuch (2006), Nr. 5, S. 123–132.

Heinrich, Bernhard: Du bist doch bei mir, aber wir sterben allein. Studien zu Hans Falladas Frauenbild, Neubrandenburg 2007 [zu *Jeder stirbt für sich allein*, S. 141–212].
Heinrich, Bernhard: Ästhetik des Widerstands – Falk Harnacks Film *Jeder stirbt für sich allein*. In: Zeit vergessen, Zeit erinnern. Hans Fallada und das kulturelle Gedächtnis, hg. von Carsten Gansel und Werner Liersch, Göttingen 2008, S. 181–188.
Heinrich, Bernhard: Anstand. Hans Falladas moralischer Imperativ. In: Hans Fallada. Autor und Werk im Literatursystem der Moderne, hg. von Patricia Fritsch-Lange und Lutz Hagestedt, Berlin/Boston 2011, S. 59–67.
Hofmann, Michael: Horse among wolves. ‚Comprehensively failed', poisoned by morphine and Nazi rule. Hans Fallada wrote an utterly charming bestseller and a powerful story of Berlin under the Gestapo. In: Times Literary Supplement, Nr. 5 546, 17.9.2009, S. 14–15.
Hoven, Heribert: Jedermann ein Denunziant. Anmerkungen zur vergangenen und gegenwärtigen Aktualität von Hans Falladas Roman *Jeder stirbt für sich allein*. In: Hans Fallada. Autor und Werk im Literatursystem der Moderne, hg. von Patricia Fritsch-Lange und Lutz Hagestedt, Berlin/Boston 2011, S. 69–81.
Kaube, Jürgen: Der Mensch ist dem Menschen ein Verdacht. Abstufungen der Verkommenheit: Hans Falladas großes Werk *Jeder stirbt für sich allein* liegt erstmals ungekürzt vor. 1947 hatte man in der DDR aus politischen Gründen eingegriffen. In: Frankfurter Allgemeine. Zeitung für Deutschland (2011), Nr. 60, 12.3.2011, S. 11.
Kieser-Reinke, Angelika: Techniken der Leserlenkung bei Hans Fallada. Ein Beitrag zur Rezeptionsforschung mit einer empirischen Untersuchung des Romans *Jeder stirbt für sich allein* (1946), Bern/Frankfurt a. M./Las Vegas 1979.
Kuhnke, Manfred: ...daß ihr Tod nicht umsonst war! Authentisches und Erfundenes in Hans Falladas letztem Roman, hg. vom Literaturzentrum Neubrandenburg, Neubrandenburg 1991.
A auch unter: Die Hampels und die Quangels. Authentisches und Erfundenes in Hans Falladas letztem Roman, hg. vom Literaturzentrum Neubrandenburg e. V., Neubrandenburg 2001.
Kuhnke, Manfred: „...daß ihr Tod nicht umsonst war!". Beziehungen zwischen Realität und künstlerischer Fiktion, dargestellt am Entstehungsprozeß von Falladas letztem Roman *Jeder stirbt für sich allein*. In: Hans Fallada. Beiträge zu Leben und Werk. Materialien der 1. Internationalen Hans-Fallada-Konferenz in Greifswald vom 10.6 bis 13.6.1993, hg. von Gunnar Müller-Waldeck und Roland Ulrich, Rostock 1995, S. 285–297.
Kuhnke, Manfred: *Jeder stirbt für sich allein*. Unruhe um Falladas letzten Roman. In: Ders.: Verstrickt in die Zeiten. Anmerkungen zu den verwobenen Lebenslinien von Johannes R. Becher und Hans Fallada, Neubrandenburg 1999, S. 117–127.
Kuhnke, Manfred: Falladas letzter Roman. Die wahre Geschichte, Friedland 2001.
Mahlke, Stefan: Ein später Welterfolg für Anna und Otto Quangel. Über Umwege kommt ein Klassiker nach Deutschland zurück: Hans Falladas *Jeder stirbt für sich allein*. In: Die Tageszeitung 33 (2011), Nr. 9 449, 19./20.3.2011, S. 28.
Menke, Silvia: Schreiben als Daseinsbewältigung. Die Bedeutung literarischer Produktivität für Hans Fallada und Gottfried Keller, Aachen 2000 [zu *Jeder stirbt für sich allein*, S. 131–134].
Mix, Andreas: Das Fallbeil zerschlug auch ihre Ehe. Hans Falladas Roman *Jeder stirbt für sich allein* hat ein wahres Vorbild: Die Geschichte von Elise und Otto Hampel, die gegen die Nazis Zettel verteilten. In: Berliner Zeitung 67 (2011), Nr. 112, 14./15.5.2011, S. 8.
Montesinos Caperos, Manuel: Antifascismo y resistencia. In: Literatura e identidad cultural. Representaciones del pasado en la narrativa alemana a partir de 1945, hg. von Manuel Maldonado Alemán, Bern 2009, S. 193–224 [zu *Jeder stirbt für sich allein*, S. 195–208].
Montesinos Caperos, Manuel/Pérez Burgueño, Andrea: Schreiben, um zu überwinden: Fiktion und Realität in *Jeder stirbt für sich allein* von Hans Fallada. In: „Erzählen müssen, um zu überwinden". Literatura y supervivencia, hg. von Marisa Siguan u. a., Barcelona 2009, S. 255–267.
*Motylewa, Tamara: Vorwort: In: Hans Fallada: *Jeder stirbt für sich allein*, Moskau 1948.

Motylewa, T.[amara]: Das Schicksal eines deutschen Schriftstellers. In: Sowjetliteratur. Monatsschrift (1948), H. 9, S. 137–146.
    A auch in: Hans Fallada. Werk und Wirkung, hg. von Rudolf Wolff, Bonn 1983, S. 102–116.
Müller-Waldeck, Gunnar: Hans Falladas *Jeder stirbt für sich allein*. In: Salatgarten 20 (2011), H. 2, S. 48–49.
Müller-Waldeck, Gunnar: Nach wie vor: Hans Fallada. Beobachtungen um *Jeder stirbt für sich allein*. In: Weimarer Beiträge. Zeitschrift für Literaturwissenschaft, Ästhetik und Kulturwissenschaften 58 (2012), H. 4, S. 540–557.
    A auch in: Salatgarten 22 (2013), H. 2, S. 43–49; Salatgarten 23 (2014), H. 1, S. 36–40.
Müller-Waldeck, Gunnar: Nach wie vor: Hans Fallada. Beobachtungen um *Jeder stirbt für sich allein*. In: Ders.: Hans Fallada – nach wie vor. Betrachtungen – Erinnerungen – Gespräche – biographische Splitter, Elmenhorst/Vorpommern 2016, S. 206–224.
*Ostwald, Gisela: Hans Fallada nun weltberühmt. Der deutsche Autor erhält endlich die Aufmerksamkeit, die ihm zusteht. In: Berliner Literaturkritik (2011), 17.2.2011.
Plow, Geoffrey: Acts of Faith, Faith in Action: What *Alone in Berlin* and the 2011 ‚Ungekürzte Neuausgabe' of *Jeder stirbt für sich allein* tell us about Hans Fallada's View of Anti-Nazi Resistance. In: German Life and Letters 65 (2012), S. 263–280.
Sarna, Yigal: Der Mann, der Goebbels besiegte. In: Salatgarten 20 (2011), H. 1, S. 51–55.
Schumacher, Miriam: „Denn was man gesät hat, soll man auch ernten". Ausblicke (ausgehend von Hans Falladas *Jeder stirbt für sich allein*). In: Erzählen vom Widerstand als Erzählen von Gemeinschaft. Literarische Repräsentationen des Widerstands gegen den Nationalsozialismus in (West-)Deutschland (1945–1989), Göttingen 2016, S. 331–350 [zu *Jeder stirbt für sich allein*, S. 331–342].
Schuster, Jacques: Im Schatten der Familie. Achim Ditzen ist der jüngste Sohn Hans Falladas und freut sich über den späten Erfolg seines Vaters. Nun erscheint *Jeder stirbt für sich allein* in der Originalversion auch bei uns. In: Die Welt (2011), 19.2.2011, Die Literarische Welt. Ein Journal für das literarische Geschehen, Nr. 7, S. 3.
Seidl, Claudius: Der Weltempfänger jener Jahre. Befreit vom Grundrauschen der Moral und der Ideologie: Hans Falladas *Jeder stirbt für sich allein*. In: Frankfurter Allgemeine. Sonntagszeitung (2011), Nr. 14, 10.4.2011, S. 24.
Soboczynski, Adam: Fallada im Volksstaat. Der überraschende Weltbestseller von Hans Fallada *Jeder stirbt für sich allein* zeigt die Deutschen nicht von Hitler geblendet, sondern von ihrer eigenen Habgier. Deshalb fasziniert der Roman heute besonders. In: Die Zeit. Wochenzeitung für Politik, Wirtschaft, Wissen und Kultur (2011), Nr. 18, 28.4.2011, S. 53.
Springer, Bernd F. W.: Ist Widerstand gegen eine Diktatur eine moralische Pflicht? Über-Leben und Sterben in Hans Falladas Roman: *Jeder stirbt für sich allein*. In: Revista de Filología Alemanna 20 (2012), S. 83–102.
Strien, René: Die Geschichte eines Bestsellers. In: Salatgarten 20 (2011), H. 1, S. 46.
Tiesset, Jean-Luc: La résistance des petites gens. In: La Nouvelle Quinzaine Littéraire (2014), Nr. 1101, 16.-31.3.2014, S. 13.
Töteberg, Michael: Nachwort. *Im Namen des Volkes (Streng geheim)*. In: Hans Fallada: *Jeder stirbt für sich allein*. Roman, Reinbek bei Hamburg 2018, S. 693–700.
Wilkes, Geoff: Hans Fallada's Crisis Novels 1931–1947, Bern/Berlin/Frankfurt a. M./Paris/Wien 2002 [zu *Jeder stirbt für sich allein*, S. 113–137].
Winkler, Willi: Der gute Deutsche. Mehr als sechzig Jahre nach der Erstausgabe wird ein Roman von Hans Fallada zum weltweiten Bestseller. Es ist die Geschichte eines Berliner Ehepaars, das Widerstand leistete. Wäre sie doch nur ganz wahr. In: Süddeutsche Zeitung. Münchner Neueste Nachrichten aus Politik, Kultur, Wirtschaft und Sport 67 (2011), Nr. 164, 19.7.2011, S. 3.
Zachau, Reinhard K.: Späte politische Sinnfindung: *Jeder stirbt für sich allein*. In: Ders.: Hans Fallada als politischer Schriftsteller, New York/Bern/Frankfurt a. M./Paris 1990, S. 183–196.
Zachau, Reinhard K.: Fallada's Modernist Characters in his Berlin Novels *Little Man, What Now?*, *Wolf Among Wolves* and *Every Man Dies Alone*. In: Hans Fallada. Autor und Werk

im Literatursystem der Moderne, hg. von Patricia Fritsch-Lange und Lutz Hagestedt, Berlin/Boston 2011, S. 201–211.

4.8.38 *Der junge Goedeschal*

Arnöman, Nils: „Ach Kinder...". Zur Rolle des Kindes und der Familie im Werk Hans Falladas, phil. Diss. Stockholm 1998 [zu *Der junge Goedeschal*, S. 85–89].

Caspar, Günter: Zu Falladas Frühwerk. In: Hans Fallada: Falladas Frühwerk in zwei Bänden, Bd. 2: Frühe Prosa. Die Erzählungen, hg. von G. C., Berlin/Weimar 1993, S. 423–536 [zu *Der junge Goedeschal*, S. 478–483].

Gansel, Carsten: „Es war eine verdammte Zeit" – Moderne Adoleszenzkrisen als traumatische Erinnerung. Neue Überlegungen zu Hans Falladas Frühwerk *Der arme* [sic] *Goedeschal*. In: Zeit vergessen, Zeit erinnern. Hans Fallada und das kulturelle Gedächtnis, hg. von C. G. und Werner Liersch, Göttingen 2008, S. 95–111.

Gansel, Carsten: Vor dem Durchbruch. Vom nachexpressionistischen Roman *Der junge Goedeschal* (1920) zur avantgardistischen Novelle *Die Kuh, der Schuh, dann du* (1929). In: Hans Fallada, hg. von Gustav Frank und Stefan Scherer, München 2013 (Text + Kritik 200), S. 7–17.

George, Marion: Falladas frühe Prosa. In: Hans-Fallada-Jahrbuch (2003), Nr. 4, S. 172–192.

Montesinos Caperos, Manuel: El erotismo en la obra temprana de Hans Fallada. In: Amor y erotismo en la literatura, hg. von Caja Duero, Salamanca 1999, S. 605–612.

Mix, York-Gothart: Selbstmord der Jugend. Hans Falladas *Der junge Goedeschal*, J. R. Bechers *Abschied*, H. Hesses *Unterm Rad* und der Erziehungsalltag im Kaiserreich. In: Germanisch-Romanische Monatsschrift 44 (1994) H. 1, S. 63–76.

A auch unter: Pubertätsnarzißmus, Suizid und literarische Pathographie. In: Ders.: Die Schulen der Nation. Bildungskritik in der Literatur der Moderne, Stuttgart/Weimar 1995, S. 166–183.

Mix, York-Gothart: Pubertäre Irritation und literarische Examination. F. Wedekind, R. Musil, E. Seyerlen, H. Fallada und die Selbstentfremdungserfahrung des Jugendlichen. In: Ders.: Die Schulen der Nation. Bildungskritik in der Literatur der Moderne, Stuttgart/Weimar 1995, S. 130–145.

A auch in: Text & Kontext. Zeitschrift für Germanistische Literaturforschung in Skandinavien 19 (1995) H. 2, S. 261–274 [zu *Der junge Goedeschal*, S. 269].

Röhl, Anja: Erstaunlich offen für seine Zeit. Der Kaninchenmord in Falladas Roman *Der junge Goedeschal*. In: Salatgarten 25 (2016), H. 2, S. 30–33.

Thöming, Jürgen C.: Hans Fallada. Seismograph gesellschaftlicher Krisen. In: Zeitkritische Romane des 20. Jahrhunderts. Die Gesellschaft in der Kritik der deutschen Literatur, hg. von Hans Wagener, Stuttgart 1975, S. 97–123 [zu *Der junge Goedeschal*, S. 106–109].

4.8.39 *Junge Liebe*

Walther, Peter: Im Spiegelkabinett von Literatur und Leben. Falladas unbekannte Erzählungen und Selbstauskünfte. In: Hans Fallada: Junge Liebe zwischen Trümmern. Erzählungen, hg. und mit einem Nachwort von P. W., Berlin 2018, S. 253–294 [zu *Junge Liebe*, S. 257–258].

4.8.40 *Junge Liebe zwischen Trümmern*

Walther, Peter: Im Spiegelkabinett von Literatur und Leben. Falladas unbekannte Erzählungen und Selbstauskünfte. In: Hans Fallada: Junge Liebe zwischen Trümmern. Erzählungen, hg. und mit einem Nachwort von P. W., Berlin 2018, S. 253–294 [zu *Junge Liebe zwischen Trümmern*, S. 281].

4.8.41 Der Jungherr von Strammin [Junger Herr – ganz groß]

Engelhard, Gundula: Erzählen und Erinnern – Hans Falladas *Der Jungherr von Strammin*. In: Zeit vergessen, Zeit erinnern. Hans Fallada und das kulturelle Gedächtnis, hg. von Carsten Gansel und Werner Liersch, Göttingen 2008, S. 145–152.

Halding, John: Schwanengesang. In: Spandauer Volksblatt 20 (1965), Nr. 5730, 4.4.1965, S. 18.

Hübner, Hans: Eine Welt in Bonbonfarben. Zu Hans Fallada: *Junger Herr – ganz gross*. In: Die Weltwoche. Unabhängige schweizerische Umschau 33 (1965), Nr. 1646, 28.5.1965, S. 51.

Jürss, Detlev: Rausch und Realitätsflucht. Eine Untersuchung zur Suchtthematik im Romanwerk Hans Falladas, Konstanz 1985 [zu *Junger Herr – ganz groß*, S. 183–184].

kkz.: Meister unter den Erzählern. Hans Falladas *Junger Herr – ganz groß*/S. L. Elliotts *Familienalbum*. In: Westfälische Rundschau. General-Anzeiger für Dortmund und das Rheinisch-Westfälische Industriegebiet 20 (1965), Nr. 59, 11.3.1965, [S. 16].

Koburger, Sabine: „Die Atmosphäre Ihrer Stadt ist es, die mich verlockt hat...". In: Salatgarten 21 (2012), H. 2, S. 35–37.

Koburger, Sabine: „Nomen est omen, Namen werden zu Schicksalen". Reflexionen zu literarischen Namen in Hans Falladas Roman *Der Jungherr von Strammin*. In: Hans-Fallada-Jahrbuch (2012), Nr. 6, S. 105–113.

Kolbenhoff, Isolde: „Es ist das Blut, Junge...". Hans Fallada: *Junger Herr – ganz gross*. In: Münchner Merkur. Münchener Zeitung für Politik, Wirtschaft, Kultur und Sport (1965), Nr. 116, 15.5.1965, Das neue Buch, S. 4.

mouche: Fallada in adliger Gesellschaft. Hans Fallada: *Junger Herr – ganz groß*. In: Stuttgarter Nachrichten 20 (1965), Nr. 197, 21.8.1965, S. 38.

Oberembt, Gerd: „Weiterwandern durch die Nacht...". Von den Krisen des Erzählers Hans Fallada und deren Spiegelung in den Romanen aus der Zeit seiner ‚inneren Emigration'. In: Die Horen. Zeitschrift für Literatur, Kunst und Kritik 48 (2003), H. 212, S. 93–121 [zu *Der Jungherr von Strammin*, S. 114–119].

Rötzer, Hans Gerd: Ein später Fallada. Hans Fallada: *Junger Herr – ganz groß*. In: Rheinischer Merkur. Wochenzeitung für Politik, Kultur und Wirtschaft 20 (1965), Nr. 33, 13.8.1965, Literaturblatt, S. 16.

Rotzoll, Christa: Noch einmal Fallada. *Junger Herr – ganz groß*. In: Frankfurter Allgemeine. Zeitung für Deutschland (1965), Nr. 169, D-Ausgabe, 24.7.1965, Bilder und Zeiten, [S. 5].

Ulrich, Roland: Für Stralsund erfand Fallada einen Polizeimajor. In: [1893–1993] Fallada. Leben und Werk. Ehrung zum 100. Geburtstag, Greifswald 1993, hg. vom Hans-Fallada-Verein Greifswald e. V. und der Hansestadt Greifswald, Greifswald 1993, S. 36–38.

Weber, Annemarie: Pommersche Junker-Romanze. Nachgelassener Roman von Hans Fallada. In: Sonntagsblatt. Unabhängige Wochenzeitung für Politik, Kultur, Wirtschaft 18 (1965), Nr. 22, 30.5.1965, S. 21.

4.8.42 Der Kindernarr

Caspar, Günter: Zu den Texten. In: Hans Fallada: Sachlicher Bericht über das Glück, ein Morphinist zu sein. Geschichten, Berlin 2011, S. 143–158 [zu *Der Kindernarr*, S. 155–156].

4.8.43 Der kleine Jü-Jü und der große Jü-Jü

Caspar, Günter: Zu den Texten. In: Hans Fallada: Sachlicher Bericht über das Glück, ein Morphinist zu sein. Geschichten, Berlin 2011, S. 143–158 [zu *Der kleine Jü-Jü und der große Jü-Jü*, S. 153–155].

4.8.44 Kleiner Mann, großer Mann – alles vertauscht oder Max Schreyvogels Last und Lust des Geldes

*[Anonym]: Hans Fallada: *Kleiner Mann – Großer Mann.* In: Weltpresse (Wien) 10 (1954), 21.2.1954.
Brylla, Wolfgang: Trivialität im neusachlichen Gewand. Einige Bemerkungen zu Hans Falladas *Kleiner Mann, Großer Mann.* In: Germanica Wratislaviensia (2015), H. 140, S. 41–59.
Holzmann, Albert W.: Hans Fallada. *Kleiner Mann – großer Mann.* In: Books Abroad. An International Literary Quarterly 29 (1955), Nr. 3, S. 324–325.
Jürss, Detlev: Rausch und Realitätsflucht. Eine Untersuchung zur Suchtthematik im Romanwerk Hans Falladas, Konstanz 1985 [zu *Kleiner Mann, großer Mann – alles vertauscht,* S. 174–179].
Manner, Friederike: Hans Fallada: Kleiner Mann – großer Mann. In: Neue Volksbildung. Buch und Bücherei. Neue Folge 5 (1954), H. 12 (Dezember 1954), S. 478.
Oberembt, Gerd: „Weiterwandern durch die Nacht...". Von den Krisen des Erzählers Hans Fallada und deren Spiegelung in den Romanen aus der Zeit seiner ‚inneren Emigration'. In: Die Horen. Zeitschrift für Literatur, Kunst und Kritik 48 (2003), H. 212, S. 93–121 [zu *Kleiner Mann, großer Mann – alles vertauscht,* S. 96–100].

4.8.45 Kleiner Mann – was nun?

Ächtler, Norman: „Ein Geschlecht voller Angst" – Die Vorgangsfigur vom „Kleinen Mann im Kampf aller gegen alle" in Hans Falladas sozialkritischem Werk. In: Hans Fallada und die literarische Moderne, hg. von Carsten Gansel und Werner Liersch, Göttingen 2009, S. 129–151 [zu *Kleiner Mann – was nun?,* S. 142–144].
Améry, Jean: Zeitbetrachtungen, unpolitische und politische. Über Hans Falladas *Kleiner Mann, was nun?* und Lion Feuchtwangers *Erfolg.* In: Frankfurter Rundschau. Unabhängige Tageszeitung (1981), 3.1.1981, Feuilleton, S. 3.
A auch in: Bücher aus der Jugend unseres Jahrhunderts, Stuttgart 1981, S. 80–94.
Arnöman, Nils: „Ach Kinder...". Zur Rolle des Kindes und der Familie im Werk Hans Falladas, phil. Diss. Stockholm 1998 [zu *Kleiner Mann – was nun?,* S. 41–61].
Aust, Hildegard: Sprache und künstlerische Wirkung. In: Neue Deutsche Literatur. Monatsschrift für schöne Literatur und Kritik 5 (1957), H. 2, S. 131–135.
Bartram, Graham: „Wenn das auch alles nicht stimmt und nur Kientopp ist...". Some Observations on the Cinema Episode in Fallada's *Kleiner Mann – was nun?* In: The Modern Language Review 86 (1991), S. 929–938.
Becker, Erika: Grau mit ein wenig Gold am Rande.... Von den Gewändern des *Kleinen Mannes.* In: Salatgarten 11 (2002), H. 2, S. 42–44.
Behr, Wolfgang: *Wat nu, kleine Man?* Filmsuche in den Niederlanden. In: Hans-Fallada-Jahrbuch (2012), Nr. 6, S. 79–86.
Behr, Wolfgang: Walter Müller und das neue Gewand für Falladas Roman *Kleiner Mann – was nun?* Eine ganz persönliche Spurensuche. In: Salatgarten 27 (2018), H. 1, S. 26–30.
Bellin, Klaus: „Konzessionen, so viel Sie wollen". Erstmals in der ursprünglichen Fassung: Falladas Roman *Kleiner Mann, was nun?* In: Neues Deutschland. Sozialistische Tageszeitung 71 (2016), Nr. 144, 22.6.2016, S. 13.
Börner, Daniel: Vom *Kleinen Mann* bis *Blutsbrüder.* Arbeitslosenromane der frühen 1930er Jahre – ein Querschnitt. In: Hans-Fallada-Jahrbuch (2016), Nr. 7: Hans Fallada und die Literatur(en) zur Finanzwelt, S. 328–339.
Brunner, Maria E.: Proletarisierungsprozesse und Politikverständnis in Hans Falladas Werk, Neuried 1997 [zu *Kleiner Mann – was nun?,* S. 2–65].
Caspar, Günter: Nachwort. In: Hans Fallada: Ausgewählte Werke, Bd. 2: Kleiner Mann – was nun? Roman, hg. von G. C., Berlin (Ost)/Weimar 1962, S. 359–394.

Caspar, Günter: Fallada und der Film. In: Ders.: Fallada-Studien, Berlin (Ost)/Weimar 1988, S. 284–333 [zu *Kleiner Mann – was nun?*, S. 284–293].

Church, Sinikka: The concept of ‚Zugehörigkeit' in Hans Fallada's novel *Kleiner Mann – was nun?*, phil. Diss. Madison 2003.

Dahrendorf, Ralf: The Little Man's view. In: The Times Literary Supplement (1996), Nr. 4879, 4.10.1996, S. 14.

Dandjinou, Hugues Gérard: Modernistische Erzähltechniken im Roman der Weimarer Republik. Studien zur Ästhetik des neusachlichen Romans, Aachen 2007 [zu *Kleiner Mann – was nun?*, S. 72–125].

Deese, Teut Augustin: Neue Sachlichkeit zwischen Satire und Sentimentalität, phil. Diss. Los Angeles 2006 [zu *Kleiner Mann – was nun?*, S. 137–150].

Delabar, Walter: Was tun? Wie leben? Wer sein? System und Plan der praktischen Tätigkeit. Einige Fallgeschichten und Fragestellungen. In. Ders.: Was tun? Romane am Ende der Weimarer Republik, Opladen/Wiesbaden 1999, S. 7–27 [zu *Kleiner Mann – was nun?*, S. 18–21].

Delabar, Walter: Ein soziales Experiment. Über Hans Falladas Typoskript zur Entstehung des Romans *Kleiner Mann – was nun?* In: JUNI. Magazin für Literatur und Politik (2017), H. 53/54, S. 95–98.

Ewald, Petra: „Emma Mörschel! Wie wär's, wenn wir uns heiraten würden –?". Leistungen von Figurennamen in Hans Falladas Roman *Kleiner Mann, was nun?* In: Colloquia Germanica Stetinensia 16 (2009), H. 477, S. 127–144.

Fritsch, Patricia: Hans Falladas Roman *Kleiner Mann – was nun?* in der zeitgenössischen Rezeption, Magisterarbeit, FU Berlin 1989.

Fritsch, Patricia: Der Roman *Kleiner Mann, was nun?* im Spiegel der deutschen Presse im Jahr seiner Ersterscheinung. In: Hans Fallada. Beiträge zu Leben und Werk. Materialien der 1. Internationalen Hans-Fallada-Konferenz in Greifswald vom 10.6 bis 13.6.1993, hg. von Gunnar Müller-Waldeck und Roland Ulrich, Rostock 1995, S. 249–272.

Fritsch, Patricia: ‚Wie Erfolg gemacht wird'. Die Vermarktung des Romans *Kleiner Mann – was nun?* In: „Es ist das Werk, es ist die Person und es ist mehr". Eine Chronik seit 1983 in Berichten, Dokumenten und Bildern, hg. von Doris Haupt und P. F., Feldberg 2001, S. 96–105.

Frotscher, Hans Jürgen: Hans Fallada: Kleiner Mann – was nun?, München 1983.

Gansel, Carsten: *Kleiner Mann – was nun?* oder ‚Theater als Seismograph für die Gesellschaft'. Ein Gespräch mit Alexander Stillmark über die aktuelle Fallada-Inszenierung am Landestheater Neustrelitz. In: Hans Fallada und die literarische Moderne, hg. von C. G. und Werner Liersch, Göttingen 2009, S. 215–225.

Gansel, Carsten: Von Robinson Crusoe, Charlie Chaplin und den Nazis. Das wiederentdeckte Originalmanuskript von Hans Falladas *Kleiner Mann – was nun?* In: Hans Fallada: Kleiner Mann – was nun? Roman, ungekürzte Neuausgabe mit einem Nachwort von C. G., Texterfassung Mike Porath und Nele Holdack, mit 6 Abb., Berlin 2016, S. 485–550.

Gast, Wolfgang: Film als Gedächtnis – Die DDR-Interpretation von Falladas *Kleiner Mann – was nun?* 1967. In: Zeit vergessen, Zeit erinnern. Hans Fallada und das kulturelle Gedächtnis, hg. von Carsten Gansel und Werner Liersch, Göttingen 2008, S. 161–180.

Goldschmidt, Georges-Arthur: Un grand roman populaire allemand. In: La Quinzaine Littéraire (2007), Nr. 948, 16.-30.6.2007, S. 9.

Grisko, Michael: „Es gibt keinen Frieden zwischen Arm und Reich". Hans Falladas *Kleiner Mann – was nun?* im DDR-Fernsehen. Der kleine Mann – multimedial. In: Hans-Fallada-Jahrbuch (2000), Nr. 3, S. 229–246.

Grisko, Michael: „Wir sind freie Menschen…" – die Freikörperkultur und der kleine Mann Pinneberg. In: Salatgarten 9 (2000), H. 1, S. 19–23.
A auch in: Hans-Fallada-Jahrbuch (2012), Nr. 6, S. 71–78.

Grisko, Michael: Hans Fallada. *Kleiner Mann – was nun?* [Erläuterungen und Dokumente], Stuttgart 2002.

Gruber, Helmut: The German Writer as Social Critic 1927 to 1933. In: Studi Germanici 7 (1969), Nr. 2–3, S. 258–286 [zu *Kleiner Mann – was nun?*, S. 283–284].

Grundmann, Hilmar: *Kleiner Mann – was nun?* – weltberühmt und verkannt zugleich. Literaturdidaktische Anmerkungen zum ersten deutschen Roman über die Arbeitswelt von Bedeutung. In: Hans-Fallada-Jahrbuch (2003), Nr. 4, S. 67–86.

Gutmair, Ulrich: Der kleine Mann, dos kleine Menschele. In der Krisenzeit um 1930 machten Hans Fallada und Ilja Ehrenburg ‚kleine Leute' zu Protagonisten großer Romane. Angesichts ihrer Ohnmacht bleibt ihnen nur subversiver Witz. In: Taz. Die Tageszeitung 38 (2016), Nr. 11 067, 12.7.2016, S. 12.

Hartekainen, Susanna: Hans Fallada in Finnland. In: Hans-Fallada-Jahrbuch (1997), Nr. 2, S. 95–103.

Hartlage-Laufenberg, Barbara: Kündigung und Kündigungsschutz in Hans Falladas Roman *Kleiner Mann, was nun?* In: Hans-Fallada-Jahrbuch (1995), Nr. 1, S. 58–66.

Hartlage-Laufenberg, Barbara: Die finanzielle Absicherung bei Arbeitslosigkeit in Hans Falladas Roman *Kleiner Mann – was nun?* In: Neue Juristische Wochenschrift 49 (1996), H. 17, S. 1116–1117.

Hartlage-Laufenberg, Barbara: Zum juristischen Hintergrund von *Kleiner Mann – was nun?* In: Hans-Fallada-Jahrbuch (2003), Nr. 4, S. 99–106.

Heinrich, Bernhard: Zur veränderten Frauenrolle im Werk Falladas vor dem Hintergrund der Weimarer Republik. In: Hans-Fallada-Jahrbuch (2003), Nr. 4, S. 87–98.

Heinrich, Bernhard: Du bist doch bei mir, aber wir sterben allein. Studien zu Hans Falladas Frauenbild, Neubrandenburg 2007 [zu *Kleiner Mann – was nun?*, S. 45–140].

Heinrich, Bernhard: Innenansichten einer Großstadtkulisse in *Kleiner Mann – was nun?* und *Wolf unter Wölfen*. In: Berlin's Culturescape in the Twentieth Century, hg. von Thomas Bredohl und Michael Zimmermann, Regina 2008, S. 77–91.

Heinrich, Bernhard: Anstand. Hans Falladas moralischer Imperativ. In: Hans Fallada. Autor und Werk im Literatursystem der Moderne, hg. von Patricia Fritsch-Lange und Lutz Hagestedt, Berlin/Boston 2011, S. 59–67.

Hüppauf, Bernd: Hans Fallada. *Kleiner Mann – was nun?* In: Der deutsche Roman im 20. Jahrhundert. Analysen und Materialien zur Theorie und Soziologie des Romans, 2 Bde., Bd. 1, hg. von Manfred Brauneck, Bamberg 1976, S. 209–239.

Jordan, Christa: „Hübsch bei sich zu Haus bleiben, bei den eigenen Sorgen". Verelendung und Familienidyll. Hans Fallada: *Kleiner Mann – was nun?* (1932). In: Dies.: Zwischen Zerstreuung und Berauschung. Die Angestellten in der Erzählprosa am Ende der Weimarer Republik, Frankfurt a. M. 1988, S. 172–203.

Jürss, Detlev: Rausch und Realitätsflucht. Eine Untersuchung zur Suchtthematik im Romanwerk Hans Falladas, Konstanz 1985 [zu *Kleiner Mann – was nun?*, S. 150–155].

Jürss, Detlev: *Kleiner Mann – was nun?* in den öffentlichen Büchereien des Dritten Reichs unerwünscht. In: Hans-Fallada-Jahrbuch (1995), Nr. 1, S. 52–57.

Kapitel, Kristina: Hans Falladas journalistisches Schreiben im Verhältnis zu seinem literarischen Werk um 1930, Masterarbeit, Karlsruhe (KIT) 2017 [zu *Kleiner Mann – was nun?*, S. 18–21, S. 34–37, S. 48–52, S. 61–63, S. 65–66, S. 70–71].

*Kaufmann, Lili: Der kleine Mann sucht seinen Weg. In: Sarubjeshnaja Literatura, Moskau 1963.

Kesler, Henryk: Hans Falladas *Kleiner Mann – was nun?* In: Ders.: Fakten und Hintergründe. Sieben deutsche Prosawerke des 20. Jahrhunderts, Stockholm 1982, S. 40–57.

Krohn, Claus-Dieter: Hans Fallada und die Weimarer Republik. ‚Zur Disposition' kleinbürgerlicher Mentalitäten vor 1933. In: Literaturwissenschaft und Geschichtsphilosophie. Festschrift für Wilhelm Emrich, hg. von Helmut Arntzen, Bernd Balzer, Karl Pestalozzi und Rainer Wagner, Berlin/New York 1975, S. 507–522 [zu *Kleiner Mann – was nun?*, S. 517–520].

Kuczynski, Jürgen: *Kleiner Mann – was nun?* – oder: Macht und Idylle. In: Ders.: Gestalten und Werke. Soziologische Studien zur deutschen Literatur, Berlin (Ost)/Weimar 1969, S. 350–358.

Labuhn, Peter: Aspekte zur russischen Erstausgabe von *Kleiner Mann – was nun?* In: Hans-Fallada-Jahrbuch (1998), Nr. 2, S. 64–72.
Lahl, Kristina: Die finanzielle und soziale Armut der Angestellten. Figurationen der Erwerbsarmut zwischen Proletariat und Bürgertum bei Hermann Ungar, Martin Kessel und Hans Fallada. In: Revista de Estudos Alemães (2013), Nr. 4, S. 41–56.
Lange, I. M.: *Kleiner Mann – was nun?* In: Leonhard Frank. Hans Fallada. Hilfsmaterial für den Literaturunterricht an den Ober- und Fachschulen, hg. vom Kollektiv für Literaturgeschichte im volkseigenen Verlag Volk und Wissen (Redaktion: Kurt Böttcher und Paul Günter Krohn), Berlin (Ost) 1955, S. 93–96.
Latzkow, Bettina: „Wir werden doch nicht weinen müssen am Ende". Leserbriefe zu *Kleiner Mann, was nun?* In: Hans Fallada. Beiträge zu Leben und Werk. Materialien der 1. Internationalen Hans-Fallada-Konferenz in Greifswald vom 10.6 bis 13.6.1993, hg. von Gunnar Müller-Waldeck und Roland Ulrich, Rostock 1995, S. 273–284.
Lauffer, Ines: Der Traum vom Wohnen – Hans Falladas *Kleiner Mann – was nun?* (1932) und die traditionalistische Moderne. In: Ders.: Poetik des Privatraums. Der architektonische Wohndiskurs in den Romanen der Neuen Sachlichkeit, Bielefeld 2011, S. 277–314.
Lethen, Helmut: Falladas *Kleiner Mann, was nun?* und die bürgerlichen Mittelstandstheorien. In: Neue Sachlichkeit 1924–1932. Studien zur Literatur des ‚Weißen Sozialismus', 2. durchgesehene Auflage 1975, Stuttgart 1975, S. 156–167.
Levin, Christin: Geschlechterrollen im *Kleinen Mann*. Eine Bachelor-Arbeit von der Universität Potsdam. In: Salatgarten 19 (2010), H. 2, S. 6–11.
▲ Fortsetzungen in: Salatgarten 20 (2011), H. 1, S. 16–21; Salatgarten 20 (2011), H. 2, S. 13–18.
Lichtenberger, Lutz: *Bright lights, big city.* A city reads: Two Berlin novels from the early 1930s are German bestsellers once more. The stories they tell could hardly be more relevant today. In: Die Welt (2016), Nr. 230, 30.9.2016, The Berlin Times, S. 24.
Liersch, Werner: Kleiner Mann – was mit Dir tun? In: Hans Fallada und die literarische Moderne, hg. von Carsten Gansel und W. L., Göttingen 2009, S. 67–77.
*Lui, Li Li: Hans Fallada und sein Roman *Kleiner Mann, was nun?*, Washington State University 1988.
Matijevich, Elke: The *Zeitroman* of the Late Weimar Republic, New York 1995 [zu *Kleiner Mann – was nun?*, S. 37–61].
Mayer, Dieter (Hg.): Hans Fallada: *Kleiner Mann – was nun?* Historische, soziologische, biographische und literaturgeschichtliche Materialien zum Verständnis des Romans, Frankfurt a. M./Berlin/München 1978.
Mayer, Dieter: Hans Fallada: *Kleiner Mann – was nun?* In: Jürgen-Wolfgang Goette/D. M./Christl Stumpf: „Kleine Leute". Ideologiekritische Analysen zu Nestroy, Weerth und Fallada, hg. von Christa Bürger und Klaus Hildebrandt, Frankfurt a. M. 1979, S. 80–116.
Meierhofer, Christian: Geldwert und Neue Sachlichkeit. Bemerkungen zum Angestelltenroman um 1930. In: Zeitschrift für deutschsprachige Kultur & Literatur (2015), H. 24, S. 285–308.
Menke, Silvia: Schreiben als Daseinsbewältigung. Die Bedeutung literarischer Produktivität für Hans Fallada und Gottfried Keller, Aachen 2000 [zu *Kleiner Mann – was nun?*, S. 91–93].
Möbius, Hanno: Der Sozialcharakter des Kleinbürgers in den Romanen Falladas. In: Stereotyp und Vorurteil in der Literatur. Untersuchungen zu Autoren des 20. Jahrhunderts, hg. von James Elliott, Jürgen Pelzer und Carol Poore, Göttingen 1978, S. 84–110 [zu *Kleiner Mann – was nun?*, S. 98–101].
Möhrmann, Renate: Biberkopf, was nun? Großstadtmisere im Berliner Roman der präfaschistischen Ära. Dargestellt an Alfred Döblins *Berlin Alexanderplatz* und Hans Falladas *Kleiner Mann – was nun?* In: Diskussion Deutsch 9 (1978), S. 133–151.
Oeste, Bettina: ‚Johannes im Glück'. Intertextualität im Erfolgsroman *Kleiner Mann – was nun?* von Hans Fallada. In: „Laboratorium Vielseitigkeit". Zur Literatur der Weimarer Republik, Festschrift für Helga Karrenbrock zum 60. Geburtstag, Bielefeld 2005, S. 253–266.

Österling, Anders: Vorwort für die schwedische Übersetzung von: *Kleiner Mann – was nun?* Stockholm 1933 [übersetzt von Britta Klockars]. In: Hans-Fallada-Jahrbuch (1995), Nr. 1, S. 114–115.

Paterno, Wolfgang: Feine Kerls. Mit dem Bestseller *Kleiner Mann – was nun?* wurde Hans Fallada 1932 weltberühmt. Doch erst jetzt erscheint der Roman in der ungekürzten Originalversion. In: Profil. Das unabhängige Nachrichtenmagazin Österreichs 47 (2016), Nr. 25, 20.6.2016, S. 94–95.

*Petsch, Philip Robert: Das Problem der Arbeitslosigkeit im deutschen Roman der Nachkriegszeit, phil. Diss. Stanford 1939.

Preisinger, Alexander: Monetäre und literarische Sachlichkeit. Zur narrativen Logik des Geldes in Romanen der neuen Sachlichkeit. In: Jahrbuch zur Kultur und Literatur der Weimarer Republik (2009/10), S. 203–223 [zu *Kleiner Mann – was nun?*, S. 207–208, S. 210–214].

Prümm, Karl: Die Oberfläche der Dinge. Repräsentation des Alltäglichen im Film, im Theater und im Roman um 1930 am Beispiel von Robert Siodmak, Ödön von Horváth und Hans Fallada. In: Les Fictions d'actualité dans les pays de langue allemande au XXe siècle. Die ästhetische Umsetzung des Zeitgeschehens im deutschsprachigen Raum im 20. Jahrhundert, Villeneuve d'Ascq Cédex 1994, S. 31–59 [zu *Kleiner Mann – was nun?*, S. 54–58].

Prümm, Karl: Exzessive Nähe und Kinoblick. Alltagswahrnehmung in Hans Falladas Roman *Kleiner Mann – was nun?* In: Neue Sachlichkeit im Roman. Neue Interpretationen zum Roman der Weimarer Republik, hg. von Sabina Becker und Christoph Weiß, Stuttgart/Weimar 1995, S. 255–272.

Reichwein, Marc: *Kleiner Mann* wird dick. Falladas Bestseller gab es bisher nur gekürzt, weil dem Verlag einst manche Szenen des Berliner Nachtlebens wohl zu heikel war. Nun erscheint der Roman erstmals vollständig. In: Die Welt (2016), Nr. 140, 17.6.2016, S. 18.

Reimann, Carolin: Falladas ‚neue Art zu sehen'. Filmisches Schreiben im Roman *Kleiner Mann – was nun?* In: Salatgarten 26 (2017), H. 2, S. 11–13.

*Rising, William Randolph: Die Gestalt des *Kleinen Mannes* bei Hans Fallada, phil. Diss. Massachusetts 1981.

Scheele, Karl Werner: Aspekte der ‚Neuen Sachlichkeit' in ausgewählten Romanen von H. Fallada, E. Kästner, I. Keun, E. Reger und G. Tergit, phil. Diss. Middlebury, Vermont 1993 [zu *Kleiner Mann – was nun?*, S. 186–199 und S. 209–256].

Schmidt-Ott, Anja C.: Young Love – Negotiations of the Self and Society in Selected German Novels of the 1930s. (Hans Fallada, Aloys Schenzinger, Maria Leitner, Irmgard Keun, Marie Luise Kaschnitz, Anna Gmeyner and Ödön von Horváth), Frankfurt a. M. u. a. 2002 [zu *Kleiner Mann – was nun?*, S. 25–29; S. 93–95; S. 152–156].

Schonfeld, Ernest: Retail Organization and Political Capital: Fallada's *Kleiner Mann – was nun?* and Brecht's *Dreigroschenroman*. In: Konsum und Imagination. Tales of Commence and Imagination. Das Warenhaus und die Moderne in Film und Literatur. Department Stores and Modernity in Film and Literature, hg. von Godela Weiss-Sussex und Ulrike Zitzlsperger, Frankfurt a. M. 2015, S. 145–161.

Schumann, Werner: *Kleiner Mann – was nun?* In: Metall. Zeitung der IG Metall für die Bundesrepublik Deutschland (1952), Nr. 14, 9.7.1952, S. 5.

Schütz, Erhard: „Lämmchen" [zu Frauenfiguren in Angestelltenromanen; hier *Kleiner Mann – was nun?*]. In: Ders.: Romane der Weimarer Republik, München 1986, S. 172–177.

Schwering, Markus: Warum Pinneberg nicht KPD wählen will. Hans Falladas Roman *Kleiner Mann – was nun?* erstmals in seiner aufschlußreichen Originalgestalt. In: Frankfurter Rundschau. Unabhängige Tageszeitung 72 (2016), Nr. 166, 19.7.2016, S. 32.

Seibt, Gustav: Herzenskälte in der Herrenabteilung. Hans Falladas Erfolgsroman aus der Weltwirtschaftskrise *Kleiner Mann – was nun?* ist so grell wie berührend. Die ungekürzte Neuausgabe zeigt nun erstmals das Schwanken der Figur zwischen Kommunismus und kleinem Glück. In: Süddeutsche Zeitung. Münchner Neueste Nachrichten aus Politik, Kultur, Wirtschaft und Sport 72 (2016), Nr. 178, 3.8.2016, S. 12.

Sill, Oliver: Der große Schrecken. Hans Fallada: *Kleiner Mann – was nun?* (1932). Irmgard Keun: *Das kunstseidene Mädchen* (1932). Erich Kästner: *Fabian* (1931). In: Ders: Sitte –

Sex – Skandal. Die Liebe in der Literatur seit Goethe, Bielefeld 2009, S. 79–103 [zu *Kleiner Mann – was nun?*, S. 81–89].
Simon, Horst: Zeitgeschichtsdarstellung im Roman um 1930, phil. Diss. Jena 1971 [zu *Kleiner Mann – was nun?*, S. 145–168].
Smail, Deborah: White-collar Workers, Mass Culture and ‚Neue Sachlichkeit' in Weimar Berlin. A Reading of Hans Fallada's *Kleiner Mann – was nun?*, Erich Kästner's *Fabian* and Irmgard Keun's *Das kunstseidene Mädchen*, Bern u. a. 1999.
Spreckelsen, Tilman: Pinneberg und wie er die Welt sah. Hans Falladas Roman *Kleiner Mann – was nun?* wurde für die Ausgaben der NS-Zeit wesentlich gekürzt. In der nun veröffentlichten Originalfassung war besonders die Hauptfigur vielschichtiger. In: Frankfurter Allgemeine. Zeitung für Deutschland (2016), Nr. 150, 30.6.2016, S. 10.
Steinbach, Dietrich: Hans Fallada: *Kleiner Mann – was nun?* In: Deutsche Romane von Grimmelshausen bis Walser. Interpretationen für den Literaturunterricht, hg. von Jakob Lehmann, Bd. 1 und 2, gebundene Ausgabe in einem Band, Königstein i. Ts. 1982, S. 251–268.
Subiotto, A. V.: *Kleiner Mann – Was nun?* and *Love on the Dole*. Two Novels of the Depression. In: Weimar Germany. Writers and politics, hg. von A. F. Bance, Edinburgh 1982, S. 77–90.
Suida, Ulrike: Präteritum und Plusquamperfekt im präsentischen Erzählkontext. In: Studien zur Syntax des heutigen Deutsch. Paul Grebe zum 60. Geburtstag, hg. von Hugo Moser, Düsseldorf 1970, S. 118–136.
Reardo, Roy: Introduction. In: Hans Fallada: *Kleiner Mann – was nun?*, London 1987, S. 1–38.
Thöming, Jürgen C.: Soziale Romane in der Endphase der Weimarer Republik. In: Die deutsche Literatur in der Weimarer Republik, hg. von Wolfgang Rothe, Stuttgart 1974, S. 212–236 [zu *Kleiner Mann – was nun?*, S. 221].
Töteberg, Michael: Chronik eines Desasters. 1932/33: *Kleiner Mann – was nun?* soll verfilmt werden. In: Salatgarten 26 (2017), H. 2, S. 20–26.
Töteberg, Michael: Carl Laemmle presents: *Little Man, What Now?* 1934: Ein deutscher Bestseller wird zum amerikanischen Hollywood-Film. In: Salatgarten 26 (2017), H. 2, S. 36–40.
Töteberg, Michael: Nachwort. Pinneberg und sein Murkel. In: Hans Fallada: *Kleiner Mann – was nun?* Roman, Reinbek bei Hamburg 2018, S. 407–418.
Turner, Henry Ashby: Fallada for Historians. In: German studies review 26 (2003), Nr. 3, S. 477–492 [zu *Kleiner Mann – was nun?*, S. 483–484].
Vincent, Marie-Bénédicte: Les employés sous la république de Weimar. L'historien face au bestseller de Hans Fallada, *Quoi de neuf, petit home?* (1932). In: Vingtième Siècle. Revue d'histoire (2011), Nr. 112 (Oktober-Dezember 2011), S. 10–26.
Waine, Anthony: The *kleiner Mann* and modern times: from Fallada to Walser. In: The Cambridge Companion to the Modern German Novel, hg. von Graham Bartram, Cambridge 2004, S. 202–217.
Weidermann, Volker: Kleines Buch, jetzt groß. Hans Falladas Roman *Kleiner Mann – was nun?* wurde beim Erscheinen im Jahr 1932 um 100 Seiten gekürzt. Jetzt erscheint erstmals das ganze Werk. In: Der Spiegel (2016), Nr. 14, 11.6.2016, S. 126–128.
Wilkes, Geoff: Hans Fallada's Crisis Novels 1931–1947, Bern/Berlin/Frankfurt a. M./Paris/Wien 2002 [zu *Kleiner Mann – was nun?*, S. 39–62].
Williams, Jennifer: Some Thoughts on the Success of Hans Fallada's *Kleiner Mann – was nun?* In: German Life and Letters 40 (1987), H. 4, S. 306–318.
Williams, Jenny: Hans Fallada's Literary Breakthrough: *Bauern, Bonzen und Bomben* and *Kleiner Mann - was nun?* In: German Novelists of the Weimar Republic. Intersections of Literature and Politics, hg. von Karl Leydecker, New York 2006, S. 253–268.
Williams, Jenny: „Was steht bitte zu Diensten, meine Herrschaften?" Dialogische Erzähltechnik als neusachliche Darstellungsweise am Beispiel einer Szene im Kaufhaus Mandel. In: Hans Fallada und die literarische Moderne, hg. von Carsten Gansel und Werner Liersch, Göttingen 2009, S. 79–90.

Wilkes, Geoff: Die beschatteten Brüder des kleinen Mannes Pinneberg. Einige unbeachtete Aspekte von *Wer einmal aus dem Blechnapf frißt*. In: Hans-Fallada-Jahrbuch (2000), Nr. 3, S. 181–190.

Wittmann, Livia Z.: Der Stein des Anstoßes. Zu einem Problemkomplex in berühmten und gerühmten Romanen der Neuen Sachlichkeit. In: Jahrbuch für Internationale Germanistik 14 (1982), H. 2, S. 56–78.

Wünsch, Marianne: ‚Der Kleinbürger' in der erzählenden Literatur um 1930. In: Hans Fallada. Autor und Werk im Literatursystem der Moderne, hg. von Patricia Fritsch-Lange und Lutz Hagestedt, Berlin/Boston 2011, S. 189–200 [zu *Kleiner Mann – was nun?*, S. 196–199].

Zachau, Reinhard K.: Der Kleinbürger als Hoffnungsträger: *Kleiner Mann - was nun?* In: Ders.: Hans Fallada als politischer Schriftsteller, New York/Bern/Frankfurt a. M./Paris 1990, S. 79–105.

Zachau, Reinhard K.: Lämmchen als Vamp. Der Hollywood-Film *Little Man – What Now?* In: Hans-Fallada-Jahrbuch (2000), Nr. 3, S. 247–263.

Zachau, Reinhard K.: Wohnräume in *A Farewell to Arms* und *Kleiner Mann – was nun?* In: Hans-Fallada-Jahrbuch (2003), Nr. 4, S. 57–66.

Zachau, Reinhard K.: Fallada's Modernist Characters in his Berlin Novels *Little Man, What Now?*, *Wolf Among Wolves* and *Every Man Dies Alone*. In: Hans Fallada. Autor und Werk im Literatursystem der Moderne, hg. von Patricia Fritsch-Lange und Lutz Hagestedt, Berlin/Boston 2011, S. 201–211.

4.8.46 *Die Kuh, der Schuh, dann du*

Caspar, Günter. Kuh-Schuh-du. Frühe Erzählungen aus Falladas Nachlaß. In: Neue Deutsche Literatur. Monatsschrift für schöne Literatur und Kritik 41 (1993), H. 5, S. 126–136.
A auch unter: Zu Falladas Frühwerk. In: Hans Fallada: Falladas Frühwerk in zwei Bänden, Bd. 2: Frühe Prosa. Die Erzählungen, Berlin/Weimar 1993, S. 423–536 [zu *Die Kuh, der Schuh, dann du*, S. 517–522].

Caspar, Günter: Zu dieser Ausgabe. In: Hans Fallada: Falladas Frühwerk in zwei Bänden, Bd. 2: Frühe Prosa. Die Erzählungen, Berlin/Weimar 1993, S. 537–540.

Caspar, Günter: Zu Falladas Frühwerk. In: Hans Fallada: Falladas Frühwerk in zwei Bänden, Bd. 2: Frühe Prosa. Die Erzählungen, Berlin/Weimar 1993, S. 423–536 [zu *Die Kuh, der Schuh, dann du*, S. 517–522].
A auch unter: Kuh-Schuh-du. Frühe Erzählungen aus Falladas Nachlaß. In: Neue Deutsche Literatur. Monatsschrift für schöne Literatur und Kritik 41 (1993), H. 5, S. 126–136.

Gansel, Carsten: Zwischen Auflösung des Erzählens und ‚Präzisionsästhetik' – Hans Falladas Frühwerk *Die Kuh, der Schuh, dann du* und das moderne Erzählen. In: Hans Fallada und die literarische Moderne, hg. von C. G. und Werner Liersch, Göttingen 2009, S. 35–50.

Gansel, Carsten: Vor dem Durchbruch. Vom nachexpressionistischen Roman *Der junge Goedeschal* (1920) zur avantgardistischen Novelle *Die Kuh, der Schuh, dann du* (1929). In: Hans Fallada, hg. von Gustav Frank und Stefan Scherer, München 2013 (Text + Kritik 200), S. 7–17.

George, Marion: Falladas frühe Prosa. In: Hans-Fallada-Jahrbuch (2003), Nr. 4, S. 172–192.

4.8.47 Der Kutisker-Roman

Caspar, Günter: Nachwort. In: Hans Fallada: Ausgewählte Werke in Einzelausgaben, Bd. 7: *Der Trinker. Der Alpdruck*, hg. von G. C., Berlin (Ost)/Weimar 1987, S. 527–627 [zum Kutisker-Roman, S. 563–576].

4.8.48 Länge der Leidenschaft

Caspar, Günter: Zu Falladas Frühwerk. In: Hans Fallada: Falladas Frühwerk in zwei Bänden, Bd. 2: Frühe Prosa. Die Erzählungen, hg. von G. C., Berlin/Weimar 1993, S. 423–536 [zu *Länge der Leidenschaft*, S. 506–507].
Kapitel, Kristina: Hans Falladas journalistisches Schreiben im Verhältnis zu seinem literarischen Werk um 1930, Masterarbeit, Karlsruhe (KIT) 2017 [zu *Länge der Leidenschaft*, S. 9–10].
Williams, Jenny: Mehr Leben als eins. Hans Fallada. Biographie, aus dem Englischen von Hans-Christian Oeser, Berlin 2002, S. 106.

4.8.49 Lüttenweihnachten

Kuhnke, Manfred: *Eine kleine Oase fast unbekümmerter Menschlichkeit*. Die Bildgeschichten um „*Vater und Sohn*" von e. o. plauen. Hans Falladas Vatergeschichten. In: Ders.: Der traurige Clown und der Elefant auf dem Seil. Hans Fallada und e. o. plauen, hg. vom Literaturzentrum Neubrandenburg e. V., Neubrandenburg 2003, S. 19–33.

4.8.50 Der Maler

Walther, Peter: Im Spiegelkabinett von Literatur und Leben. Falladas unbekannte Erzählungen und Selbstauskünfte. In: Hans Fallada: Junge Liebe zwischen Trümmern. Erzählungen, hg. und mit einem Nachwort von P. W., Berlin 2018, S. 253–294 [zu *Der Maler*, S. 276–277].

4.8.51 Ein Mann will hinauf. Die Frauen und der Träumer
[Ein Mann will nach oben]

b.: Noch immer Fallada. In: Der Standpunkt. Wochenzeitung für abendländische Kultur, Politik und Wirtschaft 10 (1956), Nr. 26, 29.6.1956, S. 9.
Jähner, Harald: Ich träume glühend vom Gepäck. Mit 18 Jahren Unternehmer: Hans Falladas *Ein Mann will nach oben* in der Berliner-Bibliothek. In: Berliner Zeitung 63 (2007), Nr. 269, 17./18.11.2007, S. 31.
Oberembt, Gerd: „Weiterwandern durch die Nacht...". Von den Krisen des Erzählers Hans Fallada und deren Spiegelung in den Romanen aus der Zeit seiner ‚inneren Emigration'. In: Die Horen. Zeitschrift für Literatur, Kunst und Kritik 48 (2003), H. 212, S. 93–121 [zu *Ein Mann will hinauf*, S. 100–105].
Priwitzer, Jens: Sehnsucht nach Heldentum – Aviatik, Transzendenz und die Krise des Individuums um 1930. In: Hans Fallada und die literarische Moderne, hg. von Carsten Gansel und Werner Liersch, Göttingen 2009, S. 101–128 [zu *Ein Mann will hinauf*, S. 126–128].
Schumacher, Heinz: ‚Eine Berliner Variante des amerikanischen Traums'. Liebe, Geld und Unternehmertum in Hans Falladas Roman *Ein Mann will nach oben*. In: Hans-Fallada-Jahrbuch (2016), Nr. 7: Hans Fallada und die Literatur(en) zur Finanzwelt, S. 362–385.
Töteberg, Michael: Nachwort. Die Eroberung von Berlin. In: Hans Fallada: *Ein Mann will nach oben*. Roman, Reinbek bei Hamburg 2018, S. 813–825.
Wilkes, Geoff: The Representation of Berlin in Hans Fallada's *Ein Mann will nach oben*. In: Topography and Literature. Berlin and Modernism, hg. von Reinhard K. Zachau, Göttingen 2009, S. 167–174.
Zachau, Reinhard K.: Ein kleinbürgerlicher Glückspilz: *Ein Mann will* hinauf. In: Ders.: Hans Fallada als politischer Schriftsteller, New York/Bern/Frankfurt a. M./Paris 1990, S. 173–181.

4.8.52 Märchen vom Stadtschreiber, der aufs Land flog

Brunner, Maria E.: Proletarisierungsprozesse und Politikverständnis in Hans Falladas Werk, Neuried 1997 [zu *Märchen vom Stadtschreiber, der aufs Land zog*, S. 120–124].

Caspar, Günter: Nachwort. In: Hans Fallada: Märchen vom Stadtschreiber, der aufs Land flog, Berlin 1991, S. 267–293.

Kuhnke, Manfred: Heinz Kiwitz und der Stadtschreiber. In: Ders.: Väterchen Rowohlt, Freund Franz, die unselige Miss Dodd. Hans Falladas Besucher in Carwitz, Neubrandenburg 2005, S. 60–64.

Labuhn, Peter: Heinz Kiwitz. In: Salatgarten 4 (1994), H. 2, [S. 18–21].

4.8.53 Märchen vom Unkraut

Walther, Peter: Im Spiegelkabinett von Literatur und Leben. Falladas unbekannte Erzählungen und Selbstauskünfte. In: Hans Fallada: Junge Liebe zwischen Trümmern. Erzählungen, hg. und mit einem Nachwort von P. W., Berlin 2018, S. 253–294 [zu *Märchen vom Unkraut*, S. 271].

4.8.54 Meine Ahnen

Walther, Peter: Im Spiegelkabinett von Literatur und Leben. Falladas unbekannte Erzählungen und Selbstauskünfte. In: Hans Fallada: Junge Liebe zwischen Trümmern. Erzählungen, hg. und mit einem Nachwort von P. W., Berlin 2018, S. 253–294 [zu *Meine Ahnen*, S. 288].

4.8.55 Mit Metermaß und Gießkanne

Brylla, Wolfgang: Im Wirrwarr der Wirtschaftskrise. Narrative Konstruktionen des Missstandes in Hans Falladas Angestellten- und Arbeitslosengeschichten. In: Hans-Fallada-Jahrbuch (2016), Nr. 7: Hans Fallada und die Literatur(en) zur Finanzwelt, S. 307–327 [zu *Mit Metermaß und Gießkanne*, S. 320–323].

4.8.56 Oma überdauert den Krieg

Walther, Peter: Im Spiegelkabinett von Literatur und Leben. Falladas unbekannte Erzählungen und Selbstauskünfte. In: Hans Fallada: Junge Liebe zwischen Trümmern. Erzählungen, hg. und mit einem Nachwort von P. W., Berlin 2018, S. 253–294 [zu *Oma überdauert den Krieg*, S. 280].

4.8.57 Osterfest 1933 mit der SA

Brunner, Maria E.: Proletarisierungsprozesse und Politikverständnis in Hans Falladas Werk, Neuried 1997 [zu *Osterfest 1933 mit der SA*, S. 167–171].

4.8.58 Pechvogel und Glückskind

Müller-Waldeck, Gunnar: Ein Märchen-Geschenk – *Pechvogel und Glückskind*. In: Ders.: Hans Fallada – nach wie vor. Betrachtungen – Erinnerungen – Gespräche – biographische Splitter, Elmenhorst/Vorpommern 2016, S. 77–82.

4.8.59 *Pfingstgruß an Achim*

Walther, Peter: Im Spiegelkabinett von Literatur und Leben. Falladas unbekannte Erzählungen und Selbstauskünfte. In: Hans Fallada: Junge Liebe zwischen Trümmern. Erzählungen, hg. und mit einem Nachwort von P. W., Berlin 2018, S. 253–294 [zu *Pfingstgruß an Achim*, S. 282].

4.8.60 *Der Pleitekomplex*

Brylla, Wolfgang: Im Wirrwarr der Wirtschaftskrise. Narrative Konstruktionen des Missstandes in Hans Falladas Angestellten- und Arbeitslosengeschichten. In: Hans-Fallada-Jahrbuch (2016), Nr. 7: Hans Fallada und die Literatur(en) zur Finanzwelt, S. 307–327 [zu *Der Pleitekomplex*, S. 314–316].

Nell, Werner: Zwischen Sozialreportage und Sozialkolportage – Hans Fallada und Siegfried Kracauer. In: Hans Fallada und die literarische Moderne, hg. von Carsten Gansel und Werner Liersch, Göttingen 2009, S. 13–33 [zu *Der Pleitekomplex*, S. 30–31].

4.8.61 *Pogg, der Feigling*

Walther, Peter: Im Spiegelkabinett von Literatur und Leben. Falladas unbekannte Erzählungen und Selbstauskünfte. In: Hans Fallada: Junge Liebe zwischen Trümmern. Erzählungen, hg. und mit einem Nachwort von P. W., Berlin 2018, S. 253–294 [zu *Pogg, der Feigling*, S. 261].

4.8.62 *Der Pott in der U-Bahn*

Walther, Peter: Im Spiegelkabinett von Literatur und Leben. Falladas unbekannte Erzählungen und Selbstauskünfte. In: Hans Fallada: Junge Liebe zwischen Trümmern. Erzählungen, hg. und mit einem Nachwort von P. W., Berlin 2018, S. 253–294 [zu *Der Pott in der U-Bahn*, S. 281].

4.8.63 *Ein Roman wird begonnen*

Walther, Peter: Im Spiegelkabinett von Literatur und Leben. Falladas unbekannte Erzählungen und Selbstauskünfte. In: Hans Fallada: Junge Liebe zwischen Trümmern. Erzählungen, hg. und mit einem Nachwort von P. W., Berlin 2018, S. 253–294 [zu *Ein Roman wird begonnen*, S. 288–289].

4.8.64 *Sachlicher Bericht über das Glück, ein Morphinist zu sein*

Caspar, Günter: Zu den Texten. In: Hans Fallada: Sachlicher Bericht über das Glück, ein Morphinist zu sein. Geschichten, Berlin 2011, S. 143–158 [zu *Sachlicher Bericht über das Glück, ein Morphinist zu sein*, S. 143–146].

Hernik, Monika: ‚Nüchterne Sachlichkeit' als Prinzip. Zu ausgewählten Nachlasstexten von Hans Fallada. In: Hans Fallada und die literarische Moderne, hg. von Carsten Gansel und Werner Liersch, Göttingen 2009, S. 51–66 [zu *Sachlicher Bericht über das Glück, ein Morphinist zu sein*, S. 52–58].

Jürss, Detlev: Rausch und Realitätsflucht. Eine Untersuchung zur Suchtthematik im Romanwerk Hans Falladas, Konstanz 1985 [zu *Sachlicher Bericht über das Glück, Morphinist zu sein*, S. 184–191].

Knüppel, Stefan: Das ‚Gesicht' der Sucht. Ein Aspekt der literarischen Physiognomik Hans Falladas. In: Hans Fallada. Autor und Werk im Literatursystem der Moderne, hg. von

Patricia Fritsch-Lange und Lutz Hagestedt, Berlin/Boston 2011, S. 83–96 [zu *Sachlicher Bericht über das Glück, ein Morphinist zu sein*, S. 86–88, S. 92–95].

Menke, Silvia: Schreiben als Daseinsbewältigung. Die Bedeutung literarischer Produktivität für Hans Fallada und Gottfried Keller, Aachen 2000 [zu *Sachlicher Bericht über das Glück, ein Morphinist zu sein*, S. 81–85].

4.8.65 Die schlimme Tochter

Walther, Peter: Im Spiegelkabinett von Literatur und Leben. Falladas unbekannte Erzählungen und Selbstauskünfte. In: Hans Fallada: Junge Liebe zwischen Trümmern. Erzählungen, hg. und mit einem Nachwort von P. W., Berlin 2018, S. 253–294 [zu *Die schlimme Tochter*, S. 282–283].

4.8.66 Strafgefangener, Zelle 32

Bemmann, Helga: Falladas Tagebuch aus dem Gefängnis. In: Berliner Illustrirte Zeitung. Das Wochenend-Magazin der Berliner Morgenpost (1999), Nr. 25, 20.6.1999, S. 5.
A auch in: Salatgarten 8 (1999), H. 2, S. 49.

Fetz, Bernhard: Der private Wanzenkrieg. Hans Falladas Gefängnis-Tagebücher. In: Die Presse (1999), Nr. 15 317, 13.3.1999, S. 8.

Hinck, Walter: Hühnerzucht mit Rilke. Hans Falladas Gefängnis-Tagebuch aus dem Jahre 1924. In: Frankfurter Allgemeine. Zeitung für Deutschland (1999), Nr. 95, 24.4.1999, S. 42.

Liersch, Werner: Spießige Reinigungsversuche. Das Gefängnistagebuch von Hans Fallada durfte nur gekürzt erscheinen. In: Neues Deutschland. Sozialistische Tageszeitung 54 (1999), Nr. 114, 19.5.1999, S. 15.

Scheible, Hartmut: Vom Trost der Literatur: Falladas Aufzeichnungen im Gefängnis. In: Hans-Fallada-Jahrbuch (2006), Nr. 5, S. 222–249.

Verdofksy, Jürgen: Abenteuer mit schlechtem Ausgang. Hans Falladas authentischstes Selbstzeugnis: Das Greifswalder Gefängnistagebuch ist erstmals erschienen. In: Badische Zeitung 54 (1999), Nr. 79, 7.4.1999, S. 14.

Williams, Jenny: Missing prisoner. Hans Fallada. *Strafgefangener, Zelle 32*. In: The Times Literary Supplement (1999), Nr. 5 036, 8.10.1999, S. 12.
A auch in: Salatgarten 8 (1999), H. 2, S. 48.

4.8.67 Der Strafentlassene

Kapitel, Kristina: Hans Falladas journalistisches Schreiben im Verhältnis zu seinem literarischen Werk um 1930, Masterarbeit, Karlsruhe (KIT) 2017 [zu *Der Strafentlassene*, S. 13–14].

Walther, Peter: Im Spiegelkabinett von Literatur und Leben. Falladas unbekannte Erzählungen und Selbstauskünfte. In: Hans Fallada: Junge Liebe zwischen Trümmern. Erzählungen, hg. und mit einem Nachwort von P. W., Berlin 2018, S. 253–294 [zu *Der Strafentlassene*, S. 263].

4.8.68 Die Stunde eh' du schlafen gehst

Jürss, Detlev: Rausch und Realitätsflucht. Eine Untersuchung zur Suchtthematik im Romanwerk Hans Falladas, Konstanz 1985 [zu *Die Stunde eh' du schlafen gehst*, S. 182–183].

4.8.69 Swenda, ein Traumtorso oder Meine Sorgen

Caspar, Günter: Zu den Texten. In: Hans Fallada: Sachlicher Bericht über das Glück, ein Morphinist zu sein. Geschichten, Berlin 2011, S. 143–158 [zu *Swenda, ein Traumtorso oder Meine Sorgen*, S. 156–157].

4.8.70 Der Trauring

Caspar, Günter: Hans Fallada, Geschichtenerzähler. In: Hans Fallada: Märchen und Geschichten, hg. von G. C., Berlin (Ost)/Weimar 1985, S. 649–781 [zu *Der Trauring*, S. 677].

Kapitel, Kristina: Hans Falladas journalistisches Schreiben im Verhältnis zu seinem literarischen Werk um 1930, Masterarbeit, Karlsruhe (KIT) 2017 [zu *Der Trauring*, S. 11–12, 40–41].

Koburger, Sabine: 1925 – ein vielversprechendes Jahr für Hans Fallada. Falladas Essays und Erzählungen finden Beachtung. In: Salatgarten 24 (2015), H. 2, S. 35–37 [zu *Der Trauring*, S. 36].

4.8.71 Der Trinker

Andriamirado, Natacha: La lucidité alcoholique. In: La Quinzaine Littéraire (2010), Nr. 1 028, 16.–31.12.2010, S. 30.

Becher, Johannes R.: Auf andere Art so große Hoffnung. Tagebuch 1950, Berlin (Ost) 1951 [zu *Der Trinker*, S. 643–644].

Caspar, Günter: Nachwort. In: Hans Fallada: Ausgewählte Werke in Einzelausgaben, Bd. 7: Der Trinker. Der Alpdruck, hg. von G. C., Berlin (Ost)/Weimar 1987, S. 527–627 [zu *Der Trinker*, S. 527–576].

Caspar, Günter: Zwischen Roman und Konfession. In: Ders.: Fallada-Studien, Berlin (Ost)/Weimar 1988, S. 183–283 [zu *Der Trinker*, S. 183–212].

Enright, D. J.: Into the pit. In: Observer (1989), Nr. 10 337, 26.11.1989, S. 47.

Jürss, Detlev: Rausch und Realitätsflucht. Eine Untersuchung zur Suchtthematik im Romanwerk Hans Falladas, Konstanz 1985 [zu *Der Trinker*, S. 201–222].

Knüppel, Stefan: Das ‚Gesicht' der Sucht. Ein Aspekt der literarischen Physiognomik Hans Falladas. In: Hans Fallada. Autor und Werk im Literatursystem der Moderne, hg. von Patricia Fritsch-Lange und Lutz Hagestedt, Berlin/Boston 2011, S. 83–96 [zu *Der Trinker*, S. 88–90].

Kuhnke, Manfred: …mit dem gleichen Hass wie ich auf die Nazis beseelt. Fallada über e. o. plauen. In: Ders.: Der traurige Clown und der Elefant auf dem Seil. Hans Fallada und e. o. plauen, hg. vom Literaturzentrum Neubrandenburg e. V., Neubrandenburg 2003, S. 76–84.

Menke, Silvia: Schreiben als Daseinsbewältigung. Die Bedeutung literarischer Produktivität für Hans Fallada und Gottfried Keller, Aachen 2000 [zu *Der Trinker*, S. 116–122].

Morin, Carole: Obsessions of an addict. *The Drinker*. In: New Statesman & Society (1989), 20.10.1989, S. 46.

Vaikousi, Emy: Falladas Roman *Der Trinker* in Griechenland. Das Nachwort der Übersetzerin Emy Vaikousi zur griechischen Ausgabe. In: Salatgarten 22 (2013), H. 1, S. 33–36.

Zimniak, Pawel: Erzählte Sucht – Hans Falladas Psychogramm eines Trinkers. In: Hans Fallada und die literarische Moderne, hg. von Carsten Gansel und Werner Liersch, Göttingen 2009, S. 173–185.

4.8.72 Der ungeliebte Mann

Jürss, Detlev: Rausch und Realitätsflucht. Eine Untersuchung zur Suchtthematik im Romanwerk Hans Falladas, Konstanz 1985 [zu *Der ungeliebte Mann*, S. 179–182].

4.8.73 Unser täglich Brot

Walther, Peter: Im Spiegelkabinett von Literatur und Leben. Falladas unbekannte Erzählungen und Selbstauskünfte. In: Hans Fallada: Junge Liebe zwischen Trümmern. Erzählungen, hg. und mit einem Nachwort von P. W., Berlin 2018, S. 253–294 [zu *Unser täglich Brot*, S. 284].

4.8.74 Unterprima Totleben

Caspar, Günter: Zu den Texten. In: Hans Fallada: Sachlicher Bericht über das Glück, ein Morphinist zu sein. Geschichten, Berlin 2011, S. 143–158 [zu *Unterprima Totleben*, S. 150–153].

4.8.75 Die Verkäuferin auf der Kippe

Kapitel, Kristina: Hans Falladas journalistisches Schreiben im Verhältnis zu seinem literarischen Werk um 1930, Masterarbeit, Karlsruhe (KIT) 2017 [zu *Die Verkäuferin auf der Kippe*, S. 3].

4.8.76 Die verlorenen Grünfinken

Kuhnke, Manfred: Eine kleine Oase fast unbekümmerter Menschlichkeit. Die Bildgeschichten um *Vater und Sohn* von e. o. plauen. Hans Falladas Vatergeschichten. In: Ders.: Der traurige Clown und der Elefant auf dem Seil. Hans Fallada und e. o. plauen, hg. vom Literaturzentrum Neubrandenburg e. V., Neubrandenburg 2003, S. 19–33.

4.8.77 Vom Entbehrlichen und vom Unentbehrlichen

Jungen, Oliver: Am grimmigsten die Wurst entbehrt. Ein unpubliziertes Manuskript Hans Falladas aus dem Jahre 1941 ist wiederaufgetaucht. Die Erzählung *Vom Entbehrlichen und Unentbehrlichen* war eine Auftragsarbeit. Obwohl der Form nach moralischer Appell, unterläuft der Inhalt jede Propagandaabsicht. In: Frankfurter Allgemeine. Zeitung für Deutschland (2008), Nr. 167, 19.7.2008, S. 33.

Walther, Peter: Im Spiegelkabinett von Literatur und Leben. Falladas unbekannte Erzählungen und Selbstauskünfte. In: Hans Fallada: Junge Liebe zwischen Trümmern. Erzählungen, hg. und mit einem Nachwort von P. W., Berlin 2018, S. 253–294 [zu *Vom Entbehrlichen und vom Unentbehrlichen*, S. 273–274].

4.8.78 Vor allem die Jugend retten

Brunner, Maria E.: Proletarisierungsprozesse und Politikverständnis in Hans Falladas Werk, Neuried 1997 [zu *Vor allem die Jugend retten*, S. 171–173].

4.8.79 Wer einmal aus dem Blechnapf frißt

Ächtler, Norman: „Ein Geschlecht voller Angst" – Die Vorgangsfigur vom „Kleinen Mann im Kampf aller gegen alle" in Hans Falladas sozialkritischem Werk. In: Hans Fallada und die literarische Moderne, hg. von Carsten Gansel und Werner Liersch, Göttingen 2009, S. 129–151 [zu *Wer einmal aus dem Blechnapf frißt*, S. 144–146].

Arnöman, Nils: „Ach Kinder...". Zur Rolle des Kindes und der Familie im Werk Hans Falladas, phil. Diss. Stockholm 1998 [zu *Wer einmal aus dem Blechnapf frißt*, S. 62–80].

Brunner, Maria E.: Proletarisierungsprozesse und Politikverständnis in Hans Falladas Werk, Neuried 1997 [zu *Wer einmal aus dem Blechnapf frißt*, S. 66–102].

Burns, Barbara: ‚Vorbestraft': Differing Perspectives on Reintegration and Recidivism in Narratives by Storm and Fallada. In: Neophilologus 86 (2002), H. 3, S. 437–453.

Caspar, Günter: Nachwort. In: Hans Fallada: Ausgewählte Werke in Einzelausgaben, Bd. 3: Wer einmal aus dem Blechnapf frißt. Roman, hg. von G. C., Berlin (Ost)/Weimar 1967, S. 601–663.

Caspar, Günter: Kippe oder Lampen. In: Ders.: Fallada-Studien, Berlin (Ost)/Weimar 1988 [zu *Wer einmal aus dem Blechnapf frißt*, S. 66–119].

Corvo Sánchez, Maria José: *Wer einmal aus dem Blechnapf frißt...* . Una Proyección Autobiográfica. In: Babel A.F.I.A.L. Aspectos de Filologia Inglesia y Alemana (1997), Nr. 6, S. 135–153.

Geerdts, Hans-Jürgen: *Wer einmal aus dem Blechnapf frißt*. In: Leonhard Frank. Hans Fallada. Hilfsmaterial für den Literaturunterricht an den Ober- und Fachschulen, hg. vom Kollektiv für Literaturgeschichte im volkseigenen Verlag Volk und Wissen (Redaktion: Kurt Böttcher und Paul Günter Krohn), Berlin (Ost) 1955, S. 96–103.

Gürgen, Hannes: „Der Gefängnismief ist überall der gleiche". Hans Falladas *Wer einmal aus dem Blechnapf frißt* und Ernst von Salomons *Die Geächteten*. In: Salatgarten 26 (2017), H. 1, S. 38–41.

Jürss, Detlev: Rausch und Realitätsflucht. Eine Untersuchung zur Suchtthematik im Romanwerk Hans Falladas, Konstanz 1985 [zu *Wer einmal aus dem Blechnapf frißt*, S. 38–128].

Koburger, Sabine: Irritationen um Falladas Vorwort. Zu dem Roman *Wer einmal aus dem Blechnapf frisst*. In: Salatgarten 23 (2014), H. 1, S. 32–35.

Krause, Thomas: *Wer einmal aus dem Blechnapf frißt*. Hans Fallada und der Strafvollzug seiner Zeit. In: Auskunft. Zeitschrift für Bibliothek, Archiv und Information in Norddeutschland 32 (2012), H. 1, S. 9–22.

Kreutzahler, Birgit: Das Bild des Verbrechers in Romanen der Weimarer Republik. Eine Untersuchung vor dem Hintergrund anderer gesellschaftlicher Verbrecherbilder und gesellschaftlicher Grundzüge der Weimarer Republik, Frankfurt a. M. 1987 [zu *Wer einmal aus dem Blechnapf frißt*, S. 290–303].

Lamp, Hannes: Einbruch beim Juwelier Wempe (1929). In: Salatgarten 7 (1997), H. 1, S. 17–18.

Töteberg, Michael: Nachwort. *Kippe oder Lampen*. In: Hans Fallada: *Wer einmal aus dem Blechnapf frisst*. Roman, Reinbek bei Hamburg 2018, S. 611–620.

Wilkes, Geoff: Die beschatteten Brüder des kleinen Mannes Pinneberg. Einige unbeachtete Aspekte von *Wer einmal aus dem Blechnapf frißt*. In: Hans-Fallada-Jahrbuch (2000), Nr. 3, S. 181–190.

Wilkes, Geoff: „Wir kehren alle wieder heim zu uns": Die Provinz in *Wer einmal aus dem Blechnapf frisst*. In: Die Provinz im Leben und Werk von Hans Fallada. Protokollband des Kolloquiums des Fallada-Forums vom 4. Dezember 2004 in der Akademie der Künste Berlin, Deutschland, hg. von Thomas Bredohl und Jenny Williams, Schöneiche bei Berlin 2005, S. 64–79.

Williams, Jenny: Afterword. In: Hans Fallada: Once a Jailbird, London 2012, S. 481–487.

Turner, Henry Ashby: Fallada for Historians. In: German studies review 26 (2003), Nr. 3, S. 477–492 [zu *Wer einmal aus dem Blechnapf frißt*, S. 488–489].

Zachau, Reinhard K.: Das Gefängnis als Allegorie für die Weimarer Republik: *Wer einmal aus dem Blechnapf frißt*. In: Ders.: Hans Fallada als politischer Schriftsteller, New York/Bern/Frankfurt a. M./Paris 1990, S. 107–127.

4.8.80 *Wie ich Schriftsteller wurde [Meine lieben jungen Freunde]*

Walther, Peter: Im Spiegelkabinett von Literatur und Leben. Falladas unbekannte Erzählungen und Selbstauskünfte. In: Hans Fallada: Junge Liebe zwischen Trümmern. Erzählungen, hg. und mit einem Nachwort von P. W., Berlin 2018, S. 253–294 [zu *Meine lieben jungen Freunde*, S. 289–290].

4.8.81 *Wir hatten mal ein Kind*

Arnöman, Nils: „Ach Kinder...". Zur Rolle des Kindes und der Familie im Werk Hans Falladas, phil. Diss. Stockholm 1998 [zu *Wir hatten mal ein Kind*, S. 65–91].

Bredohl, Thomas: Verzerrte Provinz: Falladas *Wir hatten mal ein Kind* im Visier der Kritik. In: Die Provinz im Leben und Werk von Hans Fallada. Protokollband des Kolloquiums des Fallada-Forums vom 4. Dezember 2004 in der Akademie der Künste Berlin, Deutschland, hg. von T. B. und Jenny Williams, Schöneiche bei Berlin 2005, S. 80–95.

Brunner, Maria E.: Proletarisierungsprozesse und Politikverständnis in Hans Falladas Werk, Neuried 1997 [zu *Wir hatten mal ein Kind*, S. 115–120].

Caspar, Günter: Das Land in Brand. In: Ders.: Fallada-Studien, Berlin (Ost)/Weimar 1988, S. 120–182 [zu *Wir hatten mal ein Kind*, S. 120–133].

Heinrich, Bernhard: Das reduzierte Pathos: Hans Falladas ‚neusachlicher' Held Johannes Gäntschow in *Wir hatten einmal* [sic] *ein Kind*. In: Hans Fallada und die literarische Moderne, hg. von Carsten Gansel und Werner Liersch, Göttingen 2009, S. 153–161.

Heinrich, Bernhard: Der Verlust der Werte durch Wertverlust. Die Inflation in Falladas Werk. In: Hans-Fallada-Jahrbuch (2016), Nr. 7: Hans Fallada und die Literatur(en) zur Finanzwelt, S. 454–464 [zu *Wir hatten mal ein Kind*, S. 458–460].

Jürss, Detlev: Rausch und Realitätsflucht. Eine Untersuchung zur Suchtthematik im Romanwerk Hans Falladas, Konstanz 1985 [zu *Wir hatten mal ein Kind*, S. 155–160].

Labuhn, Peter: Alfred Kubin. In: Salatgarten 8 (1998), H. 1, S. 16–19.

Lingnau, Bert: *Wir hatten mal ein Kind* – verurteilt und vergessen? Eine Nachforschung zu Falladas Rügen-Roman. In: Salatgarten 17 (2008), H. 1, S. 39–43; Salatgarten 17 (2008), H. 2, S. 45–49.

Lingnau, Bert: *Wir hatten mal ein Kind* – ungewöhnlicher Stil und scharfe Angriffe. Eine Nachforschung zu Falladas-Rügen-Roman. In: Salatgarten 18 (2009), H. 1, S. 43–49.

Lingnau, Bert: *Wir hatten mal ein Kind*. Der Vorabdruck und die Reaktionen von Falladas Familie. In: Salatgarten 18 (2009), H. 2, S. 48–54.

Lingnau, Bert: „Epischer Strom" oder „rohe Anmaßung". Die zeitgenössischen Rezensionen über *Wir hatten mal ein Kind*. In: Salatgarten 19 (2010), H. 1, S. 38–45.

Lingnau, Bert: „Grausam und doch gut". Zeitgenössische Leserreaktionen über *Wir hatten mal ein Kind*. In: Salatgarten 19 (2010), H. 2, S. 59–65.

Scherbaum, Lisa: Varianten der Lebensideologie in Hans Falladas Romanen der 1930er Jahre. Analysen von *Wir hatten mal ein Kind* (1934) und *Wolf unter Wölfen* (1937), Masterarbeit, LMU München 2015, S. 31–74.

Terwort, Gerhard: Hans Fallada im ‚Dritten Reich'. Dargestellt an exemplarisch ausgewählten Romanen, Frankfurt a. M. u. a. 1992 [zu *Wir hatten mal ein Kind*, S. 51–95].

Thöming, Jürgen C.: Hans Fallada als verlorener Sohn Johannes Gäntschow. In: Hans Fallada. Beiträge zu Leben und Werk. Materialien der 1. Internationalen Hans-Fallada-Konferenz in Greifswald vom 10.6. bis 13.6.1993, hg. von Gunnar Müller-Waldeck und Roland Ulrich, Rostock 1995, S. 183–210.

Zachau, Reinhard K.: Beginn der ‚Faschisierung': *Wir hatten mal ein Kind*. In: Ders.: Hans Fallada als politischer Schriftsteller, New York/Bern/Frankfurt a. M./Paris 1990, S. 129–141.

4.8.82 *Wizzel Kien. Der Narr von Schalkemaren*

Bellin, Klaus: Ein Unikum namens Wizzel Kien. Wie Hans Fallada versuchte, einen Schelmenroman zu verfassen. In: Neues Deutschland. Sozialistische Tageszeitung 50 (1995), Nr. 222, 22.9.1995, S. 12.

Caspar, Günter: Anhang [Nachwort, Anmerkungen, Zum Text]. In: Hans Fallada: Wizzel Kien. Der Narr von Schalkemaren, hg. von G. C., Berlin 1995, S. 125–134.

Liersch, Werner: Das Klingeln der Narrenkappe. Entdeckt und veröffentlicht: Ein Romanfragment des schreibsüchtigen Hans Fallada. In: Die Welt (1995), Nr. 60, 11.3.1995, S. 5.

Montesinos Caperos, Manuel: *Wizzel Kien*. Zwischen Narrenliteratur und Schelmenroman. In: Hans-Fallada-Jahrbuch (2000), Nr. 3, S. 191–203.

Rietzschel, Thomas: Gemeine Späße. Bärendienst für Fallada: Der Schelmenroman *Wizzel Kien*. In: Frankfurter Allgemeine. Zeitung für Deutschland (1995), Nr. 128, 3.6.1995, S. 26.

Strässle, Thomas: „Wenn ich nur den Ton halte". Hans Falladas Versuch einer Imitation Grimmelshausens. In: Simpliciana 24 (2002), S. 265–282.

4.8.83 *Wolf unter Wölfen*

Ächtler, Norman: „Ein Geschlecht voller Angst" – Die Vorgangsfigur vom „Kleinen Mann im Kampf aller gegen alle" in Hans Falladas sozialkritischem Werk. In: Hans Fallada und die literarische Moderne, hg. von Carsten Gansel und Werner Liersch, Göttingen 2009, S. 129–151 [zu *Wolf unter Wölfen*, S. 139–141].

Arnöman, Nils: „Ach Kinder...". Zur Rolle des Kindes und der Familie im Werk Hans Falladas, phil. Diss. Stockholm 1998 [zu *Wolf unter Wölfen*, S. 92–118].

Bähr, Sarah-Sophie/Behrens, Antje/Krüger, Carolin: „Es gibt solche Namen, die ein Schicksal zu sein scheinen." Offizielle Figurennamen des Schauplatzes Berlin. In: Namen- und Stadtlandschaften. Beiträge des Hans-Fallada-Symposiums Carwitz, hg. von Petra Ewald und Lutz Hagestedt, München 2011, S. 43–59.

Brüggert, Maria/Sund, Simone: „Du sollst nicht Mandchen sagen!" Zur Ausdrucks- und Appellfunktion literarischer Namen. In: Namen- und Stadtlandschaften. Beiträge des Hans-Fallada-Symposiums Carwitz, hg. von Petra Ewald und Lutz Hagestedt, München 2011, S. 79–89.

Brunner, Maria E.: Proletarisierungsprozesse und Politikverständnis in Hans Falladas Werk, Neuried 1997 [zu *Wolf unter Wölfen*, S. 124–130].

Caspar, Günter: Nachwort. In: Hans Fallada: Ausgewählte Werke in Einzelbänden, Bd. 5: Wolf unter Wölfen. Roman. Zweiter Teil. Das Land in Brand, Berlin (Ost)/Weimar 1970, S. 617–672.

Caspar, Günter: Das Land in Brand. In: Ders.: Fallada-Studien, Berlin (Ost)/Weimar 1988, S. 120–182 [zu *Wolf unter Wölfen*, S. 140–182].

*Dahms, Andreas: Falladas Roman *Wolf unter Wölfen*. Ein Beitrag zur Analyse des epischen Textes und zu seiner filmischen Adaption, Potsdam/Babelsberg 1988.

Delabar, Walter: Was tun? Wie leben? Wer sein? System und Plan der praktischen Tätigkeit. Einige Fallgeschichten und Fragestellungen. In: Ders.: Was tun? Romane am Ende der Weimarer Republik, Opladen/Wiesbaden 1999, S. 7–27 [zu *Wolf unter Wölfen*, S. 12–15].

Ehlers, Torsten: Herrschaft und Dienerschaft. Aspekte sozialer Kontrolle und politischer Ordnung in Hans Falladas *Wolf unter Wölfen*. In: Hans Fallada. Autor und Werk im Literatursystem der Moderne, hg. von Patricia Fritsch-Lange und Lutz Hagestedt, Berlin/Boston 2011, S. 13–22.

Ewald, Petra: Hans Falladas Roman *Wolf unter Wölfen*. Die Botschaften der literarischen Namen – Hinführung und theoretisch-methodische Grundlegung. In: Namen- und Stadtlandschaften. Beiträge des Hans-Fallada-Symposiums Carwitz, hg. von P. E. und Lutz Hagestedt, München 2011, S. 1–16.

Ewald, Petra/ Diderich, Peter: *Wolf unter Wölfen* als Bilderbuch. Zu sprachlichen Bildern im Werk Hans Falladas. In: Salatgarten 18 (2009), H. 1, S. 11–15 [1. Teil]; H. 2, S. 13–17 [2. Teil].
A auch in: Hans-Fallada-Jahrbuch (2012), Nr. 6, S. 87–104.

Frank, Gustav: „...und das moderne Epos des Lebens schreiben". Wirtschaftswissen bei Sternheim, Fallada, Borchardt und Fleißer. In: Literatur und Wissen(schaften) 1890–1935, hg. von Christine Maillard und Michael Titzmann, Stuttgart/Weimar 2002, S. 279–330 [zu *Wolf unter Wölfen*, S. 287–296].

Frank, Gustav/Scherer, Stefan: „Lebenswirklichkeit" im „gespaltenen Bewusstsein". Hans Falladas *Wolf unter Wölfen* und die Erzählliteratur der 30er Jahre. In: Hans Fallada. Autor und Werk im Literatursystem der Moderne, hg. von Patricia Fritsch-Lange und Lutz Hagestedt, Berlin/Boston 2011, S. 23–37.

Goeres, Heinrich: Fallada und seine Grenzen. Zur Neuherausgabe von *Wolf unter Wölfen*. In: Neue Welt. Halbmonatsschrift 5 (1950), H. 24 (112), S. 135–137.

Gürgen, Hannes: Kontinuität der Moderne. Filmisches Schreiben in den Romanen der 1930er Jahre, Masterarbeit, Karlsruhe (KIT) 2014 [zu *Wolf unter Wölfen*, S. 77–85].

Hagestedt, Lutz: „Was ein junger Mann vor und von der Ehe wissen muss". Zur frühmodernen Konzeption der Sexualpathologie in Hans Falladas Roman *Wolf unter Wölfen* (1937). In: Hans Fallada. Autor und Werk im Literatursystem der Moderne, hg. von Patricia Fritsch-Lange und L. H., Berlin/Boston 2011, S. 39–57.

Heinrich, Bernhard: Innenansichten einer Großstadtkulisse in *Kleiner Mann – was nun?* und *Wolf unter Wölfen*. In: Berlin's Culturescape in the Twentieth Century, hg. von Thomas Bredohl und Michael Zimmermann, Regina 2008, S. 77–91.

Heinrich, Bernhard: Der Verlust der Werte durch Wertverlust. Die Inflation in Falladas Werk. In: Hans-Fallada-Jahrbuch (2016), Nr. 7: Hans Fallada und die Literatur(en) zur Finanzwelt, S. 454–464 [zu *Wolf unter Wölfen*, S. 460–464].

Hinck, Walter: Im brodelnden Vulkan. Walter Hinck über Hans Falladas *Wolf unter Wölfen*. In: Frankfurter Allgemeine. Zeitung für Deutschland (1985), Nr. 173, 30.7.1985, S. 15.
A auch in: Romane von gestern – heute gelesen, Bd. 3: 1933–1945, hg. von Marcel Reich-Ranicki, Frankfurt a. M. 1990, S. 120–126.

Hinck, Walter: Die Weimarer Republik in der Zerreißprobe. Dramatisierende Erzählung, Hans Fallada: *Wolf unter Wölfen* (1937). In: Ders.: Romanchronik des 20. Jahrhunderts. Eine bewegte Zeit im Spiegel der Literatur, Köln 2006, S. 100–104.

Jürss, Detlev: Rausch und Realitätsflucht. Eine Untersuchung zur Suchtthematik im Romanwerk Hans Falladas, Konstanz 1985 [zu *Wolf unter Wölfen*, S. 160–169].

Kietzmann, Ina/Kohlenberger, Dominique/Neumann, Anne: In *Wolf unter Wölfen* auf den Straßen Berlins. In: Namen- und Stadtlandschaften. Beiträge des Hans-Fallada-Symposiums Carwitz, hg. von Petra Ewald und Lutz Hagestedt, München 2011, S. 31–42.

Knortz, Heike/Laudenberg, Beate: „Durchrauschen des Papiergeldes" und „Rauschen der Papiergeldpressen". Zur Darstellung der Inflation bei Goethe und Fallada. In: Hans-Fallada-Jahrbuch (2016), Nr. 7: Hans Fallada und die Literatur(en) zur Finanzwelt, S. 66–94 [zu *Wolf unter Wölfen*, S. 68–84].

Künzel, Christine: Literarische Inflationen. Falladas *Wolf unter Wölfen* im Kontext der literarischen Darstellung der Hyperinflation von 1923. In: Hans-Fallada-Jahrbuch (2016), Nr. 7: Hans Fallada und die Literatur(en) zur Finanzwelt, S. 340–361.

Kuhnke, Manfred: Anständige Bücher schreiben und verlegen. Mühen um *Wolf unter Wölfen*. In: Hans-Fallada-Jahrbuch (2006), Nr. 5, S. 206–221.

Lamp, Hannes: Fallada unter Wölfen. Schreiben im Dritten Reich. Die Geschichte des Inflationsromans *Wolf unter Wölfen*, Friedland 2002.

Lange, I. M.: *Wolf unter Wölfen*. In: Leonhard Frank. Hans Fallada. Hilfsmaterial für den Literaturunterricht an den Ober- und Fachschulen, hg. vom Kollektiv für Literaturgeschichte im volkseigenen Verlag Volk und Wissen (Redaktion: Kurt Böttcher und Paul Günter Krohn), Berlin (Ost) 1955, S. 103–109.

Liersch, Werner: Die Chance der Distanz. Hans Fallada: *Wolf unter Wölfen*. In: Erfahrung Nazideutschland. Romane in Deutschland 1933–1945. Analysen, hg. von Sigrid Bock und Manfred Hahn, Berlin (Ost)/Weimar 1987, S. 99–131, S. 478–479.

Liersch, Werner: Vergebliche Sehnsucht. Fallada und das Urbane. In: Die Provinz im Leben und Werk von Hans Fallada. Protokollband des Kolloquiums des Fallada-Forums vom 4. Dezember 2004 in der Akademie der Künste Berlin, Deutschland, hg. von Thomas Bredohl und Jenny Williams, Schöneiche bei Berlin 2005, S. 10–25.

Lutz, Daniel: Bewährung in der Krise. Hans Falladas *Wolf unter Wölfen* und die moderate Moderne während des „Dritten Reichs". In: Hans Fallada, hg. von Gustav Frank und Stefan Scherer, München 2013 (Text + Kritik 200), S. 61–71.

Menke, Silvia: Schreiben als Daseinsbewältigung. Die Bedeutung literarischer Produktivität für Hans Fallada und Gottfried Keller, Aachen 2000 [zu *Wolf unter Wölfen*, S. 104–108].

Noll, Dieter: Unter Wölfen. In: Aufbau. Kulturpolitische Monatsschrift 7 (1951), H. 4, S. 369–371.

Oertzen, Sybille von/Plenzke, Stefanie/Siolek, Franziska: Ledig ist ledig. Die Wahrnehmung von Namensbedeutsamkeit im Test. In: Namen- und Stadtlandschaften. Beiträge des Hans-Fallada-Symposiums Carwitz, hg. von Petra Ewald und Lutz Hagestedt, München 2011, S. 61–77.

Pautzke, Antje: „Kein Mensch ist ganz schlecht, auch Sophie ist es nicht". Aspekte eines abweichenden Lebenslaufs in Hans Falladas *Wolf unter Wölfen*. In: Hans Fallada. Autor und Werk im Literatursystem der Moderne, hg. von Patricia Fritsch-Lange und Lutz Hagestedt, Berlin/Boston 2011, S. 115–122.

Peter, Nina: Währungskurs und Weltanschauung. Ökonomie als Psychologie in Falladas *Wolf unter Wölfen*. In: Hans-Fallada-Jahrbuch (2016), Nr. 7: Hans Fallada und die Literatur(en) zur Finanzwelt, S. 465–485.

Porto, Petra: „Wird doch etwas Lebendiges geboren aus dieser fauligen Zeit?" Paarbildung und -bindung in Hans Falladas *Wolf unter Wölfen*. In: Hans Fallada. Autor und Werk im Literatursystem der Moderne, hg. von Patricia Fritsch-Lange und Lutz Hagestedt, Berlin/Boston 2011, S. 123–133.

Riffert, Dorothea/Thierauf, Doreen: Kapp-Putsch und Sunlichtseife. Sujetexterne Eigennamen in Hans Falladas Roman *Wolf unter Wölfen*. In: Namen- und Stadtlandschaften. Beiträge des Hans-Fallada-Symposiums Carwitz, hg. von Petra Ewald und Lutz Hagestedt, München 2011, S. 17–30.

Rudolph, Andrea: Das Bild als Strukturgröße in Hans Falladas Roman *Wolf unter Wölfen* (1937). In: Hans-Fallada-Jahrbuch (2003), Nr. 4, S. 107–124.

Rudolph, Andrea: Selbstfreiheit innerhalb sozialer Verhältnisse. Hans Falladas Habitus-Bilder und die klassische Moderne. In: Annäherungen. Polnische, deutsche und internationale Germanistik. Hommage für Norbert Honsza zum 70. Geburtstag, hg. von Bernd Balzer und Irena Swiatłowska, Wrocław (Breslau) 2003, S. 169–188.

Rudolph, Andrea: Weltanschauungsalternativen in der Weimarer Zeit. Zum Habitus konservativer Figuren im Erzählwerk Hans Falladas. In: Hans-Fallada-Jahrbuch (2006), Nr. 5, S. 32–56.

Scherbaum, Lisa: Varianten der Lebensideologie in Hans Falladas Romanen der 1930er Jahre. Analysen von *Wir hatten mal ein Kind* (1934) und *Wolf unter Wölfen* (1937), Masterarbeit, LMU München 2015, S. 74–114.

*Sutschkow, Boris: Hans Fallada (1893–1947). In: Hans Fallada: *Wolf unter Wölfen*, Moskau 1957, S. 3–27.

Terwort, Gerhard: Hans Fallada im ‚Dritten Reich'. Dargestellt an exemplarisch ausgewählten Romanen, Frankfurt a. M. u. a. 1992 [zu *Wolf unter Wölfen*, S. 97–171].

Titzmann, Michael: Selbstfindung und Selbstverlust. Aspekte der textinternen Anthropologie in Hans Falladas *Wolf unter Wölfen* (1937). In: Hans Fallada. Autor und Werk im Literatursystem der Moderne, hg. von Patricia Fritsch-Lange und Lutz Hagestedt, Berlin/Boston 2011, S. 169–188.

Töteberg, Michael: Nachwort. Wolfszeit. In: Hans Fallada: *Wolf unter Wölfen*. Roman, Reinbek bei Hamburg 2018, S. 1315–1327.

Türk, Werner: Literatur als Spiegel der Inflationszeit. In: Hans-Fallada-Jahrbuch (1995), Nr. 1, S. 107–113.

Vaydat, Pierre: L'échec du personnage réparateur dans deux romans de Hans Fallada. In: La crise des relations interpersonnelles dans la littérature de langue allemande du XXe siècle 22 (1998), S. 33–51.

Wilkes, Geoff: Hans Fallada's Crisis Novels 1931–1947, Bern/Berlin/Frankfurt a. M./Paris/Wien 2002 [zu *Wolf unter Wölfen*, S. 63–87].

Zachau, Reinhard K.: Selbstfindungsprozeß im Chaos: *Wolf unter Wölfen*. In: Ders.: Hans Fallada als politischer Schriftsteller, New York/Bern/Frankfurt a. M./Paris 1990, S. 143–158.

Zachau, Reinhard K.: Fallada's Modernist Characters in his Berlin Novels *Little Man, What Now?*, *Wolf Among Wolves* and *Every Man Dies Alone*. In: Hans Fallada. Autor und Werk im Literatursystem der Moderne, hg. von Patricia Fritsch-Lange und Lutz Hagestedt, Berlin/Boston 2011, S. 201–211.

VI. Register

1. Werke Falladas

Alone in Berlin 517–518
Altes Herz geht auf die Reise 7, 22, 32–33, 39, 115, 129, 142–143, 189, 326, 353–366, 370, 395, 426, 439, 504–505, 516, 548, 552, 554, 556, 563, 576–577
An der Schwale liegt ein Märchen 163, 443
Anton und Gerda 3, 29, 88, 157, 179, 188, 235, 243–250, 264, 269, 330, 491, 543, 562, 574
Barberbeinchen-Mutti 431
Bauern, Bonzen und Bomben 4, 13, 15, 17, 19, 21, 30, 39–40, 52–53, 62, 64, 66–67, 87–88, 90, 96–97, 116, 122, 125, 132, 138, 140, 145, 152, 157–158, 161, 166–168, 177, 179, 181–185, 190, 194–195, 197–198, 203–205, 210, 235, 241, 247, 268–282, 287, 290, 297, 314, 318–320, 326–327, 331, 342–343, 349, 374, 380, 390, 424, 430, 432, 439, 441, 449–450, 482–483, 486, 491, 493, 508–509, 534, 536–537, 546, 552, 554, 556, 559–562, 575–577, 579
Bauernkäuze auf dem Finanzamt 432
Blanka, eine geraubte Prinzessin 330, 434, 529
Christkind verkehrt 436, 531, 533
Damals bei uns daheim 36, 39, 44, 54, 145, 199, 445–447, 524–525, 529, 531, 547, 553, 555–556, 563, 578
Das Abenteuer des Werner Quabs 40, 437, 440, 501
Das Märchen vom Stadtschreiber, der aufs Land flog 22, 39, 44, 129, 143, 164, 198, 204, 363, 441, 552, 554, 556, 576–577
Das versunkene Festgeschenk 437
Das Wunder des Tollatsch 431, 436
Der Alpdruck 12, 25–26, 37, 53, 59, 67, 133, 149, 151, 154, 192, 200–201, 206, 224, 467–473, 475, 477, 481, 533, 544–546, 552, 554, 556, 579
Der Apparat der Liebe 85–86, 180, 210, 250, 257, 259
Der Bettler, der Glück bringt 433, 533
Der eiserne Gustav 7–8, 33–34, 39, 41, 44–45, 111, 125, 128–129, 134, 142, 145, 151–152, 184, 189, 197–199, 204, 317, 344, 349, 374, 388, 395–407, 417–418, 424, 428–429, 451, 483, 487, 494, 496, 501, 511–512, 524, 531–533, 538, 545–548, 552, 554, 556, 559, 562, 577
Der Ententeich 438
Der Gänsemord von Tütz 435
Der gestohlene Weihnachtsbaum 436, 442–443
Der Heimkehrer 438
Der junge Goedeschal 1, 3, 13, 28–29, 39, 52–53, 62, 88, 157, 179, 226, 232–233, 235–249, 264, 269, 329, 430, 439, 491, 543, 546, 552, 554, 556, 558, 562, 574
Der Jungherr von Strammin [Junger Herr – ganz groß] 13, 23, 36, 193, 456–458, 545, 552, 554, 556, 578
Der Klatsch 320–321, 521, 576
Der Kutisker-Roman 37, 47, 415, 421–430, 460, 557, 578
Der mutige Buchhändler 437
Der Pleitekomplex 168, 433
Der Strafentlassene 96, 159, 260–261, 310
Der Trauring 86, 180, 250, 255–257, 331, 430, 474
Der Trinker 9, 53, 59–60, 189, 410–411, 413, 443, 460–467, 470, 495–496, 500, 506–507, 516–517, 528, 531–532, 537–538, 545, 547–549, 552, 554, 556, 562, 569, 579
Der ungeliebte Mann 23, 36, 39, 145, 188–189, 409, 450, 452–454, 458, 547, 552, 554, 556, 577–578
Die Fliegenpriester 434
Die Geschichte vom getreuen Igel 446, 524, 531
Die Geschichte vom unheimlichen Besuch/ Geschichte vom verkehrten Tag 22, 445, 448, 530–531
Die große Liebe 250, 257
Die gute Wiese 434
Die Kuh, der Schuh, dann du 14, 28, 86, 159, 179, 194, 244, 246, 250–255, 327, 404, 441, 574
Die offene Tür 434

Dies Herz, das dir gehört 45, 450–452, 458, 501, 577–578
Die schwarze Fahne 165, 265, 318–320
Die Stunde eh' du schlafen gehst 19, 454–456, 458, 544, 552, 554, 556, 578
Die Verkäuferin auf der Kippe 260–261
Die verlorenen Grünfinken 408, 436, 442, 444–446, 524
Drei Jahre kein Mensch 224, 309, 569
Eine schlimme Nacht 435
Ein Mann will hinauf. Die Frauen und der Träumer [Ein Mann will nach oben] 45, 67, 111, 184, 188–189, 204, 344, 349, 415–422, 429, 487, 501, 510, 532–533, 545, 548–549, 552, 554, 556, 559, 578
Ein Roman wird begonnen 173
Essen und Fraß 435
Every man dies alone 546, 566
Fridolin, der freche Dachs 442–443, 445–447, 543, 547, 553, 555–556
Fröhlichkeit und Traurigkeit 288, 433, 525
Frühling in Neuenhagen 436
Fünfzig Mark und ein fröhliches Weihnachtsfest 431, 436
Gänseeier im Gehirn 435
Gauner-Geschichten 158, 181, 250, 260–262, 310–311
Gegen jeden Sinn und Verstand 435
Genesenden-Urlaub 438
Geschichten aus der Murkelei 34, 37, 39, 144, 199–200, 372, 440, 442–447, 515, 524, 529–532, 538, 543, 548, 553, 555–556, 577
Geschichte vom goldenen Taler 444, 512, 515, 529, 531
Geschichte vom Unglückshuhn 441, 524–525, 530
Geschichte von der gebesserten Ratte 444, 530
Geschichte von der kleinen Geschichte 447
Gestalten und Bilder 223, 225–227, 229–233, 338, 574
Gute Krüseliner Wiese rechts 434, 531
Häusliches Zwischenspiel 436, 442, 444–446
Heute bei uns zu Haus 24, 36, 39, 54, 59, 146, 199, 410, 445, 531–532, 553, 555–556, 563, 578
Himmel, wir erben ein Schloß siehe Kleiner Mann, großer Mann – alles vertauscht oder Max Schreyvogels Last und Lust des Geldes
Hoppelpoppel und der verkehrte Tag 525

Hoppelpoppel – wo bist du? 6, 18, 144, 436, 442–447, 553, 555–556, 577
Ich bekomme Arbeit 168, 311, 432
Ich übe mich im Dialog 87, 180
Im Blinzeln der großen Katze 29, 84, 86–88, 250, 254, 263, 263–267, 264, 267, 441, 575
In meinem fremden Land. Gefängnistagebuch 1944 14, 29, 44, 46–47, 53–54, 56, 58–60, 397, 421, 427, 431, 460, 465, 543, 548–549, 553–554, 556, 558
Jeder stirbt für sich allein XI, 11, 21, 25, 37, 48, 51, 53, 55, 59, 67–68, 70, 115, 129, 132, 146, 152, 174–175, 178, 184, 188–189, 200–201, 204, 206, 208, 214, 217, 227, 270–284, 342, 373–374, 412, 424, 427, 429, 439, 449, 459, 467–468, 471, 473–488, 495–496, 500–501, 506, 509, 512–516, 525–527, 529–530, 532–533, 535–537, 539–550, 552, 554, 556–558, 562, 566–570, 579
Junge Liebe 227
Kalendergeschichten 438
Kippe oder Lampen siehe Wer einmal aus dem Blechnapf frißt
Kleiner Mann, großer Mann – alles vertauscht oder Max Schreyvogels Last und Lust des Geldes 36, 39, 145, 178, 203, 407–415, 501, 505–506, 552, 554, 556, 577–578
Kleiner Mann – was nun? XI, XII, 5–6, 13, 15–16, 18, 31, 37, 39–41, 43, 53–55, 65, 68–70, 76, 79, 99, 102, 106, 108, 115–116, 121–125, 127, 129–130, 139, 141–142, 145, 157, 164, 168, 176, 178, 180–185, 188–189, 203, 205–206, 214–215, 224, 248, 269, 275, 282–307, 312, 314, 317, 320–321, 325, 331, 341, 349, 355, 363, 377, 382, 386, 391, 407, 413, 433, 436, 439, 441, 449–450, 474, 486, 492, 500–503, 505–506, 512–514, 517, 521–523, 525, 531–534, 536, 538–540, 543–550, 552, 554, 556, 560, 562, 567–570, 574, 576
Kleine schwarze Hund, särr biese 436
Kopf hoch! 321–322, 501
Kubsch und seine Parzelle 435
Länge der Leidenschaft 88, 180, 250, 257–258, 574
Lieschens Sieg 446–447
Little Man, What Now 503
Lüttenweihnachten 436, 445

1. Werke Falladas

Märchen vom Unkraut 443
Meine Ahnen 224
Mit Metermaß und Gießkanne 436
Nur ein Fuder Stroh 437
Oma überdauert den Krieg 149
Pechvogel und Glückskind 23, 441
Pfingstfahrt in der Waschbalje 447
Pfingstgruß an Achim 431, 445
Sachlicher Bericht über das Glück, ein Morphinist zu sein 56, 251, 553–554, 556, 569
Sieben Kinder spielen im Stadtpark 93, 163, 443
Strafgefangener, Zelle 32 58, 83, 462, 575
Süßmilch spricht 437
Über den doch vorhandenen Widerstand der Deutschen gegen den Hitlerterror 476, 480, 579
Weihnachten der Pechvögel 436
Wer einmal aus dem Blechnapf frißt 3, 6, 16–18, 21, 32, 37, 39–42, 53–54, 67, 69, 91, 96, 129, 132, 140–142, 152, 158, 184–185, 187, 193, 195, 205, 224, 282, 305–317, 325, 327–332, 335, 347, 349, 362, 370, 373, 382, 409, 412, 430, 432, 439, 492, 500, 506–507, 512, 517, 525, 527, 531–532, 534, 537, 545, 548, 552, 554, 556, 562, 576, 579
Wie Herr Tiedemann einem das Mausen abgewöhnte 435
Wie ich Schriftsteller wurde [Meine lieben jungen Freunde] 54, 56, 60, 173, 235, 475
Wir hatten mal ein Kind 6, 16, 32, 39–40, 55, 91, 125, 129–130, 132–133, 142, 174–175, 177–178, 182–185, 193, 195–196, 198, 208, 214–217, 219, 224, 231, 306–307, 324–353, 362, 369–370, 375, 382, 386, 399, 426, 428, 434–435, 439, 452, 474–476, 479, 483, 485–487, 493, 500, 529, 545, 548, 552, 554, 556, 576
Wizzel Kien 355, 366–368, 370–372, 442, 458, 577
Wolf unter Wölfen 7, 14, 17, 20–21, 33–34, 39–41, 43, 65–66, 70, 124–125, 129–133, 140, 142, 144–145, 165, 173, 177–179, 184–185, 188–189, 193, 195, 197, 203–206, 208–210, 214, 216–217, 219, 275, 322, 324–325, 339, 343–344, 346, 349, 366, 369–407, 409, 411–412, 424, 426, 428, 439, 443, 449, 474, 479, 483, 485–487, 494–495, 501, 512–514, 517, 524, 538, 545–547, 549, 552, 554, 556, 558, 562, 568–569, 577, 579
Zwei zarte Lämmchen, weiß wie Schnee 204–205, 437, 552, 554, 556
Zweikampf im Weizen 435

2. Personenregister

Abercon, Violet (Weio) von 203
Ächtler, Norman 450, 480, 509
Adenauer, Konrad 122
Adorno, Theodor Wiesengrund 76, 80, 126, 283, 289, 293, 299–300
Ahner, Helmut 524
Aichinger, Ilse 213, 487
Albers, Hans 540
Alexis, Willibald 375
Altenberg, Peter 163
Alverdes, Paul 332
Amoulong, Sieglinde 529
Andersen Nexö, Martin 90, 168
Andres, Stefan 40
Arndt, Ernst Moritz 458
Asmodi, Herbert 511
Assmann, Arno 508
Auburtin, Victor 73, 77
Auerbach, Erich 63–64

Bächler, Wolfgang 495
Bakonyi, Else Marie 150, 152, 425, 470
Balázs, Béla 109
Ballmann, Herbert 418, 510
Balzac, Honoré de 11, 63–64, 423, 491, 494, 496
Barner, Wilfried 487
Barth, John 66
Barthes, Roland 219, 272
Baßler, Moritz 272
Baum, Vicki 73, 76, 124, 178, 209–210, 213, 219, 290, 343–344, 567, 569
Baumann, Heinz 508
Baumgarten, Michael 537
Bauschulte, Friedrich W. 524–525
Beaucarne, Christophe 517
Becher, Johannes Robert 10–11, 24–25, 37, 98, 114, 140, 148–149, 152–153, 227, 300, 390, 427, 456, 470–471, 475–476, 479, 485, 495–496, 557–558, 560, 579
Bechert, Fritz 17, 30, 151, 268, 274
Bechert, Margarete, geb.Ditzen 17, 151, 306, 387, 561
Beck, Ulrich 293
Becker, Sabina 209
Beermann, Gerd 527
Bellmann, Dieter 529
Benjamin, Walter 49, 73, 77–78, 80, 109, 120, 320, 373, 521
Benn, Gottfried 73, 149–150, 231–232, 470
Berendsohn, Walter Arthur 324, 479

Bergengruen, Werner 40, 366
Berger, Gunter 525
Bergmann, Claire 99, 127–128
Berlin, Uwe-Dag 466, 538
Bermeitinger, Karl 299
Berthold, K. H. 91
Bienert, Gerhard 504
Birkholz, Gerhard 510
Blei, Franz 15
Bloch, Ernst 560
Bloem, Walter Julius 331, 333
Bloom, Harold 178–179
Blunck, Hans Friedrich 214, 338, 361
Boecker, Kurt 329
Böhmelt, Harald 501–502
Bohrer, Karl Heinz 62
Böll, Heinrich 213, 293, 487
Böök, Fredrik 203
Bootz, Erwin 540
Borchardt, Rudolf 213, 349
Borchert, Wolfgang 525, 528
Borkmann, Eberhard 515
Borries, Achim von 517
Borries, Bettine von 517
Borzage, Frank 503
Botes, Hermann 355
Bouhler, Philipp 39
Brandt, Matthias 533–534
Braque, Georges 210
Brasch, Peter 529
Brauer, Peter Paul 505
Brauneck, Wolfgang 538
Braun-Fock, Beatrice 87
Brausewetter, Hans 505
Brecht, Bert(olt) 61, 73, 76, 78–80, 109, 215, 218–219, 322, 346, 389, 508, 521
Bredel, Willi 389
Bredohl, Thomas M. 561
Brennemann, Dirx 515
Brentano, Bernard von 15, 288, 298, 300
Breton, André 209
Broch, Hermann XI, 16, 21, 65, 79, 119, 187, 322, 331, 349, 382, 389, 487, 491–492, 557–558, 561–562
Brodine, Norbert 503
Bronnen, Arnolt 15, 73, 157, 169, 271
Brühl, Daniel 517–518
Brumby, Eva 511
Brunner, Maria E. 390
Brunngraber, Rudolf 129
Büchner, Georg 63–64, 114

Buchrucker, Bruno Ernst 380
Bues, Marie 537
Bunge, Wolf 537
Bürger, Annekathrin 512
Bürger, Volker 537
Burkert, Karl 337, 364
Burlage, Willi 7, 9, 226
Büttner, Rainer 529

Canetti, Elias 8, 46, 65
Čapek, Karel 90, 101
Carlsen, Ludwig 505
Carossa, Hans 88
Carrière, Mathieu 510
Caruso, Paolo 219
Caspar, Günter 53–54, 83, 86, 227, 244, 248, 250–251, 257, 260–261, 264, 270, 283, 285–286, 288–289, 292, 300, 315, 321–322, 324, 354, 361, 366–367, 375–376, 401–405, 421–422, 424, 427, 431, 443, 461, 469, 496, 501, 518, 556–558
Céline, Louis-Ferdinand XI, 178, 210, 371, 487
Cervantes, Miguel de 224
Chamisso, Adalbert von 203
Chaplin, Charles 220
Chateaubriand, François-René de 224–225
Chlupka, Horst 510
Churchill, Winston 59
Clauder, Egon 526
Cocteau, Jean 217
Collande, Giesela von 528
Comedian Harmonists 501–502, 540
Condé, Kurt 527, 534
Conrad, Andreas 397
Cooper, Gary 164
Corot, Camille 379
Cossy, Hans 524
Cremer, Ludwig 528
Crepon, Tom 557
Creuzburg, Gesine 529
Crow, Douglas Wiley 559, 561
Cubelic, Miodrag 509
Czerwik, Anton 509
Czinner, Paul 185

D'Annunzio, Gabriele 224, 226
Dante Alighieri 225
Dättel, Paul 534
Daub, Ewald 501
Daudet, Alphonse 224
Dauthendey, Max 224
Days, Clarence 7, 577

de Kowa, Viktor 502
Defoe, Daniel 471
Degen, Michael 524
Delabar, Walter 293, 390, 409, 461
Depenau, Wilhelm 504
Desplat, Alexandre 517
Deutsch, Ulf 508
Dickens, Charles 63–64, 224, 387, 573
Dietrich, Marlene 540
Diez, Georg 568
Dinamow, S. 335–336, 494
Ditzen, Achim 8, 445, 578
Ditzen, Adelaide 2, 141, 228, 231, 577
Ditzen, Anna 3–6, 9, 15, 31, 47, 49–50, 52, 92, 141, 153, 163, 178, 305, 361, 407, 426, 432, 456, 474, 561, 575, 578–579
Ditzen, Edith 325
Ditzen, Elisabeth, geb. Lorenz 1, 9, 423, 431
Ditzen, Lore („Mücke") 199, 443, 445, 576
Ditzen, Margaret(h)e 140, 167, 306
Ditzen, Rudolf Wilhelm 1, 56, 431, 573
Ditzen, Uli (Bruder) 2, 573–574
Ditzen, Uli (Sohn) 4, 49–50, 192, 199, 445, 561, 575
Ditzen, Ursula („Ulla"), geb. Losch 10, 227, 470, 579
Dluzniewski, Jürgen 534
Döblin, Alfred XI, 65, 73, 79–80, 109, 178, 208–209, 213–214, 216–217, 279, 283, 289, 374, 521, 561–562
Dodd, Martha 22
Domröse, Angelica 541
Dorst, Tankred 320, 506, 536, 539–541
Dos Passos, John 66, 210, 278, 344, 487, 561–562
Dostojewski, Fjodor Michailowitsch 64, 173, 224, 461, 573
Doucet, Catherine 503
Dreyfus, Paul 13
Dröse, Jorinde 537
Dudow, Slatan 79
Düffel, John von 538
Dumas, Alexandre 224, 573
Dünnebier, Enno 287, 431, 557–558
Dwinger, Edwin Erich 73, 371, 494

e. o. plauen, siehe Ohser, Erich
Ebel, Hans 508
Eberle, Friedhelm 529
Ebermayer, Erich 20
Ebers, Oscar 233
Ebert, Hans 505

Ebner-Eschenbach, Marie von 23
Eggebrecht, Axel 19
Egk, Werner 504
Ehrenstein, Albert 157, 307, 492
Ehrenstein, Carl 21, 474
Ehrlich, Peter 507
Eich, Günter 213, 215, 219, 525–526
Einstein, Carl 220
Eis, Gerhard 205
Eisenlohr, Friedrich 24
Eisenstein, Sergei 210, 278
Eisler, Hanns 79
Elbogen, Paul 15
Elsner, Hannelore 507
Engel, Erich 322
Engelhard, Gundula 457–458
Enzensberger, Hans Magnus 218
Erckmann, Rudolf 423–424, 428
Ernst, Max 209, 487
Eschenburg, Harald 33
Escherich, Georg 206
Esseck, Adolf 502
Ettighoffer, Paul Coelestin (Ps. Frank Lohr von Wachendorf) 23–24
Ewers, Hanns Heinz 103, 168

Fadiman, Clifton 321
Fassbinder, Rainer Werner 511
Faulkner, William XI, 178, 182, 210, 344, 348, 371, 487, 561–562
Fechenbach, Felix 13
Fehn, Gerhard 536
Feld, Hans 322
Ferstl, Erich 510
Feuchtwanger, Lion 65, 79, 216, 368, 389, 422, 425
Feuchtwanger, Martin 238
Fischer, Heinrich 85
Fischer, Samuel 75, 120
Fitzek, Sigurd 507
FitzGerald, Edward 178, 226, 435
Fitzgerald, Francis Scott 210
Flaubert, Gustave 64, 224, 255, 573
Fleißer, Marieluise 73, 178
Foerster, Karl 90, 101
Fontane, Theodor 63, 114, 224, 243, 339, 432, 458
Foord, Ben 388
Foucault, Michel 219
Franco, Francisco 545
Frank, Gustav 65, 301, 391, 562
Franke, Hans 425
Franziskus von Assisi 357

Freisler, Roland 206
Freud, Sigmund 252–253, 471
Freund, Wieland 546
Fricke, Gerd 299, 523
Friedl, Franz R. 504
Friedrichsen, Uwe 531, 534
Frisch, Max 215
Fritsch, Patricia 284, 289, 291, 297–298
Fritzsche, Karl Julius 396
Froelich, Carl 7, 45, 450
Fučík, Julius 526
Fulda, Ludwig 72
Funk, Walther 388
Fürneisen, Bodo 515

Gadow, Mogens von 525
Gailit, August 90
Gansel, Carsten 65, 238, 251–252, 282, 285–286, 296, 560–562
Gari, Sarah XII
Gast, Wolfgang 509, 514
Gaugin, Paul 379
Gauß, Carl Friedrich 385
Geisenheyner, Max 195
Geißendörfer, Hans Wilhelm 511
Geißler, Renate 516
Genazino, Wilhelm 118, 120
George, Marion 65, 254, 265
George, Stefan 72, 78
Gerber, Lothar 513–514
Gerlof, Manuela XII
Gernhardt, Robert 24
Gersch, Tilman 538
Gerschel, Otto 284
Geschonnek, Erwin 514
Gessler, Alfred 410, 558
Geyer, Hans Joachim (Ps. Henry Troll) 14
Girod, Ch. 361
Giskes, Heinrich 540
Glaeser, Ernst 388
Gleeson, Brendan 517–518
Gloger, Christine 529
Gobert, Boy 539
Goebbels, Joseph 7–8, 19, 33, 35, 39–41, 44, 47, 112–113, 140, 145, 271, 364, 387–388, 396–397, 423–424, 426, 478, 511
Goehr, Alexander 508
Goethe, Johann Wolfgang 61, 68, 114, 241, 255
Göhler, Fritz 529
Goltz, Erich 101
Göpfert, Mario 529

2. Personenregister

Göring, Hermann 328
Goslicki, Jan 529
Graf, Oskar Maria 73
Grass, Günter 488
Grau, Günther 504
Greiffenhagen, Gottfried 537, 539, 541
Griffith, David Wark 210
Grigoleit, Kurt 507
Grimm, Hans 501
Grimm, Jacob und Wilhelm 1, 441
Grimmelshausen, Hans Jakob Christoffel von 366–368
Grisko, Michael 287, 291, 298, 514
Gröning jun., Karl 289
Groß, Jens 537
Großmann, Stefan 85, 372
Grosz, George 288
Grotewohl, Otto 18
Grothe, Heinz 332
Grube-Deister, Elsa 514
Grunow, Werner 529–530
Gudzuhn, Jörg 531
Günther, Alfred 35, 455
Gürgen, Hannes XII
Gutzkow, Karl 375

Haar, Kurt 527, 534
Haarmann, Fritz 374
Haas, Willy 85, 334
Haase, Axel 525
Habe, Hans 138
Hagestedt, Lutz 315, 405
Hahn, Bernt 525
Hahn, Livingstone 24
Hallströms, Per 162
Hallwachs, Hans Peter 531
Hamer, Ingo 510
Hammerich, Clara 544
Hampel, Elise 25, 152, 480, 557–558, 579
Hampel, Otto 25, 152, 473, 480, 557–558, 579
Hamsun, Knut 23, 327, 338
Hanisch, Otto 512
Hanusch, Wenzel 505
Harbou, Thea von 44, 219, 396
Hardt, Horst 516
Harlan, Veit 33, 388, 396, 422, 425
Harnack, Falk 506
Harnack, Mildred 22
Hartmann, Gustav 44, 204, 353, 358, 363, 396–397, 466, 511–512
Hartmann, Regina 563
Hartmann, Sebastian 466, 538

Hasenclever, Walter 28, 237, 239
Hauff, Wilhelm 422, 442
Haugk, Dietrich 507
Hauk, Günter 512–514
Haupt, Hans 518
Hauptmann, Gerhart 63, 72, 90, 148, 168–169, 396
Hauschner, Auguste 243
Hauser, Harald 152
Hauser, Heinrich 77, 90, 101–102
Hebel, Johann Peter 438
Hegel, Georg Wilhelm Friedrich 62, 68, 220
Heidegger, Martin 126
Heine, Heinrich 63, 114
Heinrich, Bernhard 506, 559
Heinz, Gerhard 509
Heise, Reiner 515
Heise, Sonja 544
Hellmann, Hannes 531
Hemingway, Ernest XI, 90, 97–98, 168, 178, 181, 210, 418, 371
Hermand, Jost 74
Hermann, Georg 243
Herrmann, Klaus 523
Herzberg, André 537
Hesse, Hermann XI, 4, 15, 73, 88, 138, 187, 270, 298
Hesse, Otto Ernst 505
Hessel, Franz 8, 13–14, 17, 29–30, 33, 73, 77, 84, 86, 88, 188, 224, 244, 247, 251, 258, 309, 371–373
Hessel, Ulrich 14
Heubach, Michael 515
Hielscher, Friedrich 74
Hilb, Liora 538
Hiller, Kurt 237
Hipp, Alice XII
Hippler, Fritz 428
Hirschfeld, Magnus 239
Hitler, Adolf 5, 22, 288, 305, 328–329, 361, 364, 372, 388, 476, 478–479, 481, 483–484, 494–495, 504, 526
Hobbes, Thomas 275, 374
Hoffmann, E. T. A. 224, 345
Hoffmann, Heinrich 329
Hoffmann, Jutta 513, 532
Höfler, Polly Maria 208
Hofmann, Michael 566, 569
Hofmannsthal, Hugo von 73, 212, 224, 229–230
Hoger, Hannelore 540
Hohlfeld, Oliver 465–466, 537
Holdack, Nele 291

Hollander, Walther von 19–20, 90, 100
Holonics, Nico 533–534
Hölscher, Heinz 509
Holz, Arno 72
Höppner, Joachim 531
Horaz 92
Hörig, Adelheid 9
Hörig, Elisabeth, geb. Ditzen 14, 94, 153, 167, 224, 323, 326–327, 353–354, 359–360, 364, 369–370, 424–425, 432, 560–561, 573
Hörig, Heinz 153
Horkenbach, Cuno 371
Horkheimer, Max 76, 283, 289, 293, 299–300
Hoven, Heribert 480–481
Hübner, Maritta 530
Huch, Ricarda 73, 79, 148
Huchel, Peter 139, 215
Hühnerfeld, Paul 418, 488, 495, 527–528
Hunold, Rainer 510
Hüppauf, Bernd 560
Husserl, Edmund 119, 126
Huxley, Aldous 90, 100, 168

Ihering, Herbert 15, 19, 298–299
Ilgenfritz, Heinrich 289
Issel, Anna Margareta („Suse") siehe Ditzen, Anna

Jacobi, Ernst 508
Jacobs, Monty 492
Jacobsen, Jens Peter 61
Jacques, Norbert 423
Jakob, Wolfgang 529
Jakobs, Theodor 18, 333
Jannings, Emil 7, 44–45, 58, 145, 388, 395–396, 401
Jensen, Uwe Jens 537
Johst, Hanns 18, 32, 298, 361
Jordan, Christa 560
Jörn, Klaus 512–516
Joyce, James 62, 343, 374, 562
Juhnke, Harald 466, 516
Jung, Joachim 531
Jung, Jürgen 532
Jünger, Ernst 31, 62, 73–74, 210, 213, 219
Junghans, Carl 504
Jürss, Detlev 289, 559, 561

Kaczmarek, Ottl 100
Kafka, Franz 49–50, 60, 73, 79, 126, 185, 487

Kagelmacher, Johannes 3, 5, 9, 50, 86, 90–91, 139, 235, 244–245, 247, 254, 326–327, 369, 419, 560–561, 574–575
Kahyyám, Omar 226, 435
Kaiser, Wolf 513
Kaléko, Mascha 78
Kališ, Jan 507
Kammer, Klaus 507
Kampendonck, Heinrich (eigentl. Campendonk) 379
Kapitel, Kristina XII
Kapp, Wolfgang 371
Kasack, Hermann 139, 214–215
Kasprzik, Hans-Joachim 512–514, 516
Kastenmüller, Peter 537
Kästner, Erich 16–17, 73, 78, 90, 100,148, 168, 358, 382, 440, 444, 456
Kaufmann, Deborah 516–517
Kaufmann, Eva 538
Kausche-Kongsbok, Eva 289
Kay, Arthur 503
Kellermann, Bernhard 148, 152
Kelling, Petra 529
Kenter, Heinz Dietrich 269, 318, 320, 492, 521, 536
Kerr, Alfred 8
Kersten, Kurt 308, 331, 374, 389, 494
Kessel, Martin 65,76, 216, 295
Kesser, Hermann 521
Keun, Irmgard 73, 76, 90, 98, 168, 177–178, 209–210, 213, 220, 290, 295, 487
Key, Ellen 237
Kiaulehn, Walther 18, 282, 285, 290, 373, 388
Kieling, Wolfgang 514
Kienle, Else 90, 101
Kieser-Reinke, Angelika 480
Kilpper, Gustav 34–35, 407–408, 414, 437, 452–453
Kipferling, Georg 574–575
Kipp, Heide 525
Kisch, Egon Erwin 77, 120, 279
Kittl, Julius 371
Kiwitz, Heinz 22, 198, 362
Kläber, Kurt 140
Klaus Jaspen 531
Klee, Paul 379
Klein, Katrin 529
Klemke, Werner 289
Klepper, Jochen 366
Klöpfer, Eugen 504
Klotz, Volker 344

Knauf, Erich 24
Knebel, Ralph 529–530
Knef, Hildegard 509
Knieper, Jürgen 516
Knötzsch, Hans 516
Knüppel, Stefan 452, 461
Knuth, Gustav 511
Kobert, Gerhard 544
Koburger, Sabine 290, 405, 425
Koch, Fritz 33
Kochheim, Philipp 537
Koeppen, Wolfgang 98, 213–215, 219, 487
Koeser, Hans 336, 494
Köfer, Herbert 525
Kokoschka, Oskar 264
Konstantinow, Michael 526
Kopp, Mila 527, 534
Körner, Herbert 504
Kotzebue, August von 331
Kracauer, Siegfried 73, 76, 110, 118, 120, 122, 125, 127, 159, 179, 182–183, 271, 293–297
Kraus, Agnes 513
Kraus, Karl 73, 77
Krauss, Helmut 531
Krell, Max 15, 86, 255, 286, 388
Kretzer, Max 61, 63
Kreuder, Ernst 214–215
Krieger, Georg 513
Krohn, Claus-Dieter 560
Kroschke, Carl-Erich 504
Kubin, Alfred 326, 388, 442
Kügelgen, Wilhelm von 94
Kühnel, Tom 537
Kuhnke, Manfred 558
Kunze, Charlotte 526
Kurtz, Rudolf 227
Küthe, Friedrich Hermann 453
Kutisker, Iwan 421–422

Labudda, Helga 530, 533
Laemmle, Carl Jr. 503
Lampe, Friedo XI, 33, 163, 197, 214–215, 219, 349, 372–373, 396, 407
Lampel, Peter Martin 20–21, 90, 100, 168
Lange, Hartmut 541
Lange, Hellmut 534
Lange, Horst 40, 213–214–215, 349
Lange, I. M. 560
Lange, Sabine 558
Langen, Inge 507
Langenbucher, Hellmuth 17, 43, 143, 271, 298, 308, 326, 331–334, 492–493

Langgässer, Elisabeth 210, 213–215, 219, 349
Langhoff, Wolfgang 512
Langmaack, Hans 160
Latzkow, Bettina 297
Lau, Kristof-Mathias 529
Le Bars, Michelle 272, 558–559
Leander, Zarah 450–451, 501
Lechtenbrink, Volker 511
Lederer, Emil 122
Ledig(-Rowohlt), Heinrich Maria 22, 33–35, 37, 44, 47, 87, 178, 197, 204, 325–326, 328, 359, 371, 373, 408–409, 414, 450, 452, 456–457
Leistikow, Walter 379
Lemkow, Tutte 540
Lemmer, Theodor 363, 558, 561
Lenz, Jakob Michael Reinhold 63
Lessing, Gotthold Ephraim 114
Lessing, Theodor 374
Lethen, Helmut 80, 217, 300, 559–560
Lewis, Sinclair 90, 168, 371
Lie, Jonas 224
Liersch, Werner 99–100, 227, 229–230, 289, 321, 390, 557, 560–561
Lindemann, Hermann 165–166
Linder, Erwin 528
Lingen, Theo 502
Lingnau, Bert 329–330, 332, 341, 346
Link, Jürgen 391
Litt, Stefan 21
Locher, Jens 536
Lord Bathurst 456
Lowitz, Siegfried 507–508
Lubitsch, Ernst 164
Ludwig, Bernd 465–466, 538
Ludwig, Emil 15
Ludwig, Rolf 515, 530, 532
Lukács, Georg 187, 218, 293, 299–300, 308, 324, 336–337, 346, 405, 479, 494
Lund, Peter 538
Lüttwitz, Walther von 371
Lutz, Daniel 391
Lützkendorf, Felix 504

Macaulay, Rose 98
Maeterlinck, Maurice 224
Mahlke, Thomas 529
Maire, Laura 533–534
Mankewitz, Lothar 510
Mann, Dieter 531–534
Mann, Heinrich 73, 76, 79, 114, 368

Mann, Klaus 98, 139
Mann, Thomas 15, 23, 47, 55, 72–73, 75, 79, 98, 108, 110, 112, 138, 142, 177–179, 183, 196, 203, 208, 215, 217, 219, 243, 289, 307, 339, 344–345, 347–348, 371–372, 487, 493
Manthey, Jürgen 54, 300, 319, 449–450, 556–557
Manzoni, Alessandro 224
Marc, Franz 379
Marlitt, Eugenie 335
Marold, Helga 504
Marten-Molnár, Christian 537
Martin, Ernst 504
Maurois, André 90
Mayer, Paul 5–6, 8, 13, 17, 20, 28–30, 33, 41, 238, 244, 247, 290
McGuire, William Anthony 503
Mehmert, Gil 537
Mehring, Walter 73, 78
Meisel 407
Melchert, Christian 532
Menger, Carl 122
Mergenthaler, Volker 264
Michaelis, Karin 98
Michaelis, Rolf 542
Minetti, Bernhard 541
Mira, Brigitte 509
Mitchell, Margaret 373
Möbius, Hanno 560–561
Moldt, Christian 516
Molo, Walter von 138
Monk, Egon 270, 508–509
Monn, Ursela 510
Montaigne, Michel de 46
Montgomery, Douglass 503
Moraller, Franz 35, 43
Motylewa, Tamara 560
Mueller-Stahl, Armin 512–513
Mühr, Alfred 523
Mühsam, Erich 78
Müller, Heiner 537
Müller, Peter 538
Müller, Sven von 387
Müller-Freienfels, Reinhart 507
Müller-Waldeck, Gunnar 23, 479–480
Müller-Worpswede, Walter 288
Murche, Gerhard 529
Musil, Robert 4, 15, 62, 65, 73, 79, 88, 119, 157, 187, 212–213, 216, 561–562, 575

Naumann, Günter 529–530, 533
Necker, Hanns Dietrich von 51, 54, 57, 245, 565, 567, 573
Neher, Caspar 322, 502
Némirovsky, Irene 567
Neppach, Robert 323
Neubauer-Conny, Conrad 443
Neumann, Alfred 90
Neumärker, Klaus-Jürgen 558
Nied, Wolfgang 528
Niehaus, Thomas Oliver 537
Nietzsche, Friedrich 63, 127, 224, 229
Nitschke, Oskar 526–527
Noethen, Ulrich 532–533
Nolde, Emil 379
Nossack, Hans Erich 213, 215
Nottke, Joachim 524

O'Brien, Flann 458
Oels, David 290–291
Ohser, Erich (Ps. e. o. plauen) 17, 23, 58–59, 361, 445
Oldenbürger, Hans 529
Ondra, Anny 505
Ortmann, Wilfried 529
Ossietzky, Carl von 21, 73
Oster, Wanda 454
Ostrowski, Nikolai 114–115
Oswald, Richard 243

Palitzsch, Otto Alfred 22, 102, 358–359
Pankau, Johannes G. 561
Pankratz, Gisela 529
Pappritz, Curt von 204
Patz, Melitta 443
Paulus, Erich 502
Payr, Bernhard 308
Pehlke, Heinz 506
Perceval, Luk 537, 570
Perez, Vincent 517, 570
Perl, Angelika 530
Peter, Thomas 329
Petersen, Jürgen 64
Petöfy, Sándor 224
Pferdmenges, Gisela 289
Pfitzmann, Günter 524
Picasso, Pablo 210
Pick, Renate 529
Pinthus, Kurt 233, 256
Piscator, Erwin 76, 79, 539
Plaas, Hartmut 74
Plathe, Walter 532
Plenzdorf, Ulrich 516

2. Personenregister

Plessow, Klaus-Peter 529
Plivier, Theodor 114
Poe, Edgar Alan 62
Poenicke, Walter 90, 101
Polgar, Alfred 15, 98
Ponnier, Matthias 532
Porath, Mike 291
Porten, Henny 450
Portisch, Marianne, siehe Wintersteiner, Marianne
Poulheim, Achim 516
Pregler, Wolfgang 533–534
Preisach, Dora 16, 354, 359
Preisach, Hertha 354
Proust, Marcel 62, 210, 373
Prümm, Karl 65, 94–95, 185, 187, 216, 293, 301, 377, 390, 518, 561–562
Quaiser, Olaf 524
Quest, Hans 528, 534

Raabe, Wilhelm 196, 224, 326–327, 329, 334, 338, 343, 346, 348
Rabelais, François 367
Raben, Peer 540
Raddatz, Carl 509
Rado, Emmy 388
Raschke, Martin 213
Rathenau, Walter 373
Rauch, Karl 326, 332–334
Reardon, R. J. 559
Reger, Erik 19, 35, 153, 194, 454, 456
Regler, Ernst 495
Rehberg, Horst 516
Reiber, Ludwig 504
Reichel, Käthe 529
Reimann, Hans 24, 138, 186
Reimer, Otto 524
Rein, Hans 203
Rein, Heinz 479, 560
Reindl, Dr. 360
Remarque, Erich Maria 73, 75, 90, 109, 115, 168, 208–209, 289–290
Renn, Ludwig 73
Rentz, Immo 511
Rentzsch, Gerhard 270, 534
Reusse, Peter 529
Reuter, Fritz 343, 381
Richter, Jean Paul Friedrich 196, 224, 326, 328–329, 331, 334, 346, 348
Richter, Trude 335, 494
Riemkasten, Felix 18–19, 150–151, 307, 328, 364, 373, 388
Riesman, David 131

Rilke, Rainer Maria 49, 73, 78, 220, 230, 232
Ringelnatz, Joachim 15–16
Ritter, Gudrun 529–530, 533
Roh, Franz 126, 209, 219
Röhm, Ernst 328
Rolland, Romain 2, 224–225, 573
Romains, Jules 501
Ronsard, Pierre de 225
Roosevelt, Franklin Delano 59
Rose, Willy 524
Rosenberg, Alfred 34, 38–40, 45, 110–111, 132, 388, 397, 399, 511
Rossetti, Dante Gabriel 225–226
Roth, Joseph 119
Roth, Thomas 466, 537
Röttgen, Helmut 516
Rousseau, Henri 379
Rousseau, Jean-Jacques 46
Rowohlt, Ernst 2–5, 8, 14, 18, 25, 28–37, 39–41, 43–45, 49–51, 58, 60, 75, 86, 88, 90, 120–121, 138–140, 153, 157–159, 167–168, 170, 178–179, 182, 188, 193, 195–197, 200, 203, 227, 238–239, 247–248, 251, 268, 282, 284, 286–288, 290, 305, 307, 317, 320, 324, 326–331, 334, 354, 360, 362–364, 366–367, 369–374, 387–388, 395–397, 401, 407, 422, 424–425, 455–456, 458, 468, 476, 523, 574–577
Rubiner, Ludwig 24
Rühmann, Heinz 512
Rust, Carla 505
Ruttmann, Walter 521, 537

Sallust 243
Salomon, Ernst von 13, 15, 17–18, 73, 157, 169, 194, 272, 274, 278, 373, 494
Sander, Otto 270, 534
Sandloff, Peter 506
Sasse, Karl-Ernst 516
Savary, Jérôme 541
Schaaffs, Georg Andrew 527
Schaeffer, Albrecht 88
Schäfer, Georg 100, 170
Schäfer, Hans Dieter 211, 390
Schäfer-Ast, Albert 409
Schall, Johanna 537
Schaper, Edzard 40
Scharer, Adam 152
Schauwecker, Franz 74, 298
Scheler, Max 119, 122
Schenzinger, Karl Aloys 115, 213

Scherbaum, Lisa 347–348
Scherer, Stefan 65, 301, 391, 511, 562
Schieske, Alfred 506
Schildt, Ria 258
Schiller, Friedrich 114, 255
Schiller, Waltraud 496
Schirokauer, Arno 289
Schlegel, Friedrich 62
Schleicher, Kurt von 356
Schlesinger, Paul (Ps. Sling) 77
Schlink, Bernhard 568
Schlüter, Franz 537
Schmalfuß, Hans 454
Schmeling, Max 388
Schmidt, Arno 213
Schneekluth, Franz 36, 152–153, 422–423
Schneider, Konrad 479
Schneider, Reinhold 366
Schnell, Ralf 427, 429
Schnitzler, Arthur 49–50, 108, 133, 180, 185, 190, 219
Schoen, Ernst 320
Scholz, Friedrich 511
Scholz, Hans 123
Schonauer, Franz 402
Schönekerl 435
Schönert, Jörg 187, 391, 429
Schönstein, Sebastian 530
Schoß, Gunter 529–530, 533
Schrader, Hugo 506
Schramm, Hermann 387
Schröter, Karl Heinz 529
Schuck, Irene 534
Schueler, Heinz Jürgen 559
Schulenburg(-Kehnert), Friedrich Wilhelm Graf von der 375
Schulte, Götz 531
Schultze-Westrum, Edith 506
Schulz, Fritz 95
Schulze, Horst 516
Schünzel, Reinhold 501
Schürmer, Udo 536
Schüttauf, Jörg 534
Schütz, Alfred 126–128
Schütz, Erhard 560
Schütz, Helga 529
Schwarzschild, Leopold 96
Scott, Walter 224
Sedlmayr, Hans 218
Seelig, Carl 389
Segev, Tom 567
Seghers, Anna 73, 114, 218, 346
Seifert, Martin 530

Selpin, Herbert 323, 501
Server, O. B. 90, 101
Seyerlen, Anne Marie („Annia") 2, 50, 52, 236, 556, 558, 561, 574
Seyerlen, Egmont 18, 28, 30, 237–238, 574
Shakespeare, William 225
Sheriff, R. C. 167
Shookman, Ellis 560
Sidgwick, Cecilia 98
Signac, Paul 379
Silbermann, Hans-Jürgen 529
Silomon, Karl 373
Simmel, Georg 80
Simons, David 272
Simontowicz, Ulrich 465
Skeel, Christian 102
Slevogt, Esther 537
Slevogt, Max 537
Slezac, Leo 24
Sling, siehe Schlesinger, Paul
Slochower, Harry 495
Soldin, Lore 6, 8
Sommerfeld, Hans 508
Speyer, Wilhelm 15
Spitzauer, Mark 466, 538
Stadler, Ernst 233
Stalin, Josef 59
Staudte, Wolfgang 511
Stefan Großmann 13, 15, 84, 309, 371
Stehr, Hermann 72, 90
Stein, Peter 538
Steinbach, Peter 364
Steiniger, Alfons 247
Stemmel, Robert A. 506
Sterne, Laurence 224
Stevenson, Robert Louis 573
Storm, Theodor 326, 346, 348
Storz, Oliver 507
Stramm, August 230, 241
Straßburger, Antje 515
Strasser, Otto 31
Strässle, Thomas 367–368
Strauss, Harold 329
Strindberg, August 248
Stroh, Heinz 15, 29, 84, 88, 238, 247–248, 258, 575
Stubbendorf, Knut 544
Studnitz, Cecilia von 354, 361, 364, 397, 402, 405, 556–558
Stumpf, Werner 508
Suhrkamp, Peter 58, 290, 298, 306, 332, 377, 354, 493
Sullavan, Margaret 503

Sutton, Fiona, geb. Littlejohn 272, 562
Swift, Jonathan 224

Taffelt, Honza 530
Täubert, Manfred 529
Tergit, Gabriele 73, 76–77, 295
Ter-Nedden, Eberhard 494
Terwort, Gerhard 340
Thalbach, Anna 533
Thalheimer, Michael 537
Thate, Hilmar 541
Thein, Ulrich 525
Thiele, Hertha 323, 501
Thiess, Frank 20, 47, 138
Thimig, Hermann 323, 501
Thoenelt, Klaus 561
Thomas, Peter 507
Thöming, Jürgen C. 340
Thompson, Emma 517–518
Thorwald, Jürgen 531
Tieck, Ludwig 330, 339, 348
Tiedemann, Hannes 435
Tiedtke, Jacob 502
Tinsley, R. L. 559
Titzmann, Michael 391
Toelle, Tom 466, 516
Tolstoi, Leo 224–225, 255, 344
Topf, Erwin 424–425
Töteberg, Michael 261, 321, 323, 328, 331, 502
Tremel-Eggert, Kuni 219
Treusch, Hermann 531
Troll, Henry, siehe Geyer, Hans Joachim
Trommler, Frank 74
Tucholsky, Kurt XI, 4, 16, 73, 78, 98, 140–141, 157, 203, 270–271, 277, 491, 575
Tügel, Peter W. 401–402, 405, 496
Türk, Werner 335, 494

Uhse, Bodo 272
Uzulis, André XII, 11, 557

van Deldens, Horst Herta 98
van Gogh, Vincent 379
Venske, Hans Werner 536
Vesper, Will 18, 298, 308, 331, 492
Viertel, Berthold 5, 322, 502
Vohrer, Alfred 509
Vontobel, Roger 538

Wachendorf, Frank Löhr von, siehe Ettighofer, Paul Coelstin

Wachholz, Karl 161
Wachowiak, Jutta 516
Waggerl, Karl Heinrich 73
Wahl, Daniel 537
Waldoff, Claire 540
Walser, Martin 123, 487–488
Walther, Peter X, 11, 422, 557
Wameling, Gerd 531
Wassermann, Jakob 15
Weber, Alfred 122
Weber, Anselm 418
Weber, Max 122
Wedderkopp, Hermann von 239
Wedekind, Frank 13, 28, 78, 237, 239, 243, 458
Weill, Kurt 5, 78, 322, 502
Weinert, Erich 78
Weisenborn, Günther 90, 99, 168, 373
Weishappel, Gustl 524
Weiß, Emil Rudolf 373, 409, 452–453
Weiß, Ernst 15
Weiß, Hella 523
Weiss, Peter 487
Wendhausen, Fritz 322–323, 501–502
Wendland, Barbara 538
Werfel, Franz 237
Weyrauch, Wolfgang 40, 388
Wiechert, Ernst 73, 138, 148, 332–333
Wiegler, Paul 25, 37, 148, 152–153, 475–478
Wieman, Mathias 33, 387, 437, 501
Wiese, Leopold von 122
Wilde, Oscar 51, 57, 202, 224–225, 228, 241, 573
Wilhelm, Carl 95
Wilhelm, Kurt 24, 37, 175, 178, 200, 467, 476–477
Wilkes, Geoff 339–340, 362, 558–559
Williams, Jenny 55, 86, 232, 285, 329, 338, 356, 360, 362, 364, 366, 410, 518, 546, 556–558, 562–563
Winder, Ludwig 90
Winke, Roland 517
Winkler, W. 335
Winkler, Willi 494
Winogradow, Boris 22
Wintersteiner, Marianne, geb. Portisch (Ps. Annemarie Steiner) 22, 338
Wischnewski, Siegfried 508
Witt, Günter 515
Wittfogel, Karl A. 270, 491
Wittgenstein, Ludwig 119, 126–128
Wittlinger, Karl 510

Wittmann, Livia Z. 560
Woelffer, Martin 538
Woestmann, Helmut 531
Wolf, Friedrich 219, 521
Wolfe, Thomas 20, 178, 210, 371
Wolff, Kurt 371
Wünscher, Marianne 513
Würden, Ronny 509
Würtz, Hans 90, 101
Wüst, Ida 501
Wyß, Hans Alfred 332, 336, 493
Wyzniewski, Arno 513

Yonah, Yossi 567–568

Zachau, Reinhard K. 315, 338–339, 391, 400, 480, 559–562
Zadek, Peter 506, 536–542
Zech, Rosel 540
Zehrer, Hans 18, 31, 36
Ziese, Maxim 336
Zingler, Peter 13, 285, 308, 327, 522
Zöberlein, Hans 73
Zola, Emil 63–64, 224, 573
Zuckmayer, Carl XI, 15, 73, 76, 99–100, 298, 388–389, 491
Zweig, Arnold 73, 88
Zweig, Stefan 8, 78, 88, 237